PIUS XII. ZUM GEDÄCHTNIS

Pius PP. XII

PIUS XII.
ZUM GEDÄCHTNIS

Herausgegeben

von

Herbert Schambeck

DUNCKER & HUMBLOT / BERLIN

Gedruckt 1977 bei Berliner Buchdruckerei Union GmbH., Berlin 61
Printed in Germany

ISBN 3 428 04050 3

VORWORT

Die Kirche als Volk Gottes in der Welt lebt mit und in der Zeit, die ihr zur Glaubensbewältigung aufgegeben ist. Was für die Kirche im allgemeinen gilt, ist für die Katholiken in Bezug auf das Papsttum im besonderen zu sagen; in ihm kommt der Stifterwille, dem Evangelium zeit- und ortsorientiert zu dienen, besonders zum Ausdruck. Im Papsttum lebt das Petrusamt durch die Jahrhunderte weiter. *Domenico Kardinal Tardini* erklärte einmal: „Die Päpste sterben, der Papst stirbt nicht.“ [1]

Zu jenen Päpsten, die über ihre Zeit hinaus als persönliches Vorbild und geistige Wegweisung weiterleben, zählt im 20. Jahrhundert *Pius XII.* Die Jahre seines Wirkens reichen von *Leo XIII.* über zwei Weltkriege bis zum II. Vatikanischen Konzil, das er noch geistig vorzubereiten suchte. Als Diplomat und Seelsorger war er in einer Zeit vielfältiger Auseinandersetzungen um die Erhaltung des Friedens in einer Welt bemüht, in der besonders durch den technischen Fortschritt und das damit verbundene Näherrücken der Menschen auch deren Konfliktsituationen zunahmen. Noch in der letzten großen Friedensphase Europas aufgewachsen und durch verschiedene Friedensmissionen im Ersten Weltkrieg geschult, hatte er die Kirche durch den Zweiten Weltkrieg hindurchzuführen, um dann den beginnenden Blockbildungen in der Politik der Völker zu begegnen.

Gemäß seinem Wahlspruch: Opus iustitiae pax — Der Friede ist das Werk der Gerechtigkeit — bemühte er sich um die Entfaltung einer umfassenden christlichen Sittlichkeit, welche die Individual- und Sozialmoral in gleicher Weise umfaßte und sowohl den Einzelmenschen als auch die Völkergemeinschaft anzusprechen suchte, um durch Weiterentwicklung des Ordnungsdenkens zur Erreichung und Sicherung des Friedens beizutragen. Die Erkenntnisse der Wissenschaft waren ihm dabei ebenso ein Anliegen wie die zeitgemäße Formulierung der Sittenordnung. In der Vielzahl seiner päpstlichen Lehräußerungen gibt es kaum ein aktuelles Thema, das von ihm nicht behandelt worden wäre und sich nicht harmonisch in das Gesamtkonzept seines Lehrgebäudes einfügt[2].

---

1 Domenico Kardinal *Tardini*, Pius XII., Freiburg-Basel-Wien 1961, S. 24.

Pius XII. suchte eine neue Form des Gesprächs von Kirche und Welt. Dieses Bemühen war von einer Persönlichkeit getragen, in der sich die Selbstverständlichkeit seines Glaubens mit dem Humanismus seiner Bildung und der Glaubwürdigkeit seiner Menschlichkeit zu einer Erhabenheit verband, die vor allem auch durch die dunklen Zeiten seines Pontifikates strahlte und den Menschen Trost und Stärkung gab.

Mögen sich Kirche und Welt nach *Pius XII.* auch geändert haben, vieles war von ihm schon vorausgedacht worden, einschließlich dessen, was später das II. Vatikanische Konzil und die Entwicklung der katholischen Soziallehre hervorbrachte.

Dem deutschen Sprachraum fühlte sich *Pius XII.* persönlich sehr verbunden: darum sollte gerade diesem Kulturkreis die Wahrung seines Gedenkens ein Anliegen sein; das war auch der Grund für die Initiative zu diesem Sammelband.

Beim Umfang der Tätigkeit *Pius' XII.* während seines Pontifikates, aber auch während der Jahrzehnte seiner Arbeit vorher im Dienste des Heiligen Stuhles, können ohne Anspruch auf Vollständigkeit nur einige Aspekte seiner Persönlichkeit und seines Wirkens behandelt werden. So soll nach der Darstellung seines Lebens und seiner geistigen Grundlagen sein diplomatisches Wirken in den Kriegs- und Friedenszeiten sowie sein Beitrag zur Sozial-, Wirtschafts- und Staatsethik aufgezeigt und abschließend seine Bedeutung für die Entwicklung der Kirche und für das Zeitgeschehen gewürdigt werden. Die dazu verfaßten Abhandlungen, vorwiegend aus Deutschland, Schweiz und Österreich, dankenswerter Weise auch aus Italien und dem Vatikan selbst, wurden in der Individualität ihrer Themenerfassung und Zitierweise belassen; allen Autoren dieses Sammelbandes sei für die dabei aufgewendeten Mühen aufrichtig gedankt.

Die Anregung zu diesem Sammelband geht auf ein am 2. März 1976 in Wien mit dem damaligen Apostolischen Nuntius in Österreich und heutigen Präsidenten des Päpstlichen Laienrates *Opilio Kardinal Rossi* geführtes Gespräch zurück.

Opilio Kardinal Rossi hat nicht nur wesentlich zum Zustandekommen, sondern auch durch wertvolle Anregungen zur Gestaltung dieses Buches beigetragen; für letzteres sei auch den Herren Universitätsprofessoren DDr. *Johannes Messner,* Wien, und Dr. *Audomar Scheuermann,* Vize-

---

[2] Siehe Aufbau und Entfaltung des gesellschaftlichen Lebens — Soziale Summe Pius' XII., hrsg. von Arthur-Fridolin *Utz* O. P. und Joseph-Fulko *Groner* O. P., 3 Bände, Freiburg 1954 und 1961, bes. die Verzeichnisse S. 2193 ff. und S. 3911 ff.

präsident des Bayerischen Senats, gedankt. Besonders sei auch die verständnisvolle Unterstützung erwähnt, die der Ständige Vertreter des Heiligen Stuhles bei den Internationalen Organisationen in Wien, Prälat DDr. *Donato Squicciarini,* der gesamten Arbeit an diesem Werk angedeihen ließ. Wertvolles Dokumentationsmaterial ist dem Botschaftsrat der Botschaft der Republik Österreich beim Heiligen Stuhl, Dr. *Christoph Parisini,* Rom, zu danken. Mit Rat und Tat hat sich Univ.-Doz. Dr. *Heribert F. J. Köck* vom Institut für Völkerrecht und Internationale Beziehungen der Universität Wien und Rechtsberater der Ständigen Vertretung des Heiligen Stuhles bei den Internationalen Organisationen in Wien an allen Arbeiten zur Herausgabe dieses Bandes beteiligt und auf diese Weise einen außerordentlichen Beitrag geleistet.

Alle Bemühungen um diesen Gedächtnisband waren aber nur dadurch möglich, daß Herr Ministerialrat a. D. Senator h. c. Professor Dr. *Johannes Broermann,* Inhaber des Verlages Duncker & Humblot, mit großzügiger Selbstverständlichkeit dieses Werk in sein Verlagsprogramm aufgenommen und an seiner Planung wie seiner so raschen Veröffentlichung einen in jeder Weise dankenswerten Anteil genommen hat.

Dieses Buch, zu dem aus Anlaß des 100. Geburtstages *Pius XII.* 1976 die Initiative ergriffen wurde und das zur bevorstehenden 20. Wiederkehr seines Todestages 1978 als Beitrag zu seinem Gedenken verstanden werden will, sei Papst Paul VI., der jahrelang zu den engsten Mitarbeitern *Pius' XII.* in ereignisreicher Zeit zählte und später sein Nachfolger geworden ist, verehrungsvoll gewidmet.

Wien, im November 1977 Herbert Schambeck

---

[3] Siehe etwa den auf den deutschsprachigen Raum bezogenen Anteil in den Briefen Pius' XII. in den Actes Et Documents Du Saint Siège Relatifs À La Seconde Guerre Mondiale, hrsg. von Pierre *Blet,* Robert A. *Graham,* Angelo *Martini* und Burkhart *Schneider,* 9 Bände, Vatikan 1970 - 1975.

INHALTSVERZEICHNIS

V. Zeitgeschichte und Kirchengeschichte

ABBILDUNGEN

Die Bilder wurden von L. Baumgartner, St. Gallen, Pontificia Fotografia Felici, Rom, dpa, Frankfurt/M., und aus Privatbesitz zur Verfügung gestellt.

I. Leben und Grundlagen

LEBENSLAUF*

Von Pierre Blet

In einem Haus im Herzen des alten Rom, das heute die Nummer 34 in der Via degli Orsini trägt, in der Nähe des Platzes dell'Orologio zwischen Chiesa Nuova und dem Palast Taverna, wurde am 2. März 1876 Eugenio Pacelli geboren. Er war nach einem Buben und einem Mädchen das dritte Kind des Konsistorialadvokaten Filippo Pacelli und dessen Frau Virginia Graziosi. Ihm folgte später noch eine Schwester.

Filippo und Virginia waren in Rom geboren und stammten aus adeligen Familien, aus denen mehrere als Mitglieder der päpstlichen Verwaltung tätig waren. Schon am 4. März taufte Don Giuseppe Pacelli — ein Onkel des Neugeborenen — das Kind in der nahen Pfarrkirche und gab ihm die Namen Eugenio, Maria, Giuseppe und Giovanni. Bald darauf übersiedelte die Familie in ein nahegelegenes Haus. Nach Erreichung des vorgeschriebenen Alters besuchte Eugenio die Elementarschule der Schwestern von der Göttlichen Vorsehung und anschließend eine andere Schule seines Wohnviertels. Zu dieser Zeit nahm er auch an den Gottesdiensten in der Chiesa Nuova teil, wo er Meßdiener wurde. Am 11. Oktober 1886 empfing er die erste hl. Kommunion in der Kapelle San Luigi des Imperialiinstitutes Borromeo in der Via Liberiana.

Die Sekundarschule absolvierte er im Collegium Romanum. Was mögen wohl die Gründe gewesen sein, die den Advokaten bewegten, seinen Sohn dieser Schule zu überlassen, wo doch die Umwälzungen von 1870 die Jesuiten dort verdrängt und daselbst zur Gründung des Lyzeums Ennio Quirino Visconti geführt hatten? Ohne Zweifel war es sein Vertrauen in die tiefe religiöse Bildung, die der Knabe in der Familie erhalten hatte; und er zählte auch auf die Ernsthaftigkeit der literarischen *Studien* im Lyzeum. Er hatte sich nicht getäuscht. Ein Selbstporträt, das Eugenio im Jahre 1889 machte, zeugt bereits deutlich von der religiösen Grundlage des jungen Lyzeumstudenten. Es zeigt die Erscheinung eines Jünglings von normaler Größe, brauner Hautfarbe und eher blassem Gesicht, mit braunen Haaren und schwarzen

---

* Übersetzt aus dem Französischen von P. Gregor Katteler O. Cist., Rom.

Augen. Über sein Innenleben schreibt er: „Die Natur hat mich genügend ausgestattet, daß ich mit ein wenig gutem Willen Vieles schaffen kann. Ich gehe gerne in die Schule und liebe das Studium.“ Obwohl er weiß, daß Eltern und Lehrer ihn liebgewonnen haben, rühmt er sich dessen nicht; er weiß, daß er alles Gute in sich Gott und seinen vorzüglichen Lehrern schuldet. Sein Temperament beschreibt er so: „Was meine Anlagen anbetrifft, fühle ich mich hie und da ein wenig von den Musen beeinflußt; die klassischen Schriftsteller begeistern mich, besonders aber verschafft mir das Studium der lateinischen Sprache sehr hohen Genuß. Weil ich die Musik leidenschaftlich liebe, spiele ich mit Vergnügen in meiner freien Zeit und während der Ferien irgendein Instrument. Mein Charakter ist ziemlich ungeduldig und heftig, aber dank der Erziehung hoffe ich ihn zu beherrschen. Nur der instinktive Großmut, den mein Herz besitzt, gibt mir Mut. Da ich keinen Widerspruch leide, fällt es mir schwer, Beleidigern zu verzeihen. Doch hoffe ich, daß Zeit und Nachdenken mir helfen werden, diese Zustände, die ich als schädliche Untugenden betrachte, zu beherrschen.“

Die Jahre des Lyzeums übten einen günstigen Einfluß auf seine intellektuellen Fähigkeiten und seinen Charakter aus. Er begegnete einem ausgezeichneten Meister — Ildebrando della Giovanna —, der von 1890 bis 1916 im Lyzeum Visconti lehrte. Obwohl wahrscheinlich Liberaler, war della Giovanna Patriot und ein scharfsinniger Kritiker von Dante und Leopardi. Unter seiner Führung begeisterte sich Pacelli für die klassischen lateinischen und italienischen Schriftsteller. Ein Aufsatz über „Meine Bibliothek“, den er gegen Ende der Sekundarschule schrieb, ist in dieser Hinsicht aufschlußreich und gibt ein weiteres Selbstporträt. Er beschreibt seine Bibliothek als ein kleines Zimmer mit einem Schreibtisch und zwei Bücherstellagen. Ohne einen einzigen Titel zu nennen, läßt uns der Lyzeumstudent Pacelli wissen, daß er lateinische und griechische Bücher ebenso wie Philosophie- und Geschichtswerke besitzt. Er glaubt, nur wenig gelesen, davon aber profitiert zu haben: „Wenige Sachen habe ich gelesen, glaube jedoch, sie gut gelesen zu haben.“ Er zieht Philosophie, Literatur und Geschichte vor und findet Freude an den italienischen Autoren des vierzehnten und sechzehnten Jahrhunderts. Und er schließt mit einer Beschwörung: „Man lasse mir um Gottes Willen meine lieben Autoren, ich finde mich mit ihnen jetzt so eng verbunden ... sie sind meine besten Freunde, mit ihnen unterhalte ich mich und von ihnen empfange ich Rat und Hilfe.“

Diese Leidenschaft für Bücher und Studium zeigt nicht nur die intellektuellen Gaben von Pacelli, sondern beweist auch — wie schon erwähnt — eine stärkere Neigung zum einsamen Betrachten als für soziale Beziehungen. Damit verbunden ist ein gewisser Stoizismus, belebt durch das Beispiel der klassischen Helden und der Italiener des Rinascimento. In seinem letzten Aufsatz „Meine Feinde" vom 2. März 1894 drückt sich der Schüler vom Lyzeum Visconti noch deutlicher aus. Im allgemeinen berücksichtigt der Unterricht in Literatur an den höheren Laienschulen die religiösen Gefühle der Schüler nicht und auch die hl. Schrift wird beiseite gelassen. Es fällt trotzdem auf, daß Eugenio Pacelli eine rein humanistische Einstellung gegen eventuelle Feinde entwickelt. In der Vergangenheit hatte er noch keine echten Feinde gekannt, aber er sah voraus, daß er solche eines Tages treffen würde. Wie würde dann seine Haltung sein? Wut und wilder Haß oder unsinnige Geduld? Nein, er wird sich hoch aufrichten, alle und alles verachten, gemäß dem Beispiel von Dante — aber nicht der Dante in Begleitung von Beatrice, sondern „der mit seinen Feinden harte Dante ..., der das Auge stolz auf seinen Gegner richtet, in einer zornigen, adeligen, erhabenen, göttlichen Haltung".

In dieses Jahr, in dem er seinen Charakter entdeckte, fällt auch der Abschluß des Lyzeums, gekrönt durch das Abgangszeugnis mit der Bemerkung „cum laude". Der folgende Sommer war nicht nur wohlverdienten Ferien gewidmet. Neben den bevorzugten Sportübungen — Schwimmen und Reiten — machte Pacelli auch Exerzitien, die über seine Lebensrichtung entscheiden sollten. Die humanistische Kultur des Lyzeum Visconti hinderte den Einfluß einer gläubigen Familie keineswegs, ebensowenig den Ruf zum Priesterstand. Eugenio zog sich in die Basilika der hl. Agnes — damals noch einsam in der römischen Landschaft — zurück und unterwarf sich den geistlichen Exerzitien des hl. Ignatius. Diese Erfahrung war ausschlaggebend für ihn, und sein Entschluß stand unwiderruflich fest: Pacelli wird Priester werden, und die geistlichen Exerzitien blieben eines seiner liebsten Bücher.

Er ging also im Herbst ins Collegium Capranica und schrieb sich in der Gregorianischen *Universität* für die Philosophiekurse ein (Matrikel 003391). Neben den obligatorischen Kursen — Logik und Generalmetaphysik — wählte er noch Griechisch und Mathematik. Am Ende des Studienjahres, am 11. Juni 1895, fand eine Diskussion statt, bei der Karl Sonnenschein vom Collegium Germanicum seine These „De conceptibus universalibus et transcendentibus" verteidigte; am Nachmittag fand er in Eugenio Pacelli einen tüchtigen Gegner. Am 9. Juli legte Eugenio das Philosophie-Abiturientenexamen ab. In Griechisch gewann er einen Preis, bestand aber wahrscheinlich das Examen in Mathematik nicht.

Nach diesem anstrengenden Jahr zog sich Eugenio Pacelli aus gesundheitlichen Gründen vom Collegium Capranica zurück und begann im Seminar S. Apollinare zu studieren. Gleichzeitig nahm er an einem Geschichts- und Literaturkurs an der Römischen Universität — die sich damals im Palast Sapienza befand — teil. Innerhalb von drei Jahren schloß er das Theologiestudium ab und belegte dann im Studienjahr 1898/99 in der Gregoriana einen Kurs für Kirchenrecht. Er legte jedoch in diesem Jahr kein Examen ab, da es mit der *Priesterweihe* zusammenfiel, auf die er sich durch Exerzitien bei den Sulpizianern in der Via Quattro Fontane vorbereitete. Zu Ostern, am 2. April, wurde er allein in der Privatkapelle des Vizeregenten von Rom zum Priester geweiht. Seine angegriffene Gesundheit erlaubte ihm nämlich nicht, Karsamstag an den langen Zeremonien in der Basilika von St. Johann im Lateran teilzunehmen, wie er es gewohnt war. Am Ostermontag feierte er in der Kapelle Borghese von S. Maria Maggiore seine erste hl. Messe. Vierzig Jahre später gab Papst Pacelli die Gründe dafür an, weshalb er diese Basilika gewählt hatte, und enthüllte einige Gesichtspunkte seiner religiösen, von marianischer Frömmigkeit durchwirkten Persönlichkeit: „Von Jugend an haben Wir diesen großartigen Tempel der seligen Jungfrau geliebt; er hat Uns bezaubert, weil er im Zentrum unserer Geburtsstadt wie ein Mutterhaus einladend offensteht." Und er fügte hinzu: „Wir bekennen, daß sich Unser Priesterstand unter dem besonderen Segen der Muttergottes entwickelte ... Wenn Wir Uns, vertrauend auf Maria, unter ihren Schutz flüchteten und in Gefahren und Ängsten, die Uns oft belasteten, den Beistand unserer mildesten Mutter anriefen, wurde Unsere Hoffnung nie enttäuscht. Von ihr haben Wir allzeit Licht, Hilfe und Trost empfangen." (AAS XXXI, 1939, 706).

Nach der Priesterweihe setzte Eugenio Pacelli sein Studium fort und beendete es im Seminar S. Apollinare im Jahre 1902 mit dem Doktortitel „in utroque iure". Im Herbst dieses Jahres wurde ihm in demselben Institut der Kurs „Institutiones iuris canonici" anvertraut. In seiner Begabung und Gewandtheit als Jurist zeigte der Sohn des Konsistorialadvokaten Filippo Pacelli die Kraft einer langjährigen Tradition, die sich auch bei seinem Bruder Francesco fortsetzte: der wurde Mitarbeiter von Gasparri und Stellvertreter von Papst Pius XI. bei den Verhandlungen über den Lateran-Vertrag.

Ohne Zweifel hatte Eugenio nicht die Absicht, Lehrer zu werden, denn er trat als *Lehrling* in das *Staatssekretariat* ein. Den Eid, Geheimnisse zu bewahren, legte er am 14. Februar 1901 (?) ab. Am 1. Oktober 1903 wurde er zum Minutante mit einem Lohn von 150 Lit. pro Monat ernannt. Giacomo della Chiesa, Substitut, unterzeichnete das Dokument. Im folgenden Jahr wurde er Geheimkämmerer und im Jahre 1905 Hausprälat.

Der Besuch von Loubet, dem Präsidenten der französischen Republik, beim italienischen König im März 1904 führte zu Protesten seitens des Vatikans, auf welche die französische Regierung mit der Abberufung ihres Abgesandten antwortete. Auf die Einsetzung von zwei französischen Bischöfen in Rom folgte der Bruch. Am 5. Dezember 1905 beschloß die Deputiertenkammer in Paris die Trennung von Kirche und Staat. Der Staatssekretär Mery del Val beauftragte dann Pietro Gasparri, ein Weißbuch über die Spaltung zwischen dem Hl. Stuhl und Frankreich vorzubereiten. Gasparri, der damals Sekretär der Kongregation für die Außerordentlichen Kirchlichen Angelegenheiten war, bat den Minutanten Pacelli um seine Mitarbeit. Im Laufe dieser gemeinsamen Tätigkeit geschah etwas, das der damalige Minutante niemals vergaß: Gasparri führte seinen Mitarbeiter an seinen Geburtsort Ussita in der Provinz Macerata in der Hoffnung, dort ruhiger arbeiten zu können. Im Dorf angekommen, bemerkte man, daß der Koffer mit den Dokumenten nicht im Wagen war. Sofort wurde ein Diener nach Spoleto gesandt, der den Koffer unbeschädigt zurückbrachte ... Bis an das Ende seines Lebens plagten Papst Pacelli Alpträume über die Suche nach einem verlorenen Dokument (Galeazzi). Das Weißbuch „La séparation de l'Eglise et de l'Etat en France. Exposé et Documents" wurde im Jahre 1905 von der vatikanischen Buchdruckerei veröffentlicht. Danach konnte sich Gasparri einer größeren Arbeit widmen: dem Kirchenrecht. Für diese neue Aufgabe forderte Pietro Gasparri wieder die Mitwirkung von Pacelli an, der aus diesem Grunde die Einladung der katholischen Universität von Washington, dort Kirchenrecht zu lehren, nicht annehmen konnte. Neben all diesen Arbeiten fand er noch Zeit, sich auch der Seelsorge zu widmen. Er war Präfekt der Kongregation von S. Yves, geistlicher Vater oder Beichtvater bei den Töchtern von Maria in der Via della Stamperia und bei den Schwestern von Maria Riparatrice in der Via dei Luchesi. Er ergänzte seine Bildung durch das Studium der französischen Sprache in der Prokura der Sulpizianer und das der deutschen Sprache mit seiner Schwester Giuseppina.

Am 7. März 1911 wurde Mgr. Eugenio Pacelli *Untersekretär der Kongregation für die Außerordentlichen Kirchlichen Angelegenheiten.*

Gleichzeitig wurde er zum Berater der Außerordentlichen Mission gewählt, die Pius X. zur Krönung von König Georg V. nach England sandte. Am folgenden 20. Januar wurde er Prosekretär derselben Kongregation und am 25. November Berater beim Inquisitionsgericht. Am 1. Februar 1914 ernannte ihn der Papst zum Sekretär der Kongregation für die Außerordentlichen Kirchlichen Angelegenheiten, und als solcher nahm er an der depositio corporis von Papst Pius X. am 23. August teil. Die Wahl Benedikts XV. brachte keine Veränderung in der Laufbahn von Eugenio Pacelli. Dieses beständige Aufsteigen inmitten der Umwälzungen, der Krise des Modernismus und des Papstwechsels zeigt eine gewisse juristische Distanz gegenüber den theologischen Auseinandersetzungen jener Zeit.

Der Weltkrieg, der Pius X. ins Grab brachte, nahm einen Großteil der Tätigkeit seines Nachfolgers in Anspruch. Schon im Januar 1915 finden wir Mgr. Pacelli als Abgesandten beim Kaiser von Österreich, um diesen unter anderem davon zu überzeugen, hinsichtlich der Territorialforderungen Italiens gewisse Nachgiebigkeit zu zeigen. Aber der Außerordentliche Gesandte des Vatikans bekam nur schöne Worte zu hören. Einige Monate später trat Italien auf der Seite der Entente in den Krieg ein. Das Kriegsjahr 1916 brachte Mgr. Pacelli einen privaten Schicksalsschlag: sein Vater fiel am 20. November der „spanischen Grippe" zum Opfer. Das Blutbad auf den Schlachtfeldern führte zu einem allgemeinen Notschrei nach Frieden. Am 12. Dezember 1916 machte das Deutsche Reich ein Friedensangebot, das jedoch nicht angenommen wurde. Während Rußland in der Revolution unterging, erklärten die Vereinigten Staaten Deutschland den Krieg. Trotzdem hoffte Benedikt XV., das Ende des Krieges beschleunigen zu können. Unterdessen verstärkte er den Beistand für Kriegsgefangene, Geiseln, Bürgen und die besetzten Völker. Anläßlich des Geburtstages Wilhelms II. am 16. Januar 1917 beschwor er den Deutschen Kaiser, alles für den Frieden zu unternehmen. Dieser antwortete auf liebenswürdige Weise im folgenden Monat; mit einer neuen Friedensmission Pacellis konnte also in Kürze gerechnet werden. Am 3. April 1917 zum *Nuntius in Bayern* ernannt, erhielt er am 23. desselben Monats den Titel eines Erzbischofs von Sarde, und am 13. Mai erteilte ihm Benedikt XV. persönlich die *Bischofsweihe* in der Sixtinischen Kapelle. Fünfzehn Tage später übergab der Erzbischof von Sarde dem König von Bayern sein Beglaubigungsschreiben. Die bayerische Regierung wollte den Frieden nach Verhandlungen zwischen dem Kaiser und der Entente; Pacelli wurde beauftragt, Wilhelm einen Brief zu übergeben, in dem

Benedikt XV. erklärte, daß er seit Beginn seines Pontifikats die Kriegsmächte beschworen haben, die Waffen niederzulegen: „Angsterfüllt durch das schreckliche Blutbad haben wir sie ermahnt, sich zu einigen und den Konflikt gemäß der Menschenwürde und des betreffenden Glaubensbekenntnisses zu regeln ..." Am Abend des 25. Juni 1917 verließ Nuntius Pacelli München in Richtung Berlin, wo er am Morgen um 7 Uhr 25 ankam (wie ein Schreiben an Kardinal Gasparri beweist). Nach der Messe in der St. Hedwigskirche wurde er vom Minister für Auswärtige Angelegenheiten — von Bergen — empfangen. Um 11 Uhr 30 begegnete er dem Kanzler Bethmann Hollweg, dem er den Papstbrief übergab. Der Kanzler war optimistisch, fand aber, der Moment für eine Friedensaktion sei noch nicht gekommen. Bezüglich der Bedingungen erkannte er die Unabhängigkeit Belgiens unter der Gewährleistung der deutschen Interessen an. Was Lothringen anbelangte, sah er höchstens die Möglichkeit einiger Grenzberichtigungen entlang der französischen Sprachgrenze. Auf jeden Fall, meinte er, müsse der Hl. Stuhl beim Friedensabschluß eine „große Rolle" spielen. Donnerstagabend, am 28. Juni, fuhr Pacelli in einem kaiserlichen Wagen nach Kreuznach, wo der Kaiser sein Hauptquartier hatte. Dort zelebrierte er am folgenden Morgen die hl. Messe in einem Militärspital, von wo er in die kaiserliche Wohnung geleitet wurde. Wilhelm II. empfing ihn um 12 Uhr 45: „Ich erkläre ihm — meinen Weisungen entsprechend — die angstvolle Besorgnis des Hl. Vaters wegen des Krieges, der sich in die Länge zog, wegen des Hasses und der Anhäufung materieller und moralischer Ruinen, die einem Selbstmord des zivilisierten Europa glichen und den Weg der Menschheit um Jahrhunderte verzögerten." Der Kaiser hörte aufmerksam zu, aber es schien Pacelli, daß er „überspannt und nicht ganz normal war". Er antwortete, Deutschland habe den Krieg nicht begonnen, aber es wäre verpflichtet, sich gegen England zu verteidigen. Unter anderem erklärte er: „Auf der Erde gibt es zwei mächtige Organisationen: die katholische Priesterschaft und das preußische Kriegsheer, zu denen jetzt noch der internationale Sozialismus hinzuzufügen ist." Er sprach auch von der unerträglichen Lage des Papstes, der ein Gelände mit Verbindung zum Meer benötige. Zum Nuntius war er äußerst freundlich: er verlieh ihm das Großkreuz vom Roten Adler, lud ihn zum Mittagessen ein und ließ ihn mit dem Auto nach Mainz geleiten, wo Pacelli den Zug nach München bestieg. In seinen Erinnerungen wird Wilhelm II. später schreiben: „Pacelli ist eine vornehme Person, die Zuneigung bewirkt. Dank der erhabenen

Intelligenz und der vorzüglichen Betragensweise ist er ein würdiger Fürst der katholischen Kirche."

Pacelli erreichte *München,* wo er auf einen Erfolg seiner Gespräche mit dem Kanzler hoffte. Dieser wurde jedoch zwei Wochen später durch Georg Michaelis ersetzt. Pacelli fuhr mit einem Friedensplan nach den Wünschen des Vatikans nach Berlin zurück: Freiheit der Meere, gleichzeitige Entwaffnung, Schiedsspruch in den Streitfragen, Rückerstattung der besetzten Länder in den Kolonien, in Belgien und in Frankreich, Lösung der ökonomischen Fragen und der Grenzen in Elsaß-Lothringen wie auch des Schicksals von Polen, Serbien, Rumänien und Montenegro durch die Friedenskonferenz. Am 24. Juli begegnete Pacelli dem neuen Kanzler, um ihm seine Ansichten vorzulegen. Michaelis befürchtete, durch Verhandeln ein Zeichen von Schwäche zu geben, und wollte sich nicht festlegen. Er befürchtete vor allem, daß die Militärchefs die vorgeschlagenen Bedingungen nicht annehmen würden. Er gestand auch, daß seit den letzten Erfolgen die Generäle Herr der Lage seien (27. August 1917). Am gleichen Tag schrieb der Kanzler, daß die Unterhaltung mit dem Nuntius sich gut entwickelt habe und daß dieser den Eindruck hätte, es könnten Gespräche aufgenommen werden. Die offizielle Antwort des Kaisers ließ jedoch auf sich warten. Darauf entschloß sich der Papst, die im Schreiben an den Nuntius geäußerten Bedingungen im eigenem Namen zu nennen, und bezog sie in seinen Appell vom 1. August 1917 ein. Die Reaktion auf diesen Appell seitens der Entente und der deutschen Generäle, die, des Sieges sicher, von einer päpstlichen Vermittlung nichts wissen wollten, sind bekannt. Es blieb dem Papst nichts anderes übrig, als sein Werk der Nächstenliebe nach Kräften fortzusetzen und das Elend der Gefangenen und der übrigen Kriegsopfer zu lindern. In dieser Hinsicht konnte der Nuntius von München große Aktivitäten entfalten. Dank der vollkommenen Freiheit, die ihm die bayerische Regierung gewährte, konnte er Spitäler und Gefangenenlager besuchen. Im März reiste er nach Rom, um über die Lage zu berichten. Bald erlebte er den Untergang des Reiches. November und Dezember 1918 und Januar 1919 verbrachte er einsam in der Schweiz. Im folgenden Februar kehrte er nach Bayern zurück und lebte einige Zeit in einem Kloster. Erst im März war er wieder in der Nuntiatur in München. Das Land, und besonders die Stadt, waren Opfer der spartakistischen Revolution — einer Nachahmung der russischen — geworden. Am 3. April wurde die Nuntiatur von einer Bande gestürmt, die das Auto des Hauses beschlagnahmen wollte. Pacelli protestierte gegen diese Verletzung der diplomatischen Immunität, aber man hielt ihm einen Revoler vor das Gesicht. Ein Militärattaché von der italienischen Gesandtschaft und die höheren Behörden räumten das Gelände, und die Bande zog ohne das Auto ab. Zwei Tage später fand ein neuer Vorfall statt, der ebenso verlief. Ein Schuß in die Fenster begleitete diesmal den Angriff. Bald aber setzten die Reichstruppen dem roten Terror von München ein Ende.

Dank einer gewissen Ruhe und Sicherheit konnte Pacelli mit den Behörden, den Nachfolgern der Hohenzollern, Gespräche über die Beziehungen zwischen der Kirche und dem neuen Deutschland aufnehmen. Das Ergebnis war eine Nuntiatur bei der Reichsregierung, und am 30. Juni 1919 überreichte Mgr. Pacelli dem Reichspräsidenten Friedrich Ebert sein Beglaubigungsschreiben. Er blieb aber noch in München und reiste nur, wenn ihn besondere Anliegen in die eine oder andere Stadt riefen. So lernte er einen großen Teil der deutschen Episkopate kennen. Mit dem Erzbischof von München, Faulhaber, waren die Beziehungen innig und voll gegenseitiger Hochachtung. Der Tod seiner Mutter brachte Pacelli im Februar 1920 nach Rom zurück. Im Januar 1922 überraschte ihn die Anzeige vom Tod Benedikts XV. Er behielt jedoch sein Amt und konnte die Besprechungen über das Konkordat mit Bayern erfolgreich beenden. Die Übereinkunft wurde am 29. März abgeschlossen; ihre Bestätigung fand aber erst am folgenden 24. Januar statt. Neben der Zusicherung einer freien und öffentlichen Ausübung des katholischen Gottesdienstes waren etwa die Hälfte der Artikel der katholischen Schule gewidmet, deren Existenz auch garantiert wurde. Ebenso wurde das Recht zur Errichtung katholischer Fakultäten für Theologie eingeräumt, die Ernennung der Professoren blieb dem nihil obstat der Bischöfe unterworfen. Die Bischöfe sollten aus einer von den bayerischen katholischen Behörden bestimmten Liste vom Hl. Stuhl ernannt, die Regierung jedoch möglichst bald von der Ernennung benachrichtigt werden, damit sie — wenn notwendig — ihre politischen Anmerkungen machen könnte.

Damit war das Werk Pacellis in Bayern beendet. Während einer öffentlichen Versammlung im Odeonsaal nahm er am 14. Juli 1925 Abschied von München und siedelte nach *Berlin* über, wo er sich im folgenden Monat endgültig niederließ. Dort bemühte er sich, den deutschen Katholiken die Vorteile eines Konkordats zu sichern. Nach schwierigen Unterhandlungen wurde vom Staat die Freiheit der öffentlichen Ausübung des katholischen Kultus garantiert. Eine Neugestaltung der Diözesankonskription wurde vorgesehen, die Wahl neuer Bischöfe aus einer vom Episkopat vorbereiteten Liste mit drei Kandidaten und nach vorheriger Bekanntgabe an die Regierung dem Kapitel überlassen. Die Schulfrage war so heikel, daß sie nicht berührt wurde; man bemerkte nur „daß diese Unterlassung den verfassungsmäßigen Rechten auf diesem Gebiet keinen Nachteil bringen würde". Am 13. August genehmigte die deutsche Kammer nach einer Diskussion die Übereinkunft, zu der ein Abgeordneter erklärte: „Der hundertjährige Zwiespalt zwischen Staat und Kirche ist dank dieser Übereinkunft zugunsten der Kirche erledigt worden."

Gleichzeitig benützte Pacelli seine Gegenwart in der Hauptstadt, um vorsichtige Beziehungen zur Sowjetunion aufzunehmen. Tatsächlich forderten die Kommunisten eine offizielle Anerkennung durch den Vatikan. Der Vatikan wollte diese nicht a priori ablehnen, da er auf eine Möglichkeit hoffte, den Katholiken der Sowjetunion ein Minimum an Freiheit zu verschaffen. Im Februar 1925, noch vor seiner Übersiedlung nach Berlin, begegnete Pacelli dort dem sowjetischen Abgesandten in Deutschland, Krestinski. Im September saß er bei einem offiziellen Festessen neben dem sowjetischen Außenminister Tschitscherin. Fast zwei Jahre später, am 14. Juni 1927, traf er ihn bei einer geheimen Zusammenkunft wieder. Die Unterredung blieb wegen der Frage des religiösen Unterrichts ergebnislos. Nuntius Pacelli riet jedoch noch im September, die Unterhaltungen weiterzuführen. (Stehle, Die Ostpolitik des Vatikans, 90, 94, 132 - 140.) Es war wiederum Pacelli, der am 26. März 1926 Mgr. d'Herbigny im Hinblick auf eine Mission in der Sowjetunion zum Bischof weihte.

Nach Abschluß des deutschen Konkordats wußte man schon im Herbst 1929, daß Mgr. Pacelli nach Rom abberufen werden sollte, wo ihn die Kardinalswürde erwartete. Eugenio Pacelli verließ also Deutschland nach einer zwölfjährigen Mission, während der er nicht nur Prälaten und Politiker kennengelernt hatte, sondern auch allen sozialen Schichten und politischen Gruppen begegnet war. Die vollkommene Kenntnis der Sprache hatte es ihm erlaubt, sich direkt an die Gläubigen zu wenden und auch an den bischöflichen Versammlungen teilzunehmen. Er hatte den ersten Aktionen Hitlers beigewohnt und für den bevorstehenden Konflikt zwischen Christ und Antichrist zur Vorsicht gemahnt; eine Maßnahme, die die nächste Zukunft zur Genüge bestätigte. Am 9. November 1929 nahm er Abschied vom Reichspräsidenten, dem bejahrten Feldmarschall Hindenburg, bevor er Deutschland endgültig verließ.

Das Konsistorium vom 16. Dezember 1929 führte Eugenio Pacelli in das *Kardinalskollegium* ein. Es scheint, daß er eine Zeitlang die Hoffnung hegte, von Pius XI. eine Diözese zu erhalten, doch am 7. Februar wurde er *Staatssekretär*. Nachfolger von Pietro Gasparri zu werden war sicher nicht leicht; er hatte das Amt fünfzehn Jahre innegehabt, den Codex Iuris Canonici veröffentlicht und schließlich seine Laufbahn mit dem Lateran-Vertrag auf glänzende Weise abgeschlossen. Nichtsdestoweniger schrieb der damalige Abgesandte von Frankreich, Charles-Roux, Pacelli brauche nicht zu „erbleichen wegen der Erinnerung an seinen Vorgänger, weil er keineswegs von diesem übertroffen werde“ (S. 70). Durch nahezu zehn Jahre spielte sich sein Leben zwischen den Gemächern des Papstes, wohin er jeden Morgen zur Audienz ging, und seinen eigenen Gemächern im ersten Stockwerk, wo er selbst Audienz gab, ab. Dort sah ihn Charles-Roux, während er selbst wartete, um empfangen zu werden, vorbeigehen: „Es kam ein Prälat von hohem Körperwuchs, mager, mit brauner Hautfarbe, ergrauendem Haar, asketischem Gesicht, lebendigem Blick und gutmütigem Ausdruck, das rote Käppchen über der Soutane mit Randschnur und roten Knöpfen, das goldene Kreuz an einer Kette auf der Brust hängend. Das ist der Kardinal Pacelli, der sich, wenn die päpstliche Audienz beendet ist, in sein Arbeitszimmer zurückzieht, um dort Besuche zu empfangen“ (74). Mehr noch als die äußere Erscheinung ist das moralische Porträt interessant: „Er war ein vollkommener Diplomat, gewissenhaft und ausdauernd, wenn er die wichtigen Standpunkte des Hl. Stuhls vertrat, und gleichzeitig versöhnlich, gerecht, unparteiisch, von ängstlicher Rechtschaffenheit. Er konnte unversöhnlich und energisch sein, ablehnen oder sich beschweren, doch alles, ohne jemals beleidigend zu sein. Wer mit ihm zusammen kam, war an das Wort eines französischen Diplomaten und Staatsmannes, Choiseul, erinnert: ‚Die echte Freiheit besteht in der Wahrheit, ausgesprochen hie und da mit Kraft, aber immer mit Würde.‘“ (75). In den ersten Jahren seiner Tätigkeit als Staatssekretär setzte Pacelli das große Werk, das er als Nunitus in Deutschland begonnen hatte, fort: eine juristische Grundlage für die Beziehungen zwischen der Kirche und den Ländern. Im Jahre 1932 wurde auch mit Baden ein Konkordat abgeschlossen. Am 20. Juli 1933 schließlich unterschrieben Staatssekretär Pacelli und von Papen ein Reichskonkordat. Unter anderen Umständen hätte Pacelli diesen Vertrag als den größten Erfolg seiner diplomatischen Laufbahn ansehen können; was er jedoch über die damalige deutsche Regierung wußte und über die zweifelhafte Form, wie sie den Hl. Stuhl zu diesem Vertrag moralisch gezwungen hatte, ließen ihm nicht die Möglichkeit, sich Trugbildern hinzugeben. Aber der Vertrag gab dem Vatikan wenigstens die juristische Voraussetzung, die deutsche Kirche gegen vorherzusehende Mißbräuche der Regierung zu verteidigen. Außerdem bewies er den deutschen Katholiken den guten Willen des Vatikans; eine Verweigerung des Vertragsabschlusses hätte sie dagegen in eine noch viel schwierigere Situation gebracht. Die Verhandlungen mit dem Reich sowie die zwischen Pius XI. und Mussolini entstandenen Beziehungen hinsichtlich der Katholischen Aktion hielten den Staatssekretär in seiner Geburtsstadt zurück. In den folgenden Jahren aber lernte er andere Teile der Welt kennen. In Buenos Aires fand der Internationale Eucharistische Kongreß statt, zu dem Pius XI. seinen Staatssekretär als Legaten sandte. So verließ am 24. September 1934 der Postdampfer Conte Grande Genua, beflaggt mit der päpstlichen neben der Nationalflagge, und brachte den Legaten Pacelli mit seinem Gefolge nach Amerika. Kaum angekommen, wurde er am 9. Oktober vom Präsidenten der argentinischen Republik empfangen; am folgenden Morgen eröffnete er den Eucharistischen Kongreß, zelebrierte die Messe und predigte in spanischer Sprache. Seine Abfahrt gestaltete sich zu einem neuerlichen Triumph. Ein kurzer Aufenthalt in Montevideo erlaubte ihm Kontakte mit Uruguay. In Rio de Janeiro wiederholten sich die Festlichkeiten der Hauptstadt von Argentinien. Präsident Vargas empfing ihn und gestatte ihm, sich diesmal in portugiesischer Sprache direkt an die Nationalversammlung und an den Obersten Gerichtshof zu wenden. Anschließend unternahm er eine Pilgerfahrt zum Denkmal von Corcovado, und am 21. Oktober trat der Legat und Staatssekretär Pius' XI. seine Rückreise nach Italien an. Nach einer Zwischenlandung in Las Palmas auf den Kanarischen Inseln und einem Aufenthalt in Barcelona kam er am Abend des 2. November in Rom an.

Zu Beginn des Jahres 1935 besuchte der Außenminister der französischen Regierung, Pierre Laval, den Vatikan. Die Zeit von Combes war nun vorbei, und der Besuch von Laval war die Vorbereitung einer Pilgerreise des Kardinals Pacelli nach Lourdes. Der Bischof von Lourdes, Gerlier, hatte eine Pilgerfahrt organisiert und den Papst um einen Legaten gebeten. Trotz einiger Bedenken von seiten des Nuntius von Paris, Luigi Maglione, wurde der Kardinal-Staatssekretär zum Legaten ernannt. Er verließ Rom am 25. April 1935 und wurde an der französischen Grenze und in Lourdes mit den höchsten Ehrenbezeigungen empfangen; die erschienene Menschenmenge übertraf alle Erwartungen. Am Sonntag, dem 28., dem letzten Tag des Triduums, hielt der Legat die Homelie in klassischem Französisch und stellte die Mystik der christlichen Erlösung „dem Aberglauben von Rasse und Blut“ gegenüber.

Zwei Jahre später erteilte Pius XI. seinem Staatssekretär die Erlaubnis für eine zweite Legation, um den Vereinigten Staaten einen Besuch abzustatten. Am 8. Oktober 1936 bestieg Kardinal Pacelli also wieder ein Schiff in Richtung Neue Welt, aber diesmal landete er in New York. Von hier aus bereiste er die Vereinigten Staaten von Osten nach Westen und von Norden nach Süden: Philadelphia, Chicago, San Francisco, Los Angeles, Saint Louis ... Er begegnete Bischöfen, Kardinälen, Mgr. Spellmann, der bald darauf Erzbischof von New York wurde, und unter anderem auch Kardinal Mundelein, dem Erzbischof von Chicago. Er predigte in den Kathedralen und besuchte Universitäten, wo man ihn mit Doktoraten honoris causa ehrte. Zu gleicher Zeit bereiteten sich die Amerikaner auf die Präsidenentwahl vor. Am 3. Nobember wurde Roosevelt trotz der heftigen Opposition von P. Coughlin mit erstaunlicher Stimmenmehrheit wiedergewählt. Bereits am 5. November empfing der Präsident der Vereinigten Staaten den vatikanischen Staatssekretär. Schon bei der ersten Begegnung entstand eine gegenseitige Sympathie, die bis zum Tod Roosevelts anhielt. Nach einem Besuch beim Bürgermeister von New York, J. P. Kennedy, und einer Abschiedsmesse in der Kathedrale von S. Patrick endete der vierwöchtige Aufenthalt in den Vereinigten Staaten, und Pacelli kehrte am 14. November nach Rom zurück. Weder die Reisen noch die tägliche Arbeit im Staatssekretariat ließen Kardinal Pacelli die Zeit seiner Nuntiatur in Deutschland vergessen. Mit großer Sorge und Aufmerksamkeit verfolgte er die Entwicklung der religiösen Lage im Dritten Reich. Immer mehr konnte man sie in einem Wort zusammenfassen: Verfolgung. Pacelli vermehrte die Protestnoten gegen die Verletzung des Konkordats von 1933, aber ohne Erfolg. Am 12. und 13. Januar 1937 empfing Pacelli fünf deutsche Kardinäle und zwei deutsche Bischöfe, die er nach Rom gerufen hatte, in Audienz. Alle stimmten überein, daß der Papst die Verfolgung, die in Deutschland herrschte, energisch verurteilen und gegen die nazistische Ideologie die christlichen Prinzipien in Erinnerung bringen sollte. Das war der Ausgangspunkt der Enzyklika „Mit brennender Sorge“. Kardinal Faulhaber machte einen Entwurf, der dann vom Staatssekretär bearbeitet wurde. Am Palmsonntag, dem 21. März 1937, wurde das päpstliche Schreiben in allen Kirchen Deutschlands verlesen, noch bevor die Gestapo darauf aufmerksam wurde. Die Regierung reagierte betroffen, ihre Haltung der Kirche gegenüber wurde jedoch nicht besser. Im Gegenteil.

Ob Kardinal Pacelli mit Kardinal Mundelein in Chicago privat über die Lage der deutschen Katholiken gesprochen hat? Jedenfalls sprach Kardinal Mundelein darüber, öffentlich. In einer Ansprache an die Priester seiner Diözese machte er eine Anspielung auf die sechzig Millionen Deutschen, die wie Sklaven von einem — übrigens unfähigen — Fremden und zwei Schurken wie Goebbels und Göring unterdrückt werden. Diesmal war es der Vertreter des Dritten Reiches, der beim Staatssekretariat gegen die Äußerungen von Kardinal Mundelein protestierte. Die kurze Antwort von Kardinal Pacelli lautete: „Erstens bin ich es nicht gewöhnt, mich über Reden zu äußern, deren Text noch nicht einwandfrei bestätigt vorliegt, wie es hier der Fall ist. Zweitens wäre ich auch bei bereits vorliegendem Text nicht in der Lage, zu der gemachten Mitteilung Stellung zu nehmen, bevor ich eine klare, endgültige und befriedigende Antwort auf folgende Frage erhalte: Was hat die deutsche Regierung getan, und was gedenkt sie in Zukunft gegen die niederträchtigen Beschimpfungen und Verächtlichmachungen, gegen die schmachvollen Verleumdungen, die Tag für Tag in deutschen Zeitungen und Zeitschriften und in Reden auch prominenter Persönlichkeiten gegen die Kirche, kirchliche Einrichtungen, gegen den Papst, die Kardinäle, Bischöfe usw. erfolgen, zu tun? Ich will Euer Exzellenz die Aufgabe erleichtern, indem ich den ersten Teil der Frage selbst beantworte: die deutsche Regierung hat — trotz aller Proteste — gegen all das nichts getan. Im Gegenteil ...“ Sechs Wochen später verließ der Kardinal-Staatssekretär erneut sein Arbeitszimmer für eine weitere Legation. Die Bauarbeiten an der Basilika von Lisieux zu Ehren der hl. Theresia waren genügend fortgeschritten, um die Weihe des Heiligtums vornehmen zu können. Pius XI., der seine besondere Verehrung für die hl. Karmeliterin von Lisieux dokumentieren wollte, aber gesundheitshalber nicht selbst dorthin reisen konnte, sandte seinen Staatssekretär. Der Weg führte Pacelli diesmal über Paris, und die Reise gestaltete sich zu einer Reihe von Triumphen. Am 9. Juli 1937, um 11 Uhr vormittags, kam Kardinal Pacelli am Gare de Lyon an und wurde vom Minister für Auswärtige Angelegenheiten empfangen, den er am Nachmittag gleich am Quai d'Orsay aufsuchte, um ihm zu danken. Tags darauf fuhr er nach Lisieux, wo ihn alle Ortsbehörden offiziell begrüßten. Eine Kavallerieschwadron und ein Infanterieregiment erwiesen die Ehrenbezeigungen. Am 11. Juli fand die Weihe der neuen Basilika statt, und Pacelli richtete das Wort an die auf der Esplanade versammelte Volksmenge. Noch großartiger war die Homelie, die er am 13. Juli in der Kathedrale von Paris hielt. Kardinal Pacelli gestand später, er sei tief gewegt gewesen, als er die Kanzel von Notre-Dame bestieg, diese durch Lacordaire und Ravigang so berühmte Kanzel. Die Gemütsbewegung trübte jedoch weder sein Gedächtnis noch seine sprachliche Meisterschaft, so daß entgegen jeder Gewohnheit die Zuhörerschaft am Ende der Predigt spontan applaudierte. Anschließend fuhr Pacelli zum Triumpfbogen und zu Empfängen am Quai d'Orsay, im Elyseum und im Rathaus. Über eine solche Annäherung zwischen dem Vatikan und der Regierung von Frankreich konnte die Regierung in Berlin, an die Pacelli ständig Protestnoten wegen der Verletzungen des Konkordats richtete, nicht erfreut sein.

Der Internationale Eucharistische Kongreß führte Kardinal Pacelli im Jahr darauf als Legaten nach Budapest. Die dortige Regierung, die gute Beziehungen mit Deutschland unterhielt, empfing den Legaten mit allen offiziellen Ehrenbezeigungen. Der Kardinal hielt eine seiner öffentlichen Reden auf deutsch.

In den Herbst 1938 fiel die große Krise von München, in der Pius XI. den Zusammenbruch der Demokratien erlebte. Am Sonntag, dem 5. Februar 1939, ging Kardinal Pacelli am Morgen zur Audienz beim Papst und fand diesen am Ende seiner Kräfte. Ohne Zweifel hatte er sich bei der Vorbereitung der Ansprache an die italienischen Bischöfe, die er für den 11. Februar — den zehnten Jahrestag der Unterzeichnung des italienischen Konkordats — einberufen hatte, überarbeitet. Am Mittwoch, dem 8. Februar, hatte sich der Zustand von Pius XI. verschlechtert, aber er wollte seinen Plan noch nicht aufgeben. Am folgenden Morgen veröffentlichte Kardinal Pacelli einen Bericht über den besorgniserregenden Gesundheitszustand des Papstes. Vom Abend bis zwei Uhr Nachts wachte er bei ihm, zog sich dann zurück, um ein wenig auszuruhen, doch gegen vier Uhr früh ließ man ihn wissen, daß es zu Ende ging; in der Tat starb Pius XI. um 5 Uhr 10 an diesem 10. Februar 1939.

Zwischen Papst Ratti und seinem Staatssekretär Eugenio Pacelli hatte ein gegenseitiges Vertrauen bestanden; Pius XI. hatte merken lassen, daß er Pacelli als seinen Nachfolger ansah. Um diese Nachfolge vorzubereiten, hatte er ihn auch beide Male Amerika bereisen lassen. Und er hatte aus seinen Gedanken kein Hehl gemacht: „Er wird ein guter Papst sein.“ Mgr. Tardini bemerkte dazu: er sagte nicht: sarebbe, sondern: sarà. Am 2. März, am ersten Abend des Konklaves, wurde diese Prophezeiung im dritten Wahlgang bestätigt: *der Römer Eugenio Pacelli wurde Papst.*

Die ersten Pontifikatsjahre führten Pius XII. zu den in Rom als Sekretär für die Außerordentlichen Angelegenheiten in Deutschland und als Nuntius in München verbrachten Jahre zurück. Der Großteil seiner Tätigkeit bestand tatsächlich in der Mission, zunächst den Konflikt zu vermeiden, und nachdem dieser ausgebrochen war, seine Folgen und Leiden zu lindern, und schließlich, wenn möglich, sein Ende zu beschleunigen. Eine größere Autorität und die durch den Lateran-Vertrag einigermaßen geklärte internationale Lage schienen dem Hl. Stuhl eine sichere Grundlage für eine Friedensaktion im Jahre 1914 verliehen zu haben. Benedikt XV. hatte mit den Erben von Combes in Frankreich und mit den Radikalen in Italien, die die Religiosen verjagt und die Klöster geschlossen hatten, zu rechnen. Pius XII. mußte sich jedoch mit dem deutschen Nationalsozialismus und mit dem sowjetischen Kommunismus auseinandersetzen. Im Vergleich zu deren Methoden konnte man diejenigen der französischen und italienischen Antiklerikalen als geschmacklose Scherze bezeichnen. Nichtsdestoweniger und trotz der realistischen Einsicht in die Lage wollte Pius XII. nichts unversucht lassen, um den Frieden zu bewahren. Als er sah, wie sich das Gewitter über dem Himmel von Polen zusammenzog, lud er die fünf am Los Europas interessierten Mächte zu einer Konferenz ein. Deutschland und Italien auf der einen Seite, Frankreich, England und Polen auf der anderen. Sein Vorschlag wurde jedoch von beiden Seiten höflich abgelehnt. Als im Juli und August die Spannung immer stärker wurde, vermehrte Pius XII. seine Mahnungen und beschwor die kampfbereiten Mächte auf diplomatischem Weg durch seine Nuntien und die Vertreter beim Hl. Stuhl durch öffentliche Aufrufe. Dabei wurde er von Staatssekretär Maglione, aber auch von Mgr. Tardini und Mgr. Montini sehr unterstützt. Deutschland wurde streng gewarnt, daß der Entschluß Englands, Polen beizustehen, unwiderruflich sei. Noch am 24. August richtete Pius XII. von seiner Sommerresidenz in Castel Gandolfo einen herzergreifenden Appell an die Regierungen und Völker: „Nichts ist verloren mit dem Frieden, alles kann verloren sein durch den Krieg.“ Aber die am Vorabend zwischen Berlin und Moskau geschlossene Übereinkunft machte alle Bemühungen zunichte, und die deutschen Armeen marschierten am 1. September 1939 in Polen ein.

Da es ihm unmöglich geworden war, den Krieg zu verhindern, bemühte sich Pius XII., ihn zumindest zeitlich und räumlich zu begrenzen. In der Hoffnung, das Ende zu beschleunigen, ließ er sich in eine Art Kollaboration mit der militärischen Opposition gegen Hitler ein. So leistete er bei der britischen Regierung Bürgschaft für die deutschen

Generäle, die die Friedensbedingungen Englands für ein vom Nationalsozialismus befreites Deutschland erfahren wollten. Noch direkter versuchte er, daß Italien nicht in den Krieg verwickelt würde. Nach dem Empfang des Königs und der Königin von Italien im Vatikan wollte er am 28. Dezember 1939 persönlich einen Gegenbesuch im Quirinal machen. In allen Reden wurde vom Frieden gesprochen. Mit Freude hatte er einen persönlichen Abgesandten von Präsident Roosevelt empfangen und rechnete auf die Unterstützung der Vereinigten Staaten für den Frieden. Nach einer Übereinkunft mit Roosevelt schrieb er am 24. April 1940 einen persönlichen Brief an Mussolini, um diesen von einem Eintritt in den Krieg zurückzuhalten. Am folgenden 3. Mai setzte er, vom Reichsgeheimdienst über den bevorstehenden Angriff benachrichtigt, die Neutralen und Alliierten davon in Kenntnis.

Der Eintritt Italiens in den Krieg gestaltete die materielle Lage des Vatikans noch unerträglicher und komplizierte die Bemühungen, die Leiden zu mildern und die strenge Unparteilichkeit zwischen den Mächten und den durch den Konflikt getrennten Katholiken zu beobachten. Er stand unter Druck und durfte weder den Angriff gegen Polen im September 1939, noch die Verletzung der Neutralität von Belgien, Holland und Luxemburg im Mai 1940 verurteilen. Er weigerte sich aber auch, den Angriff auf die Sowjetunion als Kreuzzug zu segnen, und ließ die amerikanischen Bischöfe wissen, daß die Enzyklika Divini Redemptoris von 1937 der Regierung von Washington nicht verbot, der sowjetischen Armee im Krieg gegen Deutschland Material zu senden.

Diese Distanzierung, die aber keine gefühllose Neutralität sein wollte, erlaubte ihm, auf fruchtbare, aber leider begrenzte Weise zugunsten der Geiseln, Bürgen und Gefangenen zu wirken. Besonders für sie schuf er das sogenannte Nachrichtenhilfswerk, das den geängstigten Familien Nachrichten über Söhne, Brüder, Gatten und Gefangene zu verschaffen suchte. Die Hilfe zugunsten der Polen wurde zwar von der deutschen Regierung abgelehnt, weil der Hl. Stuhl die besetzten Gebiete nicht als einen Teil des Reiches anerkannte, doch hatte dieses gute Werk in Ungarn, Jugoslawien und Slowenien mehr Erfolg und konnte die rassistischen Maßnahmen begrenzen. Die italienische Regierung weigerte sich, die Gewalttätigkeiten der Nazis gegen die Juden nachzuahmen. Dennoch retteten Klöster und religiöse Häuser vom 8. September 1943 bis zur Ankunft der Alliierten in der Stadt, also während der Herrschaft der Nazis, viele Menschen. Der Papst hatte ihnen befohlen, die verfolgten Juden aufzunehmen und zu verbergen. Am 4.

Februar 1944 protestierte der Papst wegen der Verletzung der Extraterritorialität der Basilika St. Paul vor den Mauern, die von der Polizei überfallen worden war. Am 5. Juni 1944 zogen endlich die Alliierten in Rom ein, das die deutschen Truppen soeben in guter Ordnung verlassen hatten. In den Tagen zuvor hatte der Vatikan eine fieberhafte Tätigkeit entfaltet, um zu verhindern, daß die Stadt nicht zum Kampffeld würde. Die Stimme des Papstes und der Vernunft fand ein Echo. Am Abend des 7. Juni versammelte sich auf dem Petersplatz eine Menschenmenge, und die römische Bevölkerung jubelte Pius XII. als defensor civitatis zu. Am folgenden Sonntag, dem 11. Juni, kam er selbst in das Zentrum der Stadt, in die Kirche vom hl. Ignatius, um der Jungfrau der Göttlichen Liebe für den göttlichen Schutz der Papststadt zu danken.

Am 22. August verlor der Papst seinen Staatssekretär Kardinal Luigi Maglione, der seine diplomatische Tätigkeit treu unterstützt hatte. Pius XII. wurde nun sein eigener Staatssekretär. Die relative Ruhe in Rom nach der Ankunft der Alliierten ließ ihn jedoch nicht die immer noch dem Schrecken des Krieges und der Umwälzung preisgegebenen Völker vergessen. In der feierlichen Form eines Rundschreibens schrieb er am 15. April 1945 Gebete für den Frieden vor, wie er es auch im der Gottesmutter geweihten Monat Mai zu tun gewohnt war. Zu gleicher Zeit starb ein Staatsmann, mit dessen Unterstützung bei der Reorganisation der Welt nach dem Krieg der Papst trotz einiger Mißverständnisse sehr gerechnet hatte: Franklin D. Roosevelt. Das Trauertelegramm, das Pius XII. an Truman sandte, war nicht nur Protokollsache, sondern drückte ein Gefühl der Verbundenheit aus, das seit dem Besuch des Legaten Pacelli im Weißen Haus im Jahre 1936 bestanden hatte.

Am 9. Mai 1945 konnte Pius XII. in einer Radiobotschaft das *Ende des Krieges* bekanntgeben: „Endlich ist der Krieg vorbei, der während sechs Jahren Europa unter dem Zwang schrecklicher Qualen und der bittersten Traurigkeit hielt." Zugleich ermunterte der Papst die Bevölkerung, den nötigen Mut zu zeigen, um wiederaufzubauen, und die erforderliche Seelenstärke aufzubringen, um zu vergeben. Wenn der Krieg auch einen großen Teil der Kräfte des Papstes in Anspruch genommen hatte, so hatte er ihn doch nicht daran gehindert, seine Mission als Kirchenhirte und Lehrer der Wahrheit zu erfüllen. Am Vorabend des politischen Konflikts konnte Pius XII. mit einem Dokument zum religiösen Frieden beitragen: ein Dekret des Inquisitionsgerichts vom 10. Juli 1939 hob die Strafe auf, die seit 1926 über der Zeitschrift und Bewegung „L'Action Française" hing. Im Dezember des gleichen Jahres entschied die Kongregation der Glaubensverbreitung über eine alte Streitfrage: die Ehrenbezeigungen, welche die Chinesen den Bildern des Konfuzius erweisen, waren in Zukunft auch den Katholiken erlaubt. Gleichzeitig wurde auch der Eid gegen die „rites chinois", den die Missionare auf Verordnung von Benedikts XIV. leisten mußten, aufgehoben.

Als *Beiträge zur Friedensstiftung* von seiten Pius XII. sollen besonders folgende erwähnt werden: Das Rundschreiben Summi Pontificatus, das erste nach seiner Wahl zum Papst. Die Ansprachen zu Weihnachten, die vor allem die Menschenrechte und Gerechtigkeit und Frieden als Voraussetzung der menschlichen Existenz betonten. Zwei Rundschreiben des Jahres 1943 beschäftigten sich mit inneren Fragen der Kirche und wichtigen dogmatischen und exegetischen Problemen. Das Rundschreiben Mystici corporis vom 29. Juni 1943 bestimmte die innere Natur der Kirche und ihre Beziehungen zwischen der irdischen, kirchlichen Realität und Christus, dem Erlöser. Christus ist das Haupt des mystischen Leibes, und die Kirche mit Christus bildet den ganzen Christus. Jene, die sich außerhalb der Kirche befinden, vernachlässigen äußerst sichere Mittel für ihr Heil. Aber niemand soll gezwungen werden, sich dem sichtbaren Gefüge der kirchlichen Gesellschaft anzuschließen.

Drei Monate später erschien das Rundschreiben Divino Afflante Spiritu, datiert mit dem 30. September 1943. Es enthielt Weisungen von großer Wichtigkeit für das Studium der hl. Schrift. Es erklärte auch, daß die Inspiration die eigenständige Denk- und Schreibweise der hl. Autoren nicht aufhebe und daß sich die Exegese daher den „genres littéraires" jedes Autors und seines hl. Buches anpassen müsse.

Pius XII. ermunterte auch zu einer neuen Übersetzung der Psalmen, damit der lateinische Text dem Original treuer und den Lesern des römischen Breviers verständlicher werde. Ein Motu proprio vom 10. März 1945 gab den Priestern und Religiosen, die es wünschten, die Erlaubnis, diese neue Übersetzung zu benutzen.

Das Ende des Krieges machte es Pius XII. möglich, einige Fragen von innerer Tragweite für die Kirche zu regeln, die in gewissem Maße auch politischer Natur waren. Während des Krieges hatte das hl. Kollegium eine große Anzahl seiner Mitglieder verloren. Einige Zeit vor Weihnachten 1945 gab Pius XII. die Kreation von 32 neuen Kardinälen bekannt, die im Konsistorium vom 18. Februar 1946 ins hl. Kollegium eingeführt wurden. Unter den neuen Kirchenfürsten waren Erwählte aus allen Teilen der Welt: neben vier Italienern drei Franzosen, drei Deutsche, drei Spanier, fünf Nordamerikaner, sechs Südamerikaner, ein Ungar (Mindszenty), der Chinese Tien und der Engländer Griffin.

Dieser Versuch, das hl. Kollegium international zu besetzen, war nur ein Gesichtspunkt seines Vorhabens, eine wirklich übernationale Kirche zu schaffen. Schon am 29. Oktober 1939 hatte er zwölf Bischöfe, die für Asien und Afrika bestimmt waren, geweiht. Unter ihnen waren ein Inder, ein Japaner, ein Chinese und der erste Bischof von Madagaskar.

Im Laufe des Jahres 1946 errichtete Pius XII. die kirchliche Hierarchie in China. In den folgenden Jahren tat er dasselbe in verschiedenen Gegenden Afrikas: 1950 in Westafrika, im Jahr darauf in Südafrika, 1953 im britischen Ostafrika, 1955 im französischen Teil und im selben Jahr in Birma.

Obwohl die Waffen nun schwiegen, fühlte man die Kriegsfolgen auf politischem und sozialem Gebiet sehr stark. Wie es Pius XII. und seine Umgebung befürchtet und auch — leider ohne Erfolg — Roosevelt zu verstehen gegeben hatten, fiel ein Teil Europas, kaum dem nazistischen Joch entronnen, unter das sowjetische. Das Los Italiens blieb unsicher. Anläßlich der italienischen Wahlen am 2. Juni 1948 erhob Pius XII. deutlich seine Stimme, um den Katholiken ihre Pflicht in Erinnerung zu rufen, an den Wahlen teilzunehmen und ihre Stimme jenen Kandidaten zu geben, die imstande wären, die Anerkennung der Religion und der göttlichen Gebote zu sichern. Seine Ansprache vom 10. März 1948 an die der Seelsorge geweihten Priester und Fastenprediger von Rom ließ in dieser Hinsicht kein Mißverständnis aufkommen.

Das Wahlergebnis vom 2. Juni befreite Pius XII. von den dringendsten Sorgen über das Schicksal Italiens. Er konnte jedoch nicht die Katholiken, Priester und Bischöfe vergessen, die verfolgt oder aus ihrem Lande verjagt, direkt oder indirekt unter sowjetische Herrschaft gekommen waren. Hinsichtlich der freien Länder, wo die kommunistischen Parteien die Mitarbeit der Katholiken suchten, wurde in einem Dekret der Inquisitionskongregation folgende Verhaltensweise festgelegt: ein Katholik kann nicht Mitglied der kommunistischen Partei sein oder dieselbe auf irgend eine Weise begünstigen, ohne vom Empfang der hl. Sakramente ausgeschlossen zu werden. Ebenso bewirkt die ausdrückliche Verteidigung des gottesleugnerischen Materialismus des Marxismus die Exkommunikation wie bei den Abtrünnigen.

Auch die *Sorgen nach dem Krieg* hinderten Pius XII. nicht an seiner *Tätigkeit als Hirte und Lehrer.* Am 20. November 1947 wurde das Rundschreiben Mediator Dei veröffentlicht, in welchem er die Lehre der Kirche über die Eucharistie und das hl. Meßopfer darlegte und gegen die Tendenz, die äußere und kommunitäre Seite der Eucharistie zu übertreiben, Stellung nahm (Dz. 3839 - 3855). Gleichzeitig bestimmte er Sinn und Tragweite des Priesteramtes für die Gläubigen. Einen Monat später beschrieb er genau die Voraussetzungen für eine Gültigkeit der Priesterweihe, ohne sich über Inhalt und Form der vergangenen Priesterweihen zu äußern. Er legte fest, daß die Priesterweihe durch Auflegen der Hände gemeinsam mit dem Sprechen der Weiheformel erteilt werde. Ein Brief an Kardinal Suhard, den Erzbischof von Paris, ergänzte Anfang 1948 gewissermaßen das Rundschreiben Divino Afflante Spiritu vom 30. September 1943 und bestimmte, daß das Prinzip des literarischen Stils auch auf den Pentateuch Bezug habe.

Die Pastoralmission, für die sich Eugenio Pacelli so sehr eingesetzt hatte, entwickelte sich auf die stärkste und unmittelbarste Weise im Laufe des Jahres 1950. Am 24. Dezember 1949, um 23 Uhr, vollzog der Hl. Vater in der Vorhalle der Basilika von St. Peter den Ritus der Öffnung der hl. Pforte. Am Vorabend lud er in einer Radioansprache alle Christen ein, nach Rom zu pilgern, um dort „eine Umgebung von Heiligkeit, Frieden und Universalität zu genießen". Hunderttausende von Pilgern kamen der Einladung des Papstes nach und reisten zur vatikanischen Basilika, um den Papst zu sehen und zu hören. Pius XII. erwartete sie, sprach mit ihnen und nahm ihre Verehrung entgegen. Es war ein Jahr harter Probe für seine schwache Gesundheit. Sein Arzt erzählte: „Abgerissene Knöpfe, Flecken von Lippenstift auf der weißen Soutane, Kratzwunden auf seinen zarten Händen waren tagtägliche Vorfälle" (S. 100). Aber nicht alles war Schauspiel und Willkommensansprache. Im Laufe des Sommers 1950, am 12. August, nahm das Rundschreiben Humani generis Stellung gegen einige gewagte theologische Meinungen und gegen die gefährliche Tendenz des doktrinalen Positivismus. Am 1. November hatte Pius XII. die Freude, den Schluß unter eine lange Vorbereitungsarbeit, die die Nachforschungen der Theologen und die Antworten der Bischöfe einschloß, mit der dogmatischen Definition von der Himmelfahrt Mariens zu ziehen: Maria wurde „am Ende des irdischen Lebens mit Leib und Seele in die himmlische Herrlichkeit aufgenommen".

Im *Hl. Jahr* fanden auch viele Heiligsprechungen statt: A. Marie Claret, Jeanne de Valois, Maria Coretti, Marie Anna von Jesus de Paredès. Das Jahr endete mit einer Verkündigung über das Grab von St. Peter. Zu Beginn seines Pontifikats hatte Pius XII. eine Gruppe von Archäologen beauftragt, unter der vatikanischen Basilika Nachforschungen anzustellen, um die Aussagen der Überlieferung über das Grab des hl. Petrus zu prüfen. Am Ende des hl. Jahres konnte er das Resultat dieser Nachforschungen veröffentlichen: „Hat man wirklich das Grab des hl. Petrus gefunden? Auf diese Frage antwortet die Schlußfolgerung der Arbeiten und Studien auf sehr klare Weise: Ja, das Grab des Apostelfürsten ist wieder aufgefunden worden."

In den folgenden Jahren hielt er wieder ohne Unterbrechung seine gewöhnliche Lebensweise ein: Aufstehen um 6 Uhr 30, etwas turnen, Toilette, um 7 Uhr 30 Meßlesen in seiner Privatkapelle, Danksagung und Frühstück. Um 9 Uhr im Arbeitszimmer, wo er die internationale Presse durchliest. Der Rest des Vormittags ist den Audienzen gewidmet: höhere Beamte des Staatssekretariats, Verwaltungsbehörden, Gläubige aller Religionen und Nationen, Gruppen- und Generalaudienzen. Dann legt er eine Ruhepause ein, um 14 Uhr ißt er zu Mittag. Anschließend zwanzig Minuten Mittagsruhe und ein Spaziergang in den Gärten des Vatikans. Ein arbeitsreicher Spaziergang, während dem er las, so daß er die Gärten des Vatikans erst nach seiner Krankheit von 1954 wirklich kennenlernte, als er die wandelnde Lektüre aufgab. Nach diesem Spaziergang hält er sich in der Kapelle auf und hört dann die ausländischen Radiosendungen. Um 18 Uhr ist er wieder in seinem Arbeitszimmer, und um 20 Uhr 30 kommt das Nachtmahl. Rosenkranz um 21 Uhr und noch einmal im Arbeitszimmer, mindestens bis Mitternacht, oft auch länger; das ist die Zeit für seine persönliche Arbeit und Lektüre.

In das Jahr 1951 fiel die Gedächtnisfeier des Konzils von Chalzedon und die Veröffentlichung einer Enzyklika, worin Pius XII. die Vereinigung der göttlichen und menschlichen Natur in der Person des Wortes wieder bestimmte und erklärte.

Am 12. Januar 1953 erfolgte im Konsistorium die Kreation von 24 neuen Kardinälen aus 14 verschiedenen Ländern. Unter ihnen befanden sich allerdings 11 Italiener, auch der zukünftige Papst Johannes XXIII., Kardinal Angelo Roncalli. Einige Tage später verschlechterte sich der *Gesundheitszustand* von Pius XII. Die Krise dauerte bis Anfang März. Trotz der Anstrengungen des hl. Jahres und seines hohen

Alters kannte Pius XII. keine andere Erholung als den Wechsel des Arbeitsortes: er verbrachte die Sommermonate in Castel Gandolfo. Die Audienzen waren dort zwar weniger zahlreich, die Zahl der Arbeitsstunden jedoch kaum vermindert.

Im Laufe des Sommers 1953 wurde das neue Konkordat mit Spanien abgeschlossen. Eine Übereinkunft vom 7. Juni 1941 hatte bereits festgelegt, daß die Bischöfe aus einer Liste von drei Namen gewählt und vom Papst dem Staatsoberhaupt bekanntgegeben würden; ein Generalvertrag wurde auf später verschoben. Dieses Konkordat wurde nun am 27. August 1953 unterzeichnet. Es anerkannte die katholische Religion als Religion der spanischen Bevölkerung, das Vorrecht der kirchlichen Gerichtsbarkeit der Geistlichen, die Zivilfolgen der religiösen Trauung, und garantierte den Religionsunterricht. Der Konkordatspolitik seines Vorgängers getreu schloß Pius XII. noch andere Konkordate ab. Im folgenden Jahr beispielsweise, am 16. Juni 1954, wurde eine dem spanischen Konkordat ähnliche Übereinstimmung mit der dominikanischen Republik abgeschlossen. Doch besaß die dominikanische Regierung bei der Ernennung der Bischöfe nur das Recht eines vorläufigen Vorschlages.

Am 8. September 1953 veröffentlichte Pius XII. ein Rundschreiben Fulgens corona gloriae, in dem er das folgende Jahr — Centenar von der Verkündigung des Dogmas der unbefleckten Empfängnis — zum Marianischen Jahr erklärte. Tatsächlich wurde am 11. Oktober 1954 mit einer neuen marianischen Enzyklika, Ad coeli Reginam, das Muttergottesfest, Königin der Welt, eingeführt. Am 1. November, im Rahmen einer Zeremonie auf dem Petersplatz, krönte Pius XII. das Haupt des in der Kapelle Borghese in Maria Maggiore verehrten Muttergottesbildes mit einer goldenen Krone — jener Kapelle, wo der junge Priester Eugenio Pacelli seine erste Messe abgehalten hatte.

Das Jahr 1954 wurde auch durch die Heiligsprechung von Papst Pius X. berühmt. Die Feier wurde in zwei Zeremonien geteilt. Am Abend des 29. Mai verkündete Pius XII. das Dekret der Heiligsprechung seines Vorgängers, und am folgenden Morgen wurde das Fest des neuen Heiligen in der vatikanischen Basilika zelebriert.

Die Sorge um die Gesundheit des Papstes war die Ursache der Teilung dieser Feier. Aber die Audienzen, die Vorbereitung der Reden, die Pius XII. dank seiner ungewöhnlichen Gedächtnisses in verschiedenen Sprachen hielt, gingen über die Kräfte des gesundheitlich angegriffenen Papstes. Im Januar 1954 verschlechterte sich sein Zustand sichtbar in so bedenklichem Maße, daß eine Behandlung mit neuen Stärkungsmitteln notwendig wurde. Das Resultat ließ jedoch zu wünschen übrig. Die Schwäche blieb neben verschiedenen anderen Störungen in einem Ausmaß, daß Papst Pacelli sich mit dem Gedanken trug, sein Amt niederzulegen. Die Behandlung wurde fortgesetzt. Am 2. Dezember 1954 „verschlimmerte sich der Zustand des Papstes auf dramatische Weise". Diese Notiz wurde öffentlich bekanntgegeben, worauf während der nächsten zwei Wochen alle Zeitungen einen Nachruf auf den Papst bereithielten. Im Januar 1955 war die Krise jedoch überwunden, und die Kräfte Pius' XII. nahmen nach und nach wieder zu. Am 23. März wurden von der Ritenkongregation die neuen Rubriken, die das Brevier und die traditionelle Messe vereinfachten, verkündet. Aber erst am Sonntag nach Ostern, am 17. April, erschien der Papst wieder in der vatikanischen Basilika.

Die folgenden Jahre waren zwar etwas ruhiger, aber doch ausgefüllt. Audienzen, Ansprachen — die der Papst nun vorlas — Weihnachts- und Osterbotschaften fanden weiter statt, allerdings in reduzierter Form. Der 7. Oktober 1956 brachte Pius XII. die Genugtuung, den Dekretsbrief von der Beatifikation von Papst Innozenz XI. vorlesen zu lassen. Am Ende des Monats verschaffte ihm die ungarische Bevölkerung mit ihrer von Begeisterung getragenen Auflehnung — die von sowjetischen Panzern sofort erstickt wurde — einen Augenblick der Hoffnung, an dessen Stelle jedoch bald eine ernste Anklage über die Verletzung des Völkerrechts trat. Das Jahr 1957 sollte ihm seine Jünglingsjahre in Erinnerung rufen. Am 13. Mai empfing er den Präsidenten der französischen Republik, Coty, in Audienz. Während der offiziellen Visite des Staatsoberhauptes dieser Nation durchlebte Pius XII. nochmals die erste Frankreich-Reise des jungen Pacelli im Jahre 1896, die Vorbereitung des Weißbuches 1905, die Legationen nach Lourdes und Lisieux als Staatssekretär Pius' XI.

Am 27. November 1957 war die Reihe am deutschen Präsidenten Theodor Heuss, den er in seinem Willkommensgruß an des Papstes in der Nuntiatur von München und Berlin verbrachten zwölf Jahre erinnerte.

Am 17. August 1958 sandte der Papst von Castel Gandolfo einen Radiogruß an die anläßlich des Katholikentages in Berlin versammelten deutschen Katholiken. Im Monat darauf, gleichfalls aus seiner Sommerresidenz, sandte er einen weiteren Gruß an die Gläubigen, die nach

Lourdes gepilgert waren, um dort die hundertste Wiederkehr der Erscheinung der Hl. Jungfrau zu feiern.

Am *Ende* dieses Sommers 1958 erlebte der Papst den letzten Monat *seines Pontifikats* und seiner irdischen Existenz. Am 5. Oktober, während einer Ansprache an das lateinische Notariat, wurde er von so starkem Schlucken geplagt, daß er lange Pausen einschalten mußte. Am folgenden Tag verlor er das Bewußtsein. Sein Zustand erschien so beängstigend, daß ihm P. Hentrich, der treue Mitarbeiter von P. Leiber im Privatsekretariat des Papstes, die letzte Ölung spendete. Nach einem dreitägigen Kampf gegen den Tod starb Pius XII. kurz vor 4 Uhr am Morgen des 9. Oktober 1958.

Am nächsten Tag, dem 10. Oktober, wurde die irdische Hülle des Papstes nach Rom geleitet. Der Abstieg von Castel Gandolfo begann um 14 Uhr 30, aber er ging nur langsam vorwärts, da die ganze Strecke entlang unzählige Menschen ihrem verstorbenen Hirten die letzte Ehre erweisen wollten. Als der Leichenzug in St. Johann vom Lateran ankam, gab der Vizeregent von Rom dem verschiedenen Bischof der Stadt den Segen. Von dort ging der Zug nach St. Peter und erreichte in jenem Augenblick die Basilika, als die Sonne über der Stadt unterging — über einem Rom, das diesmal in tiefem Schweigen seinem Gefühl Ausdruck gab vor der Leiche eines Papstes, mit dem ein großartiges Kapitel der Kirchengeschichte zu Ende ging.

PHILOSOPHIE UND THEOLOGIE IN DER LEHRE VON PIUS XII.*

Von Pietro Kardinal Parente

Wenn man schon jetzt ein wesentliches Urteil über Papst Pius XII. fällen darf, so ist es dieses: es ist anzuerkennen, daß er in seiner Struktur und Tätigkeit ein großer Geist gewesen ist. Er hat nicht nur Geschichte gemacht, sondern sie auch beherrscht.

Zwischen zwei epochemachenden Päpsten hat er in einem Zeitraum von zwanzig Jahren Entwicklungen erlebt, die sonst ein ganzes Jahrhundert beanspruchen: Pius XI. hat die eine Epoche zum Abschluß gebracht; Johannes XXIII. hat die neue heraufgeführt. Es waren zwei verschiedene Zeiten, die jedoch nicht im Gegensatz zueinander standen. Die eine beherrschte die Sorge, die ewigen Werte des Christentums gegenüber dem Laizismus und der Entsakralisierung zu bewahren; die andere war darauf bedacht, diese Werte in alle Gebiete der modernen Kultur, die sich nunmehr von Gott und der Kirche abgelöst hatte, einzubringen.

Pius XII. hatte einen lebendigen Sinn für das Göttliche, aber er war auch nicht unempfindlich für das Menschliche. Wenn er das eine und das andere retten und ohne Kompromiß miteinander in Einklang bringen wollte, hat er nur das Anliegen des Konzils, einen Dialog herbeizuführen, vorweggenommen.

Diese Studie sieht in ihm den providentiellen Mann der Übergangszeit, an deren Anfang das bedauerliche, wenn auch gescheiterte, Experiment des Modernismus und an deren Ende die Maßlosigkeiten der nachkonziliären Jahre stehen.

Aber sein Werk bleibt bestehen als ein richtungsweisendes Mahnmal zu einem gemäßigten Konservativismus und einem fruchtbaren Progressismus.

Ich muß mich hier auf den philosophisch-theologischen Aspekt der weitgespannten Tätigkeit von Pius XII. beschränken, der eher ein ausgezeichneter Jurist als ein Philosoph oder Theologe vom Fach war. Aber

* Übersetzt aus dem Italienischen von P. Wilhelm Möhler S. A. C., Wien.

seine solide philosophische und theologische Bildung hatte in ihm die Neigung gestärkt, die Äußerungen des Lebens und der Kultur auf letzte metaphysische Prinzipien und auf Gott selbst, den Schöpfer der natürlichen und übernatürlichen Wirklichkeit, zurückzuführen.

Für die Zwecke meiner Studie reicht es, jene Rundschreiben heranzuziehen und zu untersuchen, die am meisten mit dem Thema zusammenhängen; gelegentlich müssen allerdings auch die Reden und Botschaften herangezogen werden, die in zwanzig voluminösen Bänden zusammengetragen wurden.

Am Anfang seines Pontifikates, als bereits die Kanonen des absurdesten und wildesten Krieges donnerten, veröffentlichte Pius XII. sein erstes Rundschreiben. In prophetischem Ton beklagte er den Ausbruch des Krieges und sagte die unglückseligen Folgeerscheinungen voraus, nicht ohne auf die Ursachen der tiefen Krise hinzuweisen, die sie ausgelöst hatten[1].

Die wahre Ursache des von Haß und Gewalt „entfesselten Kriegssturmes“ ist moralischer und religiöser Natur. Er sagt: „Am Anfang des Weges, der zur geistigen und moralischen Not der gegenwärtigen Zeit führt, stehen die unglückseligen Versuche von nicht wenigen, Christus zu entthronen, die Entfernung des Gesetzes der von ihm verkündeten Wahrheit und vom Gesetz der Liebe, des lebendigen Atems seines Reiches[2].“ Er verschiebt „eine umfassende doktrinäre Stellungnahme zu den Irrtümern der gegenwärtigen Zeit“ auf eine bessere Zeit und zeichnet nur summarisch ein wegweisendes Programm für die Ausübung seines Lehramtes, auf dem die ganze Verantwortung seiner apostolischen Sendung lastet.

Es ist nicht schwer, die Entwicklung dieses Programms unter den verschiedenen Aspekten der christlichen Lehre zu verfolgen.

Diese Lehre, von den Scholastikern, besonders vom hl. Thomas von Aquin, sorgfältig vertieft und systematisch dargestellt, hatte den Angriffen Luthers standgehalten. Aber am Ende des 18. Jahrhunderts wurde sie auf der positiven, biblischen und historischen Ebene rücksichtslos von den Enzyklopädisten angegriffen, und dann etwas eleganter vom Illuminismus und dessen natürlichem Nachfolger, dem Rationalismus Kants, der die Metaphysik als Philosophie vom Sein ent-

[1] Rundschr. *Summi Pontificatus,* 20. Okt. 1939, in AAS, XXXI (1939), S. 413 - 453.

[2] Ebd., S. 421.

wertete und die Religion und die Welt des Übernatürlichen mattsetzte. Der Kantianische Immanentismus erreichte schließlich im pantheistischen Idealismus von Hegel seinen Höhepunkt.

Einige Versuche, diese Ideen mit dem Glauben in Einklang zu bringen (Hermes, Günther) wurden vom kirchlichen Lehramt sofort unterbunden, und das erste vatikanische Konzil zog den Schlußstrich.

Aber die Schwierigkeiten nahmen zu und mündeten zu Anfang unseres Jahrhunderts in den Modernismus ein, ein Konglomerat von Rationalismus, deutschem Idealismus, sentimentalem Psychologismus des Protestanten Schleiermacher, und des amerikanischen Pragmatismus eines James (der dann in Frankreich bei Blondel einen Widerhall fand).

Der Modernismus stellt ein echtes Problem: die Beziehung zwischen Christentum und profaner Kultur. Jedoch die Methode ist falsch, weil das Christentum an die verschiedenen Philosophien angepaßt werden soll. Die Verurteilung durch Pius X. ist gerechtfertigt. Aber die modernistischen Lehren entwickelten sich zwischen dem ersten und zweiten Weltkrieg weiter, und es entstand die erregte Bewegung der „théologie nouvelle“ (Klima des Pontifikates von Pius XII.). Mit der ihm eigenen Sensibilität und Wachsamkeit wurde dieser Papst auf die Gefahr aufmerksam; ohne Bitterkeit begann er die verschiedenen Strömungen kritisch zu prüfen, um sie zu neutralisieren, wo sie die Reinheit des Glaubens gefährdeten. Dabei hatte man sofort den Eindruck, daß er trotz seiner bewußten Treue zum traditionellen Erbe, ein Papst von einer gescheiten Geschmeidigkeit und mit großzügigen Ideen war.

Auf dem Gebiet der Philosophie erließ der Papst kein einziges amtliches Dokument. Aber in verschiedenen Reden und in einem Brief an den Generalobern der Dominikaner[3] bewegte er sich im Wesentlichen auf der Linie seiner Vorgänger; er schätzte die Scholastiker, besonders den hl. Thomas. Mehrere Male erwähnt der große Papst seinen Vorgänger Leo XIII. und dessen Rundschreiben *Aeterni Patris,* Pius X. *(Doctoris Angelici),* Benedikt XV. *(Fausto appetenti die)* und Pius XI. *(Studiorum ducem).* Er erklärt, daß er sich ihre Lehre über den philosophischen und theologischen Wert zu eigen macht und unterstreicht auch den Kanon des CIC, 1366, „Philosophia rationalis ac theologiae studia et alumnorum in istis disciplinis institutionem professores omnino per-

[3] Schreiben *Quandoquidem,* vom 7. März 1942; in AAS, XXXIV (1942), S. 96 - 99.

tractent ad Angelici Doctoris rationem, doctrinam et principia; eaque sancte teneant".

Im September 1946 sprach der Papst zu den Jesuiten[4] und zum Generalkapitel der Dominikaner[5] und schärfte den Wert und die Kraft der Lehre des hl. Thomas von Aquin auf den Gebieten der Philosophie und Theologie ein. Bei beiden Verlautbarungen kann man die interessante Feststellung machen, daß er zwar das Studium des hl. Thomas, besonders dessen grundlegende Vernunft- und Glaubensprinzipien, lobt, aber Freiheit für verschiedene Meinungen beläßt. Er empfiehlt, sich auf den Gebieten der Profankultur gut umzusehen, was zu Schwierigkeiten und neuen Fragestellungen führen kann, aber auch gleichzeitig dazu dienen mag, die christliche Lehre zu bereichern und zu bekräftigen. Ich möchte in diesem Zusammenhang nur anführen, was er den Jesuiten gesagt hat: „Prüft mit Vorsicht, was in der Theologie nach Neuheit aussieht; unterscheidet, was gewiß ist, von dem was Mutmaßungen sind, und von dem, was, obwohl labil und nicht in allem zu loben, in Theologie und Philosophie Eingang findet, und man auch dort zulassen könnte. Reicht den Irrenden eine Freundeshand, aber macht dem Irrtum keine Zugeständnisse[6]." Den Dominikanern sagte er: „Zieht fleißig die Codices zu Rat, welche die Grundlagen, die Gesetze und Geschichte der Religion enthalten. Geht in weiser Forschungsarbeit den Problemen der modernen Zeit nach und stellt diese in den Dienst der hl. Wissenschaft[7]."

Thomismus, ja; aber der wesentliche, der sich nicht abkapselt, sondern für das Studium moderner Probleme offen ist. Wir werden sehen, wie diese Haltung der Treue und Offenheit zugleich, mit den Jahren immer mehr sich verfestigt und freier wird.

Was nun die Theologie angeht, so wandte sich Pius XII. zunächst der Bibelwissenschaft zu. Zum 50-Jahrgedächtnis des Rundschreibens *„Providentissimus"* von Leo XIII. erließ er das Rundschreiben *„Divino afflante Spiritu"*[8]. Beide Dokumente sind Verlautbarungen des Lehramtes ,die für die Geschichte der Bibelwissenschaft von großer Bedeutung sind. Es geht um die in der Hl. Schrift niedergelegte göttliche Offenbarung, die dem Lehramt der Kirche zum Heil der Menschheit anvertraut ist.

---

[4] Ansprache vom 17. September 1946, in AAS, XXXVIII (1946), S. 381 - 385.
[5] Ansprache vom 22. September 1946, in AAS, XXXVIII (1946), S. 385 - 389.
[6] Ansprache vom 17. September 1946, in AAS, XXXVIII (1946), S. 385.
[7] Ansprache vom 22. September 1946, in AAS, XXXVIII (1946), S. 388.
[8] 30. September 1943, in AAS, XXV (1943), S. 287 - 325.

Eugenio Pacelli mit seiner Mutter Virginia Pacelli Graziosi.

Das 19. Jahrhundert hatte als Erbe die rationalistische Verwüstung an der Bibel hinterlassen. Von den Enzyklopädisten mit Leidenschaft begonnen, wurde sie vom Rationalismus systematisch fortgesetzt. Die Protestanten hatten dabei gute Miene gemacht. Ein elegantes und wurmstichiges Erzeugnis dieser Freidenkerbewegung war das Leben Jesu von Renan, das die Welt überschwemmte.

Es ist wahr, die Katholiken verteidigten noch um die Mitte des Jahrhunderts mehr apologetisch als positiv-wissenschaftlich die traditionellen Positionen mit dem Rüstzeug der Kirchenväter und der klassischen Exegese.

Ihr Erwachen und Bemühen erhielten durch das Eingreifen Leos XIII. einen besonderen Akzent. Ohne in Fachdiskussionen einzugreifen, bestätigte der Papst durch sein berühmtes Rundschreiben „Providentissimus" autoritativ die fundamentalen Punkte der katholischen Lehre: a) die Inspiration der Bibel, wonach Gott der Hauptverfasser der heiligen Bücher ist; b) die daraus folgende Irrtumslosigkeit der Hl. Schrift in ihrer Gesamtheit und jedes ihrer Teile; c) die Hl. Schrift wurde von Gott nicht dem einzelnen Individuum anvertraut, sondern dem Lehramt der Kirche, um es zu bewahren und zu interpretieren.

Vonseiten der positiven Wissenschaften ist nichts zu befürchten: die echt wissenschaftliche Wahrheit kann mit der Glaubenswahrheit nicht im Widerspruch stehen, weil die eine wie die andere in Gott ihren Ursprung haben.

Aber die Unruhe unter den Exegeten griff um die Jahrhundertwende von den Rationalisten auf katholische Kreise über und nährte den Modernismus (Loisy). P. Lagrange O. P. gründete in Jerusalem eine Bibel-Schule, um die junge Generation nach den neuen Erfordernissen in das kritische Studium einzuführen. Schon dem Tode nahe, bemerkte Leo XIII. die kritische Situation und setzte die Bibel-Kommission ein. Mit dem Rüstzeug, das dem veränderten Klima und den zahlreichen archäologischen Funden im Orient Rechnung trug, sollte sie wachen und verteidigen.

Pius X. bestätigte die Kommission; aber er gründete auch das Bibel-Institut für eine zeitgerechte Ausbildung des Nachwuchses. Im Rundschreiben *„Pascendi"* und dem Dekret *„Lamentabili"* verurteilte er die gewagten Bestrebungen der Modernisten.

Aber die kritisch-historische Methode setzte sich immer mehr durch und warf auf dem Gebiet der Hl. Schrift ernsthafte Probleme auf, die im Gegensatz zur traditionellen Lehre standen.

Man weiß, daß Pius XI. die schwierige Lage, in der sich die Kirche auf dem Gebiet der Hl. Schrift befand, sehr nahe gegangen ist und Abhilfe schaffen wollte. Aber er wagte es nicht, das Problem anzugehen; auch wegen der Krankheiten, die ihn in seinen letzten Lebensjahren befallen hatten. In einer Unterhaltung mit Kardinal Tisserant sagte er, daß er diese Angelegenheit seinem Nachfolger überlassen wollte.

Tatsächlich beschäftigte sich Pius XII. sofort damit und veröffentlichte *„Divino afflante Spiritu"*.

Wenn er auch die Rückverbindung zu seinen Vorgängern aufrecht erhielt, so beurteilte er die Gefahr doch als ernster als diese und griff das Problem in seinem ganzen Umfang auf: er bedauerte die Verbohrtheit gewisser konservativer Kreise, die alles Neue als Irrtum verwerfen. Zugleich erklärte er, daß es erlaubt sei, unter Beibehaltung der Bibel als göttliches Buch, dieses auch als ein menschliches zu betrachten. Das bedeutet, daß die Autoren inspirierte Menschen sind, die an verschiedenen Orten und zu verschiedenen Zeiten gelebt haben. Notwendigerweise waren sie in ihrer Mentalität, ihren Gebräuchen und Sitten Kinder ihrer Zeit. Das kritisch-historische Studium der Bibel ist berechtigt und muß mit intelligenter Umsicht betrieben werden, um unter Berücksichtigung der zahllosen Entdeckungen antiker Kulturen den echten Literalsinn der heiligen Schriften und ihren historischen Wert zu bestimmen. Besondere Aufmerksamkeit widmete der Papst der Frage der literarischen Stilarten, deren Berücksichtigung von großem hermeneutischem Wert sei, aber auch zu Gefahren führen könnte. Kurz und gut: Pius XII. öffnete mutig einen freien Zugang zum Bibelstudium. Es hat seine Risiken; aber es kann auch nicht a priori verschlossen werden. Es muß der Versuch gemacht werden, um zu einem vertieften, besseren Verständnis der heiligen Texte zu kommen.

Alle bemerkten den Weitblick des Papstes in diesem Rundschreiben, die einige, schlecht beraten, mißbraucht haben.

Wir wir noch sehen werden, kehrt dieses Thema noch einmal wieder im Rundschreiben *„Humani generis"*.

Ein anderes großes Thema in der Lehre Pius XII. ist die Liturgie. Es wird in dem wichtigen Rundschreiben *„Mediator Dei"*[9] behandelt. Die Liturgie wird als Kult herausgestellt, der im eucharistischen Opfer seinen Mittelpunkt hat. Der Liturge ist der Priester, die Gläubigen sind

---

[9] 20. November 1947, in AAS, XXXIX (1947), S. 521 - 595.

im Akt der Opferung beteiligt. Aber der eigentliche Liturge ist Christus, der Mittler. Er ist Priester und Opfer. In ihm ist die Kirche, sein mystischer Leib, gegenwärtig. Es werden viele dogmatische Präzisierungen und praktische Normen gegeben, um die Neuerungssucht in Grenzen zu halten.

Man könnte das Rundschreiben ein Präludium zum zweiten Vatikanischen Konzil im Lichte des Tridentinums nennen.

Es spricht vom Breviergebet und dem Kirchenjahr; und auch die Übungen privater Frömmigkeit werden behandelt.

Im Jahre 1947 erließ der Papst die Apostolische Konstitution „Sacramentum Ordinis“[10]. Durch sie beendigte er eine Jahrhunderte währende Kontroverse über die Priesterweihe. Er entschied, daß ihr Wesen allein in der Auferlegung der Hände ohne die Instrumente bestehe. Man muß den Mut zu dieser Entscheidung bewundern, wenn man an das berühmte Dekret Eugens IV. für die Armenier denkt.

Eine weitere liturgische Neuerung war die Reform der Karwoche. Sie hat die Feier der Osternacht wieder eingeführt und etwas von der auf dem Konzil beschlossenen Liturgiereform vorweggenommen, die dann von Paul VI. durchgeführt wurde.

Aber ein Rundschreiben, das für die Geschichte und die Dogmatik besonders bedeutsam geworden ist, ist *„Mystici Corporis“*[11].

In ihm wird die wunderbare Lehre des hl. Paulus vom mystischen Leib auf der Grundlage der Tradition, besonders des hl. Augustinus, dargelegt. Der mystische Leib verwirklicht die tiefe Vereinigung aller Gläubigen in Christus (Glieder und Haupt) mit der dynamischen Aufgeschlossenheit für alle Menschen im Hinblick auf ihr Heil.

Der mystische Leib im Konkreten ist aber die Kirche, der *„Christus totus“* (Augustinus). Er ist ein lebendiger Organismus mit äußeren (hierarchischen) und inneren Bindungen, wie Glaube, Hoffnung und vor allem Liebe. Diese sind es, welche die Gemeinschaft bewirken (koinonia) und Lebensäußerungen des Christentums sind (unum in Christo). Der Papst macht deutlich, daß der mystische Leib ein einziger ist, trotz seiner äußeren (hierarchischen) Struktur und seiner inneren (charismatischen) Lebenskräfte. Darum bleibt die Kirche, der mystische Leib Christi, immer ein einziger Organismus, mit zwei Elementen, dem

---

[10] 30. November 1947, in AAS, XL (1948), S. 5 - 7.

[11] 29. Juni 1943, in AAS, XXXV (1943), S. 193 - 248.

hierarchischen und charismatischen. Aber das bedeutet nicht, daß es zwei Kirchen gibt: eine hierarchisch-juridische und eine charismatisch-vitale. Das zweite Vatikanische Konzil hat diese Lehre zwar nur nüchtern berührt, aber sie im Wesen bestätigt (Dogmat. Konstitution *„Lumen gentium“*, Nr. 8).

Diese Konzeption ist eine energische Rückbesinnung auf eine patristische Ekklesiologie, eminent theologisch und mystisch, aber später vom Juridismus verdunkelt (11. - 19. Jahrhundert). Diese glückliche Tat von Pius XII. bereitet den Boden für die Kollegialität, die nicht erst das zweite Vatikanische Konzil geschaffen, sondern vielmehr wieder belebt hat, wie sie im ersten Jahrtausend des Christentums bestand, als die *Communio* das ganze Leben der Kirche beherrschte.

In dem Zusammenhang möchte ich erwähnen, daß Pius XII. in seinem Rundschreiben *„Fidei Donum“* Sätze niedergeschrieben hat, in denen auf die bischöfliche Kollegialität angespielt wird. Es heißt da: „Wenn auch jeder Bischof der Hirte nur eines Teils der ihm anvertrauten Herde ist, so wird er doch, als legitimer Nachfolger der Apostel durch Amt und göttlichen Auftrag, verantwortlich zusammen mit allen übrigen Bischöfen für die Mission der ganzen Kirche, gemäß den Worten, die Christus an die Apostel gerichtet hat: — Wie mich der Vater gesandt hat, so sende ich euch, —. Diese Sendung, die an alle Völker bis zum Ende der Welt gerichtet ist, hört nicht mit dem Tode der Apostel auf, sondern setzt sich für alle Zeiten in den Bischöfen in Gemeinschaft mit dem Stellvertreter Christi fort[12].“

Ein weiteres, durch und durch theologisches Element in der Lehre von Pius XII. enthält das Rundschreiben *„Sempiternus Rex“*[13]. Es wurde geschrieben zur Erinnerung an das Konzil von Chalzedon (451), wo das Lehramt der Kirche endgültig einen Strich unter die Irrlehre des Nestorius und Eutyches gezogen und die Glaubenslehre über die hypostatische Union in die lapidare Formel von der „einen Person in zwei Naturen“ gebracht hat.

Von dieser Formel zeichnet der Papst in seinem Rundschreiben einen kurzen geschichtlichen Überblick und korrigiert die falsche Meinung, die im Konzil von Chalzedon eine Verurteilung des Konzils von Ephesus und daher eine Rehabilitierung des Nestorius auf Kosten des hl. Cyrillus von Alexandrien sehen will.

---

[12] AAS, XXXXIX (1957), S. 237.

[13] Vom 8. September 1951, in AAS, XXXIII (1951), S. 626, 644.

Aufgrund von zuverlässigen Dokumenten wird durch das Rundschreiben bewiesen, daß in Chalzedon die Einheit Christi, die von Cyrillus verteidigt und von Eutyches verdreht worden war, bestätigt wurde. Dort kam die Lehre von den zwei verschiedenen Naturen hinzu, und wurde für immer der Begriff von Natur und Person festgelegt. Das Konzil hat sich den Brief Leos des Großen an Flavian zueigen gemacht: *Petrus hat durch Leo gesprochen.* In jenem Brief wurden auch Nestorius und Eutyches verurteilt.

Diese Tatsache ist auch ein Beweis für die Anerkennung des Primates in Glaubenssachen[14].

Aber die Formel von Chalzedon hat sofort nach dem Konzil Widerstand gefunden: es bildeten sich Gruppen von Dissidenten (die heute noch bestehen), die einem spitzfindigen Monophysitismus anhingen und unter der Führung des Severus von Antiochien in die Irre geführt wurden[15].

In neuerer Zeit wurde die Formel von einigen Protestanten mit der seltsamen „Entäußerungstheorie" (Kenosis-Theorie) bekämpft (begründet von deutscher Seite durch Thomasius, Gess). Aus dem Paulustext (Phil 2, 6 ff.) glaubte man eine gewisse Einschränkung des Sohnes Gottes im Augenblick seiner Menschwerdung herauslesen zu können, und gefährdete die Gottheit Christi (von anglikanischer Seite: Gore, Bethune-Baker, Mackintosh, Sanday ...).

Einen anderen Angriff auf die Formel von Chalzedon unternahm die Theorie *„Assumptus homo"*. Sie wurde von dem Franziskaner D. de Basly entwickelt und verbreitet. Danach gibt es in Christus eine vollkommene und autonome menschliche Natur, die als ein in sich existierendes Subjekt eine ontologische Person implizieren würde. Um nicht des Nestorianismus beschuldigt zu werden, verwenden andere Theologen die milde Form des psychologischen Personenbegriffes[16]. Aber der Papst schließt jedes Mißverständnis aus, indem er die Formel von Chalzedon einschärft, die in Christus keine andere Person als die des ewigen Wortes annimmt und keinen Raum mehr für eine ontologische oder auch nur psychologische menschliche Person läßt.

---

[14] Vgl. *H. M. Diepen,* Les trois chapitres au Concile de Chalcedoine. Une étude de la Christologie de l'Anatolie ancienne. Oosterhout, Pays Bas, 1953. Eine bemerkenswerte Kritik, die den Fragpunkt gut herausstellt.

[15] Vgl. *Lebon,* Monophysisme severien.

[16] Vgl. *P. Parente,* L'Io di Cristo, 2a ed., Morcelliana — Brescia 1955, wo die mit P. P. Galtier diskutierte Frage ausführlich dargestellt ist.

Diese wenigen Bemerkungen mögen genügen, um die Bedeutung des Rundschreibens *„Sempiternus Rex“* aufzuzeigen. Sie ist ein wertvoller Beitrag für die Glaubenslehre, weil er Fragen aus der Vergangenheit klärt und Richtung weist in Gegenwart und Zukunft.

Es ist peinlich, darauf hinweisen zu müssen, daß die päpstliche Lektion über eine christologische Frage keinen vollen Effekt hatte: auch heute gibt es noch Theologen, die ihre Einwendungen gegen die Formel von Chalzedon erheben. Sie glauben, man müßte sich an die moderne Philosophie anpassen und den modernen psychologischen Personenbegriff übernehmen, der sich auf das Selbstbewußtsein und die Freiheit stützt. Und so gäbe es in Christus zwei Personen, weil es in ihm zwei freie Willen, den göttlichen und den menschlichen, gibt!

Ein seltsames Phänomen: unsere zeigenössischen Neuerer verwerfen die alten Formeln unter dem Vorwand, diese seien von der hellenistischen Philosophie angesteckt; im selben Augenblick schlagen sie neue Formeln vor, mit der Berufung auf einige Strömungen in der modernen Philosophie, aber im Gegensatz zur traditionellen Dogmatik.

Pius XII. bedauert hier und anderswo (besonders in *„Humani generis“*), diese Art von theologischer Mode[17].

Der Papst hat auch einen wichtigen Beitrag für die Mariologie geleistet durch die feierliche Definierung der Aufnahme Mariens in den Himmel (1950) und die bei dieser Gelegenheit veröffentlichte Konstitution „Munificentissimus Deus“, die er aus diesem Anlaß veröffentlichte[18]. Er hat die Definition gewollt und zu diesem Zweck eine Kommission von Theologen eingesetzt (darunter auch der Verfasser), die ungefähr zehn Jahre gearbeitet hat. Ich kann bezeugen, daß der Papst auch durch persönliche Interventionen sich aktiv beteiligt hat. Es

---

[17] Die Tendenz, die Formel von Chalzedon zu entwerten, hat sich, nach einigen oberflächlichen Angriffen vonseiten der anglikanischen Theologie, bei einigen katholischen Theologen bis zur Aggressivität gesteigert. K. Rahner hat auch hier den Anfang gemacht, indem er den Beweis erbringen wollte, daß die Formel von Chalzedon zumindest unzureichend sei; dann, daß sie auch unhaltbar wäre, teils aus inneren Gründen, teils weil das moderne Denken eine ontologische Begründung der Person nicht zulasse. Die theologischen Ausführungen (sehr diskutabel) von *K. Rahner* (s. Schriften zur Theologie, Einsiedeln 1950, und auch sonstwo) haben anderen Theologen Anlaß gegeben, noch weiter zu gehen *(Schoonenberg, Schillebeckx, Küng);* sie verwerfen die Formel von Chalzedon und gefährden ernstlich die Gottheit Christi, der nach dieser Lehre nichts anderes ist als ein Mensch, in welchem Gott sich kundgibt.

[18] 1. November 1950, in AAS, XLII (1950), S. 753 - 773.

war eine lange und schwierige Arbeit, die aber schließlich durch ein solides und positives Ergebnis gekrönt wurde. Der alte Glaube wurde durch das unfehlbare Lehramt besiegelt.

Jedoch hat der Papst die Mariologie auch noch mit anderen Dokumenten, wie *„Fulgens corona“*[19] und *„Ad caeli Reginam“*[20] gefördert.

Es würde sich lohnen, die unzähligen Reden und theologischen Aussagen und Ausführungen zu untersuchen; aber das würde die Grenzen dieser Studie bei weitem überschreiten.

Glücklicherweise existiert das Rundschreiben *„Humani generis“*[21], in der bereits behandelte philosophische und theologische Fragen wiederkehren und Perspektiven für die Tätigkeit des Papstes nach dem Jahre 1950 erkennbar sind.

Unter allen Rundschreiben ist es vielleicht das wichtigste und verdient auch im Hinblick auf das mir gestellte Thema eine besondere Beachtung.

Während der ersten zehn Jahre seines Pontifikates, die so sehr vom Elend des Krieges und der Nachkriegsjahre belastet waren, hatte Pius XII nie den Kontakt mit der Welt und ihrer Verwirrung verloren, sondern verfolgte mit scharfem Blick die tiefe geistige Krise, die viel gefährlicher war als die materielle, und bedrohlicher als der von seinem Vorgänger verurteilte Modernismus.

Obwohl, wie bereits erwähnt, das kirchliche Lehramt verschiedene Male eingegriffen hatte, gährte es in der „théologie nouvelle“ immer mehr, und rührte mit Hilfe der philosophischen und naturwissenschaftlichen neuen Strömungen an die Wurzeln der Glaubenswahrheiten. Der Papst hatte das deutliche Gefühl, daß das Unwetter, das in Wirklichkeit nach seinem Tode losbrach, näher kam. In einer gelassenen, aber scharfen Analyse, die Diagnose und sorgfältige Therapie zugleich war, wollte er es beschwören. Und so entstand das Rundschreiben *„Humani generis“*, in dem bezeichnender Weise zu lesen ist: „Principiis obstare malumus quam inveterato iam morbo medicinam praestare.“

Trotz der Schwierigkeit, die verschlungenen Entwicklungen auf den verschiedenen Gebieten des menschlichen Wissens zu verfolgen und zu

[19] 2. September 1953, in AAS, XXXXV (1953), S. 577 - 592.

[20] 11. Oktober 1954, in AAS, XXXXVI (1954), S. 625 - 640.

[21] 12. August 1950, in AAS, XLII (1950), S. 561 - 578.

ordnen, stellt das Rundschreiben eine organische Synthese mit einer übersichtlichen Grundstruktur dar und ist der Gefahr des Fragmentarischen entgangen: einer kurzen Einführung in die Grundzüge der modernen Kultur folgt eine dreifache Prüfung der neuen Entwicklungen, die in der kirchlichen Welt Eingang gefunden haben: auf dem Gebiet des Dogmas und der Theologie, auf dem der Philosophie, und dem der positiven Wissenschaften und deren Beziehungen zu Offenbarung und Glauben. Den Abschluß bildet eine ernste und warme Mahnung an die Bischöfe und die Ordensobern, sowie eine Anzahl von Vorschriften an die Adresse der Lehrpersonen der kirchlichen Institute.

In der Einleitung bezeichnet der Papst drei Strömungen, die das moderne Denken beherrschen: der universale Evoluzionismus, der Existenzialismus und der Historizismus.

Der Evoluzionismus verläßt den Bereich der Biologie und ist in Philosophie und Soziologie eingedrungen. Dabei hat er noch den pantheistischen Monismus des Idealismus gestärkt, ebenso wie den atheistischen des Materialismus. Der Existenzialismus ist zwar als Antithese zum Idealismus entstanden, aber gemeinsam mit ihm negiert er das unveränderliche Absolute; er lehnt die Welt der Wesenheiten ab und läßt nur die Einzelexistenz der Dinge als Realität übrig. Dabei gibt es für ihn keine Metaphysik oder irgendeine religiöse Transzendenz. Der Historizismus ist eine Abwandlung der sich ablösenden Phasen des universalen Evoluzionismus und kümmert sich um keine absolute Realität.

Diese drei Strömungen führen notwendig zum Kontingentismus, Positivismus und Relativismus. Sie machen eine echte Wissenschaft, eine Metaphysik, und vor allem eine Theologie unmöglich. Der Weg zum Atheismus und reinen Naturalismus ist frei.

Der Hl. Vater beklagt die Unklugheit jener Katholiken, die sich beeilen, mit der modernen Entwicklung Schritt zu halten, ohne sich um die Weisungen des kirchlichen Lehramtes und die Gefahr zu kümmern, den Glauben durch unbedachte Zugeständnisse, naiven Irenismus und gewagte Kompromisse aufs Spiel zu setzen.

Aber es muß darauf hingewiesen werden, daß der Papst nicht sofort verurteilt, er ordnet keinen Isolationismus für die katholische Lehre an, sondern ermuntert mit Weitblick die Gelehrten, sich über die Strömungen des Denkens und der modernen Kultur Rechenschaft zu geben. Denn sie enthalten auch Keime von Wahrheit und geben Anlaß, die neuen Probleme mit der katholischen Lehre zu konfrontieren. Auf diese Weise können Aussagen gemacht werden, die den Zeiterfordernissen mehr entsprechen.

Im einzelnen erwähnt der Papst einige Abweichungen der *„théologie nouvelle"*. Das gewagte Programm dieser Strömung besteht in Folgendem: mit der Scholastik ist es vorbei, auch weil sie auf der heute überholten, griechischen Philosophie begründet ist. Man muß die Scholastik ausschalten, um zu den Vätern und zur Hl. Schrift, zu den Quellen des Offenbarungsgutes zu gelangen. Aber an diese Quellen muß man mit der kritisch-historischen Methode herangehen, ohne sich um das Lehramt der Kirche zu kümmern, das die freie Forschung nicht hindern kann. Die dogmatischen Formeln sind Ausdruck eines Gedankens Gottes in der Sprache und Begriffswelt einer bestimmten Zeit. Daher sind sie nicht absolut und unveränderlich, sondern können vervollkommnet werden. Dogma und Theologie haben ihre Gültigkeit, insoweit sie der Entwicklung in Leben und Kultur der Völker folgen. Im Kontakt mit einer stets fortschreitenden Entwicklung in der Philosophie und der Wissenschaft muß sich die Theologie ständig erneuern[22].

Aber der Papst begnügte sich nicht damit, die gefährlichen Tendenzen aufzuzeigen, sondern er vermittelt auch eine Vorstellung von den

[22] Das Rundschreiben nennt keine Namen; aber es ist nicht schwer, wenigstens einige Veröffentlichungen anzugeben, welche die Bemerkungen des Papstes rechtfertigen. Ein erster Entwurf der théologie nouvelle war schon 1937/38 erschienen: *Chenu OP,* Une école de Théologie; le Saulchoir, Etiolly 1937; *Charlier OP,* Essai sur le problème théologique, Tuilles 1938; (1942 auf den Index gesetzt). Hier wird die Scholastik in Mißkredit gebracht, und eine mehr vitale Theologie gefordert, die von einem Gespür für das Göttliche, das immer in der Kirche lebendig ist, geprägt ist. Bedeutender wurde ein programmatischer Artikel von *Daniélou,* der 1946 in den *Etudes* unter dem Titel „Les orientations présentes de la pensée réligieuse" veröffentlicht wurde. Darin wird der Weg der neuen Theologie gezeichnet, welche die Scholastik überwunden hat und sich an den Vätern und der Hl. Schrift erneuert. Zu diesem Zweck gründen Daniélou und andere Jesuiten „Les sources chrétiennes (Übersetzung von Originaltexten der Väter, die lebendige Theologie ohne Formalismen sind). Ein weiteres charakteristisches Dokument ist „Dialogue théologique" (1947), in dem die polemischen Auseinandersetzungen zwischen Dominikanern (konservativ) und Jesuiten (progressiv) über neue theologische Probleme gesammelt sind. Hier wären auch noch eine ganze Reihe von kleineren Schriften und Artikeln zu verzeichnen über Kontroverspunkte über Theologie im allgemeinen, Methode, ihre Natur, ihre philosophischen und theologischen Voraussetzungen. Vgl. *A. Peresco* sj, in Divus Thomas Piacenza, 1950, Oktober - Dezember; *A. Avelino Esteran Romero,* in Revista española de Theologia, Nr. 9, 1949.

Auswirkungen der Lehre, die echte und eigentliche Irrtümer sind: Entwertung der natürlichen Vernunft in der Erfassung der natürlichen und übernatürlichen Welt; Negierung oder Zweifel, daß Gott im Schöpfungsakt frei ist; Aufhebung des Unterschiedes von Geist und Materie; Leugnung des Personalcharakters der Engel; man leugnet, daß die übernatürliche Ordnung nicht geschuldet ist; daß es eine Erbsünde Adams und deren Übertragung auf seine Nachkommenschaft gibt; man verformt den Begriff der Sünde und deren Sühne durch Jesus Christus; man verändert die Lehre von der Wesensverwandlung und der realen Gegenwart Christi in der Eucharistie; man nimmt nicht die Gleichsetzung von mystischem Leib Christi und der Kirche an.

Eine umfangreiche Sammlung von irrigen Meinungen, die auf dem Konzil ihr Echo finden und sich in der Folgezeit auswirken.

Im Zusammenhang mit dem Konzil möchte ich etwas erwähnen, was nur wenige wissen. Pius XII. hatte bereits eine Kommission eingesetzt, die ein allgemeines Konzil vorbereiten sollte (und deren Mitglied ich war). Die Kommission machte sich auch an die Arbeit; aber nach einiger Zeit ließ der Papst durch den Kardinal des hl. Offiziums mitteilen, daß er diese Angelegenheit nicht in Angriff nehmen wollte, sondern das Problem des Konzils seinem Nachfolger überlasse.

An zweiter Stelle ist darzustellen, welche Aussagen das Rundschreiben über das Problem der Philosophie und deren Beziehungen zur Theologie machte. Der Papst sagt, es gibt eine „in Ecclesia accepta et agnita“ Philosophie; sie ist aus der Synthese der besten griechischen Spekulation und des von der göttlichen Offenbarung erleuchteten christlichen Denkens entstanden. In der philosophia perennis, dem christlichen Patrimonium, sind die Grundprinzipien der menschlichen Vernunft und des gesunden Menschenverstandes bestätigt und erweitert durch die Folgerungen, die sich aus den Glaubenswahrheiten ergeben. Sie tragen das Siegel des kirchlichen Lehramtes, das ihre Anwendung in der Theologie anerkannt hat. Dieser klassischen Philosophie liegt die Anerkennung des Wertes der menschlichen Vernunft und deren Betätigung bei der Erfassung der objektiven Realität und damit der Wahrheit zugrunde. Sie ist die Gesamtheit jener Prinzipien, die, schließlich Ausdruck der ewigen Seinsgesetze, Grundlage einer soliden Metaphysik sind.

Diese Philosophie erreicht in der Synthese des hl. Thomas ihren Höhepunkt. Wegen der Sicherheit und dem Erfolg der Lehre und Methode hat die Kirche den Aquinaten stets geschätzt. Noch einmal bestätigte der Papst diese Haltung der Kirche gegenüber einem wirklichen Genie in der Philosophie und der Theologie und verteidigte die Werte seiner Lehre gegen die Anklage und ungerechtfertigten Angriffe der Modernen. Diese sehen im Thomismus eine überholte Sache, eine zu rationalistische Methode und eine zu starre metaphysische und dialektische Struktur. Ihm steht der moderne, dynamische Geist gegenüber, der nichts von festen Schemen, von unveränderlichem Wesen der Dinge und abstraktem Konzeptualismus wissen will, vielmehr auf die Existenz der Einzeldinge und den Strom des werdenden Lebens ausgerichtet ist.

Eine andere Strömung gegen den thomistischen Intellektualismus besteht in der Verherrlichung von Willen und Gefühl, denen man nicht nur ein Strebevermögen sondern auch ein Anschauungsvermögen zuschreibt, so daß sie die Wahrheit, den eigentlichen Gegenstand der Intelligenz, erfassen können. Diese Strömung entwertet die Vernunft und streitet ihr jede Möglichkeit, auf dem Wege über die Schöpfung zur Gotteserkenntnis zu gelangen, ab. Der Glaubensakt wird zu einem Gefühl und ist kein Akt des Intellekts, der sich auf das Wort Gottes stützt. Nach diesen Lehren gibt es auch keine Möglichkeit, sich vor dem eigentlichen Glaubensakt ein Urteil über die Glaubwürdigkeit zu bilden[23].

Es wird im Rundschreiben auch bedauert, daß die Ansicht vertreten wird, alle Philosophien hätten ihren Wert und könnten das Dogma verdeutlichen.

Ausdrücklich erwähnte der Papst den Immanentismus, Idealismus, dialektischen und historischen Materialismus und den atheistischen Existenzialismus und stellte ihre Unvereinbarkeit mit der katholischen Glaubenslehre fest. Diese Tendenzen haben mehr oder weniger auch katholische Gelehrte erfaßt. Sie glauben, sie könnten unsere rationale Philosophie durch einen vitalen und sich pragmatisch gebenden Psychologismus ersetzen, der die Seelen in die Irre führt. Auch hier nennt der Papst keine Namen; aber jeder Gebildete weiß, wer in dieser Zeit diese irrigen Meinungen vertreten hat[24].

---

[23] Vgl. unseren Artikel: S. Tommaso e la recente psicologia della fede, in Doctor Communis, I (1948), S. 7 - 27.

[24] Der Angriff auf den hl. Thomas und allgemein auf die Scholastik setzte am Anfang des Modernismus mit *L. Labethoniere,* Le réalisme chrétien et l'idéalisme grec, Paris 1902, ein. In diesem Werk wird die philosophia peren-

Abschließend erklärte der Papst, daß diese irrigen und unsicheren Lehrmeinungen die Folgen davon sind, daß das Lehramt der Kirche wenig Beachtung findet. Und doch ist es sein gutes Recht, nicht nur das Glaubensgut zu hüten, sondern das Dogma auch gegen die Bedrohung vonseiten ungesunder philosophischer Theorien zu verteidigen.

Zuletzt behandelte der Papst auch noch die Frage der positiven Wissenschaften in ihren Beziehungen zur Theologie. Noch einmal bedauerte er vor allem die Leichtfertigkeit, mit der gewisse Katholiken ohne jede Vorsicht wissenschaftliche Hypothesen übernehmen, bevor diese noch bewiesen sind, und ohne sich um deren Auswirkungen auf die Offenbarungswahrheiten zu kümmern. Der Hl. Vater beschränkte sich auf zwei Beispiele: die Theorie des Evolutionismus in der Naturwissenschaft; der Wert des Alten Testamentes für die Geschichte.

Unter Berufung auf eine Ansprache, die er selbst vor Mitgliedern der Päpstlichen Akademie der Wissenschaften gehalten hatte[25], erklärte der Papst zum Problem des Evolutionismus noch einmal, daß die Wissenschaften frei sind in ihrer Forschung nach den Uranfängen des menschlichen Körpers aus einer präexistenten Materie, aber er erinnerte die Katholiken daran, daß es sich, wegen des Zusammenhanges mit Schrift und Tradition, um ein sehr schwieriges Problem handelt, bei dem das Für und Wider sorgfältig gegeneinander abzuwägen sind. Bei einer Lösung der Frage, welche die Gegebenheiten der Offenbarung berührt, hat in jedem Fall das Lehramt der Kirche ein Wort zu sprechen. Dieselbe Freiheit der Diskussion besteht jedoch nicht gegenüber der Hypothese des Polygenismus. Tatsächlich sieht man nicht, wie man das Dogma von der Erbsünde und deren Übertragung auf alle Menschen mit der Hypothese vereinbaren kann, die mehrere, wirklich menschliche Rassen annimmt, die nicht in dem einen Menschenpaar, Adam und Eva, ihren Ursprung haben. Ein solcher Polygenismus ist nicht annehmbar.

---

nis als fremdes Erzeugnis des Hellenismus abgelehnt. Unter dem Pontifikat Pius' XII. äußerte sich die Ablehnung der klassischen Philosophie durch katholische Autoren, wie z. B. bei dem Existentialisten *Marcel*, der hier und da in seinen Werken mit solchen Äußerungen hervortritt: „... die rationale Theodizee ist Atheismus ... die Kategorie Substanz ist ziemlich suspekt ... die Metaphysik, die sich auf das Kausalitätsprinzip stützt, ist entarteter Rationalismus" ... Siehe in „Existentialisme chrétien" und sonstwo. Vgl. *Fessard*, in Etudes, November 1945; *Hans Urs von Balthasar*, Présence et pensée, Paris 1942; eine ähnliche Sprache findet man auch bei *Daniélou, Lubac, Le Blond, Montcheuil u. a.*

[25] 30. November 1941, in AAS, XXXIII (1941), S. 504 - 512.

Es ist seltsam, daß es unter uns Philosophen und Theologen gibt, die ohne Einschränkung und vollinhaltlich eine Hypothese annehmen, welche bei anderen Wissenschaftlern, auch Nichtkatholiken, noch auf Mißtrauen und sogar Ablehnung stößt[26].

Das andere Beispiel für die Unklugheit dieser modernen Theologen, das das Rundschreiben anführt, liefert die Behandlung der Hl. Schrift; des näheren der geschichtliche Charakter einiger Bücher, und vor allem der ersten Kapitel der Genesis, wo die Rede ist von den Anfängen der Welt und des Menschen.

Der Hl. Vater bezieht sich auf einen Brief der Päpstlichen Bibel-Kommission an den Erzbischof von Paris (1948), um mit gleichzeitiger Berücksichtigung der literarischen Gattungen (im Rundschreiben *Divino afflante Spiritu* behandelt) den Sinn der ersten elf Kapitel der Genesis klarzulegen.

Danach behalten diese Kapitel ihren fundamentalen historischen Wert, trotz der einfachen und metaphorischen Redeweise, die für ein weniger entwickeltes Volk charakteristisch ist. Auch wenn man für diese Kapitel die Verwendung von Volkssagen annimmt, muß man doch berücksichtigen, daß das heilige Buch, sowie es nun einmal ist, unter göttlicher Inspiration verfaßt wurde; d. h. daß Gott der erste Autor ist, und deswegen sein Inhalt nicht wie ein Mythus oder rein menschliche Geschichten behandelt werden kann, sondern wie eine Schrift, die von jedem Irrtum frei ist.

Den Abschluß des Rundschreibens bilden eine Ermunterung an die Bischöfe und Vorschriften für die Lehrpersonen der kirchlichen Wissenschaften.

---

[26] Bereits im Jahre 1950 war unter den Katholiken der kühnste und bekannteste Wissenschaftler Theilhard de Chardin. In der Folgezeit vermehrte sich sein Ruhm, und im Jahre 1962 bekam er vom Hl. Offizium einen strengen Verweis. Dieser Gelehrte, tüchtig in der Naturwissenschaft, aber wenig vorbereitet auf dem Gebiet der Philosophie und Theologie, ließ sich von einer teils poetischen, teils mystischen Phantasie zu einem evolutionistischen Monismus verführen, in dem Gott und Mensch, Materie und Geist, die Welt des Natürlichen und Übernatürlichen in einen einzigen Prozeß einbezogen sind. Man kann seine Wissenschaft, seine Phantasie, ein wenig auch seine mystische Glut bewundern, aber man muß auch zugeben, daß nicht alle seine Theorien mit der katholischen Lehre vereinbar sind. Er leugnet die Erbsünde, er ist ein Optimist. — Es wurde viel über ihn geschrieben. Die Beurteilungen gehen weit auseinander.

Zusammenfassung

Nach der summarischen Übersicht, die wir versucht haben, möchten wir zum Ausgangspunkt des Artikels zurückkehren. Wir haben zwar nicht die Reden berücksichtigt, obwohl sie für die Lehre Pius' XII. sehr ergiebig sind. Aber ich glaube, die gegebene Übersicht erlaubt doch eine abschließende Beurteilung der Lehre dieses Papstes auf dem Gebiete der Philosophie und Theologie.

Gewiß sind Philosophie und Theologie die wichtigsten Aspekte seiner Kultur. Sie stehen in engstem Zusammenhang mit dem pastoralen Lehramt, das die der Offenbarung zu Grunde liegende Glaubenslehre zum Gegenstand hat. Aber dieses Lehramt geht über die Grenzen des Glaubens hinaus. Es wirft Licht auf jedes Gebiet der Kultur und des individuellen und gesellschaftlichen Lebens. Seine Gewandtheit ist nie oberflächlich; denn sie betätigt sich mit scharfer Intuition, sorgfältigem Studium, kontrollierter Information und gesundem Kriterium. Das sind natürliche Begabungen, die bereits die Größe des Menschen auf dem weiten Gebiet der Kultur beweisen.

Aber diese Eigenschaften erhalten einen neuen Inhalt und werden auf eine höhere Ebene erhoben durch den gelebten Glauben und die tiefe Frömmigkeit des Papstes. Über das innere Leben des Geistes von Pius XII. in seiner Verbindung mit Gott, bedürfte es einer eigenen Studie, die aus dem Rahmen meines Themas fallen würde. Sie muß deswegen anderen überlassen bleiben, die dabei auf die Prozeßakten der in Aussicht genommenen Seligsprechung des Dieners Gottes zurückgreifen können.

Aber auch wenn mein abschließendes Urteil sich auf die erwähnten Dokumente beschränkt, so können doch bestimmte charakteristische Merkmale herausgestellt werden, welche die ungewöhnlichen Dimensionen dieses großen Papstes beweisen können.

Das erste Merkmal seiner Persönlichkeit ist die erleuchtete Festigkeit, die kein Schwanken kennt, wenn es gilt, zwischen Wahrem und Falschem, zwischen Gutem und Bösem zu wählen. Diese Charakterstärke erhält sein Vertrauen in die Wahrheit und in das Naturgesetz aufrecht, und beseelt die Ausübung seines Lehramtes bei der Verteidigung des Wortes Gottes zum Heil der Menschheit.

Wie seine besten Vorgänger hat er seinen Standpunkt, doch ist er offen und bereit zu Zugeständnissen, wenn sie nicht zu diesem in Widerspruch stehen. Und eben dadurch erweist er sich als konservativ und fortschrittlich und entgeht der Gefahr der Verschwommenheit und des Kompromisses.

Doch fordert er für sich und andere, daß man der Vergangenheit Achtung zollt und aus ihr lernt; daß man aber zugleich sich in die Gegenwart einfügt und die Zukunft nicht fürchtet, wenn er auch immer eine kluge Vorsicht nahelegt, wenn es sich um Neuerungen handelt.

Tatsächlich lehnt Pius XII. den dogmatischen Relativismus, der aus der Glaubenslehre ein vom Winde geknicktes Rohr machen würde, ab. Das hindert ihn nicht, zuzugeben, daß das Lehramt zu einer Vervollkommnung der dogmatischen Formel kommen könnte. Es liegt ganz auf dieser Linie, daß er die Sucht der Neuerer bedauert, die von einer Philosophie zur anderen hinüberwechseln, als ob es keine festen und absoluten Prinzipien und Wahrheiten geben würde, und zur selben Zeit ermuntert, auf breiter Basis die verschiedenen Geistesströmungen zu studieren. Denn davon verspricht er sich eine Vertiefung und Bereicherung des erworbenen Erbes und gegebenenfalls eine Befreiung von vergänglichen Elementen: „denn die Wahrheit und ihr philosophischer Ausdruck können nicht dem Wechsel des Alltags unterliegen, besonders nicht die obersten Vernunftprinzipien ... Was immer der ehrlich forschende menschliche Geist noch an Wahrheit zu finden vermag, kann der bereits erworbenen Wahrheit sicher nicht widersprechen; denn Gott, der die höchste Wahrheit selber ist, hat den menschlichen Verstand erschaffen und leitet ihn, aber nicht zum Zweck, daß er seinen richtigen Erkenntnisse täglich Neues entgegenstelle, sondern damit er allfällige Irrtümer beseitige und Wahres auf Wahrem aufbaue, und zwar nach derselben wohlgefügten Ordnung, die wir in der Natur selbst, woraus wir die Wahrheit schöpfen, grundgelegt finden"[27].

Zur Bestätigung dieser weiten Einstellung möchte ich die mahnenden Worte am Ende von *„Humani generis"* anführen: „Gewiß sollen (die katholischen Professoren) nach bestem Können und Vermögen zum Fortschritt ihrer Fachwissenschaft beitragen, sich aber auch davor hüten, die Grenzen zu überschreiten, die zum Schutz der Glaubenswahrheit und der katholischen Lehre gezogen sind. Die neuen Probleme, die durch die moderne Kultur und unser fortschrittliches Zeitalter aufgeworfen werden, sollen sie aufmerksam, aber auch mit der gebotenen Vorsicht und Zurückhaltung erforschen[28]."

[27] Rundschreiben „Humani generis", in AAS, XLII (1950), S. 572.

[28] „Humani generis", ebd., S. 578.

Aber es ist nicht zu übersehen, daß der Papst in diesem Rundschreiben den Wert, die Funktion und die Notwendigkeit des Lehramtes hervorhebt (mehr als zwanzig Mal erwähnt!). Dieser Umstand beweist die übernatürliche Einstellung des Papstes: er wußte, daß das von Christus eingesetzte Lehramt mit der Autorität Gottes gezeichnet ist, und deshalb, zum Unterschied von jedem menschlichen Lehramt, verpflichtende Kraft hat *(potestas docendi)*.

Daraus folgt, daß die Vernunft dem Glauben, die Philosophie der Theologie, das Gewissen dem göttlichen Gesetz untergeordnet sind. Der Theologe und auch der christliche Philosoph ist kein freier Forscher, noch viel weniger ist es der katholische Exeget. Ihre Forschung ist weder behindert noch erstickt, sondern steht im Dienst der göttlichen Offenbarung und des kirchlichen Lehramtes, dem die Offenbarung anvertraut ist. Und der Papst behauptet, daß in den zwanzig Jahrhunderten christlicher Existenz das Lehramt die Forschung in allen Bereichen der Kultur nicht nur nicht behindert, sondern im Gegenteil, ihr gegen die Gefährdung durch Irrtümer und Zweifel geholfen hat.

Die Ablehnung des Lehramtes durch Luther und seine Anhänger hat Irrtümer und Verwirrung in der Bibelexegese und im christlichen Gedankengut, das seitdem in Hunderten von sich gegenseitig bekämpfenden Sekten aufgespalten ist, verursacht.

Pius XII war nicht nur Anwalt des Lehramtes und der kirchlichen Autorität, sondern auch der Verteidiger der Einheit der Kirche. Er konzipierte, der Überlieferung entsprechend, den Ökumenismus als eine Rückkehr der Getrennten und nicht als eine pluralistische Koexistenz, die keine echte Einheit ist: „Nun aber scheinen manche eifernde Befürworter eines unklugen Irenismus auch das als Hindernis auf dem Weg zu einer brüderlichen Verständigung zu betrachten, was eben auf den Gesetzen und Grundsätzen beruht, die Christus selbst erlassen hat, sowie auf den von ihm getroffenen Maßnahmen, oder was Schutzwehr und Stütze der Glaubenswahrheit bildet; brechen sie zusammen, so ist freilich alles geeint, aber einzig und allein im allgemeinen Ruin[29]."

[29] Ebd., S. 565. Dennoch hat Pius XII. die Instruktion des Hl. Offiziums „De motione oecumenica" (20. Dezember 1949, in AAS, XLII (1950), S. 142 - 147) autorisiert, in der einige Vorschriften für den Dialog mit den getrennten Brüdern erlassen sind. Sie bereitet die Stellungnahme des zweiten Vatikanischen Konzils vor, das im Dekret über den Ökumenismus „Unitatis redintegratio" (21. November 1964, in „Constitutiones Decreta Declarationes Concilii Oecumenici Vaticani Secundi, Vatikan 1967, S. 243 - 274) den Weg zum Dialog und zur Begegnung erheblich erweitert hat.

Eugenio Pacelli als Minutante im Staatssekretariat.

Schließlich setzt er feste Punkte: in der Liturgie, in der Lehre von der Kirche, in der Exegese, in der Mariologie, in der Bewertung des unfehlbaren Lehramtes, in den Beziehungen von Philosophie und Theologie und von diesen Wissenschaften zum Lehramt. Aber diese festen Positionen versieht er mit Klauseln, welche ihre Starrheit mildern und den Weg freihalten zu einer Erneuerung, die nicht revolutionär, sondern ausgewogen und nie unabhängig von dem der Kirche von Christus eingestifteten Lehramt ist.

Diese Grundeinstellungen des Papstes, die wir mit Festigkeit und Öffnung bezeichnet haben, stehen in keinem Gegensatz zueinander, sie ergänzen sich vielmehr und können den fruchtbaren Ansatzpunkt für eine gesunde Erneuerung bilden.

Das was nach dem Tode Pius' XII. folgte, liegt außerhalb des mir gestellten Themas, aber der verstorbene Papst ist dort präsent.

Seine Gegenwart bezeugt die Krise, die, wie der Papst vorausgesagt hat, eingetreten ist und sich noch verschärft hat; aber auch das zweite Vatikanische Konzil, das sich in hundert Zitaten auf ihn berufen hat.

Und auf dem Konzil selbst machte Paul VI., nicht ohne Eingebung von oben, eine geniale, aber bezeichnende Geste, als er die Einleitung des Seligsprechungsverfahrens für Johannes XXIII. und Pius XII. dekretiert hat.

Nach dem Konzil hält die Krise an und bereitet Sorge. Aber wir sind sicher, daß sie vorbei geht, wie so viele andere im Laufe der Jahrhunderte. Eines steht jedoch fest: es wäre naiv zu glauben, daß es möglich ist, schlicht und einfach zurückzukehren zu den früheren Handbüchern der Philosophie und scholastischen Theologie oder zum Codex des kanonischen Rechtes von 1918.

Die Krise wird mit einer vernünftigen Synthese der beiden Richtungen, des essentiellen Konservativismus (These) und des kontrollierten Progressismus (Antithese), überwunden. Die Synthese wird in Kirche und Christentum eine neue Epoche einleiten, in der die wesentlichen Lehren Christi und seiner Botschaft beibehalten, aber sich in einer neuen Sprache und in einem neuen Leben ausdrücken werden.

Auf der Schwelle dieser neuen Zeit zeichnet sich auch die erhabene Gestalt von Pius XII. ab, der diese Synthese virtuell vorweggenommen hat.

DAS MORALTHEOLOGISCHE IDEAL PIUS' XII.

Von Joseph-Fulko Groner

Daß ein Papst, der von Amts wegen die Sache der Religion vertritt, zugleich auch Künder der Sittlichkeit sein muß, versteht sich von selbst. Die besondere moraltheologische Thematik oder das Ausmaß der sittlichen Verkündigung hängt jedoch von den Zeitumständen, in die ein Pontifikat gestellt ist, ab. Überdies werden auch die persönliche Neigung eines Papstes, seine wissenschaftliche Vorbildung oder sein geistliches Interesse, ja nicht zuletzt der Typus seiner Persönlichkeit diesem oder jenem Themenkreis ein Übergewicht in seinen Verlautbarungen geben (man vergleiche etwa so verschiedene Gestalten wie Leo XIII. und Pius X. unter diesem Gesichtspunkt).

Wer nun die Persönlichkeit Pius' XII. ein wenig kennt, wird von vornherein vermuten, daß er eine Vorliebe für Fragen des sittlichen Lebens haben mußte. War er doch ein Mann, der höchste Ansprüche an sich selbst und an die Pflichten seines Amtes stellte und sich nicht scheute, seine Würde und seinen überragenden Standort als innerste Rechtfertigung seines Handelns sich und seinen Zuhörern immer wieder vor Augen zu stellen. Dazu kam das Außergewöhnliche der Zeitumstände, der 2. Weltkrieg und die Zeit danach, die moralische Anrufe geradezu herausforderten. Und noch ein Drittes charakterisiert diesen außerordentlichen Pontifikat: die Welt besaß die nötigen technischen Einrichtungen (Verkehrsorganisation, Rundfunk und andere Vermittlungstechniken), um dem Papstwort weltweite und rasche Verbreitung zu sichern, und vor allem: die Welt war bereit, ja begierig, einen Mann wie Pius XII. tatsächlich anzuhören.

Der Papst aber nahm den Ruf der einzigartigen Gelegenheit wahr, um in einer neunzehnjährigen übermenschlichen Anstrengung das sittliche Bewußtsein der Menschheit zu formen, umzugestalten, emporzuheben und auf allen Gebieten des Lebens moralische Verantwortung zu wecken, denn er war zutiefst davon überzeugt, daß die Erneuerung der Gesellschaft entscheidend nur durch die Erneuerung der an Gott und seinen Geboten orientierten Gesinnung bewirkt werden könne. Der

Wille, dies den Menschen nahe zu bringen, durchzieht mit nie erlahmender Kraft seine Amtszeit bis ins höchste Alter. Und je älter er wird, um so bedrängender scheint er diese seine Hauptpflicht zu fühlen, und er kann sozusagen nie genug der Gelegenheiten ergreifen, um zu immer neuen Gruppen und Einzelpersonen bei immer neuen Themen sein Anliegen vorzutragen*.

Bereits in seiner ersten „Regierungserklärung", der Enzyklika „Summi Pontificatus" vom 20. Oktober 1939, also kurz nach Ausbruch des 2. Weltkrieges, legt Pius XII. den Finger auf die eigentliche Ursache der allgemeinen Weltmisere und damit der nun ausgebrochenen Katastrophe: sie ist zutiefst nicht etwa in wirtschaftlichen Mißständen zu suchen, so bedeutungsvoll diese auch tatsächlich sein mögen, sondern darin, daß unter den Völkern die religiöse Weltanschauung und die sittlichen Überzeugungen mit ihren Normen allmählich zugrundegerichtet wurden. Der Beseitigung oder wenigstens Besserung dieses Zustandes galt die lebenslange Bemühung des Papstes. Dabei begnügte er sich keineswegs damit, wie ein Theoretiker der Wissenschaft Systeme für die staatliche, wirtschaftliche, rechtliche Ordnung, wie sie ihm sachgemäß richtig und damit der Ordnung Gottes zu entsprechen schien, zu entwickeln und ihre Verwirklichung anzuempfehlen, er nahm jede passende Gelegenheit wahr, sittliche Appelle ganz konkreter Natur auch an einzelne oder Gruppen zu richten und sie zu einem Höchstmaß moralischen Einsatzes für die Gestaltung ihrer Persönlichkeit und ihrer gesellschaftlichen Umwelt aufzufordern.

I. Der Sport: Schule des Charakters — Vorbereitung auf soziale Pflichterfüllung

Als Beispiel dafür sei zunächst ein etwas abgelegenes Gebiet genannt: der Sport. Der Hinweis mag überraschen, zumal es schwerfällt, die Gestalt dieses Papstes, der auf der Liste der mittelalterlichen Malachias-Prophezeiungen als „Pastor angelicus" auftritt, mit etwas so unenglischem wie „Sportsmann" zu verbinden. Dennoch weiß man, daß

* Belege für diese allgemeine Charakterisierung Pius' XII. sowie für die weiteren Ausführungen finden sich bequem und nahezu vollständig in der 3-bändigen „Sozialen Summe Pius' XII.", hrsg. von *A. F. Utz* und *J. F. Groner,* Fribourg/Schweiz 1954 - 1961. Diese Sammlung enthält in systematischer Ordnung alles, was Pius XII. zu Fragen der Kultur als geistig-leiblicher Gegebenheit und zwischenmenschlichen Auftrags und damit als sittliche Aufgabe gesagt und geschrieben hat. — Die Nummern im Text dieses Beitrags beziehen sich auf dieses Werk.

Pius XII. körperliches Training persönlich durchaus geläufig war, und wer seine Reden zu diesem Thema liest, kann nur staunen über seine fachlichen Kenntnisse und sein Wissen um all das Drum und Dran, das sich vor und hinter den Kulissen des Sportes abspielt, von der treffenden Eleganz seiner Darstellungen, die jedem Sportjournalisten als Musterbeispiele dienen könnten, ganz abgesehen. Nicht weniger als 19 Mal hat Pius XII. öffentlich über den Sport gesprochen. Auch im Sport verlangt er Leistung, höchste Leistung. Mit einem gewissen Stolz stellt er seinen athletischen Vorgänger im Amt, Pius XI., als Paradigma eines Sportsmannes vor, von dessen Wagemut und sportlicher Tüchtigkeit heute noch der „Sentiero Ratti" am Monte Rosa kündet. Das letzte an Kraft und Mut, Ausdauer und Vorsicht soll der Mensch beim Sport aus sich herausholen, weit davon entfernt, ein „halsbrecherisches Spiel" mit der Gefahr zu treiben, denn Sport ist im Grunde Training des Geistes, des Verstandes und Willens (2018, 5139), eine wahre Charakter- und Tugendschule (2010, 5155 ff.). Aus diesem Grunde finden auch die kühnen Versuche, den Himalaja zu stürmen, die ungeteilte Zustimmung des Papstes. „Weder die unsäglichen Mühsale, noch die stete Gefahr, noch die Ermattung, noch die Erinnerung an die Abgestürzten konnten ihren Willen brechen, es noch einmal zu versuchen" (2075). Solche Gipfelleistungen menschlicher Anstrengung konnten diesen Papst nur begeistern, denn sie waren für ihn Symbol und Beweis dafür, daß dem Menschen die gleichen und noch viel gewaltigere Energien zu Gebote stehen, wenn es gilt, das Hochland der eigentlichen sittlichen Ideale gegen die Widerspenstigkeit der menschlichen Natur zu erringen. Dabei kommt es dem Papst keineswegs in den Sinn, irgendwie dem Hochleistungssport als solchem zu huldigen, denn das ist „Irrsinn des Stolzes" (2018), und schon ein Übermaß an Sportveranstaltungen und Training bedeutet eine „beklagenswerte Umkehrung der natürlichen Ordnung" (2020). Also keinerlei „Körperkult" (1596), der im Grunde ja nur „sinnloses Bewegen der Glieder" wäre (2056), der die Kräfte des Körpers vergeudet und Ursache geistiger Rohheit ist, der von der Berufsarbeit abhält und den häuslichen Frieden stört (1596). Das sportliche Training soll über die Beherrschung des Körpers hinausgehen und den Charakter bilden, soll zur „Übung menschlicher und christlicher Tugenden" werden (2066) und den Sportsmann „in höchste moralische Form bringen" (2077). „Auf Grund dieser Prinzipien fordern das religiöse und sittliche Gewissen, daß bei der Wertung des Sports und der Gymnastik, beim Urteil über die Person der Athleten, in der Bewunderung ihrer Leistungen die Beobachtung dieser Hierarchie der Werte zum grundlegenden Kriterium gemacht wird, so daß der höchste Preis nicht dem zuerkannt wird, der die stärksten und elastischsten Muskeln besitzt, sondern dem, der auch die rascheste Fähigkeit beweist, sie in den Dienst des Geistes zu stellen" (2058). Sportliche Höchstleistung, gewiß, — sie muß aber in sittliche, charakterliche Höchstleistung umschlagen, d. h. das „Ergebnis" des Sportes muß der vollkommene Mensch und Christ sein, der im Besitz einer reichen Ausstattung an persönlichen und sozialen Tugenden steht (bes. 5153). Und hier setzt das besondere Anliegen Pius' XII. ein. Der Sport erschöpft sich nicht einmal in der körperlich-geistigen Vervollkommnung des Individuums, denn auch dies ist nur höheres Mittel zum höheren Zweck, „fit" zu werden für den Lebenskampf (2011). Der Sport muß „eine Hilfe zur genauen und fröhlichen Pflichterfüllung, sowohl im Berufs- wie im Familienleben" werden (2019), er muß „Antrieb zur frischen und begeisterten Erfüllung der Arbeits- und Studienpflichten bringen", muß den Körper „gegenüber dem Geist und den moralischen Verpflichtungen fügsamer und gehorsamer machen" (2027). Mit einem Wort: der Sport muß den sozialen Menschen hervorbringen, den Mann des „fair play", „jenes ritterlichen und höflichen Wettstreits, der den Geist über alle kleinlichen Listen, Betrügereien, Ränke einer finsteren und rachsüchtigen Eitelkeit hinaushebt und ihn vor einem engen unversöhnlichen Nationalismus bewahrt. Der Sport ist eine Schule der Anständigkeit, des Mutes, des Ertragens, der Entschlossenheit und allgemeinen Brüderlichkeit", der darauf vorbereitet, „ohne Schwäche die Bürde der schwersten Verantwortung zu tragen" (2016). So geht der im Sport Gestählte „mit erneuter Willenskraft, mit erfrischten Kräften an die Arbeit zurück" (2039), er ist erfüllt von Kameradschaftsgeist, der sich „ausdehnt auf jede Gemeinschaft, deren Glied man ist: auf Familie, Beruf, Volk, Vaterland, endlich auf die höchste Gemeinschaft hinieden: auf die Kirche. Aus Schwäche, Zeitvertreib und Scham seine Pflicht gegenüber der Familie, der Gesellschaft, der Religion vernachlässigen: das ist in erster Linie unsportlich" (2036; 5149 f., besonders schönes Beispiel für diese Gedanken in einer Ansprache an Fußballspieler: 5151 ff.).

Ein ganz konkretes Beispiel für die persönliche und soziale Auffassung vom Sport findet sich in einer Ansprache an einen Sportverein französischer Eisenbahner (5159 ff.). Der Sport bedeutet für diese Berufsgruppe gewiß, wie zunächst immer, körperliche Ertüchtigung, darüber hinaus aber halten die „Disziplin des Spiels" und die „Ausdauer in der Anstrengung" Seele und Leib in „glücklicher Harmonie", und

„jeder weiß, daß die sittliche Gesundheit in großem Maß dadurch gewinnt", eine Gesundheit, die „ein ausgezeichnetes Mittel ist, die im Beruf so notwendige Selbstbeherrschung und Kontrolle der Aufmerksamkeit und der Reflexe zu erwerben und zu bewahren". Mit konzentrierter Intensität vertieft der Papst sodann den Gedanken an die soziale Verantwortung der Eisenbahner bei der Bedienung der technischen Apparatur und beim Transport der wertvollen Wirtschaftsgüter, mit denen ihre Züge beladen sind. Nur sittlich hochstehende Persönlichkeiten sind imstande, einen solchen Dienst für die Gemeinschaft einwandfrei zu leisten. Durch den Anschluß des nationalen Vereins an die „Internationale Sportunion der Eisenbahner", kommen die Mitglieder dazu in die Lage, ihren Geist über die nationalen Schranken hinauszuheben und sich in den Dienst der großen Societas humana zu stellen, indem sie „auf internationaler Ebene das gegenseitige Verständnis und die wachsend großzügige und selbstverständliche Zusammenarbeit anbahnen, deren die gegenwärtige Welt so dringend bedarf".

II. Jugendliche Keuschheit

Als sich zu Anfang der fünfziger Jahre die später so riesig anwachsende Woge des sexuellen Libertinismus zu bilden begann und gewisse Autoren in ihren Publikationen mit großem wissenschaftlichem Aufgebot an den straffen Zügeln des sechsten Gebotes zerrten, erhob Pius XII. klar seine Stimme zur Verteidigung der hier geltenden Normen. Über den Rundfunk erklärte er am 23. März 1952: „Das göttliche Gebot der Reinheit der Seele und des Leibes gilt ohne Abschwächung auch für die heutige Jugend." Sie habe die Pflicht und, mit der Gnade, auch die Möglichkeit, das Gesetz der Keuschheit zu befolgen. Entschieden weist der Papst die Meinung derer zurück, „welche die Niederlagen in den Jahren der Pubertät für unvermeidbar halten, für Dinge, die es nicht verdienen, daß man von ihnen viel Aufhebens macht, als wären sie keine schwere Schuld, weil die Leidenschaft, wie jene hinzufügen, die Freiheit, die für die sittliche Verantwortung einer Handlung notwendig ist, gewöhnlich aufhebe" (1762). Damals war der Kinsey-Report über das Sexualverhalten des „human male" bereits herausgekommen (1948) und hatte seinen „Aufklärungsfeldzug" durch die Welt angetreten, und die Idee einer „morale sans péché" lag in der Luft (A. Hesnard, Paris 1954, vorbereitet 1949 durch: L'univers morbide de la faute). Die geistige Lage auf diesem Gebiet war also sehr kritisch, und Pius XII. besaß durchaus die feine Antenne für das, was sich anzubahnen drohte (und was er nicht verhindern konnte, und was wir heute schreckerfüllt anstarren). Er schärfte darum den Verantwortlichen ihre Erzieherpflichten auch unzweideutig ein. „Auf alle Fälle sollen sie klar das Gebot als solches, in seiner ganzen Schwere und Ernsthaftigkeit, als göttliche Anordnung erklären“ (1763). Dabei gebärdet sich Pius XII. keineswegs als Drohprediger oder als sturer Verteidiger „statischer Normen“ (wie man heute zu sagen pflegt), so als ob er nicht die „andere Seite“ kenne, nämlich den Menschen mit seiner Schwäche und der Möglichkeit, in rein physiologische oder rein psychologische Unglücke zu geraten. Er weiß auch, daß Sittlichkeit nur einen Sinn hat und wertvoll ist, wenn der Mensch sein freies und verständiges (oder echt gläubiges) Ja zu den Geboten spricht, und daß die Pädagogik auch darin besteht, die Jugendlichen zu diesem Ja zu führen. Der Erzieher darf daher nicht versäumen, „den jungen Menschen die hohen Werte der Reinheit darzustellen, um sie dahin zu führen, sie zu lieben und für persönlich erstrebenswert zu halten. Er wird sie stärken in einem Kampf, dessen Härte er ihnen nicht verheimlichen wird, und er wird sie ermahnen, auszuhalten und nicht der Gefahr zu erliegen, die Waffen schon am Anfang wegzuwerfen und widerstandslos den verkehrten Gewohnheiten sich zu ergeben“ (1763).

III. Die hohen sittlichen Ansprüche eines christlichen Ehe- und Familienlebens

Man muß diese eher beiläufige Bemerkung zu einem bekannten Pubeszententhema, die der Papst in einer Ansprache über das christliche Gewissen als Gegenstand der Erziehung machte, in einem größeren Zusammenhang betrachten. Das Bemühen Pius' XII. zur Formung des Gewissens in diesem speziellen Punkt gehört zu seiner Sorge um die Bildung sittlich hochstehender Persönlichkeiten im Hinblick auf ein qualifiziertes Ehe- und Familienleben. Tatsächlich bilden Ehe und Familie als Keimzellen von Kirche und staatlicher Gemeinschaft wichtigste Anliegen seines Pontifikats. Vom ersten Jahr seiner Regierung an bis Mitte 1943, also bis tief in den Weltkrieg hinein, ließ er es sich nicht nehmen, in etwa 70 Ansprachen auf das moralische Bewußtsein Neuvermählter einzuwirken, um sie zu einem hochstehenden Leben und Ehe und Familie zu befähigen. Dabei kann man auch hier wieder bewundern, wie sehr der Papst über die Probleme Bescheid weiß und mit welch feinem psychologischem Einfühlungsvermögen er die innersten Regungen und Bewegungen, die zum Aufbau oder zum Bruch führen können, zu erspüren und zu formulieren vermag. In der Sache läßt er keinen Zweifel daran, daß ein Eheleben auf Dauer nur gelingen kann, wenn beide Partner vom Willen zur Überwindung ihrer selbst beseelt sind, um so zu einer Liebesgemeinschaft zu gelangen, wo selbstlos nur nach dem wahren Interesse und Wohl des anderen gefragt wird und beide darüber hinaus die von Gott gestellten Aufgaben an der Nachkommenschaft erfüllen. Der Verwirklichung echter Gattenliebe dient bereits in früher Jugend der oben erwähnte Punkt. Ganz allgemein muß bei ihr die Tugend der Selbstbeherrschung an erster Stelle in der moralischen Formung stehen, dann erledigen sich viele Schwierigkeiten von selbst (1025), und der später drohenden Gefahr der Eigenliebe und Entfremdung in der Ehe wird von vornherein der Boden entzogen (938 ff., 950 ff.). Die Gewöhnung an Einfachheit, Sparsamkeit und Verzicht ist, verbunden mit der Erfüllung der Gebote Gottes, mit Gehorsam und Ehrfurcht, die beste Garantie für das spätere Leben (975, 1020 ff.). „Die Wiedergesundung kann nur kommen, wenn diese grundlegenden Forderungen erfüllt sind" (1026). In die äußerste Probe wird die Ehe gestellt, wenn die Ehegatten aus irgendeinem Grund, sei es im Krieg, sei es im Frieden, zwangsweise getrennt werden. Unter diesen Umständen schleicht sich leicht der versucherische Gedanke ein, bei anderen Liebesersatz zu suchen (970 f.). Doch dann gilt, um die Ehe zu bewahren und zu retten, nur eines: leben wie im Witwenstande! Das erzeugt gewiß ein fremdartiges Erscheinungsbild: „Die Liebe der Gatten trägt dann zweifellos, was die Lebensweise, die Gewohnheiten, das Benehmen und die Umgangsformen angeht, eine gewisse Härte und Hoheit an der Stirn. Daran werden auch die Außenstehenden die unsichtbare Gegenwart des Gatten spüren" (974). Wiederum verlangt diese Verhaltensweise ihre Vorbereitung in einem gewissen Lebensstil. „Wenn die Gattenliebe", so ruft der Papst den Neuvermählten zu, „eine von der Natur ins Herz des Mannes und der Frau gelegte Freude ist, müßt Ihr auch bedenken, daß die Vernunft über die Natur herrschen soll. Nun aber lebt der Mensch dann der Vernunft gemäß, wenn er unter dem Beistand der Gnade, nicht zuletzt der Sakramentsgnade, welche die Natur erhebt und vervollkommnet, seine Leidenschaften im Zaume hält. Die Gatten sollen nie vergessen, daß die Tugend, gleich weit von den äußersten Gegensätzen entfernt, in der Mitte liegt. Dann werden sie die übertriebene Sinnlichkeit zu meiden wissen, die außerhalb des schützenden Heimes abwegige und ungeordnete Befriedigungen und Tröstungen sucht. Vielmehr werden sie dafür sorgen, daß die gegenseitige Erinnerung lebendig und unwandelbar, stark und zart erhalten und bewahrt bleibt" (975).

Freilich gibt sich der Papst keinen Illusionen hin. Mit reiner Psychologie kommt man nicht weit, auch gute Erziehung und eine gewisse natürliche Kraft reichen nicht aus, um eine Ehe durchzustehen. Das Haus der Ehe muß von Gott gebaut werden, dies ist das eine. Und das andere: die Eheleute selbst müssen an diesem Haus beständig mitarbeiten. „Wenn Gott die Ehe zu einem Sakrament, zu einer Gnadenquelle, erhoben hat, so wird er die Kraft zum Ausharren in der Ehe doch nicht geben ohne Eure eigene und beständige Mitwirkung. Diese Mitwirkung besteht im täglichen Gebet, in der Beherrschung Euerer Neigungen und Gefühle ... und in einer innigen Verbundenheit mit Christus in der heiligen Eucharistie. Diese ist ja das Brot der Starken, die auch um den Preis von Opfern und Verzichtleistungen die eheliche Keuschheit und Treue hochzuhalten wissen" (979).

In den Feuerofen sittlicher Bewährung werden die Eheleute geworfen, wenn sie ihre Lebensgemeinschaft eines Tages als Last, als Tyrannei, als Knechtschaft und Sklavendasein empfinden, weil sie am liebsten dem Drang ihrer auf einmal anderswohin strebenden Begierden nachgeben möchten (911, 937 ff.). Dann zerren die Gatten an den Ketten ihres Ehebandes, und dessen Unauflöslichkeit wird ihnen offenbar zum Fluch. In dieser Lage kann der Papst nur noch an den Glauben appellieren. Dem Glaubenden aber wird das „Gesetz der Unauflöslichkeit als Ausdruck einer wachen Mutterliebe erscheinen und verstanden werden, vor allem dann, wenn man es in jenem übernatürlichen Lichte betrachtet, in das Christus es hineingestellt hat. Inmitten der Schwierigkeiten, der Zusammenstöße, der Begierden, die das Leben auf Eueren Weg sät", so wiederum zu Neuvermählten, „werden sich Eure beiden so untrennbar verbundenen Seelen nie allein noch unbewaffnet finden: die allmächtige Gnade Gottes, die eigentliche Frucht des Sakramentes, wird beständig mit ihnen sein, um ihrer Schwäche unaufhörlich beizustehen, um jedes Opfer zu versüßen, um sie zu stärken und zu trösten selbst in den längsten und härtesten Prüfungen" (912).

Zu nicht weniger hohen sittlichen Gedanken zwingt Pius XII. seine Zuhörer, wenn er auf die biologische Seite der Ehe zu sprechen kommt, eine Seite übrigens, die, so muß man heute betonen, für ihn selbstverständlich zum Wesen dieses Lebensstandes gehört (vgl. 411 ff.). Die „unleugbaren Schwierigkeiten", die mit einer ansehnlichen Schar von Kindern verbunden sind, entgehen dem Papst keineswegs, doch zunächst einmal verlangt er „Mut, Opfer, ja manchmal Heroismus“, ohne es im gleichen Atemzug zu unterlassen, auf den natürlichen und übernatürlichen „Lohn“ für einen solchen Einsatz des Willens und Vertrauens hinzuweisen. „Heroismus“ kommt dem Papst in diesem Zusammenhang mehrmals über die Lippen. Eine ganze Ansprache stellte er unter dieses Motto (vgl. 892 ff.), und seine Forderungen an das sittliche Vermögen des Menschen sind entsprechend. In außerordentlichen Umständen fordert die Ehe ganz selbstverständlich Heldenopfer, doch auch nicht weniger im alltäglichen Leben. Dabei denkt der Papst nicht nur an das Heldentum, das die naturgemäße Erfüllung der eigentlichen ehelichen Pflichten bisweilen verlangen kann, und an den heroischen Willen zum Nein, wenn es gilt, der Versuchung zur Untreue zu widerstehen, das Wort Heroismus ist auch nicht weniger angebracht für das lebenslange Ertragen der physischen und moralischen Mühsal, die der Beruf und das enge Zusammenleben in der Ehe auferlegen. „Wieviel geheime Dramen spielen sich da ab, die hinter dem Schleier des täglichen Lebens ihre Bitterkeit und Not entfalten“ (896), Dramen, die aus der Summierung von „tausend kleinsten Nebensächlichkeiten, tausend flüchtigen Augenblicken“ entstehen, „von denen jeder eine Kleinigkeit und fast ein Nichts bedeutet, die aber in der ständigen Aufeinanderfolge und Anhäufung schließlich zu einer schweren Last werden, mit denen aber doch im gegenseitigen Ertragen zu einem weitaus großen Teil der Friede und die Freude eines Heimes engstens verknüpft sind“ (897).

Genau 10 Jahre später kommt der Papst nochmals auf das Stichwort „Heroismus“ zurück, wenn er vor einer Gruppe von Geburtshelferinnen für die unbedingte Einhaltung der naturgegebenen Ordnung eintritt und in einer Lage, die andere einwandfreie Lösungen nicht zuläßt, als einzige Möglichkeit sittlichen Verhaltens heroische Enthaltsamkeit fordert. Pius XII. täuscht sich nicht über die Schwere seines Anspruchs, den er im Namen des Sittengesetzes erhebt, doch ebensosehr ist er von der moralischen Leistungsfähigkeit des Menschen überzeugt. Entgegen allem „Unmöglichkeits-Gerede“ traut er den Eheleuten jenen Heroismus zu, er hält sie eines „dauernden Heroismus“ für durchaus mächtig, ja „es hieße, den Männern und Frauen unserer Zeit ein Unrecht antun, wenn man sie eines fortgesetzten Heroismus für unfähig hielte. Heute wird aus so vielen Gründen — vielleicht unter dem Zwang der harten Not, manchmal auch im Dienst des Unrechts — Heroismus in einem Grad und Ausmaß geübt, wie man es in vergangenen Zeiten für unmöglich gehalten hätte. Wenn also die Umstände dieses Heldentum wirklich verlangen, warum sollte es dann Halt machen an den Grenzen der Leidenschaften und Naturtriebe?" (1078). Freilich erst recht hier ist der Mensch mit seiner menschlichen Kraft bald am Ende: „wer glaubt, sich beherrschen zu können, dabei aber nur auf die eigene Kraft zählt, ohne aufrichtig und beharrlich die göttliche Hilfe zu suchen, wird elend enttäuscht werden" (ebd.).

Pius XII. beschränkte sich natürlich nicht darauf, seine hohen und höchsten sittlichen Ideale nur für die Fragen des engeren Ehelebens vor Augen zu führen, sondern behandelte im Verlauf seines Pontifikats noch zahlreiche andere Themen, die irgendwie im Umkreis von Ehe und Familie auftauchten. Dabei galt seine Aufmerksamkeit neben den Aufgaben der Ehegatten für sich und ihre Kinder besonders der Stellung der Frau in der modernen Gesellschaft. Ihr Wesen sah er in der voranschreitenden Industriewelt mehr und mehr bedroht, und damit schien ihm auch ihre Funktion für die Erhaltung und Hebung des sittlichen Niveaus der Gesellschaft in Frage gestellt. Vgl. dazu Soziale Summe, III. Buch, 2. und 3. Abschnitt.

IV. Das Ethos des Gebildeten und seine Verantwortung für die Gesellschaft

Daß ein Mann von der umfassenden und tiefen Bildung eines Pius XII. gerne Leute der Wissenschaft und Hochschulen um sich sehen wollte, um ihnen seine Gedanken von der Idealgestalt des geistig führenden Menschen vor Augen zu stellen, wird niemanden wundern. Tatsächlich zeichnet der Papst den Träger hoher geistiger Ausbildung mit ganz besonderer Eindringlichkeit, denn er weiß, daß sie die höchste Verantwortung für den Verlauf der Menschheitsgeschichte tragen: „Wie die Führer, so das Volk" (1863). Zunächst jedoch muß sich der Mann der Wissenschaft um seine eigene Ausbildung kümmern, d. h. um jene Aneignung des fachlichen Wissens, das weit abliegt von oberflächlicher Kenntnis, „gerade recht, um damit zu prahlen und das große Publikum durch schönklingende und leere Sprüche zu blenden, die ihm keinerlei Wahrheit vermitteln, sondern es dazu verleiten würden, in fügsamer Leichtgläubigkeit Trugschlüssen und Irrtümern aufzusitzen" (1801 f.). Unerbittlich dringt der Papst, dem es selbst ein Greuel gewesen wäre, „Sprüche zu machen" oder auch nur belanglose Nettigkeiten zu sagen, auf das ernste Studium der einzelnen Sachgebiete. Das Risiko des wissenschaftlich unzulänglich unterbauten Drauflosredens und -agierens führt er insbesondere den Studenten der verführerischen

Politischen Wissenschaften vor Augen. Wer da nicht mit zähem Fleiß ein Studium mit Erfolg hinter sich bringt und nicht in stetem Kontakt mit der Erfahrung und erfahrenen Leuten auf dem Gebiet der Wirtschaft, des sozialen und politischen Lebens steht, läuft Gefahr, „die Zahl der Utopisten zu vergrößern, die bisweilen von den ehrlichsten Absichten beseelt sind, sich jedoch in verderblichsten Illusionen wiegen“ (1880).

Wenn der Papst von der Bildung des Akademikers spricht, meint er damit nicht nur die rein wissenschaftliche Ausbildung im technischen Sinn — daß diese dem neuesten Stand der Forschung entsprechen muß, hat heute als ebenso selbstverständlich zu gelten wie zur Zeit eines Plato, Aristoteles und Thomas von Aquin —, worauf er beim Akademiker darüber hinaus und vor allem Wert legt, ist die Bildung zum vollkommenen Menschen und Christen. Erst dadurch eigentlich verdient der Intellektuelle, zur Elite des Volkes gerechnet zu werden. Und dies heißt einmal: Lauterkeit der Sitten, die den Studierenden erst in den Stand setzen, sich mit Ernst, beständiger Sammlung und Disziplin an die Arbeit zu machen, und die überhaupt die „stärkste Grundlage für einen wirklichen wissenschaftlichen Erfolg bedeutet“ (1821). Wer „in den Urwäldern der ungezügelten Leidenschaften und der sittlichen Verirrungen“ haust (1826), kann keinen Geschmack an höherer Bildung haben, und das heißt am Aufblick zur „Metaphysik“ und Religion. Hier jedoch entscheidet sich, wer wahrer Träger des Geistes oder nur ein Handwerker der Wissenschaft ist. Dem christlichen Akademiker ist es jedenfalls, und heute, wo das moderne Geistesleben vom naturwissenschaftlich-technischen und wirtschaftlichen Denken beherrscht wird, mehr denn je aufgetragen, in die Welt des Überphysischen, in der das Physische erst seinen Grund und seine Erklärung findet, aufzusteigen, um „die immer gültigen und ewigen Wahrheiten gut zu kennen und sich immer tiefer zu eigen zu machen“ (1858).

Zu diesem höheren und eigentlichen Bildungsbemühen gehört nicht zuletzt die persönliche Weiterbildung des Intellektuellen in den Fragen des Glaubens. Er muß zur Grundüberzeugung gelangen, daß „ein der menschlichen Würde angemessenes Leben nur möglich ist, wenn die einzelnen wie die Gemeinschaft und die öffentlichen Autoritäten sich auf das Fundament der Religion stützen, wenn sie den persönlichen Gott anerkennen, seine Ordnungen und seine Gebote“ (1830). Diese Überzeugung muß zu ganz konkreten Folgerungen führen. Denn die Männer der Wissenschaft sind „keine vereinzelt dastehenden Forscher, keine autonomen Denker, sie — so zu den Mitgliedern der „Pax

Romana" — sind katholische Akademiker, das heißt, sie tragen eine universale soziale Verantwortung für die Ausstrahlung der christlichen Wahrheit und ihre konkrete Anwendung auf alle Gebiete" (5059). Früher schon nannte er die Gebildeten „Boten und Apostel des christlichen Gedankens" (1858), in denen das Wort Gottes brennen, aus denen es strahlen soll, „um jeden Menschen in dieser Welt zu erleuchten" (1796). Als „Männer echter Gläubigkeit, deren Ruhm ihr Glaube ist, die man in der Kirche beten sieht, die in allem sich an die Gebote Gottes halten und ihren sittlichen Pflichten nachkommen" (1864), wünscht sich der Papst die Akademiker. Diese „echte Gläubigkeit", das heißt, wie sie eines gebildeten Menschen würdig und ihm angemessen ist, gilt es schon in der studentischen Jugend zu erwerben. Kindliche Vorstellungen müssen weichen, auch die Religion muß mit den Erwachsenden erwachsen werden, der Schatz des katholischen Glaubens muß am Ende „persönlicher Besitz" des Intellektuellen sein (1824). Dieses Bemühen ist „höchste Lebensaufgabe, deren Erfüllung den Einsatz des ganzen Menschen verlangt, Herz und Sinn, die innere Überzeugung und die Kraft des Willens" (1824). Wer sich zu einer solchen Hochform von Bildung emporgearbeitet hat, steht weit über denen, die sich „mit einem rein formalen Bekenntnis zur christlichen Lebensführung begnügen" (1875), und besitzt darum die Möglichkeit, daß sein Beispiel als Laie „ebenso wirksam, ja zuweilen noch wirksamer ist als das des Priesters" (1824).

„Welch wunderbare Zierde der Person ist die gründliche Wissenschaft, die da besessen und für das Wohl des Nächsten eingesetzt wird" (1822), sagte Pius XII. vor Professoren und Studenten der Universität von Rom. Es gibt keine Rede und kein Schriftstück, in der bei gegebenem Anlaß nicht auf die soziale Verpflichtung der Gebildeten hingewiesen wird. Das erwähnte Wort „Wie die Führer, so das Volk" deckt wie ein Schlaglicht die ganze Problematik auf. Der Papst kennt die Geistesgeschichte genug, um zu wissen, wieviel Fluch und Segen aus den Köpfen der Oberschicht über die Völker gekommen ist und welche Verantwortung für das Wohl und Wehe der Menschen daher im Wirken oder Nichtwirken des Akademikers liegt (1818 f.). „Aufgabe, Pflicht, Verantwortung", lauten denn auch unentwegt die Stichworte, welche die Gebildeten zu hören bekommen. Sie dürfen sich nicht in die eigene Selbstgenügsamkeit verkriechen, sondern müssen die Schätze ihres Wissens und Könnens „in kluger Weise an die Menge weitergeben", sie gar „in kleine Münze umsetzen", damit sie erst wirklich und wirksam „Licht und Nahrung" für das Volk werden (1800, 1803).

„Was nützte schließlich der Menschheit im allgemeinen eine Wissenschaft, die in der Dunkelheit kaum gekannter oder höchstens von ein paar wenigen Eingeweihten durchblätterter Bücher vergraben ist?“ (1804). Nein, der Geistesmensch muß sich mit breitem Erfolg einzusetzen verstehen zum Nutzen des bürgerlichen Lebens, „für die Macht des Vaterlandes und für die Rettung und Verteidigung in den öffentlichen Gefahren“ (1808). Natürlich wies der Papst schon während des Krieges auf die Aufgaben hin, die für die Gebildeten nach Abschluß der Feindseligkeiten bereitstehen würden: Schaffung neuer Ordnung in Gerechtigkeit und Frieden, „ein riesenhaftes Wiederaufbauwerk zum Segen der großen Menschheitsfamilie“ (1812). Doch von diesem außerordentlichen sozialen Einsatz abgesehen, „stellen die unermüdliche Hingabe im Dienst der Wissenschaft, der unverdrossene Kampf zur Eroberung immer vollkommenerer Erkenntnisse und ihre planmäßige Auswertung für die stündlich wachsenden Erfordernisse und Notwendigkeiten des Lebens, und zwar nicht nur des materiellen und wirtschaftlichen, sondern genauso des sittlichen und religiösen, eine Sendung dar, der sich die führenden Kreise auf dem Feld der Wissenschaft nicht entziehen können, ohne ihrem Land und Volk nie wiedergutzumachenden Schaden zuzufügen“ (1809). In eine letzte, goldene Formel gießt der Papst sein Anliegen, ein Anliegen, das ihm, dem Hochintellektuellen und aufs höchste Einsatzbereiten, brennender am Herzen lag als manch anderes Thema, weil er sich selbst so ganz persönlich darin wiederfand, in einer Ansprache an Professoren und Studenten des „Studium Urbis“: „Ihr seid die Intelligenz des Vaterlandes, vor allem aber seid Ihr sein Herz! Denn von Euch hängen zum großen Teil das Wohl des Volkes ab, die Heiligkeit der Gesetze, die Ehrbarkeit der Sitten, die politische Rechtschaffenheit, das gute Einvernehmen mit den Nachbarvölkern und der arbeitsame Frieden“ (1819).

V. Moralische Standfestigkeit: erste Berufseigenschaft des Journalisten

Der sprachengewandte Zeitungsleser, Radiohörer und Fernseher Pius XII. besaß ein feines Ohr für die verschiedenen Töne, die aus den modernen Massenmedien dringen, um Verstand und Gefühle der Menschen zu beeinflussen und zu formen. Leider mußte er feststellen, daß diese großartigen Errungenschaften der Technik nicht selten dazu benützt werden, die Geister zu verwirren, zu verfälschen und zu verderben. An die zwei Dutzend Male wandte er sich darum an Journalisten und verwandte Berufe, um ihnen seine hohe Meinung über ihre Arbeit auszudrücken und sie zugleich eindeutig auf die moralischen Gesetze hinzuweisen, die für ihre Tätigkeit maßgebend sein müssen.

Die Bedeutung des Journalistenberufes liegt in seiner Beziehung zur öffentlichen Meinung, diesem „Widerhall, den die Ereignisse und aktuellen Gegebenheiten im Urteil derer, die sich verantwortlich und mit dem Schicksal ihrer Gemeinschaft eng verbunden fühlen“ (2133, 2138), hervorrufen. Ja, man kann sagen, durch seine Berichterstattung, durch die Führung seiner Kamera, die Art, wie der Journalist die Ereignisse „an den Mann bringt“, wie er etwas hinzufügt oder wegläßt, wie er kommentiert und Urteile suggeriert, schafft er selbst weithin öffentliche Meinung, beeinflußt und lenkt er sie. Nicht als ob es ihm verboten wäre, Einfluß überhaupt auszuüben und seinen Lesern irgendwie das Denken „abzunehmen“. Der moderne Mensch ist ja trotz seiner angeberischen Eigenständigkeit, hinter der „das arme Wesen“ wie hinter einer Fassade nur Deckung sucht, „ohne geistige Kraft, die Lüge zu entlarven, ohne seelische Widerstandskraft gegen die Gewalt derjenigen, die es versuchen, alle Hilfsmittel der modernen Technik, die ganze raffinierte Kunst der Überredung aufzubieten, um sie ihrer Gedankenfreiheit zu berauben und sie den schwachen Schilfrohren ähnlich zu machen, die in jedem Winde schwanken“ (2141). Dazu kommt heutzutage noch das Fehlen von sicheren Richtpunkten für die weltanschauliche Orientierung, der Mangel an Tradition, an Gemeinschaftsgeist und gegenseitiger Verantwortung und auf der „anderen Seite“ nicht selten „Mißbrauch der Macht der riesigen Massenorganisationen, die den modernen Menschen mit ihrem verworrenen Triebwerk erfassen, mühelos jede Ursprünglichkeit der öffentlichen Meinung ersticken und sie auf einen blinden und fügsamen Konformismus des Denkens und des Urteilens zurückdrängen“ (2139). Schließlich erhält die öffentliche Meinung in der technischen Welt der demokratisch geordneten Staaten von heute noch eine beträchtliche Machtsteigerung dadurch, daß der „Einfluß des einfachen Bürgers auf die Regierungen der Völker immer fühlbarer wird“ (2111).

Im Interesse des Gemeinwohls geht es also dringend darum, die „richtige Meinung“ in die Öffentlichkeit zu tragen oder sie dort zu wecken, d. h. die Leser, Hörer und Fernseher dazu zu bringen, über etwas oder jemanden in einer bestimmten Weise zu urteilen, sich zu einem bestimmten Tun zu rüsten. Entscheidend dabei ist, daß die bewirkte oder die „veröffentlichte“ Meinung sachentsprechend ist, daß „die Tatsachen und Strömungen ihrem wahren Gewicht nach beurteilt und eingeschätzt werden, so daß die öffentliche Meinung durch die Vernunft geleitet ist" (2142).

Öffentliche Meinung muß es übrigens auch in der Kirche geben. Auch hier ist sie deren natürliche „Mitgift" wie „in jeder normalen Gesellschaft" (2133), und „es würde etwas in ihrem Leben fehlen, wenn ihr die öffentliche Meinung mangelte" (2151). Selbstredend bleiben in der Kirche dogmatische Wahrheiten als solche der öffentlichen Meinungsbildung entzogen, denn sie sind Objekte schlichter Annahme durch den Glauben. Doch „bezüglich der Rolle und der Reichweite der Kirche auf dem Gebiet des Zeitlichen, heute vor allem in der sozialen Frage und in dem Problem des Friedens" (2152), ist für die öffentliche Meinungsbildung ein breiter Raum gelassen.

„Die öffentliche Meinung" ist das Schicksal der Journalisten" (5187). Sie stehen und fallen moralisch und beruflich, je nachdem sie zu ihrem Aufbau oder ihrer Verderbnis beitragen. Bewirken sie mit ihrem gedruckten, gesprochenen, mit Bild illustrierten Wort doch Segen oder Fluch über die Gesellschaft, sie verbreiten Unmoral oder fördern gute Sitte, werben für Gerechtigkeit und Liebe oder entfachen Streit und Haß unter den Bürgern und können so die öffentliche Meinung in „Gift für die politische Gemeinschaft" verwandeln, ja machen sie zum Instrument von Krieg oder Frieden, von Freiheit oder schändlichem Totalitarismus (2106, 2110, 2148 ff., 5169 u. a.).

Die große Sache selbst, die der Papst so beredt darzulegen verstand, ruft nach ihrer Moral, und Pius XII. leiht ihr entschlossen — auch vor Nichtkatholiken — seine klare Stimme. Was er vom Journalisten verlangt, ist mit einem Wort: Dienst an der Wahrheit (5166). Auf dem Gebiet der Nachrichtenvermittlung setzt dies natürlich erst einmal hohe Intelligenz voraus, um die Tatsachen, die es zu berichten gilt, in ihrem Wahrheitsgehalt zu erfassen und sie in ihren Ursachen und Folgen zu erkennen. Der Journalist muß daher, will er nicht ein oberflächlicher Schwätzer werden, auch etwas Gründliches von Philosophie, „christlicher Philosophie", „philosophia perennis" verstehen, dazu soll ihm auch Theologie nicht fremd sein. Erst mit Hilfe dieses geistigen Instrumentariums wird es ihm gelingen, die grundlegenden Irrtümer aufzuspüren und mit zäher Geduld erfolgreiche Nachforschungen unternehmen können. Darüber hinaus darf ihm die Gabe der künstlerisch-literarischen Darstellung nicht fehlen und die Fähigkeit des klaren und stilistisch geschliffenen Ausdrucks (2147, 5772, 5787). Das Entscheidende aber ist: „Nie etwas anderes vorsetzen als die Wahrheit" (5182). Das ist richtig und rasch gesagt, doch in der Praxis, die oft ungeheuer schnelles Arbeiten verlangt, nicht immer leicht zu verwirklichen. In der Praxis ist der Journalist auch der ständigen Versuchung ausgesetzt, von der Sensationsgier gepackt und „von der Flut des Irrtums und der falschen Moralprinzipien, die heute in den Künsten der Kommunikationsmittel losgebrochen sind" (5182), angesteckt zu werden. Dazu kommen die Versuchungen, sich zugunsten der Parteiinteressen zu entscheiden oder vor dem Unternehmen, in dessen Dienst man steht, den Rücken zu krümmen. Und wer ist schließlich vor der Gefahr gefeit, sich in die „Verschwörung des Schweigens" hineinziehen zu lassen und dadurch Wahrheit und Gerechtigkeit zu verletzen? Und mancher redet einer verdorbenen öffentlichen Meinung in den Mund und fügt zu deren falschen Tönen noch seine eigene feige Stimme hinzu (2127, 2148 ff.). Solchen Bedrohungen seines Standesethos vermag der Journalist nur zu widerstehen, wenn ihn eben eine unbestechliche Wahrheitsliebe beseelt. Sie muß die „hauptsächlichste Eigenschaft des Journalisten" sein (2127), seine Standestugend schlechthin, an der jede Verlockung zur Konspiration mit den Lieferanten der Lügenpresse, den berufsmäßigen Verleumdern unter seinen Zunftgenossen und den Herabreißern der strengen Gebote der christlichen Sittlichkeit scheitert (2106, 2110, 2127, 2140, 2167, 5166, 5181 u. a.). Wahrheitsliebe formt den echten Mann der Presse, bildet seinen innersten Kern und Charakter, jenes unverrückbare Stehen in Treue zur göttlichen Ordnung (2147). Der katholisch Orientierte wird dabei im kirchlichen Lehramt eine Hilfe finden und schließlich auch einen Sinn für das höchste Ziel seiner Tätigkeit entwickeln: „Einsatz für die Ausbreitung des Reiches Christi, des Reiches der Wahrheit und Erlösung unter den Menschen" (5174).

Wenn der Papst vom Journalisten auch unerbittlich und ständig „größtmögliche Objektivität" (5187) und „Wahrheit und nichts als die Wahrheit" (2105) fordert, so will er doch keineswegs einem hemmungslosen „Auspacken" das Wort reden. Objektivität heißt nicht, immer alles und alles jedem sagen. Journalistik verlangt Takt, „Rücksicht auf die Personen und moralische Wohlanständigkeit" (5166). Sie weiß, „daß gewisse Dinge bisweilen mit Zurückhaltung beschrieben werden müssen ... Wahrheit ist anständig und sich bewußt, daß durch die Fenster der Augen der Tod in die Seele steigen kann" (2099). Der Papst erinnert hier freimütig an gewisse delikate Themen, wie „Unschuld des Kindes, die Reinheit der Jugend, die heilige Keuschheit der Ehe und das Glück eines auf der Furcht und der Liebe Gottes gegründeten Familienlebens" (2170). Verhalten sich die Vertreter der Presse und alle ihre Berufsverwandten nach dem vom Papst vorgezeichneten Ideal, dann „haben sie eine Wesensart, die sie aus der Reihe gewöhnlicher Schreiber herausstellt" (5174), ihre Tätigkeit im Dienst der Wahrheit und damit des Friedens erhält „gewissermaßen einen geheiligten Charakter", und sie können der Hilfe Gottes und der Zustimmung der Guten" sicher sein (5187).

Diese Beispiele mögen genügen, um sich einen Begriff von der Art und Weise zu bilden, wie Pius XII. moraltheologische Gedanken behandelt und vorträgt. Rein theologiewissenschaftlich gesehen, kann man nicht sagen, er habe auf dem Gebiet der Moral etwa neue Theorien aufgestellt oder neuartige pastorale Weisungen für das sittliche Verhalten gegeben. Er steht durchaus auf dem Boden der überkommenen Lehre, die er für sicher und für das moderne Leben anpassungsfähig hält. Das Besondere und Außerordentliche an der moralischen Verkündigung Pius' XII. ist einmal die breite Thematik, die er — zumeist vor einem spezialisierten Publikum — behandelt. Sodann die klare Heraushebung des Absolutheitsanspruches, mit dem er sittliche Forderungen vor den Menschen und sein Gewissen hinstellt, eines Anspruches, der in unerschöpflichen Variationen mit unbeugsamer Beharrlichkeit und ohne Abstriche im Wesentlichen, jedoch stets auf eine gewinnende Art zum Ausdruck gebracht wird. Schließlich weist er mit Vorliebe auf die Verbindung hin, die zwischen dem sittlichen Status des Individuums und dem moralischen Zustand der Gesellschaft besteht. Gerade diesen Punkt kann man als „Spezialität" pianischer Ethik betrachten. Der Pacelli-Papst stand mitten in der größten sozialen Katastrophe, die über die Menschheit bisher gekommen war. Die Welt schrie nach Neuordnung. Pius' XII. Antwort lautet im Grunde ganz einfach: Neuordnung der Gesellschaft nur durch innere Neuordnung des einzelnen Menschen! Freilich, wenn er von diesem Menschen sprach, der sich auf die von ihm gemeinte sittliche Höhe schwingen könne, um die Welt zu erneuern, weil er selbst erneuert war, dachte er an den Menschen, dessen moralisches Streben im übernatürlichen Glauben und in der Gnade Gottes seinen Halt fand. Durch seine zwingende Überzeugungskraft erreichte der Papst gewiß das widerspruchslose Interesse dieser Menschengruppe, ja bisweilen gelang ihm ein Wort, das die Seele ganzer Völker zu packen vermochte. Doch am großen Schicksal der Welt, als deren Sachwalter er sich so bewußt fühlte, ging seine Stimme scheinbar vorüber, ohne sie sichtbar verwandeln zu können. Inzwischen ist sie geschichtliches Denkmal geworden. Da sie vor allem das „Ewige im Menschen" ansprach und den Menschen in seinem innersten Kern zu treffen suchte, wird sie dennoch nicht verstummen und, wie es scheint, des zum Wesentlichen neu erwachenden Menschen von heute aufmerksames Ohr finden.

II. Krieg und Frieden

DIE KONKORDATSPOLITIK PIUS' XII.

Von Audomar Scheuermann

Keine Persönlichkeit der Kirchengeschichte hat in einem ähnlichen Ausmaß an der Gestaltung und dem Abschluß von Konkordaten mitgewirkt wie der spätere Papst Pius XII. 40 Jahre ist er als Nuntius, Kardinalstaatssekretär, Papst an Konkordatsabschlüssen maßgeblich beteiligt. An der Nahtstelle von Kirche und Staat tätig zu sein, war er durch Abstammung, Werdegang, persönliche Neigung und die Erfordernisse seiner Zeit einmalig qualifiziert. Wenn in Konkordatsverhandlungen der staatliche Partner seine juristisch versiertesten Fachleute einsetzt, dann hat die Kirche in Eugenio Pacelli einen Experten gehabt, der, was Leistung und Erfolg anlangt, unerreicht ist.

Aus dem Lebensgang Pacellis

Pacelli entstammt einer Juristenfamilie, deren Mitglieder seit 100 Jahren im Dienste des Hl. Stuhls gestanden waren. Zwei Jahre nach seiner Priesterweihe und nach Ausbildung an der päpstlichen Diplomatenschule hat er 1901 das Doktorat beider Rechte erworben, kurz darauf als Dozent für Kirchenrecht am Römischen Seminar seine Tätigkeit aufgenommen und ist 1902, im Alter von 26 Jahren, Minutant am Kardinalstaatssekretariat geworden, dessen Chef mit dem Amtsantritt Pius' X. Kardinal Raffael Merry del Val wurde. Seit 1904 ist er engster Mitarbeiter des 1907 zur Kardinalswürde erhobenen Pietro Gasparri geworden, dem späteren Kardinalstaatssekretär der Päpste Benedikt XV. und Pius XI. 1909 mußte er auf Geheiß Pius' X. einen Ruf an die Katholische Universität in Washington ablehnen, wo er den Lehrstuhl für öffentliches und römisches Recht übernehmen sollte. Er wurde stattdessen von 1909 - 1914 Professor für kirchliche Diplomatik an der Päpstlichen Akademie dei Nobili Ecclesiastici. Er stieg die Stufenleiter bis zum Sekretär für die außerordentlichen kirchlichen Angelegenheiten (1914) hinauf.

1917 wurde er von Papst Benedikt XV. nach dem Tode des Münchener Apostolischen Nuntius Guiseppe Aversa als dessen Nachfolger an den Bayerischen Hof geschickt und zugleich, da es außer in Bayern in Deutschland keine Nuntiatur gab, mit der Vorbereitung und Durchführung der päpstlichen Friedensvermittlung bei der Deutschen Reichsregierung betraut. Am 1. August 1917 hat Benedikt XV. seine Vermittlung angeboten, die Kriegsführenden zur Einstellung feindseliger Handlungen zu bewegen. Pacelli ist schon im Mai 1917, wenige Wochen nach dem Tod des Vorgängers, in München eingetroffen, um seine über Bayern hinausgehende Aufgabe in Angriff zu nehmen; dieser war leider kein Erfolg beschieden, weil die Deutsche Reichsregierung zu spät darauf geantwortet hat.

So war ihm durch Ausbildung, Lehrtätigkeit und Dienst im Staatssekretariat von der Pike auf die Möglichkeit zugefallen, im kirchlichen Außendienst, d. h., da, wo die Beziehungen zu den staatlichen Regierungen zu pflegen sind, Meister zu werden. Die steile Karriere führte ihn im Alter von 41 Jahren als Nuntius nach München; als solcher ist er gleichzeitig seit 1920 beim Deutschen Reich beglaubigt. Erst 1924, nach Abschluß des Bayer. Konkordats, verlegt er seinen Amtssitz nach Berlin, gibt die Bayerische Nuntiatur ab und übernimmt 1925 in Personalunion die Nuntiatur beim Lande Preußen. 1929 wird er als Kardinal nach Rom zurückgerufen und übernimmt 1930 das Kardinalstaatssekretariat. Am 2. März 1939 wird er zum Papst gewählt[1].

Seine Auffassungen über Staat und Kirche

Die Persönlichkeit und die umfassende Tätigkeit Pius XII. hat es in den Hintergrund treten lassen, daß er ein bedeutender Gelehrter des kanonischen Rechts gewesen ist, was in manchen seiner päpstlichen Reden noch hörbar wird[2]. Das Verhältnis von kirchlicher und staatlicher Gewalt behandelt er in einer Rede an die Richter der Römischen Rota im Zusammenhang mit der Frage nach dem Ursprung der richterlichen Gewalt. Kirchliche und staatliche Gewalt sind verschiedenen Ur-

---

[1] *Nikolaus Hilling*, Papst Pius XII. als kanonistischer Schriftsteller, in: AfkKR 120 (1940) 225 - 227; *Heinrich Suso Mayer*, Bedeutung Papst Pius' XII., bes. für das Kirchenrecht, in: AfkKR 130 (1961) 437 - 441; *Robert Leiber*, Pius XII. in: Stimmen der Zeit, 163 (1958/59) 81 ff.; *R. Aubert*, Vom Kirchenstaat zur Weltkirche (Bd. V/1 von Geschichte der Kirche) Einsiedeln 1976, 179 - 181.

[2] z. B. Reden über die richterliche Gewalt: AAS 37 (1945), 256 - 262, 38 (1946), 391 - 397, 39 (1947), 493 - 498; Rede zur 800-Jahrfeier des Decretum Gratiani: AAS 44 (1952), 371 - 377; — an die kath. Juristen Italiens: AAS 45 (1953), 794 - 801; — über Schuld und Strafe: AAS 47 (1955), 60 - 85; — über die Gefangenenfürsorge: AAS 49 (1957), 403 - 414.

sprungs: die Kirchengewalt entspringt einem positiven Akt Gottes, nämlich der Gründung der Kirche durch Jesus Christus, die staatliche Gewalt hingegen geht vom Volke aus[3]. Staat und Kirche aber sind zu friedlicher Zusammenarbeit miteinander bestimmt. Beide dienen mit verschiedenen Aufgaben dem Allgemeinwohl. Darum hat auch der Christ als Staatsbürger verantwortlich mitzuwirken. Für Pius XII. gibt es keine Trennung von Politik und Religion. Die Ausübung des Wahlrechts bezeichnet er als sittliche Pflicht. 1948 hat er bei den italienischen Wahlen alle Katholiken bis zur letzten Klausurschwester an ihre Wahlpflicht erinnert und hat, als ihm 1953 am Tag der deutschen Bundestagswahlen Deutsche als Teilnehmer einer Papstaudienz gemeldet worden waren, unwillig reagiert und gesagt, diese wären besser daheim geblieben, um ihrer Wahlpflicht zu genügen; denn damals gab es noch keine Briefwahl[4].

Was speziell Sinn und Zweck der Konkordate betrifft, äußert Pius XII. am 6. Dezember 1953 zum katholischen Juristenverband Italiens: „Die Konkordate sind für die Kirche ein Ausdruck der Zusammenarbeit zwischen Kirche und Staat. Die Kirche kann grundsätzlich die völlige Trennung der beiden Gewalten nicht gutheißen. Die Konkordate müssen also der Kirche eine feste, rechtliche und tatsächliche Lage sichern ... und ihr die völlige Unabhängigkeit gewährleisten. Es ist möglich, daß Kirche und Staat im Konkordat ihre gemeinsame religiöse Überzeugung zum Ausdruck bringen; aber es kann auch sein, daß das Konkordat u. a. den Zweck hat, Streitigkeiten über grundsätzliche Fragen vorzubeugen und von vornherein mögliche Konfliktstoffe zu beseitigen[5]." In seiner Ansprache an den deutschen Bundespräsidenten Theodor Heuß gelegentlich dessen Besuchs am 27. November 1957 erklärt er: „Konkordate sind Rechtsinstrumente. Allein unter der Rücksicht des wahren Besten von Volk und Staat gesehen, wollen sie den Raum bereitstellen, in dem die Katholische Kirche oder die Katholiken des betreffenden Landes ihre Weltanschauung frei und ruhig zur Entfaltung und Wirkung bringen[6]."

---

[3] AAS 37 (1945), 256 - 262.

[4] *Leiber*, a. a. O., 87.

[5] AAS 45 (1953), 794 - 802, hier VII; ebenso Ansprache vom 7. September 1955 an die Teilnehmer des 10. Internationalen Historikerkongresses: AAS 47 (1955), 672 - 682.

[6] AAS 49 (1957), 1033 - 1036.

Die Konkordatsära nach 1918

Schon Leo XIII. hat in den Konkordaten geeignete Mittel gesehen, der Kirche die Freiheit im Staat zu gewährleisten[7]. Damals aber war das starke Interesse an den Kontakten mit den staatlichen Regierungen überwiegend bestimmt von dem Interesse an der Lösung der Römischen Frage. Gänzlich neu wird die Tendenz nach 1918. Zunächst legen die durch den Weltkrieg 1914 - 1918 hervorgerufenen territorialen wie auch verfassungspolitischen Änderungen neue Konkordatsabschlüsse nahe. Papst Benedikt XV. hat am 21. November 1921, wenige Monate vor seinem Tod, die Rede gehalten, die geradezu Start der kommenden Konkordatsära ist: „Ebenso sehen Wir, wie einige Staaten aus dieser großen Umwälzung als von Grund aus neue hervorgegangen sind, so zwar, daß der Staat, wie er jetzt besteht, nicht als jene Rechtspersönlichkeit angesehen werden kann, mit welcher der Hl. Stuhl ehedem Vereinbarungen getroffen hatte. Hieraus folgt naturgemäß, daß auch Verträge und Vereinbarungen, welche zwischen dem Apostolischen Stuhl und diesen Staaten bisher bestanden hatten, nunmehr jegliche Rechtswirksamkeit verloren haben[8]."

Sein Nachfolger Pius XI. hat in seiner Enzyklika „Ubi arcano" vom 23. Dezember 1923 seine Bereitwilligkeit zum Abschluß von Konkordaten bekräftigt. Diesem neuen Aspekt folgt Pacelli uneingeschränkt; durch ein gutes Verhältnis zu den Regierungen soll die Freiheit der Kirche, ihres Wirkens, ihrer Einrichtungen und Organisationen sichergestellt und auch Voraussetzungen dafür geschaffen werden, daß gewisse Bestimmungen des Kirchenrechts auch staatliche Anerkennung finden, wie z. B. die freie Ernennung der Bischöfe durch den Papst, die Normen für Schule, Erziehung und Ehe[9].

In diese Zeit fällt der Beginn der Tätigkeit des Nuntius Pacelli. Die nun beginnende Konkordatsära ist gekennzeichnet durch die Konkordate mit *Lettland* vom 30. Mai 1922, *Polen* vom 10. Februar 1925, *Rumänien* vom 10. Mai 1927, *Litauen* vom 27. September 1927, *Tschechoslowakei* (hier Modus vivendi) vom 17. Dezember 1927, *Portugal* vom 15. April 1928 und 11. April 1929, *Italien* vom 11. Februar 1929 — lauter Verträge, an deren Zustandekommen Pacelli nicht beteiligt ist. In diese Zeit fallen aber auch die beiden bedeutenden Konkordate mit

---

[7] Enzyklika „Immortale Dei" vom 1. November 1885; auch Enchiridion Symbolorum von *Denzinger* — Schönmetzler, ed. 32, n. 2168 ff.

[8] AAS 13 (1921), 521.

[9] *Aubert*, a. a. O., 188.

Bayern vom 29. März 1924 und *Preußen* vom 14. Juni 1929, die ohne das Wirken Pacellis nicht zu denken sind[10].

I.

1. *Konkordate des Nuntius Pacelli (1919 - 1928)*

Die Friedensmission, mit der Pacelli als Apostolischer Nuntius nach Bayern kam, war gescheitert. Der Zusammenbruch war nicht aufzuhalten, ebensowenig die harten Kriegsfolgen der verarmten, ausgehungerten, von politischen Gegensätzen zerrissenen, von überharten Friedensvertragsbedingungen geplagten Staaten der sog. Mittelmächte, allen voran Deutschland und Österreich.

In dieser Situation entstand das Bayer. Konkordat. Das Konkordatsinteresse war im Zusammenbruch des damaligen Deutschland besonders groß. Schnell kommt die Frage eines Reichskonkordats, eines Preußischen Konkordats und eines Bayer. Konkordats in Diskussion. Das Reich war in seiner Lage und in seinen Grenzen stark gefährdet und sah im Vatikan einen bedeutenden Rückhalt. In Bayern kam hinzu, daß es sich um ein Land handelte, das seit 1785 einen Apostolischen Nuntius hatte und das darüber hinaus eine Bestätigung seiner Eigenstaatlichkeit darin sah, wenn im Konkordat ein Akt der Souveränität Bayerns gesetzt wird[11].

Nachdem das Bayer. Konkordat am 5. Juni 1817 mit dem König abgeschlossen worden war, mit dem Untergang der Monarchie 1918 aber seinen staatlichen Vertragspartner verloren hatte, tauchte schon im ausgehenden Jahr 1918 bei den bayerischen Bischöfen der Vorschlag auf, die bisher von der Krone ausgeübten Präsentationsrechte stillschweigend auf die neue Staatsregierung übergehen zu lassen. Bald aber hat die Freisinger Bischofskonferenz unter dem Vorsitz von Kardinal Faulhaber im September 1919 ihre Auffassung bekundet, es bedürfe eines neuen Konkordats[12].

---

[10] Die Fundorte der Konkordate werden nicht eigens angegeben. Sie sind jeweils abgedruckt in den AAS, Spezialausgaben: *Angelus Perugini,* Concordata vigentia, Rom 1950; *Angelo Mercati,* Raccolta di Concordati, 2. Bd., Rom 1954; *Lothar Schöppe,* Konkordate seit 1800, Frankfurt / Berlin 1964 (hier insbesondere auch umfassende Angaben über die zu den einzelnen Konkordaten erschienenen Publikationen SS. 527 - 568).

[11] *Dieter Golombek,* Die politische Vorgeschichte des Preußenkonkordats 1929, Mainz 1970, XXIV, 45.

[12] Akten Kardinal *Michael von Faulhabers,* Bd. I (1917 - 1934) bearb. von *Ludwig Volk,* Mainz 1975, 48 f., 61 f., 85, 109.

Der Hl. Stuhl seinerseits wollte neue Konkordate; denn er betrachtete die bisherigen Konkordate als nicht mehr geltend. Eben war 1918 das neue kirchliche Gesetzbuch des Codex Iuris Canonici in Geltung getreten. Taktisch spielte für Pacelli immer wieder das Argument eine Rolle: wenn die alten Abmachungen hinfällig sind, dann gilt eben das allgemeine Recht. Dieses Argument sucht die Konkordatswilligkeit in Deutschland zu wecken, vor allem dem Argument entgegenzuwirken, das staatlicherseits eine Rolle spielte, daß nur die in bisherigen Vereinbarungen geregelten Materien, angepaßt an die neuen politischen Verhältnisse, Gegenstand neuer Konkordate sein sollten[13]. Die deutschen Bischöfe wünschten in dieser Situation im Interesse von Staat und Kirche neue Vereinbarungen[14].

Zunächst hatte es von 1920 - 1922 den Anschein, als solle es zu einem Reichskonkordat kommen. Als Nuntius Pacelli am 30. Juni 1920 dem Reichspräsidenten Ebert sein Beglaubigungsschreiben überreichte und vom Auftrag des Papstes sprach, in Deutschland die Beziehungen zwischen Kirche und Staat neu zu regeln, hat der Reichspräsident in seiner Erwiderung diese Aufgabe bejaht. Sowohl im Auswärtigen Amt wie im Innenministerium des Reichs wurde für ein Reichskonkordat vorgearbeitet. Das Reichskonkordat wurde aber damals von Preußen torpediert mit dem Argument, ein Reichskonkordat sei nur möglich, wenn die deutschen Länder auf eigene Konkordate verzichten; Preußen werde nur verzichten, wenn dies auch andere Länder Deutschlands täten. Schon damals war klar, daß Bayern nicht zu veranlassen war, auf seine Konkordatsverhandlungen zu verzichten. So blieben die Überlegungen für ein Reichskonkordat wirkungslos[15].

Über Kardinal Faulhaber und Kardinalstaatssekretär Gasparri wurde versucht, Pacelli zu veranlassen, daß kein Bayer. Konkordat zustande käme. Weder die Vermittler noch Pacelli gingen auf diese staatlichen Anregungen ein. Pacelli blieb, trotzdem er Nuntius auch in Berlin war, in München und betrieb das Bayer. Konkordat mit beträchtlichem Nachdruck. Prälat Kaas, in Berlin und Rom der Vertraute des späteren Kardinalstaatssekretärs und Papstes, erklärte dies Verhalten, wohl mit Wissen Pacellis, so: „Seine Gegner in Rom würden es

---

[13] *Golombek,* a. a. O. XXIV, 4 f.

[14] Schreiben des Vorsitzenden der Deutschen Bischofskonferenz vom 24. Januar 1922: *Golombek,* a. a. O., 6.

[15] *Golombek,* a. a. O., 7, 10; Akten *Faulhaber,* a. a. O., 70 f. und wie oben Anm. 12.

als Mißerfolg gegen ihn ausnützen, wenn er München verließe, ohne das Bayer. Konkordat abgeschlossen zu haben. Er befürchtet, daß seine diplomatische Karriere dann ernstlich gefährdet wäre[16]."

2. Das Bayerische Konkordat 1924

Pacelli hat, kaum daß der politische Umbruch 1918/19 geschehen war, zielbewußt das Bayer. Konkordat angestrebt. Als die Bayerische Volkspartei, die politische Vertretung der Katholiken, im Frühjahr 1919 in einer Koalitionsabmachung mit der Sozialdemokratischen Partei in Fragen nachgegeben hatte, welche das Bayer. Konkordat berührten, wandte er sich schon am 10. Juni 1919 brieflich an Erzbischof Faulhaber und äußerte sein Befremden, so daß dieser in zwei Briefen vom 13. und 18. Juni 1919 einen augenscheinlich aufgebrachten Nuntius zu beruhigen bemüht war[17]. Schon am 20. November 1919 hat Pacelli den bayerischen Bischöfen die Punkte mitgeteilt, die ihm als Bestandteil eines kommenden Bayer. Konkordats wünschenswert erschienen[18]. Der Eifer Pacellis für das Bayer. Konkordat zielte offenbar darauf, in den weitgehenden Regelungen, die in Bayern erreichbar erschienen, ein Vorbild für die anderen Länder zu schaffen, die in Deutschland künftig Konkordate schließen werden[19].

Der Verhandlungsführung Pacellis und dem massiven Einsatz Kardinal Faulhabers[20] war es zu danken, daß das Bayer. Konkordat, in deutscher und italienischer Sprache gefertigt, im Februar 1924 der Reichsregierung zur Prüfung seiner Verfassungsmäßigkeit vorgelegt werden konnte. Als Reichskanzler Marx am 18. März 1924 antwortete, daß Einwendungen nicht veranlaßt seien, wurde dieses Konkordat am 29. März 1925 vom Bayer. Landtag mit 73 : 52 Stimmen angenommen[21].

Es ist bezeichnend für die Konkordatspolitik Pacellis, was dieses Bayer. Konkordat enthält: klare Regelung aller Schulfragen, einschließlich des konfessionellen Charakters der Volksschulen und der Volksschullehrerausbildung, Sicherung des Religionsunterrichts in den höheren Schulen und des kirchlichen Einflusses auf die Theologischen

---

[16] *Golombek*, a. a. O., 12 bes. Anm. 27.

[17] Akten *Faulhaber*, a. a. O., 75 f., 83.

[18] Ebd. 85, 129 - 131.

[19] *Golombek*, a. a. O., 19.

[20] Akten *Faulhaber*, a. a. O., 166, 169, 225, 232 - 237, 305 f.

[21] *Ernst Deuerlein*, Das Reichskonkordat, Düsseldorf 1956, 47 - 50.

Fakultäten der staatlichen Hochschulen und Universitäten, weitgehende kirchliche Freiheit bei der Besetzung der Bischofsämter, Sicherung der Tätigkeit der klösterlichen Verbände, Gewährleistung der bisherigen finanziellen Leistungen des Staates an die Kirche. Dieses Konkordat hat sich bewährt; es wurde erst in diesen Jahrzehnten auf Grund der Veränderungen im Schul- und Hochschulwesen des Freistaates Bayern mehrfach geändert[22].

3. *Das Preußische Konkordat 1929*

Seit dem Bayer. Konkordat war nach Auffassung der preußischen Regierung ein Reichskonkordat nicht mehr gefragt; nun ein eigenes Preußisches Konkordat abzuschließen, war geradezu eine Prestigefrage. Schon am 24. Juni 1925 bestellte Preußen den Botschafter des Reichs von Bergen zugleich als preußischen Botschafter beim Vatikan; Pacelli wurde als Nuntius beim Reich in Personalunion zum Nuntius bei Preußen[23]. Im März 1925 begannen die Konkordatsverhandlungen. Pacelli strebte eine umfassende Regelung an, Preußen hingegen drang auf möglichste Einschränkung und wollte am liebsten nicht mehr regeln, als in der alten Circumskriptionsbulle „De salute animarum" vom 16. Juli 1821 enthalten war. Pacelli wollte insbesondere das Schulwesen mit hereingenommen wissen[24]. Strikte forderte er auch ein künftiges Bistum Berlin. Bis zuletzt bekundete er, daß der Vatikan an einem Konkordat ohne Regelung der Schulfragen kein Interesse habe[25].

Dennoch war Pacelli Politiker genug, um auch die Kunst des Möglichen zu verstehen. Das preußische Konkordatsinteresse hat ja schon nach Kriegsende eingesetzt, nicht aus religiösen, sondern aus politischen Gründen. Die Ernennung des Erzbischofs Schulte von Köln nach dem Tode des Kardinals von Hartmann am 11. November 1919 ließ sich noch im beiderseitigen stillen Einvernehmen regeln. Als aber am 4. Dezember 1921 Bischof Korum von Trier starb, mußte, da damals Frankreich als Besatzungsmacht ein eigenes Saarbistum anstrebte, staatlicherseits auf möglichst schnelle Besetzung des Bischofstuhls gedrängt werden, — ein Anliegen aus äußerer politischer Bedrängnis, das der Vatikan für seine auf ein Konkordat drängende Politik zu nützen wußte. Zu-

[22] *Audomar Scheuermann,* Das Bayer. Konkordat 1924 - 1974, in: Convivium utriusque iuris. Festschrift für Alexander Dordett, Wien 1976, 399 - 415.

[23] *Golombek,* a. a. O., 48 f.

[24] Ebd. 52 - 54.

[25] Ebd. 85 - 92.

sätzlich machte Pacelli geltend, daß auf Grund der politischen Veränderungen die Abmachungen der Circumskriptionsbulle hinfällig seien[26]. Diese anfänglichen Anschübe aber blieben erfolglos. Neuen Ansporn bot nicht nur der Abschluß des Bayer. Konkordats, sondern auch das 1925 abgeschlossene Konkordat mit Polen, welche das preußische Interesse an Schlesien und an den dem Bistum Breslau benachbarten Diözesen berührte. Zugleich hatte der fürstbischöfliche Stuhl Breslau Territorien und Besitzungen in der Tschechoslowakei, die Preußen sichern wollte. Diesen politischen Überlegungen gegenüber erinnerte Pacelli wieder an seine Konkordatswünsche. So kam es zur Aufnahme der offiziellen Konkordatsverhandlungen 1925[27]. Die Verhandlungen waren nach dem Zeugnis des Vertrauten Pacellis Robert Leiber die schwierigsten, die für ein deutsches Konkordat geführt wurden[28]. Das Preußische Konkordat[29] wurde am 14. Juni 1929 in Berlin unterzeichnet; der Landtag stimmte am 9. Juli 1929 mit 243 : 171 Stimmen zu[30].

Pacelli empfand dieses Konkordat als ein Bruchstück; er hat in seinem Schreiben an den preußischen Ministerpräsidenten Dr. Otto Braun vom 5. August 1929 zum Ausdruck gebracht: er bedauert es, daß das Konkordat keine Regelung der Schulfrage enthält[31]. Dennoch ist das Konkordat ein bedeutsamer Erfolg mit der Schaffung der beiden neuen Diözesen Aachen und Berlin, der Schaffung zweier neuer Metropolitansitze in Breslau und Paderborn, der Gewährleistung der theologischen Ausbildungsstätten kirchlicher und staatlicher Art, und der Sicherung des kirchlichen Eigentums und anderer Rechte sowie der Staatsleistungen an die Kirche[32].

Solange Pacelli Nuntius in Deutschland war, sind seinem Interesse an Länderkonkordaten zweifellos auch mancherlei staatliche Interessen entgegengekommen. Wir hören von einem Interesse des Landes *Hessen* an einem Konkordat, das Anlaß zu einer Anfrage bei der badischen

---

[26] Ebd. 1 - 5, 17.

[27] Ebd. 45 - 49; dazu Polnisches Konkordat 1925 Art. 9, Modus vivendi mit der Tschechoslowakei 1927 I.

[28] *Leiber*, a. a. O., 95.

[29] Pacelli hat für dieses Konkordat beim staatlichen Vertragspartner nur die Bezeichnung „Vertrag", italienisch „Solenne Convenzione" erreichen können.

[30] *Golombek*, a. a. O., 97, 106 f.

[31] Abgedruckt jeweils mit den Konkordatstexten; auch AAS 21 (1921), 536 f.

[32] *Hilling*, a. a. O., 330 f.

Regierung am 1. April 1927 war[33]. Weitere Konkordatsabschlüsse aber waren dem Ende Dezember 1929 aus Deutschland scheidenden, nunmehrigen Kardinal Pacelli nicht mehr beschieden. Die zwei nächsten deutschen Konkordatsabschlüsse aber sind von ihm als Nuntius schon irgendwie vorbereitet worden.

II.

1. Konkordate des Kardinalstaatssekretärs Pacelli (1929 - 1939)

Während beim Bayer. und beim Preußischen Konkordat kirchlicher Bevollmächtigter der Apostolische Nuntius Pacelli ist, ist bei den beiden folgenden Konkordaten mit Baden und dem Reich der Kardinalstaatssekretär Pacelli Bevollmächtigter. Damit allein ist schon deutlich, daß Pacelli hier sein in Deutschland begonnenes Werk selbst fortsetzt. Seine Vertrautheit mit Konkordatsfragen wirkt sich dann auch darin aus, daß beim Österreichischen Konkordat vom 5. Juni 1933 er auch als Kardinalstaatssekretär bevollmächtigter Verhandlungspartner ist, während normalerweise diese Aufgabe dem örtlichen Nuntius zufällt.

2. Das Badische Konkordat 1932

Über 100 Jahre waren in Baden für die Diözesaneinteilung, die Ernennung und die Rechtsverhältnisse der Bischöfe, Kanoniker usw. die beiden päpstlichen Bullen „Provida solersque" und „Ad Dominici gregis custodiam" von 1821 bzw. 1827 für die Oberrheinische Kirchenprovinz unverändert geblieben. Ein zwischen dem Hl. Stuhl und der Krone Badens am 28. Juni 1859 abgeschlossenes Konkordat wurde vom Parlament nicht ratifiziert und ist niemals in Geltung getreten[34]. Kirchlicherseits betrachtete man die Regelungen 1821/1827 durch die Beseitigung der Monarchie als weggefallen. Kardinalstaatssekretär Gasparri teilte dem Erzbischof von Freiburg am 2. Juli 1926 mit, daß der Hl. Stuhl zu neuen Abmachungen bereit sei. Die Konkordatsfrage war in der Oberrheinischen Kirchenprovinz durch den Tod des Bischofs von Keppler von Rottenburg am 16. Juni 1926 akut geworden, weil ja für die Neubesetzung staatliche Rechte nicht mehr gewährleistet waren. So taucht also auch für *Württemberg,* dem das Bistum Rottenburg zu-

---

[33] *Ernst Föhr,* Geschichte des Badischen Konkordats, Freiburg 1958, 14.

[34] Ebd. 6 f.; Fundorte für diese Dokumente *Schöppe,* a. a. O., 37 f.

gehörte, die Konkordatsfrage auf, die allerdings niemals zu einer Lösung kam[35].

In Baden wurde die Konkordatsbereitschaft aus den gegensätzlichen Einstellungen bewirkt: Pacelli erklärte die alten Abmachungen für hinfällig, das Badische Kultusministerium hielt sie für weitergeltende Vereinbarungen. Nach mancherlei Zaudern und der mehrfach vertretenen staatlichen Auffassung, in Deutschland sei durch die neuen Verfassungen seit 1919 den kirchlichen Interessen genügt, erklärte die 1929 neu gebildete Regierung aus Zentrum und Sozialdemokraten, daß sie in Konkordatsverhandlungen einzutreten gedenke. Schon am 18. November 1929 kam in Konstanz eine Zusammenkunft zwischen Pacelli und Vertretern des Landes Baden zustande. Die Entwicklung wurde allerdings durch die Versetzung Pacellis nach Rom unterbrochen. Sie wurde erst wieder aufgenommen, als der Kardinalstaatssekretär Pacelli im Oktober 1930 seine Ferien in der Schweiz verbrachte. Hier gab er zu erkennen, daß er als Muster eines kommenden Badischen Konkordats das Bayerische ansehe; es sollten vor allem Bestimmungen über den katholischen Religionsunterricht an den öffentlichen Schulen, über die freie Tätigkeit von Orden und Kongregationen und über die Dotation der Katholischen Kirche in Baden im gegenwärtigen Umfang festgelegt werden[36].

Gegen Pacellis Forderungen bestand in Baden beträchtlicher Widerstand. Der konkordatslose Zustand wurde als besonders bedrückend empfunden, als am 7. Dezember 1931 Erzbischof Fritz von Freiburg starb und ohne Mitwirkung des Staates am 21. Mai 1932 Erzbischof Gröber ernannt wurde[37]. Schließlich aber kam es, als die Konkordatsverhandlungen nach Rom verlegt wurden, um die Mitwirkung Pacellis zu ermöglichen, innerhalb einer Woche zur Fertigung des Konkordatstextes und seiner Unterzeichnung am 12. August 1932; die Unterzeichnung erfolgte im Kloster Hegne bei Konstanz[38]. Der Badische Landtag hat das Konkordat schließlich mit der knappen Mehrheit von 44 : 42 Stimmen angenommen. Die Ratifikation dieses Konkordates erfolgte unter dramatischen Umständen am 10. März 1933 buchstäblich in der letzten Stunde der Existenz der noch demokratisch gewählten badischen

[35] *Föhr*, a. a. O., 11 f.

[36] Ebd. 13 - 17.

[37] Ebd. 23 - 29.

[38] Ebd. 39 - 44.

Regierung. Sie wurde durch den nationalsozialistischen Reichskommissar unmittelbar im Anschluß daran abgesetzt[39].

Im Badischen Konkordat hat Pacelli viel erreicht, was er sich zum Ziel gesetzt hatte. Der Gehalt des Bayer. Konkordats war freilich nicht erreichbar, weil die Volks- und höheren Schulen Badens schon seit dem 19. Jahrhundert simultanisiert waren[40]. So war, was die Schule angeht, nur die Zusicherung des katholischen Religionsunterrichts an den badischen Schulen nach den Grundsätzen der Katholischen Kirche zu erreichen (Art. XI), was bereits durch Art. 149 Abs. 1 der Weimarer Reichsverfassung gewährleistet war.

3. *Das Reichskonkordat 1933*

Es ist schon erwähnt worden, daß in den Jahren 1920 bis 1922 von seiten des Reichs und des Vatikans ein Reichskonkordat angestrebt wurde; das führte ebenso wenig zu Erfolg, wie noch einige weitere Anläufe in den Jahren 1924 und 1926[41]. Kaum als Kardinalstaatssekretär nach Rom gekommen, bemühte sich Pacelli nachhaltig um dieses Reichskonkordat, anknüpfend an das Interesse des Deutschen Reichs, daß eine exemte Militärseelsorge eingerichtet werde. Bemühungen im persönlichen Kontakt mit Reichskanzler Brüning gelegentlich dessen Rombesuchs schlugen völlig fehl[42]. Als im Januar 1933 Hitler Reichskanzler wurde, war Pacelli tief beunruhigt, bei seinem untrüglichen politischen Urteil eine Selbstverständlichkeit. Pacelli mußte sich im besonderen daran erinnern, daß Hitlers Partei sowohl das Bayerische wie das Preußische Konkordat abgelehnt hatte. Er war deshalb auch keineswegs der Meinung des damaligen Papstes Pius XI., der sehr vereinfachend Hitler nur als Kommunistengegner bewertete und in einer Rede vom 13. März 1933 sagte[43]: „Bis in die letzten Zeiten blieb die Stimme des römischen Papstes die einzige, die auf die schweren Gefahren aufmerksam machte, die der christlichen Kultur drohen." Dieser Satz wurde als Lob für Hitler verstanden[44]. Darüber, wie über

---

[39] Ebd. 50 - 52.

[40] Lexikon der Pädagogik, 1. Bd., Freiburg 1970, 112.

[41] *Ludwig Volk*, Das Reichskonkordat vom 20. Juli 1933, Mainz 1972, 4 - 33; *Deuerlein*, a. a. O., 1 - 71; *Golombek*, a. a. O., 1 - 3, 7 - 16; *Alfons Kupper*, Staatliche Akten über die Reichskonkordats-Verhandlungen 1933, Mainz 1969, 441 ff.; *Föhr*, a. a. O., 10.

[42] *Volk*, a. a. O., 45 - 48, 57.

[43] AAS 25 (1933), 106 - 123.

einige freundliche Erklärungen deutscher Bischöfe, war Pacelli unglücklich[45].

Da setzte nun plötzlich aus dem begreiflichen Interesse Hitlers, internationale Pluspunkte zu sammeln, die Initiative Deutschlands für ein Reichskonkordat ein. Prälat Ludwig Kaas, Professor des Kirchenrechts in Trier, Reichstagsabgeordneter, später Fraktions- und Vorsitzender der Zentrumspartei, seit 1920 auf Vorschlag des Vorsitzenden der Deutschen Bischofskonferenz Kardinal Bertram Berater Pacellis[46], erfährt auf der Fahrt nach Rom am 8. April 1933 im Speisewagen von Herrn von Papen, daß er nach Rom fahre, weil ein Konkordat abgeschlossen werden solle[47]. Schon am 10. April 1933 findet in Rom die erste Begegnung zwischen dem deutschen Vizekanzler und dem Kardinalstaatssekretär Pacelli statt. Am 12. April 1933 wird der deutsche Unterhändler bereits von Papst Pius XI. empfangen[48]. Die sich über die nächsten Monate hinziehenden Verhandlungen verlaufen sehr schwierig, einerseits wegen mancher in Diskussion stehenden Materien, andererseits wegen der offensichtlichen Kirchenfeindlichkeit des nationalsozialistischen Regimes. Deutscherseits wünscht man ein Verbot der politischen Tätigkeit und der Parteimitgliedschaft von Geistlichen[49], möchte zugesichert bekommen, daß ein vierter Kardinal für Deutschland in Berlin, zusätzlich ein deutscher Kurienkardinal und auf staatliche Präsentation ein deutscher Rota-Richter bestellt werde, erstrebt Aufnahme deutscher Geistlicher in die Römische Kurie, überwiegenden deutschen Einfluß in Verwaltung und Leitung der Nationalstiftung Anima[50]. Nach Lage der politischen Verhältnisse in Deutschland mußte besonders hart um die Wirkmöglichkeit der katholischen Organisationen und Verbände gerungen werden. Die Verhandlungen standen dauernd unter dem Druck enttäuschender Nachrichten aus Deutschland. Hier fanden Polizeiaktionen gegen katholische Politiker und Geistliche statt, Bankkonten kirchlicher Behörden und katholischer Verbände wurden gesperrt, Gerüchte vom Haftbefehl gegen Kardinal Faulhaber gingen um. Erregt hat Pacelli in den Verhandlungen immer wieder auf diese Unglaubwürdigkeit des staatlichen Verhandlungs-

44 *Volk*, a. a. O., 63 - 65.

45 Ebd. 88.

46 Ebd. 37 f.

47 *Kupper*, a. a. O., 496.

48 *Volk*, a. a. O., 99 - 101; *Kupper*, a. a. O., 15.

49 *Volk*, a. a. O., 131.

50 *Kupper*, a. a. O., 32.

partners hingewiesen[51]. Einer der staatlichen Verhandlungspartner, Ministerialdirektor Buttmann, hat mehrfach auf die harte, mißtrauische, manchmal sogar gereizte Verhandlungsführung seitens Pacellis hingewiesen[52]. Schließlich aber kam es doch am 20. Juli 1933 im Kardinalstaatssekretariat zur Unterzeichnung des Reichskonkordats durch Pacelli und von Papen. Als kirchlicher Vertreter hat daran aus dem Kardinalstaatssekretariat teilgenommen Prälat Montini, der heutige Papst Paul VI.[53].

Das Reichskonkordat hat zum Ziel, zusammen mit den bereits bestehenden Länderkonkordaten Bayerns, Preußens und Badens ein umfassendes Konkordatssystem zu schaffen[54]. In den Konkordatsländern sollten die bestehenden Abmachungen nur ergänzt werden, insoweit die neuen Regelungen nicht schon enthalten sind; in den übrigen Ländern des Deutschen Reichs sollte ein einheitliches Konkordatsrecht geschaffen werden.

Dieses Reichskonkordat ist sowohl inhaltlich wie politisch in besonderer Weise kennzeichnend für die Konkordatspolitik Pacellis. Dieser mußte sich, ob er Nuntius, Kardinalstaatssekretär oder Papst war, zwar immer mit den Vorgegebenheiten des einzelnen Landes abfinden. Typisch aber sind jeweils die *Schwerpunkte,* die unter seiner Leitung beim Abschluß von Konkordaten angezielt worden sind.

Vor allem gilt es, die *Freiheit der Kirche,* ihr Recht auf Eigenständigkeit, die Religionsfreiheit der Mitglieder, die ungehinderte Durchlässigkeit des Verkehrs von Papst, Bischöfen, Geistlichen, Gläubigen untereinander, die eigenständige Errichtung und Besetzung der kirchlichen Ämter, die unbehinderte Tätigkeit der Geistlichen in ihren Aufgaben zu sichern (Art. 1, 4, 5, 6, 9, 10, 12). Die *Diözesanorganisation* (Art. 11) wird festgelegt. Die staatliche *Rechtsfähigkeit* der kirchlichen juristischen Persönlichkeiten wird garantiert (Art. 13), ebenso die Existenz und Tätigkeit der *klösterlichen Verbände* (Art. 15, 25), das kirchliche *Eigentum* und die *Staatsleistungen* (Art. 17, 18), die Militär- und Anstaltsseelsorge (Art. 27, 28, dazu Geheimanhang[55]), die Seelsorge für

[51] *Volk,* a. a. O., 138, 140, 146; *Kupper,* a. a. O., 124, 131, 136, 167 - 169.

[52] *Kupper,* a. a. O., 167 - 173.

[53] *Volk,* a. a. O., 167.

[54] *Anton Scharnagl,* Das Reichskonkordat und die Länderkonkordate als Konkordatssystem, in: Historisches Jahrbuch 74 (1955), 584 - 607.

[55] Abdruck bei *Schöppe,* a. a. O., 35.

völkische Minderheiten (Art. 29). Ganz besonderes Gewicht hat der Bereich von *Schule und Hochschule,* nämlich: katholisch-theologische Fakultäten der staatlichen Hochschulen, Ausbildung der Geistlichen auch an kirchlichen Anstalten, Religionsunterricht, Bestellung der Religionslehrer, Einrichtung katholischer Bekenntnisschulen und Ausbildung der hiefür geeigneten Lehrer (Art. 14 Abs. 2, 19 - 24). Ebenso gewichtig erscheint immer die Freiheit des Hl. Stuhls in der *Bestellung der Bischöfe;* die vorherige Befragung des Staates, ob Bedenken allgemein-politischer Natur bestehen, und die Leistung des bischöflichen Treueides werden zugesagt (Art. 14 Abs. 2, 16).

Beim Deutschen Reichskonkordat zeigen sich noch einige Besonderheiten. So war es unmöglich, die staatliche Zwangszivilehe zu beseitigen (Art. 26)[56]; hier sind die Bemühungen Pacellis schon in der Zeit der 20er Jahre in Berlin erfolglos geblieben[57]. Das totalitäre Regime hatte noch zwei andere Anliegen: das Verbot der politischen Betätigung für Geistliche und ihrer Mitgliedschaft bei politischen Parteien (Art. 32; das allerdings ist niemals wirksam geworden, weil staatlicherseits die im Schlußprotokoll vereinbarte Voraussetzung nicht geschaffen wurde: das Reich hätte gleiche Regelungen bezüglich nichtkatholischer Konfessionen veranlassen müssen) und die Einschränkung der Betätigung der katholischen Organisationen und Verbände auf ausschließlich religiöse, rein kulturelle und caritative Zwecke (Art. 31).

Es kann hier nicht näher auf die Bestimmungen des Reichskonkordats eingegangen werden. Es sollten nur die Schwerpunkte sichtbar gemacht werden, weil sie kennzeichnend sind für die Konkordatspolitik Pacellis.

Warum hat Pacelli dieses Konkordat geschlossen? Das Verhalten des staatlichen Vertragspartners war doch während der Verhandlungen ausgesprochen unehrlich. Herr von Papen erklärte die zwischen April und Juli 1933 in Rom bekannt gewordenen Nachrichten über die Feindseligkeiten gegenüber Kirche und Katholiken als Märchen[58]. Botschafter von Bergen behauptete, Pacelli stehe unter dem Einfluß der Auslandspressepropaganda[59]. Noch kurz vor Konkordatsunterzeichnung

[56] Die kirchliche Trauung ohne vorangegangene standesamtliche Trauung wird nur im Falle einer lebensgefährlichen Erkrankung eines Verlobten und im Falle eines von der bischöflichen Behörde anerkannten schweren sittlichen Notstandes erlaubt unter der Auflage der unverzüglich nachfolgenden Anzeige beim Standesamt.

[57] *Volk,* a. a. O., 48; Akten *Faulhaber,* a. a. O., 234.

[58] *Kupper,* a. a. O., 131.

[59] Ebd. 136.

richtete der Kardinalstaatssekretär Pacelli am 8. Juli 1933 an Papen eine eindeutige Note mit dem Verlangen, die wortbrüchigerweise bereits durchgeführte Auflösung katholischer Organisationen und Verbände sei zurückzunehmen, die Beeinträchtigungen der katholischen Presse zu unterlassen[60]. Unmittelbar nach Abschluß des Reichskonkordats bekunden die Vertragspartner in Presseveröffentlichungen, einerseits in der NS-Korrespondenz und im Völkischen Beobachter, andererseits im L'Osservatore Romano, die entgegengesetztesten Auslegungen der gemeinsam festgelegten Texte, eine Kontroverse, die sich fast bis zum Vorabend des Austausches der Ratifikationsurkunden am 10. September 1933 hinzieht[61]. — Schließlich folgen dann nach Konkordatsabschluß äußerst schwierige Verhandlungen über den Vollzug des Konkordats, bis es dann zu einer Lage kommt, daß seit etwa 1935 das Reichskonkordat vom staatlichen Partner kaum noch zum Schein beachtet wird[62].

Noch vor Konkordatsabschluß hat Erzbischof Gröber von Freiburg erklärt, es sei gegen die Würde des Hl. Stuhls, zum gegenwärtigen Zeitpunkt ein Konkordat mit Deutschland abzuschließen, dann aber doch gemeint, man könne es tun, wenn die Reichsregierung sich verpflichte, den Kulturkampf abzustellen und katholische Geistliche und Politiker nicht weiter zu belästigen[63]. Kardinal Faulhaber war gegen den Abschluß des Konkordates, weil das katholische Volk es kaum verstehen würde, wenn der Hl. Stuhl mit einer Regierung einen Vertrag schließt, die eine große Zahl katholischer Beamter aus dem Dienst entlassen und katholische Politiker ins Gefängnis gesetzt hat[64].

Warum also hat Pacelli dieses Konkordat dennoch abgeschlossen? Man soll nicht glauben, daß der mit seinen Verhandlungspartnern sehr erfahrene Pacelli übertölpelt worden wäre. Er war Realist durch und durch. Zum britischen Geschäftsträger beim Hl. Stuhl Kirkpatrick hat er nach Konkordatsabschluß gesagt, es sei ihm um die Seelsorge an 20 Millionen deutscher Katholiken gegangen; die Reichsregierung habe große Zugeständnisse angeboten. Der Vatikan sei in einer Zwickmühle

---

[60] Ebd. 215.

[61] Ebd. 298 - 306, 360, 365, 372; *Deuerlein,* a. a. O., 123 - 135.

[62] *Deuerlein,* a. a. O., 135 - 216; *Bernhard Stasiewski,* Akten deutscher Bischöfe über die Lage der Kirche 1933 - 1945, Bd. II 1934 - 35, Mainz 1976, 1 - 6, 27; *Walter Groppe,* Das Reichskonkordat vom 20. Juli 1933, Köln 1956, 58 - 63.

[63] *Volk,* a. a. O., 140.

[64] Ebd. 146.

gestanden. Wie wenig Hoffnung Pacelli selbst hatte, hat er diesem Engländer gegenüber in dem Scherz zum Ausdruck gebracht: die Deutschen würden wahrscheinlich doch nicht alle Artikel des Konkordats auf einmal verletzen[65].

Pacelli hat die Verantwortung für das Reichskonkordat auf sich genommen. In seinem Brief an den deutschen Episkopat vom 15. August 1935 rechtfertigt Pacelli den Abschluß des Reichskonkordats. Es sei im Frühjahr 1933 von der Reichsregierung auf der Grundlage des bereits in den Jahren 1919 bis 1922 ausgearbeiteten Entwurf angeboten worden; trotz naheliegender Bedenken sollte kirchlicherseits nichts unversucht bleiben, „eine friedliche Weiterentwicklung des Verhältnisses zwischen Kirche und Staat in Deutschland, soweit das durch rechtliche Abkommen geschehen kann, zu begünstigen". Dieses Konkordat sollte ein Mittel zur Verteidigung der kirchlichen Rechtsgrundlage sein; darum sei in den Verhandlungen alles geschehen, daß seitens des Reichs die Durchführung des Konkordats gewährleistet werde[66]. Später hat Pacelli gesagt: „Es ist leicht, einen Kirchenkampf zu beginnen, schwierig dagegen, ihn durchzustehen. Und wenn er schon der Kirche aufgezwungen wird, müssen die Katholiken im Lande wissen, daß die oberste Führung vorher alles versucht hat, um ihnen den Kampf zu ersparen[67]." Nach Kriegsende erklärte der nunmehrige Pius XII. vor dem Kardinalskollegium am 2. Juni 1945: „Im Frühjahr 1933 ersuchte die deutsche Regierung den Heiligen Stuhl um den Abschluß eines Konkordates mit dem Reich; der Gedanke fand die Zustimmung auch des Episkopates und wenigstens des größeren Teiles der deutschen Katholiken. Tatsächlich schienen weder die mit einzelnen Ländern bereits abgeschlossenen Sonderkonkordate noch die Weimarer Verfassung ihnen genügend Sicherheit und Gewähr zu bieten für Achtung ihrer Überzeugungen, ihres Glaubens, ihrer Rechte und ihrer Betätigungsfreiheit. Unter solchen Umständen konnten diese Sicherungen nur erreicht werden durch eine Abmachung mit der Reichsregierung in der feierlichen Form eines Konkordates. Da zudem sie selbst den Vorschlag gemacht hatte, wäre im Fall der Ablehnung die Verantwortung für alle üblen Folgen auf den Heiligen Stuhl zurückgefallen. Nicht als ob die Kirche ihrerseits sich von übertriebenen Hoffnungen hätte täuschen lassen, auch nicht als ob sie mit Abschluß des Konkordates die Lehre und die Ziele des

---

[65] Ebd. 251 f.

[66] *Stasiewski*, a. a. O., 262 - 265.

[67] *Aubert*, a. a. O., 191; *Leiber*, a. a. O., 96.

Nationalsozialismus irgendwie hätte gutheißen wollen, wie damals ausdrücklich erklärt und dargelegt wurde. Immerhin muß man zugeben, daß das Konkordat in den folgenden Jahren verschiedene Vorteile brachte oder wenigstens größeres Unheil verhütete. Trotz aller Verletzungen, denen es ausgesetzt war, ließ das Konkordat den Katholiken doch eine rechtliche Verteidigungsgrundlage, eine Stellung, in der sie sich verschanzen konnten, um von da aus, solange es ihnen möglich war, sich der ständig steigenden Flut der religiösen Verfolgung zu erwehren[68]." Man muß schließlich auch bedenken, daß Pacelli damals in Kenntnis der Gleichschaltungs- und Einheitsstaatstendenzen des Nationalsozialismus seinen Erfolg mit den deutschen Länderkonkordaten in Gefahr sehen mußte; ein Untergang der deutschen Länder wäre ohne das Reichskonkordat der Untergang der bisherigen Konkordatsabschlüsse gewesen.

Das Deutsche Reichskonkordat macht in besonderer Weise die Konkordatspolitik Pacellis deutlich: die Materien, die Pacelli unabdingbar erschienen, zeigen, daß es ihm auf die Freiheit der Kirche für ihren Auftrag in der Welt ankommt; die Methode seines Vorgehens in dem zunächst hoffnungslos erscheinenden Fall von 1933 zeigt, wie sehr ihm die Gläubigen und ihr Schicksal am Herzen lagen; denn er betont ja, daß die Christen, wenn ihr Stand im Staat recht schwierig wird, die Gewißheit haben müssen, daß von seiten des Hl. Stuhls alles geschehen ist, was menschenmöglich ist. Keiner, der gerecht urteilt, wird den Motiven Pacellis seine Achtung versagen können. Es war richtig, es war in der damaligen politischen Situation unausweichlich, es war aus der Weitsicht vatikanischer Erfahrung vertretbar und es war, wie Erfolg und Weiterentwicklung zeigen, nützlich, daß Pius XI. und sein Staatssekretär Pacelli 1933 zu diesem Konkordat bereit waren.

4. *Das Österreichische Konkordat*

Ganz anders war die Atmosphäre, in der das Österreichische Konkordat 1933 zustande kam. Hier standen die verhandelnden Staatsmänner nicht im Zwielicht der Doppelzüngigkeit ihrer Regierung; hier galt es nicht, ein Konkordat zu erreichen, um außenpolitisch aufgewertet zu werden. Zufällig traf im April 1933 der deutsche Bevollmächtigte von Papen in Rom mit dem österreichischen Bundeskanzler Dr. *Engelbert Dollfuß* zusammen, der gerade damals die bereits laufenden Verhand-

[68] AAS 37 (1945), 159 - 168.

lungen für ein Österreichisches Konkordat forcierte[69] und als Verhandlungspartner sich anders benahm als die deutsche Delegation, so daß, wie der deutsche Vatikanbotschafter Diego von Bergen am 1. Juni 1933 an das Auswärtige Amt schrieb, Kardinal Pacelli „mit üblicher Beharrlichkeit" die Deutschen auf das viel entgegenkommendere Verhalten der Österreicher hinwies[70].

Angesichts der kritischen Beurteilung, die heute Dollfuß und der damalige Ständestaat findet, ist es wichtig, was Willibald M. Plöchl[71] aufgrund des historischen Werdegangs feststellt: daß nämlich das Österreichische Konkordat kein „Dollfuß-Konkordat" ist. Prälat Dr. Ignaz Seipel hat 1930 schon eine entsprechende Initiative als Außenminister entwickelt; innerhalb der damaligen Regierungskoalition war der Gedanke an ein neues Österreichisches Konkordat entstanden[72], vor allem wegen der unterschiedlichen eherechtlichen Normierungen in Österreich[73]. Im Februar 1931 beschloß der österreichische Ministerrat, wegen des Abschlusses eines Konkordats mit dem Hl. Stuhl Fühlung aufzunehmen. Pacelli war schon 1930 mit dem Hinweis entgegengekommen, die Lösung des österreichischen Eheproblems könnte im Rahmen einer Gesamtbereinigung, also durch ein Konkordat geregelt werden. So wurde der österreichische Gesandte beim Hl. Stuhl zur Einleitung von Verhandlungen ermächtigt. Diese begannen 1931, gerieten dann allerdings ins Stocken, als im Jahre 1932 Kardinal Piffl, Prälat Seipel und der frühere Bundeskanzler Schober starben. Im Mai 1932 übernahm Engelbert Dollfuß die Regierung. Als er von der nationalsozialistischen Bemühung um ein Deutsches Reichskonkordat erfuhr, drängte er 1933 auf Abschluß des Konkordats; im Hintergrund begann der Wettkampf der deutschen und der österreichischen Verhandlungspartner. Der deutsche Unterhändler von Papen hat versucht, den Pacelli-Berater

---

[69] *Kupper*, a. a. O., 19, 21, 63, 69.

[70] Ebd. 79.

[71] Abschluß und Auflösung von Konkordaten. Die Rechtslage beim Österreichischen Konkordat, in: Österr. Archiv für Kirchenrecht 8 (1957), 3 - 24, hier 15 ff.; bezüglich weiterer Literatur wird auf die Angaben bei Schöppe, a. a. O., I, 560 f., II, 224 f. verwiesen.

[72] Zur Entstehungsgeschichte: *Alfred Kostelecky*, Anerkennung der Rechtsgültigkeit des Österreichischen Konkordats vom 5. Juni 1933, in: Kirche und Staat. Festschrift Fritz Eckert, Berlin 1976, 215 - 239, hier 217 ff.

[73] Dazu *Johann B. Haring*, Grundzüge des Kath. Kirchenrechts, 3. Auflage Graz 1924, 424 - 427; *Karl Holböck*, Handbuch des Kirchenrechts, II Innsbruck - Wien 1951, 612 f.; *Willibald M. Plöchl*, Geschichte des Kirchenrechts, IV, 2 Wien 1966, 197; AfkKR 111 (1931), 300.

Prälat Kaas zu beeinflussen, daß die Paraphierung des Österreichischen Konkordats erst nach dem Deutschen erfolgen sollte[74].

Gesiegt hat Österreich; sein Konkordat wurde am 5. Juni 1933, sieben Wochen vor dem Reichskonkordat unterzeichnet, kirchlicherseits durch Kardinalstaatssekretär Pacelli, staatlicherseits durch den österreichischen Bundeskanzler Engelbert *Dollfuß* und den Justiz- und Unterrichtsminister Kurt *Schuschnigg*. Aus politischen Gründen verzögerte sich allerdings die Ratifizierung des Österreichischen Konkordats bis zum 1. Mai 1934[75].

Die Konkordatspolitik Pacellis wird in den *Materien* dieses Konkordats deutlich. Es geht um die *Freiheit der Kirche* im Staat, nämlich die freie Ausübung ihrer geistlichen Macht und ihres Kultes, den Verkehr zwischen dem Hl. Stuhl, den Bischöfen und ihren Untergebenen (Art. I), freie Ernennung der Erzbischöfe und Bischöfe durch den Hl. Stuhl (Art. IV), die *Heranbildung des Klerus* durch zuverlässige Lehrer (Art. V), die Freiheit der *klösterlichen Verbände* zu Niederlassung und Tätigkeit (Art. X), die Gewährleistung des kirchlichen *Eigentums* (Art. XIII), sowie der herkömmlichen *Staatsleistungen* (Art. XV), die Inschutznahme der *Geistlichen* in ihrer Tätigkeit (Art. I § 3, Art. XVIII u. XXI).

Die *Diözesangliederung* Österreichs wird festgelegt und Einverständnis darüber hergestellt (Art. III), daß aus der bestehenden Apostolischen Administratur *Innsbruck-Feldkirch* die gleichnamige Diözese geschaffen werde mit Bischofssitz in Innsbruck und einem eigenen Generalvikar für Vorarlberg in Feldkirch[76]. Aus der Apostolischen Administratur *Burgenland* sollte die Praelatura nullis Burgenland mit Sitz in Eisenstadt entstehen; im späteren Vollzug wurde 1960 Burgenland aufgrund einer Abänderung des Konkordats zum Bistum erhoben[77].

Das Österreichische Konkordat sichert außerdem den *Religionsunterricht* an allen niederen und mittleren Lehranstalten des Staates; Österreich sagt zu, daß „das *katholische Schulwesen* in Österreich gefördert und damit auch die Voraussetzung für die Entwicklung zur öffentlichen katholisch-konfessionellen Schule geschaffen werden“

---

[74] *Kostelecky*, a. a. O., 217 - 219; *Kupper*, a. a. O., 23.

[75] *Plöchl*, in: Österr. Archiv für Kirchenrecht 8 (1957), 15 - 17.

[76] Dies freilich ist erst 30 Jahre später 1964 zur Ausführung gekommen: AAS 56 (1964), 740 - 743; 57 (1965), 365 f.; 1968 entstand daraus die selbständige Diözese Feldkirch: AAS 60 (1968), 782 - 785.

[77] AAS 52 (1960), 941 - 945; 53 (1961), 251 - 253.

(Art. VI). *Militär- und Anstaltsseelsorge* werden gewährleistet (Art. VIII u. XVI), die kirchlichen *Feiertage* staatlich anerkannt (Art. IX).

Die Besonderheit des Österreichischen Konkordats liegt in Art. VIII: der Staat „erkennt den gemäß dem kanonischen Recht geschlossenen *Ehen* die bürgerlichen Rechtswirkungen zu" und anerkennt die Zuständigkeit der kirchlichen Gerichte und Behörden „zum Verfahren bezüglich der Ungültigkeit der Ehe und der Dispense von einer geschlossenen, aber nicht vollzogenen Ehe".

Mit dieser Regelung hat Pacelli in Österreich erreicht, was ihm im Deutschen Reichskonkordat versagt geblieben ist. In den Verhandlungen der 20er Jahre hatte er als Nuntius von Anfang an die diffamierende Strafbarkeit der kirchlichen Trauung, wenn sie vor der standesamtlichen Trauung vorgenommen wird, beseitigen wollen. Schon in der sog. Pacelli-Punktation II vom 15. November 1921 war gefordert, daß die kirchliche Einsegnung der Ehe auch schon vor dem Zivilakt stattfinden könne[78].

Leider blieb dieser Erfolg nicht bestehen: die Annexion Österreichs durch Hitler wurde durch Bundesgesetz vom 13. März 1938 „legalisiert", indem Österreich zu einem Teil des Deutschen Reiches erklärt wurde. Logisch wäre es nun gewesen, das Österreichische Konkordat als ein Länderkonkordat weiter bestehen zu lassen oder auch das Reichskonkordat auf Österreich auszudehnen. Für den Staat galt aber Österreich von *1938 - 1945 als konkordatsloses Land*[79]. Das Österreichische Konkordat wurde seit 1945 wieder wirksam. Doch ist leider eine vollständige Wiedereinsetzung der Kirche in den vorigen Stand nicht wieder erfolgt.

Übrigens war nach 1945 es beträchtliche Zeit hindurch unter Politikern streitig, ob das Österreichische Konkordat weiterhin gültig sei. Doch hat 1956 Dorothea Mayer-Maly nachgewiesen, daß dieses Konkordat in gültiger Weise zustande gekommen ist und trotz der 7jährigen Okkupation Österreichs weiterhin in Geltung ist[80]. Am 19. Dezember 1957 hat dann auch der österreichische Ministerrat dem Kardinalstaatssekretariat mitgeteilt, er halte das Konkordat vom 5. Juni 1933 für gültig, wünsche aber mit Rücksicht auf die inzwischen eingetretenen

[78] *Kupper*, a. a. O., 442, auch 5, 31, 40, 456, 458 f., 466, 474.

[79] *Bruno Primetshofer*, Ehe und Konkordat. Die Grundlinien des Österr. Konkordats-Eherechts 1934 und das geltende österr. Eherecht, Wien 1960, 22, 65; *Kostelecky*, a. a. O., 221; *Plöchl*, in: ÖAfKR 8 (1957), 18.

[80] ÖAfKR 7 (1956), 198 ff.

Veränderungen Verhandlungen über ein neues Konkordat. Die Erwiderung darauf, erfolgt am 30. Januar 1958, ist kennzeichnend für die Konkordatspolitik Pius XII. (diese Antwort ist ja in seinem letzten Lebensjahr, zweifellos auf seine Weisung, vom Kardinalstaatssekretariat erteilt worden): der Vatikan besteht auf Vertragstreue und Einhaltung des bisherigen Konkordats, über Abänderungen könne geredet werden. Der Neuabschluß eines Konkordats war damit abgelehnt worden[81]. Seit 1960 sind dann mehrfache Konkordatsänderungen und -ergänzungen erfolgt.

Zweifellos stand hinter dieser Antwort die Enttäuschung des Hl. Stuhls darüber, daß die eherechtliche Norm des Art. VII seit 1945 nicht wieder in Geltung gesetzt worden war. Das nationalsozialistische Regime hatte ab 1. August 1938 das deutsche Eherecht in ganz Österreich eingeführt; das Konkordats-Eherecht war damit beseitigt. Und diese Norm hat Österreich nach 1945 beibehalten; das staatliche Eherecht wurde einzig von einigen typisch nationalsozialistischen Bestimmungen gereinigt. Es blieb also bei der deutschen Zwangszivilehe gemäß § 67 des Deutschen Personenstandsgesetzes. Am 19. Dezember 1955 allerdings hat der österreichische Verfassungsgerichtshof diesen § 67 als verfassungswidrig aufgehoben. Damit hätte die Konkordatsvorschrift bezüglich der Ehe wieder in Wirksamkeit treten können. Auf Weisung der österreichischen Bischöfe sollten jedoch auch künftig die Priester die kirchliche Trauung erst nach der standesamtlichen vornehmen; Ausnahmefälle bedürfen der bischöflichen Zustimmung[82].

Die von den Verfassungen garantierte Religionsfreiheit der Bürger und das für ein Konkordatsland selbstverständliche freundschaftliche Verhältnis von Staat und Kirche müßten es ermöglichen, daß die Zwangszivilehe der Wahlzivilehe, die immerhin 1934 für ganz Österreich ermöglicht wurde, weicht. Staatliche Interessen, denen in diesem Falle nicht mehr Rechnung getragen würde, sind nicht sichtbar. Das Österreichische Konkordat ist in einem Punkt, der für Pacelli von äußerster Wichtigkeit gewesen ist, gegenwärtig außer Vollzug. Der Apostolische Nuntius Österreichs, der heutige Kardinal Rossi, hat am 9. Januar 1976 ausdrücklich erklärt, daß die aus der nationalsozialisti-

---

[81] *Kostelecky,* a. a. O., 229 - 231; *Primetshofer,* a. a. O., 91.

[82] *Primetshofer,* a. a. O., 23, 58, 65 - 69; auch *Primetshofer,* Offene Fragen des österreichischen Staatskirchenrechts, in: Kirche und Staat. Festschrift Fritz Eckert. Berlin 1976, 177; *Kostelecky,* a. a. O., 224 - 227.

schen Zeit stammende Zwangszivilehe dem Konkordat nicht entspreche[83].

5. *Das Jugoslawische Konkordat 1935*

Noch einmal steht der Name des Kardinalstaatssekretärs Pacelli zu Beginn und als Unterschrift in einem Konkordat, dem am 25. Juli 1935 mit dem Königreich Jugoslawien abgeschlossenen Konkordat[84]. Zwar wurde dieses Konkordat niemals ratifiziert; obwohl von der Abgeordnetenkammer des Landes angenommen, scheiterte es am Widerstand der orthodoxen Kirche und der Bevölkerung Altserbiens[85].

Nichtsdestoweniger charakterisiert auch dieser Vereinbarungstext die Konkordatspolitik Pacellis. Es ist gewissermaßen eine *Synthese aus Reichskonkordat und Österreichischem Konkordat,* indem es außer den gemeinsamen Materien dieser beiden Konkordate auch deren Besonderheiten übernommen hat: das Verbot der parteipolitischen Tätigkeit der Seelsorgsgeistlichen (Art. VIII), die Beschränkung der Verbände der kath. Aktion auf die Forderung des religiösen, sittlichen und — im Bereich von Literatur und Kunst — kulturellen Lebens (Art. XXXIII), die Zuerkennung der bürgerlichen Rechtswirkungen an die in der kath. Kirche geschlossenen Ehen (XXXII).

6. *Andere Abmachungen konkordatärer Art 1930 - 1939*

Wenig bekannt sind die am 4. Januar 1932 zustande gekommenen Abmachungen zwischen dem Hl. Stuhl und dem Freistaat *Anhalt,* nämlich ein Vertrag über die Erstattung der Pensionslasten für die größeren katholischen Schulen und eine Vereinbarung über Staatsleistung an katholische Kirchengemeinden[86].

Am 30. Mai 1932 ergänzte eine Vereinbarung, deren kirchlicher Verhandlungsbevollmächtigter Pacelli war, das *Rumänische Konkordat*

---

83 *Willibald M. Plöchl,* Wesen und Funktion der Konkordate als Beispiel des Österreichischen Konkordats, in: Kirche und Staat, 209 - 214; *Primetshofer,* Ehe und Konkordat, 91 bemerkt: „nur eine einzige Bestimmung, nämlich Art. VII § 5 des Konkordats, wird heute wenigstens praktisch noch befolgt: die kirchlichen und staatlichen Gerichte haben einander im Rahmen ihrer Zuständigkeit Rechtshilfe zu leisten."

84 In französischer Sprache abgedruckt in *Mercati* (Anm. 10), a. a. O., II, 202 - 216.

85 *Nikolaus Hilling,* in: AfkKR 118 (1938), 285 f., 119 (1939), 332.

86 *Schöppe,* a. a. O., 36 f.; AfkKR 115 (1935), 460 - 463.

vom 10. Mai 1927; diese hat die Organisation der Verwaltung des aus ungarischen Stiftungen herrührenden siebenbürgischen Kirchenvermögens zum Gegenstand[87].

Ecuador, zwar seit dem 26. September 1862 mit dem Hl. Stuhl in Konkordatsbeziehung, wurde nach seiner kirchenfeindlichen Periode, die 1904 zur Trennung von Kirche und Staat geführt hatte, durch den Modus vivendi vom 24. Juli 1937[88] in ein einigermaßen normales Verhältnis zur Kirche zurückgeführt: Freiheit der Kirche und ihrer Organisation, Freiheit des Hl. Stuhls bei der Ernennung der Bischöfe, freie Entwicklung des katholischen Schulwesens, übrigens auch die Entpolitisierung des Klerus wurden vereinbart.

Mit *Lettland* kam es am 28. Januar 1938, wieder mit Staatssekretär Pacelli als Bevollmächtigten der Kirche, zu einer bedeutsamen Ergänzung des Lettischen Konkordats vom 30. Mai 1922: die Diözese Riga wurde zum Metropolitansitz erhoben, an der Universität Riga wurde eine Kath.-Theol. Fakultät errichtet, — eine bedeutsame Vereinbarung in einem Lande mit überwiegend nichtkatholischer Bevölkerung[89].

7. *Die Konkordatssorgen des Kardinalstaatssekretärs Pacelli*

Man hat vermutet, daß für die Ablösung von Kardinal Gasparri als Staatssekretär durch Pacelli im Jahre 1930 bei Papst Pius XI. mitbestimmend war, daß er nach Abschluß der Lateranverträge und des Italienischen Konkordats einen unabhängigeren, nicht wie Gasparri dem italienischen Regime verbundenen Staatssekretär gewünscht habe[90]. Wenn das der Fall war, dann hat man im Vatikan augenscheinlich schon damals, wie später beim Abschluß des Reichskonkordats, gewußt, daß trotz des Konkordatsverhältnisses zu Italien keine freundliche Entwicklung bevorstehe. Der Sommer 1931 hat Pacelli in der Auseinandersetzung mit dem faschistischen Regime, besonders wegen der kath. Aktion und der Tätigkeit der kirchlichen Jugendverbände, hart gefordert[91]. 1933 begann für Pacelli der Ärger mit dem seltsamen Verständnis für Vertragstreue, das die deutsche Reichsregierung verriet; die Enzyklika „Mit brennender Sorge" Pius' XII. vom 14. März

---

[87] *Schöppe,* a. a. O., 386 - 394; *Nikolaus Hilling,* in: AfkKR 119 (1939), 327.

[88] *Schöppe,* a. a. O., 86 - 91.

[89] Ebd. 288 f.; *Hilling,* in: AfkKR 119 (1939), 325.

[90] *Aubert,* a. a. O., 329 Anm. 25.

[91] AfkKR 111 (1931), 671 - 673.

1937 beleuchtet die Situation mit dem bezeichnenden Satz, der Papst wolle hinsichtlich der Haltung der Reichsregierung zum Reichskonkordat „die etwa noch vorhandenen, wenn auch geringfügigen Aussichten auf Rückkehr zur Vertragstreue und verantwortbarer Verständigung nicht unberücksichtigt lassen“[92]. Das wohlgelungene Jugoslawische Konkordat erfuhr keine Ratifikation. Das Österreichische Konkordat wurde 1938 unwirksam.

Pacelli hat, was den Abschluß von Konkordaten betrifft, seit 1924 einmalige Erfolge gehabt. Enttäuschend freilich war das Schicksal einiger bedeutender, von ihm erarbeiteten Konkordate. Hier wird die Tragik fühlbar, welche die einmalige Persönlichkeit Pacellis, des späteren Papstes, umwittert: die politische Konstellation der Zeit, in der er kirchlich in hoher und höchster Verantwortung gestanden ist, hat ihn die besten Möglichkeiten, die seiner Inspiration und Initiative hätten entspringen können, nicht verwirklichen lassen.

III.

1. *Konkordate des Papstes Pius XII. (1939 - 1958)*

Es sind ausschließlich romanische, im Krieg *neutrale Länder,* mit denen es unter dem Pontifikat Pius' XII. zu Konkordatsabschlüssen gekommen ist.

2. *Das Konkordat mit Portugal 1940*

Schon im ersten Regierungsjahr des Papstes kam es am 7. Mai 1940 zum Abschluß des Konkordats mit Portugal[93], einer Wiederverständigung nach 30jähriger Kluft: die Republik Portugal von 1910 hatte die Trennung von Kirche und Staat durchgeführt, die diplomatischen Beziehungen zum Hl. Stuhl abgebrochen, den Religionsunterricht und die katholischen Feiertage abgeschafft, die Theol. Fakultät von Coimbra und die Orden und Klöster aufgehoben, Kircheneigentum zum Teil enteignet[94]. Dieses Konkordat geht von der Eigenständigkeit sowohl des Staates wie der Kirche aus; die Kirche verzichtet auf finanzielle Unterstützung, erhält jedoch ihr enteignetes Gut zurück. Dieses Konkordat enthält im wesentlichen die *Vereinbarungen des Österreichischen Konkordats,* welche die Freiheitsrechte der Kirche, ihrer Organisationen,

---

[92] AAS 29 (1937), 145 ff.

[93] *Schöppe,* a. a. O., 356 - 366.

[94] Staatslexikon der Görres-Gesellschaft VI, Freiburg 1961, 409 f.

ihrer Wirksamkeiten sicherstellen; die diplomatischen Beziehungen zwischen Portugal und dem Hl. Stuhl werden wieder hergestellt (Art. I), das kirchliche Eigentum wird gewährleistet, konfisziertes Kirchen- und Klostergut, mit Ausnahme der Nationaldenkmäler und der Immobilien des öffentlichen Interesses, werden zurückgegeben; die religiöse Widmung von Kirchen, Gebäuden und Zubehör wird, auch wenn im staatlichen Eigentum stehend, zugesagt (Art. VI, VII); klösterliche Verbände werden zugelassen (Art. III, VI, XV, XX); die Militärseelsorge wird eingerichtet (Art. XVIII). Der christliche Charakter der öffentlichen Schulen, die Erteilung des Religionsunterrichts durch kirchlich als geeignet anerkannte Lehrer und katholische Privatschulen werden gewährleistet (Art. XX, XXI); der kirchlichen Eheschließung wird staatliche Wirkung zuerkannt, insbesondere aber auch die Wirkung, daß sie als Verzichtleistung auf Ehescheidung durch staatliche Gerichte gilt (Art. XXII - XXV). Unter dem gleichen Datum des 7. Mai 1940 wurde das Portugiesische Konkordat durch ein *Missionsabkommen* bezüglich der Kolonien Portugals ergänzt[95], am 18. Juli 1950 noch ergänzt durch ein Abkommen, in welchem die portugiesische Regierung weitgehend auf die Präsentation bei der Besetzung von Bischofsstühlen im Kolonialgebiet verzichtet[96].

3. Das Konkordat mit Kolumbien 1942

In der Konvention mit Kolumbien vom 22. April 1942[97] wurde wieder im wesentlichen der Inhalt festgelegt, wie er sich im *Österreichischen Konkordat* findet; besonders eingehend sind die bürgerlichen Wirkungen geregelt, die durch die kirchliche Trauung ausgelöst werden (Art. 4 - 9). Die Verwaltung der kirchlichen Friedhöfe wird den staatlichen Behörden übergeben (Art. 11 - 12). Das *Missionsabkommen* zwischen dem Hl. Stuhl und Kolumbien vom 29. Januar 1953 sichert den missionierenden klösterlichen Verbänden finanzielle Staatsleistungen, Landzuweisungen und Schulhoheit zu.

Eine ähnlich geartete Vereinbarung hinsichtlich der Missionare innerhalb des Staatsgebiets hat Pius XII. am 4. Dezember 1957 mit *Bolivien* abgeschlossen[98].

---

[95] *Schöppe*, a. a. O., 366 - 373.

[96] Ebd. 373 - 375.

[97] Ebd. 256 - 281.

[98] Ebd. 16 - 23.

4. *Konkordate in Westindien 1940 und 1954*

Im Bereich Westindiens suchte die Vereinbarung mit *Haiti* vom 25. Januar 1940 auf der Basis des Konkordats von 1860 kirchliche Rechte hinsichtlich der Vermögensverwaltung zu sichern[99]. Das Konkordat mit der *Dominikanischen Republik* vom 16. Juni 1954[100] hat im wesentlichen wieder den Inhalt des *Österreichischen Konkordats,* also auch die Zuerkennung bürgerlicher Wirksamkeit an die kirchliche Trauung mit dem Zusatz, daß Eheleute, welche sich kirchlich trauen lassen, damit zugleich auf die Möglichkeit der bürgerlichen Ehescheidung verzichten (Art. XV)[101]. Die katholische Kirche ist hier Staatsreligion (Art. I). Für speziell regelungsbedürftig wurde die Stellung des sehr zahlreichen ausländischen Klerus erachtet (Art. V, X).

5. *Das Spanische Konkordat 1953*

Die Konsolidierung Spaniens nach dem Bürgerkrieg 1936 - 1939 hat auch auf kirchlichem Gebiet eine Neuordnung verlangt, die schon sehr frühzeitig einsetzte. Bezüglich der *Besetzung der Bischofsstühle* erfolgte das Abkommen vom 7. Juni 1941, welches den Hl. Stuhl stärker bindet, als er in irgendeinem Land gebunden ist: der Nuntius überreicht nach vertraulichem Kontakt mit der spanischen Regierung eine Liste mit 6 Kandidaten dem Hl. Stuhl; daraus wird der Papst 3 Namen dem Staatschef vorlegen, daß dieser einen zur Bestellung präsentiere[102]. Das staatliche Mitspracherecht bei der *Besetzung nichtkonsistorialer Pfründen* wurde durch Abkommen vom 16. Juli 1946 geregelt[103]. Ein Abkommen vom 8. Dezember 1946 hat die Einrichtungen der *Seminare und Universitäten* für kirchliche Studien geregelt und dabei beträchtliche staatliche Leistungen vereinbart[104]. Bei der Apostolischen Nuntiatur in Spanien wurde durch Motu proprio Pius' XII. vom 7. April 1947 der *Gerichtshof der Rota* eingerichtet, ein Appellationsgericht gegen die auf spanischem Gebiet ausgesprochenen kirchlichen Urteils-

---

[99] Ebd. 135 - 159.

[100] Ebd. 72 - 85.

[101] Diese Norm wird allerdings seit 1960 von den Dominikanischen Gerichten als verfassungswidrig betrachtet, so daß seitdem auch kirchlich geschlossene Ehen bürgerlich geschieden werden; Staatslexikon der Görres-Gesellschaft VIII, Freiburg 1963, 639.

[102] *Schöppe,* a. a. O., 441 - 443.

[103] Ebd. 444 - 450.

[104] Ebd. 450 - 458.

sprüche[105]. Die *Militärseelsorge* wurde durch Abkommen vom 5. August 1950 mit dem Hl. Stuhl geregelt[106]. Dem spanischen *Staatschef* wurden durch die Apostolische Konstitution „Hispaniarum fidelitas" vom 5. August 1953, wie ehemals dem König, die Ehrenstellung des Proto-Kanonikus der Basilika *Maria Maggiore* in Rom zuerkannt. Dem dringlichen Wunsch der spanischen Regierung nach einem Konkordat konnte sich der Hl. Stuhl nach der bitteren Zeit des Bürgerkriegs und Spaniens Abstinenz vom Weltkrieg nicht entziehen[107]. So ist es zum Spanischen Konkordat vom 27. August 1953 gekommen, welches die vorgenannten Vereinbarungen bestätigt und einmalig insoferne ist, als die Bindung von Staat und Kirche dadurch besonders gefestigt worden ist. Zu den üblichen Konkordatsmaterien kommen hier besondere Bestimmungen über die katholische Kirche als *Staatsreligion* (Art. I), die Gleichsetzung von kirchlicher und staatlicher Rechtsfähigkeit bei den juristischen Persönlichkeiten der Kirche (Art. IV), das tägliche liturgische Gebet für Spanien und seinen Staatschef (Art. VI), beträchtliche Staatsleistungen für Diözesen, Seminare, Pfarreien (Art. IX, XI, XIX, in letzterem Artikel ausdrücklich bezeichnet als „Entschädigung für die Säkularisierung staatlicher Güter in der Vergangenheit"), detaillierte Normen für die Stellung von Klerikern und Ordensleuten (Art. XIV - XVII), über Befreiung kirchlicher juristischer Persönlichkeiten von Staats- und Gemeindesteuern (Art. XX), über kirchlichen Denkmalschutz (Art. XXI), über staatliche Wirkung des kirchlichen Eheabschlusses und die ausschließliche Zuständigkeit der kirchlichen Gerichte in Ehesachen (Art. XXIII u. XXIV), über die kirchlichen Ansprüche in den „Organen zur öffentlichen Meinungsbildung, besonders in Rundfunk- und Fernsehprogrammen" (Art. XXIX); daß die kirchlichen Interessen an der Konfessionsschule und am Religionsunterricht, sowie an einem eigenen kirchlichen Schulwesen berücksichtigt sind, ist in diesem klassischen katholischen Land selbstverständlich (Art. XXVI, XXVII, XXXI); bemerkenswert aber ist, daß sogar Religionsunterricht an „Universitäten und den ihnen angegliederten Instituten" vorgesehen ist (Art. XXVII Abs. 5).

Dieses Konkordat hat von Anfang an, überwiegend in Spanien selbst, soviel begeisterte Zustimmung gefunden, wie es, vor allem im Ausland, auf harte Gegnerschaft stieß. In stolzer Abwehr hat damals der Primas

---

[105] Ebd. 458 - 460.

[106] Ebd. 470 - 475.

[107] *Aubert*, a. a. O., 201.

von Spanien, Kardinal Pla y Deniel, in Hinsicht auf die Besorgnis, die Religionsfreiheit der Andersgläubigen werde durch die Konkordatsregelung beeinträchtigt, geantwortet, Spanien könne sich von niemandem über Völkerrecht und politische Philosophie belehren lassen; Vitoria und Suárez seien ja schließlich Spanier[108].

6. *Regelungen in Deutschland*

Unter dem Pontifikat Pius XII. ist es in Deutschland zu keiner konkordatären Regelung mehr gekommen. Das nächste Konkordat, nämlich das Niedersächsische Konkordat, wurde erst 1965 abgeschlossen. In Niedersachsen war bereits am 19. März 1955 der Vertrag dieses Bundeslandes mit den Evangelischen Landeskirchen in Niedersachsen abgeschlossen worden, der sog. *Loccumer Vertrag*[109]. Nach gutem deutschen Paritätsempfinden, wie es bei den Konkordatsabschlüssen mit Bayern, Preußen und Baden wirksam war, hätte auch damals in Niedersachsen gleichzeitig ein Konkordat entstehen sollen. Daß dies nicht der Fall war, lag in der Differenz zwischen dem Hl. Stuhl und dem Lande Niedersachsen, das nicht bereit war, Art. 23 des Reichskonkordats über die Beibehaltung und Neueinrichtung katholischer Bekenntnisschulen als verbindlich zu erachten. Pius XII. hat in einem Brief vom 12. Februar 1955[110] auf strikte Einhaltung der Schulartikel des Reichskonkordats gepocht und insbesondere Art. 24 Abs. 1 des Reichskonkordats urgiert, daß an katholischen Volksschulen nur solche Lehrer angestellt werden, die den besonderen Bedürfnissen dieser Schulen entsprechen, mithin auch an dafür geeigneten Lehrerausbildungsstätten heranzubilden seien[111]. Im Gefolge dieser Differenz entstand der *niedersächsische Schulstreit,* der das sog. Konkordatsurteil des Bundesverfassungsgerichts vom 26. März 1957 zur Folge hatte. Dieses Urteil hat die rechtliche Fortgeltung des Reichskonkordats anerkannt, die Durchführung der Schulbestimmungen desselben aber illusorisch gemacht mit der Feststellung, es bestehe keine verfassungsrechtliche Pflicht der Länder, das Reichskonkordat bei ihrer Schulgesetzgebung zu beachten[112]. So ist

---

108 Herder-Korrespondenz 8 (1953/54), 214.

109 *Werner Weber,* Die deutschen Konkordate und Kirchenverträge der Gegenwart, Göttingen 1962, 212 - 230.

110 Veröffentlicht im Amtsblatt des Erzbistums München und Freising 1955, Beilage zu n. 7.

111 AfkKR 127 (1955), 221.

112 Hierüber sowie über die einschlägige Literatur s. *Klaus Mörsdorf,* Lehrbuch des Kirchenrechts I[11], Paderborn 1964, 57 f.

es unter dem Pontifikat Pius XII. nicht mehr zu einem Konkordat mit Niedersachsen gekommen. Dieses wurde erst am 26. Februar 1965 abgeschlossen[113].

Dennoch ist noch ein wichtiges Faktum zu verzeichnen: knapp zwei Jahre vor dem Tode Pius XII. wurde in Ausführung des Preußischen Konkordats Art. 2 Abs. 9 am 19. Dezember 1956 vom Lande Nordrhein-Westfalen mit dem Hl. Stuhl ein Vertrag zur *Errichtung des Bistums Essen* geschlossen. So entstand das vierte deutsche Bistum, an dessen Zustandekommen Pacelli bzw. Pius XII. entscheidend mitgewirkt hatte: nach *Meißen* 1921[114], *Aachen* und *Berlin* 1929, nunmehr Essen 1956[115].

7. *Abschließende Würdigung*

Es konnte nur in Kürze ein Überblick über die Marksteine der Konkordatspolitik des großen Mannes gegeben werden, dessen mit diesem Buch gedacht wird. Dazwischen liegen noch die vielerlei Ergänzungen, Auslegungen und Vollzugsschwierigkeiten, zu denen die abgeschlossenen Konkordate Anlaß gewesen sind. Es war auch nicht möglich, auf die einvernehmliche Einrichtung der *Militärseelsorge* in vielen Ländern und auf die außerordentliche Vermehrung des *Diplomatenaustausches* zwischen dem Hl. Stuhl und Staaten in aller Welt einzugehen, die in den 29 Jahren des Staatssekretariats und des Pontifikats Pacellis erfolgten.

Was aber seine Konkordatspolitik betrifft, so zeigt sich diese geprägt von den vordringlichen Notwendigkeiten der kirchlichen Zeit, die etwa mit dem Jahre 1800 begonnen hat. Diese Zeit ist gekennzeichnet: 1. durch die mannigfachen *Säkularisationen* und der vielfältigen Konfiskation von Kirchengut durch den Staat, 2. durch das sich immer stärker durchsetzende *Schulmonopol des Staates,* mag es ein grundsätzliches sein oder, durch die Mittellosigkeit der Kirche, jedenfalls ein faktisches, 3. durch die *Säkularisierung der Ehe* in ihrer Unterstellung unter die Staatsgewalt und die Einführung der Zivilehe, 4. durch die fortschreitende Auflösung sowohl des Staatskirchentums wie auch der verschiedenen Systeme der *Staatskirchenhoheit.*

---

[113] *Werner Weber,* a. a. O., Bd. II, Göttingen 1971, 67 - 88.

[114] Das Bistum Meißen wurde 938 gegründet, im 16. Jahrhundert protestantisiert, am 24. Juni 1921 (AAS 13 [1921], 409 - 411) mit dem Sitz in Bautzen wieder ins Leben gerufen.

[115] Die Essen betreffenden Aktenstücke s. *Nikolaus Hilling,* Die Errichtung des Bistums Essen, in: AfkKR 128 (1957), 329 - 346.

Aus diesen Hauptelementen der Entwicklung in den letzten 150 Jahren sind für Pacelli / Pius XII. die Themen erwachsen, die er in den Konkordaten für regelungsbedürftig erachtete.

Gegenüber den Schäden der Säkularisation mußte das *Eigentum der Kirche* und ihrer Gliederungen, deren Erwerbs- und Vermögensfähigkeit, deren Rechtsfähigkeit im bürgerlichen Rechtsverkehr, schließlich auch die Widmung von Kirchen, Gebäulichkeiten und Grundstücken, die in staatlichem Eigentum stehen, gewährleistet werden. Es gibt kein Konkordat dieser Periode, das nicht diesbezügliche Regelungen träfe, eingeschlossen die Staatsleistungen, die zum guten Teil Ersatzleistungen für enteignetes Kirchengut sind, mögen sie auch nicht ausdrücklich als solche bezeichnet sein.

Das Schulmonopol oder doch mindestens die verhältnismäßig unbegrenzte Schulaufsicht des Staates ist Anlaß zu den mannigfachen Regelungen in Konkordaten gewesen, in denen es um die Sicherung des *Religionsunterrichts* in den öffentlichen Schulen, um den katholischen oder wenigstens *christlichen Charakter* von Schule und Erziehung, um die Errichtung *kirchlicher Schulen,* insbesondere der von den Orden und Kongregationen geführten Schulen, um die Ausbildung des Lehrpersonals geht[116].

Die Säkularisierung der Ehe steht im Widerspruch zur kirchlichen Hoheit über die Ehe. Deshalb ist in fast allen Konkordaten, ausgenommen einzig das Deutsche Reichskonkordat, kirchlicherseits die Festlegung der *Wahlzivilehe* erreicht worden, so daß der kirchlichen Trauung nach Einhaltung bestimmter Formalitäten die bürgerlichen Rechtswirkungen für die Eheleute zuerkannt werden; wenigstens das sollte gegenüber der Zwangszivilehe sichergestellt werden, die im Grunde ein Relikt der deutschen Kulturkampfzeit nach 1870 und in einem die Religionsfreiheit garantierenden Staat als Zeichen der Intoleranz gelten muß. Die Kirche hat aus ihrer Verpflichtung zur absoluten Unauflöslichkeit der Ehe in manchen Ländern sogar noch erreichen können, daß kirchlich Getrauten die Möglichkeit der staatlichen Scheidung verschlossen bleibt.

Daß heute Staat und Kirche anders zueinanderstehen, sich je in ihrer Eigenart, in Richtung auf die Weltlichkeit der Staat, in Richtung

---

[116] Zu diesem für Pacelli / Pius XII. ausgesprochen zentralen Thema s. AfkKR 128 (1957), 221; 534 - 537; *Mayer,* a. a. O. (Anm. 1), 456; *Volk,* a. a. O., 12; *Leiber,* a. a. O., 91.

auf ihren wesentlich geistlichen Auftrag die Kirche, entwickelt haben, gewissermaßen voneinander gerückt, aber doch partnerschaftlich aufeinander zugerichtet sind, verlangt das Gleichgewicht der beiden Institutionen. Dabei bleibt der Staat seiner Natur nach immer der Mächtigere. Daß in diesem Machtfeld des Staates das *Eigenleben der Kirche* sichergestellt sei, ist der Sinn der vielen Konkordatsregelungen über freie Entfaltung der Kirche, freien innerkirchlichen Verkehr zwischen Papst, Bischöfen und Gläubigen, freie Verleihung der Bischofsämter, Freiheit des Seelsorgsdienstes usw.

Gerade diese Thematik, die von der Entwicklung der Nachsäkularisationszeit vorgegeben war, hat Pius XII. immer wieder aufgegriffen. In den unter seiner Mitwirkung zustande gekommenen Konkordaten sind diesbezügliche Regelungen getroffen worden. Das wird Vorbild bleiben. Die heutigen Konkordate pflegen viel differenziertere, dem Gesetzesgehalt nach abgestuftere Regelungen zu treffen. Man vergleiche nur einmal die einfache Form des Bayerischen Konkordats von 1924, ohne Schlußprotokoll und gleichzeitigem Schriftwechsel der Vertragspartner, mit der Änderung des gleichen Konkordats vom 4. September 1974[117].

Das aber ist nicht entscheidend. Richtungweisend sind die Grundlinien, die in den Konkordaten Pacellis bzw. Pius XII. vorgezeichnet sind.

---

[117] *Scheuermann*, a. a. O. (Anm. 22).

EUGENIO PACELLI ALS NUNTIUS IN DEUTSCHLAND

Von Rudolf Morsey

I. Ansehen und Nachruhm

Während seiner Tätigkeit als Apostolischer Nuntius in Bayern (29. Mai 1917 - 8. Juni 1925) und im Reich (23. Juni 1920 - 9. Dezember 1929) hat Erzbischof Eugenio Pacelli außergewöhnliches Ansehen gewonnen. Seine Persönlichkeit und sein Wirken sind von prominenten Zeitgenossen mit Worten höchster Anerkennung gewürdigt worden. Bereits am 10. März 1920 schrieb Erzbischof *Michael von Faulhaber* an den bayerischen Vatikangesandten von Ritter, Pacelli werde von den bayerischen Bischöfen „nicht bloß geachtet, sondern bewundert"[1]. Der langjährige Reichswehrminister (1920 - 1928) *Otto Geßler* urteilte rückblickend: „Das Außerordentliche, das absolut Zwingende des Eindrucks lag in der vollendeten Harmonie der erhabenen Erscheinung und der Persönlichkeit, in der priesterliche Frömmigkeit, edle Vergeistigung, politische Weisheit und aristokratische Weltgewandtheit vereint sind[2]."

Der badische Zentrumspolitiker *Heinrich Köhler* widmete Pacelli in seinen Memoiren ein eigenes Kapitel. Er erklärte Ostern 1928 Pius XI., der Nuntius habe durch die ganze Art seines Auftretens und Arbeitens die Kirche „zu neuem Ansehen in Deutschland gebracht"[3]. *Friedrich Muckermann SJ* resümierte, es habe „wohl nicht oft" einen päpstlichen Nuntius in Deutschland gegeben, der dem katholischen Volke „so nahegekommen" sei wie Eugenio Pacelli: „Es wurde von ihm mehr gesprochen als von irgendeinem deutschen Bischof und Kardinal[4]." In

---

1 *Akten Kardinal Michael von Faulhabers 1917 - 1945.* Bd. 1: 1917 - 1934, bearb. von *Ludwig Volk.* München 1975, S. 144.

2 Reichswehrpolitik in der Weimarer Republik, hrsg. von *Kurt Sendtner.* Stuttgart 1958, S. 417.

3 Lebenserinnerungen des Politikers und Staatsmanns 1878 - 1949, hrsg. von *Josef Becker.* Stuttgart 1964, S. 287.

4 *Im Kampf zwischen zwei Epochen.* Lebenserinnerungen, bearb. und eingel. von *Nikolaus Junk.* Mainz 1973, S. 381. Vgl. auch die lobende Würdigung (27. Jan. 1927) bei *Ludwig Frhr. v. Pastor,* Tagebücher, Briefe, Erinnerungen, hrsg. von *Wilhelm Wühr.* Heidelberg 1950, S. 864.

Hans Kühners „Lexikon der Päpste" heißt es[5]: „Was Kardinal Consalvi zur Zeit Napoleons gewesen, das wurde Pacelli [...] im Nachkriegsdeutschland von 1919 bis Ende 1929[6]. Sein kirchliches, politisches und menschliches Wirken ist in Deutschland unvergessen. Er lernte das Land, dessen Sprache und Kultur er sich völlig zu eigen gemacht hat, auf zahlreichen Reisen kennen. Noch heute genießt er dort ein fast legendäres Ansehen ohne Unterschied der Konfession."

In diesen Urteilen kommen bereits einige derjenigen Eigenschaften zum Ausdruck, die dazu beigetragen haben, die Erinnerung an den Nuntius wachzuhalten. Dazu zählten Pacellis vollendete Beherrschung der deutschen Sprache[7], sein Einfühlen in deutsche Denkweise und sein Verständnis für die Eigenart des deutschen Katholizismus[8]. Dazu gehörte seine aristokratische Gestalt, sein sicheres und gewandtes Auftreten[9], auch als Doyen des Diplomatischen Korps, seine ausgeprägte aber unaufdringliche Frömmigkeit[10].

---

[5] Zürich 1956, S. 296.

[6] Bereits in seiner Einleitung zu der von ihm herausgegebenen Auswahl von Reden Pacellis hat *Ludwig Kaas* den Nuntius mit Kardinal Consalvi verglichen und Pacellis Leistung als „hochragendes Werk" gerühmt, „das seinem Namen für immer den Segen und die Dankbarkeit aller deutschen Katholiken sichern" werde. *Eugenio Pacelli,* Gesammelte Reden. Berlin 1930, S. 20.

[7] 1917 war seine Aussprache noch schlecht gewesen. Vgl. *Bernhard Zittel,* Die Vertretung des Hl. Stuhles in München 1785 - 1934, in: *Der Mönch im Wappen.* München 1960, S. 482. Dazu *H. Köhler,* Lebenserinnerungen, S. 332: „Das vom Nuntius gesprochene Deutsch war ausgezeichnet, wenn es auch natürlich den ausländischen Akzent nicht ganz unterdrücken konnte. Insbesondere das ‚H' am Anfang zu sprechen, fiel ihm schwer. So kam's, daß er gewöhnlich vom ‚eiligen Stuhl' sprach, bis man ihn einmal lächelnd darauf aufmerksam machte ..."

[8] *Pacelli* war sich der Bedeutung der hier skizzierten Zusammenhänge sehr wohl bewußt, wie aus seiner Rede „Deutschland und das Heilige Jahr" (1925) zur vierten Wiederkehr des Papstkrönungstages in Berlin am 11. Febr. 1926 hervorgeht. Dabei rühmte der Nuntius den Papst, der den deutschen Rompilgern durch seine Kenntnis ihrer Sprache „innige Herzensfreude" bereitet habe: Pius XI. verbinde mit der Kenntnis der deutschen Sprache einen „tiefen Einblick in die Eigenart der deutschen Verhältnisse und in die Innenwelt der deutschen Volksseele". *E. Pacelli,* Reden, S. 57.

[9] *Arnold Brecht* spricht in seinen Memoiren von dem „nachhaltigen Eindruck" der Persönlichkeit Pacellis, von dessen „asketischer, aber zugleich eleganten Würde und Freundlichkeit", von seiner „unnachahmlichen Dignität der Haltung und des Ganges": „Wo er ging, war heiliger Ort." Aus nächster Nähe. Stuttgart 1966, S. 336.

[10] *F. Muckermann,* Im Kampf zwischen zwei Epochen, S. 381, bezeichnet als „einen der schönsten Charakterzüge" Pacellis „eine im Grunde kindliche Seele", aus der sich nicht zuletzt seine „edle Volkstümlichkeit" erkläre.

Kurzum: Der „feine, kluge und feurige" Nuntius Pacelli[11], dessen „Zähigkeit und geistige Elastizität" der preußische Ministerpräsident *Otto Braun* (SPD) rühmte[12], galt als Prototyp eines päpstlichen Diplomaten. Durch sein häufiges Erscheinen auf kirchlichen Massenveranstaltungen in allen Teilen des Reiches[13], durch seine zahlreichen formvollendeten Ansprachen, durch Benutzung des Flugzeugs, durch Einfahrt in eine Grube und durch vielfältige Kontakte mit der Bevölkerung gewann er einen hohen Bekanntheitsgrad. Aufschlußreich ist der vom Berliner Sekretär des Nuntius (seit 1924) *P. Eduard Gehrmann SVD* wiedergegebene Grundsatz, den ihm Pacelli eingeprägt hat: „Faccia l'amare Roma, sorgen Sie immer, daß man Rom lieb gewinnt[14]!" Pius XII. hat sich oft und gern an seine Jahre in Deutschland zurückerinnert[15], das ihm seit dieser Zeit zur „zweiten Heimat" geworden war[16].

II. Quellenlage und Forschungsstand

Pacellis Berichterstattung und die ihm von der Kurie erteilten Weisungen sind — von Ausnahmen abgesehen[17] — bisher nicht bekannt. Infolge dessen fehlt die Grundlage für ein gesichertes Urteil darüber, welche Ziele der Nuntius von den Päpsten Benedikt XV. und Pius XI.

---

[11] So *Victor Naumann*, Profile. München 1925, S. 334. Vgl. ferner *Hermann Pünder:* „Pacelli war einer der intelligentesten Menschen, die mir je begegnet sind." Von Preußen nach Europa. Stuttgart 1968, S. 119.

[12] Von Weimar zu Hitler. New York 1943, S. 278.

[13] In einem Schreiben vom 16. Febr. 1941 an Bischof Graf v. Galen (Münster) erwähnte *Pius XII.*, daß er als Nuntius die deutschen Katholiken „von Stadt zu Stadt und von Gau zu Gau" besuchen konnte. Vgl. *Burkhart Schneider,* Die Briefe Pius XII. an die deutschen Bischöfe 1939 - 1944. Mainz 1966, S. 120.

[14] Vgl. *Johann Kraus* SVD, Der Sekretär zweier Nuntien Pater Eduard Gehrmann SVD, in: *In verbo tuo.* Festschrift zum 65jährigen Bestehen des Missionspriesterseminars St. Augustin bei Siegburg, Rheinland, 1913 - 1963, hrsg. von den Lektoren in St. Augustin. Steyl 1963, S. 175.

[15] Eine große Zahl lobender Urteile über seine Zeit in Deutschland findet sich in den Briefen *Pius XII.* an die deutschen Bischöfe aus der Kriegszeit. Vgl. *B. Schneider,* Die Briefe Pius XII., im Register, S. 378.

[16] So *Robert Leiber* SJ, Eugenio Pacelli, in: *Wilhelm Sandfuchs,* Die Außenminister der Päpste. München 1962, S. 111. Vgl. auch *Pacellis* Schreiben vom 6. März 1936 an Wilhelm Marx, bei *Hugo Stehkämper,* Der Nachlaß des Reichskanzlers Wilhelm Marx. Teil 4. Köln 1968, S. 225.

[17] Vgl. Weisungen *Gasparris* aus dem Spätjahr 1919 (*Ludwig Volk,* Das Reichskonkordat vom 20. Juli 1933. Mainz 1972, S. 5 Anm. 22), vom 20. Mai 1921 (*ders.,* Akten Kardinal Faulhabers, S. 180 ff.), vom 25. Nov. 1921 (*ders.,* Reichskonkordat, S. 15 Anm. 94) und vom 20. Febr. 1923 (*ders.,* Akten Kardinal Faulhabers, S. 297 f.).

gesetzt bekommen und sich selbst gesetzt hat, welche er davon erreichen konnte und welche nicht. Beide Päpste scheinen ebenso wie Kardinalstaatssekretär Gasparri die Tätigkeit des Nuntius hoch geschätzt zu haben. Das jedenfalls ergibt sich eindeutig aus der Berichterstattung der deutschen Vatikandiplomaten[18]. Die umfangreiche Korrespondenz Pacellis mit der Münchner Staatsregierung und einzelnen bayerischen Politikern und Ministerialbeamten sowie dem bayerischen Vatikangesandten, mit den Regierungen des Reiches und Preußens sowie mit einzelnen Politikern in Berlin, aber auch mit den führenden Vertretern des deutschen Episkopats ist erst zu einem Bruchteil bekannt.

Geschlossen ediert und verarbeitet ist bisher nur der einschlägige Schriftwechsel zur päpstlichen Friedensvermittlung von 1917[19]. Gedruckt sind ferner Teile des Schriftwechsels Pacelli — Faulhaber[20]. Andere Teile der Korrespondenz des Nuntius sind für Einzeluntersuchungen — so über die Wiederbesetzung des Erzbischöflichen Stuhles in Köln 1921[21], über die Vorgeschichte des Konkordats mit Preußen[22], über die Bemühungen zum Abschluß eines Reichskonkordats[23], über Details der päpstlichen Rußlandpolitik[24] — herangezogen worden. Bekannt sind auch Schreiben Pacellis an den Vorsitzenden der Fuldaer Bischofskonferenz, den Breslauer Erzbischof Kardinal Bertram[25]. Hingegen fehlt bisher jede Spur eines schriftlichen Kontakts Pacellis mit seinem kanonistischen Berater *Ludwig Kaas*. Er hat bereits 1930 eine Auswahl von Reden Pacellis als Nuntius veröffentlicht, eingeleitet durch eine ausführliche Würdigung seines „Chefs"[26]. Sie bildet nach wie

---

[18] Das Lob *Gasparris* über Pacelli vom Januar 1925, der als „einer der besten, wenn nicht als der beste" Nuntius gelte, darf unbeschadet seiner Veranlassung (unmittelbar nach Abschluß des Bayerischen Konkordats) als symptomatisch gelten. Nach einem Bericht des bayerischen Gesandten beim Hl. Stuhl, *Otto Ritter v. Groenesteyn,* vom 16. Jan. 1925. Vgl. *Georg Franz-Willing,* Die Bayerische Vatikangesandtschaft 1803 - 1934. München 1965, S. 203.

[19] s. Anm. 36, 37, 43.

[20] s. Anm. 1.

[21] s. Anm. 30.

[22] s. Anm. 110.

[23] Bei *L. Volk,* Reichskonkordat.

[24] s. Anm. 104, 105.

[25] Vor allem aus der Edition von *L. Volk,* Akten Kardinal Faulhabers.

[26] s. Anm. 6. Dort S. 7 - 27. Nur auf diese Einleitung und Kaas' kurze Einführungen zu den einzelnen Reden Pacellis stützt sich *Hans Joachim Baumeister,* Eugenio Pacelli in Deutschland, in: Rheinischer Merkur vom 2. März 1956.

vor zusammen mit einer ergänzenden Fortsetzung von Kaas' Studie aus dem Jahre 1949[27] die wichtigste Charakteristik von Persönlichkeit und Wirken des Nuntius, trotz ihrer überschwenglich lobenden Darstellung, die zudem ganze Bereiche der kirchenpolitischen Aktivität Pacellis ausklammert.

Kaas' Feststellung, die „Historiker der Zukunft" würden viele Bände benötigen, um den „Reichtum und die religiöse Fruchtbarkeit" der Nuntiaturjahre Pacellis gerecht zu würdigen[28], soll als Ansporn verstanden werden, unser Thema erstmals kursorisch zu behandeln, zumal es in den Biographien Pius' XII. nur gestreift wird. Die primitive SED-parteiliche Darstellung von Edith Ruppel, „Zur Tätigkeit des Eugenio Pacelli als Nuntius in Deutschland"[29], braucht nur soweit erwähnt zu werden, wie darin einschlägige Bruchstücke der Berichterstattung des Vertreters der Reichsregierung in München bis 1925 zitiert sind.

III. Würdigung durch deutsche Diplomaten bis 1917

Pacelli ist bereits früh in das Blickfeld der bayerischen und preußischen Diplomatie in Rom getreten. Von ihren Vertretern wurde er als ebenso intelligenter wie konsequenter Verfechter der integralen Linie Pius' X. beurteilt[30].

In einem Bericht des preußischen Gesandten beim Vatikan, *v. Mühlberg,* vom 24. Juni 1912 an Bethmann Hollweg hieß es, der „gelernte Jurist" Pacelli verdanke seine rasche Karriere „gründlichen Kenntnissen der Kirchengeschichte und des kanonischen Rechts sowie seiner guten Begabung"; er sei ein „schlagfertiger und um Argumente niemals verlegener Gegner". Der preußische Diplomat, der Pacellis Fähigkeiten, aber auch dessen „klerikale Hartnäckigkeit" unterstrich, kam zu einer insgesamt kritischen Würdigung des Prälaten, dem „praktische Erfahrungen und politischer Sinn" fehlten und der zu den Vertretern der „herrschenden Clique" im Vatikan gehöre. Mühlberg rückte Pacelli an die Seite von Msgr. Umberto Benigni und ging davon aus, bei ihm

[27] Nuntius Eugenio Pacelli (1917 - 1919), in: Die Ostschweiz 76, 1949, Nr. 158 vom 4. April und Nr. 160 vom 5. Mai 1949. Soweit ich sehe, ist diese Studie in der Literatur noch nicht beachtet worden.

[28] Ebd., Nr. 160.

[29] In: Zeitschrift für Geschichtswissenschaft 7, 1959, S. 297 ff.

[30] Vgl. *Norbert Trippen,* Theologie und Lehramt im Konflikt. Die kirchlichen Maßnahmen gegen den Modernismus im Jahre 1907 und ihre Auswirkungen in Deutschland. Freiburg 1977, S. 163 f., 382, 404.

„trotz seines äußerlich konzilianten Wesens" in „zweifelhaften Fragen" auf kein Entgegenkommen und auf keine Rücksichtnahme für deutsche Interessen rechnen zu können[31].

Diese Einschätzung machte in den folgenden beiden Jahren einer positiven Würdigung Platz. Am 6. Februar 1914 ersuchte der bayerische Ministerpräsident *Graf Hertling* den Vatikangesandten Otto Ritter von Groenesteyn — angesichts der demnächst zu erwartenden Abberufung von Nuntius Andreas Frühwirth OP, den er als Idealtyp eines Nuntius würdigte —, Pacelli „sub specie München zu qualifizieren"; er fügte, gleichsam als Auswertung der voraufgegangenen Berichterstattung Ritters, hinzu: „Es wird ihm wohl manch' Irdisches anhaften, im Gegensatz zum guten Frühwirth [...]. Aber immerhin scheint Pacelli für uns Interesse und Verständnis zu besitzen und hat sich wohl auch durch die vielen Angelegenheiten deutscher Provenienz, die er bearbeitet hat, mit unsern Verhältnissen [...] vertraut gemacht. Aus diesen Gründen interessiert mich seine Person, die ich [...] als deutschkundig bezeichnen möchte[32]."

Die Antwort *Ritters* auf Hertlings Anfrage lautete positiv: Pacelli, der früher „ausgesprochener Theoretiker und Idealist" gewesen sei, habe sich in den letzten Jahren, „seitdem er eine größere Verantwortung trägt", zu seinem Vorteil verändert[33]. Nach weiteren zunehmend günstigeren Beurteilungen des Prälaten in den folgenden Monaten nannte ihn der Gesandte am 25. Sept. 1914 weisungsgemäß dem neuen Papst Benedikt XV., der seinerseits Pacelli lobte, als besonders erwünschten künftigen Nuntius für Bayern[34]. Am 12. April 1917 starb Frühwirths Nachfolger Aversa nach nur dreimonatiger Tätigkeit in München. Daraufhin erklärte sich der Papst damit einverstanden, Pacelli — der inzwischen auch in Berlin als persona gratissima galt[35] — auf den damals für die vatikanische Diplomatie schwierigsten Posten

[31] Politisches Archiv des Auswärtigen Amtes in Bonn, Päpstl. Stuhl 3 Nr. 2 Bd. 19. In *L. v. Pastors* Tagebüchern (S. 565) ist unter dem 3. Dez. 1912 vom „klugen und wohlunterrichteten" Msgr. Pacelli die Rede.

[32] *G. Franz-Willing,* Vatikangesandtschaft, S. 135; *B. Zittel,* Die Vertretung des Hl. Stuhles, S. 476 f.; *Hans-Michael Körner,* Staat und Kirche in Bayern 1886 - 1918. Mainz 1977, S. 162, 165, 174.

[33] 8. Febr. 1914. *G. Franz-Willing,* Vatikangesandtschaft, S. 145 Anm. 2.

[34] *B. Zittel,* Die Vertretung des Hl. Stuhles, S. 477.

[35] Vgl. den Bericht des bayerischen Gesandten in Berlin, *Graf v. Lerchenfeld,* vom 28. Sept. 1916 an Hertling. *Briefwechsel Hertling / Lerchenfeld 1912 - 1917,* hrsg. und eingeleitet von *Ernst Deuerlein* (†). Bd. 2. Boppard 1973, S. 732.

zu schicken. Er war damit zugleich Anwärter für die Übernahme der künftigen Nuntiatur in Berlin, über deren Errichtung bereits Verhandlungen stattgefunden hatten, die jedoch erst nach Kriegsende weitergeführt werden sollten.

Pacellis Persönlichkeit, seine Qualifikation, auch seine Eigenschaft als „aufrichtiger Freund Deutschlands"[36], wurden von den bayerischen und preußischen Vatikanvertretern im Schweizer Kriegsexil ebenso gelobt[37] wie von seinem Vorgänger in München; *Kardinal Frühwirth* rühmte dem bayerischen Ministerpräsidenten Graf Hertling gegenüber sowohl die „hervorragenden" Geisteseigenschaften seines zweiten Nachfolgers als auch dessen „tiefe Frömmigkeit"[38]. Der preußische Vatikangesandte *v. Mühlberg* apostrophierte den neuen Nuntius am 22. Mai 1917 in einem Bericht nach Berlin prophetisch als „Mann der Zukunft"[39].

Nimmt man hinzu, daß auch Pacelli, wie Ritter berichtete, „mit Begeisterung" nach München ging[40], und daß König Ludwig III. von Bayern wie Ministerpräsident Graf Hertling vom neuen Nuntius sofort den „allerbesten Eindruck" gewannen[41], so wird deutlich, daß dieser päpstliche Diplomat mit einem beträchtlichen Vertrauensvorschuß rechnen konnte.

---

[36] Bericht *Ritters* vom 24. Mai 1917 aus Lugano an Hertling. Vgl. *G. Franz-Willing*, Vatikangesandtschaft, S. 146 Anm. 12. Der frühere Staatssekretär *Richard v. Kühlmann* bezeichnete Pacelli am 7. Dez. 1921 als „sehr deutschfreundlich". *Die Verhandlungen des 2. Unterausschusses des parlamentarischen Untersuchungsausschusses über die päpstliche Friedensaktion von 1917*, bearb. und hrsg. von *Wolfgang Steglich*. Wiesbaden 1974, S. 33.

[37] Vgl den Bericht *Ritters* vom 19. April 1917 (*B. Zittel*, Die Vertretung des Hl. Stuhles, S. 481 f.) sowie den gemeinsamen Bericht des bayerischen Legationsrats *v. Stockhammern* und des Legationssekretärs *Graf v. Berchem* vom gleichen Tage aus Luzern, in dem von Pacellis als „bewunderungswürdig anerkannten juristischen, durch macchiavellistische Stilkunst unterstützten Scharfsinn" die Rede war. *Der Friedensappell Papst Benedikts XV. vom 1. Aug. 1917 und die Mittelmächte*, bearb. und hrsg. von *Wolfgang Steglich*. Wiesbaden 1970, S. 91.

[38] 12. Mai 1917 aus Rom. *W. Steglich*, Friedensappell, S. 94.

[39] Ebd., S. 96.

[40] s. Anm. 36.

[41] So *Hertling* am 29. Mai 1917 an Ritter. *W. Steglich*, Friedensappell, S. 98. Ähnlich auch der preußische Gesandte in München, *v. Treutler*, in einem Bericht vom 9. Juni 1917, und der österreichisch-ungarische Vertreter in Bayern, Botschafter *Graf v. Thurn und Valsássina*, vom 21. Juni 1917. Ebd., S. 102 f., 108 f.

IV. Päpstlicher Friedensunterhändler 1917

Am 25. Mai 1917 bezog Pacelli, der erst wenige Tage zuvor von Benedikt XV. zum Titularerzbischof von Sardes geweiht worden war, das Nuntiaturgebäude in der Brienner Straße 15. Dort wirkte er acht Jahre lang, seit 1920 gleichzeitig auch als Leiter der neu errichteten Nuntiatur im Reich, bevor er 1925 nach Berlin übersiedelte und dort auch die neu errichtete Nuntiatur für Preußen übernahm.

Bei der Überreichung seines Beglaubigungsschreibens am 29. Mai 1917 umriß Pacelli seine vornehmste Aufgabe[42], an der Wiederherstellung des Friedens mitzuwirken und entsprechende (bereits vorbereitete) Vermittlungsaktionen Benedikts XV. zu unterstützen, mit denen stufenweise Friedensmöglichkeiten vorbereitet werden sollten. Der Nuntius galt als genauer Kenner der Absichten des Papstes und als überzeugter Verfechter der von ihm an der Kurie mitgetragenen vatikanischen Neutralitätspolitik.

Die komplizierte Geschichte der *päpstlichen Friedensvermittlung*, die mit Besprechungen Pacellis am 26. Juni 1917 mit Reichskanzler v. Bethmann Hollweg in Berlin begann und am 29. Juni bei einem Treffen mit Wilhelm II. in Kreuznach fortgesetzt wurde, kann und braucht hier nicht dargestellt zu werden[43]. Nur soviel sei festgehalten: Das schließliche Scheitern des „diplomatischen Mysterienspiels“[44] nach monatelangen internationalen Geheimverhandlungen war vor allem in einer taktisch verschleierten Unnachgiebigkeit der Reichsleitung (nach dem Kanzlerwechsel von Bethmann Hollweg zu Michaelis) bzw. der Obersten Heeresleitung in der Belgien-Frage begründet. Dabei muß die Frage offen bleiben, ob die päpstliche Vermittlungsaktion im Falle einer deutschen Verzichtserklärung in bezug auf Belgien Erfolg gehabt hätte, zumal die Ententemächte bereits vorher Italien zugestanden hatten, den Vatikan von allen Friedensbesprechungen und -verhandlungen auszuschließen[45].

---

[42] Vgl. *E. Pacelli*, Reden, S. 25 ff.

[43] Die Dokumente sind gedruckt bei *W. Steglich*, Friedensappell, S. 113 ff. und *ders.*, Die Verhandlungen des 2. Unterausschusses. Dazu vgl. *ders.*, Die Friedenspolitik der Mittelmächte 1917/18 Bd. 1. Wiesbaden 1964, S. 117 ff.

[44] So *L. Kaas* in seiner Einleitung zu *E. Pacelli*, Reden, S. 13, wo es ferner heißt: Diese „nicht in allem erfreuliche Phase der deutschen Kriegsdiplomatie“ habe die „Geduld und Spannkraft“ Pacellis auf „härteste Proben“ gestellt.

[45] Am 9. Aug. 1919 bezeichnete es *Pacelli* gegenüber dem badischen Gesandten in München, Ludwig Frhr. v. Reck, als „immerhin recht zweifelhaft,

Der Fehlschlag der päpstlichen Friedensvermittlung hat Pacelli, der sich der Tragweite seiner „schwierigen Mission in dieser außerordentlich schweren Zeit“[46] bewußt war, tief getroffen. *Ludwig Kaas* hat es später so umschrieben: Der Tag, an dem der Nuntius — vor allem wegen der Bedenken und Ausflüchte des „schwächlichen und ewig zaudernden“ Reichskanzlers Michaelis bezüglich einer Belgien-Erklärung — seine Mission als gescheitert ansehen mußte, habe zu den „niederdrückendsten und schmerzvollsten“ Tagen seines Lebens gehört[47]. Ähnlich betroffen war Pacelli, als nach dem Kriege der Parteienstreit über die „Schuld“ für das Scheitern der päpstlichen Friedensaktion einsetzte. Die Auseinandersetzungen begannen in den Beratungen der Nationalversammlung in Weimar Ende Juli 1919, als Reichsfinanzminister Erzberger dem früheren Kanzler Michaelis die Hauptschuld am Scheitern der Vermittlungsaktion Benedikts XV. anlastete[48].

Bis 1927 hin konnten Reichsregierung und Auswärtiges Amt, von Pacelli entsprechend gedrängt, wiederholt verhindern, daß die einschlägigen amtlichen Aktenstücke, insbesondere die Korrespondenz von 1917 mit Nuntius und Kurie, publiziert wurden. Das galt auch für die Verhandlungsprotokolle des Untersuchungsausschusses des Reichstags über die päpstliche Friedensaktion[49]. Im Oktober 1922 stellte Pacelli eine falsche Darstellung seines Gesprächs vom 29. Juni 1917 mit

---

ob bei einer anderen Haltung Deutschlands das Unternehmen zum Ziel geführt haben würde, jedenfalls aber hätte die Reichsleitung einen moralischen Erfolg erringen und den durch die belgische Angelegenheit heraufbeschworenen allgemeinen Haß gegen Deutschland beseitigen können“. Nach *Recks* Bericht vom 15. Aug. 1918 bei *Ernst Deuerlein,* Die erste Begegnung zwischen Reichspräsident Ebert und Nuntius Pacelli, in: Münchener Theologische Zeitschrift 18, 1967, S. 158.

[46] So am 17. Juli 1917 an Hertling. *W. Steglich,* Friedensappell, S. 127.

[47] In seiner Einleitung zu *E. Pacelli,* Reden, S. 15. — Daß die Friedens- und Neutralitätspolitik Pius XII. seine Erfahrungen aus der Zeit des Ersten Weltkriegs aufnahm, sei hier nur angemerkt.

[48] Vgl. die Stellungnahme *Pacellis* vom 29. Juli 1919 aus Rorschach (Schweiz). *W. Steglich,* Friedensappell, S. 611. *H. Köhler,* Lebenserinnerungen, S. 335, referiert folgende spätere Äußerung des Nuntius: „Es ist unerhört, was die deutschen Staatsmänner, die für jene Tage [von 1917] verantwortlich sind, sich an Entstellungen der tatsächlichen Verhältnisse erlauben. Die Herren sündigen in ihren Erklärungen auf die Noblesse und Diskretion des Vatikans [...]. Aber einmal [...] wird und muß die Wahrheit doch zutage kommen.“

[49] Materialien dazu im Bundesarchiv Koblenz, R 43 I/159. Vgl. auch *E. Ruppel,* Pacelli als Nuntius, S. 313, ferner *W. Steglich,* Die Verhandlungen des 2. Unterausschusses, sowie *Johann Victor Bredt,* Erinnerungen und Dokumente 1914 - 1933, bearb. von *Martin Schumacher.* Düsseldorf 1970, S. 212 ff.

Wilhelm II. in dessen Memoiren richtig[50]. Schon vorher hatte der Nuntius deutlich gemacht, daß nicht er im Sommer 1917 der Informant Erzbergers gewesen war[51].

Pacellis Aktivität außerhalb des Zusammenhangs der Friedensdiplomatie Benedikts XV. im engeren Sinne ist noch weithin unbekannt. Dahin gehörten seine Bemühungen, das Los der Kriegsgefangenen, Kriegsopfer und Flüchtlinge zu erleichtern, die Zwangsverschickung ausländischer Arbeiter nach Deutschland zu verhindern und, noch im Oktober 1918, „Gemetzel und Verwüstungen" durch die Bolschewiken nach Räumung der deutschen Gebiete in Rußland zu vermeiden[52]. Die häufigen Reisen des Nuntius in die Reichshauptstadt wurden von der bayerischen Regierung mit Sorge betrachtet, weil sich dadurch das Tätigkeitsfeld des Nuntius bereits seit Mitte 1917 immer stärker von München nach Berlin verlagerte.

Als Reichskanzler erreichte *Hertling* im Frühjahr 1918, durch Vermittlung Pacellis, die Ernennung eines Apostolischen Visitators für Polen in Warschau, gedacht als Vermittler zwischen deutschen und polnischen „Wünschen und Forderungen". (Entsandt wurde Msgr. Ratti, der spätere Papst Pius XI.)[53].

V. 1918/19: In Rorschach und Zangberg

Im November 1918 erlebte Pacelli in München die erste Welle der Revolution. Am 11. November und erneut drei Tage später drängte Erzbischof *Faulhaber* den Nuntius, mit dem ihn ein Freundschaftsverhältnis verband, seinen Amtssitz vorübergehend zu verlassen und sich in ein Kloster nach Rorschach (Schweiz) oder in Zangberg zu begeben. Diesem Rat folgte Pacelli und begab sich nach *Rorschach*. Damit verhinderte er gleichzeitig, woran Faulhaber besonders gelegen war[54],

[50] *W. Steglich,* Friedensappell, S. 655 ff. Dazu vgl. *L. Kaas* in seiner Einleitung zu *E. Pacelli,* Reden, S. 12.

[51] Vgl. den Bericht des badischen Gesandten in München, *Ludwig Frhr. v. Reck,* vom 15. Aug. 1919 (*E. Deuerlein,* Die erste Begegnung zwischen Ebert und Pacelli, S. 158) sowie die Ausführungen des Zentrumsabgeordneten *L. Kaas* am 8. Juni 1922 im Untersuchungsausschuß des Reichstags (*W. Steglich,* Die Verhandlungen des 2. Unterausschusses, S. 318).

[52] Vgl. *Matthias Erzberger,* Erlebnisse im Weltkrieg. Stuttgart 1920, S. 200, 274. *Winfried Baumgart,* Deutsche Ostpolitik 1918. München 1966, S. 298 Anm. 164.

[53] Vgl. *Bogdan Graf von Hutten-Czapski,* Sechzig Jahre Politik und Gesellschaft. Bd. 2. Berlin 1936, S. 478, 479.

Eugenio Pacelli als Erzbischof von Sardi und Apostolischer Nuntius
in München und später in Berlin.

ein mögliches Zusammentreffen mit den revolutionären Machthabern, die dazu bereits die Initiative ergriffen hatten.

Am 18. Januar 1919 hielt der Münchner Erzbischof die Zeit noch nicht für gekommen, Pacelli die Rückkehr in die bayerische Hauptstadt zu empfehlen, um nicht durch eine wie auch immer geartete „amtliche Verbindung" zur „Legitimierung" der „Revolutionsregierung" beizutragen[55]. Vermutlich ist der Nuntius von Rorschach aus unmittelbar in das Salesianerinnen-Kloster im oberbayerischen *Zangberg* gefahren, in dessen Priesterhaus er sich vom 9. Februar bis zum 12. März 1919 verborgen hielt[56].

Nach München zurückgekehrt, erlebte Pacelli die kommunistische Räteherrschaft. Am 29. April 1919 drangen bewaffnete rote Milizen in die Nuntiatur ein und bedrohten den Nuntius. Er machte daraufhin von einer päpstlichen Ermächtigung Gebrauch und verließ erneut seinen Amtssitz. Mehr als drei Monate lang „residierte" Pacelli in Rorschach, empört über die Verletzung der diplomatischen Exterritorialität und entsetzt über das Ausmaß der Brutalität, das er in München miterlebt hatte. Pacelli hat später wiederholt von seiner Bedrohung in diesen Tagen gesprochen[57]. Dennoch sollte man den Zwischenfall vom 29. April 1919 — so sehr er den sensiblen, auf Wahrung der Formen und seiner Stellung bedachten Römer beeindruckt hat — nicht als eine Art Schlüsselerlebnis für Pacellis Einschätzung von Kommunismus und Bolschewismus interpretieren[58].

Von Rorschach aus hielt der Nuntius schriftlichen Kontakt mit den bayerischen Bischöfen und informierte sich auch durch Lektüre der

[54] Vgl. seine Erklärung vom 7. Juli 1921 (auf Grund einer „wahrheitswidrigen Zeitungsnotiz und einer gelegentlichen Bemerkung in Rom") bei *L. Volk,* Akten Kardinal Faulhabers, S. 191 ff.

[55] Ebd., S. 191.

[56] Dieses bisher unbekannte Detail ist mitgeteilt bei *Friedel Wurm,* Pacelli in Bayern, in: KNA, Bayerischer Dienst Nr. 33 vom 23. Febr. 1976. Der damalige Vertreter der bayerischen Revolutionsregierung in Bern, Förster, hat Pacelli in diesen Wochen in Rorschach besucht. Vgl. *Friedrich Wilhelm Förster,* Erlebte Weltgeschichte 1869 - 1953. Nürnberg 1953, S. 600 f.

[57] Vgl. den Auszug eines entsprechenden Berichts des Vatikangesandten *v. Ritter* bei *Hansjakob Stehle,* Die Ostpolitik des Vatikans. München 1975, S. 24 (wo das Datum des Berichts fehlt). Ausführlich äußerte sich *Pacelli* im Oktober 1921 gegenüber dem Chefredakteur des „Matin", Jules Sauerwein, über die Vorgänge während der Zeit des „bolschewistischen Regimes" im April 1919 in München, wo „echte Russen" an der Spitze der Sowjetregierung gestanden hätten. *G. Franz-Willing,* Vatikangesandtschaft, S. 149.

[58] Besonders in popularisierenden Pius-Biographien.

bayerischen Presse[59]. Erst am 8. August 1919 kehrte er auf Drängen der neuen bayerischen Koalitionsregierung unter Ministerpräsident *Hoffmann* (SPD) nach München zurück, nachdem sich die Regierung für die dem Nuntius am 29. April „durch die Bande der Räteregierung zugefügte Unbill"[60] entschuldigt und Pacelli die ungestörte Ausübung seiner Funktion zugesichert hatte.

VI. Neuordnung des Staat-Kirche-Verhältnisses

Daß nach dem Sturz der Monarchien eine Neuordnung des Staat-Kirche-Verhältnisses notwendig und nach Schaffung neuer verfassungsrechtlicher Grundlagen seit Mitte 1919 möglich war, stand außer Zweifel. Strittig blieben zunächst die Weitergeltung von Teilen früherer Konkordate bzw. Vereinbarungen mit Bayern und Preußen aus dem Anfang des 19. Jahrhunderts sowie Inhalt und Form vertraglicher (konkordatärer) Neuregelungen, nachdem die neuen Verfassungen des Reiches und der Länder der Kirche größere Freiheiten eingeräumt hatten, als das vor 1918 der Fall gewesen war. Kurie und Nuntius verhielten sich zunächst reserviert in bezug auf die Fortgeltung der früheren Abmachungen, soweit sie den Monarchien Rechte zugestanden hatten, die im Zeichen des neuen kirchlichen Selbstverständnisses und gegenüber Repräsentanten sozialistisch-republikanischer (und zudem noch föderalistisch zergliederter) Demokratien als nicht mehr vertretbar galten[61].

---

59 Das ergibt sich aus einem Schreiben *Pacellis* vom 10. Juni 1919 an Faulhaber sowie aus einem Rundschreiben *Faulhabers* vom 19. Juni 1919 an den bayerischen Episkopat. *L. Volk*, Akten Kardinal Faulhabers, S. 74, 85.

60 Nach einem Bericht des badischen Gesandten in München, *Frhr. v. Reck*, vom 30. Juni 1919. Vgl. *E. Deuerlein*, Die erste Begegnung zwischen Ebert und Pacelli, S. 157.

61 Dazu vgl. *L. Volk*, Reichskonkordat, S. 1 ff. Die immer wieder von revolutionären Erschütterungen bedrohte Weimarer Republik von 1919/20 war alles andere als ein Hort der verfassungsrechtlich verbürgten demokratischen Freiheit. Wenn Gasparri und Pacelli angesichts der unsicheren Entwicklung in Deutschland zeitweise die Fortgeltung der Abmachungen aus dem Anfang des 19. Jahrhunderts zu bestreiten suchten, lag der Grund dafür schwerlich in erster Linie in einer „tiefen Abneigung gegen die neue demokratische Ordnung" (so *N. Trippen*, Theologie und Lehramt, S. 468). Eher kann *H. Pünders* Urteil zutreffen, wonach Pacelli für die Weimarer Verfassung „an sich nicht allzuviel übrig" gehabt, im übrigen aber durchaus Verständnis für die „gewissen demokratischen Überspitzungen von 1919 einschließlich des Wahlrechts" gezeigt habe. Von Preußen nach Europa, S. 120.

Nach Annahme der Weimarer Reichsverfassung stellte sich die Frage nach dem Fortbestand der *Münchner Nuntiatur*. Die Diskussion darüber wurde belastet durch (unberechtigte) Vorwürfe über die monatelange Abwesenheit Pacellis von München. Im September 1919 setzte sich die Freisinger Bischofskonferenz für den Weiterbestand der Nuntiatur in Bayern ein[62], darin vom Papst unterstützt, der die Arbeit des Nuntius positiv bewertete[63]. Anfang Oktober 1919 wies die bayerische Regierung alle Spekulationen auf Aufhebung der Nuntiatur wie auch der bayerischen Vertretung beim Hl. Stuhl zurück[64].

Die Aufmerksamkeit Pacellis richtete sich in zunehmendem Maße nach Berlin, wo künftig diejenigen Entscheidungen vorbereitet und getroffen werden mußten, die die gesamtdeutsche Kirchenpolitik bestimmten. Unter diesem Gesichtspunkt und angesichts der Tatsache, daß die Sozialdemokratie (wie in Bayern) auch im Reich und in Preußen die Spitze der jeweiligen Regierungskoalitionen bildete, gewann die erste zwanglose Besprechung Pacellis mit Reichspräsident *Ebert* ihr Gewicht. Dazu kam es am 27. August 1919 bei einer Durchreise des Reichspräsidenten in München. Diese Begegnung sollte sich als Anfang der „mit großen Erwartungen aufgenommenen Beziehungen" zwischen dem republikanischen Deutschland und dem Hl. Stuhl erweisen[65]. Der Nuntius gewann offensichtlich einen sehr positiven Eindruck von Ebert[66]. Der Reichspräsident warb um moralische und politische Hilfe des Vatikans und der katholischen Kirche in Deutschland als Beitrag zur Festigung der Weimarer Republik. Als Gegenleistung dafür sicherte er der Kirche ungestörte Bewegungsfreiheit zu.

Gleichsam als ersten Schritt zur Realisierung dieser Zielsetzung teilte Reichsaußenminister Hermann Müller (SPD) am 27. September 1919 im Auswärtigen Ausschuß der Weimarer Nationalversammlung mit, daß eine deutsche Botschaft beim Vatikan errichtet werde; der bisherige preußische Gesandte beim Hl. Stuhl, v. Bergen, habe bereits das

[62] *B. Zittel,* Die Vertretung des Hl. Stuhles, S. 486. Vgl. dazu das Protokoll der Konferenz vom 3. Sept. 1919, TOP 5: „Bedrohung des Apostolischen Nuntius und andere papst- und kirchenfeindliche Begleiterscheinungen der zweiten und dritten Revolution", bei *L. Volk,* Akten Kardinal Faulhabers, S. 92 f.

[63] Nach *Faulhabers* Aufzeichnung über eine Audienz bei Benedikt XV. am 30. Dez. 1919. Ebd., S. 124.

[64] *B. Zittel,* Die Vertretung des Hl. Stuhles, S. 486.

[65] So *E. Deuerlein,* Die erste Begegnung zwischen Ebert und Pacelli, S. 159.

[66] Nach einem Bericht der „Augsburger Postzeitung" vom 14. Okt. 1919. Vgl. *B. Zittel,* Die Vertretung des Hl. Stuhles, S. 486.

vatikanische Agrément erhalten. Damit war auch die Errichtung einer Nuntiatur beim Reich gesichert, die im Juni 1920 unter Leitung von Pacelli ihre Arbeit aufnehmen konnte[67].

VII. Das Bayerische Konkordat

Mit der Überreichung seines Beglaubigungsschreibens als Nuntius in der Reichshauptstadt am 30. Juni 1920 war Pacellis Aufgabengebiet geteilt. Mit dem größeren und schwierigeren Wirkungskreis in Berlin blieb vorerst die Weiterführung der ihm vertrauten Aufgabe in München verbunden. Sie hatte seit dem Spätjahr 1919 eine neue Zielsetzung erhalten: Den Abschluß eines *Konkordats,* zu dem sich die bayerische Regierung Hoffmann bereiterklärt hatte. Daß dieser Vertrag am 29. März 1924 unterzeichnet und — nach Zustimmung des Landtags am 15. Januar des folgenden Jahres — am 24. Januar 1925 ratifiziert werden konnte, war Pacellis „ureigenstes Werk"[68] und Krönung wie Abschluß seiner Münchner Tätigkeit.

Da die Genesis des Bayerischen Konkordats bisher noch nicht erforscht ist[69], läßt sich der Anteil des Nuntius an dessen Zustandekommen nur summarisch darstellen. Bereits im Oktober 1919 — nach Inkrafttreten der neuen Verfassungen des Reiches und Bayerns — erörterte Pacelli den Inhalt einer vertraglichen Vereinbarung mit Ministerpräsident Hoffmann, dem er Ende November eine erste „Punktation" vorlegte[70]. Offiziell ließ der Nuntius jedoch erst am 27. Dezember 1919 gegenüber dem bayerischen Ministerpräsidenten erkennen, daß sich der Hl. Stuhl trotz einseitiger „Umformung" der konkordatären Beziehungen und trotz Verletzungen des Bayerischen Konkordats von 1817 zu neuen Verhandlungen bereiterkläre. Dieses Angebot nahm *Hoffmann* am 20. Januar 1920 förmlich an und erbat zunächst eine informelle Übermittlung der Wünsche des Hl. Stuhles[71].

---

[67] Dazu vgl. die aus den Akten gearbeitete, aber NS-einseitige Studie von *Josef Roth,* Zur Vorgeschichte der Berliner Nuntiatur, in: Reich und Reichsfeinde Bd. 4. Hamburg 1943, S. 215 ff.

[68] So *B. Zittel,* Die Vertretung des Hl. Stuhles, S. 489; *G. Franz-Willing,* Vatikangesandtschaft, S. 207.

[69] Vgl. bisher *Ernst Deuerlein,* Das Reichskonkordat. Düsseldorf 1956, S. 40 ff., 285 ff.; *G. Franz-Willing,* Vatikangesandtschaft, S. 181 ff. (der Deuerleins Vorarbeiten nicht zur Kenntnis genommen hat und sich fast ausschließlich auf Berichte Ritters stützt, der von den Verhandlungen weitgehend ausgeschaltet war).

[70] Gedruckt: *L. Volk,* Akten Kardinal Faulhabers, S. 116 f.

[71] *G. Franz-Willing,* Vatikangesandtschaft, S. 181 f.

Sie erfolgte schon am 4. Februar 1920 — nach Rückkehr Pacellis von einem Romaufenthalt — in Form einer inzwischen auf 19 Punkte erweiterten Vorlage[72]. Dabei wollte es der Vatikan als Zeichen besonderen Entgegenkommens verstanden wissen, daß die Verhandlungen nicht wie üblich in Rom, sondern in München geführt werden konnten[73]. Das bedeutete gleichzeitig eine Anerkennung für den Nuntius, aber natürlich auch die Möglichkeit zur etwaigen Revision seiner Verhandlungsergebnisse. Deren Ziel war es, „mehr Freiheit" als im Konkordat von 1817 für die Kirche zu erreichen[74].

Daß sich die Verhandlungen, mit deren Abschluß der Münchner Erzbischof bereits Ende 1920 gerechnet hatte, „endlos" hinzogen[75], lag keineswegs nur an der von Faulhaber kritisierten „Verschleppungstaktik" der bayerischen Regierung[76] und auch nicht nur an den Schwierigkeiten, Differenzen vor allem in der Frage der Lehrerbildungsanstalten und Schulen zu überbrücken. Seit 1921 machten sich Gegenströmungen aus Berlin bemerkbar, obwohl Reichsaußenminister *Simons* am 13. November 1920, auf Drängen des Nuntius, ausdrücklich bestätigt hatte, daß ein mit Bayern abgeschlossenes Konkordat „durch spätere Reichsgesetze nicht berührt" werde[77]. Die Regierung Wirth legte aus übergeordneten außenpolitischen Gründen Wert auf die Aufnahme von Verhandlungen zum Abschluß eines Reichskonkordats, dem auch die preußische Regierung den Vorzug vor einer bayerischen Sonderlösung gab, von der man gemeinsam zu weitgehende staatliche Zugeständnisse befürchtete.

Umgekehrt befürchteten die bayerischen Bischöfe, daß die Übersiedlung Pacellis nach Berlin noch vor Abschluß eines Bayerischen Kon-

---

[72] Ebd., S. 215 ff.; *L. Volk*, Akten Kardinal Faulhabers, S. 129 ff. *Faulhaber* interpretierte den Inhalt dieser Punktation, im Unterschied zum Nuntius, als „Mindestforderungen" und hielt deren frühzeitige Fixierung für unklug. Schreiben vom 26. Febr. 1920 an den bayerischen Episkopat. Ebd., S. 135.

[73] *Pacelli* an Hoffmann 4. Febr. 1920. *G. Franz-Willing*, Vatikangesandtschaft, S. 182, 215.

[74] So *Faulhaber* am 18. Febr. 1920 an Schioppa. *L. Volk*, Akten Kardinal Faulhabers, S. 133. Dazu vgl. *Faulhabers* Aufzeichnung vom 30. Dez. 1919 über seine Audienz bei Benedikt XV. Ebd., S. 124.

[75] So *Faulhaber* am 7. Jan. 1921 an den bayerischen Episkopat. Ebd., S. 169. Bereits am 8. Sept. 1920 hatte die Freisinger Bischofskonferenz ihren Vorsitzenden beauftragt, dem Nuntius vor seinem (bald erwarteten) Abschied nach Abschluß der Konkordatsverhandlungen Dank auszusprechen. Ebd., S. 152.

[76] So am 7. Dez. 1921 an den bayerischen Episkopat. Ebd., S. 230.

[77] Text bei *G. Franz-Willing*, Vatikangesandtschaft, S. 184.

kordats dessen Zustandekommen in Frage stellen könne. Von einem bayerischen Sondervertrag erwartete der Episkopat, die kirchlichen Rechte, insbesondere in der Schulfrage, in „relativ hohem Grade" anerkannt zu erhalten und damit „Muster und Vorbild" für ein Reichskonkordat schaffen zu können[78].

Diese Erwartung teilte auch Papst *Benedikt XV.*, der infolge dessen Pacelli vorerst weiter in München beließ, um sein dortiges Ansehen für die Lösung der „heiklen Aufgabe" des Konkordatsabschlusses zu nutzen[79]. Bei dessen Verhandlungen blieben die bayerischen Bischöfe, unbeschadet mancher unerläßlicher „Rückkoppelungen", ebenso ausgeschaltet wie der bayerische Vatikangesandte. Ritter bescheinigte seinerseits dem Nuntius, daß dieser „oft bayerischer als manche Bayern" fühle[80], ja sich sogar — nach eigener Aussage — in seinem „bayerischen Empfinden" bei den Konkordatsverhandlungen bisweilen von bayerischer Seite im Stich gelassen fühle[81].

Faulhaber, der schließlich das Zustandekommen dieses Vertrags als alleiniges Werk Pacellis[82], ja als „Jahrhundertwerk" des „geistig grandiosen" Nuntius pries[83], war zunächst mit dem Erreichten keineswegs zufrieden, erkannte jedoch mit zunehmendem zeitlichen Abstand im Konkordat eine „Großtat bayerischer Eigenstaatlichkeit"[84].

VIII. Neue Aufgaben in Berlin

Seit dem Herbst 1920 drängte die Reichsregierung den Nuntius wiederholt auf baldige Übersiedlung nach Berlin. Den vereinten Bemühungen kirchlicher und staatlicher Instanzen in Bayern gelang es jedoch, auch Benedikts XV. Nachfolger Pius XI. davon zu überzeugen, daß Pacellis Anwesenheit in München bis zum Abschluß des Bayerischen Konkordats unerläßlich sei[85]. Dem Nuntius seinerseits lag trotz der

---

78 So *Faulhaber* am 20. Aug. 1921 an Benedikt XV., den er gleichzeitig dringend bat, Pacelli noch bis zum Abschluß des Konkordats in München zu belassen. *L. Volk,* Akten Kardinal Faulhabers, S. 199 f.

79 So am 27. Aug. 1921 an Faulhaber. Ebd., S. 202.

80 Am 14. Jan. 1922 an Faulhaber. Ebd., S. 236.

81 So in einem Bericht vom 22. April 1928 unter Bezug auf eine frühere Äußerung Pacellis. *G. Franz-Willing,* Vatikangesandtschaft, S. 214.

82 In einem Schreiben vom 3. Febr. 1925 an den außerbayerischen deutschen Episkopat. *L. Volk,* Akten Kardinal Faulhabers, S. 359.

83 So am 19. Dez. 1924 an Pius XI. Ebd., S. 353.

84 So am 13. Juni 1928 an Kultusminister Goldenberger. Ebd., S. 431.

Beschwernisse immer häufigerer Reisen nach und immer längerer Aufenthalte in Berlin, wo er „jedesmal eine andere Reichsregierung vorfand“[86], keineswegs an einem raschen Wegzug aus München. Welche Wertschätzung er dort gewonnen hatte, wurde im Sommer 1925 deutlich, als nach Abschluß des Bayerischen Konkordats die Stunde des Umzugs in die Reichshauptstadt gekommen war.

Am 14. Juli 1925 verabschiedete sich Pacelli im Festsaal des Odeon in München mit „bewegtem Herzen“ vom bayerischen Volk, in dessen Mitte er „eine zweite Heimat“ gefunden habe[87]. Der Nuntius registrierte mit „Freude und Genugtuung“, daß er am „Bau des katholischen Bayern der Nachkriegszeit“ habe mitarbeiten können[88]. Die Staatsregierung schenkte dem scheidenden Diplomaten eine verkleinerte Nachbildung der Mariensäule, während ihm die Reichsregierung 2000 RM für die Kosten eines Salonwagens und den Transport einer „größeren Anzahl wichtiger Geheimakten“ von München nach Berlin zur Verfügung stellte[89].

In der Reichshauptstadt fand Pacelli offene Türen. Als *Doyen des Diplomatischen Korps*[90] vermochte sich der Nuntius, der in der Rauchstraße 21 (Berlin W 10) residierte, innerhalb kürzester Frist eine herausragende Stellung zu verschaffen und in der Bevölkerung Achtung und Verehrung zu erwerben[91]. Sie wiederum erlaubten und erleich-

---

[85] Am 13. Mai 1922 schrieb der Vatikanreferent des Auswärtigen Amtes, *Delbrück*, an Vatikanbotschafter v. Bergen, Kaas habe („anscheinend mit Wissen des Nuntius“) mitgeteilt, daß es die Gegner Pacellis in Rom als „Mißerfolg“ gegen den Nuntius ausnützen würden, wenn er München verließe, ohne das Bayerische Konkordat abgeschlossen zu haben: „Er befürchtet, daß seine diplomatische Karriere dann ernstlich gefährdet werde.“ *Dieter Golombek*, Die politische Vorgeschichte des Preußenkonkordats (1929). Mainz 1970, S. 12 Anm. 27.

[86] So *Pius XI.* zu Faulhaber am 8. Dez. 1923. *L. Volk*, Akten Kardinal Faulhabers, S. 323. Bei seinen Reisen nach Berlin bediente sich der Nuntius wiederholt der „diskreten Assistenz“ des Münchner Predigers am Liebfrauendom Konrad Graf v. Preysing. Vgl. *Ludwig Volk*, Preysing, in: Zeitgeschichte in Lebensbildern, Bd. 2, hrsg. von *Rudolf Morsey*. Mainz 1975, S. 91.

[87] *E. Pacelli*, Reden, S. 47 ff. („Abschied von Bayern“).

[88] Auf ein Glückwunschschreiben des bayerischen Ministerpräsidenten *Held* nach Pacellis Ernennung zum Kardinalstaatssekretär am 20. Febr. 1930. *G. Franz-Willing*, Vatikangesandtschaft, S. 143.

[89] Vgl. *B. Zittel*, Die Vertretung des Hl. Stuhles, S. 491; *E. Ruppel*, Pacelli, S. 315.

[90] Dazu vgl. *Sebastian Schröcker*, Der Nuntius als Doyen des Diplomatischen Korps, in: Reich und Reichsfeinde 4, S. 241 f.

terten ihm jene notwendigen „moralischen Eroberungen", mit deren Hilfe anfänglich starke Widerstände gegen eine Nuntiatur in Berlin überwunden werden konnten[92]. Vereinzelt steht eine frühere Äußerung des Vatikanreferenten im Auswärtigen Amt, Richard Delbrück, vom 18. September 1920, nach einem Gespräch mit dem Nuntius: Pacelli scheine nur wenig Gefühl für das zu haben, „was in Deutschland möglich ist" und verhandle, „als hätte er es mit Italienern zu tun"[93].

Am 21. Juli 1920 berichtete der preußische Gesandte in München, *Graf Zech,* daß ihn der Nuntius nach Rückkehr aus Berlin auch über Gespräche mit dem britischen Botschafter informiert habe und kommentierte: „Bei der großen Loyalität und Sympathie des Nuntius für Deutschland bin ich fest davon überzeugt, daß er sich Mühe gegeben hat, den Engländer für uns zu beeinflussen." Er, Zech, zweifle nicht daran, daß es Pacelli „mit der Zeit" gelingen werde, Einfluß auf das Diplomatische Korps in Berlin zu gewinnen und diesen Einfluß zugunsten Deutschlands zu verwenden[94].

Das gelang in der Tat. Der Nuntius zählte nicht nur zu den „bestinformierten Leuten" in Berlin — wie der britische Botschafter *Lord d'Abernon* am 7. November 1920 notierte („sehr jung und intelligent")[95] —, sondern wirkte im Sinne der päpstlichen Zielsetzung aktiv mit, die vielfachen Wunden des Krieges zu heilen. Das geschah nicht nur durch Verteilung karitativer Hilfssendungen, sondern auch durch diplomatische Unterstützung der Politik des Reiches, soweit sie darauf

---

[91] Vgl. *O. Geßler:* Die „hervorragendste Erscheinung im Berliner Diplomatischen Korps". Reichswehrpolitik, S. 417. Nach *H. Pünder* hat Pacelli „weit" über seine formale Stellung als Doyen hinaus ein „großes Maß von Autorität auf alle Schichten und Grade des offiziellen Berlin" ausgestrahlt. Von Preußen nach Europa, S. 120. Ferner *Rudolf Amelunxen:* „Auf den glanzvollen Empfängen, die er [Pacelli] in seiner Nuntiatur [...] gab, überragte er an Körperwuchs alle seine Gäste. Ein in der Welt herumgekommener Botschafter verglich sein Aussehen mit dem Habitus eines Papstes des napoleonischen Zeitalters." Ehrenmänner und Hexenmeister. München 1960, S. 84.

[92] So *L. Kaas* in seiner Einleitung zu *E. Pacelli,* Reden, S. 20 f.

[93] Vgl. *Rudolf Morsey,* Zur Vorgeschichte des Reichskonkordats aus den Jahren 1920 und 1921, in: Zeitschrift der Savigny-Stiftung für Rechtsgeschichte 75, Kanon. Abt. 44, 1958, S. 248.

[94] Abschrift im Besitz des Verf.

[95] Ein Botschafter der Zeitwende. Memoiren, Bd. 1. Leipzig o. J., S. 105. Einige Monate vorher (6. Juli 1920) hatte *Ludwig v. Pastor* notiert, der Nuntius zähle zu den „fähigsten Köpfen der päpstlichen Diplomatie" und habe seine Kenntnis der deutschen Verhältnisse seit 1917 wesentlich vertieft. Tagebücher, S. 689.

abzielte, über den Friedensvertrag von 1919 hinausgehende Ansprüche der ehemaligen Kriegsgegner abzuwehren und Härten dieses Friedens zu mildern.

Dazu gehörte auch die (erfolgreiche) Abwehr französischer Bestrebungen nach einer kirchlichen Loslösung des Saargebiets durch Gründung eines Saarbistums sowie die Zustimmung zur Gründung des Grenzbistums Meißen (1921)[96]; dazu zählte die Ernennung eines päpstlichen Administrators für den Freistaat Danzig und der Einsatz zugunsten ausgewiesener Geistlicher aus den an Polen abgetretenen Gebieten. Kardinalstaatssekretär Gasparri und Pacelli waren durch eine geradezu „betonte Sorge um die Erhaltung der Einheit" des Reiches bestimmt[97]. Immer wieder warnten sie vor der Gefahr revolutionärer Veränderungen. Wiederholt setzte sich der Nuntius zugunsten des Reiches in der Frage der Reparationsleistungen ein.

Auf dem Höhepunkt des Ruhrkampfes betätigte sich die päpstliche Diplomatie auf Wunsch der Regierung als Vermittler in der *Reparationsfrage*[98], auch wenn Pacelli — nach einem Bericht des französischen Botschafters in Berlin, de Margerie — erschüttert war über den „Mangel an Wirklichkeitssinn" bei Reichskanzler Cuno und einigen Reichsministern, die akzeptable Gegenvorschläge vermissen ließen[99]. Anfang Juli 1923 kam es zu einem der wenigen Konflikte zwischen Kurie und Reichsregierung, nachdem Pius XI. Sabotagemaßnahmen gegen die Besatzungsmächte im Ruhrgebiet verurteilt hatte. Die auch in der Presse heftig erörterten Auseinandersetzungen konnten durch Gespräche zwischen Reichskanzler Cuno und Pacelli am 4. und 5. Juli 1923 beigelegt werden[100] und führten zur Entsendung eines eigenen päpstlichen Vertreters (Msgr. Testa) in das besetzte Gebiet, wo er vermittelnd zugunsten der drangsalierten Bevölkerung eingreifen konnte.

Mitte November 1923 kritisierte Pacelli die Entscheidung der Reichsregierung, „gerade im gegenwärtigen, für Deutschland eminent gefährlichen Augenblick" die Rückkehr des Kronprinzen nach Deutschland zu erlauben. Dadurch werde der gute Eindruck, den die rasche Nieder-

---

96 Dazu vgl. *E. Ruppel*, Pacelli, S. 305.

97 *Karl Schwend*, Bayern zwischen Monarchie und Diktatur. München 1954, S. 259 f.

98 Vgl. *Akten der Reichskanzlei*. Das Kabinett Cuno, bearb. von *Karl-Heinz Harbeck*. Boppard 1968, S. 544 f.

99 Vgl. *Ludwig Zimmermann*, Frankreichs Ruhrpolitik von Versailles bis zum Dawesplan, hrsg. von *Walther Peter Fuchs*. Göttingen 1971, S. 179.

100 Akten der Reichskanzlei, S. 631 ff.

schlagung des Münchner *Hitler-Putsches* im Ausland hervorgerufen habe, wieder aufgehoben und Frankreich ein neuer Grund zum Vorgehen gegen Deutschland gegeben[101]. In diesem Zusammenhang sei vermerkt, daß der Nuntius — der während des Hitler-Putsches in München weilte — die Kurie nicht sofort telegraphisch über dieses Ereignis informiert hat[102] und sich deswegen offensichtlich einen Tadel des Kardinalstaatssekretärs zuzog, der dieses Ereignis mit Besorgnis registriert hatte. Jedenfalls hielt es Kardinal Faulhaber für notwendig, Gasparri bei einer Audienz am 7. Dezember 1923 den Grund für das Schweigen des Nuntius am 9. November zu erklären: Pacelli sei deswegen nicht sofort zur telegraphischen Berichterstattung gekommen, weil er in jener Nacht „am Konkordat durchgearbeitet hatte"[103].

Zu den heikelsten Aufträgen für Pacelli dürfte seine Einschaltung in die *Rußlandmission* gehört haben, mit der Benedikt XV. und Pius XI. an karitative Hilfsmaßnahmen des Vatikans für die hungernde Bevölkerung, vermittelt durch die Tätigkeit eines Päpstlichen Hilfswerks, anknüpften. Nach Abschluß eines Geheimabkommens zwischen dem Vatikan und der Sowjetunion am 12. März 1922[104] kam es zu weiteren Verhandlungen zwischen dem Hl. Stuhl und der sowjetischen Regierung, um in deren Einflußbereich eine Einstellung der blutigen Kirchenverfolgung sowie die Gewährung von Religions- und Gewissensfreiheit zu erreichen. Im Zeichen der damit dem Nuntius in Berlin übertragenen neuen Aufgabe trat 1924 P. Eduard Gehrmann SVD, der bisherige Leiter des Päpstlichen Hilfswerks in Rußland, auf Bitten Pacellis in dessen Dienst. In den mehrjährigen Verhandlungen zwischen Rom und Moskau übernahm der Nuntius eine Vermittlerrolle. Er traf zwischen 1925 und 1927 mehrfach mit dem sowjetischen Botschafter in Berlin sowie insgesamt dreimal auch mit dem sowjetischen Außenminister Tschitscherin zusammen[105]. Infolge der sich verschärfenden Christenverfolgung in der Sowjetunion kam es jedoch zu keiner Verständigung.

---

[101] Nach einem Bericht des Reichsvertreters in München, *v. Haniel,* vom 16. Nov. 1923. Vgl. *E. Ruppel,* Pacelli, S. 311.

[102] Dazu vgl. den Bericht *Ritters* vom 9. Nov. 1923 aus Rom. Gedruckt bei *Ernst Deuerlein,* Der Hitler-Putsch. Stuttgart 1962, S. 318.

[103] Nach einer Aufzeichnung *Faulhabers* vom 7. Dez. 1923. Vgl. *L. Volk,* Akten Kardinal Faulhabers, S. 321.

[104] Vgl. *H. Stehle,* Ostpolitik, S. 38 f. Für den Gesamtzusammenhang ferner *Josef Schmidlin,* Papstgeschichte der neuesten Zeit. Bd. 4. München 1939, S. 175 ff.

[105] *H. Stehle,* Ostpolitik, S. 94, 132. Vgl. ferner Abschnitt XII.

IX. Ansätze zu einem Reichskonkordat und Abschluß des Preußenkonkordats

Äußere Höhepunkte der Nuntiaturtätigkeit bildeten 1924 der Abschluß des Bayerischen und 1929 der des Preußischen Konkordats. Hingegen ist es Pacelli trotz wiederholter Ansätze, die bis zur Vorlage von Entwürfen beider Seiten gediehen waren, nicht gelungen, auch ein Reichskonkordat zu erreichen und zu einer vertraglichen Neuregelung des Staat-Kirche-Verhältnisses in Württemberg zu gelangen[106].

Konkordatsverhandlungen mit der badischen Regierung, auf deren Aufnahme der Nuntius seit Jahren gedrängt hatte[107], begannen im November 1929, wenige Wochen vor Pacellis Rückberufung nach Rom; sie wurden 1932 abgeschlossen. Nachdem die bayerische Regierung Hoffmann noch im Herbst 1919 ihre Bereitschaft zu Verhandlungen über den Abschluß eines Vertrags mit der Kurie bekundet hatte, suchte der Nuntius mit den Regierungen des Reiches und Preußens ins Gespräch zu kommen. Pacelli ließ bereits bei seinem ersten Besuch in Berlin nach Kriegsende, am 29./30. Dezember 1919[108], die Absicht der Kurie erkennen, über den Abschluß von Konkordaten zu verhandeln. Während sich Preußen zunächst äußerst reserviert verhielt — und dessen protestantisch-gouvernementale Kultusbürokratie weiterhin einem Vertragsabschluß opponierte —, zeigte sich die Reichsregierung an einer völkerrechtlichen Regelung interessiert.

Bei der Überreichung seines Beglaubigungsschreibens als erster Nuntius beim Reich bezeichnete es *Pacelli* am 30. Juni 1920 in Berlin gegenüber Reichspräsident Ebert als seine Hauptaufgabe, mit den „zuständigen Autoritäten“ die Beziehungen zwischen Staat und Kirche in Deutschland neu zu regeln. Die zustimmende Antwort *Eberts* öffnete den Weg für die Möglichkeit zur Aufnahme entsprechender Verhandlungen. Dafür hatte Pacelli bereits, auf der Grundlage von Vorarbeiten der Fuldaer Bischofskonferenz, einen Textentwurf fertiggestellt. Er legte ihn jedoch noch nicht vor, um zunächst den Abschluß des Konkor-

---

[106] Vgl. *August Hagen,* Geschichte der Diözese Rottenburg. Bd. 3. Stuttgart 1960, S. 49 f.

[107] Vgl. *Ernst Föhr,* Geschichte des Badischen Konkordats. Freiburg 1958, S. 10 ff.

[108] Zwanzig Jahre später spielte *Pius XII.* — am 9. März 1939, in einem Gespräch mit den deutschen Kardinälen im Vatikan — auf diese Verhandlungen an und erinnerte sich, daß dabei „auf der anderen Seite 20 Herren“ beteiligt gewesen seien: „Wir haben uns schließlich dann doch verstanden.“ *B. Schneider,* Briefe Pius XII., S. 339.

dats mit Bayern zu erreichen, von dem ein für die Kirche „eher günstiges“ Ergebnis erwartet werden konnte, das dann seinerseits als „Präzedenzfall“ auch für den Abschluß weiterer Länderkonkordate dienen sollte, wie der Nuntius am 30. Juni 1920 Kardinal Bertram schrieb[109].

Das Interesse des Auswärtigen Amtes am Abschluß eines Reichskonkordats war groß. Ein solcher Vertrag sollte ebenso als Klammer für die im Osten und Westen gefährdete Einheit des Reiches und als Ansatzpunkt für eine selbständige Reichskulturpolitik dienen wie als Schutz vor den Folgen der französischen und belgischen Kirchenpolitik (Gefahr eines Saarbistums und der kirchlichen Ausgliederung Eupen-Malmedys), ferner als Hebel zur Überwindung der diplomatischen Isolierung des Reiches wie als Hilfestellung zugunsten der auslandsdeutschen Minderheiten. 1922 kam es zur Ausarbeitung von Regierungsentwürfen, nachdem Pacelli bereits im November 1921 auf Bitten von Reichskanzler Wirth eine entsprechende Punktation vorgelegt hatte, nicht jedoch zu deren gegenseitiger Behandlung.

Infolgedessen wandte sich Pacelli der Fertigstellung des „Musterkonkordats“ mit Bayern zu. Nach dessen Abschluß im Herbst 1924 drängte er erneut die Reichsregierung zur Aufnahme von Konkordatsverhandlungen. Sie kamen jedoch weder zu diesem Zeitpunkt noch zwei Jahre später — aus Gründen, die hier außer Betracht bleiben müssen und auch mit dem Nichtzustandekommen eines Reichsschulgesetzes zusammenhingen — über die Ausarbeitung neuer Regierungsentwürfe hinaus. (Diese dienten 1933 als Grundlage für die in Rom geführten und abgeschlossenen Verhandlungen).

Nach seiner Übersiedlung nach Berlin 1925 konzentrierte sich Pacelli, der auch als Nuntius für *Preußen* beglaubigt wurde, in Fortsetzung seiner „zweipoligen Konkordatspolitik“ (L. Volk) auf den Abschluß eines Ländervertrags mit Preußen. Dessen Regierung hatte inzwischen Interesse für ein eigenes Abkommen bekundet, nicht zuletzt deswegen, um dadurch eine reichseinheitliche Regelung zu verhindern[110].

Die Verhandlungen begannen Ende März 1926 und erwiesen sich als ebenso langwierig wie schwierig. Mehrfach bediente sich der Nuntius

---

[109] *L. Volk*, Reichskonkordat, S. 6. — Die Ansprachen *Pacellis* und *Eberts* bei *E. Deuerlein*, Reichskonkordat, S. 12 f.

[110] Vgl. *L. Volk*, Reichskonkordat, S. 37; *D. Golombek*, Preußenkonkordat, S. 14. Eine umfassende (und dokumentierte) Geschichte dieses Konkordats ist ein Desiderat. Wenig ergiebig ist das Kapitel „Das Konkordat“ bei *Erich Wende*, C. H. Becker. Stuttgart 1959, S. 268 ff.

auch deutscher Mittelsmänner, um die gegenüber München wesentlich kompliziertere Situation in Berlin im vatikanischen Staatssekretariat — wo er „intransigente Gegner" besaß, denen seine Kompromißbereitschaft zu weit zu gehen schien[111] — verdeutlichen zu lassen[112]. Gemessen an den im Bayerischen Konkordat erreichten kirchlichen Zielsetzungen mußte Pacelli im „Vertrag" („Solenne Convenzione") vom 14. Juni 1929 mit dem zu zwei Dritteln protestantischen und sozialdemokratisch geführten Preußen erheblich zurückstecken. So gelang es vor allem nicht, die Schulfrage, obwohl zunächst das „punctum saliens" der kurialen Forderungen, in den Text aufzunehmen und das Bischofswahlrecht der Domkapitel zu beschneiden.

Andrerseits erreichte der päpstliche Unterhändler als Ergebnis der Verhandlungen, deren mehrfach drohenden Abbruch er nur durch Gespräche mit Ministerpräsident Braun (SPD) verhindern konnte[113], den Abschluß eines (vollen) Konkordats, unbeschadet der Benennung als „Vertrag". Das bedeutete weit mehr als eine von der Regierung ursprünglich offerierte Anpassung der Zirkumskriptionsbullen der zwanziger Jahre des 19. Jahrhunderts an die neuen Grenz- und Bevölkerungsverhältnisse und eine Neuregelung der Bistumsdotationen. Die Tatsache, daß die katholische Kirche in Preußen damit in „gesteigerter Freiheit" der Zukunft entgegensehen konnte — wie es *Kaas* kurz nach Abschluß des Konkordats formulierte[114] —, war nicht zuletzt das Verdienst Pacellis. Die Erreichung dieses Zieles stellte einen denkbar befriedigenden Abschluß seiner Mission in Deutschland dar. Ihretwegen war sogar die seit langem vorgesehene Rückberufung nach Rom und die Ernennung des Nuntius zum Kardinal zurückgestellt worden.

In seinem Dank vom 13. Juli 1929 auf den Glückwunsch von Exkanzler Wilhelm Marx zum Abschluß des Preußenkonkordats ließ Pacelli noch einmal das Ziel erkennen, das er mit diesem Vertrag verfolgt habe: Die Schaffung „gesicherter, ruhiger und friedlicher Beziehungen zwischen Kirche und Staat", um auf diese Weise an der „Freilegung der katholischen Kräfte zum Besten Ihres Volkes und Vater-

111 Nach einem Bericht v. *Ritters* vom 16. Sept. 1929. Bayerisches Hauptstaatsarchiv München, Geheimes Staatsarchiv, Päpstl. Stuhl 1014 (künftig zitiert: BGStAM II).

112 Vgl. das Telegramm *Stresemanns* vom 24. Mai 1927 an Vatikanbotschafter v. Bergen. *Akten zur deutschen auswärtigen Politik 1918 - 1945.* Serie B, Bd. 5. Göttingen 1971, S. 398 f.

113 Vgl. *O. Braun,* Von Weimar zu Hitler, S. 278.

114 In seiner Einleitung zu *E. Pacelli,* Reden, S. 20.

landes“ mitwirken zu können[115]. Der Nuntius reihte das Preußenkonkordat angesichts der dabei zu überwindenden Schwierigkeiten in die Reihe derjenigen Vertragswerke ein, die sich nicht selten gerade deswegen als die „lebensfähigsten und fruchtbarsten“ erwiesen[116].

Im Zusammenhang mit der Konkordatsproblematik verdient die Art und Weise Beachtung, in der Pacelli die Frage der *Militärseelsorge* behandelt hat, weil sie ein Schulbeispiel für die diplomatische Taktik des Nuntius bildet. Die Reichsregierung drängte auf exemte Militärseelsorge (unter einem Feldpropst im Bischofsrang), über deren Modalitäten der deutsche Episkopat zu Verhandlungen bereit war. Verschiedene Entwürfe zu einer Kompromißlösung scheiterten jedoch am Widerspruch des Nuntius. Er hatte die Gestaltung der Militärseelsorge bereits als „feste Größe“ in die von ihm verfolgte Konkordatspolitik eingesetzt und suchte das starke Interesse der Reichsregierung an einer Lösung dieser Frage dazu zu nutzen, seinerseits den Konkordatswillen der Reichsregierung „zu stimulieren“[117]. Infolge dieser Taktik Pacellis blieb die Militärseelsorge ungeregelt. Sie bildete auch für den Kardinalstaatssekretär nach 1930 weiterhin einen Trumpf, um den Abschluß eines Reichskonkordats zu erreichen.

X. Auf Katholikentagen

Einen guten Teil seiner Popularität gewann Pacelli durch seine Teilnahme an den Katholikentagen, bei denen er ständiger und prominentester Gast war: 1921 in Frankfurt a. M., 1922 in München, 1924 in Hannover, 1925 in Stuttgart, 1926 in Breslau, 1927 in Dortmund, 1928 in Magdeburg und 1929 in Freiburg. In der Atmosphäre dieser Generalversammlungen der deutschen Katholiken fühlte sich der Nuntius besonders wohl und begeisterte die Massen mit seinen „gedankentiefen, von apostolischem Eifer durchglühten“ Begrüßungsansprachen (L. Kaas)[118] ebenso wie durch seine formvollendete Beherrschung der deutschen Sprache[119].

---

[115] *H. Stehkämper*, Der Nachlaß Wilhelm Marx, Teil 2, S. 357. Am 31. Juli 1927 hatte *Pacelli* im Missionshaus Steyl davon gesprochen, daß er zur Zeit in der Vorbereitung eines Preußenkonkordats „mitten in Arbeiten“ stehe, von deren „Durchführung vielleicht nicht wenig für das religiöse Wohl“ Deutschlands abhängen werde. *E. Pacelli*, Reden, S. 101.

[116] Bei seiner Ansprache nach der Ratifikation am 13. Aug. 1929. *E. Pacelli*, Reden, S. 171.

[117] So *L. Volk*, Reichskonkordat, S. 45.

[118] In der Einleitung zu *E. Pacelli*, Reden, S. 22.

Beim ersten Katholikentag nach dem Kriege 1921 rühmte der Nuntius die Geschichte dieser Veranstaltungen als eine Geschichte rastloser und erfolgreicher Organisationsarbeit. Er lobte ebenso die darin zum Ausdruck kommende „Zusammenarbeit aller Schichten“ wie ihre Unterordnung unter die „Oberleitung des Episkopats“ als vorbildlich für andere Länder[120]. Damit war ein Grundakkord angeschlagen, den Pacelli bis 1929 hin — und nicht nur auf den Katholikentagen — immer wieder aufgriff, ergänzt um den Hinweis auf die ebenfalls bereits in Frankfurt gerühmte Treue der deutschen Katholiken zum Papsttum und auf die Notwendigkeit des Friedens im äußeren wie inneren Zusammenleben der Völker, auch als Voraussetzung für das „Wiedererstehen“ des deutschen Volkes[121].

Die in Frankfurt noch anklingenden aktuellen Bezüge auf die Notwendigkeit konkordatärer Neuregelungen des Staat-Kirche-Verhältnisses rückten in der Folge in den Hintergrund. Statt dessen variierte der Nuntius die Interpretation des Sinns der Katholikentage als eine Art „,Exercitia spiritualia‘ der ,Germania catholica‘“, wie er 1925 in Stuttgart formulierte[122]. Zwei Jahre später in Dortmund rückte Pacelli die Lösung der *sozialen Frage* im Sinne Kettelers in den Mittelpunkt, die nur auf dem Boden des Christentums gelingen werde[123]. Wenn Pacelli bei dieser Gelegenheit formulierte: „Katholische Sozialpolitik ist nur möglich im Rahmen ziel- und wegbewußter katholischer Kulturpolitik“, und gleichzeitig die deutschen Katholiken (mit Kettelers „zweitem Ruf“) zur Einigkeit aufrief, so zielte er mit dieser Wendung, wenn auch behutsam, auf die zunehmend gefährdete politische Einigkeit und die damit heraufziehende Gefahr schwindenden Einflusses im politischen Leben.

---

119 Als Beispiel seiner Formulierungskraft zwei Sätze aus der Ansprache in Dortmund 1927: „Als ich dann [von Trier kommend] hier im Lande der ,Roten Erde‘ den Fuß auf den Boden setzte, da war das Bild ein anderes. Da rauchten die Essen, da ratterten die Zechen, da glühten die Hochöfen, da brandete mir von allen Seiten das donnernde Lied der Maschinen und Eisenhämmer entgegen.“ Ebd., S. 113.

120 Ebd., S. 35 ff.

121 1922 sprach *Pacelli* von der „religiös-sittlichen Wiedergeburt“ des Volkes, an der die deutschen Katholiken „trotz allen Jammers mit ungebrochenem Mut“ arbeiteten. *Die Reden ... der 62. Generalversammlung ... zu München 27. - 30. August 1922.* Würzburg 1923, S. 11.

122 *E. Pacelli,* Reden, S. 51 ff.

123 Ebd., S. 114 f.

Auf der nächstjährigen Magdeburger Veranstaltung nutzte Pacelli seine Ansprache zu einem Dank an die Diasporakatholiken und zu einem eindringlichen Appell zugunsten der von Pius XI. schon seit Jahren geforderten, aber in Deutschland bisher nicht rezipierten *Katholischen Aktion*[124]. In diesem Falle erlebte der Nuntius jedoch einen der wenigen bisher bekannten Fehlschläge im innerkirchlichen Bereich: Sein Aufruf blieb angesichts der vielfältigen und traditionellen Ausformungen des politischen wie des Verbandskatholizismus in Deutschland ohne Folgen. Die Zielsetzungen der Katholischen Aktion stießen von vornherein ins Leere[125], wie es im übrigen auch die deutschen Bischöfe von Anfang an erkannt hatten[126].

Pacellis Ansprache auf dem Freiburger Katholikentag 1929 war seine letzte (und gleichzeitig längste) auf einer Generalversammlung der deutschen Katholiken, bereits überschattet von seinem bevorstehenden Abschied. Der Nuntius zog gleichsam eine Bilanz seiner Mitwirkung am „Bau des katholischen Deutschlands“. Als deren Ergebnis bezeichnete er die erreichten (konkordatären) Vereinbarungen und deren Frucht, einen „gesicherten, in seinen Grundlagen klar umgrenzten Friedens- und Vertrauenszustand“, aus dem sich eine „bewußte, freudige Bejahung“ des Staates durch die Katholiken ergebe[127].

Seinen Appell zum Dienst an Volk und Staat verband der Nuntius mit einem Aufruf zu christlichem Familienleben und zur Überwindung der politischen wie sozialen Spannungen. In diesem Zusammenhang gebrauchte er die Formel „von den Auseinandersetzungen zwischen den Klassen zur einträchtigen Zusammenarbeit der Stände“, die zum „Kernstück“ der Enzyklika *Quadragesimo anno* von 1931 werden sollte[128]. Als Vermächtnis Pacellis kann man seinen in Freiburg ausge-

---

124 Ebd., S. 137 ff. Weitere Materialien: *H. Stehkämper,* Nachlaß Wilhelm Marx, Teil 2, S. 363 ff.; *A. Hagen,* Diözese Rottenburg, Bd. 3, S. 247 ff.

125 Vgl. *Pacellis* Briefwechsel mit *Faulhaber* vom Okt./Nov. 1928. *L. Volk,* Akten Kardinal Faulhabers, S. 456 ff.

126 Vgl. *Faulhabers* Schreiben vom 20. März und 1. Okt. 1928 an Fürst Löwenstein sowie *Bertrams* Schreiben vom 12. Jan. 1929 an Faulhaber. Ebd., S. 425 f., 455, 465 f.

127 *E. Pacelli,* Reden, S. 175 ff. *L. Kaas* bewertete diese Rede in Fortsetzung der Pacelli-Ansprachen auf den Katholikentagen von 1927 und 1928 als „großzügiges, in die Zukunft vorstoßendes Programm für die Kulturarbeit der deutschen Katholiken“. Ebd., S. 175.

128 So *Oswald v. Nell-Breuning,* der darauf hinweist, daß diese Formel von Gustav Gundlach geprägt oder zumindest inspiriert worden sei. Wie sozial ist die Kirche? Düsseldorf 1972, S. 110, 121, 133. Dazu vgl. *Johannes Schwarte,* Gustav Gundlach. Paderborn 1975, S. 41 (über die sich in Berlin entwickelnde

Eugenio Kardinal Pacelli mit Pietro Kardinal Gasparri und dem damaligen Erzbischof und späteren Kardinal Giuseppe Pizzardo.

sprochenen „doppelten Wunsch“ für das deutsche Volk auffassen: Nach Einigkeit im staatlichen wie sozialen Leben und nach „katholischer Tat“, um damit zugleich der Völkergemeinschaft zu helfen[129].

Als regelmäßiger Gast nahm der Nuntius auch an den „Märkischen Katholikentagen“ der Berliner Glaubensbrüder teil. Hier variierte er vor allem die Problematik des Diasporakatholizismus in seiner großstädtischen Ausprägung in einer „Welt materieller Hochkultur und unaufhörlicher Erzeugung immer neuer Diesseitswerte“ (so 1926)[130].

XI. Verhältnis zum politischen Katholizismus

Während seiner römischen Studienzeit war Pacelli von Franz Xaver Kraus, dem Vorkämpfer eines liberal-gouvernementalen Katholizismus („Staatskatholik“), mit „scharfen Worten“ vor der Deutschen Zentrumspartei gewarnt worden. *Robert Leiber,* dem wir diese Information verdanken, hat deren Wirkung rückblickend folgendermaßen beurteilt: „Die Warnung sollte glücklicherweise nicht fruchten[131].“ Vermutlich gehörte der päpstliche Diplomat im Sinne der kurialen Linie ursprünglich (und nicht erst nach Einführung des Codex iuris canonici) zu den Verfechtern einer „Entklerikalisierung“ innerhalb des politischen Katholizismus[132]. Als Nuntius hat Pacelli dann jedoch dessen Bedeutung in und für Deutschland erkannt und — soweit bisher zu übersehen ist — positiv gewürdigt.

Freundschaft Leiber - Gundlach). Allerdings ist zu beachten, daß *Pacelli* bereits 1921 in Frankfurt a. M. von der Sehnsucht der Welt nach dem Frieden gesprochen hatte, speziell nach dem „sozialen Frieden unter den verschiedenen Klassen und Ständen, an Stelle der unchristlichen und unmenschlichen Irrlehre von ‚Klassenkampf‘, der [...] nicht wieder aufbauen kann“. s. Anm. 120. Ferner hatte der Nuntius am 12. Aug. 1928 auf dem 26. Märkischen Katholikentag in Berlin-Lichtenberg erklärt: „An die Stelle des Geistes individualistischer Wirtschaftsauffassung muß die katholische Kirche den christlichen Genossenschaftsgeist setzen.“ *E. Pacelli,* Reden, S. 134 f.

129 Ebd., S. 175 ff.

130 Ebd., S. 74. Dazu vgl. *Karl Hoeber,* Dr. Carl Sonnenschein. Berlin 1930, S. 145 f.

131 Pius XII. †, in: Stimmen der Zeit 84, 1958/59, S. 83.

132 In einem Bericht des bayerischen Vatikangesandten *Ritter* vom 19. Febr. 1914 an Hertling ist folgende Äußerung *Pacellis* (anläßlich des Falles Wacker) überliefert: Er, Pacelli, begreife, „daß eine konfessionelle katholische Partei den Bischöfen in Deutschland nach Umständen Schwierigkeiten bereiten könnte und daß eine solche daher auch vom rein kirchlichen Standpunkte vielleicht nicht unbedingt das anzustrebende Ideal wäre.“ BGStAM II, MA I/929.

Zu den ersten Politikern des Zentrums, die Pacelli in München und Berlin kennenlernte und deren Hilfe er wiederholt in Anspruch nahm, gehörten Hertling und Erzberger, seit 1920 vor allem Marx und Kaas. Es gibt kein Zeugnis für den Versuch einer wie immer gearteten „Fernsteuerung" des im Zentrum und in der Bayerischen Volkspartei organisierten politischen Katholizismus durch Vatikan oder Nuntius. Hingegen ist belegt, daß die Kurie in der politischen Zusammenarbeit durch Teilnahme des Zentrums an Koalitionsregierungen mit dem damals noch weithin anti- und/oder akirchlichen Sozialismus Gefahren für eine weltanschauliche Beeinflussung der deutschen Katholiken erblickte. Eine entsprechende Einschätzung der SPD-Haltung war angesichts der sozialistischen Kulturkampfpolitik in den ersten Wochen und Monaten nach der Revolution von 1918 in verschiedenen Teilen des Reiches zunächst berechtigt, wenig später aber nicht mehr begründet.

Daß Pacelli den kirchen- und kulturpolitischen Kurs der Zentrums- und BVP-Politik aufmerksam verfolgte, wurde bereits im Februar 1919 deutlich, als er Erzberger um eine Erläuterung der Gründe für den Eintritt des Zentrums in die erste Reichsregierung Scheidemann bat[133]. Am 10. Juni 1919 meldete der Nuntius bei Kardinal Faulhaber Bedenken dagegen an, daß die Bayerische Volkspartei beim Abschluß der Regierungskoalition mit der SPD zu weitgehende kulturpolitische Zugeständnisse gemacht habe, die auch dem Bayerischen Konkordat von 1817 widersprächen[134]. Am 1. Februar 1920 bedauerte Pacelli die Trennung der BVP vom Zentrum[135].

Auch nach 1920, seitdem der Trierer Zentrumsabgeordnete Ludwig Kaas als ständiger kanonistischer Berater Pacellis tätig war, verblieb im Vatikan eine spürbare Distanz gegenüber dem politischen Katholizismus in Deutschland — deren Gründe hier außer Betracht bleiben müssen. Seit seinem ersten Besuch bei Pius XI. 1925 hat der Zentrumsvorsitzende, mehrfache Reichskanzler (1923/25, 1926/28) und Vorsitzende der Katholischen Schulorganisation, *Wilhelm Marx,* regelmäßig den Vatikan über den Stand des „zeitbedingten Zusammenwirkens" des Zentrums mit der SPD informiert. Dabei spielte das bereits erwähnte Nichtzustandekommen eines Reichsschulgesetzes eine Rolle[136],

---

[133] Vgl. *Klaus Epstein,* Matthias Erzberger. Berlin 1962, S. 328 f.; *Rudolf Morsey,* Die Deutsche Zentrumspartei 1917 - 1923. Düsseldorf 1966, S. 174 f.

[134] *L. Volk,* Akten Kardinal Faulhabers, S. 74 f.

[135] Vgl. den Bericht des Berliner Geschäftsträgers in München, *Graf Zech,* bei *R. Morsey,* Zentrumspartei 1917 - 1923, S. 281 Anm. 11.

das seit 1919 erstrebt wurde und dessen Verabschiedung wiederum Verhandlungen über ein Reichskonkordat erleichtern mußte. Pacelli scheint Bestrebungen von Kaas unterstützt (oder zumindest begrüßt) zu haben, zwischen dem Zentrum und der BVP einen engeren Zusammenschluß herbeizuführen[137].

Ende 1925 befürchtete Marx, daß *Pius XI.* zum Abschluß des „Heiligen Jahres" in einer Enzyklika auch auf deutsche Verhältnisse eingehen und eine politische Zusammenarbeit mit der Sozialdemokratie untersagen werde. Daraufhin warnte er die Kurie sowohl auf dem Wege über die deutsche Vatikanbotschaft als auch durch ein Schreiben an Pacelli vor einer entsprechenden päpstlichen Aussage[138]. Sie ist — infolgedessen? — nicht ergangen.

Damit aber tauchen folgende Fragen auf: Hat Pacelli die Rolle und Bedeutung des politischen Katholizismus in Deutschland nicht erkannt oder ihr in seiner Berichterstattung nicht genügend Aufmerksamkeit gewidmet? Oder aber sind im Staatssekretariat (Gasparri, Pizzardo) entsprechende Informationen des Nuntius nicht genügend beachtet, verstanden, oder — auch durch deutsche Vatikandiplomaten — konterkariert worden? Diese Fragen lassen sich heute noch nicht beantworten. Immerhin bleibt zweierlei auffallend: Die Zentrumspolitiker jedenfalls haben nicht in Pacelli die Hauptquelle von Falsch- oder Fehlinformationen im Vatikan erblickt, die sie bei Besuchen am Tiber immer wieder feststellen mußten. Auch hat der Nuntius seinerseits Kaas weiterhin in seinem Dienst behalten, als dieser Ende 1928 das Amt des Vorsitzenden der Zentrumspartei übernommen hatte.

Für die in *Brünings* Memoiren anzutreffende Version, Pacelli habe weder die „Grundbedingungen der deutschen Politik noch die besondere Stellung der Zentrumspartei je richtig verstanden"[139], fehlt bisher jeder Beleg[140]. Dieses Urteil entbehrt auch aus inneren Gründen der

---

[136] Vgl. *Günther Grünthal,* Reichsschulgesetz und Zentrumspartei in der Weimarer Republik. Düsseldorf 1968, S. 163 f., 171 f.; *H. Stehkämper,* Der Nachlaß Marx, Teil 2, S. 368 ff.

[137] Nach einem Bericht des bayerischen Vatikangesandten *v. Ritter* vom 21. Febr. 1930 mit der Wiedergabe einer Äußerung *Pacellis,* wonach er schon als Nuntius darauf hinzuwirken versucht habe, daß das Zentrum „mehr Verständnis" für den Fortbestand des föderalistischen Charakters des Reiches aufbringe. BGStAM II, Päpstl. Stuhl 1027.

[138] *H. Stehkämper,* Der Nachlaß Marx, Teil 2, S. 379 ff.

[139] Memoiren 1918 - 1934. Stuttgart 1970, S. 135 f.

[140] So auch *Konrad Repgen,* Papsttum und Nuntiaturen, in: Historische Klopfsignale für die Gegenwart. Münster 1974, S. 31.

Wahrscheinlichkeit und kann durch Zeugnisse Pacellis widerlegt werden, in denen er die Funktion der Zentrumspartei positiv beurteilt hat.

So würdigte der Nuntius in seinem Dank vom Dezember 1929 für die Glückwünsche des Vorstands der Zentrumspartei und der Berliner Zentrumsfraktionen anläßlich seiner Erhebung zum Kardinal in „aufrichtiger Erkenntlichkeit die großen und ruhmreichen Dienste, welche die Deutsche Zentrumspartei — getreu ihren ruhmreichen Traditionen — der Verteidigung der Rechte und Freiheiten der Kirche geleistet hat". Pacelli wünschte der Partei auch weiterhin „als Lohn ihrer Mühen" Gottes Segen und die „Treue ihrer Gefolgschaft"[141]. Damit war deutlich genug ausgesprochen, daß der scheidende Nuntius sehr wohl die „Grundbedingungen deutscher Politik" verstanden hatte. Daß umgekehrt seine Intentionen von der Zentrumspartei verstanden worden sind, beweist der Kommentar ihrer Presse[142].

Noch präziser äußerte sich Pacelli drei Jahre später als Kardinalstaatssekretär. In einem Schreiben vom 28. September 1932 (aus Rorschach) an Unterstaatssekretär Pizzardo analysierte Pacelli die „Determinanten und Motive seiner bisherigen Deutschlandpolitik" und kam zu dem Ergebnis, daß das Zentrum — „bei all seinen Gebrechen" — immer noch die „einzige Partei" in Deutschland sei, auf die man in kirchlichen Angelegenheiten „mit Sicherheit" zählen könne[143].

XII. Deutsche Mitarbeiter

Angesichts des umfangreichen Arbeitspensums, das Pacelli bewältigt hat, stellt sich die Frage nach Zahl und „Qualität" seiner Mitarbeiter neben seinem kurialen Vertreter innerhalb der Nuntiatur. Die mit der Münchner Tätigkeit jahrelang gleichzeitig wahrzunehmende größere Aufgabe in der Reichshauptstadt im zunächst ungewohnten preußisch-protestantischen Milieu bewog Pacelli, den Vorsitzenden der Fuldaer Bischofskonferenz, Fürstbischof Bertram von Breslau, 1920 zu bitten,

---

[141] Abgedruckt in: Das Zentrum 1, 1930, S. 18 (dort auch *Pacellis* Antworttelegramm an den Vorsitzenden der Landtagsfraktion des Preußischen Zentrums).

[142] Ebd.: Diese „Rückäußerungen" des Nuntius seien deswegen wichtig, weil sie gegen die „von gewisser Seite immer wieder verbreitete Behauptung, das Zentrum sei nicht mehr so wie früher als politische Vertretung des deutschen Katholizismus anzusehen, ins Feld geführt werden können".

[143] *L. Volk*, Reichskonkordat, S. 52. Der Brief an Pizzardo gedruckt bei *Ludwig Volk* SJ, Brüning contra Pacelli, in: Rheinischer Merkur vom 27. Nov. 1970.

ihm einen kanonistischen Berater zur Verfügung zu stellen. Das geschah in der Person des Trierer Kanonisten *Ludwig Kaas,* der dann allerdings infolge seiner daneben wahrgenommenen parlamentarischen und parteipolitischen „Haupttätigkeit" je länger je mehr zum „Wanderer zwischen zwei Welten" (L. Volk)[144] wurde (und schließlich in ein für ihn bedenkliches Zwielicht rückte)[145].

1924 nahm Pacelli zwei weitere deutsche Ordensgeistliche in seinen Dienst: In Berlin den aus Rußland zurückgekehrten Leiter des dortigen Päpstlichen Hilfswerks, den Steyler Missionspater *Eduard Gehrmann* (1888 - 1960)[146] — zur Unterstützung bei den laufenden Geheimverhandlungen mit Rußland — und in München den Jesuitenpater und Kirchenhistoriker *Robert Leiber* (1887 - 1967). Die informelle Art und Weise, in der der Nuntius den Letztgenannten „ganz allmählich in seine Dienste" gezogen und dann, ebenso wie Gehrmann, offensichtlich ohne förmliche Vereinbarung jahrzehntelang darin gehalten hat[147], ist kennzeichnend für Amts- und Pflichtauffassung Pacellis, der seinerseits eine „bis zur Selbstvergessenheit und Selbstaufopferung" gehende Arbeitslast bewältigte[148].

Gehrmann übernahm die Funktion eines mehr oder weniger offiziellen Sekretärs Pacellis, während Leiber dem Nuntius als namenloser, aber zunehmend unentbehrlicherer wissenschaftlicher „Hilfsarbeiter" diente und in seiner Umgebung nicht auftauchte. Beide Ordensgeistliche wohnten nicht in der Nuntiatur. Sie wußten über ihre Aufgabe vor wie nach 1929 Diskretion zu wahren. Infolgedessen ist es heute noch nicht möglich, die Bedeutung Gehrmanns und Leibers (wie auch die von Kaas) im Rahmen der Nuntiaturtätigkeit abzuschätzen[149]. Bezeichnend ist, daß beide Mitarbeiter auch nach dem Tode Pius XII., soweit bisher ersichtlich, die Existenz des jeweils anderen „Kollegen" ebenso wenig erwähnt haben wie die Beratertätigkeit von Kaas (der 1952 gestorben

---

[144] Reichskonkordat, S. 40.

[145] Dazu neuerdings *Rudolf Morsey,* Der Untergang des politischen Katholizismus. Stuttgart 1977, S. 30 ff.

[146] s. Anm. 14.

[147] Dazu vgl. *L. Volk,* Reichskonkordat, S. 42 f.

[148] So *L. Kaas,* Nuntius Pacelli (s. Anm. 27), Nr. 159.

[149] Ein Schreiben *Pacellis* an Adenauer vom 19. Nov. 1929, als Antwort auf einen Brief des Kölner Oberbürgermeisters vom 4. Nov., bezeugt eine sonst verbal nicht greifbare hohe Wertschätzung für Kaas, dessen Wahl zum Dompropst oder Domdechanten in Köln Adenauer angeregt hatte. Vgl. *Rudolf Morsey,* Adenauer und Ludwig Kaas (1929 - 1931), in: *Adenauer-Studien III,* hrsg. von *Rudolf Morsey* und *Konrad Repgen.* Mainz 1975, S. 232.

ist). Umgekehrt hat *Kaas* seinerseits in einer Würdigung Pacellis als Nuntius von 1949[150] Gehrmann und Leiber nicht genannt, von denen der letztere damals noch, ebenso wie Kaas selbst, im Dienste Pius XII. stand.

Schließlich darf die Ordensfrau Schwester *Pascalina Lehnert* nicht unerwähnt bleiben, die zusammen mit zwei weiteren Mitgliedern der Lehrschwestern vom hl. Kreuz (Menzinger Schwestern) den Haushalt Pacellis führte. Er hatte sie zunächst nur für sechs Wochen „ausgeliehen“[151]. Sr. Pascalina begleitete dann den Nuntius über München und Berlin in den Vatikan, wo sie auch dem Papst diente (und ihn überlebte).

Als P. Gehrmann 1924 in den Dienst Pacellis trat, registrierte er mit Erstaunen, daß sein Chef in ihm offenbar einen Mitverantwortlichen suchte für den Fall, daß die ihm aufgetragene heikle Vermittlerrolle im Rahmen der päpstlichen Rußlandmission scheitern sollte[152]. Diese Vermutung Gehrmanns scheint nicht vollständig falsch gewesen zu sein. Allerdings läßt sich daraus allein noch nicht ableiten, Pacellis zögernde, „immer wieder abwägende Natur“ habe ihn eindeutigen Entschlüssen und Meinungsäußerungen „meist ängstlich ausweichen“ lassen[153].

Eine unverkennbare Unschlüssigkeit und Zwiespältigkeit des Nuntius, die auch den späteren Papst kennzeichnete[154], dürfte zutreffender von *George N. Shuster* interpretiert worden sein. Er zählte Pacelli zu einer „besonderen Art“ von Theologen, die Diplomaten geworden waren, und glaubte beim Nuntius einen Punkt entdeckt zu haben, „wo seine angeborene meditative, sogar mystische Neigung ihn unsicher machte, wenn harte, grobe Fragen zu entscheiden waren“[155]. Demgegenüber hat *Ludwig Kaas* — der allerdings ebenfalls dazu neigte, „harte“ Entscheidungen hinauszuschieben oder sich ihnen gar zu entziehen —

---

[150] s. Anm. 14.

[151] So *F. Wurm*, Pacelli in Bayern (s. Anm. 56).

[152] Vgl. *J. Kraus*, Gehrmann, S. 169.

[153] So *H. Stehle*, Ostpolitik, S. 91. Auch die Berufung auf *Tadeusz Breza* (Das eherne Tor. München 1960, S. 82 f.) reicht für ein entsprechendes Urteil nicht aus.

[154] Vgl. *Domenico Kardinal Tardini* (†), Pius XII. als Oberhirte, Priester und Mensch. Freiburg 1963, S. 63.

[155] In Amerika und Deutschland. Frankfurt 1965, S. 152. Diesem Urteil entspricht, daß sich Pacelli über eine offensichtlich auch im Ton harte Auseinandersetzung mit dem preußischen Staatssekretär C. H. Becker am 31. Dez. 1921 in Berlin sehr betroffen zeigte. Vgl. *L. Volk*, Reichskonkordat, S. 16 f.

1930 den Nuntius folgendermaßen charakterisiert: „Nicht das Bürokratische, sondern das im edelsten Sinne des Wortes Menschliche und Priesterliche" sei die „weithin leuchtende Signatur" Pacellis, der dieser Eigenart seine „schönsten Erfolge und beglückendsten Siege" zu verdanken habe[156].

In dieser lobend-verkürzten Wertung wird zweifelsohne eine wesentliche Eigenschaft des Nuntius übergangen: seine bei aller betonten Wahrung der Formen und Wortwahl unverkennbare zähe Zielstrebigkeit, bis hin zur Hartnäckigkeit im Dienste seiner Aufgabe. In ihrer Erfüllung ging er auf, von ihr wußte er sich getragen und in seinem beharrlichen Einsatz gerechtfertigt.

XIII. Abschied von Berlin

Die relativ lange Amtsdauer des Nuntius in Deutschland war nicht zuletzt die Folge des Ansehens, das er sich zu verschaffen vermochte und das (seit 1926) vor allem für das Zustandekommen des Preußenkonkordats genutzt werden sollte. Pacelli sah dessen Abschluß für wichtiger an als seine anstehende und längst erwartete „Beförderung" zum Kardinal. Er hatte im April 1926 bei einem Aufenthalt in Rom feststellen können, daß seine Tätigkeit vom Papst wie vom Kardinalstaatssekretär nach wie vor außerordentlich geschätzt wurde[157].

Inzwischen drängten — aus Anlaß anderer Kardinalsernennungen — der deutsche Vatikanbotschafter und der bayerische Vatikangesandte den Kardinalstaatssekretär, Pacelli eine seiner Bedeutung und Stellung in Deutschland entsprechende „Beförderung" zu verschaffen. Sie machten allerdings gleichzeitig deutlich, daß der Nuntius weiterhin in Berlin als *persona gratissima* galt (und waren sich bewußt, daß eine Erhebung zum Kardinal das Ende der Nuntiaturtätigkeit bedeuten mußte). Da jedoch für den Papst der Berliner Posten „ungleich wichtiger" war als der eines Kurienkardinals, wie von Bergen 1926 berichtete[158], bedeutete die Belassung Pacellis in Berlin einen „Beweis größter Wertschätzung und größten Vertrauens". Die päpstliche Einschätzung der

[156] In seiner Einleitung zu *E. Pacelli*, Reden, S. 22. An anderer Stelle dieser Einleitung (S. 16) bescheinigte *Kaas* dem Nuntius „naturhafte Zuversicht und Starkmütigkeit" sowie „römischen Gleichmut" auch in schwierigen Situationen.

[157] Nach Berichten *Ritters* vom 13. und 30. April 1926. BGStAM II, A. St. 1943/1717.

[158] 17. Dez. 1926. Bundesarchiv Koblenz R 43 I/2202.

deutschen Aufgabe entsprach auch der Beurteilung Pacellis. Er hatte bereits 1920 dem preußischen Geschäftsträger in München, Graf Zech, erklärt, die Kurie halte den Posten des Berliner Nuntius für so wichtig, daß er „höher bewertet werde wie der Purpur manchen Kardinals“[159].

Im Frühjahr 1929 zeichnete sich ab, was schon vor Jahresfrist in Rom gerüchteweise erörtert worden war, daß Pacelli zum Nachfolger Gasparris als *Kardinalstaatssekretär* in Aussicht genommen sei[160]. Aber erst Ende 1929 wurden seine vorgesehene Erhebung zum Kardinal und seine sofortige Rückkehr nach Rom bekanntgegeben, die der Nuntius Ende November durch einen Kurzbesuch im Vatikan vergeblich hinauszuschieben suchte, um noch ausstehende Ausführungsbestimmungen zum Preußenkonkordat „und andere dringende Restaufgaben“ zu erledigen[161]. Zu diesem Zeitpunkt wurde damit gerechnet, daß Pacelli zum Kardinalstaatssekretär ernannt werden und damit für die deutsche Politik eine noch wichtigere Rolle spielen würde[162]. Eine Überlegung von Kaas, eine kurzfristige Amtsverlängerung des Nuntius zu erbitten, um die Genehmigung des Papstes zur Überreichung des Kardinalbiretts an Pacelli in Berlin unter feierlicher Assistenz des Reichspräsidenten zu erreichen, ist offiziell nicht weiterverfolgt worden[163].

Beim Abschied des Nuntius aus Deutschland wurde deutlich, daß er nicht nur zum „Liebling der Berliner Katholiken“ geworden war, sondern daß sein Weggang ein „ehrliches Trauern“ im ganzen deutschen Katholizismus[164] auslöste. Anläßlich der offiziellen Verabschiedung vom Reichspräsidenten am 9. Dezember 1929 würdigte *Hindenburg* die „vorbildliche Friedensarbeit“ Pacellis und gedachte mit hoher Anerkennung seiner „von weiser Sachlichkeit, unbeirrtem Gerechtigkeitssinn und warmherziger Menschlichkeit getragenen Berufsauffassung“[165].

---

159 Bericht vom 6. Aug. 1920. Vgl. *R. Morsey*, Zur Vorgeschichte des Reichskonkordats, S. 250.

160 Eine entsprechende vertrauliche Information eines römischen Pressekorrespondenten übermittelte der Herausgeber der Zentrums-Presse-Korrespondenz *Johann B. Krauss* am 7. März 1929 Exkanzler Marx. Vgl. *H. Stehkämper*, Der Nachlaß Marx, Teil 4, S. 224.

161 Nach einem Bericht des Vatikanbotschafters *v. Bergen* vom 16. Dez. 1929. Polit. Archiv, Deutsche Botschaft beim Hl. Stuhl, geh., Bd. 2.

162 Der Staatssekretär in der Reichskanzlei, *Hermann Pünder*, notierte am 6. Dez. 1929: „Wäre von ungeheurer Bedeutung für uns.“ Politik in der Reichskanzlei, hrsg. von *Thilo Vogelsang*. Stuttgart 1961, S. 29.

163 Nach dem in Anm. 161 zitierten Bericht *v. Bergens.*

164 So *H. Köhler*, Lebenserinnerungen, S. 336 f.

165 Bei *E. Pacelli*, Reden, S. 185.

Dieser Abschied beeindruckte beide Männer, wie der päpstliche Diplomat am anderen Tage mit sichtlicher Bewegung dem bayerischen Ministerpräsidenten Held berichtete[166].

Am 10. Dezember 1929 dankte Pacelli für die Glückwünsche von Exkanzler Marx zu seiner bevorstehenden Ernennung zum Kardinal und machte dabei deutlich, daß er nur ungern seinen Posten verlasse, um die „ungleich härtere Bürde des Kardinalats" zu übernehmen[167]. Auch in diesem Schreiben brachte der scheidende Nuntius, wie so oft in diesen Tagen, seine inzwischen erreichte Verbundenheit mit den deutschen Katholiken zum Ausdruck[168].

Bei der Verabschiedung durch die Berliner Katholiken am Abend des 10. Dezember in der Kroll-Oper würdigte der Vorsitzende der Katholischen Aktion im Bistum Berlin, Ministerialdirektor *Erich Klausener,* die Tätigkeit des Nuntius, der seinerseits in einer begeistert aufgenommenen Ansprache die Leistungen der deutschen Katholiken hervorhob[169]. Dabei interpretierte er seine bisherige Aufgabe als eine Mission des Friedens und des geistigen Wiederaufbaus, von deren Ergebnissen sich Pacelli erhoffte, daß sie von einer künftigen Kirchengeschichtsschreibung als „nicht ganz erfolglos" gewürdigt werden würden. Zum „wahrhaft königlichen Abschied" des Nuntius[170] aus Berlin gehörte auch der einstimmige Beschluß des Stadtrats, in der Reichshauptstadt eine Straße nach Pacelli zu benennen[171].

XIV. Ergebnisse

Inwieweit das kirchliche und kirchenpolitische Wirken Pacellis in Deutschland und die Ergebnisse seiner ebenso schwierigen wie, aufs Ganze gesehen, überaus erfolgreichen Mission ultra montes als gleichsam providentielle Vorbereitung auf die künftige größere Aufgabe an-

---

[166] Nach einem Bericht des Reichsvertreters in München vom 13. Dez. 1929. Vgl. *E. Ruppel,* Pacelli, S. 315 Anm. 80.

[167] Am 27. Dez. 1929 berichtete der bayerische Vatikangesandte *v. Ritter,* Kardinalstaatssekretär Gasparri habe ihm mitgeteilt, daß Pacelli sein Nachfolger werden würde, der jedoch immer noch hoffe, „daß ihm die Übernahme dieses unter den jetzigen Umständen besonders schwierigen Amtes erspart bleiben möchte". BGStAM II, A. St. 1943/169.

[168] *H. Stehkämper,* Der Nachlaß Marx, Teil 4, S. 225.

[169] *E. Pacelli,* Reden, S. 187 ff.

[170] So *L. Kaas,* Pacelli (s. Anm. 27), Nr. 160.

[171] Ebd.

zusehen sind[172], entzieht sich der Beurteilung des Historikers[173]. Er tut gut daran, die Tätigkeit als Nuntius als eigenständige Epoche im Leben des Pacelli-Papstes zu beurteilen und dabei auch dessen außergewöhnliches Ansehen zu berücksichtigen, das er in Deutschland und durch seine dortige Tätigkeit auch als Qualifikation für sein höheres Amt in der Kurie gewonnen hat.

Der Titularerzbischof von Sardes war ein starker — und, wie man im Rückblick geneigt ist zu urteilen: idealer — Nuntius, vom Vertrauen seiner Vorgesetzten und dem des deutschen Episkopats getragen, von den Regierungen in München und Berlin respektiert. Erfüllt von der Bedeutung seiner Mission wie von der Würde seiner Stellung vermochte Pacelli wesentlich dazu beizutragen, die konfessionell und weltanschaulich verfestigten Fronten in Deutschland aufzulockern. 1929 war die neun Jahre vorher noch lautstarke Gegnerschaft gegen die Errichtung einer Nuntiatur in Berlin verstummt.

Die bisher bekannten Ergebnisse der mehr als zwölfjährigen Tätigkeit Pacellis im Reich lassen einen durchgehenden Einsatz des Nuntius erkennen: Mitzuwirken an der *Wiederherstellung des Friedens,* zunächst des äußeren Friedens zwischen den Kriegsgegnern, sodann der Aussöhnung zwischen den Völkern, schließlich der Herbeiführung des innerstaatlichen und sozialen Friedens im Reich. Der Appell zum Frieden durchzieht nahezu alle Ansprachen des Nuntius, angefangen von der Überreichung seines Beglaubigungsschreibens im Mai 1917 bis hin zu seiner Verabschiedung im Dezember 1929. Als Etappen auf dem Wege zur Erreichung dieses Zieles verstand Pacelli die von ihm mitgetragene Linie kurialer Konkordatspolitik durch vertragsrechtliche Neugestaltung des Staat-Kirche-Verhältnisses. Rechtssicherheit diente ihm dafür als tragfähigstes Fundament.

Andererseits hat Pacelli gerade in den Konkordatsverhandlungen lernen müssen — und nicht nur in der Zurückstellung eines Reichskonkordats —, wo im mehrheitlich protestantischen Deutschland die

---

[172] In einem Schreiben vom 20. Juli 1939 an den deutschen Episkopat erinnerte sich *Pius XII.* an die „langen Jahre, in denen Gottes Vorsehung" ihn unter dem deutschen Volk habe leben und arbeiten lassen. *B. Schneider,* Die Briefe Pius XII., S. 24.

[173] In *Pacellis* Abschiedsrede am Abend des 10. Dez. 1929 vor den Berliner Katholiken hieß es: „Vor meinem geistigen Auge steht [...] der Gedanke, daß der Kreuzesdruck sich nicht mindern, sondern mehren wird. [...] Ich gehe den Weg, den Gottes Wille durch den Mund des Pontifex mich zu gehen heißt." Reden, S. 190.

Grenzen staatlichen Entgegenkommens lagen und wie stark jene Gegnerschaft war, die „Rom“ immer noch aus dem Lager des Liberalismus wie des Evangelischen Bundes (mehr als aus dem des Sozialismus) entgegenschlug. Um so dankbarer empfand der Nuntius die sich von Jahr zu Jahr steigernde Zuneigung der deutschen Katholiken, gerade auch in der Reichshauptstadt.

Pius XII. behielt mit Ludwig Kaas und Robert Leiber zwei deutsche Mitarbeiter an seiner Seite. In zahllosen Briefen an deutsche Bischöfe und in zahlreichen Audienzen hat sich der Papst dankbar an seine Tätigkeit als Nuntius und an die ihm dabei erwachsenen Lebenserfahrungen erinnert. Nach 1945/49 konnte er seine Verbundenheit mit deutschen Kirchenfürsten und Politikern erneuern — an ihrer Spitze *Kardinal Faulhaber* und *Konrad Adenauer* —, die Pacelli bereits jahrzehntelang kannte und die ihrerseits sehr wohl wußten, was ihr Vaterland dem früheren Nuntius zu verdanken hatte.

PAPST PIUS XII. UND SEINE HALTUNG ZU DEN KRIEGSMÄCHTEN

Die Frage der „moralischen Führerrolle"*

Von Robert A. Graham

Was konnte der Papst nach dem Scheitern seiner Pläne, einen Bruderkrieg zu verhindern, noch weiter tun, als er sah, wie Europa dem Weg der Selbstzerstörung zueilte? An erster Stelle konnte er „barmherziger Samariter" sein, d. h., er konnte den unglücklichen Kriegsopfern helfen ungeachtet deren Nationalität, Politik, Religion oder Rasse. Doch es ist weder die Tradition noch die Mission des Heiligen Stuhles, nur Diener der Barmherzigkeit zu sein, obwohl diese als Zeugnis der Liebe oft Uneinigkeiten überwindet und deshalb hoch geschätzt wird. Er strebt vor allem danach, in diesen außergewöhnlichen Zeiten ein moralischer und religiöser Führer zu sein. Die charakteristischsten Worte des Christentums — Liebe, Vergebung, Geduld, Gewaltlosigkeit — treten in solch schwierigen Augenblicken zurück hinter Haß, Rachedurst, Grausamkeit und Zerstörung. In solchen Zeiten hat das menschliche Leben nur wenig Wert; das Ergebnis hängt vom Triumph der Waffen ab; alles scheint erlaubt zu sein, so lange es zum Siege beiträgt; sogar Religion und Gewissen werden mobilisiert und dienstbar gemacht.

Während der tragischen Jahre von 1939 - 45 übte Papst Pius XII. durch seine Lehre eine erhabene und unabhängige moralische Führerrolle aus, wie Kardinal Samoré es so klar in seiner Studie in diesem Band betont. Er rief den Menschen immer wieder Wertmaßstäbe in Erinnerung, die höher und edler waren als diejenigen, welche die Kriegsherren ihren Armeen vorhielten. Die Antrittsenzyklika *Summi Pontificatus* war eine tiefe Analyse der wahren Ursachen des Krieges: die Verwerfung des absoluten Machtanspruches des Staates; ein Aufruf zur Einheit der menschlichen Gesellschaft gegenüber der heidnischen Idee von einer erhabenen Rasse, die wegen ihrer Übermacht und Überlegen-

---

* Übersetzt aus dem Englischen von Schwester Francesca Schlang F. P. C. C., Rom, und Dr. Sigrid Spath, Rom.

heit besondere Vorrechte besäße. Die alljährlichen Weihnachtsansprachen bilden ein *corpus* von Lehren, fast klassisch in ihrem Bereich, mit Visionen einer besseren Welt, voller Gerechtigkeit und Güte.

Die berühmten „Fünf Punkte", verkündet in der Ansprache von 1939, wurden als ein Friedensprogramm für eine gerechte Weltordnung angesehen, das jeder anständige Bürger einer Nation annehmen konnte. Es wurde besonders in Großbritannien willkommen geheißen, wo „The Sword of the Spirit", eine Bewegung unter Kardinal Arthur Hinsley, dem Erzbischof von Westminister, es zur Grundlage eines Werkes über geistliche Probleme des Krieges wählte. Der anglikanische Erzbischof von Canterbury und der Moderator der „Freien Kirchen von England" machten es in einem „Letter to the Times" zu ihrem eigenen. Man beurteilte *Summi Pontificatus* als überwiegend positiv hinsichtlich aller Werte, wofür die Demokratien kämpften; als Zeichen dafür mag gelten, daß deutsche Übersetzungen durch alliierte Flugzeuge über dem Reich abgeworfen wurden.

Die Verhältnisse in den Ländern der Achsenmächte waren anders. Die deutschen Propagandisten wären, hätten sie es so gewünscht, in der Lage gewesen, gewisse päpstliche Aussagen zu ihrem Vorteil zu verwenden, z. B. das Thema über den Zugang zum Rohmaterial oder über die Revision gewisser Verträge, besonders des Vertrages von Versailles. Doch das kam für die Nazi-Politik nicht in Frage. Goebbels schenkte systematisch allen päpstlichen Aussagen oder Erklärungen keine Beachtung; die Nazis hielten es unter ihrer Würde, irgend eine moralische Hilfe für den Erfolg ihrer Pläne von Rom anzunehmen. Was die deutschen Katholiken anbetrifft — deren Presse war wegen „Mangel an Papier" am Ersticken. Das Studium der päpstlichen Friedensdokumente fand im geheimen statt und war fast eine Form von Widerstand. In Italien wurden die Worte des Heiligen Stuhles deutlich verstanden durch die vereinten Versuche von Präsident Roosevelt und Pius XII., Italien aus dem Krieg herauszuhalten.

Aber kann der Papst zur Zeit eines Krieges „moralische Führerschaft" ausüben, ohne parteiisch zu sein oder wenigstens so zu scheinen? Kann er tagaus, tagein über moralische Themen und Ziele sprechen, ohne diese auf besondere Fälle anzuwenden? In Wirklichkeit waren sogar die gängigen Begriffe wie „Neutralität" und „Unparteilichkeit" unbefriedigend. Sie vermittelten nicht mit Exaktheit das Verhältnis der katholischen Kirche gegenüber den umwälzenden Verhältnissen, die sich unter ihren Augen vollzogen.

Der *Osservatore Romano* vom 12. März 1941 brachte auf der ersten Seite die Abhandlung eines unbekannten Autoren zur Gedächtnisfeier des 2. Jahrestages der päpstlichen Krönung, die mit dem Hinweis begann, daß Neutralität für diejenigen geeignet wäre, die nur ihre eigenen Interessen sichern und schützen wollten. Unparteilichkeit dagegen bedeute, daß der Papst bereit sei, Gutes und Böses, Recht und Unrecht, Liebe und Haß mit gleicher Geduld und Nachsicht zu behandeln. Das war aber bestimmt nicht die Ansicht des Heiligen Stuhles über den Krieg und seine Ausschweifungen. Der *Osservatore Romano* sagte, daß der Papst sich selbst im Kampf befinde und selbst ein Kämpfer wäre.

Diese Äußerung der Vatikanischen Zeitung — und weitere könnten zitiert werden — spiegelte eine dauernde Herausforderung wider, der sich der Heilige Stuhl gegenübersah. Konnte die abstrakte, philosophische, hypothetische Behandlung der Kriegsereignisse die wirkliche Not der Stunde, die Krisen der gequälten Gewissen befriedigen? Mußte der Heilige Stuhl mehr ins Detail gehen, direkter und entschiedener werden? Viele in den kriegführenden Demokratien wurden immer unruhiger, als die päpstlichen Äußerungen sich von offenen Verurteilungen zurückhielten. Die Meinung nahm zu, es wäre nicht genug, die „moralische Gewalt des Rechtes“ gegen die „materielle Gewalt der Macht“ zu rühmen oder zu verkünden, daß *pacta sunt servanda* — leicht auf Hitlers einander folgende Angriffe auf seine Nachbarn anzuwenden —, aber der Papst sollte weitergehen. Unter den Polen herrschte große Enttäuschung, weil nach der totalen Besetzung ihres Landes durch die Nazis und die Sowjets der Papst den Überfall der Nazis, der den Weltkrieg herbeiführte, nicht öffentlich verurteilt hatte. Gegen Ende 1940, als die Achsenmächte sich in Westeuropa sichtbar verstärkten, war das Foreign Office in London beunruhigt durch den Gedanken, daß der Vatikan stillschweigend die Vorherrschaft der Nazis in Frankreich, den Niederlanden und Belgien dulde. Durch das deutsche Vorleben Pius' XII. war es fast unvermeidlich, daß bei den in den Krieg verwickelten Parteien der Verdacht wuchs, daß der Papst heimlich mit der Sache der Achsenmächte sympathisierte oder sich hatte von ihnen kaufen lassen. War die katholische Kirche nicht dem italienischen Faschismus verbunden? Bestand nicht die gesamte vatikanische Kurie aus Italienern? Hatte Papst Pius XII. nicht seine früheren Jahre als Nuntius in München verbracht? Hatte der Papst nicht die engsten persönlichen Verbindungen mit den Deutschen und ihrer Regierung? Warum brach der Vatikan nicht die diplomatischen Beziehungen mit dem nationalsozialistischen Regime, das doch Verfolgungen losgebrochen hatte, ab?

Bei der Frage der moralischen Führerrolle Papst Pius' XII. während des II. Weltkrieges muß man zwei Hauptgesichtspunkte in Betracht ziehen: 1. die eigene Auffassung des Heiligen Stuhles von seinem eigentlichen Amte und dessen Grenzen zur Zeit eines Weltkrieges; 2. die besondere Stellung von Papst Pius XII. gegenüber dem Deutschen Reich und den Deutschen zu dieser Zeit. Dies verbindet in außergewöhnlichem Maße offizielle und persönliche Aspekte miteinander. Die Politik des Heiligen Stuhles während des I. Weltkrieges unter Benedikt XV. war für Eugenio Pacelli offiziell und nicht persönlich. Doch der zukünftige Pius XII. war zu Beginn des Weltkrieges ein Assistent von Kardinal Gasparri, dem päpstlichen Staatssekretär. Später, von 1917 an, war er auch Nuntius in München, wo er die Friedensvorschläge von Papst Benedikt überbrachte. Auch die Beziehungen zwischen dem Heiligen Stuhl und der Nazi-Regierung waren offiziell, aber unter Papst Pius XI. war Eugenio Pacelli der Hauptmitarbeiter in der Formulierung und Ausführung dieser Politik. 1939 jedoch war Pacelli selbst Papst. Es ist in der Tat schwierig und sogar nicht wünschenswert, von den persönlichen Erfahrungen Pacellis, dem Nuntius und Staatssekretär, und seiner offiziellen Politik als Papst Pius XII. zu abstrahieren. Im Gegenteil, seine eigenen persönlichen und lebenslangen Erfahrungen werfen ein klärendes Licht auf seine moralische Führerrolle im II. Weltkrieg.

I. a) Die eigene Auffassung des Papsttums von seiner Rolle zur Zeit des Krieges

Es ist charakteristisch für die abendländische Mentalität, daß im Falle eines allgemeinen Krieges die Regierungen und Völker sich an den Papst wenden, damit er eine der feindlichen Seiten verurteile; mit anderen Worten, sie erwarten, daß das Oberhaupt der römisch-katholischen Kirche die feindlichen Parteien richten und die verantwortliche Seite verurteilen soll. Das ist eine anachronistische und mittelalterliche Idee. Die Tatsache, daß diese zur Zeit großer politischer Krisen, wenn das Schicksal von Nationen auf dem Spiel steht, wieder auftaucht, muß als eine Art von Wiedererwachen unbewußter Erinnerungen an das angesehen werden, was einmal christliche Zivilisation war und sich auch heute noch gerne so nennt. Das höchst Erstaunliche dabei ist die Tatsache, daß diese Hilferufe an den Papst, um ihn zu bewegen, seine ganze Autorität als Richter auszuüben, oft von Regierungen kamen, welche bis dahin das Papsttum eher gering geschätzt und eine Rolle der Kirche in internationalen und politischen Angelegenheiten verworfen hatten.

Um 1916 machte ein Kardinal für den französischen offiziösen Abgesandten Charles Loiseau eine Analyse der Anforderungen, welche zu jener Zeit an den Vatikan gestellt wurden:

„Diese Generation fordert nun vom Papsttum genau dasselbe, wofür sie es in vergangenen Jahren mit Vorwürfen überschüttet hatte. Es scheint, daß sie von dem gegenwärtigen Papst erwarten, daß er sich donnernd und ohne jegliche Schonung in die Mitte der streitenden Nationen stürze. Das ist ein edler Vorschlag, aber wir sind moderner geworden und wissen, was folgen würde: eine Verwicklung in einen Krieg mit *allen*, nachdem *alle* sich ausgesöhnt haben. Wenn wir den Rat völlig befolgten, müßten wir mit großem ‚Getue' alle Nationen, soziale Klassen und alle Kategorien von Sündern verurteilen."

Dieses Zitat kommt wahrscheinlich von Gasparri, dem Staatssekretär von Papst Benedikt XV., der während des I. Weltkrieges die Verantwortung dafür trug, die Fallen zu vermeiden, welche die Umstände des Krieges und die Anschläge von Politikern dem Heiligen Stuhl in der Erfüllung seiner Pflichten der Weltmission gelegt hatten.

Einige unglückselige Begebenheiten zu Beginn des I. Weltkrieges genügten, um wahrzunehmen, auf welch unsicherem Boden der Papst als Vater der Christenheit und der feindlichen Nationen sich zur Zeit eines Weltkrieges befindet; bei Mobilisierung der öffentlichen Meinung im eigenen Land und im Ausland; bei einer Verknüpfung von Ideologie und Konflikt; bei rücksichtslosem Einsatz von Menschenleben im Zivil- und Kriegsdienst; bei absolutem Willen zu siegen.

Was ist die Stellung des Heiligen Stuhles, des Papstes, in solchen Zeiten? Wie betrachtet er seine Mission als religiöse Autorität, als Erbe einer traditionellen Führerrolle in europäischen Angelegenheiten? Es gibt keine klare oder bestimmte Antwort auf diese Frage. Die Auffassung des Heiligen Stuhles von seiner Rolle als „Richter" der Nationen oder als „moralischer Führer", sei es zur Zeit des Krieges oder des Friedens, ändert sich naturgemäß. Eines ist sicher: der Heilige Stuhl ist nicht bestrebt und trägt kein Verlangen, zum Mittelalter zurückzukehren und durch die Waffen geistlicher Sanktionen die kämpfenden Nationen zur Annahme seiner Urteile zu zwingen. Er muß mit einer mehr bescheidenen und realistischen Auffassung bezüglich seiner Pflichten und Möglichkeiten zufrieden sein. Weiterhin hat er das Recht auf ein Urteil, das auf der eigenen persönlichen Auffassung seiner Rolle im

Krieg beruht und nicht auf den Ansichten derjenigen, die vor der Krise dem Papsttum niemals Beachtung schenkten.

Das Problem, den Frieden zu bewahren und zu fördern, das Thema der internationalen Moralität zu betonen, ohne den Hauptzweck, die religöse Aufgabe des Heiligen Stuhles, zu gefährden und die geistliche und materielle Freiheit der Kirche zu beeinträchtigen, kurz gefaßt: ein Maximum religiöser und moralischer Leitung mit einem Minimum politischer Einmischung zu verbinden — all das würde sogar Salomon verwirrt haben. Sehen wir uns die vorhandenen allgemeinen Prinzipien an und prüfen wir, wie diese sich in der Praxis auswirken.

Bei Ausbruch eines Weltkrieges erklärt der Papst seine Neutralität und seine Unparteilichkeit. Hier gibt es Schwierigkeiten: in modernen Zeiten und Kriegen sind „Neutralität" und „Unparteilichkeit" böse Ausdrücke. Die Kriegführenden wollen keinen Neutralisten; sie glauben nicht, daß eine wirklich neutrale Person sich enthalten könne, öffentlich moralische Urteile über Kriege auszusprechen. Nicht nur sind Neutralität und Unparteilichkeit unwillkommen, sondern es ist auch schwierig, die Parteien davon zu überzeugen, daß der Papst wirklich so neutral und unparteilich ist, wie er zu sein vorgibt. Man darf sich auch nicht einbilden, daß der Papst gemäß seiner „Unparteilichkeit" *die Schuld* gleichmäßig auf beide Seiten legen dürfe. Papst Pius X. machte anfangs des I. Weltkrieges vor einem französischen Journalisten die unglückliche Bemerkung, daß das zaristische Rußland, Frankreichs Verbündeter, nach einem Bericht katholische Kirchen in Galizien zerstörte, wie vorrückende deutsche Truppen es in Belgien getan hatten. Die Auswirkungen des berühmten „Latapé-Interviews" machten einen tiefen Eindruck auf die vatikanischen Sekretäre, unter ihnen Eugenio Pacelli.

Unter Papst Benedikt XV. wurde in Eile mit dem Staatssekretär Gasparri eine Linie festgelegt, welche Vorschriften für das Vorgehen bei Protesten gegen Greueltaten enthielt: 1. Keine Namen noch die Art und Weise der Greueltaten zu erwähnen, ob diese bewiesen seien oder nicht. 2. *Alle* Verletzungen des Internationalen Gesetzes und alle den moralischen Grundsätzen widersprechenden Gewaltmaßnahmen zu verurteilen ohne Rücksicht auf Person oder Ort.

Hier muß man innehalten, um zu bedenken, was diese Maßnahmen bedeuteten: 1. Der Vatikan wollte sich nicht von einer Kriegsmacht in die Fällung eines moralischen oder gesetzlichen Urteils hineinziehen lassen. 2. Sollte der Vatikan von einem kriegführenden Land ersucht werden, die eine oder andere Tat oder Situation zu verurteilen, für welche der Feind verantwortlich gehalten wurde, konnte er auf ein allgemeines Prinzip hinweisen, ohne der besonderen Sache auf den Grund zu gehen. 3. Zur gleichen Zeit ermahnten die Vertreter des Vatikans die kriegführenden Länder, die humanitären Regeln der Kriegsführung zu beobachten, ohne anzugeben, wer diese verletzt hatte.

Es ist eine ernste Sache für eine religiöse Autorität wie das Papsttum, das Gewissen der Gläubigen in ihrem eigenen Nationalgefühl zu treffen. Eine solche Wunde schneidet tief. Wenn ein Krieg vorbei ist und alle Greueltaten, wahre oder vermeintliche, als „Kriegszwischenfälle" in den Hintergrund oder in die Vergessenheit geschoben werden, wenn neue Bündnisse frühere Feinde zu Kameraden oder Alliierten machen, dann eitert und nagt ein päpstliches moralisches Urteil, selbst wenn gerechtfertigt, mit der Zeit immer weiter fort. Man soll und muß bereitwillig die Römischen Päpste davon dispensieren, eine solche Bürde auf das Gewissen der eigenen Gläubigen zu legen. Überdies haben die Päpste die Pflicht, einem Versuch, die päpstliche religiöse und moralische Autorität den politischen Zwecken streitender Länder dienstbar zu machen, mit Gewalt zu widerstehen.

Die Position, die Papst Benedikt XV. in seiner Enzyklika vom 15. Januar 1915 erwähnt — wahrscheinlich war der damalige Monsignore Pacelli sein Mitarbeiter gewesen — verdient, sehr ausführlich zitiert zu werden als eine Grundlage für die Friedenswerke des Heiligen Stuhles in modernen Zeiten.

„Ohne Zweifel steht es dem römischen Pontifex als dem von Gott eingesetzten höchsten Dolmetsch und Vertreter des ewigen Gesetzes zu zu erklären, daß es niemand aus gleichviel welchen Gründen erlaubt ist, die Gerechtigkeit zu verletzen, und Wir erklären es laut und offen, indem Wir jede Ungerechtigkeit tief beklagen, gleichviel von welcher Seite sie begangen werden mag. Allein es wäre sicherlich weder ratsam noch nützlich wenn sich die päpstliche Autorität in die Zwistigkeiten der Kriegführenden einmischte. Wer die Verhältnisse klug beurteilt, der wird einsehen, daß der päpstliche Stuhl in diesem ungeheuren Kampfe, mitten in der größten Besorgnis, sich vollkommen unparteiisch verhalten muß. Der römische Pontifex muß als Vertreter Jesu Christi, der für alle und jeden gestorben ist, mit dem gleichen Gefühle der Liebe alle Kämpfenden umfassen, und er hat außerdem als gemeinsamer Vater der Katholiken sowohl auf der einen als auf der anderen Seite der Kriegsparteien eine große Zahl von Kindern, deren Heil ihm gleichmäßig und ohne Unterschied am Herzen liegt. Es ist daher notwendig, daß er in ihnen nicht die Sonderinteressen sieht, die sie trennen, sondern das Band des gemeinsamen Glaubens, das sie zu Brüdern macht. Wenn er anders handeln würde, dann könnte er nicht nur die Sache des Friedens nicht fördern, sondern er würde Abneigung und Haß gegen die Religion verursachen und die Ruhe und innere Eintracht der Kirche schweren Störungen aussetzen."

In der „Civiltà Cattolica" vom 20. Februar 1915 befindet sich ein Artikel, der die Politik des Heiligen Stuhles zu dieser Zeit zusammenfaßt. Er enthält eine Analyse der eigentümlichen Lage eines Papstes, dem Vater aller — „padre di tutti" — zur Zeit eines Bruderkrieges. Der Autor verwarf die von Frankreich zu dieser Zeit erhobene Anklage gegen Benedikt XV., er schweige über die von Deutschen begangenen politischen Morde und deren schlechte Behandlung katholischer Christen.

Die Prinzipien für eine „moralische Führerrolle" behielten auch 1939 ihre Gültigkeit. Ist der Papst ein „Richter", ein „Aufseher" für die moralischen Pflichten der Nationen? Der Heilige Stuhl ist wirklich, wie Papst Benedikt XV. in seiner Antrittsenzyklika vom 15. Januar 1915 sagte, „supremo interprete e vindice della lege eterna", der höchste Erklärer und Rächer des Ewigen Gesetzes. Der Papst hat die Verantwortung „ammaestrare i popoli dei loro dovere e diritti, dissipare gli errori, fogorare ogni iniquità e inguistizia, difendere l'innocenza", die Menschen über ihre Pflichten und Rechte zu unterrichten, Irrtum, Übel und Ungerechtigkeit zu vertreiben, Unschuld zu verteidigen.

Aber bedeutet das nun, daß der Papst, die berühmten Blitze der Exkommunikation und des Anathema schwingend, sich Hals über Kopf in den Weltkonflikt stürzen muß?

In dem erwähnten Artikel in der „Civiltà Cattolica" heißt es weiter:

„Es ist etwas anderes zu verkünden, daß es niemand, aus welchen Gründen immer, erlaubt ist, die Gerechtigkeit zu verletzen, daß man die Rechte anderer respektieren müsse, daß Abscheu und Verurteilung verdient, wer gegen die göttlichen und selbst gegen die menschlichen Gesetze verstößt, wenn diese dem ewigen Gesetz entsprechen; und es ist wieder etwas anderes zu definieren und auszusprechen, daß sich jemand bestimmter unter bestimmten Umständen, in diesem oder jenen besonderen Fall der Ungerechtigkeit schuldig gemacht, die Rechte anderer verletzt hat, daß er Verurteilung und Strafe verdient, und folglich gegen ihn ein Verdammungsurteil auszusprechen."

Papst Benedikt XV. und nach ihm Pius XII. hatten jeden Grund, vor der Rolle eines „Richters", die einige der Kriegführenden ihnen auflegen wollten, zurückzuscheuen. Ein Urteil zu fällen, schließt manches ein: 1. Beide Seiten müssen verhört werden. 2. Man muß direkten Zugang zu Tatsachen haben. 3. Die von beiden Seiten anerkannten Juristen müssen Fähigkeit, Gelehrsamkeit und die Gewalt besitzen, ihr Urteil durchzusetzen, ungeachtet dessen, welcher Seite recht gegeben wird. Man braucht kaum darauf zu verweisen, daß die Streitparteien in beiden Weltkriegen nicht die mindeste Absicht hatten, dem Papst eine solche Rolle anzubieten; im Gegenteil, die seinige wäre nur eine Bestätigung eines von ihnen in beschränktem Kreise gefällten Urteils gewesen — ein Mittel zur Förderung ihrer eigenen Interessen.

Welche bedeutende und nützliche Mission unter kriegführenden Nationen bleibt nun noch für das Oberhaupt der Kirche übrig? Man könnte die möglichen Wirkungsweisen schematisch wie folgt beschreiben: 1. Aus öffentlichen Vorträgen, in allgemeine und indirekte Ausdrücke gekleidet, könnte das Publikum seine eigenen Schlüsse ziehen. Manchmal können diese Reden auch eine genaue und klare Andeutung einer gewissen Situation sein. 2. Durch diskrete und vertrauliche diplomatische Aktion, durch akkreditierte Gesandte der Kriegführenden und Neutralen, sowie durch päpstliche Vertreter und Delegaten im Ausland kann jede Möglichkeit des Protestes, von Einsprüchen, von Vermittlung und von Aufforderungen ergriffen werden, ohne das Ansehen der Regierungen zu schädigen. 3. Durch unpolitische, humanitäre Werke wie materielle Hilfe für die Kriegsgefangenen, für die Verwundeten und für andere Kriegsopfer kann viel Elend gelindert werden.

Kann der Papst in Rom noch mehr tun für seine Kinder, die in einem tödlichen Kampfe verwickelt sind, wenn sie ihre Ohren dem Rate zur Mäßigung und Besonnenheit verschließen, wenn nationalistische Leidenschaften am höchsten brennen und wenn allenthalben grausame Gewalt herrscht? Es ist tatsächlich eine Ironie, daß die Welt dann von Päpsten „triumphalistisches" Handeln verlangt, wenn das am wenigsten möglich ist. Es ist wirklich pathetisch, daß bei Kriegsausbruch der Papst ersucht wird, den Feind zu exkommunizieren. Im Zeitalter der Säkularisierung ist die Einmischung der römisch-katholischen Kirche so unwillkommen wie fruchtlos, es sei denn, daß sie genau mit den Vorurteilen der Kriegführenden übereinstimme.

Und doch, gerade wegen dieser Begrenzung seiner Handlungen, die ihm durch den Frevel der Zeit aufgezwungen wird, ist der Heilige

Stuhl auf seine eigene Weise „triumphalistisch". Er erhebt sich weit über die nationalen und menschlichen Leidenschaften, welche die menschliche Gesellschaft stören, und bewahrt für die Menschheit eine Oase des Friedens, der Liebe und Versöhnung für glücklichere Tage, wenn die Mächte des Bösen sich im Kampfe gegen den starken Felsen des Guten erschöpft haben.

I. b) Pius XII. und das Vermächtnis Benedikts XV.

Im September 1939 wurde auf den Heiligen Stuhl der voraussehbare Druck ausgeübt, um von ihm Aussagen über die Verantwortung und das Urteil über diejenigen zu hören, welche die Kriegsflammen in Europa entzündet hatten. Seit März saß auf dem Stuhle von St. Peter ein Papst, der einzigartige Erfahrungen für solche Umstände besaß — Papst Pius XII. Als die Kriegswolken anfangs 1939 immer dunkler wurden, hatten die Kardinäle sich in Rom versammelt, um einen Nachfolger für Papst Pius XI. zu wählen. Ohne Zögern fiel die Wahl in einem der kürzesten Konklave der Kirchengeschichte auf Eugenio Pacelli.

Frankreich unternahm den ersten Schritt. Am 1. September stattete der französische Abgesandte, François Charles-Roux, dem Staatssekretär Kardinal Maglione einen Besuch ab. Er bat den Vatikan um Stellungnahme zur deutschen Haltung und um deutliche Verurteilung derselben. Der Gesandte, der ein guter Katholik und ein patriotischer Franzose war, gestand in seinen Memoiren, daß er tatsächlich den Ereignissen zuvorgekommen war, da seine Regierung noch nicht die letzten Verbindungen mit Berlin abgebrochen hatte. Der Kardinalstaatssekretär erwiderte für den Augenblick nur, daß „Tatsachen für sich selbst sprechen". Zehn Tage später, am 10. September, als Polen verloren zu sein schien, schrieb Charles-Roux eine persönliche Verbalnote an Monsignor Tardini (welche sofort an den Heiligen Vater weitergegeben wurde) mit einem erneuten Ersuchen um eine öffentliche päpstliche Erklärung und ausdrückliche Verurteilung des Nazi-Angriffes. „Die öffentliche Meinung in verschiedenen Ländern", sagte er, „erwartet eine Erklärung, in der der Heilige Vater die Explosion von Gewalt und Grausamkeit verurteilt und bedauert".

Es scheint, daß der französische Abgesandte bis jetzt seiner eigenen Anregung gefolgt war. Er hätte stolz darauf sein können, hätte er selbst durch seinen persönlichen Aufruf eine päpstliche Sanktion für die Angelegenheiten Frankreichs erworben. Die französische Regierung hatte kein formelles Ansuchen um päpstliche Verurteilung gemacht. Statt dessen sandte der neue Außenminister, Edouard Daladier, am 29. September dem Gesandten ein Telegramm, das einige Zeilen für ein Argument enthielt, welches Charles-Roux im Vatikan gebrauchen konnte. Demgemäß kam dieser am 2. Oktober ins Staatssekretariat und las den Text mit einer gewissen Feierlichkeit Monsignor Montini vor. Da er bat, ihm das Telegramm zurückzugeben, war es bestimmt nicht an den Heiligen Stuhl gerichtet. Als der Diplomat den Gedankengang seines Vorgesetzten erklärte, bemerkte er auch, daß der Papst noch nicht sein Bedauern über den doppelten Angriff (Deutschlands und der Sowjetunion) bekundet habe, welcher Polen zerstörte; er habe auch nichts von einer Hoffnung auf die Restauration der Rechte Polens und der verletzten Gerechtigkeit erwähnt. Sowohl die Franzosen als die Katholiken von Kanada, einschließlich der Priester und sogar der Kardinäle, „erwarteten", daß der Heilige Stuhl „seine Stimme hören lasse, laut und stark, in der Verteidigung von Recht und Gerechtigkeit".

Monsignor Montini wehrte diese Argumente ab, indem er auf den Unterschied zwischen der eigenartigen Lage des Heiligen Stuhles und den Verhältnissen in Frankreich hinwies. Daladiers Telegramm, vertieft durch die Beredsamkeit des Abgesandten, hatte nicht um „Exkommunikation" gebeten, es sei denn in einem übertragenen Sinn. In der Vorahnung der Einwendung des Vatikans, daß der Heilige Stuhl nicht die deutschen Katholiken durch eine solche Geste gefährden könne, meinte Daladier, daß der Vatikan wenigstens die Sowjets und dadurch indirekt auch die Deutschen verurteilen könnte.

Unter diesen Umständen war keine Antwort des Vatikans nötig, und die französische Initiative blieb in diplomatisches Schweigen gehüllt. Doch ganz anders war die Reaktion der polnischen Kolonie in Rom, welche sich gerade zu dieser Zeit, am 30. September, zu einer ihr gewährten Audienz beim Papst befand. Sie wurde von Kardinal August Hlond, dem Primas von Polen, geführt. Derselbe hatte gerade Polen mit der Regierung verlassen und war umgeben von Priestern und polnischen Diplomaten, die beim Vatikan und dem Quirinal akkreditiert waren. Was der Papst sagte oder vielmehr nicht sagte, ließ im Vatikan Spuren der Geschichte des Weltkrieges zurück. Die leidenden, gedemütigten und verbannten Polen bedurften der tröstenden Worte des Heiligen Vaters. Ganz natürlich, aber unrealistisch erwarteten sie auch die Verurteilung der doppelten Angriffe von Osten und Westen. Diese Hoffnung wurde zweifellos gestärkt durch die Tatsache, daß am Abend vorher der vatikanische Rundfunk dem Kardinal Hlond ein Mikrophon zur Verfügung stellte, damit er in einer Ansprache seine Leute auf die bevorstehende Audienz vorbereiten könne. Doch zu deren Ärger beschränkte sich der Papst in dieser Audienz auf drei Punkte: tiefes Mitgefühl, sein Vertrauen auf eine Wiedergeburt Polens und seine Hochachtung für die tapferen polnischen Truppen in einem ungleichen Kampf. Von den Deutschen und Sowjets und deren Verurteilung sagte er kein Wort, als ob die Polen nur Mitleid und Trost wollten.

„Ihr seid nicht gekommen", sagte er, „um politische Forderungen zu formulieren oder in brennende Klagen auszubrechen, sondern um von Unserem Herzen, von Unseren Lippen ein Wort der Tröstung und der Ermunterung zu erhalten".

Die päpstliche Rede war voller Hochachtung und Bewunderung für die polnische Nation und für ihre Dienste für die Kirche und für ihre kulturellen Leistungen; er sprach auch mit sichtlichem Verständnis von den traurigen Ereignissen der letzten Zeit und dem Elend, welches Millionen von Katholiken im östlichen Europa erduldeten. Doch die Zuhörer hatten etwas anderes erwartet, und ihre Enttäuschung und ihr Ärger waren vielleicht sogar bitter. Gemäß der Beschreibung eines Berichterstatters der Schweizer katholischen Tageszeitung „Courrier de Genève" vom 16. Oktober hatte die päpstliche Rede Überraschung, Erstaunen, Enttäuschung, Kritik und sogar Skandal erweckt. „Die Polen konnten nicht verstehen", schrieb der Berichterstatter, „daß der Papst sich deutlich über strategische und politische Erwägungen hinwegsetzte".

Der Zorn in polnischen und vielleicht auch in französischen Kreisen spiegelte sich in den verlegenen und verwirrten Berichten der Presse wider. Der Papst war betroffen. Am 8. Oktober sagte er zu Monsignor Montini, daß wegen ungenügender Aufmerksamkeit in den Berichten der Presse die Leute dächten, der Papst bleibe in seinen Worten „gleichgültig" oder „neutral". Der Heilige Vater bestellte einen vorbereiteten Artikel zur Veröffentlichung im *Osservatore Romano*, durch welchen er sich bemühte, die schwierige Lage des Papstes und die Grenzen des Bereiches, welche die Frevel der Zeiten ihm gesetzt hatten, zu beschreiben.

Der erleuchtende und anregende Artikel wurde am 15. Oktober in der vatikanischen Tageszeitung veröffentlicht. Die französische Presse, so hieß es, hatte der Rede des Papstes an die Kolonie in Rom nicht volle Aufmerksamkeit geschenkt (die Pariser katholische tägliche Zeitung

„La Croix“ veröffentlichte den Text erst am 14. Oktober — „... von dem jede Zeile ein geschätzter Zeuge der väterlichen Besorgtheit unseres verehrten Papstes gegenüber dem unglücklichen Polen ist“). Der anonyme, aber autorisierte Schreiber — vielleicht der Heilige Vater selbst — wies auf ein mehr sensationelles Eingreifen der lokalen Bischöfe, auf die Proteste verschiedener französischer Bischöfe hin, die gegen den berichteten Brand des Marienschreines in Tschenstochau oder die Torpedierung der *Athenia* durch die Deutschen Protest erhoben. „Die lokalen Bischöfe“, sagte er, „sind vielleicht gerechtfertigt in ihrem Widerspruch, aber es ist Unrecht, das Oberhaupt der universalen Kirche für solche Lagen verantwortlich zu halten“.

„In diesen Stunden“, so führte der Autor aus, „wo man Zeuge der Versuche wird, die heiligsten moralischen Werte zu zerstören, fühlt man viel stärker die Notwendigkeit einer übergeordneten Stimme, die von einer unparteiischen Autorität ausgeht, im Namen der Wahrheit und Gerechtigkeit erhoben wird und den Trug und das Unrecht verurteilt. Diese Stimme, diese Autorität wird nicht allein für die Gläubigen, sondern für alle Menschen in einzigartiger Weise durch den römischen Papst dargestellt. Was den Ton dieser Stimme, was die Manifestationen dieser Autorität anlangt, ist es wohl überflüssig zu betonen, daß Gefühle und Äußerungen, die von Seiten der Gläubigen und selbst von Mitgliedern der lokalen Hierarchie eines kriegführenden Landes legitim — und manchmal nur erträglich — sein können, nur zu unrecht als wünschenswert betrachtet werden und schon gar nicht vom sichtbaren Haupt der Kirche, dem Vikar Jesu Christi, erwartet werden dürfen.“

Pius XII. war schonungslos in seinem Entschluß, nicht gegen sein besseres Urteil und gegen die Überlieferungen des Heiligen Stuhles gezwungen zu werden, ein ausdrückliches Urteil über die Verantwortung für Krieg und Kriegsgreuel zu fällen. Der Druck war ungeheuer; er kam durch das Werben der Presse, durch diplomatische Schritte und von würdiger Seite, z. B. den Polen. Nachgeben konnte seiner Ansicht nach und auch auf Grund früherer Erfahrungen des Vatikans nur zu unentwirrbaren Konflikten mit den zeitlichen und opportunistischen Bestrebungen der Kriegsmächte führen. Das war nicht „moralische Führerrolle“ im Sinne des Heiligen Stuhles.

In der Enzyklika „Summi Pontificatus“, veröffentlicht am 27. Oktober, drückte Pius XII. in einer mehr formellen Art und Weise seinen stetigen Standpunkt aus, von dem ihn nichts abbringen konnte. Er sprach deutlich von Polen, doch das Prinzip konnte als allgemeines auch auf andere Fälle angewandt werden.

„Brauchen Wir Euch zu versichern, daß Unser Vaterherz allen seinen Kindern mitleidend in Liebe nahe ist, vor allem den Bedrängten, Unterdrückten und Verfolgten? Schon sind Völker in den mörderischen Strudel des Krieges hineingezogen, und vielleicht stehen sie erst am Anfang des Leidens (Matt. 24, 8); und doch ist bereits in Tausenden von Familien Tod und Verwaisung, Trauer und Elend bitterer Hausgast gewesen. Das Blut von ungezählten Menschen, auch von Nichtkämpfern, erhebt erschütternde Klage, insbesondere auch über ein so geliebtes Volk wie das polnische, dessen kirchliche Treue und Verdienst um die Rettung der christlichen Kultur mit unauslöschlichen Lettern in das Buch der Geschichte geschrieben sind und ihm ein Recht geben auf das menschlich-brüderliche Mitgefühl der Welt. Vertrauend auf die mächtige Fürsprache Mariens, der Hilfe der Christen, ersehnt es die Stunde einer Auferstehung nach den Grundsätzen der Gerechtigkeit und eines wahren Friedens."

Diese Worte, wie andere charakteristische Ausdrücke päpstlicher Empfindungen, könnten als bloße rhetorische Gedankenflüge erscheinen, ohne Beziehung zu der eigentlichen Not der Welt in dieser kritischen Zeit. Solch negative Beurteilungen kommen manchmal von denen, die eine andere Behauptung aufstellen wollen und darum ihrer Phantasie keine Grenzen setzen, um allerlei verborgene Sinndeutungen in den päpstlichen Worten zu finden. Ein faires Herz wird in diesen Worten — die in einer Zeit außergewöhnlichen Taktes sorgfältig geprüft werden müssen — Mitleid und Verurteilung finden, was sie auch enthalten sollten.

Wir kommen zum 10. Mai 1940, als die deutschen Truppen die Grenzen der neutralen Länder Belgien, Holland und Luxemburg überschritten. Diesmal fand der Papst einen anderen Weg, um seine Sympathie und Solidarität auszusprechen, ohne seine unparteiliche Stellung zu gefährden oder eine öffentliche Mißbilligung zu gebrauchen. Die drei Telegramme, die er sofort den drei Monarchen dieser Länder sandte, hatten den gleichen Inhalt, wenn sie auch in der Form ein wenig verschieden waren. An König Leopold von Belgien schrieb der Heilige Vater, daß es das zweite Mal in der Geschichte Belgiens wäre, daß dieses Land gegen seinen Willen und sein Recht in einen Krieg hineingezogen würde, und er bete, „... daß die schwere Prüfung mit der Wiederherstellung der vollen Freiheit und Unabhängigkeit Belgiens enden möge".

Der Papst erklärte einem italienischen Diplomaten, daß seine Botschaften nicht politische wären, sondern nur Ausdrücke seines Mitgefühls im Unglück und kein Wort gegen die Deutschen enthielten. Doch der Diplomat (Gesandter Dino Alfieri) machte in seinem Bericht die trockene Bemerkung, daß die Tatsache der Botschaft bereits selbst ein politischer Akt sei. Der Papst erklärte seine Handlung und verteidigte seine „Unparteilichkeit". Diese wurde auch den deutschen Bischöfen mitgeteilt, von denen der Papst Berichte über Klagen erhalten hatte. Pius XII. verließ sich grundsätzlich auf eine Darlegung von Reichskanzler Bethmann Hollweg, der im August 1914 offiziell zugegeben hatte, daß Deutschland gegen das internationale Gesetz handelte, als seine Truppen in Belgien einfielen, da Belgiens Neutralität durch einen Vertrag garantiert sei. Wenn nun der deutsche Reichskanzler so offen reden konnte, dachte der Papst, dann könnte dieselbe Freiheit eines Urteils auch anderen erlaubt sein. Der Papst schrieb in diesem Sinne an die Bischöfe in Fulda am 6. August 1940:

„Wenn im Jahre 1914 der verantwortliche deutsche Staatsmann den Einmarsch in das neutrale Belgien als jenseits des Völkerrechts stehend anerkannte — ohne deshalb in seiner patriotischen Gesinnung angezweifelt zu werden —, kann es da ein einsichtiger und unabhängiger Beurteiler dem Vater der Christenheit verargen, wenn er bei der erschütternden Wiederholung und Ausdehnung dieses Vorgangs den Völkern, die in amtlichen Beziehungen zum Heiligen Stuhl stehen, Sein Väterliches Gefühl ausspricht und die Erwartung, daß nach dem Krieg — im Rahmen der dann zu schaffenden neuen Friedensordnung — auch diesen kleinen und friedlichen Völkern ihre Lebensmöglichkeit in Gerechtigkeit und Freiheit wiedergeschenkt wird?"

Der Papst wies dann darauf hin, daß er das Wort „Deutschland" gar nicht erwähnt habe und daß er „politische" Ausdrücke absichtlich vermeide. Darum wies er die Beschuldigung zurück, daß seine Telegramme antideutsche Tendenzen enthielten. Er sagte, daß nur diejenigen ihn anklagen könnten, die selbst keinen gerechten Frieden nach dem Kriege wollten.

Es ist nicht im Bereich dieser wissenschaftlichen Untersuchung, alle Fragen über Neutralität und Unparteilichkeit — oder „moralischer Führerrolle" — während langer qualvoller Kriegsjahre zu beantworten. Nationale Gefühle neigen manchmal dazu, gewisse Worte oder Gesten des Papstes falsch auszulegen. Propagandisten auf beiden Seiten waren stets bereit, sich päpstliche Reden anzueignen und, wenn gelegen, dieselben zu benutzen oder zu verdrehen, um sie für ihre eigenen laufenden Tagesnachrichten zu gebrauchen. Rein religiöse Standpunkte wurden oft mit politischer Färbung ausgelegt. Wenn der Papst es wagte, von Frieden zu sprechen, wurde er gleich der Parteilichkeit oder der Wehrkraftzersetzung beschuldigt.

Das allgemeine Publikum, stets von offiziellen und inoffiziellen Propagandisten geführt, fand „Greueltaten" die brauchbarsten Waffen, um den Feind anzuschwärzen und die Energie der Bevölkerung hinter der Front immer neu anzuspornen.

Während der ersten Monate hatten diese Verbreitungen einen, man könnte sagen, traditionellen Charakter: Drohungen über den Gebrauch von Gasgranaten; Bombardierung von nicht-militärischen Zielpunkten, besonders von Kathedralen und Hospitälern; das Versenken von neutralen Schiffen; die Behandlung von Kriegsgefangenen; die karge Ernährung von feindlichen Bevölkerungen; drückendes Verfahren der Polizei; die Gefangennahme von Geiseln, Hinrichtungen, etc. Was für die eine Seite als Greueltat verschrien wurde, war für die andere Seite eine militärische Notwendigkeit.

Doch während der Nazi-Besetzung von Polen erreichte die Grausamkeit einen neuen Höhepunkt. Später, als der Widerstand im Osten und Westen wuchs, erreichte die Reaktion der Besatzungstruppen einen neuen Höhepunkt. Zu gleicher Zeit verursachten die Alliierten durch das Bombardieren von zivilen Zielen nicht nur großen Schaden, sondern auch größere Verluste von Menschenleben als im I. Weltkrieg. Zugleich erreichte die ökonomische Ausbeutung der besetzten Länder mit der Beschlagnahme von Produkten und der Deportation menschlicher Arbeitskraft nach Deutschland eine neue Ausdehnung in der Kriegsführung.

Dieser Stil der Tyrannei in Europa im Namen der Mächtigen wurde durch die graphische Darstellung der Multiplikation der Konzentrationslager in Europa offensichtlich. Grausamkeiten waren hier nur möglich, weil niemand, der hier gefangen war, das Lager lebend verlassen durfte. Sogar dem Internationalen Komitee vom Roten Kreuz wurde der Zugang verweigert. Ein besonderer Haß wurde den Juden gegenüber gezeigt, deren tragisches Schicksal und Exil unter den Völkern

Sympathie und Empörung erregten, obwohl der Grund für das Exil nicht bestimmt bekannt war.

Polen war das erste und für lange Zeit das Hauptzentrum der Nazi- und SS-Schreckensherrschaft. Hier befanden sich die meisten der bekannten Konzentrationslager. Der Polnische Gesandte beim Heiligen Stuhl, Casimir Papée, hatte die traurige Aufgabe, Neuigkeiten aus Polen zu unterbreiten, die er von der Regierung in London und bevollmächtigten Agenten in Polen erfuhr. Er machte das mit Eifer und Ausdauer während der dunkelsten Jahre der Besatzung. Die veröffentlichte Korrespondenz und die Gespräche mit dem polnischen Gesandten im Vatikan beschreiben viel und lassen sogar noch mehr die Qual und auch die Hilflosigkeit des Heiligen Vaters angesichts dieser traurigen Tatsachen durchblicken. Es war nicht Mangel an Mitgefühl oder an Wissen, sondern die Gegenwart der Gewalt, rücksichtsloser Gewalt, die seinen Mund verschloß. Die Wahrscheinlichkeit, daß eine formelle Verurteilung der Nazi-Greueltaten durch den Papst die Lage der Opfer erleichtert hätte, war sehr gering; dagegen war es möglich, daß ein so gezeigtes Interesse des Papstes noch größere Grausamkeiten verursacht hätte. Die Verantwortung dafür hätte man auf den Papst gelegt. Nach der Ansicht des Heiligen Vaters lag das Gute, das er zu der Zeit für Polen tun konnte, nicht auf dem Wege strengen mündlichen Tadels.

Die Reden und Vorträge des Papstes in diesen Jahren, besonders als die Nazi-Greuel den Höhepunkt erreichten, spiegeln den Schmerz des väterlichen Herzens des „Vaters aller“ wider. Seine in Worten ausgedrückten Gefühle sollten nicht gering eingeschätzt noch verworfen werden, nur weil sie keine klaren Verurteilungen und Namen enthalten. Wenn wir sie lesen, damals und jetzt, im Lichte heutiger Nachrichtenvermittlung, dann wird ihr Sinn ganz klar. Bis zuletzt hielt Pius XII. fest an der Leitlinie von Benedikt XV. und an dem Ratschlag seines früheren Vorgesetzten, Cardinal Gasparri. Es war nicht nötig, 30 Jahre zu warten, bis es klar wurde, daß er den einzig möglichen Weg angesichts des Weltkrieges gewählt hatte, einen Weg, dem er fest, treu, nicht wankend, und mit heldenhafter Standhaftigkeit bis zum Ende folgte.

II. Das Verhältnis des Pacelli-Papstes zum Deutschen Reich und zu den Deutschen

Benedikt XV. hatte für Pius XII. wichtige Präzedenzfälle gesetzt. Doch der Zweite Weltkrieg stellte nicht einfach eine Wiederholung des vorangegangenen europäischen Konfliktes dar. Benedikt XV. hatte es mit einem vorwiegend politischen und wirtschaftlichen Krieg zwischen den imperialistischen Mächten zu tun. Pius XII. aber sah sich einem Krieg gegenüber, in dem tiefgehende ideologische Fragen auf dem Spiel standen. 1914 teilten mehr oder weniger alle kriegführenden Nationen die gemeinsamen christlichen Werte oder zumindest die liberale Kultur des 19. Jahrhunderts. 1939 wies eine der großen kriegführenden Parteien öffentlich die traditionellen Werte europäischer Kultur verächtlich zurück zugunsten eines neuen Systems, das man am besten als Neo-Paganismus bezeichnen könnte. Der Hl. Stuhl konnte dem Sieg der Nationalsozialisten nicht gleichgültig zusehen. Eine Nazi-Vorherrschaft auf dem alten Kontinent hätte ein unabsehbares Unglück für die katholische Kirche, für die Christenheit und für alle überlieferten Werte des Westens bedeutet. Das wußte keiner besser als Pius XII.

Unter diesen Umständen bekommen „Neutralität“ und „Unparteilichkeit“ offensichtlich eine neue Bedeutung. Das Problem der „moralischen Führerrolle“ erfährt aus demselben Grund eine neue Dringlichkeit. Pius XII. war lange genug und eng mit den deutschen Problemen vertraut und er kannte persönlich zahlreiche führende Persönlichkeiten aus Kirche und Staat. Unbeschadet seiner Pflichten als gemeinsamer Vater aller Völker hatten die Beziehungen Pius XII. zu den deutschen Katholiken einen ganz besonderen Charakter. Die dringenden Probleme des Konflikts zwischen Kirche und Staat im Reich bewogen ihn 1939, als Papst die Leitung der deutschen Angelegenheiten im Vatikan selbst in die Hand zu nehmen. Sein ausgedehnter, nach dem Krieg veröffentlichter Briefwechsel mit den deutschen Bischöfen (Bertram, von Preysing, von Galen usw.) während des Krieges hat in der Korrespondenz mit Bischöfen anderer Länder nicht seinesgleichen.

1939 standen der Hl. Stuhl und die katholische Kirche in Deutschland mit den Nationalsozialisten bereits auf Kriegsfuß. Die Tinte auf dem Konkordat von 1933 war noch nicht getrocknet, da brach schon der Streit los und Hitlers böse Absicht wurde offenbar. Bis 1937 war der Konflikt so ernst geworden, daß er zur Abfassung der Ensyklika „Mit brennender Sorge“ führte, einer scharfen öffentlichen Verurteilung des Nationalsozialismus. Das päpstliche Dokument — an dessen Abfassung der Kardinalstaatssekretär Eugenio Pacelli maßgeblich beteiligt war — prangerte nicht nur die Verletzungen des Konkordats an, sondern lehnte vor allem die Philosophie von einer absoluten Macht des Staates ab, wie sie sich in Gesetzen, die Menschen das Recht auf Fortpflanzung absprechen, niederschlug, und verurteilte ganz besonders die Lehre von der rassischen Überlegenheit. Dieses offene päpstliche Dokument erhielt von Deutschlands Nachbarn nicht viel Unterstützung; manche von ihnen kritisierten Pius XI. wegen „Einmischung" in innerdeutsche Angelegenheiten. Es vermochte ja tatsächlich nicht, den Nazis Einhalt zu gebieten, ja löste im Gegenteil die sogenannten „Sittlichkeitsprozesse" aus.

Bei der Verachtung, die sie der katholischen Kirche gegenüber an den Tag legten, war es ein bevorzugtes Thema der Naziführer, darauf hinzuweisen, die Kirche solle ihnen dankbar sein, daß sie Europa vor dem „Bolschewismus" gerettet hätten; zumindest aber dankbar für das Geld, das der Staat für die Tätigkeit der Kirche bereitstelle. Diese Behauptungen wurden von Pius XI. und seinem Kardinalstaatssekretär entschieden zurückgewiesen.

Der Kriegszustand gab Hitler eine neue und gefährliche Waffe in die Hand. Statt mit einem bloß internen Konflikt zwischen Kirche und Staat hatte der Papst es nun mit dem Ausbruch patriotisch-nationaler Gefühle zu tun. Wenn die Existenz Deutschlands auf dem Spiel stand und die Deutschen zu Millionen aufgerufen wurden, ihr Leben für das Vaterland einzusetzen, wie konnten da die Führer der Kirche sich den Nazis widersetzen, ohne zugleich Gefahr zu laufen, das religiöse Problem als politisches, das heißt aber „feindliches" Treiben eingestuft zu sehen? Wie konnte der Hl. Stuhl seinen entsprechenden „Parallelkrieg" mit dem Dritten Reich fortsetzen, ohne sich gleichzeitig mit dessen Kriegsfeinden zu identifizieren? Wie konnten die deutschen Bischöfe sich dem anti-religiösen Treiben ihrer Regierung widersetzen, ohne sich dem Vorwurf auszusetzen, sie untergrüben in einer Zeit höchster nationaler Gefahr die Kriegsanstrengungen?

Es ist bemerkenswert, daß Pius XII. trotz der schrecklichen Gefahr, von jeder der kriegführenden Parteien mißverstanden und ausgenutzt zu werden, es von den ersten Wochen des Kriegszustandes an darauf ansetzte, der Weltöffentlichkeit mitzuteilen, was seiner Ansicht nach ein Sieg der Nazis tatsächlich bedeuten würde. Die Naziführer vermochten freilich zwischen den Zeilen seiner sorgfältig formulierten

Sätze zu lesen. Das vielleicht deshalb, weil sie selbst sehr genau wußten, welches ihre Ziele waren, und nun sehen konnten, daß auch der Papst die Ziele des Nationalsozialismus erkannt hatte. Die Antrittsenzyklika Pius' XII. *„Summi Pontificatus"* vom 20. Oktober 1939 wurde in deutschen Nazikreisen als deutlich gegen das NS-System gerichtet angesehen, auch wenn sie weder Provokationen enthielt noch Namen nannte. Während der reichsdeutsche Botschafter beim Hl. Stuhl, Diego von Bergen, von Rom aus die Enzyklika in einem günstigen Licht zu schildern versuchte, waren seine Vorgesetzten in der Wilhelmstraße anderer Meinung. In Beantwortung eines dieser rosaroten Berichte des Botschafters schrieb ein Beamter am 30. November an ihn: „Die verhältnismäßig günstige Beurteilung, die die päpstliche Enzyklika ‚Summi Pontificatus' in dem nebenbezeichneten Bericht gefunden hat, wird hier nicht geteilt. Es besteht hier die Auffassung, daß Papst Pius XII. mit dieser Enzyklika, die sich im wesentlichen auf eine Verurteilung des totalitären Staatsprinzips richtet, in erster Linie das Dritte Reich treffen wolle."

Der Papst hatte offensichtlich klar und deutlich zum Lager der Nationalsozialisten gesprochen. Die Nazis verstanden im allgemeinen sehr wohl, was hinter den vagen und allgemein formulierten Sätzen stand, die der Hl. Vater in seinen verschiedenen Ansprachen und Botschaften gebrauchte. Da sie besonders empfindlich für jede Form der Kritik und des Widerstandes waren, fiel es ihnen nicht schwer, in den sukzessiven Äußerungen des Papstes die Fortsetzung eben jenes ideologischen Krieges zu erkennen, der seit dem Erscheinen von „Mit brennender Sorge" bestanden hatte. Auch wenn die dokumentarischen Belege dafür sehr umfassend sind und über unser eigentliches Problem hinausgehen, ist es doch nützlich, einige Beispiele anzuführen. Denn sie geben ein Bild von dem tätigen Wirken der „moralischen Führung", die Pius XII. trotz der Schwierigkeiten der Kriegsverhältnisse erfolgreich fortsetzte.

Am 20. April 1941 sandte Pius XII. an seinen Staatssekretär Kardinal Luigi Maglione ein Schreiben, in welchem er anläßlich des bevorstehenden Marienmonats Mai zum Gebet für den Frieden aufforderte. Weniger gut informierte Leute in den Reihen der Alliierten werden die Worte des Papstes möglicherweise als zu vage befunden haben, doch die Gestapo reagierte anders. Am 6. Juni wies der Leiter des Reichssicherheitshauptamtes (RSHA), Reinhard Heydrich, die lokalen Gestapoführer an, die Verbreitung dieser päpstlichen Botschaft zu verhindern. Ärgerlich erklärte er:

„In diesem Schreiben geht der Papst fast ausschließlich von der Mentalität der Feindstaaten Deutschlands aus. Er spricht fast nur von den bitteren Qualen und der Pein des gegenwärtigen Krieges, von der Verwirrung, von der Herrschaft von Unrecht und Gewalttat, von dem Wüten der Verwüstungen der Feindschaft und von dem Leid der Flüchtlinge, der Verbannten, Ausgewiesenen und Gefangenen und fordert dann besonders die Kinder auf, zu Maria zu beten, daß sie die vielen Tränen trockne und der größten Bedrängnis helfe und die gegenwärtigen Schmerzen lindere.

Das Schreiben des Papstes" — fährt Heydrich fort — „soll offenbar, wie alle seine übrigen Verlautbarungen, weiterhin dazu beitragen, die geschlossene Front des deutschen Volkes durch pazifistische Gedankengänge zu lähmen und die Widerstandskraft der Feindvölker aufzustacheln."

Analog dazu erfolgte die Weisung an die Gestapo, sämtliche Exemplare kirchlicher Amtsblätter, die den Abdruck dieser beleidigenden Papstworte wagen sollten, zu beschlagnahmen.

Eine Woche vorher, am 13. April 1941, dem Osterfest, wurde die Osteransprache des Papstes aus denselben Gründen von der Gestapo beschlagnahmt. Sie war nach Auffassung der Machthaber „antideutsch". Das war natürlich zu einer Zeit, als die Macht der Nationalsozialisten überall Triumphe feierte. Am Jahresende gebrauchte Pius XII. in seiner Weihnachtsbotschaft, auch wenn er den Krieg im Osten nicht erwähnte, wiederum Worte, die die Nazis als gegen sich gerichtet auffaßten. In dieser Weihnachtsbotschaft von 1941 legte der Papst mit aller Ausführlichkeit in fünf Punkten einige wirtschaftliche und sozialpolitische Gedanken dar — alles in einem „anti-deutschen" Sinn. In der Stellungnahme des RSHA vom 25. Februar 1942, die Heydrich an alle Gauleiter versandte, heißt es, daß der Papst nichts über den Bolschewismus zu sagen gehabt habe und daß die Botschaft ausschließlich gegen das Dritte Reich gerichtet sei. Der Wortlaut dieses Berichtes und die von ihm besonders beanstandeten Sätze der Papstbotschaft verdienen ausführlichere Zitierung, stellen sie doch in charakteristischer Weise die Bedeutung und Absicht dar, die die Nazis der vorsichtigen und keineswegs provozierenden Sprache Pius XII. unterstellten.

Nach Zusammenfassung der fünf Punkte der Botschaft ruft Heydrich aus:

„Die Formulierung derartig konkreter Forderungen von seiten des Papstes zeigt, daß er nun den Augenblick als gekommen ansieht, offen mit seinem Programm der Neuordnung im katholischen Sinne an die Weltöffentlichkeit zu treten. Offensichtlich ist beabsichtigt, der Neuordnung durch das nationalsozialistische Deutschland ein katholisches Gegenstück gegenüberzustellen. Diese Absicht geht aus dem Inhalt der genannten fünf Punkte eindeutig hervor. Um aber keinen Zweifel darüber zu lassen, daß sich dieses politische, wirtschaftliche und soziale Programm des Papstes gegen den Nationalsozialismus richtet, fügt er seinen fünf Punkten einen Protest gegen die Verfolgung der Kirche in ‚einigen Gegenden' an."

Der Chef der deutschen Geheimpolizei zitiert dann aus der Weihnachtsbotschaft. Wir können nicht umhin, diese Worte hier ebenfalls wiederzugeben:

„Es erscheint uns darum unerklärlich, wie in einigen Gegenden vielfache Maßnahmen der christlichen Glaubensbotschaft die Wege sperren, während eine christentumsfeindliche Propaganda sich hemmungslos austoben darf. Man sucht dort die Jugend dem segensreichen Einfluß der christlichen Familie zu entziehen und der Kirche zu entfremden, erzieht sie in einem Christus feindlichen Geiste, in einem dem christlichen entgegengesetzten Denken, Bewerten und Handeln. Man erschwert das Wirken der Kirche in Seelsorge und Caritas nach Möglichkeit und sucht ihren Einfluß auf den Einzelnen und die Gemeinschaft auszuschalten. Und all diese Maßnahmen wurden im Verlauf des Krieges nicht gemindert oder eingestellt, sondern unter verschiedener Rücksicht nur noch verschärft. Daß dies alles und noch anderes mehr in der Not der gegenwärtigen Zeit sich fortsetzen konnte, ist ein trauriger Gradmesser für den Geist, womit die Feinde der Kirche der eigenen Volgsgemeinschaft zu allen anderen, wahrlich nicht geringen Opfern auch noch die drückende Last seelischer Bitternis zumuten, die ihr Gewissen beschwert."

Der Papst fuhr, wie Heydrich schrieb, fort:

„Gott ist uns Zeuge, wie sehr wir alle Völker ohne jegliche Ausnahme mit der gleichen Liebe umfassen, Gott, der seine Sonne aufgehen läßt über die Guten und über die Bösen und regnen läßt über die Gerechten und die Ungerechten. Um auch den Schatten einseitiger Parteinahme zu vermeiden, haben wir uns bisher äußerste Zurückhaltung auferlegt. Allein die kirchenfeindlichen Maßnahmen und die Ziele, die sie verfolgen, steigern sich in einem Grade, daß wir uns verpflichtet fühlen, im Namen der Wahrheit ein offenes Wort zu sprechen, schon um einer möglichen unheilvollen Verwirrung unter den eigenen Gläubigen zu begegnen."

Die Weihnachtsbotschaft des folgenden Jahres, 1942 — Heydrich war inzwischen bei einem Mordanschlag umgekommen — interpretierte dessen Nachfolger, Heinrich Müller, nach dem Muster nationalsozialistischen Denkens in genau derselben Weise. Am 22. Januar 1943 schrieb er an seinen Vorgesetzten Heinrich Himmler: „Die letzte Weihnachtsbotschaft des Papstes zeigt also erneut, daß er sein Ziel, die werdende neue Ordnung der totalitären Staaten zu bekämpfen, um eine universale christliche Neuordnung herbeizuführen, systematisch weiter verfolgt."

Jeder, so sagte Müller, wisse, was der Papst meine: „Sowohl nach päpstlichem Sprachgebrauch als auch nach den Kommentaren der ‚neutralen' und feindlichen Presse richten sich diese Vorwürfe gegen das nationalsozialistische Deutschland."

In derselben Weise hätte die Gestapo und die Parteiführer auch andere päpstliche Erklärungen auslegen können: trotz deren anscheinend allgemeinem Charakter und trotz des Verzichts auf namentliche Erwähnung eines Landes konnte es doch nur für jene Zweifel geben, die einfach nicht verstehen wollten. Außer den berühmten Weihnachtsbotschaften seien in diesem Zusammenhang noch folgende päpstliche Erklärungen genannt: die Ansprache Pius XII. vom 2. Juni 1940, seine oben erwähnte Osterbotschaft vom 13. April 1941, die Radioansprache am 13. Mai 1942, seine Rede vor den Kardinälen vom 2. Juni 1943, seine Ansprache an Arbeiter vom 13. Juni 1943, seine Botschaft zum 4. Jahrestag des Kriegsausbruches am 1. September 1943. Am Ende des Krieges stellte Pius XII. am 2. Juni 1945, seinem Namenstag, mit Befriedigung fest, daß sein geistliches Lehramt nicht ohne Wirkung auf die Gläubigen Deutschlands geblieben sei. „Wir wissen, daß unsere Botschaften, besonders jene von Weihnachten 1942, trotz aller Verbote und Behinderungen auf den Diözesantagungen des deutschen Klerus eingehend besprochen und studiert und sodann dem katholischen Volk dargelegt und erklärt worden sind." Pius XII. durfte mit Recht annehmen, daß seine „moralische Führung" ihr Ziel nicht verfehlt habe.

Während der ersten Kriegsmonate gab es zwischen Berlin und dem Vatikan keinerlei auf Gegenseitigkeit beruhende Kontakte. Die Beziehungen waren auf einem toten Punkt angekommen, es herrschte eine Art „Stillhalteabkommen". Wenn Hitler das Konkordat von 1933 zwar auch nicht öffentlich widerrief, so behandelte er es praktisch doch als nicht-existent. Wenn er seinen Botschafter vom Vatikan nicht abzog, so benützte er seine diplomatischen Kontakte in Rom lediglich dazu, durch Proteste zunehmenden Druck auszuüben. Wenn der Nuntius in Berlin nicht entlassen wurde, so waren seine Beziehungen zum Außenministerium doch ungewöhnlich unproduktiv. Am 10. Mai 1942 konnte Außenminister Joachim von Ribbentrop sich gegenüber Lammers von der Reichskanzlei damit brüsten, daß in der Wilhelmstraße die unbeantwortet gebliebenen Protestnoten des Vatikan zu einer „ganzen Registratur" angewachsen seien. Zugleich wünschte Berlin keinerlei Teilnahme des Vatikan an deutschen Angelegenheiten. Man durchkreuzte und lehnte das vatikanische Verlangen ab, Botschaften deutscher Kriegsgefangener, die sich in den Händen der Alliierten befanden, zu übermitteln. Man wies jedes noch so bescheidene Hilfsangebot für die Opfer der ausgebombten Städte zurück. Die Mütter und Witwen deutscher Soldaten, hieß es aus Berlin, seien stark genug, ihre Opfer ohne die Kirche zu tragen. Und was die Hilfe für die Bombenopfer betreffe, so sei das Aufgabe des Staates. Eines der wenigen Zugeständnisse — wenn man es so nennen darf — dieser frühen Kriegsjahre war Himmlers Entscheidung, alle verhafteten Priester im selben Konzentrationslager, nämlich in Dachau, unterzubringen. Die bösartige Pressekampagne gegen die Kirche wurde abgebrochen, an ihre Stelle trat völliges Schweigen über alles, was den Papst betraf. Im Juni 1941 wies Hitler die Gestapo an, die in großem Umfang betriebene Beschlagnahme kirchlicher Einrichtungen einzustellen. Diese Maßnahmen können jedoch kaum als „gegenseitig" bezeichnet werden, und die Reichsführer hätten gewiß nie zugegeben, daß sie dem Hl. Stuhl irgendeine Freundlichkeit erwiesen haben. Umgekehrt ersuchte auch das Dritte Reich den Vatikan niemals um irgendeine Gefälligkeit. Die katholische Kirche und allen voran der Hl. Stuhl blieben der „Staatsfeind", der „Gegner".

Zu einem vollen und richtigen Verständnis der tatsächlichen Beziehungen des Hl. Stuhles zum Dritten Reich kann man aber allein durch die öffentlichen Botschaften und Ansprachen des Papstes nicht gelangen. Es gab da noch einen über diplomatische Kanäle geführten „Geheimkrieg", der uns die beste Einsicht in die Politik Pius XII. und in sein moralisches Führertum vermittelt. Angesichts der schwerigen Zeitumstände und um eine mögliche Verstrickung der Kirche und ihrer Probleme in die Intrigen internationaler Politik der kriegführenden Mächte zu vermeiden, zog Pius XII. es vor, seine Proteste mittels vertraulicher diplomatischer Demarchen vorzubringen. Der Nuntius war den ganzen Krieg hindurch in erster Linie damit beschäftigt, dem Außenministerium die vatikanischen Beschwerden gegen die Verletzungen des Konkordats zu überbringen. Diese Proteste wurden ohne Ausnahme zurückgewiesen, unbeachtet gelassen oder zu den Akten gelegt (Ribbentrops „Registratur"). Aber nicht das Konkordat von 1933 stellte für Pius XII. das ernsteste Problem dar, sondern der Stil kirchlicher „Neuordnung", wie sie für den sogenannten Wartegau geschaffen worden war, jenen vom Reich widerrechtlich annektierten Teil Polens, in dem 4 600 000 Menschen lebten, die (bis auf eine Million) alle ihrer Sprache und Gesinnung nach Polen waren. Dieses neue Modell wurde zum „Muster" für die neue Stellung, die der Religion im Nazi-Staat zugedacht war. Das in dreizehn Punkte gegliederte Programm gelangte im Frühjahr 1941 in den Vatikan, nachdem es in dem genannten Gebiet unter der Leitung von Gauleiter Arthur Greiser bereits zur Anwendung gekommen war. Nichts hätte den Papst, wenn er irgendeines Beweises bedurft hätte, besser von den letzten und eigentlichen Absichten der nationalsozialistischen Politik überzeugen können: Ziel dieser Politik war die vollständige Zerstörung der katholischen Kirche und ihre Reduzierung auf eine lokale Gruppe einzelner, die über keinerlei gesetzlich anerkannte Rechte noch über irgendeine Bindung an Rom verfügen. Die Weltöffentlichkeit wußte in diesen Monaten kaum etwas von dem dramatischen diplomatischen Kampf, den Pius XII. mit den deutschen Machthabern austrug, und noch viel weniger ahnte sie von seinen Bemühungen, die Gefahr im Wartegau selbst abzuwehren.

Der wohl aufregendste diplomatische Austausch dieser Zeit betraf den Versuch der deutschen Regierung, ein Vetorecht gegen die Ernennung von Kirchenführern, Bischöfen und sogar Apostolischen Administratoren in den besetzten Gebieten auszuüben. Diese anmaßende Forderung, die am 29. August 1941 gestellt wurde, hat der Hl. Stuhl in einem formellen Schreiben am 18. Januar 1942 allerdings schärfstens zurückgewiesen. Der Vatikan, der dabei die Gelegenheit wahrnahm, auf die zahlreichen Verletzungen kirchlicher Rechte in jenen Gebieten hinzuweisen, fügte hinzu, daß es den Praktiken des Hl. Stuhles widerspreche, irgendwelchen kirchlichen Veränderungen den Vorrang vor einer endgültigen Friedensregelung zu geben:

„Für den Hl. Stuhl ist es sodann eine übliche, von höchsten sittlichen und rechtlichen Grundsätzen bestimmte ständige Praxis — möge er nun mit den Forderungen übereinstimmen oder es sich um angebliche Vorrechte des Staates handeln —, Veränderungen und Neuerungen im religiösen Leben eines besetzten oder im Zuge militärischer Operationen annektierten Landes nicht eher durchzuführen, als bis nach Beendigung der Feindseligkeiten die neue Sachlage in entsprechenden Friedensverträgen oder möglicherweise auch von den zuständigen internationalen Behörden offiziell anerkannt worden ist."

Angesichts dieser Weigerung, die Oberhoheit des Dritten Reiches im besetzten Teil Polens anzuerkennen, griff Hitler zu einer für Pius XII. harten Repressalie. Wenn der Vatikan — so lautete Hitlers Schlußfolgerung — unsere Anwesenheit in diesen besetzten und annektierten Gebieten nicht anerkennt, dann anerkennen wir unsererseits auch nicht das Recht des Hl. Stuhles, mit uns irgendein diesen Raum betreffendes Problem zu erörtern. Am 27. Juni 1942 übermittelte Nuntius Cesare Orsenigo dem Vatikan eine so eben erhaltene Information: „Es wurde beschlossen" — sagte Staatssekretär Weizsäcker —, „die Praktiken und Forderungen, die Gebiete betreffen, die nicht zum Altreich gehörten, nicht mehr zu beachten." Von dieser Stunde an hatte die Wilhelmstraße aufgrund der Weigerung Pius XII., den *status quo* in Polen anzuerkennen, einen einfachen Vorwand, die Appelle und Proteste des Hl. Stuhles, die sich auf Vorkommnisse in jenem Gebiet bezogen, von der Hand zu weisen.

Bekanntlich richtete der Hl. Stuhl am 3. März 1943 an die Reichsregierung eine ausführliche und detaillierte — und letzte — Beschwerde wegen der Verletzung der Rechte Gottes, der Rechte des Menschen und der Rechte der Kirche in dem von Deutschen besetzten Teil Polens. Der Brief war ein ganzes Jahr lang in Vorbereitung gewesen. Er war der Form nach eine Aufzählung von Tatsachen, doch diese Tatsachen stellten erdrückende Beweise für die nationalsozialistische Gewaltherrschaft dar. Die Anschuldigungen des Papstes beschränkten sich ausschließlich auf den kirchlichen Bereich und waren nicht in provokantem Ton gehalten. So konnte der Empfänger sich seiner Verantwortung nicht dadurch entbinden, daß er den Vatikan der Einmischung in Angelegenheiten, die nicht strikt in seine Kompetenz fielen, beschuldigte oder behauptete, der Hl. Stuhl habe sich von systematischer Feindseligkeit leiten lassen. Hat Hitler dieses Dokument jemals zu Gesicht bekommen? Man könnte sich leicht vorstellen, daß Ribbentrop es ihm vorenthielt, weil es zuviel Sprengstoff einschloß. Daran bestand kein Zweifel: es beschäftigte sich mit den Vorgängen in den besetzten Ländern, mit denen sich gemäß Hitlers Verfügung keine Reichsbehörde befassen sollte. Das Dokument blieb bis nach Kriegsende geheim. Es lag nicht in der Absicht Pius' XII., daß sein eigener „Parallelkrieg" in die politischen Kontroversen und die Propaganda der Kriegsmächte verwickelt würde.

In den bisherigen Ausführungen, die nur einen knappen Umriß von der moralischen Führerrolle Pius XII. im Zweiten Weltkrieg mit seinen tiefgehenden ideologischen Problemen und zugleich politischen Gefahren zeichnen, haben wir bisher den äußerst bemerkenswerten Entschluß des Pacelli-Papstes unerwähnt gelassen, Ende 1939/Anfang 1940 als Vermittler zwischen dem deutschen Widerstand und der britischen Regierung zu fungieren, deren Ziel ein „Regierungswechsel" in Deutschland sein sollte. Das Risiko einer solchen direkten Kontaktaufnahme zu Widerstandskämpfern, ja „Verrätern", sowie zu dem eingeschworenen Staatsfeind England, noch dazu in Kriegszeiten, war enorm. Warum beschritt Pius XII. trotz der ihm sonst angeborenen Vorsicht und trotz Wahrnehmung und Abwägung der Gefahren diesen Weg? Wären diese Kontakte von Hitler aufgedeckt worden, hätte die Verwicklung des Papstes in „verräterische" anti-deutsche Aktionen für die Nationalsozialisten genügt, nicht nur das Papsttum, sondern auch die deutsche Hierarchie in Verruf zu bringen. Doch Pius XII. hat — wie es scheint, nach eintägiger Überlegung — beschlossen, dieses Vermächtnis den jahrhundertealten Traditionen des Hl. Stuhles zu hinterlassen. Einen möglichen Wink, wie der Pacelli-Papst darüber dachte, können wir vielleicht den Worten entnehmen, die der Hl. Vater kurz nach Kriegsende in einer Privataudienz gegenüber dem Münchener Rechtsanwalt Dr. Josef Müller („Ochsensepp") äußerte, in dessen Hände er durch die Geheimverhandlungen zu Beginn des Krieges, die das spätere Blutbad der nachfolgenden sechs Kriegsjahre hätten verhindern können, praktisch sein Pontifikat gelegt hatte: „Sie sind doch mit mir der Auffassung, daß wir unseren Kampf gegen diabolische Mächte haben führen müssen? ... Das Ganze muß doch einen Sinn gehabt haben."

PIUS XII., MUTIGER DIENER DES FRIEDENS*

Von Antonio Kardinal Samoré

Am 7. März 1976 hat Paul VI. im Verlauf einer liturgischen Eucharistiefeier in der Peterskirche den 100. Jahrestag der Geburt Pius' XII. feierlich begangen. Während der Ansprache hat der Heilige Vater, oft tief bewegt, ein Bild der Lebensabschnitte Eugenio Pacellis gezeichnet, der charakteristischen Züge seiner Persönlichkeit und der großen päpstlichen Unternehmungen, die nun die Gestalt und die Erinnerung dieses seines Vorgängers Geschichte werden ließen, mit dem er durch eine lange, ergebene und herzliche Freundschaft verbunden war.

Mit bestimmten Worten und dem einfach feierlichen Stil, die dem *Liber Pontificalis* eigen sind, wollte der Heilige Vater auch an die Haltung Pius XII. im 2. Weltkrieg erinnern, wobei er auf falsche und manchmal kränkende Interpretationen verwies. „So viel wurde über ihn in dieser Beziehung gesagt — bekräftigte Paul VI. — und nicht immer der Wahrheit entsprechend, wobei die edle Zurückhaltung seines Charakters und die Ausdrücke seiner Sympathien für dieses oder jenes Volk verfälscht wurden. So darf nicht über diesen großmütigen Papst geurteilt werden, der in seiner menschlichen und christlichen Sensibilität wohl sehr feinfühlig, aber doch immer weise und gerecht war. Wir können sicherlich hinzufügen, daß er immer stark und gerecht war, ein perfekter Beherrscher seiner Gefühle und ein kühner Befürworter der Gerechtigkeit, der ganz im Opfer seiner selbst, der Hilfe in allem menschlichen Leid und im mutigen Dienst für den Frieden aufgegangen ist[1]."

Zwei Jahre vorher, am 10. März 1974, hatte Papst Paul VI. anläßlich der Wiederkehr des Krönungstages von Pius XII. ähnliche Gefühle ausgesprochen, mit der gleichen Betonung einer Zeugnisablegung. „Wir müssen uns Pius XII. als einen Mann vergegenwärtigen, der sich stark und hingebungsvoll der Verteidigung von Recht und Frieden widmete

* Übersetzt aus dem Italienischen von Monika Schindler, Wien.

[1] AAS 68 (1976), S. 219.

und besorgt war wegen jedes menschlichen Unglücks, das vor allem durch die Kriegszeit so mannigfaltig und groß wurde. Jegliche Haltung einer bewußten Unterlassung einer möglichen Intervention seinerseits war ihm fremd, wenn die höchsten Werte des Lebens und der menschlichen Freiheit in Gefahr waren; ganz im Gegenteil, er hat es immer in konkreten und heiklen Situationen gewagt, das zu versuchen, was in seiner Macht stand, um jede unmenschliche und unrechte Handlung hintanzuhalten[2]."

Der „mutige Friedensdienst" war der hervorstechendste und charakteristischeste Teil des Pontifikates von Eugenio Pacelli und seines Programmes. Ich erinnere mich, daß am Abend des 2. März 1939, kurz nach dem ersten apostolischen Segen des neuen Papstes von der äußeren Loggia der Basilika St. Peter, wir im Staatssekretariat, die wir direkt mit ihm zusammengearbeitet haben, indem wir die Klausur des Konklaves ein klein wenig bedrängt hatten, uns auf Knien rund um ihn befanden. Mit bleichem Angesicht und klarem Blick, aus dem die Sorge sprach, segnete uns Pius XII. und näherte sich dann jenen, die seine nächsten Mitarbeiter gewesen waren, Monsignore Domenico Tardini und Monsignore Giovanni Battista Montini, umarmte sie und vertraute ihnen seinen dringendsten Wunsch an: „Morgen möchte ich eine Friedensbotschaft senden."

Am darauffolgenden Morgen nahm diese Botschaft von der Sixtinischen Kapelle ihren Weg in die Welt. Es war nicht nur eine brennende Vorahnung, die aus der Väterlichkeit floß, die Gott in das Herz des neuen obersten Hirten gelegt hatte. Es war auch die Darlegung der Dimensionen des Friedens und seiner Komponenten, der er sich mit nie gezähmter Energie in der Ausübung seines höchsten Amtes widmen sollte. Frieden, wie er aus seinem göttlichen Ursprung zu verstehen ist: „Pacem, Dei munus pulcherrimum, quae exsuperat omnem semsum"; Frieden als Vereinigung der Herzen: „pacem, quam cordati omnes non expetere non possunt"; Frieden als Harmonie zwischen Gerechtigkeit und Caritas: „pacem, quae ex iustitia caritateque oritur"; Frieden der Gewissen: „quae animos amicitia Dei coniunctos refovet"; Frieden in der Familie: „quae domesticum convictum sacro Iesu Christi amore temperat atque componit"; sozialer Friede: „quae Nationes ac gentes per mutuum fraternumque auxilium coniugit"; internationaler Friede: „ut singulae gentes mutua consensione, amico foedere atque adiutrice

[2] *Lehren Pauls VI.* Band XII, S. 222 - 223.

opera, ad universae hominum familiae profectum felicitatemque, aspirante iuvanteque Deo, contendant"[3].

Dieses programmatische Bild, das den Sonnenaufgang des Pontifikates von Papst Pius XII. kennzeichnet, läßt eine Vollkommenheit erkennen, deren ganze Tragweite wir erst heute ermessen können. Es ist wie der Kern, der Keim, der sich je nach der Aufeinanderfolge der Ereignisse entwickelt. Friede wird hier in seiner transzendenten Dimension verstanden, als Geschenk Gottes, und in seiner existentiellen Größe: der Aufbau des Menschen. Und aus diesem letzten Aspekt erscheint er in seiner inneren Bedeutung, wie in der Verschiedenheit der äußeren Horizonte: in der Gemeinschaft des Heimes, der Nationen und der Völker. Die geistigen und moralischen Beweggründe treffen sich mit den juridischen und politischen, um mehr als ein Gebäude, um ein Universum aufzubauen: das Universum des Friedens.

Ein religiöser oder politischer Papst? Heute scheint es überflüssig, sich mit dieser Frage, die bei jedem Papst gestellt wird, aufzuhalten, so sehr hatte der Dienst Pius XII. für den Frieden den Charakter eines vollkommenen Unterfangens, für das Er sich selbst völlig eingesetzt hat: seine zutiefst fromme und religiöse Seele, seine hervorstechende Eigenschaft eines subtilen und perfekten Diplomaten, die profunde Kenntnis von Menschen und Situationen, die er sich durch lange und außerordentliche Erfahrungen angeeignet hatte, seine menschlichen und priesterlichen Vorzüge, seine beeindruckende Kultur. Der Friede wurde für Pius XII. zum Richtstein seiner Lehrtätigkeit als Bischof der Weltkirche und gleichzeitig der diplomatischen Schritte des Heiligen Stuhls oder auch der Kunst, Beziehungen mit Regierungen und Völkern zu unterhalten und auszuhandeln.

„Mann des Friedens" definierte ihn der betagte Kardinal Domenico Tardini. „Die Feinheit seiner Gefühle, seine angeborene Freundlichkeit, seine nachsichtige Güte ließen ihn Schwierigkeiten mit Geduld und Ausdauer überwinden, indem er harte Worte, bittere Sätze und heftige Handlungen vermied. Das alles bestimmte ihn voraus, den Frieden zu lieben, ihn zu wünschen und ihn zu vermitteln[4]."

Hier werden wir unseren Rundblick auf den internationalen Frieden beschränken, indem wir versuchen, einige Aspekte der Aktionen Pius'

---

[3] *Reden und Radiobotschaften Seiner Heiligkeit Pius XII.* Poliglotta Vaticana, Band I, Seite 6.

[4] *Kardinal Domenico Tardini,* Pius XII., Typographie Poliglotta Vaticana 1960, Seite 37.

XII. aufzuzeigen, um zunächst den Krieg zu verhindern und dann, um seine Folgen einzudämmen und das Ende zu beschleunigen, und werden danach auf seine Lehrtätigkeit hinweisen und auf die Anstrengungen, die er gemacht hat, um eine echte Gemeinschaft der Völker in Gerechtigkeit, Ordnung und Frieden zu schaffen.

I. Verteidiger des Friedens gegen die Kräfte des Krieges

Der Sturmwind des Krieges, den Pius XI. befürchtet hatte, begann sich schon am Anfang des Pontifikates von Eugenio Pacelli über der Welt zusammenzuziehen. Pius XII. nahm sofort den „Kampf" auf. Er unternahm alles, um den Ausbruch der Feindseligkeiten zu verhindern, indem er die Büros des Staatssekretariates und der Vertretungen des Heiligen Stuhls im Ausland voll einsetzte.

In der schwierigen und vielseitigen Aktion, die zu diesem Zweck entfaltet wurde, soll hier besonders das Projekt einer Friedenskonferenz erwähnt werden, von der sich der Papst eine Einigung der betroffenen Parteien erwartete, um so die Gefahr eines Waffenganges zu bannen.

Obwohl alles mit größter Diskretion vorbereitet und in die Wege geleitet wurde, wurden schon damals Stimmen laut, die von diesem Versuch sprachen. Jetzt, nach der Veröffentlichung des Werkes *„Actes et documents du Saint Siège relatifs à la 2ème Guerre Mondiale"*[5] kann man mühelos die Etappen rekonstruieren, und von Grund auf die Absichten erkennen, die im Herzen des Papstes drängten, um den Frieden zu bewahren.

Die Initiative geht auf die zweite Hälfte April 1939 zurück. In seiner Osteransprache am 9. April hatte Pius XII. gerade die Klage des Jeremias ausgesprochen: „Dicentes: pax, pax: et non erat pax." Auf die

[5] Von diesem Werk sind bis jetzt, für die Buchhandlung des Vatikanverlages, 9 ziemlich umfangreiche Bände erschienen. Wie schon der Titel sagt, sind darin großteils unveröffentlichte Dokumente gesammelt, die die Aktivitäten des Heiligen Stuhls im Zusammenhang mit dem 2. Weltkrieg betreffen. Sie bestehen aus Noten, die im Staatssekretariat verfaßt wurden, viele davon von Kardinal Luigi Maglione, Staatssekretär, und von den Monsignori Domenico Tardini und Giovanni Battista Montini, manchmal mit handschriftlichen Anmerkungen des Papstes selbst, Berichte der Nuntien und der Apostolischen Delegaten, Botschaften der Bischöfe, Minister und Botschafter. Ein umfangreiches Material, das aus der Sammlung eine wahre Fundgrube für Forscher macht, die die Tatsachen wissenschaftlich-methodisch rekonstruieren möchten.

Weltlage angewendet, drückte sich der Papst so aus: „Siquidem cernere est permotos multis in regionibus cives suaque sorte inquietos formidolosa quadam perturbatione angi, quae peiora portendere mala videatur. Anxitudo trepida animos incessit hominum, quasi iam deteriora impendeant pericula atque immineant[6]."

Mitteilungen über diesen verbreiteten Gemütszustand erreichten den Stuhl Petri von vielen Seiten, durch die vatikanischen Vertreter und auch durch Privatpersonen. Und dazu noch Nachrichten von dem kurz bevorstehenden Ausbruch der Feindseligkeiten. Der Papst kannte überdies die gebrechliche Grundlage, auf der der Frieden aufbaute. „Quomodo habeatur pax — hat er noch in seiner Osterbotschaft gesagt —, si inter Nationes etiam mutua desideretur et aequa rationum aestimatio animorumque consensio, quae per refulgens civilis progressionis iter dirigere gentes queant? Dum, contra, conventiones solemniter sancitae ac data fides ea interdum vi securitateque destituuntur, quibus debita invicem fiducia continetur ac roboratur: qua dempta, increscentem armorum apparatum minuere ac remittere animosque pacare — quod omnibus in votis est — difficilius usque cotidie evadit[7]." Und deshalb hatte er seinen dringenden Friedensappell an die Einzelnen, die Völker und Regierungen erneuert, mit dem er schon sein Pontifikat begonnen hatte.

Am 21. April empfing Pius XII. den Jesuitenpater Tacchi Venturi, einen hochgebildeten Mann, der auch einer der Vermittler zur italienischen Regierung war. Zwei Tage später wurde Pater Tacchi Venturi von Mussolini empfangen und legt ihm in großen Zügen die Idee des Papstes dar, die fünf europäischen Mächte, Frankreich, Deutschland, England, Italien und Polen zu einer Konferenz einzuladen, die die Möglichkeit zu einer Diskussion der kritischen Themen bieten würde, aus denen ein Konflikt entstehen könnte.

Die erste Sondierung in vertraulicher Form schien gute Hoffnungen zu gestatten. In einem Zweiergespräch am darauffolgenden Tag, nach reiflicher Überlegung, erklärte der italienische Regierungschef dem Jesuitenpater Tacchi Venturi, daß er mit dem Heiligen Vater übereinstimme. Er war der Ansicht, daß sein Vorschlag von Hitler nicht zurückgewiesen werden und daß er vor allem von der gesamten zivilen Welt sehr geschätzt werden würde. Um so mehr, als sich der Papst an Nationen wenden würde, die mehrheitlich katholisch seien: in den beiden

[6] *Reden und Radiobotschaften,* Band I, S. 36.

[7] *Ibid.,* S. 37.

Ländern, die großteils protestantisch seien, gäbe es doch viele Millionen Katholiken. Und eine Einladung, die ohne Unterschied und ohne Bevorzugung an die Führer der fünf Nationen gerichtet war, konnte nicht mißfallen und nicht unbeachtet bleiben. Mussolini schlug vor, daß in der Einladung zu der Konferenz der Zweck deutlich präzisiert sei, daß nämlich auf friedlichem Weg jene Fragen bereinigt werden sollten, die Polen und Deutschland, Frankreich und Italien, sowie die anderen, die von ihnen abhingen, entzweiten, und er führte auch an, daß es zweckmäßig sei, die Ausführung dieses Planes bis nach dem 5. Mai zu verschieben, für den eine Ansprache des polnischen Außenministers Joseph Beck[8] angekündigt war.

Pius XII. hielt es aber für günstig, sofort zu handeln. Am 3. Mai sandte Staatssekretär Kardinal Luigi Maglione ein Telegramm an die Vatikanischen Vertreter der anderen vier Nationen, um sie zu Sondierungsgesprächen mit den jeweiligen Regierungen einzuladen, betreffend der Möglichkeit einer Friedenskonferenz. Der Wortlaut des Dokumentes ist folgender: „Der Heilige Vater, in tiefer Besorgnis über die ständig wachsende Gefahr eines Weltkrieges, sendet eine väterliche Botschaft an die fünf Mächte Frankreich, Deutschland, England, Italien und Polen, um sie einzuladen, in einer Konferenz untereinander diejenigen Probleme zu lösen, die den Konflikt zu entflammen drohen. In der Einladung, in der Seine Heiligkeit vermeide, auf Details einzugehen, würde Er als Ziel der Konferenz vorschlagen, jene Streitigkeiten friedlich zu schlichten, die Deutschland und Polen, Frankreich und Italien entzweien, sowie die anderen, die von ihnen abhängen. Eure Exzellenz möge eiligst das oben Erwähnte dieser Regierung zur Kenntnis bringen und mir telegraphisch mitteilen, welche Aufnahme dieser päpstlichen Botschaft zuteil werden wird[9].“ Dem Telegramm an den Apostolischen Nuntius in Polen wurde folgendes hinzugefügt: „Sie werden nicht versäumen, beim Herrn Außenminister, in der Weise, die Ihnen günstig erscheint, vorzubringen, daß ruhige und gemäßigte Worte seine bevorstehende Rede zu einem wertvollen Beitrag zur Befriedung der Seelen machen könnten[10].“

Um Zeit zu gewinnen, ließ der Papst sofort den Entwurf der offiziellen Einladung[11] vorbereiten, der wie ein Appell abgefaßt war, im Hin-

---

[8] *Actes et documents du Saint Siège relatifs à la seconde Guerre mondiale*, Band I, S. 119.

[9] *Ibid.*, S. 120.

[10] *Ibidem.*

[11] *Ibid.*, S. 121.

blick auf die „Zerstörung, das Blutbad und die Tränen“ die aus dem Krieg entstanden wären „um in friedlichen Gesprächen Wege zu suchen, die geeignet scheinen, die Gefahr blutiger Auseinandersetzungen zu bannen“. Dieser Text, der vom Papst persönlich sorgfältigst überarbietet wurde, konnte nicht weitergeleitet werden. Die Aufnahme dieses päpstlichen Vorschlages war nämlich anders, als erwartet werden konnte. Mit verschiedenen Gründen und Nuancen hatten die Verantwortlichen, an die dieser Vorschlag gerichtet worden war, ein negatives Urteil abgegeben. Paris, das zwar nicht eine Ablehnung aussprach, brachte ein „Opportunitäts“-Problem vor, und verlieh dem Wunsch Ausdruck, daß „die Autorität des Heiligen Stuhls unangetastet bleiben möge für den Moment, in dem sie der einzige Rettungsakter sein könnte“[12].

Die britische Regierung zeigte nach Konsultation mit den eigenen Verbündeten Frankreich und Polen die gleichen Vorbehalte[13]. Klar negativ war die Antwort Polens. Die wichtigsten Vertreter des Staates — so liest man in dem Telegramm, das der Apostolische Nuntius in Warschau an den Vatikan gesandt hat — „stellen ihre Übereinstimmung mit erhabenen Absichten fest, vertrauen nicht in Verständnis der Mitglieder der Konferenz für polnische Interessen an Danzig und eigener Vorbereitung, um sich zu betreffenden Fragen zu äußern; befürchten, daß Mißerfolg Kriegsgefahr erhöht; weisen auf direkte gute Dienste der päpstlichen Diplomatie hin; erklären sich bereit, den Standpunkt zu überprüfen, wenn betroffene Mächte geneigt sind“[14]. Die Antwort Deutschlands und Italiens, die vom italienischen Botschafter dem Kardinal Maglione mündlich überbracht wurde, beteuerte überraschenderweise „eine eingetretene Verbesserung der internationalen Lage“ und drückte daher die Meinung aus „daß eine Konferenz der fünf Großmächte verfrüht und jedenfalls derzeit nicht notwendig sei“[15].

Pius XII. lies die Hoffnung nicht fahren. In der Botschaft an das Kardinalskollegium vom 2. Juni zeigte er auch sein Urteil über die Angelegenheit in folgenden Worten: „Von so einem Schritt, der — das sagen Wir mit dankbarem Herzen — im allgemeinen die Sympathie der Regierungen und, nachdem er ohne Unser Zutun der Öffentlichkeit bekannt wurde, die Dankbarkeit der Bevölkerungen zur Folge hatte, er-

[12] *Ibid.*, S. 124.

[13] *Ibid.*, S. 127 - 128.

[14] *Ibid.*, S. 139.

[15] *Ibid.*, S. 138

hielten Wir die Versicherung des guten Willens und der Absicht, den Frieden, der von den Völkern so gewünscht wird, aufrecht zu erhalten ... Wir wollen auch nicht verschweigen, daß Uns auch andere Informationen über diesen Schritt zugegangen sind, über die Gefühle und Absichten einflußreicher Staatsmänner, denen Wir lebhaft danken und die Uns größere Hoffnung machen, daß die Überlegungen einer edlen Humanität, das Bewußtsein der unvermeidbaren Verantwortung Gott und der Geschichte gegenüber, die aufrichtige Beurteilung der wahren Interessen ihrer Völker, genügend Kraft und Gewicht haben, um die Regierungen zu Anstrengungen für die Beibehaltung eines dauerhaften Friedens zu bringen, der die Freiheit und Ehre der Nationen rettet, zu Gedanken und Werken, die in der Lage sind, die echten und psychologischen Hindernisse zu mildern, zu reduzieren oder zu beseitigen, die sich einem aufrichtigen und sicheren Einverständnis entgegenstellen. Ein Umstand, der Uns den Weg für neue Bemühungen und neue Bestrebungen offen läßt[16]."

Diese neuen Bemühungen und Bestrebungen stellen das Kapitel der Interventionen dar, um durch ehrenhafte Übereinkommen eine Lösung der Probleme, von denen das Schicksal des Friedens abhing, zu bewerkstelligen. Ein sehr umfangreiches Kapitel, das auch bis ins Detail dokumentiert ist[17], und das aus dem Zentrum der katholischen Kirche und aus dem Herzen Pius XII. den Strahlungspunkt aller Versuche machte, um den Konflikt hintanzuhalten.

Die beiden darauffolgenden Monate waren tatsächlich nur nach außen hin ruhig. Unter wechselnden Anzeichen kam die Situation in Bewegung und entwickelte sich leider auf den fatalen Ausgang zu. Die entschlossene Absicht des Papstes war es, jedes erfolgversprechende Anzeichen zu nützen und keine Möglichkeit unversucht zu lassen. Die Büros des Staatssekretariates standen in ständigem Kontakt mit den vatikanischen Vertretern, vor allem in Berlin, Warschau und Paris, während man mit Rom vorzugsweise durch die diskrete Vermittlung des Jesuitenpaters Tacchi Venturi in Verbindung stand.

Es wäre zu lange und würde bei bestimmten Aspekten über die Art der vorliegenden Studie hinausgehen, in die fieberhaften Tätigkeiten dieser Wochen einzudringen.

Im vollen Bewußtsein der Heikelkeit des Augenblickes und ohne Illusionen über die Einstellung des III. Reiches wurde der Heilige

---

[16] *Reden und Radiobotschaften,* Band I, S. 153 - 154.

[17] *Actes et documents ...,* Band I, S. 150 - 230.

Stuhl nicht müde, friedliche Vorschläge zu unterbreiten, wobei dauernd die Hauptprobleme im Auge behalten wurden: Danzig, der Korridor, die deutschsprachigen und polnischen Minderheiten. Und so bemühte er sich, gute Dienste zwischen Deutschen und Polen zu leisten. Eine gemäßigte Haltung von Seiten der polnischen Regierung wäre einem Übereinkommen der beiden Parteien zuträglich gewesen, jedenfalls hätte sie nicht geschadet. Und die vatikanische Diplomatie wirkte in dieser Richtung, nicht ohne die tiefe Zuneigung für das polnische Volk zu zeigen und klar zu verstehen zu geben, daß man auf diese Weise keineswegs nazistische Forderungen oder Gewalttätigkeiten billige, sondern den Frieden gewährleisten wolle, das Heil aller und jedes Einzelnen. Was Hitler anlangt, wurde es für günstig angesehen, auf ihn durch den Einfluß des italienischen Regierungschefs Druck auszuüben, und so wurden zahlreiche Schritte bei Mussolini unternommen. Eine nicht weniger intensive und vorsichtige Aktion wurde zur Annäherung Frankreichs und Italiens gestartet, um bessere Beziehungen zwischen den beiden Ländern zu ermutigen und auch, damit Frankreich seinerseits auf Polen Einfluß nehmen könnte.

Was konnte der Oberhirte der katholischen Kirche mehr tun? So viele Aktivitäten, die mit Bangigkeit, Vorsicht und Mut geführt worden waren, waren nicht in der Lage, die Kernprobleme der Uneinigkeiten zu bereinigen. Die Krise um Danzig verschärfte sich und wurde immer bedrohlicher. Ein Augenblick besonderer Empfindlichkeit und Ernstes brach über die Geschichte herein.

Pius XII. hörte noch die Worte mit denen Benedikt XV. im vorhergehenden Weltkrieg sich über die Streitenden erhoben hatte, um das „unnötige Blutbad" anzuprangern, und er hatte vor allem noch den warmen, väterlichen Ton der Worte im Herzen, mit denen Pius XI. wenige Monate vorher die Möglichkeit eines Krieges abzuwenden suchte. Worte, die testamentarischen Wert haben sollten: Papst Pius XI. hatte gesagt: „Unsagbar dankbar für die Gebete, die für uns gemacht worden sind und noch gemacht werden von den Gläubigen der ganzen katholischen Welt, bieten Wir dieses Leben, das uns der Herr für diese Gebete gewährt und fast erneuert hat, mit ganzem Herzen für das Heil und den Frieden der Welt an; daß entweder der Herr über Leben und Tod das unschätzbar lange Geschenk dieses Lebens zurücknehmen, oder daß er noch den Arbeitstag des betrübten und müden Arbeiters verlängern wolle[18]."

---

[18] AAS 30 (1938), S. 309.

Pius XII. beschloß, indem er sich an diesem geheiligten Erbe inspirierte, und fast um in einem einzigen Akt die Kraft seines unmittelbaren Vorgängers zu vereinen, sich direkt an die öffentliche Meinung der Welt zu wenden: es war die Radiobotschaft vom 24. August 1939.

Es sollte sich um eine Intervention handeln, die das Gewissen der Menschen aufrütteln und die Verantwortlichkeit auf die Probe stellen sollte. Daher war die Vorbereitung äußerst sorgfältig. Ich erinnere mich, als ob es gestern gewesen wäre, an die Reisen zwischen Vatikan und Castel Gandolfo, wo der Papst sich während des Sommers aufhielt, die alle dem Zweck dieses wichtigen päpstlichen Aktes dienten. Es wurden vier Entwürfe vorbereitet[19], die der Heilige Vater mit höchster Aufmerksamkeit überprüfte. Er wählte dann jenen, den er für den einschneidensten und entsprechendsten hielt, und überarbeitete ihn persönlich.

Diese Botschaft ist ein Meilenstein geblieben, und wenn man sie nach beinahe 40 Jahren wieder list, erkennt man ihre Tragweite und ihre prophetischen Dimensionen. „Heute, wenn trotz unserer wiederholten Ermahnungen und unserer besonderen Bemühungen die Befürchtungen eines blutigen internationalen Konfliktes immer drückender werden; heute, wenn die Spannung der Geister so weit gekommen ist, daß der Ausbruch des furchtbaren Sturmwindes des Krieges als kurz bevorstehend beurteilt wird, richten Wir mit väterlicher Seele einen neuen und wärmeren Appell an die Regierenden und an die Völker ... Mit der Gewalt der Vernunft und nicht der Waffen wird die Gerechtigkeit zum Durchbruch kommen. Und die Reiche, die nicht auf Gerechtigkeit aufgebaut sind, sind von Gott nicht gesegnet. Eine Politik ohne Moral verrät diejenigen, die sie so wollen ... Mit dem Frieden ist nichts verloren. Alles kann es mit dem Krieg sein[20].“

Nachdem alle Anstrengungen umsonst und die Feindseligkeiten ausgebrochen waren, tritt Papst Pius XII. für die angegriffenen Völker ein, mit einer Energie, die nur ihr Gleiches in der Haltung der Päpste den barbarischen Horden gegenüber findet.

In der Weihnachtsbotschaft des Jahres 1939 klagt er die „vorsätzliche Aggression gegen eine kleines, arbeitssames und friedliches Volk unter dem Vorwand einer weder bestehenden, noch gewollten, noch möglichen Drohung“[21] an: es handelt sich um Finnland. Klar und deut-

---

[19] *Actes et documents* ..., Band I, S. 230 - 238.

[20] *Reden und Radiobotschaften,* Band I, S. 305 - 307.

[21] *Ibid.,* S. 438.

lich verurteilt er „die Graumsamkeiten (von welcher Seite auch immer vollbracht) und den unerlaubten Gebrauch von Vernichtungsmitteln auch gegen Nicht-Kämpfende und Flüchtlinge, gegen Alte, Frauen und Kinder; die Verachtung der Würde, der Freiheit und des menschlichen Lebens, von der Taten ausgehen, die nach Rache vor Gottes Angesicht schreien“[22]. Die mutigen Worte der Verurteilung, unterstreicht Kardinal Tardini, „waren genauso gegen Hitler gerichtet, der im März in die Tschechoslowakei eingedrungen war und im September, zusammen mit Rußland, Polen angegriffen und verwüstet hatte“[23].

Auch vor der Ausweitung des Konfliktes erklärt sich der furchtlose Oberhirte nicht geschlagen und zögert nicht, neuerlich Position zu beziehen. Im Jahre 1940 verurteilt er die Invasion Belgiens, Hollands und Luxemburgs mit ebensoviel Telegrammen, die von ihm unverzüglich und persönlich verfaßt wurden[24]. Und er wird nicht aufhören, die Verletzungen des internationalen Rechtes und des Völkerrechts anzuprangern, ohne sich von Macht und noch weniger von Gewalttätigkeit einschütern zu lassen: um seine Pflicht zu erfüllen, erklärt er sich bereit, sogar dem Konzentrationslager ins Auge zu blicken[25].

II. Die Aktion, um die Rückkehr des Friedens zu beschleunigen und so weit als möglich den Krieg zu „vermenschlichen“

„Nach so vielen gebrochenen Verträgen, so vielen zerrissenen Konventionen, so vielen nicht gehaltenen Versprechungen und widersprüchlichen Veränderungen in den Gefühlen und Handlungen, wurde das Vertrauen zwischen den Nationen geschwächt und ist so tief herabgesunken, daß das Gefühl und der Mut für jedwede großzügige Lösung abhanden gekommen ist.

„Deswegen wenden Wir Uns an alle diejenigen, denen es zusteht, den Anstoß für ein Treffen und ein Übereinkommen für den Frieden zu geben, mit der Bitte, die aus Unserem tiefsten und betrübten Herzen quillt und sagen ihnen:

„Die wahre Kraft muß nicht fürchten, großzügig zu sein. Sie verfügt immer über die Mittel um sich gegen jede falsche Interpretation ihrer

[22] *Ibidem.*

[23] *Kardinal Domenico Tardini,* op. cit. S. 80.

[24] *Actes et documents ...,* Band I, S. 444 - 445; *Kardinal Domenico Tardini,* op. cit. S. 115 - 119.

[25] *Kardinal Domenico Tardini,* op. cit. S. 81.

Bereitschaft und ihres Friedenswillens und gegen alle anderen möglichen Auswirkungen zu schützen.

„Stört oder verdunkelt nicht die Sehnsucht der Völker nach Frieden mit Handlungen, die, anstatt das Vertrauen zu ermutigen, eher den Haß neu entzüden und die Absicht zum Widerstand neu festigen.

„Gebt allen Nationen die begründete Hoffnung eines würdigen Friedens, der weder ihr Recht auf Leben, noch ihr Ehrgefühl verletzt.

„Laßt in höchstem Grade die redliche Übereinstimmung zwischen Euren Grundsätzen und Euren Entscheidungen erkennen, zwischen den Beteuerungen eines gerechten Friedens und den Taten.

„Nur auf diese Weise wird es möglich sein, eine ungetrübte Atmosphäre zu schaffen, in der die in einem bestimmten Moment vom Kriegsschicksal weniger begünstigten Nationen an ein Wiederentstehen und ein Wachsen eines neuen Gerechtigkeitssinnes und einer Gemeinschaftlichkeit zwischen den Nationen glauben können, und aus diesem Glauben als natürliche Folge größeres Vertrauen in die Zukunft setzen können, ohne befürchten zu müssen, die Erhaltung, die Unversehrtheit oder die Ehre ihres Landes aufs Spiel zu setzen[26]."

Dieser Appell ist der Radiobotschaft Pius XII. vom 1. September 1943 entnommen, dem 4. Jahrestag des Kriegsausbruches. Er scheint besonders — auch wenn damals offensichtlich die wahre Tragweite nicht erkannt wurde — die Absichten und Methoden zu entdecken, mit denen der mutige Papst den Stürmen des Krieges entgegengetreten ist: *weiter für den Frieden arbeiten* mit den ihm zur Verfügung stehenden Mitteln, aber nicht für irgend einen Frieden, sondern für den Frieden in Gerechtigkeit und Ordnung, der nicht in sich schon die Keime neuer Konflikte trägt, und *gleichzeitig versuchen, die Folgen des Krieges einzudämmen,* und seine Auswirkungen, vor allem auf die Schwachen, die Wehrlosen, die Zivilbevölkerung, die Flüchtlinge, die Internierten und die Gefangenen, zu mildern.

In seiner Vorgangsweise hielt sich Papst Pacelli an die folgenden Ziele[27]:

1. *Alles vermeiden, was die Seelen noch mehr verhärten und in negativer Weise das tragische Schicksal des Friedens beeinflussen könnte.* Er ging von dem Begriff der Mütterlichkeit der Kirche aus und von ihrer Liebe zu allen Völkern ohne irgendeinen Unterschied. Das hin-

[26] *Reden und Radiobotschaften,* Band V, S. 120 - 121.

[27] *Kardinal Domenico Tardini,* op. cit. S. 162 - 165.

derte ihn allerdings nicht, in diplomatischen Dokumenten sehr energische Stellungnahmen abzugeben: es hat sich gezeigt, daß bestimmte Noten, die der Heilige Stuhl der deutschen Regierung in dieser dramatischen Zeit sandte, ernstlich bei den Nürnberger Prozessen berücksichtigt wurden.

2. *Den Krieg abkürzen.* In allen Reden die in der Zeit zwischen 1939 und 1945 gehalten worden waren und selbst in den Lehrdokumenten spiegelt sich diese quälende Angst. Während über die diplomatischen Kanäle unermüdlich Initiativen gesetzt wurden, die geeignet schienen, jedes Anzeichen zu fördern und zu ermutigen, verabsäumte der Papst keine Gelegenheit, die Verantwortlichen zu einer Niederlegung der Waffen einzuladen und anzuflehen. In diesem Zusammenhang könnte gesondert das gesamte Kapitel der Aufforderungen zum Gebet analysiert werden, die er gewohnt war, pünktlich bei Herannahen des Monates Mai an die Menschen zu richten, und die Gebete, die der Papst selbst anläßlich mehrerer Gelegenheiten zum selben Zweck verfaßte.

3. *Den Frieden vorbereiten.* Im Bewußtsein seiner Mission als Stellvertreter Christi und im Hinblick auf die Lehren aus der Geschichte bemühte sich Pius XII. insbesondere durch seine Worte, konkret den Weg des Friedens zu zeigen und, soweit es in seinen Möglichkeiten lag, seine Verwirklichung zu fördern.

Das alles läuft direkt oder indirekt in den Bemühungen zusammen, die darauf abzielten, den Krieg zu „vermenschlichen". Für unser heutiges Empfinden mag dieser Begriff vielleicht überraschend sein. Der Krieg ist ein Ungeheuer, das die absolute Verneinung des Humanitätsbegriffes darstellt, ohne jeden Versöhnungspunkt. Aber man weiß, daß auch während des Konfliktes bestimmte Verhaltensregeln, ob sie nun festgelegt worden sind oder nicht, doch eine Mäßigung im Namen der menschlichen Grundprinzipien auferlegen. Und je rasender der Kampf, je tragischer die Kampfmethoden werden, um so zwingender wird der Ruf nach der Wahrung der Grundprinzipien der Humanität und Zivilisation. Der 2. Weltkrieg war, laut Definition des Papstes selbst, „der furchtbarste, zerstörendste und verwüstendste Krieg aller Zeiten"[28]. Und das erklärt seine wiederholten Stellungnahmen zum Schutz der Rechte der Opfer.

Schon vom Anfang des Weltkrieges an hatte der Papst diese Sorge gezeigt. Beim Empfang des neuen belgischen Botschafters am 24. Sep-

[28] *Reden und Radiobotschaften,* Band V, S. 119.

tember 1939 verlieh er seinen diesbezüglichen Gedanken Ausdruck: „Wir wollen ganz besonders hoffen, daß die Zivilbevölkerung von jeglicher direkten militärischen Einwirkung ausgenommen sein werde, daß in den besetzten Gebieten Leben, Eigentum, Ehre und die religiösen Empfindungen der Bewohner respektiert werden; daß die Kriegsgefangenen human behandelt werden und ohne Hindernis die Tröstungen der Religion empfangen können; daß der Einsatz von Erstickungs- und Giftgas ausgeklammert bleibe[29]." Wir wissen leider nur zu gut, daß nur die letzte Bitte vollständig in der darauffolgenden Führung der Kriegsoperationen berücksichtigt wurde.

Nicht zufriedengestellt mit den öffentlichen Erklärungen, Aufforderungen und Bitten gründet Pius XII., indem er sich auf eine analoge Erfahrung, wenngleich in bescheidenerem Rahmen, Benedikts XV. während des 1. Weltkrieges stützt, im Vatikan ein *„Informationsbüro"* für die Suche nach Kriegsgefangenen und die Herstellung von Verbindungen zu ihren Familien.

Es kann höchst lehrreich sein, heute das widerzulesen was der damalige Substitut des Staatssekretariates und Leiter desselben Büros, Monsignore Giovanni Battista Montini, schrieb, als er diese Einrichtung der Öffentlichkeit vorstellte. Hier seine Worte: „Lebendiger und tätiger als je zuvor, zeigt sich das alte Institut des römischen Pontifikates, das noch heute durch die Verleumdungen als verbliebenes Relikt eines unterlegenen Egoismus in den Staub gezogen wird, väterlich und in der Lage, aus jedem Winkel der Erde die Bitten und Seufzer der Leidenden und Liebenden anzuhören, fast allein dastehend, um das mit menschlichem und erbarmungsvollen Herzen zu machen, und fast ausgeschlossen aus den kriegerischen Debatten des wild gewordenen internationalen Lebens, und findet hier die Wege seiner lauteren Politik, die einzig und allein bestrebt ist, Gutes zu erweisen; und wenn man es in seine Funktion vertieft glaubt, die ihm noch nicht streitig gemacht worden ist, so als ob seine religiöse Funktion schon überflüssig für den positiven und realistischen modernen Menschen sei, so sieht man wie aus dieser selben Religion der Impuls zu einem neuen und helfenden Werk entsteht, nicht in Unkenntnis jedes modernsten Hilfsmittels, das sie bereit und wirksam machen kann, und die sprechendste Verteidigung seines Glaubens gibt: die christliche Nächstenliebe ... Das karitative Werk Pius XII. zur Linderung der Übel des Krieges, das nicht reich und beschützt, mächtig, immer angenommen oder verstanden wird,

---

[29] *Reden und Radiobotschaften,* Band I, S. 313.

aber immer großmütig, eifrig, universell und vor allem väterlich ist, wird morgen in der vollständigsten Synthese erscheinen, die die Geschichte daraus machen wird[30]." Es wäre gar nicht möglich, auf kleinem Raum eine Aktivität zusammenzudrängen, die, wenn sie auch unvermeidlich inadäquat für die Unermeßlichkeit der Bedürfnisse war, dennoch größte Proportionen annahm und sicherlich auch ihrer hohen Inspiration entsprach.

Der Vatikan wurde in besonderer Weise eine „Zentrale der Nächstenliebe". In Verbindung mit den päpstlichen Vertretungen in der Welt, mit dem Roten Kreuz und, soweit es möglich war, auch mit den lokalen kirchlichen Stellen setzte er sich dafür ein, Brücken zwischen den Kriegsgefangenen und ihren Familien zu schlagen, suchte Nachrichten von Vermißten, unterstützt den dringendsten Bedarf der Flüchtlinge, der Verbannten, der Ausgebombten, indem er Lebensmittel und Kleidung sandte. Das kleine Territorium des Stuhls Petri und die kirchlichen Institutionen Roms wurden zu „Asylen" einer diskreten Aufnahme der politische Verfolgten jeder ideologischen Ausrichtung und für alle jene, die Zuflucht vor den Krallen der Diktaturen suchten. Die päpstlichen Paläste in Castel Gandolfo wurden bis zur Grenze der materiellen Aufnahmefähigkeit zur Zufluchtstätte von Ausgebombten und Obdachlosen.

Pius XII., wachsam und väterlich, erschöpft vom Leiden, aber immer unermüdlich, unterließ nichts, damit den Menschen die brutale Last des Krieges möglichst erleichtert würde. Er trat für die Verurteilten ein, schützte und half den Nichtaraern, er intervenierte, um jene, die gefangen oder deportiert waren, zu befreien.

Die Dokumente, die bis heute veröffentlicht wurden[31] — aber die Serie ist noch nicht vollständig —, bezeugen im Übermaß die wahrhaft fieberhafte Tätigkeit, die unter den Bedingungen einer ängstlichen Dringlichkeit ausgeführt wurde, und die mehr auf dem guten Willen als auf objektiven Möglichkeiten beruhte, mit der der Oberhirte in Rom, über dem furchtbaren brudermodernden Krieg stehend, dem zivilen Gewissen das riesige Epos seiner Nächstenliebe anvertraute. Zur Verteidigung des Menschen.

---

[30] G. B. M. in „*Ecclesia*" Nr. 1, Vatikan, September 1942.

[31] *Actes et documents ...*, Band VI: *De Saint Siège et les victimes de la guerre,* März 1939 - Dezember 1940; Band VIII, *id.* Jänner 1941 - Dezember 1942; Band IX, *id.* Jänner bis Dezember 1943.

III. Meister des wahren Friedens in Ordnung und Gerechtigkeit zwischen den Völkern

Die Bemühungen, um für die tragischen Kriegsereignisse Vorsorge zu treffen, und die Versuche, den gebrochenen Frieden wiederherzustellen, haben Pius XII. nicht daran gehindert, eine außergewöhnliche Friedenslehre darzulegen. Aus der Analyse des Weltkrieges, von seinen frühesten Anfängen bis zu seinem Folgen, hat er ständig Impulse erhalten, um der Menschheit eine eindrucksvolle Masse von Überlegungen, Erwägungen und Prinzipien vorzulegen, die eine wahre „Summa" bilden, die von dem großen Thema des Friedens handelt.

Friedenslehre also. In den 20 Bänden, die seine Akte und Reden beinhalten, ist der Friede das am häufigsten anzutreffende Thema. Vor allem in den weihnachtlichen Radiobotschaften. Diese bilden schon für sich allein eine konzentrierte Abhandlung theologischer und juridischer Weisheit, voll geschichtlichem und humanitärem Geist rund um die verschiedenen Aspekte des Friedens, von wahrhaft ewigem Wert. Papst Johannes XXIII. fühlte auch das Bedürfnis, einen öffentlich zugänglichen Band davon herauszugeben, mit Worten, die es wert sind, hier zitiert zu werden: „Die Serie beginnt — eben zu Weihnachten 1939, mit der Beschreibung der Hauptpunkte für ein friedliches Zusammenleben der Völker. Er fährt im Jahre 1940 mit Vermutungen über die Neuordnung Europas fort, im Jahre 1941 über die internationale Neuordnung. Im Jahre 1942 handelt es sich um die innere Ordnung der Staaten und Völker; im Jahre 1943 wendet er sich im Lichte des Sternes von Bethlehem an die Enttäuschten, Verzweifelten, Treuen, mit Grundsätzen für ein Friedensprogramm. Im Jahre 1944, dem sechsten Kriegsjahr wird das Problem der Demokratie aufgegriffen und geklärt. In den darauffolgenden Jahren nimmt der Friede den Ehrenplatz ein. In den Jahren 45, 46, 47 und 48 ist es tatsächlich immer der Friede unter seinen verschiedenen Aspekten.

„Im Jahre 1949 wird die Ankündigung des Jahres Gottes erläutert, des Jahres, das jenes der großen Umkehr und des großen Verzeihens sein will. Dann wird 1950 wieder das Thema des inneren und äußeren Friedens der Völker aufgenommen; 1951 die Kirche und der Frieden; 1952 folgen bewegende Seiten über die Menschen im Elend und um den Trost Christi. Im Jahre 1953 genaue und transparente Seiten über den technischen Fortschritt in der Welt und den Frieden; 1954 wird die Koexistenz der Menschen in Angst, Irrtum und Wahrheit gezeigt. Im Jahre 1955 wird die Einstellung des modernen Menschen zu

Weihnachten und Christus im historischen und sozialen Leben der Menschheit gezeigt. 1956 die Würde und die Grenzen der menschlichen Natur: eine dichte Überlegung reiner Doktrin und Anwendung auf die konkrete Wirklichkeit, auf das Leben des Einzelnen. Schließlich 1957 Christus als Quelle und Unterpfand der Harmonie in der Welt: bewunderswerte und tröstliche Seiten, die die gesamten Gedanken Papst Pius XII. zusammenfassen[32]." Eine lebendige Substanz dieser weiten und tiefen Lehre des Friedens.

Wenn wir in so einem weitgesteckten Blickfeld einen besonderen Punkt wählen müßten — ohne dadurch die anderen herabsetzen zu wollen —, würden wir unsere Aufmerksamkeit auf die Verbindung von innerer Ordnung der Staaten und internationalen Beziehungen lenken.

In der ersten Enzyklika „Summi Pontificatus" (20. Oktober 1939) lesen wir: „Opinatio illa, quae imperium paene infinitum rei publicae attribuit, non internae tantum nationum vitae et auctioribus componendis incrementis perniciosus error evadit, sed mutuis etiam populorum rationibus detrimentum affert; quandoquidem unitatem illam infringit, qua civitates universae inter se contineantur oportet, gentium iura vi firmitateque exuit, atque, viam sternens ad aliena violanda iura, pacate una simul tranquilleque vivere perdifficile reddit[33]." Und weiter: „Ius gentium a divino iure vindicare, ut in rei publicae moderatorum arbitrio veluti fundamento unice innitatur, nihil alius significat quam illud ipsum ex honoris sui suaeque firmitatis solio detrudere, indemque nimio concitatoque privati publicique commodi studio permittere, quod non alio contendit, nisi ut propria iura efferat, aliena deneget[34]."

Der Staat verfügt nicht über eine unbegrenzte Autorität. Eine gegensätzliche Affassung schadet nicht nur dem inneren Leben des Staates selbst, sondern auch den Verbindungen zu anderen Staaten. Und der Grund dafür ist, daß auf diese Weise die Grundfeste geopfert wird, auf der die Staatsautorität ruht. Diese Basis ist das natürliche Recht, das von dem göttlichen Recht ausgeht, das einen Damm gegen die Verletzung der Rechte anderer und der Gesetze, die das internationale Zusammenleben regeln, bildet.

---

[32] *Reden, Botschaften, Gespräche mit dem Heiligen Vater Johannes XXIII.*, Poliglotta Vaticana, Band I, S. 100 - 101.

[33] *Reden und Radiobotschaften,* Band III, S. 417.

[34] *Ibid.,* S. 419.

Die Voraussetzungen für eine Ordnung zwischen den Nationen bilden den Inhalt der weihnachtlichen Radiobotschaften von 1939, 1940 und 1941. Grundsätzlich ist die Anerkennung des „Rechtes auf Leben und auf Unabhängigkeit aller Nationen, ob groß oder klein, mächtig oder schwach,“[35] und daher der „Sieg über den Haß“ und über die Systeme, die andere Völker in ein „verfälschtes und verletzendes Licht“ setzen[36]. Die neue Ordnung muß daher als Richtlinie Freiheit, Integrität und Sicherheit der Nationen haben „unbeschadet ihrer territorialen Ausdehnung und ihrer Verteidigungskraft“[37].

Dann war da auch der Schutz der Rechte ethnischer Minderheiten. „Im Bereich einer neuen Ordnung, die auf moralischen Grundsätzen aufgebaut ist — verkündete Pius XII. —, gibt es keinen Raum für offene oder versteckte Unterdrückung der kulturellen und sprachlichen Eigenheiten der nationalen Minderheiten, für die Verhinderung und die Verminderung ihrer wirtschaftlichen Fähigkeiten, für die Einschränkung oder Abschaffung ihrer natürlichen Fruchtbarkeit[38].“

Eine andere Voraussetzung ist die gerechte Verteilung der Güter der Erde, Frucht des Sieges über den Egoismus und Utilitarismus, die auf eine Aufhäufung der wirtschaftlichen Quellen und des allgemein notwendigen Materials abzielen und von der Natur weniger begünstigte Nationen ausschließen. „Wenn im zukünftigen Frieden — ermahnt der Papst — dieser Punkt nicht mutig geklärt wird, bleibe in den Verbindungen zwischen den Völkern eine tiefe und große Kluft, aus der bittere Gegensätze und verzweifelte Eifersucht keimen würden, die letztlich zu neuen Konflikten führten[39].“

Ein Punkt von wesentlicher Bedeutung für eine internationale friedliche Ordnung wird von Pius XII. in einem Abbruch des Wettrüstens gesehen, das mit der Notwendigkeit der Vertragstreue Hand in Hand geht[40]. Das Wettrüsten wird als eine „schwerlastende Sklaverei“ definiert, die nicht dazu dient, das Recht zu schützen, sondern zu seiner „tyrannischen Verletzerin“ wird. Das mangelnde Gleichgewicht, das zwischen den Staaten entsteht, trägt in sich schon die gefährlichen Wurzeln, die die Ruhe stören könnten. „Friedensschlüsse, die nicht eine

---

[35] *Reden und Radiobotschaften,* Band I, S. 441.

[36] *Reden und Radiobotschaften,* Band II, S. 350.

[37] *Reden und Radiobotschaften,* Band III, S. 327.

[38] *Ibidem.*

[39] *Ibid.,* S. 328.

[40] *Ibidem:* überdies: Band I, S. 441; Band II, S. 350.

grundlegende Bedeutung der gegenseitigen, einvernehmlichen, organischen und progressiven Abrüstung einräumen, sei es in geistiger oder praktischer Reihenfolge, und die nicht darauf bedacht sind, sie ehrlich durchzuführen, würden früher oder später ihre Inkonsistenz und ihre fehlende Vitalität entdecken." In diesem Zusammenhang ist eine Koppelung der Berufung auf den großen Grundsatz „Pacta sunt servanda" nicht zufällig. Die Überschreitungen, die sich in der Vergangenheit gezeigt haben, sind der Ursprung der Vertrauenskrise zwischen den Völkern und der Rechtsverbindungen zwischen den Staaten. Pius XII. weist in dieser Hinsicht ausdrücklich auf die Notwendigkeit der Institutionen hin, die sich einerseits für die Einhaltung der abgeschlossenen Verträge verbürgen sollen, andererseits, wenn es notwendig sein sollte „entsprechend den Grundsätzen des Rechts und der Gerechtigkeit geeignete Korrekturen oder Überprüfungen ... fördern". Und er unterstreicht: „Diese gemeinsame Arbeit ist für einen dauerhaften Frieden so wesentlich, daß nichts die verantwortlichen Staatsmänner abhalten darf, sie zu beginnen oder aus allen Kräften daran mitzuarbeiten, mit gutem Willen, der, wenn man das zukünftige Heil im Auge hat, auch schmerzhafte Erinnerungen an mißlungene Versuche der Vergangenheit überwinden könnte und sich nicht von dem Bewußtsein der riesigen Kraft, die zu so einem Werk notwendig ist, abschrecken ließe."

Die Achtung der Rechte des religiösen Gewissens ist keine Zugabe, sondern ein Grundsatz, auf den man in einer Friedensordnung nicht verzichten kann[41], und das gilt um so mehr für dieses weite und vielfältige Blickfeld, das ganz von dem Bestreben durchdrungen ist, Religion und Kirche in den Dienst des Friedens zu stellen.

Die Auffassung Pius' XII. steht an den Antipoden des juridischen Positivismus, der Wurzel der Übel, aus denen der Konflikt gewachsen ist, und wertet die ethischen Regeln wieder auf, die die Seele des Rechtes und im besonderen des Völkerrechtes sind[42], älter und höher als jede menschliche Autorität und jede positive Norm. Die großen Erfordernisse des Friedens, die sich um die Gerechtigkeit scharen, können nur in dieser Auffassung gewährleistet werden. „Im Naturrecht ist der Anspruch auf Gerechtigkeit grundlegend, da die Notwendigkeit, nach den Grundsätzen der Gerechtigkeit zu handeln, aus der rationalen Natur des Menschen entsteht. Der Mensch ist nicht mehr Mensch, der

---

[41] *Reden und Radiobotschaften*, Band III, S. 329 - 330.

[42] *Giorgio del Vecchio*, Das internationale Recht und das Problem des Friedens, Rom 1956, S. 10 - 11.

Staat nicht mehr ein Staat von Menschen und für die Menschen, wenn sie in ihren Handlungen die angeborene Forderung nach Gerechtigkeit verleugnen ... Außerhalb jenes Prinzips zerfällt das internationale Vertragssystem und an Stelle der Ordnung internationaler Beziehungen herrscht das Gesetz des Dschungels. In der Gerechtigkeit liegt die Synthese jener Wahrheitselemente, die teilweise auch in anderen Rechtsbegriffen vorhanden sind: der Respekt vor der Persönlichkeit der Staaten, der Solidarität unter den Nationen, des gemeinsamen Wohls, der Ordnung der Gesellschaft der Völker[43].

Wie wir schon angedeutet haben, sah Pius XII. einen tiefen Zusammenhang zwischen der internationalen Ordnung und der inneren Ordnung der Staaten. „Internationale Beziehungen und innere Ordnung sind eng miteinander verbunden, da sie Gleichgewicht und Harmonie zwischen den Nationen darstellen, die von dem inneren Gleichgewicht und der inneren Reife der einzelnen Staaten auf materiellem, sozialem und intellektuellem Gebiet abhängen. Eine feste und ungetrübte Friedensmauer nach außen hin kann in Wirklichkeit nicht ohne eine Vertrauen einflößende Friedensmauer im Innern verwirklicht werden[44]."

Aus diesem Grund wird auf die Basiskriterien für ein Zusammenleben in Ordnung und Ruhe hingewiesen, deren Brennpunkt Würde und Rechte des Menschen bilden, um dann überzugehen auf das Thema Familie, Arbeit, Wiedereingliederung der juridischen Ordnung und des Begriffs des Staates selbst. Es möge genügen, von diesen anderen Worten nur die feste Verurteilung des staatlichen Absolutismus zu unterstreichen, die noch eine entsprechende Darlegung in der Behandlung der Themen der Demokratie erfährt[45].

Die großen Eckpfeiler und die Grundfesten des Gebäudes, das den Frieden in Gerechtigkeit, Ordnung und Brüderlichkeit schützen und festigen soll, wurden von diesem vortrefflichen Papst mit hellem und weitblickendem Auge dargelegt. Wer die einzelnen Aspekte, die von uns angeführt wurden, noch vertiefen möchte, könnte eine Vielzahl von Beweisargumenten finden, auch im Lichte der darauffolgenden Erfahrungen in der Welt, der weisen Vorhersage und der brennenden Aktualität dieser Auffassung.

---

[43] *Guido Gonella,* Voraussetzungen einer internationalen Ordnung, Vatikan 1942, S. 237.

[44] *Reden und Radiobotschaften,* Band IV, S. 329.

[45] Cf. Radiobotschaft für Weihnachten 1944.

IV. Zusammenfassung

Wir möchten diese unsere Überlegungen gerne mit einer Feststellung abschließen, die in gewisser Weise ihre Einheit unterstreicht und die unvermeidlichen Unvollständigkeiten wettmacht. Wir weisen auf das Bewußtsein hin, das Pius XII. hatte und zeigte, voll und ganz den Idealen des Friedens gedient und in allem Möglichen seine Pflicht als Stellvertreter des Friedensfürsten erfüllt, nichts von dem vernachlässigt oder vergessen zu haben, was sein Amt in dieser harten und heiklen Aufgabe erforderte.

Mehrmals fühlte der Papst das Bedürfnis, sich öffentlich diesbezüglich zu äußern. Er wollte sicherlich nicht sich selbst preisen! Die Reinheit, Ergebenheit und Einfachheit seiner Seele, die Würde und Geradlinigkeit seines Gewissens, der Wille, unter jeder Bedingung das echte Bild des kirchlichen Wirkens zu bieten, die Verteidigung der Wahrheit angesichts einer verleumderischen Propaganda — eine nicht neue Tatsache in den Annalen der Kirche, auch in unserem Jahrhundert —, die der Kirche die Verantwortung für den Krieg und seine Dauer anlasten wollte: das war es, was ihn in seinen Stellungnahmen bewegte.

Jedenfalls ist die Tatsache an sich interessant, als Huldigung seiner geistigen Größe und seiner persönlichen Heiligmäßigkeit.

Pius XII. war sich also bewußt, der guten Sache gedient und seine Sendung erfüllt zu haben. „Ein Strom von Frieden über die Welt: das ist der Wunsch, den Wir am längsten in unserer Seele genährt haben, für den Wir inbrünstig gebetet und für den Wir uns eingesetzt haben seit dem Tag, an dem es der göttlichen Güte gefiel, unserer demütigen Person das hohe und fruchtbare Amt des gemeinsamen Vaters der Völker anzuvertrauen[46].“ So schrieb er in seiner Weihnachtsbotschaft des Jahres 1954, die nicht gehalten wurde, weil der Papst damals schon schwer erkrankt war; sie wurde später veröffentlicht, nachdem sie von Ihm gerade in den Tagen nach der schweren Krankheitskrise überdacht und vorbereitet worden war. Sie hat fast testamentarischen Wert.

Bei einer anderen Gelegenheit hatte er gesagt: „In Nachahmung des göttlichen Erlösers haben Wir selbst ... nichts unterlassen, um den Frieden zu verteidigen, um Regierende und Völker vor der Kriegsgefahr zu warnen, um Grundsätze vorzuschlagen, die geeignet sind, neue Konflikte zu vermeiden, um die verheerenden Folgen einzudämmen und zu lindern. Wir können uns wirklich in Aufrichtigkeit fra-

[46] *Reden und Radiobotschaften,* Band XVI, S. 331.

gen: „Quid est quod debimus facere et non fecimus?“ (Is. 5, 4). „Was sollten wir noch mehr tun, und hätten es nicht getan[47]?“

Es ist eine berührende Aussage, die schon mit ihrer transparenten Klarheit für sich spricht.

Aber der strenge Papst zögerte nicht, auch in diesem Punkt auf sehr bestimmte Ausdrucksweisen zurückzugreifen, so als ob er das Urteil der Geschichte herausfordern wollte. „Von der offenkundigen Wirklichkeit der Tatsachen und unseres Werkes wird viel durch ihre trügerischen Worte verdreht werden, da sie sich bemühen, die Verantwortung des Blutes, der Schlachten, der Ruinen der Städte, der Kämpfe in der Luft und in den Abgründen des Meeres auf das Papsttum abzuwälzen[48].“

Mit diesem „würdevollen und klaren Bewußtsein“[49] arbeitete Pius XII., litt und kämpfte er für den Frieden während seines langen Pontifikates und beschritt neue Wege, denenzufolge, wie Paul VI. bestätigte[50], das Papsttum sich nicht auf prinzipielle Erklärungen beschränkt, sondern auf der konkreten Ebene der Handlungen für den Frieden interveniert, indem er sich zum Vermittler zwischen den beiden gegensätzlichen Parteien macht. „Der Friede, vor allem seit der Weihnachtsbotschaft von Papst Pius XII., ist also das Programm unserer apostolischen Präsenz in der Welt geworden“[51]: ein großes und geheiligtes Erbe, wobei unsere Welt mit eigenen Augen sieht, wie sehr sich unser Heiliger Vater Paul VI. einsetzt, um es auf die heutige Gesellschaft zu übertragen, mit einem Einsatz, der, wie man sagen kann, schon geschichtlich ist.

---

[47] *Reden und Radiobotschaften*, Band XIV, S. 141.

[48] *Reden und Radiobotschaften*, Band V, S. 91.

[49] *Dante*, Purgatorio, II, 8.

[50] *Lehren Pauls VI.*, Band VIII, S. 35.

[51] *Lehren Pauls VI.*, Band XII, S. 1143.

DIE DIPLOMATISCHEN AKTIONEN DES HEILIGEN STUHLS FÜR DIE JUDEN IN UNGARN IM JAHR 1944*

Von Robert A. Graham

„Unsere Gedanken sind Tag und Nacht nur auf eines gerichtet: wie Wir dieser bitteren Prüfung begegnen können, indem wir allen ohne Unterschied von Rasse oder Religion helfen, und wie Wir dazu beitragen können, der gequälten Menschheit endlich den Frieden wiederzugeben.“

(Ansprache Pius' XII. an die Kardinäle am 2. Juni 1944 aus Anlaß seines Namenstages, während der Krise des ungarischen Judentums.)

Einleitung

Am 19. März 1944 übernahm Hitler, der seinem zögernden Verbündeten, dem Reichsverweser Admiral Nikolaus Horthy, nicht traute, die tatsächliche Macht in Ungarn. Berlin ging sofort daran, die ungarischen Juden demselben Programm von Internierung, Deportation und Vernichtung zu unterziehen, das auch anderswo schon angewendet worden war — in Polen, der Slowakei, in Rumänien usw. Binnen zweier Monate waren die Todestransporte unterwegs nach Auschwitz und führten Hunderttausende — über 400 000 — ihrem Tod zu. Selbst nachdem es Admiral Horthy gelungen war, die Verschickungen zu unterbinden, blieb die Gefahr bestehen. Bald war er selbst in der Hand der Nazis, und das Land wurde den Pfeilkreuzlern übergeben. Von da an (und zwar von Oktober bis Dezember) regierte der Terror, da das fanatisch antisemitische Regime, das die deutsche Unterstützung, ja Ermunterung genoß, praktisch tun und lassen konnte, was ihm gefiel. Dieser Schrecken endete erst mit dem Erscheinen der Roten Armee von den Toren von Pest. Am 23. Dezember 1944 verließ das Eichmann-Kommando die ungarische Hauptstadt.

In diesen zehn verzweifelten Monaten war der Heilige Stuhl in ständiger Verbindung sowohl mit seinem Vertreter in Budapest, dem Nuntius Angelo Rotta, als auch mit dem in Washington, dem Aposto-

* Übersetzt aus dem Englischen von Heribert Franz Köck, Wien.

lischen Delegaten Amleto Cicognani. Auf diese Weise war er sowohl mit ungarischen Behörden wie mit amerikanischen Offiziellen und jüdischen Organisationen, die um das Schicksal ihrer jüdischen Brüder bangten, in Kontakt. Der Schriftwechsel aus jener Zeit, in der das Drama seine verschiedenen Szenen durchlief, legt in seiner Knappheit und Konkretheit ein eindrucksvolles Zeugnis von jenen Aktionen ab, die der Heilige Stuhl (trotz oder gerade wegen des Krieges) in Ausübung seiner universellen Sendung christlicher Liebe unternahm. Der Vatikan war bei jedem wichtigen Moment der Krise dabei und schaltete sich zugunsten der Juden sein, sei es auf eigene Initiative, sei es aufgrund eines Appells jüdischer Organisationen oder der Regierung der Vereinigten Staaten. Daß das Eingreifen des Heiligen Stuhls effektiv war, wurde von den jüdischen Organisationen selbst damals und später anerkannt.

Die Aktionen des Heiligen Stuhls zugunsten der in der Falle sitzenden Juden in anderen, ebenfalls unter der Kontrolle der Nazis stehenden Ländern unterschieden sich nicht wesentlich. Dies war die Auffassung des *War Refugee Board,* der von Präsident Franklin D. Roosevelt geschaffen worden war, um im Namen der amerikanischen Regierung das Möglichste für die Opfer der nazistischen Verfolgung zu tun. Der *War Refugee Board* erscheint in der Korrespondenz, die im folgenden dargestellt werden soll, an prominenter Stelle. Was die Beziehungen zum Heiligen Stuhl aus 1944 anlangt, so heißt es im Zusammenfassenden Schlußbericht dieser aus einem Notfall heraus geschaffenen Behörde vom 15. September 1945:

> „Der Heilige Stuhl und die vatikanische Hierarchie in ganz Europa wurden immer wieder um besondere Hilfe angegangen, sowohl als Verbindungskanal zu den führenden Staatsmännern und den Völkern jedes Landes als auch, um den leidenden Opfern Hitlers direkte Hilfe angedeihen zu lassen. Der katholische Klerus rettete und beschützte viele Tausende, und der Vatikan leistete dem *Board* und den Verfolgten in Nazi-Hand unschätzbare Unterstützung."

Was das mit Bezug auf die ungarische Krise bedeutete, wird klar durch eine Untersuchung der genannten Korrespondenz.

Pius XII. hatte es sich bei Kriegsbeginn in Europa im September 1939 zum Ziel gesetzt, ein Zeugnis für christliche Nächstenliebe ohne Unterschied von Nationalität, Religion oder Rasse abzulegen. In jedem Fall war es ja ein Mensch, der unter den Auswirkungen des Krieges litt. Nachdem seine verzweifelten Versuche, den Ausbruch des Krieges zu

Die Unterzeichnung des österreichischen Konkordats vom 5. Juni 1933. V. l. n. r. der spätere Kardinal und damalige Prälat Alfredo Ottaviani, der Bundeskanzler der Republik Österreich, Dr. Engelbert Dollfuß, der österreichische Gesandte beim Hl. Stuhl, Dr. Rudolph Kohlruss, der damalige Erzbischof und spätere Kardinal Giuseppe Pizzardo, Kardinalstaatssekretär Eugenio Pacelli, der Leiter des Kultusamtes im österreichischen Bundesministerium für Unterricht, Ministerialrat Paul Scapinelli, und der österreichische Bundesminister für Justiz und Unterricht, Dr. Kurt von Schuschnigg.

verhindern, gescheitert waren, nahm er sich vor, wenigstens die Leiden zu verringern. Dieser heiligen Verpflichtung war es bestimmt, im Laufe der Kriegsjahre häufig behindert, frustriert, falsch interpretiert oder ignoriert zu werden. Auch waren die materiellen Mittel im Verhältnis zu den Nöten stets jämmerlich inadäquat. Die Kriegsjahre gingen dahin, in Brutalität und in Leiden schlimmer als die kurzen vier Jahre des großen Kriegs von 1914 - 1918. Die bittere Ernte menschlicher Unmenschlichkeit gegenüber dem Menschen nahm mit der Ausweitung der Fronten, der Vermehrung der Kriegführenden, der Perfektionierung der Waffen und der Verpflichtung immer größerer Kräfte für den blutigen Konflikt zu.

Zwei Gruppen von Kriegsopfern zogen die Sorge des Hl. Vaters besonders auf sich: die Polen und die Juden. Der Vatikan wurde durch die deutsche Besatzungsmacht in Polen an der Organisierung jedweder Hilfe, ja selbst daran gehindert, in diesem Lande vertreten zu sein. Seine unaufhörlichen Beschwerden gegen die materiellen und geistigen Entbehrungen, die den Polen auferlegt wurden, trafen in Berlin nur auf höfliche Ablehnung, unter den Polen aber auf bedauerliche Mißverständnisse. 1942 — als die polnische Moral ihren Tiefpunkt erreicht hatte — zeigte sich starke Verbitterung gegen den Vatikan und seine angebliche Nachlässigkeit. Eine der deutlichsten Manifestationen polnischer Verärgerung über den Hl. Stuhl hatte den exilierten Bischof von Wloclawek, Charles Radonski, zum Urheber. Er schrieb unterm 14. September 1942 aus London an den Papst und gab einem weit verbreiteten Gefühl Ausdruck, als er einem fiktiven polnischen Bürger eine brennende Anklage wegen der Ignorierung der Leiden Polens in den Mund legte:

> „Kirchen werden profaniert oder geschlossen, die Religion wird geschmäht, der Gottesdienst hat aufgehört, Bischöfe werden vertrieben, hunderte Priester sind getötet oder im Gefängnis, Ordensfrauen werden den Leidenschaften verkommener Diebe überlassen, unschuldige Geiseln werden fast täglich in der Gegenwart von Kindern hingemordet, die man zwingt, diesem Schauspiel zuzusehen; das Volk ist all seiner Habe beraubt und stirbt vor Hunger: *und der Papst schweigt, als kümmere ihn seine Herde nicht.*“

Bischof Radonski gab in seinem Londoner Exil zu, daß er selbst nicht sprechen könne, um seinen eigenen Diözesanen nicht zu schaden — aber es fiel ihm nicht auf, daß Gleiches auch für den Papst zutraf. Auch andere Kirchenfürsten erhoben warnend ihre Stimme, wie der Primas August Hlond in seinem französischen Exil. Sie wiesen den Papst auf die Gefahr eines möglichen Schismas und die Schaffung einer polnischen Nationalkirche nach Kriegsende hin.

Dieser für Pius XII. sehr schmerzhafte polnische Ausbruch, das Ergebnis besonders deprimierender Umstände und eines unvermeidlichen Mangels an Information, war von relativ kurzer Dauer. Ein großer Teil der Verstimmung wurde durch einige wenige, aber klare Worte behoben, die der Papst am 3. Juni 1943 zur Genugtuung der Polen an sie richtete. Die Entwicklung der jüdischen Meinung dem Papst gegenüber sollte dagegen in die gegenteilige Richtung verlaufen. Während der Feindseligkeiten und selbst noch für einige Jahre nach 1945 war die jüdische Öffentlichkeit eindeutig dankbar für die vom Papst den jüdischen Nöten zugewandte Aufmerksamkeit. Die Nachrufe und Erklärungen aus Anlaß seines Todes zeigen noch jenes ursprüngliche Gefühl. Es dauerte bis einige Jahre nach dem Tod des Papstes, bevor jüdische Sprecher oder Autoren einen Standpunkt scharfer Kritik an Pius XII. für sein „Schweigen“ während jener Tragödie, die Europas Juden erfaßt hatte, bezogen.

Dieser paradoxe Umschwung datiert wohl vom Erscheinen eines Bühnenstücks, das für Pius XII. wenig schmeichelhaft war. Am 21. Februar 1963 stellte an der Volksbühne am Kurfürstendamm deren Direktor, Erwin Piscator, bekannt für sein „politisches Theater“, das Stück eines unbekannten Autors, Rolf Hochhuths, vor. Es trug den Titel „Der Stellvertreter“, bediente sich einer geschichtlichen Persönlichkeit, nämlich Pius' XII., zum Zwecke der dramatischen Dichtung, und stellte den Papst in seinem Wesen, seinen Motiven und seinen Handlungen an den Pranger. Der Autor wandte die gleiche Methode später auch auf andere historische Figuren, wie etwa Winston Churchill, an, was ihm Verleumdungsklagen und schwere Geldstrafen einbrachte. Aber „Der Stellvertreter“ löste bloß eine weltweite Debatte aus; und das nicht nur unter Juden. Intellektuelle und andere, die sich früher kaum für katholische Sachen interessiert hatten und darüber auch nur wenig Wissen besaßen, fanden plötzlich, der verstorbene Papst sei ein interessantes Objekt für ihre Aufmerksamkeit. Die Wirkung war selbst in katholischen Kreisen nachhaltig.

Was hatte dieses überraschende und unerwartete Erwachen einer kritischen Meinung, die mit früheren Urteilen sosehr in Gegensatz stand, bewirkt? Kurz, und ohne zukünftige Studien dieser komplexen Tatsache präjudizieren zu wollen, mag gesagt werden, daß es die neuen Umstände, ein neues Gefühl waren, die auf der Weltbühne erschienen und mit der Person des Papstes direkt nur wenig zu tun hatten. Man hatte keine neuen Dokumente entdeckt. Was sich geändert hatte, war das Gewissen vieler angesichts der Gewalttaten und der Ungerechtigkeiten der Gegenwart. Die Weltmeinung war durch das Eichmann-Verfahren in Jerusalem Mitte 1961 erschüttert worden. Der Krieg in Vietnam fing an, bei den Geistern und Gewissen der Amerikaner Zweifel zu erregen. Die Rassenfrage — die Bedingungen für die Schwarzen in den Vereinigten Staaten, in Südafrika und anderswo — und die Probleme der Entwicklungsländer mit ihrer in Armut und Ausbeutung lebenden Bevölkerung waren Anlaß für Selbtanklagen geworden. Pius XII., nicht der geschichtliche, sondern der symbolische Papst, wurde plötzlich zu einem Surrogat, einem Symbol für das Gewissen des Menschen. Es war, als repräsentiere das „Schweigen" des Papstes das Schweigen, d. h. die Gleichgültigkeit der Menschheit gegenüber dem Bösen und der Ungerechtigkeit, die sie umgeben, mit der daraus folgenden Inaktivität, was ein den Betroffenen Zuhilfekommen anlangt.

Diese Art zu denken ist ganz natürlich für einen Intellektuellen, für den Aktion mit der Idee, dem Wort, beginnt und endet. Es ist eine Halb-Moral, um nicht zu sagen ein Pseudomoralismus, ganz abzusehen von der Verantwortung der Staatsmänner für die Folgen leichtfertiger und möglicherweise großsprecherischer Statements, welche für die Nachwelt beeindruckend sein mögen, für die andere aber einen bitteren Preis zahlen müssen. Was sogar, jedenfalls für unseren Zweck, noch schlimmer ist: dies ist ein schlechter Dienst an der objektiven Geschichte. Die einseitige Betonung des „Schweigens" Pius' XII. führt unvermeidbar zu der irrigen Annahme, daß der Papst, weil er sich nicht die flammenden Verurteilungen erlaubte, zu denen ihn der Stückeschreiber ermahnt haben würde, deswegen gar nichts getan habe. Daher kommt auch der Schluß, daß der Papst, weil er schwieg, angesichts der Tragödie indifferent und inaktiv geblieben sei. Dies bedeutet in der Tat, Aktionen zu ruhmloser Unbedeutendheit zu verurteilen. Daher ist es heute, 14 Jahre nach dem „Stellvertreter", um so wichtiger, die richtige historische Perspektive wiederzuerlangen, die unter der Kontroverse sosehr gelitten hat.

I. Die historische Perspektive

In den ersten Kriegsjahren kamen an den Papst Appelle aus jüdischen Kreisen hauptsächlich von Einzelpersonen oder ihren Verwandten. Zumeist erbaten sie die guten Dienste der kirchlichen Behörden für die Erlangung notwendiger Aus- und Durchreisevisa oder eines Sonderstatus, der sie von den gesetzlichen Beschränkungen befreit haben würde. Aber schon 1942 hatten die jüdischen Organisationen, die sich dem Rettungswerk verschrieben hatten, aus Erfahrung erkannt, daß sie auf die Hilfe des Vatikans zählen konnten. Für diese Organisationen war es nicht wichtig, daß der Vatikan sich öffentlich gegen den Antisemitismus aussprach, sondern daß der Papst wirksam in bestimmten Ländern und für bestimmte Gruppen intervenierte. Zu jener Zeit lag die Hauptgefahr für die Juden nicht sosehr in Deutschland selbst, sondern in den von den Deutschen besetzten Ländern oder in jenen, die mit der Achse verbündet waren, wo die Behörden noch zu Konzessionen bereit waren. Hier war die jüdische Bevölkerung noch zahlreicher, verstärkt durch jene Flüchtlinge, die bereits zuvor aus Deutschland entkommen waren. In diesen Gebieten hatte der Vatikan seine eigenen Vertreter und konnte so Einfluß üben. Dies war der Fall in Vichy-Frankreich und in der Slowakei; ebenso auf dem Balkan: in Kroatien, Rumänien, Ungarn und Bulgarien. Italien bot ein besonders fruchtbares Terrain für vatikanische Interventionen. Solcher Interventionen bedurfte es auch in Spanien und Portugal wegen der Transitvisa für Juden aus anderen Ländern. Diese Appelle nahmen zu, als das Verschickungsprogramm der Nazis sich nach 1942 ausweitete. Das hauptsächliche Instrument dieser Interventionen waren die päpstlichen Gesandten. Ihre Aufgabe war nicht leicht, selbst dort, wo die Regierung ihr Recht, zugunsten der Juden zu intervenieren, anerkannte. Der Nuntius in Vichy, Valerio Valeri, mußte von Pierre Laval Vorwürfe und Drohungen anhören, wenn er, zufolge seiner Instruktionen aus dem Vatikan, versuchte, eine bessere Behandlung in den Lagern oder eine Verhinderung der Verschickung zu erreichen. Der Geschäftsträger in Preßburg, Msgr. Giuseppe Burzio, erhielt eine Reihe von Anweisungen, von denen einige, was die Verhinderung von Zwangsverschickungen anlangt, von Erfolg gekrönt waren. Im Ustascha-Staat Kroatien, den der Heilige Stuhl nicht anerkannt hatte, gab es nur einen Apostolischen Visitator, den italienischen Benediktinerabt Don Giuseppe Marcone. Trotz seiner vom diplomatischen Standpunkt aus inoffiziellen Position war er doch in der Lage, der Regierung wiederholte Appelle des Vatikans zu unterbreiten. In Bukarest (Rumänien) erfreute sich der Apostolische Nuntius Andrea Cassulo, wenngleich die katholische Kirche in jenem Land nur eine Minderheit darstellt, der Gunst des Regimes, und seine — wieder aufgrund von Instruktionen aus Rom erfolgenden — Interventionen, insbesondere zugunsten der Juden in Transnistrien jenseits des Bugs, waren wirksam. Die Situation in Ungarn, wo Angelo Rotta seit 15 Jahren Apostolischer Nuntius war, wird auf den folgenden Seiten ausführlich darzustellen sein. In Rom führte der Nuntius Francesco Borgongini-Duca, von den persönlichen Bemühungen des Jesuiten Fr. Tacchi-Venturi mit seinen engen Beziehungen zu Mussolini unterstützt, eine entsprechende Aktion für italienische Juden und jüdische Flüchtlinge aus Deutschland, Polen und Kroatien durch. Dagegen sah sich der Nuntius in Berlin, Cesare Orsenigo, einer steinernen Mauer der Unnachgiebigkeit gegenüber; und die ihm vom Vatikan gesandten wiederholten Weisungen erwiesen sich als völlig nutzlos.

In diese Sammlung vatikanischer diplomatischer Mittel müssen auch jene anderen päpstlichen Vertreter eingeschlossen werden, welche sozusagen am äußeren Rand der Gefahrenzone postiert waren. Das waren die Delegaten in Istanbul, Angelo Roncalli (der nachmalige Papst Johannes XXIII.), und in Washington, Amleto Cicognani, der spätere Kardinalstaatssekretär unter Papst Johannes und Papst Paul VI. Beiden kam die Funktion von Verbindungskanälen zu — z. B. für die *Jewish Agency* in Palästina (später auch für den *War Refugee Board*) —, wenn es galt, dringende Mitteilungen oder Appelle an den Heiligen Stuhl zu richten. Roncalli hatte keine offiziellen Beziehungen mit der türkischen Regierung, aber er besaß gute Kontakte in Bulgarien und Griechenland, die ebenfalls zu seinem Amtsbereich gehörten. Cicognani wiederum war der Verbindungskanal nicht allein für die jüdischen Organisationen, sondern auch für das *U. S. State Department* und, nach seiner Errichtung Anfang 1944, für den *War Refugee Board*. Der persönliche Vertreter des Präsidenten der Vereinigten Staaten, Franklin D. Roosevelt, Mr. Myron C. Taylor, ein Mann, der seit langem persönlich und offiziell mit Flüchtlingsangelegenheiten befaßt war, war ein einflußreicher und maßgebender Exponent der jüdischen Nöte. Während seiner Abwesenheit von Rom wurde seine Arbeit von einem Beamten des Auswärtigen Dienstes im Status eines Geschäftsträgers, dem späteren Botschafter Harold H. Tittmann Jr., fortgesetzt. Die Nuntien in Madrid und Lissabon, Gaetano Cicognani (Bruder des Amleto), und Pietro Ciriaci, waren ebenfalls auf strategisch wichtigen Posten, was die Forderung nach Visa für die Juden auf der Flucht anlangte. Strategische Posten hatten auch noch zwei andere Apostolische Delegaten inne: William Godfrey in London und Arthur Hughes in Kairo, die mit den britischen und palästinensischen Juden in Verbindung standen und für diese oft als Verbindungsleute zum Vatikan agierten.

Solche Männer, die sich einer lebenslangen Laufbahn im Dienst des Heiligen Stuhls verschrieben hatten, waren die Grundlage der diplomatischen Aktionen Pius' XII. während des Zweiten Weltkriegs. Es ist ungenau, die Aktionen einzelner päpstlicher Vertreter als „persönliche" Initiativen darzustellen. Was sie taten, geschah im Namen des Heiligen Stuhls und unter besonderen päpstlichen Instruktionen. Sicherlich hatte jeder einzelne dieser Prälaten seinen eigenen Stil bei der Durchführung seiner Aufgaben. Man denke nur an die Formlosigkeit und Gutmütigkeit des Delegaten Roncalli in Istanbul. Aber er hatte auch das Glück, nicht direkt mit antisemitischen Regierungen zu tun zu haben, die die Juden aktiv erfolgten. Der spätere Johannes XXIII. bestand nachher, wenn ihm wohlgemeintes Lob für seine Tätigkeit in Kriegszeiten gespendet wurde, selbst darauf, daß alles, was er getan hatte, gemäß den Instruktionen seiner Vorgesetzten geschehen war.

Ebenso ungenau, ja falsch, ist es, diese Sorge für die jüdischen Opfer des Nazismus so darzustellen, als hätten die päpstlichen Interventionen lediglich getaufte Juden betroffen. Die Tatsachen, die zur Hand sind, widersprechen einfach dieser leichtfertigen Behauptung. Sicherlich, die Katholiken jüdischer Herkunft, ob sie nun ihre Taufe schon früh oder erst kürzlich erhalten hatten, wurden vorrangig behandelt. Dies konnten sie auch mit Recht erwarten, vor allem, da ihr Übertritt zum Christentum sie automatisch von der nicht unbeträchtlichen moralischen und finanziellen Unterstützung der jüdischen Gemeinschaft abschnitt, während sie in den Augen der Nazis Juden blieben. „Taufwasser ändert das Blut nicht", war eine beliebte rassistische Maxime. Auch hatten die päpstlichen Vertreter in diesen Fällen oft eine rechtliche Basis für ihre Interventionen. Dies galt besonders dort, wo — wie in Rumänien — ein Konkordat existierte und auch wirklich funktionierte. Die Nuntien konnten, was sie in der Tat auch taten, gemäß ihren Instruktionen damit argumentieren, daß die antisemitische Gesetzgebung nicht die wohlerworbenen Rechte der Katholiken in solchen Materien wie Ehe und Erziehung berühren könne. Aber dies alles geschah nicht in einem Geist des Ausschlusses, und der vatikanische Widerstand gegen die antisemitische Gesetzgebung wurde auch von der jüdischen Gemeinschaft als eine indirekte Verteidigung ihrer selbst begrüßt. Aber die höchste Richtlinie für die Nuntien war — entsprechend dem Programm

Pius' XII. —: „Rettet Leben", ob es sich hier nun um Juden, um Christen jüdischer Abstammung, oder um andere Christen handelte.

März 1944 war bereits ein sehr spätes Datum in der Geschichte von Hitlers langem Krieg gegen die Juden. Wieviel, nun, wußte die Weltöffentlichkeit — und insbesondere die jüdische Öffentlichkeit — damals über jenen Vorgang, der zuerst Völkermord, dann Endlösung, und schließlich Massenmord genannt wurde? Dreißig Jahre danach weiß man beinahe alles im Detail, was überhaupt zu wissen ist. Aber die Beweismittel weisen darauf hin, daß in 1944 eine mysteriöse Wolke die Augen der Zeitgenossen überschattete. Die volle Wahrheit wurde niemals erfaßt, bevor es zu spät war, weder von den Opfern selbst noch von ihren möglichen Helfern. Mangelte es an Information? Wurde jener Information, die man hatte, nicht geglaubt? Wurde sie zwar für richtig gehalten, aber unterdrückt? Die Beweislage ist widersprüchlich und komplex; auch ist sie bis heute nicht angemessen ausgewertet worden. Im August 1942 zum Beispiel berichtete der Vertreter des Jüdischen Weltkongresses in Genf über einen angeblichen Plan Hitlers, die Juden in Europa zu vernichten. 1944 hätte diese Organisation auf das Schlimmste in Ungarn vorbereitet sein sollen. Aber nachdem die Zwangsverschickungen bereits abgeschlossen waren, gab ein Sprecher des Jüdischen Weltkongresses zu, daß man die Zeichen nicht verstanden und der Information nicht geglaubt habe. Auf einer „Notstandskonferenz" des Jüdischen Weltkongresses, der vom 26. - 30. November 1944 in Atlantic City (New Jersey) in den Vereinigten Staaten abgehalten wurde, gab der Generalsekretär, A. Leon Kubowitzki, offen zu, daß tortz aller ihnen zukommenden Berichte ein Geist des Nicht-Glauben-Könnens fortbestand:

> „Die Unglaublichkeit dieser Massaker erklärt den Schock, den wir gerade erlitten haben, die Verzweiflung, die wir hinsichtlich Ungarns gefühlt haben. Wir hätten gewarnt sein müssen. Unser Büro in Genf hatte alles vorhergesagt. Und doch, wie groß war unser Erstaunen, als der Vertreter des *War Refugee Board* in Genf uns am 24. Juni berichtete, daß 355 000 Juden deportiert worden seien — drei Monate und einige Tage, nachdem die Deutsche Armee Ungarn besetzt hatte, drei Monate, nachdem Präsident Roosevelt mit den energischsten Worten eines der schwärzesten Verbrechen der ganzen Geschichte gebrandmarkt hatte — den systematischen und umfassenden Mord an den Juden Europas."

Einer jener Faktoren, die zu dieser mysteriösen Blindheit beigetragen hatten, war der Umstand, daß die Öffentlichkeit sich bereits an Meldungen über Tragödien gewöhnt hatte. Das Wort „Vernichtung" war bereits vor dem Krieg im Jahr 1938 überbeansprucht worden (damals bedeutete es lediglich die Enteignung deutscher Juden und ihr Exil in den Vereinigten Staaten), und war nicht länger in der Lage, Wirklichkeit zu vermitteln. Dazu kam die allgemeine Angst, Geschichten über Grausamkeiten zu übertreiben, deren Glaubhaftigkeit niemand überprüfen konnte. Die alliierte Propaganda unterlies es sorgsam und mit Absicht, Details anzugeben, was den Eindruck noch verstärkte, es handle sich hier eben um „Propaganda". Schließlich erkannten selbst die Regierungen die verschiedenen einlangenden Berichte nicht als wahr. Fast die einzige Ausnahme stellte die polnische Exilregierung in London dar, welche aber nach 1943 selbst in einer schwierigen Lage war, da sie eine Überprüfung der Goebbel'schen Enthüllungen betreffend die Gräber polnischer Offiziere in Katyn gefordert hatte. Die Bermuda-Konferenz über Flüchtlingsfragen im April 1943 lieferte keine Information über das Schicksal der Juden. Und die im Oktober abgehaltene Moskauer Konferenz der Außenminister der Vereinten Nationen erwähnte die Juden in einem langen Statement über Kriegsverbrechen überhaupt nicht. Im Dezember 1942 allerdings verurteilten die Vereinten Nationen in London feierlich die Behandlung der Juden durch die Nazis — wiederum jedoch, ohne beweiskräftige Details anzugeben.

Diese Präzedentien mögen auch das Geschick des berühmten „Auschwitzer Protokolls" erklären. Am 7. April 1944 entkamen zwei junge slowakische Juden, Rudolf Vrba und Fred Wetzler, in einer unglaublichen Heldentat von Auschwitz. Wunderbarerweise erreichten sie sogar ihre Heimat und berichteten dort die Fakten über die Gaskammern. Wie sie berichteten, waren in den zwei vergangenen Jahren bereits 1 765 000 Juden vergast worden. Die ungarischen Juden, die bisher von der Zwangsverschickung verschont geblieben seien, wären die nächsten und müßten gewarnt werden. Zwei andere Juden namens Rosin und Mordowicz, entkamen am 27. Mai, nachdem die Ankunft der ungarischen Juden bereits begonnen hatte, und konnten so über deren Schicksal berichten.

Das Vrba-Wetzler-Zeugnis und die damit verbundenen Warnungen wurden den Führern des jüdischen Hilfskomitees in Budapest unter der Leitung von Rudolf Kastner übermittelt. Aber was passierte mit den anderen Kopien des Vrba-Wetzler-Papiers? Es wurden verschiedene Übersetzungen angefertigt, von denen eine dem päpstlichen Geschäftsträger Burzio übergeben wurde, der sie unterm 23. Mai an den Vatikan sandte. Unglücklicherweise erreichte gerade jenes Kuriergepäck, in dem der betreffende Brief enthalten war, den Vatikan erst mehrere Monate danach. Am 6. Juni wurde Rom von den Alliierten besetzt, und die Kriegsfront trennte nun Rom von den von der Achse kontrollierten Gebieten. Aber wir finden Spuren der Information in einer Depesche des Korrespondenten der New York Times, Joseph M. Levy. Aus Istanbul vom 7. Mai datiert, aber erst am 10. Mai gedruckt, lautete sie:

„Wenngleich es unglaublich klingen mag, so ist es doch eine Tatsache, daß Ungarn, wo jüdische Bürger bis zum 19. März relativ gut behandelt worden sind, nunmehr die Auslöschung der ungarischen Juden mit den teuflichsten Methoden vorbereitet."

Premierminister Sztojay, so fuhr der Korrespondent fort, mache sich über Präsident Roosevelt lustig und sei dabei, zur Vernichtung einer Million Menschen zu schreiten. In der Depesche stand weiters, daß Gaskammern „in Ungarn" gebaut würden, denen in Polen entsprechend. Fünfeinhalb Millionen Juden seien bereits auf die eine oder andere Weise getötet worden.

Die New York Times-Depesche war insoweit irrig, als sie sagte, der Plan würde in Ungarn selbst ausgeführt werden, anstatt durch Zwangsverschickungen nach Auschwitz. Das Übrige aber weist auf eine Kenntnsi der Nazi-Pläne hin. Die Information, sagte der Korrespondent, stamme von einem neutralen Diplomaten — eine Behauptung, welche man, wie das Datum, nicht auf den ersten Blick hin glauben muß. Die Information kam wahrscheinlich von ungarischen jüdischen Quellen. Eine Woche später berichtete die New York Times vom 18. Mai aus der Feder desselben Korrespondenten, daß

„der letzte Akt in einem Massenvernichtungsprogramm für Juden in Ungarn bereits zu Ende ist, und daß 80 000 Juden aus den Karpathen-Provinzen schon verschwunden sind. Sie wurden in Vernichtungslagern nach Polen verschickt".

Das ist die Art Information, von der der Sprecher des Jüdischen Weltkongresses in Atlantik City sechs Monate später sagte, man habe sie erst am 24. Juni erhalten (oder, besser, zur Kenntnis genommen).

Die New York Times-Depesche enthält keine Details, aus denen man schließen könnte, der Korrespondent hätte selbst den Vrba-Wetzler-Bericht gesehen. Seltsamerweise machte diese explosive Information, der erste detaillierte und längere Augenzeugenbericht über die Wirklichkeit in Auschwitz, nur eine langsame Reise nach dem Westen. Wurde sie in der Slowakei von den jüdischen Führern selbst absichtlich verzögert, die sich vielleicht durch die Enthüllung einer Tragödie ihres

Volkes, zu der sie, ohne es zu wissen, beigetragen hatten, kompromittiert fühlten? Wurde das Dokument in Budapest von Rudolf Kastner in die Schublade gelegt, weil er damals gerade dabei war, mit Adolf Eichmann über die Rettung von ein paar tausend Juden zu verhandeln, die nach Palästina bestimmt waren? Die Frage war eine delikate. Solche Anschuldigungen wurden jedenfalls von ungarischen Überlebenden gegen Kastner in Israel erhoben. Der frühere Chef des Budapester Hilfskomitees wurde von einem Gericht freigesprochen, jedoch kurz darauf von unbekannten Tätern ermordet.

Die ersten Abschriften des Berichts wurden offenbar durch einen Kurier des tschechischen Untergrunds in die Schweiz gebracht und dem dortigen tschechischen Vertreter, Dr. Jaromir Kopacky, am 19. oder 20. Juni übergeben. Auszüge in ungarischer Sprache erhielt ein Emmissär des Diplomaten Giorge Mantello aus El Salvador in Ungarn; dieser gab sie an einen Korrespondenten der britischen Agentur Exchange Telegraph weiter, der die Geschichte am 24. Juni berichtete. Die New York Times veröffentlichte unterm 3. Juli eine ähnliche Depesche aus Genf. In der Schweiz folgte eine intensive Pressekampagne, die die Deportations-Tragödie in Ungarn ausschlachtete. Es dauerte aber bis zum November, bis der *War Refugee Board* den vollen Text des „Auschwitzer Protokolls" zur Verfügung stellte. Die New York Times vom 26. November 1944 beschrieb das Dokument des *Boards* als „den ersten detaillierten Bericht einer U. S. Regierungsstelle mit Augenzeugen-Beweisen über einen von den Deutschen begangenen Massenmord". Der „Verstand zivilisierter Menschen finde es schwierig", sagte der Bericht in der New York Times, „zu glauben, daß derartiges tatsächlich stattgefunden hat".

Nach dieser Übersicht über das Schicksal des Vrba-Wetzler-Berichts und den Eindruck, den er schließlich auf die Weltmeinung machte, ist es vielleicht leichter, die vielgestellte Frage zu beantworten, was der Papst, Pius XII., selbst über die Vernichtung der Juden gewußt habe. Offenbar wußte er nicht mehr und nicht weniger als die Juden selbst, d. h. er wußte und wußte zugleich nicht. Was sowohl Pius XII. als auch die jüdischen Organisationen tatsächlich wußten und anerkannten, war, daß „Zwangsverschickung" eine Tragödie und eine menschliche Katastrophe bedeutete, was um jeden Preis zu verhindern war. Dies ist das Hauptthema der Korrespondenz des Heiligen Stuhls mit allen interessierten Parteien, die wir nun durchsehen wollen, von ihrem Anfang im März bis zum Ausgang der Sache im Dezember des schrecklichen Jahres 1944.

II. Die erste Phase (März - Juli)
Telegramm Pius' XII. an Admiral Horthy

Daß der Heilige Stuhl bei der jüdischen Krisis von 1944 zugegen war, hat bereits Jenö Levai, der einen außergewöhnlichen Zugang zu den Archiven unmittelbar nach dem Krieg besaß, gut belegt. Wir können hier insbesondere das *Schwarzbuch über das Martyrium der ungarischen Judenschaft* erwähnen, das 1948 in Zürich von Lawrence P. Davis, Central European Times Publishing Co., herausgegeben wurde. (Siehe aber auch vom gleichen Autor: *Geheime Reichssache. Papst Pius XII. hat nicht geschwiegen.* Verlag Wort und Werk, Köln-Müngersdorf, 1966). Die Interventionen Pius' XII. und seines Nuntius als auch die Bemühungen des Kardinal Fürst-Primas Justinian Seredi sind seit langem belegt. Weniger bekannt ist jedoch die Beziehung dieser Aktionen zu den parallelen Bemühungen der amerikanischen und der britischen Regierung und den jüdischen Weltorganisationen in jener Zeit. Dies geht aus den Telegrammen hervor, die der Heilige Stuhl gesendet und empfangen hat; sie geben nicht nur einen Einblick in Sinn und Instruktionen des Papstes, sondern zeigen auch das hohe Maß an Koordination und gegenseitiger Absprache mit der amerikanischen und der britischen Regierung und mit den jüdischen Weltorganisationen. Ob der Vatikan aus eigener Initiative tätig wurde, oder aufgrund von Appellen oder von Information aus Regierungs- oder jüdischen Quellen, stets kam er in diesen zehn Monaten seiner heiligen Verpflichtung nach, all denen zu helfen, die diese Hilfe brauchten, ohne Unterschied der Nationalität, der Religion oder der Rasse.

Die Korrespondenz beginnt mit einem Bericht des Apostolischen Delegaten in Washington, Erzbischof Cicognani. Am 25. März informierte er den Vatikan, daß der *War Refugee Board* den Heiligen Stuhl ersuche, dringend Maßnahmen zu ergreifen, um den beinahe zwei Millionen Juden in Ungarn (und Rumänien) zu helfen, die unter Terror und Verfolgung litten und nun durch die deutsche Besetzung von Vernichtung bedroht seien. Die Agentur, sagte Cicognani, erbitte dringend die Kooperation des Apostolischen Nuntius und der lokalen Bischöfe. Der *War Refugee Board* war eine neugeschaffene Regierungsstelle, die direkt von Präsident Roosevelt abhing und in erster Linie für jüdische Probleme zuständig war. Sie machte dergestalt Judenfragen zu einer offiziellen amerikanischen Regierungssache. In seiner Antwort vom 28. März erinnerte Kardinalstaatssekretär Luigi Maglione daran, daß der Heilige Stuhl in dieser Angelegenheit stets wachsam und bereit gewesen sei. Die Nuntien in den beiden Ländern würden instruiert werden, für die dort ansässigen Juden geeignete Schritte zu unternehmen. Aber gleichzeitig warnte der Kardinalstaatssekretär, daß die Chancen, etwas zu erreichen, nur gering wären.

Das Weltjudentum war über die Entwicklung offensichtlich beunruhigt. Am 31. März appellierte der Großrabbiner von Jerusalem, Isaac Herzog, verzweifelt an den Delegaten Roncalli in Istanbul; der Appell wurde telegraphisch über den Nuntius in der Schweiz nach Rom weitergegeben. Der Delegat in London, Erzbischof Godfrey, sandte am gleichen Tag ein weiteres Telegramm namens der Juden in London. Cicognani berichtete am 31. März, daß er eine Rabbiner-Delegation empfangen habe. Und am 1. April ersuchte der britische Vertreter beim Vatikan, Sir d'Arcy Osborne, im Namen seiner Regierung denselben dringend, seinen Einfluß dahingehend geltend zu machen, daß jüdische Flüchtlinge in Ungarn nicht den Deutschen übergeben würden.

Am 31. März berichtete der Nuntius Rotta in Budapest in einer allgemeinen Beschreibung der politischen Situation, daß die Judenverfolgung zwar noch keine unmittelbare Gefahr darstelle, der Kampf aber hart sein werde. Am 5. April telegraphierte Kardinal Maglione abermals an Cicognani, um ihm mitzuteilen, daß das päpstliche Staatssekretariat erst unlängst seine Vertreter in Ungarn, Rumänien und der Slowakei im gewünschten Sinn instruiert habe. Mehr noch, der Vatikan würde seine Bemühungen fortsetzen. Aber welche Handlungsfreiheit hatte der Nuntius in Budapest zu jener Zeit? Am 7. April telegraphierte er, daß alle seine Interventionen bei Behörden nur einige kleinere Modifikationen zugunsten getaufter Juden erreicht habe. Die Atmosphäre, die damals in der Hauptstadt herrschte, ließ nach seinem Bericht zum damaligen Zeitpunkt weitere Schritte als nicht ratsam erscheinen.

In einem späteren Bericht vom 19. April, der seiner Länge wegen durch Kurier gesendet wurde (der Austausch von Mitteilungen mit Budapest ging in der von dieser Studie erfaßten Periode zumeist telegraphisch vor sich, weil der Nuntius, von Ausnahmen abgesehen, über keinen Kurier verfügte), erklärte Rotta, daß er gleich nach Bildung der neuen Regierung unter Döme Szotjay am 23. März 1944 als Doyen des diplomatischen Korps zum Ministerpräsidenten (der auch den Posten des Außenministers übernommen hatte) gebeten worden war. In diesem Zusammenhang wollte er gegen die Behandlung der italienischen Diplomaten protestieren, die verhaftet oder interniert worden waren. Aber er ergriff die Gelegenheit, um eine gewisse

Mäßigung in der Behandlung der Juden zu empfehlen, mit besonderer Rücksicht für die getauften Juden. Als dann, einige Tage später, das betreffende Dekret verlautbar wurde, protestierte der Nuntius, seinem Bericht gemäß, erneut.

Bis zu jenem Zeitpunkt war von Zwangsverschickungen noch nicht gesprochen worden. Aber nach einer trügerischen Ruhe berichtete Rotta am 28. April, daß der Druck des Gesetzes auf die Juden sich verstärke. Dies betreffe, wie er sagte, auch eine große Zahl von Juden katholischer Herkunft. Am Tage zuvor hatte er deswegen beim Generalsekretär des Auswärtigen Amtes protestiert. Er habe zur Antwort erhalten, daß zwei bekannte Antisemiten im Ministerium des Inneren dafür verantwortlich seien. Es handelte sich um Laszlo Endre und Laszlo Baky, die beide später für ihre Verbrechen hingerichtet werden sollten. Rotta verlangte dringend mehr Nachdruck von Seiten der lokalen kirchlichen Behörden. Ein gemeinsames Vorgehen der Nuntiatur und des Kardinal Fürst-Primas, sagte er, könnte einige Vorteile für die getauften Juden bringen und sichern, daß „die elementaren Menschenrechte bei der Behandlung der übrigen Juden respektiert würden". Am 1. Mai berichtete Rotta, daß Kardinal Seredi eine lange Unterredung mit dem Ministerpräsidenten über die antisemitische Gesetzgebung gehabt habe, jedoch keine Resultate davon erwarte. Der deutsche Druck, sagte er, sei groß, und eine Unterscheidung zwischen getauften und ungetauften Juden werde nicht gerne gemacht. In der Zwischenzeit verstärke sich die antijüdische Kampagne. Innerhalb weniger Tage begannen die Zwangsverschickungen.

In seinen Berichten, telegraphisch und kurz, wie sie waren, und stets der Gefahr ausgesetzt, daß sie von den Deutschen oder Ungarn aufgefangen würden, gibt Rotta niemals die Quelle seiner Informationen noch die Umstände bekannt, die zu seinen Aktionen führten. Fest steht jedenfalls, daß der Beginn der Massendeportation der Juden aus dem entfernten Sub-Karpathien beim Nuntius eine tiefe Gefühlsbewegung hervorrief und ihn zu einer eloquenten Verurteilung veranlaßte. Unterm 15. Mai sandte er zwei Proteste, den einen an den Ministerpräsidenten (und Außenminister) Szotjay, und den anderen an das Außenministerium selbst. Sein Gedankengang ist mit wenigen Zitaten klar gekennzeichnet. Er schrieb an Sztojay:

„Menschen bloß aus Gründen ihrer rassischen Abstammung zu verfolgen, ist schon eine Verletzung des Naturrechts. Wenn Gott ihnen das Leben gegeben hat, hat kein Mensch auf Erden das Recht, es ihnen zu nehmen oder ihnen die Mittel vorzuenthalten, durch die sie es bewahren könnten; zumindest, wenn sie keine Verbrechen begangen haben."

Im Begleitschreiben an das Außenministerium klagte Rotta:

„Bis jetzt ist jede Démarche ohne Wirkung geblieben; ganz im Gegenteil möchte man — wie es dieser Nuntiatur scheint — bis zur Zwangsverschickung hunderttausender Personen schreiten (auch wenn man die Sache zu verschleiern sucht). Jeder weiß, was Zwangsverschickung in der Praxis bedeutet."

Wieviel wußte Rotta damals tatsächlich vom wahren Schicksal der Deportierten? Wir können nur annehmen, daß er — wie die jüdische Gemeinschaft — nur um die Brutalität wußte, die eine Begleiterscheinung der Zwangsverschickung war. Am 16. Mai, am Tag nach Rottas doppeltem Protest, berichtete der Delegat in Washington, der *War Refugee Board* habe ihn informiert, daß die Zwangsverschickung von Juden an einen unbekannten Bestimmungsort begonnen habe. Der *Board,* fügte er hinzu, zähle auf die Intervention des Heiligen Stuhls. Wie so oft, kam das Ersuchen um Aktion erst, nachdem die gewünschte Aktion bereits vorweg unternommen worden war. Als der Vatikan unterm 20. Mai darüber anfragte, telegraphierte Rotta am 24. Mai, daß er bereits wegen der getauften Juden und gegen die verschleierte Zwangsverschickung Protest eingelegt habe. Er setzte hinzu, er erwarte eine negative Antwort. In der Zwischenzeit, so berichtete er, gingen die Deportationen unter dem Titel des Arbeitsdienstes weiter und würden mit systematischer polizeilicher Brutalität durchgeführt. Er sagte, er hätte den früheren Ministerpräsidenten Bela Imredy aufgesucht, um dessen gute Dienste zu erlangen. Rotta empfahl, der Heilige Stuhl möge selbst einen Schritt unternehmen .Dieser Vorschlag mag vielleicht der Ursprung jenes offenen Telegrammes sein, das Pius XII. am 25. Juni an Admiral Horthy sandte.

Wir vorhergesehen, war die Antwort auf den Protest des Nuntius negativ und scharf. Die Note des Außenministeriums, die mit dem 27. Mai datiert war, spottete über die religiöse Aufrichtigkeit der kürzlich aus dem Judaismus Übergetretenen. Ihre Bekehrung würde jedoch in jedem Fall nutzlos sein, den das Problem sei ein rassisches, und daran ändere sich auch durch die Taufe nichts. Immerhin sagte die Note zu, innerhalb der bestehenden Vereinigung ungarischer Juden eine eigene Abteilung für getaufte Juden zu errichten. Zu ihrem Gunsten würde man einige Ausnahmen zulassen, z. B. was das Tragen des gelben Sternes anlange. Doch konnte die Note die Frage der Zwangsverschickung nicht vermeiden; sie nahm daher zu einer offenkundigen Unrichtigkeit Zuflucht:

„Die ehrenwerte diplomatische Vertretung [die Nuntiatur] bezieht sich in ihrer Note auf gewisse Gerüchte über eine umfangreiche Entfernung der Juden vom ungarischen Territorium. Wie allgemein bekannt, stellen die ungarischen Regierungen der Deutschen Regierung eine gewisse Zahl an Arbeitskräften zur Verfügung. Gegenwärtig arbeiten mehr als dreißigtausend christlicher Ungarn im Reich, und nunmehr werden, zufolge eines verstärkten Wunsches der Deutschen Regierung, auch eine Anzahl von Juden nach Deutschland oder die von ihm besetzten Gebiete geschickt. Es handelt sich dabei keineswegs um eine Deportation, und es werden die notwendigen Maßnahmen ergriffen, damit — wenn möglich — ihr Transport in Gemeinschaft mit ihrer Familie und unter menschlichen Bedingungen vor sich gehe."

Der Nuntius gab sich mit dieser verlogenen Antwort nicht zufrieden. Auch Kardinal Maglione hatte ihn zwischenzeitig mit neuen Weisungen wohl versehen. Er wurde angewiesen, auch weiterhin auf der Grundlage der christlichen Prinzipien von Nächstenliebe und menschlicher Solidarität zu agieren und die Bischöfe zu ermuntern, sie sollten in einem Kollektivappell an die Regierung diese zu einer Mäßigung ihrer Haltung gegenüber den Juden im allgemeinen, im besonderen aber gegenüber den katholischen Gläubigen jüdischer Rasse veranlassen.

Rotta verlor keine Zeit und verfaßte einen scharfen Brief an das Außenministerium, der wegen seiner Offenheit und Vehemenz, gemessen an traditionellen Standards, ziemlich ungewöhnlich ist. Er ist mit 5. Juni datiert und enthält die folgende Kritik:

„Zu ihrem großen Bedauern ist die Apostolische Nuntiatur zwischenzeitig, und zwar aus guter Quelle, über die Ergebnisse einer kürzlich abgehaltenen Konferenz informiert worden, in welcher die Zwangsverschickung aller ungarischen Juden beschlossen wurde, und zwar ohne Unterschied der Religion: nur 150 000 oder höchstens 200 000 sollen davon ausgenommen sein, weil sie für das wirtschaftliche und industrielle Leben des Landes oder für sanitäre Hilfsdienste notwendig seien. Anderen, ebenfalls absolut sicheren Informationen zufolge, ist die Deportation bereits in vollem Gange und wird mit solchen Methoden durchgeführt, daß einzelne Personen bereits vor Eintreffen an ihrem Bestimmungsort zusammenbrechen. Auch in den Konzentrationslagern werden unmenschliche Methoden angewandt, und manchmal fehlt es dort an den elementarsten Bedingungen des Lebens und der Hygiene; ja man geht dort soweit, die Priester daran zu hindern, diesen unglücklichen Söhnen der Kirche die Tröstungen der Religion zu bringen.

In seiner Erwiderung an das Außenministerium vom 5. Juni setzte der Nuntius fort:

„Man sagt, es handle sich nicht um Zwangsarbeit, sondern um Arbeitsdienst. Man kann über Worte streiten; die Wirklichkeit bleibt die gleiche. Wenn man alte Männer von mehr als 70 oder gar 80 Jahren, betagte Frauen, Kinder und Kranke wegschleppt, so fragt man sich: zu welcher Arbeit können diese menschlichen Wesen noch taugen? Man antwortet, man habe den Juden die Möglichkeit gegeben, ihre Familien mitzunehmen; aber schon die Trennung von diesen müßte freiwillig erfolgen. Und was soll man zu Fällen sagen, wo diese Alten, Kranken etc. alleine deportiert werden, die keine Eltern haben, denen sie folgen müßten? Und wenn man bedenkt, daß den ungarischen Arbeitern, die sich in Deutschland zu Arbeitszwecken aufhalten, verboten ist, ihre Familien mitzunehmen, ist man wahrhaftig erstaunt zu sehen, daß diese große Gunst gerade den Juden gewährt wird."

Der päpstliche Vertreter bestand darauf, was die praktische Seite anlangte, daß Christen von der Zwangsverschickung ausgenommen und alle Juden menschlich behandelt werden müßten. In jedem Fall „sollen stets die Gerechtigkeit sowie die fundamentalen Menschenrechte respektiert werden".

Aber das Außenministerium ließ sich nicht beschämen. In seiner eigenen Verbalnote vom 30. Juni leugnete es vehement, daß es sich geweigert hätte, für getaufte Juden gewisse Konzessionen zu machen. Auch beharrte es darauf, daß die Zwangsverschickung nichts anderes sei als „Arbeitsdienst". Es erwäge Pläne für eine Emigration der Juden nach Schweden oder in den Nahen Osten (Palästina). Dem Nuntius wurde versichert, daß strenge Maßnahmen getroffen würden, um eine menschliche Behandlung der Juden unter den gegenwärtigen Maßnahmen zu sichern. Was die an der Macht befindlichen Antisemiten anlangte, so war dies ein *fin de non recevoir*.

Wenn der Nuntius Rotta das „Auschwitzer Protokoll" gesehen haben sollte, so findet sich doch kein Hinweis darauf in seinen verschiedenen Mitteilungen. Die Umstände, wie sie in den Szenen der Zwangsverschickung aus Budapest und in den Provinzen zutage traten, reichten allein hin, um tiefe Abscheu und Sorge zu wecken und jene Art von Protest herbeizuführen, wie er ihn der Regierung im vollen Bewußtsein davon unterbreitet hatte, daß er sich damit in Übereinstimmung mit Buchstabe und Geist seiner Instruktionen hielt. Wie bekannt, fielen diese Wochen der Zwangsverschickung mit der Reise Joel Brands nach Jerusalem zusammen, wo er Eichmanns Vorschlag vorlegte, zehntausend Lastkraftwagen gegen eine Million Juden auszutauschen. Aber die Deportationen gingen mit unverminderter und furchtbarer Geschwindigkeit weiter.

Kardinalstaatssekretär Eugenio Pacelli bei der Unterzeichnung des Reichskonkordats vom 20. Juli 1933. Zu seiner Rechten Erzbischof (später Kardinal) Giuseppe Pizzardo, Vizekanzler Franz von Papen und Prälat Ludwig Kaas, zu seiner Linken Prälat (später Kardinal) Alfredo Ottaviani, Ministerialdirektor Rudolf Buttmann vom Reichsministerium des Innern, Msgr. Giovanni B. Montini, der spätere Papst Paul VI., und Botschaftsrat Eugen Klee, Geschäftsträger beim Vatikan.

Was passierte in Washington? Am 1. Juni erbat der amerikanische Geschäftsträger gemäß seinen Instruktionen vom Vatikan Informationen über die ungarische Situation die Juden betreffend. Das ihm am 7. Juni übergebene Memorandum faßt die Aktionen des Heiligen Stuhls seit Juni 1941 zusammen. Hinsichtlich der augenblicklichen Lage der Dinge führte es Folgendes aus:

„Die im Gange befindliche Zwangsverschickung war unter dem Deckmantel eines Arbeitsdienstes begonnen worden. Der Apostolische Nuntius ist beauftragt worden, von seinen guten Diensten bei der Regierung zugunsten der Deportierten nicht abzulassen, gemeinsam mit den guten Diensten des Episkopats.“

Dann, am 9. Juni, berichtete Cicognani, daß vier wichtige Rabbiner des *Emergency Committee to Save the Jewish People of Europe* einen besorgten Aufruf an den Heiligen Vater gerichtet hätten. Es ist als sicher bekannt, sagten sie, daß die Vernichtung der Juden in Ungarn begonnen hat und weitergeht. Eine Million Menschenleben stünden auf dem Spiel. Sie ersuchten den Papst, einen öffentlichen Appell in den denkbar stärksten Worten zu machen, um diese Juden zu retten. Ihrer Auffassung nach würden die ungarischen Katholiken durch einen Appell von so hoher Seite beeindruckt sein. Am 9. Juni sandte Rabbi Isaac Herzog von Palästina eine Botschaft mit einem ähnlich heftigen Appell durch den Delegaten in Kairo, Arthur Hughes (angekommen am 14. Juni).

Die Mitteilung Cicognanis vermittelte durch die in ihr gebrauchten Wendungen den Eindruck, daß die Vernichtung *in* Ungarn durch Ungarn vonstatten ging. Auf Zwangsverschickung wurde nicht bezug genommen. Maglione telegraphierte sofort dem Nuntius in Budapest um Informationen. Er wollte auch wissen, ob die ungarischen Bischöfe bereits auch selbst einen Protest eingelegt hätten. Rotta hatte ihm bereits am 10. Juni einen schriftlichen Bericht über seine Schritte gemacht und darin um weitere Instruktionen ersucht. Am 18. Juni antwortete er nunmehr auf das Telegramm Magliones mit der Neuigkeit, daß bereits 300 000 Juden deportiert worden seien. Gerüchten zufolge, so sagte er, sei ein Drittel derselben tatsächlich außerhalb Ungarns zu Arbeitszwecken eingesetzt. Was die übrigen zwei Drittel anlange, so liefen alle möglichen Spekulationen um. Einzelne vertrauenswürdige Personen sprächen sogar von „Vernichtungslagern“. In jedem Fall sei die Behandlung der Deportierten „wirklich furchtbar“. Rotta griff auf seinen Protest vom 5. Juni zurück. Der Kardinal Fürst-Primas habe seinerseits protestiert, ein kollektives öffentliches Statement der Bischöfe sei aber bisher nicht erschienen. Rotta sagte, eine direkte Intervention des Heiligen Stuhls wäre außerordentlich nützlich, um nicht zu sagen notwendig, in Anbetracht der Tatsache, daß die Eisenbahntransporte bereits für die nächste Zwangsverschickungswelle vorbereitet würden.

Der Budapester Nuntius blieb weiterhin besorgt. Sechs Tage später, am 24. Juni, telegraphierte Rotta, daß die Deportationen weitergingen und Proteste kein Gehör fänden. Ein neuer Transport würde in wenigen Tagen abgehen. Die Gläubigen, sagte er, seien überrascht von der Inaktivität ihrer Bischöfe. Er drang nochmals auf einen Appell an den Kardinal Fürst-Primas.

Nur auf diesem Weg, dachte Rotta, könnte die kompromittierte Ehre der Kirche gerettet werden. Rotta erwähnte nicht, daß ein Hirtenbrief der Bischöfe im gewünschten Sinn bereits vorbereitet war, von der Regierung aber vorübergehend gesperrt wurde. Zuletzt wurde der gemeinsame Hirtenbrief unter der Bedingung nicht publiziert, daß die Deportationen ein Ende nähmen.

Am selben Tag wie das oberwähnte Rotta-Telegramm brachte der amerikanische Geschäftsträger Tittmann Kardinal Maglione eine Botschaft des *War Refugee Board*. Sie war am 13. Juni, elf Tage früher, abgegangen. Nach Erinnerung an den Umstand, daß seine Heiligkeit über die „Welle des Hasses“ tief betrübt gewesen sei, welche Europa überschwemmt habe, und unermüdlich bestrebt gewesen sei, eine entsprechende Achtung der Würde des Menschen zu vermitteln, aktiviert durch ein großes Mitgefühl für die Leiden eines großen Teiles der Menschheit, wandte sich die Botschaft Ungarn zu. Sie bezog sich auf die

„offenbar authentischen Berichte, daß die derzeitigen Gewalthaber in Ungarn es unternommen hätten, die 800 000 Juden in Ungarn zu verfolgen, und ihre Massenhinschlachtung sowohl in Ungarn als auch nach ihrer Zwangsverschickung in Polen aus dem alleinigen Grunde planten, weil sie Juden seien“.

Der *Board* schloß mit der ernsten Hoffnung,

„daß Seine Heiligkeit es angezeigt finden möge, sich selbst über diesen Gegenstand zu den Gewalthabern und dem Volk von Ungarn auszusprechen, wo eine so große Zahl sich zur geistlichen Anhängerschaft des Papstes zähle, sei es, daß er dies persönlich durch das Radio, sei es durch den Nuntius und den Klerus in Ungarn oder auch durch einen Vertreter des Heiligen Stuhls tun wolle, der zu diesem Zweck in Sondermission nach Ungarn gehen könne“.

Wir haben früher erwähnt, wie sehr sich der Jüdische Weltkongreß erstaunt und betroffen gezeigt hatte, als er (erst) am 24. Juni aus Genf

Tatsachen über die Zwangsverschickung erfuhr. An diesem Tag publizierte der Jüdische Weltkongreß selbst eine Pressemitteilung. Aus Palästina sandten Rabbi Herzog und die *Jewish Agency* einen Appell wegen 300 000 Juden en route „nach Birkenau, Polen", die 400 000 bereits Deportierten folgten. Die Botschaft wurde von Roncalli in Istanbul telegraphisch über den Nuntius in der Schweiz am 29. Juni durchgegeben. Erst am 1. Juli sandte die Europäische Sektion des Jüdischen Weltkongresses den gleichen Appell an den Vatikan. Zu dieser Zeit war Pius' XII. offenes Telegramm bereits abgegangen.

„Von verschiedenen Seiten" — telegraphierte Pius XII. an den Regenten, Admiral Nicholas Horthy, am 25. Juni — „bittet man Uns, Uns auf jeden Fall ins Werk zu setzen, damit in dieser edlen und ritterlichen Nation die schon jetzt so schweren Leiden nicht vermehrt und erschwert werden mögen, die eine große Zahl von Unglücklichen wegen ihrer Nationalität oder ihrer Rasse erdulden müssen. Da Unser Vaterherz nicht ungerührt bleiben kann, wenn an Uns wegen Unseres Amtes der Liebe, das alle Menschen umfaßt, inständige Bitten herangetragen werden, wenden Wir Uns persönlich an Ew. Hoheit und appellieren an Ihre noblen Gefühle im vollen Vertrauen darauf, daß Ew. Hoheit alles tun werde, was in Ihrer Macht steht, damit sovielen Unglücklichen weitere Leiden und Schmerzen erspart bleiben".

Rotta in Budapest hatte einen Appell an die Bischöfe vorgeschlagen. Der *War Refugee Board* bat um einen Appell im Radio, Pius XII. wählte einen dritten Weg, der zum Erfolg führte. Am 1. Juli antwortete der Regent auf die päpstliche Botschaft mit einer Versicherung, er würde alles in seiner Macht Stehende tun, um „die Forderungen christlicher humanitärer Grundsätze siegen zu lassen". Zum Handeln veranlaßt durch einen versuchten Staatsstreich der Pfeilkreuzler gegen ihn — und vielleicht auch durch eine alliierte Bombardierung der Stadt — übernahm Horthy plötzlich wieder die Gewalt und verbot alle Zwangsverschickungen, zumindest in dem Gebiet von Budapest, wo er gegenüber den Deutschen noch eine gewisse Kontrolle ausübte.

Ein Entwurf des offenen Telegramms war bereits am 12. Juni vorbereitet worden, was darauf hinweist, daß die Idee nicht erst von den verspäteten Appellen des 24. Juni herstammte. Das Telegramm war daher keine unvermittelte Reaktion des Papstes, sondern hatte einige Tage gereift. Auch gibt es keinen Hinweis darauf, daß der Papst, als er das Telegramm absandte, den Vrba-Wetzler-Auschwitz-Bericht gesehen hatte. Freilich bedurfte es solcher Kenntnis auch gar nicht unter den gegebenen Umständen. Die massive und brutale Zwangsverschikkung von Hunderttausenden nach einem unbekannten Bestimmungsort war Grund genug für den Papstappell.

Es fehlt hier der Raum, um den veritablen Kreuzzug gebührend zu beschreiben, der nun, Anfang Juli, zuerst in der Schweizer Presse ausbrach und sich in anderen Ländern fortsetzte. Nach dem Papst richtete auch der König von Schweden einen Protest an Horthy. Es war zu dieser Zeit, daß auch der Vrba-Wetzler-Bericht zum Vorschein kam und in der Presse darüber berichtet wurde. Trotz einiger Manöver seitens Eichmanns, der, über diese Umwälzung erbost, versuchte, noch einige für die Zwangsverschickung zu erlangen, kam dieses besondere Kapitel der Unmenschlichkeit des Menschen gegenüber dem Menschen zu einem Ende. Binnen einer Woche, möglicherweise am 8. Juli, hörten die Deportationen auf. Man brachte Auschwitz um seine ungarischen Opfer.

Am 14. Juli berichtete Nuntius Rotta, daß man „de facto eine Suspendierung der Zwangsverschickungen feststellen könne". Das Telegramm an Horthy, sagte er, sei „sehr opportun" gewesen. Der Regent, den die Nuntiatur auf dem Laufenden zu halten versucht hatte, war auch durch ein Attentat von Seiten fanatischer Antisemiten zum Handeln bewegt worden. Rotta sagte, daß auch der (unveröffentlichte) Hirtenbrief der Bischöfe nützlich gewesen sei — zumindest in dem Sinne, daß er erst nach dem Versprechen der Regierung zurückgehalten worden sei, die Zwangsverschickungen zu beenden und die geforderten Ausnahmen für die getauften Juden zu gewähren.

Am 6. Juli schrieb Cicognani an Gabriel Wechsler vom oberwähnten *„Emergency Committee to Save the Jewish People of Europe"*, informierte ihn über das Horthy-Telegramm, ersuchte ihn aber gleichzeitig, daß die Neuigkeiten nicht veröffentlicht werden sollten, damit eine unzeitgemäße Publizität keinen Schaden hervorrufe. Aber die Neuigkeiten über die päpstliche Intervention drangen doch durch. Nach einem Monat war es klar, daß die Gefahr für den Augenblick vorüber war. Am 2. August sandte der *Under-Secretary of State* in Washington, Edward Stettinius, ein Telegramm an seine Büros in Lissabon, Bern, Stockholm, Ankara, etc., in dem er um eine Verifikation der weiteren Konsequenzen ersuchte. Am 9. August berichtete Cicognani, daß das *American Jewish Committee* und das *Emergency Committee to Save the Jews of Europe* ihn gebeten hätten, dem Heiligen Vater und Kardinal Maglione ihre Dankbarkeit für die in Ungarn erreichten Verbesserungen auszudrücken. Ihre Informationen bestätigten, daß die Zwangsverschickungen tatsächlich aufgehört hatten, und beide Gruppierungen erkannten an, daß dies alles dem Heiligen Vater zu verdanken war.

Weitere Dankesbezeugungen kamen von anderen jüdischen Organisationen; so etwa vom Jüdischen Weltkongreß durch A. L. Easterman am 26. September. Aber der persönliche Brief des Präsidenten des oberwähnten *American Jewish Committee,* der die genannte Botschaft enthielt, kann hier zitiert werden. Er schrieb unterm 1. August an den Apostolischen Delegaten Amleto Cicognani in Washington. Die Neuigkeiten, sagte Joseph N. Proskawer, seien bestätigt worden.

„Für diese Erleichterung der tragischen Situation der Juden in Ungarn ist die Intervention Seiner Heiligkeit, des Apostolischen Nuntius und der katholischen Prälaten in der ganzen Welt zweifellos in weitem Maße verantwortlich. Diese wohltätige Aktivität, die in diesen Tagen moderner Barbarei die edlen Traditionen der Menschlichkeit wiederholt, der die Kirche im Mittelalter so oft gefolgt ist, hat im jüdischen Volk ein tiefes und dauerndes Gefühl der Dankbarkeit hervorgerufen."

III. Die Zweite Phase (August - Dezember)
Der Heilige Stuhl und die Pfeilkreuzler

Das Werk von Nuntius Rotta und die Sorge des Weltjudentums waren aber noch nicht zu Ende, nur weil die Zwangsverschickungen nach Auschwitz aufgehört hatten. Die Nazis übten noch immer die tatsächliche Macht im Lande aus und Horthys Einfluß war im Schwinden. Im August kam es zu einer neuen Regierungsumbildung, und General Lakatos wurde Ministerpräsident. Der deutsche Druck wegen einer Wiederaufnahme der Zwangsverschickungen wurde wieder stark. Der Nuntius, der davon aus Quellen, die er dem Vatikan niemals bekanntgab, erfuhr, mobilisierte die Chefs der drei anderen neutralen diplomatischen Missionen für einen gemeinsamen Protest bei der neuen Regierung. Am 21. August überreichten der Nuntius, der Schwedische Gesandte Carl Danielsson, der Portugiesische Geschäftsträger Carlos de Liz-Texeira Braquino, und der Schweizer Geschäftsträger, Antoine J. Kilchmann, ihre Note:

„Die unterzeichneten Vertreter der neutralen Mächte, die in Budapest akkreditiert sind, haben mit einem Gefühl schmerzlicher Überraschung vernommen, daß die Zwangsverschickungen der Juden Ungarns in Kürze wiederaufgenommen werden sollen. Es wurde ihnen auch — und zwar aus absolut sicherer Quelle — mitgeteilt, was die Zwangsverschickung in den meisten Fällen bedeute, auch wenn sie unter dem Namen des Arbeitsdienstes verschleiert werden sollte ... Aus einem Gefühl menschlicher Solidarität und christlicher Liebe fühlen sich die Vertreter der neutralen

Mächte verpflichtet, einen energischen Protest gegen derartige Vorgehen zu erheben, die in ihrem Motiv ungerecht — denn es ist absolut unzulässig, daß Menschen wegen der bloßen Tatsache ihrer rassischen Abstammung verfolgt und getötet werden — und in ihrer Durchführung brutal sind."

Der gemeinsame Protest der vier neutralen Missionen war etwas Seltenes in der diplomatischen Praxis. Noch weniger traditionell war die starke, um nicht zu sagen, beinahe beleidigende Sprache. Unter normalen Umständen hätte die Regierung des Empfangsstaates die Note als Einmischung in die inneren Angelegenheiten sofort zurückgewiesen. Aber der Nuntius und die anderen beteiligten diplomatischen Vertreter zählten auf die Schwäche der Regierung, und ihre Note war nur die erste von dreien in diesen Monaten.

Bestand tatsächlich eine konkrete Gefahr, daß die Zwangsverschikkungen wieder aufgenommen würden? Spielte der gemeinsame Protest überhaupt eine Rolle im Zusammenhang mit dem Widerstand der Regierung gegen deutschen Druck? Wie dem auch sein möge, am 26. August zog SS-Führer Heinrich Himmler das Eichmann-Kommando aus Ungarn zurück. Dies war der bestmögliche Hinweis darauf, daß sich die Situation verbessert hatte. Militärische und politische Ereignisse von großer Tragweite entwickelten sich rasch auf den Ausgang des Dramas zu. Im Oktober verschlechterte sich die Situation für die Juden wieder. Am 15. jenes Monats hielt Admiral Horthy eine Rundfunkrede und erklärte, Ungarn würde einen Waffenstillstand mit der Roten Armee, die bereits auf ungarischem Boden stand, begrüßen. Die Deutschen reagierten sofort: Horthy wurde verhaftet, sein Regime gestürzt, und der fanatisch antisemitischen Pfeilkreuzler-Partei die Regierungsmacht übergeben. Ferenc Szalasi wurde Ministerpräsident.

Dies konnte auf jeden Fall eine neue Katastrophe bedeuten. Am 16. Oktober erklärte Alex Easterman für den Jüdischen Weltkongreß in London unter Bezug auf dortige Informationen, daß die 300 000 Juden neuerlich in Gefahr wären. Er bat um einen „öffentlichen Aufruf". Der Vatikan antwortete darauf am 20. Oktober durch seinen Delegaten Godfrey, daß man, wie in der Vergangenheit, keine Gelegenheit versäumen werde, diesen Unglücklichen zu helfen. Cicognani telegraphierte am 19. Oktober aus Washington, daß jüdische Delegationen ihn aufgesucht hätten, um den Heiligen Vater zu bitten, er möge an die Ungarn appellieren, verfolgten Juden Zuflucht zu gewähren. Am 21. Oktober informierte Cicognani den *War Refugee Board*, er habe den Vorschlag einer öffentlichen Radioansprache des Papstes an Ungarn weitergeleitet. Die Rabbiner und der *War Refugee Board* waren der Auffassung, der Nuntius in Budapest könne selbst wenig tun. Diese Vermutung war falsch und entsprach nicht der wirklichen Situation.

Rotte gehörte nicht zu jenen, die sich auf ihren Lorbeeren ausgeruht hätten. Schon gar nicht, da er wußte, er erfreue sich des vollen Vertrauens und der Unterstützung Pius' XII., den er vertrat. Am 18. Oktober berichtete der Nuntius, daß die Angriffe auf Juden wieder aufgenommen und in den Wirren bei Horthys Fall viele getötet worden seien. Er ersuchte um Instruktionen. Msgr. Domenico Tardini, der den Platz des im August verstorbenen Kardinals Maglione eingenommen hatte, bestärkte ihn in der bisher gespielten Rolle. Man hätte Informationen (nämlich aus London und Washington) erhalten, daß die Zwangsverschickungen und Verfolgungen wieder aufgenommen worden seien. Er forderte eine Bestätigung an und setzte ein Wort der Unterstützung an den kampfesfreudigen Nuntius hinzu. Der Heilige Stuhl, so ließ er Rotta wissen, schätze seine fortgesetzte Aktivität und jene der Bischöfe mit Blickrichtung auf jede nur mögliche Hilfe für die Verfolgten. Am 23. Oktober sandte Tardini ein langes Telegramm mit gleichem Tenor: Noch immer kämen Nachrichten herein, sagte er, daß die Verfolgung vieler Personen weitergehe, die wegen ihres religiösen Bekenntnisses, ihrer Rasse oder aus politischen Gründen Gewalttätigkeit erleiden müßten. Dem Nuntius wurde versichert, er solle in seiner wohltätigen Aktion fortfahren, in Zusammenarbeit mit dem Episkopat,

> „um in jeder möglichen Weise die väterlichen Bemühungen des Papstes zu unterstützen und allen zu zeigen, daß die katholische Kirche nichts unversucht läßt, um ihre universelle Mission der Nächstenliebe trotz der gegenwärtig schwierigen Bedingungen zu erfüllen".

Dieses Telegramm kreuzte sich mit einem weiteren von Rotta, in dem dieser mitteilte, die vom früheren Regime gemachten Konzessionen seien zurückgezogen worden. Es würde wieder Arbeitsdienst geben, allerdings in Ungarn selbst. Auch würden von den Pfeilkreuzlern viele Akte der Grausamkeit begangen. Rotta informierte auch den Vatikan, daß er am 18. Oktober mit dem neuen Außenminister Gabor Kemény und am 21. Oktober mit Ministerpräsident Szalasi konferiert habe. Er sagte er habe im Namen des Heiligen Stuhls nachdrücklich darauf gedrungen, daß die Bedingungen für die Juden verbessert und insbesondere die Ehen mit Juden nicht, wie beabsichtigt, für aufgelöst erklärt werden sollten. Rotta wies zwar darauf hin, daß Szalasi diesen Vorstellungen gegenüber nicht unzugänglich gewesen sei, fügte aber hinzu, er habe persönlich wenig Optimismus, wenn er an den Einfluß der Extremisten in Szalasis Umgebung denke.

Das 18 Seiten lange Protokoll oder umfassende Résumé des Treffens mit Szalasi vom 21. Oktober ist vorhanden; die Amerikaner haben es in einer Sammlung von Archiven des ungarischen Außenministerium gefunden, die nach Österreich verbracht worden war. [National Archives, Washington, D. C., T. 973. Hungarian Collection. Roll 1, frames 1153 bis 1218.] In diesem interessanten Dokument ist zu lesen, daß der Nuntius mit dem Ministerpräsidenten drei Punkte besprechen wollte, hinsichtlich (a) des Verhältnisses zur Kirche, (b) der Frage des Religionsunterrichts, und (c) der weiteren Behandlung der Judenfrage. Anwesend waren weiters Außenminister Kemény und der Uditore der Nuntiatur, Msgr. Gennaro Verolino.

Der Nuntius wies darauf hin, daß er insbesondere an den getauften Juden interessiert sei, daß die Kirche aber auch an der Judenfrage im ganzen Anteil nehme. Gemäß dem Résumé sagte der Nuntius:

„Die Nuntiatur habe in dieser Frage schon wiederholt Noten an den Chef der vorhergehenden Regierung gerichtet, in denen sie gegen die Art der Deportierung von hunderttausenden von Juden protestierte, denn infolge dieser Verfügung würden Familien getrennt, zahlreiche Fälle menschlicher Tragödien und Selbstmord kämen vor, die natürlich nicht der Aufmerksamkeit des Heiligen Stuhls entgehen konnten. Der Heilige Stuhl habe im Interesse des guten Rufs der ungarischen Nation gegen diese Maßnahmen seine Stimme erhoben, und deshalb halte es jetzt der Nuntius für notwendig, die Aufmerksamkeit des Ministerpräsidenten wieder auf das besondere Interesse des Heiligen Stuhls an dieser Frage zu richten."

Nuntius Rotta kam dann mit drei spezifischen Forderungen zum Kern der Sache: er ersuchte

„(a) um die Aufrechterhaltung der bisher genehmigten Ausnahmen, (b) um die Respektierung der von neutralen Ländern für die Juden zwecks Auswanderung ausgestellten Pässe. (Diese letztere Bitte trage er auch im Namen des in Budapest akkreditierten diplomatischen Korps vor.) Und (c) die mit Juden in Mischehe lebenden Personen sollen von ihrem Ehepartner nicht getrennt werden.

Schließlich ersuchte er noch um die Gestattung einer gewissen Bewegungsfreiheit für die Insassen jüdischer Häuser.

Szalasi zögerte, die Aufrechterhaltung der früheren Ausnahmen in Erwägung zu ziehen, wie sie unter Horthy und den aufeinanderfolgenden Regierungen eingeräumt worden waren. Nach dem Protokoll entspann sich über die Judenfrage die folgende interessante Diskussion:

„Der päpstliche Nuntius: bittet nachdrücklich, der Herr Ministerpräsident möge nicht an diesem seinem Standpunkt festhalten, denn er bringe große Schwierigkeiten mit sich und würde nicht von Gottes Segen begleitet.

Der Herr Ministerpräsident: bittet, es sei besser, den Namen Gottes in dieser Diskussion nicht zu nennen, denn er liebe seine Religion viel zu sehr, um den Namen Gottes in diese Frage hineinzuziehen."

Außenminister Kemény schaltete sich mit der Information in das Gespräch ein, man habe bereits ein Kompromiß über die Pässe erreicht. Daher erfahren wir aus offizieller Quelle, daß 3000 Personen Schutzbriefe, 4500 einen Schweizer Reisepaß, 700 portugiesische Dokumente und 7 - 8000 palästinensische Immigrationszertifikate erhalten haben.

Es wäre möglich, sagte der Minister, daß die Deutschen den Trägern solcher Pässe bei der Durchreise durch Deutschland keine Schwierigkeiten machen würden.

Zu jener Zeit entwickelte sich eine neue Art und Weise, mit dem ewigen Problem „Was soll man machen?" fertig zu werden. Während dieser Tage hatte auch der ungarische Episkopat seine eigenen Besprechungen mit der Pfeilkreuzler-Regierung geführt. Aber der Primas, Kardinal Seredi, zögerte noch, eine möglicherweise verfrühte Aktion zu setzen, die nach seiner verantwortungsvollen Beurteilung einen eher negativen Erfolg haben würde. Am 17. Oktober gab Myron C. Taylor dem Papst ein Telegramm, das er selbst vom Jüdischen Weltkongreß erhalten hatte. Es deckte sich mit einem anderen, das der Jüdische Weltkongreß am selben Tag an den Papst gesandt hatte. Taylor selbst informierte Präsident Roosevelt am nächsten Tag (dem 18. Oktober), daß Pius XII. einen besonderen Appell für die ungarischen Juden machen werde — „auf mein Verlangen hin". Zu gleicher Zeit hatte Rotta gemäß seinen Instruktionen versucht, auf die ungarischen Bischöfe, und vor allem auf Seredi, Druck auszuüben. Eine günstige Gelegenheit schien sich zu ergeben, als Rotta am 29. Oktober den Papst informierte, daß man in allen Kirchen für die Flüchtlinge eine Sammlung abhalten werde. Der *U. S. Under-Secretary of State,* Edward Stettinius, sandte unterm 25. Oktober Instruktionen an Taylors Büro. Taylors Assistent, Tittmann, wurde angewiesen, den Papst sofort aufzusuchen und zu bitten, im Radio einen öffentlichen Appell an das Volk und den Klerus von Ungarn zu machen, sie aufzufordern, den Unglücklichen zu helfen, indem man sie verberge, und sich ihrer Zwangsverschickung und Vernichtung zu widersetzen. (Das Telegramm war natürlich vom *War Refugee Board* entworfen worden.) Der *War Refugee Board* nahm an,

„es würde nicht den notwendigen Erfolg erzielen, wenn man sich an die lokalen Behörden wendete, und ein öffentlicher Aufruf biete die beste Chance, diese unglücklichen Menschen am Leben zu erhalten".

Die Botschaft an Tittmann überbrachte Myron C. Taylor selbst noch am selben Tag dem Papst.

So wie beim „offenen Telegramm“ an Horthy vom 25. Juni war auch jetzt wieder schon eine Woche zuvor ein Telegramm an Kardinal Seredi entworfen worden. Wenn der Appell von seiten des *War Refugee Board* Pius XII. auch nicht den Gedanken für den nächsten Schritt eingab, so veranlaßte er doch wahrscheinlich den Papst, den geplanten Schritt zu unternehmen. Daher sandte der Papst am 28. Oktober seinen Appell an Seredi. Die Botschaft, die in Klartext gehalten war, schien auf den ersten Blick ein Routinegruß. Aber der Papst leitete damit ein, daß er sagte, der Heilige Stuhl habe

> „dringende Appelle [erhalten], die Unsere Intervention für die Verteidigung jener erbitten, die wegen ihrer religiösen Überzeugung, ihrer Rasse oder politischen Anschauung der Verfolgung und Gewalttätigkeit ausgesetzt seien“.

Er begrüßte und unterstützte das Programm eines Gebets und einer besonderen Sammlung, die am 29. Oktober, wie angekündigt durchgeführt werden sollte.

Der Primas von Ungarn muß wohl überrascht gewesen sein, diese unerbetene päpstliche Botschaft zu erhalten. Aber er konnte nicht wegen des anscheinend allgemeinen Charakters der Anspielungen auf die Rassenfrage in der Einleitung im Unklaren bleiben, was gemeint war. Der Appell zielte darauf ab und war in der Tat eine Einladung für Bischöfe und Gläubige, dahingehend auszulegen, sie mögen ihre Hilfe für alle Kriegsopfer verdoppeln, und zwar unabhängig von ihrer Rasse — in anderen Worten, für die Juden, ob getauft oder ungetauft.

[Ein paar Tage später wurde ein noch dramatischeres und persönliches Telegramm vom Vatikan abgesandt, diesmal an den päpstlichen Geschäftsträger in der Slowakei, Msgr. Giuseppe Burzio. Der päpstliche Vertreter hatte Rom informiert, daß auch in der Slowakei den Juden neuerlich Zwangsverschickung drohe. Worauf warte, so meinte Burzio, Präsident Dr. Josef Tiso noch, bevor er sein Amt niederlege? Am 29. Oktober wurde Burzig angewiesen, sich sofort zu Präsident Tiso zu begeben und ihm mitzuteilen, der Heilige Vater sei über die Leiden all jener aufs äußerste betrübt, die man gegen alle Grundsätze der Menschlichkeit und Gerechtigkeit nur wegen ihrer Nationalität oder Rasse der Drangsal aussetze. Der Geschäftsträger wurde angewiesen, dem Präsident, einem Priester, namens des Papstes in Erinnerung zu rufen, welche Gefühle und Entschlüsse sich mit seiner priesterlichen

Würde und seinem Gewissen vertrügen. Aber diese slowakische Begebenheit ist ein anderes Kapitel in der Geschichte päpstlicher Diplomatie im Krieg und wird hier nur als ein weiterer Hinweis auf die Haltung Pius' XII. in jenen Tagen angeführt.]

Der gemeinsame Protest der „neutralen Mächte" ist bereits erwähnt worden. Ein solches Herangehen an das Problem wurde mit dem Anwachsen von Durcheinander und Schwäche in der Regierung immer nützlicher. In den Monaten der Pfeilkreuzler-Regierung kann man drei verschiedene solcher gemeinsamer geschriebener Proteste finden, die sich alle mit der Situation der Juden in Ungarn befassen. Der päpstliche Nuntius spielte als Doyen die führende Rolle; die Gespräche wurden in der Nuntiatur abgehalten, und der Nuntius überreichte die Schreiben dem Außenministerium.

Diese Interventionen sind weitgehend in den erbeuteten ungarischen Archiven aufgezeichnet, die sich nunmehr, wie früher erwähnt, in Washington befinden. Am 10. November trug das Außenministerium ein:

> „Im Namen des diplomatischen Korps erschien päpstlicher Nuntius Angelo Rotta beim Außenminister und protestierte gegen die in der Judenfrage getroffenen Maßnahmen der Regierung."

Versprechungen, so meinte der Nuntius, würden nicht eingehalten. (1) Transporte gingen immer noch Richtung West ab, trotz gegenteiliger Zusagen. [Sie waren für Konzentrationslager in Deutschland bestimmt, so wie Bergen-Belsen, nicht mehr für Auschwitz.] Weiters werden die Juden trotz gegenteiliger Zusagen weiter mißhandelt; alte Menschen, Frauen und Kinder würden gezwungen, in Kolonnen zu marschieren, Familien würden geteilt und Kinder von ihren Eltern getrennt. (3) Weiters achte man trotz gegenteiliger Zusagen die Reisepässe und Schutzbriefe nicht; und (4) die größten Grausamkeiten würden an jenen Orten ausgeübt, wo ausländische diplomatische Missionen Juden unter ihrem Schutz hätten.

Außenminister Kemény antwortete, wie das Protokoll zeigt, unter anderem, daß die Schutzbriefe nur im Rahmen einer bestimmten Zahl anerkannt würden, die bereits bei weitem überschritten sei. Dies bezog sich auf die nichtautorisierte Ausstellung solcher Dokumente durch die Diplomaten selbst (auch die Nuntiatur stellte 13 000 aus), um von den Fälschungen gar nicht zu reden. (Jeder zweite Jude in Budapest hatte, wurde behauptet, einen echten oder gefälschten „Schutzbrief".) Kemény beharrte darauf, daß die Juden, denen ihre Taufe bestätigt worden war, mit den versprochenen Immunitäten behandelt worden seien. Seine Antwort spielte auch auf die große Zahl von kirchlichen Gebäuden, Klöstern usw. an, die in Unterschlupfe und Asyle für Juden verwandelt worden waren. Das Protokoll fährt fort:

„Nach dieser Antwort betonte Seine Eminenz [sic], der päpstliche Nuntius, wiederholt, daß er in der Vertretung des diplomatischen Korps wegen so schwerer Tatsachen erschienen sei, ohne deren Besserung nicht nur die erwartete Anerkennung seitens der neutralen Länder Schwierigkeiten begegnen würde, sondern auch der Heilige Stuhl selber im Hinblick auf die Revision des im voraus gegebenen Vertrauens in eine Zwangslage geriete. Von einem humanitären Standpunkt aus, aber auch zum Schutz christlicher Sitten, erhebe der Heilige Stuhl seine protestierende Stimme wegen der unmenschlichen Haltung den Juden gegenüber, und selbst indem er die Antwort des Außenministers zur Kenntnis nehme, bitte er die Regierung, mit der größten Entschlossenheit einzugreifen."

Der Nuntius erschien das nächste Mal eine Woche später, am 17. November, bei Ministerpräsident Szalasi. Diesmal wurde er vom schwedischen Vertreter Danielsson begleitet. Der Nuntius kam sofort auf die jüdische Frage zu sprechen. Er bezog sich auf den früheren (August-) Protest, der der ehemaligen Regierung Lakatos überreicht worden war. Dies hätte, so führte er aus, sein Ziel erreicht und viele Menschenleben gerettet. Im Oktober nun hätte zwar die neue Regierung beruhigende Zusicherungen gegeben, aber die Zwangsverschickungen und andere Mißbräuche gingen weiter, sagte der päpstliche Gesandte. Diese Umstände hätten die neutralen Vertreter dazu gebracht, nunmehr ein neues Memorandum zu überreichen. Die neue Note war kurz und forderte (1) die Beendigung der Deportationen; (2) humane Behandlung von Juden in Arbeitslagern; und (3) Garantien für die Möglichkeiten des Evakuierungsprogramms der neutralen Missionen. Dies sei im Interesse Ungarns und ungarischer Bürger, sagte der Prälat. Er wies den Außenminister dabei auf die von der Pfeilkreuzler-Miliz ausgeübten Quälereien hin.

Der Nuntius spielte in diesem Zusammenhang nicht nur auf zukünftige Repressalien an, sondern auch auf eine mögliche Änderung der Haltung des Heiligen Stuhls gegenüber dem Regime:

„Wenn die Regierung auf diesem Gebiet keine energischen Maßnahmen einführen könnte, so werde auch der Heilige Stuhl selber seinen, der Regierung gegenüber eingenommenen versöhnlichen Standpunkt unter Revision nehmen müssen; der Nuntius könne Rom gegenüber jene sehr bedauerlichen Vorfälle nicht verschweigen, die im Zusammenhang mit der Judenfrage sich in den letzten Tagen ereigneten und die, sollten sie zu

Roms Kenntnis gelangen, die dort gegenüber der Regierung sich bildende günstige Stimmung sofort ändern könnten."

Der Nuntius berichtete diese Vorfälle am 26. November nach Rom, ohne Details anzugeben. Da die telegraphische Verbindung mit der Schweiz öfter gestört war, wurde der Kontakt mit Rom immer problematischer. Am 27. November sandte er den Text des gemeinsamen Protestes vom 17. November — damit er aktenkundig sei, wie er sagte, für den Fall, daß die Nuntiatur zerstört werden sollte. Die Botschaft kam erst zwei Monate später an, Anfang Februar 1945. Am 4. Dezember drückte Tardini in Beantwortung des kurzen Telegramms vom 26. November abermals die Genugtuung des Papstes über das Verhalten des Nuntius aus.

Rotta erschien am 8. Dezember neuerlich im Außenministerium. Er war gemeinsam mit den amtierenden Chefs der anderen neutralen Missionen (Schwedens, der Türkei, der Schweiz und Portugals — der spanische Geschäftsträger war in Wien) zum Außenminister gerufen worden, um die Frage zu erörtern, ob die betreffenden Missionen die Absicht hätten, der Regierung zu folgen, die sich daran machte, das bedrohte Budapest zu verlassen. Rotta hatte Instruktionen erhalten, gegen die Verhaftung des Bischofs von Veszprém, Josef Mindszenty, dem zukünftigen Primas, zu protestieren, desgleichen gegen die Verhaftung zahlreicher Priester in Transdanubien und die jüngsten Maßnahmen gegen die Juden. Der Nuntius nützte seinen Vorteil so weit wie möglich. Wir lesen im Protokoll dieses Treffens mit Kemény:

„... deshalb ihm die Anweisung erteilt habe, die ungarische Regierung auf das entschiedenste und nachdrücklichste darauf aufmerksam zu machen, daß, sollten die gegen die Kirche und die Juden gerichteten Maßnahmen kein Ende nehmen, so werde der Heilige Stuhl gezwungen sein, vor der öffentlichen Meinung der Welt gegen die Kirchenverfolgung in Ungarn zu protestieren".

Der Nuntius berichtete dies an den Vatikan am 11. Dezember und wies darauf hin, daß er seinen Instruktionen nachgekommen sei. Er hatte dem Außenminister gesagt, daß, solange die Versprechungen betreffend die Juden nicht erfüllt worden seien und die Verfolgungen andauerten, es für die Nuntiatur unmöglich sein werde, der Regierung nach ihrem neuen Sitz zu folgen.

Ende Dezember beschloß die Regierung, die Juden in ein Ghetto einzuschließen. Dies führte zu einer weiteren, und zwar der letzten diplomatischen Note der „in Budapest vertretenen neutralen Mächte". Mit

23. Dezember datiert, bittet sie, man möge wenigstens die Kinder nicht zwingen, in den zu schaffenden Ghettos zu leben. Dieser Text erreichte den Vatikan irgendwann im Frühjahr 1945. Die telegraphische Verbindung mit Budapest hörte auf. Als eine Gruppe amerikanischer und kanadischer Rabbiner wegen ihrer Glaubensgenossen in Ungarn an den Vatikan appellierten, informierte Tardini Cicognani am 3. Jänner 1945, daß — da die Verbindung mit Budapest abgeschnitten sei — der Vatikan den Nuntius in Berlin ersucht habe, zu tun, was er könne.

Zusammenfassung

Der derzeitige Papst, Paul VI., zollte aus Anlaß der 35. Wiederkehr der Krönung seines Vorgängers, Pius' XII., dessen ständigem Bemühen um Hilfe für die Kriegsopfer einen persönlichen Tribut. In seiner üblichen Sonntagsansprache an die Gläubigen sagte er am 10. März 1974, der Mann, dem er viele Jahre gedient habe, hätte sich um jedes menschliche Drama gekümmert.

> „Eine Haltung der bewußten Untätigkeit", so führte Paul VI. aus, „lag ihm stets völlig fern, wann immer die höchsten Güter des Lebens und der menschlichen Freiheit gefährdet erschienen. Stets war er, und zwar unter schwierigen konkreten Umständen, bemüht, alles in seiner Macht stehende zu tun, um menschliche und ungerechte Akte hintanzuhalten."

Die Korrespondenz des Heiligen Stuhls während des zehnmonatigen Todeskampfes der ungarischen Juden war nur ein Ausschnitt dieses von Pius XII. geleiteten Liebesapostolats in Kriegszeiten. Ähnliches kann auch für andere Länder dargestellt werden (und zwar nicht nur für das Jahr 1944), wie z. B. hinsichtlich der Slowakei oder Rumäniens, wo die Juden sich besonders dramatischen Umständen gegenübersahen. Die gleiche Sorge des Papstes kommt zu jener Zeit auch in der Korrespondenz über allgemeine Fragen zum Ausdruck, die sich nicht auf spezifische Länder bezog, wie etwa die Intervention für Flüchtlinge in Lagern, wie Vittel in Frankreich, wo Juden, die einen lateinamerikanischen Paß hatten, angehalten wurden; oder die Verhandlungen betreffend die Ausdehnung des Status von Zivilinternierten auf Juden zusammen mit der entsprechenden gesetzlichen Anerkennung und dem Recht des Beistandes.

Der Vatikan war bereit, überall zu helfen, wo die Bedingungen Hoffnung auf Erfolg rechtfertigten — und selbst dann, wenn die Erfolgschancen praktisch gleich Null waren. Der Heilige Stuhl wurde sowohl auf eigene Initiative, als auch als Antwort auf Appelle von Regierungen oder jüdischen Organisationen tätig. Der in starken Worten gehaltene Brief des Nuntius Rotta vom 15. Mai 1944, als die Zwangsverschickungen gerade begannen, zeugt von besonderer persönlicher Aufmerksamkeit und Bewußtsein für die Situation. Das offene Telegramm an Admiral Horthy vom 25. Juni entstammte ebenfalls der eigenen Einschätzung der Situation durch den Vatikan und nicht dem Druck äußerer Kräfte, wenngleich es sicher mit den damals beim Vatikan einlangenden Appellen in Einklang stand. Die Berichte Rottas wie die anderer päpstlicher Vertreter in Ländern wie der Slowakei oder Rumänien geben Zeugnis von den vertrauensvollen Beziehungen mit den lokalen jüdischen Gemeinden. Die aktive humanitäre Sorge für die Situation der unter deutscher Gewalt lebenden Juden geht aus der gesamten Korrespondenz klar hervor.

Wenn es also dergestalt Koordination und Kooperation mit Regierungen und jüdischen Organisationen gab — Parallelismus, wie Monsignor Tardini zu sagen vorzog —, bestand doch auch eine Unabhängigkeit. Die Aktionen des Heiligen Stuhls und jene der Vereinigten Staaten besaßen nicht völlig gleichen Charakter, und dies war auch nicht notwendig. Der Heilige Stuhl hat seinen eigenen Stil, der mit jenem politischer Behörden nicht durcheinandergebracht werden darf. Seine humanitäre Mission war z. B. nicht durch den Kriegszustand bedingt. So war es etwa natürlich, daß die Regierung der Vereinigten Staaten und auch jüdische Organisationen großen Wert und große Bedeutung auf „öffentliche Verurteilungen" legten. Die Vereinigten Staaten hatten weder Kontakte zu Admiral Horthy noch Vertreter in Ungarn. Präsident Roosevelt blieb als einziges Mittel die öffentliche Drohung. Dies war weder die Neigung noch die Methode noch auch die Situation des Heiligen Stuhls hinsichtlich Ungarns.

Die vatikanische Zurückhaltung hinsichtlich verschiedener Vorschläge — wie etwa von Radioappellen oder Verurteilungen — wurde natürlicherweise von verschiedenen Seiten als ein Zeichen der Indifferenz und der Inaktivität angesehen. In Wirklichkeit handelte es sich bloß um die Ausübung eines unabhängigen Urteils, wie dies jede hohe Autorität von Selbstachtung bei ihren Operationen tut. Aus gleichem Grund hat man den vatikanischen Aktionen jener Zeit eine „Diskretheit" zugeschrieben, als bedeute dies, er hätte nichts getan. Es bedeutet aber lediglich, daß Pius XII. bestimmte Vorschläge damals als nicht zielführend erachtet hat.

Die frühe und prompte Aktion des Heiligen Stuhls zugunsten der Juden führte eine Situation herbei, in der der Vatikan, wenn — oft Wochen später — eifrige jüdische Organisationen aus demgleichen Grunde an den Papst appellierten, lediglich antworten konnte, er habe die betreffende Aktion bereits unternommen. Dies war selbstverständlich enttäuschend für jene, die den Appell gemacht hatten, und führte als Ergebnis zu dem Eindruck, die Antwort sei eine Geste der Routine. In Wahrheit resultierte dieser Eindruck aber aus der Unterschätzung von Seiten dieser jüdischen Organisationen, wie enge der Hl. Stuhl der Krisis gefolgt war. Eine solche Situation entwickelte sich vor allem im Juli 1944. Lange nachdem Admiral Horthy bereits die Einstellung der Zwangsverschickungen angeordnet hatte, erreichten verspätete Telegramme den Vatikan, die an den Papst um ein Eingreifen appellierten. Diese Telegramme zeigten, daß die Absender noch nicht wußten, was der Papst in der Zwischenzeit bereits alles erfolgreich unternommen hatte.

Die Interventionen Pius' XII. für die Juden wurden ohne jede besondere detaillierte Kenntnis über das deutsche Vernichtungsprogramm unternommen. War eine solche besondere Information überhaupt nötig? Schon 1942 hatte das Wort „Zwangsverschickung" für den Vatikan die Bedeutung besonderer Härten angenommen — Brutalität und unvermeidbare Vernichtung von Menschen. Nuntius Rotta schrieb, „jedermann wisse, was Zwangsverschickung bedeute". Aber seine eigene Kenntnis über Auschwitz lag damals noch im Bereich der Hypothese. Der Nuntius — und auch die ungarischen Juden — wußten lediglich von den barbarischen Umständen der Zwangsverschickung, und das bot bereits hinreichenden Grund für einen Protest. Das Vrba-Wetzler Auschwitzer Protokoll wurde erst allmählich ab Anfang Juli veröffentlicht. Es scheint, daß das für den Heiligen Stuhl bestimmte Exemplar diesen auf dem Kurierweg erst mehrere Monate später erreichte. Es war daher, im Gegensatz zu dem, was man berechtigterweise angenommen hatte, nicht dieses Dokument (so wichtig es auch war), das das offene Telegramm Pius' XII. vom 25. Juni an Admiral Horthy veranlaßt hatte.

Ist es notwendig hinzuzufügen, daß die Korrespondenz des Heiligen Stuhls jene Pius' XII. ist? Oder daß die Aktionen der Nuntien Rotta, Burzio, Casullo und anderer im Namen und auf die Instruktionen des Papstes selbst hin geschahen? Manchmal werden — zweifellos in bester Absicht — die Aktionen einzelner päpstlicher Gesandter so dargestellt, als handelte es sich um die persönlichen Verdienste von Einzelnen. Tatsächlich waren diese Gesandten aber zu jedem Augenblick die Vertreter Pius' XII., was auch immer ihre persönlichen Verdienste oder Ideen gewesen sein mögen. Wenn der Historiker das Pontifikat Pius' XII. gerecht beurteilen will, dürfen ihm solche grundlegenden Mißverständnisse nicht unterlaufen.

Anhang

Am 16. November 1944 erhielt die Pressestelle des Deutschen Auswärtigen Amtes aus Bern den Text einer von der KIPA am selben Tage herausgebrachten Erklärung betreffend „Die Haltung des Heiligen Stuhls zur Judenverfolgung in Ungarn".

Diese Erklärung verdient es, zur Gänze abgedruckt zu werden, weil man nunmehr weiß, daß der Text im Vatikanischen Staatssekretariat entworfen worden und die Erklärung darauf gerichtet war, der Öffentlichkeit in möglichst diskreter Weise vor Augen zu führen, was der Heilige Stuhl zugunsten der Juden in Ungarn in dieser Krise getan hatte.

„Die Katholische Presseagentur ‚Kipa' (Fribourg) veröffentlicht nachstehenden Bericht über die Haltung des Heiligen Stuhles zur Judenverfolgen in Ungarn:

‚Seine Exzellenz, der Apostolische Nuntius in Bern [Erzbischof Bernardini], übergibt uns folgende Mitteilungen über die Verwendung des Heiligen Stuhles für die ungarischen Juden, die ihm von Rom selbst ausgestellt worden sind:

> „Der Heilige Stuhl war immer mit allen in seiner Macht stehenden Mitteln bestrebt, die Schmerzen und Leiden jener zu lindern, die wegen ihrer Nationalität oder ihrer Rassenzugehörigkeit Verfolgungen angesetzt sind.
>
> Sobald die sogenannte Rassenfrage in Ungarn in den Vordergrund trat, hat sich darum der Heilige Stuhl zu wiederholten Malen bei der ungarischen Regierung für die Personen jüdischer Abstammung eingesetzt. Mehrere diplomatische Noten wurden diesbezüglich überreicht. Im vorgangen Juni hat sich dann die Lage sehr verschlimmert, und es wurden strengere Maßnahmen als bisher als unmittelbar bevorstehend angekündigt, wobei auch Deportationen als nicht ausgeschlossen bezeichnet wurden. Sobald der Heilige Stuhl davon Kunde erhielt, trat er mit aller Kraft dafür ein, daß eine so häßliche Maßnahme nicht zur Durchführung gelange. Besondere Einladungen wurden auch an den ungarischen Episkopat gerichtet, in diesem Sinne eine Tätigkeit zu entwickeln.
>
> Der Heilige Vater hat daraufhin am 25. Juni persönlich ein offenes Telegramm an den Regenten Horthy gerichtet und darin diesen aufgefordert, alle seine Einflußmöglichkeiten aufzuwenden, damit so

vielen Unglücklichen neues Elend und neue Schmerzen erspart blieben. Wenn dann in der Folge die Judendeportationen eingestellt und deren Lage, bis zu den letzten Wochen andauernd, leicht gebessert wurde, so ist das diesem Eingreifen des Heiligen Vaters zu danken.

Neuestens hat sich nun in Zusammenhang mit der Entwicklung der politischen Verhältnisse die Lage verschlechtert. Der Heilige Stuhl hat sich jedoch nach wie vor beeilt, diesem schweren Problem weiterhin seine volle Aufmerksamkeit zuzuwenden.

Man darf vollkommen überzeugt sein, daß trotz wachsender Schwierigkeiten — was nichts zuletzt bezüglich der Aufrechterhaltung der Verbindungen gelte — alles versucht werden wird, um diesen Personen Hilfe bringen zu können. In dieser Richtung arbeitete die Nuntiatur und der ungarische Episkopat, welche bei sehr vielen Gelegenheiten Denkschriften und Proteste an die Behörden richteten.

Der Heilige Vater selbst hat aus Anlaß des Buß- und Bettages, welchen der ungarische Kardinal Seredi für den 29. Oktober zur Fürbitte für die Flüchtlinge angesetzt hat, persönlich ein offenes Telegramm an diesen Kirchenfürsten gerichtet und darin einmal mehr seine lebhaften Interessen für ‚Personen, die infolge ihres religiösen Bekenntnisses, ihrer Abstammung oder aus politischen Gründen Gewalttaten und Verfolgungen ausgesetzt sind‘, in eindrücklichster Weise bezeugt. Es geht aus diesen Darlegungen klar hervor, daß der Heilige Stuhl die Judenverfolgungen in Ungarn, welche in den vergangenen Monaten die Welt erschütterten, nicht nur klar verurteilt, sondern auch von Anfang an in wirksamer Weise um eine Besserung des Loses dieser Unglücklichen sich bemüht hat.“

PIUS XII. UND SEINE ZEIT*

Der politische und kulturelle Rahmen eines historischen Pontifikats

Von Robert A. Graham

Ein katholischer Journalist, der 1958 versuchte, den verstorbenen Pius XII. in der Perspektive aller Päpste durch die Jahrhunderte herauf darzustellen, schrieb, daß nach sieben Jahrhunderten verzeichnet sein wird, daß er die Ausgrabung beim Petersgrab fortsetzte, die Liturgie reformierte und das Dogma von Maria Himmelfahrt verkündete. Kurz, daß er die Lehr- und Hirtenverantwortlichkeit der Weltkirche während des größten Krieges, den die Zivilisation gekannt hat, innehatte, und daß er danach für eineinhalb Jahrzehnte ein starker, ja beherrschender Führer auf dem Stuhle Petri blieb, während das christliche Europa am Scheideweg stand, wäre ein zufälliges Detail.

Es ist wahr, daß viele Päpste im Zentrum großer Ereignisse standen, die jetzt schon längst vergessen sind. Im vorliegenden Aufsatz, der beabsichtigt, für nur einige Hauptereignisse aus den relativ wenigen Jahren der Jahrhundertmitte, 1939 - 1958, Zeugnis abzulegen, wird man es uns wohl zugestehen, daß wir uns nicht die distanzierte und unbeteiligte Sicht des vorerwähnten Autors[1] zu eigen machen. Unsere Pflicht ist es gerade, den Zusammenhang dieser sehr flüchtigen Ereignisse ins Gedächtnis zu rufen, bevor neue Dramen und Tragödien die Erinnerung an die alten auslöschen und uns vielleicht sogar veranlassen, ihre Lehren zu vergessen. Denn man kann ein Pontifikat außerhalb des Ablaufes konkreter Ereignisse, die den Monaten und Jahren ihren Stempel aufdrücken, weder verstehen noch gerecht beurteilen. Sogar die Urteile der Zeitgenossen müssen auch aus dem Zusammenhang mit ihrer Zeit und den in ihr Handelnden verstanden werden. Im gleichen Jahr, auch aus Anlaß des Todes Pius XII., behauptete ein italienischer kommunistischer Autor[2], daß es der kürzlich verstorbene Papst ver-

---

* Übersetzt aus dem Englischen von Elisabeth Schambeck, Wien.

[1] *Cesidio Lolli* im Osservatore Romano.

[2] *Ruggero Zangrandi* in Paese Sera.

säumt hatte, den Zeichen der Zeit gemäß zu handeln. Es war ihm „nicht gelungen, auf der Höhe der Probleme zu sein, die die Zeit darbot“. An der Friedensfront zum Beispiel, fuhr er fort, war es dem Pacelli Papst nicht gelungen, die Menschen zusammenzubringen, er habe sie vielmehr eher entzweit. Im sozio-ökonomischen Bereich war er dem Arbeiter nicht zu Hilfe gekommen. Die großen Fragen von „Frieden“, „Einheit“ und „Fortschritt“ seien vernachlässigt worden, sagte Zangrandi.

Wir hoffen, daß künftige Generationen nicht irregeführt werden durch den Gebrauch solcher hochtrabender Wörter, die tendenziöse Voraussetzungen enthalten und nichts als bewußten Mißbrauch (aus politischen oder ideologischen Absichten) mit den zartesten Instinkten der Menschen darstellen. Wenn diese vorliegenden Zeilen den detaillierten Standpunkt Cesidio Lollis nicht einnehmen, kann von ihnen auch nicht erwartet werden, daß sie sich die marxistischen Kategorien und Terminologien zu eigen machten, wie sie ein engagierter ideologischer Kritiker verwendet.

I. 1945 — Europa am Ende?

Am Ende des Zweiten Weltkrieges war Pius XII. schon in seinem 70. Lebensjahr. Gemäß der Heiligen Schrift ist das eine Zeit — reif für den Tod. Statt dessen lag noch ein langer und mühsamer Weg vor ihm, den er mit unerschütterlicher und standhafter Hingabe verfolgte. Die Friedensjahre dieses Papstes waren von außerordentlicher Fruchtbarkeit, sowohl für die gesamte Kirche als auch für die Völker der Welt im allgemeinen. Sieben Jahre und drei Pontifikate nach seinem Tode, hinterließ das Zweite Vatikanische Konzil eine Reihe von Konstitutionen, Dekreten und Deklarationen, die in ihrem Ganzen eine massive Bestätigung seiner Lehre und seines Hirtenamtes waren. Dieser unbeschränkte Tribut für seine Worte und sein Werk ist dadurch um so eindrucksvoller, weil es das Konzil nicht unternahm, irgend ein einzelnes Pontifikat für sich in Anspruch zu nehmen. In vielen Fällen war es den Konzilsvätern wahrscheinlich nicht einmal bewußt, daß sie auf Fundamenten aufbauten, die Pius XII. gelegt hatte, so entscheidend war ihr Einfluß. Wie das Pacellische Pontifikat dazu ausersehen war, eine derartige Rolle in einem weit entfernten Konzil zu spielen, kann durch einen Rückblick auf die Herausforderungen seiner Zeit erklärt werden. Diese Forderungen waren sowohl politisch-sozial als auch religiös-kirchlich. Sie kamen von außen (ab extra) und von innen (ab intra). Die Antwort auf diese Forderungen verlangte, wenn nicht eine gewisse prophetische Intuition, wenigstens einen sicheren Instinkt für den richtigen Augenblick, zugleich mit dem Mut und der Energie, ohne Angst vor Kritik voranzuschreiten.

Pius XII. dachte nicht einen Augenblick daran, daß er es sich mit dem Ende des Krieges in Europa leisten konnte, sich der Ruhe hinzugeben. In Wirklichkeit wissen wir aus seinen verschiedenen Feststellungen in der Öffentlichkeit und privat, besonders bei Audienzen für alliierte führende Persönlichkeiten, daß ihn die Nachkriegszukunft des alten Kontinents mit großer Sorge erfüllte. Durch das Verschwinden von Nationalsozialismus und Faschismus war ein Vakuum entstanden. Eine neue Führungsschicht mußte erst nachkommen und sich bewähren. Einstweilen lag der Kontinent darnieder. Millionen Verschleppter konnten oder wollten nicht zu ihren heimischen Herden zurückkehren, befanden sich in Flüchtlings- und Durchgangslagern, stumme Symbole der Unbeständigkeit und Unentschlossenheit menschlichen Geistes überall. Die bittere Frucht von sechs langen Jahren Unmenschlichkeit des Menschen gegenüber dem Menschen war nicht so rasch zu verkraften. Die ersten Jahre waren gekennzeichnet durch Säuberungsaktionen und Kriegsverbrecherprozesse. Es war kaum der Moment, um von Versöhnung zu sprechen, als „Fraternisierung“ ein verpöntes Wort war.

Ebenso schwierig war es, von „Ordnung“ zu sprechen. Die alliierte Viermächtekontrollkommission, durch das gemeinsame Abkommen der siegreichen Alliierten für die Regierung Deutschlands geschaffen, wurde in Wirklichkeit bald ein Dreimächteorgan. Die Ost- oder sowjetisch besetzte Zone wurde vom Anfang an, trotz jenes Abkommens, als getrenntes und unabhängiges Gebiet behandelt. Im Laufe der Zeit wurde sie ein eigener deutscher Staat. In Frankreich, Belgien und Italien traten einander reorganisierte politische Parteien gegenüber, unsicher, ohne klare Vorstellungen von einem Programm für die Zukunft. Die siegreiche militärische Koalition, die während des Krieges Spaltungstendenzen widerstanden hatte, begann mit dem Verschwinden einen Feindes, der ihren Zusammenschluß veranlaßt hatte, auseinanderzufallen. Innerhalb Europas und in fast jedem Land schienen zwei politische Bestimmungen um die Herrschaft zu ringen. Der amerikanische Autor Walter Lippmann prägte den Ausdruck der „Kalte Krieg“, um die steigende, gespannte Rivalität und Nichtübereinstimmung, die nun über Europa zu schweben begann, zu bezeichnen; als ob der Krieg, der gerade zu Ende gegangen war, die Menschen nichts gelehrt hätte. Die einzige positive und bleibende Errungenschaft dieser Zeit war die

Weltsicherheitsorganisation, der man den gleichen Namen gegeben hatte, wie jenem, den die siegreiche Koalition, die Vereinten Nationen, benützte.

In Osteuropa besetzte Stalins Rote Armee alle katholischen Länder und niemand wußte wirklich, was die Zukunft für sie bereit hielt. Hatten die Kriegserfahrungen die Sowjetunion wirklich verändert, wie viele im Westen dachten? Hatte Stalin im Jahr 1943 nicht den Komintern aufgelöst — das Instrument, das Moskau verwendete, um die Weltrevolution zu lenken? Hatte er nicht, ebenfalls im Jahre 1943, das Patriarchat von Moskau wieder eingesetzt? Auf der anderen Seite, beabsichtigte er, in Übereinstimmung mit der marxistisch-leninistischen Interpretation von Geschichte, im Laufe der Zeit Osteuropa Schritt für Schritt zu sowjetisieren? Und vielleicht — die Hypothese wurde von marxistischen Denkern nicht zurückgewiesen — konnte die Rote Armee nicht unter den entsprechenden revolutionären Umständen, ungehindert zum Ärmelkanal marschieren?

Dies war das Europa, bei dessen Zivilisation das Papsttum so hervorragend mitgewirkt hatte. Rom war tief besorgt über das Schicksal dieses Subkontinentes und seiner vielen Völker. Der gebildete Beobachter wurde sofort an Parallelen zu barbarischen Invasionen früherer Jahrhunderte erinnert, als die Umrisse eines geteilten Europa Gestalt anzunehmen begannen. Wenn zuerst die letzten Absichten der Herren im Kreml weder klar noch erklärt waren, genügten schon die Ungewißheiten völlig, um Anlaß zur Besorgnis zu geben. Der Osten Europas war natürlich an die russische Oberherrschaft und an die oft ziemlich mysteriösen und willkürlichen Methoden des zaristischen Imperialismus in der einen oder anderen Form gewöhnt. Aber da wurden den wohlbekannten Methoden des alten Rußland rigorose Maßstäbe auferlegt, die von einer ganz anderen Philosophie und einem ganz anderen System diktiert wurden. In Westeuropa war das Ansehen der Sowjetmacht hoch, und damit ergab sich für das Sowjetsystem selbst — zunächst, eine gewisse Glaubwürdigkeit. Viele fragten, ob das alte kapitalistische System nicht überholt sei und ob das Modell der Zukunft nicht Moskau wäre. Die Vereinigten Staaten waren weit weg, und die politische Rückführung von Millionen ihrer besten Truppen in die Heimat, innerhalb von Monaten, im Jahre 1945, wurde als Zeichen für einen neuen amerikanischen Isolationismus angesehen. Europa hatte keine Erfahrung mit einem dauernden amerikanischen Engagement in Europa. In welchen Händen lag dann also die Zukunft?

In diesen Verhältnissen von materieller Verwüstung, moralischer Unsicherheit und politischer und ökonomischer Zerrüttung, kündigte Pius XII. am Weihnachtsabend 1945 seine ersten Ernennungen zum Heiligen Kollegium an. Er kreierte 32 Kardinäle der Heiligen Römischen Kirche, ausgewählt aus einer breiten Vielfalt von Nationen. Er unterstrich ausdrücklich, daß diese Ernennungen zu dieser Zeit und in dieser Form, vor allem die Bedeutung hatten, den supranationalen Charakter der Kirche und auch ihre allumfassende Einheit zu dokumentieren. Von den neuen Papstwählern waren nur vier Italiener. Da waren vier Nordamerikaner, sechs aus Lateinamerika und ein Chinese. Unter jenen so Ausgezeichneten waren Vertreter von Völkern, die noch ein paar Monate vorher in todbringende Feindseligkeiten verwickelt waren. Beim Konsistorium (18. Februar 1946) waren sie vereint durch ein gemeinsames Band der Einheit mit dem Papst und durch ihn, mit der gesamten Kirche, in einer offenen Kundgebung der Solidarität. Der Heilige Vater sagte, die Kirche sei „ein Zeichen der Einheit", oder besser, der „Integrität" oder „Ganzheit". An diesem Tag bemühte sich Pius XII. nicht nur auf die schmerzlichen Wunden, die der Krieg dem Geist der Nächstenliebe und Einheit zugefügt hatte, sondern auch auf die Aufgabe einer Weltkirche hinzuweisen, bereit, nicht nur ganz Europa, sondern auch die nichteuropäische Welt zu umfassen. Mit dieser feierlichen, öffentlichen Zeremonie beabsichtigte Pius XII. in den Augen aller die Menschheit dafür bereitzumachen, eine traurige Seite der Geschichte umzuwenden und ein neues Zeitalter von neuer Hoffnung und neuem Glauben, von Zusammenarbeit und Fortschritt, im Namen Christi, zu beginnen.

II. Religiöse Erneuerung: in Frankreich

Das Wirken des Geistes ist nicht immer unmittelbar sichtbar, und es wäre ein Fehler anzunehmen, daß das innere Leben der Kirche völlig von politischen und militärischen Ereignissen beherrscht wird, gleichgültig wie tragisch sie auch sein mögen. Die kulturellen Fragen, die den Krieg herbeigeführt hatten, — hatten sie sich durch den Krieg radikal verändert? Waren sie durch den Krieg eliminiert worden? Waren sie kaum berührt worden oder waren sie in Wahrheit durch den Todeskampf der Völker schärfer gefaßt worden? Kardinal Suhard drückte in einem berühmten Fastenhirtenbrief 1947 *Essor ou declin de l'Eglise* — fast eine Enzyklika — die religiöse Nachkriegssituation mit diesen Worten aus: „Die Krise, die die Welt erschüttert, geht über die

Ursachen, die den Krieg hervorgerufen haben, hinaus ... Die gewaltigen Veränderungen, die ihn entfesselten, hörten mit seinem Ende nicht auf: sie datieren weiter zurück und werden weiter (darüber hinaus) wirken." In der Tat entstand eine der spektakulärsten apostolischen Bewegungen der heutigen Zeit, die *Arbeiterpriesterinitiative,* im besetzten Frankreich in der Mitte des Krieges. Diese historische Entwicklung sollte die Aufmerksamkeit des Heiligen Stuhles viele Jahre lang ganz in Anspruch nehmen, weil sie viele prinzipielle und praktische Fragen aufwarf, die die besondere französische Situation, aus der sie erwuchs, transparent machte. Zur gleichen Zeit, auf der anderen Seite der Kriegsfront, machte der deutsche Katholizismus eine religiöse Umgestaltung durch, ganz unabhängig von der Kriegsanstrengung und den Härten der ständigen Bombardements der Städte. Dies war die *Liturgische Bewegung,* die durch ihre Beschaffenheit auch die Aufmerksamkeit des Heiligen Stuhles in Anspruch nehmen und zu gegebener Zeit in den weltbewegenden Reformen des Zweiten Vatikanischen Konzils gipfeln sollte.

Im April des Jahres 1943 unterbreiteten zwei Priester der Mission de France Kardinal Emmanuel Suhard, Erzbischof von Paris, ein Memorandum mit dem Titel „Denkschrift über die christliche Mission in den Volksmassen" *(Mémoire sur la conquête chrétienne dans le milieu populaire).* Der Erzbischof war tief beeindruckt und die Studie erschien im September desselben Jahres erweitert in Buchform und erweckte ungeheueres Interesse und Diskussionen. Die beiden Autoren, l'Abbé Henri Godin und l'Abbé Yvan Daniel, kamen, nachdem sie die Situation des Arbeiters in Paris gründlich untersucht hatten, zu dem Schluß, daß die traditionelle Pfarrstruktur nicht das geeignete oder angemessene Instrument für die Bekehrung der Arbeiterklasse sei. Das „milieu populaire", schlossen sie, sei grundlegend entchristlicht, noch schlimmer, die Arbeiter seien so mit marxistischen Ansichten imprägniert, daß ihnen die Kirche als bloßer Teil der bourgeoisen Welt erscheine, Verbündete und Vorposten des Klassenfeindes. Es sei deshalb für die Priester notwendig, in kleinen Gemeinschaften zu arbeiten, unabhängig von der Pfarrstruktur. Diese Vorschläge waren von eindrucksvollen Statistiken begleitet, die die beiden Forscher in den Pariser Außenbezirken auf der Basis der Methoden der Religionssoziologie gewonnen hatten. Die Entchristlichung der Arbeiter und ihre Entfremdung von der Kirche wurde bedrückend demonstriert. Kardinal Suhard gewährte dem vorgeschlagenen Apostolat seine volle Unterstützung. Schon im Jahre 1941 hatte er die Gründung der „Mission de

France" angeregt, ein Seminar, das sich in Lisieux befand und dessen Zweck war, Priester in entchristlichte Teile des ländlichen Frankreichs zu senden(ein Ziel, das später auch auf das städtische Frankreich ausgedehnt wurde). Die Mission de Paris war Suhard deshalb sehr willkommen und sogar noch dringlicher, denn sie sprach die Vorstellungskraft aller an, trotz der dürftigen Nachrichtenverbindungen in jenen Jahren der Okkupation.

Das Drama der Pariser Arbeiterviertel war durchaus nicht unbekannt. Warum das Godin-Daniel Papier zu dieser Zeit einen derart weitreichenden Effekt hatte, müßte näher untersucht werden. Aber es muß besonders erwähnt werden, daß die Idee der „Arbeiterpriester" ursprünglich nicht im Plan der Denkschrift oder in dem auf ihr basierenden Buch enthalten war *(France pays de mission?)*. Sie kam nicht einmal in späteren, organisatorischen Phasen auf. Aber die Überzeugung wuchs, daß es, wollte man das gewünschte Entrée in das Arbeitermilieu erreichen, unerläßlich war, nicht nur am Lebensstil des Arbeiters, sondern auch an seiner Arbeit, teilzuhaben. Nur, wenn er sich Seite an Seite mit ihm in der Fabrik plagte, konnte der sogenannte Apostel aus der Arbeiterklasse hoffen, Identität, Beziehung, Vertrauen und Glaubwürdigkeit zu begründen. Unter besonderen Kriegsverhältnissen hatten schon ein paar Priester manuelle Arbeit angenommen, so der Dominikanerpater Jacques Loew, ein Dockarbeiter in Marseilles. Aber es war die Erfahrung der Priester, die heimlich nach Deutschland geschickt wurden, eingetragen als Mitglieder der französischen Arbeiterkontingente, die von den Deutschen zusammengestellt worden waren, die dieses Konzept hervorbrachten. Die Namen von Père Victor Dillard und Père Henri Perrin seien besonders erwähnt. Ebenso erweckte die Gemeinschaft und Brüderlichkeit unter den Kriegsgefangenen und Insassen von Konzentrationslagern die Vision von sozialem Frieden. Aber für den Erzbischof von Paris war das Ziel seiner Mission de Paris ein geistiges und missionarisches. Das moderne Apostolat, schrieb er in seinem Hirtenbrief, wird sich auf die Arbeiterklasse konzentrieren, gerade nach vier Jahren der Erfahrung. Das ist notwendig, sagte er, denn die arbeitenden Massen sind von der Kirche abgeschnitten und ihre Bekehrung muß erreicht werden, koste es was es wolle, wenn das 20. Jahrhundert Christus die Massen wiedergeben soll, die das 19. Jahrhundert von Ihm genommen hat.

„Aber auch deshalb" — fährt er fort — „weil die Kirche ein zu großes Gefühl für menschliche Würde hat, um in weitblickendem Scharfsinn die Erhebung der Arbeiterklasse in Richtung auf ihren legitimen Platz in der Nation nicht zu ermutigen." In jenen Gebieten, sagte er, die die heidnischen sind, die die Pfarre nicht erreichen kann, müssen die Missionsteams neue Gemeinschaften errichten, offen „jenen, die von draußen kommen".

Das „Arbeiterpriester"-Experiment war und blieb in vieler Hinsicht ein Produkt der besonderen französischen Verhältnisse und der französischen Initiative. Erst mehr als ein Jahr nach dem Ende des Krieges hielten es die Bischöfe für notwendig, sich des Einverständnisses und der Unterstützung des Heiligen Stuhles zu versichern. Folglich wurden die Leiter der Mission de France und der Mission de Paris mit noch einem Priester vom Papst am 27. November 1946 empfangen. Der Heilige Vater zeigte Kenntnis von dem Experiment, beschränkte seine Stellungnahmen, laut Bericht der Delegation, aber nur auf die Warnung, daß ein solches Apostolat für die priesterliche Berufung Gefahren bringen könnte. Die drei Besucher sahen auch andere Persönlichkeiten des Vatikans, einschließlich der Hauptmitarbeiter des Papstes, dem damaligen Monsignore Domenico Tardini und Monsignore G. B. Montini, den zukünftigen Paul VI. Sie erhielten den Eindruck, daß man sie ermutigte. Montini, berichteten sie später, sagte: „Wenn so viel auf dem Spiele steht, ist es notwendig, manches Risiko einzugehen, sonst wird einem später der Vorwurf gemacht, man habe nicht alles mögliche für die Rettung der Welt getan." Als sie das Heilige Offizium besuchten (jetzt die Kongregation für die Glaubenslehre), ließ man ihnen eine strenge und systematische Befragung zuteil werden.

Wie von einem tiefgehend neuen Unternehmen erwartet werden konnte, wurden Fehler gemacht, darunter auch schwerwiegende. Der schlechte Ruf, in den die Mission de Paris das herkömmliche Pfarrsystem brachte, wurde nicht ohne weiteres hingenommen, es wurde sogar ausdrücklich zurückgewiesen. Die Pfarre könnte „Missionär" sein, wie l'Abbé Michonneau zu beweisen unternahm. Den Warnungen des Papstes gemäß gingen Berufungen verloren, weil nicht wenige Priester, die in diesen „Kampf" einstiegen, ihre religiösen Ziele ihren weltlichen Tätigkeiten unterordneten und am Ende das Priestertum verließen. Die Vorbereitung vieler Arbeiterpriester war zu oberflächlich, ihre Tätigkeit war unkoordiniert und ihr persönlicher Umgang unkontrolliert. In einigen Fällen traten Priester diese Arbeit an, ohne die Ermächtigung und tatsächlich gegen den Wunsch ihrer Bischöfe. Das gewaltige geistige Ziel des Werkes, auf das Kardinal Suhard so gedrungen hatte, bot Raum für politische, syndikalistische und marxistische Einmischungen, ganz zu schweigen von enger Zusammenarbeit mit (wenn nicht Mitgliedschaft bei) der kommunistischen Partei. Tatsächlich hielten manche diese bürgerliche Gesellschaft für so korrupt in ihren Zusammensetzungen, daß eine christliche Verkündigung nutzlos und nebensächlich sei, bis die sozialistische Revolution sie ganz und gar weggefegt hätte. In der Zwischenzeit konnte die Bewegung der katholischen Aktion, die aus für apostolische Tätigkeit ausgebildeten Laien bestand, nur mit Überraschung fragen, welche Art von kirchlichem Eindringen hier vor sich ging. War es das, was der Erzbischof von Paris im Jahre 1943 beabsichtigt hatte, und war es das, was die Kirche wollte oder brauchte?

Wenn in Frankreich eifrige Priester und Prälaten verwegene Apostolate ins Leben rufen konnten, konnten sich andere gleichermaßen eifrig erheben um abzulehnen, was sie als Fehler und Irreleitungen ansahen. Die Arbeiterpriester erweckten bitteren Streit in katholischen und nichtkatholischen Kreisen. Sie hatten ihre Verteidiger und auch ihre Kritiker — und vielleicht Verleumder. In Rom erhob sich ein Sturm von Beschwerden, dessen Umfang und Tenor nicht ignoriert werden konnte. Am Ende des Jahres 1953 fuhren drei französische Kardinäle nach Rom und diskutierten das Problem mit dem Papst. Das Ergebnis war die Veröffentlichung der Bedingungen des Vatikans für die Fortsetzung des Apostolates: die Priester würden von ihren eigenen Bischöfen im Hinblick auf ihre kommende Arbeit ausgesucht; sie sollten eine angemessene Ausbildung bekommen, die sowohl Wissensvermittlung als auch geistliche Weiterbildung beinhaltete; ihre manuelle Arbeit sollte nur Kurzarbeit sein, ein paar Stunden am Tag; sie sollten keine säkulären Verpflichtungen übernehmen, z. B. als Gewerkschaftsfunktionäre; sie sollten nicht isoliert, sondern zusammen mit anderen Priestern leben und wenn in einer Pfarre, sollten sie auch dort priesterliche Funktionen ausüben.

Dieser Beschluß wurde von den französischen Bischöfen jenen, die es anging, am 20. Januar 1954 mitgeteilt. Ein Sturm öffentlicher Diskussion brach los. Die wichtigste Reaktion war ohne Zweifel die Reaktion von 73 der fast 100 Arbeiterpriester. Ihre Antwort, ungeschickt, bestätigte nur, wie wichtig die vorgeschlagene Reorganisation war. Sie stellten die politische Sache klar über ihren religiösen Auftrag, hielten offen am Klassenkampf fest und legten, nicht zuletzt, ihre Insubordination an den Tag. Diese unpriesterlichen Zeichen wurden von Kardinal Feltin von Paris in seiner Erwiderung am 27. Februar 1954 kommentiert, in welcher er sagte: „Der Priester ist und bleibt immer ein Ausgesonderter, ein Mittler, ein Mann Gottes."

Die letzte Entscheidung blieb natürlich in Händen Pius XII., an den alle Parteien appellierten. Am 15. August 1954 gab die Konstitution *Omnium Ecclesiarum* der Mission de France die endgültige Form. Kardinal Liénart von Lille kündigte an, daß die Zeit des Experimentes vorbei sei. „Niemand", sagte er, „kann der Kirche nach seinen eigenen Wunschvorstellungen dienen". Heute blüht die Arbeiterpriesterbewegung, obwohl sie nicht als „prêtres - ouvriers" sondern als „prêtres au travail" bekannt sind. Das Zweite Vatikanische Konzil akzeptierte in seinem Dekret über das geistliche Amt und Leben des Priesters die Idee der manuellen Arbeit, durch welche Priester am Schicksal der Arbeiter selbst teilhaben, „wenn — sagt er — offenbar Bedarf besteht und die zuständige Autorität zustimmt".

Unter den bittersten Anklagen, die gegen den Heiligen Stuhl während dieser fortdauernden Monate der Spannung gemacht wurden, war jener, daß durch Beschränkungen und Abberufungen der Arbeiterpriester die Kirche dabei sei, die Arbeiterklasse aufzugeben und zurückzustoßen. Das war ein Unrecht, nur möglich durch jemanden, der die apostolische Sicht verloren hatte. Eine schnellwachsende Pflanze muß geschnitten und gezogen werden. Da ist nichts, was zu der Annahme berechtigt, Pius XII. hätte die Arbeiterklasse im Stich gelassen. Er wollte vielmehr sicher gehen, daß die hohen religiösen Ziele des christlichen Apostolates den unmittelbaren und politischen Zielen der Mächte dieser Welt nicht untergeordnet werden sollten. Das Sich-in-die-Fabrik-wagen des Priesters als Arbeiter warf reale Fragen auf: die Identität des Priesters und seine Beziehung zur Gesellschaft seiner Zeit, die Beziehung von Verkündigung und politischen Bewegungen und, nicht zuletzt, die willkürliche Annahme von marxistischer Lehre und Praxis im Namen des Evangeliums. In enger Zusammenarbeit und Beratung mit den französischen Bischöfen (in späteren Jahren hätte man es Kollegialität genannt) erwarb sich Pius XII. Anspruch auf den Dank der Kirche.

III. Es gärt im Deutschen Katholizismus

Zugunsten der Mission de France erbaten die französischen Bischöfe vom Heiligen Stuhl die Möglichkeit der Abendmesse. Hatte er sie nicht provisorisch in Kriegszeiten gestattet? Die Antwort des Heiligen Vaters war, das erfordere weitere Überlegung und Studium. In der Tat, warum sollte ein jahrhundertealter liturgischer Brauch nur deswegen geändert werden, um einen Bedarf zu befriedigen, der aus einer neuen Form des Apostolates herrührte, die ihre Gültigkeit und Nützlichkeit erst beweisen mußte? Zufälligerweise traf sich hier das Apostolat an der Arbeiterklasse in diesem Punkt mit Entwicklungen in Deutschland, jenseits des Rheins, die aus ganz anderen Ursachen entstanden waren.

Wenn die Arbeiterpriesterbewegung in Frankreich im Jahre 1945 ein ungeschliffener Edelstein war, der es nötig hatte, zugeschnitten und poliert zu werden, ging die liturgische Bewegung in Deutschland in diesen Jahren durch vergleichbare Stadien der Spannung und Prüfung. Aus dieser Unruhe ging später, und nach aufeinanderfolgenden päpstlichen Interventionen die liturgische Reform des Zweiten Vatikanischen Konzils hervor. Die Entwicklung dieser Krise und ihre Bereinigung liefert ein eindrucksvolles Beispiel der Dynamik des Lebens der Kirche und der Art, in welcher die Päpste — und in diesem Fall vor allem Pius XII. — auf die Anforderungen der Zeit reagierten.

Schon im Jahre 1939 veröffentlichte, trotz der Inanspruchnahme der Kriegszeit, Max Kassiepe, ein Oblatenmissionar, ein Buch, *Irrweg und Umweg,* in welchem er Strömungen und Neuerungen unter Avantgarde-Katholiken energisch anprangerte. Er registrierte die Übertreibung der Liturgie, die Mißbilligung der traditionellen Formen der populären Andachtsübungen, wie Rosenkranz, Kreuzweg, Heilige Kommunion außerhalb der Heiligen Messe, Andacht zum Heiligen Herzen usw. Die besonders auf die liturgische Bewegung gerichtete Kontroverse entzündete sich im deutschen (und österreichischen) Katholizismus. Der sehr bekannte Romano Guardini, selbst ein überzeugender Führer der deutschen Jugend, unternahm — beunruhigt durch die Drohung an die ganze liturgische Bewegung — einen Schritt der Verteidigung. Dies geschah in Form eines offenen Briefes an den Bischof von Mainz, Albert Stohr, vom 1. November 1940. Er wurde in Buchform als „Ein Wort zu der liturgischen Frage" veröffentlicht. Guardini unterstrich die Auffassung, daß bestimmte pastorale Methoden der Vergangenheit ihre Wirksamkeit verloren hätten. Neue Wege wären notwendig, wenn der neuen Lage auf dem Gebiete der Spiritualität und des Andachtswesens des deutschen Gläubigen entsprochen werden soll. Er war bereit zuzugeben, daß die Versuche, eine neue Liturgie zu entwickeln, Unzulänglichkeiten, Übertreibungen und Mißbräuche mit sich gebracht hatten. Aber er plädierte für Geduld und Nachsicht. „Was die liturgische Bewegung braucht", schloß Romano Guardini, „ist Zeit".

Die Verteidigung der liturgischen Bewegung durch einen derart ausgezeichneten Fürsprecher dämmte die Flut der Kritik aber nicht ein. Im Jahre 1941 veröffentlichte ein Kölner Priester, A. Doerner, *Sentire cum Ecclesia,* das, wie das Kassipe-Buch davor und sogar noch mehr, sowohl Klerus als Laien aufbrachte und entzweite.

Ein viertes Dokument in diesem in der Kriegszeit unter deutschen Katholiken ausgetragenen internen Streit (der anderswo fast unbemerkt vor sich ging) war eine Anklage in 17 Punkten, verfaßt vom Erzbischof von Freiburg im Breisgau Konrad Groeber. Unter dem Datum des 18. Januar 1943 wandte er sich mit einem Rundschreiben an seine Mitbrüder im Bischofsamt in Deutschland und Österreich mit ausführlicher Kritik an einem weiten Bereich von gefährlichen Strömungen, in deren Mittelpunkt sich, seiner Meinung nach, die liturgische Bewegung befand.

Der Erzbischof von Freiburg erwähnte, nachdem er die offene Uneinigkeit unter Klerus und Laien angeführt hatte, daß die liturgische Bewegung wichtige die Lehre betreffende Implikationen hätte. Er führte sie eine nach der anderen an: ein vermindertes Interesse an natürlicher Theologie; eine Tendenz, dem Glauben eine neue Bedeutung zu geben, die nicht mit der überlieferten übereinstimmte; eine ungerechte und radikale Kritik der jüngsten Vergangenheit unter Bevorzugung der entfernteren Vergangenheit; willkürliche Bevorzugung der orientalischen Theologie; den wachsenden Einfluß der protestantischen Lehre auf die Auslegung des katholischen Glaubens; eine Tendenz, Unterschiede zwischen den „Kirchen" im Interesse der *Una Sancta* zu unterdrücken; ein neuer Mystizismus unter den Theologen; das Aufblühen des sogenannten christuszentralen Mystizismus; falsche oder zumindest übertriebene Interpretation des mystischen Leibes; Übertreibung des „allgemeinen Priestertums"; die Lehre der *Agape* oder des „Mahles" im Gegensatz zum „Opfer" in der Messe; ein übertriebenes Bestehen auf solchen liturgischen Bräuchen, wie die aktive Teilnahme der Gläubigen an der Messe (Dialogmesse) und die Landessprache. Erzbischof Groeber fand, die Landessprachenbewegung sei ein Ausdruck des deutsch-nationalen Gefühls, aus dem, wie er sagte, die Nazis soviel Kapital geschlagen hatten.

Dr. Groeber schloß sein (vertrauliches) Rundschreiben mit diesen Worten: „Ich bedauere das, denn es ist eine Spaltung unter den Gliedern des Leibes Christi, aber auch weil es für mich vollständig unbegreiflich ist, daß ausgerechnet in einem Zweifrontenkrieg Angriffe auf das traditionelle Glaubensleben und die friedlichen religiösen Traditionen unserer Diözesen gerichtet werden."

Rückblickend muß man es wirklich erstaunlich finden, daß ein Volk, das jede Nacht von feindlichen Bombern und jeden Tag von einer Armee von Polizisten und Denunzianten angegriffen wurde, in seinen eigenen Reihen über solche Fragen solche Aufregung entfaltete. War es mehr als eine *querelle allemande*? Der Aufruhr über die liturgischen Neuerungen und die gleichzeitigen Angriffe auf traditionelle Andachtsübungen waren möglicherweise aus den begrenzten Möglichkeiten von normalen kulturellen Ventilen zu jener Zeit zu verstehen. Wenigstens erklärten es so einige Bischöfe. Es gab keine katholische Presse, keine katholischen Vereinigungen für Film oder Theater, keine katholischen Gewerkschaften und nicht einmal eine katholische Sportbewegung. Alles was übrig blieb, war der beschränkte Rahmen der kirchlichen Aktivitäten und Andachtsübungen. Alles übrige war von den Nazis als „politischer Katholizismus" ausgeschlossen.

Die „17 Punkte" des Erzbischofs Groeber fanden bei seinen Mitbrüdern nicht das Echo, das er erwartete. Die „Wiener Aktivisten" waren die Hauptzielscheibe in der Anklage gewesen, und von Kardinal Innitzer kam auch die schärfste Zurückweisung. In einem Brief vom 24. Februar 1943 verteidigte er die österreichische Geistlichkeit und Liturgiker, indem er sagte, dies seien alles Angelegenheiten, die unter Theologen erörtert werden sollten, ohne jede Anrufung Roms. Der Wiener Kirchenfürst zitierte sogar die Radioansprache Pius XII. von Weihnachten 1942, in welcher der Papst scheinbar gesagt hatte, daß man nicht zu sehr über Probleme reflektieren sollte, die erst in Generationen reifen könnten.

Ob Pius XII. bei solchen Worten wirklich den deutschen liturgischen Streit im Sinne hatte oder nicht, Tatsache ist jedenfalls, daß er bereits mit dem Problem befaßt war. Die deutsche Bischofskonferenz in Fulda bat in einem Brief an ihn vom 29. 10. 1942 um einige Anweisungen und Ermächtigungen. Die Antwort war positiv aber vage. Sie ermutigte weitere Entwicklungen, aber nur unter Oberaufsicht der Bischöfe. Es sollte keine „Reform" durch die willkürliche Aktion von Einzelpersonen geben. Papst Pius war von den angeblichen Vorteilen der Liturgie als eine neue Quelle wiederauflebender Frömmigkeit sichtlich nicht begeistert. Es gab seiner Ansicht nach wichtigere Dinge, um die sich die deutschen Katholiken vom Standpunkt der Seelsorge aus kümmern sollten. Am 30. April 1943 schrieb er an den Bischof von Berlin, Konrad von Preysing: „Du weißt, daß der Heilige Stuhl die Vorgänge bei Euch auf liturgischem Gebiet für wichtig genug gehalten hat, um sich mit ihnen zu befassen. Wir gestehen aber, daß Uns die Reinerhaltung der christlichen Überzeugung von aller ihr drohenden Vergiftung noch ungleich mehr am Herzen liegt als jene liturgischen Fragen. Was würde ein noch so schöner Gottesdienst im Kirchenraum bedeuten, wenn draußen im Leben Denken und Tun der Gläubigen dem Gesetz und der Liebe Christi entfremdet wären!"

An Dr. Groeber selbst schrieb der Papst am 22. August 1943 im wesentlichen wieder, daß „die Frage der Gottesdienstordnung ... nicht die vordringlichste Angelegenheit ist". Nämlich, „die Immunisierung der deutschen Katholiken gegen alle die falschen, oft unmenschlichen und gottlosen Auffassungen und Praktiken, die in den letzten Jahren an sie herangetreten sind, sowie die alles Maß übersteigende äußere und moralische Kriegsnot bereiten Uns ungleich mehr Sorge. Es mutet Uns etwas weit und weltfremd an, wenn die liturgische Frage als *die* Frage der Gegenwart hingestellt wird". Trotzdem ignorierte der Papst gewisse Punkte von Groebers Kritik nicht vollständig. Die Enzyklika *Mystici Corporis* vom 29. Juni dieses gleichen Jahres, war auf einige Fragen, die unter deutschen Theologen erörtert wurden, gerichtet, wie der Papst selbst am 16. August an den Bischof von Mainz (Stohr) wie auch Dr. Groeber selbst am 22. August schrieb, obwohl fast die ganze katholische Welt zu dieser Zeit keinen Grund für das unerwartete und gelehrte Dokument sah.

Nach dem Krieg erwies sich Pius XII. als echter Unterstützer der liturgischen Erneuerung, trotz der Tatsache, daß die neuen Formen und Methoden auf ihn keine persönliche Anziehung ausgeübt zu haben schienen. Der Weg der Bewegung in den nachfolgenden Jahren war wie der von anderen guten Bewegungen, die sorgfältiger Prüfung bedürfen. Jene, von denen eine gute und fortschrittliche Idee ausgeht, sind notwendigerweise nicht die besten Beurteiler ihrer Grenzen oder ihres Platzes im normalen Leben der Kirche. Aber die liturgische Bewegung entwickelte sich in den verbleibenden Jahren des Pontifikates Pius XII. im Grunde in einer geraden Linie vorwärts, fortschrittlich und geordnet. Die Enzyklika *Mediator Dei* vom 20. November 1947 war für die Bewegung von historischer Bedeutung und war letztlich als Antwort auf die hitzigen Debatten, die sich während des Krieges in Deutschland abgespielt hatte, gedacht. Sie enthielt auch in Ansätzen Ideen künftiger Veränderungen. Es folgten verschiedene Teilreformen der Heiligen Liturgie — die neue Ostervigil (9. Februar 1951), die Karwoche (16. November 1955) — zugleich mit Änderungen der Normen über die eucharistische Nüchternheit, Ermächtigungen zu Abendmessen, den Gebrauch der Muttersprache bei der Spendung des Sakramentes und sogar in einigen Teilen der Heiligen Messe (wenn von internationalen Hierarchien darum gebeten wurde). Ein neues lateinisches Psalmenbuch wurde vorbereitet.

Kurzum, das Pontifikat von Pius XII. verpflichtete die katholische Kirche in beträchtlicher Weise auf die Liturgiereform. Es blieb daher dem Vatikanischen Konzil nurmehr vorbehalten, die bereits entworfenen Strukturen zu vollenden und das Gewicht seiner Autorität hinzuzufügen. Nicht von ungefähr war das Schema über die Liturgie das erste Thema, das im Oktober 1962 aufgenommen wurde. Kein anderer vom Konzil behandelter Gegenstand war reif für eine schnelle Entscheidung. Es ist schwer, an der Meinung eines Historikers der Bewegung zu zweifeln, der schrieb: „Es ist nicht übertrieben, wenn man sagt, daß die Konstitution des Konzils über die Heilige Liturgie seine (Pius') Krönung darstellt, denn es ist in allen Punkten des Dokumentes klar der Geist zu erkennen, der sein Pontifikat beseelte[3]."

IV. Welches Schicksal im Osten?

Josef Stalin, der so viele Jahre lang die Sowjetunion regiert und den Komintern kontrolliert hatte, starb im März 1958. Nur drei Jahre später enthüllte Premier Nikita Khrushchew in einer geheimen Sitzung beim 20. russischen kommunistischen Parteikongreß seine Vergehen gegen das sowjetische Volk und die Partei. Aber was „Stalinismus" bedeutete, war innerhalb und außerhalb Rußlands bereits gut bekannt. Es wurde schon erwähnt, daß in den ersten Monaten der Okkupation der einst unabhängigen Länder Osteuropas durch die Rote Armee Stalins Absichten nicht klar waren, vor allem bevor der Krieg beendet war. Erste Entwicklungen erfüllten den Papst aber mit tiefer Sorge. Der erste Angriff auf die katholische Kirche war die erzwungene Spaltung der ukrainischen Katholiken. Das Begräbnis des legendären und ehrwürdigen Metropoliten Andrew Szeptyckyj durfte im November 1944 mit der gehörigen Feierlichkeit und äußerlichen Höflichkeit stattfinden. Sogar Khrushchew, damals ein kaum bekannter Kommissar, wohnte den Feierlichkeiten bei. Aber innerhalb weniger Monate ver-

[3] *Hermann Schmidt,* La Constitution de la Sainte Liturgie, Bruxelles 1966, S. 57.

langte eine kleine Gruppe von ukrainischen Geistlichen, das „Komittee der Initiative für die Transferierung von griechischen Katholiken zur Orthodoxie", mit Verfahren, zu bekannt, um beschrieben werden zu müssen, eine Vereinigung mit dem Moskauer Patriarchat. Darauf folgte die Verhaftung von Szeptyckyj's Nachfolger Josef Slipyi mit anderen ukrainischen Prälaten und ihre ‚Verschickung' nach Sibirien. Mit einem Schlag war für 5 Millionen Gläubige ihre Bindung an Rom abgeschnitten. Am 350. Jahrestag der Union der ukrainischen griechischen Katholiken mit Rom, gedachte Pius dieses Ereignisses mit der Enzyklika *Orientales Omnes Ecclesias* (23. Dezember 1945). Sie enthält eine düstere Vorahnung künftigen Unheils, obwohl zuverlässige Informationen noch schwer zu bekommen waren.

Der Kreuzweg der katholischen Kirche unter dem Stalinismus wird anschaulich im Schicksal der für diese Gemeinden bestellten Bischöfe illustriert. In fast jedem Land, von der Ostsee bis zur Adria, wurde religiöse Führerschaft abgesetzt. Im Jahre 1946, in Litauen, ging Theofil Matulionis, Bischof von Kaisadorys in ein russisches Gefängnis — und nicht zum ersten Mal. Im September 1946 wurde Erzbischof Aloysius Stepinac von Zagreb, Jugoslawien, von Tito verhaftet. Im Juni 1949 lernte Josef Beran von Prag in der Tschechoslowakei, ein Überlebender von Dachau, ein sowjetisches Konzentrationslager kennen. Im Oktober 1947 starb Bischof Theodore Romza von Mukačevo in den Unteren Karpaten bei einem „Unfall". In Polen wurden im Juli 1949 drei Bischöfe wegen „Kollaboration" mit den Deutschen verhaftet — ein bequemer Vorwand, der niemanden täuschte. Der Primas von Polen, Kardinal August Hlond, blieb unangetastet. Aber die Zeit sollte auch für seinen Nachfolger, Kardinal Stefan Wyszynski, kommen.

Die Liste der verhafteten Bischöfe könnte verlängert werden, aber dies genügt, um das Modell systematischer Verfolgung aufzuzeigen. Sie wurde im Rahmen eines Generalprogrammes von Verhaftungen, Konfiszierungen, Unterdrückungen und restriktiven Vorschriften, mit dem klaren Ziel der Vernichtung der katholischen Kirche oder wenigstens ihrer Schwächung, vor allem, das Trennen dieser katholischen Völker vom Kontakt mit dem Heiligen Stuhl, dem Zentrum der Einheit, vorgenommen. Nicht einmal Hitler war derart systematisch gegen Kirchenfürsten vorgegangen; sogar gegen solche, die ihn offen provoziert hatten, wie Bischof v. Galen von Münster. In Polen standen sich während des ganzen Krieges die beiden Hauptpersonen im Lande, der Erzbischof von Krakau Stefan Sapieha und der Reichskommissar der Nazis Hans Frank nur mit distanzierter Kälte gegenüber.

Aber Stalin hatte einen anderen Zeitplan. Die katholische Kirche, der Papst, war schon der Feind. Eine Pressekampagne von Moskau ließ ahnen, was kommen mußte, wenn der Einfluß der Sowjets stark genug sein würde. Am 1. Februar 1944 nannte *Izvestia* den Papst „profaschistisch“ und sah schlechte Zeiten für die Kirche nach der Niederlage Deutschlands voraus. Sie klagte den Vatikan zum Beispiel an, stumm gewesen zu sein, als Italien im Juni 1940 einen Angriff auf Frankreich lancierte. Natürlich fragte die ausländische Presse, wie die *New York Times,* wo zu dieser selben Zeit die Proteste der *Izvestia* und der Sowjetregierung, die seit August 1939 in einem Nichtangriffspakt mit dem Nazireich vereint waren, geblieben seien. Am 9. Oktober 1944 veröffentlichte eine Moskauer Zeitung, *Krieg und die Arbeiterklasse,* einen Angriff auf den Vatikan, in dem sie die katholische Kirche beschuldigte, seit langer Zeit ein Freund des „Faschismus“ zu sein und den Deutschen geholfen zu haben, die okkupierten Nationen dazu zubringen, ihr Schicksal zu akzeptieren. Aber die Angriffe Moskaus hörten trotz westlicher Gegenstimmen nicht auf. Am 10. Mai 1945 kam die Izvestia mit einem Artikel über „Politik unter dem Anschein der Barmherzigkeit“ auf den Angriff zurück, worin die Tätigkeit des Vatikans auf rein politische Motive zurückgeführt wurde. In den folgenden Monaten gab es andere, ähnliche Angriffe in der sowjetischen Presse und in Sendungen des Mokauer Rundfunks.

In diesen Jahren der Stalinistischen Verfolgung — von der, wiederholen wir, hier nur ein kurzer Umriß möglich ist — bleibt der Fall des Kardinal Josef Mindszenty, Primas von Ungarn, einzigartig. Er war ein ansehnliches Element des Widerstandes und mußte vernichtet werden. Am 26. Dezember 1948 wurde er verhaftet. Sein Verhör begann am 3. Februar 1949 und schloß mit einer Verurteilung zu Zwangsarbeit für verschiedene Verbrechen (Verrat, Spionage, laufende Devisenvergehen etc.), wie es üblich war, um unbequeme Personen loszuwerden. Die Gerichtsverhandlung wurde öffentlich mit der offensichtlichen Intention abgehalten, den eigensinnigen und „reaktionären“ Kirchenfürsten herabzusetzen. Die schockierte Weltmeinung reagierte mit großer Entrüstung. Pius XII. veröffentlichte an die ungarischen Bischöfe am 2. Januar 1949 einen Brief, in dem er vehement gegen die ihrem Primas angetane Gewalt protestierte. Am 14. Februar wiederholte er den Protest an die Kardinäle in einem außerordentlichen Konsistorium. Am 23. Februar gab er ein apostolisches Mahnschreiben an die Bischöfe der Welt um Gebete als Wiedergutmachung für den Haß gegen Gott heraus — eine deutliche Anspielung auf die Verfolger in Ungarn. Vielleicht das auffallendste in diesen Reihen von päpstlichen Reaktionen war aber die Ansprache am St. Petersplatz am 20. Februar vor einer ungeheueren Kundgebung, zu der die italienische katholische Aktion aufgerufen hatte. Die Kirche, der Papst — sagte er — könne angesichts dieser fortgesetzten Angriffe nicht schweigen. Daß dieses Mal ein religionsfeindliches Regime einen Kirchenfürsten getroffen habe, sei kein Einzelfall — „es ist eines der Glieder in der langen Kette von Verfolgungen, die einige Diktaturen gegen christliche Lehre und Leben ausüben".

Kein Wunder, daß ein paar Monate nach dem demütigenden Verhör des Kardinal Mindszenty das Heilige Offizium unter dem Datum des 1. Juli 1949 sein Verbot an die Christen herausgab, Mitglieder der kommunistischen Partei zu werden, die als materialistisch und antichristlich bezeichnet wurde.

V. War Pius XII. von der kommunistischen Gefahr besessen?

Ein großer Teil des Lebens von Eugenio Pacelli, als Nuntius, als Kardinalstaatssekretär und als Papst war von der sowjetrussischen Frage in Anspruch genommen. In Berlin in den frühen 1920er Jahren verhandelte er umsonst mit sowjetischen Bevollmächtigten auf der Suche nach einem Modus vivendi mit dem Moskauer Regime in der Zeit Lenins. Als Kardinal wurde er Zeuge der aggressiven Propagandaschlacht des Sowjetkommunismus, gelenkt von dem Komintern, über das Thema der Vereinigten Front gegen den „Faschismus". Beim Eucharistischen Kongreß im Jahre 1938 in Budapest warnte er vor der bolschewistischen Bedrohung mit energischen und lebhaften Formulierungen. Als Papst, sowohl während des Krieges als auch nachher, folgte er der Kremlpolitik und der Ideologie, die sie inspirierte, aus nächster Nähe. Das war nicht bloß eine atheistische und materialistische Ideologie, sondern eine Ideologie der Verfolgung. Er stellte sich mit aller Kraft gegen sie. Der Weltkommunismus hat ihm das nie vergeben.

Es ist jedoch leicht, die Haltung Pius XII. zum Kommunismus oder zur Sowjetunion — dem Vaterland der kommunistischen Bewegung — mißzuverstehen und falsch darzustellen. Ihn bewegten weder blinder Fanatismus noch politische Erwägungen. Solche Beweggründe können ihm leicht von seiten jener zugeschrieben werden, die selbst keine Vorstellung von der religiösen Mission der Kirche haben. Sogar solche, die sich zu einer religiösen Überzeugung bekennen und daher die religiösen Motivationen der päpstlichen Vorgangsweise zu begreifen in der Lage sind, neigen manchmal dazu, von einer angeblichen „Besessenheit“ zu sprechen. Meistens bedeutet dies, daß der Papst skeptisch war bezüglich der guten Absichten der Sowjets zu einer Zeit, als Weltregierungen es aus ihren eigenen politischen Gründen vorzogen, das Gegenteil zu glauben.

Es wurde in jenen auch behauptet, der Vatikan sei „systematisch antikommunistisch“ gewesen, das heißt, blind, unvernünftig, ohne Verständnis. Diese Ausdrucksweise impliziert, daß die katholische Kirche in ihren Führern unfähig war, die grundlegenden sozialen Probleme zu verstehen, welchen der Kommunismus eine Antwort zu geben versuchte.

Daß ein Marxist eine derartige Vorstellung von der Politik des Vatikans haben sollte, ist ganz verständlich. Jene, die glauben, Religion sei nur Handlanger und Instrument der Bourgeoisie der kapitalistischen Gesellschaft — und besonders für einen Materialisten — welch andere Erklärung gibt es für die Tätigkeit der katholischen Kirche außer „politische“ oder „Reaktion“? Aber von anderen, die sich zu einer übernatürlichen Vorstellung vom Leben bekennen, hat die Kirche ein Anrecht auf kluge und gerechte Beurteilung ihrer Vorgangsweise. Es erfordert tatsächlich einen hohen Grad von Voreingenommenheit, um das recht vernünftige und notwendige negative Urteil der Kirchenführer über eine weltweite ideologische Bewegung, die nicht nur ihr antireligiöses und antikirchliches Programm ankündigt, sondern dann übergeht, ihr Programm in die Tat umzusetzen, als „Bessenheit“ oder „systematischen Antikommunismus“ anzusehen.

Dies gilt besonders für jene, die die Bemühungen des Papstes nur auf das Verteidigen von „Institutionen“ gerichtet sehen. Eine solcher „Institutionen“ ist die Verbindung mit dem Heiligen Stuhl, mit Rom. Eine andere ist der Bischof, der Hirte der Herde. Andere sind katechetische Unterweisungen und die Spendung der Sakramente, die Vorbereitung der werdenden Priester und die religiöse Betreuung der Jugend und Familien im allgemeinen. Gegen diese planten die neuen Herren von Osteuropa andere Institutionen zu schaffen, mit der genau entgegengesetzten Absicht. Zu verlangen, daß die katholische Kirche nicht jede Anstrengung gegen die Mächte dieser Welt, gegen solche Zerstörer unternehmen sollte, bedeutet einen bewußten Verstoß gegen die Vernunft. Wenn eine Fixierung bestand, dann bei jenen, die vor den Realitäten die Augen verschlossen.

Und zum Schluß der Lehrauftrag der Kirche. Die Päpste haben etwas zu sagen, zu lehren, über die großen Fragen des Menschen und sein Schicksal auf Erden. Diese Ideen stehen in direktem Gegensatz zu jenen, die Moskau lehrt. Pius XII. erfüllt in seinen vielen Statements über den Kommunismus seine Pflicht, die falschen Vorstellungen von Menschen, wie sie von marxistischen Instituten propagiert wurden, abzulehnen.

Im März 1937 deutete der Heilige Stuhl in seinen beiden fast gleichzeitigen Enzykliken, eine gegen den Nationalsozialismus und die andere gegen den Kommunismus, an, daß er beide als gleichgroße ideologische Übel und als gleichgroße Gefahren für Kirche und Gesellschaft betrachte. In den Vorkriegsjahren war es Gegenstand der Erörterungen in kirchlichen Kreisen, welche der beiden wirklich gefährlicher war. Betrachtete Pius XII. Moskau mehr als Bedrohung als Berlin? Die Tatsache, daß das Heilige Offizium im Jahre 1949 katholische Mitgliedschaft in der kommunistischen Partei verbot, wogegen es nie ein entsprechendes Verbot in Hinsicht auf die nationalsozialistische Partei ausgesprochen hatte, wurde von einigen als Beweis dafür angeführt, daß Pacelli mit dem Kommunismus strenger verfuhr als mit dem Nationalsozialismus und, daß er vielleicht dazu neigte, Nationalsozialismus als eine Art durch die göttliche Vorsehung bewirktes „Bollwerk" gegen den Kommunismus anzusehen. Ein einfacher Blick auf die Chronologie zeigt, wie falsch das ist.

Im Jahre 1937 war der Nationalsozialismus seit knapp 3 Jahren an der Macht; das Sowjetregime seit 20 Jahren. Rosenbergs „Mythos des 20. Jahrhunderts" war nicht gleich dem „Das Kapital", die Bibel der Bewegung. Im August 1939, mit dem Molotow-Rippentrop-Pakt, der das heidnische und bolschewistische Regime in einer zwei Jahre dauernden Allianz vereinte, wurde die Frage der relativen Gefahr der beiden revolutionären Mächte akademisch. Im Gegenteil, in der Mitte des Jahres 1940 bewies die militärische Führerschaft Nazideutschlands im ganzen kontinentalen Westeuropa, nach dem Fall von Frankreich, daß, wenn irgend etwas, der Nationalsozialismus wirklich die größere Gefahr war. Im Juni 1941 änderte sich mit Hitlers Angriff auf Rußland die Situation noch einmal. Wenn Papst Pius XII. von der kommunistischen Gefahr so „besessen" gewesen wäre und so milde dem Nationalsozialismus gegenüber, wäre dies der Moment gewesen, um es zu zeigen. Statt dessen lehnte es Pius XII. trotz des Druckes der italienischen faschistischen Regierung (nicht von den Nazis, die es verschmähten, um

Unterstützung durch den Vatikan zu bitten), ab, sich für irgendein derartiges Manöver herzugeben. Nach dem Kriege bezog sich der Papst bei verschiedenen, formellen Gelegenheiten (25. Februar 1946, 7. Juli 1952) auf dieses sein Schweigen. Wenn er auch keine Sympathien an das Sowjetregime verschwendete, so respektierte er die Gefühle des russischen Volkes, über das die Tragödie des Krieges ohne seine Schuld gekommen war. Der Krieg gegen Rußland war kein „Kreuzzug", was immer gewisse Propagandisten der Achsenmächte daraus zu machen suchten. Gelegentlich liest man, daß Hitler und der Vatikan eine Vereinbarung über das religiöse „Monopol" Rußlands als Gegenleistung für die moralische Unterstützung im Krieg getroffen hätte. Solche Gerüchte verraten nur völlige Unwissenheit von Hitlers Mentalität, nicht zu reden von den Tatsachen. Sie verraten auch die verzerrte und blindgläubige Geisteshaltung gewisser Kreise, sogar von Historikern, die von ihrer eigenen blinden Leidenschaft besessen waren.

Im Jahre 1943, nach dem Fall Stalingrads, begann der Nazistern deutlich zu sinken. An diesem Punkt betonte die Nazipropaganda die Rolle des Reiches als „Bollwerk" gegen die sowjetischen „Horden". Hier wäre wieder der Moment für Pius XII. gewesen, seine angebliche antikommunistische Besessenheit zu zeigen. Hätte Hitler in diesem Augenblick seine antireligiöse Politik in den besetzten Gebieten (die er ohnedies rasch verlor) oder in Deutschland selbst geändert, hätte man diese Propaganda vielleicht ernst genommen. Aber der harte Kurs Hitlers blieb unverändert — Zugeständnisse an die okkupierten und unterdrückten Bevölkerungen und an die Kirche waren, seiner und seiner teuflischen Ratgeber Ansicht nach, eine gefährliche Schwäche, die man vermeiden mußte. Angesichts dieser heuchlerischen Propaganda Berlins, weigerte sich der Papst bei einer politischen Taktik mitzumachen. Sogar wenn Repräsentanten von solchen achsenfreundlichen Staaten, wie Ungarn und Rumänien, direkt und unmittelbar bedroht, ihre gefährliche Lage dem Papst zur Kenntnis brachten, konnte er sie nicht zufriedenstellen. Ohne die Realität der Gefahren einer sowjetischen Okkupation dieser beiden Länder zu unterschätzen, glaubte Pius XII., daß seine Hände gebunden waren, solange in Berlin die brutale Politik unverändert andauerte. In dieser Hinsicht war die Antwort charakteristisch, die Pius XII. dem ungarischen Premierminister Kallay in einer Audienz am 3. April 1943 gab.

Der Premierminister berichtete traurig, aber offen, den Verlauf seines Gespräches mit Pius XII. an jenem Vormittag: „Vor seiner Heiligkeit lag der Brief, den ich an ihn am 1. März gerichtet hatte, betreffend die Gefahren des Bolschewismus! Indem er den Brief als Beispiel benützte, brachte er das Thema auf die Verhältnisse in Deutschland. Er schilderte die in Deutschland herrschenden Zustände, die ihn mit großer Traurigkeit erfüllten, mit dramatischen Worten. Er findet alles das unbegreiflich, was Deutschland in Hinsicht auf die Kirche, die Juden und die Menschen in besetzten Ländern, allen voran die Polen, tut. Diese Verhältnisse sind nicht nur eine Einmischung in die Angelegenheiten der Kirche, sondern stehen zu den Prinzipien einer christlichen Weltordnung, die auf dem Wort Gottes beruht, im Widerspruch.

Er ist um so mehr mit Traurigkeit erfüllt, denn es scheint ihm, daß diese Verhältnisse die Atmosphäre zwischen Deutschland und den angelsächsischen Mächten bis zu einem solchen Grad vergiftet haben, daß die letzteren alle Versuche zur Loslösung vom Krieg so lange als vergeblich ansehen, als Deutschland und die deutschen Besatzungsbehörden die elementarsten Prinzipien des menschlichen und moralischen Rechtes mißachteten; davon war er als ein Ergebnis von Gesprächen mit Myron Taylor (dem Vertreter von Präsident Roosevelt) und anderen überzeugt worden.

Er ist sich der schrecklichen Gefahren des Bolschewismus bewußt, aber er fühlt, daß trotz des Sowjetregimes die Seele der großen Masse des russischen Volkes christlicher geblieben ist, als die Seele des deutschen Volkes."

Kurz, der Papst war außerstande, wie die ungarische Regierung hoffte, bei den Alliierten für den Frieden zu intervenieren, er konnte nicht einmal eine kommunistische Herrschaft des Landes verhindern. Der Papst schloß, laut dem Premierminister: „Unter solchen Umständen hat die Kirche nicht die Möglichkeit zu intervenieren. Deutschland, das jede menschliche Linie der Politik verlassen hat, verfolgt stattdessen die Politik, die auf der anderen Seite größtes Mißtrauen erweckt. Das heißt, so lange in Deutschland inhumane Tendenzen vorherrschen, sieht er für die Kirche keine Möglichkeit, zwischen den Kriegsführenden zu vermitteln[4].

Anderen Besuchern, besonders aus Achsenanhängerstaaten und neutralen Ländern, wie Spanien, erwiderte Pius XII. in ähnlichem Sinn.

[4] Dieser sehr aufklärende Bericht wurde nach dem Krieg in den Papieren des ungarischen Außenministeriums gefunden. Die Originale sind in den Nationalarchiven in Washington DC und gefilmt als „T-973, Rolle 1, Rahmen (frames) 1153 - 1218". Siehe auch *Angelo Martini*, in: La Civiltà Cattolica (Rom), 21. Mai 1977, „Un giudizio sconosciuto di Pio XII sul Nazismo."

Wie groß auch die Gefahr einer kommunistischen Invasion Europas durch den Zusammenbruch des deutschen Heeres war, wollte sich der Heilige Stuhl nicht für ein sinnloses politisches Manöver, das von Berlin ausging, hergeben, das die religiöse und moralische Mission des Heiligen Stuhles nur wertlos machen konnte.

Gab es jemals nach 1945 einen Augenblick, in dem eine vermittelnde Geste des Vatikans zu einer Verständigung mit Stalin hätte führen können? Suchte Stalin selbst jemals Kontakt zum Vatikan? Während des Krieges zirkulierten Gerüchte dieses Inhaltes, aber sie entstammten journalistischer Spekulation. Kein ernstlicher, autorisierter Schritt scheint von Moskau gekommen zu sein. Wenn man Stalins Pläne für Osteuropa, für die baltischen Staaten und für die Ukrainer bedenkt, — welchem Zweck, von Stalins Standpunkt aus, wäre durch irgendeine vatikanische Vermittlung gedient gewesen? „Gewisse Entwicklungen wurden mit Interesse beobachtet", sagte im Juni 1944 ein Sprecher (spokesman) des Vatikan. „Gewisse Zeichen einer Änderung können festgestellt werden. Aber was den Vatikan betrifft, gibt es genaugenommen bis jetzt keine neuen Fakten." Wenn es stimmt, daß Stalin den Komintern abgeschafft und das Patriarchat von Moskau wiederhergestellt hatte, bedeutete dies keinen Wechsel in der Haltung der katholischen Kirche gegenüber.

In den späteren Jahren des Pontifikates Pius XII. schienen bestimmte in der katholischen Welt prominente Personen im Begriff gewesen zu sein, besonders nach dem Tode Stalins, mit den Sowjets Kontakte herzustellen. Unter den gegebenen Zeitumständen schienen diese privaten Verhandlungen nur den Propagandazwecken von Moskau zu dienen (das war die Zeit des berühmten „friedlichen Koexistenz"-Themas) und sie wurden vom Vatikan scharf zurückgewiesen. Einer dieser „Vermittler", möglicherweise über seine eigenen Absichten hinaus verwickelt, war der in Österreich lebende Luxemburgische Schüler des Marxismus Prof. Marcel Reding. In diesem Zusammenhang führte Pius XII. in einer Botschaft an den Katholikentag in Köln am 2. September 1956 die Mindestbedingungen an, die die Kirche bei irgend einem Abkommen mit den Sowjets akzeptieren könnte. Pius XII. sagte: „Es gibt eine ‚Koexistenz in der Wahrheit'. Wir haben bei früherer Gelegenheit von ihr gesprochen [Weihnachten 1955] und fügen dem dort Gesagten hinzu: Die katholische Kirche nötigt niemand ihr anzugehören. Sie verlangt jedoch für sich die Freiheit, nach ihrer Verfassung und ihrem Gesetz im Land leben, ihre Gläubigen betreuen und die Botschaft Jesu Christi offen verkündigen zu können. Dies freilich ist ihre unabdingbare Grundlage für jede ehrliche Koexistenz." Er fuhr fort und sagte, daß diese Dinge nicht von Einzelpersonen durchgeführt werden dürfen, sondern von höheren Autoritäten, welchen es allein zukommt, für die Kirche zu sprechen. Mit diesen Worten beanspruchte der Papst für den Heiligen Stuhl das ausschließliche Recht, mit der Sowjetunion zu verhandeln. Jede Form des „Privat-Dialoges" sei als rein politisches Ablenkungsmanöver verdächtig, allzu charakteristisch für sowjetische Methoden.

VI. Pius XII. und das geistige Leben der Kirche

Pius XII. war bemerkenswert für die große Zahl von Ansprachen, die er über eine Vielzahl von Themen vor einer ebenso großen Vielfalt von Zuhörern hielt. Offensichtlich fand er große Befriedigung in dieser Form des Apostolates. Aber dies waren nicht nur Übungen der Gastfreundschaft — zum Beispiel ein freundliches Gespräch mit Bienenzüchtern über die moralische Bedeutung ihres Beitrages zur Gesellschaft. Diese Gespräche waren oft Gelegenheiten, sein Lehramt gegenüber Ärzten, Juristen, Soldaten, Müttern, der Jugend usw. auszuüben. Die große Vielfalt der Gruppen, die zu ihm kamen, diente auch dazu, um seine eigene persönliche allumfassende Vorstellung der zeitgenössischen Szene zu manifestieren. Ein besonders eindrucksvolles Beispiel seines charakteristischen Interesses war seine Warnung vor den Folgen der Kernspaltung, die er der päpstlichen Akademie der Wissenschaften am 21. Februar 1943 vortrug.

„Vor allem sollte es deshalb von äußerster Wichtigkeit sein, daß die Energie, die durch eine solche Maschinerie entsteht, nicht losgelassen wird um zu explodieren ... sonst könnte daraus nicht nur an einem einzigen Platz, sondern auch für unseren gesamten Planeten eine gefährliche Katastrophe entstehen." Es muß nicht angenommen werden, daß Pius XII. im Frühling 1943 vom „Manhattan Projekt" wußte, das zwei Jahre später im Atombombenabwurf auf Hiroshima seinen Höhepunkt finden sollte. Seine Information war einer wissenschaftlichen Zeitschrift entnommen, die Ansprache hatte jemand vorbereitet, den man gebeten hatte, eine entsprechende Abhandlung sorgfältig auszuarbeiten. Aber die Rede bleibt ein Zeichen des päpstlichen Stils — ein Wunsch, Überlegungen zu aktuellen Zeitfragen zu präsentieren. Sogar Jahre später erkannte man in anderen Fällen, daß die Lehre Pius XII. den Bedürfnissen und Fragen der nächsten Generation entsprach. Ein solcher Fall waren seine wohlabgewogenen Bemerkungen darüber, ob man verpflichtet sei, außergewöhnliche Mittel — und komplizierte medizinische Apparate, Medizinen etc. — anzuwenden, um Leben zu erhalten, wo keine Hoffnung auf Genesung mehr besteht. Andere Abhandlungen des Vatikanischen Konzils boten die Grundlage für Entscheidungen oder stimulierten und unterstützten die Diskussion und das Studium in entscheidenden Bereichen.

Hier ist nicht der Platz, um einen Überblick über das Hirten- und Lehramt Pius XII., ausgeübt vor einer Unzahl von Gruppen, denen er seine Aufmerksamkeit in Audienzen, Briefen oder Enzykliken schenkte, zu geben. Es genügt vielleicht, sein besonderes Interesse an Leben und Arbeit der Intellektuellen — Theologen, Bibliker, Moralisten, Philosophen und Schriftsteller — und die Probleme, die sie leidenschaftlich bewegten und oft entzweiten, herauszugreifen. Der Heilige Stuhl ist verpflichtet, ein enges Band zur Welt des Geistes und Verstandes zu haben. Fortschritt und Wissenschaft, Veränderungen im sozialen Bereich und Entwicklung des Gewissens werfen Fragen über traditionelle Christliche Glaubenslehren oder ihre Anwendung auf. Die Erneuerungskrise im ersten Jahrzehnt des 20. Jahrhunderts zeigte die Gefahren, die schlecht überlegte Anpassung für die Botschaft Christi mit sich bringen können. Der Prozeß der Anpassung ist oft schmerzlich. Intellektuelle, geborene Individualisten, vertragen Kritik nicht einmal von ihresgleichen. Ihre Abwehrhaltung kommt besonders dann zum Vorschein, wenn die Lehrgewalt der Kirche es als notwendig ansieht, sich einzuschalten. In seiner Zeit zeigte sich Pius XII. bereit, wenn er auf solche Situation reagierte, die Autorität menschlicher Wissenschaften zu respektieren und die notwendige Zeit für Experimente und das Aufstellen neuer Hypothesen zu gestatten. Aber er opferte nicht das Erbe der Kirche, das um so vieles reicher ist, als die manchmal ungeduldigen Forderungen der intellektuellen Welt. Sogar authentische Propheten, — wie der Heilige Paulus warnte —, müssen ihre Botschaft prüfen und untersuchen lassen.

Die Weltöffentlichkeit — genauer gesagt, die Journalisten und Schriftsteller — hat eine unvermeidliche Neigung, große Probleme zu vereinfachen, indem sie fast alles mit Etiketten der verallgemeinernden Kompendien belegt. Ist diese Methode wirklich gültig, wenn sie auf das Leben der Kirche angewendet wird? Bis zu welchem Ausmaß sollte die Kirche, ihre Lehre oder Praxis oder ihre Persönlichkeiten als „progressiv" oder „konservativ" eingestuft werden? Die katholische Kirche, von Christus für alle Menschen und alle Zeiten gegründet, läßt keine Unterscheidung zwischen „links“ und „rechts“ oder „offen“ und „geschlossen“ oder „prophetisch“ und „integralistisch“ zu. Das sind Ausdrücke, die von Intellektuellen und Politikern zum Zwecke der leichteren Handhabung und nicht selten aus eigennützigen Überlegungen verwendet werden. Wenn auf die katholische Kirche und ihre allumfassende Mission angewandt, können sie nur eine ungefähre, um nicht zu sagen willkürliche und subjektive Bedeutung haben.

Der Heilige Stuhl, im Bewußtsein, daß er nicht nur geographische, nationale und rassenmäßige Schranken, sondern auch Schranken der Zeit überwindet, läßt sich nicht gegen seine bessere Einsicht durch einen von außen kommenden oft gesteuerten Druck zu vorschnellen Urteilen drängen. Beschuldigungen oder Bezeichnungen, wie „hinter der Zeit zurück“, „mittelalterlich“ oder „dem Ruf der Stunde nicht gewachsen“, beeindrucken den Heiligen Stuhl nicht leicht. Im Pontifikat Pius XII. war ein populäres Schlüsselwort dieser Art „sens de l’histoire“ (Geschichtsbewußtsein). Wohin Menschheit? In welches Schicksal ziehen die Mächte unserer Zeit die Zivilisation? Diese Formulierung wurde in Zusammenhängen verwendet, die implizierten, daß sich die Kirche in eine bestimmte Richtung entwickeln sollte, und zwar entsprechend der jeweiligen persönlichen Auffassung des jeweiligen Autors. Nur wenige dachten darüber nach, daß, wenn irgendeine Institution das Gefühl für „sens de l’histoire“ hat, es die katholische Kirche ist.

Wir sind hier nicht dabei, Pius XII. die Eigenschaft von „offen“ oder „progressiv“ zu bestätigen, selbst wenn in einigen Fällen ihre Verwendung als Kompliment oder Ehrenausdruck gemeint ist. Weit weniger ist es notwendig, für Pius XII. die Gabe der Weissagung zu reklamieren. Aber ein faires Abwägen seines Pontifikates zeigt, daß er sich über die vorgehenden Veränderungen im Klaren und bereit war, mit Würde und Zurückhaltung, für sich selbst, seine Nachfolger und für die Kirche einen neuen Kurs im Geiste des Auftrages, der ihm auferlegt war, abzustecken. Bei solchen Aktionen zollte Pius XII. dem pulsierenden Leben der Kirche seinen Tribut.

Die weitreichende Revision der offiziellen Haltung der Kirche zum Bibelstudium durch Pius XII. sollte für jede vernünftige Definition von „offen“ oder „progressiv“ genügen. Mit der Enzyklika *Divino Afflante Spiritu* initiierte der Papst am 30. September 1943 eine neue Periode für katholische Bibelwissenschaftler. In Erlässen aus Anlaß des 50. Jahrestages der Enzyklika Leo XIII. *Providentissimus Deus* — begrüßte das Dokument die Leonische Enzyklika als die Magna Charta der katholischen Bibelstudien, aber es war selbst eine Charta von großer Bedeutung. Ihr unerwartetes Erscheinen wurde von katholischen Biblikern, die bisher unerforschte Wege des Studiums und Schreibens nun für sich offen sahen, mit Begeisterung aufgenommen. Der Papst verwarf fundamentalistische Lehrsätze und drängte katholische Gelehrte, größtmöglichen Gebrauch von den Ergebnissen solcher Zweige der Profanwissenschaft, wie Archäologie, semitische Sprachen und Literatur und von den Methoden, die schon weitgehend von nichtkatholischen Exegeten verwendet werden, wie die formgeschichtliche Methode, zu machen.

Die unmittelbaren Quellen der Bibelenzyklika helfen ihre Bedeutung zu erklären. Am 21. August 1941 verurteilte die päpstliche Bibelkommission scharf die Thesen einer unter einem Pseudonym erschienenen italienischen Broschüre mit dem Titel „Un gravissimo pericolo per la chiesa e per le anime — il sistema critico-scientifico nello studio e nell' interpretazione della Sacra Scrittura, le sue deviagioni funeste e le sue aberazzioni". Sie enthielt einen heftigen Angriff auf das wissenschaftliche Bibelstudium.

Es ist wahr, daß der Autor (bald ohne große Schwierigkeiten als ein italienischer Priester identifiziert) seine Behauptungen auf gewisse offizielle Erklärungen des Heiligen Stuhles aus früheren Zeiten gegen den Modernismus stützen konnte. Aber die Zeit für eine andere und besser fundierte Haltung war gekommen, um mit Übertreibungen und Fehlinterpretationen bezüglich der Auffassung der Kirche fertig zu werden. Der Papst nahm Kenntnis von den neuesten Entwicklungen und neuen Errungenschaften des Wissens über die alten Völker in der Bibel. Er anerkannte die neuen Methoden als legitime Quellen echten Wissens über die Heilige Schrift. Alles menschliche Wissen, erklärte er, auch wenn es nicht-geistlich ist, trägt natürliche Würde und Wert dadurch in sich, daß es ein endliches Teilhaben am unendlichen Wissen Gottes ist. Aber es gewinnt eine neue und höhere Würde und fast Weihe, wenn es darauf gerichtet wird, das klare Licht göttlicher Dinge noch klarer erstrahlen zu lassen. Das war eine besonders neue Idee — die Kirche ist nicht gegen die Naturwissenschaften und die Künste als Instrument, um die göttliche Offenbarung zu erläutern. Aber die Vorgeschichte der Enzyklika und der heftige Streit, der gegen diese neuen Methoden geführt wurde, erzwangen deutlich eine frische, autoritative und genaue Neuformulierung.

Die Enzyklika Pius XII. war ein Akt des Vertrauens, vielleicht sogar des blinden Vertrauens, in die Rolle der reinen Wissenschaftlichkeit im katholischen Bibelstudium. Vielleicht ebenso bedeutsam war, daß die Enzyklika betonte, wie wichtig es für Wissenschaftler sei, ohne willkürliche Einmischung in ihre Aufgabe arbeiten zu können. „Alle“ — sagte er — „sollten sich hüten vor dem nicht sehr klugen Eifer, demzufolge alles was neu ist, schon aus diesem Grund bekämpft und verdächtigt werden muß“. Die Enzyklika war ein schwerer Rückschlag für fundamentalistische oder „integralistische“ Strömungen (wenn wir diese Worte verwenden müssen) in der Kirche. Nach ihrer Verlautbarung gab es Gerüchte, daß sie sogar wiederrufen werden könnte, kaum glaubhaft für ein offiziell kundgemachtes Dokument, aber sprechend für seinen revolutionären Effekt. Pius XII. hat seine Entscheidung nie bedauert, und in den letzten Monaten seines langen Pontifikates hatte er Gelegenheit, mit Befriedigung seine Wichtigkeit für die katholische gelehrte Welt wieder in Erinnerung zu rufen. Als er am 28. Juli 1958 einem Bibelkongreß in Belgien schrieb, erinnerte er sich an die freundliche Aufnahme, die das Dokument gefunden hatte, als es 15 Jahre vorher herausgekommen war.

Eine zweite Enzyklika schien jedoch auf den ersten Blick das Anerbieten des Vertrauens, wie es in *Divino afflante Spiritu* zu finden war, wieder zurückzunehmen. *Humani generis* berührte mehr direkt französische Gelehrte und, wie die Bibelenzyklika, hatte sie ihren Ursprung in Entwicklungen zur Zeit des Krieges. In Frankreich, es muß kaum gesagt werden, war die Gärung im katholischen Leben nicht auf das soziale Apostolat beschränkt. Während junge Priester neue Methoden für die Bekehrung der Arbeiterklasse suchten, wurden junge Theologen von den neuen Ideen bewegt, die in kulturellen Kreisen wirksam waren. Trotz der materiell ungünstigen Umstände erschien zum Beispiel im Jahre 1943 Jean Paul Sartre's *l'Être et le néant,* gefolgt von Romanen und Stücken über existentialistische Themen. Mit Kriegsende schienen die neuen, ungebundenen Kräfte überall durchzubrechen. In einem berühmten Artikel, erschienen in der April-1946-Ausgabe der Pariser Monatszeitschrift *Etudes,* beschrieb Père Jean Daniélou diese Strömungen, denen er die Bezeichnung „la theologie nouvelle“ gab. In der Zwischenzeit ging eine lebhafte Debatte unter den katholischen Gelehrten selbst vor sich. Ein im Jahre 1946 über das Übernatürliche erschienenes Buch, vom 80 Jahre alten *Blondel,* vertiefte die Kontroverse noch mehr. Der Widerhall der Streitigkeiten drang bis in den Vatikan. Der Papst selbst, als er zu den Delegierten der Generalkongregation der Jesuiten bzw. dem Kapitel sprach, machte eine direkte Anspielung auf den Daniélou-Artikel. Er sagte ihnen (17. September 1946): „On a dit trop des choses et d'une manière insuffisament fouillée au sujet de la ‚nouvelle théologie'." Der Gegenstand, sagte er, sei voll von Gefahren für die Unversehrtheit der Lehre. Aber im selben Gespräch bekräftigte er nochmals die Berufung der Intellektuellen der Kirche: „Sie sollten lernen, sich in ihren Worten wie in ihren Schriften in einer Art auszudrücken, daß die Menschen unserer Zeit sie verstehen und ihnen gerne zuhören."

„La nouvelle théologie" war in der Tat kein klares und vollständiges System, sondern umfaßte weite und uneinheitliche Bereiche und Kategorien von ideologischen Neuerungen. In mancher Hinsicht erinnerten die Fragen, die in Rom Empfindlichkeit hervorriefen, an einige der „17 Punkte" von Erzbischof Groeber — ein Abwerten der Thomistischen Philosophie, eine Aufwertung der Kirchenväter gegenüber den scholastischen Theologen, Darstellungen über die Natur des Übernatürlichen (Blondel), die Frage ob Materie und Geist wesentlich verschieden sind, Evolution, Polygenismus und andere Themen (von denen einige heute vollständig vergessen sind). Die führenden Gestalten der Bewegung umfaßten Gelehrte, die sich in späteren Jahren um die Kirche sehr verdient machten. Sie umschlossen neben Daniélou selbst, der von Paul VI. zum Kardinal kreiert wurde, auch M. D. Chenu, Dominikaner, von dem eines seiner Bücher auf den Index gesetzt wurde, aber auch Henri de Lubac, Hans Urs von Baltasar und Yves Congar.

Als die Diskussion weiterging und größere Spannungen in kirchlichen Kreisen verursachte — wobei sie selbst religiöse Gemeinschaften wie Jesuiten und Dominikaner entzweite — ließen verschiedene disziplinäre Handlungen eine mögliche formelle Verurteilung voraussahnen. Professoren wurden von ihren Lehrkanzeln abberufen; Herausgaben von Büchern wurden zurückgezogen. Als die Enzyklika schließlich unter dem Datum des 12. August 1950 mit dem Titel *Humani generis* erschien, verursachte sie bei einigen Erleichterung und Enttäuschung bei anderen. Sie war kein Verzeichnis von Irrtümern, obwohl ihr Thema war „Gewisse falsche Ansichten, die die Fundamente der katholischen Theologie zu untergraben drohen". Sie bot einen Überblick über einige der theologischen Hauptströmungen, die nach dem feierlichen Urteil des Heiligen Stuhles Irrtümer darstellen und aufzuheben sind. Aber sie verdammte weder einzelne noch identifizierbare Gruppen von Personen. Sie verwarf eine Art von falschem Irenismus, der den Weg zur Wahrheit sucht, indem er echte Unterschiede in theologischen Auffassungen ignoriert. Gleichzeitig verwarf die Enzyklika dogmatischen Relativismus und gewisse Ideen betreffend den Gegenstand der Transsubstantiation, die von manchen als zu scholastisch bezeichnet worden waren. Aber, treu der Linie von *Divino afflante Spiritu,* ermutigte der Papst wissenschaftliche Forschung — „laßt sie den Beitrag ihres unablässigen Forschens allen neuen Fragen, die heutige Kultur und Fortschritt hervorgebracht haben, geben, aber mit der nötigen Klugheit und Vorsicht".

Es ist wahr, daß Kritiker die Enzyklika als ein Monument der „Intransigenz" bezeichnet haben. Dies würde bedeuten, Stereotypen zu verwenden. Wenn sie meinen, daß das päpstliche Dokument eine feste Darstellung der katholischen Position ist, hätten sie recht. Aber es war nicht obskurantistisch. Die Enzyklika bemühte sich nicht, die Quellen normaler, geistiger Bemühung zum Schweigen zu bringen und sie ließ viele Fragen unberührt, deren offene Verurteilung wahrscheinlich viele in der Kirche erwartet hatten. Typisch war die zurückhaltende Lehre betreffend Evolution und Polygenismus. Was das erste betrifft, zeigte die Enzyklika, daß alles an der Evolution nur reine Hypothese ist und mehr Forschung nötig hätte. Was den Polygenismus betrifft, oder die Frage, ob die Menschheit von einem oder mehreren Quellen abstammt, sagte die Enzyklika nur, daß da ein augenscheinlich unlösbarer Widerspruch zwischen der Theorie des Polygenismus besteht und dem, was durch die Offenbarung in Bezug auf den Sündenfall und seinen Ursprung in der Sünde Adams überliefert ist.

„*On ne voit,* en effet, aucune façon d'accorder pareille doctrine avec ce qu'enseignent les sources de la vérité révélée et ce que proposent les actes du magistère ecclésiastique sur le péché originel qui tire son origine d'un péché vraiment personnel commis par Adam."

Die Gärungen über die Liturgie, die Arbeiterpriester, die Bibel usw. brach während des Krieges, aber fast unabhängig vom Krieg, aus. Aber da gab es noch eine andere wichtige religiöse Entwicklung, für die der Krieg zu einem großen Teil wirklich verantwortlich war. Auf beiden Seiten des Konfliktes, unter völlig verschiedenen Umständen, entdeckten religiöse Gemeinschaften, die einander seit langem entfremdet waren, Gemeinsamkeiten. Die *Una Sancta,* die ökumenische Bewegung, entfaltete sich schnell. Auf britischer Seite und auf Seite der Alliierten — Norweger, Holländer, teilweise Belgier — waren die geistigen Folgen des Krieges ein Aufruf zu gemeinsamer Aktion. In Deutschland war es die gemeinsame Verfolgung und die Bedrohung durch eine heidnische Ideologie, die die Entwicklungen in Richtung auf einen Ökumenismus beschleunigte. Während des ganzen Krieges hielt in Genf das Zentrum des „Weltkirchenrates“ die spärlichen Verbindungen zwischen den Christen auf beiden Seiten aufrecht.

Pius XII. war sich dieser Aspiration der Gläubigen bewußt. In seiner ersten Botschaft an die Welt nach seiner Wahl am 3. Mai 1939 grüßte er „jene außerhalb der Kirche“. Er gab ihnen nicht den Segen — was vielleicht nicht beifällig aufgenommen worden wäre, — aber wenigstens ein Gebet um den Schutz Gottes. In seiner Antrittsenzyklika *Summa Pontificatus* im Oktober appellierte er an alle Menschen guten Willens, zusammenzustehen gegen die Mächte des Bösen. Und er wiederholte dieses Thema in seiner Weihnachtsansprache 1940.

Es ist wahr, daß in den ersten Jahren „Einheit“ vom Papst als „Rückkehr“ in die katholische Kirche behandelt wurde. Aber die Logik der Zeit forderte den gebührenden Tribut. Nach dem Krieg mehrten sich ökumenische Treffen und verlangten weitere Überlegungen von Seiten des Heiligen Stuhles. Der alte Standpunkt lautete, daß kirchliche Treffen für die Einheit zu religiöser Indifferenz führen, weil sie nahelegen, „eine Religion ist so gut wie eine andere“. Aber die wiederholten internationalen Konferenzen, einberufen von dem beständig wachsenden Weltkirchenrat — an welchem teilzunehmen Katholiken verboten war — in Amsterdam, in Evanston — zwangen Pius XII., seine Haltung zu revidieren. Im Jahre 1948 hatte ein *Monitum* des Heiligen Offiziums die Mißbilligung des Vatikans über die Anwesenheit von Katholiken zum Ausdruck gebracht. Im Jahre 1949 jedoch, tadelte das Heilige Offizium jene, die erklärten, daß das alte Axiom „Extra Ecclesiam Nulla Salus“ die Rettung selbst jenen verwehrte, die in gutem Glauben nicht der Kirche angehörten[5].

Im Jahre 1950 folgte ein vollständiges Statement, eine Anweisung „über die ökumenische Bewegung“. Sie enthielt die üblichen Vorbehalte und Warnungen gegen Zugeständnisse an falsche Lehren, zuletzt auch Bedingungen und Vorschriften für eine katholische Teilnahme. Mit anderen Worten, der Heilige Stuhl gewährte der ökumenischen Bewegung seine erste Anerkennung. Jahre später konnte Papst Johannes XXIII. in seiner eigenen Antrittsbotschaft den Protestanten und Orthodoxen nicht nur einen Gruß widmen, sondern ankündigen, daß er sein Pontifikat der Sache der Einheit widmen werde.

---

[5] Der Fall *Feeny*.

VII. Zusammenfassung

Die vorangegangenen Zeilen handeln hauptsächlich von den Werken Pius XII. in den früheren Jahren oder der ersten Hälfte des Pontifikates. Diese gaben natürlich den Ton an für das restliche Leben des Papstes. Es waren Jahre des Fortschrittes und der Krise; aber sie fanden Pius XII. aktiv und wach. Er diente der Sache des Friedens, der Einheit und des Fortschrittes, aber offensichtlich nicht in jenem ideologischen Sinn, in dem es sich kommunistische oder liberalistische Propagandisten vorstellten.

Es war ein sehr fruchtbares Pontifikat, das einen Schatz an doktrinellen und pastoralen Einsichten hinterließ. Wenn wir in diesen Zeilen versucht haben, das Pacellische Pontifikat im politischen und kulturellen Rahmen seiner Zeit darzustellen, wird umgekehrt eine andere Generation vielleicht ihrerseits im Lichte der Reden und Botschaften Pius XII. diese Zeiten studieren. Jahre nach dem Tode des Papstes hatte ein katholischer Avantgardeautor die Geschmacklosigkeit, dieses Pontifikat als „zwanzig Jahre des Stillstandes" zu bezeichnen. Das ist unhistorisch und sogar lächerlich, möglich nur für jemanden, der geistig von gestern ist. Fast alle Probleme, die vom Zweiten Vatikanischen Konzil aufgegriffen wurden, wie auch andere, die das Konzil beiseitegelassen hat, waren Pius XII. vertraut. Seine entscheidende Mitwirkung an der liturgischen Bewegung und den Bibelstudien sind im Vorstehenden bereits ausführlich dargelegt worden. Das gleiche kann von der Einheit der Kirche gesagt werden oder von der ökumenischen Bewegung, sowie von den Fragen über die Beziehung von Kirche und Staat. Es ist ein schlechter Dienst an den katholischen Christen, diese offensichtliche und verdienstvolle Kontinuität zu leugnen.

Man kann hinzufügen, daß ein mutiges Experiment von Pius XII. lanciert wurde — der obenerwähnte Autor hätte es sicher begrüßt — die Weihe verheirateter früherer protestantischer (evangelischer) Geistlicher —, ein Experiment, zu kühn, um sogar in der Zeit Papst Johannes' fortgesetzt zu werden.

Man sollte in diesen Schlußworten auch erwähnen, daß die Dritte Welt schon frühzeitig in ihren religiösen und sozialen Dimensionen von Pius XII. erkannt worden ist. Im April 1958 schuf der Papst die päpstliche Kommission für Lateinamerika, deren Ziel es war, die Bischöfe jenes gewaltigen Gebietes anzuspornen, ihre Kräfte zu vereinen für eine gemeinsame Methode für die neuen Bedingungen von Wachstum und Veränderung. Daraus entstand natürlich das gegenwärtige gesunde Vertrauen der kirchlichen Führerschaft Lateinamerikas. Und das Beispiel wiederholt sich in anderen Hierarchien, in anderen nationalen Bischofskonferenzen, in einem Dutzend und mehr anderen Ecken der Erde. Man sollte Pius XII. seinen Anteil am Verdienst daran, daß die Kirche bei der Geburt dieser neuen Gesellschaft in den Entwicklungsländern präsent ist, nicht versagen.

III. Kirche und Welt

DIE KIRCHE ALS LEBENSPRINZIP DER MENSCHLICHEN GESELLSCHAFT

Von Oswald von Nell-Breuning

Als Pius XII. in seiner Ansprache vom 20. 2. 1946 an die von ihm erhobenen Kardinäle[1] die Kirche als das „Lebensprinzip der menschlichen Gesellschaft" bezeichnete und damit eine den Vertretern der katholischen Soziallehre im deutschen Sprachbereich vertraute Bezeichnung in den lehramtlichen Sprachgebrauch der Kirche übernahm, löste das freudige Zustimmung aus; ich selbst habe in einer kleinen Schrift[2] dieser Freude lebhaften, vielleicht sogar zu enthusiastischen Ausdruck gegeben. Hatten die Romantiker als erste diese Redewendung gebraucht, ohne deren Sinn genauer zu verdeutlichen, so lagen aus der Feder von *Gustav Gundlach* scharfsinnige Ausführungen darüber vor, und da man wußte, in welchem Maß der Papst sich Gundlachs Beratung bediente, konnte wohl kein Zweifel darüber bestehen, daß, wenn er von der Kirche als dem Lebensprinzip der menschlichen Gesellschaft sprach, diese seine Redewendung im Gundlachschen Sinn zu verstehen und auszulegen sei[3].

Vielleicht aber haben wir es uns damals etwas zu leicht gemacht und sollten wir heute, namentlich nach der Pastoralkonstitution des 2. Vatikanischen Konzils über die Kirche in der Welt, das, was Pius XII. 1946

---

1 AAS 38 (1946), 141 - 151.

2 Die Kirche; das Lebensprinzip der menschlichen Gesellschaft. Bausteine der Gegenwart, Heft 2; Köln 1946. — Da dieses Heft und die darin wiedergegebene Übersetzung heute kaum noch auffindbar sind, wird hier nach *Utz / Groner*, Soziale Summe Pius' XII., Bd. 2, Ziff. 4086 - 4111 zitiert.

3 Kardinal *Frings*, den ich gleich nach seiner Rückkehr von Rom auf diese Wendung in der Rede des Papstes ansprach, die im Amtsblatt seines Erzbistums gerade an dieser Stelle unverständlich übersetzt war, äußerte zunächst nur, der Hl. Vater habe so schnell gesprochen, daß er nicht mitgekommen sei, zog aber meine Auslegung in Zweifel. Als ich darauf Band 2 des „Lexikon für Theologie und Kirche" aus dem Schrank entnahm und ihm Gundlachs Ausführungen im Beitrag „Christlich-soziale Bewegung" (Sp. 927 - 931) vorlegte, sagte er nur noch: „Dann ist die Sache ja klar"; jeder Zweifel war bei ihm sofort entfallen.

sagte und sagen wollte, etwas tiefer überdenken, vor allem aber es in einen größeren Zusammenhang einordnen.

Über ihr Verhältnis zum *Staat* und ihre Beziehungen zu ihm hat die Kirche seit jeher nachgedacht und hat namentlich durch den Mund Leos XIII. autoritativ ausgesprochen, wie sie dieses Verhältnis und diese Beziehungen sieht. Wir werden uns zu fragen haben, was meinen diese lehramtlichen Äußerungen, woran denken sie, wenn sie vom „Staat“ sprechen?

Das 2. Vatikanische Konzil in seiner Pastoralkonstitution behandelt das Verhältnis von Kirche und *Welt;* wir werden uns zu fragen haben, wer oder was mit dieser „Welt“ gemeint ist.

Pius XII. spricht hier von der menschlichen *Gesellschaft* (società umana); was ist mit dieser „menschlichen Gesellschaft“ gemeint? Dasselbe wie die „Welt“, von der in der Pastoralkonstitution die Rede ist? Oder die Staatenwelt und damit dasselbe wie in der großen Zahl kirchenlehramtlicher Verlautbarungen über das Verhältnis von Kirche und Staat? Oder was sonst?

I. Kirche und Staat

Auf das Verhältnis von Kirche und Staat wurde schon zur Zeit der Kirchenväter das Bild von Seele und Leib angewandt[4]; ganz ausdrücklich tut dies Leo XIII. in „Immortale Dei“: „Itaque inter utramque potestatem quaedam intercedat necesse est ordinata colligatio; quae quidem coniunctioni non immerito comparatur, per quam anima et corpus copulantur“ (DS 3168). Damit ist ausdrücklich gesagt, es handele sich um einen Vergleich. Um den Sinn dieser Textstelle richtig einzuordnen, wird es gut sein sich zu erinnern, was das Thema dieser Enzyklika ist; es lautet „de constitutione christiana civitatum“. Nicht das Verhältnis von Kirche und von Staaten überhaupt, sondern von Kirche und christlichem (katholischem) Staat; die gleichen Menschen sind Gläubige der (katholischen) Kirche und Bürger des Staates; die Beziehungen zwischen Kirche und Staat werden gesehen als Beziehungen der beiden potestates, der potestas spiritualis und der potestas temporalis, reduzieren sich fast auf die Beziehungen der beiden Oberhäupter, des Papstes als *geist*liches Oberhaupt und des „Kaisers“ bzw. nach Aufkommen der souveränen Nationalstaaten deren Fürsten oder Prä-

[4] *Paul Mikat* nennt in „Sacramentum mundi“ II.1313 als Beispiele Gregor von Nazianz und Johannes Chrysostomus.

sidenten als *welt*liche Oberhäupter. Die Kirche soll die frohe Botschaft von Jesus Christus allen Menschen bringen; alle Menschen sollen sie annehmen und der *einen* Kirche Jesu Christi angehören. So sollte es sein; von diesem „gesollten" Sachverhalt geht Leo bei seinen ganzen Überlegungen aus. Daß die Staaten, mit denen er zu tun hat, auch nicht-katholische Bürger haben, ist eine ausnahmsweise Abweichung von dem, was sein soll und wird als solche erwähnt und in gewissem Grade berücksichtigt; vor dem geistigen Auge Leos aber steht der Staat, wie er nach katholischem Glaubensverständnis sein *soll,* nicht die Vielzahl von Staaten, in denen die (katholischen) Christen eine Minderheit, ja eine ganz verschwindende, für den Staat völlig unbeachtliche Minderheit bilden oder in denen man von Jesus Christus überhaupt noch nichts gehört hat, nicht von ihm weiß.

Zu dem „idealtypischen" Staat, wie er sein soll oder der doch von diesem sein-sollenden Zustand nur geringfügig abweicht, sieht Leo die Kirche in einem Verhältnis stehen, das dem von Seele und Leib im einzelnen Menschen vergleichbar ist. Worin, so müssen wir fragen, liegt die Vergleichbarkeit, was ist das „tertium comparationis"? Sicherlich gibt es da eine ganze Menge Vergleichbares; woran aber denkt Leo XIII.? Nach dem, was er im Zusammenhang ausführt, muß man annehmen, daß er vor allem den *Unterschied* verdeutlichen will zwischen den eigentümlichen Wirk- und Aufgabenbereichen beider, zwischen den geistigen und geistlichen Gütern, die Christus seiner Kirche anvertraut und den Menschen zu vermitteln aufgetragen hat, und den irdischen, „weltlichen" Gütern, für die der Staat zu sorgen hat und die Verantwortung trägt. Bedenken wir wie sehr Leo XIII. schon von den (leider in DS nicht abgedruckten) Eingangsworten der Enzyklika an es darauf ablegt, als die Sendung der Kirche eindeutig das ewige „Heil" herauszustellen und scharf abzuheben von dem irdischen „Wohl", das Sache des Staates ist, dann ist bestimmt anzunehmen, der Vergleich mit Seele und Leib solle vor allem diesen Unterschied veranschaulichen. Darum braucht der Vergleich oder die Vergleichbarkeit sich aber nicht darin zu erschöpfen. Man kann fragen, ob sie sich auch auf die Interaktionen beider, auf die Einwirkung der Seele auf den Leib und umgekehrt des Leibes auf die Seele erstreckt. Das mag sein, aber Leos Interesse richtet sich auf etwas anderes, nicht oder höchstens ganz beiläufig auf die gegenseitige Einwirkung oder Einflußnahme, vielmehr auf die wechselseitige Förderung und auf einträchtiges Zusammenwirken in Angelegenheiten, an denen beide, wenn auch unter verschiedener Rücksicht, interessiert sind. — Wechselseitige Förderung: aus der Wirksamkeit der Kirche fällt für den Staat großer Nutzen ab, aber selbst das ist (gerade nach den Eingangsworten der Enzyklika) mehr ein „Abfallprodukt“ als eine beabsichtigte oder bezweckte Leistung für den Staat und schon gar nicht eine sozusagen „vergeistigende“ Einflußnahme auf ihn. Daß die Kirche als Lebensprinzip des Staates wirksam sei oder sein solle, daß sie im Sinne der von ihm wiederbelebten „philosophia perennis“ als Formprinzip den Staat als Materialprinzip umfasse und durchdringe, deutet Leo mit keiner Zeile an, und dies, obwohl er nicht vom Staat überhaupt und im allgemeinen, sondern ausdrücklich vom *christlichen* Staat handelt. Aber noch mehr; es geht ihm gar nicht so sehr um das Verhältnis und die Beziehungen der beiden in ihrem Mitgliederbestand identischen, nur in ihrer Aufgabe und ihren Zielen verschiedenen Körperschaften Kirche und Staat, sondern — wie der Wortlaut eindeutig besagt — um die Beziehungen, in denen die geistliche und die zeitliche Macht und deren Machtträger zu einander stehen. Die Gläubigen, die zugleich Staatsbürger sind und umgekehrt, werden durch die beiderseitigen Oberhäupter repräsentiert; nur *diese* handeln; für die Untergebenen genügt es, klar zu wissen, wessen Befehlen sie jeweils zu gehorchen haben; eigene Initiative zu entwickeln steht ihnen nicht zu; in beiden sozialen Gebilden — Kirche und Staat — nehmen sie (noch) keine *Sub*jektstellung ein, sondern sind von der jeweils zuständigen Autorität betreute *Objekte*.

Staat oder Staaten in concreto sind für Leo die zur Souveränität aufgestiegenen, zur Völkerrechtsgemeinschaft zählenden[5], dem Zeitalter des Feudalismus bereits entwachsenen, aber noch mehr oder weniger im fürstlichen Absolutismus und bürokratischen Zentralismus befangenen Nationalstaaten seiner Zeit (19. Jahrhundert) mit überwiegend christlicher bzw. katholischer Bevölkerung, die praktisch noch kaum Beteiligung der Staatsbürger am politischen Leben kannten, wie auch in der Kirche eine „actuosa participatio“ der Laien, die wir heute nicht nur kennen, sondern fordern, noch unbekannt war, ja weithin als mit der vom göttlichen Stifter der Kirche ihr eingestifteten hierarchischen Struktur als unvereinbar galt. Leos Aussagen über das Verhältnis von Kirche und Staat, die zu seiner Zeit einen gewaltigen Fortschritt bedeuteten, haben engere zeitgeschichtliche Voraussetzungen, als ihm selbst und seinen Zeitgenossen bewußt war oder auch nur bewußt sein konnte. Dagegen ist der durch den Vergleich mit dem Verhältnis von Seele und Leib im einzelnen Menschen veranschaulichte grundlegende *Unter-*

[5] Kennzeichen das aktive und passive Gesandtschaftsrecht.

schied von Kirche und Staat von allen zeitgeschichtlichen Voraussetzungen unabhängig und bleibt ewig wahr — nicht nur zwischen Kirche und wie immer verstandenem *christlichem* Staat, sondern zwischen Kirche und jedem denkbaren Staat, ja jedem weltlichen Gemeinwesen überhaupt, gleichviel ob es auf, unter oder über derjenigen Ebene steht, auf der zur Zeit noch die Staaten sich als souverän gebärden.

II. Kirche und Welt

Die Pastoralkonstitution „Gaudium et spes" des 2. Vatikan. Konzils handelt von der „Kirche *in* der Welt von heute"; mit dem „*in*" sind ihre Beziehungen zur Welt gemeint, aber auch die Beziehungen der Welt zu ihr *mit*gemeint[6].

Der Blick des Konzils ist nicht mehr auf den Staat oder die Staaten fixiert; er umfaßt die „Welt". Was aber ist gemeint mit dieser „Welt"? Wenn der jahrhundertelang auf den Staat fixierte Blick sich von dieser Fixierung frei macht, dann wird er — so möchte man denken — sich ausweiten und die Gesamtheit sozialer Gebilde in sein Blickfeld einbeziehen, aus deren Vielzahl und Vielfalt der Staat herausragte und alle anderen derart überragte, daß er lange Zeit alle Aufmerksamkeit auf sich allein zog. Das ist nicht ganz fehlgegriffen, dürfte aber doch nicht das Wesentliche treffen. Ihrer ganzen Anlage nach befaßt „Gaudium et spes" sich nicht mit den sozialen Gebilden, Gemeinschaften oder Vereinigungen, zu denen die Menschen sich zusammenschließen, und mit den Menschen in ihrer Eigenschaft als Angehörige solcher Gebilde. Das tut sie zwar beiläufig und unvermeidlich *auch;* ihr Interesse aber richtet sich nicht auf die natürlichen oder gewillkürten Gemeinschaften oder Vergesellschaftungen als solche und auf die Menschen *als* deren Glieder, sondern auf das, was da vor sich geht, was da *geschieht*. Dieses Geschehen ist zwar notwendig getragen von den Menschen und zugleich immer auch *mit*getragen von den Gemeinschaften und/oder denjenigen, die als deren Glieder oder Häupter für diese Gemeinschaften oder in deren Namen tätig sind; was die Pastoralkonstitution behandelt, ist aber an erster Stelle der *Sachgehalt* dieser Tätigkeit. Das *kulturelle* Leben wird behandelt, aber keine Strukturlehre oder Morphologie der

---

[6] Die wesentlichen Aussagen finden sich in Teil I, Kap. 3 „Das menschliche Schaffen in der Welt" (33 - 39) und Kap. 4 „Die Aufgabe der Kirche in der Welt von heute" (40 - 45). — Dazu vgl. *A. Grillmeier*, „Wandernde Kirche in werdender Welt"; Veröffentlichungen der Kathol. Sozialwiss. Zentralstelle Mönchengladbach, Kommentarreihe zur Pastoralkonstitution des 2. Vatikan. Konzils, Bd. 4, Köln 1968.

verschiedenen kulturschaffenden oder kulturpflegenden Gemeinschaften vorgelegt. Dasselbe gilt vom *wirtschaft*lichen, vom *staat*lichen und vom *über*staatlichen Leben, welch letzteres eines adäquaten Trägers bisher überhaupt noch ermangelt[7].

Wie sieht, wie wertet die Kirche diese verschiedenen Kultursachbereiche und ihre Beziehung zu ihnen? Sind sie in den Augen der Kirche rein „weltlich" und deswegen für sie uninteressant? Oder kommt ihnen auch in den Augen der Kirche echter Eigenwert zu? Hat die Kirche vor ihnen als nicht nur wertlos, sondern sogar gefährlich zu warnen und sich selbst strenge Zurückhaltung ihnen gegenüber aufzuerlegen? Oder hat die Kirche, um sie ungefährlich zu *machen* und sie vielleicht als ethisch indifferente Mittel für ihre Zwecke in ihren Dienst und in ihre Zucht zu nehmen, im Sinne des Integralismus unseligen Angedenkens sie in sich zu „integrieren"? Oder stehen die verschiedenen Kultursachbereiche der Kirche in einer gewissen Selbständigkeit und Eigengesetzlichkeit („relativer Autonomie") gegenüber und gibt es zwischen der Kirche und ihnen Beziehungen hinüber und herüber, vor allem befruchtende und bereichernde Beziehungen, bei denen die Kirche nicht nur gebende, sondern auch empfangende ist? Kann, darf, ja soll die Kirche gar *positiv* zu ihrer Entfaltung beitragen?

Ist es schon schwierig, über das Verhältnis von Kirche und Staat eindeutig verständliche und einwandfrei richtige Auskunft zu geben, so erweist sich die Antwort auf die Fragen, die das Konzil hier aufgreift, als noch unvergleichlich schwieriger.

An der klaren Unterscheidung, die Leo XIII. zwischen Kirche und Staat machte und durch den Vergleich mit Seele und Leib erläuterte — die Kirche hat es mit dem ewigen „Heil", der Staat mit dem zeitlichen „Wohl" zu tun —, hält die Pastoralkonstitution auch für das Verhältnis von Kirche und Kultursachbereichen unzweideutig fest. Während aber Leo XIII. vor allem die grundlegende Verschiedenheit betonte und bezüglich der Beziehungen nur von einer gewissen wechselseitigen Förderung sprach (die Kirche garantiert dem Staat gewissenhafte Untertanen, der Staat schützt die Kirche), greift das Konzil tiefer und zeigt die unbeschadet der grundlegenden Verschiedenheit bestehende *innere Verbundenheit* auf, die ja im Verhältnis von Seele und Leib

[7] Auch in Teil II, wo „wichtige Einzelfragen" behandelt werden, geht es, wie schon die Kapitelüberschriften erkennen lassen, nicht oder nur ganz beiläufig um die Institutionen und deren Strukturen, sondern um das, was *in* den verschiedenen Kultursachbereichen geschieht oder zu tun vordringlich ist.

ganz ebenso besteht wie die grundlegende Verschiedenheit. Das Ziel, dem die Kirche die Menschheit entgegenführt, die Glaubenswahrheiten, die sie verkündet, tasten den Sachgehalt der Kultursachbereiche in keiner Weise an; nichts von dem, was im Lichte der bloßen Vernunfterkenntnis zutrifft und sinnvoll ist, wird im Lichte Glaubens unzutreffend oder verliert gar seinen Sinn. Und dennoch tritt eine *Veränderung* ein. Die Sachgehalte — und zwar nicht diese oder jene einzelne, sondern alle! — treten in eine neue Beziehung zu dem, was Gott letztendlich mit dem Menschen vorhat, und diese Beziehung kommt nicht von außen hinzu, vielmehr haucht die Kirche durch ihre Verkündigung der frohen Botschaft ihnen ein neues, höheres *Leben* ein. Zugleich aber — und das ist das besonders Bemerkenswerte, dessen Erkenntnis erst in den Konzilsberatungen durchbrechen mußte — gewinnt die Kirche im Austausch mit den Kultursachbereichen, nicht zuletzt durch ihre Beteiligung an deren Fortschritt und Ausbau, ein immer reicheres und tieferes Verständnis ihrer selbst und der Aufgabe, die ihr der Menschheit gegenüber obliegt[8].

Was aber ist in *diesem* Zusammenhang die „Kirche", die sich über ihre Beziehungen zur „Welt" Rechenschaft gibt? Bei Leo XIII. war es eindeutig die Hierarchie, an ihrer Spitze der Papst als der höchste Inhaber der potestas spiritualis. Hier dagegen läßt „Kirche" sich nicht in ähnlicher Weise mit ihrer hierarchischen Leitung oder gar Spitze gleichsetzen. Offenbar besagt „Kirche" hier *nicht nur* die Hierarchie, unverkennbar nicht das kirchliche Lehramt und dessen Träger *allein,* sondern ganz bestimmt gehören auch die Theologen dazu, die wesentlich daran beteiligt waren, diese Erkenntnisse zu erschließen, und weiter daran beteiligt bleiben, sie auszubauen. Nicht minder aber zählen hier zur „Kirche" auch die in den verschiedenen Kultursachbereichen tätigen und deren vom Konzil dargelegten Sinn verwirklichenden *Gläubigen;* hier besagt „Kirche" alles das, als was die dogmatische Konsituation „Lumen gentium" sie beschreibt, auslegt und entfaltet, wirklich die Kirche im Ganzen *und* in allen ihren Gliedern.

In diesem Austausch zwischen Kirche und Welt ist die Kirche *wesenhaft Geberin* in ihrer Eigenschaft als das Ur-Sakrament, kann, will und soll(te) es aber auch sein durch die Wirksamkeit eines jeden ihrer Glieder je an seinem *Platz in der Welt.* Auch *Empfängerin* ist die Kir-

---

[8] Zu vertiefen, was diese Erkenntnisse des Konzils für das Verhältnis von Natur und Übernatur besagen, das nicht im Sinne zweier übereinander liegender Stockwerke verstanden werden darf, dazu ist hier nicht der rechte Ort; das fällt in die Zuständigkeit der *dogmatischen* Theologie.

che nicht nur als Ganzes und im Ganzen, sondern gleichfalls in allen ihren Gliedern, soweit diese es an sich nicht fehlen lassen.

Sprach Leo XIII. nur von dem, was die Kirche unbeschadet ihrer rein religiösen Aufgabe zum irdischen Wohl der Menschheit beiträgt, und wertete er es sozusagen nur als wenn auch erfreuliches „Abfallprodukt", so ist es hier als etwas für die Kirche durchaus *Wesentliches* erkannt und anerkannt. Zugleich wird ganz deutlich, daß zwischen Kirche und Welt eine echte Wechselwirkung stattfindet. Daran aber hat nicht nur das hierarchische Wirken der Kirche und das der Führung der Hierarchie und deren Weisungen unterstehende Wirken der Gläubigen teil, sondern ist auch deren „freier", d. i. der ihrer eigenen Initiative entspringende und von ihnen selbst verantwortete Einsatz, sei es als Staatsbürger (so ausdrücklich GS 76), sei es als in anderen Bereichen Berufstätige, in jeweils verschiedener Weise sowohl aktiv als auch passiv beteiligt. Alles das sind *Lebensäußerungen* der Kirche, durchaus vergleichbar dem, was im Leben des einzelnen Menschen sich abspielt in den Wechselbeziehungen zwischen Seele und Leib[9].

III. Kirche und Gesellschaft

Volle 60 Jahre nach Leos XIII. Enzyklika „Immortale Dei", knapp 20 Jahre vor der Pastoralkonstitution des 2. Vatikanischen Konzils „Gaudium et spes" liegt die Ansprache Pius' XII. vom 20. 2. 1946 an das von ihm durch Ernennung 32 neuer Kardinäle übernational zusammengesetzte Kardinalskollegium. In dieser Ansprache fiel das berühmt gewordene Wort von der Kirche als dem „Lebensprinzip der menschlichen Gesellschaft". Es steht nicht im Mittelpunkt dieser Ansprache, insbesondere nicht in logisch zwingendem Zusammenhang mit deren Thema „Übernationalität der Kirche", bildet aber doch in gewissem Sinn den Kulminationspunkt, auf den die ganze Ansprache hinstrebt; mindestens für *deutsche* Leser ist es das in der Tat.

Die Ansprache ist ein Fragment, ein Bruchstück eines geplanten, aber nicht zur Ausführung gekommenen größeren Ganzen. Pius XII. beab-

---

[9] Zwar ist in diesem Fall das, was die Kirche von der „Welt" empfängt, nicht von so grob materieller Art wie der Schutz und ggf. das Geld, das sie vom *Staat* erhält. Nichtsdestoweniger trifft das Bild von Seele und Leib auch hier vollkommen zu, denn das, was die Kirche der „Welt" gibt, ist ganz und gar geistiger und geistlicher („spiritueller") Art; alles dagegen, was sie von der „Welt" empfängt, entstammt und entspringt aus den verschiedenen Kultursachbereichen und bleibt daher immer der ihnen allen, wenn auch in unterschiedlichem Grad eigenen *Stoffgebundenheit* verhaftet.

sichtigte und kündigte an, er wolle darlegen, wie die Kirche durch ihre über alle nationalen Grenzen hinauswirkende, in Jesus Christus gegründete Einheit und Ganzheit (Geschlossenheit) einwirkt auf die Grundlage, den Aufbau und das Kräftespiel der menschlichen Gesellschaft; in dieser Ansprache wolle er den *erst*genannten Punkt als besonders gewichtig vorwegnehmen; den zweiten und dritten auszuführen hat er leider niemals Gelegenheit gefunden; so ist ein vielversprechendes Lehrstück Ekklesiologie und damit theologischer Soziallehre unvollendet geblieben.

Wie also wirkt die katholische, d. i. weltumspannende Kirche auf die *Grundlage* der menschlichen Gesellschaft ein? Was ist überhaupt diese „Grundlage"? Imperialistische (politische und ökonomische) Mächte wirken vergewaltigend von oben herab; die Kirche setzt dienend und helfend beim einzelnen Menschen an und wirkt so von unten hinauf. Grundlage ist der *Mensch;* ihn „zu bilden, in ihm die Ähnlichkeit mit Gott herauszuarbeiten und zu vervollkommnen" ist die Kirche bemüht (6; U-Gr 4091). „Mit so geformten Menschen bereitet die Kirche der menschlichen Gesellschaft eine Grundlage, auf der sie sicher ruhen kann" (ebd.). Auch für den Zusammenhalt und das innere Gleichgewicht der Gesellschaft genügen nicht äußere Stützen, sondern kommt es auf den *Menschen* an; wiederum ist es die Kirche, die ihn „formt und erzieht" als „den Ursprung und zugleich das Ziel des menschlichen Gemeinschaftslebens" (8; U-Gr 4093). Auch die Gleich*berechtigung* in der Welt kann nur getragen sein vom *Menschen,* hier vom *ganzen Menschen,* „wie er in den Augen Gottes dasteht", ebensosehr aber auch, „wie er in einer konkreten und geschichtlichen Wirklichkeit lebt" (13; U-Gr 4097); in letzterem liegt begründet, daß die Kirche sich mit keiner gesellschaftlichen Schicht, keiner historischen Epoche, keinem speziellen Kulturkreis identifiziert, vielmehr offen ist und sich offen hält für *alle.*

Anschließend kommt Pius auf ein zeitgeschichtliches Ereignis zu sprechen, nämlich die Vertreibung, ja Verschleppung ganzer Völker im Gefolge des 2. Weltkriegs unter Verletzung des elementaren menschlichen Bedürfnisses nach Heimatverbundenheit und Geborgenheit in Überlieferung und Brauchtum. Gerade diesem Bedürfnis vermag zuletzt und zutiefst die Kirche zu genügen: „Die lebendige Kirche im Herzen der Menschen, der lebendige Mensch im Schoß der Kirche, das ist die tiefste und wirksamste Einheit, die es gibt. In dieser Einheit erhebt die Kirche den Menschen zu seiner Wesens- und Lebensvollkommenheit und gibt der menschlichen Gesellschaft *Menschen solchen Formats:*

(1) Menschen, festgefügt in ihrer unverletzlichen Ganzheit als Ebenbilder Gottes;

(2) ihrer persönlichen Würde und gesunden Freiheit stolz bewußte Menschen;

(3) Menschen, die in dem, was das Innerste der Menschenwürde ausmacht, zu Recht auf Ebenbürtigkeit mit ihren Mitmenschen halten;

(4) in ihrem Boden und in ihren Sitten festverankerte Menschen;

mit einem Wort: Menschen, die sich durch diese vier Merkmale auszeichnen; sie allein geben der menschlichen Gesellschaft ihre feste Grundlage, verschaffen ihr Sicherheit, Ausgewogenheit, Gleichheit, normale Entwicklung in Raum und Zeit (17; U-Gr 4102).

Schließlich, gewissermaßen beiläufig, erwähnt Pius noch die schwere Erschütterung, von der die beiden tragenden Säulen der Gesellschaft, Familie und Staat, betroffen wurden. Auch sie beziehen ihre Festigkeit (und gewinnen daher die verlorene Festigkeit nur zurück) von ihrer *Grundlage,* d. i. den Menschen, vor allem den Gläubigen, die die Kirche zu „Mitbürgern der Heiligen und Hausgenossen Gottes" (Eph 2.19) erzieht (18; U-Gr 4103).

Was folgt aus alle dem für die Aufgabe und Sendung der Kirche?

Zunächst zieht Pius ganz grundsätzlich und allgemein die schon oftmals von ihm mit Nachdruck betonte Folgerung, heute habe die Kirche entschiedener denn je aller falschen, eng verstandenen Spiritualität abzusagen (20; U-Gr 4105); dann spitzt er sie zu auf das, wohin er zielt: es hieße „der ihr von der göttlichen Vorsehung übertragenen Sendung untreu werden", wollte die Kirche darauf verzichten, „den *ganzen Menschen* zu formen und *dadurch* zur sicheren Grundlegung (Fundamentierung) der Gesellschaft mitzuwirken" („collaborare alla costituzione del solido fundamento della società"; 21; U-Gr 4105). Unter dieser Rücksicht könnte die Kirche bezeichnet werden als „die Gemeinschaft derer, die . . . den mächtigen Bau des menschlichen Zusammenlebens aufführen" („edificano la potente armatura della convivenza umana"; ebd.), in einem Wort: Kirche gleich die *Gemeinschaft der Bauleute am Bau der menschlichen Gesellschaft*[10].

[10] Wörtlich bedeutet „armatura" das Gerüst, die Baurüstung. Das käme auf eine Vermischung von Bildern hinaus (Fundament, Gerüst); sie entfällt, wenn man bei „armatura" sich an 18 erinnert und an die dort — allerdings auch wieder in anderer Bildsprache — als „Säulen" bezeichneten sozialen Gebilde Familie und Staat denkt; diese umgeben in der Tat das menschliche

Pius XII. beim Einzug in die Basilika von St. Peter.

Es lohnt sich, genauer zuzusehen, welche Eigenschaften Pius diesen „Bauleuten am Bau der menschlichen Gesellschaft" zuschreibt:

(1) Gnadenstand („unter dem übernatürlichen Einfluß der Gnade");
(2) Gotteskindschaft („in der Vollkommenheit ihrer persönlichen Würde als Gotteskinder");
(3) „ebenmäßige Entfaltung aller menschlichen Anlagen und Kräfte" (ebd.).

Die beiden ersten gehören dem der Kirche eigenen Bereich an, dem Bereich der gratia Christi, die immer, auch wo sie außerhalb der sichtbaren Gemeinschaft der Kirche begegnen, *durch die Kirche* vermittelt sind („extra Ecclesiam nulla salus"); das, was an letzter Stelle steht, schließt zwar alles mit ein, was die voll entfaltete menschliche Natur zu leisten und zu bieten vermag, das aber auch erst dank der durch die Kirche vermittelten Gnade zur letzten und vollkommenen *Reife* gelangt.

Um die Gedankenfolge recht zu erfassen, muß man sich den Zusammenhang in Erinnerung rufen. Als Weg, um auf die menschliche Gesellschaft einzuwirken, wählt die Kirche nicht den Weg von oben nach unten, sondern umgekehrt von unten nach oben. Dieser Weg erfordert zwei Schritte. Den ersten Schritt tut die Kirche, indem sie den Menschen als die Grundlage der menschlichen Gesellschaft erzieht, bildet, formt; den zweiten Schritt tun die von der Kirche erzogenen, gebildeten, geformten Menschen, die *als* Grundlage der menschlichen Gesellschaft und *von* dieser Grundlage *her* die menschliche Gesellschaft wohlgeordnet aufbauen. Trägerin dieser Erziehung, Bildung, Formung ist die Kirche *als solche,* handelnd vor allem in der Person ihrer amtlichen Diener, der Hierarchie, des Klerus, der Ordensleute. Den zweiten Schritt zu tun ist Sache der von ihr erzogenen, gebildeten, geformten *Menschen;* das sind ihre „Gläubigen", vor allem diejenigen, die selbst *nicht* der Hirarchie, dem Klerus, dem Ordensstand angehören, mit einem Wort die *Laien.* Aber auch sie sind nicht bloß irgendwie Kirchenangehörige, sondern sind im vollen und wahren Sinn *selbst „Kirche"*. Der Gedankenfortschritt ist durchaus schlüssig. „Unter dieser Rücksicht"[11] kann der Papst so streng folgerichtig fortfahren, „stehen die Gläubigen, genauer gesprochen die Laien, in der vordersten Linie des kirchlichen Lebens" (22; U-Gr 4106).

Zusammenleben mit einer festen „Rüstung". Für diese Auslegung spricht, daß der Papst an dieser Stelle nicht wie sonst von der „società", sondern von der „convivenza umana" spricht, d. i. von dem, was sich im *geschützten* Raum dieser gesellschaftlichen Gebilde abspielt.

Frontkämpfer an der gesellschaftspolitischen Front sind — jedenfalls an erster Stelle — die *Laien.* Ein Riesenschritt über „Immortale Dei" hinaus, wo es genügt, daß die Gläubigen (Laien) Bescheid wissen, in welchen Dingeni sie den Befehlen der geistlichen bzw. der weltlichen Gewalt zu gehorchen haben; eine *Vorwegnahme* dessen, das das 2. Vatikanische Konzil genauer ausformulieren wird: „Die Laien sind eigentlich, wenn auch nicht ausschließlich zuständig für die weltlichen Aufgaben und Tätigkeiten" („laicis proprie competunt"; GS 43, al 2).

Diesem (Halb-)Satz, durch den er die Laien an die gesellschaftspolitische Front kommandiert, hängt Pius nun aber einen zweiten Halbsatz an (so im italienischen Original; in der deutschen Übersetzung erscheint er als selbständiger neuer Satz): *„Für sie ist die Kirche das Lebensprinzip der menschlichen Gesellschaft"* (ebd.). Das gibt einiges Kopfzerbrechen auf. Warum wird die im kirchenlehramtlichen Sprachgebrauch erstmalige Bezeichnung der Kirche als das Lebensprinzip der menschlichen Gesellschaft nicht lapidar mit einem Hauptsatz eingeführt, sondern in einem Halbsatz angehängt, der sie obendrein durch das vorgeschaltete „für sie" („per loro") einzuschränken scheint? Was bedeutet überhaupt dieses „für sie", nämlich *für* die Laien? Wenn die Kirche für sich in Anspruch nimmt, das Lebensprinzip der menschlichen Gesellschaft zu sein, dann gilt das doch nicht für irgend jemand, seien es die Laien oder andere, *allein,* sondern gilt entweder schlechthin oder es gilt nicht.

War Pius bei der Ingebrauchnahme dieser im deutschen Sprachbereich geläufigen, dem kirchenlehramtlichen Sprachgebrauch jedoch bis dahin fremden Formel sich nicht bewußt, daß er damit — wenn man so sagen darf — eine „Bombe" warf[12]? Soviel ist unverkennbar: in *diesem* Zusammenhang geht es dem Papst nicht darum, den Gehalt der von ihm gebrauchten Metapher „Lebensprinzip" theologisch zu entfalten, sondern um den ganz unmittelbar praktischen Zweck, die Laien zu aktivieren, gewissermaßen ihnen einen Stachel zu geben, indem er ihnen

[11] Das italienische „sotto questo aspetto" wird in der deutschen Übersetzung mit „So betrachtet" wiedergegeben. Das ist gewiß nicht falsch; nichtsdestoweniger verdient die Wiedergabe durch „Unter dieser Rücksicht" nicht nur wegen der größeren Worttreue den Vorzug, sondern erscheint geeigneter, um die Aufmerksamkeit auf das zu lenken, worum es an dieser Stelle geht.

[12] Hier wäre es wirklich von Interesse, den Entwurf zu kennen, den sein ständiger Berater ihm vorlegte, und zu sehen, wie er unter der Hand und durch die Feder Pius' XII. die endgültige Gestalt gewann.

den hervorragenden Anteil bewußt macht, den sie an dem haben, was die Kirche der menschlichen Gesellschaft schuldet.

Sie — die Laien — gehören nicht nur (gleichsam als bloßes Anhängsel) zur Kirche, sind nicht nur „Kirche“, sondern sind „*die* Kirche“; durch sie, d. i. insbesondere durch sie, wirkt die Kirche sich als Lebensprinzip der Gesellschaft aus. An *dieser* Stelle benutzt der Papst, um zu verdeutlichen, was er unter „Kirche“ versteht, die *Bellarmin*sche Definition „Gemeinschaft der Gläubigen auf Erden unter dem gemeinsamen Haupt, dem Papst, und den mit ihm vereinigten Bischöfen“. Aus dieser Begriffsbestimmung der Kirche, der er nochmals die Aussage folgen läßt „sie sind die Kirche“ („sono la Chiesa“), leitet Pius ab, daß die Gläubigen seit den Anfängen der Kirche sich zu *Vereinigungen* mit spezifischen Zielsetzungen vielfältigster Art zusammengeschlossen haben, und zwar mit Zustimmung ihrer Bischöfe, und der Hl. Stuhl habe nie aufgehört, diese Vereinigungen gutzuheißen und zu empfehlen (22; U-Gr 4106).

Wer mehr darüber erfahren möchte, *wie* die Kirche sich als Lebensprinzip der menschlichen Gesellschaft auswirkt und welches genau der Anteil ist, den die Laien daran haben, wird enttäuscht sein; daß der Papst nur an das katholische Verbandswesen und nichts anderes denkt, wird ihm befremdlich erscheinen. Um den Papst zu verstehen, muß man wissen, daß damals eine starke Strömung im deutschen Episkopat und Diözesanklerus dahin ging, das vom nationalsozialistischen Terrorregime zerschlagene katholische Verbandswesen in Deutschland nicht wieder aufzurichten, vielmehr das kirchliche Leben ausschließlich territorial im Sinn des Diözesan- bzw. Pfarr-Prinzips zu organisieren. Gegen diese Tendenz hat Pius XII. mit aller Kraft angekämpft und sich schließlich durchgesetzt. Zielte die Wendung „Lebensprinzip der menschlichen Gesellschaft“ unzweideutig nach dem deutschen Sprachbereich und dessen *sozialem Katholizismus*, so richtete die sehr spezifische, von Pius daraus gezogene Nutzanwendung sich an die deutsche *Hierarchie*[13].

Thema der Ansprache vom 20. 2. 1946 an die neu ernannten Kardinäle war dem gegebenen Anlaß gemäß die *Übernationalität* der Kirche. Für dieses Thema war die Metapher „Lebensprinzip der mensch-

[13] Man darf nie vergessen, wie stark Pius XII. von seinen Nunziaturjahren in München und Berlin her mit den deutschen Verhältnissen vertraut war und ihnen auch als Staatssekretär und später als Papst immer verbunden geblieben ist.

lichen Gesellschaft", war die nachdrückliche Betonung der Position der Laien und erst recht der noch so gewichtigen Bedeutung ihrer Vereinigungen sowie deren Anerkennung durch die höchste kirchliche Autorität ganz und gar entbehrlich; umfangreiche Ausführungen dazu hätten das durch die Situation nahegelegte Thema *gesprengt*. So hat Pius sich in den Grenzen gehalten, die das von ihm gewählte Thema ihm zog; *in* diesem Rahmen, bei dieser Gelegenheit durfte das Thema „Kirche — Lebensprinzip der menschlichen Gesellschaft" nicht mehr sein als ein *Exkurs*.

An *dieser* Stelle — damit müssen wir uns abfinden — erhalten wir keinen weiteren Aufschluß darüber, was die Kirche als Lebensprinzip der menschlichen Gesellschaft bedeutet, wie dieser bildhafte Ausdruck im Sinne Pius' XII. genauer verstanden sein will. Die Ansprache *im Ganzen* gibt aber durchaus hinreichenden Aufschluß darüber; so war es denn auch nicht zu viel behauptet und braucht weder zurückgenommen noch abgeschwächt zu werden, daß dieses Wort in gewissem Sinne der Kulminationspunkt ist, auf den die ganze Ansprache hinstrebt. Obwohl — was nie aus dem Blick verloren werden darf — die Übernationalität der Kirche das Thema der Ansprache ist, liegt doch das Schwergewicht der Ausführungen ganz und gar beim *Menschen* als der Grundlage oder dem Träger der menschlichen Gesellschaft, bei dem, was der von der Kirche erzogene, gebildete, geformte *Mensch* für die Grundlegung der Gesellschaft leistet. Nicht die Tätigkeit der Kirche als weltumspannende Organisation, nicht die Wirksamkeit ihrer Hierarchie, ihres Lehr- und Hirtenamts (oder gar ihrer Diplomatie!), ja nicht einmal ihre Wirksamkeit als das Ursakrament kommt (explizit) zur Sprache, sondern ihre Wirksamkeit *durch* die von ihr erzogenen, gebildeten, geformten *Menschen*[14], insbesondere durch das, was sie diesen Menschen für ihre Wirksamkeit mitgegeben hat und nur sie ihnen mitgeben konnte, was diese Menschen vor allen anderen voraushaben oder wodurch sie sich jedenfalls vor allen anderen auszeichen sollten, was über rein humanitäres Ethos hinausgeht, was *Frucht der Gnade* ist[15].

[14] Dem entspricht es voll und ganz, daß es im Wortlaut der Rede „für sie" („per loro"), nämlich für die Laien, heißt: *euch* Laien geht es an erster Stelle an, *euere* Sache ist es! — Nach allem, was vorherging, hätte man viel eher „*durch* sie" erwartet; die Gedanken des Papstes waren aber schon nicht mehr bei dem, was er gesagt hatte, sondern bereits bei dem, was er noch sagen wollte; darum mußte er „für" sagen; „durch" hätte sich auf das schon Gesagte rückbezogen; mit „für" wendet er sich dem zu, was noch zu sagen offen steht.

[15] *Im*plizit ist damit die Kirche als Ursakrament angesprochen.

Lebensprinzip der menschlichen Gesellschaft ist nicht die Kirche als sozialer Organismus oder gar als Großorganisation unter oder neben anderen, nicht einmal die streng im Sinne der *Bellarmin*schen Definition verstandene Kirche (nicht der coetus fidelium collective sumptus, sondern die fideles distributive sumpti). Es sind vor allem die in den weltlichen Lebensbereichen tätigen Glieder der Kirche, d. i. die Laien in ihrer höchstpersönlichen Verantwortung und Bewährung, die *gnadenhaftes Leben* in alle diese Lebensbereiche einbringen, in das menschliche *Zusammenleben* („convivenza umana"), aber auch in die sozialen Gebilde aller Art, in denen dieses Leben sich abspielt, d. i. in die menschliche *Gesellschaft* („società umana"). Was die Kirche hier durch ihre in den weltlichen Lebensbereichen tätigen Glieder, die „Laien", leistet, ist in seiner Wirkung keineswegs auf den Kreis derer begrenzt, die *aktuell* gläubige Glieder der Kirche sind und als solche leben; nach Gottes allumfassenden Heilswillen wirkt es weit darüber hinaus und kommt allen zustatten, auch denen, die nur *potentiell* der Kirche angehören, der gesamten durch Jesus Christus erlösten Menschheit. So sieht es Pius, doch entfaltet er die Gedanken nicht näher, überläßt dies vielmehr anderen; so hat ja denn auch das 2. Vatikanische Konzil in Teil I, Kap. 3 und 4 seiner Pastoralkonstitution (s. oben) sich dieser Aufgabe unterzogen.

Genaueren Aufschluß über die Vorstellung von der Kirche, die seinen Ausführungen in der Ansprache vom 20. 2. 1946 zugrundeliegt, hat Pius XII. jedoch selbst bereits vorweg gegeben, als er zu Weihnachten 1945 den Kardinälen sein Vorhaben ankündigte, ihr Kollegium durch Erhebung neuer Kardinäle wieder vollzählig zu machen und zugleich erstmals übernational zusammenzusetzen[16]. In dieser Ansprache, die mit derjenigen vom 20. 2. 1946 eine Einheit bildet, nennt er mit Augustinus (sermo 341, c. 1) die Kirche den *„Christus totus"*, „Christus in seiner Ganzheit". Diese Ganzheit Christi besage „die unteilbare Einheit des Hauptes und des Leibes, in der Lebensfülle der Kirche, die alle Zonen und Zeiten der erlösten Menschheit umfängt" (U-Gr 4062).

Eben darauf hebt denn auch *Gustav Gundlach* in seinem Kommentar zu den beiden Ansprachen[17] mit Nachdruck ab. Aus diesem augustinischen Verständnis der Kirche, für das er auf die erst 1942 erschienene

---

[16] AAS 38 (1946), 15 - 25; deutsche Übersetzung bei *Utz / Groner,* a. a. O., Ziff. 4054 - 4085.

[17] Periodica 35 (1946), 94 - 108; deutsche Übersetzung in *Gustav Gundlach,* Die Ordnung der menschlichen Gesellschaft, I. 370 - 380.

Arbeit von *J. Zamieza* S. J. verweist, hat er selbst bereits seit den Anfängen seines wissenschaftlichen Schaffens (1927/8) immer wieder seine Sicht der Kirche als Lebensprinzip der menschlichen Gesellschaft abgeleitet und begründet. Wie weit Pius XII. mit diesen Gedankengängen seines Beraters vertraut war, wie weit er sie sich zu eigen gemacht hat, lassen weder die Worte der Weihnachtsansprache noch die Ansprache vom 20. 2. 1946 erkennen. — Gundlachs Biograph[18] glaubt nachweisen zu können, dieses Verständnis berichtige in gewissem Sinne die der Enzyklika „Mystici corporis" zugrunde liegende Vorstellung von der Kirche, werde aber ihrerseits durch die dogmatische Konstitution „Lumen gentium" des 2. Vatikanischen Konzils wieder überholt[19]. Nach einer ihm durch einen Konzilstheologen zuteil gewordenen Information sei die Formel „Lebensprinzip der menschlichen Gesellschaft" beim Konzil „anfänglich im Gespräch gewesen", sei aber, um jeden Anklang an Triumpfalismus zu vermeiden, fallen gelassen worden und durch Wendungen wie „fermentum" (so zum Beispiel „Lumen gentium" 31) ersetzt worden. Damit ist das in der Tat naheliegende triumpfalistische Mißverständnis so gründlich wie überhaupt nur denkbar ausgeräumt; zugleich kommt die Art und Weise, wie die Kirche als Lebensprinzip der menschlichen Gesellschaft nicht imperialistisch von oben herab, sondern ganz schlicht von unten nach oben wirkt, *treffend zum Ausdruck*. Das, was Gundlach wollte und dem von ihm beratenen Papst nahebrachte, ist voll gewahrt. Die klangvolle *Formel*, auf die wir deutschsprachigen Repräsentanten der katholischen Soziallehre so stolz waren und uns so viel zu gute taten, und deren Übernahme durch den höchsten Lehrer der Kirche in den lehramtlichen Sprachgebrauch ich mit so überschwänglichem Jubel begrüßt hatte, ist *gefallen;* ihr Gehalt aber ist bei weitem noch nicht ausgeschöpft; da bleibt für die Ekklesiologie noch viel zu tun; die zahlreichen Anläufe und Anspielungen, aber auch bereits ausgereiften Erkenntnisse, die in Gundlachs Beiträgen zum Thema bereits vorliegen, sind noch aufzuarbeiten[20].

---

[18] *J. Schwarte*, Gustav Gundlach (1892 - 1963); München, Paderborn, Wien 1975, S. 199 - 245; hier insbes. S. 218, Fn. 63 - 65.

[19] Ganz nahe, um nicht zu sagen zu voller Deckung mit dem, was Pius XII. hier mit dem augustinischen „Christus totus" zum Ausdruck bringen will, kommt auf jeden Fall die Überschrift „Christus Alpha et Omega", die das Konzil der Ziff. 45 seiner Pastoralkonstitution gegeben hat, und was es dort unter Bezugnahme auf Ziff. 48 seiner dogmatischen Konstitution über die Kirche dazu ausführt: „Omne vero bonum, quod Populus Dei in suae pergrinationis terrestris tempore hominum familiae praebere potest, es hoc profluit, quod Ecclesia est ‚universale salutis sacramentum'."

Mit vollem Bedacht wurden in dieser Studie die Themen „Kirche und Staat“ nach „Immortale Dei“ (1885) und „Kirche und Welt“ nach „Gaudium et spes“ (1965) der Ansprache Pius' XII. vom 20. 2. 1946 *vorausgeschickt*. Dem Leser, der diese Ansprache *nach* Kenntnisnahme von „Gaudium et spes“ aufmerksam liest, kann gar nicht entgehen, wie weitgehend Pius XII. nicht nur den *Um*bruch in die Wege geleitet, sondern bereits den *Durch*bruch vollzogen hat

vom klassischen Thema „Kirche und Staat“, verstanden als Beziehung zwischen den beiden Gewalten und deren Gewaltunterworfenen,

zum heute aktuellen Thema „Kirche und Welt“,

Kirche verstanden als das Ur-Sakrament, und

Welt verstanden als die erlösungsbedürftige und durch Jesus Christus erlöste *Menschheit* mit allem, was die *Menschen* erleben und erleiden, aber auch Großes leisten und schaffen.

---

[20] Einige wertvolle Beiträge dazu finden sich bei *R. Sebott*, Religionsfreiheit und Verhältnis von Kirche und Staat; Analecta Gregoriana Vol. 206, Roma 1977.

HUMANISMUS UND CHRISTLICHE ORDNUNGSIDEE NACH DEN WEIHNACHTSBOTSCHAFTEN PIUS' XII.

Von Joachim Giers

Wenn das Anliegen des Humanismus im Werk Pius XII. erfaßt werden soll, ergeben sich zwei Schwierigkeiten. Zum einen ist Humanismus ein so weiter Begriff, daß es notwendig erscheint zu sagen, von welchem Humanismus die Rede ist, denn in der Geistesgeschichte sind „Humanismen" und „Humanitätsideen" mit unterschiedlicher Aussage über das Humanum vorgetragen worden und auch in der Gegenwart stehen sich mehrere Humanismen gegenüber[1]. Pius XII. sagt über den Humanismus, es sei ohne Zweifel schwierig, „aus dem Verlauf seiner geschichtlichen Entwicklung einen klaren Begriff von seiner Natur abzuleiten und zu umreißen"[2]. Deshalb ist wohl auch in den Kundgebungen Pius XII. selten ausdrücklich vom Humanismus die Rede. Einige Male verurteilt er den „diesseitigen", den „veralteten" und „verweltlichten" sowie den „falschen" Humanismus[3]. Da er aber überzeugt ist, daß „der Begriff von Mensch und Welt, so wie er in der christlichen und katholischen Denkrichtung in Erscheinung tritt, im Wesentlichen gleich" geblieben sei[4], dürfte in dem von ihm gezeichneten Menschenbild auch der Humanismus enthalten sein, der dem christlichen Denken entspricht.

Von diesem Humanismus, aus christlicher Mensch- und Weltdeutung sich ergebend, ist das gesamte Werk Pius XII. getragen, so daß es

---

[1] Vgl. hierzu *Johannes Messner,* Das Naturrecht. Innsbruck - Wien - München [5]1966, 25 - 33 (Die Natur des Menschen); *ders.,* Kulturethik. Innsbruck - Wien - München 1954, 463 - 470, 479 ff.; *H. Rahner,* Humanismus, christlicher H. In: L Th K [2]V (1960), 528 - 530; *Konrad Hecker,* Humanismus. In: Sacramentum Mundi II (1968), 761 - 769; *I. Pape,* Humanismus, Humanität. In: Hist. Wörterbuch der Philosophie III (1974), 1217 - 1230.

[2] *A. F. Utz / J. F. Groner,* Aufbau und Entfaltung des gesellschaftlichen Lebens. Soziale Summe Pius' XII. Freiburg/Schweiz, 3. Bde. 1954 - 1961 (zitiert UG mit Band und Randziffer); UG I, 357 (Anspr. 25. 9. 1949: Das Naturgesetz als Grundnorm).

[3] Vgl. UG III, 5963; II, 4065; I, 578.

[4] UG I, 357.

weiterhin notwendig erscheint, eine Auswahl unter seinen Kundgebungen zu treffen, in welcher das Anliegen des Humanismus in seinen Grundzügen und in seinen Forderungen zu erwarten ist. Es bieten sich die Weihnachtsbotschaften an, die Pius XII. vom Beginn seines Pontifikates im Jahre 1939 bis zum Jahre 1957 entweder an das Kardinalskollegium oder in Form von Radiobotschaften an die Welt gerichtet hat. Die neunzehn Kundgebungen bilden eine Einheit durch das sie tragende Anliegen, das Geheimnis der Menschwerdung des Gottessohnes in Erinnerung zu rufen und mit den Nöten, Ängsten und Sorgen der Menschen in der Gesellschaft der Kriegs- und Nachkriegszeit zu verbinden. In diesen Botschaften ist eine Antwort auf die Frage nach den wesentlichen Grundzügen des Humanismus zu erwarten, der der christlichen Botschaft von dem menschgewordenen Gottessohn entspricht[5].

Es soll daher versucht werden, das Anliegen des Humanismus bei Pius XII. im Verfolg seiner Weihnachtsbotschaften zu untersuchen. Hierzu wird zunächst die Thematik der Kundgebungen zusammenfassend darzulegen sein (I). Die systematisch-spekulative Sichtung der Aussagen zeigt das Ordnungsdenken, das den Ausführungen Pius XII. zugrunde liegt (II), und läßt den Humanismus in der Sicht der Weihnachtsbotschaften als „christliche Ordnung" des gesellschaftlichen Lebens erkennen (III).

I. Die Thematik der Botschaften

Da die Reihe der Botschaften mit dem Jahr des Beginns des Zweiten Weltkrieges einsetzt, scheint es geradezu zwingend, daß thematisch der Völkerfriede im Vordergrund steht. Die Weihnachtsansprache des Jahres 1939 an das Kardinalskollegium[6] geht auf wesentliche Bedingungen des zu verwirklichenden Friedens ein, wie das Recht jeder

---

[5] Zur Bedeutung der Weihnachtsbotschaften *Pius XII.* vgl. die Weihnachtsansprache *Johannes XXIII.* vom 24. 12. 1959 (AAS 51 (1959), 5 - 12). Vgl. auch *Johannes Schwarte,* Gustav Gundlach S. J. (1892 - 1963). Maßgeblicher Repräsentant der katholischen Soziallehre während der Pontifikate Pius' XI. und Pius' XII. München - Paderborn - Wien 1975, 130 ff. Zu den Verlautbarungen Pius XII. siehe *J.-Y. Calvez / J. P. Perrin,* Kirche und Wirtschaftsgesellschaft. Die Soziallehre der Päpste von Leo XIII. bis zu Johannes XXIII. 2 Bde. Recklinghausen o. J. I, 144 - 171; *Franz Klüber,* Katholische Gesellschaftslehre. 1. Band: Geschichte und System. Osnabrück 1968, 332 - 378.

[6] Ansprache an das Kardinalskollegium 24. 11. 1939: Fünf Grundbedingungen eines dauerhaften Völkerfriedens. UG II, 3646 - 3667; AAS 32 (1940), 5 - 13. Die Überschriften der Botschaften sind der Ausgabe von Utz / Groner entnommen.

Nation auf Leben und das Recht der Minderheiten, die Wahrung der Verträge und Abrüstung, die Verantwortung aller für Recht und Frieden[7]. Die Weihnachtsbotschaft 1940[8] ergänzt diese Forderungen durch den Ausblick auf eine „Neue Ordnung", deren Fundamente nicht nur rechtlich-institutionell, sondern sittlich gesehen werden, und zwar in der Überwindung des Hasses, des Mißtrauens, des rechtsbegründenden Nützlichkeitsdenkens, der unterschiedlichen wirtschaftlichen Situation der Völker und des Eigennutzes[9]. Beide Sichten, die institutionell-rechtliche und die ethische, ergänzen sich und führen in der Botschaft des Jahres 1941 noch einmal zu der Darlegung der Grundlagen einer wahren Neuordnung[10]. Die Ordnung unter den Völkern kann nur aufgebaut werden „auf der unverrückbaren Grundlage jenes Sittengesetzes, das vom Schöpfer selbst durch die Ordnung der Natur erlassen und unaustilgbar in die Herzen der Menschen geschrieben ist"[11]. Hier ist nun auch die Rede von „Ordnungsnormen ..., welche die gottgegebenen natürlichen und übernatürlichen Beziehungen des Rechts und der Liebe für die einzelnen und die Gemeinschaften bestimmen"[12]. Die gerechte Neuordnung findet allein im Glauben an Gott, dem „Ordner des Alls", ihre feste Begründung und Sicherung[13]. In der Weihnachtsbotschaft 1942 werden folgerichtig die „Grundelemente des Gemeinschaftslebens" überhaupt angegangen, denn menschliches Zusammenleben ist ein Leben „in Ordnung" und „in Ruhe"[14]. Aus sozialmetaphysischen Überlegungen heraus kommt es wiederum zur Formulierung von Grundforderungen zur Ordnung und Befriedung des menschlichen Gemeinschaftslebens, wobei die Rechte der Person, der Gemeinschaften

---

[7] UG II, 3658 ff.

[8] Ansprache an das Kardinalskollegium 24. 12. 1940: Die sittliche Voraussetzung einer friedlichen Ordnung unter den Völkern. UG II, 3567 - 3593; AAS 33 (1941), 5 - 14.

[9] Vgl. UG II, 3586 ff.

[10] Rundfunkbotschaft 24. 12. 1941: Die Grundlagen einer internationalen Neuordnung. UG II, 3776 - 3805; AAS 34 (1942), 10 - 21.

[11] UG II, 3790.

[12] UG II, 3782.

[13] UG II, 3799.

[14] Rundfunkbotschaft 24. 12. 1942: Die Grundelemente des Gemeinschaftslebens. UG I, 219 - 271; AAS 35 (1943), 9 - 24. Vgl. hierzu *Gustav Gundlach,* Die gesellschaftliche Ordnung. In: G. Gundlach, Die Ordnung der menschlichen Gesellschaft. 2 Bde. Köln 1964. I, 108 - 127. Es handelt sich um die Übersetzung eines Kommentars von G. Gundlach zur Weihnachtsbotschaft 1942 in Periodica 32 (1943) 79 - 96, 216 - 224. Vgl. auch *Joh. Schwarte,* a. a. O., 130 ff.

und insbesondere der Familie, die Rechte des arbeitenden Menschen und die christliche Staatsauffassung zur Sprache kommen. Ein besonderes Anliegen bildet die Achtung und Wiederherstellung der Rechtsordnung überhaupt. Mit der sozialphilosophischen Erhellung des menschlichen Gemeinschaftslebens ist eine Erklärung von Rechten des Menschen verbunden, die für die spätere Erklärung der Menschenrechte in der kirchlichen Verkündigung maßgebend werden sollte[15].

Die vier Weihnachtsbotschaften der ersten Kriegsjahre besitzen ein einheitliches Thema, das der Grundlegung und Sicherung einer Ordnung im Gesellschaftsleben überhaupt dient. Die Botschaft des Jahres 1943 wendet sich an alle Enttäuschten, Trost- und Hoffnungslosen und will „Hoffnung" geben und Wegweisung bieten für eine Zeit des Wiederaufbaus im Geiste der tätigen Liebe und der Brüderlichkeit, sowie eines Friedens in Gerechtigkeit, der den neuen Geist einer Weltgemeinschaft der Völker in sich birgt[16].

Ein neues Thema wird in der Weihnachtsbotschaft des Jahres 1944 mit den „Grundlehren über die wahre Demokratie" aufgegriffen[17]. Pius XII. geht von der Überzeugung vieler aus, die demokratische Staatsform hätte mit ihren Möglichkeiten einer wirksamen Kontrolle der öffentlichen Gewalt das Unheil des Krieges verhindern können und empfehle sich daher für die politische Gestaltung des gesellschaftlichen Lebens. Für diese Staatsform will Pius einige Grundwahrheiten bieten. Wenn Gustav Gundlach auch meint, Pius XII. könne „in keiner Weise wegen seiner Rede als ein Anhänger jener Meinung bezeichnet werden, wonach heute die demokratische Form von der geschichtlichen Ent-

[15] UG I, 245 ff. Über die Bedeutung Pius XII. für die Erklärung der Menschenrechte vgl. Die Kirche und die Menschenrechte. Ein Arbeitspapier der Päpstlichen Kommission Iustitia et Pax. München - Mainz 1976, n. 24 (S. 10 f.). (S. 10 f.).

[16] Rundfunkbotschaft 24. 12. 1943: Die sittlichen Voraussetzungen in Sieger und Besiegten zur Schaffung eines Weltfriedens. UG II, 3811 - 3847; AAS 36 (1944), 11 - 24. In der Sammlung: Heilslehre der Kirche. Dokumente von Pius IX. — Pius XII. Freiburg/Schweiz 1953, nn. 920 - 946, wird die Botschaft mit „Die Hoffnung" überschrieben.

[17] Rundfunkbotschaft 24. 12. 1944: Grundlehren über die wahre Demokratie. UG II, 3467 - 3510; AAS 37 (1945), 10 - 23. Vgl. hierzu *Gustav Gundlach*, Die Ordnung der menschlichen Gesellschaft I, 597 - 601. Übersetzung eines Kommentars von *G. Gundlach* zur Weihnachtsbotschaft 1944 in Periodica 34 (1945), 124 - 129. Siehe dazu auch *J. Schwarte*, a. a. O., 534 ff.; *Albert Gnägi*, Katholische Kirche und Demokratie. Ein dogmengeschichtlicher Überblick über das grundsätzliche Verhältnis der katholischen Kirche zur demokratischen Staatsform. Zürich - Einsiedeln - Köln 1970, 170 - 172.

wicklung selbst gefordert werde"[18], so urteilt Albert Gnägi, daß die Demokratie für den Papst „nicht mehr eine wertneutrale Staatsform unter vielen anderen" sei, sondern „*die* Wertordnung des neuzeitlichen Staates" verkörpere[19].

Die Ansprache des Jahres 1945 greift nach Beendigung des Krieges das Thema „Weltkirche und Weltfriede" auf[20]. Sie will mit der am 20. Februar 1946 aus Anlaß der Inthronisation neuer Kardinäle gehaltenen Ansprache als Einheit gesehen werden, denn das sie verbindende Anliegen ist die Bedeutung der universalen oder übernationalen Kirche für den Frieden[21]. Die Grundvoraussetzungen eines wahren und dauerhaften Friedens liegen in der gegenseitigen gerechten Verständigung, in der Anerkennung des Rechts auf Selbstbestimmung und in der Verurteilung des Totalitarismus. Das Heil der Menschen gebietet „die Rückkehr zu Gott und zu der von Gott gesetzten Ordnung"[22]. Die Botschaft zu Weihnachten 1946 widmet sich ebenfalls der Sicherung und Wiederherstellung eines dauerhaften und wahren Friedens[23]. Die Ansprache verrät die große Besorgnis, daß der Friede noch sehr unsicher sei und daß der Weg zur Sicherung eines Friedens ein sehr weiter und gefährdeter ist. Brüderlichkeit, Solidarität und Gerechtigkeit werden als die Grundlagen einer Friedensordnung genannt[24].

Die Sorge um den wahren Frieden und um die Neuordnung der Welt bestimmt auch die Botschaften der zwei folgenden Jahre, die frühere Ansprachen gedanklich aufgreifen, weiterführen und vertiefen. So will die Weihnachtsbotschaft vom Jahre 1947 wiederum Voraussetzungen für eine Neuordnung der Welt in das Bewußtsein rufen und sieht sie in Wahrhaftigkeit, Brüderlichkeit und Glaube[25]. Pius sieht Europa und die Welt „mehr als je fern von einem wahren Frieden", die Zeit offenbare

---

[18] *G. Gundlach*, a. a. O., 597.

[19] *A. Gnägi*, a. a. O., 171.

[20] Ansprache an das Kardinalskollegium 24. 12. 1945: Weltkirche und Weltfriede. UG II, 4054 - 4085; AAS 38 (1946), 15 - 25. Vgl. hierzu *G. Gundlach*, Die Ordnung der menschlichen Gesellschaft I, 370 - 380 (Periodica 35 (1946), 94 - 108).

[21] Vgl. UG II, 4088.

[22] UG II, 4079.

[23] Ansprache an das Kardinalskollegium 24. 12. 1946: Die Wiederherstellung eines dauerhaften Friedens. UG II, 3734 - 3760; AAS 39 (1947), 7 - 17.

[24] Vgl. UG II, 3750 f.

[25] Rundfunkbotschaft 24. 12. 1947: Wahrhaftigkeit, Brüderlichkeit und Glaube als Voraussetzungen für eine Neuordnung der Welt. UG II, 3692 - 3716; AAS 40 (1948), 8 - 16.

den Gegensatz „der zwei entgegengesetzten Geister, die sich die Welt streitig machen“[26]. Gegen den Ungeist der Unaufrichtigkeit setzt er die Forderung der Wahrhaftigkeit, gegen Ungerechtigkeit und Grausamkeit die Friedfertigkeit, gegen Spaltung und Zwietracht den Geist brüderlicher Einheit. Hiermit sind personal-sozial ordnende Kräfte genannt, die für die Neuordnung unerläßlich sind. Das gleiche Thema geht aus der gleichen Sorge auch die Botschaft vom Jahre 1948 an: Der Friede Christi und der Friede unter den Völkern[27]. Gerechtigkeit, Liebe, Friedenswille, Brüderlichkeit und Solidarität sind die sittlich-christlichen Haltungen, die den Frieden fördern und sichern. Noch einmal werden die Gedanken in der Weihnachtsbotschaft 1949 vertieft, wenn zur „Rückkehr der Welt zu den Gedanken Gottes im sozialen und internationalen Bereich“ aufgefordert wird[28]. Gegenüber individualistischer und kollektivistischer „Ordnung“ der Gesellschaft kann nur die Rückkehr zu den „Grundsätzen der Natur und des Christentums“ Gerechtigkeit und Freiheit im sozialen Leben bringen[29]. Die Rückkehr zu den „Absichten Gottes“ wird im internationalen Leben die Menschheitsfamilie zu einer Vollendung in Gerechtigkeit und Frieden führen und eine in Gott und in Gottes Gebot begründete Ordnung unter den Menschen schaffen[30].

Auch die Botschaften der Jahre 1950 und 1951 befassen sich thematisch mit dem Frieden und mit der christlichen Ordnung im gesellschaftlichen Leben und Zusammenleben. Die erstere will Mittel und Wege zum wahren Völkerfrieden aufweisen[31]. Sie sieht den gesellschaftlichen Frieden indessen nur gewährleistet in der Beachtung der christlichen Prinzipien der Personalität, des Rechts, des Gemeinwohls und insbesondere der Solidarität, die „zum Angelpunkt der natürlichen Gesellschaftsordnung in ihren drei wesentlichen Formen: Familie, Eigentum und Staat“ werden soll[32]. Der Beitrag der Kirche für die

---

[26] UG II, 3693, 3695.

[27] Ansprache an das Kardinalskollegium 24. 12. 1948: Die Kirche Christi und der Friede unter den Völkern. UG II, 4133 - 4157; AAS 41 (1949), 5 - 15.

[28] Rundfunkbotschaft 23. 12. 1949: Rückkehr der Welt zu den Gedanken Gottes im sozialen und internationalen Bereich. UG I, 183 - 196; AAS 42 (1950), 126 - 129 (die ganze Botschaft ebd., 121 - 133).

[29] UG I, 186.

[30] Vgl. UG I, 192.

[31] Rundfunkbotschaft 23. 12. 1950: Mittel und Wege zum wahren Völkerfrieden. UG II, 3668 - 3684 (3. und 4. Teil); AAS 43 (1951), 55 - 59 (die ganze Botschaft ebd., 49 - 59).

[32] UG II, 3676.

Sache des Friedens wird noch einmal grundsätzlich aufgegriffen in der Botschaft des Jahres 1951[33]. Er liegt in der von der Kirche als Grundlage des gesellschaftlichen Lebens verkündeten „gottgewollten Ordnung in Christus, die einen echten und dauerhaften Frieden verbürgt“[34]. Es wird daher von der „christlichen Ordnung als Friedensordnung“ gesprochen[35]. Alle Ermahnungen und Vorschläge zur Einheit unter den Völkern, zur Verwirklichung des Gemeinwohls und zur Sicherung des Friedens gehen von der grundlegenden Erkenntnis dieser Ordnung in Christus aus.

Die Weihnachtsbotschaften der kommenden Jahre greifen neue Themen des gesellschaftlichen Lebens auf. In der Weihnachtsbotschaft 1952 wird zum ersten Mal die „Technisierung“ des sozialen Lebens und die damit gegebene Gefahr der Entpersönlichung des Menschen angegangen[36]. Gegenüber einem allumfassenden „System“ der Gesellschaft wird wiederum hingewiesen auf die natürlichen Grundelemente des gesellschaftlichen Lebens (Familie, Staat, Eigentum) und die Solidarität der Menschen und Völker in Erinnerung gerufen, die auch die neuen Probleme der Menschheit (Bevölkerungswachstum) meistern müsse[37]. Aus christlich-anthropologischer Sicht wird dem technokratischen Denken nach wie vor ein sozialorganisches Denken gegenübergestellt. Der „technische Geist“ ist auch das Thema der Weihnachtsbotschaft vom Jahre 1953[38]. Pius XII. unterstreicht zwar mit „nahezu überschwenglichen Worten die Errungenschaften der Technik“[39], sieht aber zugleich im „technischen Geist“, wenn Technik zum Prinzip der Lebensauffassung und Lebensgestaltung gemacht wird, eine Verkehrung des personalen und sozialen Lebens. „Die ‚technische Lebensauffassung‘ ist ... nichts anderes als eine besondere Form von Materialismus“[40].

Die Botschaft des Jahres 1954 über „Die äußere Koexistenz der Völker im Vergleich zum wahren Frieden“ fand angesichts der Entwick-

---

[33] Rundfunkbotschaft 24. 12. 1951: Der Beitrag der Kirche zur Sache des Friedens. UG II, 4178 - 4221; AAS 44 (1952), 5 - 15.

[34] UG II, 4203.

[35] UG II, 4210.

[36] Rundfunkbotschaft 24. 12. 1952: Die wirtschafliche Not in der Gesellschaft heute und die Mittel der Linderung. UG II, 3273 - 3315; AAS 45 (1953), 33 - 46.

[37] Vgl. UG II, 3291 ff.

[38] Rundfunkbotschaft 24. 12. 1953: Die Technik als Gefahr für den geistigen Bestand der Gesellschaft. UG I, 654 - 678; AAS 46 (1954), 5 - 16. Vgl. hierzu *J. Schwarte,* a. a. O., 132 - 135.

[39] *J. Schwarte,* a. a. O., 134.

[40] UG I, 669.

lung der Verhältnisse unter den Machtblöcken und Völkern in der Welt große Beachtung[41]. Der „kalte Friede" entspricht in nichts dem Frieden als der „Ruhe in der Ordnung" der augustinisch-thomasischen Tradition[42]. Neben die Koexistenz in der Furcht und in der Täuschung wird die Koexistenz in der Wahrheit gestellt, es werden die sittlich-christlichen und personalen Grundhaltungen und Werte in Erinnerung gebracht, die allein eine wahre Koexistenz ermöglichen[43].

Die Weihnachtsbotschaft 1955 greift noch einmal das große Thema des Weges zu Sicherheit und Frieden auf und verbindet es mit der Mahnung, daß nur im Gehorsam gegenüber Christus und im Glauben an seine Gegenwart in der Welt das Heil für die Menschen wird[44]. Die im Glauben an Christus verbundenen Menschen tragen ihrerseits dazu bei, die Ordnung zu gewährleisten, die Sicherheit und Frieden schafft[45]. Programmatisch für das ganze Anliegen einer Ordnung heißt es: „In welcher Richtung soll man also die Sicherheit und innere Festigkeit des Zusammenlebens suchen, wenn nicht darin, daß man die Geister wieder dazu bringt, die Prinzipien der wahren menschlichen Natur, wie Gott sie wollte, zu hüten und neu zu erwecken? Denn es gibt eine Naturordnung, wenn ihre Formen sich auch mit den geschichtlichen und sozialen Entwicklungen wandeln. Die wesentlichen Linien waren und sind jedoch immer die gleichen: Familie und Eigentum als Grundlage persönlicher Vorsorge; dann, als ergänzende Faktoren der Sicherheit, lokale Körperschaften und Berufsverbände, und schließlich der Staat. An diesen Prinzipien und Normen inspirierten sich bis heute in der Theorie und der Praxis die vom Christentum gestärkten Menschen, um, soweit es in ihrer Macht stand, die Ordnung zu schaffen, welche die Sicherheit garantiert[46]."

Die letzten Botschaften Pius XII. führen nicht über die bisher vorgetragenen Gedanken hinaus. Das zur Ordnung der Gesellschaft und der Völkergemeinschaft Notwendige war gesagt und aus einem christlichen

---

41 Weihnachtsbotschaft 1954 (datiert 24. 12. 1954, jedoch wegen Krankheit nicht vorgetragen): Die äußere Koexistenz der Völker im Vergleich zum wahren Frieden. UG III, 6307 - 6339; AAS 47 (1955), 15 - 28.

42 Vgl. UG III, 6308 f.

43 Vgl. UG III, 6332 ff.

44 Rundfunkbotschaft 24. 12. 1955: Der Weg zu Sicherheit und Frieden. UG III, 6340 - 6374; AAS 48 (1956), 26 - 41. Vgl. hierzu *G. Gundlach*, Gesellschafts- und Sozialpolitik in der Weihnachtsansprache Pius XII. 1955. In: Die gesellschaftliche Ordnung I, 339 - 348.

45 Vgl. UG III, 6348 ff.

46 UG III, 6349.

Pius XII. mit Prälat Ludwig Kaas nach einem Besuch der vatikanischen Grotten.

Menschen- und Weltverständnis heraus entwickelt. Dennoch weckte die Weihnachtsbotschaft 1956 Aufmerksamkeit[47]. Sie fordert einen dem christlichen Menschenbild entsprechenden „christlichen Realismus", der einem „sogenannten realistischen Denken" gegenübergestellt wird, das die geschichtliche Wirklichkeit, die Freiheit des Menschen und seines Handelns sowie den Glauben nicht beachtet[48]. Dem Entwurf einer neuen Gesellschaft nach technischen Methoden im Sinne dieses irrtümlich realistischen Denkens wird die Ordnung der Gesellschaft gegenübergestellt, die einen „wahren und höchsten Ordner" kennt[49]. Auch die Frage der Koexistenz wird wieder angegangen, die als unmöglich angesehen wird, wenn „von der einen der Parteien hartnäckig gemeinsame absolute Werte abgelehnt und geleugnet werden"[50].

Die letzte Botschaft zum Weihnachtsfest 1957 spricht von „Harmonie und Ordnung in der Welt als göttlicher Auftrag an den Menschen"[51]. Es wird die christliche Sicht einer Harmonie des Schöpfungsplanes vorgetragen, die durch die Gegenwart Christi in der Welt ihre Wiederherstellung gefunden hat. Der Mensch kann und soll durch sein Wirken an der Erhaltung der göttlichen Ordnung und der Harmonie in der Welt beitragen. So schließen die Weihnachtsbotschaften mit dem Aufweis der Forderung Gottes an den Christen: „Mitwirken an der Ordnung der Welt"[52].

II. Die Ordnungsideen der Botschaften

In der Thematik der Weihnachtsbotschaften wird ein Ordnungsdenken sichtbar, das es nunmehr in einer systematischen Weise zu erfassen gilt. Es reicht von Gott, dem „wahren und höchsten Ordner", über Christus oder die „gottgewollte Ordnung in Christus" und über den Menschen, der diese gottgewollte Ordnung in seinem Leben erkennen und anerkennen soll, hin zu den „natürlichen" Ordnungsstrukturen,

---

[47] Weihnachtsbotschaft 23. 12. 1956: Das christliche Menschenbild als Richtweiser in den sozialen und politischen Fragen der Gegenwart. UG III, 4377 - 4420; AAS 49 (1957), 5 - 22.

[48] UG III, 4395.

[49] UG III, 4396 ff., 4400.

[50] UG III, 4408. Zu den Ausführungen Pius XII. vgl. auch *J. Schwarte*, a. a. O., 135 ff.; *G. Gundlach*, Der Papst und der Krieg. In: Stimmen der Zeit 159 (1956/57), 378 f.

[51] Weihnachtsbotschaft 22. 12. 1957: Harmonie und Ordnung in der Welt als göttlicher Auftrag an den Menschen. UG III, 4421 - 4458; AAS 50 (1958), 5 - 24.

[52] UG III, 4450.

von denen Familie, Eigentum und Staat des öfteren Erwähnung finden. Für die gesamte Menschheit gelten nach Gottes Willen die Gesetze einer Menschenfamilie, die zu einer Friedensordnung führen. Diese Friedensordnung, die dem Anliegen der Botschaften entsprechend im Vordergrund steht, schließt ihrerseits die Ordnungen personaler und sozialer, politischer, rechtlicher und wirtschaftlicher Art als Voraussetzungen zu einem gesicherten Frieden in sich.

Die in den Botschaften verkündeten Ordnungsideen sollen im folgenden — gleichsam in konzentrischen Kreisen von Gott als dem Mittelpunkt der Ordnung ausgehend und sich ausweitend bis zur ganzen Menschenfamilie und ihrer Friedensordnung — dargelegt werden, wobei es nicht um die vollständige Zusammenstellung aller Äußerungen zur Sache gehen kann, sondern um das Aufzeigen der grundsätzlichen Ideen, wie sie den Botschaften zugrunde liegen.

1. Die gottgewollte Ordnung in Christus

Die letzte Weihnachtsbotschaft vom Jahre 1956 scheint die Verkündigung der Ordnungsidee und ihrer Verwirklichung in Welt und Gesellschaft in einer prägnanten Weise zum Abschluß bringen zu wollen. Trotz aller Disharmonien und Unordnungen in der Welt wird der Glaube an eine Harmonie ausgesprochen, die in Gott und in der Person Christi ihre Garantie besitzt. Harmonie und Ordnung bedeuten das gleiche, es geht um die in Gottes Schöpfungsplan vorgesehene ordnende Gesetzlichkeit, die in Christus erneuert ist und für den Menschen verbindlich wird. Gott ist der „Ursprung aller Ordnung“[53], die in dem augustinischen „ewigen Gesetz“ ihren Ausdruck findet[54]. Dieses ewige Gesetz wirkt „durch die allen Dingen innewohnende Wesensordnung“[55]. Christus als der menschgewordene Sohn Gottes sucht die Welt heim, um ihr die Harmonie und Ordnung zu sichern und zu ermöglichen, die Gottes Absichten entspricht[56]. Daher wird auch von einer „gottgewollten Ordnung in Christus“ gesprochen, die zwar im Text zunächst auf den Frieden und seine Sicherung bezogen ist, jedoch jegliche Ordnung unter Menschen in sich begreifen dürfte[57].

---

[53] UG III, 4424.

[54] UG III, 4434.

[55] Ebd.

[56] UG III, 4430.

[57] Vgl. UG II, 4203.

Diese Gedanken, die einem christlichen Naturrechtsdenken entsprechen, wollen nicht die Disharmonien und Unordnungen in Welt und Gesellschaft übersehen oder leugnen, sie sind geradezu auf dem Hintergrund der Unsicherheiten, der Unfreiheiten, der Ängste und Gefährdungen des Menschen entwickelt, um den Menschen Halt und Orientierung zu geben. Sie sind zwar sehr allgemein und zunächst wenig ergiebig für das konkrete Verhalten. Ihr Sinn liegt aber darin, einen festen Punkt für das Denken auszumachen, der sich in der Unordnung der Welt, ganz gleich in welchem Bereich geistiger oder gesellschaftlicher Art sie sich findet, als sicher erweist: „Wer wirklich Freiheit und Sicherheit sucht, muß die Gesellschaft ihrem wahren und höchsten Ordner zurückgeben in der Überzeugung, daß allein die Idee einer von Gott stammenden Gesellschaftsordnung ihn bei seinen wichtigsten Unternehmungen schützt[58].“ Ähnlich war schon in einer früheren Botschaft zum Ausgang des Krieges angesichts der Zerstörungen innerhalb des gesellschaftlichen Gefüges als einzige Lösung proklamiert worden: „die Rückkehr zu Gott und zu der von Gott gesetzten Ordnung“[59].

Sicher muß auch der Satz aus der Weihnachtsbotschaft 1942, in welcher das Gemeinschaftsleben „als noch so unvollkommenes Abbild des dreieinigen Gottes“ bezeichnet wird, in dem allgemeinen Sinne einer von Gott ausgehenden Ordnung und ihres Widerscheins in Welt und Gesellschaft verstanden werden: „Als noch so unvollkommenes Abbild des dreieinigen Gottes, der durch das Geheimnis der Menschwerdung die Menschennatur erlöst und erhöht hat, besitzt das Gemeinschaftsleben im Licht der Vernunft und der Offenbarung, in seinem Vollbegriff wie in seinem Zielgrund eine sittliche Autorität und Unbedingtheit, die das Auf und Ab der Zeiten überdauert[60].“ Es geht letztlich im Gemeinschaftsleben um eine unbedingte und unverzichtbare Ordnung, die in Gott begründet ist, denn Gott ist „erste Ursache und tiefste Grundlage menschlichen Einzel- und Gemeinschaftslebens“[61].

---

[58] UG III, 4400.

[59] UG II, 4079.

[60] UG I, 226.

[61] Ebd. *G. Gundlach* meint zu dem Vergleich von Trinitätsgeheimnis und Gesellschaft, die „zurückhaltende, durch das ‚mysterium stricte dictum‘ gebotene Sprechweise“ zeige, „daß hier außer einer moralischen Ermunterung keine sozialtheologische Erkenntnis ausgesprochen wird und sicherlich nicht eine Erkenntnis der katholischen Soziallehre als Normwissenschaft“. Katholische Soziallehre. In: St L [6]IV, 909 - 930, 915 (Die Ordnung der menschlichen Gesellschaft I, 19 - 39, 25). Siehe hierzu auch *J. Giers*, Theologische

2. *Der Mensch und die Ordnung im Gemeinschaftsleben*

Bevor von den Ordnungsstrukturen die Rede sein kann, in denen der Mensch lebt, muß die Ordnungsidee, die dem Gemeinschaftsleben eignet, erfaßt werden.

Der Ordnungsbegriff ist in grundsätzlicher Weise in der Weihnachtsansprache 1942 über die Grundelemente des Gemeinschaftslebens behandelt. Da das Gemeinschaftsleben in seiner Beziehung zum Frieden gesehen wird, ist eine Definition des Friedens der augustinisch-thomasischen Tradition zum Ausgang der Überlegungen gewählt, wonach Friede als „ruhevolles Zusammenleben in Ordnung" (tranquillitas ordinis) bezeichnet wird[62]. Dabei ist von vornherein im Ansatz festgehalten, daß die Ordnung als Ordnung unter Menschen, also geistig-sittlichen Wesen, kein „bloß äußerliches Gefüge zahlenmäßig unterschiedlicher Teile" ist. „Sie ist vielmehr und muß sein Anstreben und immer vollkommenere Verwirklichung einer inneren Einheit, unter Wahrung jeder wirklich begründeten, durch Schöpferwillen in natürlicher oder übernatürlicher Ordnung verbürgten Verschiedenheit[63]." „Wahre Ordnung" steht gegen eine „erzwungene Scheinordnung"[64].

Wenn sehr stark die innere Einheit des Gemeinschaftslebens betont wird — bei Anerkennung der gottgewollten Gleichheit wie auch der Verschiedenheit der Menschen —, so besitzt diese Einheit ihren Grund „in der unbedingt gültigen Ordnung des Seins und der Werte und damit auch der Sittenordnung"[65]. Ordnung im Gemeinschaftsleben ist damit eine geistig-sittliche Tat des Menschen als Person, die darauf zielt, die Entfaltung der Persönlichkeitswerte des Menschen als des Ebenbildes Gottes zu gewährleisten. „Zu ordnen ist", wie Gustav Gundlach es in prägnanter Weise ausdrückt: „die menschliche Person und die Bestimmungen, die daraus kommen"[66].

Gottgewollte Ordnung ist eine geistig-sittliche Ordnung, die von den Werten des personalen Menschseins ausgeht und sich an ihnen orien-

---

Aussagen in der kirchlichen Sozialverkündigung. In: Wahrheit und Verkündigung (Festschrift für Michael Schmaus), München - Paderborn - Wien 1967, 1761 - 1784, 1783.

[62] UG I, 223.

[63] UG I, 224.

[64] UG I, 225.

[65] UG I, 229.

[66] *G. Gundlach,* Werte des Heiligen — Fundament jeder Ordnung. In: Die Ordnung der menschlichen Gesellschaft I. 127 - 136, 129.

tiert. Das gilt insbesondere für den Aufbau der gesellschaftlichen Ordnung unter den Menschen, die angesichts der zerstörerischen Folgen des Krieges als „Neue Ordnung“ beschworen wird[67]. In diesem Zusammenhang gewinnen die zwei Botschaften, die sich mit der Technik und Technisierung des Lebens befassen, einen organischen Platz im Gesamt der weihnachtlichen Verkündigung. Wenn technisches Denken, auf das gesellschaftliche Leben angewendet, soziales Leben als Organisation, ähnlich der Organisation des Industriebetriebs, versteht, so widerspricht dieses Denken der personalistischen Ordnungsidee des sozialen Lebens[68]. Es werden in diesem Zusammenhang die Institutionen genannt, die „von Natur aus“ darauf zielen, „den Menschen als Persönlichkeit zu formen und zu entwickeln, ihn zu schützen und zu befähigen, in freiwilliger Mitarbeit und persönlicher Verantwortung zur Erhaltung und zur — ebenfalls persönlichen — Entwicklung des gesellschaftlichen Lebens beizutragen“[69]. Auf diese Strukturen, die sich dem Mechanismus technischen Denkens entziehen, wird im folgenden zurückzukommen sein.

In der Weihnachtsbotschaft 1953 wird in umfassender Weise der „technische Geist“ in der Gesellschaft angegangen und als Materialismus charakterisiert, der nur den Nutzen der Produktion sieht, die technisch möglichen Methoden der Produktion vor die menschlichen Beziehungen setzt und in der technischen Perfektion die Vollendung der irdischen Kultur und Glückseligkeit sieht[70]. Wenn die Gefahr für einen Lebenskreis besonders hervorgehoben wird, nämlich die Familie und die in ihr vorherrschenden personalen Beziehungen[71], so gilt das Urteil doch für das gesamte gesellschaftliche Leben, das unter der „Formel der Nützlichkeitsberechnung“[72] in seinen natürlichen Ordnungen verarmt.

3. *Die natürlichen Ordnungsstrukturen*

In der Verkündigung Pius XII. treten nun die Strukturen hervor, denen um der Personen und ihrer Ordnung des Zusammenlebens willen eine wesentliche Bedeutung zukommt.

---

[67] UG II, 3586; vgl. ebd. 3790 ff.

[68] UG II, 3283 ff.

[69] UG II, 3285.

[70] UG I, 660.

[71] UG I, 668.

[72] UG I, 669.

Die Botschaft des Jahres 1942 spricht von Grundforderungen zur Ordnung und Befriedung des menschlichen Gemeinschaftslebens und legt — einem Katalog von Menschenrechten ähnlich — dar, was im Hinblick auf die Person und die Familie, auf Arbeit und Eigentum, auf Rechtsordnung und Staat als unverzichtbar zu berücksichtigen ist[73]. Die Gemeinschaft bedarf der Ordnungen, die im Menschsein, und das bedeutet auch im Schöpferwillen Gottes, ihren Ursprung besitzen. Daher kann auch von der „Erneuerung des menschlichen Gemeinschaftslebens in Geist und Wahrheit"[74] gesprochen werden, insofern aus christlichem Geist das dem Schöpferwillen entsprechend Wahre erkannt und verwirklicht wird.

In der kritischen Stellungnahme zur Technisierung des Lebens und der persönlichen Lebensbereiche (Weihnachtsbotschaft 1952) werden nun genauer die menschlichen Institutionen benannt, die gegenüber dem „System unpersönlicher Einheit" in einer technisierten Gesellschaft die Werte des Persönlichen und damit des Gesellschaftlichen wahren: Ehe und Familie, Staat und Privateigentum[75]. In diesen Institutionen oder Ordnungen wird der Mensch als Persönlichkeit gebildet und befähigt, zur Entwicklung des gesellschaftlichen Lebens beizutragen[76]. Und noch einmal wird einige Jahre später (1955) an die „Prinzipien der wahren menschlichen Natur, wie Gott sie wollte", erinnert: „Denn es gibt eine Naturordnung, wenn ihre Formen sich auch mit den geschichtlichen und sozialen Entwicklungen wandeln. Die wesentlichen Linien waren und sind jedoch immer die gleichen: Familie und Eigentum als Grundlage persönlicher Vorsorge; dann, als ergänzende Faktoren der Sicherheit, lokale Körperschaften und Berufsverbände, und schließlich der Staat[77]." In prägnanter und noch kürzerer Weise ist in der Botschaft des Jahres 1950 von der „natürlichen Gesellschaftsordnung in ihren drei wesentlichen Formen: Familie, Eigentum und Staat" die Rede[78].

Gustav Gundlach hat in seinen Darlegungen über das Wesen der Gesellschaft in grundsätzlicher Weise über die Ordnungen in der Gesellschaft gesprochen und damit auch die Gedanken Pius XII. inter-

---

[73] UG I, 245 ff.

[74] UG I, 249.

[75] UG II, 3285.

[76] Ebd.

[77] UG III, 6349.

[78] UG II, 3676.

pretiert[79]. Er unterscheidet den „inneren“ Aufbau der Gesellschaft vom „äußeren“, dem „Organisiertsein der Gesellschaft und ihres Lebens“. Innerer Aufbau ist eine ontologische Aussage über das dem Menschsein eigene „Mitsein“ und der hierin begründeten Verwirklichung der Werte des Menschtums. Der äußere Aufbau ist „nicht etwas von außen zum inneren Aufbau Hinzukommendes . . ., sondern etwas, ohne das die menschliche Gesellschaft nicht Wirklichkeit und vor allem nicht die dynamische Wirklichkeit der Geschichte sein kann“[80]. Der äußere Aufbau erfordert „wesensnotwendig drei Einrichtungen: Familie, Eigentum und Staat“[81]. Durch sie wird die menschliche Gesellschaftlichkeit (innerer Aufbau) dauernd aktuiert: „das Werden neuer Menschen und ihre Pflege, die Nutzung der für jede Wertverwirklichung des Menschtums erforderlichen materiellen Güter und das Bestehen einer Machtordnung durch Autorität und positive Rechtsregeln“[82]. Weitere Organisationsformen sind zwar naturgemäß, aber nicht in gleichem Sinn wesensnotwendig. Zu ihnen zählt Gundlach die Gemeinde, die Leistungs- und Berufsgemeinschaft und die Völkergemeinschaft[83].

Wichtig für unseren Gedankengang ist, daß die Lehre von den natürlichen Ordnungen der Gesellschaft, die um der Person und des Menschtums willen wesensnotwendig sind und die auch in der Heilsordnung ihre Bedeutung behalten, eine Grundaussage der Verkündigung in den Weihnachtsbotschaften geworden ist.

4. *Die politische Ordnung*

Es entspricht der Situation der Kriegs- und Nachkriegszeit, daß in den Weihnachtsbotschaften den Fragen einer politischen Ethik eine besondere Aufmerksamkeit geschenkt wird. Heil und Unheil der Menschen und der Menschheit ist verbunden mit der politischen Ordnung der Völker, mit der Achtung oder Mißachtung der Rechtsordnung und der Beachtung oder Nicht-Beachtung der internationalen Ordnung. Die Ausführungen über die Demokratie gewinnen dabei eine besondere Bedeutung, da sie das umstrittene Demokratie-Verständnis

---

[79] Vgl. *G. Gundlach,* Gesellschaft. In: St L ^{6}III (1959), 817 - 822, 842 - 844; (Die Ordnung der menschlichen Gesellschaft I, 146 - 154). Vgl. *J. Schwarte,* a. a. O., 349 ff.

[80] *G. Gundlach,* Die Ordnung der menschlichen Gesellschaft I, 149.

[81] Ebd., 150.

[82] Ebd., 150.

[83] Vgl. ebd., 150 f.

der Kirche klären helfen. Allerdings ist die Stellungnahme Pius XII., wie bereits angedeutet, in ihrer Aussagekraft umstritten. Sicher ist im Grundsätzlichen eine Anerkennung der Demokratie als Staatsform gegeben, wenn damit auch keineswegs die Probleme der modernen Demokratie bereits beantwortet sind, und noch weniger die Frage einer „Demokratie als Lebensform". Es wäre notwendig, auch die weiteren Stellungnahmen zur Demokratie wie auch zum sozialen Rechtsstaat durch Pius XII. zu beachten[84]. In diesem Zusammenhang geht es um das Anliegen der politischen Ordnung und ihrer Begründung im personalen Menschsein überhaupt, wie es in den „Grundlehren über die wahre Demokratie" (1944) und auch als Korrektur gegen die Anwendung des „falschen Realismus in der heutigen demokratischen Struktur" in der Botschaft des Jahres 1956 vertreten ist[85].

Angesichts der Erfahrungen mit der diktatorischen wie mit der kollektivistischen Entartung des gesellschaftlich-politischen Lebens bietet sich für Pius XII. die Demokratie als eine Staats- und Regierungsform an, die dem Menschen gerecht werden kann. Aber es gibt nur die „wahre" Demokratie, wenn sie den Menschen nicht als passives Element des sozialen Lebens betrachtet, sondern als dessen „Träger, Grundlage und Ziel"[86]. Von diesem personalen Ansatz aus muß sich für Pius die Frage nach den Eigenschaften des Menschen in der Demokratie wie auch nach den Eigenschaften derer, die in der Demokratie die öffentliche Gewalt innehaben, stellen. Wenn sehr stark die Möglichkeit betont wird, sich in der Demokratie „eine eigene persönliche Ansicht zu bilden, ihr Ausdruck zu verleihen und in einer dem Gemeinwohl entsprechenden Weise Geltung zu verschaffen"[87], so ist damit das Recht der freien Meinungsäußerung in den Dienst des Gemeinwohls, seiner Findung, Konkretisierung und Sicherung gestellt. Damit ist aber eine Ordnung der Personen vorausgesetzt und gefordert, die als „Volk" bezeichnet und von der „Masse" abgehoben wird. „Der Staat enthält und vereinigt in sich nicht mechanisch eine formlose Anhäufung von

---

[84] Vgl. hierzu die Ausführungen und Belegstellen bei *Josef Rief*, Zum Demokratieverständnis der Kirche. In: Jb Chr SozWiss 10 (1969), 45 - 75, bes. 66 Anm. 62; 67 f. *Edgar Nawroth*, Integraler Humanismus. Ordnungsdenken der Kirche im Wandel der Zeit. In: Die Kirche im Wandel der Zeit (Festschrift für Joseph Höffner). Köln 1971, 419 - 433, 429 f.; *A. F. Utz*, Die Friedensenzyklika Papst Johannes' XXIII. Pacem in terris, Freiburg 1963 (Herder-Bücherei 157), 63 - 65.

[85] Vgl. UG III, 4393.

[86] UG II, 3472.

[87] UG II, 3474.

Einzelpersonen auf einem bestimmten Gebiete. Er ist eine gegliederte und gliedernde Einheit eines wirklichen Volkes und muß es sein[88]." Deshalb ist auch nicht die Reform der Institution allein das Entscheidende, wie es einem technokratischen Verständnis von Staat und Demokratie entsprechen würde, sondern die Reform der Sitten oder die sittliche Verantwortlichkeit der einzelnen Bürger[89]. Es ist unschwer zu erkennen, daß es wesentlich um eine personalistisch-organische Gesellschaftsauffassung geht, die das demokratische Denken bestimmt.

Es wird weiterhin, wenn von der notwendigen Autorität die Rede ist, ausdrücklich „die unbedingt gültige Ordnung des Seins und der Zwecke" in Erinnerung gerufen, „die den Menschen als autonome Persönlichkeit ausweist, das heißt als Träger von unverletzlichen Pflichten und Rechten"[90]. Aber der Mensch steht eben in einer Ordnung, die auch den Staat als „notwendige Gesellschaft"[91] in sich begreift. Staats- und Demokratieverständnis ist eingebettet in ein Ordnungsdenken, das in der Person seinen Ausgang besitzt und in einer dem Person- und Menschsein entsprechenden natürlichen Ordnungsstruktur seine Gestalt finden muß. Es sei erwähnt, daß von den Vertretern des Volkes eine Eignung erwartet wird, die sie zu einer gewissen Elite erhebt, ohne daß hier das Problem der Eliten in der Demokratie angegangen würde[92].

In diesem Zusammenhang muß auch die Wahrung der Rechtsordnung und der Rechte des Menschen genannt werden, die in den Weihnachtsbotschaften des öfteren gefordert wird. Die Enzyklika Pacem in terris zitiert im Katalog der Menschenrechte einige Male aus den Weihnachtsbotschaften Pius XII., besonders aus der des Jahres 1942[93]. Aus dieser Botschaft wird auch die grundlegende Aussage übernommen: „Aus der gottgesetzten Rechtsordnung ergibt sich das unveräußerliche Recht des Menschen auf Rechtssicherheit und damit auf einen greifbaren Rechts-

---

[88] UG II, 3475.

[89] UG III, 4393.

[90] UG II, 3480.

[91] Ebd.

[92] Vgl. hierzu die Ansprache vom 16. 1. 1946: Aufgaben des Adels in der modernen Demokratie. UG II, 3193 - 3208. Zum ganzen *Joachim Czech*, Kirche und Elite. Der Elitebegriff in der Soziologie und Kulturphilosophie sowie in der Christlichen Sozialethik und seine Anwendbarkeit in Theologie und Kirche. Theol. Diss. München 1973.

[93] Vgl. Pacem in terris nn. 9, 13, 15, 17, 27.

[94] Pacem in terris n. 27; UG I, 261.

bereich, der gegen jeden Angriff der Willkür geschützt ist[94]." Hiermit ist wiederum das Leben des Menschen in einer Ordnung gefordert, die die positive Rechtsordnung in einer natürlichen, und das ist zugleich einer gottgesetzten Ordnung begründet sein läßt.

5. *Die Friedensordnung*

Dem Anlaß der Weihnachtsbotschaften entspricht es, daß der Friedensordnung unter den Völkern ein hervorragender Platz zukommt. Es kann in unserem Zusammenhang nur darauf ankommen, die grundlegende Ordnungsidee unter den Völkern zu erkennen, das Bemühen Pius XII. um Frieden und Völkergemeinschaft ist zu weit, daß es hier eine Darstellung finden könnte[95].

In der Botschaft vom Jahre 1951, in welcher die Frage nach dem Beitrag der Kirche zur Sache des Friedens gestellt wird, ist auch die Ordnung unter den Völkern am eindringlichsten angegangen. Die ganze Botschaft ist getragen vom Gedanken einer „christlichen Ordnung", ja sogar vom Ideal einer „vollkommenen christlichen Ordnung der Welt"[96]. Die Grundlage dieses Ordnungsdenkens ist eine theologische: „Indem nämlich der Sohn Gottes sich zum Menschen, und zwar zu einem wahren Menschen machte, trat er in eine neue, wahrhaft lebendige Beziehung zum sozialen Körper der Menschheit, zum Menschengeschlecht sowohl in seiner Einheit, die die gleiche persönliche Würde aller Menschen besagt, wie in seinen vielfältigen besonderen Gemeinschaften, zumal jenen, die im Schoße dieser Einheit notwendig sind, um die äußere Ordnung und die rechte Organisation zu gewährleisten oder ihr wenigstens eine größere natürliche Vervollkommnung zu geben[97]."

Zu den Gemeinschaften, die in diesem Zusammenhang genannt werden, gehört neben Familie und Staat auch die Gemeinschaft der Staaten. Das Gemeinwohl, auf das alle Staaten wesenhaft ausgerichtet sind, „kann weder bestehen noch gedacht werden ohne deren innere

---

[95] Vgl. hierzu: Von der Einheit der Welt. Das Programm Pius' XII. für eine internationale Friedensordnung. Aus seinen Briefen, Botschaften und Ansprachen zusammengestellt und erläutert von *Karlheinz Schmidthüs*, Freiburg 1957 (Herder-Bücherei 8). *Mario v. Galli*, Die Rundfunkbotschaften Pius' XII. zu einer neuen Weltordnung. In: *W. Sandfuchs* (Hrsg.), Wort der Päpste. Würzburg 1965, 154 - 164. *A. F. Utz*, Die Friedensenzyklika Papst Johannes' XXIII. Pacem in terris 67 - 71.

[96] Vgl. UG II, 4202, 4204, 4206, 4209, 4210.

[97] UG II, 4197.

Beziehung zur Einheit des Menschengeschlechts", so daß „die unauflösliche Vereinigung der Staaten eine natürliche Forderung" ist[98]. Diese Forderung wird noch einmal unterstrichen: „Der Staat und die Gemeinschaft der Staaten mit ihren Organisationen sind also ... Formen der Einheit und der Ordnung unter den Menschen, unentbehrlich für das menschliche Leben und förderlich für dessen Vervollkommnung[99]." Die Ordnung ist aber wesentlich „Friedensordnung", wie Pius mit dem augustinischen Begriff des Friedens als der „tranquillitas ordinis" sagt[100]. Entscheidend bleibt, daß der in der Kirche fortlebende Christus durch die Kirche in einer inneren Beziehung zu der Ordnung der Welt als Friedensordnung steht, denn von dem Wirken der Kirche geht ein Einfluß auf die Völkergemeinschaft und ihre Ordnung aus. In der „vollkommenen christlichen Ordnung", der „gottgewollten Ordnung in Christus" oder auch der von Gott „festgesetzten Weltordnung" ist der wahre Frieden verbürgt[101]. Die Ordnung der Völker, die sich als natürliche Forderung ergibt und als Friedensordnung verstanden werden muß, hat ihren Grund in der „christlichen Ordnung" als der Beachtung des Beitrages der Kirche für das Heil der Menschen im Auftrag ihres Herrn.

Christliche Ordnung als das „Hauptelement der Friedensordnung" ist auch „Ordnung der Freiheit"[102]. Wo in der Gesellschaft nicht die wahre Freiheit herrscht und auf den Beitrag der Kirche zur Völkergemeinschaft und zum Frieden verzichtet wird, kann auch eine Friedensordnung nicht überzeugend errichtet werden. Das gilt sowohl für die liberale, als auch für die kollektivistische Gesellschaft. In diesem Zusammenhang wird auch die Formulierung einer „christlichen Sozialordnung" verwendet[103], in welcher die menschlichen Werte, wie sie sich dem christlichen Denken erschließen, in Freiheit im Leben der Völker wie in der Völkergemeinschaft zur Verwirklichung kommen.

III. Humanismus und „christliche Ordnung"

Christliche Ordnung ist die auf Grund der Anerkennung menschlicher Werte, wie sie sich christlicher Erkenntnis erschließen, geschaf-

[98] UG II, 4198.

[99] UG II, 4199.

[100] Ebd.

[101] UG II, 4202, 4203, 4218.

[102] UG II, 4210.

[103] UG II, 4214.

fene Lebensordnung unter Menschen. Als Ordnung ist sie selbst Wert und wesentlicher Teil des Humanen, da in ihr das für den Menschen und das Zusammenleben Unverzichtbare seinen Ausdruck findet. Wie die Weihnachtsbotschaften die Ordnungsgestalten benennen, die für menschliche Gesellschaft um des Menschen willen notwendig sind, so werden auch die menschlichen Grundwerte angesprochen, die sich als notwendig ergeben, und die, mit den Ordnungen zusammen, das umschreiben dürften, was als „Humanismus" gelten muß, die Anerkennung dessen, was Menschsein vervollkommnet.

1. Wahrheit, Gerechtigkeit, Liebe, Freiheit

In dem Rundschreiben Pacem in terris Johannes XXIII. wird die Friedensordnung unter den Menschen und den Völkern auf vier Grundwerten aufgebaut: Wahrheit, Gerechtigkeit, Liebe und Freiheit[104]. Die Pastoralkonstitution des Zweiten Vatikanischen Konzils greift diesen Gedanken auf: „Die gesellschaftliche Ordnung muß sich ständig weiterentwickeln, muß in Wahrheit gegründet, in Gerechtigkeit aufgebaut und von Liebe beseelt werden und muß in Freiheit ein immer humaneres Gleichgewicht finden[105]." Diese die Ordnung betreffenden und sie tragenden Werte haben bereits in den Weihnachtsbotschaften Pius XII. ihren Platz und gelten als wesentlich für die Humanitas. Bei der Fülle der Äußerungen soll auf einige charakteristische Aussagen aufmerksam gemacht werden.

In der ersten Botschaft (1939) wird für das Reich Gottes und für die Verkündigung das Gebot erhoben: „Dienst an der Wahrheit und die Gemeinschaft in der Liebe[106]." Gewiß ist hier zunächst die religiöse Wahrheit und die Liebe in christlicher Gesinnung gemeint, es zeigt sich jedoch, daß Wahrheit als die Erkenntnis und Anerkennung des für das gesellschaftliche Leben Richtigen und Liebe als brüderliche Solidarität unter den Menschen grundsätzlich notwendig sind. Aus religiösem Geist werden auch Gerechtigkeit und Liebe zur Sicherung des Friedens in die Verkündigung aufgenommen, eine Gerechtigkeit, welche die sittliche Gerechtigkeit der Bergpredigt voraussetzt und aus der allumfassenden Liebe erfließt[107]. In der Botschaft 1942 über die Grundelemente des Gemeinschaftslebens wird zu einem Aufbruch in der

---

[104] Pacem in terris Überschrift und nn. 35, 37, 45, 80, 149, 163, 167.

[105] Gaudium et spes n. 26 (mit Berufung auf Pacem in terris n. 37).

[106] UG II, 3654.

[107] UG II, 3663.

Christenheit „im Geiste der Wahrheit, Gerechtigkeit und Liebe" aufgefordert. Auch hier ist ein stark religiöser Hintergrund gegeben: in Kreuzfahrergesinnung sollen die Christen ausziehen, „um jenes geistige Heilige Land zurückzuerobern, das mit seinen unabänderlichen Richtgedanken zum Fels- und Baugrund einer menschlichen Gemeinschaftsgestaltung von innerem Bestand bestimmt ist"[108].

Ein Negativbild der Wahrheit, Gerechtigkeit und Liebe als Unwahrhaftigkeit, Ungerechtigkeit und Zwietracht zeichnet die Botschaft 1947, die aus einer großen Enttäuschung über die Folgen des Krieges und aus der Sorge um eine gedeihliche Entwicklung der Zukunft heraus ergangen ist. Es ist von Unwahrhaftigkeit, Lüge und Täuschung in der politischen Auseinandersetzung die Rede, die gegen Gerechtigkeit und Wahrheit und auch gegen die Freiheit gerichtet sind. Die Unwahrhaftigkeit muß ihre Korrektur an der Wahrheit finden, an der wahren Lehre, die, wiederum religiös gesehen, mit Joh. 8, 32 als die freimachende bezeichnet wird[109].

Die Wahrheit spielt eine entscheidende Bedeutung in der Botschaft über die Koexistenz. Angesichts des Bruchs in der Menschheitsfamilie — ein Begriff, auf den zurückzukommen sein wird — sucht Pius zwischen den in ihrem weltanschaulich-gesellschaftlichen Grundcharakter getrennten Systemen eine Brücke in der „Wahrheit"[110]. Auch hier herrscht der christliche Gedanke der Wahrheit vor, es ist von „christlicher Brücke" die Rede und von christlicher Wahrheit. Das Entscheidende aber ist, daß eine Wahrheit für das gesellschaftliche Leben und die Ordnung unter Menschen als unverzichtbar angenommen wird, die gegen Ideologisierung und Relativierung der Wahrheiten wie der Werte gerade von den Christen verkündet und gelebt werden muß. Hierbei geht es nicht zuerst um theologische Wahrheiten, sondern um Erkenntnisse über das Zusammenleben der Menschen, die ihre Stütze in der christlichen Lehre — es wird auch die Soziallehre der Kirche genannt — finden[111]. Auch die Forderungen des Naturrechts gehören zu diesen Erkenntnissen[112].

Wenn in der Botschaft über die wahre Demokratie (1944) über den Staat gesagt wird, daß er nicht „mechanisch eine formlose Anhäufung

[108] UG I, 248.

[109] UG II, 3696 - 3701.

[110] UG III, 6336.

[111] Ebd.

[112] UG III, 6223.

von Einzelpersonen" sei, sondern „eine gegliederte und gliedernde Einheit eines wirklichen Volkes"[113], so gehört zu dem Menschen- und Gesellschaftsbild auch die Freiheit, das Bewußtsein der eigenen Freiheit wie die Achtung der Freiheit des anderen[114]. Freiheit ist verstanden nicht allein als Recht, sondern als sittliche Pflicht. Sie gehört so wesentlich zur christlichen Ordnung, daß diese als Friedensordnung ihrem Wesen nach „Ordnung der Freiheit" ist[115]. In der Weihnachtsbotschaft 1951 ist mit Nachdruck von der „wahren menschlichen Freiheit" als unentbehrlichem Bestandteil der sozialen Ordnung die Rede, insofern sie Friedensordnung ist[116]. Der christliche Freiheitsbegriff mit seinem wesentlichen Bestandteil der Verantwortung ist abgehoben gegenüber liberaler Freizügigkeit und kollektivistischer Verengung der Freiheit[117]. Freiheit ist freies Handeln, das zugleich in der Ordnung seine Sicherheit findet und Ordnung sichert.

Noch einmal werden Ordnung und Freiheit in der Botschaft über das christliche Menschenbild (1956) in ihrer Bedeutung für die Menschen hervorgehoben. Religion und Erfahrung lehren, „daß die sozialen Gebilde, wie Ehe und Familie, Gemeinde und berufliche Gemeinschaft, und die im persönlichen Eigentum begründete soziale Einheit wesentliche Zellen sind, welche die Freiheit des Menschen und damit seine Rolle in der Geschichte sichern"[118]. Zugleich wird zur Sicherung der Freiheit „die Idee einer von Gott stammenden Gesellschaftsordnung" in Erinnerung gerufen[119]. Diese darf nicht statisch gesehen werden. Im Gegenteil, gerade das persönliche freie Handeln bietet Gewähr für eine dynamische Entwicklung des Gemeinschaftslebens innerhalb der Ordnungen, in denen sich das Menschliche entfalten wird[120].

Mit den genannten Grundhaltungen Wahrheit, Gerechtigkeit, Liebe und Freiheit ist ein Wertsystem umschrieben, das das Menschsein in sozialer Verbundenheit wesentlich begründet. Die Wahrheit als die wahre Erkenntnis der Personalität und Sozialität des Menschen führt zu den Erkenntnissen, was den Mitmenschen in der Gesellschaft in

---

113 UG II, 3475.

114 UG II, 3478.

115 UG II, 4210.

116 Ebd.

117 UG II, 4214 f.

118 UG III, 4399.

119 UG III, 4400.

120 UG III, 4402.

Gerechtigkeit geschuldet ist. Die Gerechtigkeit hat zugleich ihre Wurzel in der Liebe, die sich in der Tat und in der gesellschaftlichen Solidarität zeigen wird. Freiheit schließlich ist die Ermöglichung der Eigeninitiative zur selbst- und mitverantwortlichen, wahren, gerechten und solidarischen Gestaltung des Lebens unter Menschen. Mit den Grundwerten, die sich in den natürlichen Ordnungsstrukturen verwirklichen, ist eine Ordnung gegeben, die in den Weihnachtsbotschaften als „christliche Ordnung" bezeichnet wird, in der das Anliegen eines christlichen Humanismus seine Gestalt findet.

2. *Brüderliche Solidarität*

Zu den unverzichtbaren Forderungen der Weihnachtsbotschaften gehört die „brüderliche Solidarität". Auch über sie sollen einige charakteristische Aussagen angeführt werden, die zeigen, daß Brüderlichkeit und Solidarität sich nicht etwa nur als Forderungen angesichts des Unfriedens und der Gegensätze in der Welt der Kriegs- und Nachkriegszeit ergeben, sondern wesentlich dem sozialen Humanismus entsprechen, den Pius als dem christlichen Menschenbild entsprechend vorträgt.

Die Forderung steht seit der ersten Weihnachtsbotschaft: „Es scheint, daß die Welt die Friedensbotschaft Christi vergessen hat und ebenso die Stimme der Vernunft und die christliche Brüderlichkeit[121]." Im Jahre 1940 wird das „erhabene übernatürliche Ideal der Bruderliebe, das Christus der Welt gebracht hat", in Erinnerung gerufen und eine „brüderliche Zusammenarbeit der Völker" gefordert[122]. 1941 ist von der „Wiedererziehung der Menschheit zum Geist brüderlicher Solidarität" die Rede[123].

Was in den ersten Kriegsjahren gefordert ist, wird in den späteren Botschaften wiederholt[124]. Im Jahre 1947 wird Brüderlichkeit — neben Wahrhaftigkeit und Glaube — als Voraussetzung für eine Neuordnung der Welt eigenes Thema. Der aufrichtige Geist der Brüderlichkeit oder der Brudergeist soll die Menschen einen[125]. Die Forderung des Brudergeistes ist theologisch mit dem Glauben an Gott, „der Vater aller

---

[121] UG II, 3653.

[122] UG II, 3587, 3591.

[123] UG II, 3750.

[124] Vgl. etwa 1942, UG I, 238, 255; 1943, UG II, 3831 f., 3834, 3838; 1944, UG II, 3485.

[125] Vgl. UG II, 3706 - 3709, 3712.

Menschen", gegeben. Wenn dieser Glaube schwindet, „verliert auch der Geist brüderlicher Einheit seine sittliche Grundlage und Einigungskraft"[126]. Offensichtlich ist für Pius mit diesem Gedanken der Bruderschaft die Ordnung der Gesellschaft, „der Sinn für eine von Gott gewollte Gemeinschaft, die durch bestimmte Normen geregelte gegenseitige Rechte und Pflichten einschließt", verbunden[127]. Brüderlichkeit begründet eine Ordnung unter den Menschen, die Ordnung sichert Brüderlichkeit und das Verbundensein in der Anerkennung und Wertung aller Menschen und Völker. Auch der christologische Gedanke: Christus, „der Erstgeborene unter den Brüdern", findet seinen Platz[128]. Im übrigen wird Brüderlichkeit als christliche Aussage und Forderung als selbstverständlich angenommen. Im Rundschreiben Summi Pontificatus (1939) hatte Pius XII. bereits ausdrücklich die Grundlegung der Einheit und Brüderlichkeit der Menschen „in einer großen Familie" theologisch erklärt[129].

In den weiteren Botschaften der Nachkriegsjahre kehrt der Gedanke der Brüderlichkeit und die Mahnung zum Brudergeist wieder, zuweilen verbunden mit dem Gedanken der Solidarität[130]. In der letzten Botschaft (1957) bekennt Pius XII.: „Wir, die Wir Uns in kritischen Augenblicken mehr als einmal bemüht haben, durch Ermahnungen und Ratschläge jene Solidarität zu stärken, betrachten es als eine besondere von Gott gegebene Aufgabe Unseres Pontifikates, die Völker brüderlich zu einen[131]."

Der christliche Humanismus, wie ihn Pius XII. versteht, ist ein „sozialer Humanismus". Nach Johannes Messner beruht der soziale Humanismus „auf der die wesenhaft gesellschaftliche Natur des Menschen und die für die Sozialordnung sich daraus ergebenden Forderungen voll einbeziehenden Humanitätsidee". Die Sozialordnung ist „Wesensbestandteil des auf die Persönlichkeitsidee begründeten Hu-

---

[126] UG II, 3707.

[127] Ebd.

[128] UG II, 3712.

[129] Vgl. UG I, 28 ff. Vgl. hierzu *J. Giers*, „Familie" als Ausdruck des Humanum in der Gesellschaft. Ein Beitrag der kirchlichen Sozialverkündigung zum Verständnis der Gesellschaft. In: Humanum (Festschrift für Richard Egenter), Düsseldorf 1972, 299 - 319, 303.

[130] Vgl. UG II, 3292 ff. (Weihnachtsbotschaft 1952).

[131] UG III, 4458. Vgl. zum ganzen *K. Schmidthüs*, Von der Einheit der Welt, 26 - 43: Solidarität, Brüderlichkeit und Liebe als Voraussetzung der Einheit der Menschheit.

manitäts- und Kulturzieles"[132]. Das gesellschaftliche Ordnungsgefüge, in welchem Persönlichkeits- und Gemeinschaftswerte, wie sie in der Lehre Pius XII. entwickelt wurden, ihre Verwirklichung und Ausprägung finden, gehört zur Idee und Gestalt des Humanismus, zur Erfüllung der vollmenschlichen Existenz. Damit ist nicht gesagt, daß die organisatorischen Gestaltungen des gesellschaftlichen Lebens unveränderlich sind. Es ist aber gefordert, daß in den Ordnungen die Werte verwirklicht werden, und zwar in brüderlich-solidarischer Verbundenheit, die das Menschliche in christlicher Sicht ausmachen. Die brüderlich-solidarische Verbundenheit ist für das christliche Menschenbild unverzichtbar.

3. *„Familie" und Humanum*

Wenn die Brüderlichkeit konstitutiv ist für den christlichen Humanismus, der als sozialer Humanismus das Menschsein in den Ordnungen erstrebt und verwirklicht, so muß auch der korrespondierende Begriff „Familie" genannt werden, der sich in der kirchlichen Sozialverkündigung wie in den Botschaften Pius XII. findet. Gemeint ist die Familie als die Menschen- und Völkerfamilie, die im wesentlichen Einheit der Menschen besagt und die zu den grundlegenden Aussagen eines Humanismus und einer christlichen Ordnung gehören dürfte[133].

Im Rundschreiben Summi Pontificatus (1939) hatte Pius XII. in eindrucksvoller Weise die Einheit der Menschen in einer großen Familie mit Berufung auf Apg. 17, 26 verkündet: „Der Völkerapostel macht sich zum Künder dieser Wahrheit, welche die Menschen in einer großen Familie brüderlich eint, wenn er der griechischen Welt verkündet, daß Gott ‚aus einem einzigen Stamm alle Geschlechter der Menschen hervorgehen ließ, damit sie die ganze Oberfläche der Erde bewohnten, und daß er die Zeit ihres Daseins und die Grenzen ihrer Wohnsitze bestimmte, auf daß sie den Herrn suchten'[134]. Pius hat den Gedanken entfaltet und die Ebenen gezeigt, in welchen diese Einheit sich verwirklicht: im gemeinsamen Ursprung in Gott, in der Einheit der Natur, in der Einheit des Zieles und der Aufgabe in der Welt, in der Einheit der Siedlung auf der Erde und in der Benutzung der Erdengüter, in der

---

[132] *Johannes Messner*, Kulturethik 469; zum ganzen ebd., 469 ff.

[133] Vgl. *J. Giers*, „Familie" als Ausdruck des Humanum in der Gesellschaft, 301 ff.; *ders.*, Die Familie in der Heilsordnung. In: R. Weiler / V. Zsifkovits (Hrsg.), Familie im Wandel, Wien - Basel - Freiburg 1975, 166 - 183, bes. 181 ff.

[134] UG I, 28. Zum folgenden ebd., 29 - 32.

Einheit des übernatürlichen Zieles und der Mittel, dieses erreichen zu können. Überhöht wird diese Einheit in der Erlösung durch Jesus Christus, in seiner einzigen Mittlerschaft zwischen Gott und den Menschen und im Liebesgebot.

Dieses Thema kehrt in den Weihnachtsbotschaften wieder, denn wie könnten Spaltung, Zwietracht, Nationalismus und Eigeninteresse besser überwunden werden, als durch das Bewußtsein der Einheit der Menschen in einer Völkerfamilie. In der Botschaft über „Die Kirche Christi und der Friede unter den Völkern" (1948) ist von der Gemeinschaft der Völker, der Völkerfamilie und von der „Solidarität der Völkerfamilie" die Rede[135]. Die hier geforderte Einheit gründet verpflichtend in der christlichen Wahrheit über den Menschen und in der „Bruderliebe unter allen Menschen und Völkern, da sie ja alle Kinder desselben Vaters im Himmel sind"[136]. Im folgenden Jahr wird die Erwartung ausgesprochen, daß „die große Menschheitsfamilie, die auf dem Wege zur gemeinsamen Vollendung ist", auf dem Wege der Zusammenarbeit und der gegenseitigen Hilfe fortschreite[137]. Die Kirche will — für das kommende Heilige Jahr — einen Beitrag „zur Verbrüderung der Völker" leisten[138]. Auch in der Botschaft, die sich mit der Koexistenz der Völker befaßt (1954), fehlt der Gedanke der „Familie" nicht: alle „die mehr oder weniger lebendig die Spur Christi bewahrt haben: sie alle sollten nicht weniger als die treuen und eifrigen Gläubigen aufgerufen werden, mitzuwirken, die Grundlage der Einheit der Menschheitsfamilie zu erneuern"[139].

Es wäre eine ungerechtfertigte Verkürzung der Aussagen über „Familie", wenn darin nur eine christlich-gläubig motivierte Ermunterung zum gegenseitigen Verständnis, zur solidarischen Hilfe, zum Ausgleich und zum Frieden gesehen würde. Es sind vielmehr mit diesem Begriff „Familie" Prinzipien des sozialen Menschtums, des Mitseins oder der Mit-Menschlichkeit ausgesprochen, die den Humanismus als christliche Ordnung wesentlich prägen. Das Wissen um die Einheit und die Verpflichtung zur Einheit ist Prinzip des Sozialen schlechthin. Diese Einheit ist sozialtheologisch grundgelegt in dem Schöpfungswillen Gottes und in der Erlösertätigkeit Christi und bedarf der Verwirklichung im

135 UG II, 4145, 4147, 4152.

136 UG II, 4149.

137 UG I, 192.

138 UG I, 193.

139 UG III, 6334.

Zusammenleben. Ihr entspricht die — ebenfalls sozialtheologisch begründete — brüderliche Solidarität, die in der tätigen Hilfe die Einheit zum Ausdruck bringt. Einheit und brüderliche Solidarität als Prinzipien des menschlichen Zusammenlebens stehen im Dienst der Person und ihres Wohles und damit im Dienst des Humanum.

Die Weihnachtsbotschaften Pius XII. stehen im Dienste eines Humanismus, der sich wohl als „Ordnung", als „gottgewollte Ordnung in Christus" versteht, die aber nicht das Menschsein einengt oder vergewaltigt, sondern frei macht zu einer verantwortlichen Verwirklichung menschlichen Lebens und Zusammenlebens, das allein des Menschen würdig ist.

ZUR SOZIALTHEOLOGIE VON PIUS XII.

Von Gustav Ermecke

I. Der Καιρος dieser Theologie

Ursprünglich sollte das Thema heißen „*Die* Sozialtheologie Pius' XII". Der Umfang eines Festschriftbeitrags würde aber weit überschritten, wollte man „*die*" Sozialverkündigung Pius' XII. im ganzen in ihm festhalten; denn dann müßte man eine vollständige Systematik seiner umfangreichen Sozialbotschaft darstellen[1]. Wie umfangreich sie war, wurde aller Welt während seines in so wirre und entscheidungsreiche Zeiten hineinfallenden Pontifikates *in vielen Ansprachen* unüberhörbar bekannt[2]. Aus dem im Kern sich gleichbleibenden Fonds der einen unvergänglichen sozialen Botschaft Christi in ihrer vom Heiligen Geist letztlich in der Kirche gelenkten Entfaltung sowohl im Bereich des Individuellebens als auch des Soziallebens in Kirche und

---

[1] Es kann sich *hier* also *nur um die sozialtheologische Grundsicht Pius' XII.* handeln. Leider fehlen bis zur Stunde hier noch fast alle ausreichenden Vorarbeiten. Bei *Utz / Groner* (s. unten) finden sich in den Registern Einzelbeispiele für das hier nur in seinen Grundzügen Gesagte.

[2] Vgl. das unten im Text genannte 3-bändige Werk von *Utz / Groner* sowie *Mausbach / Ermecke,* Katholische Moraltheologie, Bd. III (1961), wo passim, besonders aber in § 9 in der umfangreichen Bibliographie viele einschlägige Arbeiten erwähnt sind. Wie stark von Pius XII. Einflüsse auf die Sozialmoral (= der Teil der Moraltheologie, der sich mit den christlich-sittlich-sozialen Pflichten befaßt) ausgegangen sind, zeigt allein die Zahl seines Zitiertwerdens: z. B. 164 mal allein in *Mausbach / Ermecke,* Bd. III. Interessant ist, daß heute Pius XII. wie überhaupt die Päpste mit ihren Lehren, vor allem in ihren Ansprachen, kaum noch in der theologischen Diskussion im allgemeinen und kaum in der sozialtheologischen oder praktischen Diskussion erwähnt werden. Während früher fast jede Ansprache Pius' XII. weit und breit zitiert wurde, spricht heute von ihm und von seinen Nachfolgern kaum noch jemand. Das fällt zusammen mit der Tatsache, daß heute *Theologie* von vielen zu wenig noch gesehen wird als *kirchliche Glaubenswissenschaft.* Vielmehr werden heute die sogenannten „Humanwissenschaften" zur Begründung auch christlich-sozialer Lehren herangezogen, vor allem Biologie, Medizin, Psychologie, Soziologie, Politologie sowie die angewandten Sozialwissenschaften: vom Recht, von der Wirtschaft, von der Kultur. Hierbei geht es aber meistens nur um eine Sozialtherapie, die ohne ausreichende Sozialdiagnose zur sozialen Kurpfuscherei führt.

Welt hat zu allen Zeiten die Kirche mehr oder weniger geschöpft[3]. Solange die sozial-strukturellen Verhältnisse in Kirche und Welt unverändert scheinen konnten, und das war der Fall bis in die Zeit der Französischen Revolution bzw. des Aufkommens der modernen industriellen Arbeits- und Wirtschaftswelt, galt es, das Überkommene und festgefügt Erscheinende in konservativem Geist gegenüber revolutionären Störungen und Umwälzungen zu schützen. *Die Botschaft der Kirche* bis in die jüngste Neuzeit war daher durch und durch nicht bloß nach ihrem Wesens- und Geltungsgrund, sondern auch in ihren geschichtliche Erscheinungen beurteilenden Folgerungen *eine konservative*[4] *Ordnungslehre.* Man denke z. B. nur an die Stellungnahmen der Kirche und ihrer Theologen zum *Zinsproblem* oder zur Staatsform der Demokratie. Die stabile Welt der Neuzeit kam jedoch immer mehr an ihr Ende — *R. Guardini* spricht mit Recht vom „Ende der Neuzeit" —, brachte die Infragestellung aller überkommenen sozialen Auffassungen und Einrichtungen und verlangte nach einer Diagnose der sozialen Krisenfragen und deren Therapie.

Und die verschiedenen politischen Parteien versuchten sich darin, von der äußersten reaktionär-konservativen Rechten bis hin zur revolutionären äußersten Linken. Die Kirche, der es immer und überall um den Menschen und sein Heil geht und gehen muß, suchte den durch die Umwälzungen im sozialen und ausstrahlend von dort im individuellen Leben vom Politischen und Wirtschaftlichen und schließlich auch Industriell-Technischen her in seiner Glaubenshaltung konkret und in seiner überkommenen traditionellen Lebenssicherung erschütterten Menschen durch ihre Lehre sowie durch Bildung verschiedenster Kreise und Gruppen, Vereine und Verbände bei der Meisterung ihrer privaten

---

[3] Darum ist die Soziallehre der Kirche so alt wie sie selbst. Das AT ist sogar voller Sozialtheologie. Nur die wissenschaftlich methodisch intensive Thematisierung und der — vorläufig noch ausstehende — systematische Auf- und Ausbau der „kirchlichen Soziallehre" fallen erst eigentlich in unser Jahrhundert.

[4] *Der Begriff des Konservativen* wird oft gepriesen, aber heute wohl nicht nur in der Welt, sondern auch in der Kirche, gelästert. Konservativ heißt, das Bleibende bewahren und zu neuer Entfaltung bringen. In der katholischen Theologie fand in der Wissenschaft nach dem 2. Weltkrieg ein völliger Umbruch vom konservativen zu einem evolutionären bis hin zu revolutionär-progressistischem Denken statt. Am leichtesten ist das zu verstehen von einem ausschließlich den jeweiligen wandelbaren geschichtlichen Gegebenheiten zugewandten — aber im Grunde unzulänglichen — Bedenken der sozialen Lebensbereiche aus, weil diese Fakten nur vom durchhaltenden natürlichen und übernatürlichen Wesensgrund her richtig verstanden und kritisch bewertet werden können.

und sozialen Lebensprobleme beizustehen. Außer großen Einzelgestalten — gerade begehen wir den 100. Todestag des großen *„Sozialbischofs" Emanuel Freiherr von Ketteler* — die den Umbruch der sozialen Welt mit seinen Ausstrahlungen bis in den innersten kirchlichen Raum erkannten und auf Schutz und praktische Hilfe bei der Lösung der „Sozialen Frage" sannen, waren es besonders die Päpste, vor allem (aber nicht als erster) Leo XIII., welche *in der im Kern unveränderlichen Botschaft Jesu Christi für die veränderten sozialen Probleme in der Welt praktische Lösungen suchten* und vorschlugen. Unter Pius XII. erreichte dieses kirchliche Eintreten für die Lösung der inzwischen weltweit gewordenen sozialen Probleme und Fragen wohl seinen Höhepunkt. Seit ihm traten auch hinzu die Sorgen um *das Soziale in der Kirche selbst*, eine Sorge, die vom Vat. II ihren bislang letzten eindrucksamen kirchenamtlichen Ausdruck erfuhr[5].

Kein Wunder, daß mit dieser *„kirchenamtlichen Sozialverkündigung"* durch die letzten Päpste und in Verbindung mit ihnen auch durch die Bischöfe in der Welt verbunden war eine immer tiefer reichende inhaltliche Interpretation derselben, um ihren Inhalt im weltweiten Umfang und in den dabei nötigen Differenzierungen zu konkretisieren und an ihrer Fortentwicklung gemäß dem Gang der Geschichte zu arbeiten. Diese wachsende Interpretation und Aktualisierung kirchlich-lehramtlicher Weisungen trat besonders eindrucksam hervor als *„Katholische Soziallehre"*, wo sie besonders nach 1931, dem Erscheinungsjahr der Enzyklika Pius' XI. Quadragesimo anno[6], und auch seither in vielen kirchlichen Verkündigungen konkretisiert und fortentwickelt wurde. Wie schon bei Leo XIII. konnten immer mehr einzelne Bereiche des sozialen Lebens in der kirchlichen lehramtlichen Verkündigung beson-

[5] Wenn heute, wie auf der *Würzburger Synode* vor einigen Jahren, der Kirche immer noch vorgeworfen wird — wie schon Pius XI. getan hat —, sie habe in skandalöser Weise im vorigen Jahrhundert die Arbeiter verloren, so sollte man 1) auch andere Berufsgruppen und 2) auch andere weltlichpolitische kirchenentfremdende Faktoren nicht vergessen und 3) vor allem endlich genau angeben, was denn hier unter „Arbeiter" zu verstehen ist. Die Aussagen der genannten Synode sind hier alles andere als klar.

[6] Vgl. die heutige Stellungnahme eines um die Soziallehre der Kirche vor allem im Raume dieser Enzyklika hochverdienten Gelehrten *O. v. Nell-Breuning*, besonders in seiner selbst- und kirchenkritischen Stellungnahme „Wie sozial ist die Kirche? Leistung und Versagen der katholischen Soziallehre", Düsseldorf 1972. (Vgl. unsere Besprechung in Theol. Rev. 1973, 242-245.), worüber im Text noch gesprochen wird. Als einer der ersten plädierte der Genannte für die von *A. Geck* propagierte „Sozialtheologie". Zu dieser vgl. *A. Geck*, Art. Sozialtehologie, in: LThK, Bd. IX (1964), Sp. 925 f.

ders berücksichtigt werden. So geschah es dann auch in den darauf folgenden Zeiten, besonders unter Pius XI.[7] und seinen Nachfolgern. *Unter Pius XII. erreichte bis zur Stunde die kirchliche Sozialverkündigung ihren Höhepunkt,* wie es in den drei umfangreichen Bänden „Aufgabe und Entfaltung des gesellschaftlichen Lebens. Die soziale Summe Pius' XII.", hrsg. in den Jahren 1954 - 1961 von *A. F. Utz* OP und *J. F. Groner* OP, leicht zu erkennen ist. Auf Pius XII. folgten Johannes XXIII. u. a. mit den wegweisenden Enzykliken „Mater et Magistra" (1961)[8] und „Pacem in terris" (1963) und Paul VI. mit seinen Botschaften in „Populorum progressio" (1967) und „Octogesima adveniens" (1971). Wir erwähnen hier nur diese wichtigsten Äußerungen zur weiterentwickelten kirchlich-lehramtlichen Sozialverkündigung, zu denen noch zahlreiche andere, nicht zuletzt die vielen Ansprachen der Päpste Pius' XII. und Pauls VI., zum Thema hinzuzuzählen sind.

Uns kommt es hier nur auf den großen Umkreis und die Einordnung der sozialen Botschaft Pius' XII. an, nicht auf die Aufzählung aller ihrer einzelnen Verkündigungsakte. Es soll seine Sozialtheologie in ihrer Grund-Bedeutung aufgewiesen werden[9].

Aus der geschichtlichen Entwicklung erkennen wir jedenfalls: die hier zu behandelnde *Botschaft Pius' XII.* bedeutet sicherlich gerade wegen ihrer sozialtheologischen Fundierung den bislang noch nicht wieder erreichten *Höhepunkt in der kirchlichen sozialen Lehrverkündigung,* wenngleich man der Ansicht von *Nell-Breuning* (in: Wie sozial ist die Kirche? Leistung und Versagen der Katholischen Soziallehre,

---

[7] Weil sie weder vorher noch nachher zu den tiefen sozial-theologischen Reflexionen gelangt ist.

[8] Diese Enzyklika argumentiert vor allem aus der praktischen Sozialerfahrung und deren philosophisch-psychologisch-ethischen Bewältigung, weniger, als es Pius XII. tat, aus den letzten sozialtheologischen Fundamenten. Joh. XXIII. sagt in dieser Enzyklika (Nr. 222): „Wir weisen darauf hin, daß *die Soziallehre der katholischen Kirche ein integrierender Bestandteil der christlichen Lehre vom Menschen ist.*" Er gibt hier einen Hinweis auf die sozialtheologische Grundlage, nicht nur des je Einzelnen, sondern auch des gesamten Kosmos der sozialen Welt und seiner Erneuerung in Christus durch die Kirche. Im übrigen aber sei gesagt, ist die Soziallehre der Kirche kein bloß „integrierender", sondern ein Wesensbestandteil der kirchlichen Lehre vom Menschen, weil zu diesem seine Sozialnatur nicht bloß integrierend hinzukommt, sondern zu seinem Wesen gehört.

[9] Ihr geht es nicht wie der Sozialphilosophie um die Perspektive in der Sozialbetrachtung des Menschen auf Gott hin, sondern sozialtheologisch auf die von Christus, dem Gott-Menschen her auf diesen Christus hin in der in ihm erneuerte Menschheit insgesamt.

Düsseldorf 1972[10], S. 83) nicht beipflichten kann: „Meine verehrten Zuhörer (werden) annehmen, ich müsse wohl den Verstand verloren haben, wenn ich als meine Überzeugung ausspreche, ‚Mater et Magistra' leite den *Abstieg* der katholischen Soziallehre ein."

II. Zur Sozialtheologie von Pius XII. im allgemeinen

Obwohl der *Begriff Sozialtheologie in der Sozialverkündigung des Papstes nicht vorkommt,* muß aber ihr Anliegen als *das Fundament* derselben gesehen werden.

Adolf Geck[11] hat als einer der Ersten nachdrücklichst eine Sozialtheologie gefordert und einen ersten systematischen Entwurf derselben vorgelegt (zum Ganzen seiner Ansicht vgl. seinen Beitrag zur Festschrift J. Messner,[12] in: Naturordnung, 1961, 151 - 182: „Die Sozialtheologie im Dienst der Bewältigung der sozialen Ordnung.") Bislang hat sich aber in der Wissenschaft gegenüber dem ziemlich dunklen und wenig klar definierten Begriff „Katholische Soziallehre" *der Begriff Sozialtheologie noch wenig durchgesetzt.* Die Nichtunterscheidung von den *drei Formen katholischer Sozialdoktrin:* 1. „Kirchlich lehramtliche Sozialverkündigung", 2. deren Interpretation in „Katholischer Sozial-

---

[10] Vgl. oben Anm. 6. Leider fehlte es der den *„Solidarismus"* als soziales Grundprinzip vertretenden Lehre sowohl an sozialphilosophischer, vor allem sozial-ontologischer Fundierung als auch an sozialtheologischer Ausrichtung bei aller Bedeutsamkeit der Erkenntnisse, welche *Pesch / Gundlach / v. Nell-Breuning* und ihre Schüler zur sozialphilosophischen Erkenntnis und sozialpraktischen Gestaltung der sozialen Wirklichkeit beigetragen haben. Der seit Pesch in der Sozialverkündigung der Kirche besonders durch den Einfluß von *G. Gundlach* dominierende „Solidarismus" versagt aber im Ganzen, weil er nur auf einem, wenn auch gültigen sozialen Strukturprinzip, dem der Solidarität, aufbaut. Richtig ist gewiß, was der Solidarismus aussagt. Er kann sich aber selbst nur begründen, ebenso wie er das Subsidiaritätsprinzip nur begründen kann, durch Rückgriff auf das Strukturprinzip der Ganzheit und Gliedschaft. Näheres dazu vgl. *G. Ermecke,* Beiträge zur Christlichen Gesellschaftslehre, Paderborn 1977. Der „Solidarismus" ist aus vielen (auch kirchenpolitischen) Gründen bis in päpstliche Verlautbarungen gedrungen. Es scheint, als ob die Sozialtheologie Pius' XII. diese Blickverengung des Solidarismus überzeugend überwunden hat, obwohl eigentlich schon eine solide Sozialphilosophie zu demselben Resultat hätte kommen müssen. Die seinerzeit berechtigte Angst vor einem organizistisch mißverstandenen und faschistisch totalstaatlich politisch mißbrauchbarem Ganzheits- und Gliedschaftsprinzip sollte heute wenigstens theoretisch überwunden sein.

[11] Siehe Anmerkung 6.

[12] Dieser selbst hat mehrfach auch zum Thema Sozialtheologie Stellung genommen, wobei allerdings seine eigentlich christologisch-ekklesiologische Grundlegung der Sozialtheologie noch spekulativer Ergänzungen benötigte.

lehre“ und 3. die Wissenschaft von den Seinsgrundlagen beider: „die Christliche Gesellschaftslehre (CGL)“, hat zu viel Unklarheit geführt, und die Diskussion um „Katholische Soziallehre“ heute in ein ziemlich wirres, und allein schon begriffliches Durcheinander gebracht[13].

Wenn man daher von der Sozialtheologie Pius' XII. spricht, muß man auch angeben, was man unter Sozialtheologie versteht. Nur so kann man die Lehre Pius' XII. unter dem Oberbegriff Sozialtheologie einordnen.

Unter der *Sozialtheologie oder der CGL i. e. S.* verstehen wir die theologische Disziplin, welche das menschliche Gesellschaftsleben im Lichte der von der Kirche zu verkündenden Heils-Offenbarung Jesu Christi erforscht *und i. w. S.* alle heilsrelevanten Erkenntnisse anderer Sozialwissenschaften in sich vereint[14].

Wenn wir die sozialen Aussagen der Kirche von Anfang an von dieser Definition aus betrachten, so hat es in dieser kirchlichen Lehrverkündigung von Anfang an Sozialtheologie gegeben; denn was die Kirche als Botschaft von der Erlösung aller verkündet, nimmt immer seinen Ausgang von Christus, dem menschgewordenen Gottessohn, und zielt darauf hin, alle Menschen durch Christus im Heiligen Geist in der Kirche zum Vater heimzuführen. Man hat daher mit Recht schon bei

---

[13] Diese *Dreistufeneinteilung katholischer Äußerungen* zum Sozialen ist von größter Wichtigkeit. Da sie leider nicht gemacht, sondern alles unter den Begriff „Katholische Soziallehre“ verpackt wird, befindet sich das, was zu dieser gezählt wird, heute weithin in begrifflicher Verwirrung und theoretisch-praktischer Unklarheit.

[14] Zu den Sozialwissenschaften zählt man heute: 1. die Sozialdeskription (= Erfassung sozialer Tatsachen); 2. Soziologie (= Deutung dieser Tatsachen aus ihren faktischen Zusammenhängen); 3. Sozialgenetik (= Interpretation der Tatsachen historisch, psychologisch, pragmatisch); 4. Sozialphilosophie (einschließlich Sozialethik); 5. Sozialtheologie. Zu den Folgewissenschaften gehören: Politologie (= soziale Gestaltungswissenschaft), Rechts-, Wirtschafts-, (angewandte) Kulturwissenschaften. Die Sozialphilosophie sieht den Menschen als Gottes Ebenbild in seiner totalen und radikalen Abhängigkeit von Gott, dem Schöpfer, und verpflichtet zur totalen und radikalen Anhänglichkeit an Gott und darin als einen, der sein ihm von Gott vor- und aufgegebenes soziales Sein möglichst vollkommen für Gott und sein Heil entfalten soll. So steht vor allen sozialen Aktionen, Gruppenbindungen, Veranstaltungen als Vorzeichen stets: von Gott — für Gott. Die Sozialtheologie geht über diese *natürliche theomorphe und darum auch theonome Sicht* des Menschen hinaus *zur christomorphen und christonomen.* Diese visiert an die neue Menschheitsgemeinschaft in Christus, in der die Welt als erlöste eingegliedert werden soll, wozu der in Christus Getaufte und vor allem Gefirmte in seinem *„sozialen Apostolat“* nach seinen individuellen Kräften und Möglichkeiten beitragen soll. Vgl. Anm. 32.

Paulus *Gal 3,28* den Kern aller Sozialtheologie im Raume der Christusbotschaft gesehen: „Ihr alle, die ihr getauft seid, habt Christus angezogen. Da ist nicht mehr Jude und Grieche, nicht mehr Herr und Sklave, nicht mehr Mann und Frau. Ihr alle seid einer in Christus.“ Hier haben wir die *Magna Charta Socialis Christiana*[15]!

Die kirchliche Sozialverkündigung hat nie dieses ihr Christusfundament verleugnet, wenngleich sie gewöhnlich im Hinblick auf die geschichtlich-sozialen Wirklichkeiten mittels der recta ratio, der seins- und ordnungsvernehmenden Vernunft[16], stärker die irdischen Ordnungen vom Schöpfergott her mit seinen Geboten als Inhalt und Grundlage des sittlichen Naturgesetzes und, darin enthalten (!), des richtig verstandenen Naturrechts betont hat[17].

Diese Sichtweise durchzieht auch die moderne kirchliche Sozialverkündigung, bis vor allem *Pius XII. seine ganze soziale Botschaft letztlich auf die Christusoffenbarung stützte,* um das ganze soziale Leben in Seiner Gerechtigkeit und Liebe zu gründen und dessen Vollendung zu suchen in der neuen in Christus gegründeten Gemeinschaft der Kirche, der neuen Familiengemeinschaft der Gotteskinder in der Bruderschaft Christi unter dem einen Vatergott im Heiligen Geist. In dieser neuen sozialen Ordnung erfährt die natürlich-geschöpfliche Mensch-

[15] Man kann sich nur wundern, daß dieses Wort der Schrift noch nicht zum Leitmotiv christlich-sozialen Denkens und Handelns gemacht wurde. In ihm werden die Unterschiede von Völkern und Staaten, die Standes- und Klassenunterschiede, Geschlechter- und Familienunterschiede nicht wie in totalitären Systemen verneint und bekämpft zugunsten einer totalitären gleichmacherischen Einerleiheit, sondern, was die Sünde getrennt hat, soll in Christus wieder eine Einheit werden.

Das ist die sozialtheologische Sicht, die auch alle christliche Sozialarbeit im Sozialapostolat der Kirche lenken sollte. Wie gesagt, ist das die Magna Charta Socialis Christiana.

[16] Nicht wie im Rationalismus mit seiner seins- und ordnungskonstruierenden Vernunft.

[17] Vgl. Anm. 14. Immer wieder werden in der Diskussion Naturrecht und sittliches Naturgesetz durcheinandergeworfen. *Das Recht* ist die Gesamtheit der Normen, welche das *äußere* Zusammenleben der Menschen in der Gemeinschaft auf das Gemeinwohl aller hin ordnet. *Das Naturrecht* ist dieses Recht, insofern es von der seins- und ordnungsvernehmenden Vernunft in der Natur des Menschen und der menschlichen Gemeinschaft erkannt werden kann. *Das sittliche Naturgesetz* umfaßt dagegen die sittliche Gesamtlebensordnung des Menschen und darin das Naturrecht. Mindestens seit Domingo de Soto († 1560) sollten wir sittliches Naturgesetz und Naturrecht auseinanderhalten!

heitsfamilie ihre Vollendung, so wie es später das Vat. II in unüberhörbarer Deutlichkeit verbindlich aussagt[18]. Darüber unten mehr.

Die Fülle und Vielfalt der einzelnen sicher auch stark vernunftbegründeten *Soziallehren Pius' XII.* dürfen also nicht verdecken, daß sie alle aus *einer letzten Grundsicht* stammen: Aus der Erneuerung aller sozial-geschöpflichen Ordnungen in Christus durch die Kirche auf sein Wiederkommen hin.

Die die kirchliche lehramtliche Sozialverkündigung interpretierende und ihre Weiterentwicklung vorbereitende „Katholische Soziallehre" hat sich leider zu wenig an diese Linie Pius' XII. und in den vergangenen Jahrzehnten mehr an die Behandlung sozialer Einzelprobleme gehalten, die sich besonders infolge weltpolitischer und -wirtschaftlicher Erschütterungen der politischen und der wirtschaftlichen Lösung unausweichlich aufdrängten. So konnte mancher den Eindruck gewinnen, als sei die „Katholische Soziallehre" eine bloß naturrechtlich aufgebaute normative Interpretation der aktuellen Probleme der sozialgeschichtlichen Wirklichkeit, in der politische Systemfragen und Fragen im Bereich von Freiheit und Eigentum vor allem zu beantworten waren[19]. So kam es, und das war ein Fehler mancher sozialen Aktivitäten, wie ihn weniger das kirchliche Lehramt als die es interpretierende „Katholische Soziallehre" beging, daß man in der Beurteilung und Darstellung christlich-sozialer Aktivitäten vorwiegend rational und nicht im ausdrücklichen Horizont des Christusglaubens und seiner

---

[18] Vgl. *G. Ermecke,* Beiträge zur Christlichen Gesellschaftslehre, Paderborn 1977, über die Familienhaftigkeit des Menschen. Der *„Familiarismus"*, wie der Verfasser sein Sozialprinzip genannt hat (vgl. *Mausbach / Ermecke,* Katholische Moraltheologie, Bd. III (1961) und *G. Ermecke,* Art. Familiarismus, in: *O. v. Nell-Breuning* u. *H. Sacher,* Wörterbuch der Politik, V: Gesellschaftliche Ordnungssysteme 1951, 71 - 78), erfüllt die Voraussetzungen, die ein Sozialprinzip haben muß. Es muß sein seinsbegründet, werterfüllt, darum psychologisch werbend, allgemein verständlich und zu allen Menschen hin brückenbauend. Er entspricht nicht bloß der sozialtheologischen Lehre von der Familien-Gebundenheit der Menschen, wie sie im Vat. II. immer wieder herausgestellt wird, sondern auch der Brüderlichkeit in Christus, in dem die neue Familie der Gotteskinder grundgelegt ist. Näheres oben im Text.

[19] Und dieser Eindruck ist unvermeidbar, wenn man die Soziallehre nur unzureichend sozialphilosophisch und vor allem nicht sozialtheologisch richtig fundiert. Vgl. Anm. 14.

Bei aller großen Bedeutsamkeit z. B. der Frage nach der richtigen Verteilung sozialer Freiheit und der richtigen, d. h. gerechten Eigentumsverteilung sollte immer aber wieder bedacht werden, daß die einschlägigen Fragen *letztlich* nur aus sozialtheologischer Tiefe richtig erkannt und gesehen werden können.

kirchlichen Sendung auftrat, sondern fälschlicherweise den Eindruck des sozialen Rationalismus und Naturalismus erweckte. *In dieser Vernachlässigung der Sozialtheologie* überhaupt, obwohl diese bei Pius XII. in allen seinen Aussagen zu finden ist, liegt mit ein Grund für die „Krise der ‚*Katholischen Soziallehre*'" von heute, auf die mehrfach *O. v. Nell-Breuning* mutig, aber vielleicht auch etwas einseitig hingewiesen hat.

III. Die Kirche in der Sozialtheologie von Pius XII. im besonderen

Die Kirche in ihrer eigenen sozialtheologischen Begrifflichkeit und Wesenheit voll wissenschaftlich zu erfassen und auszubreiten steht im Bereich der CGL noch aus. Man hat es bislang anderen theologischen Disziplinen überlassen, je für sich eine sozial-theologische Konzeption von der Kirche zu entwerfen. Man hatte genug zu tun mit den aktuellen Problemen der heutigen sozialen, in ihrem politischen und wirtschaftlichen Leben z. T. so chaotischen Welt. Gerade die allgemeinphilosophischen und, was hier besonders interessiert, die theologischen Grundlagen des Sozialen wurden weithin vernachlässigt. Und nun ist gerade die Botschaft Pius' XII. geeignet, uns sozialtheologisch darauf hinzuweisen, was die Kirche in dieser Hinsicht ist und, nach innen (vgl. Vat. II „Lumen Gentium") und nach außen zur Welt hin (vgl. Vat. II „Gaudium et Spes") bedeutet, und wie das Vat. II im ganzen die Kirche in ihrer sozialen Verfaßtheit so eindrucksvoll herausstellt. In sozialtheologischer Hinsicht ist es heute besonders Aufgabe der Fundamentaltheologie (wozu die CGL als theologisch-soziale Seins- und Grundlagenwissenschaft gehört, weil sie primär keine Normenwissenschaft ist, also nicht zu Ethik und Moraltheologie gehört), diesen grundlegenden sozialen Seinsaspekt der Kirche als Sozialtheologie in ihr System einzubauen[20].

---

[20] Früher wurden die sozialwissenschaftlichen Probleme in der katholischen Theologie vor allem in der Moraltheologie, und zwar in der Lehre vom sittlichen Naturgesetz und vom Naturrecht behandelt. Diese Wissenschaften sind aber Normenwissenschaften, während die CGL eine *Seinswissenschaft* ist. Jene sind abgeleitete Wissenschaften, während diese — auch jene begründend — eine *Grundlagenwissenschaft* darstellt. Das gilt auch für die gesamte Theologie, also für ihre historischen, spekulativen und praktischen Disziplinen. Immer ist sie notwendig, um die sozialen Seinsgrundlagen der Erlösungsbotschaft und ihrer Verwirklichung in Kirche und Welt richtig herauszustellen. In den seinswissenschaftlichen Erkenntnissen gründen die normenwissenschaftlichen. Daher darf man die katholische Soziallehre auch nicht unter dem Sammelbegriff „Naturrecht" zusammenfassen; denn diese ist keine Seins-, sondern eine Normenwissenschaft.

Wodurch unterscheidet sich nun aber die von der Fundamentaltheologie auszubreitende sozialtheologische Sicht der Kirche von der eigentlich dogmatischen Sicht? Offenbar sieht diese die Kirche von innen nach außen. Sie studiert, wie sich die Kirche als der in den Seinen fortlebende mystische Christus darstellt. Die Sozialtheologie sieht umgekehrt die Kirche von außen nach innen, Kirche als pilgerndes Gottesvolk. In dieser Sicht, die im Vat. II in „Lumen Gentium" besonders herausgestellt wurde, tritt als sozialtheologischer Begriff die Kirche als pilgerndes Volk Gottes[21] besonders hervor. Die Diskussionen über diesen Begriff zeigten, wie notwendig die dogmatische Sicht von der sozialtheologischen ergänzt werden muß. Erst beide Begriffe zusammen: Die Kirche ist der in seiner Kirche als pilgerndem Volk Gottes fortlebende Christus bringen ihre volle theologische Wesensbestimmung. Noch sind wir weder in der Sozialtheologie noch in den übrigen Disziplinen schon ausreichend zu der Erkenntnis gelangt, daß es in der Einheit der theologischen Disziplinen bislang *keine besondere theologische Disziplin gibt, welche das Soziale,* d. h. Mit- und Zwischenmenschliche im Bereich der Natur, und das Mit- und Zwischenchristliche im Bereich der Gnade in den theologischen Seinsgrundlagen *ex officio studiert.* Jede theologische Disziplin mußte sich ja bis zur Stunde angesichts der Tatsache, daß sie nicht bloß dem Individualen, sondern auch dem Sozialen in der Kirche begegnet, und zwar von Anfang an bis zur Gegenwart, ihren eigenen sozialen Aspekt von der Kirche erarbeiten. Hier fällt der Sozialtheologie heute im Raume einer umfassenden Fundamentaltheologie die Aufgabe zu, das Soziale auch in der Kirche in Vergangenheit, Gegenwart und Zukunft zu erforschen. Aus einer zu äußeren bloß juridisch-normativen Sicht der Kirche, vor allem in der nachtridentischen Zeit, erfolgte im Hinblick auf das Verhältnis von Kirche und Welt als Abschluß vorangegangener, noch zaghafter neuerer ekklesiologisch-sozialer Diskussion *der volle Durchbruch in der Sozialtheologie der Kirche unter Pius XII.* Und das zuerst in seiner für das Verständnis des inneren Seins der Kirche epochemachenden Enzyklika „Mystici Corporis" (1943)[22]. Wie stark die Kirche

[21] Vgl. Anm. 14. Wie töricht war es doch, daß manche aus der Bezeichnung der Kirche als „pilgerndes Gottesvolk" *Demokratisierungsansprüche* erheben wollten, obwohl der Begriff „Volk Gottes" ein heilstheologischer und kein politologischer Begriff ist. Vgl. u. a. *J. Ratzinger* und *H. Maier,* Demokratie in der Kirche. Möglichkeiten, Grenzen, Gefahren, Limburg 1970.

[22] Leider ist die mystische Sicht des christlichen Seins und Lebens bis in das Verständnis der Kirche hinein gegenüber früheren, z. B. den dreißiger Jahren unseres Jahrhunderts, heute nahezu verschwunden. Würde aber die

als pluropersonale Einheit in Christus im Hinblick auf die sich daraus ergebenden innerkirchlichen und weltlichen *sozialen Aktivitäten der Gläubigen* in der Verkündigung Pius' XII. *sozialtheologisch verstanden* werden muß, zeigt u. a. auch seine bekannte Ansprache „Über die Kirche als Lebensprinzip der menschlichen Gesellschaft" (v. 20. 2. 1946). Hinzukommen viele andere Ansprachen, in denen die Ganzheit der Kirche und die Gliedschaft in ihr als Grundlage der solidarischen und subsidiären Aktivität der Gläubigen bzw. der Kirche in dieser Welt herausgestellt werden (vgl. *Utz / Groner*, a. a. O.).

Die Sozialtheologie, d. h. die Betrachtung des Sozialen in der Kirche ist primär für Pius XII. eine ontologisch-ontische (keineswegs nur eine moralische oder aktualistisch-existentielle), in der alle ihre apostolischen Aktivitäten, ihre juridischen Berechtigungen und ihre Welt heimholende missionarische Kraft gegründet sind[23]. Die naturrechtliche und die sittlich naturgesetzliche und erst recht die kanonistische Sichtweise sind daher nur von ihrer pneumatischen Tiefe her zu begründen. Man hat mit einigem Recht gesagt, die Enzyklika „Mystici Corporis" sei zu einseitig ontologisch-statisch und müsse personal-existentiell-dynamisch ergänzt werden. Diese Ergänzung hat Vat. II in ausreichender Weise gebracht. Viele allerdings übersehen nunmehr in ihrem irrigen personalistischen Aktualismus jene *ontologisch-ontische Christusgemeinschaft, welche die Kirche als soziales Gebilde* ist, das wir von der CGL her als eine *Gemeinschaft,* d. h. eine Personenmehrschaft in Seinsverbundenheit (zum Unterschied von freien Gesellschaften als Personenmehrschaften in gewillkürter Zweckverbundenheit) nennen müssen[24].

Sicht der Sakramente und ihrer Spendung im liturgischen Raum weniger von psychologischer und soziologischer Wahrheit aus bestimmt, sondern von der mystischen Tiefe her, würden sicher manche Gegensätze und Feindschaften in der Kirche von heute unterbleiben.

[23] Wie in der *Geistesentwicklung der Neuzeit,* vor allem in der Philosophie, immer mehr die Wesensbetrachtung durch die Funktionsbetrachtung von Menschen und Dingen abgelöst wurde, so ist auch in der religiös-kirchlichen Entwicklung ein ähnlicher Vorgang zu beobachten. Heute werden auch hier die funktionale Bedeutsamkeit von Menschen und Dingen und deren Strukturen mehr betont, vor allem unter psychologischen und soziologischen Gesichtspunkten, als deren ontologisch-metaphysisch-mystisch-dogmatische Seinsgrundlagen, von denen her jene Sichtweisen erst theologisch gültig werden.

[24] *Gemeinschaft und Gesellschaft* sind die beiden sozialen Grundkategorien. Gesellschaft i. w. S. ist Personenmehrschaft. Besteht sie in Seinsverbundenheit, nennen wir das eine Gemeinschaft (z. B. Kirche, Familie); besteht

IV. Die Welt und die christliche Weltverantwortung im Lichte der Sozialtheologie von Pius XII.

Die breitgefächerte Lehre des Papstes über die Theologie der sozialen Wirklichkeiten in Kirche und Welt und mit ihren darin ihren Gottesauftrag erfüllenden je Einzelnen und ihren Gruppen in gebundenen Gemeinschaften und freien Gesellschaften gründet bei aller rationalen sittlich-naturgesetzlichen und darin naturrechtlichen Argumentation doch letztlich immer im Raume der alles begründenden Sozialtheologie Pius' XII.[25]. Das geht besonders hervor aus den *jährlichen Weihnachtsansprachen,* in denen das Licht Christi von Bethlehem als einzig das Dunkel der geschichtlich sozialen Welt aufhellendes und auf eine neue Ordnung hin wegweisendes aufgewiesen wird. Bei welchen Gelegenheiten hätte der Papst auch besser auf die sozialtheologische christliche Sozialsicht hinweisen können (vgl. Gal 3,28).

Besonders naheliegend war für die soziale Welt immer sein Hinweis darauf, daß die soziale Welt von heute die wahre Ordnung verloren hat, weil und in den Maßen wie sie den Geist von Bethlehem verloren hat.

So heißt es in der Weihnachtsansprache v. 24. 12. 1946 (AAS XXXIX [1947], 7 - 17): „Wenn wir zu den großen Grundsätzen der Gerechtigkeit zurückfinden wollen, die zum Frieden führen, müssen wir durch Bethlehem hindurch, müssen wir uns an das Beispiel und die Lehre dessen halten, der von der Wiege bis zum Kreuz keine höhere Sendung kannte als die, den Willen des himmlischen Vaters zu erfüllen, die Welt aus der Nacht des Irrtums und den Schlamm der Schuld zu ziehen, wo sie damals elend lag, und in ihr das Bewußtsein ihrer Unterworfenheit unter die Majestät des göttlichen Gesetzes als Norm rechten Denkens, als Antrieb starken Wollens, als Maß gesunden und gewissenhaften Handelns wiederzuerwecken. Die ‚große Heimkehr' zu den Grundsätzen der Botschaft von Bethlehem ist der Welt nie so nötig gewesen wie

---

sie in gewillkürter Zweckverbundenheit (z. B. AG), nennen wir sie Gesellschaft i. e. S. Die Unterscheidung beider Kategorien erfolgt also nicht psychologisch, wie bei F. Tönnies, sondern ontologisch. Vgl. *Mausbach / Ermecke,* a. a. O., Bd. III und *G. Ermecke,* Beiträge zur Christlichen Gesellschaftslehre, Paderborn 1977.

[25] *Natürlich gibt der Papst kein wissenschaftliches System von der Sozialtheologie.* Das aufzubauen ist eben Sache der CGL als Seins- und Grundlagenwissenschaft. Die „katholische Soziallehre" sollte aber noch mehr sich der fortbildenden Interpretation der kirchlich „lehramtlichen Sozialverkündigung" widmen und dabei auf ihrem sozialtheologischen Hintergrund, der CGL, aufbauen.

heute. Und doch hat sich der Gegensatz zwischen den Vorschriften jener göttlichen Botschaft und der Wirklichkeit, die wir vor uns sehen, selten so schmerzlich unter den Menschen offenbart."

Und am 24. 12. 1943 (AAS XXXV [1944], 11 - 24) weist der Papst, was gerade in sozialtheologischer Hinsicht bedeutungsvoll ist, auf Christus, der allein die Geister des Irrtums und der Schuld bannen und „die Menschheit aus dem Namenlosen, im Laufe dieses Lebens sie bedrängenden Nöten erheben und befreien und sie hingeleiten kann zum Glück."

Die Sozialtheologie Pius' XII. ist aber durch und durch inkarnatorisch, d. h. gottmenschlich. Weil Christus auch weiterhin seine Menschwerdung fortsetzen will in den Menschen, läßt er seine Erlösungsgnade in der unverkürzten Menschheit existent werden. Daher auch die notwendige normative Definition des Menschseins in den Geboten des sittlichen Naturgesetzes und darin des Naturrechts. Ethik ist ja normative Anthropologie.

Es geht in Christus um eine neue soziale Auffassung. In seiner Ansprache vom 24. 12. 1942 (AAS XXXV [1943], 9 - 24) sagt er, was die Aussage der, wenn auch so schon wahren christlich-philosophischen Soziallehre, anbetrifft: „Erste Ursache und tiefste Grundlage menschlichen Einzel- und Gemeinschaftslebens ist Gott, der Schöpfer der ehelichen Urgemeinschaft, der Quellgrund der Familie und der Gemeinschaft des Volkes und der Völker. *Als noch so unvollkommenes Abbild des dreieinigen Gottes*[26], der durch das Geheimnis der Menschwerdung die Menschennatur erlöst und erhöht hat, *besitzt das Gemeinschaftsleben* im Lichte der Vernunft und der Offenbarung, in seinem Vollbegriff wie in seinem Zielgrund eine sittliche Autorität und Unabhängigkeit, die das Auf und Ab der Zeiten überdauert."

Aus der Bruderschaft in Christus erwächst jene neue universale Brüderlichkeit, welche die rationalistische der französischen Revolution unendlich überragt.

---

[26] So ist die *Trinität eine Gemeinschaft* (s. Anm. 24) als *Personenmehrschaft in Seinsidentität,* während alle irdischen Gemeinschaften Personenmehrschaften in Seinsverbundenheit sind.

Der Versuch von *A. Geck,* aus dem innertrinitarischen Verhältnis Strukturen für die irdische Gemeinschaft abzuleiten, war ein begrüßenswerter Versuch, aber letztlich nicht akzeptabel, weil er den Charakter des absoluten Geheimnisses der Dreifaltigkeit zu wenig berücksichtigte.

Vor allem sind, was besonders dann im Vat. II immer wieder stark betont wird, die schon von Natur aus eine *Menschheits-Familie* bildenden Gottesgeschöpfe in der Bruderschaft Christi *zur neuen Familiengemeinschaft der Gotteskinder* in der *neuen* Brüderlichkeit in Christus erhoben. Dadurch bekommt das Soziale eine von der katholischen sozialwissenschaftlichen und -praktischen Betrachtung leider viel zu wenig beachtete neue Tiefendimension, welche die bloß naturrechtliche Sicht weit überragt. Schon Pius XI. hatte in Quadragesimo Anno (1931, Nr. 77 u. 137) gesagt: Zur sozialen Erneuerung durch Zuständeund Gesinnungsreformen in Gerechtigkeit und Liebe muß bedacht werden: „Gerechtigkeit, so treu sie auch immer geübt wird, kann nur den Streitstoff sozialer Konflikte aus der Welt schaffen, die Herzen innerlich verbinden vermag sie nicht. Nun ist aber die innere Gesinnungsverbundenheit unter den Beteiligten die feste Grundlage aller Einrichtungen zur Sicherung des sozialen Friedens und zur Förderung der Zusammenarbeit unter den Menschen. Die Erfahrung lehrt immer wieder, daß ohne solche Gesinnungseinheit die weisesten Anordnungen zu gar nichts nütze sind. Ein wahres Zusammenwirken aller zu dem einen Ziel des Gemeinwohles ist daher nur dann möglich, wenn die *verschiedenen gesellschaftlichen Gruppen* sich ganz durchdringen lassen von dem Bewußtsein ihrer Zusammengehörigkeit als *Glieder einer großen Menschheitsfamilie, als Kinder eines und desselben himmlischen Vaters,* wenn sie sich fühlen als ein Leib in Christo, ‚einer des anderen Glied' (vgl. Röm 12, 5), so daß, ‚wenn ein Glied leidet, alle anderen mit ihm leiden' (vgl. 1 Kor 12,26)." Und Pius XII. sagt in seiner Ansprache vom 21. 9. 1949 auf der Tagung des internationalen Verbandes der Familienbewegung in Rom: „Daß doch alle Familien der Welt sich zusammenfänden, um einander zu helfen, um durch ihre gesunde und fruchtbare Kraft ein Gegengewicht gegen die bösen Mächte zu sein. Das ist sehr gut! *Ein Schritt weiter muß noch geleistet werden, den christlichen Familiengeist zu schaffen in einer nationalen, internationalen und weltumfassenden Abstufung.* So wie eine einzelne Familie nicht nur einfach eine Zusammenscharung ihrer Mitglieder unter einem Dache ist, so darf *die Gesellschaft nicht bloß eine einfache Summe der Familien sein, die sie bilden. Sie muß aus einem Familiengeist leben, der auf einer Gemeinschaft des Ursprungs und des Zieles begründet ist.*

Wenn zwischen den einzelnen Zweigen derselben Familie die Lebensverhältnisse Ungleichheit aufkommen lassen, hilft man sich gegenseitig. Ohne Zweifel ein erhabenes Ideal! Aber warum gibt man sich nicht sofort daran, in diesem Sinne zu arbeiten, mag auch seine Verwirklichung noch so weit entfernt sein? Sogar die quälende Frage der kontinentalen Weltwirtschaft würde in dieser Sicht betrachtet eine fühlbare und wohltuende Hilfe erfahren."

Wir sehen, wie hier und in vielen anderen Ansprachen die *Lehren Pius' XII. nicht bloß aus schöpfungstheologischer Sicht* — Gott ist Schöpfer und Herr und Ziel jedes Menschen und aller mitmenschlicher Verbundenheit —, *sondern auch aus heilstheologischer Sicht,* auf die Erneuerung des Menschen und der menschlichen Gemeinschaft in Christus gerichtet sind. Grundlegend ist und bleibt, was Paulus Gal 3,28 sagt: „Ihr alle, die ihr getauft seid, habt Christus angezogen. Da ist nicht mehr Jude und Grieche, nicht mehr Herr und Sklave, nicht mehr Mann und Frau. Ihr alle seid einer in Christus."

V. Was bringt diese sozialtheologische Sicht bei Pius XII. Neues und für heute Wichtiges?

Die bloß rationale, d. h. die mittels der seins- und ordnungsvernehmenden Vernunftforschung erfolgende geistige Verarbeitung der sozialen Tatsachen reicht für die christliche Soziallehre nicht aus, so wahr und notwendig jene auch sein mag. Die sozialphilosophische Forschung nach den Seins- und Wirkgrundlagen des Sozialen verlangt nach der sozialen Abschlußwissenschaft, der Sozialtheologie.

Unter Philosophie verstehen wir bekanntlich die Interpretation der Wirklichkeit vom Menschen her auf den Menschen hin. So ist auch die Sozialphilosophie die Interpretation des Sozialen, d. h. des Bereiches des Mitmenschlichen und, wo dieses organisierte Gestalt gewonnen hat, des Zwischenmenschlichen vom Menschen her auf den Menschen hin[27]. *Alle sozialen Stellungnahmen, mögen sie wahr oder falsch sein, sind ohne Ausnahme in Theorie und Praxis in einer Anthropologie* begründet. Aber nur von der wahren Anthropologie aus kann auch der Staat, der einzig und allein im Menschen gründet und einzig und allein für das Wohl des Menschen von Gott bestellt wird, richtig verstanden werden. Alle politischen Irrtümer gründen daher in anthropologischen! Das gilt für jedes politische und soziale Programm und jedes menschliche Gesetz! Die Katholiken haben ihren sozialen Stellungnahmen in langer

[27] Die *Begriffsbestimmung des Sozialen* ist leider durchaus *nicht einheitlich,* und daher ist gerade auch im katholischen Raum die Diskussion so leerlaufend und zum Teil systematisch und methodisch geradezu nichtssagend.

Tradition stets ein Menschenbild zugrundegelegt, hinter dem Gott, der Schöpfer, gestanden ist. Der Mensch ist Gottes Ebenbild[28]. Das gilt unausweichlich auch für die Sozialethik, für die Lehre vom menschengemäßen richtigen Freiheitsgebrauch im sozialen Leben, deren *absolute* kategorische Imperative nur von einem absoluten Herrn und Gebieter jedes und aller Menschen her begründet werden können. Ohne theonome Begründung verbleibt jede Ethik in einer bloß relativen, wenn auch in einer noch so sublimen (wie etwa bei Kant) Normbegründung.

Erst die theologische Betrachtung, d. h. die Sicht des Menschen und des Sozialen von Gott her und auf Gott hin, und zwar auf den sich in Christus offenbarenden und mitteilenden Gott, *führt zum vollen Menschenbild*[29]. Nur von dort aus kann daher eine soziale Lehre bewahrt bleiben vor *trügerischem Optimismus,* der die Gebrochenheit des Menschen nicht kennt und nicht anerkennt, sowie vor *trügerischem Pessimismus,* der jedes gute Gestalten des sozialen Seins in echter Mitmenschlichkeit für unmöglich, für vergeblich hält[30].

Nur die sozialtheologische Sicht, wie sie immer wieder Pius XII. hervorkehrt, ausgehend von dem in Christus erschienenen und sich uns mitteilenden Gott, kann die geschichtliche Relativität aller irdischen sozialen Tatsachen richtig bewerten und sie über deren zeitliche Vergänglichkeit hinaus in die *Perspektive der Eschatologie*[31] hineinstellen. Es ist eine sowohl theoretisch als auch praktisch nicht genug in ihrer Bedeutung zu bewertende sozialtheologische Einsicht, daß *auch die soziale Vollendung erst am Ende der Tage stattfinden wird.* Ferner wird allein die von Gott geschaffene universale Menschheitsgemeinschaft hingelenkt auf ihre Erfüllung und Vollendung in der neuen Gemein-

[28] In der Einheit von Leib und Seele, von individuellem Eigensein und sozialer Verbundenheit, in totaler und radikaler Abhängigkeit von Gott.

[29] Über die Teilhabe des Erlösten in Christus, s. *Mausbach / Ermecke,* Katholische Moraltheologie, Bd. I (1959).

[30] Hier bewährt sich der sozialtheologische Einstieg in die Wirklichkeit, die, weil ein Mysterium, weder empirisch-pragmatisch, z. B. psychologisch oder soziologisch, noch bloß philosophisch, sondern nur heilstheologisch richtig erfaßt werden kann. Ohne Beachtung der Lehre von der Erbsünde und deren Folgen sowie der persönlichen Sünde und deren Folgen muß ein Sozialbetrachter entweder in einen trügerischen Optimismus oder, weil am Leben scheiternd, in einen lebensbedrohlichen Pessimismus verfallen.

[31] Gerade die heilsgeschichtliche und letztlich echatologische Sicht bewahrt hinsichtlich der sozialen Zukunftsperspektive vor statischem Aufgehen im geschichtlichen Augenblick und vor Dynamisierung in einem ideologischen (vom Wunschdenken beseelten) und utopischen (von absoluten Vollkommenheitserwartungen hinsichtlich des gebrechlichen Menschen erfüllten Denken).

schaft im Reiche Gottes, das in der Kirche angebrochen ist. Das Auseinanderfallen von Kirche und Welt ist damit grundsätzlich überwunden. Die *Kirche ist in Christus heimgeholte Welt*[32]. An dieser Heimholung mitzuwirken, ist in sozialtheologischer Perspektive Aufgabe jedes Christen, jedes Gliedes Christi und der Kirche selbst. Diese geradezu sozial-apostolische Aufgabe des gefirmten Getauften gibt ihm jene *innerweltliche Heiligungsaufgabe,* die über die bloß konkrete praktisch-gestalterische Tätigkeit weit hinausgeht und erst in der Ewigkeit vollendet wird. So, in dieser sozialtheologischen Sicht betrachtet Pius XII. das soziale Leben in Kirche und Welt.

Wir stehen zur Stunde noch vor dem *gewaltigen sozialen Lehrwerk Pius' XII.* Manchmal hat man es beklagt, daß er zu so vielen sozialen Einzelfragen Stellung genommen hat. Von unserem Thema her ist das jedoch zu begrüßen, weil so unüberhörbar deutlich wird, was in *allen* sozialen Lebensbereichen in Kirche und Welt die sozialtheologische Sicht als in Christus vor- und aufgegebene Lebenswirklichkeit erschließt.

---

[32] Wie tief sieht in der sozialtheologischen Perspektive das Verhältnis von Kirche und Welt aus! Wie tief wird hier jede Art von Weltarbeit letztlich als Mitarbeit in dem in der Kirche Christi heranwachsenden Reich Gottes gesehen! Vgl. *Mausbach/Ermecke,* a.a.O., Bd. III und *G. Ermecke,* Das Sozialpostolat. Seine theologische Begründung, sittliche Verpflichtung und praktische Gestaltung, Paderborn 1952.

DIE SOZIALIDEE VON PIUS XII.

Von Wilhelm Weber

I. Zum ideengeschichtlich-ideologischen und gesellschaftlich-politischen Hintergrund

Die Zeit seit dem Ausbruch des Ersten Weltkrieges (1914 - 1918) stellt sich als eine Epoche gesellschaftlich-politischer Krisen und globaler Friedlosigkeit dar. Noch während des Krieges war die bolschewistische Revolution („Oktoberrevolution" von 1917) unter W. I. Lenin in Rußland siegreich geblieben. Fünf Jahre später eröffnete B. Mussolini mit seinem „Marsch auf Rom" (28. Oktober 1922) die faschistische Ära in Italien. Am 30. Januar 1933 erfolgte durch die sog. „Machtergreifung" A. Hitlers die Unterwerfung Deutschlands unter die Diktatur des Nationalsozialismus.

Die drei revolutionären Bewegungen mit mehr oder weniger monistischen Ideologien[1] endeten politisch in totalitären Diktaturen nationalistischen Zuschnitts, jedoch mit hegemonialen Ansprüchen jenseits der eigenen nationalen Grenzen. So proklamierte (unter wechselnder Strategie und Taktik) der Bolschewismus die „sozialistische Weltrevolution"; der italienische Faschismus erhob unter der Kampfparole „Mare nostro" Herrschaftsansprüche rund ums Mittelmeer; der Nationalsozialismus bereitete seine kriegerischen Aktionen nach Osteuropa unter dem Postulat „Lebensraum für das deutsche Volk" vor.

Die Weltwirtschaftskrise um 1930 führt mit ihren Millionenheeren an Arbeitslosen zu einer völligen Desorganisation des Welthandels und zu schweren gesellschaftlich-politischen Erschütterungen innerhalb der Industriestaaten. Die Weltwirtschaftskrise markiert das Ende der liberal-individualistischen Wirtschaftsära und den Beginn nationalstaatlicher Konjunktur- und Währungspolitik. Die Hektik, mit der die einzelnen Staaten durch immer neue restriktive Maßnahmen auf die schwere

---

[1] Bolschewismus: „Klassen"-Ideologie auf ökonomischer Basis; Faschismus: „La nazione" als Basis hegemonialer Ansprüche; Nationalsozialismus: „Blut- und Boden"-Ideologie, elitärer, emotionaler Rassismus.

weltweite Depression reagierten, verstärkte die Krise im liberal-individualistischen System einer „Laissez faire — laissez passer“-Weltwirtschaft nur. „Die konjunkturelle Krise hat eine strukturelle Krise der Weltwirtschaft ausgelöst. Die Krise *im* System (wurde) zu einer Krise *des* Systems[2].“

Nach dem Zweiten Weltkrieg (1939 - 1945) traten immer stärker das weltpolitisch-militärische Blockdenken (NATO, Warschauer Pakt), Probleme der konventionellen und dann der nuklearen Aufrüstung, des Kalten Krieges und lokalbegrenzter kriegerischer Auseinandersetzungen hervor, teils im Zusammenhang mit dem Ost-West-Konflikt (Korea, Vietnam), teils im Zusammenhang mit der Ablösung ehemaliger europäischer Kolonialherrschaft in verschiedenen Teilen der Welt. An die Seite des Ost-West-Konflikts trat immer deutlicher das Nord-Süd-Problem, d. h. die Spannungen aus dem Ungleichgewicht zwischen den entwickelten Industrienationen der nördlichen Hemisphäre — „Erste“ und „Zweite Welt“ — und den volkreichen, aber wirtschaftlich wenig entwickelten und daher armen und z. T. hungernden Ländern der sog. „Dritten Welt“.

Demgegenüber kamen positive Ansätze und Entwicklungen schon in der Zwischenkriegszeit, dann verstärkt unter dem Eindruck der verheerenden Folgen der Rechtszerstörung durch die verschiedenen Totalitarismen und der Katastrophe und Tragödie des Zweiten Weltkrieges in Gang, blieben aber vielfach stecken und bieten heute z. T. ein desolates Bild. Hier wären zu nennen der Europa-Gedanke, die Tätigkeit der Internationalen Arbeitsorganisation in Genf (IAO), die, 1919 gegründet, seitdem eine segensreiche Aktivität entfaltet hat[3], die Ansätze zu einer neuen internationalen Rechts- und Friedensordnung, wie die Errichtung der „Organisation der Vereinten Nationen“ (UNO) mit deren unter- bzw. nebengeordneten Organisationen (UNESCO, FAO, UNICEF usw.) gegen und nach Ende des Zweiten Weltkrieges, die „Erklärung der Menschenrechte“ durch die UNO vom 10. Dezember 1948, die Gründung der Europäischen Gemeinschaft (EG), um nur einige der wichtigsten Ereignisse zu nennen.

---

[2] Vgl. hierzu *A. Predöhl*, Das Ende der Weltwirtschaftskrise. Eine Einführung in die Probleme der Weltwirtschaft. rde, Bd. 161, Hamburg 1962, hier 9.

[3] Pius XII. hat die Tätigkeit der IAO in einer Ansprache an die Mitglieder des Verwaltungsrates des Internationalen Arbeitsamtes am 19. November 1954 lobend hervorgehoben. AAS 46 (1954), 714 - 718; U - G 6040 - 6048.

Diesen ideengeschichtlich-ideologischen und gesellschaftlich-politischen Hintergrund muß man im Auge behalten, wenn man die tragenden Gedanken der Sozialidee Pius' XII. richtig einschätzen will. Vor allem die Erfahrungen mit den totalitären Diktaturen ließen Pius XII. zum Herold der Rechte der menschlichen Person werden. Unter ihm gewinnt auch in einer geradezu stupenden Fülle von Verlautbarungen verschiedenster Art — er hat jedoch keine eigene Sozialenzyklika i. e. S. verfaßt — das immer deutlichere Konturen, was man als den „Personalismus" der christlichen Sozialverkündigung und als „Solidarismus" bezeichnen kann. Das fast hartnäckige Insistieren Pius' XII. auf dem Subsidiaritätsprinzip erklärt sich daher. In anderen Beiträgen dieses Bandes wird auf seine beachtlichen und weiterführenden Gedanken zum Problem der Demokratie, der Toleranz und der öffentlichen Meinung einzugehen sein. Ebenso auf seine Vorstellungen eines universalen oder Weltgemeinwohls, die ihm den Gedanken der einen Menschheitsfamilie immer wieder (von seiner Antrittsenzyklika „Summi Pontificatus" vom 20. Oktober 1939 an) zum Gegenstand seiner Lehräußerungen werden und ihn die Vision eines „Weltstaates" auf föderativer Basis verkünden ließen.

II. Die Basis-Begriffe der Sozialidee Pius' XII.

Die Wissenschaftssprache, insbesondere die der sozialen ung politischen Wissenschaften, ist in einem rapiden Wandel und Wechsel begriffen. Dazu kommt, daß Sprache nicht mehr nur oder vorwiegend als Mittel der Darstellung von Sachverhalten begriffen wird, sondern als Medium der Meinungsbildung und Manipulation, die man als „politisches Handeln durch sprachliche Mittel" definieren könnte. Deshalb kann „man nicht von Politik sprechen, ohne von Sprache zu sprechen. Sprache in ihrer spezifischen ... Verwendungsstruktur politischer Sprache ist selber ein bestimmender Faktor dieser Öffentlichkeit, ist unentbehrliches Instrument zum Aufbau, zur Stabilisierung und Zerstörung politischer Machtlagen und zugleich Medium gemeinsamen Bemühens um die praktische Wahrheit politischen Handelns"[4]. Wirklichkeit wird in der Einkleidung moderner Politsprache leicht zur Matrize, der Begriff zur Parole, zum politischen Feldzeichen, um das sich die Sturmtruppen zum Angriff auf den Gegner scharen.

---

[4] *W. Brüggemann*, Didaktische Überlegungen zur politischen Sprache. In: *W. Brüggemann, W. Weber* u. a. (Hrsg.), Politische Bildung im Umbruch. Beiträge zur Orientierung (Arbeitsmaterialien für den politischen Unterricht), München 1976, 67 - 89, hier 68.

Insbesondere im Kontext politischer Verwendungszusammenhänge wird Wissenschaftssprache entweder zum Arkandialekt esoterischer akademischer Zirkel oder sie degeneriert zu polemisch-propagandistischen Simplifikationen im Dienste der Mobilisierung von Massen zu politischen Zwecken. Beides ist Ausdruck eines gigantischen babylonischen Wirrwarrs im Bereich der politischen Sprache, und die Produktion beider Sprachtypen läuft seit Jahren auf Hochtouren mit der Konsequenz, daß selbst der Fachmann der Entwicklung kaum noch zu folgen vermag.

Dies ist der Grund, weshalb die Sprache Pius' XII. in seinen zahlreichen Verlautbarungen zu sozialen, wirtschaftlichen und politischen Fragen, noch vor einem Vierteljahrhundert ob ihrer Klarheit und Orientierungskraft gepriesen, heute selbst vom Theologen, geschweige denn vom Sozialwissenschaftler und Politiker, kaum noch verstanden wird. Manche seiner Basis-Begriffe sind in weiten Kreisen fast sogar zu „Un-Begriffen" geworden, um diesen Ausdruck in Analogie zur „Un-Person" zu prägen, zu der Menschen in totalitären Systemen werden, wenn sie nicht die Sprache des Systems mitsprechen.

Es wird leicht sein, dies an den folgenden Beispielen aufzuzeigen. Umgekehrt wird es nötig sein, Pius XII. zu „vermitteln", um ihn und seine Grundanliegen auch heute noch verständlich zu machen.

1. Gesellschaft als Zusammenleben in Ordnung und Ruhe

Schon die von Pius XII. so genannten „Grundelemente des Gemeinschaftslebens", nämlich „Ordnung" und „Ruhe", haben heute einen unguten Klang. Wenn man sie nicht mit faschistischem oder faschistoidem „Law and order"-Denken in Verbindung bringt, so werden doch schnell theologische Bedenken laut, die eine „statische" Sicht der Gesellschaft ablehnen bzw. für unrealistisch halten und meinen, eine „dynamische" Gesellschaft könne ihren Frieden nicht unter den Kategorien von „Ordnung" und „Ruhe" finden.

Nun darf man nicht übersehen, daß Pius XII. seine Sicht der Grundelemente des Gemeinschaftslebens nicht zuletzt vor dem Hintergrund der politischen Totalitarismen und der verheerenden Wirkungen des Zweiten Weltkrieges entwickelt hat. Mitten im Kriege, zum Weihnachtsfest 1942, pocht er auf diese Grundelemente mit folgenden Worten: „Alles Gemeinschaftsleben, das dieses Namens würdig ist, entspringt aus dem Willen zum Frieden und zielt auf den Frieden hin, auf jenes *ruhevolle Zusammenleben in Ordnung,* das der hl. Thomas nach einem bekannten Wort des hl. Augustin als Inbegriff des Friedens bestimmt[5]. Zwei Kernelemente also bedingen das Gemeinschaftsleben, ein Zusammenleben in Ordnung und ein Zusammenleben in Ruhe[6]."

Wenngleich Pius XII. einen wesentlichen Grund für den Unfrieden und die Unordnung in der Welt im Abfall von Gott und in dem Versagen vieler Christen sieht, wie noch zu zeigen sein wird, bleibt seine Kritik doch nicht in einer anthropologisch-religiösen Reduktion des Problems stecken, sondern weitet sich aus zu einer strukturellen Kritik an der Gegenwartsgesellschaft und an der politischen Gesamtlage der Welt. Daher sind auch „Ruhe" und „Ordnung" nicht nur anthropologische Kategorien des richtigen „Verhaltens", sondern soziale und rechtliche Kategorien einer bestimmten Strukturierung und Bestandserhaltung der Gesellschaft. In der oben zitierten Weihnachtsansprache kommt der Papst daher von der Ordnung als dem „Anstreben und (der) immer vollkommeneren Verwirklichung einer inneren Einheit, unter Wahrung jeder wirklich gegründeten, durch Schöpferwillen in natürlicher oder übernatürlicher Ordnung verbürgten Verschiedenheit"[7] folgerichtig zur Rechtsordnung der Gemeinschaft zu sprechen. „Vom Gemeinschaftsleben und seinen gottgewollten Zielen untrennbar ist eine Rechtsordnung, die ihm als äußerer Halt, als Schirm und als Schutz dient[8]."

Es darf in diesem Zusammenhang an die dem Fachmann bekannte Tatsache erinnert werden, daß Pius XII. in seinen strukturellen und Ordnungsvorstellungen stark durch jene Richtung katholisch-sozialen Denkens beeinflußt war, die sich unter dem maßgeblichen Einfluß Heinrich Peschs S. J. und seiner Schüler, besonders Gustav Gundlachs S. J. († 1963), als „Solidarismus" entwickelt hatte. Gustav Gundlach wurde ja, wie ebenfalls bekannt ist, als „maßgeblicher Repräsentant der katholischen Soziallehre während der Pontifikate Pius' XI. und Pius' XII."[9] zum ständigen Berater des Papstes, wenn es darum ging, bedeutende Äußerungen zu sozialen Problemen vor dem Forum der Weltöffentlichkeit zu machen.

---

[5] S. Th. II - II, q. 29 a. 1 ad 1; St. Aug., De Civitate Dei XIX 13, 1.

[6] Rundfunkbotschaft: 24. Dezember 1942. AAS 35 (1943) 9 - 24. Original: Italienisch. Hier nach *A. F. Utz, J. F. Groner,* Aufbau und Entfaltung des gesellschaftlichen Lebens. Soziale Summe Pius' XII., 3. Bde., Fribourg / Schweiz 1951 - 1961, 219 - 271, hier 223 (im Folgenden zit. als U-G).

[7] Ebenda 224.

[8] Ebenda 233.

[9] Vgl. die Arbeit von *J. Schwarte,* Gustav Gundlach S. J. (1892 - 1963). Maßgeblicher Repräsentant der katholischen Soziallehre während der Pontifikate Pius' XI. und Pius' XII. In der Reihe: Abhandlungen zur Sozialethik, hrsg. v. W. Weber und A. Rauscher, Bd. 9, Paderborn 1975.

Insbesondere die alljährlichen Weihnachtsansprachen, denen Pius XII. größte Bedeutung beimaß, wurden vom ersten bis zum letzten Jahr dieses Pontifikats in den Grundzügen von Gundlach verfaßt. Er selbst schreibt darüber in einer autobiographischen Notiz gegen Ende seines jahrzehntelangen römischen Aufenthalts, gut drei Jahre nach dem Tode des Pontifex, dem er so treu und uneigennützig gedient hatte:

„Mit jedem Septemberende dieses langen Pontifikats und noch im Todesjahr, also wenige Wochen vor dem Heimgang, erreichte mich der Auftrag, Thema und Disposition der kommenden Weihnachtsansprache vorzuschlagen und einzusenden. Die Pflicht der Geheimhaltung zwang mich dann zu einsamem Denken, und der Papst konnte nicht lange warten. Dann folgte die mühsame Arbeit der Textgestaltung, die man glücklicherweise in der Muttersprache vorlegen durfte, zumal das Urteil des Papstes über mein sonstwie gedrucktes Italienisch sehr ungünstig war, wie ich wußte. Der Hl. Vater goß dann mit seiner kleinen, aber klaren Handschrift auf denselben Textbogen alles in sein Italienisch oder — bei internationalen Anlässen — ins Französische, hielt Rückfragen um Veränderungen oder Einschaltungen, und zwar bis knapp vor dem Auftreten oder der Veröffentlichung, was alle Beteiligten bis zum Setzer nicht zur Ruhe kommen ließ[10]."

In welchem Ausmaß Pius XII. Gundlach'sche Entwürfe und Gedanken übernahm und wie weit er von ihnen abwich, dafür gibt J. Schwarte einige aufschlußreiche Textanalysen. Vgl. Fußnote 9, a. a. O., vor allem 353 ff.

Die Bekanntschaft Pius' XII. mit den tragenden Ideen und Basis-Begriffen des „Solidarismus" reichte zurück bis in die Jahre, in denen er als Apostolischer Nuntius in Deutschland gewirkt hatte. Dort war er über Vertreter des Solidarismus und vor allem über das „Staatslexikon der Görres-Gesellschaft", das er studierte, mit einem sozialen Kategoriensystem vertraut geworden, das später seine Zusammenarbeit mit Gustav Gundlach so problemlos gestaltete. Mit welchem Ordnungsbild der Gesellschaft er als Nuntius aus Deutschland schied, das offenbarte seine von O. v. Nell-Breuning S. J. als „unvergeßlich" bezeinchnete Rede zum Freiburger Katholikentag von 1929, seine letzte Katholikentagsrede überhaupt.

2. Die Einheit der menschlichen Gesellschaft: Das Problem von gesellschaftlicher Kohäsion und Differenzierung

Was Pius XII. immer wieder beklagt, ist der Mangel an Solidarität und das Auseinanderstreben der Menschen innerhalb der staatlich verfaßten Gesellschaft und innerhalb der Menschheit.

---

[10] G. *Gundlach,* Meine Bestimmung zur Sozialwissenschaft (autobiographische Skizze; Fertigstellungsdatum: Rom, 23. Februar 1962; maschinenschriftliches Manuskript; Provinzialarchiv der Ostdeutschen Provinz des Jesuitenordens, Berlin). Zit. nach *J. Schwarte,* a. a. O., 130 f.

Dies war bereits der Tenor seiner Antrittsenzyklika „Summi Pontificatus“ vom 20. Oktober 1939[11], in der er es als einen der entscheidenden Irrtümer bezeichnet, „daß man das Gesetz der Solidarität und Liebe zwischen den Menschen in Vergessenheit geraten läßt, jenes Gesetz, das sowohl durch den gemeinsamen Ursprung und durch die nämliche Vernunftnatur aller Menschen, gleichviel welchen Volkes, vorgeschrieben und auferlegt ist, wie auch durch das Opfer der Erlösung, das Jesus Christus am Altar des Kreuzes seinem himmlischen Vater für die sündige Menschheit darbrachte“[12].

Welcher Art die Einheit der menschlichen Gesellschaft und der Gesamtmenschheit ist, erfährt bei Pius XII. folgenden Bescheid: „Im Lichte dieser rechtlichen und tatsächlichen Einheit des Ganzen der Menschheit fügen sich die einzelnen nicht bindungslos aneinander wie Sandkörner; vielmehr einen sie sich in organischen, harmonischen und wechselseitigen Beziehungen (die mit dem Wandel der Zeiten verschiedenartige Formen annehmen können) entsprechend ihrem natürlichen und übernatürlichen Ziel und Antrieb. — Daß die Völker sich entfalten und sich unterscheiden gemäß der Verschiedenheit von Lebens- und Kulturbedingungen, ist nicht auf Spaltung der Einheit des Menschengeschlechts hingerichtet; die Völker sollen diese vielmehr durch die Mitteilung ihrer besonderen Gaben und durch den gegenseitigen Austausch ihrer Werte reicher und schöner gestalten; dies kann aber nur geschehen und im ganzen wirksam sein, wenn eine wechselseitige Zuneigung alle Kinder desselben Vaters und alle in demselben Gottesblut Erlösten eint[13].“

Bei der Frage nach den tieferen Ursachen für die gesellschaftlichen Mißstände und die Leiden der Menschheit kommt Pius XII. auf die Bedeutung der Religion für das gesellschaftliche Leben zu sprechen. „Wenn es richtig ist, daß die Übel, an denen die heutige Menschheit leidet, wenigstens zum Teil wirtschaftliche Ursachen haben, im Kampf um eine gerechtere Verteilung der Güter, die Gott dem Menschen zu seinem Unterhalt und zum Fortschritt gegeben hat, so ist nicht weniger richtig: Die Wurzeln dieser Übel liegen noch viel tiefer, sie liegen darin, daß der religiöse Glaube und die sittliche Überwindung mehr und mehr zerstört worden sind, je mehr sich die Völker von der Einheit

---

[11] Vgl. Rundschreiben „Summi Pontificatus“ v. 20. Oktober 1939: AAS 31 (1939) 413 - 453; U-G 1 - 92.

[12] Vgl. ebenda; bei U-G 26.

[13] Ebenda; bei U-G 33, 34.

der Glaubenslehre und des Sittengesetzes entfernt haben, die einstens durch die unermüdliche und segensreiche Arbeit der Kirche gefördert wurde. Wenn eine künftige Erziehungsarbeit an der Menschheit Erfolg haben soll, dann muß vor allem geistige und religiöse Erziehungsarbeit geleistet werden[14]."

Der Papst thematisiert hier — wie immer wieder während seines langen Pontifikats — das, was man unter Soziologen, die noch gesamtgesellschaftlich zu denken verstanden, wie E. Durkheim, M. Weber, E. Troeltsch, G. Simmel u. a., als das Problem der gesellschaftlichen Kohäsion bezeichnet hat. Was der Papst an gesellschaftlichen Zerfallserscheinungen beklagt, die er auf den Verfall des Glaubens zurückführt, das hatte E. Durkheim schon vor Jahrzehnten als gesellschaftliche „Anomie" mit allen ihren bösen Konsequenzen infolge des Verlusts einer kohäsionsstiftenden *Conscience collective* diagnostiziert.

Die Einheit der Gesellschaft und des Menschengeschlechts ist für den Papst, wie den oben zitierten Textstellen leicht entnommen werden kann, keine Langeweile erzeugende Homogenität bzw. keine monolithisch starre Verfestigung. Sie ist vielmehr „Einheit in wohlgegliederter Vielheit", von der Person her über natürliche bzw. naturrechtliche Institutionen (Ehe und Familie, Privateigentum) und intermediäre Gruppen bis zum Staat hin sich aufbauend. Was der Papst immer wieder zurückweist, ist eine, wie er sich ausdrückt, rein „mechanisch", d. h. nur durch äußeren Zwang oder eine „funktional" begründete Einheit von an sich von Haus aus unverbundenen Individuen. In seiner oben zitierten Antrittsenzyklika weist er eine Einheit zurück, in der sich die einzelnen „bindungslos aneinander (fügen) wie Sandkörner". Dies schafft nur jene von Pius XII. oftmals gerügte falsche und gefährliche „Einheit" unter Menschen, die er nicht ohne einen Unterton der Verachtung mit dem Begriff „Masse" belegt.

Darüber wird an anderer Stelle noch ausführlicher zu sprechen sein.

3. Die Kirche als „Lebensprinzip der menschlichen Gesellschaft"

Mit der Frage nach der Kohäsion der Gesellschaft und der Feststellung, daß der Zerfall der Gesellschaft und der Menschheitsfamilie durch den Verfall des Sittengesetzes und der Religion zutiefst mitbedingt ist, erklärt sich auch die viel diskutierte und in der Tat dem Mißbrauch aus-

---

[14] Ebenda; bei U-G 63.

gesetzte Formulierung des Papstes, wonach die Kirche das „Lebensprinzip der menschlichen Gesellschaft" sei.

Pius XII. hat diesen theologischen Begriff von Gustav Gundlach übernommen und ihn im ganzen dreimal verwendet, das erstemal in seiner Konsistorialansprache vom 20. Februar 1946 anläßlich der ersten Kreierung neuer Kardinäle nach dem Kriege[15], die beiden anderen Male in Botschaften an deutsche Katholikentage, an den in Bochum 1949[16] und an den in Berlin 1958[17].

Es ist einleuchtend, daß diese Formulierung Mißverständnisse und Skepsis hervorrief[18]. Insbesondere eine politische bzw. theokratische Mißdeutung legte sich nahe, etwa im Sinne eines kirchlichen Triumphalismus oder eines kirchlichen (klerikalen) Universalanspruchs über alle Bereiche der Gesellschaft. Daher verwundert es nicht, daß das Wort eine heftige Diskussion vor allem unter katholischen Theologen auslöste, die sich teilweise schwer mit ihm taten, teilweise es enthusiastisch begrüßten. Während O. v. Nell-Breuning den neuen theologischen Begriff als „das Kennwort" feierte, „in das die christlich-soziale Bewegung ihren ganzen Stolz setzt"[19], hatte Gustav Ermecke Schwierigkeiten mit ihm. „Käme es nicht von allerhöchster kirchlicher Stelle, man würde es mit einem Fragezeichen versehen, so schwer wiegt sein Inhalt für jeden, der es überdenkt[20]."

Wie in vielen Fällen, so hatte Gustav Gundlach hier ganz besonders die Hauptlast der Abwehr falscher Deutungen zu tragen, war er doch der geistige Vater dieses neuen theologischen „Kursrenners" im Vokabular der kirchlichen Sozialverkündigung.

Schon Pius XII. selbst hatte die neue theologische Figur gegen mögliche „imperialistische" Mißdeutungen in Schutz genommen, wenn er der Kirche die Aufgabe abspricht, „die ganze menschliche Gesellschaft gewissermaßen wie ein riesenhaftes Weltreich zu erfassen und zu um-

---

[15] AAS 38 (1946) 141 - 151; bei U-G 4086 - 4111, hier 4106.

[16] U-G 611.

[17] s. ebenda 4520.

[18] Vgl. hierzu *J. Schwarte*, a. a. O., 199 ff.

[19] *O. v. Nell-Breuning S. J.*, Die Kirche — das Lebensprinzip der menschlichen Gesellschaft. In: Wirtschaft und Gesellschaft heute (ders.), Bd. 2, Zeitfragen. Freiburg i. Br. 1957, 373.

[20] *G. Ermecke*, Die Kirche als Lebensprinzip der menschlichen Gesellschaft (Pius XII.). Zum Aufbau einer Sozialtheologie als Grundlage der Lehre vom Sozialapostolat. In: Theologie und Glaube 41 (1951) 387 - 412, hier 387.

fangen. Dieser Begriff der Kirche als eines irdischen Imperiums, als einer Weltherrschaft ist grundfalsch"[21]. Gundlach hat die Idee vom „Lebensprinzip der menschlichen Gesellschaft" aus seiner Christologie und der daraus abgeleiteten Ekklesiologie entwickelt. Die Kirche ist für Gundlach der in der Zeit und im Raum „fortlebende Christus" und dieser ist — hier nimmt Gundlach einen augustinischen Begriff auf — der „Christus-Totus", der „alles umfaßt", Schöpfungs- und Erlösungsordnung, alle Teile und Epochen der erlösten Menschheit. Weil aber durch den Christus-Totus die Kirche „so innig mit den Grundlagen der Gesellschaft und ihrer Sicherung zusammenhängt, würde sie dem ihr wesentlichen Leben untreu werden, wenn sie nicht auf die Welt Einfluß nähme. Sie verletzte den *Christus-Totus,* wenn sie nicht den ganzen Menschen formte"[22].

Nicht ohne Interesse dürfte auch der Hinweis darauf sein, daß sich bei Gundlach bereits lange vor dem Zweiten Vatikanum eine ekklesiologische Konzeption anbahnte, die auf dem Konzil selbst eine weitestgehende Bestätigung fand. Als Ende März/Anfang April 1962, anläßlich der Vollendung des 70. Lebensjahres Gustav Gundlachs am 3. April, der damals noch in Münster lehrende Joseph Höffner mit seinen Mitarbeitern nach Rom fuhr, um dem Jubilar eine Festschrift zu überreichen, betonte der Geehrte in einer Dankansprache mit besonderem Nachdruck, daß die Kirche nicht nur vom Zentrum, sondern ebenso von der „Peripherie her" lebe. Er, der aufgrund seiner unermüdlichen Beratung Pius' XII. viele Jahre hindurch etwas im Glanze des Vertrauens des obersten Lehrers der Kirche gestanden hatte, wußte sehr wohl, daß die Kirche nicht durch die Hierarchie, nicht durch das Lehramt allein definiert ist.

Diesen Gedanken hatte Pius XII. schon ganz deutlich in seine Ansprache vom 20. Februar 1946 eingeführt, wenn er die Kirche „die Gemeinschaft derer" nennt, „die unter dem übernatürlichen Einfluß der Gnade, in der Vollkommenheit ihrer persönlichen Würde als Gotteskinder, in der ebenmäßigen Entfaltung aller menschlichen Anlagen und Kräfte den mächtigen Bau des menschlichen Zusammenlebens errichten. So betrachtet ... stehen die Gläubigen und besonders die Laien

---

[21] U-G 4090.

[22] Kommentar zu zwei Ansprachen Pius' XII. über die Kirche; ohne Titel. In: Periodica 35, Rom 1946, 94 - 108. Wiederabdruck in: *G. Gundlach S. J.,* Die Ordnung der menschlichen Gesellschaft (hrsg. v. der Katholischen Sozialwissenschaftlichen Zentralstelle Mönchengladbach), Bd. I, Köln 1964, 370 - 380, hier 377.

in der vordersten Linie des kirchlichen Lebens. Für sie ist die Kirche das Lebensprinzip der menschlichen Gesellschaft. Darum sollen sie, gerade sie, immer klar das Bewußtsein haben: Wir gehören nicht zur Kirche, wir sind die Kirche ..."[23].

Diese Einschärfung der aus der Gnade resultierenden Weltverantwortung des gläubigen Laien für die Errichtung der Welt zeigt aber auch, daß es sich bei der Charakterisierung der Kirche als Lebensprinzip der menschlichen Gesellschaft nur um eine Aussage ad intra handelt, die das theologische Selbstverständnis der Kirche verdeutlichen, nicht dagegen einen innerweltlichen klerikalen oder hierokratischen Universalanspruch begründen soll.

Das Zweite Vatikanum hat den Begriff des Lebensprinzips nicht rezipiert, der ursprünglich im Gespräch war. Dies hatte aber, wie es bei dem Selbstverständnis des Konzils nicht anders zu erwarten war, weniger grundsätzliche als viel mehr pastorale Gründe. Es sollte alles vermieden werden, was nach „Triumphalismus" klang (dieses Wort des Bischofs von Brügge, De Smet, hat dem ganzen Konzil seinen Stempel aufgedrückt). In der Sache hat das Konzil keine Kursänderung vorgenommen, wie insbesondere eine gründliche Lektüre der Dogmatischen Konstitution „Lumen gentium" und des Dekrets über das Laienpostulat „Apostolicam actuositatem" nachweisen kann.

4. *„Personalismus" — „Solidarismus" — „Subsidiarität"*

Schon Pius XI., noch deutlicher aber Pius XII. etablierte die Soziallehre der Kirche (Christliche Gesellschaftslehre) definitiv und unverwechselbar als eine „personalistische" Gesamtschau der Gesellschaft. Alles Gesellschaftliche ist auf die Person bezogen und muß deren Vervollkommnung dienen. Besonders hervorzuheben ist hier abermals die bereits früher genannte Weihnachtsansprache vom 24. Dezember 1942[24], in der der Papst die zentrale Stellung der menschlichen Person als Ausgangspunkt und Ziel des gesellschaftlichen Lebens hervorhebt. „Ausgangspunkt und Wesensziel des Gemeinschaftslebens bildet die Wahrung, Entfaltung und Vervollkommnung der menschlichen Persönlichkeit. Es soll dem einzelnen helfen, die religiösen und kulturellen Aufgaben pflichtgemäß zu erfüllen, die der Schöpfer dem Einzelmenschen,

---

[23] U-G 4105 f.

[24] s. o. Anm. 6.

der ganzen Menschheit und ihren natürlichen Gliederungen gestellt hat[25]."

Mit anderen Worten, die Gesellschaft hat keinen in sich selbst ruhenden Selbstzweck, sie ist kein dominierendes Super-Ego, sondern hat Dienstcharakter. Der Sicherung der Person hat der Staat durch seine Rechtsordnung zu dienen. Jeweils andere gesellschaftlich-historische Verhältnisse erfordern jedoch verschiedene Akzentsetzungen. So hatte Leo XIII. noch primär die gesellschaftliche Ordnung in ihren Grundstrukturen (Staat, Familie, Autorität, Privateigentum) gegen anarchistische und marxistische Bestrebungen zu verteidigen, während die Erfahrungen mit totalitären Staaten oder Bewegungen — Katholikenverfolgungen in Rußland, Mexiko, Spanien; Faschismus, Nationalsozialismus — Pius XI. zur Wahrung der menschlichen Freiheit und Würde und zur Verteidigung der Rechte der Kirche immer wieder das Wort ergreifen ließen.

Zum Herold der persönlichen Freiheit und der Würde des Menschen wurde dann aber besonders Pius XII. Um jedoch jeden möglichen Vorwurf des Individualismus von vornherein abzuwehren, betont der Papst, daß die Rechte des Menschen als unverletzlich und unveräußerbar nicht etwa gegen den Staat proklamiert werden, sondern daß sie gerade zum „Kostbarsten im Gemeinwohl"[26] gehören, für das der Staat einzustehen hat. Deshalb „können sie nie dem Gemeinwohl geopfert werden, weil sie gerade wesentlicher Bestandteil desselben sind"[27]. Diese Wahrheit ist für Pius XII. so zentral, daß er emphatisch ausruft: „Das ist katholische Weltanschauung[28]!"

Alle Prinzipien der katholischen Soziallehre, insbesondere das in den allgemeinen Sprachgebrauch eingegangene (und deshalb bisweilen fälschlicherweise als „katholisch" bezeichnete) Subsidiaritätsprinzip, ergeben sich aus dem personalistischen Ansatz mit logischer Stringenz. Pius XI. hatte vom „gravissimum illud principium" gesprochen[29], was man im Hinblick auf die gleichfalls bedeutende Position des Solidaritäts- und Gemeinwohlprinzips wohl nicht mit „oberster Grundsatz",

---

[25] U-G 227.

[26] Ansprache an die Teilnehmer des Internationalen Kongresses für humanistische Studien v. 25. September 1949. AAS 41 (1949) 555 - 556; U-G 356 - 361, hier 359.

[27] Botschaft an den Katholikentag in Berlin v. 10. August 1952. AAS 44 (1952) 723 - 727; U-G 203 - 218, hier 213.

[28] Ebenda.

[29] Enzyklika „Quadragesimo anno" v. 15. Mai 1931, Nr. 79.

sondern eher mit „überaus bedeutsamer Grundsatz“ zu übersetzen hat. Pius XII. nannte das Prinzip einen „von der Soziallehre der Kirche stets verteidigten Grundsatz“[30] und betonte seine Geltung „auch für das Leben der Kirche, ohne Nachteil für deren hierarchische Struktur“[31].

In der menschlichen Person sind Selbstand (Singularität, Individualität) und Eingebundensein in Gesellschaft (Sozialität, gegenseitige Abhängigkeit und Verwiesenheit) miteinander vermittelt. Person ist „Selbstand im geistigen Gegenüberstand“. Aus diesem Seinsverhalt ergibt sich das Prinzip der Solidarität, von dem aus jeder Individualismus und jeder Kollektivismus abgewiesen wird. Aufgrund dieser Überlegungen stellt sich der Personalismus der katholischen Soziallehre unter dem Aspekt des „Solidarismus“ dar[32]. Dieser Name will nicht nur eine (ethische) Gesinnung der Solidarität zum Ausdruck bringen, sondern einen Seinsverhalt ausdrücken, nämlich die Tatsache, daß alle Menschen in ihren jeweiligen sozialen Bezügen (einzelne untereinander, im Verband der Familie, in den intermediären Gruppen, im Staat, in der Völkergemeinschaft) in einer seinsmäßigen (ontischen) Verbundenheit und gegenseitigen Verpflichtung zueinander stehen. Diese Verbundenheit erfordert gesellschaftliche und rechtliche Organisierung im Sinne des Subsidiaritätsprinzips, womit die Verbindung beider Prinzipien gegeben ist. Die Päpste haben den Begriff des Solidarismus nicht verwendet, aber ganz wesentlich, besonders Pius XII., im Sinne des Solidarismus argumentiert. Häufiger dagegen wird das „Prinzip (brüderlicher) Solidarität“ beschworen, sowohl als Seins- (ontisches) als auch als Handlungsprinzip (ethisch)[33].

Die Dienstfunktion der Gesellschaft und des Staates liegt darin, das Gemeinwohl zu fördern. Dieses besteht nicht, wie es individualistischer Auffassung entspricht, in der Summe der Einzelwohle, sondern hat eine

---

[30] Brief an den Leiter der 24. Sozialen Woche Frankreichs v. 18. Juli 1947 über Grundfragen der wirtschaftlichen Ordnung. U-G 3250 - 3257, hier 3255.

[31] Ansprache an das Kardinalskollegium v. 20. Februar 1946 (s. Anm. 15), U-G 4094.

[32] Wissenschaftlich begründet und dargestellt wurde das Solidaritätsprinzip vor allem von H. Pesch († 1926), G. Gundlach († 1963) und O. v. Nell-Breuning, die auch ihrem sozialwissenschaftlichen System den Namen „Solidarismus“ gegeben haben, der sich jedoch in der Öffentlichkeit nicht durchzusetzen vermochte.

[33] Der Sache nach nimmt das Solidaritätsprinzip einen breiten Raum in der Antrittsenzyklika Pius' XII. „Summi Pontificatus“ v. 20. Oktober 1939 ein. AAS 31 (1939) 413 - 453; U-G- 1 - 92, hier bes. 25 - 37. Vgl. auch U-G 3293 3294 aus der Weihnachtsbotschaft v. 24. Dezember 1952. AAS 45 (1953) 33 - 46. Siehe auch Enzyklika „Pacem in terris“ v. 11. April 1963, Nr. 114, 117 ff.

eigene Qualität. Es steht auch nicht gegen die gerechten Ansprüche und Erwartungen der einzelnen, gehören doch, wie Pius XII. sagte, die Rechte der Person zum „Kostbarsten im Gemeinwohl" (U-G 359)[34]. Aufgabe des Staates ist es aber, die oft egoistischen Ansprüche auf ein für alle zumutbares und erträgliches Maß zurückzuführen. Insofern stehen Idee und Verwirklichung des Gemeinwohls gegen den reinen Interessen- und Machtstandpunkt. Es hat Kontroversen darüber gegeben, ob das Gemeinwohl im Sinne von bona communia, also primär *inhaltlich* zu bestimmen sei, oder ob es eher auf die Ermöglichung des bene vivere in communitate, das heißt auf die *organisatorische* Seite der Gesellschaft abstelle. Die Frage ist nicht nur von akademischem Interesse, da in einer pluralistischen Gesellschaft ein Konsens über Inhalte des Gemeinwohls (abgesehen vielleicht von den minima moralia) schwerlich zu erreichen sein dürfte und zudem in einer ideologisch gefärbten Diktatur der Inhalt des Gemeinwohls totalitär verordnet werden kann (Gemeinwohl = Wohl des deutschen Volkes = Wohl der arischen Rasse). Sowohl Pius XII. als auch Johannes XXIII. haben die primär organisatorische Funktion des Gemeinwohls herausgestellt. Das geht deutlich aus der deskriptiven Definition hervor, die Johannes XXIII. in „Mater et Magistra" gibt. Nach der „richtigen Auffassung von Gemeinwohl" umfaßt dieses „den Inbegriff jener gesellschaftlichen Voraussetzungen, die den Menschen die volle Entfaltung ihrer Werte ermöglichen oder erleichtern" (MM 65). Aus dieser Bestimmung ergibt sich, daß die Inhalte oder „Werte" nicht primär zum Gemeinwohl gehören, daß dieses jene vielmehr voraussetzt und ihre Entfaltung ermöglichen und fördern soll. Genau in diesem Sinne hatte G. Gundlach, der langjährige Berater Pius' XII., das Gemeinwohl bereits in seinem Kommentar zur Weihnachtsansprache Pius' XII. vom 24. Dezember 1942[35] interpretiert, indem er, das Gemeinwohl als „organisierendes Element" bezeichnend, es für unmöglich erklärt, „daß das organisierende Element als solches das zu Organisierende bestimmt, was doch schon begrifflich vorausgeht, nämlich die innere Struktur des gesellschaftlichen Lebens mit den objektiven ‚gemeinsamen Gütern' (die Person mit den kulturellen und religiösen Werten)"[36].

Damit schließt sich der Kreis wieder bei der Person, deren Entfaltung der Organisationswert Gemeinwohl letztlich zu dienen hat. Das Ge-

---

[34] s. Anm. 26.

[35] In: Periodica 32, Rom 1943, 79 - 96 und 216 - 224; hier nach: *G. Gundlach S. J.*, Die Ordnung . . ., Bd. I, Köln 1964, 108 - 127.

[36] Ebenda, 114.

meinwohl erscheint somit als die richtige Organisierung (G. im *Vollzug*) bzw. als die richtige Organisiertheit (G. als *Zustand*) der Gesellschaft, was nur unter Berücksichtigung ihres subsidiären und solidarischen Charakters möglich ist. Im Gemeinwohl kumulieren somit alle Prinzipien der katholischen Soziallehre.

Es gibt keine Enzyklika, in der das Gemeinwohl so oft und in so vielfältigen Zusammenhängen gewürdigt und für ein gedeihliches Zusammenleben ausbedungen wird wie in „Mater et Magistra“[37]. Nachdem es jedoch in der Vergangenheit vorwiegend unter nationalstaatlichem Aspekt betrachtet worden war (Der Staat als primärer Garant des Gemeinwohls), bricht sich, nach den frühen Friedensbemühungen Benedikts XV. und Pius' XI., unter dem sich verstärkenden Eindruck der „Einswerdung der Welt“, der Bedrohung durch eine nukleare Katastrophe, der Problematik der Entwicklungsländer immer mehr die Idee des Weltgemeinwohls Bahn. Pius XII. sieht in den Beziehungen zu anderen Staaten einen integrierenden Teil des innerstaatlichen Gemeinwohls. „Dienen Sie“, so wendet er sich an Journalisten, „ihm (Ihrem Volk und Staat) jedoch in der Überzeugung, daß seine guten Beziehungen zu anderen Staaten, das Verständnis für deren Eigenart und die Achtung ihrer Rechte ebenso zum bonum commune des eigenen Volkes gehören und den Frieden wirksamer vorbereiten und festigen als manches andere Mittel“[38].

Wenn Pius XII. von der Person spricht, die für ihn „Ausgangspunkt und Wesensziel des Gemeinschaftslebens“ bildet, so ist immer gemeint „personne située“, d. h., ein in seiner individuellen biographischen Herkunft und in seiner gegebenen Gesellschaft unverwechselbar einmaliger Mensch. Daraus folgt, daß jeder Mensch das Recht hat, ein Ungleicher zu sein. „Menschliches Gemeinschaftsleben besagt immer Einheit, schließt jedoch Verschiedenheit nicht aus, die von Natur und Wirklichkeit gefordert werden. Wo man an Gott als dem obersten Richtpunkt alles Menschlichen festhält, findet die Gleichheit wie die Verschiedenheit der Menschen den gebührenden Platz in der unbedingt gültigen Ordnung des Seins und der Werte und damit auch der Sittenordnung.

---

[37] Vgl.: Die Sozialenzyklika Papst Johannes' XXIII. Mater et Magistra, mit einem ausführlichen Kommentar sowie einer Einführung in die Soziallehre der Päpste von *E. Welty*, Herder-Bücherei 110, Freiburg i. Br. 1961, 74 f., vor allem auch das Register dazu: Stichworte „Gemeinwohl“, „Gemeinwohlgerechtigkeit“, 215.

[38] Ansprache an die Mitglieder der Vereinigung der Ausländischen Presse in Rom v. 12. Mai 1953. AAS 45 (1953) 399 - 402; U-G 2119 - 2131, hier 2129.

Wo diese Grundfeste erschüttert wird, eröffnet sich zwischen den einzelnen Kulturgebieten eine gefährliche Zusammenhanglosigkeit, zeigt sich ein unsicheres Schwanken der Grenzlinien und Maßstäbe. Rein äußere Gesichtspunkte, oft sogar blinde Triebe beginnen darüber zu befinden, welcher Richtung die herrschende Zeitströmung den Vorrang zuerkennt[39]."

Diese Sicht der Person und der Gesellschaft als einer von sittlichen Werten sich aufbauenden Einheit in der Vielfalt läßt den Papst öfters mit einem unverkennbaren Unterton der Verachtung von der „Masse" sprechen, die sich in den Händen von politischen Verführern und Scharlatanen, aber auch von eiskalten Ideologen nur allzu schnell in ein willfähriges Werkzeug für deren politische Absichten zurechtkneten läßt. Er sieht in der „Masse" auch den ärgsten Feind einer funktionsfähigen Demokratie.

Gustav Gundlach hat die wichtigsten diesbezüglichen Äußerungen Pius' XII. mit folgenden eindringlichen Worten in der ihm eigenen knappen Art in wenigen Sätzen kommentiert (Kommentar zur Weihnachtsansprache vom 24. 12. 1944 über die Demokratie): „Von neuem betont er (der Papst) die Trägheit und Passivität der ‚Masse', wie er dies schon in seiner Rundfunkbotschaft zum Weihnachtsfest im Jahre 1942 getan hatte. Wir erinnern den Leser an unseren damaligen Kommentar (Periodica, Rom 1943, 216 - 217) über die moderne Masse, vor allem über deren Funktion im Liberalismus und ebenso im Antiliberalismus. Insbesondere wies der Papst darauf hin, daß nach Einführung der demokratischen Herrschaft die höchsten Werte der Demokratie, nämlich Freiheit und Gleichheit, sehr gefährdet seien, wenn nicht das Volk, sondern die ‚Masse' sich der obersten Gewalt bemächtige. Der Oberste Hirte ruft die traurigen Erfahrungen wach, die nicht wenige, zur ‚Masse' gewordene Völker durch den Mißbrauch der demokratischen Institutionen durchgemacht haben; mit anderen Worten, er beschreibt treffend das Unglück, der sog. ‚formalen' Demokratie[40]."

5. *Die Frage nach der „Operationalität" der pianischen Sozialidee*

Die Frage, ob die Sozialidee Pius' XII. „operational" sei, d. h. für politisches Handeln konkrete und brauchbare, unmittelbar in Praxis über-

[39] U-G 229.

[40] Kommentar zur Weihnachtsansprache Pius' XII. am 24. Dezember 1944 über die Demokratie; ohne Titel. In: Periodica 34, Rom 1945, 124 - 129. Wiederabdruck in: *G. Gundlach S. J.*, Die Ordnung . . ., Bd. I, Köln 1964, 597 - 606, hier 600 f.

setzbare Anweisungen enthalte, muß, so gestellt, wohl mit einem klaren Nein beantwortet werden.

Damit ist für viele der Fall erledigt, für alle jene, die sich „konkrete“ Aussagen zu allen wichtigen Fragen und Problemen des gesellschaftlichen Lebens wünschen. Diesem Mißverständnis sitzen auch nicht wenige Katholiken auf, die von der Eigenart und Funktion der katholischen Soziallehre nicht viel begriffen haben oder die — vom Marxismus bzw. Spätmarxismus fasziniert — „Theorie und Praxis“ aneinanderbringen möchten. Nur wird oft übersehen, daß gerade der Marxismus zwar eine grobschlächtige, aber keineswegs eine wirklich humane Handlungstheorie ist, weshalb man — ohne zu weit zu gehen — getrost behaupten kann, der Marxismus und der Spätmarxismus, insbesondere ihre akademischen Adepten, zeichneten sich durch einen beklagenswerten praxeologischen Obskurantismus aus.

Unrealistisch ist die Erwartung, die katholische Soziallehre könnte oder sollte letzte und — bei allen ihren Vertretern — bis ins Detail übereinstimmende Antworten auf alle wichtigen konkreten Fragen der Gesellschaft geben, etwa zur Mitbestimmung, zur Vermögensbildung, zur Familienpolitik, zur Friedens- und Entwicklungsproblematik.

Wie völlig realitätsfern eine solche Erwartung ist, ergibt sich einmal daraus, daß man dann — was anderes sollte denn „konkret“ wohl bedeuten? — der katholischen Soziallehre zumuten müßte, die Lösung all dieser Fragen bis nahe an die gesetzgeberische Konkretion heranzutreiben, was eine unglaubliche Präpotenz beinhalten würde. Man müßte nämlich dann der Handvoll Vertreter dieser Soziallehre (in der Bundesrepublik Deutschland) Aufgaben und Aufträge zumuten, an deren Lösung vergleichsweise Dutzende, ja Hunderte von wissenschaftlichen Fachleuten, Institutionen und Beiräten oft jahrelang brüten, ohne oftmals über mehr oder weniger torsohafte Vorschläge und Kompromisse hinaus zu gelangen.

Außerdem erklären sich jene, die von der katholischen Soziallehre konkrete Antworten erwarten, fast nie zu der Frage, was sie denn unter konkret überhaupt verstehen. Nach meiner Meinung kann sich die katholische Soziallehre ihre Themen nicht beliebig aussuchen, weil dieser oder jener dieses oder jenes von ihr erwartet. Ich halte es darüber hinaus für eine Kraft- und Zeitvergeudung, wenn man von den wenigen Fachvertretern konkrete Lösungen erwartet, darunter jedoch nicht mehr als technisch-pragmatische Vorschläge versteht, die fast unmittelbar gesetzgeberisch „verwertbar“ sind (z. B. ein gesetzgebungsreifes Modell zur Mitbestimmung, zur Vermögensbildung, zum Gesellschaftsrecht usw.). Damit würde sich die katholische Soziallehre bald selbst ihr Grab schaufeln.

Ich bin ferner der Meinung, daß je nach Zeit und Umständen das Grundsätzlichste auch zugleich das Konkreteste sein kann. Die philosophisch-theologische Fundierung des christlichen Menschenbildes (Personbegriff), die zeitgemäße Reflexion und konjekturale Placierung der Sozialprinzipien der Subsidiarität und Solidarität in die wichtigsten Gesellschaftsbereiche hinein (Schul- und Bildungswesen, staatliche und freigesellschaftliche Träger sozialer Dienstleistungen usw.), die Reflexion des Freiheitsbegriffes („Emanzipation“) und des Spannungsverhältnisses von Freiheit und Gleichheit, die Diskussion um die „Demokratisierung aller Lebensbereiche“ und deren Grenzen, um nur die wichtigsten Problemkreise zu nennen, mögen zwar für ein vordergründiges Verständnis nicht konkret genug sein. Die Antworten, die hier gefunden und gegeben werden, sind aber für den Bereich der „konkreten Problemlösungen“ (Politik) dennoch von fundamentaler und existenzieller Bedeutung. Insofern sind sie, in einer Zeit massiver Re-Ideologisierung, das Konkreteste, was die katholische Soziallehre zu leisten hat. Gschaftlhuberei in allen möglichen „konkreten“ Bereichen erzeugt und erweist nur frühzeitig Inkompetenz und lenkt von den eigentlichen Aufgaben ab.

Gerade im Bereich des Grundsätzlichen hat Pius XII. Fundamentales und Bleibendes geleistet. Vielleicht ist es noch etwas zu früh, seine „Summa socialis“ in ihrer Bedeutung und ihrem vollen Gewicht einzuschätzen. Das größte Hindernis für eine solche Einschätzung liegt einmal in der terminologischen Einkleidung seiner Sozialidee, die dem heutigen Sprechen und Denken so diametral entgegengesetzt erscheint. Es liegt ferner darin, daß eine einseitig an den modernen Human- und Sozialwissenschaften geschulte Theologenschaft für das sozialphilosophische und sozialtheologische Denken Pius' XII. kaum noch empfänglich ist. So fehlen die ideellen und die terminologischen Voraussetzungen für eine hermeneutische Aufarbeitung der pianischen Sozialidee für die Beurteilung der sozialen Gegenwartsfragen.

Pius XII. ist mit seiner Sozialidee inzwischen in den Kreis der „Klassiker“ getreten. Klassiker aber sind gerade dadurch definiert, daß sie ihre Epigonen lange überleben und überdauern.

PIUS' XII. EHE- UND FAMILIENDOKTRIN ALS BEISPIEL SEINER SOZIALETHISCHEN METHODE

Von Arthur-Fridolin Utz

I. Das Problem der sozialethischen Schlußfolgerung

Die ethische Schlußfolgerung ist schon seit *Aristoteles* ein erstrangiges, sogar das erste Problem der Ethik. *Kant* hat wohl am schärfsten und eindringlichsten die wesentliche Bedingung eines sittlichen Imperativs dargestellt: er muß absolut sein, er darf keine weitere Begründung fordern, wie dies in der Kausalordnung der Fall ist, wo man, wie *Kant* meinte, ins Unendliche verwiesen wird. Man käme nie zu einer sittlich verantwortbaren Handlung, wenn man die Motive angeben müßte, aus denen heraus man handelt. Jedes verlange seine Erklärung durch ein weiteres. Man käme an kein Ende. Dies Dilemma ist natürlich zu vermeiden, wenn vom Absoluten Abschied genommen und die sittliche Handlung als eine Motivhandlung wie jede andere definiert und in den Bereich der Psychologie eingeordnet wird. Aber diese sensualistische Denkweise lassen wir hier außer Betracht. Sie ist grundsätzlich unethisch. Sie erklärt eine fundamentale Erfahrung nicht, die wir aus eigenem Erleben in der Definition des Menschen als eines sittlichen Wesens zugrundelegen, daß das Sittliche eben nicht ein nur durch psychologische Betrachtung erfaßbarer Vorgang ist, sondern außerhalb der empirischen Kausalkette liegt. Anders wäre Freiheit als echte Wirklichkeit nicht möglich.

Wie aber kommt man zu einer inhaltlich bestimmten absoluten Norm, also zu einem absolut gültigen Motiv, und wie sieht dann der Weg von dieser Norm in die konkrete Wirklichkeit aus? Das ist das zentrale Problem, das jeden Ethiker beschäftigt, der im absoluten Imperativ mehr sieht als einen kategorischen Imperativ.

Die moraltheologischen Forderungen, wie sie in den päpstlichen Verlautbarungen formuliert werden, beinhalten absolute Werte. Sie sind nicht nur allgemeine Verhaltensregeln der intersubjektiven Beziehungen der Menschen, etwa im Sinn *der goldenen Regel:* „Handle so, wie du willst, daß auch die andern handeln", in der *kantschen* Formulierung: „Handle so, daß die Maxime deines Willens jederzeit zugleich als Prinzip einer allgemeinen Gesetzgebung dienen könne"[1], oder im Sinn der *hl. Schrift:* „Alles, was ihr wollt, daß euch die Menschen tun, das tut auch ihr ihnen"[2]. Bei der biblischen Formulierung ist zu beachten, daß sie im Rahmen des umfangreichen Wertdenkens steht, das zur natürlichen und übernatürlichen Ordnung Gottes gehört.

Die Ansprachen Pius' XII. sind dadurch gekennzeichnet, daß sie universale Wertprinzipien aussprechen und diese in konkrete Anweisungen für alle möglichen Lebenslagen umformulieren, so daß man den Eindruck gewinnt, hier würden abstraktiv gewonnene Werte unvermittelt in die Ordnung der Erfahrung hineingetragen, also mit rein rationalen Klugheitsüberlegungen verwechselt. Seine ethische und sozialethische Methode soll im folgenden anhand seiner Lehre über Ehe und Familie untersucht werden. Zur präziseren Umschreibung dieser Methode soll kurz auf die zwei hauptsächlichsten logischen Verfahren im Bereich der Ethik hingewiesen werden, soweit sie von einer absoluten Wertordnung und nicht nur vom kategorischen Imperativ oder vom Sensualismus ausgehen.

II. Die phänomenologische Methode

Der Phänomenologe nimmt einen Gegenstand der Erfahrung ins Bewußtsein und analysiert ihn gemäß seiner ideellen Wesenheit. In dieser Weise sieht der Rechtsphilosoph im Recht die absoluten sozialen Werte, die in einer sozial erzwingbaren konkreten Ordnung Gestalt gewinnen sollen. Der Übergang zur Konkretisierung der Normen vollzieht sich im erfahrbaren Wertempfinden der Gesellschaftsglieder. Da die Werte selbst nicht auf abstraktivem Weg gewonnen wurden, sind sie auch nicht auf logischem Wege in die erfahrbare Welt zurückzuführen. Die neokantianische Rechtslehre *Kelsens* unterscheidet sich davon nur dadurch, daß sie das Recht als erzwingbare soziale Norm faßt, ohne irgendwelche ideellen Werte einzubeziehen. Diese werden den Lebensqualitäten zugerechnet, die nicht direkt im Recht impliziert sind.

Bezüglich der Ehe steht nun im Zentrum der Betrachtung des Phänomenologen das Versprechen zweier geschlechtlich differenzierter Men-

[1] Kritik der praktischen Vernunft, nebst Grundlegung der Metaphysik der Sitten, hrsg. v. Heinrich Schmidt, Leipzig 1925, 62.

[2] Mt 7, 12.

schen zu rückhaltloser und totaler Liebe. Von diesem Phänomen aus werden die weiteren Folgerungen gezogen, daß z. B. jeder der beiden Partner es für seine persönliche sittliche Pflicht erachtet, dem andern treu zu sein. Da das gegenseitige Versprechen gemäß dieser Methode nicht als in einen bestimmten Seinszusammenhang verwoben erkannt werden kann, ist es unmöglich, an eine im Sein begründete Institution zu denken, die von den Partnern gewissermaßen in Dienst genommen wird. In der Idee wird die Ehe zwar als unauflöslich gesehen, aber damit ist über die existente Ehe noch nichts ausgesagt. Das Urteil darüber fällt die Erfahrung. In der sozialen Wirklichkeit ist die Ehe in dieser Sicht zerbrechlich entsprechend der Erfahrung, die jeder in der Ehe macht, so daß, wo keine Liebe mehr ist, auch keine Bindung mehr bestehen kann.

Die Ehe wird in der phänomenologischen Betrachtung durchaus nicht nur als Freundschaftsverhältnis verstanden. Sie hat, wie *Karl Marx* in seiner Kritik des preußischen Ehescheidungsgesetzesentwurfes erklärt, ihre eigene sittliche Substanz[3]. Man kann über sie nicht mit Beliebigkeit verfügen. „Wer eine Ehe schließt, der macht, der erfindet die Ehe nicht, so wenig als ein Schwimmer die Natur und die Gesetze des Wassers und der Schwere erfindet[4].“ Die marxschen Äußerungen über das Wesen der Ehe, über ihre sittliche Substanz, ihre innere Wahrheit und Natur treffen sich mit dem, was *Hegel* in dem „an sich“, im „Begriff“ der Ehe sah. Dieses „an sich“, dieser „Begriff“ ist realisierbar. Damit ist aber noch nicht entschieden, ob dieses Zweckvolle und Vernünftige konkret schon existiert. Das, was existiert und sich als Ehe ausgibt oder als Ehe angesehen wird, kann tatsächlich wegen des Fehlens der sittlichen Komponente in den Ehepartnern dem Wesen der Ehe nicht entsprechen. Diesen idealistischen Gedanken *Hegels* verfolgend, erklärt nun *Marx,* daß eine Ehe auch sterben könne. Wie nach *Hegel* die Weltgeschichte entscheidet, ob ein konkreter Staat noch mit der Idee des Staates übereinstimmt, so kann nach *Marx* der Staat entscheiden, unter welchen Bedingungen eine existierende Ehe aufgehört hat, eine Ehe zu sein[5].

[3] *Karl Marx,* Werke I, Berlin 1961, 149.

[4] *Karl Marx,* a. a. O.

[5] *Karl Marx,* a. a. O., 150.

III. Die abstraktive Methode

Die abstraktive Methode sieht in dem real existenten Gewissen eine naturgegebene Bindung an die seinsgemäßen Normen, die in jedem sittlichen Entschluß impliziert sind. Da das gegenseitige Versprechen zweier geschlechtlich differenzierter Menschen zu totaler Liebe unauflöslich ist, kann das Gewissen, und zwar das existente Gewissen, dieses Versprechen nur im Sinn der Unauflöslichkeit verstehen. Das real existente Gewissen ist von Natur so angelegt, daß es die Wesensbedingungen implizite anerkennt. Im Unterschied zur phänomenologischen Methode wird nicht nur das Wesen der Ehe als Begriff analysiert, sondern zugleich supponiert, daß das real existente Gewissen seiner Natur nach dem Wesen der Ehe gemäß urteilt, sofern es nicht aus irgendeinem Grund verfälscht ist. Das Reden vom irrigen Gewissen weist darauf hin, daß es ein „normales" Gewissen geben muß, von dem man ebenso Wesensaussagen machen kann wie über die Ehe. Die abstraktive Methode kann darum nicht unterscheiden zwischen der Unauflöslichkeit der Ehe dem Begriff und der Existenz nach.

Die abstraktive Methode ist allerdings nur schlüssig, wenn es gelingt, Wesenserkenntnisse aus der Erfahrung zu gewinnen. Hier liegt das entscheidende Kriterium dafür, inwieweit es möglich ist, universal gültige, „unabänderliche" reale Normen mit der abstraktiven Methode zu ermitteln. Bei den meisten abstrakten Normen ist „Unabänderlichkeit" insofern nicht gegeben, als sie analogen Charakter haben, d. h. Generalklauseln darstellen, die ihre verschiedenen Formulierungen im Kontakt mit der wechselnden Erfahrung finden. Für die Unauflöslichkeit der Ehe aber nimmt Pius XII. mit der gesamten Tradition an, daß es sich um eine eindeutige Wesenserkenntnis handelt. Ob das gleiche auch für andere Aussagen über Ehe und Familie gilt, ist nicht so einfach zu bejahen.

IV. Die erkenntnistheoretische Grundlage der Ehedoktrin Pius' XII.

Pius XII. ist mit der katholischen Tradition der Überzeugung, daß das Gewissen, das den Menschen zum sittlichen Wesen macht, die von Gott dem Menschen eingeschaffene Instanz ist, die Naturordnung anzuerkennen und dem sittlichen Tun vorzuschreiben. Das Gewissen funktioniert demnach naturgemäß. Der Mensch kann in der sittlichen Handlung diese Funktion niemals ausschalten. Ein gemachtes Versprechen ist darum immer bindend, nicht nur der Idee nach, sondern in der Wirklichkeit des Gewissens. So sehr natürliche Zuneigung und Sympathie zu dem Eheversprechen führen mögen und auch sollen, so ist doch die reale Bindung nicht durch diese Zuneigung bestimmt, sondern vielmehr durch das die Natur oder Institution der Ehe notwendigerweise bejahende Gewissen. In diesem Sinne verstehen sich die Worte Pius' XII.: „In der Einheit des Ehebandes erblickt Ihr das Siegel der Unauflöslichkeit. Wohl ist es ein Band, das auf einer Neigung der Natur gründet, doch geht es nicht notwendigerweise aus den Prinzipien der Natur hervor, da es ja durch den freien Willen zustandekommt; der freie Wille der Vertragschließenden vermag es jedoch nur zu knüpfen, nicht aber wieder zu lösen. Das gilt nicht nur für die christlichen Ehen, sondern allgemein für jede gültige Ehe, die irgendwo auf Erden durch das gegenseitige Jawort der Ehegatten geschlossen wurde. Das Ja, das unter dem Antrieb Eures Willens von Euren Lippen kam, schlingt um Euch das eheliche Band und bindet zugleich Euren Willen auf immer. Seine Wirkung ist unwiderruflich ... Die Einheit Eures beidseitigen Jawortes ist unteilbar; daher gibt es keine Ehe ohne Unauflöslichkeit[6]." Pius beruft sich hierbei auf *Thomas von Aquin*[7].

Wenn das Jawort (und zwar nicht nur begrifflich, sondern real) die Ehe begründet, das nur ein Jawort zur Gemeinschaft auf Lebenszeit sein kann, bleibt den Partnern nur die Verpflichtung, die beiderseitige Hinneigung, die zum Jawort geführt hat, wach zu halten und zu pflegen. Pius verweist auf die im Sakrament der Ehe vermittelte Gnade, mit deren Hilfe seiner Meinung nach diese Pflicht erfüllbar ist.

Für Pius XII. handelt es sich somit bei der Unauflöslichkeit der Ehe (gemeint immer im Sinn der existenten Ehe) um eine Wesenserkenntnis des ehelichen Kontraktes: „Jene Dauerhaftigkeit und Unauflöslichkeit, die Christi Willen und die geheimnisvolle Bedeutung der Ehe fordern, ist auch von der Natur gewollt[8]."

Wenn nun der Papst weiterhin die Unauflöslichkeit als eine Erfüllung des Glückstrebens in der Liebe kennzeichnet[9], so zeigt dies zwar, wie realistisch er die Ehe versteht, andererseits wird diese Aussage vom Empiriker mit dem Hinweis in Zweifel gezogen, daß die Erfahrung die-

---

[6] Ansprache an Neuvermählte, 22. 4. 1942, UG (*Utz / Groner*, Soziale Summe Pius' XII.) 905.

[7] S. Theol., Suppl. 41, 1; 49, 5.

[8] Ansprache an Neuvermählte, 29. 4. 1942, UG 917.

[9] UG 918.

sen Zusammenhang nicht als wesentlich bestätigen könne, da manche Partner nach dem Eheversprechen feststellen, daß sie nicht zueinander passen. Auch das Wohl der Kinder, worauf Pius hinweist[10], ist erfahrungsgemäß nicht immer gesichert, wenn die Ehepartner gezwungen zusammenbleiben, während sie sich de facto auseinanderleben. Die Argumente des Empirikers machen zwar keineswegs den sozialethischen Beweis der Unauflöslichkeit der Ehe zunichte, sie sind aber wohl imstande, die These vom unausbleiblichen Glück im Zusammenleben und vom sicheren Glück des Kindes zu erschüttern oder zumindest zu schwächen. Eine rein natürliche Betrachtung der Ehe kann zu keinem anderen Ergebnis gelangen.

Pius verweist nun auf die Gnade, die alle menschlichen Schwierigkeiten zu überwinden vermag, sofern die Ehegatten sich an sie halten und mit ihrer Hilfe ihr Leben als Abbild Christi verstehen. Es entspricht dem Vertrauen Pius' XII. auf die allmächtige Wirkung der Gnade, wenn er die empirischen Gegenargumente verhältnismäßig gering einschätzt: „Im übrigen helfen zur Überwindung der vielfachen Prüfungen des ehelichen Lebens vor allem ein lebendiger Glaube und der häufige Empfang der Sakramente. Daraus erwachsen Kraftquellen, von denen sich jene, die außerhalb der Kirche leben, nur schwer eine klare Vorstellung machen können[11]."

Das aus der Einordnung in die göttliche Ordnung sich ergebende Glück ist grundsätzlich sittlicher Natur, d. h. es besteht in der Ruhe des Gewissens, die nicht notwendigerweise empirisch als Glück empfunden wird. Die Erfüllung der sittlichen Forderungen bringt nicht immer jenes Glück, das der Mensch daraus erwartet.

Oft ist allerdings der Mensch selbst an dieser Disharmonie schuld. Pius weist auf die Ungeregeltheit der menschlichen Begierden hin, so z. B. in seiner Ansprache an die Mitglieder des Verbandes katholischer Hebammen Italiens vom 29. Okt. 1951: „Der Ernst und die Heiligkeit des christlichen Sittengesetzes erlauben keine zügellose Befriedigung des sexuellen Instinkts, um so nur auf Lust und Genuß auszugehen; jenes Gesetz erlaubt es vernunftbegabten Menschen nicht, weder was das Wesen, noch was die Umstände der Handlung angeht, sich in solchem Ausmaß unterjochen zu lassen. Der eine oder andere möchte ins

---

[10] UG 924 ff.

[11] Ansprache an die Teilnehmer des Kongresses „Front der Familie" und des Verbandes der kinderreichen Familien, 26. 11. 1951, UG 1120.

Feld führen, daß das Glück in der Ehe dem Genuß der ehelichen Beziehungen ganz parallel laufe. Nein: das Glück in der Ehe entspricht vielmehr genau der Achtung der Gatten voreinander, auch in ihren intimsten Beziehungen; nicht als ob sie als unsittlich verurteilten und ablehnten, was die Natur darbietet und der Schöpfer geschenkt hat, sondern weil diese Achtung und die gegenseitige Hochschätzung, die sie schafft, eines der stärksten Elemente einer reinen und eben dadurch um so zarteren Liebe ist. Widersetzt Euch in Eurer Berufstätigkeit, soviel Ihr könnt, dem Ansturm dieses ausgeklügelten Hedonismus, der seelischer Werte bar und deshalb christlicher Eheleute unwürdig ist. Zeigt, daß die Natur ganz gewiß das instinktive Verlangen nach Genuß gegeben hat und es in der gültigen Ehe billigt, aber nicht als Zweck in sich selbst, vielmehr letztlich für den Dienst am Leben. Verbannt aus Eurem Innern jenen Kult des Genusses und tut Euer Bestes, um die Verbreitung einer Literatur zu verhindern, die meint, die Vertraulichkeit des Ehelebens bis in alle Einzelheiten beschreiben zu sollen unter dem Vorwand, aufzuklären, anzuleiten und zu beruhigen. Um die zarten Gewissen der Eheleute zu beruhigen, genügen im allgemeinen der gesunde Menschenverstand, der natürliche Instinkt und eine kurze Unterweisung über die klaren und einfachen Grundsätze des christlichen Sittengebotes ... Unsere Unterweisung hier hat nichts zu tun mit Manichäismus oder Jansenismus, wie manche glauben machen wollen, um sich selbst zu rechtfertigen. Sie ist nur eine Ehrenrettung der christlichen Ehe und der Persönlichkeitswürde der Ehegatten[12]."

Das wahre menschliche Glück kann nur durch Angleichung an die absolut geltenden sittlichen Normen gefunden werden. Dies folgt aus dem Wesen des Gewissens, das seine Funktion, im Dienst dieser Normen zu stehen, ebenso wenig verleugnen kann, wie die theoretische Vernunft sich jemals vom Kontradiktionsprinzip zu entfernen vermag (individuelle Fälle des Irrsinns ausgenommen).

Aus diesem Grund kann sich Pius logischerweise nicht dafür erklären, daß ein gemachtes Eheversprechen seine Gültigkeit verliert wegen der Schwierigkeiten, denen es in der Realisierung begegnet. Es kann nicht in der Rückschau, weil die geschichtliche Entwicklung das erhoffte Glück nicht gebracht hat, als ungültig betrachtet werden. Das Versprechen verpflichtet aus seinem Wesen heraus das Gewissen über alle dunklen Erfahrungen hinweg und auch unbesehen der möglichen Unklugheiten, die beim Abschluß des Ehevertrages mit im Spiel gewesen

---

[12] UG 1098 - 1101.

sein mögen. Für Pius gibt es keine Flucht vor der metaphysisch begründeten Ordnung. So hart diese Ordnung sich im geschichtlichen Raum auswirken mag, man kann neben ihr nicht von einer „Notordnung" sprechen, gemäß der die Ehescheidung angängig sein sollte und auf die Gott Rücksicht nähme[13]. Den Einwand, daß gewisse Opfer vom Einzelnen unmöglich gebracht und darum von ihm auch nicht gefordert werden können, weist Pius zurück. Er beruft sich auf das Konzil von Trient, das den *hl. Augustinus* zitiert: „Gott befiehlt nichts Unmögliches; er ermahnt vielmehr, während er befiehlt, zu tun, was du kannst, und um das zu bitten, was du nicht kannst, und er hilft, daß du kannst[14]."

V. Das Problem der Einbeziehung biologischer Erkenntnisse in die Ethik der Ehe

Die Forderung der Unauflöslichkeit der Ehe ruht auf der Annahme der Verquickung von Personalität und Geschlechtlichkeit, d. h. auf der Lehre des Schöpfungsberichtes, daß die Person geschlechtlich als Mann und als Frau unterschieden ist, so daß die geschlechtliche Liebe eine Schenkung von Person zu Person und damit zeitlich unteilbar sein muß.

Dieser bio-psychische Ansatzpunkt ist nun auch für die weitere Entfaltung der Ehemoral maßgebend. Es darf daher nicht befremden, daß Pius XII. mit der Tradition die Ehezwecke auf dieser Erkenntnisbasis darstellt, d. h. als ersten Ehezweck die Zeugung und als zweiten die gegenseitige Liebe bezeichnet. Erneut tritt hier die metaphysische, d. h. auf dem Weg der Abstraktion gewonnene Wesenserkenntnis zutage. Nicht der psychische Vorgang des ehelichen Aktes, sondern seine Ein-

[13] Vgl. *Helmut Thielicke,* Theologische Ethik, III. Bd., 3. Teil: Ethik der Gesellschaft, des Rechtes, der Sexualität und der Kunst, Tübingen 1964, S. 698, Nr. 2521: „Die Annahme der Ehescheidung wird im Neuen Testament mit der ‚Herzenshärtigkeit', also mit dem de-facto-Zustand des Menschen zwischen Sündenfall und Jüngstem Gericht, begründet. Sie beruht somit auf einer Notordnung, in der Gott — ohne die Normativität seiner eigentlichen Schöpfungsintention in Frage zu stellen — Rücksicht auf den realen Zustand des Menschen und seiner Weltwirklichkeit nimmt. Diese Einbeziehung der konkreten Wirklichkeit in die Geschichte Gottes mit dem Menschen gab uns das Recht, auch die anthropologischen Wandlungen im Verständnis der Individualität und des menschlichen Eros hinsichtlich ihrer theologischen Affinität in jene konkrete Wirklichkeit einbeschlossen zu sehen, *auf die Gott Rücksicht nimmt.*"

[14] Conc. Trid., sess. 6, cap. 11; *Denzinger* n. 804. — St. Aug., De natura et gratia, cap. 43, n. 50; *Migne* PL XLIV 271. Vgl. UG 1077.

Pius XII. bei der Unterzeichnung der Bulle *Gloriosae Dominae.* Zu seiner Rechten der damalige Substitut des Staatssekretariates und nachmalige Pro-Staatssekretär, Erzbischof von Mailand und Kardinal, Giovanni B. Montini, heute Papst Paul VI., zu seiner Linken der Cameriere partecipante und spätere Maggiordomo und Kardinal, Prälat Federico Callori di Vignale.

ordnung in einen gottgewollten Seinszusammenhang[15] steht im Vordergrund des Denkens. Man hat in diesem Vorgehen eine irrtümliche Verknüpfung mit der mittelalterlichen Biologie gesehen, dies zumal im Hinblick auf die Äußerungen Pius' XII. über die soziale Stellung der verheirateten Frau, ihre Einbindung in die enge Häuslichkeit, wo es nur darum geht, das Heim zu hüten, in dem die Kinder erzogen werden. Die Polemik gegen die biologische Bestimmung der Ehezwecke, von der aus Pius die Frage der Geburtenkontrolle und der Eugenik behandelte, entbrannte dann später nach der Enzyklika Humanae vitae *Pauls VI.* mit erneuter Heftigkeit. Das *Zweite Vatikanische Konzil* hat von der strengen metaphysischen Betrachtung insofern Abstand genommen, als es mehr das psychische Moment der gegenseitigen Liebe ins Blickfeld rückte. Doch kann man in keiner Weise von einem Abschied von der alten Metaphysik der Geschlechter sprechen. Allerdings ist damit nicht mehr Klarheit in der Abstufung der Ziele gewonnen worden.

Gewiß war bislang die Ehemoral in manchen Punkten sehr stark von der mittelalterlichen Biologie geprägt. Aber dies berührt nur Randprobleme, jedenfalls nicht die Frage, ob die geschlechtliche Differenzierung ihrem Wesen gemäß auf die Zeugung ausgerichtet ist. Allerdings wirft diese Sicht eine Reihe von schweren moraltheologischen Fragen auf, da der Naturtrieb der geschlechtlichen Liebe nicht einfach nur als Trieb zur Zeugung erklärt werden kann. Pius XII. sieht in der Preisgabe der metaphysisch begründeten Ordnung keine Lösung der Konflikte der Ehezwecke. Er weiß zwar mit der Tradition darum, daß diese Ordnung gestört ist, d. h. daß im Menschen die sittliche Entscheidung für diese Ordnung und das erfahrbare, zeitliche Glück oft auseinanderfallen. Und er weiß, daß der Einzelne für diese Diskrepanz nicht verantwortlich ist, daß hier vielmehr die Erbsünde im Spiel ist, die die ganze Menschheit getroffen hat. Dennoch verbleibt Pius bei der „natürlichen", d. h. abstraktiv erkannten Ordnung und legt die Last, die aus der Menschheitsgeschichte, d. h. aus dem ersten Sündenfall stammt, dem Einzelnen auf. Für ihn gilt nach wie vor die metaphysische Ordnung als Ordnung Gottes. Sein entscheidendes Gegenargument ist überall der Hinweis auf die Gnade[16].

Es ist hier nicht der Ort, diese Äußerungen kritisch zu beurteilen. Man müßte die gesamte Kontroverse besprechen, die im Anschluß an

---

[15] Vgl. besonders UG 1072.

[16] Vgl. bes. den Text zu Fn. 14.

die Enzyklika Humanae vitae geführt wurde. Wie ersichtlich, handelt es sich zutiefst um ein erkenntnistheoretisches und ein grundlegend ethisches Problem: 1. ob die abstrakte Erkenntnis real gültig ist, 2. wenn dies der Fall ist, inwieweit die auf diesem Wege gewonnene metaphysische Erkenntnis noch im Zustand der gefallenen Natur normativen Charakter besitzt. Die zweite Frage erfordert eine grundsätzliche Erklärung des Verhältnisses von Natur und Gnade. Pius bejaht jedenfalls beide Fragen, sowohl die nach der realen Gültigkeit metaphysischer Erkenntnis als auch die nach dem normativen Charakter. Er tritt für den Heroismus der christlichen Moral ein mit dem Hinweis auf die allmächtige Gnade.

VI. Die erkenntnistheoretische Grundlage der Lehre Pius' XII. von der Familie

Im Unterschied zur Lehre von der Ehe steht der Traktat der Familie mehr im Zeichen empirischer Erkenntnis. Daß die Familie die Urzelle der Gesellschaft ist, wird aus einer vorwissenschaftlichen Erfahrung, wie wir sie bei *Aristoteles* finden, aufgewiesen. Die Familie ist einfach da, sie existiert. Und aus ihr entsteht im Zuge der Entfaltung die umfassende Gesellschaft bis zum Staat. Diese Sicht ist keine metaphysische, sondern eine kausale Erklärung der Familie: „Die Familie ist der Ursprung der Gesellschaft. Wie der menschliche Leib aus lebendigen Zellen zusammengesetzt ist, die nicht bloß nebeneinanderstehen, sondern durch ihre inneren und beständigen Beziehungen zueinander ein organisches Ganzes bilden, so wird auch die Gesellschaft nicht durch ein Aneinanderhäufen von Individuen gebildet, von verstreuten Einzelwesen, die einen Augenblick auftauchen, um dann wieder zu verschwinden, sondern durch die wirtschaftliche Gemeinsamkeit und die sittliche Zusammengehörigkeit der Familien, welche die kostbare Erbschaft ein und desselben Ideals, derselben Kultur, desselben religiösen Glaubens von Geschlecht zu Geschlecht weiterreichen und so den Zusammenhang und die Fortdauer der gesellschaftlichen Bande sichern[17]."

Der Papst hätte einen metaphysischen Zugang zur Familie finden können. Er hätte diesen leicht ermittelt aus seiner Lehre von der Ehe als dem von der Natur und somit von Gott bestimmten Ort der Zeugung von Nachkommenschaft und deren Erziehung zum ganzen Menschen, also auch zum Bürger. Dieser nicht ausgesprochene Rückgriff

[17] UG 1147.

auf das metaphysische Wesen der Ehe liegt aber immerhin latent den Ausführungen Pius' XII. zugrunde, worauf die Begründung des erstrangigen Elternrechts auf die Erziehung der Kinder hinweist[18].

VII. Der erkenntnistheoretische Ausgangspunkt für den Nachweis der väterlichen Autorität

In der Frage nach der Autorität in Ehe und Familie möchte Pius es als eine Wesensforderung sowohl der Ehe wie der Familie ansehen, daß dem Mann die Autorität zugesprochen wird. Er stützt sich hierbei einerseits auf die Aussagen des Apostels Paulus, die, wie man weiß, in engem Zusammenhang mit der damaligen Kultur stehen, andererseits auf die biologische und psychologische Annahme von der Überlegenheit des Mannes über die Frau: „Dem Mann eignet der Vorrang in der Einheit, die Körperkraft, die für die Arbeit nötigen Gaben, womit er den Unterhalt der Familie erwerben und sicherstellen soll. Zu ihm wurde ja gesagt: ‚Im Schweiße deines Angesichtes wirst du dir dein Brot verdienen!' (Gen. 3, 19). Der Frau hat Gott vorbehalten die Leiden der Geburt, die Beschwerden des Stillens und der ersten Erziehung der Kinder[19]."

In diesem Gedankengang zeigt sich von neuem die erkenntnistheoretische Problematik, inwieweit es vertretbar ist, aus der biologischen Konstitution des Mannes Wesensaussagen zugunsten seiner Autorität in Ehe und Familie zu gewinnen. Pius XII. nimmt dies unbedingt an. Es ist aber zu beachten, daß diese (vielleicht vermeintliche) Wesenserkenntnis nicht mehr auf dem gleichen abstraktiven Niveau steht wie jene von der grundsätzlichen Zweigeschlechtlichkeit des Menschen und den daraus unmittelbar gezogenen Schlüssen auf die Ehe.

Wenn die Ehe eine Institution sein soll, die im dargelegten Sinn nicht identisch ist mit der Liebeserklärung, dann wird man in ihr wie in jeder sozialen Institution eine Autorität annehmen müssen. Wenn Gott die Ehe als Institution gründet, heißt dies also, daß er in ihrem Schoß zur Erhaltung des Gemeinwohls eine Entscheidungskompetenz kreiert. Pius XII. findet im Anschluß an die Tradition diese Entscheidungskompetenz im Mann. Die deutschen Bischöfe haben sich ganz im gleichen Sinn für die Erhaltung des männlichen Entscheidungsrechtes in Ehe und Familie im bürgerlichen Recht, also gegen die Gleichstellung von Mann und Frau in Ehe und Familie eingesetzt.

---

[18] Vgl. z. B. UG 1610.

[19] UG 1163.

Es stellt sich aber auch hier wie im Problem der Hierarchie der Ehezwecke, und zwar hier noch eindringlicher, die Frage, ob diese abstrakte Betrachtung ausreicht, die ganze Wirklichkeit einzufangen. Es gibt Grenzfälle, wo die Autorität des Mannes zum Nachteil sowohl der Frau wie der Kinder auszuarten scheint. Das Argument, daß dem Mann die Entscheidungskompetenz zufällt, weil er aufgrund seiner Konstitution der Familie den Lebensunterhalt besorgt[20], ist nicht durchschlagend, da auch die häusliche Arbeit der Frau und Mutter einen wirtschaftlich nicht zu übersehenden Faktor darstellt, der unter Umständen gleich hoch anzuschlagen ist wie das Einkommen des Mannes, von jenen Fällen, in denen die Frau außerhalb der Familie selbst im Wirtschaftsprozeß tätig ist, ganz abgesehen; darin sieht Pius übrigens eine Gefahr für die Erziehung der Kinder und für die hierarchische Struktur der Familie[21].

Bei aller Anerkennung dieser aus der Empirie gewonnenen Gegenargumente wird man der These des Papstes die innere Stringenz der Beweisführung nicht abstreiten können: die Ehe als Institution, darauf aufbauend die Familie als Institution mit der notwendigen Implikation einer institutionellen Autorität. Diese kann, wenn sie wirklich institutionell sein soll, nicht aus dem rein empirischen Faktum der Superiorität irgendeines Partners kommen, sonst könnte unter Umständen auch das widerspenstige Kind seine usurpierte Autorität als legitim betrachten. Die vielleicht offene Frage könnte darum nur lauten, ob es legitim ist, aus der physisch-psychischen Überlegenheit des Mannes auf dessen gottgewollte Entscheidungskompetenz zu schließen. Sofern diese „naturgegeben" ist, ist der Schluß möglich; „naturgemäß" müßte aber dann im metaphysischen Sinn verstanden werden, analog zu dem Gebrauch von Natur, wenn wir von der menschlichen Natur sprechen. Die Frage spitzt sich also auf das Problem zu, ob der Mann im strengen Sinn „von Natur" der Überlegene ist. Bis jetzt konnten jedenfalls Biologie und Psychologie keinen Gegenbeweis liefern. Die Tatsache, daß die Frau ebenso gut wie der Mann in Wirtschaft, Gesellschaft und Politik tätig werden kann, ist kein Gegenargument, da es nicht auf die äußere Beschäftigung ankommt, sondern auf die Frage, inwieweit die in der Ehe und Familie lebende Frau ihrer physisch-psychischen Konstitution nach sich geborgen weiß in einer — ohne Zweifel von Liebe getragenen — Unterordnung unter den Mann, oder ob sie es gesamtheitlich konsti-

---

[20] Vgl. UG 1163.

[21] UG 1158.

tutionell (einschließlich ihres natürlichen Wertempfindens) als normal betrachtet, Herr im Hause zu sein. Der Empiriker wird einwenden, daß es der Frau gar nicht darauf ankomme, Herr im Hause, sondern einzig dem Mann gleichgestellt zu sein. Dies Argument kann Pius allerdings nicht anerkennen, weil es davon ausgeht, daß Entscheidungskompetenz mit ihrem Gebrauch identifiziert wird, vor allem mit ihrem Gebrauch, wie wir ihn im bürgerlichen Leben kennen. Die Entscheidungskompetenz ist jeweils entsprechend der Gesellschaft oder Gemeinschaft, in der sie beschlossen ist, anzuwenden. In der Ehe ist sie mit der moralischen Verpflichtung verknüpft, möglichst das Einvernehmen mit dem Partner zu suchen, so daß diesem die Entscheidung rational erscheint und somit von ihm mitverantwortet werden kann. In diesem Sinn verstanden die deutschen Bischöfe ihr Eintreten für das männliche Entscheidungsrecht in Ehe und Familie[22]. Ob allerdings diese naturrechtliche Ordnung unbedingt auch positivrechtlich formuliert werden muß, ist eine andere Frage, dies vor allem deswegen, weil das positive Recht die moralischen Verpflichtungen, die den Gebrauch der Autorität begrenzen, nicht vollgültig zu kontrollieren vermag.

VIII. Die wirtschaftliche Einheit der Familie

Wenn es schon nicht so leicht ist, auf dem Weg der Abstraktion aus bio-psychologischen Daten eindeutig und universell die Entscheidungskompetenz des Mannes in Ehe und Familie nachzuweisen, dann wird derjenige, der diese ohne Zweifel der menschlichen Ratio einzig entsprechende Erkenntnisweise verteidigt, doch nur mit größter Vorsicht und Zurückhaltung universal gültige Strukturnormen aufstellen, wo man sich der konkreten Welt mit ihren vielfältigen Situationen nähert. Pius XII. verteidigt den bäuerlichen Familienbetrieb[23], er tritt um der Familie willen für die Erhaltung der handwerklichen Betriebe ein[24], er fordert Familieneigentum um ihrer Unabhängigkeit und ihrer Selbstsicherung willen[25], er möchte die staatliche Sozialpolitik mehr auf die Familie als auf das Individuum ausgerichtet sehen[26].

---

[22] Vgl. *Albert Ziegler*, Das natürliche Entscheidungsrecht des Mannes in Ehe und Familie, Ein Beitrag zur Frage der Gleichberechtigung von Mann und Frau, Sammlung Politeia XI, Heidelberg 1958.

[23] UG 5644.

[24] UG 5759.

[25] UG 6227.

[26] UG 4758.

Der Wirtschafts- und Sozialpolitiker wird hier manche Einwände vorbringen. Zu oft erweist sich das Familienunternehmen gerade deswegen als unwirtschaftlich, weil es um der alternden Eltern willen, die ihre Existenzgrundlage verlieren würden, nicht rechtzeitig an die junge Generation weitergegeben werden kann. Auch wirkt sich de facto die Last, die auf den Jungen ruht, die ihre Eltern unterhalten müssen, nicht gerade zugunsten des Familiensinnes aus. In jenen Familien, in denen jedes Glied individuell durch die berufliche oder staatliche Altersversicherung zukunftsgesichert ist, ist das geistige Familienband oft fester. Dazu kommt, daß, wie soziologische Erhebungen beweisen, die Eltern selbst sich nicht gern von ihren Kindern unterhalten lassen wollen. Nicht zuletzt ist auch an den Streit der Kinder bei der Verteilung der Erbschaft zu denken. Die Zerstückelung des ursprünglichen Familiengutes, auch die eines produktiven Familieneigentums ist an der Tagesordnung. Wo dies nicht der Fall ist, wird derjenige, der den Betrieb übernimmt, so vor allem im bäuerlichen Betrieb, mit fast untragbaren Abzahlungspflichten belastet. Schließlich fällt auch die Geldentwertung ins Gewicht, in deren Folge eine ungerechte Entgeltung derer, die in längerem Zeitraum abgefunden werden, unvermeidlich ist.

Wenngleich Pius XII. ausdrücklich erklärt, daß er keinen Rückzug in die patriarchalische Wirtschaftsweise proklamieren will[27], und in der Befürwortung des bäuerlichen Familienbetriebes vom „wirtschaftlich ergiebigen" Betrieb spricht[28], so bringt er doch die moralischen Vorteile, die sich aus dem Familienunternehmen ergeben könnten, nicht ausreichend mit der sozialen und vor allem soziologischen Wirklichkeit in Beziehung. Andererseits kann er als Hüter der Moral in der Gesellschaft nicht einfach vor der wirtschaftlichen und sozialen Entwicklung kapitulieren, wo diese eine gesunde Gesellschaftsmoral in Gefahr bringen könnte. Die Familie ist nun einmal die Stätte, in der zuallererst die sozial-sittlichen Werte geschaffen werden. Die Erhaltung der Gesellschaftsmoral hängt zu einem wesentlichen Teil von der inneren Geschlossenheit der Familie ab. Der Sozialpolitiker wird daher diese Wert-Werkstätte nicht übersehen dürfen. Selbstverständlich wird eine rein institutionelle Hilfe zugunsten der Familie, sei es im Konsum-, sei es im Produktivsektor, die Familienglieder nie auf das sittliche Niveau heben können, das Pius XII. in der Familie verwirklicht sehen möchte.

---

[27] UG 5759.

[28] UG 5644.

Wenn auf seiten der Gesellschaftsglieder nicht ein erneuerter Familiensinn ersteht, sind die auf die Erhaltung der Familie als Institution gerichteten Hilfeleistungen wirkungslos. Aus diesem Grunde wurde Pius nicht müde, in seinen Ansprachen die sittlichen Normen den Familien vor Augen zu halten.

IX. Das Fazit

Aus den dargestellten Gedanken erweist sich erneut der enge Zusammenhang zwischen den abstraktiv gewonnenen Strukturnormen und den moralischen Imperativen. Die Unauflöslichkeit der Ehe ist eine Strukturnorm, sie verlangt aber zugleich das beständige Bemühen um die Erhaltung des Liebesbandes. Die Autorität in Ehe und Familie ist ebenfalls eine Strukturnorm, sie bedarf zu ihrer Verwirklichung des gegenseitigen Einvernehmens der Ehepartner und Eltern. Die Familie ihrerseits ist eine Strukturnorm der Gesellschaft insgesamt, sie kann aber nur aktualisiert werden durch die sittliche Anstrengung im Sinn der Einheit des Familiensinnes.

Mit anderen Worten: das naturrechtliche Denken, dem Pius XII. verpflichtet ist, fordert von der Gesellschaft und nicht zuletzt auch vom Staat Einsicht in die Bedeutung der sittlichen Erneuerung, die ihrerseits aber nicht individualisiert ist, sondern sich auswirkt in den naturgegebenen, abstraktiv erkannten sozialen Strukturen, d. h. „naturrechtlichen" Institutionen.

DIE WIRTSCHAFT IN DEN LEHR- UND HIRTENÄUSSERUNGEN VON PIUS XII.

Von Johannes Messner

Die folgenden Darlegungen müssen sich streng begrenzen auf Wirtschaftsfragen, daher das soziale und politische Gebiet vermeiden, das in anderen Beiträgen dieses Gedenkbandes behandelt wird. Die Spannweite der Äußerungen Pius' XII. ist nur zu ermessen, wenn man die mit ökonomischen Problemen befaßten Gruppen und Organisationen überblickt, die bei Audienzen vor ihm erschienen, ein die Teilnahme an ihren Berufsanliegen und Interessen bekundendes Wort von ihm erwarteten und seinen Segen als des obersten Hirten der katholischen Kirche erbaten. Zu beachten ist, daß die Ansprachen mit wirtschaftlichen Themen nur einen Bruchteil seiner Audienzen bildeten, die die Familie und den weiten Bereich kirchlicher, religiöser, caritativer, sozialer, politischer, internationaler Fragen zum Gegenstand hatten.

In Audienzen mit wirtschaftlichen Themen nur aus den letzten zwei Lebensjahren sprach er zu Kongressen, Vereinen und Verbänden wie diesen: Italienische Gesellschaft für Wasserversorgung, Holzfaserplattensyndikat, Flachs- und Hanfindustrie, internationaler Kongreß der Metallindustrie, Kongreß des internationalen Verbandes für Finanz- und Steuerwesen, christlicher Unternehmerverband Italiens, spanische Techniker aus Handel und Industrie, Verband leitender Angestellter Italiens, internationale Konferenz über menschliche Beziehungen im Betrieb, internationales Vertretergremium der chemischen Industrie, nationaler Kongreß der italienischen Kleinindustrie, Konferenz der Verkäufer staatlicher Monopolwaren, internationaler Mittelstandskongreß, internationaler Kongreß für Ernährungswissenschaft, internationaler Kongreß für Milchwirtschaft, internationale Tagung der katholischen Organisation mittelständischer Unternehmer, internationale Schönheitskonkurrenz der Automobile, Kongreß des Verbandes der Berggemeinden Italiens, Kongreß der internationalen Handelskammer, Kongreß für Betonstraßenbau, Mitglieder des Parlaments der Montanunion, Kongreß des internationalen Verbandes für Finanz- und Steuerwesen. Dazu kommen die Bezugnahmen auf die Wirtschaft in den großen Weihnachts- und Pfingstbotschaften.

Die folgenden Gedanken sind alle in den Lehr- und Hirtenäußerungen Pius XII. nachweisbar, größtenteils wörtlich übernommen aus der dreibändigen „Sozialen Summe Pius' XII.": „Aufbau und Entfaltung des gesellschaftlichen Lebens" von *Utz / Groner*[1]. Der Titel „Aufbau und Entfaltung" ist sehr glücklich gewählt, weil er die dynamische Seite des päpstlichen Denkens hervorhebt. Denn nach Pius XII. ist die Wirtschaft ihrer Natur und ihrem Ziel nach durch das Bestreben nach Steigerung der Erträge geprägt. Dieses Streben ist ihr aufgenötigt nicht nur durch das Wachstum der Völker sondern auch durch den mit der Kulturentwicklung einhergehenden Wandel der Bedürfnisse in quantitativer und qualitativer Hinsicht. Die betonte Haltung des Papstes ist: „Jeder wirklichkeitsfremde Romantizismus sei Uns fern." Ziffern aus *Utz / Groner* werden nur an wenigen Stellen eingeschaltet, wo der sein Denken kennzeichnende Realismus Überraschung auslösen könnte.

Was in den Äußerungen des Papstes zunächst auffällt, ist seine Kenntnis der wirtschaftlichen Probleme der verschiedenen Gruppen. Die Angehörigen dieser Gruppen gewannen in den Audienzen den Eindruck, daß der Papst mit ihren Berufsfragen und wirtschaftlichen Interessen vertraut ist. Mit Nachdruck gibt er zu verstehen, daß seine Zuständigkeit nur auf sittlichem Gebiet liegt, er sie dort auch entschieden in Anspruch nimmt. Daher verwirft er die ablehnende Geisteshaltung gegenüber kirchlichen Stellungnahmen zu Fragen des öffentlichen Lebens: „Solchen Irrtümern gegenüber ist mit aller Entschiedenheit festzuhalten: Die Gewalt der Kirche ist keineswegs an die Grenze der, wie sie es nennen, ‚rein religiösen Angelegenheiten' gebunden; vielmehr unterliegt ihrer Zuständigkeit der ganze Bereich des Naturgesetzes (natürliches Sittengesetz J. M.), dessen Verkündigung, Deutung und Anwendung, soweit deren sittlicher Charakter in Betracht kommt[2]." Mit Berufung auf Quadragesimo anno sagt er mit gleicher Entschiedenheit, daß der Kirche keine Autorität zukomme „in Fragen technischer Art, wofür sie weder über die geeigneten Mittel verfügt, noch eine Sendung erhalten hat". Mit den Fragen technischer Art sind nicht nur solche der Technik im engeren Sinn gemeint, etwa über die technische

[1] Aufbau und Entfaltung des gesellschaftlichen Lebens. Soziale Summe Pius XII. hgb. von Arthur-Fridolin *Utz* O. P. und Joseph-Fulko *Groner* O. P., Freiburg, 3 Bände 1954 - 1961.

[2] *Utz / Groner*, a. a. O., Nr. 4315.

Einrichtung einer Schuhfabrik oder eines Landwirtschaftsbetriebes. Die Sittlichkeitsfragen können jedoch durch technische Anlagen und Betriebsorganisation aufgeworfen werden, so wenn der Mensch überbeansprucht wird oder seine Personwürde verletzt wird. Beispiele dafür sind Arten des Akkord-, besonders des Prämienlohnes oder der seinerzeit mit der Stoppuhr beabsichtigte Leistungsdruck auf den Arbeiter.

I. Allgemeine Grundsätze

Was Pius XII. mit der Zuständigkeit der Kirche in Wirtschaftsfragen meinte, ist genauerhin von einer Reihe sittlicher Prinzipien zu entnehmen, die sich auf Fragen des Wirtschaftslebens beziehen. Davon ist das Erste die *Menschenwürde*. Erst Johannes XXIII. entwickelte die Idee der Menschenwürde als Grundnorm aller gesellschaftlichen Ordnung, also auch des Wirtschaftslebens. Bei Pius XII. findet sich aber vorwegnehmend eine erstaunliche Fülle von Hinweisen auf die Würde des Menschen, der menschlichen Natur und der menschlichen Person. In der Weihnachtsbotschaft von 1957 geht er auf den „beängstigenden Widerspruch" ein, an dem der moderne Mensch und die heutige Gesellschaft leiden. Auf der einen Seite stehe die zuversichtliche Erwartung, er könne eine Welt der Fülle von Gütern und Werken schaffen, in der es Armut und Unsicherheit nicht mehr gebe; auf der anderen Seite steht die bittere Wirklichkeit der Jahre von Leid und Zerstörung und die verbleibende Angst, es werde nicht gelingen, die Grundlagen auch nur eines bescheidenen Beginnes von Eintracht und Frieden zu legen. Die Überwindung des Widerspruchs könne nur dem Christen gelingen mit Hilfe „der Kenntnis der wahren, von Christus erlösten menschlichen Natur, ihrer Würde und ihrer Grenze". Darin sieht der Papst den im christlichen Glauben begründeten „Realismus", der die ganze menschliche Wirklichkeit umfaßt, ihre Erhabenheit und ihre Schwäche.

Das Entscheidende im Wirtschaftsleben ist daher der Mensch in seinen *Persönlichkeitswerten*[3]. Das gilt erstens von der die wirtschaftlichen Werte überragenden Natur des Menschen. Denn „der Mensch ist ein transzendentaler und absoluter Wert". Daher ist der Mensch das Grundmaß aller Ordnung der Gesellschaft. Wo der Personwert des Menschen verletzt wird, wird gegen die dem Menschen in seiner Natur und seinem Gewissen vorgezeichnete Ordnung der Wirtschaft

---

[3] *Utz / Groner*, a. a. O., Nr. 6108.

verstoßen. Keine Betriebsplanung, keine betriebliche und gesetzgeberische Institution, keine Grundorganisation mit Funktionären und Versammlungen kann den persönlichen Wert des Menschen erschaffen oder ersetzen. Den Vorrang der Persönlichkeitswerte vor den Werten wirtschaftlicher und sozialer Art sieht der Papst zweitens darin, daß die Fragen der Wirtschaft notwendig und innerlich abhängen von der persönlichen Qualität des Menschen, von seiner sittlichen Stärke und von seinem Willen, Verantwortung zu übernehmen, von seiner ausreichenden Bildung und Erfahrung. Drittens ist im Denken Pius XII. das Ziel der Wirtschaft die Ermöglichung der Entfaltung des Menschen und seiner Anlagen: „allen Gliedern der Gesellschaft die materiellen Grundlagen, die zur Entfaltung ihres kulturellen und geistigen Lebens notwendig sind, in einer gesicherten Weise zugänglich machen“[4]. Das ist eine Frage der gerechten Verteilung des wirtschaftlichen Ertrages der Volkswirtschaft. Der wirtschaftliche Reichtum eines Volkes liege nicht in der Fülle der rein materiellen Güter. „Wo die genannte gerechte Verteilung wirklich und dauernd erreicht wird, kann ein Volk auch bei geringerer Menge verfügbarer Güter ein wirtschaftlich gesundes Volk sein[5].“ Dieser Gedanke dürfte schon in der nahen Zukunft mehr und mehr an Bedeutung gewinnen.

Fundamentales Prinzip für die Ordnung der Wirtschaft ist weiters die *Bestimmung der Erdengüter* für alle Menschen, weil diese zu ihrer Vollentfaltung ihrer bedürfen. Ausdrücklich wird erwähnt, daß darin auch das geistige, geistliche und religiöse Leben eingeschlossen ist. Es muß eine Verteilung gesucht werden, in der das gleiche Recht aller auf ihren Anteil am Wirtschaftsertrag, an dessen Erstellung alle in der Volkswirtschaft mitwirken, gewährleistet ist. In der Volkswirtschaft „essen alle am gemeinsamen Tisch“. Ebenso wichtig wie die Verteilung ist „die umsichtige Ordnung der Produktion“, da nur mit ihr Arbeitsplätze entstehen und die Arbeitslosigkeit vermieden oder behoben wird. Der Arbeitgeber ist daher letztlich die Volkswirtschaft als die Wirtschaft des staatlich geeinten Volkes. Allen ihren Gliedern die Möglichkeit von Arbeit und Einkommen zu schaffen, ist der Zweck der recht geordneten und funktionierenden Volkswirtschaft.

Ein hohes Maß von *Produktivität* zu erzielen, ist Grundaufgabe der Volkswirtschaft, denn die Erdengüter sind knapp und müssen angesichts der wachsenden Ansprüche infolge der Bevölkerungsvermehrung

---

[4] *Utz / Groner*, a. a. O., Nr. 3431.

[5] *Utz / Groner*, a. a. O., Nr. 510.

und der wachsenden Bedürfnisse so bearbeitet werden, daß bestmögliche Erträge zustande kommen. Die Produktivitätsleistung stellt heute, in der modernen Volkswirtschaft, viel schwierigere Probleme als früher. Anderseits ist Produktivität kein Selbstzweck, da die Menschenwürde und die Persönlichkeitswerte auch in Fragen der wirtschaftlichen Produktivität maßgebend bleiben. Bei der Behandlung der Automation unterscheidet der Papst zwischen technischer und volkswirtschaftlicher Produktivität. Die erstere wird zur Gefahr, wenn sie nur in dem technisch rationalisierten Betriebe gesucht wird. Die letztere setzt voraus, daß das Ziel die menschliche und materielle Wohlfahrt aller Glieder der Gesellschaft bleibe. Die volkswirtschaftliche Vollproduktivität, sagt der Papst, ist nicht erreichbar, solange durch die Rüstung nicht die dafür notwendigen Kapitalien freigegeben werden. Außerdem muß jedes Volk mit den ihm verfügbaren Kapitalien zuerst die echten einzelmenschlichen sowie die lebenswichtigen gesellschaftlichen Bedürfnisse im Bereich des Unterrichtswesens, der Verkehrswege, der Agrarreform, des Wohnungswesens befriedigen und darf nicht durch Befriedigung zweitrangiger Bedürfnisse „über seine Verhältnisse leben“[6]. Ebenso wichtig wie die verfügbaren Kapitalien ist für das Ausmaß der volkswirtschaftlichen Produktivität die sittliche, geistige, berufliche Bildung und Ausbildung, vor allem der Jugend.

Ein viertes Grundprinzip macht die Wirtschaft zu einer Sache der *Privatinitiative*. „Die Wirtschaft ist — wie jeder andere Bereich menschlicher Tätigkeit — ihrer Natur nach keine Einrichtung des Staates.“ Dem Staat kommen Ordnungsaufgaben zu, auch „Planung“, jedoch nur im Rahmen des Subsidiaritätsprinzips. Durch diesen werden Übergriffe des Staates verhindert, schon gar „ein absoluter Dirigismus“. Der italienischen Gesellschaft für Wasserversorgung gegenüber sagt Pius XII. mit dem Blick auf ihre großen Erfolge (Kanalbauten und deren Auswirkungen): „Diese Ihre Arbeit beweist wieder einmal, wieviel auf dem Gebiet der Produktion die wohlverstandene und hinreichend freie Privatinitiative vermag. Abgesehen davon, daß sie die menschliche Arbeit erleichtert, trägt sie dazu bei, den gemeinsamen Reichtum zu vermehren, den Arbeitsertrag zu steigern, die Produktionskosten herabzusetzen und die Ersparnisbildung zu beschleunigen.“ Die vorgeordnete Stellung des Privatunternehmens im Sinne der nur subsidiären des Staates sei stets ein wesentlicher Pol der christlichen Gesellschaftslehre gewe-

[6] *Utz / Groner*, a. a. O., Nr. 6223.

sen. Der Staat habe eine ergänzende und ordnende Aufgabe, nur ausnahmsweise eine wirtschaftliche.

Aus der grundsätzlichen Bejahung der wirtschaftlichen Privatinitiative, also der Unternehmerwirtschaft, ergibt sich nach Pius XII. die *Konkurrenz* als „eine normale Folgerung aus der menschlichen Freiheit und Erfindungskraft, jedoch die Forderungen der Konkurrenz können nicht die letzte Norm der Wirtschaft sein“[7]. Der Papst begrüßt die heutige Entwicklung, in der der Konkurrenzgedanke allmählich seinen üblen Sinn des schädlichen Kampfes verliert und sich seine positive und notwendige Seite durchsetzt, nämlich die Steigerung des wirklichen Dienstes an der Gesellschaft. Daraus ergebe sich der Gewinn als normale Folge. In dem nach den Prinzipien der menschlichen Werte geordneten Wettbewerb bleibt „die menschliche Person Ziel der Wirtschaft, aber auch erste Triebkraft“. Das Ziel ist die Hebung der Lebensverhältnisse, nicht nur der materiellen, sondern auch der sittlichen und geistigen. Daher habe der Unternehmer eine besondere Aufgabe auch im öffentlichen Leben, die er nicht aus dem Auge verlieren soll.

Vor dem internationalen Verband der Wirtschaftswissenschaftler bezeichnet er den *Fortschritt* als „das Gesetz jeder menschlichen Tätigkeit“, jedoch auf dem Wege zu einem „stabilen Fortschritt“ seien zahlreiche Klippen zu vermeiden. So müsse bei Schaffung wirtschaftlich ergiebiger Produktionsanlagen für die entsprechende kaufkräftige Nachfrage gesorgt werden. Manche befürchten, daß der technische Fortschritt, der die Menschen durch Maschinen ersetze, notwendig Arbeitslosigkeit und soziale Erschütterungen nach sich ziehe. Indessen stellen sich solche Erscheinungen meist nur im Anfangsstadium bestimmter Modernisierungen und Umgestaltungen ein. Bald müssen sich die Vorteile zeigen, die sich aus der Schaffung neuer Arbeitsplätze und neuer Beschäftigungsmöglichkeiten bieten. Man darf sich nicht einschüchtern lassen, wenn die unvermeidlichen Anfangsschwierigkeiten kommen, und darf sich keinem ungerechtfertigten Pessimismus hingeben. Die heutige (1977) Massenarbeitslosigkeit ist die Folge eines langjährigen Lebens der Industrievölker über ihre Verhältnisse, wovor Pius XII. gewarnt hatte. Im Alltag sei das Einkommensstreben der freiheitlichen Wirtschaft vom „materiellen Interessedenken“ bestimmt, jedoch nur wenige seien unfähig, wenigstens in entscheidenden Augenblicken, die altruistischen und selbstlosen Gefühle vorherrschen zu lassen. Tatsächlich nennt Pius XII. es einen der erfreulichen Züge seiner Zeit, daß das Gefühl

---

[7] *Utz / Groner*, a. a. O., Nr. 6138.

der gegenseitigen Abhängigkeit unter den Gliedern des Gesellschaftskörpers gestärkt erscheint und sie immer mehr einzusehen bereit sind, daß die menschliche Person ihre wirkliche Größe nur erreicht, wenn sie ihre persönliche und soziale Verantwortung anerkennt[8]. Nur durch wirtschaftlichen Fortschritt sei das Problem der Arbeit und der Arbeitslosigkeit zu lösen.

Schon in der Radiobotschaft zu Pfingsten 1941 spricht der Papst vom volkswirtschaftlichen *Gleichgewicht* und den Gleichgewichtsstörungen. Diese ergeben sich aus der Vielfältigkeit widerstrebender Sonderinteressen der Einzelnen oder der Gruppen. Eine entscheidende Rolle in der Erhaltung und Festigung des sozialen und politischen Gleichgewichts komme dem Mittelstand zu, schon wegen seines bedeutenden Anteils an der Gesamtbevölkerung, aber auch wegen der ihm eigenen Mäßigung, des familienhaften Charakters der Unternehmungen, des persönlichen Verantwortungsbewußtseins, des Sinnes für Qualitätsarbeit, Sparsamkeit und Voraussicht, der relativen Unabhängigkeit, des traditionellen Sinnes für Stabilität. Das Sittengesetz begründe eine hohe Vorstellung von der persönlichen Würde und die Achtung für das Gemeinwohl, für die von Gerechtigkeit und Brüderlichkeit getragene, gefestigte Solidaritätshaltung. Der Mittelstand soll als wichtiger Gleichgewichtsfaktor auf die Unterstützung des Staates rechnen dürfen, namentlich im Bereich der Kredite und der Steuerlasten, jedoch seine Hauptstütze muß ihm von innen, seinen Verbänden selbst, kommen. Zum Zwecke der Erzielung des volkswirtschaftlichen Gleichgewichts müssen die mittleren und kleineren Besitzstände in der Landwirtschaft, im Handwerk und Gewerbe, in Handel und Industrie durch die öffentliche Hand gefördert werden; genossenschaftliche Vereinigungen sollen ihnen die Vorteile des Großunternehmens verschaffen. Mit der Hervorhebung der Gleichgewichtsidee und der Gleichgewichtsstörungen ist die Auswirkung der volkswirtschaftlichen Strukturierung, Aufgliederung und Verfassung der Gesellschaft, also das gesellschaftspolitische Problem, als eines der wichtigsten sozialen Probleme der modernen Industriegesellschaft hervorgehoben. Die Stärkung der mittelständischen Schicht wird vom Papst in der Fortbildung der Mitverantwortung der Arbeiterschaft im Unternehmen durch Mitbestimmung und Miteigentum an den Produktionsmitteln gesehen. Das Gleichgewichtsprinzip sei im internationalen Bereich der Entwicklungsländer so wichtig wie im innerstaatlichen. Den Sinn für die gemeinsame Verantwortung der fortgeschrittenen Länder

[8] *Utz / Groner*, a. a. O., Nr. 6083.

zu wecken ist eine große Aufgabe, wenn diese sich nicht der Gefahr eines bösen Erwachens aussetzen wollen. Seit Mitte der Fünfzigerjahre hat Pius XII. als einer der ersten immer wieder auf die Verantwortung gegenüber den Entwicklungsländern hingewiesen, auf die Verpflichtung zur rechten Art der Hilfe unter Achtung der Grundlagen ihrer Tradition.

Eng an das Prinzip des Gleichgewichts sieht Pius XII. das des *Gemeinwohls* angeschlossen. Darunter versteht er im Wirtschaftsbereich einen Zustand, in dem die menschliche und materielle Wohlfahrt aller Glieder der Gesellschaft möglich ist. Demnach sollen alle, die unmittelbar mit ihrer Arbeit, ihrem Boden, ihrem Kapital zur Volkswirtschaft beitragen, ein ihrem Beitrag entsprechendes Einkommen daraus gewinnen. Ein das Gemeinwohl verwirklichender Zustand der Volkswirtschaft würde so beschaffen sein, daß er die sozialen Spannungen leicht auszugleichen vermag. Den Arbeitgebern und Arbeitnehmern sollte der Weg zur Verständigung ebnen das Bewußtsein des gemeinsamen Schicksals in der sozialen Wirtschaft. Immer erfordert das Gemeinwohl die Bedachtnahme auf die nähere und fernere Zukunft der Volkswirtschaft. Das soziale Gleichgewicht ist eines der vordersten Ziele in der Sorge um das wirtschaftliche Gemeinwohl. Eine Grundvoraussetzung des volkswirtschaftlichen Gemeinwohls sieht die Papst in der Begründung und Erhaltung der volkswirtschaftlichen Produktivität und in der immer harmonischeren Entwicklung der produktiven Kräfte im gesamten Gebiet der Nation[9]. Das Gemeinwohl sollte bestimmend sein in Absichten und Institutionen und wo immer Entscheidungen getroffen werden, die den Menschen und die Wirtschaft angehen, sei es in den Betrieben, in den verschiedenen Produktionssektoren, bei der Regierung, im Parlament. Im Gemeinwohl haben die persönlichen Werte den Vorrang vor den Werten wirtschaftlicher und sozialer Natur. Zwar hat die öffentliche Gewalt ihre Begründung und ihre Aufgabe im Dienste am Gemeinwohl, aber „dieses gipfelt im autonomen Leben der Einzelpersonen“[10]. Die so orientierte Haltung ist „die wirklichkeitsnächste, die es gibt, denn sie ordnet die zweitrangigen Interessen den höheren unter“[11]. Sie richtet sich gegen den individuellen und kollektiven Interessenegoismus, den stärksten Feind des Gemeinwohls. Der andere Feind des wahrhaften Gemeinwohls ist der Dirigismus, in dem der Staat die ihm durch das Subsidiaritätsprinzip gesteckte Grenze überschreitet. Im

[9] *Utz / Groner,* a. a. O., Nr. 6222.

[10] *Utz / Groner,* a. a. O., Nr. 6450.

[11] *Utz / Groner,* a. a. O., Nr. 6450.

Pius XII. mit dem Erzbischof von München-Freising, Michael Kardinal Faulhaber.

Gegensatz zu Egoismus und Dirigismus ist die volkswirtschaftliche Gemeinwohlidee durch den Personalismus geprägt, wonach das Gemeinwohl im Dienste der Gesellschaftsglieder steht, seien diese Einzelmenschen oder um ihre gemeinsamen Interessen besorgte, für ihre Wahrung sich organisierende gesellschaftliche Gruppen.

II. Die Eigenart der katholischen Soziallehre

In der Ansprache an Mitglieder der Konferenz für Ernährungswirtschaft (FAO: Food and Agricultural Organisation, 1948) sagt Pius XII.: Die katholische Soziallehre steht „nicht im entferntesten in Gegensatz oder auch nur in auffallendem Unterschied zur natürlichen Soziallehre, sondern sie bezieht in Anwendung der letzteren nur die ewige Bestimmung des Menschen mit ein“[12]. Unter natürlicher Soziallehre wird die auf die Vernunfterkenntnis begründete Soziallehre zu verstehen sein. Christus selber habe erklärt, er sei nicht gekommen, das Gesetz abzuschaffen, sondern es zu erfüllen und zu krönen. Auffallend ist in diesem Zusammenhang der Ausdruck „Gesetz“.

Was darunter zu verstehen ist, kann der Zusammenfassung der Grundsätze christlicher Wirtschaftslehre entnommen werden, die Pius XII. an die Tagung für internationale Handelspolitik (1948) richtet[13]: „1. Das Wirtschaftsleben ist soziales Leben mit dem Ziel, allen Gliedern der Gesellschaft die materiellen Grundlagen, die zur Entfaltung ihres kulturellen und geistigen Lebens notwendig sind, in einer gesicherten Weise zugänglich zu machen. 2. Weil soziales Leben von Menschen, kann das Wirtschaftsleben nicht ohne Freiheit verstanden werden. Diese kann man weder in der bedingungslosen Freiheit wie vor hundert Jahren, noch in der Unterwerfung unter das Kommando riesiger Organisationen verstehen, sondern sie muß auf das genannte objektive Ziel der Volkswirtschaft hingeordnet sein. 3. Die Volkswirtschaft als die Wirtschaft des staatlich geeinten Volkes bildet eine natürliche Einheit, die die möglichst harmonische Entfaltung aller ihrer Produktionsmittel verlangt. Internationale Wirtschaftsbeziehungen haben eine notwendige, wenn auch nur unterstützende Funktion. 4. Die Überwindung des verhängnisvollen Grundsatzes des bloßen Nutzens ist die Voraussetzung für das Entstehen einer rechtlichen und wirtschaftlichen Gemeinschaft der in ihrer Autonomie und Unabhängigkeit gesicherten Völker.“

---

[12] *Utz / Groner*, a. a. O., Nr. 3409.

[13] *Utz / Groner*, a. a. O., Nr. 3431 - 34.

Die vier Grundsätze sprechen unmittelbar nur von der Wirtschaft und nur im Sinne der natürlichen Soziallehre. Der Papst betont aber sonst oft die entscheidende sittliche und von der christlichen Glaubenswelt her zu verstehende Grundlage der Wirtschaftsordnung. In seiner Ansprache an die Teilnehmer des ersten Kongresses des internationalen Verbandes der Wirtschaftswissenschaftler (1956) spricht Pius XII. von den dem Menschen in Gebrauch der materiellen Güter auferlegten moralischen Normen, die in den Beziehungen des Einzelnen zur Gesellschaft begründet sind, so daß die Wirtschaftstheorie, will sie die wirtschaftlichen Gegebenheiten exakt begreifen, die materielle und menschliche, die persönliche und soziale Seite zugleich ins Auge fassen muß[14]. In dieser Ansprache erwähnt er hinsichtlich der Erzeugung und des Verbrauches der materiellen Güter die Sicht des christlichen Glaubens mit dem Wort des Evangeliums: „Suchet zuerst das Reich Gottes und seine Gerechtigkeit und alles dies wird euch hinzugegeben werden.“ Dieses Wort Christi habe einen wahren Umsturz des gewöhnlichen Denkens über die Beziehungen des menschlichen Wesens zur materiellen Welt herbeigeführt[15]. Eine Stellungnahme zur Frage, ob die katholische Soziallehre den theologischen Wissenschaften zuzuordnen sei, vermeidet Pius XII. Mit ihrer erwähnten Einordnung auch in die „natürliche“ Soziallehre wollte er offenbar hervorheben, daß sie allen Menschen zugänglich ist, auch den mit den katholischen theologischen Doktrinen nicht vertrauten.

Daß in der Hirtensorge des Papstes die Wirtschaft einen auffallend großen Raum einnimmt, kann nicht überraschen. Denn die Knappheit der verfügbaren Naturgüter macht, wie er sagt, die die Beschaffung einer angemessenen Befriedigung der Grundbedürfnisse allen Menschen ermöglichende soziale Ordnung zu einer menschlichen Hauptaufgabe. Dies besonders, so fährt er fort, wenn als Ziel gelten soll, daß jeder als Mensch zu leben, sich durch Erwerbstätigkeit die Möglichkeit der Teilnahme am Kulturleben zu schaffen, eine den individuellen Fähigkeiten und Opfern entsprechende Rolle in der Gesellschaft zu spielen und schließlich auch an den Entscheidungen mitzuwirken vermag, von denen sein Schicksal auf politischer, wirtschaftlicher und sozialer Ebene abhängt[16].

---

[14] *Utz / Groner,* a. a. O., Nr. 6082.

[15] *Utz / Groner,* a. a. O., Nr. 6084.

[16] *Utz / Groner,* a. a. O., Nr. 6191.

Das Wirtschaftsdenken Pius XII. würde in der heute ungleich schwierigeren Weltsituation nicht versagen. Denn es ist dadurch ausgezeichnet, daß er sich immer des Zusammenhangs aller in der Wirtschaft von den Interessen ihrer Glieder getragenen Tätigkeiten bewußt ist; daher sieht er so auf das nationale und internationale Gemeinwohl hin die für die Völkerschaften, Gruppen und Einzelnen mögliche Befriedigung ihrer Interessen als Ziel und Aufgabe. Dieser Zweck der Wirtschaft sei objektiv gegeben, begründet durch die Personnatur des Menschen. Darauf beruht die scharfe Kritik des Papstes am Liberalismus, der die Freiheit zum beherrschenden Sozialprinzip und das Gewinnstreben zum obersten Gesetz des Kapitalismus macht, ebenso seine scharfe Kritik an dem die persönliche Verantwortung wegorganisierenden Sozialismus und an dem die menschliche Gesellschaft nur von den Beziehungen der Produktion unter Ausklammerung der geistigen Werte verstehenden Marxismus. Auf beiden Seiten vergißt man, sagt Pius, die ganze wirtschaftliche Wirklichkeit zu sehen: zugleich die materielle und menschliche, quantitative und moralische, individuelle und soziale.

Pius XII. sieht die Ordnung der Wirtschaft im Wesentlichen als Aufgabe des ganzen Volkes an, will damit warnen, sie einfach vom *Staate* zu erwarten. Beobachtet man, sagt der Papst, den Verlauf von gewissen Kongressen, selbst katholischen, die sich mit wirtschaftlichen und sozialen Themen beschäftigen, so stellt man ein stets wachsendes Bestreben fest, die Hilfe des Staates anzurufen, so daß man „bisweilen den Eindruck hat, als sei dies der einzige denkbare Ausweg". Diejenigen, die den Staat dauernd anrufen und ihm jegliche Verantwortung aufbürden, führen ihn dem Untergang entgegen und liefern ihn den Interessenmächten aus. Begründet ist in der menschlichen Brüderlichkeit die Wohlfahrtsfunktion des Staates durch Sozialpolitik und Maßnahmen für eine gerechte Verteilung des Wohlstandes[17]. Das Ziel der Sozialpolitik sieht er in der Hebung der Bevölkerungsgruppen, die noch die ihnen zukommende wirtschaftliche, soziale und kulturelle Unabhängigkeit nicht besitzen[18]. Eine besondere Aufgabe des Staates sieht der Papst gegenüber dem sozialen Elend der Großstädte. Die Erklärung dafür, daß Hunderttausende von Menschen dauernd härtester Not ausgesetzt sind und von Hunger gequält werden, sieht Pius in der Tatsache, daß Gesetze und soziale Hilfsorganisationen nur für die bestehen, die sich selber helfen können. Um die aber, die keine Möglichkeit

---

[17] *Utz / Groner*, a. a. O., Nr. 6121.

[18] *Utz / Groner*, a. a. O., Nr. 6146.

des organisierten Zusammenschlusses und kein politisches oder wirtschaftliches Mittel zur Durchsetzung ihres Anspruchs auf ein menschenwürdiges Dasein besitzen, kümmert sich die Gesellschaft nicht. Die Folgen sind die schweren gesundheitlichen und moralischen Schäden für die Familien, die in Elendsvierteln zu wohnen gezwungen sind. Würde man von Anfang an dieser Verelendung vorbauen, würde der Staat nicht die gewaltigen finanziellen Mittel aufwenden müssen, um für schwerste Schäden Abhilfe zu schaffen.

III. Die Berufsgruppen

Zu den einzelnen Berufsgruppen, der Landwirtschaft, der Industrie, dem Mittelstand, dem Bankwesen, Kommunikationswesen, zu den Versicherungsunternehmen, spricht Pius XII., ausgehend von deren wirtschaftlichen Funktionen und dann mit dem Blick auf notwendige Reformen und ethische Ziele. Nicht überraschen kann, daß der *Landwirtschaft* seine besondere Sorge gilt. Durch die sinkenden Preise, das sinkende Einkommen des Landwirts und die Landflucht sei „eine zahlenmäßig starke, mutige und verdiente Bevölkerungsschicht bedroht. Deren Stabilität und deren Treue zu den besten Überlieferungen sind für die Erhaltung des Gleichgewichts einer rasch sich wandelnden Gesellschaft mehr denn je notwendig“. Zu diesen Überlieferungen gehören die uralten Werte der Ehrfurcht vor der Familie, des Sinnes für Autorität, Arbeitsmut, einfaches Leben, gegenseitige Hilfe. Das ungenügende Einkommen der Landwirte im Vergleich mit anderen Schichten können die Folge der Verarmung des Bodens, einer ungünstigen Bodenpolitik, der übertriebenen Anhäufung oder Zerstückelung des Eigentums, des unzureichenden Wertes der landwirtschaftlichen Produkte sein.

Damit sind Aufgaben der Agrarreform gestellt. Durch die italienische Agrarreform seien zahlreiche Taglöhnerfamilien in den Besitz eines kleinen Landeigentums gekommen. Hilfe für sie in der Übergangszeit sei die Entwicklung des Genossenschaftswesens, „dieses mächtigen Mittels der Hilfe und des Fortschrittes der neuen Bauerngemeinschaften“. Das so erweiterte Gebiet der bäuerlichen Wirtschaft werde „einen Beitrag zur Stärkung des Binnenmarktes leisten und damit auch zur Hebung der industriellen Produktion“. Das Problem der Landwirtschaft stelle sich heute mit größerer Dringlichkeit, weil es früher hinter den sozialen Problemen zurückstehen mußte. Die Leute, die heute die Scholle verlassen, finden nicht die wünschenswerten Voraussetzungen für den Aufenthalt auf dem Land, nämlich das Heim, die Schule, ärztliche Betreuung, gesunde Zerstreuung und jene Mittel, die den sozialen Aufstieg ermöglichen.

Der italienische Bauernverband, an den er diese Gedanken richtet, habe einen hervorragenden Dienst seinen Mitgliedern gegenüber dadurch geleistet, daß er sie ihrer Rolle, die sie im wirtschaftlichen Leben der Nation spielen, bewußt machte. Das sage er nicht nur den Bauern, sondern auch den Landarbeitern, die sich kraft ihrer Solidarität der technischen und beruflichen Vorbereitung bemächtigen können, die eine Ersparnis an menschlicher Energie und eine intensivere Produktivität des Bodens ermöglicht. Zu den Bergbauern spricht Pius XII. mit besonderer Sympathie. Ihre Schwierigkeiten habe der Staat in Italien „auf denkbar beste Weise“ mit Maßnahmen für die Wald-, Ackerbau- und Weidewirtschaft in den Hochtälern angegangen. Mit der Milchwirtschaft beschäftigt sich eine Ansprache des Papstes, hinweisend auf die Verpflichtung, ein gesundes Produkt zu verbürgen, die Sorgfalt, die für das Einholen und den Transport erforderlich ist, auf die Herstellung von Trockenmilch sowie der Milchprodukte Butter und Käse und ihre Vorzugsbehandlung im Transport in alle Welt. Auch auf die Schädlingsbekämpfung und die dafür geschaffenen Mittel, mit dem Blick auf die Weinreben-, Fruchtbäume- und Gartenkulturen geht er ein. Vor Vertretern der FAO (Nahrungsmittel- und Landwirtschaftsorganisation der Vereinten Nationen) sagt er schon 1955, daß ein, wenn nicht das Hauptproblem der Hilfe für die Entwicklungsländer darin zu sehen sei, den Menschen die Mittel an die Hand zu geben, womit sie sich ihre notwendige Nahrung selbst beschaffen können[19].

Während Pius XII. im bäuerlichen Familienbetrieb einen Hort für Erhaltung wichtigster menschlicher Werte sieht, vermißt er in der *Industrie* die volle Achtung für Wert und Würde des Menschen. Der Christ und überhaupt ein Mann von Herz „leidet zutiefst, wenn er sieht, wie der Arbeiter von heute allzu oft keine innere Beziehung zu seiner Arbeit findet, wie er an seine Arbeit gefesselt ist, die ihn einschnürt wie ein Halseisen, anstatt ihm eine Entfaltungsmöglichkeit zu bieten, so bescheiden sie auch sein mag“. Aber die Notwendigkeit der industriellen Produktion steht außer Frage[20]. Jeder vernünftige Mensch müsse zugeben, daß „das Wirtschaftssystem des industriellen Kapitalismus dazu beigetragen hat, die Steigerung des landwirtschaftlichen Ertrages möglich zu machen oder wenigstens zu fördern“. Man brauche also nicht

---

[19] *Utz / Groner,* a. a. O., Nr. 6208.

[20] *Utz / Groner,* a. a. O., Nr. 5675.

dieses System selber zu verwerfen. Falsch sei der Marxismus mit seinem Glauben an die übertriebene Industrialisierung und die Kollektivierung der Landarbeit nach Art einer Fabrik, ebenso die Grundprinzipien des Wirtschaftsliberalismus, sobald die Volkswirtschaft einseitig im Hinblick auf den Markt als bloßer Preismechanismus betrachtet wird. Es handle sich heute nicht nur um die gerechte Verteilung der Erträgnisse der Volkswirtschaft, sondern ebenso um die umsichtige Ordnung der Produktion[21], da von der Produktivität der nationalen Wirtschaften der Wohlstand der Einzelmenschen abhängt.

Vor den Teilnehmern des ersten Kongresses des internationalen *Verbandes der Wirtschaftswissenschaften* spricht er (1956) von der Volkswirtschaft als weitläufigem sozialen Organismus, in dem sich die verschiedenen Funktionen gegenseitig beeinflussen und bedingen, „so daß man unmöglich eine antasten kann, ohne alle anderen zu erschüttern und ohne für ausgleichende Maßnahmen Sorge zu tragen". Er erwähnt u. a. das Streben nach Vollbeschäftigung, das mit Maßnahmen gegen das Risiko der Inflation verbunden werden müsse. Eine Aufgabe der Fachleute bestehe also darin, die schädlichen Folgen der empfehlenswerten Eingriffe möglichst auszuschalten. Der Fachmann könne den wissenschaftlichen Wert seiner Schlußfolgerungen und Urteile nicht genug nachprüfen, d. h. sehen, ob er mit den Gesetzen des Denkens, des menschlichen Wesens und den objektiven Verhältnissen der wirtschaftlichen Wirklichkeit übereinstimmt. Pius XII. gebraucht nicht den Ausdruck Ideologie, meint aber die Gefahr des ideologischen Irrtums, der auch der Fachmann ausgesetzt ist. In eine Überlegung zur Wissenschaftstheorie der Nationalökonomie tritt der Papst ein mit dem Gedanken, daß das Wirtschaftssubjekt, das produziert, kauft, verkauft und Güter verbraucht, in beträchtlichem Ausmaß unter dem Einfluß subjektiver Einstellungen stehen kann. Diese lassen sich mit streng wissenschaftlichen Mitteln nicht erfassen. Jedoch die Wirtschaftswissenschaft müsse die Annahme wahrhaft persönlicher und freier, d. h. völlig rationeller und wohlbegründeter Entscheidungen dem Aufbau ihrer Wissenschaft zugrunde legen.

Dann hebt er besonders hervor „die Chefs, die Männer der Initiative, die den Ereignissen den Stempel ihrer Persönlichkeit aufdrücken, neue Wege finden, einen entscheidenden Impuls weiterleiten, die Methoden umgestalten und in erstaunlichem Ausmaß die Ergiebigkeit von Mensch und Maschine steigern". In keinem kirchlichen Dokument ist, soweit ich

---

[21] *Utz / Groner*, a. a. O., Nr. 119.

weiß, der *Unternehmer,* seine Funktion und seine Bedeutung mit solchem Nachdruck gekennzeichnet. Der Papst fügt noch hinzu: „Man täte schwer unrecht, wenn man annähme, ein derartiges Eingreifen falle immer mit ihrem Privatinteresse zusammen, gehe nur aus egoistischen Beweggründen hervor.“ Es sei vielmehr auf das Gesamt der menschlichen Gesellschaft ausgerichtet, die es mit neuem Wissen und machtvolleren Aktionsmitteln bereichert. Daher müsse auch die *Theorie,* wolle sie die wirtschaftlichen Gegebenheiten exakt umgreifen, die materielle wie die menschliche, persönliche und soziale Seite zugleich ins Auge fassen. Wohl wirke dabei die Freiheit, jedoch mit logischer und konstruktiver Mächtigkeit, weil geleitet vom echten Sinn für menschliche Existenz. Für den wahren Unternehmer gehe es nicht nur darum, Kapitalien zu investieren und vielleicht große finanzielle Risiken auf sich zu nehmen, sondern vor allem darum, „eine soziale Idee, einen Begriff von Wirtschaft, ihrer Gesetze, ihres Zweckes und ihrer Grenzen in die Tat umzusetzen“[22].

Wenn Pius XII. davon spricht, daß man heute „immer deutlicher den Vorrang feststellt, den die sozialen Probleme vor den rein wirtschaftlichen einnehmen“, will er nicht die einseitige „Gewichtung des Sozialen“ vertreten, wie sie heute vielfach üblich ist. Denn, sagt er, verteilt kann nur werden, was produziert worden ist, *das Soziale* aber werde zu oft in die Verteilung verlegt. „Die zeitgenössische, unter vielen Gesichtspunkten so harte Zivilisation“ hat wenigstens das eine getan, der Idee Geltung zu verschaffen, daß die Welt der Industrie und der Arbeit, Unternehmer und Betriebsinhaber, Ingenieure und leitendes Personal des einen Werkes eine Schicksalsgemeinschaft bilden. Ihr gemeinsames Ziel könne weniger in der Erreichung einer gewissen Produktionshöhe als in der Schaffung eines Klimas der Zusammengehörigkeit sein. Daß in dieser Hinsicht noch viel zu tun bleibt, wird aus dem Beitrag zu diesem Gedenkband über die Sozialidee Pius XII. zu ersehen sein. Im Zusammenhang mit der Frage der Automation bespricht er vor den Mitgliedern einer Studientagung der „christlichen Arbeitervereine Italiens“ (1957) die Stellung der neuen Technik in der Volkswirtschaft. Mechanisierung und Technisierung habe es schon lange gegeben. Wenn man von der neuen Technik eine neue Welt erwarte, die ausschließlich vom Menschen gemacht sei und ihn zum autonomen Herrn der Welt mache, so seien zwei Grenzen übersehen: Der technische Faktor kann auf die Dauer nicht stärker sein als „die wirtschaftliche Logik“ noch als das

---

[22] *Utz / Groner,* a. a. O., Nr. 6143.

soziale Leben im Ganzen. Grundproblem seiner Gedanken zu den Fragen der Technik, sagt der Papst, sei die Erhaltung der Produktivität. Denn von volkswirtschaftlicher Produktivität als einer Grundforderung

Öfters, wenn Papst Pius XII. über das *Bank-, Kredit- und Geldwesen* spricht, hebt er hervor, daß die Kapitalinvestition Arbeit schaffe, die bedauernswerten Folgen der Arbeitslosigkeit „zu Gunsten des höchsten Gutes eines gesunden, sozialen und demgemäß moralischen häuslichen Lebens“ mildere. Der Papst will mit aller Klarheit die ungesunde Auffassung ablehnen, als ob das System der Banken auf Grund seiner Natur mit dem Makel der Schuld befleckt sei. Das Banksystem erfülle eine „hochbedeutsame Funktion“. Ausgehend davon, daß man das Geld das Blut des volkswirtschaftlichen Organismus genannt hat, vergleicht der Papst die Banken dem Herzen, das den Blutumlauf im volkswirtschaftlichen Körper reguliert. Von Leitern und Angestellten der Banken sei daher eine große Erfahrung in wirtschaftlichen Fragen und eine absolute Gewissenhaftigkeit gefordert. Der nationalen Arbeitsbank Italiens, die Kredite an die Landwirtschaft und die industriellen Klein- und Mittelbetriebe vergibt, wird ausdrücklich bestätigt, daß ihre Arbeit den Geist der kirchlichen Gesellschaftslehre verwirklicht. Christus verurteile nicht den gerecht erworbenen Reichtum, den die Banken verwalten, er lobe oder tadele die rechte und unrechte Haltung, die der Mensch ihm gegenüber einnimmt. Lob und Lohn habe er bereit für den guten und getreuen Knecht, der mit den empfangenen Talenten Früchte erzielt hat, dagegen Tadel und Strafe für den faulen Knecht, der das Geld seines Herrn in der Erde vergraben hatte, anstatt es „den Bankiers zu übergeben, um daraus einen entsprechenden Zins zu beziehen“. Überall tritt der Grundgedanke hervor, daß Geld, Kapital und Kredit eine unersetzliche Funktion für die Volkswirtschaft und die Erfüllung ihrer Aufgaben hat und daß den Banken die Hauptaufgabe in der Verwirklichung dieser Funktion zukommt. Besonders vermerkt wird die Aufgabe der Bank, die kleineren und größeren Sparbeträge zu sammeln, „sie bewahrt Ersparnisse für die Zukunft, macht sie aber schon für die Gegenwart fruchtbar“.

Nicht unerwähnt sollen die kenntnisreichen Ausführungen des Papstes über die *Buchführung* (Rechnungswesen) bleiben und über die für die Buchprüfer wichtigsten moralischen Grundsätze gegenüber den ihnen zur Kenntnis kommenden Methoden der Erzielung sittlich bedenklicher Gewinne: unerlaubte Überschreibungen, Tarnungen, falsche Eintragungen, fingierte Rechnungen, Vertuschung von Wuchergewinnen, auch gewisse Gratifikationen, Risikoentschädigungen usw. Pius XII. wendet sich auch gegen die Verkennung der wichtigen Funktion des *Handels* und des Kaufmanns, als wäre das Ziel ein übertriebener, unverdienter Gewinn und seine Nützlichkeit überhaupt fraglich. Der Handel sei keineswegs nur der Vermittler zwischen Erzeuger und Verbraucher, an erster Stelle sei er ein belebender Faktor der Wirtschaft mit seiner Tätigkeit für die Warenverteilung, aber auch den Erzeuger wirksam anzuregen, Waren besserer Güte und zu niedrigerem Preise zu liefern und dem Verbraucher in größerem Ausmaß den Zugang zum Markte zu öffnen.

IV. Die Wirtschaftsordnung

Überblickt man die Lehr- und Hirtenäußerungen Pius XII. zum Wirtschaftsleben, so fällt auf, daß sie sich keineswegs in allgemeinen Grundsätzen erschöpfen, sondern ins volle Leben greifen und maßgebliche *Prinzipien und Imperative bieten.* Er macht dafür einen kirchlichen Autoritätsanspruch geltend, den er auf die sittliche Seite der behandelten Fragen beschränkt, aber gesehen auf die Gegebenheiten der Situation seiner Zeit hin. Kaum in einem Punkt dürfte er auf berechtigten Widerspruch stoßen. Daß seine Äußerungen zu dieser Situation immer wieder eine erstaunliche Sachkenntnis beweisen, dürfte ebenfalls unbestreitbar sein.

Anfang und Ende der Wirtschaftsordnung bildet nach Pius XII. der *Personwert eines jeden Menschen.* Er überragt jeden wirtschaftlichen Wert. Er ist der Grundwert der gesellschaftlichen und damit auch der wirtschaftlichen Ordnung. Die menschliche Person ist, wie sie das Ziel der Wirtschaft ist, so auch deren erste Triebkraft[23].

Die von Gott selbst in die Schöpfung gelegte Ordnung taste Gott nicht an, sondern „läßt die *allgemeinen Gesetze,* welche die Welt und die, wenngleich durch den Fall geschwächte, menschliche Natur beherrschen, in ihrer ganzen Kraft bestehen“[24]. Falsch sei daher die Annahme, die Wirtschaft habe ihre eigenen Gesetze, die allein an Nützlichkeitsberechnungen des Menschen gebunden sind und auf die der Mensch allein zu achten habe, wenn er zu Wohlstand kommen will. Die Erfahrung mit der Massenproletarität im vorigen Jahrhundert bezeuge das Verhängnisvolle dieses Irrtums.

---

[23] *Utz / Groner,* a. a. O., Nr. 6143.

[24] *Utz / Groner,* a. a. O., Nr. 3278.

Daß die „Logik der Wirtschaft“[25] selbst der *Sozialpolitik* Grenzen vorschreibt, sagt Pius XII. in der Weihnachtsradiobotschaft von 1952 mit einem Beispiel von heute schmerzlicher Aktualität: „Wo man Vollbeschäftigung durch eine ständig steigende Lebenshaltung sichern will, hat man Grund, sich besorgt zu fragen, wie weit denn die Steigerung gehen könne, ohne zur Katastrophe und vor allem zur Massenarbeitslosigkeit zu führen[26].“

Die Riesenunternehmungen der mordernen Industrie, die dem Wirtschafts- und Einkommenswachstum dienen, seien wunderbare Erzeugnisse der Erfindungs- und Planungskraft des menschlichen Geistes. In Abrede müsse er stellen, sagt Pius, daß sie allgemeinhin als Vorbild für die Bildung, Gestaltung und Regelung des modernen sozialen Lebens gelten können. Gegen den „industriellen Kapitalismus“ wendet er ein: daß sein beherrschendes Ziel das Höchstmaß von Gewinn ist, dann, daß die unpersönliche Art seiner Welt im Gegensatz steht zu der ganz persönlichen Anlage jener Einrichtungen, die der Schöpfer der menschlichen Gesellschaft gegeben hat. Das sind *Ehe und Familie, Staat und Privateigentum.* Die Achtung und die Geltung, die sie in einer Gesellschaft besitzen, spreche für oder gegen das eine Volkswirtschaft beherrschende Ordnungssystem. Denn jene Einrichtungen zielen von Natur darauf ab, den Menschen als Persönlichkeit zu formen und zu entwikkeln, ihn zu schützen und zu befähigen, in freiwilliger Mitarbeit und persönlicher Verantwortung zur Erhaltung und Entwicklung des gesellschaftlichen Lebens beizutragen. Daraus erklärt sich die Sorge Pius' XII. für die mittelständische Wirtschaft (Handwerk, Bauerntum, Kleinhandel, kleinere Industrieunternehmungen). Er sieht in ihr die Verbindung von Familie und Wirtschaft am unmittelbarsten wirksam, außerdem sieht er in der mittelständischen Wirtschaft einen wesentlichen Gleichgewichtsfaktor der modernen Wirtschaftsgesellschaft.

Den *objektiven Zweck der Volkswirtschaft* umschreibt Pius XII. kurz als „Wohlergehen der Bevölkerung“. Nach der Bestimmung der Erdengüter für alle Menschen besteht Wirtschaftsordnung nur insoweit, als alle Menschen das Lebensnotwendige erreichen können und „die echten, nicht künstlich erzeugten Bedürfnisse“ befriedigt werden. Heute seien die Völker in verschiedenem Maße von der Erreichung dieses Zweckes entfernt. Wirtschaftswachstum ist das normale Zeichen der wirtschaftlichen Gesundheit eines Volkes. Das Wirtschaftswachstum ist jedoch

[25] *Utz / Groner,* a. a. O., Nr. 6219.

[26] *Utz / Groner,* a. a. O., Nr. 3289.

kein Selbstzweck. Es widerspricht dem Lebenssinn des Menschen, wenn die Bedürfnisse des irdischen Lebens zu seinem letzten Ziel gemacht werden.

Zur Erreichung des objektiven Zweckes der Wirtschaft sind der Industrie heute ungeahnte Möglichkeiten eröffnet durch Wissenschaft und *Technik*. Die Weiterentwicklung der letzteren hemmen zu wollen wäre utopisch, die Bevölkerungszunahme und der Anspruch der Völker auf ein besseres Leben drängen zu wirtschaftlicher Expansion. Die sich bietenden Möglichkeiten sind mit Vorsicht, doch mit einem gesunden Optimismus zu prüfen. „Die Kirche fordert die Gläubigen auf, in den erstaunlichen Fortschritten der Wissenschaft die Verwirklichung des Planes Gottes zu sehen."

Nicht voraussehen konnte Pius XII. die Teilnahme der Arbeitnehmerschaft an der *Wohlstandsentwicklung* nach dem Zweiten Weltkrieg in den Industrieländern, so daß sich die Arbeiterschaft selbst eines neuen Status bewußt ist und sich nicht mehr als Proletariat empfindet. Mit dem Blick auf die Elendsviertel von großen Städten seiner Zeit spricht der Papst an einer Stelle von „Schichten des Proletariats", die nicht über das Notwendige verfügen und denen nach der Lehre der Kirche zu würdigeren Lebensbedingungen zu verhelfen ist[27].

Angesichts der gewaltigen Aufgaben, die der objektive Zweck der Wirtschaft in der heutigen Welt stellt, richtet sich die Forderung Pius XII. auf reichlichere Produktion und bessere Verteilung der Güter des Lebens- und Kulturbedarfes. Aufgaben sieht er dabei für *die Gewerkschaften, die Arbeitgeber und den Staat,* das wichtigste sei jedoch *die persönliche Qualität des Menschen,* seine sittliche Stärke und sein Verantwortungsbewußtsein.

So viel noch in den Industrieländern für die Verwirklichung der Verteilungsgerechtigkeit zu tun sei, die Hauptfragen der Produktions- und Verteilungsordnung müssen mit rasch zunehmendem Gewicht den *Entwicklungsländern* gelten. „Jedermann weiß, daß die Fortschritte sich leider langsam vollziehen, in vielen Ländern, in ganzen Kontinenten in diesem wesentlichen Punkt viel zu langsam[28]."

Überblickt man die Lehren und Weisungen Pius XII. in Fragen der Wirtschaft, ihrer Ordnung und der davon geforderten Verhaltensnor-

---

[27] *Utz / Groner,* a. a. O., Nr. 4329.

[28] *Utz / Groner,* a. a. O., Nr. 6111.

men und dazu die ihm vorausgehenden und auf ihn folgenden Dokumente der kirchlichen Soziallehre, so bieten sie nicht nur ein umfassendes Bild dieser Lehre, sondern sind auch Zeugnis der *Kontinuität ihrer Entwicklung*. Man sehe allein, wie sich in seinen Lehren und Weisungen schon angedeutet, auch ausgesprochen findet, was dann in den die Wirtschaft betreffenden Lehren und Weisungen der Pastoralkonstitution des II. Vatikanischen Konzils (Gaudium et spes) weiter behandelt wird.

DAS PRIVATEIGENTUM IN DER SOZIALLEHRE PIUS' XII.

Von Anton Rauscher

Durch die ganze Sozialverkündigung Papst Pius XII. zieht sich wie ein roter Faden die Sorge um die Erhaltung und Stärkung des Privateigentums, das einerseits als ein unverzichtbares Personrecht mit sozialer Pflichtigkeit, andererseits als eine unersetzbare soziale Ordnungsinstitution aufgewiesen wird. Zwar gibt es keine größere und umfassende Stellungnahme zum Privateigentum, wie sie etwa Leo XIII. in „Rerum novarum" und Pius XI. in „Quadragesimo anno" getroffen haben, dafür griff Pius XII. in verschiedenen Enzykliken und besonders in zahlreichen Ansprachen dieses Thema auf und führte die Lehre der Kirche anhand konkreter Problemstellungen weiter. Dabei ging es ihm nicht nur um die Zurückweisung ideologischer Angriffe gegen das Privateigentum oder um die Abwehr von Gefährdungen, die aus der Entwicklung der industriewirtschaftlichen Produktionsverhältnisse herrühren, vielmehr suchte er die Notwendigkeit und Bedeutung des Privateigentums für die Entfaltung des Menschen in Freiheit und für die Gestaltung einer humanen Gesellschaftsordnung zu begründen und daraus konkrete Schlußfolgerungen zu ziehen.

I. Besorgt um die Glaubwürdigkeit der Kirche

Pius XII. hatte ein waches Gespür dafür, die Lehre der Kirche gegen Mißverständnisse und böswillige Unterstellungen abzuschirmen. Schon Pius XI. sah sich veranlaßt, die Verteidigung des Privateigentums gegen den Sozialismus durch Leo XIII. in Schutz zu nehmen, weil manche Kreise diese als willkommenen Vorwand betrachteten, die Kirche zu verleumden und sie „der Begünstigung der besitzenden Kreise zum Nachteil der Besitzlosen" zu bezichtigen[1]. In gleicher Weise zog Pius XII. klare Grenzen:

---

[1] *Pius XI.*, Enzyklika Quadragesimo anno, Nr. 44; in: Die katholische Sozialdoktrin in ihrer geschichtlichen Entfaltung, hrsg. von Arthur Utz und Brigitta Gräfin von Galen, Bd. I, Aachen 1976, 579.

„Wenn also die Kirche den Grundsatz des Privateigentums verteidigt, so verfolgt sie dabei ein hohes ethisch-soziales Ziel. Sie beabsichtigt keineswegs, den gegenwärtigen Stand der Dinge einfachhin und ohne Abstriche zu befürworten, als ob sie darin etwa den Ausdruck göttlichen Willens sähe, noch grundsätzlich den Reichen und Plutokraten gegenüber dem Armen und Habenichts zu schützen. Ganz im Gegenteil! Von allem Anfang an war sie der Anwalt des unterdrückten Schwachen gegenüber der Tyrannei der Mächtigen und immer ist sie eingetreten für die gerechten Forderungen der arbeitenden Gruppen gegenüber jeder Ungerechtigkeit[2]."

Der bis heute immer wieder erhobene Vorwurf, die Kirche trete für den Status quo ein und paktiere mit den Reichen und Mächtigen, hängt ohne Zweifel mit der Tatsache zusammen, daß sich das kirchliche Lehramt eigentlich erst seit Leo XIII. intensiv mit dem Privateigentum befaßte und die katholische Position gegen eigentumsfeindliche Ideologien herausarbeitete. Gewiß hatte die Kirche immer das Gebot Gottes „Du sollst nicht stehlen" eingeschärft, in dem die Anerkennung des Privateigentums enthalten ist; aber in einer Umwelt, in der das Privateigentum weder ernsthaft bestritten noch in der Praxis angetastet wurde, konnte sich die Kirche darauf konzentrieren, die sittlichen Fehlhaltungen bei den Eigentümern und die vielfältigen Mißbräuche, die mit dem Eigentum getrieben wurden, anzuprangern. Die Verurteilung von Egoismus und Habgier, von Wucher und Ausbeutung in den alt- und neutestamentlichen Schriften, die Warnungen Jesu vor den Gefahren des Reichtums und seine Mahnung, der Mensch könne nicht Gott und dem Mammon zugleich dienen, haben die moraltheologischen Überlegungen und die pastorale Praxis durch die Jahrhunderte bestimmt. Die kritische Distanz zu Geld und Besitz haben manche Kirchenväter sogar zu der Auffassung gelangen lassen, die Einrichtung des Privateigentums sei eine Folge des Sündenfalls, sei gleichsam erbsündlich belastet, wohingegen im Paradies alle Güter allen Menschen gemeinsam gewesen wären.

Im Mittelalter entwickelten dann die großen Theologen unangefochten ihre Eigentumslehre, wobei sie unterschieden zwischen der „potestas procurandi et dispensandi", der Befugnis, Güter ins Eigentum zu nehmen, um sie zu bewirtschaften und zu verwalten, und dem „usus communis", der Gemeinnützigkeit allen Eigentums, sofern der Gebrauch und Verbrauch der Güter nicht nur dem Eigentümer, sondern

---

[2] Aufbau und Entfaltung des gesellschaftlichen Lebens. Soziale Summe *Pius XII.*, hrsg. v. Arthur-Fridolin Utz O. P. und Joseph-Fulko Groner O. P., Bd. I bis III, Fribourg i. d. Schweiz 1954 - 1961, Nr. 734 (im folgenden zitiert *Utz / Groner*).

allen zugute kommen müsse. Die Frage, ob das Privateigentum dem „ius naturale“ oder dem „ius gentium“ zuzurechnen sei, war theoretisch zwar bedeutsam, praktisch jedoch ohne Belang[3]. Und was die realen Wirtschaftsverhältnisse betrifft, so sorgte die damalige Lehens- und Zunftverfassung für eine weitgehende Einbindung des produktiven Eigentums in die Gemeinwohlordnung, so daß Strukturprobleme nur verhältnismäßig selten, wie z. B. in den Bauernaufständen, hochkamen. Der Schwerpunkt kirchlichen Wirkens lag in der Kritik von Mißständen, insbesondere im Kampf gegen den Wucher und beim Zinsverbot, wie dies ja auch für die Wirtschaftsethik der Reformatoren zutrifft.

Erst die Entwicklung der industriewirtschaftlichen Produktionsverhältnisse mit der gesellschaftlichen Trennung von Arbeit und Kapital stellte die Kirche vor eine völlig veränderte Situation. Die Frage nach dem Privateigentum erhielt eine neue Dimension. Denn jetzt ging es nicht mehr nur um Verstöße gegen die Gemeinnützigkeit im traditionellen Sinn, um den egoistischen Mißbrauch von Eigentum an Gebrauchs- und Verbrauchsgütern, sondern um die strukturelle Scheidung zwischen den Besitzern der Produktionsmittel hier und den Nurlohnarbeitern dort. Angesichts der sozialen Übel der kapitalistischen Klassengesellschaft kann man es der Kirche schwerlich verübeln, wenn sie zunächst dem Fortschritt mißtraute, den Blick nach rückwärts auf die ständische Gesellschaft richtete und bei ihren bewährten Methoden der Verurteilung des Gewinnstrebens und der wucherischen Ausbeutung stehen blieb. Nur war auf diese Weise der Gang der Entwicklung nicht aufzuhalten.

Das Dilemma der Kirche spitzte sich zu, als mit dem neuen Produktionssystem zwei mächtige Sozialbewegungen entstanden, die liberalindividualistische Gesellschaftsauffassung, die das Privateigentum als heiliges und unantastbares Besitzrecht des Individuums ohne jede soziale Gebundenheit verstand und die kapitalistischen Klassenverhältnisse wie eine Art Naturereignis hinnahm, und die sozialistisch-kollektivistische Gesellschaftsauffassung, die das Privateigentum für alle sozialen Übel verantwortlich machte und auf seine Beseitigung drängte. Unter diesen Umständen konnte sich die Kirche nicht mehr damit begnügen, nur gegen die Mißbräuche zu Felde zu ziehen. Sie mußte einerseits die kapitalistische Klassenspaltung verurteilen und eine gerechte Verteilung des Eigentums fordern und begründen, sie mußte andererseits aber auch das Privateigentum verteidigen. Sie war zu einem Zwei-

---

[3] Vgl. *Joseph Höffner*, Christliche Gesellschaftslehre, Kevelaer 1975, 180 ff.

frontenkrieg gezwungen, der ihre Glaubwürdigkeit herausforderte. Denn das Eintreten für das Privateigentum konnte leicht als eine Parteinahme für die Reichen und Besitzenden und als Verrat an der im Evangelium verankerten kritischen Distanz zu Geld und Besitz diskreditiert werden. Umgekehrt konnte die Verwerfung der Ausbeutung und der kapitalistischen Klassengesellschaft als eine stillschweigende Befürwortung eines „christlichen Sozialismus" gedeutet werden. Die Kirche mußte auch darauf bedacht sein, nicht durch fragwürdige „Bundesgenossen" ins schiefe Licht zu geraten, hier durch Liberale, die ihre individualistische Eigentumsauffassung als von der Kirche gedeckt ausgaben, dort durch Sozialisten, die die kommunistische Gütergemeinschaft als ursprünglich christliches Ideal deklarierten.

Sowohl bei Leo XIII. als auch bei Pius XI. war diese doppelte Abwehrhaltung gegen Individualismus und Kollektivismus bestimmend. Und ebenso hat Pius XII. diese Linie konsequent fortgeführt. Auch wenn die öffentliche Meinung innerhalb und außerhalb der Kirche in diesem Papst hauptsächlich den Anwalt des Privateigentums gegen die sozialistischen Bestrebungen erblickt, so bezog er nicht weniger eindeutig Stellung gegen die individualistische Entartung des Privateigentums und gegen die soziale Gefahr des „Kapitalismus", den er als „im Widerspruch stehend zum Naturrecht" betrachtete[4]. Letzten Endes hing die Glaubwürdigkeit der kirchlichen Position davon ab, wie überzeugend das Privateigentum als ein Personrecht mit sozialer Pflichtigkeit und nicht als ein individualistisches Besitzrecht aufgewiesen, wie einleuchtend das Privateigentum als eine auch die moderne Industriegesellschaft tragende Ordnungsinstitution und nicht als ein die Klassenstruktur bedingendes und festschreibendes Prinzip begründet und schließlich wie wirksam die Forderung nach der breiten Streuung des Privateigentums erhoben wurde.

II. Das Privateigentum als Personrecht

Es wurde schon darauf hingewiesen, daß Pius XII. in seinen Aussagen über das Privateigentum ganz an die Argumentationslinien seiner Vorgänger anknüpfte. Allerdings hat er, und das ist sein entscheidendes Verdienst, dem inneren Begründungszusammenhang sozusagen den Schlußstein hinzugefügt, indem er die Notwendigkeit des Privateigentums aus der Persönlichkeitswürde des Menschen herleitete.

[4] *Utz / Groner*, Nr. 733.

Die Bedeutung dieser Einsicht kann nur auf dem Hintergrund der theologischen Diskussion um die moderne Sozialverkündigung der Kirche ermessen werden. Leo XIII. hatte in „Rerum novarum" erklärt: „Der Mensch hat nämlich von Natur das Recht auf Privateigentum[5]." Ebenso betonte Pius XI. in „Quadragesimo anno" in Bezug auf Leo und die unter Leitung des kirchlichen Lehramtes wirkenden Theologen: „einmütig lehren sie, das Privateigentumsrecht sei von der Natur, ja vom Schöpfer selbst dem Menschen verliehen, einmal, damit jeder für sich und die Seinen sorgen könne, zum andernmal, damit mittelst dieser Institution die vom Schöpfer der ganzen Menschheitsfamilie gewidmeten Erdengüter diesen ihren Sinn und Zweck wirklich erfüllen"[6]. Gegen diese naturrechtliche Begründung des Privateigentums machte Alexander Horváth unter Berufung auf Thomas von Aquin geltend, nicht das Naturrecht, das „das Subjekt des Eigentumsrechtes unbestimmt" lasse, sondern das ius gentium erteile dem Menschen die Befugnis, „irdische Güter durch Arbeit zu beschlagnahmen und zur persönlichen Verwaltung zu erwerben"[7]. Und Léon de Sousberghe stellte die These auf, daß die Lehre vom naturrechtlichen Charakter des Privateigentums erst „in der Mitte des 19. Jahrhunderts" entstanden sei und auf Luigi Taparelli d'Azeglio zurückgehe. Die Eigentumslehre der Scholastik, die das Privateigentum dem ius gentium zuweise, sei durch die Neuscholastik in wichtigen Punkten umgestaltet worden und habe in dieser abgeänderten Form Einzug in die katholische Soziallehre gehalten[8].

Hinter diesen Vorwürfen verbirgt sich nicht nur ein Streit um Worte, sondern die Frage, ob das Privateigentum ein unveräußerliches Freiheitsrecht des Menschen ist oder lediglich eine Einrichtung, deren Bestand nach sozialen Zweckmäßigkeitsgründen zu beurteilen ist und die bei Vorhandensein bestimmter gesellschaftlicher Bedingungen auch entfallen bzw. abgeschafft werden könnte[9]. In der Tat hatten Thomas

[5] *Leo XIII.*, Enzyklika Rerum novarum, Nr. 5; in, Die katholische Sozialdoktrin, Bd. I, 501.

[6] *Pius XI.*, Enzyklika Quadragesimo anno, Nr. 45; a. a. O., 581.

[7] *Alexander Horváth,* Das Eigentumsrecht nach dem hl. Thomas von Aquin, Graz 1929, 135 f.

[8] *Léon de Sousberghe,* Propriété de droit naturel. Thèse néoscholastique et Tradition scholastique, in: Nouvelle Révue Théol. 82 (1950), 580 ff.

[9] Vgl. *Franz Klüber,* Katholische Gesellschaftslehre. 1. Bd.: Geschichte und System, Osnabrück 1968, 168 - 171; *ders.*, Eigentumstheorie und Eigentumspolitik. Begründung und Gestaltung des Privateigentums nach katholischer Gesellschaftslehre, Osnabrück 1963, 88 ff.

und die meisten Scholastiker das Privateigentum nicht von der Würde des Menschen her begründet, sondern aus sozialen Überlegungen, weil Gütergemeinschaft zu Trägheit und Arbeitsunlust, zu Unordnung und sozialem Unfrieden führe[10]. Aber läßt sich hieraus ein Argument gegen die naturrechtliche Betrachtungsweise schmieden? Hier gilt es zu berücksichtigen, daß dem mittelalterlichen Denken nicht nur im Falle des Privateigentums, sondern auch im Hinblick auf alle anderen Menschen- oder Personrechte jene Perspektive abging, die die neuzeitliche Freiheitsgeschichte auszeichnet. Zwar erreichte die Reflexion über die „Person" als „das Vollkommenste in der ganzen Natur"[11] einen Höhepunkt, ohne daß deshalb die Personrechte als solche entfaltet worden wären. Der Grund hierfür lag wohl einerseits im Ordo-Denken, andererseits in der relativen Unangefochtenheit der persönlichen Freiheitssphäre durch Gesellschaft und Staat, auch wenn diese durch vielfältige soziale Bindungen eingeschränkt war. Erst der Kampf gegen die Bevormundung des Menschen durch den absolutistischen Staat und insbesondere durch die totalitären Regime hat die Menschenrechtsidee konkret Gestalt werden lassen. In diesem geistesgeschichtlichen Zusammenhang muß auch die Ausformung der Persönlichkeitsrechte in der katholischen Soziallehre gesehen werden[12]. Sie unterscheidet sich von der säkularen Bewegung insofern, als sie nicht wie die Französische Revolution und der frühe Liberalismus das Individuum, sondern die Person mit ihrer Gesellschaftlichkeit als Träger dieser Rechte erachtete. Jedenfalls steht die Berufung auf die Personwürde und die Personrechte nicht im Gegensatz zur scholastischen Tradition, vielmehr geht sie mit dem personalen Ansatz der christlichen Gesellschaftsauffassung konform.

Auch der in der christlichen Tradition entwickelte Grundsatz von der Gemeinbestimmung der Erdengüter für alle Menschen widerspricht nicht dem personalen Recht auf Privateigentum. Ausdrücklich bekannte sich Pius XII. dazu:

„In der Tat hat jeder Mensch als vernunftbegabtes Lebewesen von Natur grundsätzlich das Recht der Nutzung an den materiellen Gütern der Erde, wenn es auch den Bemühungen der Menschen und den Rechtsformen der Völker überlassen bleibt, die Verwirklichung dieses Rechtes näher zu regeln. Dieses grundsätzliche individuelle Nutzungsrecht kann durch nichts, auch

---

[10] *Thomas von Aquin,* Summa theologiae II, II, 66, 2; I, 91, 1 ad 3; Pol. II, 4.

[11] Ebd., I, 29, 3.

[12] Vgl. *Albrecht Langner,* Die politische Gemeinschaft, Köln 1968, 98 ff.

nicht durch andere gesicherte und friedliche Rechte auf die materiellen Güter unterdrückt werden. Ohne Zweifel fordert zwar die gottgegebene natürliche Ordnung auch das Privateigentum und den freien zwischenmenschlichen Güterverkehr des Tauschens und Schenkens sowie die Ordnungsfunktion der öffentlichen Gewalt über diese beiden Einrichtungen. Trotzdem aber bleibt doch dies alles dem natürlichen Zweck der materiellen Güter unterstellt und darf nicht von jenem ursprünglichen Nutzungsrecht aller losgelöst werden. Es hat vielmehr dazu zu dienen, die Verwirklichung in Einklang mit seinem Zweck zu ermöglichen[13]."

Dieser Grundsatz der Gemeinbestimmung der Erdengüter wurzelt in der Einsicht, daß, wie Leo XIII. es formulierte, „Gott dem ganzen Menschengeschlecht die Erde zum Gebrauch und Genuß gab" und „daß Gott selbst keinem Menschen einen bestimmten Güteranteil als Eigentum zugewiesen" hat[14]. Es handelt sich um einen metajuridischen Sachverhalt, der vor dem Privateigentum und vor der Einrichtung der Privateigentumsinstitution liegt und beinhaltet, daß kein Mensch von der Nutzung der Erdengüter ausgeschlossen werden darf bzw. daß jeder Mensch zu ihnen Zugang haben muß[15]. Aber aus diesem Grundsatz kann nicht die Forderung einer kollektiven Gütergemeinschaft abgeleitet werden, daß „alle unterschiedslos die Herrschaft über die Erdengüter ausüben sollten"[16]. Die christliche Tradition erblickte in der Privateigentumsordnung die Einrichtung, die die Gemeinbestimmung der Erdengüter für alle Menschen verwirklichen könne und müsse.

Pius XII. ging hier einen Schritt weiter, indem er von einem Nutzungs*recht* sprach, die Art und Weise, wie es auszuüben sei, als eine „personale" bestimmte und das Privateigentumsrecht als mit der Persönlichkeitswürde des Menschen gegeben begründete:

„Die Persönlichkeitswürde des Menschen erheischt also das personale Nutzungsrecht an den Gütern der Erde als normale und naturgemäße Grundlage. Dem entspricht die grundsätzliche Forderung des Privateigentums soweit möglich, für alle. Die einzelrechtlichen Bestimmungen zur Regelung des Privateigentums mögen wechseln und eine mehr oder weniger gebundene Nutzung gestatten. Wollen sie jedoch ihre Friedensaufgabe im Dienst der Gemeinschaft erfüllen, so haben sie zu verhindern, daß der arbeitende

---

[13] *Utz / Groner,* Nr. 506.

[14] *Leo XIII.*, Enzyklika Rerum novarum, Nr. 7, a. a. O., 503.

[15] Vgl. *Anton Rauscher,* Die Bestimmung der Erdengüter für alle Menschen und ihre Verwirklichung in der modernen Wirtschaft, in: Oeconomia Humana. Beiträge zum Wirtschaftskapitel der Pastoralen Konstitution (Veröffentlichungen „Internationale Sitftung Humanum"), Köln 1968, 223 - 240.

[16] *Leo XIII.*, Enzyklika Rerum novarum, Nr. 7, a. a. O., 503.

Mensch, der gegenwärtige oder zukünftige Familienvater, einer wirtschaftlichen Abhängigkeit und Unfreiheit verfällt, die mit seinen Persönlichkeitsrechten unvereinbar ist[17]."

„Das naturgegebene Nutzungsrecht an den Erdengütern steht in engster Beziehung zur Persönlichkeitswürde und zu den Persönlichkeitsrechten des Menschen. Es gibt ... dem Menschen die sichere materielle Grundlage, die ihm für die Erfüllung seiner sittlichen Pflichten von höchster Bedeutung ist. Denn durch die Wahrung jenes Nutzungsrechts wird der Mensch instand gesetzt, in rechtmäßiger Freiheit jenen Bereich dauernder Obliegenheiten und Entscheidungen auszufüllen, für den er unmittelbar vor dem Schöpfer verantwortlich ist[18]."

Für Pius XII. wäre eine Nutzung der Erdengüter, die anders als personal geschähe, nicht menschenwürdig. Zum Personsein gehören nämlich die Freiheit und Selbstbestimmung, die sich auch auf den Bereich der Nutzung der materiellen Güter erstrecken, ja insoweit die unerläßliche Voraussetzung für die Entfaltung der sittlichen Persönlichkeit in der ganzen Breite und Tiefe humaner Existenzverwirklichung darstellen. Für eine biologische Lebensfristung genügte die bloße Nutzung; der Mensch aber, der eben gerade nicht nur ein biologisches Lebewesen ist, bedarf der rechtlichen Verfügung über die im Eigentum stehenden Güter. Das Privateigentum schenkt ihm jene wirtschaftliche Unabhängigkeit und Freiheit, die ihm auch die Wahrnehmung der übrigen Persönlichkeitsrechte in Freiheit und Verantwortung ermöglichen.

Die Anerkennung des Privateigentums „steht und fällt mit der Anerkennung der persönlichen Würde des Menschen, mit der Anerkennung der unveräußerlichen Rechte und Pflichten, die der freien Persönlichkeit unzertrennbar innewohnen und die sie von Gott empfangen hat. Nur wer dem Menschen die Würde der freien Persönlichkeit abspricht, kann die Möglichkeit zugeben, daß das Recht auf Privateigentum (und folglich auch auf das Privateigentum selbst) durch irgendein System von gesetzlichen Versicherungen oder Garantien des öffentlichen Rechts abgelöst wird"[19].

„Das Recht des einzelnen und der Familie auf Eigentum ist ein unmittelbarer Ausfluß des Personseins, ein Recht der persönlichen Würde, freilich ein mit sozialen Verpflichtungen behaftetes Recht; es ist aber nicht lediglich eine soziale Funktion[20]."

Mit dieser Begründung des Privateigentums in der Personwürde des Menschen erwies Pius XII. der naturrechtlichen Tradition der katholi-

---

[17] *Utz / Groner*, Nr. 243.

[18] *Utz / Groner*, Nr. 507.

[19] *Utz / Groner*, Nr. 417.

[20] *Utz / Groner*, Nr. 628.

schen Eigentumslehre einen wichtigen Dienst. Damit entzog er jenen Überlegungen und Bestrebungen im kirchlichen Raum den Boden, die das Privateigentum lediglich aus sozialen Zweckmäßigkeitserwägungen bejahen oder dulden wollen und mit dem Gedanken spielen, es könne auch durch eine andere soziale Organisation ersetzt werden. Ebenso unzureichend wäre das Abheben auf die höhere Produktivität, die das Privateigentum ermögliche — ein Argument, das im Systemvergleich der freiheitlichen mit der sozialistischen Wirtschaftsgesellschaft eine erhebliche Rolle zu spielen pflegt. Dieses Effizienzargument ist zwar in Grenzen durchaus brauchbar, weil in der Tat zentralistische Kommandowirtschaften bisher jedenfalls den Nachweis schuldig geblieben sind, sie könnten die Bedürfnisse der Bevölkerung quantitativ und qualitativ genauso befriedigen wie diejenigen Wirtschaftssysteme mit Privateigentum; dennoch vermag das Effizienzargument letztlich nicht zu überzeugen und wird auch von den Kritikern der Leistungsgesellschaft in Frage gestellt[21].

Der Bezug auf die Personwürde und die Personrechte läßt auch die Bedeutung des Privateigentums für die gesamtmenschliche Kultur hervortreten, die weit über eine bloße Zuordnung der Menschen im Bereich der Nutzung der materiellen Güter hinausgeht. Gerade die Entwicklung in den sozialistischen Staaten zeigt, wie mit der fehlenden wirtschaftlichen Freiheit auch die geistig-kulturelle Freiheit des Menschen untergraben wird. Wenn heute die kommunistische Führung so allergisch auf die Menschenrechtsbewegungen reagiert, dann sicherlich deshalb, weil diese die geistigen und sozialen Grundlagen des Sozialismus erschüttern, der den Menschen nicht als Träger ursprünglicher Rechte und Pflichten, sondern als Teil eines Kollektivs, des „Proletariats", versteht und der die Freiheit des Menschen verfälscht, indem er sie in die Einsicht und willige Hinnahme des mit geschichtlicher Notwendigkeit abrollenden Gesellschaftsprozesses umdeutet. Nicht nur an der Stellung zum Privateigentum, sondern überhaupt am Verständnis des Menschen scheiden sich die christliche und marxistische Auffassung.

Gefährdet wird die mit dem Privateigentum verbundene Freiheit der Person nicht nur von der kollektivistischen Gesellschaftsideologie und

[21] Es gibt viele Beispiele für eine solche Einstellung. Im „Ökonomisch-politischen Orientierungsrahmen für die Jahre 1975 - 1985" der SPD überwiegen die Skepsis und Vorbehalte gegenüber dem Privateigentum an Produktionsmitteln; man hat den Eindruck, daß es nur geduldet wird, weil und solange keine Organisation der Wirtschaftsgesellschaft gefunden wird, die dieselbe Produktivität garantiert.

der diktatorischen Gewaltherrschaft, sondern auch „von der Übermacht des Privatkapitals oder von der Staatsmacht"[22]. Pius XII. hat das Machtproblem, das mit der Anhäufung von Vermögen und Eigentum entsteht, klar gesehen. Insofern ist die Frage der Eigentumsverteilung, die uns noch beschäftigen wird, nicht nur ein Anliegen der sozialen Gerechtigkeit, sondern nicht minder ein Problem der Freiheitssicherung und der Zuordnung der Menschen.

Die liberalkapitalistische Klassengesellschaft, die zwar lauthals die private Freiheit propagierte, aber nur die Freiheit weniger Privilegierter erzeugte, hat die Vermachtung der Gesellschaft infolge der fehlenden Eigentumsverteilung herbeigeführt. Allerdings war Pius XII. weit davon entfernt, das Böse und Freiheitsbedrohende nur bei der privaten Kapitalmacht zu suchen und zu meinen, öffentliche oder staatliche Macht sei zunächst einmal harmlos. Es sind nicht nur die linken Systemveränderer, sondern auch viele durchaus wachsame Kritiker von Macht und Vermachtungserscheinungen, die hier auf einem Auge blind sind. Die Gewerkschaften geben sich nicht selten der Illusion hin, öffentliches Eigentum sei weniger gefährlich und nur manche bittere Erfahrungen, wie zum Beispiel mit der Helaba (Hessische Landeszentralbank) haben sie vorsichtiger gestimmt. Staatliche Vermögens- und Eigentumsmacht ist für die Freiheit der Bürger noch gefährlicher als private Macht, da in diesem Falle auch die rechtlichen und politischen Abwehrwaffen stumpf zu werden pflegen. Dabei gibt es sehr unterschiedliche Grade der Aushöhlung der persönlichen Freiheit, ob etwa die Verfassung eines Staates das Privateigentumsrecht lediglich als ein vom Staat verliehenes Recht behandelt und nicht als ein dem Staat vorgegebenes Personrecht anerkennt, ob der Staat politisch die Privateigentumsordnung stützt oder zurückdrängt, oder ob die Eigentumsrechte der Bürger beinahe beliebig über Steuern und Abgaben oder über andere Maßnahmen manipuliert werden.

Das persönliche Nutzungsrecht ist ein Bollwerk gegen Kollektivismus und Zentralismus und ein Garant einer gesellschaftlichen und staatlichen Ordnung, in deren Mittelpunkt der Mensch steht.

---

[22] *Utz / Groner*, Nr. 244.

III. Die soziale Pflichtigkeit des Privateigentums

Die personale Begründung des Privateigentums bei Pius XII. impliziert nun keineswegs, wie bisweilen unterstellt wird, eine Vorbetonung der „individuellen" Seite und eine Vernachlässigung der sozialen Pflichtigkeit. Die Person nämlich besitzt zwar ihre „individualitas", sie ist aber zugleich „Ursprung, Träger und Ziel des gesellschaftlichen Lebens"[23]. Mithin sind auch die Personrechte nicht einfach „Individualrechte", die den einzelnen vom Miteinander abkapseln, sondern zugleich „Sozialrechte", insofern sie die Menschen verbinden, einander zuordnen und in solidarische Pflicht nehmen. Dies gilt auch für das Privateigentum. Die persönliche Verfügungsbefugnis muß immer diesen sozialen Zielhorizont im Auge haben.

An verschiedenen Punkten der Lehre Pius XII. wird die soziale Pflichtigkeit eingeschärft. Zunächst muß festgestellt werden, daß jeder Mensch ein persönliches Nutzungsrecht hat; mit anderen Worten: kein Mensch darf vom Erwerb privaten Eigentums ausgeschlossen werden, ja er muß positiv die Möglichkeit dazu besitzen, da er wegen seiner geist-leiblichen Natur auf die Nutzung der materiellen Güter angewiesen ist. Dies ergibt sich als unmittelbare Konsequenz aus dem auch vom Papst betonten Grundsatz der Gemeinbestimmung der Erdengüter.

Nun existiert der Mensch niemals für sich allein, vielmehr ist er immer eingebettet in die Familie, aus der er stammt und in der er sich entfaltet. Folgerichtig brachte Pius XII. das Privateigentum in einen engen Zusammenhang mit der Familie:

„Nach der Lehre von Rerum novarum hat die Natur selbst das Privateigentum mit dem Bestand der menschlichen Gesellschaft und ihrer wahren Kultur innerlich verbunden — und zwar in hervorragendem Grade — mit dem Bestand und der Entwicklung der Familie. Der Hauptgrund dafür liegt offen zutage: das Privateigentum soll dem Familienvater die nötige Freiheit und Unabhängigkeit sichern, deren er bedarf, um die vom Schöpfer selbst ihm auferlegten Pflichten hinsichtlich des leiblichen, geistigen und religiös-sittlichen Wohles der Familie erfüllen zu können[24]."

---

[23] *Utz / Groner,* Nr. 227. Für die personale Begründung der christlichen Gesellschaftslehre und damit auch des Privateigentums und seiner sozialen Pflichtigkeit hat Gustav Gundlach, der Berater Pius XII., die entscheidenden Grundlinien erarbeitet: vgl. *Gustav Gundlach,* Die Ordnung der menschlichen Gesellschaft, Köln 1964, Bd. I, 57 ff., besonders 493 ff.

[24] *Utz / Groner,* Nr. 516; vgl. auch Nr. 517, 687, 4743.

Das Privateigentum soll also gewährleisten, daß der Mensch seine sozialen Aufgaben in Freiheit und Verantwortung wahrnehmen kann. Der individualisierende Charakter der modernen Leistungsgesellschaft hat ohne Zweifel den Zusammenhang zwischen Privateigentum und Familie, zwischen privater Verfügungsbefugnis und sozialer Verpflichtung geschwächt. Dies zeigt sich nicht nur in der geschwundenen Bereitschaft von Familienmitgliedern, das verdiente Einkommen für Familienzwecke einzusetzen, vielmehr auch in der Tendenz, einen wachsenden Teil staatlicher Sozialleistungen nicht mehr über die Familie zu vermitteln, sondern sie direkt den „Betroffenen" zuzuordnen.

Ein weiterer eminent sozialer Gesichtspunkt erwächst aus der schon angeführten Vorstellung, das Privateigentum solle das „Tauschen" und „Schenken" ermöglichen[25]. Es handelt sich um zwei Vorgänge, die den Grundvollzug des gesellschaftlichen Lebens, nämlich das „Geben und Nehmen", im Bereich der Nutzung der materiellen Güter zum Ausdruck bringen. Gerade durch das Tauschen und Schenken werden die Menschen einander verbunden und zugeordnet. Der Austausch von Gütern und Leistungen läuft über den Markt, der freilich in der Sicht der katholischen Soziallehre nicht nur eine technische Vermittlungsfunktion ausübt, sondern die Menschen zueinander bringen soll. Leider ist dieses Markt-Ereignis, das früher das Leben in Stadt und Land kennzeichnete und auch noch im „Tante-Emma-Laden" spürbar war und das heute noch in den südlichen Ländern und in orientalischen Basars hoch im Kurs steht, in den rationalisierten Großeinkaufs- und Supermärkten immer mehr zurückgedrängt worden. Die Preisvorteile sind zwar willkommen, aber sie werden teilweise erkauft durch eine Individualisierung und Anonymisierung der menschlichen Beziehungen, die zu der viel beklagten Isolation beitragen, aber auch zu einer Verringerung der Sozialpflichtigkeit im Gebrauch der materiellen Güter führen. Am stärksten zeigen sich diese negativen Auswirkungen in den sozialistischen Gesellschaften, die mit der Beseitigung des Privateigentums auch das Tauschen und den Markt aufgegeben haben. Gesellschaft entfaltet sich dort nicht mehr im personalen Geben und Nehmen, sie wird technisch organisiert; auch die soziale Verpflichtung erwächst nicht mehr vom Menschen her, sie wird ihm vom System her aufgezwungen.

Ein Ähnliches gilt für das „Schenken". Wenn das Christentum die tägige Nächstenliebe an die Spitze der sittlichen Forderungen stellt,

[25] Vgl. oben Text zu Anmerkung 13.

dann will es den Menschen bewegen, von seinem Eigentum mitzuteilen und seine sozialen Pflichten zu erfüllen. Das Schenken und Beschenktwerden schafft personale Bindung, weshalb es unsinnig wäre, die Caritas durch Gerechtigkeit, die natürlich nicht fehlen darf, ersetzen zu wollen. Ohne das Schenken mangelt dem gesellschaftlichen Zusammenhalt die innere Bindung der Menschen. Das Schenken setzt freilich wiederum das Privateigentum voraus. Eine Gesellschaft, in der das Privateigentum nur noch den Individuen zu nützen hätte und in der an die Stelle des persönlichen Schenkens nur noch die Verteilung der öffentlichen Sozialleistungen träte, wäre bestenfalls ein „sozialer" Automatismus, aber nicht mehr von persönlicher Sozialpflichtigkeit getragen. Unter dieser Rücksicht bedarf der Sozialstaat dringend der Korrektur, in dem viele zu der Ansicht neigen, für die sozialen Nöte habe der Staat zu sorgen, und sich deshalb vom persönlichen Einsatz dispensiert halten.

Neben dem gesellschaftsstiftenden Charakter des Tauschens und Schenkens betonte Pius XII. die Doppelfunktion des Privateigentums. Einerseits soll es dem Eigentümer zum persönlichen Nutzen dienen („Individualfunktion"), andererseits hat diese Nutzung so zu geschehen, daß alle Glieder der Gesellschaft die ihnen zustehenden Vorteile daraus ziehen können („Sozialfunktion")[26]. Ausfluß dieser Gemeinützigkeit ist in der Industriegesellschaft die Forderung, daß das Eigentum produktiv eingesetzt werde und dadurch Arbeitsplätze und Verdienstmöglichkeiten geschaffen werden. Sie verlangt aber auch jene sozialen Bindungen des Eigentumsgebrauchs, wie sie uns in den vielfachen gesetzlichen Auflagen für die Nutzung von Grund und Boden, des Bau- und Mietrechts, des Arbeitsvertragsrechts, des Unfallschutzes in den Betrieben, der Mitwirkung und Mitbestimmung der Arbeitnehmer an den sie betreffenden Angelegenheiten, des Umweltschutzes begegnen, um nur einige Beispiele anzuführen. Allerdings dürfen solche Auflagen das Eigentumsrecht selbst nicht illusorisch machen und dem Eigentümer die Lust an seinem Eigentum nehmen.

In besonderer Weise wird die Sozialpflichtigkeit des Privateigentums von seiner gerechten Verteilung berührt. An ihr erweist sich nämlich, ob die Privateigentumsordnung in der Lage ist, den Zweck der Gemeinbestimmung der Erdengüter und das persönliche Nutzungsrecht *aller* zu verwirklichen. So sehr die Kirche das Recht auf Privateigentum verteidigt, ebensosehr

---

[26] *Utz / Groner*, Nr. 6093.

„widersetzt (sie) sich einer Anhäufung dieser Güter in den Händen von verhältnismäßig wenigen übermäßig Reichen, während weite Kreise des Volkes zu Armut und zu einer menschenunwürdigen wirtschaftlichen Lage verursind“[27].

Wie wichtig Pius XII. die gerechte Verteilung der Güter und die größere Streuung des Eigentums — „die beiden dringlichsten Forderungen in dem Sozialprogramm der Kirche“[28] — waren, geht aus einer berühmten Stelle hervor, an der der Papst sich über den Zusammenhang der Verteilungsgerechtigkeit und des wirtschaftlichen Reichtums äußerte:

Man müsse deutlich sehen, „daß der wirtschaftliche Reichtum eines Volkes nicht eigentlich in der Fülle der in ihrem Wert rein materiell zählbaren Güter an sich liegt, sondern darin, daß diese Fülle wirklich und wirksam die hinreichende materielle Grundlage bildet für eine berechtigte persönliche Entfaltung seiner Glieder. Wäre dies nicht oder nur sehr unvollkommen der Fall, dann wäre der wahre Zweck der nationalen Wirtschaft nicht erreicht. Trotz der etwa verfügbaren Güterfülle wäre ein solches um seinen Anspruch betrogenes Volk keineswegs wirtschaftlich reich, sondern arm. Wo aber die genannte gerechte Verteilung wirklich und dauernd erreicht wird, kann ein Volk auch bei geringerer Menge verfügbarer Güter ein wirtschaftlich gesundes Volk sein“[29].

Eine ungerechte Verteilung des Privateigentums schwächt und zerstört den sozialen Zusammenhalt und die gesellschaftliche Stabilität, mithin auch die Rechtssicherheit und den Frieden. Dies gilt sowohl für agrarisch-handwerkliche als auch für industrialisierte Gesellschaften. Nicht nur von einem personalen Ansatz her, sondern auch aus sozialen Gründen forderte Pius XII. die Eigentumsbildung in Arbeitnehmerhand als Schlüssel zur Entproletarisierung[30]. Hier wird aber auch ein Maßstab für die Beantwortung einer Frage aufgewiesen, die in der Vergangenheit die „kapitalistischen“ nicht minder wie die sozialistischen Staaten betraf und die heute in den Entwicklungsländern akut ist. Wieviele Opfer dürfen im Zuge einer forcierten Industrialisierung der arbeitenden Generation aufgebürdet werden, damit es die künftigen Generationen besser haben? Die Grenze liegt dort, wo die persönliche Entfaltung aller Glieder und Schichten eines Volkes unterdrückt wird:

„Sicherlich gibt es Völker, die sich heute einer Produktivität rühmen, deren steigendes Ausmaß sie Jahr für Jahr anzeigen. Wenn diese Produktivität

[27] *Utz / Groner*, Nr. 315; vgl. Nr. 709.

[28] *Utz / Groner*, Nr. 710; vgl. Nr. 1323.

[29] *Utz / Groner*, Nr. 510.

[30] *Utz / Groner*, Nr. 708 - 710.

aber erkauft ist mit einer schrankenlosen Konkurrenz und einem skrupellosen Gebrauch des Eigentums oder mit despotischer Erpressung und Ausnutzung der Arbeit und der Bedürfnisse der einzelnen durch den Staat, so kann sie nicht gesund und echt sein, denn die gesellschaftliche Wirtschaft ist ein Ordnungsgefüge von arbeitenden Menschen, von denen jeder mit menschlicher Würde und Freiheit ausgestattet ist. Die maßlose Ausbeutung der wahren Werte des Menschen hält gewöhnlich gleichen Schritt mit dem der Naturschätze, besonders des Bodens, und führt früher oder später zum Verfall[31]."

Unter dem Gesichtspunkt der gerechten Verteilung ist auch die Vorliebe Pius XII. für das „mittlere Eigentum" zu sehen[32]. Dies hat nichts mit einer Sozialromantik zu tun. Es handelt sich um die Einsicht, daß auch die moderne Industriegesellschaft einer inneren Ausgewogenheit bedarf. Fehlt die breite Mittelschicht der Eigentümer und kommt es zu Vermögenszusammenballungen auf der einen und zu einer relativen Verarmung auf der anderen Seite, dann kann auch der wirtschaftliche „Fortschritt" diese Gesellschaft nicht retten.

IV. Das Privateigentum als Ordnungsinstitution

Alles, was über das persönliche Nutzungsrecht und seine soziale Pflichtigkeit ausgeführt wurde, verdichtet sich in der Erkenntnis vom Privateigentum als Ordnungsinstitution in Wirtschaft und Gesellschaft. Das Privateigentum ordnet die Menschen einander zu in der Nutzung der materiellen Güter und ist insofern auch Grundlage für die Verwirklichung der übrigen Menschtumswerte. An zahlreichen Stellen befaßte sich Pius XII. mit der Bedeutung des Privateigentums für die Produktion, Verteilung und Konsumtion, mit den Zusammenhängen zwischen dem Privateigentum und der persönlichen Vorsorge, der menschlichen Unternehmungslust und der Unternehmerinitiative, der Abgrenzung der Zuständigkeiten und Verantwortungsbereiche, der Produktivität und des Wachstums.

Hier soll besonders eingegangen werden auf das Verhältnis von Arbeit und Privateigentum. Manche Interpreten der päpstlichen Soziallehre werfen nämlich Pius XII. vor, er habe einseitig dem Privateigentum den Vorrang eingeräumt und die Arbeit als Ordnungsfaktor in Wirtschaft und Gesellschaft vernachlässigt. Man beruft sich dabei auf Johannes XXIII., der im Rundschreiben „Mater et Magistra" erklärte: Die Arbeit „ist unmittelbarer Ausfluß der menschlichen Natur und

---

31 *Utz / Groner,* Nr. 120.

32 *Utz / Groner,* Nr. 6192.

deshalb wertvoller als Reichtum an äußeren Gütern, denen ihrer Natur nach nur der Wert eines Mittels zukommt"[33]. Auf diese Aussage stützen sich alle jene, die eine „paritätische Mitbestimmung" von Arbeit und Kapital im Produktionsprozeß herbeiführen wollen[34]. Vereinzelt wird daraus auch eine sogenannte laboristische Ordnung der Wirtschaft abgeleitet, bei der allein die Arbeit bestimmender Faktor wäre und das Privateigentum allenfalls für die privaten Konsumzwecke des Menschen noch dazwischengeschaltet bliebe.

Wer jedoch unvoreingenommen die Lehre Pius XII. prüft, für den kann von einer Vernachlässigung der Arbeit nicht die Rede sein.

„Als notwendiges Mittel zu jener von Gott zu seiner Ehre gewollten Beherrschung der Welt, besitzt jede Arbeit ihre unantastbare Ehre und ist zugleich zu innerst verknüpft mit der Entfaltung der Persönlichkeit[35]."

Die Arbeit „ist persönlich, weil sie durch Einsatz der persönlichen Kräfte geleistet wird; sie ist notwendig, weil ohne sie der notwendige Lebensunterhalt nicht beschafft werden kann ... Der naturgegebenen persönlichen Arbeitspflicht entspricht folgerichtig das naturgegebene persönliche Recht, durch Arbeit für das eigene Leben und das Leben der Seinen Vorsorge zu treffen"[36].

Arbeit war also auch für Pius XII. etwas Persönliches. Allerdings vermied er eine Formulierung, die zu einer falschen Mystifikation der Arbeit hätte Anlaß geben oder gar im Sinne der marxistischen Ideologie mißdeutet werden können, wonach der Mensch überhaupt erst durch Arbeit zum Menschen wird. Wenn die Arbeit als „notwendiges Mittel" eingestuft wird, so drückt sich darin die alte Weisheit aus, daß der Mensch nicht lebt, um zu arbeiten, sondern daß er arbeiten muß, um zu leben.

Was nun das Verhältnis zwischen Arbeit und Privateigentum angeht, so erblickte Pius XII. in letzterem

„... vornehmlich die natürliche Frucht der Arbeit ..., das Produkt einer angespannten Tätigkeit des Menschen, der es erwirbt auf Grund eines ent-

---

[33] *Johannes XXIII.*, Enzyklika Mater et Magistra, Nr. 107; in: Die katholische Sozialdoktrin, Bd. I, 689. — Diejenigen, die aus dieser Stelle eine Wende der katholischen Eigentumslehre herauslesen, übersehen geflissentlich den nachfolgenden Zusammenhang, wo Johannes XXIII. mehrfach seinen Vorgänger zitiert und dessen Lehre bekräftigt.

[34] Vgl. hierzu *Anton Rauscher*, Arbeit und Eigentum in der Problematik der paritätischen Mitbestimmung, in: Mitbestimmung? hrsg. von Götz Briefs, Stuttgart 1967, 56 - 97.

[35] *Utz / Groner*, Nr. 254.

[36] *Utz / Groner*, Nr. 512.

schlossenen Willens, mit seiner Hände Kraft die Grundlage der eigenen Existenz und die seiner Familie zu sichern und auszuweiten, für sich und die Seinen einen Raum gerechter Freiheit zu schaffen, und zwar nicht nur in wirtschaftlichen, sondern auch in politischen, kulturellen und religiösen Belangen"[37].

Für Pius XII. sind weder die Arbeit noch das Privateigentum ein absoluter Wert in sich. Die Arbeit ist auf den Eigentumserwerb hingeordnet, damit eben die Nutzung der Güter in personaler Weise geschehen kann. Das Privateigentum wiederum steht im Dienst der allseitigen menschlichen Entfaltung und der Beherrschung der Welt. Der arbeitende Mensch hat Anspruch auf Privateigentum und vermittels dieses soll er verantwortlichen Einfluß nehmen auf die Gestaltung von Wirtschaft und Gesellschaft. Nur wer den inneren Zusammenhang zwischen Arbeit und Eigentum auflösen wollte, der könnte die Arbeit „neben" oder gar an Stelle des Privateigentums zur sozialen Ordnungsinstitution erheben wollen — allerdings mit dem in den sozialistischen Ländern eingetretenen Ergebnis, daß am Ende nicht „die Arbeit", sondern ganz andere Mächte das Sagen haben. Im übrigen ist das persönliche Recht auf Privateigentum nicht zu verwechseln mit jenen „äußeren Gütern", die Johannes XXIII. zum Vergleich herangezogen hatte.

Von der umschriebenen Position her wird auch die Einstellung Pius XII. in der Mitbestimmungsfrage verständlich. Zunächst muß hier einem Mißverständnis entgegengetreten werden, als ob der Papst jede Mitbestimmung in den personalen, sozialen und auch wirtschaftlichen Angelegenheiten des Betriebs und des Unternehmens abgelehnt hätte. Für den Papst ist es unbestreitbar, daß „der Lohnarbeiter in gleicher Weise wie der Arbeitgeber Subjekt und nicht Objekt der Wirtschaft eines Volkes" ist und der Lohnvertrag diese „grundlegende Gleichheit" enthalten muß[38]. Darüber hinaus kann die Unternehmung „aber auch noch eine ganze Gruppe anderer persönlicher Beziehungen zwischen ihren mitwirkenden Gliedern umfassen, die ebenfalls berücksichtigt werden müssen, darunter auch Beziehungen gemeinsamer Verantwortlichkeit"[39]. Schließlich empfahl er, „Elemente des Gesellschaftsvertrages in den Arbeitsvertrag einzuführen": „Die Kirche ermuntert gleicherweise all das, was dazu beiträgt, daß die Beziehungen zwischen

---

[37] *Utz / Groner,* Nr. 732.

[38] *Utz / Groner,* Nr. 3266. — Vgl. auch Anmerkung 34.

[39] *Utz / Groner,* Nr. 3349.

Arbeitgebern und Arbeitnehmern sich menschlicher und christlicher gestalten und von gegenseitigem Vertrauen beseelt sind[40]."

Was Pius XII. zurückwies, ist einmal die Vorstellung, daß aus der Natur des Arbeitsvertrages als solchen ein wirtschaftliches Mitbestimmungsrecht abgeleitet werden könne[41], zum andern eine Mitbestimmungsregelung, die die Verfügungsbefugnis des Eigentümers illusorisch machen würde[42], schließlich eine Mitbestimmungsform, bei der nicht die betroffenen Arbeitnehmer, sondern außerbetriebliche Organisationen den maßgeblichen Einfluß ausüben[43]. Das Hauptbedenken gegen eine „paritätische Mitbestimmung" — bis heute ist ihre Verwirklichung daran gescheitert, daß kein praktikables Modell für die Auflösung möglicher Pattsituationen gefunden wurde — beruht auf dem Gedanken, daß man die Gesellschaft nicht dadurch besser oder gerechter ordnen könne, indem man eine fundamentale Ordnungsinstitution wie das Privateigentum aushöhlt. Wichtiger als der Streit um die Parität wäre deshalb die konsequente Fortführung der Bemühungen um die Eigentumsbildung in Arbeitnehmerhand.

Dabei übersah Pius XII. nicht die Probleme, die sich aus der Anonymität der Eigentumsverhältnisse in den Großunternehmungen ergeben, weshalb er gerade in diesen Fällen die Ergänzung des Lohnvertrages durch den Gesellschaftsvertrag befürwortete[44]. Aber es wäre ein falscher Weg, anstatt diesen Schwierigkeiten gegenzusteuern, sie zum Anlaß für eine Umgestaltung von Wirtschaft und Gesellschaft zu nehmen.

Seine soziale Ordnungsaufgabe erfüllt das Privateigentum nicht isoliert und unabhängig von den übrigen Ordnungsinstitutionen, sondern nur im Zusammenwirken mit ihnen, insbesondere mit der Familie und mit dem Staat. Pius XII. ließ keinen Zweifel daran, daß sowohl die Privateigentumsrechte als auch die Privateigentumsverhältnisse gemeinwohlgerecht gestaltet sein müssen. Dem Staat als dem Garanten des Gemeinwohls obliegt es daher, die Persönlichkeitsrechte des Menschen einschließlich des Rechtes auf Privateigentum zu schützen und zu

---

[40] *Utz / Groner,* Nr. 711, 3266, 3348, 3392.

[41] *Utz / Groner,* Nr. 628, 3266.

[42] *Utz / Groner,* Nr. 3349, 628. — Vgl. hierzu die grundsätzlichen Überlegungen *Johannes Messners* in: Ethik und Gesellschaft. Aufsätze 1965 - 1974, Köln 1975, 177 ff.

[43] *Utz / Groner,* Nr. 3266.

[44] *Utz / Groner,* Nr. 3264, 736 f.

fördern, zugleich aber dafür zu sorgen, daß sich die konkreten Privateigentumsverhältnisse nicht im Gegensatz zur Gemeinbestimmung der Erdengüter und zur Gemeinnützigkeit des Eigentumsgebrauchs entwickeln. Der Staat darf das persönliche Nutzungsrecht an den irdischen Gütern weder aufheben noch unwirksam machen, da auf diese Weise das Gemeinwohl selbst verletzt würde[45], genauso muß er aber der sozialen Bedeutung des Privateigentums zum Durchbruch verhelfen:

„Wo die Verteilung des Privateigentums diesem Ziele hinderlich im Wege steht — was nicht notwendig und nicht immer von der Ausdehnung des Privatvermögens herrührt —, darf der Staat im Interesse der Allgemeinheit eingreifen und den Gebrauch des Privateigentums regeln oder auch, falls sich auf eine andere billige Weise kein Ausweg findet, gegen angemessene Entschädigung die Enteignung verfügen[46]."

Dieses Eingriffsrecht und diese -pflicht des Staates hat bei uns die Entwicklung zum sozialen Rechtsstaat markiert. Darin enthalten sind Maßnahmen der „indirekten Umverteilung" über ein an der wirtschaftlichen Leistungsfähigkeit orientiertes progressives Besteuerungssystem, die Förderungsmaßnahmen zur Eigentumsbildung, die schon genannten sozialen Aufgaben, die den Gebrauch des Privateigentums im Interesse der Allgemeinheit regeln, sowie, im Ausnahmefall, die Enteignung gegen angemessene Entschädigung, wenn anders die Erfordernisse des Gemeinwohls nicht durchsetzbar sind (wie zum Beispiel im Straßenbau etc.). Ausgeschlossen sind eine direkte Umverteilung bereits bestehenden Privateigentums, die Aushöhlung und Beseitigung der Verfügungsbefugnis des Eigentümers, auch an Produktionsmitteln, und eine entschädigungslose Enteignung.

Die Privateigentumslehre Pius XII. ist durch und durch geprägt von seiner Auffassung von der menschlichen Person mit ihrer von Gott gegebenen Freiheit und Verantwortung, als Ursprung und Ziel des gesellschaftlichen Lebens. Diese Lehre ist mit individualistischen und kollektivistischen Systemen und Bestrebungen unvereinbar. Sie wird aber auch überall dort zum Stein des Anstoßes, wo anonyme Mächte den Menschen offen oder geheim verführen und manipulieren möchten.

---

[45] *Utz / Groner,* Nr. 508.

[46] *Utz / Groner,* Nr. 736.

DER FREIHEITSBEGRIFF IN DER LEHRE PIUS' XII.

Von Wendelin Ettmayer

I. Die Bedrängung der Freiheit während des Pontifikates Pius XII.

Versteht man unter Freiheit „die Fähigkeit des Menschen, etwas zu wollen oder nicht zu wollen, dieses oder anderes zu wählen“[1], dann hängt die Durchsetzung dieser Fähigkeit eng zusammen mit den Bedingungen, die dem einzelnen in Kirche, Staat und Gesellschaft eingeräumt werden. Eine Reihe von psychologischen, physischen und sozialen Umständen sind dafür ausschlaggebend, wie und ob ein freier Willensentschluß in die Tat umgesetzt werden kann. Ja, politische Systeme werden geradezu danach voneinander abgegrenzt, welchen Stellenwert sie der Möglichkeit, den freien Willen zu äußern, einräumen. So ist die Freiheit ein prägendes Merkmal jeder Demokratie, während die Unterdrückung der Freiheit mit den verschiedenen Formen der Diktatur verbunden ist.

Nun sind gerade während des Pontifikates Pius XII. einerseits Ideologien offen und in außerordentlich starkem Ausmaß nicht nur für die Unterdrückung der persönlichen Freiheit eingetreten, es wurden in den verschiedenen politischen Systemen diese Programme auch durchgesetzt, was Millionen von Menschen den Verlust der Freiheit, Leid und Elend brachte. Pius XII. ist wiederholt auf diese Tatsache eingegangen, ja sein Freiheitsbegriff ist wesentlich ausgerichtet gegen die verschiedenen freiheitszerstörenden Ideologien seiner Epoche.

An den im Jahre 1956 tagenden 77. Deutschen Katholikentag richtete Pius XII. eine Botschaft unter dem Motto „Erneuerung der Welt durch die Kirche“, in der er von den Stürmen spricht, die versucht haben, ihr Werk der Zerstörung in die Kirche hineinzutragen, wogegen sich die Kirche unter bitteren inneren Kämpfen zur Wehr setzen mußte, und führte dann weiter aus: „An der Tatsache, daß die katholische Kirche seit Jahrzehnten, vor allem seit 10 Jahren, unter einer der schwersten,

---

[1] *Ludwig Berg*, „Freiheit“ im Katholischen Soziallexikon, Innsbruck - Wien - München 1964.

jedenfalls unter der gefährlichsten, Verfolgung steht, die je über sie hingegangen ist, kann eine Kundgebung nicht achtlos vorübergehen." Daß es zwischen einem System, das die Gottlosigkeit zur Grundlage hat, und der katholischen Kirche zum schwersten Zusammenstoß kam, darauf darf die Kirche mit Recht stolz sein[2].

Bereits in einem Brief an den Katholikentag 1950 hat der Papst zum Kampf gegen den Materialismus aufgerufen. (197) Zunächst wird der Materialismus dahingehend definiert, „daß er fortschreitendes Abwerten und Absetzen des Übersinnlichen und Überirdischen, Geistigen und Religösen bis zur ausgesprochenen Gottlosigkeit ist". Er läßt nur gelten, was das Experiment, die Erfahrung der Sinne bestätigt, was mit Maß, Zahl und Gewicht erfaßbar ist. Kaum eine Zeit hat so wie die gegenwärtige das Wort der Schrift wahr gemacht, daß alles in der Welt „Fleischeslust, Augenlust und Hoffart des Lebens" ist. Dabei wird die Gottlosigkeit einerseits von politischen Gruppen offen proklamiert, andererseits von jenen gefördert, die im Alltag so leben, als ob es keinen Gott gäbe.

„Einen Damm gegen den Materialismus zu bilden", ist daher „Aufgabe der Katholiken auf der ganzen Welt". Dieser Kampf gegen den Materialismus fordert den sittlichen Einsatz des katholischen Menschen (201). Der Gegensatz gegen den Materialismus hat im Christen das Bewußtsein geschärft, daß Gott im Mittelpunkt alles Seins steht. Denn der Materialismus kann als Höchstes nur Macht und Gewalt gelten lassen. Der Glaube aber setzt das Recht über die Macht, vor allem die Menschenrechte, bestimmte Rechte des Einzelnen und die Familie.

In einem Brief an den Präsidenten der „Sozialen Wochen Frankreichs" bezeichnet daher Pius XII. die Freiheit als Grundlage des Gemeinschaftslebens und wendet sich entschieden gegen jeden Kompromiß mit Vertretern des Kollektivismus: „Es ist für einen Christen unzulässig, sich auch nur im geringsten mit dem Irrtum selbst einzulassen und wäre es zum Zwecke, um in Berührung mit jenen zu bleiben, die im Irrtum sind." (368) Denn Freiheit, Gleichheit und Brüderlichkeit müssen entsprechend der christlichen Überlieferung aufgefaßt werden, die gleichzeitig ihr Urheber und ihr eigentlicher Interpret ist.

[2] *Utz / Groner*, Aufbau und Entfaltung des gesellschaftlichen Lebens — Soziale Summe Pius XII., Freiburg 1954, Nr. 4371. — Im folgenden werden die Nummern der 3 Bände von Utz / Groner immer in den Klammerausdrükken nach dem zitierten Text angeführt.

Es ist wohl weitgehend das unterschiedliche Verständnis vom Menschen und seiner Freiheit, daß zu dieser schroffen Verurteilung des Materialismus durch Pius XII. führte. Wie Kurt Salamun hervorhebt, betont Marx als eine der Grundbestimmungen seines Menschenbildes die Tatsache, daß der Mensch lediglich ein Exemplar einer bestimmten biologischen Gattung ist. Nach Marx ist der Mensch in all seinen Einstellungen, Urteilen, Ansichten und Verhaltensweisen letztlich das Produkt der gesellschaftlichen Bedingungen, in die er hineingeboren wird, von denen er lebt[3]. Auch Max Adler hebt immer wieder die deterministische Komponente des Marxismus hervor. Und Gustav Wetter stellt die Frage, ob nach der Lehre des dialektischen Materialismus ein freies Handeln des Menschen unmöglich wird, wenn nicht nur in der Natur, sondern auch in der Entwicklung der menschlichen Gesellschaft eine notwendige Gesetzmäßigkeit herrscht[4].

Immer wieder erklärte Pius XII. den Kampf gegen den Kommunismus, etwa wenn er in einem Mahnwort an den Klerus darlegt: „Manche zeigen sich ängstlich und unsicher gegenüber den Machenschaften der Kommunisten, die doch gerade darauf ausgehen, jenen, denen sie materiellen Wohlstand versprechen, den Glauben zu entreißen. Der Apostolische Stuhl hat aber in den neusten diesbezüglichen Entscheidungen mit aller Klarheit den einzuschlagenden Weg gewiesen, von dem sich niemand entfernen darf, ohne gegen seine Pflicht zu verstoßen." (2831)

Vor allem in seinen Ansprachen vor Arbeitern warnte Pius XII. immer wieder vor der kommunistischen Propaganda. Der marxistische Atheismus führt zur Knechtung der Arbeiterschaft, ja zur Unterwerfung ganzer Völker. Zuerst verkünden die Kommunisten die Freiheit, doch sobald sie an die Macht gelangt sind „beuten sie das Volk aus und erheben den Terror zur Herrschaft". (4657) Ein anderes Mal warnt der Papst vor jenen falschen Propheten, „die sich auf ihre Liebe zum Volk berufen und dabei doch nicht wissen wollen von jener gegenseitigen Verständigung zwischen Kapital und Arbeit, die allein die soziale Eintracht zum Fortschritt und zum Nutzen des Gemeinwohls verbürgen" kann. (683)

Was den Faschismus betrifft, so faßt Hans Maier seine zentralen Thesen so zusammen: Der Kampf ist der Vater aller Dinge, die Tugend ist

---

[3] *Kurt Salamun,* Ideologie — Wissenschaft — Politik, Graz - Wien - Köln 1975, S. 63.

[4] *Gustav A. Wetter,* Sowjetideologie heute, Frankfurt/Main 1962, S. 81.

eine Angelegenheit des Blutes, Führertum ist primär und entscheidend. Der Kampf hat den Menschen groß gemacht. Welches Ziel der Mensch auch erreicht hat, er verdankt es seiner eigenen Schöpferkraft und seiner Brutalität. Dadurch wird Politik notwendig zur Gewaltausübung des Stärkeren gegenüber den Schwächeren. Alle den einzelnen schützenden Einrichtungen, wie Recht, Gesetz, ja schließlich der Staat selbst, werden zugunsten der außerhalb jeder Norm gestellten Gewalt abgebaut[5].

Für Pius XII. galt es, gegen diese, die Freiheit einschränkenden Ideologien die christlichen Werte der Freiheit zu verteidigen, weshalb er sich wiederholt gegen jeden Totalitarismus aussprach, wie etwa 1945 anläßlich der Eröffnung des neuen Gerichtsjahres der Sacra Romana Rota: „Es ist unbestreitbar, daß eine der Lebensnotwendigkeiten für jede menschliche Gesellschaft, also sowohl für die Kirche wie für den Staat, darin besteht, die Einheit in der Verschiedenheit ihrer Glieder dauernd zu wahren. Nun kann aber der Totalitarismus diesem Erfordernis niemals Genüge leisten, denn er gibt der staatlichen Gewalt eine ungebührliche Ausdehnung, bestimmt und umschreibt die Betätigung auf allen Gebieten menschlichen Tuns nach Inhalt und Form und preßt so jedes rechtmäßige Eigenleben — das persönliche, örtliche und berufliche — unter den Stempel der Nation, der Rasse oder der Klasse in eine mechanische Einheit oder Kollektivität. Ebenso wird der Autoritarismus verurteilt, der den Bürger von jeder wirksamen Teilnahme und jedem Einfluß bei der Bildung des sozialen Willens ausschließt.

Im selben Maße verurteilt wird auch der Kapitalismus, da die Kirche stets nicht nur die Mißbräuche des Kapitals und des Eigentumsrechtes gebrannntmarkt hat, sie hat auch gelehrt, daß Kapital und Eigentum der Produktion dienen müssen zum Nutzen der ganzen Gesellschaft, wie auch zur Erhaltung und Entfaltung der persönlichen Freiheit und der menschlichen Würde.

In einer Ansprache vor dem Kardinalskollegium im Juni 1945 zieht Pius XII. Bilanz über die Verhehrungen des Nationalsozialismus (3535). Zerstörung der katholischen Organisationen, fortschreitende Auflösungen der blühenden öffentlichen und privaten katholischen Schulen, gewaltsame Trennung der Jugend von Familie und Kirche, Vergewaltigung der Gewissen der Staatsbürger, besonders der Beamten; systematische Verleumdung der Kirche und der Gläubigen durch eine straff aufgebaute Propaganda, verbunden mit der Schließung der Ordens-

[5] *Hans Maier,* Kirche und Gesellschaft, München 1972, S. 169.

häuser. Pius XII. verweist dann auch darauf, daß bereits sein Vorgänger die Unterdrückung der menschlichen Freiheit und Würde durch den Sozialnationalismus verurteilte, als er sagte: „Wer die Rasse oder das Volk oder den Staat oder die Staatsform, die Träger der Staatsgewalt oder andere Grundwerte menschlicher Gemeinschaftsgestaltung zur höchsten Norm aller, auch der religiösen Werte macht und sie mit Götzenkult vergöttert, der verkehrt und fälscht die gottgeschaffene und gottbefohlene Ordnung der Dinge.“ (3538) Pius XII. wendet sich auch gegen die Atheisten, die nicht auf den Traum von der Allmacht des Menschen verzichten wollen und die auch jene Werte einer Prüfung unterziehen möchten, die nicht in ihrer Macht stehen, und die sich der menschlichen Freiheit entziehen, wie die Religion und die Naturrechte (4380). Ebenso verurteilt wird jener „falsche Realismus“, der die Wurzeln der privaten und öffentlichen Moral untergräbt, indem er die Begriffe Gewissen und Verantwortlichkeit jedes positiven Wertes entleert und den der Willensfreiheit schwächt. Für diese „Realisten“ wird die ganze Welt ein Laboratorium, wo die Kräfte der Natur nach streng mathematischen Regeln gebunden und die Ereignisse voraus bestimmt werden sollten. Der moderne Mensch sieht sich dann gezwungen, das zum höchsten Wert zu erheben, was ihm noch bleibt, also sein eigenes konkretes, begrenztes Sein (4434). Diese Haltung führt aber dann letztlich zur Verachtung der Würde der menschlichen Person, zur Vernichtung der grundlegenden Freiheiten, zur Herrschaft einer Klasse über die andere.

Pius XII. sah also ganz deutlich die Auswirkungen all dieser freiheitsbekämpfenden Ideologien. Der Papst hob „die Glaubensbekenner in jenen Ländern“ hervor, „wo man Gott töten möchte, und, weil dies nicht möglich ist, die Leiber derer quält, die ihm treu bleiben“. (4650) Pius XII. hat auch wiederholt zum Gebet für die Verfolgten aufgerufen, wogegen dem Gegner „die Zwangsmaßnahmen des totalitären Staates und die ausgeklügelten Methoden der seelischen Bearbeitung des Menschen“ zur Verfügung standen (4372).

Pius XII. stellte eindeutig fest, daß zwischen dem katholischen Glauben und den totalitären Systemen keine Koexistenz möglich ist und warnte die Gläubigen in jenen Ländern, in denen sie frei leben konnten, sich falschen Trugbildern hinzugeben: „Die katholische Kirche nötigt niemand, ihr zuzugehören. Sie verlangt jedoch für sich die Freiheit, nach ihrer Verfassung und ihrem Gesetz im Lande leben, ihre Gläubigen betreuen und die Botschaft Jesu Christi offen verkündigen zu können. Dies freilich ist ihre unabdingbare Grundlage für jede ehrliche Koexistenz. Inzwischen kämpft sie weiter — nicht auf dem Feld der Politik und Wirtschaft, wie man ihr immer wieder fälschlich nachgesagt hat, sondern mit ihren eigenen Waffen: Der Standhaftigkeit ihrer Gläubigen, dem Gebet, der Wahrheit und der Liebe."

II. Das Wesen des katholischen Freiheitsbegriffes

1. Die Freiheit der Person

All den die persönliche Freiheit einschränkenden Ideologien setzt Pius XII. die Lehre der Kirche über die wahre menschliche Freiheit entgegen. In einer Ansprache an die Arbeiter der Fiat-Werke legt der Papst das Wesen des katholischen Freiheitsbegriffes dar. Die Kirche lehrt, daß die menschliche Freiheit ihre Grenzen hat im göttlichen Gesetz und in den vielfachen Pflichten, die das Leben mit sich bringt. Gleichzeitig aber bemüht sie sich darum — und wird das bis aufs letzte Tun —, daß jeder seine Tage im Frieden mit Gott und den Menschen hinbringen kann, glücklich am häuslichen Herd und in ruhigen und ehrbaren Verhältnissen. Die Kirche verspricht nicht jene absolute Gleichheit, die andere verkünden, weil sie weiß, daß das menschliche Gemeinschaftsleben immer und notwendig Abstufungen und Unterschiede der körperlichen und geistigen Fähigkeiten, der inneren Veranlagungen und Neigungen, des Verantwortungsgrades mit sich bringt. Aber sie lehrt gleichzeitig, daß alle Menschen ganz gleich sind in ihrer Würde und auch ganz gleich im Herzen dessen, der alle zu sich ruft (136).

Nur die religiöse Auffassung vom Menschen kann auch zu einem geschlossenen Verständnis seiner Lebensbedingungen führen. Wo Gott nicht Anfang und Ende, wo die Ordnung seiner Schöpfung nicht für alle Leitsatz und Maßstab der Freiheit und Tätigkeit ist, kann die Einheit unter den Menschen nicht verwirklicht werden.

Die Freiheit beruht im Persönlichkeitswert des Menschen, in seinem Selbstbewußtsein, seiner Selbstbestimmung und Verantwortung. In diesem Sinne ist auch der Ausgangspunkt und das Wesensziel des Gemeinschaftslebens die Wahrung, Entfaltung und Vervollkommung der menschlichen Persönlichkeit (227).

Als ganz besondere kulturelle Leistung der Kirche betrachtete Pius XII. die Tatsache, daß es ihr gelungen ist, die Achtung vor der persönlichen Würde des Einzelnen zu erreichen. Es war die Kirche, die als erste postulierte, daß alle Menschen durch ihre Natur, ihren Ursprung und ihre Bestimmung ohne Unterschied von Kaste oder Nationalität gleich sind (4354). Ihren Mitgliedern bietet die katholische Kirche einen festen Halt ohne sie unter ein totalitäres System zu zwingen, unter voller Achtung ihrer mit Geist und Freiheit begabten Natur, der Würde und übernatürlichen Berufung ihrer Person. Auch für die Freiheit des menschlichen Wissens und Forschens kennt die Kirche nur eine Grenze: jene, die Gott selbst durch seine Offenbarung gezogen hat.

Die Freiheit gründet also einerseits in der menschlichen Natur, findet aber darin auch ihre Grenzen. Ein Christ etwa wird auch in einer Situation, „die andere leicht zur Revolte gegen das Leben selbst verführen mag, von Gott nichts erbitten noch wünschen, was er nicht der absoluten Weisheit und Güte des göttlichen Willens unterstellt". (4386) Ganz deutlich formuliert Pius XII. dies in seiner Weihnachtsbotschaft 1956, wo die Frage, ob die menschlichen Anlagen zum Bösen den Defekten einer Maschine vergleichbar sind, die durch technisches Wissen behoben werden können, so beantwortet wird: „Auch wenn man wahrheitsgemäß zugibt, daß der Mensch den Antrieb vieler natürlicher Abläufe und funktioneller Zusammenhänge spürt, so bleibt er ihnen doch ganz anders als die Materie, die Pflanze oder das Tier überlegen, und während er ihnen Sinn und ihre Bedeutung anerkennt, wird er doch immer ihr Herr bleiben, der sie in freier Ursächlichkeit in dieser oder jener Weise in den Ablauf der Ereignisse einordnet. Der Mensch beherrscht jene Abläufe und Zusammenhänge, weil er vor allem ein geistiges Wesen, eine Person, ein Subjekt freier Handlung oder Unterlassung ist und nicht nur ein Schnittpunkt im Ablauf natürlicher Prozesse. Darin besteht seine Würde, aber auch seine Grenze. Darum ist er fähig, das Gute zu tun, aber auch das Böse, fähig, alle positiven Möglichkeiten und Anlagen seiner Natur zu verwirklichen, jedoch sie auch in Gefahr zu bringen" (4391).

Wer wirklich Freiheit und Sicherheit sucht, muß die Gesellschaft ihrem wahren und höchsten Ordner zurückgeben in der Überzeugung, daß allein die Idee einer von Gott stammenden Gesellschaftsordnung ihn bei seinen wichtigsten Unternehmungen schützt. Die persönliche Freiheit ist also ein menschlicher Wert, weil der Mensch sie verwirklicht und auch seinen Vorteil daraus zieht, von ihrem Ursprung her betrachtet, ist sie aber ein religöser und göttlicher Wert. Denn die Erschaffung des Menschen und die Menschwerdung Gottes haben den selben Ursprung im Geiste Gottes als die Quelle aller Einheit, Ordnung und Harmonie (4442).

a) *Gewissensfreiheit*

Was der Mensch aus freien Stücken entscheidet und bestimmt, muß er mit seinem Gewissen verantworten können. Das Gewissen muß darüber entscheiden, wo die Grenzen zwischen Recht und Unrecht, zwischen dem Erlaubten und dem Unmoralischen liegen.

Was die Freiheit, ein religiöses Bekenntnis zu wählen, betrifft, so verweist Pius XII. auf „die immer häufigeren Begegnungen und Vermischungen der verschiedenen Konfessionen in den Grenzen des selben Volkes", welche die staatlichen Behörden veranlaßt haben, „den Grundsatz der Toleranz und der Gewissensfreiheit zu befolgen". „Dies hat aber auch zu einer übertriebenen Unempfindlichkeit und Gleichgültigkeit gegenüber Glaubensdelikten geführt. Aber zweifellos gibt es eine politische, bürgerliche und gesellschaftliche Toleranz gegenüber den Anhängern anderer Bekenntnisse, die auch für den Katholiken eine sittliche Pflicht ist" (2730). Auf jeden Fall darf niemand gegen seinen Willen zur Annahme des katholischen Glaubens gezwungen werden, wie es ausdrücklich im Can. 1351 des Kirchlichen Gesetzbuches heißt, denn „wer der Frömmigkeit und des Glaubens entbehrt, ist für den Gottesdienst unnütz", wie bereits Lactantius sagte.

Ausdrücklich erklärt Pius XII., daß sich ein katholischer Bürger nicht auf sein Gewissen berufen kann, um den Kriegsdienst zu verweigern und die vom Gesetz festgelegten Pflichten nicht zu erfüllen, wenn eine Volksvertretung oder eine durch freie Wahl zustande gekommene Regierung Verteidigungsmaßnahmen beschließt (4413).

b) *Freiheit und Verantwortung*

Die wahre Freiheit strebt zur sittlichen Ordnung: „Freiheit als die Grundlage normaler menschlicher Beziehungen darf nicht als schrankenlose Ungebundenheit gedeutet werden, handle es sich nun um einzelne oder Parteien oder ein ganzes Volk, das Kollektiv, wie man heute sagt, oder auch um einen totalitären Staat, der mit äußerster Rücksichtslosigkeit alle Mittel zur Erreichung seiner Ziele einsetzen will. Nein, Freiheit ist etwas ganz anderes. Sie ist der Tempel der sittlichen Ordnung, auf harmonischem Grundriß erbaut; sie bedeutet die Summe an Rechten und Pflichten der einzelnen und der Familie, an Rechten und Pflichten einer Nation oder eines Staates und der Völker- und Staatenfamilie. Diese Rechte und Pflichten sind sorgfältig abgemessen und abgewogen durch die Forderung der Würde der menschlichen Person und der Familie einerseits und des Gemeinwohls andererseits" (274).

Gerade weil heute Organisationen zahlreiche jener Aufgaben übernommen haben, die früher von kleineren Gruppen bewältigt wurden, soll man „das Gewissen, die persönliche Verantwortung nicht wegorganisieren. Man soll die kleineren Lebenskreise erhalten oder wieder anregen, man soll von unten her die Verantwortlichkeit der Menschen für ihre gemeinsamen Ziele wieder Raum schaffen" (5963). In diesem Sinne führte der Papst in einer an die Bevölkerung der Schweiz gerichteten Rundfunksendung auch aus: „Wahre Freiheit, die wirklich diesen Namen verdient und die das Glück der Völker ausmacht, hat nichts gemein mit zügelloser Ungebundenheit und ausgelassener Zuchtlosigkeit. Wahre Freiheit ist, ganz im Gegenteil, jene, die im Bereich der Gebote Gottes und im Rahmen des öffentlichen Wohles für die Möglichkeit bürgt, Wahrheit und Gerechtigkeit zu bekennen und zu üben. Sie bedarf daher gerechter Beschränkung, es bildet den Ruhm Eurer Vorfahren, daß sie mit klugen und kraftvollen Regeln für die Verteidigung und Bewahrung eines so kostbaren Gutes gesorgt haben" (3515). Als wesentliche Regeln, die zur Erhaltung der Freiheit beitragen, führt der Papst dann die Gerechtigkeit sowie die Achtung von Ehe und Familie an.

Wenn der Mensch frei ist und Verantwortung trägt, soll er auch an der Entwicklung des öffentlichen Geschehens mitwirken: „Das Eingreifen in die Dinge der Welt zur Erhaltung der göttlichen Ordnung ist ein Recht und eine Pflicht, die zum Wesen der Verantwortung des Christen gehören und die es ihm gestatten, rechtmäßig jede auf dieses Ziel hingerichtete und dafür geeignete private wie öffentliche oder organisierte Aktion zu unternehmen." (4450) Der Christ muß in der Welt mitwirken, muß eingreifen zur Erhaltung der göttlichen Ordnung, die Initiative darf nicht den Gegnern überlassen bleiben. Die auf Verantwortung beruhende persönliche Freiheit ist ein Wert, wenn der Mensch sie verwirklicht und seinen Vorteil daraus zieht.

Wie die persönliche Freiheit, die ihre Bestimmung im Gewissen und in der Verantwortung findet, in der Praxis verwirklicht wird, stellt Hans Küng am Leben von Sir Thomas More dar[6]: Sir Thomas More liebte seine Familie und seine Kinder, er führte ein Leben, das ganz dem Staate und dem Wohle der Bürger gewidmet war, er besaß Ei-

---

[6] *Hans Küng,* Freiheit des Christen, Zürich 1971, S. 48.

gentum und erfreute sich eines großen Besitzes. Das Entscheidende für Thomas More war nicht, daß er die Güter der Welt aufgab, sondern daß er sich nicht an sie hingab, sich nicht weggab. Thomas More hat die Welt und ihre Güter nicht verlassen, er ist ihnen aber auch nicht verfallen. Er hat die großartige Freiheit des Christen gegenüber der Welt bewahrt, die sich in der inneren Distanz zu den Dingen dieser Welt offenbart. Nicht der äußerlich-räumliche, sondern der innerlich-personale Abstand ist ausschlaggebend.

2. Freiheit und Autorität in der katholischen Soziallehre

Die Autorität der Kirche in Fragen des öffentlichen Lebens und innerhalb der Kirche legte Pius XII. in der Ansprache an das Kardinalskollegium und den Episkopat anläßlich der feierlichen Verkündigung des Festes „Maria Königin" im Jahre 1954 dar: Danach ist die Autorität der Kirche keineswegs an die Grenzen der rein religiösen Angelegenheiten gebunden. Ihrer Zuständigkeit unterliegt auch der ganze Bereich des Naturgesetzes sowie dessen Verkündigung, Deutung und Anwendung. Die Beobachtung des Naturgesetzes gehört nämlich nach Gottes Anordnung zu dem Weg, auf dem der Mensch seinem übernatürlichen Ziel zustreben soll. Und die Kirche ist auf diesem Weg zum übernatürlichen Ziel die Führerin und Hüterin der Menschen.

Die Gläubigen dürfen sich nicht auf den Satz berufen, der oft gegenüber Privatmeinungen angewendet wird, daß nämlich Autorität nur so weit gilt, als ihre Beweise gelten. Selbst wenn jemandem eine Anordnung der Kirche aus verschiedenen Gründen nicht gerechtfertigt erscheint, bleibt deswegen doch die Verpflichtung des Gehorsams. Auch neben dem sozialen Bereich gibt es eine ganze Reihe von Fragen, von denen man in keiner Weise sagen kann, sie stünden außerhalb der Autorität der Kirche: Das Ziel und die Grenzen der staatlichen Gewalt, die Beziehung zwischen dem Einzelmenschen und der Gesellschaft, die Frage der Laisierung des Staates und des öffentlichen Lebens, die Schulorganisation sowie verschiedene Fragen im internationalen Bereich.

Innerhalb der allgemein geltenden Grenzen des Rechts sind die Orts-Ordinarien berufen und befähigt, die kirchliche Lebensordnung festzusetzen und auf ihre Einhaltung zu dringen. „Das Bewußtsein der Mündigkeit, von dem von Tag zu Tag mehr die Rede ist, bewirkt, daß die Geister von irgendwelcher schwer bestimmbaren leidenschaftlichen

Unruhe mehr und mehr beherrscht werden. Nicht wenige Männer und Frauen der heutigen Zeit halten die Führung und Aufsicht der Kirche für unwürdig der Lebensart, die einem Erwachsenen zukommt." (4319) Diesen, die nicht „wie Unmündige unter Vormündern und Verwaltern sein wollen", hält Pius XII. klar entgegen: es ist etwas ganz anderes, erwachsen zu sein und das Kindhafte abgelegt zu haben, und etwas anderes, erwachsen und damit nicht der Führung und Leitung der rechtmäßigen Autorität unterworfen zu sein. Regieren heißt wirksame Führung Erwachsener auf das Ziel der Gemeinschaft hin. Gerade durch diese „Führung und Wachsamkeit der Hirten" kann die wahre Freiheit der Gläubigen gesichert werden, denn so können sie bewahrt werden „vor der Knechtschaft des Irrtums und des Lasters".

Das Fundament, auf dem die Soziallehre der Kirche ruht, ist das Naturgesetz. Die Kämpfe, welche die Kirche führt, um ihre eigene Freiheit zu erlangen oder zu verteidigen, werden daher ebenso geführt für die wahre Freiheit und für die Grundrechte des Menschen. Diese Grundrechte sind so unabläßlich, daß gegen sie keine Staatsräson, kein Vorwand des Gemeinwohls geltend gemacht werden können (359). Die Religion führt den Geist des Menschen zu Gerechtigkeit, Liebe und Gehorsam gegen die rechtmäßigen Gesetze. Sie spornt die Staatsbürger zur Übung der Tugend an. Sie beherrscht und zügelt ihre öffentlichen und privaten Sitten. Freiheit dient der Kirche eben nicht nur dazu, das ewige Heil der Menschen zu erwirken, sondern auch dazu, die Befolgung der gerechten Gesetze zur Gewissenspflicht zu machen und die Grundlagen der Gesellschaft zu festigen. (4336)

Bei der Verfolgung dieser Aufgabe ist die Kirche frei und in keiner Weise an den kulturellen Standard des Volkes, in dem sie wirkt, gebunden. Die Kirche hat nämlich, wie es in der Enzyklika „Evangelii praecones" von 1951 heißt, „stets die sehr weise Regel befolgt, daß das Evangelium bei den Völkern, die es annehmen, nichts zerstören und auslöschen soll, was in ihrem Charakter und in ihren Anlagen gut, schön und edel ist". Die Kirche wird nämlich sozusagen von selbst die Seele jeder christlichen Kultur in das Denken und Fühlen der Völker übertragen.

Zum Wesen der christlichen Freiheit gehört es, daß sie vor Irrtümern geschützt wird, wie Pius dies in einem Brief an den 24. Weltkongreß der Pax Romana in Wien ausdrückte. In Wien, das „so manches Mal im Laufe der Geschichte den Vorposten in der Verteidigung der christlichen Zivilisation einnahm", sollte der Kongreß einen Beitrag dazu leisten, „die wahren Freiheiten des Geistes zu verkünden und ihren Schutz gegen alle mißbräuchlichen Formen politischer, sozialer oder philosophischer Bedrückung sicherzustellen". Es soll gezeigt werden, in welchem Grade die Kirche dem Fortschritt des menschlichen Wissens dient und wann sie „ihre Kinder bald von verderblichen Mißbräuchen der Freiheit und gefährlichen Verirrungen des Denkens beschützen und bald die gebührende Unabhängigkeit des geistigen Lebens und das Recht, die Wahrheit kennenzulernen und sie zu verbreitern, für sie beansprucht" (5076). Sollte der Begriff der Freiheit nicht entstellt werden, darf er also nur im christlichen Sinne verstanden werden, da das Naturrecht das Gesetz des Evangeliums und die christliche Überlieferung sein einziger Urheber und eigentlicher Interpret sind. (369)

3. Die Freiheit in der Kirche

Die Frage der Freiheit ist sowohl im Bereich der Kirche als menschliche Gemeinschaft als auch im Bereich der Kirche als Heilsstiftung Gottes eng mit der Frage ihrer Autorität verbunden. Der entscheidende Unterschied zwischen der kirchlichen und der staatlichen Gewalt liegt darin, daß die Kirche nicht natürlichen Rechtes ist. Demnach kann das Volk Gottes nicht in gleicher Weise Souverän sein, wie das Staatsvolk Souverän des Staates und Vereinsmitglieder Souverän ihres Vereines sind oder sein können. In einer Stiftung kommt es nicht auf den Willen der von der Stiftung Betreuten, aber auch nicht auf den Willen ihrer Funktionäre, sondern auf den Willen des Stifters an. Nur soweit es um eine Ausfaltung des Stifterwillens durch Anpassung an geänderte gesellschaftliche Verhältnisse geht, und in Bereichen, für die Christus einen Stifterwillen nicht zum Ausdruck gebracht hat, wird eine Willensbildung der Kirche, die selbst der fortlebende Christus ist, möglich oder erforderlich. Raum für eine freie Willensbildung der Kirche als menschliche Gemeinschaft bleibt dort, wo der ausdrückliche Wille des Stifters nicht berührt wird.

Pius XII. hat diese Frage 1945 anläßlich der Eröffnung des neuen Gerichtsjahres der Sacra Romana Rota klar dargelegt: „Der Ursprung der Kirche ist im Gegensatz zu dem des Staates nicht natürlichen Rechtes. Selbst die umfassendste und genaueste Zergliederung des Begriffes der menschlichen Person bietet gar keinen Anhaltspunkt für den Schluß, daß die Kirche, gleich wie die bürgerliche Gesellschaft, auf natürliche Weise entstanden sein und sich entwickelt haben mußte. Die Kirche entspringt einem eigenen Wollen Gottes neben und über der natürlichen sozialen Veranlagung des Menschen, wenn auch in vollkommener Harmonie mit ihr. Darum ist die kirchliche Gewalt, und dementsprechend auch die dazugehörende richterliche Gewalt, aus dem Willensakt geboren worden, durch den Christus seine Kirche gegründet hat. Das schließt nicht aus, daß, nachdem einmal die Kirche als vollkommene Gesellschaft durch den Erlöser gegründet war, aus deren innerster Natur nicht wenige Elemente hervorgingen, die der Struktur der staatlichen Gesellschaft ähnlich sind" (2716).

Die Gründung der Kirche als Gesellschaft vollzog sich also im Gegensatz zum Ursprung des Staates nicht von unten nach oben, sondern von oben nach unten. Christus, der in seiner Kirche das Reich Gottes auf Erden verwirklicht hat, hat die vom Vater zum Heil des Menschengeschlechtes empfangene Sendung nicht der Gemeinschaft der Gläubigen anvertraut, sondern sie einem Kollegium von Aposteln und Gesandten übertragen und verliehen. Wer etwa in die kirchliche Hierarchie aufgenommen wird, wird es nicht auf Grund der Berufung durch das Volk, sondern in den Graden der Weihegewalt durch die heilige Weihe. Die Glieder der kirchlichen Hierarchie erhalten ihre Autorität immer von oben und sind in der Ausübung ihres Amtes nur Gott, dem Papst oder dem jeweiligen hierarchischen Oberen gegenüber verantwortlich, müssen aber weder dem Volk, noch der bürgerlichen Gewalt Rechenschaft geben.

Anders als im Staat ist eben in der Kirche der ursprüngliche Träger der Gewalt niemals die Gemeinschaft der Gläubigen. Was die Ausdehnung dieser kirchlichen Gewalt betrifft, so erfaßt sie den ganzen Menschen, wobei die Kirche nicht darauf zielt, die menschliche Persönlichkeit zu vergewaltigen, „sondern deren Freiheit und Vervollkommnung sicherzustellen, indem sie dieselbe vor den Irrtümern und Irrwegen des Geistes und Herzens schützt, die früher oder später stets in Ehrlosigkeit oder Versklavung enden". (2722)

Was die Frage betrifft, inwieweit der Seelsorger in das öffentliche Leben eingreifen kann, so betrachtet es Pius XII. als ein Recht und gleichzeitig eine wesentliche Pflicht der Kirche, die Gläubigen auch von der Kanzel aus zu belehren in Bezug auf alles, was Glauben und Sitten betrifft. Insbesondere verweist Pius XII. darauf, daß die Beurteilung der priesterlichen Tätigkeit nicht der zivilen Gewalt anheimgestellt ist und führt als negatives Beispiel an, daß der Nationalsozialismus unter dem Vorwand, den politischen Katholizismus bekämpfen zu wollen, in Wirklichkeit nur darauf ausging, die Kirche zu zerstören.

Was die Mitgestaltung der Laien betrifft, so verweist Pius XII. auf das Prinzip der Subsidiarität: Man kann den Laien jene Aufgaben anvertrauen, die sie ebensogut oder sogar besser als die Priester erfüllen können. Sie sollen in den Grenzen ihrer Funktion und dort, wo ihnen die Kirche Aufgaben überträgt, frei handeln und Verantwortung auf sich nehmen können. Es hieße jedenfalls die wahre Natur der Kirche und ihren sozialen Charakter verkennen, wenn man in ihr einerseits ein rein aktives Element, die kirchlichen Autoritäten, und andererseits ein rein passives Element, die Laien, unterscheiden wollte. Alle sind freie Personen und müssen daher aktiv sein. (5987).

4. Die Freiheit in der Gesellschaft

a) Schutz der Freiheit gegen äußere Eingriffe

In seiner Weihnachtsbotschaft 1956 über „das christliche Menschenbild als Richtweiser in den sozialen und politischen Fragen der Gegenwart" zeigte Pius XII. auf, daß mit der Ordnung in der Schöpfung auch die Freiheitsrechte und die sie garantierenden Institutionen gewährleistet werden müssen: „Die Religion und die Wirklichkeit der Vergangenheit lehren, daß die sozialen Gebilde, wie Ehe und Familie, Gemeinde und berufliche Gemeinschaft und die im persönlichen Eigentum begründete soziale Einheit wesentliche Zellen sind, welche die Freiheit des Menschen und damit seine Rolle in der Gesellschaft sichern. Sie sind daher unantastbar und ihr wesentlicher Kern kann keiner willkürlichen Revision unterworfen werden" (4399). Nach der christlichen Lehre vom Staat und von der öffentlichen Gewalt haben ihre Träger „die Verantwortung vor dem Herrn". Jede unrechtmäßige Ausbeutung wird verurteilt, die persönliche Würde des Menschen ist stets zu achten. Aus der gottgesetzten Rechtsordnung ergibt sich das unveräußerliche Recht des Menschen auf Recht, Sicherheit und damit auf einen Rechtsbereich, „der gegen jeden Angriff der Willkür geschützt ist" (261).

Das Verhältnis von Mensch zu Mensch, das Verhältnis des Einzelmenschen zur Gemeinschaft, zur Autorität, zu seinen staatlichen Pflichten, das Verhältnis der Gemeinschaft und der Autorität zum Einzelmenschen müssen auf eine klare Rechtsgrundlage gestellt und im Einzelfall von der Autorität des Richters geschützt sein. Das setzt voraus:

aa) Gericht und Richter, die ihre Weisungen von einem klar umschriebenen und gefaßten Recht beziehen;

bb) Eindeutige Rechtssatzungen, die nicht durch mißbräuchliche Berufungen auf ein angebliches Volksempfinden und durch bloße Nützlichkeitserwägungen um ihren Sinn gebracht werden können;

cc) Anerkennung des Grundsatzes, daß auch der Staat und die von ihm abhängigen Behörden und Gliederungen verpflichtet sind, zur Wiedergutmachung und zum Widerruf von Maßnahmen, durch welche die Freiheit, das Eigentum, die Ehre, die Aufstiegsmöglichkeit und die Gesundheit der Einzelmenschen geschädigt wurden. (262) Diesen Appell zur Wiederherstellung der Rechtsordnung richtete Pius XII. an die Welt in seiner Weihnachtsansprache 1942, also zu einem Zeitpunkt, als diese wesentlichen Grundelemente des Gemeinschaftslebens in vielen Ländern durch eine autoritäre Staatsführung mißachtet wurden.

Gleichzeitig forderte der Papst die Staatsbürger auf, ihren Pflichten nachzukommen um den Freiheitsraum des einzelnen zu schützen. So ist die Ausübung des Stimmrechtes ein Akt schwerer sittlicher Verantwortung, zumindest wenn es darum geht, jene zu wählen, die berufen sind, die gesellschaftlichen Verhältnisse betreffend die Ehe, die Familie oder die Schule nach den Vorstellungen der katholischen Soziallehre einzurichten. Die Kirche selbst denkt in keiner Weise daran, sich ihrerseits in rein politische Fragen einzumischen, in denen sie den Katholiken volle Meinungs- und Handlungsfreiheit läßt, kann aber auch nicht auf das Recht verzichten, die Grundlagen der sozialen Ordnung aufzuzeigen (2808). Eine wesentliche Grundlage zur Verwirklichung einer optimalen Freiheit in den verschiedenen Bereichen des gesellschaftlichen Lebens stellt für Pius XII. die Verwirklichung des Subsidiaritätsprinzes dar: Was der Einzelmensch aus eigener Initiative und mit seinen eigenen Kräften leisten kann, soll ihm nicht entzogen und der Gemeinschaft zugewiesen werden, ein Prinzip, das gleicherweise für die kleineren und untergeordneten Gemeinschaften wie für die größeren und höheren gibt. Denn alle soziale Tätigkeit ist ihrer Natur gemäß subsidiär; sie soll die Glieder des Sozialkörpers unterstützen, darf sie aber niemals zerschlagen oder aufsaugen (4094).

Die öffentlichen Gewalten müssen ihre Tätigkeit unparteiisch ausüben, um die Freiheit des Bürgers zu schützen und um dem Gemeinwohl durch das aktive Zusammenwirken aller Kräfte der Nation zu dienen. Sie müssen dies tun in klarer Sicht ihrer Aufgaben und ihrer Grenzen. Die öffentliche Gewalt muß mit dem Bewußtsein der eigenen Verantwortung handeln, mit jener Sachlichkeit, mit jener Unparteilichkeit und mit jener Rechtschaffenheit, ohne die eine demokratische Regierung kaum die Achtung des Volkes gewinnen kann. „Die Treue der Regierenden zu diesem Ideal wird darüber hinaus ihren besten Schutz gegen die doppelte Versuchung bilden, die vor der wachsenden Größe ihrer Aufgabe auf sie lauert: Die Versuchung der Schwäche, die sie unter dem vereinigten Druck der Menschen und Ereignisse zum Aufgeben veranlassen würde; umgekehrt die Versuchung zum Etatismus, durch welche sich die öffentliche Gewalt ungebührlich an die Stelle der freien Privatinitiative setzen würde, um auf unmittelbare Weise auf die Sozialwirtschaft und die anderen Tätigkeitsbereiche des Menschen einzuwirken“ (4310). Der Staat soll also allem, was im Lande eine wirksame und gültige Macht darstellt, einen gerechten Anteil an der Verantwortung übertragen.

Auch im Bereich der Wirtschaft soll der Staat nur subsidiär in das Geschehen eingreifen, um die Freiheit der Wirtschaftssubjekte zu gewährleisten. Sowohl das freie Spiel der Kräfte als auch die Planung der gesamten Wirtschaft lehnt Pius XII. ab. Das Wirken des Staates muß davon ausgehen, daß die Initiative des Einzelnen nicht unterdrückt wird und die staatlichen Stellen sich nur dann einschalten, wo sie um des Gemeinwohls Willen anregen und koordinieren müssen. Dabei müssen den Bürgern und den kleineren Gemeinschaften jene Funktionen verbleiben, die sie mit eigenen Mitteln durchführen können.

Aus diesem Grund wird auch die Bedeutung des Privatunternehmens „als ein wesentlicher Punkt der christlichen Gesellschaftslehre“ von Pius XII. hervorgehoben (6143). Die menschliche Person ist nicht nur das Ziel der Wirtschaft, sondern auch ihre erste Triebkraft. Aber damit sich der Unternehmer in nützlicher Weise zu betätigen vermag, muß er ein freies Feld vor sich sehen können, zu dem nicht eine zu komplizierte und zu engstirnige Reglementierung den Weg mit vielen Hindernissen versperrt“ (5747). Andererseits darf sich die persönliche Verantwortung nicht hinter jener des Kollektivs verschanzen. Die Freiheit darf eben nicht nur im Dienste von Privatinteressen, sondern muß zum Nutzen des ganzen Landes gebraucht werden.

Im Rahmen des Schutzes der Freiheit nach dem Prinzip der Subsidiarität kommt der Familie eine besondere Rolle zu. Pius XII. fand, daß man gar nicht genug daran erinnern kann, daß die Eltern „ein erstrangiges, in der Naturordnung begründetes Recht auf Erziehung ihrer Nachkommenschaft haben, ein Recht, das unverletztlich ist und dem der bürgerlichen Gesellschaft und des Staates voransteht. Der

Staat muß deshalb die freie Ausübung dieses Rechtes schützen und gegebenenfalls das Ungenügen der Familie ergänzen, aber er darf sich niemals ungebührlich an die Stelle der Familie setzen. Und selbst da, wo er sich einschalten muß, sollte der Staat statt neue Institutionen zu schaffen, die bei den Eltern die Neigung begünstigen könnten, sich ihrer eigenen Erziehungspflichten zu entledigen, lieber Lebens-, Arbeits- und Unterstützungsverhältnisse schaffen, die geeignet sind, der Familie ihre Erziehungsaufgabe zu erleichtern" (4746). Was die Schule betrifft, so erhält sie ihren Auftrag nicht allein vom Staat, sondern in erster Linie von der Familie und danach von der sozialen Gemeinschaft. „Die Ausbildung der menschlichen Persönlichkeit ist vor allem Sache der Familie und, da die Schule in weitgehendem Maße das gleiche Ziel erstrebt, setzt sie nur deren Wirksamkeit fort und empfängt von ihr die zu diesem Zwecke notwendige Autorität" (5040). Die Eingriffe des Staates in den schulischen Bereich sind nur dort berechtigt, wo die Tätigkeit des Einzelnen versagt, wird aber dort schädlich, wo mit Absicht die zuständige Privatinitiative ersetzt wird. Den privaten Schulen kommt daher ein Vorrecht vor den staatlichen zu.

Ein Wesenszug der Demokratie besteht darin, daß in den wichtigsten, das Leben gestaltenden Grundsätzen Einigkeit unter den Staatsbürgern besteht. Zu diesen Grundsätzen gehören die Achtung der Würde der menschlichen Person, die Achtung der persönlichen Freiheit und der persönlichen Tätigkeit, vor allem auch in politischen Angelegenheiten, wobei allerdings gerade hier Freiheit eng mit Verantwortung verbunden ist. Denn obwohl der Mensch von seinem Schöpfer mit der Wahlfreiheit zwischen Gut und Böse ausgestattet ist, hat er nicht das Recht, das Schlechte zu wählen, es ist vielmehr sein Vorrecht, frei das Gute zu wählen.

Was etwa die Pressefreiheit betrifft, so hat sie wie jede andere Freiheit des Handelns, Redens oder Denkens ihre Grenzen. Es ist nicht erlaubt zu drucken, was unwahr ist oder dazu dienen kann, die moralischen oder religiösen Bindungen der Menschen oder den Frieden unter den Nationen zu stören. „Die Pressefreiheit soll den Menschen vor der Gefahr schützen, von materiellen oder eigensüchtigen Interessen versklavt zu werden, indem sie dem lobenswerten Zweck dient, die Wahrheit darzulegen sowie Recht und Gerechtigkeit zu verteidigen" (2102).

b) Soziale Sicherheit als Grundlage der Freiheit

Die Verwirklichung der echten Freiheit ist Voraussetzung für einen echten Frieden, sowohl im gesellschaftlichen als auch im internationalen Bereich. Damit verbunden ist die Schaffung einer gerechten Gesellschaft und die angemessene Verteilung des Reichtums. In diesem Sinne hat *Pius* XII. dargelegt, daß die Freiheit des Menschen nicht schon dann gewährleistet ist, wenn der Einzelne vor Eingriffen durch außen geschützt ist, sondern daß die Freiheit des Handelns nur dann verwirklicht werden kann, wenn der soziale Rahmen dafür gegeben ist: „Dem Christentum als Idee, als Lebensgefühl und auch als Tatbereitschaft darf man mit vollem Recht das Verdienst zuschreiben, die entscheidende Ursache des sozialen Fortschrittes gewesen zu sein, insbesondere aber das Verdienst, daß es den heißen Wunsch nach sozialer Gerechtigkeit im Flußbett des Naturrechtes zusammengehalten hat, indem es ihn von gleich ungerechten Maßlosigkeiten und Kehrtwendungen bewahrte" (4361).

Die Persönlichkeitswürde des Menschen bringt das persönliche Nutzungsrecht an den Gütern der Erde als normale und naturgemäße Lebensgrundlage mit sich. Daraus ergibt sich auch das Recht auf Privateigentum, das seinerseits wieder sicherstellen soll, daß der arbeitende Mensch in eine wirtschaftliche Abhängigkeit oder Unfreiheit verfällt. (243) Daher ist es ohne Belang, ob die Unfreiheit von der Übermacht des Privatkapitals oder von der Staatsmacht ausgeht.

Eine gerechte Verteilung des Reichtums „ist deshalb ein sehr hohes Ziel", wobei Voraussetzung dafür ist, daß die Einzelnen und die Gemeinwesen für die Rechte und Bedürfnisse der anderen das gleiche Verständnis zeigen, das sie für ihre eigenen Rechte und Bedürfnisse besitzen. Die Kirche jedenfalls widersetzt sich einer Anhäufung der Güter in den Händen von verhältnismäßig wenig übermäßig Reichen, während weite Kreise des Volkes zu Armut und zu einer menschenunwürdigen wirtschaftlichen Lage verurteilt sind (315). Es sollen solche öffentliche Verhältnisse geschaffen werden, daß der Einzelne nicht bloß Objekt, also der Ausbeutung durch andere ausgeliefert ist, sondern daß vielmehr alle auch Subjekt sind, also an der Gestaltung der sozialen Ordnung teilnehmen können, in der die Freiheit nur vom Gemeinwohl begrenzt wird. „Wo man die soziale Eintracht ohne Christus oder gegen Christus zustande bringen wollte, fehlt jede Gewähr für die echten Rechte und damit die wahre Freiheit für den Arbeiter und die Sicherheit für die Zukunft" (4466).

Die christliche Lösung der sozialen Frage will Rechte und Pflichten, Einzelmenschen und Gesellschaft, materielle Erfordernisse und übernatürliche Bestimmung im Einklang mit der Wahrheit, dem Gemeinwohl und der rechten Freiheit harmonisch aufeinander abstimmen. Der Papst empfiehlt den Arbeitern Italiens auch, zur besseren Verwirklichung dieses Zieles der christlichen Gewerkschaft beizutreten. Denn der Arbeiter handelt ganz im Einklang mit der Gesellschaftslehre der Kirche, wenn er seine begründeten Rechte mit allen sittlich erlaubten Miteln geltend macht (4647). Sittlich erlaubte Mittel schließen die Anwendung von Gewaltakten, die Freiheit oder Gut der anderen zerstören, aus.

Im Bereich der Arbeit muß der Mensch die Möglichkeit haben, eine Tätigkeit auszuüben, mit der er ein aktives Interesse verbinden kann. Gerade was die Tätigkeit des Arbeiters betrifft, muß ein Christ die unveräußerlichen Rechte des anderen achten. Deshalb muß der Arbeiter die Chance haben, eine innere Beziehung zu seiner Arbeit zu finden, die dann wiederum eine freie Entfaltungsmöglichkeit mit sich bringt. In diesem Sinne tritt der Papst auch für die Befreiung des Menschen von der Sklaverei der Maschine ein: Es ist zu erwarten, daß die Maschinen fast überall in der industriellen Produktion jene Arbeiter ersetzen, deren Aufgabe darin bestand, eine gewisse Anzahl von mechanischen Handgriffen auszuführen. (4664)

Wenn der Papst die Schweiz als Beispiel einer echten Demokratie hervorhebt, verweist er darauf, daß der Sinn für das Gemeinwohl das Wesen eines jeden Staates ausmacht. Nach dem Maß der Pflicht und der persönlichen Verantwortung soll einem jeden sein Platz eingeräumt werden. „Zu diesem Ziel führt neben Loyalität und Gerechtigkeit auch eine gesunde und ersprießliche Sozialpolitik, die wiederum Frieden und wirtschaftliche Blüte hervorbringt." Als entscheidende Regel, die „den neuralgischen Punkt des Verhältnisses zwischen Fortschritt und Freiheit" berührt, bezeichnet der Papst die Billigkeit. „Suum cuique — jedem das Seine: Gleiches Gewicht und gleiches Maß für alle" (3516). Eine Störung dieses Grundsatzes der sozialen Sicherheit als Grundlage der Freiheit hätte unglückliche Folgen für den ganzen Staat.

5. Freiheit und Wandel

Gott hat der Geschichte die Aufgabe zugewiesen, in einer schmerzlichen und langsamen Geburt ein neues Leben, eine neue Menschheit in einem ständigen Fortschritt von Ordnung und Harmonie zu schaffen.

„Dabei müssen die der Freiheit zurückgegebenen Kinder Gottes persönlich und aktiv mitarbeiten. Es wäre vergeblich, die Vollkommenheit und die Ordnung der Welt von irgend einem immanenten Vorgang zu erwarten, bei dem der Mensch unbeteiligter Zuschauer bliebe, wie einige behaupten. Ein solcher dunkler Immanentismus ist eine Rückkehr zum antiken Aberglauben, der die Natur vergöttlichte. Man kann sich aber auch nicht, wie man es möchte, auf die Geschichte berufen, ohne die Deutung der Tatsachen zu fälschen. Die Geschichte der Menschheit in der Welt ist etwas ganz anderes als eine Entfaltung blinder Kräfte. Sie ist ein wunderbares und lebensvolles Offenbarwerden der Geschichte des göttlichen Wortes selbst" (4446).

Es soll eine Harmonie zwischen der Dynamik der Reform und der Statik der Überlieferung, zwischen der freien Tat und der allgemeinen Sicherheit bestehen. Es wäre ein Irrtum, den Menschen unter dem Einfluß der Technik und der modernen Organisation aus all seinen Überlieferungen herauszureißen. „Wie Pflanzen, die man aus ihrem Erdreich reißt und in ein feindliches Klima umpflanzt, würden sich die Menschen grausam isoliert fühlen, um dann vielleicht Ideen und Tendenzen zur Beute zu fallen, die im Grunde niemand wünschen kann" (4401).

Die Achtung gegenüber dem, was die Geschichte hervorgebracht hat, ist das Zeichen eines echten Willens zur Reform und die Garantie für deren glücklichen Erfolg. Der Mensch trägt die Verantwortung gegenüber denen, die waren, und gegenüber denen, die sein werden und hat den Auftrag, unablässig am Gemeinschaftsleben zu formen. Die durch ein persönlich freies Handeln hervorgerufene dynamische Entwicklung darf nicht die Sicherheit zerstören, die man in der Gesellschaft und durch die Gesellschaft besitzt. Auf diese Weise webt der Mensch seine Geschichte, das heißt, wirkt er mit Gott mit an der Erstellung einer Wirklichkeit, die ihres Trägers und zugleich des Planes des Schöpfers würdig ist. Es ist eine ebenso erhabene wie schwierige Aufgabe, die nur der, der den Sinn der Geschichte und der Freiheit begreift, in glücklicher Weise erfüllen kann, indem er die Dynamik der Reform in Harmonie bringt mit der Statik der Überlieferung, die freie Entscheidung mit den Bedürfnissen der Allgemeinheit (4403).

In einer Ansprache an eine internationale Studiengruppe verlangt Pius XII. die christliche Erneuerung der bürgerlichen Welt als persönliche und soziale Aufgabe. Um dieses Ziel zu verwirklichen, muß man auf allen Ebenen kämpfen, ohne nachzugeben, um das Denken zu weitern um von jeder Engstirnigkeit loszukommen. Nur wer persönlich selbstlos und frei von der Begierde nach irdischen Äußerlichkeiten ist, kann sich dieser Aufgabe erfolgreich widmen. Dabei muß immer eines bedacht werden: Die göttliche Ordnung und Harmonie in der Welt müssen der wesentliche Eckpfeiler für das Handeln aller Menschen sein. Wenn die Menschheit nicht einig wird in der Anerkennung der absoluten Ehrfurcht vor der allgemeinen Ordnung und Harmonie in der Welt, dann ist es schwer vorauszusehen, welches Schicksal die Nationen erleiden werden.

Der gesellschaftliche Fortschritt soll sich also in Freiheit und Eintracht vollziehen. Dies gilt auch im Hinblick auf die Beziehungen von Kapital und Arbeit, denn „die verschiedenen Teile des Gesellschaftsorganismus haben sich nicht herausgebildet, um sich gegenseitig zu bekämpfen, sondern um sich in einem fruchtbaren Einklang zu ergänzen". Aus diesem Grund verurteilt der Papst auch die marxistische Lehre vom Klassenkampf, der dazu führt, daß seine Verfechter innerlich verbittern und damit auch die wahre Freiheit verlieren.

Daß die Freiheit ihre Begrenzung findet, und zwar innerlich an den unauslöschlichen Normen der Ehrenhaftigkeit, äußerlich an den Rechten sowohl jedes Einzelnen als auch der Gesellschaft, gilt auch bei der Bewältigung des gesellschaftlichen Fortschrittes. Die gottgewollte Ordnung umfaßt eben das ganze Leben, nicht ausgenommen das öffentliche Leben, in all seinen Erscheinungsformen und in seinem Wandel. Darin liegt keine Einschränkung der wahren menschlichen Freiheit und auch kein Eingriff in die Zuständigkeit des Staates, sondern eine Sicherung gegen Irrtümer, wie sie gerade in der modernen Gesellschaft so zahlreich auftreten.

III. Würdigung: die christliche Demokratie

In einem Rückblick auf das Zweite Vatikanische Konzil unterzieht Karl Rahner die „Pianische Epoche der Kirche, also jene Periode, die mit der Aufklärung und der Französischen Revolution begann und von Papst Pius VII. bis Pius XII. reichte", einer eher harten Kritik[7]. Rahner sieht das Wesen dieser Epoche darin, daß die Gesellschaft, in der die Kirche lebte, immer mehr aufhörte, christlich zu sein, die Kirche aber versuchte, ihr eigenes Wesen und die Treue ihrer unaufgebbaren Sendung dadurch zu bewahren, daß sie sich gegen die säkularisierte Welt

[7] *Karl Rahner*, Toleranz in der Kirche, Freiburg - Basel - Wien 1977, S. 109.

einigelte, und nicht bloß ihr eigenes Wesen und ihre eigene Sendung, sondern auch ihren mittelalterlichen und barocken Lebensstil beizubehalten und weiterzuführen suchte. „Bei diesem Bemühen stützt sie sich auf die bäuerlichen und mittelständischen Schichten, die ihr in größerem oder kleinerem Maß je nach den einzelnen Ländern geblieben sind, mobilisiert diese Schichten unter einer äußeren und nach innen möglichst neutralisierten Anpassung an den Stil der neuen Zeit durch christliche Parteien; sie sucht, den eigenen Lebensraum freizuhalten und abzusichern durch eine Konkordatspolitik; sie zentralisiert sich selbst auf den Papst hin als den Hort ihrer Eigenständigkeit, organisiert ihr Leben durch ein immer ausgebauteres und einheitlicheres Kirchenrecht; sie sucht auch in der Kultur, der Philosophie immer autarker zu leben durch die Restauration der Scholastik und des Thomismus; sie drängt integralistisch moderne Strömungen auf kulturellem und politischem Gebiet aus der Kirche heraus oder an ihren Rand, ist mißtrauisch gegen Modernismen, die grundsätzlich nichts mit einem häretischen Modernismus zu tun haben; sie sucht, die kulturellen Bedürfnisse und Tendenzen ihrer Mitglieder durch eine christliche Kunst und katholische Literatur möglichst weitgehend innerhalb ihres eigenen Bereiches abzudecken." Kurz zusammengefaßt wirft also Rahner auch Pius XII. vor, eine konservative Gesellschaftspolitik vertreten zu haben, lediglich das Überlieferte verteidigen zu wollen und nach außen hin eine stets defensive Haltung eingenommen zu haben.

Im scharfen Gegensatz zu kritischen Darstellungen dieser Art stehen Würdigungen des Wirkens von Pius XII., wie sie etwa Georg Schwaiger vertritt, der meint: „Unter dem Eindruck der Regierung Johannes XXIII. wurde der Schwerpunkt des Pontifikates Pius XII. vielfach fast ausschließlich in kirchenpolitischen Aufgaben und Fragestellungen gesehen. Eine solche Sicht verkennt, daß auch das Ziel Pius XII. die Erneuerung der Kirche und die fruchtbare Begegnung der Kirche mit den Aufgaben und Sorgen der gegenwärtigen Welt war. Der Pacelli-Papst hat schwer mit allen Problemen des anbrechenden Atomzeitalters und der neuen Industriekultur gerungen. Es gibt kaum eine religiöse oder gesellschaftliche Grundsatzfrage, die er nicht in seinen zahlreichen Schreiben und Ansprachen behandelt hätte. Kein Papst der Neuzeit hatte bis dahin so häufig und so umfassend zu den religiösen, politischen, sozialen, wirtschaftlichen und rechtlichen Fragen seiner Zeit Stellung genommen. Durch viele seiner Verlautbarungen stieß Pius XII. das Tor der innerkirchlichen Diskussion und Reform auf. Ohne die vorbereitenden Pontifikate von Pius XI. und Pius XII. wäre der Aufbruch in der Kirche, wie er unter Johannes XXIII. sichtbar wurde, nicht möglich gewesen[8]." Was die Freiheit des Menschen in der modernen Gesellschaft betrifft, so war es jedenfalls *Pius XII.*, der neue Dimensionen der Demokratie und der persönlichen Freiheit im Staate aufgezeigt hat, was auch dazu führte, daß unter seinem Pontifikat die christlich-demokratischen Parteien in Europa nicht nur die Grundlagen für eine Erneuerung nach dem Zweiten Weltkrieg gelegt haben, sondern auch wesentlich dazu beitrugen, daß die Freiheit Westeuropas verteidigt werden konnte.

Unter Pius XII. gab es eine christliche Wiederbelebung, die dazu führte, daß das Christentum nach dem Zweiten Weltkrieg eine Kraft geworden ist, mit der intellektuell und politisch gerechnet werden mußte. Kamen die christlich-demokratischen Parteien vor dem Zweiten Weltkrieg etwa in Italien und Frankreich über kleine Aktivistengruppen nicht hinaus, stellten sie nach dem Zweiten Weltkrieg eine kämpfende Kraft dar, der von der Mehrheit der Bevölkerung in vielen Staaten die Fähigeit zuerkannt wurde, die Probleme der Welt zu erfassen und zu lösen. In der Bundesrepublik Deutschland, in Österreich, Frankreich, Italien, Belgien und Holland waren die christlich-demokratischen Parteien während des Pontifikates von Pius XII. jene Kräfte, die als der wesentliche Garant für die Wiedereinführung der Demokratie in ihren Ländern betrachtet werden konnten.

Pius XII. hat diese Entwicklung wohl direkt und entscheidend beeinflußt. In seiner Weihnachtsansprache im Jahre 1944 gab Pius XII. die erste offizielle päpstliche Äußerung über die Demokratie seit Leo XIII. ab und bezog dabei auch den politischen Bereich mit ein. Ohne auf die Frage der äußeren Organisation der Demokratie näher einzugehen, stellt der Papst bestimmte sittliche Grundregeln für die Bürger in einer Demokratie und für die Inhaber der öffentlichen Gewalt auf. Diese Grundregeln müssen erfüllt werden, wenn die Demokratie ihrem Zwecke, die Freiheit und die Menschenwürde zu sichern, gerecht werden soll: Auf Grund der furchtbaren Ereignisse des Krieges haben die Völker gegenüber dem Staat, gegenüber den Staatsmännern „eine neue, fragende, kritische, mißtrauische Haltung angenommen. Durch bittere Erfahrung belehrt, wiedersetzen sie sich mit größerem Nachdruck den ausschließlichen Befugnissen einer diktatorischen, unkontrollierbaren und unantastbaren Macht und fordern ein Regierungs-

[8] *Georg Schwaiger*, Geschichte der Päpste im 20. Jahrhundert, München 1968, S. 155.

system, das mehr im Einklang steht mit der Würde und der Freiheit der Bürger" (3469).

Der Papst stellt die Frage, welche Eigenschaften die Menschen, die in einer Demokratie leben, auszeichnen müssen, und welche Regeln die Inhaber der staatlichen Gewalt befolgen müssen, und gibt folgende Anwort: „Seine eigene Meinung aussprechen zu können über die ihm auferlegten Pflichten und Opfer, nicht gezwungen zu sein zum Gehorchen ohne erst gehört zu werden, das sind zwei Rechte des Staatsbürgers, die in der Demokratie, wie schon ihr Name sagt, ihren Ausdruck finden. An der Festigkeit, am Einklang und an den guten Folgen dieser Verbindung zwischen Staatsbürger und Staatsregierung kann man ermessen, ob eine Demokratie wirklich gesund und ausgeglichen und wie stark ihre Lebens- und Entwicklungskraft ist." (3474) Der Staat vereinigt also nicht mechanisch eine formlose Anhäufung von Einzelpersonen auf einem Gebiet, er ist eine gegliederte und gliedernde Einheit eines Volkes.

In einem Volk, das dieses Namens würdig ist, fühlt der Bürger in sich selbst das Bewußtsein seiner Persönlichkeit, seiner Pflichten und Rechte, seiner eigenen Freiheit, verbunden mit der Achtung vor der Freiheit und Würde des andern. Der demokratische Staat muß aber auch, wie jede andere Regierungsform, mit wahrer und wirksamer Autorität ausgestattet sein. Keine Staatsform kann die unauflösliche Verknüpfung außer Acht lassen, die zwischen dem Ursprung der Macht in Gott und der Würde des Menschen besteht.

Hans Maier deutet die Tatsache, daß Pius XII. über die Soziallehre in engerem Sinn hinaus zu einer Demokratielehre übergegangen ist, so: Nachdem aus der latenten Demokratie einer verstärkten Verpflichtung zur Sorge für die „proletarii" die offene Demokratie einer alle Schichten des Volkes erfassenden Herrschaftsordnung geworden ist, kann sich die Aufgabe einer katholischen, einer christlichen Zuwendung zur Demokratie nicht mehr in der sozialen Sorge für die an der Herrschaftsordnung nicht beteiligten Stände erschöpfen. Vielmehr muß das Denken und Trachten der Christen sich jetzt auf die ganze Breite des sozialen und staatlichen Lebens richten, in der sich die demokratische Ordnung realisiert[9]. Wenn nach Pius XII. die Aufgabe des Staates darin besteht, „die private Tätigkeit der Einzelnen im nationalen Leben zu überwachen, zu fördern und zu ordnen, um sie einheitlich auf

[9] *Hans Maier*, Kirche und Gesellschaft, München 1972, S. 99.

das allgemeine Wohl auszurichten"[10], dann wurde damit der christlichen Demokratie eine inhaltliche Zielsetzung vorgegeben. Die christliche Demokratie konnte dann dort entstehen, wo politisch engagierte Christen sich zur Erneuerung der Gesellschaft, zur Sicherung des Gemeinwohls, zur Verwirklichung der Freiheit der Staatsbürger auf die katholische Soziallehre stützten, wie sie von Pius XII. ausgeprägt wurde. Ihre bleibende Errungenschaft ist, daß in jenen Staaten, in denen sie das politische Geschehen gestalten, beeinflussen konnte, Freiheit und Menschenwürde gesichert wurden.

[10] *Herbert Schambeck*, „Staat" im Katholischen Soziallexikon, Innsbruck - Wien - München 1964, Sp. 1160.

PIUS XII. UND DAS APOSTOLAT DER LAIEN*

Von Heribert Franz Köck

Die Frage eines wirksamen Laienapostolats gewinnt heute zunehmende Bedeutung[1]. Bei dem fast auf der ganzen Welt herrschenden Priestermangel ist das Laienapostolat jenes Instrument, das es ermöglichen soll, unter Festhalten des traditionellen Priesterbildes[2] der Kirche jene Breitenwirkung zu geben, die notwendig ist, um einerseits die (noch) praktizierenden Katholiken der Kirche zu erhalten, andererseits die Fernstehenden wieder an die Kirche zu binden und die Verkündigung des Evangeliums unter den Nichtchristen zu ermöglichen[3]. Es muß

* Für verschiedene sachdienliche Hinweise ist der Verfasser Frau Prof. *Rosemary Goldie* von der päpstlichen Lateranuniversität verpflichtet.

[1] Es kommt nicht von ungefähr, daß das Zweite Vatikanum ein eigenes Dekret über das Apostolat der Laien *Apostolicam actuositatem* erließ. Text in 58 AAS (1966), 837 ff.; deutsche Übersetzung, besorgt im Auftrag der deutschen und österreichischen Bischöfe, in Lexikon für Theologie und Kirche [LTK], Das Zweite Vatikanische Konzil II (1967), 603 ff.

[2] Nach dem Anm. 1 zit. Dekret „könnte die Kirche in vielen Gebieten, in denen es nur ganz wenige Priester gibt ..., ohne die Arbeit der Laien kaum präsent und wirksam sein". Auf. 605. — Daß man auch derzeit in der lateinischen Kirche noch am traditionellen Priesterbild festhalten will, solange es geht, zeigt das Festhalten am Pflichtzölibat und der vorläufige Verzicht auf die Weihe von *viri probati*.

[3] Schließlich kann das Laienpostolat, wo es in seinem Tätigkeitsbereich auf Christen anderer Konfessionen trifft, auch ohne falschen Proselytismus ökumenisch wirksam werden und so zur Einheit der Christen beitragen. Vgl. dazu das vom Zweiten Vatikanischen Konzil erlassene Dekret über den Ökumenismus *Unitatis redindegratio*, 57 AAS (1965), 90 ff.; lateinischer und deutscher Text auch in LTK, Das Zweite Vatikanische Konzil II (1967), 40 ff. Dort heißt es zu Beginn des Zweiten Kapitels: „Die Sorge um die Wiederherstellung der Einheit ist Sache der ganzen Kirche, sowohl der Gläubigen wie auch der Hirten, und es geht einen jeden an, je nach seiner Fähigkeit, sowohl in seinem täglichen christlichen Leben wie auch bei theologischen und historischen Untersuchungen. ... Da in heutiger Zeit die Zusammenarbeit im sozialen Bereich sehr weit verbreitet ist, sind alle Menschen ohne Ausnahme zu gemeinsamem Dienst gerufen, erst recht diejenigen, die an Gott glauben, am meisten aber alle Christen, die ja mit dem Namen Christi ausgezeichnet sind. Durch die Zusammenarbeit der Christen kommt die Verbundenheit, in der sie schon untereinander vereinigt sind, lebendig zum Ausdruck, und das

in diesem Zusammenhang selbstverständlich dahingestellt bleiben, ob das Laienapostolat diese Aufgaben in einer solchen Weise erfüllen kann, daß man in Zukunft ohne größere Umstrukturierungen in der Kirche wird auskommen können. Eines engagierten Laienapostolats wird die Kirche aber nie ganz entraten können[4]. Unter diesem Gesichtspunkt ist es von Interesse, wie Pius XII., den man aus den verschiedensten Gründen wahrlich einen Markstein zwischen alter und neuer Zeit in der Kirche nennen kann[5], zur Frage des Laienapostolats gestanden ist.

I. Der Begriff des Laienapostolats

Pius XII. hat zwischen einem Laienapostolat i. e. S. und i. w. S. unterschieden. Ersteres war für ihn dadurch gekennzeichnet,

„daß der Laie Aufgaben übernimmt, die aus der Sendung hervorgehen, die Christus seiner Kirche anvertraut hat“[6].

Von ihm unterscheidet sich

„das Apostolat des Gebets und des persönlichen Beispiels als Apostolat im weiteren oder uneigentlichen Sinne des Wortes“[7].

Während zur letzten Form des Apostolates alle berufen sind, kommt eine Berufung zum Laienapostolat i. e. S. nicht allen zu; sie hängt viel-

---

Antlitz Christi, des Gottesknechtes, tritt in hellerem Licht zutage.“ *Ibid.*, 71 und 91.

[4] Daher hat Papst Paul VI. am 6. Jänner 1967 einen eigenen Rat betreffend die Laien an der Kurie gegründet, der mit Dekret vom 10. Dezember 1976 bestätigt, aus der provisorischen in die definitive Phase übergeführt und gleichzeitig in *Consilium pro laicis* umbenannt wurde. Vgl. Annuario Pontificio 1977, 1477. Präsident des Laienrates ist derzeit Kardinal Opilio Rossi.

[5] Vgl. seine umfangreichen Erklärungen zu vielen Fragen des Lehr- und Hirtenamtes in den Discorsi e radiomessaggi di Sua Santità Pio XII, 20 Bde. (1941 - 1959). — Zu den Äußerungen Pius' XII. über das Laienapostolat liegt eine vom Sekretariat „Regnum Christi“ in deutscher Sprache herausgegebene Zitatensammlung unter dem Titel „Das Laienapostolat in der Lehre Papst Pius' XII.“ im Johannesverlag Leutesdorf am Rhein aus dem Jahr 1957 vor. Da dieses Bändchen aber keine wissenschaftliche Zitierweise enthält, zitieren wir in der Folge soweit wie möglich nach der in Anm. 6 gegebenen Quelle. Eine Zusammenstellung päpstlicher Dokumente aus der Zeit Pius' XII., die für das Laienpostolat von Bedeutung sind, findet sich im genannten Bändchen auf 47 f., leider jedoch ohne offizielle Fundstellenangaben.

[6] Zit. nach Aufbau und Entfaltung des gesellschaftlichen Lebens — Soziale Summe Pius XII. (hrsg. von *Utz / Groner*) III (1961), Randziffer 5995.

[7] *Ibid.*, 5996. — Beide Zitate stammen aus der Ansprache des Papstes an den zweiten Weltkongreß des Laienapostolats vom 5. Oktober 1957, 49 AAS (1957), 922 ff.

mehr von den persönlichen Voraussetzungen des einzelnen, der Situation, in der er steht[8], und von den kirchlich approbierten Formen ab, in denen das Laienapostolat in seinem Land ausgeübt wird[9]. Dagegen ist eine besondere kirchliche Sendung *(missio canonica)* nur für bestimmte Formen des Apostolates notwendig, nämlich jene, wo der Laie an der Jurisdiktionsgewalt der Bischöfe durch ein ihm übertragenes Amt[10] teilnimmt; er ist hier übrigens nicht schlechter gestellt als der Priester, der in diesen Fällen der *missio canonica* ebenfalls bedarf[11].

II. Historische Vorläufer des Laienapostolates

Nach Auffassung Pius' XII. ist das Laienapostolat keineswegs eine Erfindung unserer Zeit:

„Es hat in der Kirche Christi immer ein Laienapostolat gegeben. Heilige, wie Kaiser Heinrich II., Stephan, der Begründer des katholischen Ungarn,

---

[8] Vgl. die Ansprache an die Teilnehmer des (ersten) Weltkongresses für das Laienapostolat vom 14. Oktober 1951, 43 AAS (1951), 784 ff.: „Kann man behaupten, daß alle gleicherweise zum Apostolat im strengen Sinn dieses Wortes berufen sind? Gott hat weder allen die Möglichkeit noch die Eignung dafür gegeben. Man kann nicht verlangen, daß sich die Gattin, die Mutter, die ihre Kinder christlich erzieht und außerdem noch Heimarbeit übernehmen muß, um ihrem Mann zu helfen, die Seinen zu ernähren, mit den Werken des Apostolats belade. Die Berufung zum Apostel richtet sich also nicht an alle." *Utz / Groner* II (1954), 2978.

[9] Ansprache an den zweiten Weltkongreß des Laienapostolats vom 5. Oktober 1957, 49 AAS (1957), 922 ff.: „Nicht alle Christen sind zum Laienapostolat im strengen Sinn berufen. Wir haben schon gesagt, daß der Bischof Mitarbeiter aus jenen Gläubigen muß auswählen können, die dazu bereit und auch fähig sind, denn die Bereitschaft allein genügt noch nicht. Die Laienapostel werden also immer eine Elite darstellen ... Um ... die erforderliche Zuständigkeit zu erwerben, müssen sie selbstverständlich die Mühe und Anstrengung einer ernstlichen Ausbildung auf sich nehmen ..." *Utz / Groner* III (1961), 6000.

[10] „Wenn man von ‚hierarchischem Apostolat' und ‚Laienapostolat' spricht, muß man also auf eine doppelte Gliederung achten: zunächst auf diejenige zwischen dem Papst, den Bischöfen und den Priestern einerseits; und dann auf jene innerhalb des Klerus selbst zwischen denen, die die Vollmacht der Weihe und der Lenkung in Fülle besitzen, und den anderen Klerikern ... [Es ist] wichtig, die beiden oben erwähnten Gliederungen im Auge zu behalten. Es handelt sich im vorliegenden Falle nicht um die Weihevollmacht, sondern um die Lehrvollmacht. Diese ruht ausschließlich in Händen der Träger der kirchlichen Autorität. Die anderen, Priester wie Laien, arbeiten in dem Maße mit ihnen mit, als diese das Vertrauen in sie setzen, daß sie die Gläubigen getreulich lehren und leiten." *Ibid.*, 5983 f.

[11] „Die Priester (die *vi muneris sacerdotalis* handeln) und auch die Laien können dazu ein Mandat erhalten, das unter Umständen das gleiche für beide sein kann." *Ibid.*, 5984.

und Ludwig IX. von Frankreich waren Laienapostel, mag man auch am Anfang sich dessen nicht so bewußt gewesen sein und mag es auch den Ausdruck Laienapostolat zu ihrer Zeit noch nicht gegeben haben. Auch Frauen, wie die hl. Pulcheria, die Schwester Kaiser Theodosius' II., oder Mary Ward waren Laienapostel[12]."

Wenn es bis ins 19. Jahrhundert hinein kein verbreitetes organisiertes Laienapostolat gegeben hat, so liegt das daran, daß bis zur Französischen Revolution und bis zur Trennung von Kirche und Staat in Amerika 1789/91 diese beiden von Gott eingesetzten Gewalten[13] mehr oder weniger einträchtig zusammenarbeiteten und die Interessen der Kirche im öffentlichen Bereich durch christliche Staatsmänner schon kraft deren Funktion wohl vertreten waren[14]. Für eine besondere Organisierung der katholischen Massen bestand daher erst in den Kulturkämpfen des 19. Jahrhunderts[15] eine ernste Notwendigkeit[16]; immerhin hat es schon immer kirchliche Vereinigungen von Laien zu bestimmten Zwecken gegeben[17], die allerdings für die Bedürfnisse der modernen Zeit nicht mehr allein ausreichten[18].

---

[12] *Ibid.*, 6012.

[13] Ansprache an die Teilnehmer des (ersten) Weltkongresses für das Laienapostolat vom 14. Oktober 1951, 43 AAS (1951), 784 ff.; *Utz / Groner* II (1954), 2971.

[14] „Auch darf man die enge Verbindung, die bis zur französischen Revolution in der katholischen Welt die beiden großen, von Gott eingesetzten Autoritäten, Kirche und Staat, zueinander in Beziehung setzte, nicht unbeachtet lassen und ihren segensreichen Einfluß nicht verkennen. Die Enge ihrer Beziehungen auf dem gemeinsamen Gebiet des öffentlichen Lebens schuf im allgemeinen gleichsam eine Atmosphäre christlichen Geistes, die zu einem guten Teil von der schwierigen Arbeit befreite, der sich heute die Priester und die Laien widmen müssen, um für die Erhaltung des Glaubens und seine tatsächliche Anerkennung zu sorgen." *Ibid.*, 2970.

[15] Zu diesen vgl. *Miko*, „Kulturkampf", LTK VI (2. Aufl. 1961), Sp. 673 ff.

[16] „[Dies] hatte überall die logische Folge, daß die Kirche nun mit ihren eigenen Mitteln ihre Wirksamkeit, die Erfüllung ihrer Sendung, die Verteidigung ihrer Rechte und ihrer Freiheit sichern mußte. Das war der Ursprung dessen, was man die katholischen Bewegungen nennt, die, stark durch ihre Zahl und durch ihren aufrichtigen Glauben, unter der Führung von Priestern und Laien die große Masse der Gläubigen mit in den Kampf und zum Sieg rissen." *Utz / Groner* II (1954), 2971.

[17] Vgl. dazu *Ehrharter*, „Kirchliche Vereinigungen", LTK X (2. Aufl. 1965), Sp. 684 f., und die dort angegebenen Verweisungen. — Pius XII. unterstrich gegenüber der Behauptung, „daß die Kirche in den letzten vier Jahrhunderten ausschließlich ‚klerikal' gewesen ist", daß „[e]in solches Urteil ... weit von der Wirklichkeit entfernt [sei]; gerade seit dem Konzil von Trient hat vielmehr das Laientum seine Stelle eingenommen und in der apostolischen Tätigkeit Fortschritte gemacht. Das läßt sich leicht feststellen; man braucht sich nur an zwei historische Tatsachen zu erinnern, die unter vielen anderen

Es hat jedoch bis zur Regierungszeit des unmittelbaren Vorgängers Pius' XII., Pius' XI., gedauert, bis in Form der *Katholischen Aktion* dem Laienapostolat eine gemeinrechtliche Grundlage gegeben wurde[19].

III. Warum Laienapostolat?

Für das Laienapostolat bestehen heute zwei Gründe, die es als eine Notwendigkeit erscheinen lassen. Als *äußerer Grund* ist der herrschende *Priestermangel* anzusehen[20]; da die Zahl der Katholiken unverhält-

---

hervorleuchten: an die marianischen Männerkongregationen, die das Laienapostolat auf allen Gebieten des öffentlichen Lebens aktiv ausübten, und an die fortschreitende Einführung der Frau in das moderne Apostolat". *Utz / Groner* II (1954), 2968 f.

[18] „Wie sind [die Kräfte des Laienapostolats] nun im Laufe dieses halben Jahrhunderts zur Reife gelangt? Ihr wißt es; in immer schnellerem Rhythmus hatte sich die Kluft verbreitert und vertieft, die seit langem die Geister und Herzen in zwei Parteien teilte, für oder gegen Gott, die Kirche, die Religion. Sie hat, wenn auch nicht überall mit derselben Klarheit, eine Grenze selbst mitten durch die Völker und Familien hindurch gezogen ... Diese und viele andere Faktoren, die mit bestimmten örtlichen oder personalen Umständen zusammenhängen, haben dazu beigetragen, daß die Tore für die Mitarbeit der Laien im Apostolat der Kirche weiter geöffnet wurden." *Utz / Groner* II (1954), 2972 und 2975.

[19] Vgl. *Verscheure,* „Katholische Aktion", LTK VI (2. Aufl. 1961), Sp. 74 ff. — Pius XII. hat aber selbst darauf hingewiesen, daß schon frühere Päpste eine Aktion der Katholiken gefördert hätten.

[20] Vgl. die Ansprache an die Leiter der Katholischen Aktion Italiens vom 4. September 1940, 32 AAS (1940), 362 ff.: „Es gibt unglückliche Seelen, die in den Gefahren der frühen Lebenszeit niemand haben, der sie unterweise, leite, zurechtweise, im Glauben und in der Frömmigkeit bestärke; oder wenn sie jemand hätten, dann würde Gleichgültigkeit, Unbesorgtheit, das schlechte Beispiel der Kameraden, das hitzige Ungestüm der Jugend, die Zerstreuungen und die täglichen Beschäftigungen das Licht des Glaubens und des religiösen Lebens in ihnen verdunkeln, indem sie ihre Gedanken ablenken und ihr Herz zum Erkalten bringen, indem sie die gute Wurzel gleichsam in einen trockenen Stumpf verwandeln, der wieder ausschlägt in der Stunde des Unglücks oder bei der Wärme eines freundlichen oder mitleidigen Wortes oder beim eisigen Erlöschen des Lebens. Wieviele solcher Seelen drängen sich mit dem Anwachsen der Städte und der Industriezentren, mit der Verstädterung des Landes durch die Scharen der Arbeiter in den Vorstädten und neuen Wohnvierteln zusammen, wo sie manchmal keine Kirche finden oder einen weiten Weg zu ihr haben, wo Priester und Pfarrer kaum dazu kommen, sie kennenzulernen. So unzulänglich für die Bedürfnisse der Seelen ist die Zahl und die Tätigkeit der Diener Gottes!" *Utz / Groner* II (1954), 2999. Vgl. auch die Ansprache an den zweiten Weltkongreß des Laienapostolats vom 5. Oktober 1957, 49 AAS (1957), 922 ff.: „Einer der Gründe für diesen Aufruf an die Laienschaft ist zweifellos der gegenwärtige Priestermangel ... es bleibt wahr, daß der Priestermangel heute besonders fühlbar ist und es noch mehr zu werden droht ..." *Utz / Groner* III (1961), 5990.

nismäßig rascher gewachsen ist als jene der Priester, können letztere heute kaum noch ihre spezifisch priesterlichen Aufgaben versehen[21] und sind daher gezwungen, andere Aufgaben, die sie bisher ganz natürlich mitbetreut haben — denken wir z. B. an den Schulunterrricht —, an Laienapostel abzutreten[22].

Es gibt aber auch einen *inneren Grund* dafür, daß das Laienapostolat gefördert werden muß. Gewisse Aufgaben können nämlich in der Welt von heute nur von Laien zweckmäßig zur Durchführung übernommen werden. Nur sie sind befähigt, in bestimmte Milieus einzudringen, um dort mit den Menschen, die ihre Kameraden, ja Freunde werden, in eine das Apostolat erlaubende Verbindung zu treten[23].

Es ist schwer festzustellen, ob Pius XII. in diesem Zusammenhang einen den Laien prinzipiell vorbehaltenen Wirkungsbereich im Auge

---

[21] Ansprache an die Teilnehmer des (ersten) Weltkongresses für das Laienapostolat vom 14. Oktober 1951, 43 AAS (1951), 784 ff.: „Die Kirche hat nun ... eine dreifache Sendung zu erfüllen: die eifrigen Gläubigen auf den Stand der Anforderungen der gegenwärtigen Zeit emporzuheben; diejenigen, die auf der Schwelle zögern, in das warme und heilsame Innere des Hauses hineinzuführen; diejenigen zurückzuführen, die sich von der Religion entfernt haben und die sie doch nicht ihrem elenden Los überlassen kann. Eine schöne Aufgabe für die Kirche, die ihr aber deshalb sehr erschwert wird, weil im Vergleich zu ihrem Wachstum im Gesamten ihr Klerus nicht in der gleichen Weise zugenommen hat. Nun muß sich der Klerus aber vor allem für die Ausübung seines eigenen priesterlichen Amtes freihalten, bei dem niemand ihn ersetzen kann." *Utz / Groner* II (1954), 2974.

[22] „Aber selbst in der Vergangenheit erwartete der Priester die Mitarbeit der Laien. Denken wir nur an den beträchtlichen Beitrag, den die katholischen Lehrer und Lehrerinnen sowie die Ordensschwestern zum Religionsunterricht und ganz allgemein zur christlichen Erziehung und Bildung der Jugend geliefert haben ... Die Kirche ist ihnen dafür dankbar: war dies nicht eine notwendige Ergänzung der priesterlichen Arbeit?" *Utz / Groner* III (1961), 5990.

[23] „Im übrigen verlangen die Beziehungen zwischen Kirche und Welt, auch unabhängig von der geringen Zahl der Priester, die Einschaltung von Laienaposteln. Die *consecratio mundi* ist im wesentlichen Aufgabe der Laien selber, Aufgabe von Männern, die am wirtschaftlichen und sozialen Leben stärkstens Anteil haben und an der Regierung und den gesetzgebenden Versammlungen teilnehmen." *Ibid.*, 5991. In ähnlicher Weise hatte Pius XII. schon in seiner Ansprache an die Leiter der Katholischen Aktion Italiens am 4. September 1940, 32 AAS (1940), 362 ff., ausgeführt: „[e]s [sei] ein großes Gesetz der Natur und der Gnade, daß Ähnlichkeit die Türen zu gegenseitiger Annäherung und Zuneigung öffnet. Treffen zwei Laien zusammen, so entsteht ein Band, das die Freundschaft zu knüpfen beginnt, und beide können sich zu einer Begegnung auf der Ebene des Geistes erheben, wenn der eine im anderen einen Bruder liebt, wenn er ihn betrachtet im Lichte des Glaubens und des Paradieses, wenn er sich verzehrt fühlt vom Eifer für das Haus Gottes." *Utz / Groner* II (1954), 3000.

Pius XII. mit dem Erzbischof von Wien, Theodor Kardinal Innitzer, dem damaligen erzb. Sekretär und heutigen Prälaten Dr. Franz Denk und dem damaligen Kaplan an der Anima und heutigen Sekretär der österreichischen Bischofskonferenz, Prälat Dr. Alfred Kostelecky.

gehabt hat. Bestimmte in anderem Zusammenhang verwendete Formulierungen über die jener des Laien gleichwertige Befähigung des Priesters, in alle Lebensbereiche verstehend einzudringen[24], lassen dies als eher unwahrscheinlich ansehen. Vielleicht war es nur die ablehnende Haltung, die Pius XII. gegenüber dem Experiment der Arbeiterpriester in Frankreich eingenommen hatte[25], die ihn hier die besondere Eignung der Laien für das Apostolat in bestimmten Berufsbereichen herausstellen ließ.

IV. Das organisierte Laienapostolat

Das Laienapostolat stellt sich nach Auffassung Pius XII., soweit es *Apostolat i. e. S.* ist, *immer organisiert* dar. Dabei sind zwei Gruppierungen zu unterscheiden: die *actio catholica* und die *actio catholicorum*[26]. Beiden ist gemeinsam, daß sie sich der Anerkennung durch die kirchliche Hierarchie erfreuen[26a]. Während aber die *Katholische Aktion* eine seit Pius XI. gemeinrechtlich eingerichtete Apostolatsbewegung ist, die sich streng nach den Standesgruppen Jungmänner — Jungfrauen — Männer — Frauen gliedert und der *unmittelbaren* Leitung durch die kirchliche Hierarchie unterstellt ist[27], ist die *actio catholicorum* Sam-

[24] „Allgemein gesprochen ... hat der Priester ebenso gute Augen wie der Laie, um die Zeichen der Zeit zu erkennen, und sein Ohr ist nicht weniger empfindlich, um das menschliche Herz abzuhorchen.“ *Ibid.*, 2987.

[25] Vgl. in diesem Zusammenhang den folgenden Passus in seiner Ansprache an den zweiten Weltkongreß des Laienapostolats vom 5. Oktober 1957, 49 AAS (1957), 922 ff.: „Ebenso können die katholischen Zellen, die unter den Arbeitern in jeder Fabrik und jedem Arbeitsmilieu geschaffen werden müssen, um diejenigen, die von der Kirche getrennt sind, zu ihr zurückzuführen, nur von Arbeitern selbst gebildet werden.“ *Utz / Groner* III (1961), 5991.

[26] Die von uns hier im Gegensatz zum Begriff *actio catholica* verwendete Sammelbezeichnung *actio catholicorum* ist ein *terminus technicus*, der in der Literatur geprägt wurde. Bei Pius XII. kommt er nur dem Sinn nach vor; wir verwenden ihn, wo Pius XII. der Sache nach das Laienapostolat außerhalb der Katholischen Aktion meint.

[26a] Vgl. die Ansprache an die Teilnehmer des (ersten) Weltkongresses für das Laienapostolat vom 14. Oktober 1951, 43 AAS (1951), 784 ff.: „Es versteht sich von selbst, daß das Laienpostolat der kirchlichen Hierarchie untergeordnet ist. Diese ist göttlicher Einsetzung. Das Laienapostolat kann also nicht unabhängig von ihr sein. Anders denken hieße, die Mauer am Fundament untergraben, auf dem Christus selbst seine Kirche gebaut hat.“ *Utz / Groner* II (1954), 2983.

[27] „Wir [haben] zu verstehen gegeben, daß die Abhängigkeit des Laienapostolats von der Hierarchie Abstufungen zuläßt. Diese Abhängigkeit ist am engsten für die Katholische Aktion; diese stellt in der Tat das offizielle Laienapostolat dar; sie ist ein Werkzeug in der Hand der Hierarchie, sie soll gleichsam die Verlängerung ihres Armes sein, sie ist darum ihrer Natur

melbezeichnung für verschiedene traditionelle katholische Vereinigungen, die nicht unter der unmittelbaren straffen Führung durch die kirchliche Hierarchie stehen, sondern von den Laien in Eigenverantwortung selbst geleitet werden, wenngleich sie sich streng nach den Grundsätzen der katholischen Glaubens- und Sittenlehre ausrichten, eine Vertiefung des religiösen Lebens bezwecken und oft einen eigenen Seelsorger in beratender Funktion besitzen. Pius XII. hat es nicht unterlassen, auf die prinzipielle Gleichwertigkeit von *actio catholica* und *actio catholicorum* hinzuweisen und zu ermahnen, daß erstere die letztere nicht als unerwünschte Konkurrenz betrachten dürfe[28]; vielleicht war er in der positiven Beurteilung außerhalb der Katholischen Aktion stehender katholischer Vereinigungen durch die Erfahrungen bestimmt, die er in seiner Nuntiaturzeit in Deutschland vor allem mit dem Cartellverband katholischer farbentragender Studenten-Verbindungen gemacht hatte, dem er bis zu seinem Lebensende als Ehrenmitglied angehörte[29]. Auch die Marianischen Kongregationen hat Pius XII.

---

gemäß der Leitung der kirchlichen Obrigkeit unterstellt ..." *Ibid.*, 2984. Vgl. auch die Ansprache an die Leiter der Katholischen Aktion Italiens vom 4. September 1940, 32 AAS (1940), 362 ff.: „Die Katholische Aktion wird vor allem den Erwartungen der Kirche entsprechen, wenn sie sich immer ganz eng an die Bischöfe und den Heiligen Stuhl anschließt und unerschütterlich mit ihnen verbunden bleibt. Die Autorität und die Pflicht zu lehren und zu führen steht der Kirche zu: die Katholische Aktion ist ihre gelehrige Mitarbeiterin, die ihr alle ihre Kräfte zur Verfügung stellt. In der Liebe, im Gehorsam, in der ergebenen und schnell bereiten Fügsamkeit dem Papst und den Bischöfen gegenüber finden ihre Mitglieder ihre Freude, ihre Kraft und nicht weniger das Unterpfand ihres fruchtbaren Erfolges, denn von der Hierarchie, der Erbin der apostolischen Sendung, gilt die unvergängliche Verheißung Christi: ‚Seht, ich bin bei euch alle Tage bis ans Ende der Welt.'" *Utz / Groner* II (1954), 3005.

[28] Vgl. *ibid.*, 3010: „Obwohl die Katholische Aktion ... die Hauptorganisation der aktiven Katholiken sein soll, so duldet sie neben sich doch auch andere Vereinigungen, die ebenfalls von der kirchlichen Autorität abhängen, von denen einige, die auch apostolische Ziele und Lebensformen besitzen, sich mit gutem Grund Mitarbeiterinnen im hierarchischen Apostolat nennen können. Wer sieht nicht ein, wie notwendig zwischen diesen Gruppen und denen der Katholischen Aktion gegenseitiges Wohlwollen, weitherziges Verstehen, aufrichtiges Zusammenwirken bestehen müssen ... Die einen wie die anderen stören sich gegenseitig nicht in der Arbeit, der sie sich entsprechend den eigenen ... Statuten widmen."

[29] Vgl. seine Ansprache an Mitglieder der Katholischen Deutschen Studentenverbindung im CV Gothia-Erlangen vom 2. Juni 1958, *Utz / Groner* III (1961), 5070: „Das Leben und Wirken des CV ist Uns vertraut aus den Jahren, da wir Apostolischer Nuntius in Deutschland waren. Wir hatten damals sogar die Freude, Ihrem Verband als Ehrenmitglied eingereiht zu werden. Sie sind Uns also keine Unbekannten. Nach dem letzten Weltkrieg, als es darum ging,

ausdrücklich als eine der Katholischen Aktion ebenbürtige Bewegung angesehen[29a].

Pius XII. hat sogar einen Vorschlag erwogen, zur Vermeidung von Mißverständnissen und wenig erleuchteten Versuchen, unter Ausschluß der traditionellen katholischen Vereinigungen alle Formen des Laienapostolats in der Katholischen Aktion gleichzuschalten, der *actio catholica* i. e. S. diesen Namen zu entziehen, um ihn als Sammelbezeichnung für die *verschiedenen Formen* des Apostolats zu reservieren, in dessen Rahmen sowohl die Katholische Aktion als auch die *actio catholicorum* fallen sollte[30]. Zu einer offiziellen Entscheidung in dieser Richtung ist es aber nicht gekommen.

---

neu zu beginnen und wieder aufzubauen, haben Sie sich entschlossen, zur Tradition des CV zurückzukehren. Diese Tradition verpflichtet Sie. Die katholischen Studentenverbände, der CV als stärkster, sind aus einer mächtigen religiös-sozialen Bewegung der deutschen Katholiken herausgewachsen und haben ihrerseits wieder diese Bewegung mitgetragen und mitbefruchtet. Rechnen Sie nur die Männer zusammen, die in den letzten hundert Jahren aus den Reihen Ihres Verbandes und Ihrer Brüderverbände hervorgegangen und heute in der Geschichte Ihres Landes mit Ehren genannt werden. Sie, aber auch Tausende von Ungenannten, waren gläubige und fromme Männer, die es jedoch drängte, ja, die sich ihrer Pflicht bewußt waren, die Werte ihres Glaubens und der umfassenden katholischen Weltanschauung in ihren vielfältigen Berufen zum Besten der Gemeinschaft und des gesamten öffentlichen Lebens einzusetzen."

29a „Zu den Hauptaufgaben der Kongregationen muß das Apostolat in allen seinen Formen gerechnet werden, vor allem das soziale, wo immer es gilt, das Reich Gottes zu fördern und die Rechte der Kirche in Schutz zu nehmen." Apostolische Konstitution *Bis saeculari* vom 27. September 1948; zit. nach Das Laienapostolat in der Lehre Papst Pius' XII. (1957), 15. — Ähnliches wie für die Marianische Kongregation gilt für die Legio Mariae. Von der Nennung weiterer, ähnlich verdienstvoller Organisationen wird hier abgesehen.

30 Ansprache an den zweiten Weltkongreß des Laienapostolats vom 5. Oktober 1957, 49 AAS (1957), 922 ff.: „Man meldet Uns, daß gegenwärtig ziemlich weit verbreitet ein beklagenswertes Unbehagen herrscht, das vor allem durch den Gebrauch des Ausdrucks ‚Katholische Aktion' entstanden sei. Dieser Ausdruck sei in der Tat für bestimmte Typen des organisierten Laienapostolats reserviert, für die er in der öffentlichen Meinung eine Art Monopol schaffe: alle Organisationen, die nicht in den Rahmen der so aufgefaßten Katholischen Aktion passen, erscheinen — so wird behauptet — weniger authentisch, zweitrangig, weniger von der Hierarchie gestützt und gleichsam am Rande der wesentlichen Apostolatsbemühung der Laienschaft ... Um diese Schwierigkeiten zu lösen, faßt man zwei praktische Reformen ins Auge: eine der Terminologie, und dieser entsprechend eine andere der Struktur. Zunächst müßte man dem Ausdruck ‚Katholische Aktion' seinen allgemeinen Sinn wiedergeben und ihn ausschließlich auf die Gesamtheit der organisierten Bewegungen des Laienapostolats anwenden, die als solche national oder international anerkannt sind ... Es würde also genügen, daß

Entscheidend blieb für Pius XII. allerdings stets das Zusammenwirken zwischen organisiertem Apostolat und Hierarchie[31]; gegen dieselbe wirkende Vereinigungen können für sich nicht Anspruch nehmen, ein Apostolat auszuüben. Die Tätigkeit der Laien bleibt aber immer *Laienapostolat,* auch wenn der einzelne mit einer besonderen *missio canonica* ausgestattet würde[32]. Nur die Erteilung der Diakonatsweihe an im Apostolat tätige Laien würde dieselben in den Klerikerstand befördern; eine solche Reaktivierung des Diakonats sah Pius XII. aber als für seine Zeit verfrüht an[33].

Was die Wirkungsweise des Laienapostolats anlangt, so hielt Pius XII. dafür, daß auch in diesem Bereich jener Grundsatz platzgreifen müsse, den die Kirche selbst für alle Bereiche des sozialen Lebens propagiere: der Grundsatz der Subsidiarität.

„Auch hier möge die kirchliche Autorität das allgemein gültige Prinzip der Subsidiarität und gegenseitigen Ergänzung anwenden. Man möge den Laien die Aufgaben anvertrauen, die sie ebensogut oder selbst besser als der Priester erfüllen können. Sie sollen in den Grenzen ihrer Funktion und

---

jede einzelne Bewegung mit ihrem Namen benannt und in ihrer charakteristischen Form und nicht nach dem gemeinsamen Typ bezeichnet würde. Die strukturelle Reform müßte der der Fixierung der Termini folgen. Alle Gruppen würden der Katholischen Aktion angehören und ihren Namen und ihre Selbständigkeit behalten, aber sie würden als Katholische Aktion ein Ganzes, eine föderative Einheit bilden. Jeder Bischof wäre frei, eine bestimmte Bewegung abzulehnen oder zuzulassen, ihr ein Mandat zu erteilen oder nicht; aber es wäre nicht seine Sache, sie abzulehnen, weil sie ihrer Natur nach nicht Katholische Aktion wäre." *Utz / Groner* III (1961), 5997 f.

31 Ansprache an die Teilnehmer des (ersten) Weltkongresses für das Laienapostolat vom 14. Oktober 1951, 43 AAS (1951), 784 ff.: „Es versteht sich von selbst, daß sich die Initiative der Laien bei der Ausübung des Apostolats auf jeden Fall in den Grenzen der rechten Gläubigkeit halten muß und sich nicht den rechtmäßigen Vorschriften der zuständigen kirchlichen Autoritäten widersetzen darf." *Utz / Groner* II (1954), 2984.

32 Ansprache an den zweiten Weltkongreß das Laienapostolats vom 5. Oktober 1957, 49 AAS (1957), 922 ff.: „Die Priester ... und auch die Laien können ... ein Mandat erhalten, das unter Umständen das gleiche für beide sein kann. Sie unterscheiden sich jedoch durch die Tatsache, daß der eine Priester, der andere Laie ist und folglich das Apostolat des einen priesterlich, das des anderen Laienapostolat ist." *Utz / Groner* III (1961), 5984.

33 „Wir wissen, daß man gegenwärtig daran denkt, eine Diakonatsweihe als vom Priestertum unabhängige kirchliche Funktion zu erteilen. Diese Idee ist, zum mindesten heute, noch nicht reif. Wenn sie es eines Tages werden sollte, so würde das nichts an dem ändern, was wir soeben gesagt haben, außer daß das Diakonat bei den Gliederungen, auf die Wir hingewiesen haben, auf seiten des Priestertums stände." *Ibid.*, 5986.

denjenigen, die das Gemeinwohl der Kirche ihnen zieht, frei handeln und ihre Verantwortung auf sich nehmen können[34]."

Schließlich dürfe man jenen Laienaposteln, die ihre Tätigkeit im kirchlichen Bereich hauptamtlich ausüben, einen *gerechten Lohn* nicht vorenthalten, der es ihnen und ihren Familien ermöglicht, anständig leben zu können[35]; denn: „Der Arbeiter ist seines Lohnes wert[36]."

V. Der Wirkungsbereich des Laienapostolats

Dem Wirkungsbereich des Laienapostolats sind keine bestimmten Grenzen gezogen; vielmehr kann und soll der Laie überall dort tätig werden, wo Angehörige des Klerus keine Tätigkeit entfalten (können). Ganz allgemein kann daher jeder Laie schon im Bereiche seines Berufs oder weltlicher Vereinigungen, denen er angehört, apostolisch tätig sein[37].

Es gibt jedoch bestimmte Bereiche des öffentlichen Lebens, in denen eine gezielte Apostolatsarbeit besonders notwendig ist. Es ist dies vor allem der Bereich der Massenmedien[38]. Noch wichtiger ist freilich der

---

[34] *Ibid.*, 5992.

[35] „Wir sind oft erstaunt gewesen, zu sehen, daß man auf den Missionskongressen für das Laienapostolat an die Verpflichtung erinnern mußte, diesen Mitarbeitern das Gehalt zu geben, auf das sie Anspruch haben ... Andererseits darf der Laienapostel nicht gekränkt sein, wenn man ihn bittet, an die Mission, die ihn unterhält, keine übertriebenen Forderungen zu stellen." *Ibid.*, 5993.

[36] Luk. 10, 7.

[37] Ansprache an die Teilnehmer des (ersten) Weltkongresses für das Laienapostolat vom 14. Oktober 1951, 43 AAS (1951), 784 ff.: „Wir können ... nicht schließen, ohne an die praktische Arbeit zu erinnern, die das Laienapostolat in der ganzen Welt auf allen Gebieten des individuellen und sozialen menschlichen Lebens geleistet hat und noch leistet, eine Arbeit, deren Ergebnisse und Erfahrungen Ihr in diesen Tagen gegenseitig verglichen und besprochen habt: Apostolat im Dienste der christlichen Ehe, der Familie, des Kindes, der Erziehung und der Schule; für die jungen Männer und jungen Mädchen; Apostolat der Caritas und Fürsorge unter ihren heute unzählbaren Formen; Apostolat einer praktischen Besserung der sozialen Mißstände und des Elends; Apostolat in den Missionen oder im Dienste der Auswanderer und Einwanderer; Apostolat im Bereich des intellektuellen und kulturellen Lebens; Apostolat in Spiel und Sport; endlich, und nicht am wenigsten wichtig: Apostolat der öffentlichen Meinung." *Utz / Groner* II (1954), 2988.

[38] Vgl. *ibid.*, den Schluß, sowie die Ansprache an den zweiten Weltkongreß des Laienapostolats vom 5. Oktober 1957, 49 AAS (8957), 922 ff.: „Der katholische Journalist, der seinen Beruf im Glaubensgeist ausübt, ist ganz natürlich ein Laienapostel ... Es ist übrigens ganz normal, daß die Katholiken bei der Presse, auch der von lokalem Interesse, mitarbeiten. Für das, was Funk,

politische Bereich[39], doch muß hier mit der notwendigen Behutsamseit vorgegangen werden, um klar sein zu lassen, daß es nicht die Kirche als solche ist, die eine politische Position bezieht, sondern der einzelne Katholik als Politiker, der sich bemüht, Politik im christlichen Geist zu machen[40].

Typsche Bereiche des Laienapostolats sind heute allerdings jene, die erst in jüngerer Zeit von den Priestern abgetreten wurden. Hieher zählen vor allem Religionsunterricht in der Schule und außerschulische Katechese[41]. Dagegen stellt ein bloß soziales Engagement noch kein Laienapostolat dar, so wichtig und verdienstvoll eine solche Tätigkeit auch sein kann. Immerhin ist sie aber geeignet, den Boden für das eigentliche apostolische Wirken aufzubereiten[42].

Film und Fernsehen betrifft, verweisen Wir auf Unsere Darlegungen in der Ezyklika *Miranda prorsus* vom 8. September dieses Jahres ... So sind Wir allen dankbar, die im Bereich von Funk, Film und Fernsehen eine mutige, geistig wache und systematische Arbeit auf sich nehmen, die bereits durch Ergebnisse belohnt wurde, die zu ernsthaften Hoffnungen berechtigen ..." *Utz / Groner* III (1961), 6003 f.

[39] Ansprache an den (ersten) Weltkongreß für das Laienapostolat vom 14. Oktober 1951, 43 AAS (1951), 784 ff.: „Wir beglückwünschen Euch für Euren Widerstand gegen das selbst bei Katholiken herrschende unheilvolle Bestreben, die Kirche auf die sogenannten ‚rein religiösen' Fragen beschränken zu wollen ... Notwendigerweise und ununterbrochen findet sich das menschliche Leben, das private wie das soziale, in Berührung mit dem Gesetz und Geist Christi. Daraus ergibt sich mit Notwendigkeit eine wechselseitige Durchdringung des religiösen Apostolats und des politischen Wirkens ..." *Utz / Groner* II (1954), 2989 f.

[40] „Die Katholische Aktion darf nicht in das Gelände der Parteipolitik eintreten. Aber, wie Wir [schon] gesagt haben, ‚so lobenswert es ist, sich aus den zufälligen Streitigkeiten herauszuhalten, die die Parteikämpfe vergiften ..., so wäre es doch tadelnswert, den Unwürdigen und Unfähigen das Feld freizugeben, so daß sie die Staatsgeschäfte lenken'. Wie weit darf und soll sich der Apostel von dieser Grenze entfernt halten? Es ist schwer, über diesen Punkt eine allgemein gültige Regel aufzustellen." *Ibid.*, 2990. Vgl. jüngst auch *Rossi*, „Der Priester und die Politik", Kirche und Staat — Fritz Eckert zum 65. Geburtstag (hrsg. von *Schambeck*, 1976), 295 ff.

[41] Ansprache an den zweiten Weltkongreß des Laienapostolats vom 5. Oktober 1957, 49 AAS (1957), 922 ff.: „Denken wir nur an den beträchtlichen Beitrag, den die katholischen Lehrer und Lehrerinnen sowie die Ordensschwestern zum Religionsunterricht und ganz allgemein zur christlichen Erziehung und Bildung der Jugend geliefert haben — man denke z. B. an die katholischen Schulen der Vereinigten Staaten." *Utz / Groner* III (1961), 5990.

[42] „Gleichwohl, ob die Berufsarbeit des katholischen Lehreres, der katholischen Lehrerin zum Laienapostolat im eigentlichen Sinne des Wortes gehört — seien Sie überzeugt, geliebte Söhne und Töchter: der katholische Lehrer, der fachlich, in Ausbildung und Hingabe, auf der Höhe seines Berufes steht, gleichzeitig aber auch von seinem katholischen Glauben tief überzeugt

Von besonderer Bedeutung ist nach Pius XII. das Laienapostolat in den Entwicklungsländern. Gerade in Asien und Afrika, wo die katholischen Christen nur eine Minderheit der Bevölkerung darstellen[43], glaubt der Papst, eine rege laienapostolische Tätigkeit feststellen zu können[44]. Aber auch in Lateinamerika wird man, wie Pius XII. bereits klar erkannte, beim gegenwärtigen Priestermangel ohne ein engagiertes Laienapostolat nicht auskommen; gerade diese traditionell katholischen Länder sieht der Papst der Gefahr der Entkirchlichung[45], ja Entchristlichung ausgesetzt[46].

Neben dem pfarrlichen, überpfarrlichen, diözesanen und länderweisen Laienapostolat hat Pius XII. auch dem Apostolat auf *internationaler Ebene* große Bedeutung beigemessen:

„... Wir wissen wohl, das heute Probleme auftauchen, die nicht nur lokal bedingt sind, sondern häufig, wie man sagt, *auf weltweiter Ebene* liegen. Schranken zwischen Ländern und sogar zwischen Kontinenten sind, Gott sei Dank, auf dem Wege, dort zu verschwinden, wo die Einheit des Menschengeschlechts stärker betont wird. Der technische Fortschritt neigt mehr und mehr dazu, die Durchdringung der Völker zu begünstigen. Es ist daher verständlich, daß sogar *die Probleme des Apostolates von einem internationalen*

---

ist und ihn der ihm anvertrauten Jugend wie etwas Selbstverständliches, ihm zur zweiten Natur Gewordenes vorlebt, übt im Dienste Christi und seiner Kirche eine Tätigkeit aus, die dem besten Laienapostolat gleichkommt." *Ibid.*, 5998, seinen eigenen Brief an den III. Weltkongreß des Weltverbandes der christlichen Lehrer in Wien vom 5. August 1957 zitierend.

43 „Abgesehen von den Philippinen sind die Katholiken in Asien wie auch im größten Teil von Afrika unter ihren Völkern in der Minderheit. Möchten sie sich doch um so mehr durch ihr Beispiel abheben!" *Ibid.*, 6009.

44 „Besonders in Afrika sehen Wir mit Freude und Dankbarkeit die außergewöhnliche Dynamik der jungen Generation von Katholiken bei kulturellen, sozialen und politischen Aufgaben ... die Kirche drängt nicht allein nur etwa zur Frömmigkeit, sondern sie antwortet zugleich auch auf alle Lebensfragen. Als Träger der geistigen Reichtümer seines Kontinents ist das junge afrikanische Laientum daran, dafür Zeuge zu werden, und wird in seinem Leben und Wirken diese Reichtümer entfalten." *Ibid.*, 6011.

45 Vgl. *ibid.*, 5990; sowie 6007: „Die Lage der Kirche in Lateinamerika ist durch das rasche Anwachsen der Bevölkerung charakterisiert ... In den großen Städten drängt sich die Bevölkerung zu Riesenmassen zusammen. Der technische und industrielle Fortschritt vollzieht sich sehr rasch. Dagegen sind die Priester an Zahl unzureichend: statt 160 000 Priester, die unbedingt nötig wären, gibt es kaum 30 000. Endlich bedrohen vier tödliche Gefahren dort die Kirche: die Invasion der protestantischen Sekten ..."

46 „... die Säkularisierung des gesamten Lebens, der Marxismus, der sich als aktivstes Element an den Universitäten entwickelt und fast alle Arbeiterorganisationen in der Hand hat, und schließlich ein beunruhigender Spiritismus." *Ibid.*, 6007.

Gesichtspunkt aus gesehen werden müssen. Die Arbeitsfront insbesondere ... hat geistige Aspekte, denen man im gleichen universellen Geist näherkommen muß"[47].

Pius XII. hielt dabei die Katholiken in erster Linie für berufen, für und an einer internationalen Zusammenarbeit zu bauen, damit die Grundlagen eines Klimas gegenseitigen Verstehens geschaffen würden. Was die Katholiken dazu besonders befähige, sei ihr Glaube[48]. Sie vor allem

„müssen sich daher aufgerufen fühlen, jede Spur nationalistischer Engstirnigkeit zu überwinden und einen *echten brüderlichen Kontakt von Nation zu Nation* zu suchen"[49].

VI. Die Ausbildung der Laien für das Apostolat

Wenn Pius XII. die Ausbildung der Laien zur Tätigkeit im Apostolat für wünschenswert, ja für dringend geboten hielt, dann dachte er weniger an eine spezifisch-technische Ausbildung, wie sie etwa der Priesterstudent erfährt, um für seine zukünftige seelsorgliche Arbeit eine entsprechende Grundlage zu haben. Pius XII. ging es im Zusammenhang mit der Ausbildung zum Laienapostolat vielmehr ganz allgemein um die Vermittlung einer für die heutige Zeit[50] angepaßten religiösen

---

[47] Brief an die Katholische Arbeiterjugend zu ihrem internationalen Treffen in Kanada vom 24. Mai 1947; zit. nach Das Laienapostolat in der Lehre Papst Pius' XII. (1957), 43. (Hvhbg. im Orig.)

[48] „Gerade die Katholiken in der Welt sollten immer in dieser Haltung leben. Sie sind ja eins im gleichen Reichtum des Glaubens und daher in dem, was des Menschen höchstes, innerstes und vorherrschendstes Interesse ist, wie sie auch eins sind in der Ausstrahlung ihres Glaubens auf das soziale und kulturelle Leben." Botschaft an die Studienwoche der Katholischen Aktion Italiens „Katholiken und internationales Leben" vom 25. Juli 1952; zit. nach Das Laienapostolat in der Lehre Papst Pius' XII. (1957), 43 f.

[49] *Ibid.*, 44. (Hvhbg. im Orig.)

[50] „Nun ist ... das moderne Geistesleben von wissenschaftlich-technischem und wirtschaftlichem Denken in einer solchen Weise beherrscht, daß der Sinn für die Wahrheit einer höheren Ordnung — die Wissenschaft nennt sie metaphysische Wahrheiten — und die Fähigkeit, sie zu erfassen, zu schwinden beginnen. Wir brauchen nicht zu beweisen, welches Verständnis und welch hohe Achtung Wir für die Arbeiten und Errungenschaften der Naturwissenschaften und der Technik haben. Aber jene metaphysischen Wahrheiten erhalten das ganze Sein, das stoffliche und das geistige, das natürliche und das übernatürliche. Für *die gebildeten und führenden Katholiken* ist es heute eine wirkliche Notwendigkeit, diese Welt der ständig gültigen und ewigen Wahrheiten *gut zu kennen* und sie immer tiefer zu eigen zu machen, ebenso wie *den ganzen Reichtum unseres Glaubens*." Botschaft an die Akademiker der Katholischen Aktion Italiens vom 24. Mai 1953; zit. nach Das Laienapostolat in der Lehre Pius' XII. (1957), 29 f. (Hvhbg. im Orig.)

Bildung, als deren Grundlage er den üblichen Religionsunterricht für zu bescheiden erachtete[51].

Im Vordergrund hatte dabei nach Auffassung des Papstes die *geistige Bildung* im Sinne einer *Ausrichtung auf Christus* hin[52] zu stehen; danach sollte die *intellektuelle Ausbildung*[53] kommen. Auch auf die soziale Ausbildung sei Wert zu legen[54].

Dies alles aber sollte in der apostolischen Ausbildung gipfeln, wie Pius XII. dies den katholischen Studenten der Universität Sorbonne vor Augen hielt:

„Viel zu wenig der Getauften sind sich der Größe ihrer Berufung bewußt. Ihr dagegen habt ein rechtes und hohes Ideal. Und dies ist für den Vater der Christenheit ein Trost, zu wissen, daß ihr ernstlich bestrebt seid, ein wahres christliches Leben zu führen, ein innerliches Leben, das seine belebende Kraft aus den Quellen des Glaubens schöpft; ein äußerliches Leben, reich an Beispielen *apostolischen Unternehmungsgeistes.* Nichts nötigt uns mehr höher zu steigen als der Wunsch, *andere in die Höhe zu führen;* nichts läßt das Verlangen nach der Gnade Gottes größer werden als unsere Ohnmacht, die sich im Apostolat offenbart[55].“

---

[51] „Der *Religionsunterricht,* den ihr in eurer Jugend erhalten habt, mag er noch so ausgezeichnet gewesen sein, genügt nicht, weder für eure Reife noch für die neuen Fragen, die in der Zwischenzeit aufgetaucht und an die erste Stelle gerückt sind. Sorgt darum für ein tiefes Eindringen *in die Grundlagen des Glaubens,* seinen Aufbau und seine einzelnen Wahrheiten.“ *Ibid.,* 30. (Hvhbg. im Orig.)

[52] „Laßt sie Christus anziehen, gebt ihn ihnen zur Nahrung. Gebt ihnen in seinem göttlichen Herzen ein Vorbild, an dem sie sich in ihren Gedanken, Gesinnungen, Bestrebungen, Worten und Handlungen orientieren können.“ Ansprache an die Pfarrer und Fastenprediger Roms vom 27. Februar 1954; zit. nach *ibid.,* 30 f.

[53] „Besondere Sorge werdet ihr der *‚intellektuellen‘ Ausbildung* eurer Mitarbeiter widmen, indem ihr eigens darauf achtet, daß sie dank einer wahrhaft *tiefen Kenntnis der Religion* klare Ideen haben.“ *Ibid.,* 30. (Hvhbg. im Orig.)

[54] „Euer Wirken vollzieht sich auf dem so entscheidenden Vorfeld des Politischen. Für euch handelt es sich darum, den wahren christlichen Arbeiter durch eure *‚soziale Formung‘* für das gewerkschaftliche und politische Leben zu bilden und anzuleiten und seine ganze Existenz durch eure *‚soziale Aktion‘* und euren ‚sozialen Dienst‘ zu stützen und zu erleichtern.“ Botschaft an die christlichen Arbeiterverbände Italiens vom 1. Mai 1955; zit. nach *ibid.,* 31 f. (Hvhbg. im Orig.)

[55] Vom 8. April 1953; zit. nach *ibid.,* 32 f.

VII. Zusammenfassung

Pius XII. hat die Notwendigkeit, unter den Bedingungen der Welt wie der Kirche von heute das Laienapostolat zu fördern, klar erkannt. Er hat im übrigen dieses Laienapostolat nicht als kirchliche Neuerung betrachtet, sondern an sehr alte Vorbilder angeknüpft, wenn er auch zugestand, daß das Laienapostolat in seiner modernen Form organisierter Massenbewegungen eine Reaktion der Kirche gegen die zunehmende Säkularisierung der Welt war und ist.

Bei der Beurteilung der verschiedenen Formen des Laienapostolates hat sich Pius XII. nicht einseitig davon leiten lassen, ob es sich um eine Vereinigung im Sinne der von Pius XI. propagierten Katholischen Aktion handelte oder nicht; nach dem paulinischen Grundsatz: „Prüfet alles, das Gute aber behaltet!" vorgehend, hat er die Daseinsberechtigung laienapostolischer Bewegungen außerhalb der *actio catholica* durchaus anerkannt und so der *actio catholicorum* ihren legitimen Platz im Rahmen des Laienapostolats zugestanden.

Dagegen hat Pius XII. streng darauf geachtet, daß alles, was für sich die Etikette „Laienapostolat" reklamierte, auch bei seiner Tätigkeit stets in Fühlung mit der Hierarchie vorging; er wollte den Laien keinen freieren Spielraum in der Kirche einräumen, als er sie dem Klerus zugestand[56]. Blieb so das Laienapostolat für Pius XII. nach wie vor eine *acies bene ordinata,* so hat er doch die Mündigkeit des katholischen Christen auch als Laie in der Kirche stark betont[57] und damit

---

[56] Ansprache an die Teilnehmer des (ersten) Weltkongresses für das Laienapostolat vom 14. Oktober 1951, 43 AAS (1951), 784 ff.: „[Es] wäre ... irrig zu glauben, im Bereich der Diözese stelle die überlieferte Struktur der Kirche oder ihre gegenwärtige Form das Laienapostolat wesensgemäß parallel zum hierarchischen Apostolat, so daß selbst der Bischof das pfarrliche Laienapostolat nicht dem Pfarrer unterstellen könnte. Er kann es, und er kann sogar zur Regel erheben, daß die Werke des Laienapostolats, die für die Pfarre selbst bestimmt sind, der Autorität des Pfarrers unterstellt werden. Der Bischof hat diesen zum Hirten der ganzen Pfarre eingesetzt, und er ist als solcher für das Heil aller seiner Schafe verantwortlich." *Utz / Groner* II (1954), 2983.

[57] Dabei hat Pius XII. aber Wendungen, die seiner Meinung nach geeignet waren, das Verhältnis Klerus — Laienschaft falsch darzustellen, abgelehnt: „Ganz allgemein ist bezüglich der Apostolatsarbeit zu wünschen, daß das herzlichste Einvernehmen zwischen Priestern und Laien herrsche. Das Apostolat der einen ist keine Konkurrenz für das der anderen. Offen gestanden, gefällt uns der Ausdruck ‚Emanzipation der Laien', den man hie und dort hört, nicht sehr. Er hat einen unerfreulichen Klang; er ist zudem geschichtlich ungenau. Waren denn jene großen Führer, auf die Wir angespielt haben,

einem neuen Selbstbewußtsein dieses Standes in der Kirche den Weg bereitet[58], der zu einem neuen Selbstverständnis der Laien und zu einer Anerkennung ihrer Bedeutung in der Kirche auf dem Zweiten Vatikanischen Konzil geführt hat[59].

---

als Wir von der katholischen Bewegung der letzten hundertfünfzig Jahre sprachen, etwa Kinder, Minderjährige, die warten mußten bis zu ihrer Großjährigkeit? Im übrigen werden im Reiche der Gnade alle als Erwachsene betrachtet. Und darauf kommt es an.“ *Ibid.*, 2986.

[58] Vgl in diesem Zusammenhang seine grundsätzlichen Ausführungen an das Kardinalskollegium am 20. Februar 1946: „[Es] befinden sich die Gläubigen, oder genauer ausgedrückt *die Laien in den ersten Reihen der Kirche;* durch sie ist die Kirche das lebende Prinzip der menschlichen Gesellschaft. Folglich müssen sie, sie vor allem, ein immer klareres Bewußtsein haben nicht allein dafür, daß sie zur Kirche gehören, sondern *daß sie die Kirche sind,* das heißt die Gemeinschaft der Gläubigen auf Erden unter der Führung des allgemeinen Hauptes, des Papstes und der Bischöfe in Vereinigung mit ihm. *Sie sind die Kirche ...*“ Zit. nach Das Laienpostolat in der Lehre Papst Pius' XII. (1957), 9. (Hvhbg. im Orig.)

[59] So konnte Pius XII. in anderen Zusammenhängen der Laienschaft die Kirche noch gegenüberstellen und damit den letzteren Begriff in bestimmten Zusammenhängen („Die Katholische Aktion wird vor allem den Erwartungen der Kirche entsprechen, wenn sie sich immer ganz eng an die Bischöfe und den Heiligen Stuhl anschließt und unerschütterlich mit ihnen verbunden bleibt. *Die Autorität und die Pflicht zu lehren und zu führen stehen der Kirche zu: die Katholische Aktion ist ihre gelehrige Mitarbeiterin ...*“ Ansprache an die Leiter der Katholischen Aktion Italiens vom 4. September 1940, 32 AAS [1940], 362 ff.; *Utz / Groner* II [1954], 3005. Hvhbg vom Verf.) auf die hierarchische Kirche allein verkürzen. Dagegen stellt das Zweite Vatikanum in seiner Dogmatischen Konstitution über die Kirche *Lumen gentium,* 57 AAS (1965), 5 ff., den Kapiteln über die Hierarchie und die Laien ein eigenes Kapitel über Das Volk Gottes voran, um so das Bewußtsein zu unterstreichen, daß die Kirche das gesamte Volk Gottes ist, das lediglich in gewisse Stände und Dienste gegliedert ist. Entsprechend sagt auch das Dekret über das Apostolat der Laien *Apostolicam actuositatem,* 58 AAS (1966), 837 ff., die Heilige Synode wende sich, „[u]m dem apostolischen Wirken des Gottesvolkes mehr Gewicht zu verleihen, ... nunmehr eindringlich an die *Laienchristen,* von *deren spezifischem und* in jeder Hinsicht *notwendigem Anteil an der Sendung der Kirche* sie schon ... gesprochen hat“. Zit. nach LTK, Das Zweite Vatikanische Konzil II (1967), 603. (Hvhbg. vom Verf.)

IV. Recht und Staat

DER RECHTS- UND STAATSPHILOSOPHISCHE GEHALT DER LEHRE PIUS' XII.

Von Herbert Schambeck

Den Anspruch der Sittenordnung an Recht und Staat aus der Sicht des Katholizismus seiner Zeit geltend zu machen, war das Anliegen Pius' XII. in dem rechts- und staatsphilosophischen Gehalt seiner Lehre[1]. Er betonte, die katholische Kirche sei sich dessen bewußt, „daß ihr göttlicher Gründer ihr den religiösen Bereich anvertraut und ihr die religiöse und sittliche Führung der Menschen in vollem Umfang — unabhängig von der staatlichen Gewalt — übertragen hat. Seit dieser Zeit gibt es eine Geschichte der Beziehungen zwischen Kirche und Staat"[2]. Pius XII. hat immer konkrete Anlässe genützt, um zu Fragen des individuellen und sozialen Lebens Stellung zu nehmen. Die Lehräußerungen Pius' XII. sind gleich einem Großteil der päpstlichen Lehre überhaupt vor allem auf das konkrete Ereignis, das er ansprechen will, zu verstehen und daher auch mittels der *historischen Methode* zu erklären. Es gibt dabei ebenso eine beachtenswerte Breite der behandelnden Themen[3] wie der Arten der Dokumente. In Ansprachen, Apostolischen Briefen, Apostolischen Ermahnungen, Briefen, Botschaften, Breven, Bullen, Apostolischen Konstitutionen, Enzykliken, in Motuproprien, Predigten, Radio- und Fernsehansprachen äußerte sich Pius XII.; bisweilen ließ er seine Meinung auch durch seine Substituten, nämlich Monsignore Giovanni B. Montini, dem heutigen Papst Paul VI., und später durch Monsignore Angelo dell'Acqua mitteilen[4].

---

[1] Dazu beachte die Sammlung Aufbau und Entfaltung des gesellschaftlichen Lebens, Soziale Summe Pius XII., hrsg. von *Arthur-Fridolin Utz* und *Joseph-Fulko Groner,* 3 Bde., 2. Aufl., Freiburg Schweiz 1954 und 1961.

[2] Pius XII., Das geschichtliche Selbstverständnis der Kirche, Ansprache an die Teilnehmer des 10. Internationalen Historikerkongresses am 7. September 1955; *Utz / Groner,* a. a. O., Nr. 5903.

[3] Siehe *Utz / Groner,* a. a. O., S. 2194 ff. und S. 3912 ff.

[4] Über den Rang der päpstlichen Enunziationen im Lehrgebäude der Kirche siehe *Fidelis M. Gallati O. P.,* Wenn die Päpste sprechen, Wien 1960 und *Herbert Schambeck,* Der rechtsphilosophische und staatsrechtliche Gehalt

Beachtet man die Sachregister in dem dankenswerten Sammelwerk von Utz-Groner, so sieht man sehr deutlich, daß Pius XII. die Weite der Sozialordnung in ihren rechtlichen, staatlichen, kulturellen, sozialen und wirtschaftlichen Belangen wahrgenommen hat und deren Probleme in der jeweiligen Tiefe ihrer Sachanliegen, konfrontiert mit ihrer sittlichen Relevanz, auszuloten suchte. Jeder seiner Lehräußerungen muß daher auch ein entsprechendes Detailstudium von nicht geringem Ausmaß vorangegangen sein. Diese Feststellung gilt für alle sozialrelevanten Lehräußerungen Pius' XII. im allgemeinen, auf dem Gebiet des Rechtes und Staates im besonderen.

Bei Pius XII. steht in all seinen Lehräußerungen immer die pastorale Aufgabe seiner *Seelsorge im Vordergrund*, ohne sich dabei in eine bestimmte augenblickliche Kulturstufe und deren Politik einbinden zu lassen; darum bemüht er sich auch in seinen rechts- und staatsrelevanten Lehräußerungen, Feststellungen zu treffen, die über den einzelnen Anlaßfall hinaus von grundsätzlichem Wert sind. „Uns ist es wichtig, daß die Kirche sich bewußt ist, daß sie ihre Mission und ihre Aufgabe für alle Zukunft und für alle Menschen übertragen erhielt, und daß sie infolgedessen an keine bestimmte Kultur gebunden ist."[5] Auf Grund des Wahrheitsanspruches des katholischen Glaubens sind auch die Lehräußerungen Pius' XII. nicht auf Aktualitäts-, sondern auf Dauereffekt abgestellt; dabei geht es ihm nicht um die Lösung von Sozial- und Rechtsproblemen als wissenschaftlichen Selbstzweck, sondern stets um die Darstellung ihrer sittlichen Bedeutung. Gustav Gundlach S. J., der langjährige enge Mitarbeiter Pius' XII., bemerkte schon: „Wenn der Papst als Lehrer auftritt, dann beabsichtigt er keineswegs, uns irgendwie nur Anweisungen zu geben, wie wir uns seelsorglich zu verhalten haben. Er will eine Lehre über das geben, was sittlich erlaubt oder nicht erlaubt ist."[6] Pius XII. sah dies auch als einen Beitrag der Kirche zu der Schaffung der sozialen Ordnung an, denn die Kirche hat immer betont, „daß es zum Aufbau einer haltbaren sozialen Ordnung neben der Reform der Zustände auch der Gesinnungspflege bedarf: der Ausrichtung der Gewissen an einem unbedingt gültigen Ordnungsbild und der

der päpstlichen Lehräußerungen, in: Im Dienste des Rechts in Kirche und Staat, Festschrift zum 70. Geburtstag von Franz Arnold, Wien 1963, S. 59 ff.

[5] *Utz / Groner*, a. a. O., S. 5909.

[6] *Gustav Gundlach S. J.*, Die Ordnung der menschlichen Gesellschaft, 1. Bd., Köln 1964, S. 642.

Pius XII. empfängt den Bundespräsidenten der Bundesrepublik Deutschland, Dr. Theodor Heuß, und Bundesaußenminister Dr. Heinrich von Brentano mit ihrer Begleitung.

sittlichen Kräfte, um immer dem Gewissen entsprechend zu handeln"[7]; dabei erklärte Pius XII. auch realistisch, daß die Kirche die soziale Frage lösen könnte, „hat sie nie vermeint. Sie darf aber erhobenen Hauptes hinweisen auf die Werte, die sie zu deren Lösung bereitgestellt hat und bereithält. Ein solcher Wert ist ihre Soziallehre, bis zum letzten orientiert am Naturrecht und am Gesetz Christi"[8].

I. Die Rechtsbegründung

Pius XII. war bemüht, seiner Gesellschaftslehre eine klare Rechtsbegründung aus seiner Sicht zu geben, und ohne sich in einzelne erkenntnistheoretische Überlegungen einzulassen, sieht er diese in doppelter Weise gegeben: im *Naturrecht und* in der *Offenbarung:* „Denn die Grundsätze des Naturrechts und die Offenbarungswahrheiten haben, wie zwei keineswegs entgegengesetzte, sondern gleichgerichtete Wasserläufe, beide ihre gemeinsame Quelle in Gott."[9] Dabei ist es bemerkenswert, daß Pius XII. Naturrecht und Naturgesetz geradezu synonym verwendet. Das Naturgesetz ist für ihn „die feste, gemeinsame Grundlage jeden Rechts und jeder Pflicht, die allgemeine, für jegliche Verständigung notwendige Sprache; es ist jenes oberstes Berufungsgericht, das die Menschheit immer ersehnt hat, um den vorkommenden Zwisten ein Ende zu setzen"[10]. Als Voraussetzung für die richtige Anwendung der allgemeinen Naturrechtsbedingungen bzw. des Naturgesetzes gibt Pius XII. die Vernunft an und fügt die Warnung hinzu: „Man muß sich bei dieser Aufgabe vor bloßen Annahmen und Vermutungen hüten. Die großen Richtlinien sind durch die klare Kenntnis und die Betrachtung der Natur des Menschen, der Natur der Dinge sowie der sich daraus ergebenden Beziehungen und Erfordernisse gegeben."[11] Er bezeichnet auch das Naturgesetz „als das Fundament, auf dem die Soziallehre der Kirche ruht"[12], und Gott wieder als das Fundament, auf dem dieses natürliche Gesetz beruht[13].

---

[7] Pius XII., Die Erneuerung der Welt durch die Kirche, Radiobotschaft an den 77. Deutschen Katholikentag in Köln am 2. September 1956; *Utz / Groner,* a. a. O., Nr. 4370.

[8] *Utz / Groner,* a. a. O., Nr. 4369.

[9] Pius XII., Die soziale Frage heute, Radiobotschaft an Pfingsten 1. Juni 1941; *Utz / Groner,* a. a. O., Nr. 498.

[10] Pius XII., Koexistenz und Zusammenleben der Völker in der Wahrheit und in der Liebe, Ansprache an das „Centro Italiano di studi per la Riconciliazione Internazionale", 13. Oktober 1955; *Utz / Groner,* a. a. O., Nr. 6284.

[11] *Utz / Groner,* a. a. O., Nr. 6285.

Konkreter im Ansatz wird Pius XII., wenn er im Zusammenhang mit Betrachtungen über gewisse Grundlagen des Strafrechtes als ersten Punkt der Grundsätze der Rechtsprechung feststellt, daß das positive Recht notwendigerweise im letzten Grunde auf der ontologischen Ordnung, in ihrer Festigkeit und ihrer Unwandelbarkeit gegründet ist. „Sind die Menschen und Völker nicht überall, wo sie in Rechtsgemeinschaften leben, eben Menschen mit einer wesentlich gleichen menschlichen Natur? Diese Forderungen, die sich aus der Natur ableiten, sind die letzten Normen des Rechts. So verschieden auch die Formulierung dieser Forderungen im positiven Recht je nach Zeit und Ort, nach dem Entwicklungs- und Kulturstand sein mag, ihr innerster Kern ist doch, weil er die ‚Natur' ausdrückt, überall derselbe."[14] Pius XII.[15] verweist auf den Ausspruch Ciceros, daß die Natur des Rechts von der Natur des Menschen abzuleiten ist[16], und warnt daher auch vor der folgenschweren Entwicklung des Rechtspositivismus: Man muß „wohl weit in der Geschichte zurückgehen, um ein sogenanntes gesetzliches Recht zu finden, das dem Menschen jede persönliche Würde nimmt, das ihm jedes Grundrecht auf Leben mit Unantastbarkeit seiner Glieder entzieht und das eine wie das andere der Willkür der Partei und des Staates ausliefert"[17]. Für Pius XII. genügt die bloße Tatsache, „daß etwas von der gesetzgebenden Macht zur verpflichtenden Norm des Staates erklärt worden ist, ... allein und an sich noch nicht, um wahres Recht zu schaffen"[18], die rechtliche Ordnung muß sich vielmehr wieder „an die sittliche Ordnung gebunden fühlen und darf sich nicht erlauben, deren Grenzen zu überschreiten"[19].

---

[12] Pius XII., Das Grundgesetz als Grundnorm, Ansprache an die Teilnehmer des Internationalen Kongresses für humanistische Studien, 25. September 1949; *Utz / Groner*, a. a. O., Nr. 359.

[13] Pius XII., Rundschreiben Summi Pontificatus vom 20. Oktober 1939, *Utz / Groner*, a. a. O., Nr. 19.

[14] Pius XII., Vereinheitlichung des Strafrechts, Ansprache an die Teilnehmer des sechsten Internationalen Kongresses für Strafrecht, 3. Oktober 1953; *Utz / Groner*, a. a. O., Nr. 462.

[15] Pius XII., Richter und Recht, Ansprache an katholische Juristen, 4. November 1949; *Utz / Groner*, a. a. O., Nr. 398.

[16] *Cicero*, De legibus, L. I cap. 5 § 17: „Natura iuris ab homine repetenda est natura."

[17] *Pius XII.*, Der Rechtspositivismus und das richtige Recht, Ansprache an die S. Romana Rota anläßlich der Eröffnung des neuen Gerichtsjahres, 13. November 1949; *Utz / Groner*, a. a. O., Nr. 384.

[18] *Utz / Groner*, a. a. O., Nr. 382.

[19] *Utz / Groner*, a. a. O., Nr. 388.

In seiner Begründung des Rechts erweist sich Pius XII. klar und deutlich als Thomist. Er erklärte auch selbst: „Die Wissenschaft vom Recht und Unrecht setzt daher eine Weisheit voraus, die in der Erkenntnis der geschaffenen Ordnung und folglich ihres Ordners besteht. Das Recht, so lehrt der Aquinate, — ‚est objectum iustitiae' — ‚ist das Objekt der Gerechtigkeit'[20] — ist die Norm, in der sich die große und fruchtbare Idee der Gerechtigkeit zu greifbarer Wirklichkeit verdichtet."[21]

Pius XII. sieht die Kirche zwar nicht zur Setzung des positiven Rechtes des Staates berechtigt, wohl aber zur Erkenntnis des Naturrechtes, an dem das positive Recht zu messen ist. Zur Begründung dieser Autorität der Kirche in naturrechtlichen Fragen bemerkte Pius XII.: „Die Gewalt der Kirche ist keineswegs an die Grenzen der, wie sie es nennen, rein religiösen Angelegenheiten gebunden; vielmehr unterliegt ihrer Zuständigkeit auch der ganze Bereich des Naturgesetzes, dessen Verkündigung, Deutung und Anwendung, soweit deren sittlicher Charakter in Betracht kommt"[22]; für ihn gibt es daher im letzten ohne Religion auch keine Sicherheit in der Gesellschaft: „Wenn wir nun aufmerksamen Geistes untersuchen, was die Ursachen so vieler gegenwärtiger und künftiger Gefahren sind, so erkennen wir leicht, daß menschliche Entscheidungen, menschliche Kraft und menschliche Institutionen notwendigerweise in dem Maße fragwürdiger und schwankender werden, wie die Autorität Gottes, die erleuchtet, befiehlt und verbietet, die Ursprung und Garant der Gerechtigkeit, Quelle der Wahrheit und Fundament des Gesetzes ist, zurückgesetzt, nicht an den ihr zukommenden Platz eingeordnet oder völlig übergangen wird."[23]

Pius XII. sieht aber das Naturrecht nicht bloß negativ begrenzend, sondern auch positiv wegweisend: „Das letzte Wort steht denen zu, für die das Naturrecht etwas anderes ist, als eine rein negative Regel, als eine dem Zugriff der positiven Gesetzgebung gezogene Grenze, als eine einfache technische Anpassung an die zufälligen Umstände, sondern die in ihm die Seele der positiven Gesetzgebung vernehmen."[24]

---

[20] *Thomas von Aquin*, Summa Theologica, II - II, qu. 57 a. 1.

[21] *Utz / Groner*, a. a. O., Nr. 400.

[22] *Pius XII.*, Die Autorität der Bischöfe in öffentlichen und kirchlichen Fragen, Ansprache an das Kardinalskollegium und den Episkopat, 2. November 1954; *Utz / Groner*, a. a. O., Nr. 4315.

[23] *Pius XII.*, Rundschreiben Meminisse iuvat vom 14. Juli 1958; *Utz / Groner*, a. a. O., Nr. 4327.

[24] *Pius XII.*, Sinn und Grenzen der staatlichen Eingriffe, Ansprache an Verwaltungswissenschaftler, 5. August 1950; *Utz / Groner*, a. a. O., Nr. 3456.

Wenngleich es nun die seelsorgliche Aufgabe Pius' XII. nicht zuließ, daß er sich konkret mit erkenntnistheoretischen Positionen der Naturrechtslehre beschäftigte, wußte er, wie der Vielzahl der von ihm gegebenen Sozialgestaltungsempfehlungen entnommen werden kann, doch deren sittliches Postulat auf eine Reihe von Ordnungsfragen des Einzelmenschen, seiner Gesellschaft und seines Staates zur Anwendung zu bringen. Dabei war sich Pius XII. trotz seiner ständigen Hinweise auf die Existenz des Naturrechts beziehungsweise des Naturgesetzes klar auch deren *Grenzen und Möglichkeiten* bewußt gewesen. So ist es bemerkenswert, daß sich die das Naturrechtsdenken begrenzenden Feststellungen in Äußerungen zu einem Zeitpunkt finden, der, nämlich im Jahre 1955 gelegen, nach Beendigung des 2. Weltkrieges zu einer Epoche des Beurteilens des Erfolges der Bemühungen um eine neue Form der Menschlichkeit überleitet. Damals bemerkte Pius XII. am 13. Oktober 1955 in einer Ansprache über „Koexistenz und Zusammenleben der Völker in der Wahrheit und in der Liebe", daß es nicht weniger lehrreich sei, zu sehen, „wie man immer das Bedürfnis erkannt hat, durch internationale Verträge und Vereinbarungen das festzulegen, was nach den Grundsätzen der Natur nicht mit Sicherheit feststand, und das zu ergänzen, worüber die Natur schwieg"[25]. Damit hat Pius XII. mit einmaliger, oft viel zuwenig beachteter Deutlichkeit festgestellt, daß es für das positive Recht einen Bereich gibt, der nicht durch ein naturrechtlich begründetes präpositives Recht bedingt ist; hier ist auch nach Pius XII. ein Bereich der politischen Entscheidung eröffnet.

Pius XII. fügte seinem Hinweis auf die Grenzen des naturrechtlich Erkennbaren auch unmittelbar den Hinweis auf die Möglichkeit des naturrechtlich Wandelbaren hinzu: „Das Studium der Geschichte und Rechtsentwicklung seit ferner Zeit lehrt, daß eine Umwandlung der wirtschaftlichen und sozialen (manchmal auch der politischen) Verhältnisse neue Formen jener naturrechtlichen Postulate verlangt, denen die bis dahin herrschenden Systeme nicht mehr gerecht werden."[26]

Zwei Monate später, nämlich in seiner Weihnachtsbotschaft am 24. Dezember 1955, kam Pius XII. nochmals auf die Möglichkeit des wandelbaren Naturrechts zu sprechen, als er feststellte: „Es gibt eine Naturordnung, wenn ihre Formen sich auch mit den geschichtlichen und sozialen Entwicklungen wandeln."[27] Hier kommt es darauf an, mit dem

---

[25] *Utz / Groner*, a. a. O., Nr. 6286.

[26] *Utz / Groner*, a. a. O., Nr. 6286.

[27] *Pius XII.*, Der Weg zur Sicherheit und Frieden, Weihnachtsbotschaft 24. Dezember 1955; *Utz / Groner*, a. a. O., Nr. 6349.

Wandel derartiger geschichtlicher und sozialer Entwicklung auch die Naturrechtslehre selbst in ihrer Sinngebung und ihrer Anwendung zeit- und ortsorientiert weiterzuentwickeln. Pius XII. scheint mit dieser Unterscheidung in *unveränderliches und wandelbares Naturrecht*[28] der scholastischen Naturrechtslehre des Thomas von Aquin mit seiner Unterscheidung in primäres und sekundäres Naturrecht gefolgt zu sein, das zu seiner Ausführung des positiven Rechtes und damit auch des Staates bedarf[29].

II. Die Staatsordnung

Gleich dem Recht erklärt Pius XII. auch den Staat in der ihm eigenen scholastischen Sicht. Für ihn ist „außer der Familie keine andere soziale Einrichtung so naturnotwendig und so wesentlich wie der Staat. Er hat seine Wurzeln in der Schöpfungsordnung und er stellt selbst eines der konstitutiven Elemente des Naturrechts dar"[30]; geradezu aristotelisch sieht Pius XII. den *Staat in der Sozialnatur des Menschen begründet,* ist doch der „Staat ein lebendiges Gebilde, eine normale Ausstrahlung der menschlichen Natur"[31].

Auch die Elemente des Staates versteht Pius XII. aus seinem Naturrechtsdenken; was er für den Staat bemerkt, der für ihn nicht weniger natürlichen Ursprungs als die Familie ist, das heißt „im Kern eine vom Schöpfer gewollte und gegebene Einrichtung. Dasselbe gilt von seinen wesentlichen Bestandteilen, wie der Staatsgewalt und der Autorität, die aus der Natur und aus Gott hervorgehen. Denn von Natur und somit von ihrem Schöpfer wird der Mensch dazu gedrängt, sich gesellschaftlich zusammenzuschließen, durch den Austausch von Dienstleistungen und Gütern auf gegenseitige Integration hinzuwirken, sich gemäß den verschiedenen Veranlagungen und Fähigkeiten der Einzelnen organisch zu einem Körper zusammenzufügen und auf das gemeinsame Ziel hinzuarbeiten, das in der Schaffung und Erhaltung des wah-

---

[28] Dazu beachte auch *Eberhard Welty,* Veränderliches Naturrecht? Österreichische Zeitschrift für Öffentliches Recht 1964, Bd. XIII, S. 132 ff.

[29] Siehe *Alfred Verdross,* Primäres Naturrecht, sekundäres Naturrecht und positives Recht in der christlichen Rechtsphilosophie, in: Ius et lex, Festgabe für Max Gutzwiller, Basel 1959, S. 447 ff.

[30] *Pius XII.,* Sinn und Grenzen der staatlichen Eingriffe, Ansprache an Verwaltungswissenschaftler, 5. August 1950; *Utz / Groner,* a. a. O., Nr. 3450.

[31] *Utz / Groner,* a. a. O., Nr. 3456.

ren Allgemeinwohls durch das Zusammenwirken der einzelnen Tätigkeiten besteht"[32].

Trotz seiner Anerkennung der Notwendigkeit des Staates weiß ihn Pius XII. klar und deutlich gegenüber der Kirche abzugrenzen. Anerkennend weist er auf Leo XIII. und sein Rundschreiben Immortale Dei vom 1. November 1885 hin, das „die Grenzen der beiden Gesellschaften auf Grund ihres verschiedenen Zieles klar unterschied und feststellte, daß dem Staat zunächst und in erster Linie die Sorge für die irdischen Interessen, der Kirche die Bemühung um die himmlischen und ewigen Güter der Menschen zustehe, soweit nämlich die Menschen der Sicherung und Unterstützung bedürfen, und zwar von seiten des Staates für die irdischen Belange und seitens der Kirche für die ewigen"[33].

Auf Grund seiner langjährigen erfolgreichen Erfahrung als Diplomat weiß Pius XII. aber auch um das Erfordernis und die Möglichkeiten der rechtlichen *Abgrenzung der Aufgaben von Staat und Kirche,* nämlich in *Konkordaten.* In seiner am 27. November 1957 an den Präsidenten der Bundesrepublik Deutschland, Prof. Dr. Theodor Heuß, gehaltenen Rede anläßlich dessen Staatsbesuchs hat Pius XII. klar zum Sinn des Konkordates zwischen Kirche und Staat festgestellt: „Konkordate sind Rechtsinstrumente. Allein, unter der Rücksicht des wahren Besten von Volk und Staat gesehen, wollen sie den Raum bereit stellen, in dem die katholische Kirche oder die Katholiken des betreffenden Landes ihre Weltanschauung frei und ruhig zur Entfaltung und Wirkung bringen können."[34]

Pius XII. hat die Möglichkeit eines Konkordates nicht als Gelegenheit zu einer einseitigen Herrschaftsausübung der Kirche, sondern zu einer koordinierten Zusammenarbeit gesehen. Die Konkordate sind für ihn „ein Ausdruck der Zusammenarbeit zwischen Kirche und Staat. Sie kann prinzipiell, d. h. gemäß der Thesis, die völlige Trennung der beiden Mächte nicht gutheißen. Die Konkordate müssen der Kirche also sichere rechtliche und tatsächliche Lebensbedingungen in dem Staat, mit dem sie abgeschlossen sind, sichern und ihr die völlige Unabhängigkeit in der Erfüllung ihrer göttlichen Aufgaben garantieren. Es ist möglich, daß Kirche und Staat im Konkordat ihre gemeinsame

---

[32] *Utz / Groner,* a. a. O., Nr. 5270.

[33] *Utz / Groner,* a. a. O., Nr. 2747.

[34] *Pius XII.,* Der Sinn des Konkordates zwischen Kirche und Staat, Zweiter Teil aus der Rede an den Präsidenten der Bundesrepublik Deutschland, Prof. Dr. Theodor Heuss, 27. November 1957; *Utz / Groner,* a. a. O., Nr. 6274.

religiöse Überzeugung zum Ausdruck bringen; aber es kann auch der Fall sein, daß das Konkordat unter anderem den Zweck hat, Streitigkeiten über prinzipielle Fragen zuvorzukommen und vom Anfang an den Konfliktstoff aus dem Weg zu räumen. Wenn die Kirche ihre Unterschrift unter ein Konkordat gesetzt hat, gilt dieses für seinen ganzen Inhalt. Aber sein innerer Sinn kann unter gegenseitiger Kenntnis der beiden hohen vertragschließenden Parteien abgestuft sein; er kann eine ausdrückliche Bewilligung bedeuten, aber er kann auch eine einfache Toleranz besagen, gemäß jenen beiden Prinzipien, welche die Norm für das Zusammenleben der Kirche und ihrer Gläubigen mit den Mächten und Menschen anderer Überzeugung bilden"[35].

Den Staat behandelt Pius XII. zwar nicht aus der Sicht einer umfassenden Staatslehre, geht aber seinen rechtlichen Möglichkeiten und deren Problematik nicht aus dem Weg; so, wenn er sich mit den *Aufgaben von Gesetz und Verfassung* auseinandersetzt. Was nützen nämlich „die besten Gesetze, wenn sie tote Buchstaben bleiben würden. Ihre Wirksamkeit hängt zum großen Teil von denen ab, die sie anwenden müssen. In den Händen von Menschen, die nicht von ihrem Geist beseelt sind, die innerlich vielleicht ganz anders denken, als sie verfügt, oder nicht geistig und sittlich fähig sind, sie in die Tat umzusetzen, verliert auch die vollkommenste gesetzgeberische Arbeit viel von ihrem Wert. Eine gute Verfassung ist zweifellos von sehr hoher Bedeutung. Was aber der Staat unbedingt braucht, sind zuständige und erfahrene Männer in Politik und Verwaltung, die sich, geführt von klaren und gesunden Grundsätzen, mit allen Kräften für das größere Wohl der Nation einsetzen"[36].

In seiner Befassung mit den Aufgaben der im Staat tätigen Persönlichkeiten hat Pius XII. seine *Gedanken zur Staatsethik* entwickelt. Er betonte, „daß die menschliche Freiheit ihre Grenzen hat im göttlichen Gesetz und in den vielfachen Pflichten, die das Leben bringt ... Die Kirche verspricht nicht jene absolute Gleichheit, die andere verkünden, weil sie weiß, daß das menschliche Gemeinschaftsleben immer und notwendig Abstufungen und Unterschiede der körperlichen und geistigen Fähigkeiten, der inneren Veranlagungen und Neigungen, der Beschäftigungsarten und des Verantwortungsgrades mit sich bringt. Aber

[35] *Pius XII.*, Die religiöse Toleranz in einer Staatengemeinschaft, Ansprache an den Verband der katholischen Juristen Italiens, 6. Dezember 1953; *Utz / Groner*, a. a. O., Nr. 3985.

[36] *Utz / Groner*, a. a. O., Nr. 3218.

sie lehrt gleichzeitig, daß alle Menschen ganz gleich sind in ihrer Würde und ganz gleich auch im Herzen dessen, der sie alle zu sich ruft ..."[37]. Pius XII. hat sich damit *für* eine *austeilende Gerechtigkeit, nicht aber für* eine *nivellierende Gleichmacherei* ausgesprochen; sein Ziel ist daher auch die Wahrung der Freiheit und Würde des Menschen, deshalb „lehnt die Kirche jeden Staatstotalitarismus ab"[38]. Er vertritt vielmehr eine christliche Staatsauffassung und Staatswirklichkeit, „die aufgebaut wird auf zuchtvoller Vernunft, edler Menschlichkeit und verantwortungsbewußtem christlichem Geiste"[39], denn „keine Politik, weder Innen- noch Außenpolitik, kann Menschenrechte schützen und Menschenfrieden mit wahrer Freiheit verbürgen, wenn sie ihre Eingebungen nicht aus der [ewigen] Wahrheit schöpft und sich leiten läßt vom Geist ihrer allumfassenden Liebe"[40].

Als *Ursachen der Krise des Rechtslebens* sieht Pius XII. den Rechtspositivismus und den Absolutismus des Staates mit seinem Streben, „alle Dinge seiner Willkür zu unterwerfen und das Recht seinen eigenen Zwecken dienstbar zu machen"[41]. Diesen Entwicklungstendenzen stellt er die sozialrechtliche Forderung des Gemeinwohls[42] entgegen. Noch 1954 betonte Pius XII. in einem Brief: „Die Aufgabe des Staates — so brachten Wir zu Beginn Unseres Pontifikates in Erinnerung — besteht darin, ‚die privaten und individuellen Tätigkeiten des Lebens zu kontrollieren, zu unterstützen und zu regeln, um sie in harmonischer Weise auf das Gemeinwohl auszurichten'[43]."[44]

Diese *Forderung des Gemeinwohls* stellt er umfassend für die Gemeinschaft: „Zu diesen Gemeinschaften gehören an erster Stelle die

---

[37] *Pius XII.*, Die Kirche als Wegweiser zur naturgerechten Gesellschaftslehre, Ansprache an Arbeiter der FIAT-Werke von Turin, 31. Oktober 1948; *Utz / Groner*, a. a. O., Nr. 136.

[38] *Utz / Groner*, a. a. O., Nr. 137.

[39] *Pius XII.*, Die Grundelemente des Gemeinschaftslebens, Rundfunkbotschaft, 24. Dezember 1942; *Utz / Groner*, a. a. O., Nr. 263.

[40] *Pius XII.*, Christentum und Menschenrechte, Ansprache an Mitglieder des Kongresses der USA, 4. Dezember 1949; *Utz / Groner*, a. a. O., Nr. 363.

[41] *Pius XII.*, Der Rechtspositivismus und das richtige Gesetz, Ansprache an die S. Romana Rota anläßlich der Eröffnung des neuen Gerichtsjahres, 13. November 1949; *Utz / Groner*, a. a. O., Nr. 376.

[42] Siehe dazu *Johannes Messner*, Das Gemeinwohl, 2. Aufl., Osnabrück 1968.

[43] *Pius XII.*, Enzyklika Summi Pontificatus. AAS XXXI (1939), 433.

[44] *Pius XII.*, Die Krise der Staatsgewalt, eine Krise der staatsbürgerlichen Gesinnung, Brief an Charles Flory, den Vorsitzenden der 41. Sozialen Woche Frankreichs (Rennes), 14. Juli 1954; *Utz / Groner*, a. a. O., Nr. 4302.

Familie, der Staat und auch die Gemeinschaft der Staaten; denn das Gemeinwohl, der Wesenszweck eines jeden von ihnen, kann weder bestehen noch gedacht werden ohne deren innere Beziehung zur Einheit des Menschengeschlechts."[45] Pius XII. hat damit die innen- und zwischenstaatlichen, also auch die internationalen Beziehungen des Gemeinwohlprinzips angesprochen, wie er sie besonders innerstaatlich im Hinblick auf die Probleme der Kultur-, Sozial- und Wirtschaftspolitik dargelegt und in seinen Ausführungen über die Berufsstände und deren Wirkbereich näher ausgeführt hat[46]. In einer Vielzahl von Stellungnahmen hat Pius XII. dementsprechend auch Beiträge zur Kultur-, Sozial- und Wirtschaftsethik[47] und damit letztlich auch zur *Entwicklung des sozialen Rechtsstaates* geleistet, wobei ihn stets das Bemühen um eine Vereinbarkeit von Freiheit und Sicherheit geleitet hat, die der Würde des Menschen gerecht wird.

Wenngleich Pius XII. die verschiedenen genannten Begriffe der Staatlichkeit unter eigenschaftswörtlicher Voranstellung ihrer sachethischen Bezüge nicht verwendet hat, wußte er doch deren Sinngehalt aufzudecken; für Pius XII. waren dies durch die Herrschaft von autoritären Regimen und den 2. Weltkrieg aktuell gewordene Notwendigkeiten. Darum betont er: „Vom Gemeinschaftsleben und seinen gottgewollten Zielen untrennbar ist eine Rechtsordnung, die ihm als äußerer Halt, als Schirm und Schutz dient. Solche Rechtsordnung ist nicht um des Herrschens, sondern um des Dienens Willen da."[48] Daß der Staat die Gewalt braucht, um seinen Zweck erreichen zu können, war Pius XII. ebenfalls geläufig: „Dieser Rechtsordnung ist zur Sicherung des Bestandes, des Gleichgewichts und der inneren Einheit der Gemeinschaft auch die Gewalt in die Hand gegeben gegen solche, die nur auf diesem Wege in der hehren Zucht des Gemeinschaftslebens gehalten werden können"[49]; zur Wiederherstellung einer gemeinwohlgerechten Rechtsordnung bedarf es aber auch einer Beschränkung und Qualität dieser Gewalt, nämlich einer Rechtsordnung, „die ihre schützende und rächende Hand auch über die unverlierbaren Menschenrechte breitet

[45] *Pius XII.*, Der Beitrag der Kirche zur Sache des Friedens, Weihnachtsbotschaft, 24. Dezember 1951; *Utz / Groner*, a. a. O., Nr. 4198.

[46] Siehe dazu *Utz / Groner*, III. Bd., S. 2875 ff.

[47] Vgl. die Beiträge von Johannes Messner, Anton Rauscher u. Wilhelm Weber in diesem Band.

[48] *Pius XII.*, Die Grundelemente des Gemeinschaftslebens, Rundfunkbotschaft, 24. Dezember 1942; *Utz / Groner*, a. a. O., Nr. 233.

[49] *Utz / Groner*, a. a. O., Nr. 233.

und sie dem Zugriff jeder menschlichen Macht entzieht"[50]; er betont auch „das unveräußerliche Recht des Menschen auf Rechtssicherheit und damit auf einen greifbaren Rechtsbereich, der gegen jeden Angriff der Willkür schützt"[51].

Diese Gewalt und Sicherheit des Rechtsstaates sieht Pius XII. aber nicht als Selbstzweck, sondern im Dienst des Gemeinwohls; deshalb soll der Staat, „dessen Pflicht die Förderung des Gemeinwohls ist, mit sozialen Einrichtungen, wie Versicherungen und sozialen Hilfswerken, helfend unterstützen und ergänzend"[52] tätig sein.

So sehr Pius XII. in verschiedenen Zusammenhängen und mit mannigfachen Ausdrücken die Wohlfahrtsfunktion des Rechtsstaates betonte, wußte er auch gleichzeitig um deren Grenzen und Gefahren Bescheid; so warnte er vor einem „Versorgungsstaat, der jedem seiner Bürger für alle Wechselfälle des Lebens Ansprüche auf letzten Endes unerfüllbare Leistungen gewähren soll"[53], diese Entwicklung würde ja schließlich die freie Entfaltung der Persönlichkeit des Einzelnen verkümmern, was auch eine Erziehungsfrage ist.

Es ist daher auch Aufgabe des Staates im Dienste seiner Gemeinwohlfunktion, die dem Einzelnen zu seiner Persönlichkeitsentfaltung erforderliche Bildung zu vermitteln. So erklärte Pius XII. auch, daß die Kirche grundsätzlich und praktisch „die Rechte des Staates auf die Schule, abgeleitet aus seiner gottgegebenen Aufgabe, für das Gemeinwohl zu sorgen", anerkennt. „Die Schule soll an Bildung und staatsbürgerlicher Erziehung leisten, was der Staat unter den jeweiligen Verhältnissen von seinen Angehörigen zu verlangen befugt ist."[54]

Pius XII. hat aber nicht allein aus katholischer Sicht Forderungen zur Verwirklichung des Gemeinwohlgrundsatzes für die verschiedenen Gebiete der Politik und damit auch für die jeweiligen Tätigkeitsbereiche erhoben, er hat gleichzeitig auch der Tatsache der Existenz der *Kirche in einer* aus mehrfachen Gründen *pluralistischen Gesellschaft*

[50] *Utz / Groner*, a. a. O., Nr. 260.

[51] *Utz / Groner*, a. a. O., Nr. 261.

[52] *Pius XII.*, Lösung der Arbeiterfrage in Eintracht und Ordnung, Ansprache an etwa 20 000 italienische Arbeiter, die dem Hl. Vater zum 25. Bischofsjubiläum gratulierten, 13. Juni 1943; *Utz / Groner*, a. a. O., Nr. 691.

[53] *Pius XII.*, Wirtschaftliche Neuordnung, Ansprache an die Teilnehmer des internationalen Kongresses für Sozialwissenschaft, 3. Juni 1950; *Utz / Groner*, a. a. O., Nr. 3270.

[54] *Pius XII.*, Unerschütterliches Festhalten der Kirche an der Katholischen Schule, Brief vom 15. April 1958; *Utz / Groner*, a. a. O., Nr. 4999.

Rechnung getragen und bemerkt: „Die immer häufigeren Begegnungen und die Vermischungen der verschiedenen Konfessionen in den Grenzen desselben Volkes haben die Staatsbehörden veranlaßt, den Grundsatz der Toleranz und der Gewissensfreiheit zu befolgen. Es gibt in der Tat eine politische, bürgerliche und gesellschaftliche Toleranz gegenüber von Anhängern anderer Bekenntnisse, die auch für die Katholiken in solchen Verhältnissen eine sittliche Pflicht ist."[55] Dieser Feststellung fügte Pius XII. — gleichsam die Geschichte zur Festigung seiner Glaubwürdigkeit heranziehend — den Hinweis hinzu: „Die Kirche selbst hat im Can. 1351 des Kirchlichen Gesetzbuches dem Grundsatz Gesetzeskraft verliehen: ‚Ad amplexandam fidem catholicam nemo invitus cogatur' — ‚Niemand darf gegen seinen Willen zur Annahme des katholischen Glaubens gezwungen werden'. Dieser Kanon, der die Worte Unseres großen Vorgängers Leos XIII. in der Enzyklika Immortale Dei vom 1. November 1885 wiedergibt, ist ein Widerhall der von der Kirche seit den ersten Jahrhunderten des Christentums vorgetragenen Lehre. Es genüge, das Zeugnis von Lactantius anzuführen, das ungefähr in den Jahren 305 bis 310 geschrieben wurde: ‚... Zwang und Überwältigung sind nicht notwendig, da die Religion nicht aufgezwungen werden kann. Die Willigkeit muß mehr mit Überredung als mit Züchtigung herbeigeführt werden ... So werde auch niemand von uns gegen seinen Willen zurückgehalten, denn wer der Frömmigkeit und des Glaubens entbehrt, ist für den Gottesdienst unnütz ... Nichts ist nämlich so freiwillig wie die Religion. Ist der Geist des Opfernden widerspenstig, dann ist sie bereits aufgehoben und nichtig ...'."[56, 57] Pius XII. hat dazu eine eigene religiös-sittliche Toleranzformel geprägt: „1. Was nicht der Wahrheit und dem Sittengesetz entspricht, hat objektiv kein Recht auf Dasein, Propaganda und Aktion. 2. Nicht durch staatliche Gesetze und Zwangsmaßnahmen einzugreifen, kann trotzdem im Interesse eines höheren und umfassenderen Gutes gerechtfertigt sein."[58]

Diesem *Prinzip der Toleranz* entspricht auch das der *Neutralität der Kirche gegenüber den Staatsformen,* das Pius XII. im Anschluß an seine

---

[55] *Pius XII.,* Der Unterschied zwischen weltlicher und kirchlicher Gerichtsbarkeit, aufgezeigt an deren je eigentümlichen Gegenstand, Ansprache an die Mitglieder der Sacra Romana Rota anläßlich der Eröffnung ihres Gerichtsjahres, 6. Oktober 1946; *Utz / Groner,* a. a. O., Nr. 2730.

[56] Divinae institutiones, v 19; Corpus Script. Eccles. Lat., XIX 463 - 465.

[57] *Utz / Groner,* a. a. O., Nr. 2731.

[58] *Pius XII.,* Die religiöse Toleranz in einer Staatengemeinschaft, Ansprache an den Verband der katholischen Juristen Italiens, 6. Dezember 1953; *Utz / Groner,* a. a. O., Nr. 3978.

Vorgänger vertreten hat. So hat schon Leo XIII. in der Enzyklika Diuturnum illud am 29. Jänner 1881 unter anderem erklärt: „Wenn die Gerechtigkeit gewahrt bleibt, ist es den Völkern freigestellt, sich jene Staatsform zu wählen, die ihrer Veranlagung oder den Einrichtungen oder Gebräuchen ihrer Vorfahren besser entspricht.“[59] In dem Rundschreiben Immortale Dei vom 1. November 1885 verkündigte er: „Das Befehlsrecht ist an und für sich mit keiner Staatsform notwendigerweise verbunden.“[60] In der Enzyklika Libertas praestantissimum vom 20. Juni 1888 setzte Leo XIII. fort: „Die Kirche verwirft keine jener verschiedenen Staatsformen, solange sie aus sich geeignet sind, das Gemeinwohl zu fördern.“[61]

Im Anschluß an Leo XIII. zitiert auch Pius XII., daß „die Kirche keine von den verschiedenen Regierungsformen ablehnt, vorausgesetzt, daß sie in sich geeignet sind, dem Wohl der Bürger zu dienen“[62]. Auch in der Frage der Anerkennung der Staatsform stehen nicht die Anliegen des Staatsrechts, sondern praktische Anliegen im Vordergrund. Dementsprechend meint auch Pius XII., „daß die Sorge und Bemühungen der Kirche nicht so sehr auf ihren Aufbau und ihre äußere Organisation gerichtet, — Dinge, die von den jedem Volk eigentümlichen Neigungen abhängen, — als vielmehr auf den Menschen als solchen, der, weit entfernt nur Gegenstand und gleichsam ein passives Element des sozialen Lebens zu sein, vielmehr dessen Träger, Grundlage und Ziel ist und sein muß“[63].

Zu diesem auch von ihm vertretenen traditionellen Standpunkt der Neutralität gegenüber den Staatsformen hat Pius XII. insoferne eine *Modifikation zur Demokratie* vorgenommen, als er in seiner Weihnachtsansprache vom 24. Dezember 1944 unter dem Eindruck der Wirren seiner Zeit erklärte: „Die Völker selbst — und das ist vielleicht der wichtigste Punkt — im grellen Schein des Krieges, der ihre Augen schmerzt, in der kochenden Glut des Feuerofens, in den sie eingeschlossen sind“, sind „wie von einer langen Betäubung erwacht. Sie haben gegenüber dem Staat, gegenüber den Staatsmännern eine neue fragende,

---

[59] *Emil Marmy,* Mensch und Gemeinschaft in christlicher Schau, hrsg. von Emil Marmy, Freiburg 1945, Nr. 808.

[60] *Marmy,* a. a. O., Nr. 840.

[61] *Marmy,* a. a. O., Nr. 137.

[62] *Leo XIII.,* Enzyklika Libertas praestantissimum, 20. Juni 1888, Schluß- *Utz / Groner,* a. a. O., Nr. 3471.

[63] *Pius XII.,* Grundlehren über die wahre Demokratie, Radiobotschaft an die Welt, 24. Dezember 1944; *Utz / Groner,* a. a. O., Nr. 3472.

kritische, mißtrauische Haltung angenommen. Durch bittere Erfahrung belehrt, widersetzen sie sich mit großem Nachdruck den ausschließlichen Befugnissen einer diktatorischen, unkontrollierbaren und unantastbaren Macht und fordern ein Regierungssystem, das mehr im Einklang steht mit der Würde und der Freiheit der Bürger ... Ist es bei einer solchen Verfassung der Gemüter vielleicht zu verwundern, wenn die Neigung zur Demokratie die Völker ergreift und weithin Unterstützung und Zustimmung derer findet, die wirksamer mitarbeiten möchten an den Geschicken der Einzelnen und der Gemeinschaft?"[64]

III. Das demokratische System

Die Tatsache der durch Pius XII. in der Weihnachtsansprache 1944 erfolgten *Hervorhebung* der Demokratie bei gleichzeitiger Unterscheidung der Staatsformen der Monarchie und Republik[65] läßt deutlich werden, daß er die *Demokratie* als politisches Ordnungssystem *von den Staatsformen unterscheiden* will. Er betont nur, daß bei den derzeitigen politischen Verhältnissen, wie Rechtspositivismus und Staatsabsolutismus[66], die Demokratie noch am besten der Freiheit und Würde des Menschen zu entsprechen vermag, da sie dem Einzelmenschen im Staat die Möglichkeit eröffnet, sein Schicksal wenigstens mitzubestimmen[67].

Da die katholische Kirche auch dem politischen Ordnungssystem lange eher reserviert gegenüberstand[68], kommt dieser Modifikation der klassischen Neutralität der katholischen Kirche gegenüber den Staatsformen eine besondere Bedeutung[69] zu; sie soll aber nicht übersehen lassen, daß sich die Demokratie als politisches Ordnungssystem sowohl in einer Staatsform der Monarchie als auch der Republik verwirk-

---

[64] *Utz / Groner,* a. a. O., Nr. 3469 f.

[65] Siehe *Utz / Groner,* a. a. O., Nr. 3473.

[66] *Utz / Groner,* a. a. O., Nr. 137 und 376.

[67] Siehe, warum Pius XII. über die Demokratie geschrieben hat, *Gundlach,* a. a. O., S. 597 ff.

[68] Beachte *Herbert Schambeck,* Die Demokratie in der Lehre der katholischen Kirche, in: Convivium utriusque iuris, Alexander Dordett zum 60. Geburtstag, Wien 1976, S. 27 ff.

[69] *Franz Klüber,* Katholische Gesellschaftslehre, 1. Bd., Osnabrück 1968, S. 348, ist sogar der Meinung: „Die Demokratie hat aber gegenüber den anderen Staatsformen einen grundsätzlichen Wertvorrang, weil sie von ihrer Struktur her der Selbstverantwortung und Initiative der Person die größeren Chancen der Selbstentfaltung und Bewährung einräumt. Vom Prinzip der Subsidiarität her spricht die praesumtio iuris immer für die Demokratie, die also bei der Wahl der Staatsform stets bevorzugt auf die Möglichkeit ihrer geschichtlichen Realisierung zu prüfen ist."

lichen läßt[70]. Pius XII. bemerkte auch in dem an die Weihnachtsansprache folgenden Jahr 1945: „Ohne Zweifel erfüllt eine wahre theoretische und praktische Demokratie jene Lebensnotwendigkeit einer jeden gesunden Gemeinschaft, von der wir gesprochen haben. Aber diese erfüllt sich, oder kann sich wenigstens unter gleichen Bedingungen auch in anderen Regierungsformen erfüllen."[71] Zu seiner Zeit erschien Pius XII. die moderne Demokratie als Gegenpol zum sogenannten „Totalitarismus und Autoritarismus"[72].

Bemerkenswert ist, daß Pius XII. in seinen die *Demokratie* bevorzugenden Äußerungen diese stets *in Beziehung zur Ordnung des Staates und nicht zu der der Gesellschaft* gedacht hat. Pius XII. verwendete daher nicht, wie es heute oft der Fall ist, unkritisch das Wort Demokratie oder Demokratisierung[73]. Demokratisierung des Staates[74], der Gesellschaft, der Schule, der Hochschule, des Betriebes oder aber auch der Kirche[75] verlangt jeweils die Beachtung anderer Sachzusammenhänge oder Sinnbeziehungen; Pius XII. hat das in seinen Lehräußerungen bedacht und hat so diesen heute häufig vorkommenden Fehler vermieden. Dabei waren Pius XII. diese *Möglichkeiten der Demokratisierung* geläufig, denn im Zusammenhang mit Betrachtungen über das Verhältnis zwischen Arbeitgeber und Arbeitnehmer kam er auf die „Nationalisierung oder Sozialisierung des Betriebes und Demokratisierung der Wirtschaft"[76] zu sprechen, wobei er auch in diesem Zusammenhang empfehlend auf den seinerzeit 1931 von Pius XII. in der Enzyklika „Quadragesimo anno" gemachten Vorschlag von der berufständischen Ordnung verwies[77].

---

[70] Vgl. *Utz / Groner,* a. a. O., Nr. 3473.

[71] *Pius XII.,* Der Unterschied zwischen der kirchlichen und der staatlichen Gerichtsbarkeit, aufgezeigt an deren je verschiedenen Ursprung und Wesen, Ansprache an die Sacra Romana Rota anläßlich der Eröffnung des neuen Gerichtsjahres, 2. Oktober 1945; *Utz / Groner,* a. a. O., Nr. 2713.

[72] *Utz / Groner,* a. a. O., Nr. 2706.

[73] Siehe diesbezüglich vor allem *Wilhelm Hennis,* Die mißverstandene Demokratie, Freiburg 1973.

[74] Dazu *Herbert Schambeck,* Der Staat und die Demokratie, in: Geschichte und Gesellschaft, Festschrift für Karl R. Stadler, Wien 1974, S. 419 ff.

[75] Beachte *Herbert Schambeck,* Kirche und Demokratie, in: Kirche und Staat, Fritz Eckert zum 65. Geburtstag, Berlin 1976, S. 103 ff.

[76] *Pius XII.,* Die Aufgaben der christlichen Arbeitervereine, Ansprache an die Delegierten der italienischen christlichen Arbeitervereine, 11. März 1945; *Utz / Groner,* a. a. O., Nr. 2918.

[77] *Utz / Groner,* a. a. O., Nr. 2921; vgl. auch weiters *Utz / Groner,* a. a. O., Nr. 3266 und 3346; dazu siehe *Karl Korinek,* Die Prinzipien des österreichi-

In der die Demokratie im Staat bevorzugenden Auffassung Pius' XII. verdeutlicht sich neuerdings der Vorrang seiner seelsorglichen Haltung[78]. In jeder Demokratie, gleichgültig in welcher Staatsform sie sich verwirklicht, geht es Pius XII. um die verantwortungsbewußte Gesinnung des Einzelnen im Staat und um die feste Begründung der Autorität der öffentlichen Gewalt.

Pius XII. unterscheidet zwischen *Volk und Masse*. „Das Volk lebt und bewegt sich durch Eigenleben, Masse ist in sich träge und kann nur von außen bewegt werden, ... die Masse — wie Wir sie soeben gekennzeichnet haben — ist der Hauptfeind der wahren Demokratie und ihres Ideals von Freiheit und Gleichheit."[79] Er warnte auch vor der Anwendung eines falschen Realismus in der heutigen demokratischen Struktur; nach ihm hängt „auch der Staat und seine Form von dem moralischen Charakter der Bürger ab, ganz besonders heute, wo der moderne Staat im hohen Gefühl der technischen und organisatorischen Möglichkeiten nur zu sehr geneigt ist, durch öffentliche Einrichtungen dem Einzelnen das Denken und die Verantwortung für sein Leben abzunehmen. Eine so beschaffene moderne Demokratie muß also fehlgehen, sobald sie sich nicht mehr an die sittliche Verantwortlichkeit der einzelnen Bürger wendet oder wenden kann"[80].

Eine sittliche Begründung bedarf aber nicht allein die Stellung der Einzelmenschen, sondern auch die Autorität im demokratischen Staat. „Der demokratische Staat, ob Monarchie oder Republik, muß wie jede andere Regierungsform mit wahrer und wirksamer Autorität ausgestattet sein"[81]; diese *Autorität* sieht Pius XII. in „ihrer Teilnahme an der Autorität Gottes"[82] begründet. Dabei erkennt Pius XII. in der Demokratie der modernen Massengesellschaft für die Autorität des Staates besonders auch die parlamentarische Verantwortung, von welcher er erklärte: „Wer in unseren Tagen dazu berufen ist, beim Werk der Gesetzgebung mitzuarbeiten, übernimmt damit zugleich eine Aufgabe, von der oft Leben oder Tod, Zufriedenheit oder Verbitterung, Fort-

---

schen Systems der Sozialpartnerschaft und ihre Fundierung in der Katholischen Soziallehre, in: Kirche und Staat, S. 369 ff.

[78] Siehe *Utz / Groner*, a. a. O., Nr. 3472.

[79] *Utz / Groner*, a. a. O., Nr. 3476 f.

[80] *Pius XII.*, Die sittlichen Forderungen an den Menschen in der Gesellschaft, Weihnachtsbotschaft, 23. Dezember 1956; *Utz / Groner*, a. a. O., Nr. 4393.

[81] *Utz / Groner*, a. a. O., Nr. 3480.

[82] *Utz / Groner*, a. a. O., Nr. 3481.

schritt oder Verfall von unzähligen Menschen abhängt. Vom Augenblick an, wo sie ihren Stimmzettel in die Urne werfen, legen Tausende von Wählern ihr Schicksal in Eure Hände. Für die Dauer der Legislaturperiode hängt ihr Glück oder Unglück, ihr wirtschaftliches, soziales, kulturelles, geistiges Wohl mehr oder weniger endgültig von Ja oder Nein Eurer Stimme ab, die ihr den Gesetzesvorschlägen gebt, welche den Gegenstand Eurer Erörterungen und Überlegungen bilden[83]." Man fordert daher „als Tugend der Harmonie und des Ausgleichs zwischen den Extremen des Totalitarismus und dem Wirrwarr der Anarchie — die beide in gleicher Weise den Menschen verachten und vernichten — ... die staatsbürgerliche Gesinnung ... Sie verlangt, daß unentwegt freier Umgang herrsche zwischen den Gliedern der Volksgemeinschaft und deren Führern. Den Regierenden trägt dieser Umgang den klaren und vertrauensvollen Ausdruck einer reifen und wohlunterrichteten öffentlichen Meinung ein; die Bürger hingegen gewinnen dadurch einen Einblick in den Aufbau einer als solche verstandenen und akzeptierten Ordnung zum Wohle aller"[84].

Mit diesen Äußerungen zeigte Pius XII., daß er die *Realfaktoren* der heutigen Politik *moderner Demokratien* kennt, daß er sich aber für eine im Dienst des Einzelmenschen sowie seiner Freiheit und Würde stehenden gemeinwohlgerechten Nutzung einsetzt; sie dürfen gleich dem Staat nicht Selbstzweck sein; in diesem Sinne betont er Grundsätze christlicher Politik und versucht, einen christlichen Begriff der Staatsmacht zu geben: „Der Staat ist kein Letztes, und es gibt keine Staatsallmacht, wohl aber eine Staatsmacht, und die ‚christliche Politik' hat einen starken Sinn für sie. Denn ohne Macht kann der Staat sein Ziel, durch eine von allen eingehaltene Rechts- und Sozialordnung das Gemeinwohl zu sichern und zu fördern, nicht erreichen."[85] Was für den Staat und die ihm eigene und für die Erfüllung seiner Aufgaben notwendige Staatsmacht im allgemeinen gilt, gilt auch für die christliche Pflichterfüllung im besonderen, es bedarf eines bestimmten technischen Könnens als

---

[83] *Pius XII.*, Parlamentarische Verantwortung, Ansprache an italienische Parlamentarier, 13. Dezember 1950; *Utz / Groner*, a. a. O., Nr. 3520.

[84] Die sittliche Pflicht zur Pflege staatsbürgerlicher Gesinnung, Päpstlicher Brief des Substituts des Staatssekretariats Seiner Heiligkeit, Angelo Dell'Acqua, an den Vorsitzenden der Sozialen Woche Kanadas 1955: 29. September 1955; *Utz / Groner*, a. a. O., Nr. 6247.

[85] *Pius XII.*, Grundsätze der christlichen Politik, Ansprache an eine Gruppe der „Jungen Union" der Christlichen-Demokratischen Union von West-Berlin, 28. März 1957; *Utz / Groner*, a. a. O., Nr. 6250.

Voraussetzung für die Erfüllung der Aufgaben des Einzelnen. „Ohne technische Fähigkeit würde kein noch so ehrlicher Wille genügen."[86]

Pius XII. hat seine *Worte zur sittlich gerechtfertigten Pflichterfüllung im heutigen Staat und seiner Demokratie* nicht bloß an die Politiker einerseits und die Bürger andererseits, sondern auch an einzelne Berufsstände gerichtet[87], wobei er auf die Berufsausübung der Beamten[88] und der Richter[89], wie auf Grundprobleme des Strafgesetzes[90] ebenso einging, wie er um eine naturrechtliche Begründung des Privatrechts[91] sowie um die internationale Vereinheitlichung des Privat-[92] und Strafrechts[93] bemüht war. Stets ist dabei Pius XII. um eine Rechtsgestaltung durch den Einfluß der menschlichen Persönlichkeit[94] bemüht, wobei er den Rechtspositivismus verwirft, „der dem Recht eine eigene autonome ‚Heiligkeit' zuspricht"[95].

Mit aller Deutlichkeit zeigt sich, daß es Pius XII. in Vertretung der thomistischen Rechts- und Staatslehre um die Veranschaulichung des Dienstes von Recht und Staat an der Sicherung der Freiheit und Würde des Menschen zu tun war; deshalb weist er in verschiedensten Zusammenhängen immer wieder auf die Bedeutung der Menschenrechte[96]

---

[86] *Pius XII.*, Der Christ in der Gemeinde und Provinzverwaltung, Ansprache an italienische Bürgermeister und Präsidenten der Provinzverwaltungen, 22. Juli 1956; *Utz / Groner*, a. a. O., Nr. 6269.

[87] Siehe *Utz / Groner*, a. a. O., S. 798 ff.

[88] Beachte *Utz / Groner*, a. a. O., Nr. 2661 ff., 4479 und 6258 ff.

[89] Dazu *Utz / Groner*, a. a. O., Nr. 392 ff.

[90] *Utz / Groner*, a. a. O., Nr. 4556 ff.

[91] *Pius XII.*, Naturrechtliche Begründung des Privatrechts, Ansprache an Mitglieder des Internationalen Instituts für Vereinheitlichung des Privatrechts, 20. Mai 1948; *Utz / Groner*, a. a. O., Nr. 411 ff.

[92] *Pius XII.*, Zur internationalen Vereinheitlichung des Privatrechts, Ansprache an die Teilnehmer des ersten Internationalen Kongresses für Privatrecht, 15. Juli 1950; *Utz / Groner*, a. a. O., Nr. 419 ff.

[93] *Pius XII.*, Internationale Vereinheitlichung des Strafrechts, Ansprache an die Teilnehmer des sechsten Internationalen Kongresses für Strafrecht, 3. Oktober 1953; *Utz / Groner*, a. a. O., Nr. 432 ff.

[94] *Utz / Groner*, a. a. O., Nr. 416.

[95] *Utz / Groner*, a. a. O., Nr. 422.

[96] Siehe u. a. *Pius XII.*, Die soziale Frage heute, Radiobotschaft an Pfingsten, 1. Juni 1941; *Utz / Groner*, a. a. O., Nr. 515; *Pius XII.*, Grundsätze der christlichen Politik, Ansprache an eine Gruppe der „Jungen Union" der Christlich-Demokratischen Union von West-Berlin, 28. März 1957; *Utz / Groner*, a. a. O., Nr. 6251; *Pius XII.*, Die Verteidigung der Menschenrechte im Lichte des christlichen Optimismus, Ansprache an die Mitglieder des „NATO

und des Gemeinwohls[97] für die Rechts- und Sozialordnung hin; Pius XII. hat damit Ziele, aber auch Grenzen demokratischen Wollens und staatlicher Autorität verdeutlicht, was die Relativität der Souveränität des Staates erkennen läßt.

IV. Die relative Staatssouveränität

Die katholische Soziallehre geht zwar von einem Staatsbegriff aus[98], der die Souveränität des Staates und damit seine Kennzeichnung als societas perfecta insoferne einschließt, als Pius XII. auch betonte, daß die Menschheit „gemäß der von Gott eingerichteten natürlichen Ordnung in gesellschaftliche Gruppen, Nationen und Staaten geteilt" ist, „die unabhängig sind in bezug auf Gestaltung und Leitung ihres Eigenlebens; zugleich ist sie aber auch durch gegenseitige sittliche und rechtliche Bindungen zu einer großen Gemeinschaft zusammengeschlossen, deren Ziel das Wohl aller Völker ist und die ihre Einheit und ihren Fortschritt durch besondere Gesetze schützt"[99]. Die Souveränität des Staates ist daher weder nach innen noch nach außen eine absolute, sondern eine relative Souveränität. Das *Wollen des Staates* ist *ethisch gebunden*. Pius XII. wies auf „die Bindung der Rechtsordnung in einer Staatengemeinschaft und der Souveränität der Einzelstaaten durch das Naturgesetz"[100] hin; und meinte: „Es ist nun klar, daß die angebliche absolute Autonomie des Staates zu dieser naturgegebenen Rechtsordnung in offenem Widerspruch steht, sie geradezu leugnet, indem sie die Dauerhaftigkeit internationaler Beziehungen dem Ermessen der Regierungen überläßt und dadurch eine gesicherte Einigung und fruchtbare Zusammenarbeit zum gemeinsamen Wohl unmöglich macht."[101]

Nach Pius XII. ist der *Staat innen- und zwischenstaatlich in* eine ihn *umschließende Naturrechtsordnung*, welche auch das Fundament der

---

Defence College", 16. Mai 1958; *Utz / Groner*, a. a. O., Nr. 6402 ff.; beachte dazu den ausführlichen Beitrag von *Heribert F. Köck* in diesem Band über das Naturrecht und die Menschenrechte bei Pius XII.

[97] *Utz / Groner*, a. a. O., Nr. 508.

[98] Siehe *Herbert Schambeck*, Der Staat in der katholischen Soziallehre, in: Katholisches Soziallexikon, 1. Aufl., Innsbruck 1964, Sp. 1147 ff.

[99] *Pius XII.*, Rundschreiben Summi Pontificatus, 20. Oktober 1939; *Utz / Groner*, a. a. O., Nr. 53.

[100] *Pius XII.*, Die religiöse Toleranz in einer Staatengemeinschaft, Ansprache an den Verband der katholischen Juristen Italiens, 6. Dezember 1953; *Utz / Groner*, a. a. O., Nr. 3966 f.

[101] *Utz / Groner*, a. a. O., Nr. 54.

Völkergemeinschaft gleichsam als präpositives Regulativ bildet, *eingebunden.* „In dieser Völkergemeinschaft ist also jeder Einzelstaat in die internationale Rechtsordnung und damit in die Ordnung des Naturrechts, das alles schützt und krönt, eingebettet. Auf diese Weise ist er nicht mehr — und ist es übrigens niemals gewesen —, souverän im Sinne absoluter Schrankenlosigkeit. ‚Souveränität' im echten Sinne des Wortes bedeutet Autarkie und ausschließlich Kompetenz in bezug auf die Dinge und den Raum gemäß der Substanz und der Form der Tätigkeit, jedoch im Rahmen des internationalen Rechts, — nicht aber in Abhängigkeit von der Rechtsordnung irgendeines anderen Staates. Jeder Staat ist unmittelbar der Ordnung des internationalen Rechts unterworfen. Staaten, denen diese Kompetenzfülle fehlte oder denen das internationale Recht die Unabhängigkeit von jedem Machteinfluß eines anderen Staates nicht gewährleisten würde, wären nicht souverän. Kein Staat jedoch könnte wegen einer Begrenzung seiner Souveränität Klage erheben, wenn man es ihm verwehrte, willkürlich und ohne Rücksicht auf die anderen Staaten vorzugehen. Souveränität ist nicht Staatsvergötterung oder Staatsallmacht im hegelschen Sinn oder im Sinn eines absoluten Rechtspositivismus."[102]

Neben allgemeinen Feststellungen über die Stellung der Staaten und ihre Souveränität befaßt sich Pius XII. aus der Sicht katholischer Rechtslehre auch mit konkreten Rechtsfragen der Beziehungen von *Kirche und Völkergemeinschaft,* die sich unter anderem mit Fragen der Friedenssicherung, der Kriegsmoral, des Kriegsrechts, der Versöhnung und der Auswanderung beschäftigten[103]; auf diese Weise weiten sich die Sozialgestaltungsempfehlungen Pius XII. von einer Rechts- und Staatslehre zu einer solchen von der internationalen Ordnung[104].

V. Würdigung

Betrachtet man abschließend den rechts- und staatsphilosophischen Gehalt der Lehräußerungen Pius XII., wie er in der Vielzahl der vorliegenden Dokumente nur in einer Auswahl skizziert werden konnte, zeigt sich darin zwar nicht eine systematisch entwickelte Rechts- und Staatstheorie, wohl aber das Bemühen des Papstes, jede sich bietende Gelegenheit zu nutzen, um einen Beitrag zu leisten, der nach der katholi-

[102] *Utz / Groner,* a. a. O., Nr. 3967.

[103] Dazu *Utz / Groner,* a. a. O., S. 1813 ff. und S. 3774 ff.

[104] Dazu siehe ausführlich den Beitrag von *Alfred Verdross* in diesem Band über die Völkerrechtslehre Pius XII.

schen Sittenordnung dem Gemeinwohl und damit letztlich der *Sicherung der Freiheit und Würde des Einzelmenschen* zu dienen vermag.

Anders als seine Vorgänger und Nachfolger hat Pius XII. das Schwergewicht seiner Lehräußerungen nicht bloß auf Enzykliken gelegt, sondern neben derartigen Rundschreiben auch eine *Vielzahl von* anderen *Gelegenheiten,* wie z. B. die Weihnachtsansprache vom 24. Dezember 1944 „Grundlehren über die wahre Demokratie" zeigt, genützt, um aus einem aktuellen Anlaß Grundlegendes zu Fragen der Individual- und Sozialmoral zu verkünden.

Wenngleich Pius XII. als Oberhaupt der katholischen Kirche primär seelsorgliche Anliegen vorrangig zu vertreten hatte, sind seine Ausführungen für die Rechts- und Staatslehre insofern auch von Bedeutung, als er ein namhafter Vertreter des Neuthomismus ist, der auch bestrebt war, praktisch zu denken. Pius XII. hat nämlich weniger die Haltung nachträglicher Kritik an eingetretenen Zuständen, sondern die der vorausblickenden Wegweisung bezogen; diese konzeptive Grundhaltung Pius' XII. ist auch ein Ausdruck seiner pastoralen Einstellung.

Die rechts- und staatsphilosophisch relevanten Aussagen Pius' XII. sind immer auch im Gesamtzusammenhang mit seinen übrigen Lehräußerungen zu sehen, vor allem jener, die auf die Kultur-, Sozial- und Wirtschaftsethik bezogen sind; das *Recht und* der *Staat* sind für Pius' XII. ja *nicht Selbstzweck, sondern* haben eine *dienende Funktion;* in der Weise ist auch Pius XII. ein um die Bewältigung seiner Zeit bemühter Baumeister der lebensnahen katholischen Soziallehre, die auch nach seinem Pontifikat von Wirksamkeit ist; in diesem Zusammenhang sei unter anderem auf den Grundrechtsteil der Enzyklika Pacem in terris Johannes' XXIII. vom 11. April 1963[105] und auf das Bemühen Pauls VI. um die Aufdeckung des Beitrages, den das Gemeinwohlprinzip zur internationalen Ordnung der Völkergemeinschaft leisten kann, in der Enzyklika Populorum progressio vom 26. März 1967 verwiesen[106]. Bei Paul VI. wird Entwicklung ein anderes Wort für Friede[107], womit, gleich

[105] Beachte besonders *Johannes XXIII.,* Pacem in terris, Nr. 11 - 27, vor allem in der von *Arthur-Fridolin Utz* kommentierten Ausgabe Die Friedensenzyklika Johannes XXIII., 2. Aufl., Freiburg - Basel - Wien 1965, bezüglich Pius XII., S. 55 ff.

[106] Siehe *Herbert Schambeck,* Populorum progressio und das Zweite Vaticanum, in: Soziale Verantwortung, Festschrift für Goetz Briefs, Berlin 1968, S. 587 ff.

[107] Über 10 Jahre Päpstlicher Weltfriedenstag beachte *Herbert Schambeck,* Willst du den Frieden, dann schütze das Leben, L'Osservatore Romano, Deutsche Ausgabe vom 27. Mai 1977, S. 8 f.

Pius XII., einmal mehr der Beweis für die Dynamik katholischer Soziallehre erbracht wird.

All diese, das heutige katholische Sozialdenken prägenden Themen finden sich voll im Ansatz in der Sozialen Summe Pius' XII., deren sie betreffende Aussagen deshalb bis heute aktuell geblieben sind, weil sie *lebensnahe formuliert* wurden[108]. Vieles, was später das II. Vatikanische Konzil in der Pastoralkonstitution „Gaudium et spes" ausdrückte, findet sich im Grundsätzlichen bereits in der Lehre Pius' XII., deren rechts- und staatsphilosophischer Gehalt ein Beweis mehr für die *Anerkennung der richtigen Autonomie der irdischen Wirklichkeiten* ist, so wie sie die Pastoralkonstitution für die Kirche in der Welt von heute verlangt[109] und sie *schon Pius XII. wegbereitend vorausgedacht* hat.

---

[108] Beachte etwa zu dem heute wieder so aktuellen Recht zum Leben bei Pius XII. den Beitrag von *Wolfgang Waldstein* in diesem Band und zum Problemkreis der sogenannten Euthanasie bei Pius XII. *Utz / Groner*, a. a. O., Nr. 5442 und 5548.

[109] Pastoralkonstitution Die Kirche in der Welt von heute, Nr. 36.

DAS NATURRECHT UND DIE MENSCHENRECHTE BEI PIUS XII.

Von Heribert Franz Köck

Die Lehre Pius' XII. über die Menschenrechte ist in jene über das Naturrecht eingebettet. Es ist daher sinnvoll, zuerst (und insoweit allgemeiner) über dieses und erst danach (und insoweit spezieller) über jene zu sprechen.

A. Das Naturrecht

I. Terminologie

Während die rechtswissenschaftliche Naturrechtslehre heute bemüht ist, zur Vermeidung von Mißverständnissen terminologisch eindeutig zu bleiben und in diesem Zusammenhang zwischen „Naturrecht" und den „Naturgesetzen"[1] einerseits, zwischen „Naturrecht" und „Moral"

---

[1] Unter „Naturrecht" werden die Normen verstanden, die sich aus der Natur gewinnen lassen und die Beziehungen der Einzelnen untereinander, zur Gemeinschaft, sowie dei Gemeinschaften untereinander regeln. Vgl. dazu *Delhaye*, „Naturrecht", Lexikon für Theologie und Kirche (LTK) VII (2. Aufl. 1962), Sp. 821. Es stellt insoweit *objektives* Recht (im Gegensatz zum *subjektiven* Recht, der auf der Grundlage des objektiven Rechts bestehenden Berechtigung) dar. *Messner*, Das Naturrecht — Handbuch der Gesellschaftsethik, Staatsethik und Wirtschaftsethik (4. Aufl. 1960), 265, definiert das Naturrecht als „die Ordnung der in der menschlichen Natur mit ihren Eigenverantwortlichkeiten begründeten einzelmenschlichen und gesellschaftlichen Eigenzuständigkeiten". — Die „Naturgesetze" sind dagegen die der Materie innewohnenden Gesetzmäßigkeiten, wobei seit *Kant* unter „Naturgesetz" das Kausalgesetz verstanden wird. Vgl. *Verdross*, Statisches und dynamisches Naturrecht (1971), 15. — Für eine Übersicht über die Naturrechtsdiskussion in jüngerer Zeit vgl. u. a. die Beiträge zu *Maihofer* (Hrsg.), Naturrecht oder Rechtspositivismus? (1964), sowie einzelne Beiträge in *Kaufmann* (Hrsg.), Die ontologische Begründung des Rechts (1965), und nochmals *Maihofer* (Hrsg.), Begriff und Wesen des Rechts (1973). Vgl. auch die Beiträge in *Müller / Pfürtner / Schnyder* (Hrsg.), Natur und Naturrecht (1972), und *Böckle / Böckenförde*, Naturrecht in der Kritik (1973). Vgl. schließlich *Zacher*, Der Begriff der Natur und das Naturrecht (1973), und *Ellscheid*, „Das Naturrechtsproblem in der neueren Rechtsphilosophie", Einführung in Rechtsphilosophie und Rechtstheorie der Gegenwart (hrsg. von *Kaufmann / Hassemer*, 1977), 23 ff., sowie, als Übersicht, *Schild*, „Zum Pro-

andererseits[2] scharf zu unterscheiden, hat sich Pius XII. eine derartige Unterscheidung nicht nur nicht angelegen sein lassen, sondern sie bewußt abgelehnt[3], wohl in Besorgnis darüber, jede terminologische Festlegung könne zu einer ungerechtfertigten Verengung des Naturrechtsbegriffes führen und damit dem eigentlichen naturrechtlichen Anliegen, das ist der normativen Einbettung des Menschen, der Gesellschaft und des Staates in die von Gott gewollte Ordnung, Abbruch tun.

Pius XII. verwendete daher die Worte „Naturrecht", „Naturgesetz", „Sittengesetz" und dgl. mit oft kongruenter oder doch sich überschneidender Bedeutung[4]. Es ist daher in erster Linie aus den Ausführungen

blem des Naturrechts", 8 Wiener Jahrbuch für Philosophie (1975), 351 ff. Vgl. schließlich grundlegend *Schambeck*, „Der Stand der Naturrechtsdiskussion heute", Rechtspositivismus, Menschenrechte und Souveränitätslehre in verschiedenen Rechtskreisen (hrsg. von *Kroker / Veiter*, 1976), 11 ff.

[2] Diese Gabelung der sittlichen Weltordnung (der Moral i. w. S.) in jene des Naturrechts einerseits, das die zwischenmenschlichen Beziehungen regelt, und die Moral i. e. S. andererseits, die sich auf das Verhältnis des Menschen sich selbst und Gott gegenüber bezieht, andererseits, findet sich schon bei *Augustinus*, De civitate Dei XIX, Kap. 13 und 20, worauf schon *Verdross*, Abendländische Rechtsphilosophie (2. Aufl. 1963), 67, hinweist. (Mit Berufung auf *Schilling*, Naturrecht und Staat nach der Lehre der alten Kirche [1914], 175). — Daß im Studienplan katholisch-theologischer Fakultäten Fragen des Naturrechts noch immer im Rahmen der Moraltheologie behandelt werden, ist aber auch ein äußeres Zeichen dafür, daß für den Menschen in seiner sittlichen Entscheidung die beiden Bereiche der Moral i. w. S. untrennbar verbunden bleiben. Vgl. dazu allgemein *Laun*, Die naturrechtliche Begründung der Ethik in der neueren katholischen Moraltheologie (1973).

[3] Vgl. seine Ansprache an die Teilnehmer des sechsten Internationalen Kongresses für Strafrecht vom 3. Oktober 1953, 45 AAS (1953), 730 ff., in der er u. a. ausführte: „Ob man die Forderungen der Natur ‚Recht', ‚ethische Normen' oder ‚Postulate der Natur' nennt, ist unwichtig. Doch man muß die Tatsache anerkennen, daß sie existieren; daß sie nicht von der Laune der Menschen festgesetzt wurden, daß sie ontologisch in der menschlichen Natur wurzeln, die der Mensch nicht selber geformt hat; daß sie sich daher überall finden müssen; und daß folglich jedes öffentliche Recht und Völkerrecht in der gemeinsamen menschlichen Natur eine klare, feste und dauerhafte Grundlage findet." Zit. nach *Utz / Groner*, Aufbau und Entfaltung des gesellschaftlichen Lebens — Soziale Summe Pius XII. I (1954), Randziffer 463. (In der Folge zit. als *Utz / Groner* mit Randziffer.)

[4] Dies zeigt schon die von *Utz / Groner* im Index vorgenommene Versachwortung, die naturrechtliche Aussagen Pius' XII., dessen Terminologie folgend, vor allem unter diesen drei Sachworten ausweist. Vgl. in diesem Zusammenhang auch *Hörmann*, „Die Zuständigkeit der Kirche für das Naturrecht", Festschrift für Johannes Messner zum 70. Geburtstag (1961), 139 ff., auf 140, wo der Autor ausdrücklich darauf hinweist, daß Pius XII. nicht streng zwischen natürlichem Sittengesetz als der sittlichen Bindung des Einzelnen und Naturrecht als den die Beziehungen der Einzelnen untereinander in der Gemeinschaft und der Gemeinschaften untereinander regelnden na-

selbst zu entnehmen und nicht aus der Verwendung eines bestimmten Terminus abzuleiten, ob im konkreten Fall eine Aussage zum Problemkreis „Naturrecht“ gemacht wird. Dies setzt freilich ein Vorverständnis auf Seiten des Lesers voraus; Kenntnis der behandelten Sache ist aber bei jedem Text erforderlich, um ihn verstehen zu können[5].

II. Systematik

In diesem Abschnitt soll zuerst das Wesen des Naturrechts nach Auffassung Pius' XII. und danach das Verhältnis von Naturrecht und positivem Recht untersucht werden.

1. *Wesen des Naturrechts*

In diesem Zusammenhang unterscheidet Pius XII. zwischen der *Rechtserzeugungsquelle,* der *Erkenntnisquelle* des Naturrechts und dem *Erkenntnismittel.*

a) Gott als Gesetzgeber

Erzeugungsquelle des Naturrechts ist *Gott*[6], der seine Schöpfung gemäß des von ihm entworfenen Ordnungsplanes angelegt[7] und jedem Teil der Schöpfung darin seinen Platz zugewiesen hat[8]. Wenngleich *Gel-*

---

turrechtlichen Normen unterscheidet: „Pius XII. wendet somit den Ausdruck *Naturrecht* ... auf den Bereich des *gesellschaftlichen* und des *internationalen Lebens* an; den Ausdruck *sittliches Naturgesetz* aber auf den Bereich des *Einzellebens* und des *Gesellschaftslebens.*“ (Hervorhebung im Original.)

[5] Dazu grundlegend *Hruschka,* Das Verstehen von Rechtstexten (1972), 40 ff. und *passim;* zustimmend *Köck,* Vertragsinterpretation und Vertragsrechtskonvention (1976), 73 f.

[6] Enzyklika *Summi Pontificatus* vom 20. Oktober 1939, 31 AAS (1939), 413 ff.: ... es herrscht heute weithin Verkennung oder geradezu Vergessen eines natürlichen Sittengesetzes. Dieses natürliche Gesetz beruht auf Gott als seinem Fundament“. *Utz / Groner* I (1954), 19.

[7] „Er [Gott] ist der allmächtige Schöpfer und Vater aller, ihr höchster und unabhängiger Gesetzgeber ...“ *Ibid.*

[8] „Die Menschheit ist ..., gemäß der von Gott eingerichteten natürlichen Ordnung, in gesellschaftliche Gruppen, Nationen und Staaten geteilt, die voneinander unabhängig sind in bezug auf Gestaltung und Leitung ihres Eigenlebens; zugleich ist sie aber auch durch gegenseitige sittliche und rechtliche Bindungen zu einer großen Gemeinschaft zusammengeschlossen, deren Ziel das Wohl aller Völker ist und die ihre Einheit und ihren Fortschritt durch besondere Gesetze schützt.“ *Ibid.,* 53.

tungsgrund des Naturrechts (wie jedes Rechts überhaupt)[9] der *Wille* Gottes ist, sieht Pius XII. — insoweit in der thomistischen Tradition stehend[10] — diesen göttlichen Willen der göttlichen *Weisheit* gemäß vorgehen[11], die dem göttlichen Sein entspricht und die Schöpfungsordnung daher in Analogie zur innergöttlichen Ordnung gestaltet sein läßt[12]. Die Normen des Naturrechts sind insofern keine bloßen Klugheitsregeln, sondern der mit Gehorsamsanspruch auftretende Anruf[13] eines

---

[9] Ansprache an die Teilnehmer des Ersten Internationalen Kongresses für Privatrecht vom 15. Juli 1950: „In einer Formulierung, deren kraftvolle Klarheit den Stempel seines Genies trägt, legt Plato in folgenden Worten den im ganzen Altertum verborgenen Gedanken vor: ‚Gott in erster Linie ist für uns das Maß aller Dinge, mehr als es irgendein Mensch sein kann.‘ Auch die Kirche lehrt diesen gleichen Gedanken, jedoch in der ganzen Fülle und Tiefe seines Wahrheitsgehaltes, wenn sie mit dem hl. Paulus erklärt, daß alle Vaterschaft von Gott herkommt: ‚Alle Vaterschaft im Himmel und auf Erden‘, und infolgedessen versichert, *daß jedes Recht,* womit die gegenseitigen Beziehungen im Schoß der großen Menschheitsfamilie zu regeln sind, *seine Wurzel in Gott hat.*“ *Utz / Groner* I (1954), 421. (Hervorhebung vom Verfasser.)

[10] Vgl. Summa theologiae, Prima Secundae, qu. 93, art. 1: „... lex aeterna nihil aliud est quam ratio divinae sapientiae, secundum quod est directiva omnium actuum et motionum“. Vgl. auch *ibid.*, qu. 100, art. 8, ad 2 (mit Bezug auf das im Dekalog enthaltene Naturrecht): „... dicendum quod, sicut Apostolus dicit, II ad Tim. 2, [13]: *Deus fidelis permanet, negare seipsum non potest.* Negaret autem seipsum, si ipsum ordinem suae iustitiae auferret: cum ipse sit ipsa iustitia“. Vgl. schließlich De veritate, qu. 23, art. 6: „... dicere quod ex *simplici* voluntate dependeat iustitia, est dicere, quod divina voluntas non procedet secundum ordinem sapientiae, quod est blasphemia“. Die beiden ersten Zitate aus *S. Thomae Aquinatis* Summa Theologiae (cura et studio Sac. Petri *Caramello;* Edition Marietti 1952), Pars Prima et Prima Secundae, 420 f. und 462; das dritte Zitat nach *Verdross,* Abendländische Rechtsphilosophie (2. Aufl. 1963), 85, Anm. 4. Vgl. auch zur in Rede stehenden Problematik *ibid.*, 74.

[11] Ansprache an die S. Romana Rota anläßlich der Eröffnung des neuen Gerichtsjahres vom 13. November 1949, 41 AAS (1949), 604 ff.: „Die rechtliche Ordnung muß sich wieder an die sittliche Ordnung gebunden fühlen und darf sich nicht erlauben, deren Grenzen zu überschreiten. Nun ist aber die sittliche Ordnung wesentlich in Gott begründet, in seinem Willen, in seiner Heiligkeit, in seinem Sein.“ *Utz / Groner* I (1954), 388.

[12] Enzyklika *Summi Pontificatus* vom 20. Oktober 1939, 31 AAS (1939), 413 ff.: „In der Tat erzählt die erste Seite der Schrift mit großartiger Einfachheit, wie Gott als Krönung seines Schöpfungswerkes nach seinem Bild und Gleichnis den Menschen machte ... Der ... Apostel [Paulus] zeigt uns die Menschheit in der Einheit der Beziehungen zum Sohne Gottes, dem Ebenbild des unsichtbaren Gottes, in dem alle Dinge geschaffen sind ...“ *Utz / Groner* I (1954), 30. Vgl. auch unten, Anm. 22.

[13] Ansprache an die S. Romana Rota vom 13. November 1949, 41 AAS (1949), 604 ff.: „[Es] gilt ... der ordnende Wille Gottes; jedoch sind seine Verwirklichung und seine Entfaltung der freien Entscheidung des Menschen über-

persönlichen Gottes[14], wenngleich sich dieser in der Offenbarung überhaupt[15] und in Jesus in unüberholbarer Weise[16] in einer besonderen, das Naturrecht im übrigen teilweise einschließenden[17] Art an den Menschen gewandt hat, um ihn an seiner göttlichen Herrlichkeit teilhaben zu lassen[18].

b) Die Natur als Erkenntnisquelle

Insoweit der Mensch in seiner eigenen Natur, in der Natur der Gesellschaft[18a] und in der Natur der Schöpfung überhaupt die *göttliche*

---

lassen, welche dem göttlichen Wollen entsprechend oder widersprechend sein kann." *Utz / Groner* I (1954), 380. Vgl. auch *ibid.*, 19 (unten, Anm. 19).

[14] Ansprache an die Teilnehmer des Ersten Internationalen Kongresses für Privatrecht vom 15. Juli 1950: „... die Kirche ... schmückt [das Recht] mit dem Glanz einer viel erhabeneren und wirklicheren Heiligkeit, die letzten Endes jeden Katholiken zur Gesetzestreue verpflichtet und auch jeden Menschen, der vom Dasein und der Oberherrlichkeit eines persönlichen Gottes überzeugt ist". *Utz / Groner* I (1954), 422.

[15] Radiobotschaft an Pfingsten 1. Juni 1941, 33 AAS (1941), 195 ff.: „... [die] ewig gültige Ordnung ..., die Gott ... durch Naturrecht *und Offenbarung* kundgetan hat". *Utz / Groner,* I (1954), 498. (Hervorhebung vom Verfasser.)

[16] Enzyklika *Summi Pontificatus* vom 20. Oktober 1939, 31 AAS (1939), 413 ff.: „‚Denn es gibt nur einen Gott und einen Mittler zwischen Gott und den Menschen: den Menschen Christus Jesus.' [1 Tim. 2, 5.] Eben dieser göttliche Heils- und Friedensvermittler wollte nun jene Freundschaft zwischen Gott und der Menschheit noch inniger gestalten: daher ließ er in der weihevollen Stille des Abendmahlsaals, bevor er das Kreuzesopfer vollbrachte, von seinen Gotteslippen Worte kommen, die mit hellem Klang durch die Jahrhunderte widerhallten und so Heldentaten der Liebe inmitten einer liebeleeren und haßzerrissenen Welt weckten: ‚Dies ist mein Gebot: Liebet einander, wie ich euch geliebt habe.'" *Utz / Groner* I (1954), 30 f.

[17] Vgl. dazu schon die Dogmatische Konstitution über den katholischen Glauben *Dei Filius* des Ersten Vatikanums, Kap. 2: „Huic divinae revelationi tribuendum quidum est, ut ea, quae in rebus divinis humanae rationi per se imperia non sunt, in presenti quoque generis humani condicione ab omnibus expedite, firma certitudine et nullo admixto errore cognosci possint." Zit. nach *Denzinger / Schönmetzer,* Enchiridion Symbolorum, Definitionum et Declarationum de Rebus Fidei et Morum (33. Aufl. 1965), No. 3005.

[18] Enzyklika *Summi Pontificatus* vom 20. Oktober 1939, 31 AAS (1939), 413 ff.: „... in der Einheit der für alle durch Christus gewirkten Erlösung, durch Christus, der die zerbrochene ursprüngliche Freundschaft mit Gott durch sein heiliges und bitterstes Leiden wieder herstellte, indem er sich zum Mittler zwischen Gott und den Menschen machte". *Utz / Groner* I (1954),

[18a] Vgl. einerseits die Rundfunkbotschaft vom 1. September 1944, 36 AAS (1944), 249 ff.: „Eine Kultur, die weit davon entfernt ist, die vielen eigenständigen und so mannigfaltigen Formen bürgerlichen Lebens, in denen die Eigenart eines jeden Volkes zum Ausdruck kommt, zu verdächtigen oder zu beargwöhnen, die vielmehr in ihnen Wurzel schlägt und die nächsten ethischen Grundsätze zur Geltung bringt: das Sittengesetz, vom Schöpfer den

Ordnung erkennen kann[19], der zu folgen er berufen ist, ist für ihn diese *natürliche Ordnung Erkenntnisquelle* für die Normen seines Verhaltens. Indem der Mensch in Erkenntnis seiner Natur dieser Aussagen über sein volles Menschsein[20] wenigstens in den wesentlichsten Grundzügen entnimmt, sieht er sich auf seine Vervollkommnung hingerichtet und hat diese, um sein volles Menschsein nicht zu verfehlen[21], mit

Menschen in die Herzen geschrieben, das Naturrecht, das von Gott ausgeht ..." Andererseits vgl. die Ansprache an die Vereinigung der kinderreichen Familien Italiens vom 20. Jänner 1958, 50 AAS (1958), 90 ff.: „Auf katholischer Seite muß man energisch an der Verbreitung der Überzeugung arbeiten, die auf der Wahrheit beruht, daß die körperliche und sittliche Gesundheit der Familie und der Gesllschaft nur durch den großmütigen Gehorsam gegen die Gesetze der Natur, d. h. des Schöpfers, und vor allem durch die Pflege einer heiligen und inneren Hochachtung gegen sie sichergestellt wird." *Utz / Groner* I (1954), 727, und III (1961), 4764.

[19] Ansprache an das *Centro Italiano di studi per la Riconciliazione Internazionale* vom 13. Oktober 1955, 47 AAS (1955), 764 ff.: „Die erste Forderung ... ist die Anerkennung des Bestehen eines Naturgesetzes, das allen Menschen und Völkern gemeinsam ist, von dem die Richtlinien des Seins, des Handelns und des Sollens ausgehen und dessen Beobachtung das friedliche Zusammenleben und die gegenseitige Zusammenarbeit erleichtert und sichert ... Im Lichte jenes Grundsatzes ... ist es für jeden leicht, wenigstens in allgemeinen Zügen gerecht und ungerecht, Recht und Unrecht zu unterscheiden ... Doch wie können die Völker und die Einzelnen mit Sicherheit wahrnehmen, welche Richtung sie ihrem Handeln in Übereinstimmung mit dem von der Natur aufgestellten Plan geben sollen? Man muß sich bei dieser Aufgabe vor bloßen Annahmen und Vermutungen hüten. Die großen Richtlinien sind durch klare Kenntnis und die Betrachtung der Natur des Menschen, der Natur der Dinge sowie der sich daraus ergebenden Beziehungen und Erfordernisse gegeben." *Utz / Groner* III (1961), 6284 f. Vgl. auch die Enzyklika *Summi Pontificatus* vom 20. Oktober 1939, 31 AAS (1939), 413 ff.: „... die Stimme der Natur, ... jene Stimme, die auch den Ungebildetsten und selbst noch den unzivilisierten Wilden lehrt, was gut und was böse ist, erlaubt und unerlaubt, jene Stimme, die Verantwortlichkeit für die eigenen Taten vor dem höchsten Richter predigt". *Utz / Groner* I (1954), 19.

[20] Ansprache an die Teilnehmer des Internationalen Kongresses für humanistische Studien vom 25. September 1949, 41 AAS (1949), 555 ff.: „... die Kirche [hat] den Wert dessen, was menschlich und der Natur entsprechend ist, bejaht ... In ihren Augen hat die Erbsünde seine Veranlagungen und Kräfte nicht im Innern getroffen, sie hat sogar das natürliche Licht seines Verstandes und seiner Freiheit wesentlich unangetastet gelassen. Der mit dieser Natur begabte Mensch ... bedarf [allerdings] großer Anstrengungen, um das Naturgesetz zu beobachten ... und um so zu leben, wie es die Ehre Gottes und die eigene Würde als Mensch verlangt". *Utz / Groner* I (1954), 358.

[21] Weihnachtsbotschaft vom 23. Dezember 1956, 49 AAS (1957), 5 ff.: „Der Mensch beherrscht [die natürlichen] Abläufe und Zusammenhänge, weil er vor allem ein geistiges Wesen, eine Person, ein Subjekt freier Handlung oder Unterlassung ist und nicht nur ein Schnittpunkt im Ablauf natürlicher Prozesse. Darin besteht seine Würde, aber auch seine Grenze. Darum ist er

allen seinen Kräften anzustreben[22]. Der Mensch darf sich dieser sittlichen Forderung nicht leichtfertig entziehen; er hat ihr vielmehr in einer dem hohen sittlichen Ernst seiner Berufung entsprechenden Art zu genügen[23].

c) Die Vernunft als Erkenntnismittel

Das Naturrecht kann vom Menschen aus der Natur schon mit Hilfe des Lichts seiner Vernunft erkannt werden[24], wenngleich der infralapsarische Zustand des Menschen diese Erkenntnis erschwert und daher eine Erleuchtung durch das Licht des Glaubens aufgrund der Offenbarung wünschenswert (nicht aber insoweit notwendig)[25] macht. Die Vernunft bleibt bei Pius XII. aber ausschließlich *Erkenntnismittel* des Naturrechts; sie wird als solche nicht Geltungsgrund desselben[26], weil

---

fähig, das Gute zu tun, aber auch das Böse, fähig, alle positiven Möglichkeiten und Anlagen seiner Natur zu verwirklichen, jedoch sie auch in Gefahr zu bringen." *Utz / Groner* III (1961), 4391.

[22] Weihnachtsbotschaft vom 22. Dezember 1957, 50 AAS (1958), 5 ff.: „Die Welt strahlt ... in ihrer Ausdehnung und Universalität — *extensive et diffuse*, wie der hl. Thomas sich ausdrückt [Summa theologiae I, qu. 93, art. 2 ad 3] — die ewige Wahrheit und Güte des Schöpfers wider. Somit erscheint das Verhältnis Christi zur Welt von hellstem Licht durchdrungen. In ähnlicher Weise stellt der Schöpfer den Menschen, das Abbild seines Geistes, in die Welt, damit er ihr Herr sei durch Erkenntnis, Wollen und Handeln und sich mit Leidenschaft und Gründlichkeit — *intensive et collective* [Thomas von Aquin, *ibid.*] — die Ähnlichkeit der ewigen, über die Welt hin ausgebreiteten Wahrheit und Güte zu eigen macht." *Utz / Groner* III (1961), 4441 f.

[23] Vgl. dazu vor allem seine Ausführungen in der Radioansprache zum „Tag der Familie", veranstaltet von der Katholischen Aktion Italiens am 23. März 1952, 44 AAS (1952), 270 ff.; *Utz / Groner* I (1954), 1744 ff., bes. 1759 f.

[24] Ansprache an die Teilnehmer der XI. Vollversammlung der „Pax Romana" vom 25. April 1957, 49 AAS (1957), 296 ff.: „... denn die gesunde Vernunft reicht aus, um die Rechtsgrundlagen der Menschen festzulegen sowie den unverletzlichen Charakter der Person, die Würde der Familie, die Vorrechte und Grenzen des Staates zu erkennen". *Utz / Groner* III (1961), 5062.

[25] Vgl. oben, Anm. 17 in Verbindung mit Anm. 20.

[26] Während einer der bedeutendsten Naturrechtslehrer der Neuzeit und Vater einer systematischen Wissenschaft vom Völkerrecht, *Grotius*, von der Evidenz des Naturrechts so beeindruckt war, daß er meinte, es würde auch dann gelten, wenn es keinen Gott gäbe oder dieser sich um die menschlichen Angelegenheiten nicht kümmerte. Vgl. *Verdross*, Abendländische Rechtsphilosophie (2. Aufl. 1963), 112, mit Verweisung (in Anm. 3) auf des *Grotius*' De iure belli ac pacis, Prolegomena, §§ 11 und 12. Diese Auffassung geht schon auf *Gregor von Rimini* zurück, der (Sent. I, dist. 34, art. 2) ausgeführt hatte: „Si per impossibile ratio divina sive Deus ipse non esset aut ratio illa esset errans adhuc si quis ageret contra rectam rationem angelicam vel humanam aut aliquam si qua esset, peccaret." Bei *Verdross, ibid.*, 86, Anm. 1.

der Geltungsgrund stets nur in Gott selbst, von dem jede Ordnung herstammt und insoweit auf ihn hinweist[27], gefunden werden kann.

2. *Das Verhältnis von Naturrecht und positivem Recht*

a) Naturrechtskonformes positives Recht

Nach Pius XII. kommt dem positiven als dem von Menschen erzeugten Recht[28] neben dem Naturrecht eine eigenständige Bedeutung, ja Würde zu[29], soweit es mit letzterem vereinbar ist und dazu dient, die natürliche Ordnung näher zu regeln[30]. Pius XII. steht damit in der ungebrochenen Tradition der Stufenbaulehre *lex aeterna — lex naturalis — lex humana*[31].

---

[27] Weihnachtsbotschaft vom 22. Dezember 1957, 50 AAS (1958), 5 ff.: „Die Welt kann und muß wieder zurückgeführt werden zur ursprünglichen Harmonie, welche die Idee des Schöpfers von Anbeginn war, als er seinem Werk an seinen Vollkommenheiten Anteil gab." *Utz / Groner* III (1961), 4430.

[28] Ansprache an das *Centro Italiano di studi per la Riconciliazione Internazionale* vom 13. Oktober 1955, 47 AAS (1955), 764 ff.: „[Die] Gaben und Antriebe der Natur zeigen die Zwecke, die Richtungen, die Wege, gewissermaßen die Hauptlinien des vom Schöpfer aufgestellten Ordnungsplanes, aber das Wie, das Wann, das Wo ihrer Verwirklichung, die Festigung eines Zieles mit Vorzug vor einem anderen, der Gebrauch gerade dieses Mittels und nicht eines anderen: alles dies ist von der Natur der freien und vernünftigen Bestimmung der Einzelnen oder Gruppen überlassen." *Utz / Groner* III (1961), 6285.

[29] Ansprache an die Vereinigung katholischer Juristen Italiens vom 26. Mai 1957, 49 AAS (1957), 403 ff.: „... daß Sie aber das Strafurteil in anderem Licht zu sehen genötigt seien und es auf einer anderen Ebene diskutieren müßten, nämlich als eine von der öffentlichen Autorität getroffene Maßnahme gegenüber dem Schuldigen, der das positive Recht gebrochen hat, durch das der Staat das geregelte soziale Leben zu schützen bestrebt ist. Das ist richtig: *Der rechtliche und positive Aspekt bewahrt seinen eigenen, vom religiösen und sittlichen unterschiedenen Charakter*". *Utz / Groner* III (1961), 4703.

[30] Ansprache an Verwaltungswissenschaftler vom 5. August 1950: „Das letzte Wort steht denen zu, für die das Naturrecht etwas anderes ist als eine rein negative Regel, als eine dem Zugriff der positiven Gesetzgebung gezogene Grenze, als eine einfache technische Anpassung an die zuälligen Umstände, sondern die in ihm die Seele der positiven Gesetzgebung verehren, die Seele, die dieser Form, Sinn und Leben gibt." *Utz / Groner* II (1954), 3456.

[31] Diese von der *Stoa* über *Cicero* bei *Augustinus* in die christliche Rechtslehre eingegangene Konzeption (zu ihr vgl. *Verdross*, Abendländische Rechtsphilosophie [2. Aufl. 1963], 46 ff. und 63 ff.) hat bei *Thomas von Aquin* ihre klassische Ausbildung erfahren. Vgl. seine Summa theologiae, Prima Secundae, quaestiones 91 ff. Dazu nochmals *Verdross, op. cit.*, und die dort, 71,

Wenngleich Pius XII. zugesteht, daß es rein terminologisch möglich ist, durch Konvention den Ausdruck „Recht" für das *positive* Recht zu reservieren[32], lehnt er jeden *Rechtspositivismus,* der nur dem positiven Recht das Wesen des Rechts zuerkennt[33], als eine Verkehrung der ursprünglichen Ordnung ab, weil in dieser das positive Recht erst vom Naturrecht her seine Legitimation erhält[34].

b) Naturrechtswidriges positives Recht

Ein der natürlichen Ordnung zuwiderlaufendes menschliches Recht, auch wenn es sich mit dem Mantel des Scheins, Recht zu sein, umgibt,

---

angegebene Literatur. — Die Hinweise bei Pius XII. auf diese Auffassung sind so mannigfaltig, daß sie nicht im einzelnen zitiert werden können. Wir greifen daher nur eine Stelle aus der Ansprache an die Teilnehmer des Dritten Internationalen Justizbeamtenkongresses vom 8. September 1958, 50 AAS (1958), 683 ff., heraus: „Sie wissen ... daß sich ein Mensch sozusagen in Einklang mit den menschlichen Gesetzen befinden und sich dennoch die Mißbilligung eines anderen Gesetzes, das ihn beunruhigt und quält, zuziehen kann. Nur oberflächliche Leute werden im Ernst annehmen, daß man sich der Macht dieses zwar ungeschriebenen, aber dafür eingeborenen Gesetzes, dessen Vorhandensein selbst manche heidnische Autoren anerkannt haben, zu entwinden vermag. Man behauptet also mit erstaundlicher Gedankenlosigkeit und Oberflächlichkeit, der menschliche Gesetzgeber könne Normen vorlegen, die dem göttlichen Gesetz widerstreiten ..." *Utz / Groner* III (1961), 5857.

[32] Ansprache an die Teilnehmer des Sechsten Internationalen Kongresses für Strafrecht vom 3. Oktober 1953, 45 AAS (1953), 730 ff.: „Wo ... der Rechtspositivismus so aufgefaßt wird, daß man den Begriff ‚Recht' nur für die durch die Gesetzgebung ausgearbeiteten Gesetze anwendet, während man die Grundforderungen der Natur durchaus anerkannt, möchte mancher diese Anwendung des Begriffs in ihrer Allgemeinheit vielleicht wenig genau nennen; immerhin bietet sie eine gemeinsame Grundlage für die Errichtung des internationalen Rechts auf der Grundlage der ontologischen Ordnung." *Utz / Groner* I (1954), 464.

[33] *Ibid.:* „[Der extreme Rechtspositivismus] vertritt den Grundsatz: ‚Das Recht umfaßt alles, was als *Recht* von der legislativen Macht in einer nationalen oder internationalen Gemeinschaft festgesetzt ist, und nichts anderes, völlig unabhängig von irgendwelchen Grundforderungen der Vernunft oder der Natur.'" Hervorhebung im Original.

[34] *Ibid.:* „Wenn man sich auf dieses Prinzip beruft, hindert nichts, daß ein logischer und sittlicher Widersinn, die entfesselte Leidenschaft, die Launen und die brutale Gewalt eines Tyrannen und eines Verbrechers ‚Recht' werden können. Die Geschichte bietet bekanntlich mehr als ein Beispiel dieser zur Wirklichkeit gewordenen Möglichkeit ... Daraus folgt, daß ein extremer Rechtspositivismus vor der Vernunft nicht gerechtfertigt werden kann."

stellt für Pius XII. *Unrecht* dar[35]. Er hat daraus aber offensichtlich keine eigentliche Lehre vom Widerstandsrecht entwickelt[36], wohl weil er dem Phänomen der Revolution, durch das er die heutige Welt in ihren Grundfesten erschüttert sah[37], keinen Vorschub leisten wollte[38]. Er hat

---

[35] Ansprache an die S. Romana Rota vom 13. November 1949, 41 AAS (1949), 604 ff.: „Die bloße Tatsache, daß etwas von der gesetzgebenden Macht zur verpflichtenden Norm des Staats erklärt worden ist, genügt allein und an sich noch nicht, um wahres Recht zu schaffen. Das ‚Kriterium der bloßen Tatsache' ... auf den menschlichen Gesetzgeber ohne Unterscheidung und endgültig zu übertragen, als ob sein Gesetz die oberste Norm des Rechts ausmachte, das ist der Irrtum des Rechtspositivismus im eigentlichen und technischen Sinn des Wortes ... Dieses ‚gesetzliche Recht' im eben dargelegten Sinn hat die vom Schöpfer errichtete Ordnung umgestürzt, hat die Unordnung Ordnung, die Tyrannei Autorität, die Sklaverei Freiheit und das Verbrechen vaterländische Tugend genannt ..." *Utz / Groner* I (1954), 383 f.

[36] Etwa im Sinne der Lehre Pius' XI. in seiner Enzyklika *Firmissimam constantiam*, 29 AAS (1937), 196 ff. — Bei *Utz / Groner* fehlt ein entsprechendes Sachwort sogar im Index.

[37] Pius XII. lehnte nicht nur die Französische Revolution ab (vgl. seine Ansprache an die Neuvermählten vom 19. August 1942, *Utz / Groner* I [1954], 1564 ff., auf 1579; wohl auch seine Ansprache an das Patriziat und den Adel Roms vom 11. Jänner 1943, *ibid.* II [1954], 3152), sondern sah auch in der sozialen Revolution von heute eine furchtbare Gefahr: „[Die Kirche] mußte ... schon wiederholt irrigen Auffassungen entgegentreten und davor warnen, sich von dem Blendwerk verlockender und oberflächlicher Anschauungen und Aussichten auf künftiges Glück täuschen zu lassen, von jenen trügerischen Lockspeisen und Reizmitteln falscher sozialer Glücksproheten, die das Schlechte gut und das Gute schlecht nennen, sich auf ihre Liebe zum Volk berufen und dabei doch nichts wissen wollen von jener gegenseitigen Verständigung ..., die allein die soziale Eintracht zum Fortschritt und zum Nutzen des Gemeinwohls verbürgen und fördern. ... Doch wann haben je ihren Worten die Taten entsprochen, wann die Wirklichkeit den lächelnden Hoffnungen? Trug und Enttäuschung haben Völker und Einzelmenschen erfahren, die ihnen glaubten und auf Wegen gefolgt sind, welche anstatt zu einer Verbesserung nur zu einer Verschlimmerung und Erschwerung der Lebensbedingungen und des materiellen und moralischen Fortschritts führen konnten. ... Nein, nicht in der Revolution liegt Euer Heil ... Wenn man auch nur an den eigenen materiellen Vorteil, der jedoch immer unsicher bleibt, denkt, ist dies klar. Es widerspricht aber auch dem echten und aufrechten Christenbekenntnis, auf eine Revolution hinzusteuern, deren Ausgangspunkt Ungerechtigkeit und Auflehnung gegen den Staat ist, und sich traurige Mitschuld aufzuladen am Blut der eigenen Mitbürger und an der Vernichtung des allgemeinen Wohlstandes." Ansprache an italienische Arbeiter, die Pius XII. zum 25. Bischofsjubiläum gratulierten, vom 13. Juni 1943, 35 AAS (1943), 171 ff.; *Utz / Groner* I (1954), 683 und 685.

[38] Predigt am Passionssonntag, den 26. März 1950, *Utz / Groner* I (1954), 579: „Es bedeutet ein Verbrechen gegen die Gesellschaft, wenn man der Sünde unter dem Vorwand humanitären Gefühls, bürgerlicher Toleranz oder natürlicher menschlicher Schwäche Bürgerrecht gibt, indem man allem freien Lauf läßt, oder noch schlimmer, indem man sich darauf verlegt, be-

sich vielmehr nur ganz allgemein über die Unhaltbarkeit einer gesellschaftlich-staatlichen Ordnung geäußert, die auf einem solchen naturrechtswidrigen positiven Recht, also auf Unrecht, aufbaut[39]. Ihr sagt er den früheren oder späteren Zusammenbruch voraus[40], ohne allerdings gleichzeitig zum Niederreißen dieser Ordnung aufzurufen. Ihr Untergang tritt für ihn offenbar vielmehr mit objektiver Notwendigkeit im Sinne eines Gerichts der Geschichte ein[41]. Dieser Einsicht in die Unvermeidbarkeit des Zusammenbruchs und wohl nicht der Furcht vor Auflehnung der vom ungerechten Recht Betroffenen wegen sollen sich die Machthaber einer Unrechts-Ordnung zu deren Änderung entschließen[42].

---

wußt die Leidenschaften zu erregen, jede aus der elementaren Achtung der öffentlichen Sittlichkeit und des öffentlichen Anstandes sich ergebende Hemmung zu lockern und ... die Aufruhr gegen die öffentlichen Autoritäten ... oder das Verbrechen gegen das Leben anderer mit den verführerischsten Farben darzustellen."

[39] Ansprache an die Teilnehmer des Internationalen Kongresses für humanistische Studien vom 25. September 1949, 41 AAS (1949), 555 ff.: „Das Naturgesetz! Dies ist das Fundament ... Würde man diesen Grundsatz beachten, wieviel tragischen Katastrophen und drohenden Gefahren wäre dann Einhalt getan! Er allein könnte das soziale und politische Gesicht der Erde erneuern." *Utz / Groner* I (1954), 359.

[40] Radiobotschaft zu Weihnachten vom 23. Dezember 1949, 42 AAS (1950), 126 ff.: „Wie die moderne Welt es versuchte, das milde Joch Gottes abzuschütteln, so hat sie in derselben Weise zugleich auch die von ihm gesetzte Ordnung verworfen und stolz wie der aufrührerische Engel am Anfang der Schöpfung es unternommen, eine andere nach eigener Willkür an ihre Stelle zu setzen. Nach fast zwei Jahrhunderten trauriger Erfahrung und Verirrung bekennen alle, die noch aufrichtigen Sinnes und Herzens sind, daß derartige Verfügungen und Bestimmungen, die nur dem Namen, nicht aber dem Inhalt nach Ordnung bedeuten, nicht zu den versprochenen Ergebnissen geführt haben und auch nicht den natürlichen Anlagen des Menschen entsprechen. Der Zusammenbruch hat sich auf zweifachem Gebiet gezeigt, auf dem der sozialen und dem der internationalen Beziehungen." *Utz / Groner* I (1954), 183.

[41] Ansprache an den Gesandten von Großbritannien vom 23. Juni 1951, 43 AAS (1951), 552 ff.: „Und in der Tat, die letzten Jahrzehnte haben mit einer Deutlichkeit, die fast an ein apokalyptisches Weltgericht denken ließ, bewiesen und daran gemahnt, daß Freiheit und Frieden geistige Werte sind, die nur durch ... bedingungslose Anerkennung des christlichen Sittengesetzes gewonnen werden können." *Utz / Groner* I (1954), 276.

[42] Enzyklika *Summi Pontificatus* vom 20. Oktober 1939, 31 AAS (1939) 413 ff.: „Wo die Abhängigkeit des menschlichen Rechts vom göttlichen Recht geleugnet wird, wo man sich nur an die schwankende Idee einer rein irdischen Autorität wendet und eine Eigengesetzlichkeit fordert, die einzig auf dem Standpunkt der Nützlichkeitsmoral steht, dort fehlt einem solchen rein menschlichen Recht gerade bei seinen schwersten Anforderungen die sittliche Kraft — und das nicht ohne Grund ... Es ist wohl richtig, daß eine

III. Naturrecht und Kirche

Relativ breiten Raum in der Naturrechtslehre Pius' XII. nimmt die im gegebenen Zusammenhang bedeutsame Sonderfrage ein, wie das Verhältnis der Kirche und ihrer Lehre zu Naturrechtsfragen beschaffen sei.

1. Die Funktion der Kirche hinsichtlich des Naturrechts

Pius XII. hält das kirchliche Amt zu autoritativen Aussagen über naturrechtliche Fragen berechtigt und verpflichtet[43]. Zur Begründung der kirchlichen Zuständigkeit beruft sich Pius XII. darauf, daß der Rahmen, in dem der Mensch sein ewiges Heil zu wirken habe, nicht nur durch die von Gott ausdrücklich geoffenbarten Gebote *(ius divinum positivum),* sondern auch durch jene Gebote abgesteckt sei, die der Mensch nur aus der Natur entnehmen könne *(ius divinum naturale)*[44]. Die Kirche aber sei die Führerin des Menschen zum ewigen Heil; dies inkludiere, daß sie auch das Recht haben müsse, in naturrechtlichen Fragen

---

Macht, die auf so schwachen und schwankenden Grundlagen ruht, manchmal unter gegebenen Umständen äußere Erfolge erricht, die weniger tiefblikkende Beobachter in Erstaunen setzen können; aber *es kommt dann der Augenblick, wo das unausweichliche Gesetz doch triumphiert, das jedes Werk trifft, das aufgebaut ist auf dem verborgenen oder offenen Mißverhältnis zwischen der Größe des materiellen, äußeren Erfolges und der Schwäche seines inneren Wertes und sittlichen Fundaments.* Und dieses Mißverhältnis besteht immer dann, wenn die Staatsgewalt die Oberhoheit des obersten Gesetzgebers verkennt oder verleugnet; er hat den Staatshäuptern die Gewalt gegeben, und er hat ihrer Gewalt die Grenzen bezeichnet und gezogen." *Utz / Groner* I (1954), 42 f. (Hervorhebung vom Verfasser.)

[43] Radioanprache zum „Tag der Familie", veranstaltet von der katholischen Aktion Italiens, am 23. März 1952, 44 AAS (1952), 270 ff.: „Aber wo findet der [Mensch] leicht und sicher das christliche Sittengesetz? In dem Gesetz, das der Schöpfer dem Herzen eines jeden eingeprägt hat, und in der Offenbarung, d. h. in der Gesamtheit der Wahrheiten und Gebote, die der göttliche Meister gelehrt hat. Beides, das Gesetz, das ins Herz geschrieben ist, d. h. das Naturgesetz, und die Wahrheiten und Gebote der übernatürlichen Offenbarung, hat Jesus, der Erlöser, als den sittlichen Schatz der Menschheit in die Hand seiner Kirche gelegt, damit diese sie allen Geschöpfen verkündige, sie erläutere und sie von einer Generation zur anderen weitergebe, unberührt und vor jeder Entstellung und jedem Irrtum geschützt." *Utz / Groner* I (1954), 1750.

[44] Ansprache an das Kardinalskollegium und den Episkopat anläßlich der feierlichen Verkündigung des Festes „Maria Königin" am 2. November 1954, 46 AAS (1954), 671 ff.: „Die Beobachtung des Naturgesetzes gehört nämlich nach Gottes Anordnung zu dem Weg, auf dem der Mensch seinem übernatürlichen Ziel zustreben soll." *Utz / Groner* III (1961), 4315.

zu entscheiden[45]. Denn auch in ihnen sei der Mensch ja nicht frei, sondern gehalten, das Rechte zu tun und das Unrechte zu lassen; kurzum, es handle sich um eine Frage von gut und bös, nicht-sündigem oder sündigem Verhalten, und für Fragen der Sünde habe sich die Kirche traditionell zuständig betrachtet *(ratione peccati)*[46]. Daher habe kein Katholik das Recht, sich über Äußerungen des kirchlichen Amtes in naturrechtlichen Fragen hinwegzusetzen[47], „soweit deren sittlicher Charakter in Betracht kommt"[47a].

2. *Naturrecht und Lehramt*

Während wir hier systematisierend von Äußerungen des kirchlichen *Amtes* in Fragen des Naturrechts gesprochen haben, die Art des Amtes

---

[45] „Nun aber ist die Kirche auf dem Weg zum übernatürlichen Ziel die Führerin und Hüterin der Menschen. Diesen Standpunkt haben schon die Apostel und nachher, von den ersten Zeiten an, die Kirche immer eingenommen; sie nimmt ihn auch heute ein, und zwar nicht nach Art eines privaten Führers oder Ratgebers, sondern kraft des Auftrags und der Autorität des Herrn." *Ibid.*

[46] Pius XII. bezieht sich hier auf die Enzyklika Pius' X. *Singulari quadam* vom 24. September 1912, 4 AAS (1912), 658, wo es heißt: „Es ist einem Christen, was er auch immer tut, auch im Bereich der irdischen Dinge nicht erlaubt, die übernatürlichen Werte unberücksichtigt zu lassen; er soll im Gegenteil gemäß den Vorschriften der christlichen Weisheit alles auf das höchste Gut als auf sein letztes Ziel einstellen. Alle seine Handlungen, soweit sie sittlich gut oder böse sind, soweit sie also mit dem natürlichen und göttlichen Recht übereinstimmen oder davon abweichen, unterstehen dem Urteil und Rechtsspruch der Kirche." *Ibid.*

[47] Ansprache an das Kardinalskollegium und den Episkopat anläßlich der feierlichen Verkündigung des Festes „Maria Königin" am 2. November 1954, 46 AAS (1954), 671 ff.: „Wenn es sich daher um Vorschriften und Entscheidungen handelt, welche die rechtmäßigen Oberhirten (also der Papst für die gesamte Kirche, die Bischöfe für die ihrer Sorge anvertrauten Gläubigen) in Dingen des Naturgesetzes erlassen, dürfen die Gläubigen sich nicht auf den Satz berufen (der Privatmeinungen gegenüber angewendet zu werden pflegt): ‚Die Autorität gilt nur soweit als ihre Beweise gelten.' Selbst wenn jemandem eine Anordnung der Kirche aus den erbrachten Gründen nicht gerechtfertigt erscheint, bleibt deswegen doch die Verpflichtung des Gehorsams." *Ibid.*

[47a] Nach dieser *ibid.* gemachten Einschränkung unterliegt „der ganze Bereich des Naturgesetzes, dessen Verkündigung, Deutung und Anwendung" der „Gewalt der Kirche" *nicht, ausgenommen soweit deren sittlicher Charakter in Betracht kommt.* Diese Einschränkung ist um so wichtiger, als sie in einem Dokument gemacht ist, das *nach* jenem in Anm. 43 genannten erschienen ist, so daß die dortigen Ausführungen im Lichte dieses zu sehen sind. Es handelt sich bei dieser Einschränkung offenbar um eine Salvationsklausel zugunsten der richtig verstandenen Eigenständigkeit des weltlichen Bereichs, ohne daß Pius XII. allerdings eine nähere Ausführung *dieses* Gedankens gegeben hätte.

also nicht näher spezifizierten, spricht Pius XII. selbst in diesem Zusammenhang (wie überhaupt, wenn es um Belehrung geht) von der kirchlichen *Autorität*[48]. Eine Untersuchung dieses Begriffs zeigt jedoch, daß er von Pius XII. undifferenziert gebraucht wird, nämlich einmal für Äußerungen des kirchlichen Lehramtes i. e. S. — also in Dar- und Auslegung der Offenbarung —, dann wiederum aber auch für Äußerungen des kirchlichen Lehramtes i. w. S., also bei lehrhaften Äußerungen des Hirtenamtes. *Unfehlbarkeit* reklamiert Pius XII. nur für das *kirchliche Lehramt i. e. S.*[49], wobei kein Grund vorliegt anzunehmen, daß er sich in seinen diesbezüglichen Auffassungen von der traditionellen Lehre über Gegenstand[50] und Art[51] dieses Lehramtes unterschieden hätte. Daraus ergibt sich durch Umkehrschluß, daß Pius XII. für das *kirchliche Lehramt i. w. S.*, also für lehrhafte Äußerungen des *Hirtenamtes, keine* Unfehlbarkeit in Anspruch genommen hat[52].

---

[48] Vgl. *ibid.* und *passim.*

[49] Radioansprache zum „Tag der Familie", veranstaltet von der Katholischen Aktion Italiens, vom 23. März 1952, 44 AAS (1952), 270 ff.: „... der göttliche Beistand, der dazu bestimmt ist, die Offenbarung vor Irrtümern und Entstellungen zu bewahren, [ist] der Kirche und nicht den Einzelmenschen versprochen worden ...". *Utz / Groner* I (1954), 1755.

[50] Über den *Gegenstand* des unfehlbahren kirchlichen Lehramts vgl. u. a. die Dogmatische Konstitution über den katholischen Glauben *Dei Filius* des Ersten Vatikanum, Kap. 3: „Porro fide divina et catholica ea omnia credenda sunt, quae in verbo Dei scripto vel tradito continentur et ab Ecclesia sive solemni iudicio sive ordinario et universali magisterio tamquam divinitus revelata credenda proponuntur." *Denzinger / Schönmetzer,* Enchiridion Symbolorum, Definitionum et Declarationum de Rebus Fidei et Morum (33. Aufl. 1965), 3011. *Betti,* „Dottrina della Costituzione dommatica ‚Pastor aeternus'", De doctrina Concilii Vaticani Primi studia selecta annis 1948 - 1964 scripta denuo edita cum centesimus annus compleretur ab eodem inchoata Concilio (1969), 309 ff., weist — im Vergleich der päpstlichen mit der kirchlichen Unfehlbarkeit überhaupt — darauf hin, daß „oggetto dell' infallibilità ... sono tutte e sole le verità in qualunque modo divimamente revelata".

[51] Vgl. *ibid. Dei Filius,* Kap. 3: „... ab Ecclesia sive solemni iudicio sive ordinario et universali magisterio ...". Danach unterscheidet man *außerordentliche* und *ordentliche* Akte des kirchlichen Lehramts i. e. S.; zu den ersteren gehören die Definitionen der ökumenischen Konzilien und die *ex cathedra*-Entscheidungen der Päpste; zu den letzteren alles, was alle Bischöfe für sich allein in ihrem Bereich, aber in Einhelligkeit lehren. Soweit der Bischof von Rom nicht *ex cathedra* spricht, ist auch an seine Äußerungen der für die Unfehlbarkeit des ordentlichen Lehramtes von der Konstitution *Dei Filius* geforderte Maßstab anzulegen, d. h. Übereinstimmung mit der Lehre der übrigen Bischöfe. Nur in diesem Rahmen erhält die Definition der Dogmatischen Konstitution über die Kirche Christi *Pastor aeternus* des Ersten Vatikanum über die Unfehlbarkeit päpstlicher Lehräußerungen *ex cathedra* ihren spezifischen Sinn, die diese Unfehlbarkeit davon abhängig macht, daß der Papst seine Lehräußerung ausdrücklich als *Definition,* also

3. *Naturrecht und Hirtenamt*

Wie begründet dann Pius XII. den Gehorsamsanspruch gegenüber den Äußerungen des kirchlichen Hirtenamtes in naturrechtlichen Fragen, Äußerungen, bei denen zumindest nicht ausgeschlossen werden kann, daß sie einmal einer Revision unterzogen werden? Das Recht, einen solchen Gehorsamsanspruch zu erheben, sieht Pius XII. wohl ausreichend im Worte Jesu niedergelegt: „Wer euch hört, hört Mich[53].“ Wenn es aber Jesus ist, der durch die Hirten der Kirche zu den Gläubigen spricht, wer könnte ihm dann den Gehorsam versagen[54]? Dieser Gehorsam kommt den hirtenamtlichen Äußerungen aller Bischöfe und sonstigen Ordinarien zu, in besonderer Weise aber jenen des Bischofs von Rom als des obersten Hirten der Kirche[55].

als irreformabel deklariert. („... ab universa Ecclesia tenendam definit ...“ *Denzinger / Schönmetzer,* Enchiridion Symbolorum, Definitonum et Declarationum de Rebus Fidei et Morum [33. Aufl. 1965], 3074.) Andernfalls käme diese Unfehlbarkeit nämlich *allen* päpstlichen Lehräußerungen ohne Unterschied zu, was aber der Lehre des Ersten Vatikanum wiederspricht.

[52] Nicht dem Hirten-, sondern dem Lehramt unterfallen selbstverständlich alle jene naturrechtlichen Aussagen, die in der Offenbarung selbst enthalten sind. Dazu vgl. unten, Anm. 122. In *diesem* Sinn sagt Pius XII., daß „[d]er göttliche Erlöser ... seine Offenbarung, zu der die sittlichen Pflichten als wesentlicher Bestandteil gehören, nicht etwa den einzelnen Menschen anvertraut [hat], sondern seiner Kirche, der er den Auftrag gab, die Menschen zu führen, damit sie in Treue jenes heilige Vermächtnis annehmen“. Radioansprache zum „Tag der Familie“, veranstaltet von der Katholischen Aktion Italiens, vom 23. März 1952, 44 AAS (1952), 270 ff. Zit. nach *Utz / Groner* I (1954), 1754.

[53] Luk. 10, 16.

[54] Zweiter Teil der Ansprache an das Kardinalskollegium und den Episkopat anläßlich der feierlichen Verkündigung des Festes „Maria Königin“ am 2. November 1954, 46 AAS (1954), 671 ff.: „... mahnt die Gläubigen: 1. daß Gott in der Kirche Seelenhirten bestellt hat, nicht damit sie der Herde eine Last auferlegen, sondern damit sie für der Herde Wachstum und Gedeihen sorgen und sie schützen; 2. daß durch die Führung und Wachsamkeit der Hirten die wahre Freiheit der Gläubigen gesichert werde; daß sie so bewahrt werden vor der Knechtschaft des Irrtums und des Lasters und stark gemacht werden gegen die Anreize aus dem bösen Beispiel und dem Umgang mit schlechten Menschen, unter denen sie sein und leben müssen; 3. daß sie also gegen die Klugheit und die sich selbst geschuldete Liebe handeln, wenn sie die ihnen sozusagen dargereichte Hand Gottes und seine angebotene sichere Hilfe abweisen“. *Utz / Groner* III (1961), 4320.

[55] „Zur Verbindung und zum Austausch unter den Brüdern im Bischofsamt muß die Verbindung und der lebendige, häufige Austausch mit dem Apostolischen Stuhl kommen. Seit den ältesten Zeiten des Christentums besteht der Brauch, sich an den Apostolischen Stuhl zu wenden nicht nur in Fragen der Glaubenslehre, sondern auch der Verwaltung und der Disziplin.

B. Die Menschenrechte

Bereits einleitend wurde darauf hingewiesen, daß für Pius XII. die Frage der Menschenrechte eine Spezialfrage im Rahmen seiner Naturrechtslehre darstellt[56].

I. Terminologie

Pius XII. spricht, in Übereinstimmung mit der herrschenden Terminologie, von Menschenrechten[57]; daneben kommt noch der Begriff der „Freiheitsrechte“ in kombinierten Termini wie „Rechte und Freiheiten“ vor[58].

II. Systematik

In diesem Zusammenhang ist zuerst auf das Wesen der Menschenrechte in der Sicht Pius' XII. einzugehen und unmittelbar daran anschließend das Verhältnis der Menschenrechte zum Gemeinwohl darzustellen. Schließlich ist für Pius XII. auch die Frage der Beziehung von Kirche und Menschenrechten von Bedeutung, was im nächsten Abschnitt zu behandeln sein wird.

Die alten Geschichtsquellen liefern hiefür Beweise und Beispiele in nicht geringem Umfange. Und die Päpste haben, um ihre Meinung gefragt, nicht als Privattheologen geantwortet, sondern kraft ihrer Autorität, in dem Bewußtsein der von Christus dem Herrn empfangenen Gewalt, über die ganze Herde und jedweden ihrer Teile zu regieren.“ *Ibid.*, 4323.

[56] Vgl. oben, Einführung. — Im übrigen sieht Pius XII. mit den Menschenrechten korrespondierende Pflichten verbunden, wie sich aus seinen Ausführungen in einem Brief an den Bischof von Augsburg vom 27. Juni 1955, 47 AAS (1955), 596 ff., ergibt: „In der Auseinandersetzung mit der neuen Lebensform des materialistischen Ostens behauptet das Abendland, für die Menschenwürde und die Menschenrechte, an erster Stelle für die Freiheit des Einzelnen einzustehen. Es möge aber nicht übersehen, daß die Würde und die Rechte des Menschen — seine persönliche Freiheit ganz besonders — sich gegen ihn wenden, ja daß sie sich selbst aufheben, wenn sie nicht genommen werden in Einheit mit den Bindungen, den Pflichten, mit denen die Ordnung der Natur wie der Gnade sie unlöslich verknüpft hat und die im Gebot Gottes und Gesetz Christi dem Menschen entgegentreten.“ *Utz / Groner* III (1961), 5125. Vgl. auch unten, Anm. 63.

[57] Dies ist der ganz überwiegend verwendete Terminus; vgl. die vorstehende Anm. und *passim* die bei *Utz / Groner* II (1954), S. 2382, und III (1961), S. 3993, im Sachwortverzeichnis gegebenen einschlägigen Fundstellen.

[58] Vgl. etwa die Ansprache an die Verwaltungswissenschaftler vom 5. August 1950, *Utz / Groner* II (1954), 3455: „Außerdem gibt es gewisse Rechte und Freiheiten des Individuums — jedes einzelnen Individuums — oder der Familie, die der Staat stets schützen muß und die die er nicht vergewaltigen oder einem angeblichen Gemeinnutz opfern darf.“

1. Das Wesen der Menschenrechte

Pius XII. betrachtet das Wesen der Menschenrechte unter zwei verschiedenen Gesichtspunkten: einmal von ihrem Ursprung her, dann in ihrem Verhältnis zum Staat.

a) Die Menschenrechte als angeborene Rechte

Pius XII. sieht den Menschen als von Gott mit einer natürlichen Würde begabt[59], die seiner Gottesebenbildlichkeit entspricht[60]. Entsprechend dieser seiner Würde besitzt der Mensch von Natur aus gewisse (sozusagen angeborene) Rechte, die sich letztlich alle als Ausgliederung des fundamentalen Rechtes darstellen, mit allen ihm von Natur aus zur Verfügung stehenden Mitteln seine Vervollkommnung anzustreben[61].

b) Menschenrechte als Freiheitsrechte gegenüber dem Staat

Da der Mensch diese seiner Würde korrespondierenden Rechte direkt von Gott und damit von keiner menschlichen Autorität empfängt, steht es auch keiner solchen menschlichen Autorität zu, ihn im Genuß dieser Rechte ungerechterweise zu behindern[62]. Damit sind zumindest die wichtigsten der heute als Menschenrechte betrachteten Rechte — das Recht auf Gottesverehrung[63], auf freie Familiengründung[64] und Kin-

---

[59] Radiobotschaft an den 77. Deutschen Katholikentag (in Köln) vom 2. September 1956, 48 AAS (1956), 622 ff.: „[Die Kirche] bietet [dem Menschen] Halt, ohne den Menschen in ein totalitäres System zu zwängen, unter voller Achtung seiner mit Geist und Freiheit begabten Natur, der Würde und übernatürlichen Berufung seiner Person." *Utz / Groner* III (1961), 4368.

[60] Vgl. oben, Anm. 12, und unten, Anm. 67.

[61] Ansprache an die Teilnehmer des Ersten Internationalen Kongresses für Privatrecht vom 15. Juli 1950, *Utz / Groner* I (1954), 430: „... die Anerkennung und direkte und indirekte Verwirklichung der angeborenen Menschenrechte ..." Vgl. auch die Enzyklika *Summi Pontificatus* vom 20. Oktober 1939, 31 AAS (1939), 413 ff., die hinsichtlich der „menschlichen Persönlichkeit in der natürlichen Ordnung die Erreichung der leiblichen, geistigen und sittlichen Vollkommenheit", darüber hinaus aber das „Streben nach ihrem übernatürlichen Ziel" fordert. *Ibid.*, 44.

[62] Botschaft an den Katholikentag in Berlin vom 10. August 1952, 44 AAS (1952), 723 ff.: „... die Menschenrechte, bestimmte Rechte des einzelnen und der Familie ... sind ursprünglich und unveräußerlich. Sie sind da vor jeder irdischen Gewalt ...". *Utz / Groner* I (1954), 213.

[63] Radiobotschaft an Pfingsten, 1. Juni 1941, 33 AAS (1941), 195 ff. „Solche persönlichen Rechte und Pflichten sind: das Recht der wahren Gottesverehrung ..." *Utz / Groner* I (1954), 515.

dererziehung[65] sowie auf Eigentum jedenfalls in jenem Ausmaß, das die Freiheit der eigenen Entfaltung sichert,[66] — als *vorstaatliche Freiheitsrechte* anzusehen, in die der Staat mangels entsprechender Kompetenz nicht eingreifen darf[67]. Dabei versteht Pius XII. den Begriff der vorstaatlichen Rechte allerdings durchaus nicht in einem historischen Sinn, als wenn der Einzelne erst zu irgend einem Zeitpunkt der gesellschaftlich-politischen Entwicklung in einem *Gesellschaftsvertrag*[68] sich

---

[64] „... das Recht zur Ehe; das Recht der Ehegatten, des Familienvaters und der Familienmutter auf Führung des ehelichen und häuslichen Lebens ...". *Ibid.*

[65] In seiner Ansprache an die Teilnehmer des Zweiten Nationalkongresses des Verbandes Katholischer Mittelschullehrer Italiens vom 4. September 1949, *Utz / Groner* I (1954), 1663 ff., erklärte Pius XII. das Recht der Familie auf Erziehung zu „einer der grundlegenden menschlichen Freiheiten". *Ibid.*, 1668.

[66] Apostolisches Mahnwort *Menti Nostrae* über die Heiligkeit des Priesterlebens an den Klerus der gesamten katholischen Welt vom 23. September 1950, 42 AAS (1950), 696 f.: „Die Kirche hat in der Tat nicht nur die Mißbräuche des Kapitals und des Eigentumsrechtes selbst gebrandmarkt, ... sie hat auch gelehrt, daß Kapital und Eigentum der Produktion dienen müssen zum Nutzen der ganzen Gesellschaft, wie auch zur Erhaltung und Entfaltung persönlicher Freiheit und menschlicher Würde." *Utz / Groner* II (1954), 2832. Vgl. auch die Weihnachtsbotschaft vom 23. Dezember 1956, 49 AAS (1957), 5 ff.: „Die Religion und die Wirklichkeit der Vergangenheit lehren ..., daß die sozialen Gebilde, wie Ehe und Familie, Gemeinde und berufliche Gemeinschaft, und die im persönlichen Eigentum begründete soziale Einheit wesentliche Zellen sind, welche die Freiheit des Menschen und damit seine Rolle in der Geschichte sichern. Sie sind daher unantastbar, und ihr wesentlicher Kern kann keiner willkürlichen Revision unterworfen werden." *Ibid.*, III (1961), 4399.

[67] „Den Staat als Endziel betrachten zu wollen, dem einfach alles unterzuordnen und zuzuweisen sei, würde schließlich einer wahren und dauerhaften Wohlfahrt der Völker schaden." Enzyklika *Summi Pontificatus* vom 20. Oktober 1939, 31 AAS (1939), 413 ff.; *Utz / Groner* I (1954), 46. Vgl. auch die Botschaft an den Katholikentag in Berlin vom 10. August 1952, 44 AAS (1952), 723 ff. „... die Menschenrechte ... sind da ... vor der Staatsmacht. Der Staat ist berufen, sie anzuerkennen und zu schützen ...". *Ibid.*, 213. Vgl. schließlich die Ansprache an US-amerikanische Kongreßmitglieder vom 4. Dezember 1949, *Utz / Groner* I (1954), 362 ff., auf 362 f.: „... daß die unsterbliche Seele des Menschen, erschaffen nach dem Bild ihres Schöpfers, ihm eine angeborene Würde und Rechte verleihe, die keine irdische Macht unerlaubterweise antasten darf. Eine solche Lehre mußte einem Nero und jedem Despoten durch die Jahre nach ihm revolutionär erscheinen. Sie rief das Bewußtsein ins Leben, daß der Mensch unabhängig vom Staat gewisse Freiheiten besitzt".

[68] Der Begriff des Gesellschaftsvertrags stammt der Sache nach nicht erst von *Rousseau* (Du contrat social ou principe du droit politique [1762]), sondern durchzieht wie ein roter Faden die Staatslehre der Neuzeit. Vgl. dazu *Verdross*, Rechtsphilosophie (2. Aufl. 1963), 109 ff., sowie *Ermacora*, Allgemeine Staatslehre (1970), 90 ff.

dem Staat unter Vorbehalt bestimmter Freiheitsrechte unterworfen hätte[69]; für Pius XII. gehen diese Freiheitsrechte dem Staate vielmehr *logisch* vor, unabhängig davon, in welcher Weise der Staat im einzelnen gegründet worden sein mag[70].

2. *Das Verhältnis der Menschenrechte zum Gemeinwohl*

Unter diesen Umständen gibt es für Pius XII. auch keinen Konflikt zwischen dem Anspruch des Einzelnen auf Genuß dieser seiner Freiheitsrechte einerseits und den Forderungen des Gemeinwohls andererseits[71]. Das *Gemeinwohl* ist ja nicht ein unabhängig vom Wohl des Einzelnen bestehendes Wohl der staatlichen Gemeinschaft, sondern *das allen Gliedern* dieser Gemeinschaft *gemeinsame Wohl*[72]. Da dieses Wohl aber nichts anderes ist als das Gut einer *gerechten Friedensordnung,* die es jedem ermöglicht, sich selbst zu verwirklichen und so seine Ver-

---

[69] Wie wir dies vor allem bei *Locke* konzipiert finden. Vgl. dazu dessen Two Treatieses of Government (1690), vor allem den zweiten Teil des Werks, sowie *Verdross,* Abendländische Rechtsphilosophie (2. Aufl. 1963), 122 ff. und die dort angegebene Literatur.

[70] Pius XII. geht vom Staat als von einem sozio-politischen Faktum aus, der notwendig „auf der sittlichen Weltordnung gründet". Brief an Charles Flory, den Vorsitzenden der 41. Sozialen Woche Frankreichs (Rennes), vom 14. Juli 1954, L'Osservatore Romano vom 21. Juli 1954, *Utz / Groner* II (1954), 4302. Vgl. auch die Ansprache an Vertreter der italienischen Filmindustrie vom 28. Oktober 1955, 47 AAS (1955), 816 ff.: „Der Staat ist nicht weniger natürlichen Ursprungs als die Familie. Das heißt, er ist im Kern eine vom Schöpfer gewollte und gegebene Einrichtung. Dasselbe gilt von seinen wesentlichen Bestandteilen, wie der Staatsgewalt und der Autorität, die aus der Natur und aus Gott hervorgehen." *Ibid.* III (1961), 5270.

[71] Ansprache an die Teilnehmer des Ersten Internationalen Kongresses für Privatrecht vom 15. Juli 1950, *Utz / Groner* I (1954), 419 ff., auf 430: „... die Anerkennung und direkte und indirekte Verwirklichung der angeborenen Menschenrechte, die, sofern sie der menschlichen Natur innewohnen, stets mit dem Allgemeinwohl in Einklang stehen. Ja sie sind es gerade, die als wesentliche Elemente dieses Gemeinwohls aufgefaßt werden müssen, woraus folgt, daß es Pflicht des Staates ist, sie zu schützen und zu fördern, und daß sie in keinem Fall einer angeblichen Staatsräson geopfert werden dürfen."

[72] Zu dieser Frage vgl. jüngst grundlegend *Verdross,* „Der klassische Begriff des ‚bonum commune' und seine Entfaltung zum ‚bonum commune humanitatis'", 28 ÖZöRV (1977), 143 ff., der die Entwicklung der Lehre vom Gemeinwohl von *Platon* über *Aristoteles* und *Augustinus* bis zu ihrer grundlegenden Entfaltung bei *Thomas von Aquin* darstellt (Summa theologiae, Secunda Secundae, qu. 58, art. 9, ad 3, und *passim*). Vgl. auch die dort angegebene umfangreiche Literatur.

vollkommnung anzustreben[73], während andererseits die genannten vorstaatlichen Freiheitsrechte des Menschen eben diesem Ziele dienen, werden nach Pius XII. die *Menschenrechte* zu einem *Gegenstand des Gemeinwohls selbst* und können daher mit dem wahren, d. h. richtig verstandenen Gemeinwohl nicht in Konflikt kommen[74].

Es versteht sich nach dem bisher Gesagten von selbst, daß Pius XII. nicht alle jene Rechte, die man seit der Erstellung von Grundrechtskatalogen im Zeitalter des Liberalismus[75] als „Grund- und Freiheitsrechte" anzusprechen gewohnt ist (die sog. bürgerlichen und politischen Freiheiten)[76], unter seinen Begriff der Menschenrechte subsumieren würde; ihm geht es stets nur um die *fundamentalsten* Menschenrechte. Dies zeigt sich unter anderem auch darin, daß Pius XII. zwar aufgrund der Erfahrungen mit den totalitären Regimen in Deutschland, der Sowjetunion und (wohl mit Einschränkungen) auch in Italien der Demokratie mit vorsichtigem Optimismus gegenüberstand[77], eine demokratische Re-

[73] Brief an den Präsidenten der Vereinigten Staaten, Truman, vom 26. August 1947, 39 AAS (1947), 380 ff.: „Auch die bürgerliche Gesellschaft ist göttlichen Ursprungs und in der Natur selbst angelegt. Doch ist sie dem Menschen nachgeordnet und hat den Sinn eines Mittels, ihn bei der rechtmäßigen Ausübung seiner gottgeschenkten Rechte zu schützen und zu unterstützen. Wenn der Staat einmal unter Ausschluß Gottes sich selbst zur Quelle der Rechte der menschlichen Person gemacht hat, so ist der Mensch damit zu einem Sklaven oder zu einer rein bürgerlichen Ware herabgewürdigt, um für die selbstsüchtigen Zwecke einer Gruppe, die zufällig an der Macht ist, ausgebeutet zu werden. Die Ordnung Gottes ist umgekehrt." *Utz / Groner* II (1954), 3763.

[74] Botschaft an den Katholikentag in Berlin vom 10. August 1952, 44 AAS (1952), 723 ff.: „... vor allem die Menschenrechte, bestimmte Rechte des einzelnen und der Familie. Sie sind ursprünglich und unveräußerlich ... Sie können auch nie dem Gemeinwohl geopfert werden, weil sie gerade wesentlicher Bestandteil desselben sind". *Utz / Groner* I (1954), 213.

[75] Vgl. dazu *Ermacora,* Allgemeine Staatslehre (1970), 391.

[76] Wie wir sie heute auch international zusammengefaßt finden in der Europäischen Menschenrechtskonvention aus 1950, UNTS CCXIII, 221 ff., *Berber,* Völkerrecht — Dokumentensammlung I (1967), 955 ff., sowie im *Covenant on Civil and Political Rights* der Vereinten Nationen aus 1966, 61 AJIL (1967), 870 ff.

[77] Vgl. die Radiobotschaft an die Welt vom 24. Dezember 1944, 37 AAS (1945), 10 ff.: „... die Völker selbst [sind] ... im grellen Schein des Krieges, der ihre Augen schmerzt, in der kochenden Glut des Feuerofens, in dem sie eingeschlossen sind, wie von einer langen Betäubung erwacht. Sie haben gegenüber dem Staat, gegenüber den Staatsmännern eine neue fragende, kritische, mißtrauische Haltung angenommen. Durch bittere Erfahrungen belehrt, widersetzen sie sich mit größerem Nachdruck den ausschließlichen Befugnissen einer diktatorischen, unkontrollierbaren und unantastbaren Macht und fordern ein Regierungssystem, das mehr im Einklang steht

gierungsform aber durchaus nicht als von der Würde des Menschen her unbedingt gefordert ansah und sich in der Praxis auch mit nicht-demokratischen Regimen arrangieren konnte[78]. Maßgeblich für eine Ablehnung oder Akzeptierung eines bestimmten Regimes war für Pius XII. nicht die *formale* Frage, wie dort das Recht zustandekäme, sondern die *materielle* Frage, ob es sich um inhaltlich „gutes" Recht handle[79].

Bei dem engen Menschenrechtsbegriff Pius' XII. nimmt es nicht wunder, daß er soziale Grundrechte nicht formell unter die Menschenrechte gezählt hat. Dagegen zeigt sein vielfaches Eintreten für soziale Gerechtigkeit[80], daß Pius XII. der Sache nach auch soziale Grundrechte anerkannt hat, eben weil er soziale Gerechtigkeit mit der Würde des Menschen untrennbar verbunden sah[81].

---

mit der Würde und Freiheit der Bürger ... Ist es bei einer solchen Verfassung der Gemüter vielleicht zu verwundern, wenn die Neigung zur Demokratie die Völker ergreift und weithin Unterstützung und Zustimmung derer findet, die wirksamer mitarbeiten möchten an den Geschicken der einzelnen und der Gemeinschaft"? *Utz / Groner* II (1954), 3469 f.

[78] Dies zeigt am klarsten der Abschluß des Konkordats mit Spanien vom 27. August 1953, 45 AAS (1953), 625 ff. Vgl. dazu *Köck*, Die völkerrechtliche Stellung des Heiligen Stuhls (1975), 328, und die dort, Anm. 61, angegebene Literatur. — In der Theorie bezog sich Pius XII. dabei auf seinen Vorgänger Leo XIII., der in seiner Enzyklika *Libertas* vom 20. Juni 1888, 20 ASS (1887/88), 593 ff., Acta Leonis XIII VIII, 212 ff., darauf hingewiesen habe, „daß die Kirche keine von den verschiedenen Regierungsformen ablehnt ..." *Utz / Groner* II (1954), 3471.

[79] „... vorausgesetzt, daß sie in sich geeignet sind, dem Wohl der Bürger zu dienen". *Ibid.*

[80] Aus den im Sachwortverzeichnis bei *Utz / Groner* II (1954), S. 2408 f., und III (1961), S. 4003, gegebenen sehr zahlreichen Verweisungen sei nur ein grundlegendes Statement herausgehoben, das Pius XII. über das Verhältnis der Kirche zur sozialen Frage in seiner Radiobotschaft an den 77. Deutschen Katholikentag in Köln vom 2. September 1956, 48 AAS (1956), 622 ff., gemacht hat: „Eine Kirche, die von sich sagt, daß sie das über die Völker emporragende Zeichen sei, wird man heute fragen nach ihrem Beitrag zur Schaffung der sozialen Ordnung ... Die Kirche hielt ... wahrlich die Augen nicht verschlossen vor der abgründigen sozialen Unordnung, die das Zeitalter der Technik und des Kapitalismus brachte. Daß sie allein die soziale Frage lösen könnte, hat sie nie vermeint. Sie darf aber erhobenen Hauptes hinweisen auf die Werte, die sie zu deren Lösung bereitgestellt hat und bereithält. Ein solcher Wert ist ihre Soziallehre, bis zum letzten orientiert am Naturrecht und am Gesetz Christi. Sie hat sich bewährt und als sehr fruchtbar erwiesen ..." *Utz / Groner* III (1961), 4369 f.

[81] Vgl. dazu die Ausführungen Pius' XII. in seiner Ansprache an Arbeiter aus Anlaß der jährlichen Gedenkfeier von *Rerum novarum* vom 14. Mai 1953, 45 AAS (1953), 402 ff., *Utz / Groner* II (1954), 3233 ff., auf 3238 ff., wo mehrmals die soziale Gerechtigkeit als Voraussetzung dafür genannt wird, „um auf Erden ein menschenwürdiges Christenleben zu führen". *Ibid.*, 3238.

III. Kirche und Menschenrechte

Nach Pius XII. war die Kirche stets eine Vorkämpferin richtig verstandener Menschenrechte[82]. Insoweit sie stets für sich die Freiheit in Anspruch nahm, unabhängig von staatlichem Einfluß das Evangelium Jesu Christi zu verkündigen[83], und für den Einzelnen die Freiheit forderte, sein Heil diesem Evangelium gemäß zu wirken, hat sie in ihrer Lehrtätigkeit den Freiheitsraum des Menschen gegenüber dem Staat im Hinblick auf das wichtigste Menschenrecht, das der Religionsausübung allein und in Gemeinschaft mit anderen, theoretisch und praktisch grundgelegt[84].

Auch in der Gegenwart fördert die Kirche die Menschenrechte, und zwar *direkt,* indem sie überall für diese eintritt, wo sie verletzt oder vorenthalten werden, aber auch *indirekt,* indem sie nicht aufhört, auf die Notwendigkeit hinzuweisen, das Leben des Einzelnen wie der Gesellschaft und des Staates nach den Normen des Naturrechts auszurichten[85]; eine Verwirklichung dieser naturrechtlichen Ordnung würde aber eine Sicherung der Menschenrechte in sich schließen[86].

---

[82] Ansprache an die Teilnehmer des Internationalen Kongresses für humanistische Studien vom 25. September 1949, 41 AAS (1949), 555 ff.: „Gerade ihr christlicher Begriff von der Welt hat die Kirche im Aufbau [ihrer Soziallehre] auf einem solchen Fundament [nämlich dem Naturrecht; Anm. des Verf.] angeregt und gestützt. Die Kämpfe, die sie führt, um ihre eigene Freiheit zu erlangen oder zu verteidigen, sind ebenso geführt für die wahre Freiheit und für die Grundrechte der Menschen." *Utz / Groner* I (1954), 359.

[83] Radiobotschaft an den 77. Deutschen Katholikentag (Köln) vom 2. September 1956, 48 AAS (1956), 622 ff.: „Die katholische Kirche nötigt niemand, ihr zuzugehören. Sie verlangt jedoch für sich die Freiheit, nach ihrer Verfassung und ihrem Gesetz im Lande leben, ihre Gläubigen betreuen und die Botschaft Jesu Christi offen verkündigen zu können." *Utz / Groner* III (1961), 4373.

[84] Ansprache an US-amerikanische Kongressmitglieder vom 4. Dezember 1949, *Utz / Groner* I (1954), 363: „Eine solche Lehre ... war ohne Zweifel revolutionär ... Aber es war eine Revolution, welche die Menschen in Ordnung, nicht durcheinanderbrachte. Und keine Politik ... kann Menschenrechte schützen und Menschenfrieden mit wahrer Freiheit verbürgen, wenn sie ihre Eingebungen nicht aus derselben Wahrheit schöpft und sich leiten läßt vom Geiste ihrer allumfassenden Liebe."

[85] Ansprache an die Teilnehmer des Zehnten Internationalen Historiker-Kongresses vom 7. September 1955, 47 AAS (1955), 672 ff.: „[Die Kirche] hat ... regelmäßig in den Bereich des öffentlichen Lebens eingegriffen, um das rechte Gleichgewicht zwischen Pflichten und Schuldigkeiten einerseits und Rechten und Freiheiten andererseits zu gewährleisten. Die politische Gewalt hat niemals über einen vertrauenswürdigeren Anwalt verfügt als die katholische Kirche; denn die Kirche begründet die staatliche Gewalt mit dem Willen des Schöpfers und dem Gebot Gottes. Gerade deswegen, weil die

In diesem Sinn sieht Pius XII. die Kirche als die kompetente Lehrerin der Lebensordnung des Menschen, die aufgrund der Offenbarung und des Naturrechts dem Einzelnen wie den Gemeinschaften den rechten Weg weist und dadurch gleichzeitig zum berufensten Verteidiger wahrer Menschenwürde und Menschenrechte wird[87].

C. Bewertung

I. Die allgemeine Bedeutung Pius' XII. für die Lehre von Naturrecht und Menschenrechten

Pius XII. hat wie kein anderer Papst vor ihm die Stimme erhoben, um zu allen nur denkbaren[87a] Fragen des menschlichen Lebens, der

---

Kirche der öffentlichen Gewalt einen religiösen Wert beimißt, hat sie sich entschieden gegen die Willkür des Staates und die Tyrannei in jeder Form gewandt." *Utz / Groner* III (1961), 5901.

[86] Rundfunkbotschaft vom 1. September 1944, 36 AAS (1944), 249 ff.: „... eine aufrichtige und wirksame Zusammenarbeit auf allen jenen Gebieten, wo die Schaffung besserer rechtlicher Zustände gerade auch vom christlichen Standpunkt aus als ganz besonders geboten erscheint. Das gilt vorzüglich für den ganzen Komplex von ungeheuren Problemen, die sich beziehen auf die Errichtung einer Wirtschafts- und Gesellschaftsordnung, die dem ewigen Gottesgesetz mehr entsprechen und mit der Menschenwürde in besserem Einklang stehen." *Utz / Groner* I (1954), 730. Vgl. auch nochmals die Ansprache an die Teilnehmer des Zehnten Internationalen Historiker-Kongresses vom 7. September 1955, 47 AAS (1955), 672 ff., wo sich Pius XII. auf Leos XIII. Enzyklika *Immortale Dei* vom 1. November 1885, Acta Leonis XIII V (1886), 142, beruft: „Alles, was im Staat das allgemeine Wohl kräftig zu fördern vermag: erprobte Vorkehrungen gegen die Willkür der Staatslenker, die für das Volk schlecht sorgen: Sicherungen gegen unbefugte Eingriffe der obersten Staatsgewalt in die Verhältnisse der Gemeinden und Familien; Schutzmaßnahmen zugunsten der menschlichen Persönlichkeit und der bürgerlichen Rechtsgleichheit hat die katholische Kirche teils eingeführt, teils begünstigt oder stets behütet." *Utz / Groner* III (1961), 5901.

[87] „Die Kirche möchte Menschen heranbilden, ‚festgefügt in ihrer unverletzlichen Ganzheit als Ebenbilder Gottes, ihrer persönlichen Würde und gesunden Freiheit stolz bewußte Menschen, Menschen, die in dem, was das Innerste der Menschenwürde ausmacht, zu Recht auf Ebenbürtigkeit mit ihren Mitmenschen halten, in ihrem Boden und in ihrer Tradition fest verankerte Menschen' ..." *Ibid.*, 5899, mit Zitierung Pius' XII. eigener Ansprache vom 20. Februar 1946 aus Anlaß der Kreierung neuer Kardinäle, 38 AAS (1946), 141 ff., auf 147; *Utz / Groner* II (1954), 4102.

[87a] Pius XII. hat es ebensowenig unterlassen, die Inhaber von Bahnhofsbuchhandlungen auf die hohe Bedeutung des Einflusses aufmerksam zu machen, den sie auf die öffentliche Sittlichkeit ausüben könnten (Ansprache an den Bahnhofsbuchhändlerkongreß vom 2. Oktober 1958, *Utz / Groner* III [1961], 5114), wie die unersetzbare Tätigkeit des Notars, vor allem in der Feststellung der Parteien und im Hinblick auf die Schwierigkeiten bei der

menschlichen Arbeit, der menschlichen Gemeinschaft Stellung zu nehmen. Er hat sich daher auch zu den Fragen von Naturrecht und Menschenrechten ausführlich geäußert.

Die Wichtigkeit der einschlägigen Aussagen Pius' XII. liegt aber weniger in dieser Ausführlichkeit, sondern in der Tatsache, daß Pius XII. zu einer Zeit für eine gesunde, den Forderungen der menschlichen Natur entsprechende Ordnung der Gesellschaft[88], des Staates[89] und der Völkergemeinschaft[90] eingetreten ist, als die Verwirklichung dieser von ihm immer wieder geforderten Ordnung in weite Ferne gerückt schien. Pius XII., noch vor Ausbruch des Krieges in Europa zum Papst ge-

---

Aufstellung von Aktenstücken, herauszustreichen (Ansprache an die Teilnehmer des Fünften Internationalen Kongresses für Lateinisches Notariatswesen vom 5. Oktober 1958, *Utz / Groner* III [1961], 5864 ff., auf 5867 f.). Selbst die Bienenzüchter wies er auf die sozialen Lehren hin, welche die Bienen den Menschen erteilen (Ansprache an italienische Imker vom 27. November 1947, *Utz / Groner* I [1954], 292 ff., auf 296 ff.).

[88] Rundfunkbotschaft vom 1. September 1944, 36 AAS (1944), 249 ff.: „Eine alte Welt liegt in Trümmern. Aus den Ruinen so bald wie möglich eine neue Welt aufsteigen zu sehen, eine gesündere, eine rechtlich besser geordnete, eine Welt, die mit den Forderungen der Menschennatur mehr im Einklang steht: das ist die brennende Sehnsucht der gequälten Völker." *Utz / Groner* I (1954), 726.

[89] Rundfunkbotschaft zu Weihnachten vom 24. Dezember 1941, 34 AAS (1942), 10 ff.: „Was nach dem heißen Wunsch aller Völker aus den Prüfungen und Trümmern dieses Krieges als neue Ordnung hervorgehen soll, muß aufgebaut sein auf der unverrückbaren Grundlage jenes Sittengesetzes, das vom Schöpfer selbst durch die Ordnung der Natur erlassen und unaustilgbar in die Herzen der Menschen geschrieben ist. Die Einhaltung dieses Sittengesetzes muß von der öffentlichen Meinung aller Nationen und aller Staaten so einmütig und nachdrücklich gefordert werden, daß niemand es wagen kann, seine Verbindlichkeit zu bestreiten oder zu verletzen. Wie ein Leuchtturm muß das göttliche Sittengesetz mit dem Strahl seiner Grundsätze allen menschlichen und staatlichen Bemühungen die Richtung weisen." *Utz / Groner* II (1954), 3790 f.

[90] Enzyklika *Summi Pontificatus* vom 20. Oktober 1939, 31 AAS (1939), 413 ff.: „Soll es ... ein dauernd friedliches Nebeneinander und fruchtbringende Verbindung von Land zu Land geben, so ist dafür unerläßliche Voraussetzung, daß die Völker das die internationalen Beziehungen unterbauende Naturrecht anerkennen und danach handeln, durch das allein jene Verbindungen bestehen und sich auswirken können ... Wollte man jedoch das Völkerrecht vom göttlichen Recht loslösen, um es auf den unabhängigen Willen der Staaten aufzubauen, so würde man es dadurch entthronen und ihm die vornehmste und stärkste Verankerung nehmen, um es der unseligen Dynamik privater Interessen und kollektiver Selbstsucht zu überantworten, die beide nur mehr die eigenen Rechte auf Kosten der Rechte anderer zur Geltung bringen wollen." *Utz / Groner* I (1954), 55 und 57. — Zu den Lehren Pius' XII. über die Völkergemeinschaft vgl. im übrigen ausführlich den Beitrag von *Verdross* in *diesem Sammelband.*

wählt[91], ist schon zu Beginn seines Pontifikats mit dem Hinweis, daß sich alle Konflikte, auch jene zwischen den Völkern, auf der Grundlage der Gerechtigkeit einer für alle Menschen guten Willens befriedigenden Lösung zuführen lassen[92], für die Stärkung des Friedens eingetreten. Während des Zweiten Weltkriegs hat er immer wieder die Parteien ermahnt, dem Blutvergießen ein Ende zu machen und gemeinsam eine der natürlichen Gerechtigkeit entsprechende Ordnung zu errichten[93]. Gleichzeitig hat er die Verletzung der Menschenrechte in verschiedenen Staaten mehrfach verurteilt und darauf hingewiesen, daß eine staatliche Ordnung, die von Grundsätzen beherrscht sei, die der Würde des Menschen zuwiderliefen, keinen Bestand haben könne[94]. Schließlich

---

[91] Vgl. „Papst Pius XII. (1939 - 1958). Eine Dokumentation seines Pontifikates", 13 Herder-Korrespondenz (Orbis Catholicus) (1958/59), 57 ff., auf 57. Vgl. auch *Leiber*, „Pius XII.", LTK VIII (2. Aufl. 1963), Sp. 542.

[92] Radioansprache an die Regierungen und Völker vom 24. August 1939, 31 AAS (1939), 333 ff.: „Nur durch die Macht der Vernunft, nicht der Waffen, wird sich die Gerechtigkeit eine Bahn schaffen. Die Reiche, die nicht auf dem Fundament der Gerechtigkeit gründen, sind nicht von Gott gesegnet. Eine moralfreie Politik verrät ihre eigenen Urheber. Unmittelbar droht die Gefahr, aber noch ist es Zeit. Nichts ist mit dem Frieden verloren. Aber alles kann mit dem Krieg verloren sein. Mögen sich die Menschen wieder verständigen. Mögen sie wieder Verhandlungen aufnehmen. Verhandeln sie mit gutem Willen und unter Beachtung der beiderseitigen Rechte, so werden sie feststellen, daß aufrichtigen und tatkrätigen Bemühungen niemals ein ehrenhafter Erfolg versagt bleibt." *Utz / Groner* II (1954), 3551.

[93] Vgl. die Rundfunkbotschaft zu Weihnachten, 24. Dezember 1941, 34 AAS (1942), 10 ff.: „In bitterer Kriegsnot, gequält von Euren Qualen, gepeinigt von Eurem Leid, lebend wie Ihr unter dem Alpdruck einer Plage, die nun schon im dritten Jahre die Menschheit zerfleischt, möchten Wir am Vorabend des großen Festes bewegten Herzens Unser Vaterwort an Euch richten ... Das Unglück dieses Krieges ist zu groß, als daß die Menschheit es sich leisten könnte, ihm noch das schlimmere Unheil eines verfehlten Friedens folgen zu lassen ... Wir bestehen darum auch heute, in Ergänzung und Zusammenfassung dessen, was Wir bei anderer Gelegenheit dargelegt haben, auf [den] wesentlichen Voraussetzungen einer Ordnung zwischen den Völkern, die ihnen allen einen gerechten und dauerhaften Frieden sichern und fruchtbar werden kann zur allgemeinen Wohlfahrt." *Utz / Groner* II (1954), 3776, 3788 und 3791. — Vgl. in diesem Zusammenhang allgemein zu den Friedensbemühungen Pius' XII. *Duclos,* Le Vatican et la seconde guerre mondiale. Action doctrinale et diplomatique en faveur de la paix (1955), und das unten, Anm. 101, genannte Werk.

[94] Vgl. etwa die Ansprache an das Kardinalskollegium vom 2. Juni 1943, 35 AAS (1943), 165 ff.: „Wundert Euch nun nicht, geliebte Brüder und Söhne, wenn Wir mit besonders inniger und bewegter Anteilnahme den Bitten derjenigen Gehör schenken, die sich mit angsterfülltem Herzen flehend an Uns wenden. Es sind dies diejenigen, die wegen ihrer Nationalität oder wegen ihrer Rasse von größerem Unheil und stechenderen und schwereren Schmerzen gequält werden und auch ohne eigene Schuld bisweilen Einschränkungen

ist Pius XII. auch nach Beendigung des Krieges und angesichts des Aufbrechens der Kluft zwischen Ost und West und des neuerlichen Zerfalls der Welt in zwei feindliche Lager nicht müde geworden, zu einer Besinnung auf die von Gott gewollte natürliche Ordnung der Menschheit — sei es im Rahmen der internationalen Gemeinschaft[95], sei es in dem des Staates[96] — aufzurufen[97]. Er ist dabei durchaus nicht in den unangreif-

---

unterworfen sind, die ihre Ausrottung bedeuten. Die Lenker der Völker mögen nicht vergessen, daß derjenige (um ein Wort der Heiligen Schrift zu gebrauchen], der ‚das Schwert trägt', über Leben und Tod der Menschen nur gemäß dem Gesetz Gottes, von dem sich alle Macht herleitet, verfügen kann!" *Utz / Groner* II (1954), 3723. Vgl. auch nochmals die Rundfunkbotschaft zu Weihnachten, 24. Dezember 1941, 34 AAS (1942), 10 ff.: „Im Rahmen einer sittlich begründeten Ordnung ist kein Platz für die offene oder getarnte Unterdrückung der den nationalen Minderheiten zustehenden kulturellen und sprachlichen Eigenart, für Verhinderung oder Einschränkung ihrer wirtschaftlichen Wirkungsmöglichkeiten, für die Beschränkung oder Verhinderung ihrer natürlichen Fruchtbarkeit." *Ibid.*, 3793. „Im Rahmen einer sittlich begründeten ... Ordnung ist kein Platz für Verfolgung von Religion und Kirche ..." *Ibid.*, 3799.

95 Ansprache an die Mitglieder der Pax Christi-Bewegung vom 13. September 1952, 44 AAS (1952), 818 ff.: „Ihr wähltet zum Gegenstand des Studiums für Euren Kongress den ‚kalten Krieg'. Dessen gerechte sittliche Beurteilung wird analog dieselbe sein wie die des Krieges nach Natur- und Völkerrecht. Der Angriff in der Form des ‚kalten Krieges' ist sittlich unbedingt zu verwerfen ... Kein Staat und keine Staatengruppe darf es ruhig hinnehmen, politisch in die Enge getrieben und wirtschaftlich ruiniert zu werden. Sie sind dem Allgemeinwohl ihrer Völker die Abwehr schuldig. Das Ziel der Abwehr ist es, den Angriff zum Stehen zu bringen und zu erreichen, daß die politischen und wirtschaftlichen Maßnahmen sich dem formellen Rechtszustand des Friedens zwischen Angreifer und Angegriffenen ehrlich und vollkommen angleichen." *Utz / Groner* II (1954), 3884.

96 Ansprache an neun Mitglieder des amerikanischen Repräsentantenhauses, die das Komitee für zwischenstaatlichen und Außenhandel bildeten, vom 30. September 1947, *Utz / Groner* II (1954), 3437 f., auf 3437: „... die Bedeutung der Regierung und die schwere Verantwortung, die auf jenen lastet, denen die Pflicht obliegt, eine Nation zu regieren. Die Kunst, richtig zu regieren, ist für die menschliche Natur nie leicht zu erlernen gewesen. Die Ausnützung des Volkes zugunsten eines einzelnen oder einer Gruppe bedeutet eine Versuchung für ehrgeizige und gewissenlose Menschen. Aber das heißt nicht regieren. Neros Despotismus war keine Regierung, sondern Unterdrückung. Eine rechte Regierung anerkennt die Begrenzung ihrer Macht durch die grundlegenden menschlichen Freiheiten derer, die regiert werden."

97 „Was recht ist für eine einzelne Nation, gilt auch für die größere Familie der Nationen, die besonders heute einer engen Zusammengehörigkeit und gegenseitigen Abhängigkeit voneinander nicht ausweichen können. Die gerechte und billige Ausübung rechtsmäßiger Regierung hält einen Schlüssel für den Frieden der Welt in der Hand." *Ibid.*, 3438. Zur Interdependenz der Staaten vgl. im übrigen *Zemanek*, „Zwischenabhängigkeit", Wörterbuch des Völkerrechts III (2. Aufl. 1962), 896 f.

baren Höhen abstrakter Grundsätze geblieben, sondern sehr konkret auf die verschiedenen Ansätze, durch die Schaffung bzw. Neugestaltung zwischenstaatlicher Institutionen auf weltweiter[98] und regionaler[99] Ebene eine solche Ordnung zu verwirklichen, eingegangen und hat ihre Ergebnisse auch kritisch beleuchtet[100]. Er ist so der *hohen Aufgabe* des *Hl. Stuhls,* als moralisches Zeichen, als *Gewissen der Welt* in der Welt für die Welt zu sein, in hervorragender Weise nachgekommen[101].

---

[98] Rundfunkbotschaft vom 1. September 1944, 36 AAS (1944), 249 ff.: „Schon in unserer Weihnachtsbotschaft von 1939 erklärten Wir als wünschenswert die Schaffung von internationalen Organisationen, welche unter Vermeidung der Mängel und Schwächen der Vergangenheit tatsächlich imstande wären, den Frieden nach den Grundsätzen der Gerechtigkeit gegen jedwede Bedrohung in der Zukunft zu erhalten. Nachdem nun heute, nach so vielen fürchterlichen Erfahrungen, der Wunsch nach einem neuen derartigen allgemeinen Friedensinstitut die Aufmerksamkeit und Sorge der Staatsmänner und der Völker immer mehr auf sich lenkt, geben Wir gern Unserem Wohlgefallen über diesen Plan Ausdruck und wünschen, seine konkrete Verwirklichung möge wahrhaft in weitestem Maße der Höhe des Ziels entsprechen, das in der Erhaltung der Ruhe und Sicherheit in der Welt zum Vorteil aller besteht." *Utz / Groner* I (1954), 743.

[99] Ansprache an Mitglieder der Delegation des Zweiten Internationalen Kongresses der Europäischen Union der Föderalisten vom 11. November 1948, 40 AAS (1948), 507 ff.: „Daß die Errichtung einer europäischen Union ernstliche Schwierigkeiten bietet, wird niemand bestreiten. Auf den ersten Blick könnte man, um sie allen Völkern Europas psychologisch erträglich zu machen, einwenden, daß ein gewisser Abstand von den Erinnerungen an die Geschehnisse des letzten Krieges gewonnen werden müsse. Aber man darf keine Zeit verlieren. Und wenn man Wert darauf legt, daß diese Union ihr Ziel erreiche, wenn man wünscht, daß sie der Sache der europäischen Freiheit und Eintracht, der Sache des wirtschaftlichen Friedens und der interkontinentalen Politik in fruchtbarer Weise diene, dann ist es höchste Zeit, daß sie zustande kommt." *Utz / Groner* II (1954), 3861. Vgl. in diesem Zusammenhang *Köck,* Die völkerrechtliche Stellung des Heiligen Stuhls (1975), Kap. XI: „Der Hl. Stuhl und die europäische Einigung", 740 ff. und die dort angegebene Literatur.

[100] Schon in seiner Weihnachtsansprache vom 24. Dezember 1946, 39 AAS (1947), 7 ff., forderte Pius XII. eine Revision der Organisation der Vereinten Nationen, damit sie die ihnen zugedachten Aufgaben auch tatsächlich erfüllen könnten. In entsprechender Weise analysierte der Papst in seiner Ansprache an den neuen Gesandten El Salvadors vom 28. Oktober 1947, 39 AAS (1947), 491 ff., die Situation im Rahmen der Vereinten Nationen dahingehend, daß man sich keiner Illusion über die wahren Möglichkeiten dieser Organisation hingeben dürfe. Vgl. dazu nochmals *Köck,* Die völkerrechtliche Stellung des Heiligen Stuhls (1975), Kap. X, III, C: „Die OVN und der Hl. Stuhl. — 1. Die Beurteilung der OVN in kirchlichen Enunziationen", 704 ff.

[101] Das zeigt sich vor allem bei einer Durchsicht jener Akten des vatikanischen Archivs, die auf den zweiten Weltkrieg bezug haben und derzeit von *Blet / Graham / Martini / Schneider* in der Reihe Actes et documents du Saint Siège relatifs à la seconde guerre mondiale (dzt. 9 Bde.) herausgegeben werden.

II. Offene Fragen

Trotz der Vielzahl der von Pius XII. zu Fragen des Naturrechts bzw. der von ersterem mitumfaßten Menschenrechte gemachten Aussagen läßt eine Durchsicht derselben doch eine Reihe von Fragen offen. Diese Fragen sind grundsätzlicher Art, weil sie das Verhältnis des dynamischen Elements des Naturrechts zu seinem statischen Element und darüber hinaus ganz allgemein die erkenntnistheoretische Problematik des Naturrechts betreffen.

1. Statisches und dynamisches Naturrecht

Für Pius XII. ist das *statische* Element des Naturrechts ganz im Vordergrund gestanden. Zwar anerkennt auch er, daß die Anwendung naturrechtlicher Grundsätze unter geänderten Umständen zu geänderten Ergebnissen führen kann, doch hat er diese Erkenntnis vor allem im Hinblick auf die *politische Gestaltung der Gesellschaft* ausgesprochen[102], wo ihn die unbeugsame Kraft des Faktischen[103] zu Zugeständnissen zwang, die im Gesamten seiner Naturrechtslehre mehr als *Konzessionen an die politische Wirklichkeit*[104] anzusehen sind denn als Einsichten in den *wesentlich dynamischen Charakter des Naturrechts*[105].

---

[102] So anerkannte Pius XII., daß die Völker das Recht hätten, sich eine solche Regierungsform zu geben, die die Möglichkeit biete, einer dem Zweiten Weltkrieg ähnlichen Katastrophe zu vermeiden, und zwar unter Änderung der bisherigen Regierungsform. Vgl. seine Radiobotschaft an die Welt vom 24. Dezember 1944, 37 AAS (1945), 10 ff., *Utz / Groner* II (1954), 3470 f.

[103] Denn die Völker haben bereits, „wie von einer langen Betäubung erwacht, ... gegenüber dem Staat, gegenüber den Staatsmännern eine neue fragende, kritische, mißtrauische Haltung eingenommen. Durch bittere Erfahrung belehrt, widersetzen sie sich mit größerem Nachdruch den ausschließlichen Befugnissen einer diktatorischen, unkontrollierbaren und unantastbaren Macht und fordern ein Regierungssystem, das mehr im Einklang steht mit der Würde und der Freiheit der Bürger". *Ibid.*, 3469.

[104] Insoweit wird der Drang zur Veränderung zu einem „natürlichen": „In einer Zeit, in der die Völker sich vor Aufgaben gestellt sehen, wie sie ihnen vielleicht in keiner Wende ihrer Geschichte begegnet sind, fühlen sie lebhaft in ihrem gequälten Innern das ungeduldige, gewissermaßen naturhafte Verlangen, die Zügel des eigenen Geschicks mit größerer Selbständigkeit als ehedem in die Hand zu nehmen." *Ibid.*, 3501.

[105] Vgl. dazu die grundlegenden Ausführungen Pius XII. über „das christliche Menschenbild als Richtweiser in den sozialen und politischen Fragen der Gegenwart", wie sie in seiner Weihnachtsbotschaft vom 23. Dezember 1956, 49 AAS (1957), 5 ff., enthalten sind. Er sagt dort u. a. über die „Harmonie zwischen dem Dynamismus der Reformen und der Statik der Überlieferungen, der freien Tat und der allgemeinen Sicherheit": „Auf diese Weise

Was die *menschliche Natur als solche* anlangt, so hat Pius XII. mehrfach betont, daß sie im wesentlichen *unveränderlich* sei[106]. Diese Aussage

---

ist die Achtung gegenüber dem, was die Geschichte hervorgebracht hat, das Zeichen eines echten Willens zur Reform und die Garantie für deren glücklichen Erfolg. Das gilt für die Geschichte als jenes Reich menschlicher Wirklichkeit, in welchem der soziale Mensch sich nicht nur mit den Kräften der Natur, sondern auch mit sich selbst beschäftigen muß. Ihm, der verantwortlich ist gegenüber denen, die waren, wie denen, die sein werden, wurde der Auftrag gegeben, unablässig am Gemeinschaftsleben zu formen, in dem stets eine dynamische Entwicklung durch persönliches freies Handeln stattfindet, doch ohne die Sicherheit zu zerstören, die man in der Gesellschaft und durch die Gesellschaft besitzt, und wo andererseits immer ein gewisser Grundbestand von Überlieferung und Statik bleibt, der die Sicherheit erhält, ohne doch von seiten der Gesellschaft das freie persönliche Handeln des einzelnen unmöglich zu machen." *Utz / Groner* III (1961), 4402. — Zum dynamischen Charakter des Naturrechts vgl. vor allem *Verdross,* Statisches und dynamisches Naturrecht (1971)., 110, 112 f.: „Da sich im Laufe der Geschichte die wirtschaftlichen, sozialen und politischen Verhältnisse ändern, ... müssen auch die Grundsätze des primären Naturrechts ständig den neuen Verhältnissen angepaßt werden. Wir ersehen daraus, daß sich die *Grundsätze* des primären Naturrechts in verschiedener Weise zu sekundären *Normen* konkretisieren." (Hervorhebung vom Verf.) Vgl. auch *Dobretsberger,* „Erkenntistheorie und Naturrecht", Gesellschaft Staat und Recht (Kelsen-Festschrift 1931), 1 ff., sowie *Radbruch:* „Der Frage nach dem ‚natürlichen', das heißt dem richtigen Recht, kann Allgemeingültigkeit, jeder ihrer Beantwortungen aber nur für einen gegebenen Gesellschaftszustand, nur für eine bestimmte Zeit und für ein bestimmtes Volk zugestanden werden." Zit. nach *Schambeck,* „Idee und Lehren des Naturrechts", Messner-Festschrift 1961, 436 ff., auf 443, wo dieser auch darauf hinweist, daß alle Lehren des Naturrechts nur „ein vielgestaltiges Bild erkenntnistheoretischer Versuche [bilden], den metaphysischen Gehalt der Naturrechtsidee zu erforschen. Allgemeingültige Sätze lassen sich aus den wechselnden Naturrechtslehren nur sehr schwer erkennen. Denn in ihnen spiegelt sich die Seins- und Rechtsanschauung der betreffenden Zeit." Wenn *Schambeck* in diesem Zusammenhang feststellt, daß „[d]ie Kategorie [des Naturrechts] Ewigkeitswert [habe], nicht aber ihre Anwendung und deren Ergebnisse", so spricht er damit nur aus, was *Thomas von Aquin* meint, wenn er sagt, die *lex naturae* „nihil aliud est nisi lumen intellectus insitum nobis a Deo per quod cognoscimus quid agendum et quid vitandum. Hoc lumen et hanc legem dedit Deus homini in creatione." In duo praecepta caritatis et in decem legis praecepta expositio, Prolog: in: Opuscula theol. II (1954), 245, No. 1129. Zit. nach *Pfürtner,* „Das Naturrecht und die Krise des kirchlichen Lehramtes", Naturrecht in der Kritik (hrsg. von Böckle / Böckenförde, 1973), 208, Anm. 62, mit Verweis auf die thomasische Position in der Summa theologiae, Prima Secundae, qu. 91, art. 2.

[106] Ansprache an die Teilnehmer des Internationalen Kongresses für humanistische Studien vom 25. September 1949, 41 AAS (1949), 555 ff.: „In seinen Grundzügen bleibt sich der Begriff von Mensch und Welt, so wie er in der christlichen und katholischen Denkrichtung in Erscheinung tritt, im Wesentlichen gleich: so beim hl. Augustinus wie beim hl. Thomas oder bei Dante; ebenso auch in der zeitgenössischen christlichen Philosophie. Die Un-

impliziert zwar, daß jedenfalls *ein Teil* (wenngleich nicht der wesentliche) der menschlichen Natur veränderlich ist[107], doch finden sich bei Pius XII. keine konkreten Beispiele dafür, wie die (doch zumindest auch) *dynamische Natur des Menschen* zu einer geänderten Anwendung naturrechtlicher Grundsätze[108] führen kann. Mensch, Familie und Gesellschaft sind ihm vielmehr seit dem Beginn ihrer Schöpfung bis heute im wesentlichen gleichgeblieben — wo allenfalls Veränderungen eingetreten sind, handelt es sich um Degenerations- und Verfallserscheinungen[109], — so daß auf sie grundsätzlich und ohne weiteres die Worte der

---

klarheit einiger philosophischer und theologischer Fragen, die allmählich im Lauf der Jahrhunderte erhellt und gelöst wurden, tut der Wirklichkeit dieser Tatsache keinen Abbruch." *Utz / Groner* I (1954), 357.

[107] „Natura autem hominis est mutabilis", sagt *Thomas von Aquin* ausdrücklich in seiner Summa theologiae, Secunda Secundae, qu. 57, art. 2. Nach *Verdross*, Abendländische Rechtsphilosophie 76, Anm. 5, stellt *Thomas* „der *unveränderlichen* Idee oder *Wesensnatur* des Menschen seine *veränderliche empirische Natur* gegenüber". (Hervorhebung im Original.)

[108] Weihnachtsbotschaft vom 23. Dezember 1956, 49 AAS (1957), 5 ff.: „Die Religion und die Wirklichkeit der Vergangenheit lehren ..., daß die sozialen Gebilde, wie Ehe und Familie, Gemeinde und berufliche Gemeinschaft, und die im persönlichen Eigentum begründete soziale Einheit wesentliche Zellen sind, welche die Freiheit des Menschen und damit seine Rolle in der Geschichte sichern. Sie sind daher unantastbar, und ihr wesentlicher Kern kann keiner willkürlichen Revision unterworfen werden." *Utz / Groner* III (1961), 4399. Diese Aussage erscheint allerdings in etwa relativiert durch eine andere, in der Ansprache Pius' XII. an die Teilnehmer des Sechsten Internationalen Kongresses für Strafrecht vom 3. Oktober 1953 enthaltene (45 AAS [1953], 730 ff.), wo es heißt: „Das Recht ist notwendigerweise im letzten Grunde auf die ontologische Ordnung, ihre Festigkeit, ihre Unwandelbarkeit gegründet. Sind die Menschen und Völker nicht überall, wo sie in Rechtsgemeinschaft leben, eben Menschen mit einer wesentlich gleichen menschlichen Natur? Die Forderungen, die sich aus dieser Natur ableiten, sind die letzten Normen des Rechts. *So verschieden auch die Formulierung dieser Forderungen im positiven Recht je nach Zeit und Ort, nach dem Entwicklungs- und Kulturstand sein mag*, ihr innerster Kern ist doch, weil er die ‚Natur' ausdrückt, überall derselbe." *Utz / Groner* I (1954), 462. (Hervorhebung vom Verf.)

[109] Predigt am Passionssonntag, dem 26. März 1950, *Utz / Groner* I (1954), 572 ff., auf 573 und 575: „... dem Blick jedes ehrlichen Menschen, den das von Vorurteilen und Verirrungen noch nicht verdunkelte natürliche Gewissen führt, worin mit unbeirrbarer Klarheit jenes Gesetz leuchtet, das zum Guten antreibt und vom Bösen abhält, das allen Gesetzbüchern der Welt vorangeht und sie alle übertrifft, das dasselbe unter allen Völkern und zu allen Zeiten bleibt und das die Norm alles menschlichen Handelns und die Grundlage der ganzen menschlichen Gesellschaft ist — diesem Auge kann das bejammernswerte Schauspiel einer Welt nicht entgehen, die in der Auflösung begriffen ist, weil die grundlegenden sittlichen Lebenshaltungen in ihr zerstört sind ... Wie jedes Zeitalter sein eigenes Gepräge hat, das allen

Schrift, der Kirchenväter und der Aussagen des kirchlichen Amtes durch die Jahrhunderte angewendet werden können[110].

2. *Die erkenntnistheoretische Problematik des Naturrechts*

Damit hat Pius XII. als Naturrechtslehrer eine Aussage zur *doppelten erkenntnistheoretischen Problematik des Naturrechts* vermieden.

Schon bei rein statischer Betrachtung der menschlichen Natur erhellt, daß allgemein vorgelegte naturrechtliche Lehrsätze einen höheren Abstraktheitsgrad besitzen müssen als jene naturrechtlichen Normen, die den Einzelnen bei seiner konkreten sittlichen Entscheidung bestimmen[111]. Diese Entscheidung vollzieht sich nämlich stets unter ganz bestimmten, den Einzelfall kennzeichnenden Umständen, wobei diese Umstände den Einzelnen wiederum auf einen ganz bestimmten Punkt im Kräftefeld der um Verwirklichung ringenden, ihrerseits hierarchisch geordneten Werte stellen, von welchem Punkt aus er dann eben diese

---

seinen Werken aufgedrückt ist, so ist auch unser Zeitalter in seiner Schuldhaftigkeit durch eine Reihe von Merkmalen gekennzeichnet, die sich in der Vergangenheit vielleicht niemals in gleicher Weise zusammengefunden haben".

[110] Radioansprache zum „Tag der Familie", veranstaltet von der Katholischen Aktion Italiens, 23. März 1952; 44 AAS (1952), 270 ff.: „Beides, das Gesetz, das ins Herz geschrieben ist, d. h. das Naturgesetz, und die Wahrheiten und Gebote der übernatürlichen Offenbarung, hat Jesus, der Erlöser, als den sittlichen Schatz der Menschheit in die Hand seiner Kirche gelegt, damit diese sie allen Geschöpfen verkündige, sie erläutere und *sie von einer Generation zur anderen weitergebe, unberührt und vor jeder Entstellung und jedem Irrtum geschützt.*" *Utz / Groner* I (1954), 1750 (Hervorhebung vom Verf.)

[111] Daher ist das Naturrecht auch keiner vollständigen Positivierung zugänglich. *Verdross* hat in seiner Darstellung des Statischen und dynamischen Naturrechts (1971) überzeugend nachgewiesen, das wegen der sich weiterentwickelnden menschlichen Natur (und zwar des Einzelnen wie der Gemeinschaft) von einem unveränderlichen „Seinskern" aus nur die obersten Grundsätze *(principia primaria)* in unveränderlicher Weise formuliert werden können, dagegen deren Anwendung auf die konkrete Situation veränderlich ist: „Da nur jene Grundsätze des Naturrechts unveränderlich sein können, die der anthropologischen Konstante entsprechen, müssen sie in der Regel so allgemein formuliert sein, daß sie für ihre verschiedenen, im Laufe der Geschichte notwendigen Konkretisierungen Raum schaffen. Unmittelbar anwendbar können nur jene Grundsätze sein, die sich auf ganz einfache, sich immer wiederholende, typische Sachverhalte ... beziehen. Da solche Sachverhalte selten sind, finden wir meistens die allgemeinen Grundsätze nicht isoliert, sondern nur als Prämissen konkreter Normen vor, aus denen sie erst gedanklich herausgehoben werden müssen." (Auf 101).

seine Entscheidung zu treffen hat[112]. Da es aber eine mathematisch unendliche Zahl verschiedener Umstände gibt, in die der Mensch in seiner konkreten Entscheidung gestellt sein kann, ist es klar, daß ihn Aussagen der Naturrechtslehre hinsichtlich dieser seiner Entscheidung niemals ganz einholen können, sondern stets insoweit zurückbleiben, als sie dem Einzelnen nicht bloß eben die Entscheidung, sondern auch die *Güterabwägung gemäß seinem Gewissen* nicht abnehmen können[113]. Damit ist jede „naturrechtliche" Kasuistik ausgeschlossen, ohne daß damit aber eine relativistische Situationsethik begründet wäre, weil der Einzelne bei seiner konkreten Entscheidung die verschiedenen Werte

---

[112] *Verdross*, Abendländische Rechtsphilosophie (2. Aufl. 1963), 76 f., beruft sich auf eine Stelle in *Thomas' von Aquin* Kommentar zur Ethik V 12 d („omnia iusta videntur aliquando mota"), wenn er schreibt: „Nach *Thomas* ist also das natürliche Gesetz kein in Worte formuliertes Normensystem, das fertig vor uns liegt, sondern es sind uns durch *unsere Natur* nur die *Ziele* vorgezeichnet, auf Grund welcher wir selbst unter Berücksichtigung aller konkreten Umstände die konkreten Normen ermitteln müssen. Die *materielle* Quelle, aus der das natürliche Gesetz gewonnen wird, ist somit nach *Thomas* die zielstrebige menschliche Natur, während das ... *formulierte* Gesetz nur die *formelle* Quelle der natürlichen Verpflichtungen und Berechtigungen bildet. Da nun aber [die] Formulierungen des natürlichen Gesetzes häufig die nötige Dynamik des Rechts übersehen, die durch die Verschiedenheit der Verhältnisse unvermeidlich ist, sind diese Formulierungen, die nur durchschnittliche Umstände im Auge haben, oft zu eng. In diesem Sinn müssen sie daher im Sinne der sich aus der Hierarchie der Zwecke ergebenden ‚ratio legis' entsprechend erweitert werden. Ein Verhalten, das unter bestimmten Umständen geboten ist, kann es daher unter anderen Umständen nicht sein." (Hervorhebung im Original.)

[113] In diesem Zusammenhang vgl. *Köck*, „Zur Frage der Zuständigkeit der Kirche für das Naturrecht. Unter besonderer Berücksichtigung der Lehren des Zweiten Vatikanischen Konzils. Ein Diskussionsbeitrag", Messner-Festschrift 1975, 75 ff., und 82: „Auch für die kirchliche Naturrechtslehre gilt daher, was für alle anderen Naturrechtslehren zutrifft: sie können die *ad hoc* zu fällende Gewissensentscheidung des Einzelnen *nur unterstützen, aber nicht ersetzen*, weil nur er die Situation, in der er sich befindet, voll erfassen kann, während alle Naturrechtslehren ... notwendigerweise einen höheren Abstraktionsgrad besitzen ..." Vgl. auch *Marcic*, Rechtsphilosophie (1969), 267, der sich hier übrigens fortlaufend auf *Thomas von Aquin* beziehen kann, wenn er schreibt: „Die Daseinsordnung des Menschen ist strikt auf den konkreten Menschen bezogen in dessen ganz und gar konkreter Lebenssituation. (S. Th. II II, 26, 6 bis 12). In der Sache der menschlichen Natur kann man keine allgemeine Norm ein für allemal aufstellen, wegen der Vielzahl und der Vielfalt der möglichen Fälle (31, 3, auch 3 ad 1). Alles Verhalten des Menschen muß nach den gegebenen Umständen normiert und beurteilt werden. (31, 2)." Daher setzt *Messner*, Naturrecht (4. Aufl. 1960), 318 f., die in der konkreten Situation zur Anwendung gelangenden Sätze des sekundären Naturrechts in ihrem logischen Wesen einem richterlichen Urteilsspruch gleich. Diese können aber ihrer Natur nach nicht allgemein formuliert werden.

ja nicht frei abzuwägen, sondern im System der Wertehierarchie stets in Bezug auf die Kardinalgebote der Gottes- und Nächstenliebe zu sehen hat[114].

Ist aber einmal die menschliche Natur als eine dynamische erkannt (wenngleich mit einem unveränderlichen Kern, der durch das Personalhafte des Menschen und der daraus resultierenden Würde vor Gott und dem Nächsten konstitutiert ist), so zeigt sich, daß alle Naturrechtslehren notwendig auch insoweit hinter der Entscheidungssituation des Einzelnen in einem konkreten Fall zurückbleiben, als sie — generalisierende Anwendungen aus den Erfahrungen menschlicher Natur darstellend — versuchen, heute Normen für ein Verhalten von morgen auf der Basis der Erkenntnisse von gestern aufzustellen[115].

In beiden Fällen der von uns dargestellten Problematik ist demnach klar, daß Aussagen der Naturrechtslehre nur insoweit für die konkrete

---

[114] Vgl. dazu *K. Rahner*, „Naturrecht. — IV. Heutige Aufgaben des Naturrechts", LTK VII (2. Aufl. 1962), Sp. 827 f., auf 828: „Die Frage der Anwendung der naturrechtlichen Normen auf den konkreten ‚Fall' (der nicht nur Fall eines allgemeinen Gesetzes ist) wäre hinsichtlich der Logik und der Freiheit, die sich darin vollziehen, genauer zu analysieren: das Problem, das sich die Existentialethik, die nicht in die Ablehnung der Situationsethik einbezogen werden darf, heute zu stellen beginnt." Vgl. dagegen die Radioansprache Pius' XII. zum „Tag der Familie", veranstaltet von der Katholischen Aktion Italiens, vom 23. März 1952, 44 AAS (1952), 270 ff.: „Gegen diese Lehre [der Kirche], die durch lange Jahrhunderte unangefochten war, erheben sich jetzt Schwierigkeiten und Einwände, die geklärt werden müssen. Wie in der dogmatischen Lehre, so möchte man auch in der katholischen Sittenordnung eine radikale Revision vornehmen, um daraus eine neue Wertung abzuleiten. Der erste Schritt oder, besser gesagt, der erste Schlag gegen das Gebäude der christlichen Sittennormen soll darin bestehen, sie von der, wie man behauptet, beengenden und bedrückenden Überwachung durch die Autorität der Kirche loszulösen und die Moral nach ihrer Befreiung von den Spitzfindigkeiten der kasuistischen Methode zu ihrer ursprünglichen Form zurückzuführen und sie einfachhin der Einsicht und der Bestimmung des individuellen Gewissens anheimzustellen. Jeder sieht, zu welch unheilvollen Folgen eine solche Umwälzung der eigentlichen Grundlagen der Erziehung führen würde." *Utz / Groner* I (1954), 1751 f. Vgl. aber auch *Messner*, Naturrecht (4. Aufl. 1960), 318: „Die jeweiligen Umstände können trotz der absoluten, unveränderlichen Gültigkeit der allgemeinen Prinzipien verschiedene Rechtsforderungen bedingen. Weil umstandsbezogen, wird dieses Naturrecht auch als ‚relatives' bezeichnet und damit der Unterschied zum ‚absoluten' hervorgehoben."

[115] Vgl. *Köck*, „Zur Frage der Zuständigkeit der Kirche für Naturrecht", Messner-Festschrift 1975, 82. Was den unveränderlichen Kern der menschlichen Natur anlangt, so sagt *Schambeck*, „Idee und Lehren des Naturrechts", Messner-Festschrift 1961, 441, daß „das wesenhafte Sein ... maßgeblich [sei] für die Naturrechtsidee".

Entscheidung des Einzelnen fruchtbar gemacht werden können, als man aus ihnen im Wege der Abstraktion von der gegebenen historischen Situation, in und für die sie gemacht worden sind, den in ihnen jeweils enthaltenen allgemeinen Grundsatz gewinnt und denselben dann auf die Umstände des zur Entscheidung anstehenden Einzelfalles anwendet[116]. *Die Relevanz naturrechtlicher Lehren ist daher mit der vom Einzelnen vorzunehmenden Abstraktion und Applikation untrennbar verbunden.*

3. Die Zuständigkeit der Kirche für Naturrecht

Es ist zwischen Naturrecht, das in der Offenbarung (sozusagen nochmals *ausdrücklich*)[117] enthalten ist, und Naturrecht, das lediglich mit

---

[116] *Pfürtner,* „Das Naturrecht und die Krise des kirchlichen Lehramtes", Naturrecht in der Kritik (hrsg. von *Böckle / Böckenförde,* 1973), 189 ff., stellt nach Auffassung des Verfassers den Standpunkt *Messners* allzu undifferenziert in eine Reihe mit dem bei *Mausbach / Ermecke,* Katholische Moraltheologie I (1959)], *Manser,* Das Naturrecht in thomister Beleuchtung (1944), *Fuchs,* Situation und Entscheidung. Grundfragen christlicher Situationsethik (1952), und vor allem dann *Utz,* „Auf der Suche nach dem Wesen der Ehe", Die Kirche im Wandel der Zeit. Festgabe für Joseph Kardinal Höffner (hrsg. von Groner, 1971), 541 ff., geäußerten. Die oben, Anm. 113 und 114 gegebenen Hinweise auf Aussagen in *Messners* Naturrecht scheinen hier doch in eine andere Richtung zu deuten. — Dagegen ist von Bedeutung, daß *Pfürtner, loc. cit.*, 198, Anm. 25, darauf hinweist, daß die genannte Arbeit von *Fuchs* „in der Thematik, der Begriffsverwendung und der gedanklichen Konzeption so viele Ähnlichkeiten mit [einschlägigen] Ansprachen von Pius XII. [aufweist], daß man J. Fuchs als einen der maßgeblichen Berater des Papstes zu seinen Äußerungen zur ‚Situationsethik' und zur ‚neuen Moral' vermuten möchte. Die Ansprachen und die Buchveröffentlichung liegen im gleichen Jahr. J. Fuchs war zu dem Zeitpunkt wohl auch schon in Rom als Professor für Moraltheologie an der Gregoriana tätig. Sollte die Beraterfunktion zutreffen, hätte man einen Nachweis für die Quellen des Vorverständnisses, aus denen Pius XII. in seiner Lehramtswahrnehmung seine Sicht entwickelte."

[117] Vgl. dazu die Dogmatische Konstitution über den katholischen Glauben *Dei Filius* des Ersten Vatikanum, 2. Kapitel: „Huic divinae revelationi tribuendum quidem est, ut ea, quae in rebus divinis humanae rationi per se impervia non sunt, in praesenti quoque generis humani condicione ab omnibus expedite, firma certitudine et nullo admixto errore cognosci possint." Zit. nach *Denzinger / Schönmetzer,* Enchiridion Symbolorum, Definitionum et Declarationum de Rebus Fidei et Morum (33. Aufl. 1965), No. 3005 (mit Verweisung auf *Thomas von Aquin,* Summa theologiae, Pars Prima, qu. 1, art. 1). In diesem Sinn vgl. weiter die Dogmatische Konstitution über die göttliche Offenbarung *Dei Verbum* des Zweiten Vatikanum, 58 AAS (1966), 817 ff., 1. Kapitel, Art. 6, die in Wiederaufnahme und Fortführung der Lehren des Ersten Vatikanum sagt, „daß, was im Bereich des Göttlichen der menschlichen Vernunft an sich nicht unzugänglich ist, [soweit es in der Offenbarung enthalten ist], auch in der gegenwärtigen Lage des Menschen-

Hilfe der Vernunft aus der Natur der Sache[118] zu entnehmen ist, zu unterscheiden.

Für die Dar- und Auslegung des in der Offenbarung enthaltenen Naturrechts (wie der Offenbarungswahrheiten überhaupt) ist das kirchliche Lehramt i. e. S. zuständig[119], wobei dieses entweder in Form des sog. *ordentlichen* oder in jener des sog. *außerordentlichen* Lehramts tätig wird[120]. Unter bestimmten Voraussetzungen kommt dem kirchlichen Lehramt Unfehlbarkeit zu[121]. Diese erfaßt dann auch das in der

---

geschlechts von allen leicht, mit sicherer Gewißheit und ohne Beimischung von Irrtum erkannt werden kann." Zit. nach der von den deutschen Bischöfen genehmigten, leicht verbesserten Übersetzung von 1967, LTK, Das Zweite Vatikanische Konzil II (1967), 497 (505) ff., auf 515.

[118] Zur Natur der Sache vgl. grundlegend *Schambeck*, „Der Begriff der ‚Natur der Sache'", 10 (NF) ÖZöR (1960), 452 ff.; *ders.*, Der Begriff der „Natur der Sache". Ein Beitrag zur rechtsphilosophischen Grundlagenforschung (1964). — *Pfürtner*, „Das Naturrecht und die Krise des kirchlichen Lehramtes", Naturrecht in der Kritik (hrsg. von *Böckle / Böckenförde*, 1973), weist auf 210, Anm. 68, darauf hin, daß die Frage, „ob die Seinsordnung oder die Vernunft in dem, was sie als Ordnung aus der Wahrnehmung der vorgegebenen Seinsverhältnisse statuiert, letztlich Maß für unsere Sittlichkeit sind", die Neuthomisten sehr beschäftigt hat. (Mit Verweisung auf die Darstellung bei *Messner*, Naturrecht [4. Aufl. 1960], 284 ff.) Wegen der auch von *Pfürtner*, *ibid.*, 69, anerkannten Erkenntnisverwiesenheit der Vernunft auf die vorgegebenen (Seins-)Verhältnisse (mit Verweisung auf *Wittmann*, Die Ethik des hl. Thomas von Aquin [1933], 337 ff. auf 344) glaubt der Verfasser jedoch der Meinung sein zu dürfen, daß der Streit darüber, ob der geltenden Sittenordnung oder der sittlichen Vernunft der Primat zukomme, geringere Bedeutung hat, als man gelegentlich anzunehmen scheint: *objektiv* betrachtet, müssen die Erkenntnisse der sittlichen Vernunft mit der geltenden Sittenordnung zusammenfallen, *subjektiv* betrachtet, gibt es keinen anderen Zugang zur geltenden Sittenordnung als durch die sittliche Vernunft (und was das in der Offenbarung enthaltene Sittengesetz, anlangt, wird man in keinem Fall dem Lehramt das Recht absprechen können, sich dazu verbindlich zu äußern, welche Äußerungen die sittliche Vernunft selbst dann ins Kalkül zu ziehen hätte, wenn ihr der Primat zukäme).

[119] Vgl. dazu oben, Anm. 50.

[120] Vgl. dazu oben, Anm. 51.

[121] Vgl. dazu *Lang*, „Unfehlbarkeit der Kirche", LTK X (2. Aufl. 1965), Sp. 482 ff. — Zur jüngsten Diskussion über Art und Ausmaß der kirchlichen Unfehlbarkeit vgl. einerseits *Küng*, Unfehlbar? — Eine Anfrage (1970), andererseits den Sammelband von *K. Rahner* (Hrsg.), Zum Problem der Unfehlbarkeit (1971). — Der Verfasser hat in anderem Zusammenhang (*Köck*, „Zur Frage der Zuständigkeit der Kirche für das Naturrecht", Messner-Festschrift zum 85. Geburtstag [1975], 83), darauf hingewiesen, daß für denjenigen, der von einem kirchlich gebundenen Standpunkt an die Untersuchung eines entsprechenden Problems herantritt, sich das Selbstverständnis der Kirche als letzte Quelle ihrer Kompetenz erweist.

Offenbarung enthaltene Naturrecht[122], ohne daß dadurch allerdings die im Vorstehenden dargelegte Notwendigkeit der Abstraktion und Applikation in Zusammenhang mit solchen lehramtlichen Aussagen in Wegfall käme[123].

Was das außerhalb der Offenbarung gebliebene Naturrecht anlangt, so fällt dieses in den Bereich der Funktion des kirchlichen Hirtenamtes[124]. Für dieses hat die Kirche eine Unfehlbarkeit nie in Anspruch ge-

---

[122] Vgl. dazu die Dogmatische Konstitution über die Kirche *Lumen gentium* des Zweiten Vatikanum, 57 AAS (1965), 5 ff., LTK, Das Zweite Vatikanische Konzil I (1966), 137 ff., auf 239 ff.: „Diese ... Unfehlbarkeit, mit welcher der göttliche Erlöser seine Kirche bei der Definierung einer Glaubens- und Sittenlehre ausgestattet sehen wollte, reicht so weit, wie die Hinterlegung der göttlichen Offenbarung, welche rein bewahrt und getreulich ausgelegt werden muß, es erfordert." (3. Kapitel, Art. 25.) (Zit. nach der im Auftrage der deutschen Bischöfe besorgten Übersetzung in der von den deutschen Bischöfen genehmigten verbesserten Fassung von 1966.)

[123] Vgl. *Köck,* „Zur Frage der Zuständigkeit der Kirche für das Naturrecht", Messner-Festschrift zum 85. Geburtstag (1975), 87 f.: „Jener Bereich des Naturrechts, der dem *depositum fidei* unterfällt, steht selbstverständlich ebenfalls unter der allgemeinen Gesetzmäßigkeit des Naturrechts. Dies bedeutet, daß die entsprechenden Aussagen in Schrift und Tradition stets auf *dem* Hintergrund gesehen werden müssen, auf dem sie gesagt worden sind, und nur in solchen Situationen Anwendung finden können, die jenen entsprechen, *für die* sie gesagt worden sind. Entsprechendes gilt auch für die authentische Interpretation dieser Aussagen durch das kirchliche Lehramt. Dessen Formulierungen, weil *Formulierungen über Formulierungen* [weil die naturrechtlichen Aussagen in der Offenbarung nicht generell-abstrakt, sondern individuell-konkret sind; Anm. des Verf.], stehen sogar unter einem doppelten Druck der Dynamik der Natur. Ihre Bedeutung besteht daher vor allem darin, daß sie es ermöglichen, im Abstraktionsweg einen allgemeinsten Grundsatz zu ermitteln, aus dem dann wiederum Normen für die jeweilige Situation abgeleitet werden können." (Hervorhebung im Original.)

[124] Vgl. dazu *David,* Das Naturrecht in Krise und Läuterung. Eine kritische Neubesinnung (1967); *ders.,* „Christliche Sexualmoral in einer säkularisierten Welt", Sexualität ohne Tabu (hrsg. von *Kellner,* 1970), auf 25. (Bei *Pfürtner,* loc. cit., 212, Anmerkungen 74 f., nach dem *David,* „der unter den katholischen Theologen in dieser Sache zu den deutlichsten Kritikern gehört, ... lediglich [bestreitet], daß das Lehramt ‚in rein naturrechtlichen Fragen' ‚theologisch verbindliche Aussagen zu machen habe', nicht aber jedwede Zuständigkeit des Lehramtes".) Vgl. auch *von Nell-Breuning,* „Wandlungen der katholischen Soziallehre", Die Kirche im Wandel der Zeit. Festschrift für Joseph Kardinal Höffner (1971), 367 ff., auf 368: „Zunächst mußten wir wahrnehmen, daß auch der Träger des obersten kirchlichen Lehramts gegenüber Einflüssen des Zeitgeistes nicht völlig immun ist, m. a. W., daß der jeweilige Zeitgeist auf seine lehramtlichen Verlautbarungen mehr oder weniger abfärbt und daß diese Färbung manchmal recht tief geht, so daß ein Wandel dieser Färbung einem Wandel des sachlichen Gehalts der Aussage nahekommt, um nicht zu sagen ihm gleichkommt. Darüber hinaus haben wir die Tatsache zur Kenntnis nehmen müssen, daß selbst in Lehr-

nommen; dem entsprechen auch die einschlägigen Aussagen Pius' XII[125]. Wenn Pius XII. in diesem Zusammenhang dennoch einen Gehorsamsanspruch gegenüber den Lehren des Hirtenamtes stellt, so tut er dies offenbar in der Überzeugung, daß auch der naturrechtliche Bereich der kirchlichen Beurteilung unterworfen sei, weil auch hier der Mensch bei einem der natürlichen, von Gott gegebenen Ordnung Zuwiderhandeln zum Sünder würde und damit dem kirchlichen Urteil unterliege[126]. Diese Begründung einer Zuständigkeit der Kirche für Naturrecht *ratione peccati* erscheint jedoch nicht schlüssig. Es handelt sich offenbar um eine *petitio principii,* bei der das Sündhafte eines Verhaltens die Zuständigkeit des Normgebers[127] zur Voraussetzung hat, während diese Zuständigkeit wiederum erst dadurch begründet werden soll, daß ein der betreffenden Norm Zuwiderhandeln (angeblich) Sünde darstellt. In Wahrheit ist das Sündhafte naturrechtswidrigen Verhaltens aber nur dann gegeben, wenn dieses Verhalten dem Gewissen des Handelnden widersprach, so daß die Zuständigkeit der Kirche *ratione peccati* erst dann ins Spiel kommt, wenn sich der Pönitent selbst vor ihrem Forum eines gewissenswidrigen Verhaltens anklagt. Damit erhellt aber, daß letzte Instanz für naturrechtliche Entscheidungen das Gewissen des Einzelnen ist, was übrigens hinsichtlich aller sittlichen Entscheidungen von

---

aussagen zu sehr gewichtigen Fragen sich nicht nur deutliche Akzentverschiebungen, sondern auch nicht wegzuleugnende Widersprüche finden, indem spätere Aussagen das Gegenteil von dem beinhalten, was früher gesagt worden war. Um der Wahrheit die Ehre zu geben, müssen wir das uns selbst und der uns umgebenden Welt, die es ebenfalls feststellen kann, ohne Umschweife eingestehen." (Zit. nach *ibid.*, 216 f., Anm. 92.)

[125] *Pfürtner,* „Das Naturrecht und die Krise des kirchlichen Lehramtes", Naturrecht in der Kritik (hrsg. von *Böckle / Böckenförde,* 1973), weist auf 215 darauf hin, daß von den Päpsten seit Leo XIII. lediglich eine *obedientia* für die kirchlichen Weisungen gefordert werden, die das Naturrecht betreffen, hält aber selbst die Unterscheidung, „für die Lehrverkündigungen im ursprünglichen Sinn sei seitens der katholischen Gläubigen ein Glaubensgehorsam (de fide) gefordert, für die naturrechtlichen Weisungen dagegen nur ein Gehorsam aus religiöser Ergebenheit (ex obedientia religiosa), ... „für ‚unglücklich'".

[126] Vgl. oben, Anm. 46.

[127] Um kein Mißverständnis aufkommen zu lassen, sei ausdrücklich unterstrichen, daß der Gesetzgeber des Naturrechts *Gott* und *nicht* das *kirchliche Amt* ist. Diesem kommt vielmehr nur (im Bereich des Naturrechts des *depositum fidei*) die Funktion eines authentischen Interpreten zu. Vgl. dazu *Köck,* „Zur Frage der Zuständigkeit der Kirche für das Naturrecht", Messner-Festschrift zum 85. Geburtstag (1975), 76 f.

der Kirche grundsätzlich anerkannt wird[128]. Pius XII. hat selbstverständlich die Letztzuständigkeit des Gewissens nicht in Frage gestellt[129]; seine Äußerungen tendieren jedoch dazu, diesem Gewissen die Aussagen des kirchlichen Amtes in undifferenzierter Weise als Richtschnur vorzugeben[130].

III. Ausblick

Es kann kein Zweifel sein, daß die Naturrechtslehre Pius' XII. dem Zweiten Vatikanischen Konzil in vielen Punkten zur Grundlage seiner Aussagen gedient hat, insbesondere was die *Konstitution über die Kirche in der Welt von heute*[131] anlangt. Das Konzil hat aber auch entscheidende Korrekturen an dieser Lehre vorgenommen, ohne dies allerdings im einzelnen deutlich zu machen. Hier ist insbesondere die Anerkennung einer *Eigenständigkeit des weltlichen Bereiches*[132] (inklusive der

---

[128] „Das Gewissensurteil ist letzte maßgebliche Norm für die Einzelentscheidung *(regula proxima moralitatis)*"; *Hofmann,* „Gewissen", LTK IV (2. Aufl. 1960), Sp. 859 ff., auf 863.

[129] Nach der Radioansprache zum „Tag der Familie", veranstaltet von der Katholischen Aktion Italiens, vom 23. März 1952, 44 AAS (1952), 270 ff., ist für Pius XII. das Gewissen „die Norm für die letzte und persönliche Entscheidung". *Utz / Groner* I (1954), 1748.

[130] „Wie ist es also möglich, die vorsorgliche Anordnung des Erlösers, der der Kirche die Obhut über das Erbgut der christlichen Sittenlehre anvertraute, mit einer Art individualistischen Autonomie des Gewissens zu vereinen! Ein Gewissen, das seinem natürlichem Klima entzogen wird, kann nichts als giftige Früchte hervorbringen." *Ibid.* 1756. — Es kann sein, daß die zum Integralismus neigende Seite Pius' XII. vor allem Ausfluß dessen war, was *Leiber,* „Pius XII", LTK VIII (2. Aufl. 1963), Sp. 542 ff., auf 543, seine „autoritäre Persönlichkeit" genannt hat. *Von Nell-Breuning* beklagt, daß „[n]ach dem 2. Weltkrieg [integralistische] Tendenzen ... mancherorts wieder aufgeflackert [sind] und ... sich im politischen und sozialen Bereich bemerkbar [machen]." „Integralismus", LTK V (2. Aufl. 1960), Sp. 717 f., auf 717.

[131] *Gaudium et spes,* 58 AAS (1966), 1025 ff.; deutsche Übersetzung (besorgt im Auftrag der deutschen Bischöfe) in LTK, Das Zweite Vatikanische Konzil III (1968), 247 (281) ff.

[132] Teil I, Kapitel III, Art. 36: „Wenn wir unter Autonomie der irdischen Wirklichkeiten verstehen, daß die geschaffenen Dinge und auch die Gesellschaften ihre eigenen Gesetze und Werte haben, die der Mensch schrittweise erkennen, gebrauchen und gestalten muß, dann ist es durchaus berechtigt, diese Autonomie zu fordern. Das ist nicht nur eine Forderung der Menschen unserer Zeit, sondern entspricht auch dem Willen des Schöpfers. Durch ihr Geschaffensein selber nämlich haben alle Einzelwirklichkeiten ihren festen Eigenstand, ihre eigene Wahrheit, ihre eigene Gutheit sowie ihre Eigengesetzlichkeit und ihre eigenen Ordnungen, die der Mensch unter Anerkennung der den einzelnen Wissenschaften und Techniken eigenen Methode achten muß." Zit. nach *ibid.,* 385 und 387.

Wissenschaft)[133] zu nennen, aber auch die Einschränkung, daß eine verbindliche Zuständigkeit der Kirche für Naturrecht nur bestehe, soweit sie dasselbe *im Lichte der Offenbarung* darlegt[134]. Das Konzil ist aber weder auf die Frage der Verbindlichkeit nicht-unfehlbarer Äußerungen des Lehramtes i. e. S. noch auf die Frage der Qualifikation der Verbindlichkeit von Aussagen des Hirtenamts im Bereich des Naturrechts mit letzter Konsequenz eingegangen, hat wohl auch die Problematik in ihrer ganzen Tragweite nicht ausschöpfen können oder wollen. Daher erklären sich die nach dem Konzil in diesem Zusammenhang aufgetretenen divergierenden Auffassungen[135]. Erst die endgültige Klärung die-

---

[133] „Deshalb sind gewisse Geisteshaltungen, die ... auch unter Christen wegen eines unzulänglichen Verständnisses für die legitime Autonomie der Wissenschaft vorkamen, zu bedauern. Durch die dadurch entfachten Streitigkeiten und Auseinandersetzungen schufen sie in der Mentalität vieler die Überzeugung von einem Widerspruch zwischen Glauben und Wissenschaft." *Ibid.*

[134] „Die Kirche hütet das bei ihr hinterlegte Wort Gottes, aus dem die Grundsätze der religiösen und sittlichen Ordnung gewonnen werden, wenn sie auch nicht immer zu allen einzelnen Fragen eine fertige Antwort bereit hat; und so ist es ihr Wunsch, das Licht der Offenbarung mit der Sachkenntnis aller Menschen in Verbindung zu bringen, damit der Weg, den die Menschheit ... nimmt, erhellt werde." Kapitel III, Art. 34; *ibid.*, 381. Der Kommentator, *Auer,* sagt dazu, *ibid.*, 380: „Das ist nicht der Anspruch einer monologischen Verkündigung, sondern der Geist des Dialogs, den Paul VI. in seiner Enzyklika ‚Ecclesiam suam' eindrucksvoll beschworen hat."

[135] Vgl. etwa den nachfolgenden Passus aus der von der Kongregation für die Glaubenslehre herausgegebene Erklärung zu einigen Fragen der Sexualethik (1975): „... müssen die Prinzipien und Normen des sittlichen Lebens, die durch diese Erklärung neu bekräftigt wurden, treu beachtet und auch dargelegt werden. Vor allem wird man die Gläubigen davon überzeugen, daß die Kirche bei der Wahrung dieser Grundsätze nicht veralteten ‚Tabus' nachhängt oder, wie oft behauptet wird, dem Vorurteil des Manichäismus erliegt; sie weiß vielmehr mit Sicherheit, daß diese Grundsätze der göttlichen Schöpfungsordnung und dem Geist Christi und darum auch der Würde des Menschen entsprechen" (auf 21 der von der Vatikanischen Polyglott-Druckerei hergestellten offiziellen deutschen Version), mit dem Schreiben der deutschen Bischöfe an alle, die von der Kirche mit der Glaubensverkündigung beauftragt sind, hrsg. vom Sekretariat der Deutschen Bischofskonferenz (1967), No. 17, wo im Zusammenhang mit der Krise des kirchlichen Lehramtes ausdrücklich gesagt wird, „daß der kirchlichen Lehrautorität bei der Ausübung ihres Amtes Irrtümer unterlaufen können und unterlaufen sind", ausgenommen nur die *ex cathedra*-Entscheidungen; „[d]aß so etwas möglich ist, hat die Kirche immer gewußt." Zit. nach *Pfürtner,* „Das Naturrecht und die Krise des kirchlichen Lehramtes", Naturrecht in der Kritik (hrsg. von *Böckle / Böckenförde,* 1973), 189. — Mit einem solchen Verständniswandel bezüglich des Amtes geht auch ein Wandel im Funktionsverständnis des Priesters Hand in Hand, wie erst unlängst *Reiss,* „Vom Seelsorger zum Sozialarbeiter? Der Rollenkonflikt des Priesters in einer säku-

ser Problematik, die aber für die nächste Zeit nicht zu erwarten steht[136], wird es auch möglich machen, eine abschließende Beurteilung der Naturrechtslehre Pius' XII. in *allen* ihren Punkten vorzunehmen. Unabhängig davon kann aber schon heute gesagt werden, daß die Bedeutung der naturrechtlichen Lehren Pius' XII. für seine Zeit kaum überschätzt werden kann[137], wenngleich er vielfach das Schicksal des Täufers geteilt hat, die Stimme eines Rufenden in der Wüste[138] zu sein.

larisierten Gesellschaft und seine Folgen", Die Presse vom 2./3. April 1967, gezeigt hat.

[136] Da die Meinungsunterschiede im Bereich des ordentlichen Lehramtes auftreten, können sie durch einen Akt dieses ordentlichen Lehramtes selbst nicht bereinigt werden. Hiezu käme vielmehr nur ein Akt des außerordentlichen Lehramtes in Frage, also eine Konzilsdefinition oder eine *ex cathedra*-Entscheidung des Papstes. Es ist unwahrscheinlich, daß sich einer der beiden genannten möglichen Fälle in der gegenwärtigen Diskussionsphase in der Kirche ereignen wird.

[137] Wie niemals zuvor ist das Papstwort zur Zeit Pius' XII. popularisiert worden; selbst in der Form des Taschenbuches wurde es dem Interessierten zugänglich gemacht, wie Bd. 269 der Fischer-Bücherei beweist („Pius XII. sagt", nach den vatikanischen Archiven zusammengestellt von *Michael Chinigo*, deutsche Ausgabe besorgt von *Bruno Wuestenberg*, nach dieser in der Fischer-Bücherei 1958).

[138] Mark. 1, 3.

DER ARZTETHISCHE UND PASTORALMEDIZINISCHE GEHALT DER ANSPRACHEN PIUS' XII.

Von Gottfried Roth

I.

Papst Pius XII. hat von 1944 bis 1958 eine beachtenswert große Anzahl von wegweisenden Ansprachen an Ärzte und Medizinalpersonen gerichtet[1]. Versucht man diese Vielfalt, deren Reihenfolge sich aus äußeren Gründen ergab, in eine thematische Ordnung zu bringen, so lassen sich einzelne Schwerpunkte finden, die insgesamt die grundlegende Struktur einer ärztlichen Ethik darstellen. H. Fleckenstein hat in seiner Festrede 1957 in Würzburg darauf hingewiesen, daß ärztliche Ethik als Dienst der Theologie an der Medizin der eine Teil einer umfassend gedachten Pastoralmedizin sei, während der andere Teil, der Dienst der Medizin an der Theologie, Pastoralmedizin im engeren Sinn sei. Ärztliche und theologische Bereiche, durch den Dienstcharakter aufeinander abgestimmt, ergeben zusammen die (sog.) Pastoralmedizin[2], die, wie jede Grenzwissenschaft, an ihrem Namen leidet.

Pius XII. hat den gesamten Anteil dieser Pastoralmedizin in seinen Reden an Ärzte, Krankenschwestern, Hebammen und Sanitätsbeamte berücksichtigt, zu allen ärztlichen Grundthemen einen wesentlichen Beitrag geleistet: zum Menschenbild die philosophischen und theologischen Zusammenhänge aufgezeigt, zur Würde des kranken Menschen und zur Verpflichtung des Arztes die moraltheologischen Bezüge dargestellt, zur einander ergänzenden Betreuung seelisch Leidender Eigenständigkeit und Gemeinsamkeiten von Psychotherapie und Seelsorge (Pastoraltheologie) entwickelt, zur Verantwortlichkeit der Kran-

* Es sei auf den besonderen Beitrag über dieses Thema im vorliegenden Sammelband hingewiesen.

[1] *Pius XII.:* Über ärztliche Fragen, Wien 1954. — *Pius XII.:* Grundfragen ärztlicher Ethik, Köln 1953 - 1958 (die deutschen Zitate sind dieser Ausgabe entnommen). — *Pius XII.* sagt. Frankfurt am Main 1959.

[2] *Heinz Fleckenstein:* Aufgaben und Möglichkeiten einer sogenannten Pastoralmedizin, Würzburg 1957.

ken, zu Pflichten und Rechten des Arztes auf kanonistische und forensisch-psychiatrische, und auch auf berufsrechtliche Gesichtspunkte hingewiesen, und damit den Bereich der abendländischen Universität umschritten, deren Idee dem Mikrokosmos Mensch entspricht, einer Idee, die mit Viktor E. von Gebsattel auch aus dem Verhältnis von Not und Hilfe abgeleitet werden kann: der theologischen Fakultät ist die Schuld- und Sündengestalt der Not zugeordnet, der medizinischen ihre Krankheitsgestalt, der juristischen die Not in der Gestalt von Rechts- und Ehrverletzungen, der philosophischen die Not der weltanschaulichen Zweifel[3].

Die folgenden Überlegungen über das arztethische Werk Papst Pius XII. lassen sich nach dessen Abschluß unschwer im Rahmen des eben ausgezeigten ganzheitlichen Gefüges verwirklichen. Folgerichtig ergibt sich daraus der Wert der päpstlichen Arztethik: Begründung und Verpflichtung ärztlichen Handelns, dem als Berufung, den Kranken zu heilen, Paracelsus — in didaktischer Übertreibung — allein und ausschließlich die Berufung, Gottes Wort zu künden, hinzugefügt, besser vorausgestellt hat. In den päpstlichen Ansprachen wird das frühchristliche und mittelalterliche Leitbild des Christus medicus erneuert. Christus als summus und optimus medicus löst Apollo, den Heilgott der griechischen Medizin ab. Christus erwartet als barmherziger Erlöser den kranken Menschen und gewährt ihm durch den Arzt in irdischer Vorwegnahme Heilung und Trost.

II.

Das arztethische Werk Pius XII. erfährt bereits in der umfangreichen Rede vom 12. November 1944 an die italienischen Mitglieder der medizinisch-biologischen Vereinigung St. Lukas einen gewichtigen Auftakt. In dieser Rede über die Aufgaben des christlichen Arztes werden die Grundsätze arztethischen Handelns dargelegt. Nach der Wesensbestimmung des Menschen entwickelt der Papst die sich daraus ergebenden Aufgaben des Arztes, die Rangordnung der Werte, die Stellung des Individuums in der Gesellschaft, was für die spätere Sozialmedizin wichtig wird, um Einseitigkeiten und Fehlformen zu vermeiden.

Ein nicht-christliches Menschenbild, näherhin eine, nur biologische oder nur soziologische Auffassung vom Menschen wird dem kranken Menschen nicht gerecht, was an einer die Menschenwürde nicht anta-

[3] *Viktor E. von Gebsattel:* Imago hominis, Beiträge zu einer pastoralen Anthropologie, Not und Hilfe, S. 31, Schweinfurt 1964.

Pius XII. empfängt den Bundeskanzler der Bundesrepublik Deutschland, Dr. Konrad Adenauer, und Bundesaußenminister Dr. Heinrich von Brentano mit ihrer Begleitung.

stenden Sterbehilfe, im Negativen an deren Mangel oder Verkürzung, täglich bewiesen werden kann. Denn der Sinn von Schmerz und Tod ist jenseits innerweltlicher Zielsetzungen menschlichen Lebens gelegen, nämlich in der Ordnung der Welt als Schöpfung und in der Ordnung der Erlösung. In den Abschnitten über die praktischen Folgerungen weist Pius XII. auf die Liebe zum kranken Menschen hin, auf die Pflicht zur Erhaltung des Lebens, auf die sittliche Ordnung in der Ehe, auf Wahrhaftigkeit und Geheimnispflicht des Arztes, auf die Verpflichtung zur Weiterbildung: einzelne Pflichten, die mit (zum Teil) anderen Worten, aber im gleichen Sinn in den ärztlichen Eiden und Gelöbnissen enthalten sind; in dieser Weise ist eine *Übereinstimmung von arztethischen päpstlichen Gedankengängen und allgemeiner ärztlichen Deontologie* zu finden.

Letztere ist seit den Tagen des Hippokrates wiederholt in feierlicher Weise kodifiziert worden, vielfach abgewandelt aber in ihrem Kern heute noch lebendig, nicht zuletzt in der Genfer Deklaration von 1948, in einer in die gegenwärtige Denkweise transponierten Form des hippokratischen Eides[4]. 1953 kommt Pius XII. auf diesen Eid zu sprechen. Der Papst charakterisiert ihn als „ein persönliches Bekenntnis zu den Grundlagen der ärztlichen Ethik und gleichzeitig Mahnung und Halt für deren Beobachtung“; der Papst fügte noch hinzu: „Geben Sie diesem Eid oder vielmehr lassen Sie ihm, was ihm seiner Natur nach zukommt: den religiösen Sinn einer Versicherung, ausgesprochen vor der höchsten Autorität des Schöpfers, von dem Ihre Forderungen die letztlich bindende Kraft und höchste Weihe erhalten[5].“

Bald danach, 1954, sprach der Papst erneut über den hippokratischen Eid: „die Schriften des Hippokrates sind ohne jeden Zweifel edelster Ausdruck eines beruflichen Gewissens, das besonders die Achtung vor dem Leben und die Aufopferung für den Kranken gebietet und persönliche Faktoren berücksichtigt: Selbstbeherrschung, Würde, Zurückhaltung. Er (Hippokrates) wußte die sittlichen Normen aufzuweisen und sie in ein genügend umfassendes und harmonisches Lehrsystem einzufügen, wodurch er der Zivilisation ein Geschenk machte, das großartiger ist als das derjenigen, die Weltreiche eroberten“[6].

---

[4] *Gottfried Roth:* Die ärztlichen Gelöbnisse heute — eine weltweite Umfrage, Arzt und Christ 8 (1962), 11 - 34.

[5] *Pius XII.:* Ärzte-Ethik und Ärzte-Recht, 1953, Nr. 28.

[6] *Pius XII.:* Zur Geschichte der Medizin, 1954, Nr. 4.

III.

Das Menschenbild Pius XII. kann in einzelnen Thesen wiedergegeben werden.

„Aus Stoff und Geist zusammengesetzt, selber Element der universalen Seinsordnung, wird der Mensch in seinem Laufe hier unten auf eine Bestimmung jenseits der Zeit auf ein Ziel, das außerhalb der Natur liegt, hingeführt[7]."

„Der König des Weltalls ... hat die Materie in den unmittelbaren Dienst des Geistes gestellt und damit in einer für unseren Verstand schwer durchschaubaren Synthese die Welt des Geistes und die der Materie einander nahe gebracht und vereint, und dies nicht nur durch ein bloß äußeres Band, sondern in der Einheit der menschlichen Natur[8]."

„Was den Menschen zum Menschen macht, ist vor allem die Seele, die Wesensform seiner Natur. Von ihr geht letzten Endes jedes menschliche Leben aus. In ihr wurzeln alle seelischen Dynamismen samt ihrer Eigenstruktur und ihren organischen Gesetzen. Sie ist es, die von der Natur bestimmt ist, alle Kräfte zu lenken, insofern nämlich als diese noch nicht ihre letzte Bestimmung erhalten haben[9]."

„Daß zu dem organischen Substrat und seiner relativen Eigengesetzlichkeit die Geistseele, mit ihm zur Einheit der Menschennatur verbunden, hinzutritt, darüber vermag die Genetik als solche keinen Aufschluß zu geben. Hier muß die Psychologie und die Metaphysik oder Seinslehre einsetzen, nicht im Gegensatz zur Genetik, sondern in Verbindung mit ihr ... umgekehrt kann auch die Philosophie, wenn anders sie wirklichkeitsnahe bleiben will, bei der Analyse der psychischen Betätigung die Genetik nicht außer Acht lassen. Man kann nicht alles Seelische, soweit es körperlich nicht bedingt ist, herleiten lassen aus der anima rationalis als forma corporis und eine amorphe materia prima alle ihre Determination empfangen lassen von der unmittelbar von Gott erschaffenen Geistseele, nichts von den Genen des Keimzellenkernes[10]." Zum Leib-Seele-Problem heißt es wenig später, daß

---

[7] *Pius XII.:* Über die Aufgaben des christlichen Arztes, 1944, S. 6.

[8] *Pius XII.:* Körperkultur und Christentum, 1952, Nr. 8.

[9] *Pius XII.:* Über die Möglichkeiten und Grenzen der Psychotherapie, 1953, S. 6.

[10] *Pius XII.:* Genetik und katholischer Glaube, 1953, Nr. 19.

„Seele und Leib, Materie und Geist im Menschen zur substantiellen Einheit verbunden sind“[11].

Eine parallele Stelle aus neuro-physiologischer Sicht belegt die philosophische Aussage des Papstes: „Der wissenschaftliche Materialismus liefert uns heute eine funktionelle mehr entmaterialisierte Ansicht vom Leben: ohne Unterlaß dringen die Atome in die lebendige Materie ein und verlassen sie wieder, es gibt nichts Beständiges. Das einzig Bleibende sind nicht die materiellen Bestandteile, sondern ist deren Organisation: Eine Mauer, deren Ziegel ausgewechselt werden, die aber architektonisch ihre Form behält. Ist das nicht die genaue wissenschaftliche Transponierung eines Tatbestandes, den die thomistische Philosophie schon lange vor der modernen Wissenschaft festgelegt hatte: Die Struktur der Materie ist das Äquivalent ihrer substantiellen Form[12].“ Man erinnere sich an N. Wiener, den Initiator der Kybernetik: „Information is information, not matter or energy.“ *Das Bestimmende ist also die Information, nicht der Informationsträger*[13].

P. Chauchard fährt fort: „Was sagt uns die moderne Wissenschaft anderes, als daß es unmöglich ist, Seele oder Individualität im Körper zu lokalisieren, nicht weil es sie nicht gebe, sondern weil ihr Ausdruck die Mechanismen der Selbstregulierung und Integrierung sind, die aus den Organismen eine Einheit machen; die Strukturierung ist das Äquivalent der Informierung, und das Gehirn, philosophisch betrachtet, führt uns wieder auf die Seele als Form des Körpers zurück, deren komplizierte Beschaffenheit beim Menschen auf die größere Kompliziertheit des Gehirns zurückgeht[14].“ *Mit der Formel, „anima forma corporis“ hat sich das gegenwärtige Denken wieder Thomas von Aquin zugewandt, dessen Anschauung „bis heute oftmals gegen Descartes erneuert wurde“*[15].

Ein weiterer Schlüsselbegriff ist der der Person:

---

[11] *Pius XII.:* siehe Fn. 10, Nr. 23.

[12] *Paul Chauchard:* Der Mensch und die Biologie, Wort und Wahrheit 16 (1961), 331 - 334, S. 338.

[13] *Norbert Wiener:* Cybernetics or Control and Communication in the Animal and the Machine, New York 1948.

[14] Siehe Fn. 12, S. 339.

[15] *Karl Jaspers:* Allgemeine Psychopathologie, Berlin - Heidelberg 1948, S. 189.

Pius XII. definiert Person „als leiblich-seelische Einheit des Menschen, insofern sie von der Seele bestimmt und gelenkt wird"[16] und erläutert diese Definition: „Das Individuum in seiner Einheit und Unteilbarkeit bildet ein einmaliges und universelles Zentrum des Seins und des Handelns, ein ‚Ich', das sich besitzt und über sich verfügt. Dieses ‚Ich' ist immer dasselbe für alle psychische Funktionen und bleibt immer es selbst, auch im Verlaufe der Zeit[17]."

Pius XII. betont, daß der Mensch psychische Einheit und Ganzheit ist, sowie sozialen Charakter hat und transzendentes Bestreben zeigt, letzteres aus der „klaren Erkenntnis Gottes, aus seiner Natur und positiver Offenbarung"[18]. 1958 wird nochmals auf die Merkmale der Person in moralischer und religiöser Hinsicht hingewiesen.

„Wenn man den Menschen als Werk Gottes betrachtet, so stellt man zwei wichtige Wesensmerkmale für die Entwicklung und den Wert der christlichen Persönlichkeit fest; ihre Gottähnlichkeit, die dem Schöpfungsakt entspringt und ihre Eigenschaft, durch Christus Kind Gottes zu sein, die durch die Offenbarung klargelegt ist[19]."

Pius XII. führt einige Grundvoraussetzungen an, über die sich Psychologen und Theologen, soweit wie möglich einigen sollten; aus ihnen sind einige wesentliche Aspekte des Menschenbildes ersichtlich: Der normale Mensch verfügt nicht nur über eine theoretische Freiheit, sondern er übt sie auch konkret aus.

„Wenn der normale Mensch die geistigen Kräfte, die zu seiner Verfügung stehen, richtig ausnützt, so ist er fähig, die Schwierigkeiten zu überwinden, die ihm die Beachtung des Moralgesetzes erschweren. — Anormale psychologische Veranlagungen sind nicht immer unbedingt zwingend und müssen nicht die Möglichkeit freien Handelns aufheben. — Selbst die Dynamik des Unbewußten und des Unterbewußtseins ist nicht unwiderstehlich. Es bleibt in weitem Maße besonders für einen normalen Menschen möglich, sie zu meistern. Der normale Mensch ist also im Regelfall verantwortlich für die Entscheidungen, die er trifft. — Um die Person zu verstehen, darf auch der eschatologische Aspekt nicht außer acht gelassen werden ... Für die Psychologie ist

[16] *Pius XII.:* Über die Probleme der Moral in der angewandten Psychologie, 1958, Nr. 4.

[17] *Pius XII.:* siehe Fn. 16, Nr. 7.

[18] *Pius XII.:* siehe Fn. 9, S. 13.

[19] *Pius XII.:* siehe Fn. 16, Nr. 8.

dieses letzte Stadium der seelischen Entwicklung nur von zweitrangiger Bedeutung. Da sie sich jedoch mit den seelischen Strukturen und Vorgängen befaßt, die zur Vollendung der Persönlichkeit führen, dürfte ihr diese Endbestimmung nicht völlig gleichgültig sein[20]."

„Die menschliche Person ist in der Tat das edelste aller sichtbaren Geschöpfe. Geschaffen nach dem Bild und Gleichnis des Schöpfers strebt sie zu Ihm, um Ihn kennenzulernen und zu lieben. Außerdem ist sie durch die Erlösung in Christus eingefügt als ein Glied Seines mystischen Leibes. Alle diese Rechtstitel begründen die Würde des Menschen wie immer auch sein Alter und seine Lage, sein Beruf und seine Bildung sein mögen. Selbst wenn er in seinem Innenleben so krank ist, daß er dem Instinkt versklavt oder sogar unter das animalische Leben gesunken zu sein scheint, bleibt er dennoch eine menschliche Person, die von Gott geschaffen und dazu bestimmt ist, eines Tages in Dessen unmittelbaren Besitz zu gelangen, folglich unendlich erhaben selbst über das höchst entwickelte Tier[21]."

Die Grundzüge dieses Menschenbildes haben ihre Annäherungen und Übereinstimmungen mit jenen ärztlichen Autoren, die den Menschen als Natur- und Geistwesen sehen, die die Seele als forma corporis auffassen, die den Menschen als Person wissen, nicht zuletzt in seinem Werden, in seinem Vergehen, nämlich in den Verlust seiner raumzeitlichen Gestalt, in seinen vielfältigen Behinderungen durch Krankheiten; die den Primat des Geistseelischen über das Leibliche betonen, die die Verbundenheit mit den Mitmenschen und mit Gott nicht außer acht lassen; die gerade in dieser (letzten) Verbundenheit Gesundheit und Harmonie, in ihrem Fehlen aber Gefährdung und Krankheit gegeben wissen[22, 23].

---

[20] *Pius XII.:* siehe Fn. 16, Nr. 8.

[21] *Pius XII.:* Über die Psychopharmakologie und ihre sittlichen Normen, 1958, Nr. 14.

[22] *Hans Asperger:* Biologische Grundlagen der Willensfreiheit. Arzt und Christ (Wien), 2 (1952), 3 - 13. Dem Gesunden aber ist es gegeben, frei, das ist eigenständig, urhebend zu handeln. Das aber nur insoweit, als er ein Ganzer ist, im Besitz aller seiner Geisteskräfte, seiner Kritik wie seiner Erfahrung, aber auch der Kräfte der Tiefenperson, des Gemüts, der Fähigkeit, mit anderen Menschen zu sein und sich an sie gebunden zu fühlen, sowie der urtümlichen Fähigkeit, sich gebunden zu fühlen an das Höhere, das Heilige, Numinose (S. 8).

[23] *Franz Büchner:* Vom geistigen Standort der Medizin. Freiburg im Breisgau 1957. In einer letzten Gruppe von krankhaften Zuständen ist weder im Somatischen-Materiellen, noch im Psychisch-Vordergründigen die Ursache

Aus dieser thesenhaften Darstellung leuchtet das Menschenbild Papst Pius XII. auf, wie er es vor den Teilnehmern der Ärztekongresse entwickelt hat; dieses Menschenbild ist aber nicht nur beschreibender Art, sondern von verpflichtenden, normstiftenden Charakter, die die Würde des Menschen dokumentiert. Und *es ist die Würde des Menschen, die die ärztliche Ethik begründet.* Gerade die arzethischen Probleme sind Anliegen des Papstes, durch alle seine Reden ist dieser Grundgedanke spürbar. Der Schutz des menschlichen Lebens* ist Gegenstand besonderer Sorge des Arztes: Das werdende Leben und das vergehende Leben, ebenso das behinderte Leben des Menschen.

Schon 1952 hat Papst Pius XII. ein gewichtiges Wort zu Gunsten der Körperbehinderten ausgesprochen: „Es gibt viele Beispiele im täglichen Leben, geschweige denn im langen Lauf der Geschichte, daß nichts dagegen spricht, daß ein kranker oder verstümmelter Körper eine gesunde Seele, manchmal eine große, selbst geniale und heroische Seele beherbergt. Jeder Mensch, mag er auch krank und darum zum Sport untauglich sein, ist dennoch ein wahrer Mensch, der auch in seinem körperlichen Gebrechen einen besonderen und geheimnisvollen Plan Gottes ausführt[24].“

1954 behandelte Pius XII. bei der Schilderung der Probleme der spinalen Kinderlähmung ebenfalls psychologische und religiöse Aspekte der Schwergeschädigten: „Wieviele Kranke sind doppelt heimgesucht in ihrem Körper und in ihrem Inneren: sie leben ohne Hoffnung, ohne Mut und sehen keinen Sinn mehr in ihrem Leben. Sie erwarten nicht nur eine unzweifelhafte berufliche Kompetenz, sondern vielleicht mehr noch, ein umfassendes Verständnis des Menschen und der geistigen Bedingungen seines Lebens[25].“

In den Aussagen über den behinderten Menschen werden die Aspekte Not und Hilfe deutlich: *der behinderte Mensch ist ein Mensch im Vollsinn des Wortes, er bedarf besonderer Hilfe durch die gesunden Mitmenschen.*

---

der Erkrankung gegeben. Vielmehr handelt es sich hier um die Auswirkung des Unbewußten im Psychischen und Somatischen, wobei das Unbewußte pathogenetisch offenbar um so wirkmächtiger wird, je weniger es eine echte Stillung und Erfüllung in der Kommunikation mit dem Absoluten erfährt (S. 19).

[24] *Pius XII.:* siehe Fn. 8, Nr. 19.

[25] *Pius XII.:* Probleme der spinalen Kinderlähmung, 1954, Nr. 7.

IV.

Der pastoralpsychiatrische Gehalt der Reden Pius XII. kann als ein weiterer gewichtiger Schwerpunkt der päpstlichen Überlegungen angesehen werden; jener Bereich, in dem Psychotherapie und Beichte, Krankheit und Schuld, Sittlichkeit, Freiheit und Unfreiheit einander berühren. 1952 weist der Papst auf diesen gemeinsamen Bereich zwischen Moraltheologie und Psychiatrie hin: „Das Vertrauensverhältnis zwischen Arzt und Patienten, das persönliche Recht des Patienten auf Leben, auf körperliche wie seelische, ob psychische, ob sittliche Integrität ... sind dem wissenschaftlichen Interesse übergeordnete Werte[26]."

Der Papst spricht sich gegen medizinisch mögliche Manipulationen biochemischer oder psychologischer Art aus; sie würden den Menschen zu einem dressierten bloßen Sinneswesen oder zu einem lebenden Automaten degradieren[27].

Die Ansprachen über die sittlichen Grenzen der ärztlichen Forschungs- und Behandlungsmethoden (1952), über die möglichen Grenzen der Psychotherapie (1953) und über die Probleme der Moral in der angewandten Psychologie (1958) sowie über die Psychopharmakologie und ihre sittlichen Normen (1958) dokumentieren die pastoralen Bemühungen Pius XII.

Der Papst erläutert das Phänomen der Schuld und der sogenannten „materiellen Sünde" im Hinblick auf die gegenwärtige Psychotherapie. „Die Psychotherapie steht hier vor einem Phänomen, das nicht zu ihrer ausschließlichen Zuständigkeit gehört, denn es ist ebenso, wenn nicht vorwiegend religiös-sittlicher Art. Niemand wird in Abrede stellen, daß es ein unbegründetes, auch krankhaftes Schuldgefühl geben kann und nicht selten gibt. Es kann aber auch das Bewußtsein einer wirklichen Schuld vorliegen, die nicht behoben ist ... wesentlich ist, daß ein wirkliches Schuldiggewordensein durch keine nur psychologische Behandlung geheilt werden kann ... Mag durch die ärztliche Autorität, durch Auto- oder Fremdsuggestion das Schuldgefühl zum Abklingen gebracht werden, die Schuld bleibt ... Der Weg, die Schuld zu beheben, liegt außerhalb des Reinpsychologischen; er liegt, wie der Christ weiß, in der Reue und in der sakramentalen Lossprechung durch den Priester, hier wird die Quelle des Übels, die Schuld selbst weggenommen, auch

---

[26] *Pius XII.:* Die sittlichen Grenzen der ärztlichen Forschungs- und Behandlungsmethoden, 1952, Nr. 7.

[27] *Pius XII.:* siehe Fn. 26, Nr. 14.

wenn das Schuldbewußtsein weiterwirken sollte[28]." Der Papst verweist auf jene Situation, wo ärztliche Hilfe notwendig wird. Was nun die materielle Sünde betrifft, so räumt Pius XII. ein, daß die Psychotherapie „dulden mag, was für den Augenblick unvermeidlich ist, aber sie muß wissen, daß Gott jenes Tun nicht billigen kann, noch weniger darf die Psychotherapie dem Kranken den Rat erteilen, das materiell Verkehrte ruhig weiterzutun, weil er es ja ohne subjektive Schuld tun wird, und dieser Rat ist auch dann abwegig, wenn solches Tun des Kranken für seine psychische Entspannung, also für den Zweck des Heilverfahrens notwendig erscheinen sollte"[29].

Weltimmanente Methoden können nicht isoliert gesehen werden: „Bei der praktischen Anwendung müssen die geistigen Werte, die sowohl bei Psychologen als auch bei Psychotherapeuten als auch beim Patienten ins Spiel kommen, berücksichtigt werden und die wissenschaftliche und medizinische Sicht in eine Ganzheitssicht der menschlichen Person einbezogen werden. Diese grundsätzlichen Normen sind verpflichtend, weil sie der Natur der Dinge selbst entstammen und zur Wesensordnung des menschlichen Handelns gehören, dessen oberstes und unmittelbar einsichtiges Prinzip heißt: Das Gute tun und das Böse meiden[30]."

Für die Psychopharmakologie, einem gewichtigen Bereich der Pastoralpsychiatrie, gilt besonders die päpstliche Mahnung: „Die Beobachtung der moralischen Ordnung verleiht dem menschlichen Tun Würde und Wert, bewahrt der Person ihre Wesensechtheit und hält sie an dem Platz, der ihr im Gesamt der Schöpfung, das heißt den materiellen Dingen, den anderen Personen und Gott gegenüber zukommt. Jeder hat also die Pflicht, diese moralische Ordnung in sich und gegen andere zu respektieren, um diese Wesensechtheit in sich und in anderen sicherzustellen[31]." In dieser Zielsetzung muß auch die Anwendung der psychotropen Medikamente gesehen werden. Dann ist „durchaus nicht zu befürchten, daß die Achtung vor den Gesetzen des Gewissens, oder wenn

[28] *Pius XII.:* siehe Fn. 9, S. 14 f.

[29] *Pius XII.:* siehe Fn. 9, S. 16.

[30] *Pius XII.:* siehe Fn. 16, Nr. 27. Hinsichtlich des Totalitätsprinzips, 1952 auf den physischen Organismus bezogen, ist zu bemerken, daß 1958 der ganze Mensch gemeint und eben auch mit seinem geistseelischen Bereich zu berücksichtigen ist. Siehe *Pius XII.:* Fn. 21, Nr. 17.

[31] *Pius XII.:* siehe Fn. 21, Nr. 18.

man will, des Glaubens und der Moral die Ausübung Ihres Berufes hemmen oder unmöglich machen könnten“[32].

Ein Teil der pastoralpsychiatrischen Überlegungen und Mahnungen ist im diagnostischen Bereich gelegen; es geht, wie schon zitiert, um die Unterscheidung von echter Schuld und daraus folgenden Schuldgefühlen, dem Schuldbewußtsein, und den krankhaften Schuldgefühlen, die vornehmlich auf Basis psychotischer und neurotischer Depressionen entstehen. Dabei wird auch auf das Gewissen hingewiesen, auf jene Verantwortlichkeit vor Gott, streng unterschieden von intrapsychischen Funktionen des freudianischen Über-Ich und des jungianischen Archetypus, die beide nicht dem echten Gewissen als „aktuelle Funktion der persönlichen sittlichen Entscheidung“ entsprechen[33].

Ein anderer Teil der pastoralpsychiatrischen Überlegungen ist auf therapeutischem Gebiet gelegen; die Beantwortung der Frage nach verantwortbarer Anwendung von Psychopharmaka, die nur als Medikamente verwendet werden dürften, unter Wahrung der Freiheit des Patienten ebenso wie unter Berücksichtigung der Hilfe, nicht zuletzt der Schmerzstillung. 1958 wird eine Ansprache allein für die Behandlung der aus der Psychopharmakotherapie sich ergebenden arztethischen und pastoralpsychiatrischen Frage den anwesenden Fachärzten gewidmet und auf die 1957 gehaltene Rede vor Anästhesiologen hingewiesen. *Pius XII. freut sich über die nunmehr gegebenen therapeutischen Möglichkeiten, fordert jedoch eine dem moralischen Werten entsprechende Anwendung*[34].

Ein besonderes Anliegen des Papstes ist das ärztliche Berufsgeheimnis. 1944 und 1953 kommt Pius XII. ausdrücklich darauf zu sprechen: es geht um das Berufsgeheimnis, das nicht nur dem privaten Interesse, sondern auch dem Gemeinwohl dient und zu dienen hat: „Selbst auf diesem Gebiet können Konflikte zwischen dem privaten und öffentlichen Wohl oder auch zwischen den verschiedenen Elementen und Aspekten des öffentlichen Wohls entstehen, Konflikte, in denen es manchmal äußerst schwierig ist, das Für und Gegen des Redens oder des Schweigens abzumessen und zu wägen. In einer solchen Verlegenheit holt sich der gewissenhafte Arzt aus den grundlegenden Prinzipien der christlichen Ethik die Regeln, die ihm helfen, auf dem guten Weg

[32] *Pius XII.*: siehe Fn. 21, Nr. 20.

[33] *Josef Stelzenberger:* Gewissen. In: Handbuch theologischer Grundbegriffe, München 1962, S. 197.

[34] *Pius XII.*: siehe Fn. 21, Nr. 23.

zu bleiben. Diese Regeln, wenn sie auch im Interesse des öffentlichen Wohles die Verpflichtung des Arztes, das Berufsgeheimnis zu wahren, klar herausstellen, sprechen ihr jedoch keinen absoluten Wert zu, es würde dem gemeinen Wohl selber nicht entsprechen, wenn das Berufsgeheimnis in den Dienst eines Verbrechens oder Betruges gestellt würde[35]." Pius XII. kommt im Rahmen der Erörterung über ein internationales Ärzterecht nochmals auf das ärztliche Berufsgeheimnis zu sprechen: „Kraft formellen Gesetzes, soll der Arzt auch im Kriege befugt und verpflichtet sein, geheimzuhalten, was ihm in Ausübung seines Amtes anvertraut worden ist. Es wäre eine irrige Deutung, in der ärztlichen Verschwiegenheit nur ein ‚bonum privatum', Rücksicht auf das Beste des einzelnen zu sehen: sie wird ebenso vom ‚bonum commune' erheischt, vom Gemeinwohl. In Konfliktsfällen zwischen zwei Rücksichten desselben Gemeinwohls muß eine nüchterne Abwägung zeigen, welche Rücksicht überwiegt. Es steht auch jetzt nicht zur Erörterung, welche Gründe im Ausnahmefall von der ärztlichen Schweigepflicht auch gegen den Willen des Patienten entbinden. Aufgabe des Gesetzes ist es, den Regelfall zu entscheiden; die Regel aber lautet: schweigen[36]."

Wiederum geht es um die Würde des Menschen, um das Recht auf Diskretion, gerade in unseren Jahrzehnten maßloser Indiskretion. Durch alle ärztlichen Eide und Gelöbnisse zieht sich der Gedanke der Geheimnispflicht, der ärztlichen Schweigepflicht, die notwendig ist, um das Vertrauen des kranken Menschen mit dem Arzt zu begründen und zu erhalten.

V.

Umfangreiche Kapitel hat Pius XII. den moralischen und rechtlichen Fragen der Forschung gewidmet, nicht nur den Problemen der Achtung des Menschen im Rahmen von Humanexperimenten, sondern auch der sittlich möglichen, sittlich bejahenswerten Fortschritte. Dabei hat sich aber auch herausgestellt, daß ursprünglich erhobene Normen im Zuge der verbesserten therapeutischen Möglichkeiten arztethische Probleme aus der Welt geschaffen haben; man kann behaupten, daß gerade die *strengen Forderungen des Papstes erhöhte Bemühungen in der Therapie zur Folge* hatten. Zum Beispiel konnten medizinische Indikationen, die zur Zeit Pius XII. noch ernsthaft diskutiert wurden, heute gestrichen werden, weil es sich allmählich zeigte, daß sie nicht

---

35 *Pius XII.:* siehe Fn. 7, S. 17.

36 *Pius XII.:* siehe Fn. 5, Nr. 40.

mehr begründet wären[37]. In diesem Factum ist ein Impuls des Papstes zielführend geworden und lebendig geblieben. Auch psycho-chirurgische Maßnahmen, die ein moraltheologisches Problem darstellen, sind heute durch die Möglichkeiten der Psychopharmakotherapie obsolet geworden. Andere Probleme, wie etwa die Ovulationshemmung, haben sich zur Zeit Pius XII. noch nicht in der augenblicklichen Schärfe gestellt.

Es gibt dennoch kaum ein arztethisches oder pastoral-psychiatrisches Problem unserer Gegenwart, welches nicht schon in den Ansprachen Pius XII. an Ärzte zumindest im Prinzip erörtert worden wäre. Es sei an eine maßvolle Sterbehilfe erinnert, worüber Pius XII. schon 1958 gesprochen hatte[38]. Die Auswirkungen dieser Bemühungen zeigen sich bis heute unter anderem darin, daß zahlreiche hierhergehörige Studien die Bereiche „kirchlicher Publikationen" verlassen haben und arztethische Themen in allgemein ärztlichen Zeitschriften durchaus im Sinne christlichen Verständnisses des menschlichen Lebens erörtert werden. In diese Abhandlungen sind die Leitideen Pius XII. eingegangen. Niemand würde heute echte und krankhafte Schuldgefühle einfach gleichsetzen (abgesehen von Autoren mit psychologistischen oder soziologistischen Engführungen).

Die Gedanken Pius XII. wurden vielfach in den Schriften des 2. Vatikanischen Konzils zitiert. Arztethische und pastoral-psychiatrische Probleme waren wohl nicht die Hauptsorge der Konzilsväter, wurden aber auch in Erörterungen und Dokumentationen aufgenommen. Pius XII. wird in *Gaudium et spes* für eine ärztliche Stelle zum Schutz des menschlichen Lebens zitiert[39], ebenso mehrfach in Humanae vitae[40]. Pius XII., der zu seinen Lebzeiten das arztethische Gewissen der Ärzte formte, ist *über seinen Tod hinaus Lehrmeister der Ärzte geblieben, praeceptor medicinalis mundi.*

---

37 *August Wilhelm von Eiff:* Zur medizinischen Indikation bei Schwangerschaftsunterbrechung. Arzt und Christ 17 (1971), 215 - 220.

38 *Pius XII.:* siehe Fn. 21, Nr. 19.

39 Gaudium et spes, Nr. 52 (1965).

40 *Paul VI.:* Humanae vitae (1968), Nr. 4, 5, 14, 15, 16.

DAS RECHT AUF LEBEN BEI PIUS XII.

Von Wolfgang Waldstein

Pius XII. hat das Recht auf Leben als „eines der Grundgesetze" bezeichnet, „ohne die ein sicheres menschliches Zusammenleben unmöglich ist"[1]. Seine zahlreichen Äußerungen zu den damit zusammenhängenden Fragen wurden besonders durch die Erfahrungen der Greuel der nationalsozialistischen Herrschaft und der kommunistischen Regime veranlaßt. Aber auch die heute stärker in den Vordergrund tretenden Tendenzen der „Selbstsucht" und „der zügellosen Leidenschaften"[2] mit der wachsenden „Neigung zur Brutalität gegenüber allem, was sich individuellen Ansprüchen in den Weg stellt"[3], haben die wache Sorge *Pius' XII.* veranlaßt, bei jeder sich bietenden Gelegenheit auf die fundamentale Bedeutung des Rechtes auf Leben hinzuweisen. Bei allen seinen Feststellungen hat er aus dem Schatz der allgemeinen Erkennt-

---

[1] Aufbau und Entfaltung des gesellschaftlichen Lebens, Soziale Summe *Pius XII.*, herausgegeben von *Arthur-Fridolin Utz O. P.* und *Joseph-Fulko Groner O. P.*, drei Bände (1954 - 1961), Bd. I Nr. 1054 (künftig wird diese Sammlung abgekürzt zitiert: *Utz / Groner* mit Angabe der Nummer des Abschnittes (die Hinzufügung von „a. a. O., Nr." ist durch die Redaktion erfolgt). Die Nummern sind durch alle drei Bände durchlaufend gezählt. Die Seitenzahlen werden grundsätzlich nicht zitiert, weil die Angabe der Abschnitte die zitierten Stellen leichter auffinden läßt. Bei dem ersten Zitat einer Ansprache wird auch jeweils die Fundstelle in den AAS angegeben). Die hier zitierte Stelle stammt aus einer Ansprache an die Mitglieder des Verbandes katholischer Hebammen Italiens über „Fragen der Ehemoral" vom 29. Oktober 1951, AAS 43 (1951) 835 - 854; *Utz / Groner*, a. a. O., Nr. 1045 - 1102.

[2] In einer Ansprache an die Vereinigung der kinderreichen Familien Italiens vom 20. Januar 1958 über: „Die kinderreiche Familie in der Kritik der modernen Zivilisation", AAS 50 (1958) 90 - 96, *Utz / Groner*, a. a. O., Nr. 4762 - 4772, spricht *Pius XII.* von „Geiz und Selbstsucht", *Utz / Groner* 4769; in einer an das „Centro Italiano di studi per la Riconciliazione Internazionale" vom 13. Oktober 1955 über „Koexistenz und Zusammenleben der Völker in der Wahrheit und in der Liebe", AAS 47 (1955) 764 - 775, *Utz / Groner*, a. a. O., Nr. 6275 - 6299, spricht er davon, daß „das Wollen der Menschen" dem Einfluß auch „der blinden Instinkte und der zügellosen Leidenschaften" unterliegen kann, *Utz /Groner*, a. a. O., Nr. 6285.

[3] *R. Spaemann*, Zeitschrift für Rechtspolitik (ZRP) 7 (1974) 49.

nis der Wahrheit und der ständigen Lehre der Kirche geschöpft. Er konnte sich besonders auf die Lehraussagen seiner unmittelbaren Vorgänger stützen. Der Erfahrungshintergrund, mit dem er selbst konfrontiert war, hat ihn jedoch befähigt, gewisse Zusammenhänge noch klarer herauszuarbeiten, als dies vorher möglich gewesen war. Dies geschah in aller Regel bei der Behandlung spezieller Sachprobleme, auf welche die allgemeinen Grundsätze Anwendung fanden und bei dieser Gelegenheit selbst klargestellt wurden. Daher finden sich grundlegende Aussagen in einer Fülle verschiedener Ansprachen zu den verschiedensten Anlässen verstreut.

Eine erschöpfende Würdigung aller dieser Aussagen wäre im vorliegenden Rahmen unmöglich. Nicht einmal eine vollständige Dokumentation aller einschlägigen Erklärungen kann hier angestrebt werden. Ein Großteil des Materials ist durch die überaus verdienstvolle Sammlung von *A. F. Utz* und *J. F. Groner,* Soziale Summe Pius XII.[4], zwar zugänglich gemacht, aber durch das Register nicht vollständig aufgeschlossen. Diese Sammlung ermöglicht es jedoch, einige Grundlinien der Lehre *Pius' XII.* herauszuheben, die auch für die heutige Situation richtungweisend sind. In diesem Sinne möchte ich im folgenden zunächst I. das Recht auf Leben als allgemeines Grundrecht darstellen, II. die Lehre zum Lebensrecht der Ungeborenen umreißen und III. die wichtigsten Aussagen zum Recht des „lebensunwerten Lebens" und zum Problem der „Euthanasie" würdigen. Schließlich will ich IV. versuchen, die in der Lehre *Pius' XII.* hervortretenden Grundlinien kurz zusammenzufassen.

I. Das Recht auf Leben als allgemeines Grundrecht

Der eingangs zitierte Satz steht im Zusammenhang einer Darlegung des ursprünglichen und unverletzlichen Lebensrechtes eines jeden Menschen. *Pius XII.* sagt dort:

„Schuldloses Menschenleben ist unantastbar, und jeder direkte Eingriff in dasselbe ist Verletzung eines der Grundgesetze, ohne die ein sicheres menschliches Zusammenleben unmöglich ist[5]."

Er bezieht sich unmittelbar vorher auf ein Dekret des Heiligen Offiziums vom 2. Dezember 1940[6], das er selbst genehmigt hatte und in dem

[4] Vgl. Anm. 1.

[5] *Utz / Groner,* a. a. O., Nr. 1054. Vgl. dazu auch unten Anm. 92 die Ausführungen von Bischof *Graf von Galen.*

[6] AAS 32 (1940) 553 f., Text unten III 1.

eine Verletzung dieses Grundgesetzes als *iuri naturali ac divino positivo* entgegengesetzt erklärt wird. Inzwischen ist das Grundrecht auf Leben zunächst durch die Allgemeine Erklärung der Menschenrechte der Vereinten Nationen vom 10. 12. 1948, Art. 3, als ein Menschenrecht proklamiert worden. Die Europäische Menschenrechtskonvention hat dieses Grundrecht sodann in ihrem Art. 2 im Rahmen eines völkerrechtlichen Vertrages positiviert. Vor allem bei der Auslegung dieser Bestimmung liegt es nahe, das Grundrecht auf Leben nach dem wahren oder mutmaßlichen Willen der Hohen Vertragsschließenden Teile allein zu beurteilen, mit dem Ergebnis, daß dieses Recht dort als nicht bestehend anzusehen wäre, wo es die an der Konvention beteiligten Staaten nicht anerkennen. Damit könnte sich der Inhalt dieses Grundrechtes mit dem Wandel von Auffassungen in den beteiligten Staaten ändern. Gerade in dieser Hinsicht ist es nun sehr wichtig, daß *Pius XII.* die von jeder staatlichen Zustimmung oder Positivierung unabhängige *naturrechtliche Begründung des Grundrechtes auf Leben* betont hat. Ferner hat er — abgesehen von den Problemen des eigentlichen Kriegsrechtes, auf die hier nicht eingegangen werden kann, das Problem der *Todesstrafe* von der *Tötung unschuldigen Lebens* streng auseinandergehalten. Sodann geht aus seinen Ausführungen der enge *Zusammenhang zwischen Abtreibung und Euthanasie* klar hervor. Und schließlich macht er deutlich, daß es in aller Regel *Selbstsucht und Zügellosigkeit* sind, die auch *zur Mißachtung des Lebensrechtes anderer* führen. Diese verschiedenen Aspekte sollen nun etwas näher beleuchtet werden.

1. *Die naturrechtliche Begründung des Grundrechtes auf Leben*

Allgemein wird die naturrechtliche Begründung völkerrechtlicher Normen besonders in einer Ansprache an das „Centro Italiano di studi per la Riconciliazione Internazionale“[7] betont. Anknüpfend an eine frühere Ansprache[8] sagt *Pius XII.* zunächst, die früheren Darlegungen zusammenfassend:

„Wir hoben vor allem hervor, daß die geltenden Normen nicht ohne weiteres aus dem Willen der Völker abgeleitet werden können, weil ihre Einigung auf eine Forderung und einen Antrieb der Natur selbst zurückzuführen ist, weil folglich die Grundelemente für die Regelung einer solchen Einigung den Charakter einer sittlichen Notwendigkeit annahmen, ihren Ursprung also in

[7] Vgl. Anm. 2.

[8] An den Verband der katholischen Juristen Italiens vom 6. Dezember 1953 über „Die religiöse Toleranz in einer Staatengemeinschaft“, AAS 45 (1953) 794 - 802, *Utz / Groner*, insb. a. a. O., Nr. 3966.

der Natur selbst haben. Wir gaben zudem einige dieser Forderungen im besonderen an: Das Recht auf Dasein, das Recht auf den Gebrauch der Güter der Erde zur Erhaltung des Lebens, ...[9]."

Es ist hier nicht auf die weiteren Ausführungen zum Naturrecht selbst einzugehen. Sie sind Gegenstand einer gesonderten Darstellung in diesem Band. Wichtig ist in diesem Zusammenhang nur die Betonung der Tatsache, daß die wesentlichen Grundrechte vor jeder Positivierung durch den Willen von Staaten als Bestandteil des Naturrechts ihre Anerkennung in der einen oder anderen Form *fordern*. Ferner sagt er in dieser Ansprache unter anderem:

„Mit einem Worte, das Naturgesetz[10] ist die feste, gemeinsame Grundlage jeden Rechts und jeder Pflicht, die allgemeine, für jegliche Verständigung notwendige Sprache; es ist jenes oberste Berufungsgericht, das die Menschheit immer ersehnt hat, um den vorkommenden Zwisten ein Ende zu setzen[11]."

Direkt auf das Lebensrecht bezogen sind in diesem Zusammenhang wichtige Aussagen über Grundprinzipien der ärztlichen Moral in einer Ansprache an die Teilnehmer der sechzehnten Sitzung des internationalen Dokumentationsbüros für Militärmedizin[12]. Ausgehend von dem Grundprinzip: „zu helfen und zu heilen, und nicht zu schädigen und zu töten"[13], sagt *Pius XII.* unter anderem:

„Ginge es um Grundsätze, die allein vom menschlichen Willen bestimmt wären, so hätte ihre Verpflichtung keine größere Kraft als die Menschen; sie könnten heute angebracht und morgen überholt sein; ein Land könnte sie annehmen, ein anderes ablehnen. Ganz anders verhält es sich, wenn die Autorität des Schöpfers mit im Spiel ist. Und die Grundprinzipien der ärztlichen Moral sind ein Teil des göttlichen Gesetzes[14]."

Pius XII. spricht hier zwar nur vom „göttlichen Gesetz", doch wird aus zahlreichen anderen Aussagen deutlich, daß, wo es um das Lebensrecht geht, darüber hinaus die ebenfalls jeder Veränderung entzogenen Naturrechtsnormen maßgeblich sind.

---

[9] *Utz / Groner*, a. a. O., Nr. 6287.

[10] Der italienische Originaltext, AAS 47 (1955) 769, hat „la legge naturale", der deutsche Ausdruck „Naturgesetz" ist stärker auf die kausalen Naturgesetze festgelegt, aber hier ist zweifellos das Naturgesetz im Sinne der naturrechtlichen Norm gemeint. Das geht auch aus dem weiteren Zusammenhang hervor.

[11] *Utz / Groner*, a. a. O., Nr. 6284.

[12] Über „Moral und Recht in der Militärmedizin" vom 19. Oktober 1953, AAS 45 (1953) 744 - 754; *Utz / Groner*, a. a. O., Nr. 2350 - 2389.

[13] *Utz / Groner*, a. a. O., Nr. 2360.

[14] *Utz / Groner*, a. a. O., Nr. 2370.

Pius XII. empfängt den Bundeskanzler der Republik Österreich, Dipl. Ing. Leopold Figl, sowie (v. l. n. r.) dessen Sekretär, den heutigen Protokollchef des Bundeskanzleramtes, Ministerialrat Dr. Lukas Beroldingen, den Generalsekretär des österreichischen Bundesministeriums für Auswärtige Angelegenheiten, Botschafter DDr. Josef Schöner, und den österreichischen Botschafter beim Hl. Stuhl, Dr. Josef Kripp.

In einer Ansprache an die Teilnehmer der XI. Vollversammlung der „Pax Romana“[15] sagt *Pius XII.:*

„..., ... die gesunde Vernunft reicht aus, um die Rechtsgrundlagen der Menschen festzulegen sowie den unverletzlichen Charakter der Person, die Würde der Familie, die Vorrechte und Grenzen des Staates zu erkennen[16].“

In Verbindung mit den eben angeführten Aussagen ist in diesem Zusammenhang auch eine Aussage in einer Radioansprache an die Teilnehmer des VII. Internationalen Kongresses katholischer Ärzte[17] besonders wichtig:

„Ohne in lange theoretische Betrachtungen abzuschweifen, möchten Wir Ihnen das wiederholen und bestätigen, was Wir schon häufig erklärt haben und was unsere Vorgänger einzuprägen niemals unterlassen haben: das Recht auf das Leben, das Recht auf die Integrität des Körpers und des Lebens, das Recht auf die hierzu erforderliche Sorge, das Recht auf Schutz gegen Gefahren, die diese bedrohen, empfängt der einzelne Mensch unmittelbar von seinem Schöpfer, nicht von einem anderen Menschen noch von Gruppen von Menschen, nicht vom Staat noch von einer Gruppe von Staaten, noch von irgend einer politischen Macht[18].“

Auch seine weiteren Ausführungen in dieser Ansprache sind sehr wichtig für die Aufdeckung und Zurückweisung irriger Auffassungen über das Verhältnis des Einzelmenschen zur Gemeinschaft. Hier geht es aber vor allem um die Betonung der Ursprünglichkeit des Lebensrechtes. Wenn *Pius XII.* hier sagt, daß der einzelne Mensch dieses Recht „unmittelbar von seinem Schöpfer“ empfängt, so ist auch hier ohne Zweifel die naturrechtliche Verankerung dieses Rechtes mitge-

---

15 Über „Die Aufgabe des katholischen Akademikers in der Weltgemeinschaft“ vom 25. April 1957, AAS 49 (1957) 296 - 300; *Utz / Groner,* a. a. O., Nr. 5055 - 5065.

16 *Utz / Groner,* a. a. O., Nr. 5062. Vgl. allgemein auch *A. Verdross,* Die Würde des Menschen und ihr völkerrechtlicher Schutz, Schriftenreihe Niederösterr. Jur. Ges., Heft 3, 1975.

17 Über „Der Arzt und das Recht“ vom 11. September 1956, AAS 48 (1956) 677 - 686; *Utz / Groner,* a. a. O., Nr. 5377 - 5394.

18 *Utz / Groner,* a. a. O., Nr. 5379; vgl. auch 1054 und die Ausführungen in der Ansprache an die Teilnehmer des Kongresses der „Front der Familie“ und des Verbandes der kinderreichen Familien vom 26. November 1951 über „Fragen der Ehemoral“, AAS 43 (1951) 855 - 860, *Utz / Groner,* a. a. O., Nr. 1113, dazu unten Anm. 33; ferner die Ansprache über „Rechtliche und sittliche Fragen der Wiederbelebung“ vom 24. November 1957, AAS 49 (1957) 1027 - 1033, *Utz / Groner,* a. a. O., Nr. 5547, wo im Zusammenhang mit der Vermutung des Todes gesagt wird, daß man sich im allgemeinen „an die Präsumption der Fortdauer des Lebens halten“ wird, „weil es sich um ein Grundrecht handelt, das der Mensch vom Schöpfer erhalten hat und von dem mit Sicherheit nachgewiesen werden muß, daß es verlorengegangen ist“.

meint. In der Sicht des Glaubens empfängt der Mensch alles von seinem Schöpfer. Dies besagt jedoch weder in der Absicht *Pius' XII.* noch an sich etwas darüber, daß die in Frage stehenden Werte, Güter oder Rechte in ihrem *eigenen Bestand* von der Annahme des Glaubens an Gott abhingen[19]. Vielmehr reicht, wie *Pius XII.* in dem oben wiedergegebenen Satz ausspricht, in der Tat „die gesunde Vernunft" aus, um diese Rechte auch dann zu erfassen, wenn man den Glauben an Gott nicht annehmen wollte oder könnte. Sie sind denn auch zu allen Zeiten völlig unabhängig vom Glauben von Menschen verschiedenster Kulturkreise erfaßt worden. Im Zusammenhang mit der Frage, ob „die Völker und die Einzelnen mit Sicherheit wahrnehmen" können, „welche Richtung sie ihrem Handeln in Übereinstimmung mit dem von der Natur aufgestellten Plan geben sollen"[20], sagt *Pius XII.*:

„Dazu ist es sehr nützlich, aus den Urkunden und Texten der Gesetzgebung die Gedanken der verflossenen Jahrhunderte, ja, Wir müssen sagen, Jahrtausende kennen zu lernen. Sie zeigen, daß die Erfordernisse des Zusammenlebens der Völker in den Grundlinien immer dieselben gewesen sind, weil die menschliche Natur im wesentlichen immer die gleiche bleibt. Sie bezeugen ferner, daß sich immer dieselben Akte der Gerechtigkeit und Ungerechtigkeit wiederholen, im privaten wie im öffentlichen Leben, im inneren Leben der Nationen wie in den zwischenstaatlichen Beziehungen[21]."

Auch die gegenwärtige Erfahrung bestätigt die Richtigkeit dieser Aussage. Nur dreißig Jahre nach den Greueln der nationalsozialistischen Herrschaft geschehen dieselben Dinge, die damals von nahezu allen Staaten der Welt verurteilt wurden, in fast allen jenen Staaten,

---

[19] Dazu *Waldstein,* Aufstieg und Niedergang der Römischen Welt (ANRW), herausgegeben von *Hildegard Temporini* und *Wolfgang Haase,* II 15 (1976) 23 ff.

[20] *Utz / Groner,* a. a. O., Nr. 6285. *Pius XII.* sagt dort ausdrücklich: „man muß sich bei dieser Aufgabe *vor bloßen Annahmen und Vermutungen hüten.* Die großen Richtlinien sind durch die klare Kenntnis und die Betrachtung der Natur des Menschen, der Natur der Dinge sowie der sich daraus ergebenden Beziehungen und Erfordernisse gegeben" (Hervorh. von mir). Vgl. zum allgemeinen Problem besonders *H. Schambeck,* Der Begriff der „Natur der Sache" (1964). Weitere Lit. bei *H. Henkel,* Einführung in die Rechtsphilosophie² (1977) 371.

[21] *Utz / Groner,* a. a. O., Nr. 6286. In einer Ansprache an Kongreßmitglieder der USA-Regierung vom 4. Dezember 1949 über „Christentum und Menschenrechte", *Utz / Groner,* a. a. O., Nr. 362, sagt *Pius XII.* unter anderem, daß „die ersten Apostel der werdenden Kirche Christi durch kaiserliche Tyrannen gehetzt und gemartert wurden, weil sie lehrten, daß die unsterbliche Seele des Menschen, erschaffen nach dem Bilde ihres Schöpfers, ihm eine angeborene Würde und Rechte verleihe, die keine irdische Macht erlaubterweise antasten darf".

die sie damals verurteilt haben. Ganze Menschengruppen werden sogar unter dem Vorwand demokratischer Mehrheit des für die Erhaltung des Lebens notwendigen Schutzes beraubt, psychischer und physischer Terror wird im Namen des Rechtes ausgeübt, und selbstverständlich verlangt auch ein *Idi Amin,* daß seine Akte als rechtmäßig anerkannt werden.

2. Das Problem der Todesstrafe und die Tötung unschuldiger Menschen

In einer Ansprache über „die naturrechtlichen Grenzen der ärztlichen Forschungs- und Behandlungsmethoden"[22] sagt *Pius XII.,* ausgehend von der Feststellung, daß die öffentliche Gewalt „keinerlei Verfügungsrecht" über die Integrität der menschlichen Person hat und daher „ein solches auch keinem Forscher oder Arzt erteilen" kann[23]:

„Selbst im Fall der Hinrichtung eines zum Tod verurteilten Verbrechers verfügt der Staat nicht über das Lebensrecht eines Einzelmenschen. Es ist der öffentlichen Autorität in diesem Falle vorbehalten, den Verurteilten zur Sühne seines Verbrechens des Lebens*gutes* zu berauben, nachdem er sein Lebens*recht* bereits durch das Verbrechen verwirkt hat[24]."

IIier folgt *Pius XII.* der seit der Antike vertretenen Auffassung, daß der Mensch durch die Mißachtung und Verletzung der Rechte anderer sein eigenes Recht verlieren kann und damit auch den Schutz der Rechtsordnung verwirkt. Wenn auch nicht auf die Todesstrafe selbst bezogen, so doch auf dem selben Grundgedanken beruhend, sieht auch die MRK im Art. 2 Abs. 2 lit a - c Fälle vor, in denen die Tötung eines Menschen nicht als Verletzung des Art. 2 betrachtet wird. Es handelt sich durchwegs um Fälle, in denen der Betroffene durch sein eigenes Handeln sich außerhalb des Rechtes gestellt und damit den Schutz der Rechtsordnung für sich selbst — auch für sein Leben — verwirkt hat[25].

[22] An die Teilnehmer des Ersten Internationalen Kongresses für Histopathologie des Nervensystems vom 14. September 1952, AAS 44 (1952) 779 - 789.

[23] *Utz / Groner,* a. a. O., Nr. 2279.

[24] *Utz / Groner,* a. a. O., Nr. 2280.

[25] Im Abs. 2 des Art. 2 heißt es: „Die Tötung wird nicht als Verletzung dieses Artikels betrachtet, wenn sie sich aus einer unbedingt erforderlichen Gewaltanwendung ergibt: a) um die Verteidigung eines Menschen gegenüber rechtswidriger Gewaltanwendung sicherzustellen; b) um eine ordnungsgemäße Festnahme durchzuführen oder das Entkommen einer ordnungsgemäß festgehaltenen Person zu verhindern; c) um im Rahmen der Gesetze einen Aufruhr oder Aufstand zu unterdrücken." In allen diesen Fällen wird rechtswidriges Verhalten des Betroffenen vorausgesetzt. Im Sinne der MRK kann

Es ist hier nun nicht der Ort, die Probleme der Todesstrafe selbst zu diskutieren. Tatsache ist jedoch, daß durch die ganze Geschichte der Menschheit und in wohl allen Kulturkreisen gesehen und anerkannt wurde, daß ein Mensch durch Verbrechen sein Recht auf Leben verwirken kann. Gleichzeitig wurde aber in der Regel gesehen, daß die Tötung eines unschuldigen Menschen zu den verabscheuungswürdigsten Verbrechen gehört[26]. Während sich also für die Todesstrafe immerhin rechtfertigende Gründe anführen lassen, können für die Tötung unschuldiger Menschen rechtliche Gründe sicher nicht geltend gemacht werden. Solange sich ein Mensch keines todeswürdigen Verbrechens schuldig macht, ist sein Leben unantastbar. *Pius XII.* sagt daher mit vollem Recht:

„Darum gibt es keinen Menschen, keine menschliche Autorität, keine Wissenschaft, keine medizinische, eugenische, soziale, wirtschaftliche oder ethische ‚Indikation', die einen Rechtstitel darstellen oder geben könnte zu einer direkten, überlegten Verfügung über schuldloses Menschenleben, das heißt eine Verfügung, die auf Vernichtung abzielt, sei sie Selbstzweck, sei sie Mittel für einen anderen Zweck, der an sich vielleicht nicht unerlaubt ist. So ist zum Beispiel die Rettung des Lebens der Mutter ein sehr edles Ziel; aber die direkte Tötung des Kindes als Mittel zu diesem Ziel ist nicht erlaubt. Die direkte Zerstörung des sogenannten ‚lebensunwerten Lebens', ob geboren oder noch nicht geboren, wie sie vor einigen Jahren in größtem Ausmaß geübt wurde, läßt sich in keiner Weise rechtfertigen. Als darum diese Praxis begann, hat die Kirche in aller Form als dem natürlichen und positiv göttlichen Recht entgegen und darum als unerlaubt erklärt, selbst wenn es auf Anordnung der öffentlichen Autorität geschieht, diejenigen zu töten, die zwar schuldlos, aber wegen physischer oder psychischer Mängel für die Nation

---

diese Rechtswidrigkeit auf der einen Seite und die Gesetzmäßigkeit des Einschreitens auf der anderen Seite sich nicht allein nach formalen Kriterien der Gesetzmäßigkeit richten. Sonst müßten auch die Erschießungen an der Berliner Mauer als MRK-konform angesehen werden. In allen diesen Fällen wird auf der einen Seite ein Wesensbestand des Grundrechtes vorausgesetzt, und auf der anderen Seite ein Einschreiten, das nach objektiven Kriterien der rechtlichen Ordnung gerechtfertigt ist.

[26] Besonders in der Entwicklung des römischen Strafrechts hat das Problem der Tötung eines unverurteilten Bürgers eine große Rolle gespielt. Vgl. dazu etwa *W. Kunkel,* Untersuchungen zur Entwicklung des römischen Kriminalverfahrens in vorsullanischer Zeit (1962) 87 f.; dazu etwa 12 Tafeln 9, 6: *Interfici enim indemnatum quemcunque hominem etiam XII tabularum decreta vetuerunt;* und Aug. civ. 1, 19: *Vos appello, leges iudicesque Romani. Nempe post perpetrata facinora nec quemquam scelestum indemnatum inpune voluistis occidi. Si ergo ad vestrum iudicium quisquam deferret hoc crimen vobisque probaretur non solum indemnatam, verum etiam castam et innocentem, interfectam esse mulierem, nonne eum, qui id fecisset, severitate congrua plecteretis?*

keinen Nutzen, sondern vielmehr eine Belastung darstellen[27]. *Schuldloses Menschenleben ist unantastbar, und jeder direkte Eingriff in dasselbe ist Verletzung eines der Grundgesetze, ohne die ein sicheres menschliches Zusammenleben unmöglich ist*[28]."

Auf dem Hintergrund dieser Feststellungen stellt sich eine gegenwärtige Entwicklungstendenz als ein verhängnisvoller Irrweg dar: Auf der einen Seite wird es nämlich als ein Fortschritt der Menschlichkeit gepriesen, daß man nun endlich dazu gekommen ist, nicht einmal durch schwerste Verbrechen in höchstem Maße *schuldig* gewordene Menschen des „Lebensgutes" zu berauben. Deshalb wurde die Todesstrafe weitgehend abgeschafft. Auf der anderen Seite betrachtet man es in zahlreichen Staaten, die sich demokratisch nennen, als geradezu selbstverständlich, daß es den Menschen zusteht, vollkommen *unschuldiges* Leben ihrem eigenen Wohlergehen und ihrer eigenen Bequemlichkeit zu opfern. Was noch vor dreißig Jahren als Verbrechen verurteilt wurde, kann heute durch Mehrheitsentscheidungen von Parlamenten demokratischer Staaten ermöglicht werden, und man glaubt allen Ernstes, daß solche Gesetzgebungsakte aus dem Verbrechen rechtmäßige oder doch nicht strafbare Akte machen können. In Wahrheit entspricht es dem Wesen menschlicher Grundrechte — und das zeigt auch die Erfahrung der Geschichte —, daß durch solche Vorgangsweisen an ihrem Bestand nichts geändert werden kann. Vielmehr begeben sich Staaten, die diese Grundrechte selbst durch Gesetzgebungsakte zu mißachten beginnen, auf einen Weg, auf dem sie aufhören, Rechtsstaaten zu sein[29].

3. *Der Zusammenhang zwischen Abtreibung und Euthanasie*

Bereits aus dem zuletzt zitierten Absatz geht der enge Zusammenhang zwischen Abtreibung und Euthanasie hervor. Die moderne Embryologie hat mit einer Klarheit, die keinen Raum für Zweifel läßt, festgestellt, daß das menschliche Leben von seinem Beginn bei der Empfängnis bis zu seinem Ende mit dem Tode eine Einheit bildet[30].

---

[27] Vgl. auch unten III 1.

[28] *Utz / Groner*, a. a. O., Nr. 1054, Hervorh. von mir.

[29] Dazu *Waldstein*, Kirche und Staat, *Fritz Eckert* zum 65. Geburtstag, hrsgg. von *H. Schambeck* (1976); künftig zitiert: FS Eckert; auch Juristische Blätter (JBl.) 98 (1976) 583 f. mit weiteren Hinweisen.

[30] Vgl. *Waldstein*, FS Eckert 478 ff. und 489 ff. mit weiteren Hinweisen; auch: The Position of Modern Science on the Beginning of Human Life, herausgg. vom Scientists for Life, Inc., Sun Life (2. Aufl. 1976; künftig zitiert:

Wenn man den Schutz für unschuldiges menschliches Leben an einem Punkt — aus welchen Gründen immer — fallen läßt, hat man die Unantastbarkeit menschlichen Lebens grundsätzlich preisgegeben. Es bleibt dann nur mehr eine Frage der Zweckmäßigkeit, an welchen anderen Punkten man diesen Schutz ebenfalls entzieht oder nicht entzieht[31]. Daher ist es eine notwendige logische Folge des Entzuges des Rechtsschutzes für Ungeborene, daß nun aus ganz ähnlichen Zweckmäßigkeitsgründen in vielen Staaten bereits die Möglichkeit der Euthanasie ins Auge gefaßt, propagiert und sogar bereits in Gesetzesanträgen vorgesehen wird[32]. Auch hier wird also, was noch vor dreißig Jahren von nahezu allen zivilisierten Staaten als verabscheuungswür-

---

The Beginning of Human Life), wo in kurzer Form mit Belegen die wichtigsten Erkenntnisse zusammengefaßt werden; ferner *H. Schambeck,* in: Ordnung im sozialen Wandel, Festschrift für *Johannes Messner* zum 85. Geburtstag (1976; künftig zitiert: FS Messner) insb. 485 mit den Hinweisen auf Ausführungen von *H. Berger,* und neuerdings L'Osservatore Romano, Wochenendausgabe in deutscher Sprache vom 27. Mai 1977, S. 9. Vgl. dazu auch unten II 2.

[31] Daher mußte auch der österr. Verfassungsgerichtshof (VfGH) in seiner Begründung des Fristenlösungserkenntnisses Prämissen annehmen, aus denen dies notwendig folgt, vgl. dazu *Waldstein,* FS Eckert 506 f.

[32] *K. Whitehead,* Respectable Killing, The New Abortion Imperative (1972) 47 f., mußte schon damals darauf hinweisen, daß in einzelnen Teilstaaten der USA die Euthanasie bereits für Schwerkranke gesetzlich zugelassen wurde. *Whitehead* berichtet weiter von einem Gesetzesantrag im Staate Florida (USA), der die Euthanasie auch für den Fall vorsieht, daß der Kranke sie nicht wünscht. Wenn drei Ärzte zu der Überzeugung kommen, daß das Leben eines Menschen *sinnlos* (meaningless) geworden ist, dann sollte diese Entscheidung mit Zustimmung eines Richters „vollstreckt" werden dürfen. Derselbe Arzt, *Dr. Walter W. Sackett,* der diesen Gesetzesvorschlag eingebracht hatte, erhielt von 3000 Delegierten einer vom Weißen Haus über das Problem des Alterns veranstalteten Konferenz im November 1971 Applaus, als er erklärte, „the medical profession should ‚make the death process more comfortable and dignified'" (a. O.). Auf dem Hintergrund seines Gesetzesantrages ist der Inhalt dieser Formel leicht zu erraten. Nach einem mir im Manuskript zugänglich gemachten Bericht von *Michael Taylor* vom 28. Januar 1977 waren im Jahre 1976 bereits in 21 Staaten der USA „Death with Dignity or Right to Die bills" eingebracht. Von diesen Gesetzesanträgen wurde jedoch nur das „Death with Dignity"-Gesetz des Staates California angenommen, das mit dem 1. Januar 1977 in Kraft getreten ist. Es wird allgemein als ein erster kleiner Schritt in Richtung einer umfassenderen Regelung angesehen, die wohl im Endergebnis etwa so aussehen dürfte, wie der Antrag für den Staat Florida es vorsieht. Vgl. zur europäischen Diskussion Fritsche / Goulon / Eser / Braun / Riquet, Das Recht auf einen menschenwürdigen Tod? Le malade — le médecin — la mort, Rechtsstaat in der Bewährung Bd. 3 (Deutsche Sektion der Internationalen Juristen-Kommission, Vorträge und Diskussionsbeiträge der deutsch-französischen Juristenkonferenz am 27./28. November 1976 in Straßburg, 1977).

diges Verbrechen angesehen wurde, nunmehr in eben denselben Staaten in den Bereich möglicher Maßnahmen im Zuge des Fortschritts der Menschlichkeit einbezogen.

Gegenüber diesen Verfallserscheinungen bleiben jene Grundsätze immer gültig, die *Pius XII.* besonders in den folgenden Worten ausgedrückt hat:

„Das schuldlose menschliche Leben, ganz gleich in welchem Zustand es sich befindet, ist *vom ersten Augenblick seiner Existenz an jedem direkten Angriff entzogen.*

Dies ist ein Grundrecht der menschlichen Persönlichkeit und nach christlicher Lebensauffassung von allgemeiner Gültigkeit, ebenso gültig für das Leben, das noch verborgen im Mutterschoß ruht, wie für das schon zur Welt gekommene Leben; ebenso gültig gegen die direkte Abtreibung wie gegen die direkte Tötung des Kindes vor, während und nach der Geburt[33]."

Pius XII. betont hier die christliche Lebensauffassung, weil er sich in der betreffenden Ansprache an wohl großteils katholische oder jedenfalls christliche Zuhörer wendet. Das kann aber, wie schon oben (1) dargetan wurde, nicht bedeuten, daß dieses Grundrecht selbst auf der christlichen Lebensauffassung beruht und daher nach einer anderen Lebensauffassung unbeachtet bleiben dürfte. Daher sagt *Pius XII.* in einer anderen Ansprache kategorisch:

„Das ärztliche Recht kann darum niemals gestatten, daß der Arzt oder der Patient die direkte Euthanasie zur Anwendung bringen, und zwar darf der Arzt diese weder bei sich selber noch bei anderen anwenden. Das gilt auch für die direkte Tötung der Leibesfrucht sowie für diejenigen ärztlichen Handlungen, die im Widerspruch stehen zu den deutlich offenbarten göttlichen Gesetzen. In dieser ganzen Materie kommt dem ärztlichen Recht keinerlei Autorität zu, und der Arzt ist nicht verpflichtet, ihm zu gehorchen. Ganz im Gegenteil muß er sich darüber hinwegsetzen[34]."

---

[33] *Utz / Groner,* a. a. O., Nr. 1112 f.; Hervorh. von mir. Pius XII. verkennt nicht die Notwendigkeit einer Differenzierung nach Altersstufen für verschiedene Rechtsfolgen und sagt weiter: „Wie begründet auch die Unterscheidung zwischen diesen verschiedenen Entwicklungsstufen des geborenen oder noch nicht geborenen Lebens sein mag im profanen wie kirchlichen Recht und für gewisse bürgerliche und strafrechtliche Folgen, — nach dem Sittengesetz handelt es sich in all diesen Fällen um ein schweres und unerlaubtes Attentat auf das unverletzliche menschliche Leben." Die vorhin genannte Differenzierung kann also niemals das Lebensrecht an sich in Frage stellen, sondern nur sekundäre Folgen der Entwicklungsstufe betreffen, so etwa das Eintreten gewisser rechtlicher Wirkungen oder auch Differenzierungen in der Höhe der Strafe bei Abtreibung und Kindesmord oder dergl.

[34] *Utz / Groner,* a. a. O., Nr. 5389; vgl. auch 5384 (Text unten bei III 1).

Auch hier wird der Zusammenhang zwischen Euthanasie und Abtreibung deutlich. Es geht in beiden Fällen um den *einen Schutz des menschlichen Lebens.* Die diesbezüglichen Normen des natürlichen und des göttlichen Rechts kann „keine menschliche Autorität" außer Kraft setzen, wie *Pius XII.* in dem oben (2) zitierten Text besonders klar betont hat. Sie kann diese Rechte nur faktisch mißachten. Normen auch des ärztlichen Rechts können an dieser Tatsache nicht vorbei. Wenn sie mit den grundlegenden Normen des Naturrechts oder des göttlichen Rechts in Widerspruch geraten, können sie keine Verbindlichkeit in Anspruch nehmen[35].

4. Selbstsucht und Leidenschaften als Ursachen für die Mißachtung des Grundrechtes auf Leben

In Übereinstimmung mit der gesamten Erfahrung der Menschheit und mit der ganzen Lehre der Kirche seit Anbeginn betont *Pius XII.* mehrfach, daß die Ursachen der Mißachtung des Lebensrechtes anderer — ebenso wie vieler anderer Verirrungen — vor allem in der Selbstsucht und in zügellosen Leidenschaften liegen. In der schon mehrfach zitierten Ansprache über „Koexistenz und Zusammenleben der Völker in der Wahrheit und in der Liebe"[36] findet sich im Zusammenhang mit den Darlegungen über das Naturrecht als „Grundlage jeden Rechts und jeder Pflicht" die folgende Feststellung:

„Das Zusammenleben, nicht weniger als die private Lebensführung des Einzelnen, regelt sich also nicht automatisch von selbst, etwa so wie das von der Triebkraft des Instinkts bestimmte Gesellschaftsleben der Bienen, es wird vielmehr letztlich durch das bewußte Wollen der Völker selbst bestimmt oder, besser gesagt, durch das Wollen der Menschen, die das Volk ausmachen. Nun kann aber dieses Wollen dem Einfluß von zwei verschiedenen und entgegengesetzten Kräften unterliegen, dem der Vernunft und des ruhigen Urteils und dem der blinden Instinkte und der zügellosen Leidenschaften[37]."

Der Hinweis auf die Vernunft ist zweifellos im Zusammenhang zu sehen mit der bereits oben (1) wiedergegebenen Feststellung, daß „die gesunde Vernunft" ausreicht, „um die Rechtsgrundlagen der Menschen festzulegen", natürlich auch, um sie vorher zu erkennen. Die zügellosen Leidenschaften aber trüben den Blick für das, was der Mensch an

---

[35] Vgl. dazu auch unten II 3 und 4 zum Brief von Bundeskanzler *Kreisky* an den Präsidenten der Österreichischen Ärztekammer.

[36] Oben Anm. 2.

[37] *Utz / Groner,* a. a. O., Nr. 6285.

sich zu erkennen fähig wäre (dazu soll gleich noch eine repräsentative Aussage aus der vorchristlichen Antike als Beispiel für die allgemeine Menschheitserfahrung angeführt werden). Der menschliche Geist, der von den Leidenschaften beherrscht wird, wird aber nicht nur unfähig, das Richtige zu erkennen. Er entwickelt darüber hinaus auch die Vorwände, die das, was er gerade tut, als das Richtige erscheinen lassen sollen. Das hat *Pius XII.* im Zusammenhang mit dem Überbevölkerungsproblem mit folgenden Worten besonders klargestellt:

„Die Überbevölkerung ist daher kein stichhaltiger Grund für die Verbreitung von unerlaubten Praktiken der Geburtenkontrolle, sondern vielmehr ein Vorwand, um Geiz und Selbstsucht zu rechtfertigen, sei es jener Nationen, die in der Expansion der anderen eine Gefahr für die eigene politische Hegemonie und ein Absinken des Lebensstandards fürchten, sei es der Einzelpersonen, vor allem der mit Glücksgütern am meisten versorgten, die einen möglichst großen Genuß der irdischen Güter dem Ruhm und Verdienst, neues Leben zu wecken, vorziehen. So kommt man dazu, die klaren Gesetze des Schöpfers mit dem Vorwand zu brechen, man müsse die eingebildeten Irrtümer seiner Vorsehung korrigieren[38].“

Im weiteren Text führt er dann aus, was wirklich zu tun wäre, um der Not in der Welt zu steuern. Die von den Päpsten unermüdlich dargelegten Heilmittel gegen die wahren Übel in der Welt sind jedoch kaum ernstlich angewandt worden. Stattdessen hat der menschliche Geist geglaubt, selbst bessere Wege finden zu können. Bereits *Pius XI.* mußte in seiner Enzyklika *„Casti connubii“*, in der er die Grundlagen einer dem Naturrecht und dem göttlichen Willen entsprechenden Ehe dargelegt hat, zusammenfassend feststellen:

„Zugleich haben wir mit Schmerz wahrnehmen müssen, wie der liebevolle Plan der göttlichen Güte von menschlichen Leidenschaften, Irrtümern und Lastern gegenwärtig allenthalben vereitelt und mit Füßen getreten wird[39].“

Er weist darauf hin, daß alle diese Dinge im Namen des Fortschritts der Wissenschaft und der Freiheit um sich greifen und „als die höchsten Errungenschaften des modernen Geistes angepriesen“ werden[40].

---

[38] *Utz / Groner,* a. .a O., Nr. 4769.

[39] Abgedruckt in: Heilslehre der Kirche, Dokumente von *Pius IX.* bis *Pius XII.,* Deutsche Ausgabe des französischen Originals besorgt von *A. Rohrbasser* (1953), Nr. 1724 in der durchgehenden Zählung.

[40] Heilslehre der Kirche 1684; vgl. auch insb. 1705, wo *Pius XI.* im Zusammenhang mit dem „Gottesgebot: Du sollst nicht ehebrechen!“, folgendes sagt: „Keine menschlichen Gepflogenheiten, keine verkehrten Beispiele, keine Art angeblichen menschlichen Fortschrittes können jemals die Verpflichtung dieses Gottesgebotes entkräften. Denn gleichwie ein und der selbe *Jesus Christus gestern, heute und in alle Ewigkeit,* so bleibt auch Christi Lehre immer

Was würde er erst gesagt haben, wenn ihm die heutige Situation bereits bekannt gewesen wäre! Die Tendenzen, die zu dieser Situation geführt haben, sind jedoch damals ebenso klar gewesen, wie sie es im Laufe der Menschheitsgeschichte an sich immer waren. Man glaubt heute nur weitgehend, man könnte die Dinge durch bloße Umbenennung in ihrem Wesen ändern und damit aus Laster Tugend und aus Irrtum Wahrheit machen. Wollte man sich heute die Mühe nehmen, die diesbezüglichen Aussagen der Päpste bis zum heutigen Tag wirklich gewissenhaft zu erwägen und dann gemäß der Lehre der Kirche zu handeln, würde man gleichzeitig klar erkennen, welche Bewandtnis es mit vielen Dingen hat, die heute als Fortschritt angepriesen werden. Die Aussagen der Päpste entsprechen aber nicht nur der durch die Lehre der Kirche begründeten Überzeugung des Oberhauptes einer Religionsgemeinschaft, um die sich niemand zu kümmern brauchte, der dieser Religionsgemeinschaft nicht angehört. Vielmehr sind sie Ausdruck der einen Wahrheit, die, soweit sie nicht unmittelbar auf der Offenbarung beruht, als natürliche Wahrheit an sich jedermann zugänglich ist. Sie ist daher auch bereits in der vorchristlichen Antike klarer erkannt worden als vielfach heute. So hat etwa der griechische Dichter *Hesiod* bereits um 700 v. Chr. mit seiner dichterischen Intuition erkannt, daß der Untergang des Menschengeschlechts eintreten wird, „wenn der Verfall der Sitte vollständig und die Zeit der schamlosen Gewalttäter gekommen ist", wie *H. Schwabl* die Ausführungen *Hesiods* zusammenfaßt[41]. Besonders eindrucksvoll zeigt jedoch *Cicero* den Zusammenhang zwischen der Selbstsucht und den Leidenschaften — er spricht von der auf diesen Fehlhaltungen beruhenden Genußsucht *(voluptas)* — einerseits und dem nicht genügenden Erkennen dessen andererseits, was von Natur aus gut ist. In seinem Werk über die Gesetze behandelt er unter anderem den Unterschied zwischen gerechten (guten) und ungerechten (schlechten) Gesetzen und die Frage nach der Existenz und Erkennbarkeit objektiver, in der Natur selbst gelegener Kriterien für ihre Unterscheidung[42]. In diesem Zusammenhang sagt er zunächst:

---

die gleiche, *kein Jota von ihr wird vergehen, bis alles geschieht*" (Hervorh. im Original). Dasselbe gilt natürlich auch hinsichtlich des Lebensrechtes, wie auch Papst *Paul VI.* erklärt hat. Vgl. etwa nur seine in der Erklärung der Kongregation für die Glaubenslehre über den Schwangerschaftsabbruch in Nr. 7 bei Anm. 18 wiedergegebene Feststellung (unten II 1 bei Anm. 56).

[41] Der Kleine Pauly, Lexikon der Antike II (1967) 1115, *Hesiod*, Erga 174 - 201.

[42] *Cic.* leg. 1, 42 ff.

„Wenn das Gesetz aus Unrecht Recht machen könnte, könnte es dann nicht auch aus Schlechtem Gutes machen? In Wahrheit können wir jedoch ein gutes Gesetz von einem schlechten nach keiner anderen Norm als jener der Natur unterscheiden. Aber nicht nur Recht und Unrecht werden auf Grund der Natur unterschieden, sondern überhaupt alles sittlich Gute und Schlechte. Denn da ein allgemeines Erkenntnisvermögen uns die Dinge bekannt macht und in unseren Seelen den Grund zu ihrer Erkenntnis gelegt hat, wird das sittlich Gute der Tugend zugeordnet, dem Laster das Schlechte. *Nur ein Unsinniger kann annehmen, daß diese (Unterscheidungen) Auffassungssache seien und nicht in der Natur begründet*[43]."

Nun ist es aber unbestreitbar, daß im Laufe der Menschheitsgeschichte wie auch in der Gegenwart über diese Dinge tatsächlich sehr verschiedene Auffassungen vertreten wurden und noch vertreten werden. Es ist daher in höchstem Maße bemerkenswert, daß bereits *Cicero* die auch heute maßgeblichen und von den Päpsten aufgezeigten Gründe für diese Auffassungsunterschiede in aller Klarheit aufzeigt. Nach weiteren überaus wichtigen Ausführungen über die Objektivität der Kriterien für diese Unterscheidungen, die jeden Relativismus widerlegen, sagt *Cicero:*

„Aber es verwirrt uns die Verschiedenheit der Auffassungen und die Uneinigkeit der Menschen, und weil dasselbe bei Sinneswahrnehmungen nicht eintritt, glauben wir, daß diese von Natur aus gewiß seien, während wir das, was den einen so und anderen wieder anders und selbst den selben Menschen nicht immer gleich erscheint, als unwirklich (eingebildet, fingiert) bezeichnen. In Wahrheit verhält sich die Sache jedoch gänzlich anders. Denn unsere Sinne werden nicht von einem Elternteil, von der Amme, vom Lehrer, Dichter oder Schauspieler verdreht und nicht von der Zustimmung der Menge verleitet. Dagegen richten sich alle möglichen hinterlistigen Nachstellungen gegen die Seelen, sei es von jenen, die ich soeben aufgezählt habe, die sie, solange sie noch zart und ungeformt sind, in Besitz nehmen, anstecken (vergiften) und umstimmen wie sie wollen, oder aber von jener Nachäfferin des Guten, die, tief mit jedem der Sinne verschlungen, lauert, die Genußsucht, die jedoch die Mutter aller Übel ist. Verführt durch ihre Schmeicheleien (Verlockungen), vermögen wir nicht genügend zu erkennen, was von Natur aus gut ist, weil das nicht dieselbe Annehmlichkeit (Lust) vermittelt und nicht denselben Reiz ausübt" (wie das, was die Genußsucht unserer Begierlichkeit vor Augen stellt)[44].

---

[43] *Cic.* leg. 1, 44 f., Hervorh. von mir. Bei *Cicero* lautet der letzte Satz: *ea autem in opinione existimare, non in natura posita dementis est.*

[44] *Cic.* leg. 1, 47; der letzte Satzteil lautet im Original: *vel ab ea, quae penitus in omni sensu implicata insidet, imitatrix boni, voluptas, malorum auter mater omnium; cuius blanditiis corrupti, quae natura bona sunt, quia dulcedine hac et scabie carent, non cernunt satis.*

Diese Aussage ist geradezu ein Schlüssel für das Verständnis nahezu aller Verirrungen im Laufe der Menschheitsgeschichte und von unglaublicher Aktualität für unsere Zeit[45].

II. Das Lebensrecht der Ungeborenen

Bei den bisherigen Darlegungen sind bereits mehrfach Feststellungen *Pius' XII.* zum Lebensrecht der Ungeborenen angeführt worden. Nun sind seine Aussagen dazu unter dem speziellen Gesichtspunkt noch etwas eingehender zu würdigen. Dabei sollen im einzelnen behandelt werden seine Bezugnahme auf die geschichtliche Erfahrung, seine Feststellungen darüber, von welchem Augenblick an dieses Lebensrecht zusteht und darüber, daß der Staat keine Ermächtigung zur Tötung zu geben vermag. Schließlich ist auch noch die Bezugnahme auf den Hippokratischen Eid hervorzuheben.

1. Das Lebensrecht des Ungeborenen in der geschichtlichen Erfahrung

Die Bedeutung der geschichtlichen Erfahrung für die Erfassung der Grundrechte hat *Pius XII.* besonders in der bereits mehrfach zitierten Ansprache über „Koexistenz und Zusammenleben der Völker in der Wahrheit und in der Liebe“[46] hervorgehoben. Die Kenntnis der geschichtlichen Erfahrung und vor allem der beständigen Lehre der Kirche und ihrer Väter liegt natürlich seinen Einzelaussagen zum Lebensrecht der Ungeborenen auch dort zugrunde, wo sie nicht explizit hervorgehoben wird. Damals waren auch die Einzelheiten der gegeschichtlichen Erfahrung weniger umstritten als heute, da man sie vielfach zur Untermauerung des eigenen Standpunkts zu verfälschen trachtet. Daher ist es besonders verdienstvoll gewesen, daß die *„Erklärung der Kongregation für die Glaubenslehre über den Schwangerschaftsabbruch“* vom 18. November 1974 eine Auswahl aus den zahl-

---

[45] *Cicero* berichtet übrigens in off. 2, 77, daß ein Orakel des *Apollo Pythius* geweissagt habe, Sparta werde durch nichts anderes als durch die *avaritia* (Habsucht, Geiz) untergehen, und *Cicero* fügt hinzu, daß dies nicht nur den Spartanern vorausgesagt zu sein scheint, sondern allen wohlhabenden Völkern.

[46] *Utz / Groner,* a. a. O., Nr. 6286.

reichen Aussagen in der kirchlichen Überlieferung seit der frühesten Zeit bis in die Gegenwart dokumentiert hat[47].

In diesem Zusammenhang darf jedoch noch darauf hingewiesen werden, daß *Franz Joseph Dölger* bereits 1934 eine eingehende Studie über „Das Lebensrecht des ungeborenen Kindes und die Fruchtabtreibung in der Bewertung der heidnischen und christlichen Antike“[48] vorgelegt hat, in welcher eine Fülle überaus eindrucksvoller Zeugnisse ausgewertet ist. Auch wenn man nicht mit jeder Deutung der von ihm behandelten Texte übereinkommen könnte, so sprechen doch viele dieser Zeugnisse so sehr für sich, daß sie keinen Raum für Zweifel im Wesentlichen lassen. Am wenigsten geglückt scheint mit *Dölgers* Deutung einiger Aussagen des römischen Rechts. Weil aber gerade die besonders wichtig wären, muß hier bemerkt werden, daß er eine ganze Reihe anderer Aussagen, die das Bild wesentlich modifizieren, leider unberücksichtigt gelassen hat. Bei Berücksichtigung auch jener Texte, die von der Rechtsstellung ungeborener Kinder handeln, bekommen jedoch auch die von *Dölger* herangezogenen Aussagen einen anderen Stellenwert[49].

Von den von *Dölger* aus der nichtjuristischen Literatur angeführten Texten verdient einer von dem Stoiker *Musonius Rufus* hervorgehoben zu werden, der über frühe Gesetze gegen die Fruchtabtreibung folgendes sagt:

„Die Gesetzgeber aber, denen gerade die Aufgabe obliegt, zu suchen und zu beobachten, was für den Staat gut ist und was schlecht, was dem Gemeinwohl nützt und was schadet, haben diese nicht alle es als sehr ersprießlich für die Staaten angesehen, daß die Häuser der Bürger sich mehren, als besonders schädlich aber, wenn sie sich mindern? ... *Denn sie verboten einerseits den Frauen die Abtreibung* (...) *und belegten die Ungehorsamen*

[47] Vgl. dort die Nrn. 5 - 7; der Text der Erklärung ist abgedruckt in: Worte der österreichischen Bischöfe zum Schutz menschlichen Lebens, hrsgg. von der Österreichischen Bischofskonferenz (1974) 97 ff. und in der Sammlung: Nachkonziliare Dokumentation, Bd. 48 (1975), mit dem lateinischen Originaltext.

[48] In: *F. J. Dölger*, Antike und Christentum, Kultur- und religionsgeschichtliche Studien 4 (1934, Neudruck 1975) 1 - 61; künftig abgekürzt zitiert: *Dölger* mit Ang. der Seitenzahl.

[49] Vgl. dazu *Waldstein*, FS Eckert 478 ff. Eine überaus verdienstvolle und umfangreiche Studie des Problems hat, seit *Dölger*, *Enzo Nardi*, Procurato aborto nel mondo greco romano (1971), vorgelegt. Aber obwohl *Nardi* wohl alle zugänglichen Texte zum Problem der Abtreibung zusammengetragen hat, hat auch er einige nicht berücksichtigt, die allgemein die Rechtsstellung des ungeborenen Kindes betreffen.

mit Strafe, andererseits verboten sie ihnen, sich zur Unfruchtbarkeit herzurichten und die Schwangerschaft zu verhindern; ...[50]."

Ferner verweist *Dölger* auf den Bericht des *Diodor von Sizilien* (1. Jh. v. Chr., seine Universalgeschichte reicht bis 54 v. Chr.), in dem er unter die „besonders beachtenswerten Gesetze der Ägypter" auch jenes zählt, das bestimmte: „Schwangere Frauen, die zum Tode verurteilt waren, durften nicht eher hingerichtet werden, als bis sie geboren hatten". *Diodor* berichtet dann weiter:

„Diese Satzung haben auch viele unter den Hellenen angenommen in der Erwägung: es sei Unrecht, daß das unschuldige Wesen die gleiche Strafe erleiden solle wie die schuldige (Mutter); und daß für *ein* Vergehen von *zweien* die Sühne verlangt werde; da ferner das Vergehen nach böser Absicht vollbracht sei, so sei es Unrecht, daß das Wesen, das überhaupt noch kein Bewußtsein habe, der gleichen Strafe verfalle; und die Hauptsache von allem: wenn nur den schwangeren (Müttern) persönlich die Schuld beizumessen ist, so dürfe auf keinen Fall das Kind (mit-)getötet werden, das doch dem Vater und der Mutter gemeinsam sei. Wie man diejenigen als schlechte Richter kennzeichnen müsse, die einen des Mordes Schuldigen freisprechen, so müsse man ebenso die als schlechte Richter bezeichnen, die einen ganz Unschuldigen töten[51]."

Aus diesem Text geht ganz klar hervor, daß die Tötung eines Ungeborenen als die Tötung eines unschuldigen Menschen angesehen wurde. Der Schluß auf die heutigen Gesetzgeber, die zwar den Schuldigen und Verbrechern um der Menschlichkeit willen möglichst weitgehende Schonung angedeihen lassen — wogegen im Prinzip nichts eingewandt werden soll —, aber gleichzeitig die unmenschliche Tötung Unschuldiger freigeben, liegt nach den Ausführungen *Diodors* auf der Hand.

Überaus eindrucksvolle Texte bringt *Dölger* sodann aus „den griechischen christlichen Schriftstellern der ersten zwei Jahrhunderte" bei[52]. Eine der berühmten Aussagen *Tertullians* ist auch in die genannte *„Erklärung der Kongregation für die Glaubenslehre über den Schwangerschaftsabbruch"*[53] aufgenommen worden. Zu den dort genannten Texten möchte ich hier aus der großen Fülle von klaren Aussagen der Kirchenväter nur noch einen vom hl. *Augustinus* hinzufügen, den auch *Pius XI.* in seiner Enzyklika *„Casti connubii"* anführt[54] und der

[50] *Dölger* 14; Hervorh. im Original.

[51] *Dölger* 15.

[52] *Dölger* 23 ff.

[53] Vgl. oben Anm. 47, in Nr. 6 ist der Text aus *Tertullian* wiedergegeben; dazu auch *Dölger* 34 f. und *Nardi* (oben Anm. 49) insb. 390 ff. mit weiterer Lit.

[54] Heilslehre der Kirche (oben Anm. 39) 1698.

den Zusammenhang von Leidenschaft und Mißachtung der Rechte besonders deutlich werden läßt:

„Zuweilen geht die leidenschaftliche Grausamkeit oder die grausame Leidenschaft so weit, daß sie sich Gifte gegen die Empfängnis verschafft, und wenn sie nichts damit erreicht, die bereits empfangene Frucht auf irgendeine Art im Mutterleib vernichtet und abtreibt, mit der Absicht, daß das Kind eher untergehe als lebe, oder wenn es bereits im Mutterschoße lebte, eher getötet werde als es zur Geburt komme. ...[55]."

Die Aussagen aller Päpste sind auf dem Hintergrund dieser ganzen Lehre seit den ersten Jahrhunderten der Kirche, aber auch auf dem Hintergrund der natürlichen Erfahrung zu sehen, die aus den Texten von nichtchristlichen Schriftstellern hervorgeht. Daher konnte auch Papst *Paul VI.* sagen, daß die Lehre der Kirche über die Abtreibung „sich nicht geändert hat und unveränderlich ist"[56].

2. *Das Lebensrecht besteht vom Augenblick der Empfängnis an*

In dem bereits oben (I 3) wiedergegebenen Text betont *Pius XII.* ausdrücklich, das das „schuldlose menschliche Leben, ganz gleich in welchem Zustand es sich befindet, ... vom ersten Augenblick seiner Existenz an jedem direkten Angriff entzogen" ist[57]. Wenn frühere Auseinandersetzungen über das Problem der „Beseelung" auch gewisse Unklarheiten aufkommen lassen könnten, so sind diese durch die moderne Embryologie, wie schon bemerkt (oben bei Anm. 30) und durch die Biologie jedenfalls völlig ausgeräumt. Alle Versuche, diesen Sachverhalt zu verschleiern, müssen angesichts der erhobenen Befunde scheitern[58]. Wenn *Pius XII.* vom ungeborenen Leben spricht, ist daher

[55] *Dölger* 59, es ist hier die von ihm gebotene Übersetzung wiedergegeben.

[56] AAS 64 (1972) 777. Papst *Paul VI.* bezieht sich dort ausdrücklich auf die Aussagen *Pius' XII.* in der Ansprache vom 29. Oktober 1951 (oben Anm. 1 sowie I, I 2 und Anm. 18), sowie auf die Pastoralkonstitution über die Kirche in der Welt von heute (Gaudium et spes) 51.

[57] *Utz / Groner*, a. a. O., Nr. 1112.

[58] Vgl. etwa nur die bereits oben Anm. 30 angegebene Abhandlung von *H. Schambeck* und die weitere dort angeg. Lit.; ferner *D. Lang-Hinrichsen*, Zeitschrift für das gesamte Familienrecht (FamRZ) 21 (1974) 506 ff.; auch *Waldstein*, FS Eckert 505. Das deutsche Bundesverfassungsgericht hat in seinem Erkenntnis über die Fristenlösung festgestellt: „Leben im Sinne der geschichtlichen Existenz eines menschlichen Individuums besteht nach gesicherter biologisch-physiologischer Erkenntnis jedenfalls vom 14. Tage nach der Empfängnis (Nidation, Individuation) an" (Neue Juristische Wochenschrift 22, 1975, 574). Mit „jedenfalls" schließt das Bundesverfassungsgericht nicht aus, daß es auch bereits ab dem Zeitpunkt der Empfängnis besteht, nimmt aber

immer davon auszugehen, daß es sich um das menschliche Leben ab dem Zeitpunkt der Empfängnis handelt. Das wird auch vom Zweiten Vatikanischen Konzil ausdrücklich betont: „Das Leben muß von der Empfängnis an mit äußerster Sorgfalt gehütet werden; die Abtreibung und der Kindesmord sind verabscheuungswürdige Verbrechen“[59]. Unter den Quellen für den betreffenden Absatz der Konzilskonstitution wird auch die bereits mehrfach zitierte[60] Ansprache *Pius' XII.* an die Hebammen vom 29. Okt. 1951 angeführt.

---

an, daß dies für den Zeitpunkt ab der Nidation als völlig gesichert anzusehen ist. Das BVfG verweist dabei auf die Ausführungen „von Hinrichsen vor dem Sonderausschuß für die Strafrechtsreform, 6. Wahlp., 74. Sitzung, StenBer. S. 2142 ff.“. Dieses Problem kann hier nicht im einzelnen erörtert werden. Es sei nur darauf hingewiesen, daß auf einem internationalen Kongreß der World Federation of Doctors who Respect Human Life (19. - 22. Februar 1976 in Innsbruck) auf der Grundlage der neuesten Erkenntnisse der Embryologie der Beginn des individuellen menschlichen Lebens mit dem Zeitpunkt der Empfängnis als völlig gesichert angesehen wurde. Gegenüber allen diesen eindeutigen Feststellungen, die durch unzählige weitere ergänzt werden könnten, entsprechen etwa die Darlegungen von *H. T. Engelhardt,* The Ontology of Abortion, Ethics (April 1974, USA) 217 ff. eben jenen „very considerable semantic gymnastics“, von denen in dem unten bei Anm. 62 wiedergegebenen Text die Rede ist. Dazu kritisch *J. F. Crosby,* The Review of Politics 38 (1976; Univ. of Notre Dame Press) 239 ff. Leider ist auch *E. Melichar,* Das Erkenntnis des österr. Verfassungsgerichtshofes über die sog. „Fristenlösung“, in: Convivium utriusque iuris, Alexander Dordett zum 60. Geburtstag (1976) 101, von solchen und ähnlichen Argumentationen davon abgehalten worden, die schlichte und an sich gesicherte Tatsache anzuerkennen, ab welchem Zeitpunkt menschliches Leben beginnt. Seine dort getroffene Feststellung: „Man darf nicht erwarten, daß Probleme, die bisher weder die Naturwissenschaft noch die Theologie eindeutig zu lösen vermochten und wahrscheinlich auch nie werden lösen können, nämlich den Moment zu fixieren, in dem aus dem befruchteten Ei der Vollmensch wird — oder in der Sprache der alten Theologie ausgedrückt: die Beseelung erfolgt, vom Juristen gelöst werden können“, ist angesichts der eindeutigen Aussagen der Naturwissenschaften nur im Sinne der „very considerable semantic gymnastics“ zu verstehen. Wenn man aber in diesem Zusammenhang schon den Ausdruck „Vollmensch“ einführt, stellt sich sofort die Frage: in welchem Sinne? Ist zum Beispiel ein geistig Geschädigter, von dem man nach menschlicher Voraussicht annehmen muß, daß er nie „Vollmensch“ im Sinne eines normalen Menschen werden kann, damit bereits aus dem Schutzbereich ausgeschlossen? Was ist unter Vollmensch überhaupt zu verstehen? Etwa erst ein Mensch, der alle seine Gaben voll entfaltet hat und noch fähig ist, sie zu gebrauchen? Hier wird abermals deutlich, daß die Aufgabe des Prinzips der Unantastbarkeit menschlichen Lebens sofort gleitende Grenzen zur Folge hat (vgl. auch oben Anm. 31).

[59] Gaudium et spes 51; zitiert nach der Übersetzung des Textes in der oben in Anm. 47 angeführten Erklärung der Glaubenskongregation.

[60] Vgl. oben Anm. 1; ferner I, I 2 und Anm. 18.

Es ist in diesem Zusammenhang bemerkenswert, daß auch das österreichische ABGB von 1811 in seinem noch geltenden § 22 bestimmt:

„Selbst ungeborene Kinder haben von dem Zeitpunkte ihrer Empfängnis an einen Anspruch auf den Schutz der Gesetze."

K. Wolff bemerkt in seinem Kommentar dazu treffend: „Der Schutz der Gesetze erschöpft sich ... nicht in der Wahrung der Vermögensrechte der Leibesfrucht. Jede Verletzung oder die Vernichtung ihres Lebens ist rechtswidrig[61]." Sogar Befürworter der Abtreibung müssen das, wenn sie ehrlich sind, zugeben. So ist in der die Abtreibung befürwortenden Zeitschrift California Medicine etwa bemerkt worden:

„Weil die alte Ethik noch nicht völlig ersetzt worden ist, war es notwendig, die Idee der Abtreibung von jener des Tötens zu trennen, die noch immer sozial als verabscheuungswürdig erscheint. Das Ergebnis ist eine merkwürdige Umgehung (curious avoidance) der wissenschaftlichen Tatsache, die jedermann tatsächlich kennt, daß das menschliche Leben mit der Empfängnis beginnt, und, ob nun intra- oder extrauterin, bis zum Tode kontinuierlich verläuft[62]."

Es wird dort weiter bemerkt, daß die „very considerable semantic gymnastics", die notwendig sind, um die Abtreibung als etwas anderes denn als die Vernichtung menschlichen Lebens zu erklären, lächerlich wären, wenn sie nicht unter Aspekten vorgebracht würden, die nach der Meinung des Verfassers „socially impeccable" seien. Man gebe zu verstehen, daß diese schizophrene Art von List (subterfuge) notwendig sei, weil die alte Ethik der Ehrfurcht vor jedem menschlichen Leben, die einen Grundpfeiler der westlichen Medizin dargestellt habe, noch nicht verworfen wurde, während man bereits im Begriffe sei, eine neue Ethik anzunehmen. *Robert M. Byrn* bezeichnet diese neue Ethik mit Recht als die „homicidal high magic of the quality-of-life ethic"[63]. Diese Ethik soll uns „la dolce vita" geben, auch wenn dieses Leben uns tötet, oder doch jedenfalls diejenigen unter uns tötet, die so unbequem abhängig und lästig sind, daß sie einem „guten" Leben im Wege stehen[64]. Hier wird die sich unter allen möglichen Vorwänden tarnende Selbstsucht, von der oben bereits die Rede war (I 4) und die in Wahr-

[61] Klang-Kommentar zum ABGB I² (1964) 155; vgl. auch *Waldstein,* FS Eckert 489 ff. mit weiterer Lit. und die oben Anm. 30 angeg. Lit. Eine umfangreiche Zusammenstellung der Lit. findet sich bei *Schambeck,* FS Messner 481 Anm. 186, weitere Hinweise dort in den folgenden Anm.

[62] The Beginning of Human Life (Anm. 30) 13.

[63] America (1973) 511.

[64] America (1973) 511.

heit die Triebfeder dieser angeblich neuen Ethik ist, wieder deutlich. Um dieser „Ethik" willen versucht man mit allen möglichen Kunstgriffen schizophrener Gedankenakrobatik den einfachen Sachverhalt zu verschleiern und zu umgehen, daß nämlich menschliches Leben, oder vielmehr das Leben eines individuellen Menschen, einer menschlichen Person, mit der Empfängnis beginnt und daß daher auch der Anspruch auf den Schutz dieses Lebens von eben diesem Zeitpunkte an besteht.

3. Der Staat vermag keine Ermächtigung zur Tötung zu geben

In der bereits genannten Ansprache über „Moral und Recht in der Militärmedizin" (oben I 1) sagt *Pius XII.*:

„Mit Rücksicht auf das Interesse der Allgemeinheit hat die öffentliche Autorität im allgemeinen kein direktes Recht, über die Existenz und die Integrität der Organe unschuldiger Untertanen zu verfügen. — Die Frage der Körperstrafen und der Todesstrafen wollen wir hier nicht untersuchen, weil wir vom Arzt, nicht vom Henker sprechen. — Da der Staat kein solches direktes Verfügungsrecht besitzt, kann er es also auch nicht, aus welchem Grund und für welchen Zweck auch immer es sei, dem Arzt übertragen. Die politische Gemeinschaft ist kein physisches Wesen wie der körperliche Organismus, sondern ein Ganzes, das nur eine Einheit des Zwecks und des Handelns besitzt: *der Mensch ist nicht für den Staat da, sondern der Staat für den Menschen.* Handelt es sich um vernunftlose Wesen, um Pflanzen oder Tiere, dann kann der Mensch frei über ihre Existenz und ihr Leben bestimmen (was nicht die Verpflichtung aufhebt, die er vor Gott und seiner eigenen Würde besitzt, grundlose Brutalität und Grausamkeit zu vermeiden), doch nicht über das von anderen Menschen oder Untergebenen[65]."

Selbst wenn also in einem Staat der strafrechtliche Schutz des ungeborenen Lebens teilweise oder ganz aufgehoben wird, wäre damit weder ein Arzt noch sonst jemand ermächtigt oder berechtigt, unschuldiges menschliches Leben zu vernichten. Der Arzt bleibt auch nach einer solchen Aufhebung des strafrechtlichen Schutzes an alle sonstigen Normen, die das menschliche Leben schützen, weiterhin gebunden, einschließlich der Normen der ärztlichen Ethik. Es kann daher nur als eine Ungeheuerlichkeit angesehen werden, wenn etwa Bundeskanzler *Kreisky* in einem Schreiben an den Präsidenten der Österreichischen Ärztekammer vom 28. 6. 1974 das Festhalten an der durch internationale Beschlüsse normierten „Medizinischen Ethik" für „gesetzwidrig" erklärt und verlangt, daß die „Entscheidung des Gesetzgebers . . . respek-

---

[65] *Utz / Groner,* a. a. O., Nr. 2363 (Hervorh. von mir); vgl. auch 2279 (oben bei Anm. 22 und 23).

tiert" werde, mit welcher der strafrechtliche Schutz für das ungeborene Leben teilweise aufgehoben wurde[66]. In Wahrheit ist jedoch die Vornahme der Abtreibung selbst, trotz jener „Entscheidung des Gesetzgebers", im Hinblick auf § 22 ABGB und viele andere Normen ohne Zweifel nach wie vor gesetzwidrig, wenn auch nicht mehr strafbar, wenn sie innerhalb der vom neuen Strafgesetz vorgesehenen Frist von drei Monaten nach Beginn der Schwangerschaft vorgenommen wird[67].

4. Der Hippokratische Eid

In einer Ansprache über „Die schmerzlose Geburt im sittlich-religiösen Urteil"[68] hat *Pius XII.* ausdrücklich festgestellt, worauf schon mehrmals hingewiesen wurde: daß nämlich die Wahrheit oder Unrichtigkeit einer Aussage von der weltanschaulichen Überzeugung dessen, der sie macht, völlig unabhängig ist. Diese Feststellung *Pius' XII.* ist von so allgemeiner Bedeutung, daß sie hier zunächst wiedergegeben werden soll:

---

[66] Dazu *Waldstein,* JBl. 98 (1976) 577 Anm. 76; vgl. auch unten II 4.

[67] Auf dem in Anm. 58 genannten Kongreß wurde übrigens aufgezeigt, daß die „Dreimonatefrist" in Wahrheit eine Fiktion ist. Daher geht auch das ABGB im § 163 von einem Unsicherheitsspielraum für die Zeit der Empfängnis von 122 Tagen aus. Die neuesten medizinischen Erkenntnisse machen deutlich, daß es keine zuverlässige Methode gibt, den Zeitpunkt der Empfängnis so eindeutig zu bestimmen, daß nicht ein sehr erheblicher Unsicherheitsspielraum offen bliebe. Nach klinischen Erfahrungen kann dieser Unsicherheitsspielraum bis zu einer Addition der Dreimonatefrist mit den 122 Tagen des ABGB führen. Dazu *Waldstein,* JBl. 98 (1976) 580. Ferner ist auf dem 6. Österreichischen Juristen-Tag in Innsbruck darauf hingewiesen worden, daß der Vertrag zwischen einer Schwangeren und dem Arzt, der auf die Abtreibung hinzielt, nach wie vor als ein sittenwidriger Vertrag anzusehen ist (Verhandlungen des 6. Österreichischen Juristentages II, 4; 1977. Die Feststellung erfolgte in der Diskussion zum Referat von *Th. Mayer-Maly,* Der Einfluß der Strafrechtsreform auf das Zivilrecht. Weil der Umbruch des Bandes II, 4 noch nicht vorlag, konnte die Seitenzahl hier noch nicht angegeben werden. In diesem Zusammenhang ist eine Entscheidung des österreichischen OGH vom 7. Oktober 1974, SZ 47 (1974) 104, S. 460, besonders bemerkenswert, in deren erstem Leitsatz festgestellt wird: „Das Gesetz anerkennt sittliche Grundsätze (‚allgemeine Grundsätze der Gerechtigkeit': Abs. 1 KPzABGB), die so allgemein anerkannt sind, daß es zu ihrer Anwendung keiner besonderen Gesetzesbestimmungen bedarf; sie durchbrechen selbst die geschriebene Norm." Im zu entscheidenden Fall ging es um die Verjährungsbestimmungen. Die allgemeine Bedeutung dieser Aussage ist ohne Zweifel weitreichend.

[68] Ansprache an Ärzte, hauptsächlich Gynäkologen, vom 8. Januar 1956, AAS 48 (1956) 82 - 93; *Utz / Groner,* a. a. O., Nr. 5468 - 5491.

„Die Weltanschauung eines Forschers und Gelehrten ist an sich kein Beweis für die Wahrheit und den Wert dessen, was er entdeckt und klargestellt hat. Der Lehrsatz des Pythagoras oder (um bei der Medizin zu bleiben) die Beobachtungen des Hippokrates, die man als richtig anerkannt hat, die Entdeckungen eines Pasteur, die Vererbungsgesetze Mendels verdanken die Wahrheit ihres Inhaltes keineswegs den moralischen und religiösen Ansichten ihrer Urheber. Sie sind weder ‚heidnisch', weil Pythagoras und Hippokrates Heiden waren, noch ‚christlich', weil Pasteur und Mendel Christen waren. Diese wissenschaftlichen Errungenschaften sind wahr, weil und in dem Maße, wie sie der objektiven Wirklichkeit entsprechen[69]."

Auf dem Hintergrund dieser Ausführungen ist auch der Hippokratische Eid zu sehen, der ohne Zweifel mit den Erkenntnissen des *Hippokrates* in engem Zusammenhang steht. Er enthält unter anderem folgende Erklärungen:

„Meine Anordnungen will ich geben nach meinem Können und Wissen zum Nutzen der Leidenden, Verderben und Schaden aber ihnen wehren.

Auch werde ich tödliches Gift niemandem geben, mag er selbst darum bitten, und auch keinen Rat dieser Art erteilen.

Auch werde ich nie einem Weibe ein Mittel zur Vernichtung der Leibesfrucht reichen[70]."

Zahlreiche Aussagen *Pius' XII.* stehen in vollkommener Übereinstimmung mit den zitierten Inhalten des Hippokratischen Eides, so etwa, wenn er sagt, daß für „die Tätigkeit des gewissenhaften Arztes ... das Grundprinzip, ‚zu helfen und zu heilen, und nicht zu schädigen und zu töten', selbstverständlich ist"[71]. Daher ist es verständlich, daß *Pius XII.* in seiner Ansprache an die Teilnehmer des 8. Internationalen Ärztekongresses in Rom auch sein großes Interesse an den Beratungen über die „Annahme einer neuen Formulierung des Eides des Hippokrates (Genfer Eid)" bekundet hat[72]. Dieser „Genfer Eid" oder die „Genfer

---

[69] *Utz / Groner,* a. a. O., Nr. 5485.

[70] Abgedruckt in: Das Österr. Ärztegesetz mit Kommentar nach dem Stand vom 1. Jänner 1976, hrsgg. von *Karl C. F. Strobl* (künftig zitiert: Ärztegesetz, mit Angabe der Seitenzahl), 213 (Übers. aus dem Griechischen von *E. Lesky*).

[71] *Utz / Groner,* a. a. O., Nr. 2360 (vgl. oben bei Anm. 13); vgl. auch 5387.

[72] Ansprache über „Richtlinien der ärztlichen Moral" vom 30. September 1954, AAS 46 (1954) 587 - 598; *Utz / Groner,* a. a. O., Nr. 5361 (ganze Ansprache 5361 - 5376). In einer Ansprache vom 19. September 1954 an die Teilnehmer des 14. internationalen Kongresses für Geschichte der Medizin, erschienen im L'Osservatore Romano vom 19. 9. 1954 und abgedruckt in der Sammlung: Grundfragen der ärztlichen Ethik, hrsgg. vom St. Lukas-Institut für ärztliche Anthropologie, Münster/Westf. (Verlag Wort und Werk, Köln), hat *Pius XII. Hippokrates* ausführlicher gewürdigt und gesagt: „Die Schriften von Hippokrates sind ohne jeden Zweifel edelster Ausdruck eines beruflichen Ge-

Deklaration", wie sie offiziell genannt wird, enthält unter den Dingen, die der Arzt von „dem Zeitpunkt an, da" er „als Mitglied des ärztlichen Berufes zugelassen" ist, feierlich gelobt, folgenden Satz:

„ich werde die höchste Achtung vor dem menschlichen Leben bewahren, *von Beginn der Empfängnis an;* auch unter Drohungen werde ich meine medizinischen Kenntnisse nicht im Gegensatz zu den Gesetzen der Menschlichkeit anwenden.

Ich leiste diese Versprechen feierlich, aus freiem Willen und auf meine Ehre[73]".

Alle Grundsätze, die *Pius XII.* für das Verhalten des Arztes dargelegt hat, stehen in voller Übereinstimmung auch mit diesem Inhalt des ärztlichen Gelöbnisses. Daß dieser Inhalt heute in manchen Ländern, wie besonders in den USA, kaum mehr beachtet und Gesichtspunkten vordergründiger Opportunität oder auch bloß des Gelderwerbs geopfert wird, kann gewiß nicht als Fortschritt in der Entwicklung ärztlicher Ethik angesehen werden. Es ist daher um so höher anzurechnen, daß die Österreichische Ärztekammer die Vornahme medizinisch nicht indizierter Abtreibungen „als ethisch nicht vertretbar ablehnt" und erklärt, daß ein Arzt, der sie vornimmt, sich „geistig und moralisch disqualifiziert, gleichsam aus dem Stand ausschließt, und daß das Inkrafttreten des neuen Strafgesetzbuches daran nichts ändern wird"[74]. Gegen diese Erklärung der Österreichischen Ärztekammer hat sich Bundeskanzler *Kreisky* mit dem bereits oben (II 3) zitierten Brief gewandt. In seiner Antwort auf dieses Schreiben hat der Präsident der Österreichischen Ärztekammer, Prim. *Dr. R. Piaty,* jene Gründe dargelegt, die bereits die Formulierungen des Hippokratischen Eides bestimmt haben und seit

---

wissens, das besonders die Achtung vor dem Leben und die Aufopferung für die Kranken gebietet und persönliche Faktoren berücksichtigt: Selbstbeherrschung, Würde, Zurückhaltung. Er wußte die sittlichen Normen aufzuweisen und sie in ein genügend umfassendes und harmonisches Lehrsystem einzufügen, wodurch er der Zivilisation ein Geschenk machte, das großartiger ist als das derjenigen, die Weltreiche eroberten" (in der Sammlung 17. Rede, S. 6). Damit macht *Pius XII.* deutlich, wie sehr die wahren Grundsätze der natürlichen Ethik Bestandteil der einen Wahrheit sind, die auch die christliche Ethik beherrscht.

[73] Ärztegesetz 216 f., der wiedergegebene Text 117, Hervorh. von mir.

[74] Zitiert aus dem Brief des Bundeskanzlers *Kreisky* vom 28. Juni 1974 an den Präsidenten der Österreichischen Ärztekammer, Prim. *Dr. R. Piaty,* der von der Ärztekammer durch eine Aussendung veröffentlicht wurde. In der ebenfalls veröffentlichten Antwort des Präsidenten an Bundeskanzler *Kreisky* vom 22. August 1974 hat der Präsident der Ärztekammer die von Bundeskanzler *Kreisky* angegriffenen Feststellungen bestätigt und ausführlich begründet.

jeher für die ärztliche Ethik maßgeblich waren. Die Mißachtung dieser Grundlagen erweist sich, wenn man jene Gründe erwägt und alles, was auch die historische Erfahrung und — auf sie gestützt — *Pius XII.* lehren, als eine von jenen Verfallserscheinungen, die heute in allen Lebensbereichen, besonders auch in der staatlichen Rechtssetzung deutlich werden. Es ist begreiflich, daß die für solche Verfallserscheinungen Verantwortlichen das, was sofort als eine Verfallserscheiung deutlich wird, wenn man es an objektiven Maßstäben mißt, gerne als Fortschritt ausgeben möchten. Es kann ihnen daher nichts unerwünschter sein als die Konfrontation mit objektiven Maßstäben. Dementsprechend gereizt reagieren sie gegen solche Konfrontation. Daß es auch in Österreich schon seit langem viele „Ärzte" gegeben hat, die sich an die Grundlagen der ärztlichen Ethik nicht gehalten haben und denen ein Gelöbnisbruch offenbar nichts bedeutet, wie es noch viel mehr Christen gibt, die ihren Verpflichtungen aus dem Glauben nicht gerecht werden, ist weder für die einen noch für die anderen ein Ruhmesblatt. Man sollte aber deswegen nicht versuchen, das, was ohne weiteres als ethisch verwerflich erkannt werden kann, zur Norm zu erheben, nur weil viele Menschen in allen Berufen und Lebenslagen ihren ethischen Verpflichtungen nicht entsprechen. Gerade hier kann auch die Besinnung auf die oben (I 4 am Ende) wiedergegebenen Ausführungen *Ciceros* sehr nützlich sein.

III. Zum Recht des „lebensunwerten Lebens" und zum Problem der Euthanasie

Der Zusammenhang zwischen Abtreibung und Euthanasie, der im Hinblick auf die Einheit des Lebensrechtes besteht, wurde bereits oben (I 3) behandelt. Aus der Einheit des Lebensrechtes folgt, daß die Aussagen über das Lebensrecht der Ungeborenen ebenso für jenes der Geborenen und umgekehrt gelten. Dennoch gibt es im Zusammenhang mit der sogenannten „Euthanasie" spezielle Probleme, zu denen *Pius XII.* auch eigens stellunggenommen hat. Hier kommt natürlich ebenfalls eine umfassende Erörterung der vielschichtigen Probleme nicht in Betracht[75]. Es soll im wesentlichen nur auf zwei Aspekte etwas näher eingegangen werden, und zwar erstens auf das Dekret des Heiligen Offiziums vom

---

[75] Dazu insb. *H. Schambeck*, FS Messner 489 ff. mit zahlreichen Hinweisen auf weitere Lit. insb. in den Anm. 204 - 209. Inzwischen noch *G. Virt*, Sterben auf Verlangen?, Theologisch-praktische Quartalschrift 125 (1977) 129 ff., mit weiterer Lit. und einem Versuch einer systematischen Ordnung der Probleme.

2. Dezember 1940 und auf die sich darauf beziehenden Aussagen *Pius' XII.* sowie zweitens auf seine Aussagen betreffend die Grenze zwischen ärztlicher Hilfe für Leidende und Sterbende einerseits und direkter Herbeiführung des Todes andererseits.

1. Dekret des Heiligen Offiziums vom 2. Dezember 1940

Dem Heiligen Offizium war damals im Hinblick auf die unter der NS-Herrschaft einsetzenden Vernichtung „lebensunwerten Lebens"[76] die Frage vorgelegt worden, ob es erlaubt sei, im Auftrag der öffentlichen Gewalt jene direkt zu töten, die, obwohl sie kein todeswürdiges Verbrechen begangen haben, dennoch wegen psychischer oder physischer Defekte dem Staate nicht mehr nützen können, sondern diesen vielmehr belasten, und von denen man glaubt, daß sie seiner Lebenskraft und Stärke im Wege stehen[77].

Die Antwort, die von *Pius XII.* approbiert worden war, ist kurz und bündig: „Negative, cum sit iuri naturali ac divino positivo contrarium." Auf diese Entscheidung bezieht sich *Pius XII.* ausdrücklich in der bereits mehrfach zitierten Ansprache an die Mitglieder des Verbandes katholischer Hebammen Italiens[78]. Im Zusammenhang mit den Beratungen des 8. Internationalen Ärztekongresses in Rom erwähnt *Pius XII.* im Anschluß an den „Genfer Eid" auch die „offizielle Verurteilung der Euthanasie"[79]. Die Unzulässigkeit der Anwendung der „Euthanasie" betont er auch in dem bereits oben (I 3, bei Anm. 34) angeführten Text aus seiner Ansprache zum Thema „Der Arzt und das Recht". An einer anderen Stelle derselben Ansprache sagt er, daß an den Arzt zuweilen „aus übrigens begreiflichen medizinischen Gründen das Ansinnen" gestellt wird, „die Euthanasie anzuwenden ..."[80]. Dazu sagt *Pius XII.* dann weiter:

---

[76] Vgl. dazu vor allem die überaus aufschlußreiche Darstellung von *L. Gruchmann,* Euthanasie und Justiz im Dritten Reich, Vierteljahreshefte für Zeitgeschichte 20 (1972) 235 ff.

[77] AAS 32 (1940) 553: Im Originaltext lautet die Frage: „*Num licitum sit, ex mandato auctoritatis publicae, directe occidere eos qui, quamvis nullum crimen morte dignum commiserint, tamen ob defectus psychicos vel physicos nationi prodesse iam non valent, eamque potius gravare eiusque vigori ac robori obstare censentur.*"

[78] *Utz / Groner,* a. a. O., Nr. 1054; vgl. den oben I 2 wiedergegebenen Text ab dem 3. Satz: „Die direkte Zerstörung ..." bis zu Anm. 27.

[79] *Utz / Groner,* a. a. O., Nr. 5361; vgl. oben bei Anm. 72 und 73.

[80] *Utz / Groner,* a. a. O., Nr. 5384.

„Der Arzt steht hier vor der Pflicht, die Gebote der ärztlichen Moral zu achten, einer kategorischen Pflicht für den christlichen Arzt in allen Fällen, in denen die moralische Norm bedingungslos, einwandfrei deutlich und sicher ist. Wer so die Gesetze der Moral achtet, fügt bestimmt weder den Interessen der Wissenschaft noch denen des Patienten oder der Gemeinschaft oder des ‚bonum commune' (Anm. der Herausgeber: Gemeinwohl) irgendwelchen Schaden zu. In besonders gelagerten Fällen wird der Arzt die Entscheidung nicht nach seinem subjektiven Geschmack und rein willkürlich treffen und sich noch viel weniger unmoralischen Wünschen und Bitten beugen oder diesen nachgeben, sondern seinem von objektiven Normen erleuchteten Gewissen folgen und an Gott denken, dem er dereinst Rechenschaft geben muß. Dank einer derartigen objektiven Orientierung seines Gewissens wird der christliche Arzt vermeiden, der verurteilten Form der Situationsethik zu verfallen[81]."

Auch hier ist zunächst zu sagen, daß nach allen bereits angeführten und noch zahlreichen anderen Aussagen *Pius' XII.* zu den Normen der Moral auch jene des Naturrechts hinzukommen, auch wenn er sie hier nicht ausdrücklich erwähnt. Diese, wie auch die allgemeinen Normen der ärztlichen Ethik, gelten unabhängig davon, ob der Arzt selbst christlich ist oder nicht. Nur ist der christliche Arzt, an den sich *Pius XII.* hier wendet, auch aus seiner christlichen Verpflichtung heraus besonders aufgerufen, diese Normen zu beachten. Hier gelten also die im zitierten Dekret des Heiligen Offiziums und in allen eindeutigen Aussagen *Pius' XII.* und der anderen Päpste enthaltenen Richtlinien.

Dennoch anerkennt *Pius XII.* die Existenz von „besonders gelagerten Fällen". Hier wird der Arzt „seinem von objektiven Normen erleuchteten Gewissen folgen" müssen, um die richtige Entscheidung treffen zu können. Bei diesen Normen handelt es sich zunächst um die klaren Normen der Moral, die einerseits seit jeher in der ärztlichen Ethik ihren Niederschlag gefunden haben, andererseits auch vom Lehramt der Kirche immer klargestellt wurden. Ferner geht es aber auch, wie schon bemerkt, um die Normen des Naturrechts und um die allgemeinen Menschenrechte. Schließlich auch um jene staatlichen Normen, die für den Arzt erlassen wurden, um das „Ziel seines Berufes: ‚helfen und heilen, aber nicht schaden oder gar töten'", sicherzustellen. Es ist nun bemerkenswert, was *Pius XII.* in diesem Zusammenhang über die Grenzen gesetzlicher Einzelregelungen sagt:

„Offensichtlich ist es unvernünftig und *unmöglich*, alles, was dem Arzte dienlich sein kann, sowie alle Anforderungen, die man an ihn zu stellen vermag, nun auf gesetzlichem Wege zu bestimmen und zu regeln[82]."

---

[81] *Utz / Groner*, a. a. O., Nr. 5384.

[82] *Utz / Groner*, a. a. O., Nr. 5387; Hervorh. von mir.

Er weist in diesem Zusammenhang darauf hin, daß bereits im Altertum eine „übergroße Anzahl von Gesetzen" „als Zeichen des Niedergang eines Staates gewertet wurde". Er zitiert dazu das berühmte Wort des *Tacitus*, das später in abgewandelter Form bei *Thomas Morus* in seiner Utopia wiederkehrt[83], wonach „es bei der größten Verderbnis des Staates die meisten Gesetze" gebe[84]. Aber gerade weil es unmöglich ist, alles in einzelnen zu regeln, zugleich aber die grundlegenden Kriterien für eine richtige Entscheidung im Einzelfall unter dem Vorwand eines völligen Wandels in der Medizin zunehmend als nicht mehr anwendbar, oder doch zumindest nicht mehr ausreichend bezeichnet werden, kommt den in dieser Hinsicht klärenden Aussagen *Pius' XII.* besondere Aktualität zu.

2. Die Grenze zwischen der ärztlichen Hilfe für Leidende und Sterbende und der direkten Tötung

Besonders wichtig für diese Grenzziehung ist die Ansprache *Pius' XII.* an die Teilnehmer des IX. Nationalkongresses der Italienischen Gesellschaft für Anästhesiologie[85]. Es können hier nicht alle Aussagen dieser Ansprache wiedergegeben werden, obwohl sie alle beachtet werden müßten. Doch muß um des Verständnisses und um der nötigen Differenzierungen willen ein größerer Abschnitt ganz angeführt werden, aus dem die Grenzziehung besonders deutlich wird:

„Zunächst ist jede Form von direkter Euthanasie, d. h. die Verabreichung von Narkotika, *um den Tod herbeizuführen oder zu beschleunigen, verboten,* weil man sich dann anmaßt, direkt über das Leben zu verfügen[86]. Es ist eines

---

[83] Vgl. dazu die richtungweisende Untersuchung von *Th. Mayer-Maly*, Rechtserkenntnis und Gesetzesflut (1969) 11 ff.

[84] *Tac.* ann. 3, 27: *corruptissima re publica plurimae leges;* der deutsche Text zitiert nach der Phaidon-Ausgabe (London, o. J.), welche auf die Übertragung von *W. Boetticher* in einer überarbeiteten Fassung von 1864 zurückgeht (vgl. das Nachwort des Phaidon-Verlages, S. 802).

[85] Über: „Drei religiöse und moralische Fragen bezüglich der Anästhesie" vom 24. Februar 1957, AAS 49 (1957) 129 - 147; *Utz / Groner,* a. a. O., Nr. 5506 - 5537.

[86] In diesem Zusammenhang verdient ein höchst bemerkenswertes Schreiben des deutschen Amtsrichters *Dr. Lothar Kreyssig* hervorgehoben zu werden, welches er als Vormundschaftsrichter in Brandenburg/Havel am 8. Juli 1940 an den deutschen Reichsjustizminister wegen der offenbar werdenden Anwendung der Euthanasie bei Geisteskranken richtete, abgedruckt in: Justiz im Dritten Reich, Eine Dokumentation, hrsgg. von *I. Staff,* Fischer Bücherei 559 (1964) 127 ff. Es kann leider nur der hier entscheidende Teil wiedergegeben werden, der gerade mit der zitierten Aussage *Pius' XII* im Zusammenhang steht. *Kreyssig* wirft zuerst die Frage nach dem Sinn des Lebens

der Grundprinzipien der *natürlichen und der christlichen Moral,* daß der Mensch nicht Herr und Besitzer, sondern nur Nutznießer seines Leibes und seines Daseins ist. Man maßt sich immer dann ein direktes Verfügungsrecht an, wenn man die Abkürzung des Lebens als Zweck oder Mittel will. Unter den Bedingungen, die Sie (gemeint: die Teilnehmer des Kongresses) im Auge haben, handelt es sich aber allein darum, dem Patienten unerträgliche Schmerzen zu ersparen, z. B. bei nicht operierbarem Krebs oder unheilbaren Krankheiten.

Wenn zwischen der Narkose und der Verkürzung des Lebens kein unmittelbarer Kausalzusammenhang besteht, der *auf dem Willen der Interessierten beruht* oder in der Natur der Sache liegt (was der Fall wäre, wenn die Unterdrückung des Schmerzes nur durch die Verkürzung des Lebens bewirkt werden könnte) und wenn vielmehr die Verwendung von Narkotika an sich zweierlei verschiedene Folgen nach sich zieht, einerseits die Erleichterung des Schmerzes und andererseits die Verkürzung des Lebens, so ist sie erlaubt. Man muß allerdings auch noch zusehen, ob zwischen diesen beiden Wirkungen ein vernünftiges Verhältnis besteht und ob die Vorteile der einen die Nachteile der anderen aufwiegen. Es ist auch wichtig, sich vorher noch zu fragen, ob der gegenwärtige Stand der Wissenschaft es nicht erlaubt, dasselbe Ergebnis mit anderen Mitteln zu erreichen, und dann bei der Verwendung der Betäubungsmittel die praktisch notwendigen Höchstgrenzen nicht zu überschreiten.

(5536) Kurz zusammengefaßt fragen Sie uns: ‚Ist die Ausschaltung des Schmerzes und des Bewußtseins durch Narkotika (wenn die medizinische Indikation sie verlangt) von seiten der Religion und Moral dem Arzt und dem Patienten erlaubt (auch beim Herannahen des Todes und wenn sich vorhersehen läßt, daß die Anwendung der Narkotika das Leben verkürzen wird)?‘ Man muß darauf antworten: ‚Wenn es keine anderen Mittel gibt

---

Geisteskranker auf und sagt dann: „Sein Sinn ist weder im Blick auf das Einzelwesen noch in dessen Bezogenheit auf die völkische Gemeinschaft zu begreifen. Wahr und weiterhelfend ist nur, was Gott uns darüber sagt. Es ist darum eine ungeheuerliche Empörung und Anmaßung des Menschen, Leben beenden zu dürfen, weil er mit seiner beschränkten Vernunft es nicht oder nicht mehr als sinnvoll begreift. Ebenso wie das Vorhandensein solchen hinfälligen Lebens ist es eine von Gott gegebene Tatsache, daß es allewege genug Menschen gegeben hat, die fähig waren, solches Leben zu lieben und zu betreuen, wie rechte Liebe ihre Größe und den Abglanz ihrer göttlichen Herkunft gerade dort hat, wo sie nicht nach Sinn und Wert fragt. Es ist vermessen, zu beurteilen oder sich darüber hinwegzusetzen, was wohl ‚lebensunwertes Leben‘ für die ewige Bestimmung der Menschen bedeutet, die damit nach den Ordnungen Gottes als Eltern oder Angehörige oder Ärzte oder Berufspfleger verbunden sind“ (a. O. 128). Weil Amtsrichter *Kreyssig* auf dieses Schreiben keine Antwort erhielt, „erstattete er Anzeige wegen Mordes gegen den für die Tötung von Geisteskranken Verantwortlichen“. Wie *I. Staff* berichtet, erfolgte auch darauf nichts. Aber der Amtsrichter selbst wurde auch nicht verhaftet (a. O. 130 f.).

und unter bestimmten Umständen nicht die Erfüllung anderer religiöser oder moralischer Pflichten verhindert wird: ja'[87]."

Es ist ganz klar, daß es auf den Zweck der Maßnahme ankommt. Wird direkt die Tötung beabsichtigt, kann sie durch nichts gerechtfertigt werden. In einer späteren Ansprache bezieht sich *Pius XII.* nochmals auf die eben angeführte und bekräftigt dort das hier Gesagte, indem er den Willen, „den Tod herbeizuführen", als das entscheidende und unterscheidende Merkmal hervorhebt[88].

Es ist nun sehr bezeichnend für die Verwirrung unserer Zeit, daß man dieses einfache und klare Unterscheidungsmerkmal vielfach nicht mehr einzusehen vermag. Besonders wird argumentiert, daß etwa auch die Abstellung einer Atemmaschine oder eines sonstigen Gerätes, das unmittelbar den Tod eines bewußtlosen und sonst nicht mehr lebensfähigen Patienten zur Folge habe, keinen Unterschied mehr gegenüber der Verabreichung einer tödlichen Injektion möglich mache. In beiden Fällen verfüge der Arzt über das Leben. Und in beiden Fällen gehe es darum, ob eine solche Form eines vegetierenden Lebens noch erhaltenswert sei. Dabei müßten auch die durch die Entwicklung der Medizin immer größer werdenden Kosten eines Krankenbettes und die durch die Besetzung eines solchen Bettes oder gar durch die Inanspruchnahme außerordentlich teurer Geräte für die Gesellschaft entstehenden Belastungen berücksichtigt werden. Außerdem wird etwa in den USA schon

---

[87] *Utz / Groner,* a. a. O., Nr. 5535 f. Unter die hier in Frage kommenden religiösen und moralischen Pflichten werden in 5533 gezählt: „wichtige Angelegenheiten zu regeln, sein Testament zu machen, zu beichten". Auf das von *Pius XII.* in 5530 ff. erörterte Problem einer moralischen Verpflichtung „den Schmerz anzunehmen und seine Linderung auszuschlagen", von der er sagt, daß sie „weder aus der Natur der Sache noch aus der Offenbarung" hervorgeht, kann hier nicht näher eingegangen werden. In 5536 sagt er abschließend: „Wie Wir schon erklärt haben, verpflichtet das Ideal des christlichen Heldentums nicht, zum mindesten nicht allgemein, zur Verweigerung einer im übrigen gerechtfertigten Narkose, selbst nicht beim Herannahen des Todes. Alles hängt von den konkreten Umständen ab. Der vollkommenere und heldenhaftere Entschluß kann ebensowohl auf seiten der Annahme wie auf seiten der Verweigerung liegen."

[88] Ansprache an die Teilnehmer der 1. Tagung des „Collegium Internationale Neuro-Psycho-Pharmacologicum" vom 9. September 1958 über „Die psychopharmakologische Therapeutik im Lichte der christlichen Moral", AAS 50 (1958) 687 - 696; *Utz / Groner,* a. a. O., Nr. 5427 - 5445, die zitierte Stelle 5442; dazu auch *Schambeck,* FS Messner 490 Anm. 205; ferner *Virt* a. O. (Anm. 75) 131. Virt sagt dort unter Bezugnahme auf die zitierte Aussage *Pius' XII.:* „Das Problem der Schmerzbekämpfung, aus der sich als unvermeidliche Folge ein rasches Eintreten des Todes ergeben kann, dürfte seit den eindeutigen Aussagen Pius' XII. keine Schwierigkeiten mehr machen."

seit langem die Vorstellung propagiert, daß man das Sterben „angenehmer und würdevoller“ machen solle[89]. Ähnliche Ideen werden auch bei uns verbreitet.

Gegenüber allen dieser Verschleierungen, die, mögen sie aus Unkenntnis oder zielbewußter Absicht erfolgen, hat *Pius XII.* völlig klargestellt, worauf es ankommt. Er hat dies besonders in einer Ansprache über „Rechtliche und sittliche Fragen der Wiederbelebung“[90] getan. In einem der wichtigsten Abschnitte dieser Ansprache sagt er unter anderem:

„Die Rechte und Pflichten der Angehörigen hängen gewöhnlich von dem anzunehmenden Willen des bewußtlosen Kranken ab, wenn er großjährig und ‚sui iuris‘ ist. Was die eigene und unabhängige Pflicht der Angehörigen betrifft, so sind sie gewöhnlich nur zur Anwendung der üblichen Mittel verpflichtet. Wenn es sich daher zeigt, daß der Versuch der Wiederbelebung in Wirklichkeit für die Angehörigen eine derartige Belastung darstellt, daß man ihn ihnen nicht mit gutem Gewissen zumuten kann, so können sie rechtmäßigerweise darauf bestehen, daß der Arzt seine Versuche abbricht. Der Arzt kann ihnen also erlaubterweise Folge leisten. In diesem Fall liegt keinerlei direkte Verfügung über das Leben des Patienten noch auch Euthanasie vor, die niemals erlaubt wäre. Selbst wenn die Unterbrechung des Wiederbelegungsversuchs den Stillstand des Blutkreislaufs nach sich zieht, so ist sie doch immer nur *indirekte Ursache des Aufhörens des Lebens*. In diesem Fall muß man also den Grundsatz des doppelten Effekts und den des ‚voluntarium in causa‘ anwenden.

...

(5550) Damit haben wir auch im wesentlichen schon auf die zweite Frage geantwortet: ‚Kann der Arzt den Atmungsapparat entfernen, bevor der endgültige Stillstand des Kreislaufs eingetreten ist? Kann er es wenigstens, wenn der Patient bereits die Letzte Ölung empfangen hat? ...

(5551) Auf den ersten Teil dieser Frage muß man bejahend antworten, wie wir bereits auseinandergesetzt haben. Wenn die Letzte Ölung noch nicht gespendet worden ist, versuche man die Atmung noch so lang in Gang zu halten, bis dies geschehen ist[91].“

Auch hier ist es ganz klar, worauf es ankommt: zur Anwendung außerordentlicher Mittel, um das Leben eines (hoffnungslosen) Patien-

---

[89] Vgl. *K. Whitehead*, Respectable Killing (oben Anm. 32) 48. Der Text ist in Anm. 32 wiedergegeben.

[90] An eine Gruppe von Ärzten gehalten am 24. November 1957, AAS 49 (1957) 1027 - 1033; *Utz / Groner*, a. a. O., Nr. 5538 - 5554.

[91] *Utz / Groner*, a. a. O., Nr. 5549 ff., Hervorh. von mir; den vorausgehenden Text von 5548 hat bereits *Schambeck*, FS Messner 490 Anm. 205, herangezogen. Auf die Frage der Gültigkeit der Letzten Ölung ist hier nicht einzugehen.

ten künstlich zu erhalten oder die Wiederbelebung zu versuchen, besteht gewöhnlich keine Verpflichtung. Wenn die Erfolgsaussichten nach menschlichem Ermessen in keinem Verhältnis zum Aufwand stehen und dieser Aufwand zudem unzumutbar wird, besteht keine Verpflichtung zur Fortsetzung des Einsatzes außerordentlicher Mittel, ohne deren Einsatz der Patient bereits gestorben wäre und demgemäß nach menschlicher Voraussicht stirbt, wenn ihr Einsatz unterlassen wird. *Beim Abstellen des „Atmungsapparats" ist der Wille des Arztes in diesem Falle nicht auf die Tötung des Patienten gerichtet,* sondern vielmehr auf die Einstellung eines sinnlos gewordenen und daher unzumutbaren Aufwandes, ohne dessen Einsatz der Patient voraussichtlich natürlicherweise sterben wird. Dies ist jedoch keineswegs gewiß. Es sind Fälle vorgekommen, in denen nach dem Abstellen der für lebensnotwendig gehaltenen Geräte die spontanen Funktionen beim Patienten wieder eingesetzt haben. In diesen Fällen kann also nur mit einer mehr oder minder großen Wahrscheinlichkeit gerechnet werden, daß der Tod eintritt.

Ganz anders verhält es sich bei der direkten Herbeiführung des Todes durch eine Injektion oder sonst ein Mittel, das den Tod bewirkt. Hier richtet sich die Absicht auf den Tod des Patienten, nicht jedoch auf das Einstellen sinnlos erscheinender Maßnahmen zur weiteren Lebenserhaltung. Ein solches Handeln schließt eben in spezifischer Weise die Verfügung über menschliches Leben ein, die auf keinen Fall gerechtfertigt ist. Wenn aber der Tod natürlicherweise eintritt, sobald der Einsatz außergewöhnlicher Maßnahmen aufhört, ist der Mensch eines natürlichen Todes gestorben, und nicht getötet worden. Auch hier kommt es wieder auf die Absicht, den Willen an. Ist der Wille auf direkte Tötung gerichtet, liegt unerlaubte Euthanasie vor, sonst eben nicht. Das müßte eigentlich so klar auf der Hand liegend sein, daß darüber keine Zweifel möglich sein sollten.

Die Frage nun, wann der Einsatz außergewöhnlicher Mittel nicht mehr gerechtfertigt und nicht mehr zumutbar erscheinen muß, kann nur ein gewissenhafter Arzt im Sinne der von *Pius XII.* dargelegten Grundsätze nach seiner eigenen sorgfältigen Erwägung aller Umstände selbst entscheiden. Die Voraussetzung dafür, daß man hierin dem Arzt vertrauen kann, ist jedoch, daß der Unterschied klar ist und kein Zweifel daran besteht, daß eine direkte Tötung mit der Absicht, den natürlicherweise auch ohne den Einsatz besonderer Mittel zur Lebenserhaltung noch nicht eintretenden Tod herbeizuführen, auf keinen Fall in

Frage kommen kann. Sonst würde genau das eintreten, was seinerzeit der Bischof von Münster, *Graf von Galen,* dazu gesagt hat[92]. Die Reaktion der damaligen Machthaber auf die Ausführungen des Bischofs von Münster war „die Wut der Macht“[93]. Wie *Wilhelm Püschel* berichtet, schlug der zuständige Abteilungsleiter im Propagandaministerium damals vor, „den Bischof öffentlich durch Erhängen hinrichten zu lassen“[94].

---

[92] *W. Püschel,* Der Niedergang des Rechts im Dritten Reich (1947) 95 f. Der dort wiedergegebene Teil der Predigt des Bischofs von Münster vom 3. August 1941 lautet: „Wenn man den Grundsatz aufstellt und anwendet, daß man den ‚unproduktiven‘ Menschen töten darf, dann wehe den Invaliden, die im Produktionsprozeß ihre Kräfte, ihre gesunden Knochen eingesetzt, geopfert und eingebüßt haben. Wenn man den ‚unproduktiven‘ Menschen gewaltsam beseitigen darf, dann wehe unseren Soldaten, die als Schwerkriegsverletzte, als Invaliden und Krüppel zurückkehren. Wenn einmal zugegeben wird, daß Menschen das Recht haben, ‚unproduktive‘ Mitmenschen zu töten, und wenn es auch jetzt arme wehrlose Geisteskranke trifft, dann ist grundsätzlich der Mord ... an uns allen, wenn wir alt, altersschwach und damit unproduktiv werden, freigegeben. ... Irgendeine Kommission kann ihn auf die Liste der ‚Unproduktiven‘ setzen, die nach ihrem Urteil ‚lebensunwert‘ geworden sind. Und keine Polizei wird ihn schützen. Und kein Gericht wird seine Ermordung ahnden oder den Mörder der verdienten Strafe übergeben. Wer kann da noch Vertrauen zu einem Arzt haben? Vielleicht erklärt der Arzt ihn als ‚unproduktiv‘ und erhält die Anweisung, ihn zu töten.“ Faktisch dasselbe ist mit dem oben Anm. 32 angeführten Antrag im Staate Florida (USA) angestrebt worden, nur daß man nicht von „unproduktiv“ spricht, sondern davon, daß das Leben eines Menschen „had become ‚meaningless‘“. Dabei haben drei Ärzte — nach welchen Kriterien? — allein darüber zu entscheiden, wann dieses „meaningless“ vorliegt. Ihre Entscheidung soll jedoch von einem Richter gegengezeichnet werden. Die Vorgänge im Zusammenhang mit der Abtreibung lassen jedoch nur zu deutlich werden, was das in der Praxis bedeuten kann. Die Gegenzeichnung wird ohne Zweifel bei entsprechender Propaganda zur bloßen Formalität, so wie jetzt in den USA jede Abtreibung als begründet angesehen wird, wenn sie von einem Arzt vorgenommen wurde. Dem unter Krankenschwestern einsetzenden Widerstand bei Abtreibungen im 7. - 9. Monat, wobei den Krankenschwestern dann die Aufgabe zufällt, die bereits voll entwickelten und lebensfähigen Säuglinge zu töten, versucht man durch ein besonderes „sensivity training“ zu begegnen, das in Wahrheit nichts anderes ist, als eine Gewöhnung an das Töten und eine Abstumpfung, also das gerade Gegenteil von allem, was man unter „sensivity training“ verstehen könnte. Auf diese Weise könnten auch wohl die Hemmungen gegen das Beenden von „sinnlosem Menschenleben“ durch aktives Töten rasch abgebaut werden. Das konsequente Beschreiten dieses Weges müßte dazu führen, daß im Namen des Fortschrittes der Humanität solchem Leben die Vernichtung in ungleich größerem Ausmaß droht als unter der Herrschaft des Nationalsozialismus. Ähnliche Entwicklungen lassen sich in allen Staaten erwarten, in denen mit der Freigabe der Abtreibung der unbedingte Schutz des menschlichen Lebens im Prinzip fallengelassen wurde.

[93] Vgl. *Waldstein,* FS Eckert 512 Anm. 137.

[94] Der Niedergang (Anm. 92) 95.

Es kam nicht dazu, weil die Erregung in der Bevölkerung zu groß war, und *Pius XII.* hat den mutigen Bischof gleich nach dem Ende des Krieges zum Kardinal ernannt. Damit hat *Pius XII.* zweifellos auch den kompromißlosen Einsatz für das Lebensrecht des Menschen — und zwar unter Einsatz des eigenen Lebens — besonders anerkennen und würdigen wollen.

IV. Zusammenfassung

Versucht man die Lehre *Pius' XII.* über das *Recht auf Leben* zusammenzufassen, so geht aus allen seinen diesbezüglichen Aussagen zunächst klar hervor, daß es sich um *ein fundamentales Recht* handelt, das von Natur aus besteht und zudem durch positives göttliches Recht bekräftigt ist. Daher ist es in seinem Bestand von keiner menschlichen Autorität abhängig. Vielmehr besteht für jede internationale oder nationale Autorität eine Verpflichtung, es zu schützen. Daher gibt es auch keine menschliche Autorität, die dieses Recht als solches antasten und einen „Rechtstitel ... geben könnte zu einer direkten, überlegten Verfügung über schuldloses Menschenleben, ..., die auf Vernichtung abzielt" (I 2). Die menschliche Vernunft reicht an sich dazu aus, dieses Recht zu erkennen (I 1), wenn die Erkenntnisfähigkeit nicht durch Selbstsucht und Leidenschaften getrübt ist (I 4).

Dieses „schuldlose menschliche Leben, ..., ist vom ersten Augenblick seiner Existenz an jedem direkten Angriff entzogen" (I 3). Weil das Leben eines Menschen *von der Empfängnis bis zum Tode* eine kontinuierliche Einheit bildet, gibt es auch nur *einen Schutz* des menschlichen Lebens, aus dem keine Phase ausgenommen werden kann, ohne daß damit das Lebensrecht als solches angetastet würde (vgl. auch I 2, II 2 und 4). Daher ist die Abtreibung in jeder Form ebenso unerlaubt wie die Euthanasie, und kein Staat vermag sie zu rechtlich erlaubten Akten zu machen. Vielmehr begibt sich ein Staat, der durch seine Gesetze solche Dinge ermöglicht, in Gegensatz zum Naturrecht und zum positiven göttlichen Gesetz. Solche Gesetze heben aber für niemanden die aus dem Naturrecht, dem göttlichen Gesetz und den allgemeinen Normen der Moral erwachsenden Verpflichtungen auf. Daher haben solche Gesetze auch keinen Anspruch auf Befolgung. Im Gegenteil, man „muß ... sich darüber hinwegsetzen" (I 3 bei Anm. 34).

Hinsichtlich der *Euthanasie* hat *Pius XII.* die wichtige Unterscheidung getroffen, daß darunter *nur die absichtliche Tötung* zu verstehen ist, „die niemals erlaubt wäre". Dagegen fällt das Einstellen des Einsatzes außerordentlicher Mittel zur künstlichen Erhaltung des Lebens eines Menschen, bei dem ohne diesen Einsatz außerordentlicher Mittel der Tod wahrscheinlich bereits eingetreten wäre und deswegen auch wahrscheinlich eintreten wird, wenn der Einsatz außerordentlicher Mittel zur Lebenserhaltung (Atemgeräte und sonstige apparative Einrichtungen) eingestellt wird, nicht unter diesen Begriff der Euthanasie. In diesem Falle wird nicht der Tod des Patienten angestrebt, sondern lediglich der weitere Einsatz außerordentlicher Mittel zur Lebenserhaltung als nicht mehr sinnvoll und zumutbar angesehen. Auch wenn der Tod als Folge einer solchen Maßnahme eintritt, „liegt keinerlei Euthanasie vor" (III 2).

Die Grundsätze für den Schutz des ungeborenen Lebens, die *Pius XII.* in Übereinstimmung mit der gesamten Lehre der Kirche entwickelt hat, sind vom Zweiten Vatikanischen Konzil ausdrücklich bekräftigt und dann durch die *„Erklärung der Kongregation für die Glaubenslehre über den Schwangerschaftsabbruch"* vom 18. November 1974, die von Papst *Paul VI.* bestätigt wurde, neuerlich ausgeführt worden. Über die auch jetzt geltende Lehre der Kirche können in diesem Punkt keinerlei Zweifel bestehen.

Zum Problem der Euthanasie hat *Pius XII.* ebenfalls die sich aus der Lehre der Kirche ergebenden Grundsätze klargestellt. Das Konzil hat dazu jedoch, soweit ich sehe, nicht besonders stellunggenommen. Lediglich im Zusammenhang mit dem allgemeinen Problem der „Achtung vor der menschlichen Person" hat es festgestellt:

„Was ferner zum Leben selbst in Gegensatz steht, wie jede Art Mord, Völkermord, Abtreibung, *Euthanasie* und auch der freiwillige Selbstmord; was immer die Unantastbarkeit der menschlichen Person verletzt, wie Verstümmelung, körperliche oder seelische Folter und der Versuch, psychischen Zwang auszuüben; was immer die menschliche Würde angreift, . . .: all diese und andere ähnliche Taten sind an sich schon eine Schande; sie sind eine Zersetzung der menschlichen Kultur, entwürdigen weit mehr jene, die das Unrecht tun, als jene, die es erleiden[95]."

In dieser Aussage wird zunächst die Euthanasie zu jenen Taten gezählt die offenbar eine Verletzung des Rechtes auf Leben darstellen. Darüber hinaus wird jedoch auch aus diesem Text deutlich, daß ein Staat, der den Schutz des Lebensrechtes in einem der genannten Be-

---

[95] Gaudium et spes 27 (Hervorh. von mir). Im Index terminologicus der Ausgabe im Lexikon für Theologie und Kirche, Das Zweite Vatikanische Konzil III (1968) 738, ist diese Stelle als die einzige unter „Euthanasia" angegeben. Auch sonst konnte ich keinen Hinweis auf eine andere finden.

reiche, insbesondere auch im Bereiche der Abtreibung und der Euthanasie, entzieht und damit den Weg zu jenen Taten eröffnet, die „an sich schon eine Schande“ sind und „eine Zersetzung der menschlichen Kultur“, aus kirchlicher Sicht — und nicht nur aus dieser — ganz gewiß nicht mehr als ein „Rechtsstaat“ im vollen Sinne bezeichnet werden kann, auch wenn Teile seiner Rechtsordnung noch den Anforderungen der Rechtsstaatlichkeit genügen. Mit der Verletzung der Verpflichtung zum Schutz des grundlegendsten Menschenrechtes, des Rechtes auf Leben, begibt sich ein Staat ohne Zweifel auf den Weg zum Verlust seiner Legitimität. *Robert Spaemann* hat im Bezug auf den Schutz der Ungeborenen treffend festgestellt: *„Wo Minderheiten rechtlos gemacht werden, kann auch die Mehrheit nicht legitimieren“*[96]. Das stimmt auch mit den diesbezüglichen Aussagen *Pius' XII.* überein. Im Hinblick auf die Probleme, die in den meisten Staaten heute über die Abtreibung hinaus auch hinsichtlich der Euthanasie bereits deutlich werden und ein Vordringen der Mißachtung des Lebensrechtes auch in diesem Bereich erkennen lassen, erscheint es als sehr dringlich, die diesbezügliche Lehre der Kirche — ähnlich wie bei der Abtreibung — klar in Erinnerung zu rufen. Es bleibt daher zu hoffen, daß eine derartige Erklärung seitens der Kongregation für die Glaubenslehre bald erfolgt. In einer Zeit, in welcher die Achtung vor dem menschlichen Leben dort, wo es unbequem wird, allgemein schwindet, und überhaupt das Bewußtsein von unantastbaren Rechten ständig abnimmt, müssen ohne Zweifel alle Kräfte mobilisiert werden, um einer fortschreitenden „Zersetzung der mensch-

---

[96] ZRP 7 (1974) 52 (Hervorh. von mir). Er sagt dort weiter: „Mit der Freigabe der Fristenlösung würde erstmals seit 1949 der Fundamentalkonsens, auf dem unsere Republik beruht, angetastet. Der ehemalige österreichische Unterrichtsminister *Piffl-Percevic* schrieb anläßlich der dortigen Freigabe der Abtreibung: ‚Eine Staatsgewalt, die sich von dieser Pflicht lossagt und geradezu das Gegenteil zuläßt, begeht einen Staatsstreich. Sie pervertiert den Staat. ...‘ Diese Äußerung“, die *Spaemann* ganz zitiert und die auch ganz gelesen werden sollte, „ist so hart, daß sie geeignet ist, auf der Gegenseite Empörung und Verhärtung hervorzurufen. Ich will ihre Berechtigung hier nicht diskutieren. Es genügt die hier sichtbar werdende Tatsache, daß zahlreiche loyale Demokraten, die es gewohnt sind, Mehrheitsentscheidungen auch dann zu respektieren, wenn sie sie für falsch halten, in diesem Falle an die Grenze ihrer Loyalität stoßen. Mit der Fristenlösung würde für sie unser Staat aufhören, ein Rechtsstaat zu sein.“ Es erhebt sich allerdings die Frage, ob er nur „für sie“ aufhört, ein Rechtsstaat zu sein, oder ob nicht vielmehr damit in der Tat jene Grenze überschritten ist, die objektiv den Rechtsstaat von seinem Gegenteil, der entarteten Staatsform, der Tyrannis, Oligarchie oder Ochlokratie, trennt; vgl. dazu *Waldstein*, FS Eckert 482 und Anm. 26 dort.

lichen Kultur“ entgegenwirken zu können. Nur dadurch kann „ein sicheres menschliches Zusammenleben“ erhalten oder überall dort wiederhergestellt werden, wo seine Grundlagen bereits verlassen wurden. Nur so werden sich auch die Hoffnungen auf ein menschenwürdiges Leben in der Zukunft erfüllen können.

DER BEITRAG PIUS' XII. ZUR KATHOLISCHEN LEHRE VOM DEMOKRATISCHEN STAAT

Von Karl Korinek*

I. Grundlegung

Die Kirche, die in der Welt ist und wirkt[1], versteht sich — um mit Worten von *Giovanni Benelli* zu sprechen — „als Ferment und Sauerteig der Welt von heute, in der Kultur von heute ... Diese Kirche weiß sich erfüllt vom Wert des Lebens mit der Verpflichtung, es im Geiste des Dienstes allen Menschen zur Verfügung zu stellen. Sie dient der Kultur des Menschen, d. h. seinem intellektuellen, sozialen und spirituellen Leben"[2].

Geht man von dieser Sicht der Funktionen der Kirche im umfassenden Dienst am Menschen aus, und sieht man mit *Aristoteles* und *Thomas* den Menschen als ein seiner Natur nach soziales und politisches Wesen[3], so wird deutlich, daß die Kirche aus ihrem Auftrag in dieser Welt und dieser Zeit heraus veranlaßt ist, sich auch mit den Problemen der öffentlichen Ordnung auseinanderzusetzen.

Sie hat das Recht und die Pflicht, betont Pius XII. in seiner Pfingstbotschaft von 1941, zu Fragen des menschlichen Zusammenlebens autoritativ Stellung zu nehmen, also „darüber zu befinden, ob die Grund-

* Für ihre wertvolle Mitarbeit an diesem Beitrag hat der Autor Frau Univ.-Ass. Dr. *Christine Kaan* herzlich zu danken.

1 Vgl. insbes. *Markus* 12, 13 ff. und *Paulus*, Römerbrief 13, 1 ff. Vgl. dazu *Arthur Rich*, Kirche und Demokratie, in: Die neue Gesellschaft 1961, H. 2, 104 ff., neu abgedruckt in: Kirche und moderne Demokratie, hrsg. v. Theodor Strohm und Heinz-Dietrich Wendland, Darmstadt 1973, 186 ff.

2 *Giovanni Benelli*, Die Kirche und der Dialog mit der Welt, in: Kirche und Staat, FS Eckert, hrsg. v. Herbert Schambeck, Berlin 1976, XI ff., Hic: XIII.

3 *Aristoteles*, Politik I, insbes. 1253 ff.; *Thomas v. Aquin*, Summa theologica II, qu 109, Art. 3 (dazu insbes. *Alfred Verdross*, Abendländische Rechtsphilosophie, Wien 1963, 40 ff., 74 ff.).

lagen der bestehenden gesellschaftlichen Ordnung mit der ewig gültigen Ordnung übereinstimmen"[4].

Die päpstlichen Dokumente der letzten 100 Jahre geben ein beredtes Zeugnis für dieses Selbstverständnis der Kirche[5].

1. *Die Ausgangslage*

In dieser Zeit wird die Kirche daher auch mit der Idee der Demokratie konfrontiert[6]. Ihre Haltung zum Phänomen der Demokratie wandelt sich in den letzten 100 Jahren von Reserviertheit zu empfehlender Mitgestaltung[7]; einen entscheidenden Schritt in diesem Prozeß markieren die Aussagen Pius XII., unter denen wiederum der Weihnachtsansprache von 1944[8] zentrale Bedeutung zukommt.

Dieses Dokument fällt in den Rahmen der Überlegungen des Papstes, wie die Welt neu geordnet werden könnte, um ein friedliches Zusammenleben der Menschen und Völker in Zukunft möglich zu machen und zu sichern: Unter dem Eindruck der inhumanen Politik und der die Menschenrechte und die Menschenwürde verletzenden Handlungen der Diktaturen, gegen die der Papst immer deutlicher aufgetreten ist[9] und unter dem Eindruck der vom Heiligen Vater scharf verurteilten Grausamkeiten des Krieges[10] begrüßt Pius XII. zu Jahresende 1944 in seiner Weihnachtsbotschaft „an die Welt" verstehend die Neigung der Völker zur Demokratie.

---

[4] Abgedruckt bei *Arthur-Fridolin Utz / Joseph Fulko Groner*, Aufbau und Entfaltung des gesellschaftlichen Lebens, Soziale Summe Pius XII., Freiburg, Schweiz, 1. u. 2. Bd. 1954, 3. Bd. 1961, Randziffer 493 ff.; hic: 497.
Im folgenden werden die Texte der Äußerungen Pius XII. nach diesem Werk unter UG und der Randziffer zitiert.

[5] Vgl. insbes. die in den „Texten zur katholischen Soziallehre", mit einer Einführung von *Oswald von Nell-Breuning*, hrsg. v. Bundesverband der KAB Deutschlands, Köln 1975, enthaltenen Dokumente.

[6] Vgl. *Hans Maier*, Herkunft und Grundlage der christlichen Demokratie, in: Christliche Parteien in Europa, Osnabrück 1964, 11 ff., neu abgedruckt in: Kirche und moderne Demokratie, 230 ff. sowie insbes. *Herbert Schambeck*, Kirche und Demokratie, in FS Eckert, 103 ff.; *derselbe*, Die Demokratie in der Lehre der katholischen Kirche, in: FS Dordett — Convivium utriusque iuris, hrsg. v. Audomar Scheuermann u. a., Wien 1976, 27 ff.

[7] Vgl. *Herbert Schambeck* in FS Dordett, 36.

[8] UG 3467 - 3510.

[9] Vgl. dazu den Beitrag von *Heribert Franz Köck* in diesem Band.

[10] Vgl. etwa UG 3717 - 3730; 3922 - 3931.

Italien ist zu dieser Zeit im Norden von den Deutschen und im Süden von den Alliierten besetzt. Das Land ist noch Monarchie, doch das Regime Mussolinis ist beseitigt, und Bonomis Kabinett, bestehend aus Mitgliedern sechs antifaschistischer Parteien, wartet nur auf den Frieden, um eine Demokratie zu verwirklichen[11], und auch im Herrschaftsbereich des Nationalsozialismus war die Krise des Systems und der brennende Wunsch nach Wiedererrichtung demokratischer Ordnung schon längst deutlich geworden[12].

Pius XII. akzeptiert den Wunsch nach einer Regierungsform, die es dem Volk erlaubt, die Tätigkeit der öffentlichen Gewalt zu überprüfen, eine Regierungsform, die mehr im Einklang steht mit der Würde und der Freiheit des Menschen[13]. Die Kirche sah sich ja immer schon als Schützerin der menschlichen Würde und Freiheit[14]. Da nun auch das öffentliche Leben einen Teil der göttlichen Ordnung darstelle[15], und — wie eingangs gezeigt wurde — die Kirche ihren umfassenden Auftrag zum Dienst am Menschen auch in dieser Welt akzeptiert, ist der Papst dazu berufen, zur Frage Stellung zu nehmen, wie eine öffentliche Ordnung aussehen könne, die den Grundprinzipien der Menschenwürde und der Gemeinwohlverwirklichung entspricht. In diesem Zusammenhang sind die päpstlichen Äußerungen zur Demokratie zu sehen. Das ist der Ausgangspunkt für die Weihnachtsbotschaft des Papstes, in der

[11] Vgl. *Norman Kogan*, A Political History of Postwar Italy, New York-Washington 1966; *Maurice Vaussard*, Histoire de l'Italie moderne, Paris 1950 und *Giulio Andreotti*, De Gasperi, Mailand 1956.

[12] Für Österreich siehe insbes. *Karl Renner*, Denkschrift über die Geschichte der Unabhängigkeitserklärung Österreichs und die Einsetzung der provisorischen Regierung der Republik, Wien 1945, *Erika Weinzierl*, Der österreichische Widerstand und *Ludwig Jedlicka*, Die letzte Kriegsphase in Österreich, in: Die Zweite Republik, hrsg. v. Erika Weinzierl und Kurt Skalnik, Graz 1972, 109 ff. und 129 ff.

[13] UG 3469, Weihnachtsbotschaft: 24. Dez. 1944.

[14] UG 359, Ansprache an die Teilnehmer des Internationalen Kongresses für humanistische Studien: 25. September 1949 und UG 5665, Ansprache an Siedler der Gesellschaft für die Bodenkultivierung des Fucino: 25. Mai 1956.

[15] UG 1768 „Deshalb haben Unsere Vorgänger und Wir selbst in den Wirren des Krieges und den wechselvollen Ereignissen der Nachkriegszeit nicht aufgehört, darauf zu bestehen, daß die gottgewollte Ordnung auch ... das öffentliche Leben in all seinen Erscheinungsformen umfaßt, in der Überzeugung, daß darin keine Einschränkung der wahren menschlichen Freiheit liegt und auch kein Eingriff in die Zuständigkeit des Staates, sondern vielmehr eine Sicherung gegen die Irrtümer und Mißbräuche, vor denen eine recht angewandte christliche Moral Schutz gewähren kann". (Radioansprache zum „Tag der Familie", veranstaltet von der katholischen Aktion Italiens: 23. März 1972).

er aufzeigen will, wie die Demokratie beschaffen sein muß, um eine wahre und echte Demokratie zu sein.

2. Das Modell der Demokratie bei Pius XII.

Das Modell der Demokratie, wie es Pius XII. gezeichnet hat und wie es in diesem Beitrag beschrieben werden soll, ist durch einige Strukturelemente gekennzeichnet, die vorweg festgehalten werden sollen:

a) *Pius XII. bezieht den Begriff „Demokratie“ stets nur auf den Staat.* Wenn er von Demokratie spricht, so hat er kein Modell für die Gestaltung der Gesellschaft oder einzelner ihrer Organismen vor Auge, sondern ein Prinzip der staatlichen Ordnung. Daher widerspricht ein „ja“ zur Demokratie auch nicht den Überlegungen der Päpste zu einer berufsständischen Ordnung; denn diese Gliederung ist von den Päpsten — was vielfach verkannt wurde — stets als Gliederung der Gesellschaft und nicht — im Sinne eines Ständestaates — als Programm für eine Organisation des Staates durch Einbindung der Berufsstände in die Staatswillensbildung gesehen worden[16].

b) Der Papst gesteht dem Volk zu, sein Eigenleben *innerhalb des bindenden Rahmens der göttlichen Ordnung* selbst zu gestalten und zu ordnen. Er betont freilich immer wieder, daß dieser Rahmen, der vor allem durch die Prinzipien der Menschenwürde und des Gemeinwohls bestimmt ist, für jede staatliche Rechtsetzung, also auch für die demokratisch organisierte und legitimierte Staatswillensbildung, unantastbar sei[17].

c) Innerhalb dieses Rahmens der göttlichen Ordnung rechtfertigt Pius XII. die demokratische Selbstbestimmung in Form der repräsentativen Demokratie. Diese stelle freilich *hohe sittliche Anforderungen an die Bürger und an die Inhaber der öffentlichen Gewalt.* Diese Anforderungen sind der Anknüpfungspunkt für die Empfehlungen des Papstes zur Gestaltung einer funktionierenden und in der göttlichen Ordnung gerechtfertigten Demokratie[18].

---

[16] Dazu *Karl Korinek*, Die Prinzipien des österreichischen Systems der Sozialpartnerschaft und ihre Fundierung in der katholischen Soziallehre, in: FS Eckert, S. 381 f. (m. w. H.) sowie insbes. auch *Adolf Merkl*, Der staatsrechtliche Gehalt der Enzyklika „Quadragesimo anno“, ZöffR XIV, 1934, 208 ff. insbes. 238 f.

[17] Vgl. dazu unten Punkt III dieses Beitrags.

[18] Dazu unten Punkt II dieses Beitrags.

d) Während Pius XII. der demokratischen Herrschaftsform gegenüber der diktatorischen, unkontrollierten Macht klar den Vorzug gab, äußert er keine deutliche Präferenz hinsichtlich der Staatsform. Er setzt voraus, daß die Demokratie verschiedene Formen zuläßt, die sich *in Monarchien und Republiken in gleicher Weise verwirklichen* lassen, verlangt aber stets ein Regierungssystem, das mit der Freiheit und Würde des Menschen in Einklang steht[19].

e) Von besonderer Bedeutung für das Verständnis der Aussagen Pius XII. zur Ordnung von Staat und Gesellschaft ist es, die *konservative Grundhaltung* im Auge zu behalten. Immer wieder betont der Papst, wie wichtig es sei, die Dynamik der Reformen in Harmonie mit der Statik der Überlieferung zu bringen. Man könne Neues nur schaffen, indem man sich auf die Beiträge der vorausgehenden Generationen stützt[20]. „Nach dem Zeugnis der Geschichte ist das Leben des Volkes dort, wo eine wahre Demokratie herrscht, von gesunden Traditionen getragen, die man nicht niederreißen darf[21]."

3. Die ideengeschichtliche Einordnung

Obwohl sich insbesondere in den Schriften des hl. *Thomas*[22], die ja in ihrem staatsrechtlichen Gehalt weitgehend auf den Einsichten *Aristoteles* aufbauen, und in denen des spanischen Scholastikers des 16. Jahrhunderts *Francesco Suárez*[23] wesentliche Grundlagen für eine

---

[19] UG 3480, Weihnachtsbotschaft: 24. Dez. 1944, vgl. *Hans Peters*, Art. „Demokratie", in: Staatslexikon der Görres-Gesellschaft⁶, Freiburg 1958, II, 570 f.; *Herbert Schambeck*, Der Staat in der katholischen Gesellschaftslehre, in: Katholisches Soziallexikon, hrsg. v. Alfred Klose, Innsbruck 1964, Sp. 1160.
Nicht übersehen soll jedoch werden, daß Pius XII. die Italiener am Tag vor der Volksabstimmung über die Staatsform aufforderte, für die Monarchie zu stimmen, ohne jedoch die Worte „Monarchie" oder „Republik" zu erwähnen, indem er sie vor die Wahl stellte, sich für den christlichen Glauben oder für den Materialismus zu entscheiden (vgl. UG 4121 und 4122, Ansprache an das Kardinalskollegium: 1. Juni 1946; vgl. *Norman Kogan*, 37). Er akzeptierte jedoch — wie ebenfalls aus diesem Dokument deutlich wird — die Entscheidung des Volkes; vgl. auch den Appell an den Adel, als Vertreter der Tradition zum Aufbau der Demokratie beizutragen (UG 3202; Ansprache an das Patriziat und den Adel von Rom, 16. 1. 1946).

[20] UG 4397 u. 4402, Weihnachtsbotschaft: 23. Dez. 1956.

[21] UG 3202, Ansprache an das Patriziat und den Adel von Rom: 16. Jänner 1946.

[22] Vgl. dazu *René Marcic*, Geschichte der Rechtsphilosophie, Freiburg 1971, 240 ff.

[23] Dazu *Herbert Schambeck*, in: FS Dordett, 29.

Rechtfertigung einer demokratischen Staatsordnung finden, hat die Kirche durch Jahrhunderte wohl vorwiegend aus Gründen der angewandten Politik eine die Demokratie ablehnende Haltung eingenommen[24]. Es war der Kirche aber wohl auch dogmatisch nicht möglich, die absolute Demokratie, in der das Recht der Volkssouveränität absolut unterworfen ist, zu akzeptieren. Erst als man deutlich erkannte, daß sich Demokratie nur unter der Herrschaft des Rechts enfalten kann, war eine Annäherung möglich[25].

Auf der Grundlage dieser Einsicht konnte sich daher Leo XIII. bemühen, „einen für die katholische Kirche annehmbaren Weg der Demokratie“[26] zu gehen; er formulierte ausdrücklich die Zulässigkeit einer Staatsform, bei der das Volk am staatlichen Leben teilnimmt: „Zu gewissen Zeiten und auf Grund bestimmter Gesetze kann das nicht nur den Bürgern zum Vorteil gereichen, sondern auch zu ihrer Pflicht gehören[27].“ Es sei, sagte Leo XIII. ausdrücklich, „bei Wahrung der katholischen Lehre über Ursprung und Handhabung der öffentlichen Gewalt nicht verboten, Regierungen von gemäßigter demokratischer Form zu begünstigen“[28].

An diese Aussagen knüpft Pius XII. bewußt an[29]; dabei geht er jedoch über die Aussage der Zulässigkeit demokratischer Organisation hinaus und entwickelt empfehlend Richtlinien, nach denen eine wahre Demokratie gestaltet sein muß[30]. Der Papst will dabei keineswegs konkrete Organisationsanweisungen geben, er stellt vielmehr werterfüllte Prinzipien für die Staatsverfassung und das Staatshandeln auf.

---

[24] *Herbert Schambeck*, ebenda 30.

[25] *René Marcic*, Art. „Demokratie“, in: Katholisches Soziallexikon, Sp. 143 f.

[26] *Herbert Schambeck*, in: FS Dordett, 31.

[27] *Leo* XIII., Immortale Dei, 1. Nov. 1885. Vgl. dazu *Peter Tischleder*, Ursprung und Träger der Staatsgewalt nach der Lehre des heiligen Thomas und seiner Schule, M. Gladbach, 1923, insbes. 243 ff.

[28] *Leo* XIII., Enzyklika Libertas vom 20. 6. 1888, Schluß.

[29] Vgl. das wörtliche Zitat der zu Fn. 28 wiedergegebenen Formulierung *Leo* XIII. in der Weihnachtsbotschaft von 1944: UG 3471.

[30] Für die Entwicklung der Lehre der katholischen Kirche zur Demokratie nach Pius XII. vgl. insbes. die Friedensenzyklika *Johannes* XXIII., Pacem in terris vom 11. April 1963 (dazu insbes. *Franz Martin Schmölz*, Die Kirche auf dem Weg zur Demokratie., Forum 1964, H. 121, 20, sowie *Heinz Fischer*, Zehn Jahre „Pacem in terris“; in: Pacem in terris, hrsg. v. Rudolf Weiler und Jakob Weinbacher, Wien 1974, 23 ff.) sowie die Pastoralkonstitution des 2. Vatikanischen Konzils über die Kirche in der Welt von heute „Gaudium et spes“. Vgl. dazu vor allem *Herbert Schambeck*, in: FS Dordett 33 ff.

II. Gestaltungselemente der demokratischen Verfassung

Pius XII. geht bei seinen Empfehlungen zur Gestaltung einer wahren Demokratie von zwei Anknüpfungspunkten aus[31]:

1. legt er dar, welche Eigenschaften die Menschen haben müssen, die unter einer demokratischen Regierungsform leben, und
2. formuliert er, welche Eigenschaften jene Männer und Frauen haben müssen, die in der Demokratie Inhaber der öffentlichen Gewalt sind.

Ad 1.: Notwendige Eigenschaften des Bürgers

Pius XII. betont, welch hohe sittliche Anforderungen die demokratische Ordnung an den einzelnen stellt[32]. Es hänge vom moralischen Charakter und dem Verantwortungsgefühl der Bürger ab, ob die Demokratie gelingen kann[33]. Treten Mißstände in der Demokratie auf, so müsse man die Lösung daher primär in der Reform der Sitten[34] suchen und nicht in institutionellen Verbesserungen[35].

Während sich der Bürger seiner eigenen Pflichten, Rechte und Freiheiten bewußt sei, müsse er dieses Selbstgefühl mit der Achtung vor der Freiheit und der Würde des Anderen verbinden[36]. Diese Bezogenheit der menschlichen Wesen aufeinander determiniert in der Sicht Pius XII. die Postulate der Demokratie[37].

Im einzelnen behandelt Pius XII. dabei folgende Punkte:

a) Die Freiheit

„Die Menschen, sowohl im einzelnen wie in der menschlichen Gemeinschaft, und ihr Gemeinwohl sind immer gebunden an die absolute Ordnung der Werte, die Gott aufgestellt hat. Gerade zum Zweck, diese Bindung in einer der Menschennatur würdigen Art und Weise zu

---

[31] *Hans Peters,* a. a. O., Sp. 589 ff., insbes. 592.

[32] UG 3490, Weihnachtsbotschaft: 24. Dez. 1944.

[33] Sehr eindrucksvoll umschreibt *Hans Peters,* a. a. O., Sp. 569, die ethischen Erfordernisse für eine funktionierende Demokratie, wobei er dem Staatsbürger Verantwortungsgefühl für die Allgemeinheit, Toleranz, um die Freiheit des Anderen anzuerkennen, Uneigenützigkeit und Zivilcourage abverlangt.

[34] Vgl. dazu die Bemühungen *Ignaz Seipels* um eine „Sanierung der Seelen"; dazu *Michael Pfliegler,* Priesterliche Existenz, Innsbruck 1953, 288 ff.

[35] UG 4393, Weihnachtsbotschaft, 23. Dez. 1956.

[36] UG 3478, Weihnachtsbotschaft, 24. Dez. 1944.

[37] Vgl. *Herbert Schambeck,* Grundrechte und Sozialordnung, Berlin 1969, S. 9 f. und *Richard Bäumlin,* Art. „Demokratie", in: Evangelisches Staatslexikon, hrsg. v. Hermann Kunst u. a., Stuttgart 1966, Sp. 278 ff.

verwirklichen und wirksam zu machen, ist dem Menschen die persönliche Freiheit geschenkt worden, und der Schutz dieser Freiheit ist der Zweck einer jeden Rechtsordnung, die diesen Namen verdient[38]." Diese Freiheit hat zwei Dimensionen: Sie ist einerseits eine Freiheit zum Handeln als Wille zur sittlichen Ordnung, eine Freiheit, die für die Möglichkeit bürgt, Wahrheit und Gerechtigkeit zu bekennen und zu üben[39]; andererseits ist sie als Freiheit zu sehen, die dem Einzelnen und den Gemeinschaften einen Freiraum von staatlichem Einfluß gewährt[40], die dem Einzelnen gestattet, in diesem sein persönliches Eigenleben zu führen und sich zu entfalten[41]. Jene Dimension der Freiheit, ist — in der klassischen Ordnung der Beziehungen des Einzelnen zum Staat nach *Georg Jellinek*[42] — dem status activus, diese dem status negativus (vel liberatis) zuzurechnen.

Diese umfassend gesehene Freiheit ist als überpositiver Wert dem Staat vorgeordnet. In ihrer eine *Sphäre der Freiheit des einzelnen* verleihenden Wirkung bedeutet sie jedoch nicht schrankenlose Ungebundenheit, sondern ist „sorgfältig abgewogen"[43] und findet ihre Begrenzung in anderen überstaatlichen Werten und Geboten, der Würde der menschlichen Person, den Forderungen des Gemeinwohls, des Rechts und der Religion[44]. Die wahre Freiheit besteht nicht in zügello-

---

38 UG 3215, Ansprache an das Patriziat und den Adel Roms: 8. Jänner 1947.

39 UG 3515, Text für eine Rundfunksendung von Radio Lausanne: 21. 9. 1946.

40 In diesem Gedanken liegt auch eine der Wurzeln des von *Pius* XI. (Quadragesimo anno, 79) als sozialethisches Sollensprinzip postulierten Subsidiaritätsprinzips. Dazu insbes. *Oswald von Nell-Breuning,* Wirtschaft und Gesellschaft heute; Erwägungen zum Subsidiaritätsprinzip, Freiburg 1956; *Johannes Messner,* Die soziale Frage, 7. Aufl., Innsbruck 1964, 368 ff.; *Herbert Schambeck,* Art. „Staat in der katholischen Gesellschaftslehre" und *Albert Beckel,* Art. „Subsidiaritätsprinzip", in: Kath. Soziallexikon, Sp. 1164 f. und 1202 ff.

Daß das Subsidiaritätsprinzip den Grundsatz normiere: „soviel freie Gesellschaft wie möglich, soviel Staat wie nötig", betont *Franz Klüber,* Art. „Kath. Soziallehre", in: Evangelisches Soziallexikon, hrsg. v. Friedrich Karrenberg, 5. Aufl., Stuttgart 1965, Sp. 662 ff., hic: 668. Dazu auch *Arthur-Fridolin Utz,* Formen und Grenzen des Subsidiaritätsprinzips, Heidelberg 1956, insbes. 79 ff.

41 UG 3478, Weihnachtsbotschaft 24. Dezember 1944.

42 *Georg Jellinek,* System der subjektiven öffentlichen Rechte, 2. Aufl., Tübingen 1905, 86 ff.

43 UG 274, Ansprache an den Gesandten von Großbritannien: 23. Juni 1951.

44 UG 274, Ansprache an den Gesandten von Großbritannien: UG 3515, Text für die Rundfunksendung von Radio Lausanne, 21. 9. 1946, UG 531 - 533, Ansprache an das Kardinalskollegium 2. Juni 1947.

ser Ungebundenheit und ausgelassener Zuchtlosigkeit, denn „die von allen Bindungen, allen Regeln, allen objektiven und sozialen Werten losgelöste individuelle Freiheit ist in Wahrheit nur tödliche Anarchie ..."[45].

Die positive[46] Dimension der Freiheit als Recht auf *Teilnahme am staatlichen Geschehen* ist der Anknüpfungspunkt für die Aussagen Pius XII. zum politischen Engagement des Einzelnen. Insbesondere zähle dazu essentiell das Recht des Staatsbürgers, seine Meinung zu äußern „über die ihm auferlegten Pflichten und Opfer". Vom Staat, der dem Ruf nach mehr Demokratie folgen will, fordert der Hl. Vater umgekehrt, daß er dem Staatsbürger immer mehr die Möglichkeit gebe, sich zu informieren, sich eine eigene persönliche Meinung zu bilden, ihr Ausdruck zu verleihen und in einer dem Gemeinwohl entsprechenden Weise Geltung zu verschaffen[47].

b) Die Gleichheit

Analog zu seiner Sicht der Freiheit sieht Pius XII. auch das Prinzip der Gleichheit, als eine der Grundforderungen der Demokratie, zweidimensional: Es umfaßt einerseits die *gleiche Möglichkeit für alle, sich am politischen Geschehen zu beteiligen,* und andererseits die *„bürgerliche Gleichberechtigung"*[48] im Sinne des Verständnisses des Gleichheitsgrundsatzes etwa des österreichischen Grundrechtskataloges[49]:

Der Staat ist gehalten, tatsächlich Gleiches auch rechtlich gleich zu behandeln, an gleiche Tatbestände ohne Ansehung der Person die gleichen rechtlichen Folgen zu knüpfen, andererseits aber Unterschiede im Tatsächlichen entsprechend zu berücksichtigen. Der Gleichheitsgrundsatz verlangt in dieser Sicht nicht, daß alles gleich werde, sondern daß aus der Natur der Sache her gegebene Gleichheiten und Ungleichheiten

[45] UG 3999, Ansprache an die Teilnehmer des Kongresses der „Allgemeinen Bewegung für die Weltföderation" 6. April 1951.

[46] Vgl. *Richard Bäumlin,* a. a. O., S. 282.

[47] UG 3474, Weihnachtsbotschaft: 24. Dez. 1944.

[48] UG 3478, Weihnachtsbotschaft: 24. Dez. 1944.

[49] Dazu vgl. insbes. *Felix Ermacora,* Handbuch der Grundfreiheiten und der Menschenrechte, Wien 1963, 33 ff., insbes. 59 ff.; *Ludwig Adamovich,* Handbuch des österr. Verfassungsrechts[6], Wien 1969, 516 ff.; *Heinrich Neisser / Gernot Schantl / Manfried Welan,* Betrachtungen zur Judikatur des VfGH (Slg. 1967), ÖJZ 1969, 319 ff., 645 ff.

Vgl. dazu die grundlegenden Darlegungen bei *Friedrich A. von Hayek,* Die Verfassung der Freiheit, Tübingen 1971, 105 ff.

beachtet und jede unsachliche Privilegierung und Diskriminierung vermieden werde.

Pius XII. bejaht diese „bürgerliche Gleichberechtigung“: Die Menschen seien auch ganz gleich in ihrer Würde und vor Gott[50]. Der Papst akzeptiert freilich diejenigen Ungleichheiten, die sich aus der Natur der Dinge, der Ungleichheit der Bildung, des Besitzes oder der gesellschaftlichen Stellung ergeben. Solche Ungleichheiten seien unvermeidbar. Sie gehorchen jener göttlichen Anordnung, die auch die Ungleichheiten in der Familie bestimmt. Doch sollen diese Ungleichheiten, ohne gewaltsam beseitigt zu werden, verringert und die Gegensätze gemildert werden[51]. Jedoch dürfe die Gleichheit nicht in „geistlose Gleichmacherei, in eine eintönige Gleichschaltung“ verfälscht werden[52].

c) Die Mitwirkung des Volkes

Schon die auch die politische Dimension einschließende Sicht der persönlichen Freiheit und des Prinzips der Gleichheit machte die zentrale Rolle, die Pius XII. der Mitwirkung des Volkes in der dem modernen Flächenstaat entsprechenden repräsentativen Demokratie zumißt, deutlich. Er sieht dabei diese Funktion der aktiven Teilnahme am Staatsgeschehen als ethische Pflicht der Staatbürger: Im Zeitalter der Demokratie müssen alle Glieder der Gesellschaft am Gemeinschaftsleben mitformen. Mit Selbstdisziplin (denn in ihr liegt die Stärke jedes Staates, besonders des demokratischen) sollen sich die Bürger dem Staat zur Verfügung stellen, um zum Aufbau einer dauerhaften Rechts- und Friedensordnung beizutragen[53].

---

[50] UG 136, Ansprache an Arbeiter der Fiat-Werke von Turin, 31. 10. 1948.

[51] UG 3168, Neujahrsansprache an das Patriziat und den Adel von Rom: 5. Jänner 1942.

Interessant ist es jedoch, diese Ideen mit Pius' Haltung dem Adel gegenüber zu vergleichen: Nachdem der Adel seine Privilegien durch das Inkrafttreten der neuen Verfassung verloren hat, fordert der Papst die Mitglieder des Adels auf, sich am Aufbau des neuen Italien zu beteiligen. Dabei weist er ihnen Tätigkeitsbereiche wie Kirche, Parlament, Verwaltung, Kultur, Wissenschaft und Kunst zu, so daß der Adel von neuem eine „classe dirigente“ bilden oder zumindest an ihr teilnehmen würde. Dabei stellt der Papst freilich hohe Anforderungen an das Verantwortungsgefühl des Adels und verlangt von ihm Weitblick, soziale Gerechtigkeit und Uneigennützigkeit; vgl. insbes. die Ansprache an das Patriziat und den Adel von Rom vom 14. Jänner 1952, UG 3223 - 3230.

[52] Vgl. *Herbert Schambeck*, in: FS Dordett, 32. Zur Gleichheit im Gebäude der christlichen Staatslehre vgl. auch *Ludwig Berg*, Art. „Gleichheit“, in: Kath. Soziallexikon, Sp. 373 f.

[53] UG 180, Schreiben an die katholische Jugend Deutschlands zum Bekenntnissonntag: 23. Mai 1952.

Dem einzelnen Staatsbürger stehen, soweit er nicht selbst ein öffentliches Amt übernimmt, insbesondere das Wahlrecht und das Instrument der öffentlichen Meinung zur Verfügung:

Das *Wahlrecht* bedeutet nicht nur ein Recht, sondern auch eine Pflicht[54]; die Ausübung des Wahlrechts ist ein Akt schwerer sittlicher Verantwortung[55]. Jeder Katholik hat die Verpflichtung, seinen politischen Obliegenheiten richtig, d. h. im Sinne der Grundsätze der Kirche nachzukommen[56]. Stehen religiöse Interessen auf dem Spiel, so ist das nicht nur eine sittliche, sondern auch eine religiöse Pflicht, deren Verletzung „eine schwere und verhängnisvolle Unterlassungssünde" wäre[57]. Das Wahlrecht bietet allen die gleiche Möglichkeit, auf das öffentliche Leben Einfluß zu nehmen, doch erfordert es eine „wenigstens grundlegende Kenntnis der politischen Prinzipien und ihrer Anwendung". Deshalb soll die politische Unwissenheit der Massen bekämpft werden[58]. Im besonderen sei es die Aufgabe der Geistlichkeit und der katholischen Verbände, der Bevölkerung die Bedeutung politischer Wahlen und der richtigen Wahlentscheidung im Hinblick auf die christlichen Prinzipien vor Augen zu führen[59].

Dem Wahlrecht gegenüber steht die Möglichkeit, durch *die öffentliche Meinung* Einfluß auf die Staatswillensbildung und die Kontrolle der Staatsmacht auszuüben. Dabei „muß darauf verzichtet werden, durch die Macht des Geldes und willkürliche Zensur, durch eine parteiische Beurteilung oder falsche Behauptungen künstlich eine sogenannte öffentliche Meinung zu schaffen, die Denken und Wollen der Wähler wie vom Wind bewegtes Schilfrohr hin- und hertreibt"[60]. Vielmehr sollen sich die christlichen Kräfte dafür einsetzen, daß eine öffentliche Meinung geschaffen wird, die „mutig und offen auf Personen und Verhältnisse hinweist, die den guten Gesetzen und Einrichtungen

---

[54] UG 1454, Ansprache in St. Peter an die weibliche Jugend Roms am ersten Jahrestag des Kriegsendes in Italien: 12. Mai 1946.

[55] UG 2807, Ansprache an die Pfarrer und Fastenprediger der Stadt Rom zu Beginn der Fastenzeit: 16. März 1946 und UG 3045 (Ansprache an die Diözesanpräsidenten der Katholischen Aktion Italiens (20. 4. 1946)).

[56] Vgl. UG 1321, Ansprache an die Kongreßteilnehmerinnen des „Internationalen Verbandes der katholischen Frauenvereine": 11. Sept. 1947 und UG 2827 (wie Fn. 55).

[57] UG 1321 (wie Fn. 56).

[58] UG 1778 ff., Ansprache an Lehrer und Schüler italienischer Volksbildungsschulen: 19. März 1953.

[59] Vgl. insbes. UG 3045 (wie Fn. 55).

[60] UG 4076, Ansprache an das Heilige Kardinalskollegium: 24. Dez. 1945.

nicht entsprechen oder wirkliche Zustände in unehrlicher Weise verbergen"[61].

d) Das Problem der Masse[62]

Soll die Demokratie gelingen, so muß jeder einzelne sich seiner Person und Verantwortung bewußt sein. Die Demokratie fordert als Glieder Persönlichkeiten; die gestaltlose Masse „ist der Hauptfeind der wahren Demokratie und ihres Ideals von Freiheit und Gleichheit"[63]. Die Bevölkerung darf keine gestaltlose Menge sein, die, willenlos in den Händen eines jeden, der sich ihre Beeindruckbarkeit und Wurzellosigkeit zunutze macht, als Werkzeug dient, und Opfer der Macht des Geldes oder einer Organisation wird[64].

Schon *Aristoteles* hat gezeigt, wie leicht die Demokratie (im heutigen Verständnis) in Despotie umschlägt, wenn das Volk, aufgehetzt durch einen Demagogen, sich willkürlich über alle Gesetze hinwegsetzt[65]. In der aristotelisch-thomasischen Tradition stehend qualifiziert daher Pius XII. die Masse als ärgsten Feind der Demokratie, denn in ihr gehe jedes Verantwortungsgefühl für das Gemeinwohl verloren, jeder gehorche nur dem tyrannischen Anspruch auf Befriedigung seiner menschlichen Gier, wodurch die Freiheit unmöglich gemacht werde, und die Gleichheit entarte zu einer geistlosen Gleichschaltung, einer Nivellierung, bei der die Werte der Ehre, des persönlichen Einsatzes, der Achtung vor der Überlieferung, die menschliche Würde überhaupt, zugrunde gehen[66].

Ad 2.: Notwendige Eigenschaften der Inhaber der öffentlichen Gewalt

Die Demokratie stellt aber nicht nur Anforderungen an den Staatsbürger, sondern auch, und zwar in besonderem Maße, an diejenigen, die

---

[61] UG 6056, Ansprache an die Mitglieder der christlichen Arbeiterverbände Italiens: 1. Mai 1955.

[62] Vgl. dazu UG 3476 - 3479, Weihnachtsbotschaft: 24. Dez. 1944.

[63] UG 3477, Weihnachtsbotschaft: 24. Dez. 1944.

[64] Als geschichtliches Beispiel für eine solche Entwicklung, das die Aussagen des Papstes zweifellos beeinflußt hat, führt *Hans Peters*, a. a. O., die Machtergreifung des Nationalsozialismus in Deutschland an.

An der reichen Literatur zur Frage der Masse in Staat und Gesellschaft vgl. etwa *Wilhelm Röpke*, Jenseits von Angebot und Nachfrage, Zürich 1958, insbes. 75 ff.

[65] Politik, IV, 4.

[66] Vgl. Fn. 62 sowie z. B. *Reinhold Zippelius*, Allgemeine Staatslehre, München 1975, 85 und *Hans Peters*, a. a. O., Sp. 579.

im Auftrag des Volkes den Willen der Allgemeinheit zum Ausdruck bringen und durchzusetzen haben[67]. Die wichtigsten Voraussetzungen, die der Politiker erfüllen muß, sind: daß er erkennt, worauf seine Autorität beruht (a), daß er hervorragende geistige und sittliche Eigenschaften besitzt (b) und daß er die Gebundenheit an das Recht bei seinem Handeln anerkennt (c)[68].

a) Die Begründung der Autorität

Der Staat ist eine notwendige Gesellschaft, die eingebettet ist in die unbedingt gültige Ordnung des Seins und der Zwecke[69]. Diese notwendige Gesellschaft bedarf, um bestehen und leben zu können, der Autorität: „Der demokratische Staat muß wie jede andere Regierungsform mit wahrer und wirksamer Autorität ausgestattet sein[70].“ Der Papst betont, daß diese notwendige Autorität im Lichte des christlichen Glaubens „keinen anderen Ursprung haben kann als den persönlichen Gott, unseren Schöpfer“, und daß dementsprechend der Inhaber der staatlichen Autorität in der Demokratie diese zwar in einem demokratischen Prozeß verliehen bekommt, die Autorität selbst aber von Gott abzuleiten ist.

„Der geistig-sittliche Anspruch der Autorität, das Tun und Lassen der Glieder der Gesellschaft zu leiten, ist notwendig um der möglichst vollkommenen Verwirklichung des Gemeinwohls willen[71].“ Diese Autorität kann auch nicht mit dem Argument der persönlichen Freiheit geleugnet werden, denn auch diese Freiheit hat ihren Ursprung — und findet ihre Grenzen — in der göttlichen Ordnung; sie ist eine Freiheit in der Ordnung[72]. Stellt man die Autorität des Staates und seiner Gewaltträger in Frage, so stellt man dementsprechend die Grundlage der eigenen Freiheit und Würde in Frage.

Der Staatsmann in der Demokratie nun, ausgestattet mit staatlicher Autorität und der damit verbundenen Würde, nimmt teil an der Würde der Autorität Gottes. Er muß diese Zusammenhänge, und auch die Sendung, die seinem Amt zugrunde liegt, erkennen, um die Grundlagen

---

[67] Vgl. dazu auch *René Marcic*, Der Staatsmann in der Demokratie, Saloniki 1968.

[68] UG 3480 - 3489, Weihnachtsbotschaft: 24. Dez. 1944.

[69] Vgl. dazu auch unten, Punkt III dieses Beitrags.

[70] UG 3480, Weihnachtsbotschaft: 24. Dez. 1944.

[71] *Richard Hauser*, Art. „Autorität“, in: Staatslexikon, Sp. 808 ff., hic: 811.

[72] Dazu UG 5125, Brief an den Bischof von Augsburg: 27. Juni 1955.

seiner eigenen Autorität nicht zu erschüttern und die wesentlichen Forderungen der politischen und gesellschaftlichen Sittlichkeit zu erfüllen[73].

b) *Die sittlichen und geistigen Anforderungen an die Träger der öffentlichen Gewalt*

Eindringlich zeigt Pius XII., welche Grundhaltung den Politiker in der Demokratie auszeichnen soll:

„Nur die klare Einsicht in die von Gott jeder menschlichen Gesellschaft gesteckten Ziele, verbunden mit tiefem Erfassen der hohen Aufgaben sozialen Wirkens kann die Träger der Gewalt in den Stand setzen, ihre eigenen Pflichten, sei es in Gesetzgebung oder Rechtsprechung oder Verwaltung, mit jenem Bewußtsein der eigenen Verantwortung, mit jener Sachlichkeit, mit jener Unparteilichkeit, mit jener Rechtschaffenheit, mit jener Vornehmheit der Gesinnung, mit jener Unbestechlichkeit zu erfüllen, ohne die eine demokratische Regierung schwerlich die Achtung, das Vertrauen und die Zustimmung des besseren Teils des Volkes gewinnen könnte[74]."

Es ist das Idealbild des Politikers, das Pius XII. zeichnet, und das uns *René Marcic* in Aktualisierung der griechischen Staatsphilosophie und Staatskunst so deutlich gemacht hat[75]. Die Notwendigkeit dieser Grundhaltung wird klar, wenn wir die Funktionen des Politikers in der Demokratie bedenken, wie sie uns *Marcic* entfaltet hat[76]: Der Politiker lenkt auf eine Weise, die als frei bezeichnet wird, freie Menschen, die in Ordnung zusammenleben, nicht nach dem Wollen des Regenten. Er regiert Wesen aufrechten Ganges, keine gekrümmten Figuren. Bringt man die Pole in antike, allgültige Porträts, ist der Politiker Agamemnon, der als Erster unter Gleichen und Freien Ordnung hält. Er schlägt sich mit den Ältesten und mit seinesgleichen herum, beruft Versammlungen, nimmt wieder und wieder zu Verhandlungen Zuflucht, geht Kompromisse ein. Priamos ist der andere Pol. Von eisigen Berggipfeln der Herrschaft diktiert er — in den Tälern erstarren die Untertanen vor Ehrfurcht, wenn nicht vor Angst.

---

[73] UG 3481, Weihnachtsbotschaft: 24. Dez. 1944.

[74] UG 3483, Weihnachgsbotschaft: 24. Dez. 1944.

[75] Vgl. z. B. *René Marcic*, Geschichte der Rechtsphilosophie, insbes. 150 ff. und für die hier interessierenden Fragen vor allem: *derselbe*, Staatsmann, 6 ff.

[76] Die folgenden Passagen sind eine gekürzte Fassung aus *René Marcic*, Staatsmann, 6 f.

Auf die Frage „wer siegt?" ruft *Marcic* Homers Ilias ins Gedächtnis: „Der König von Troja steuert ein mächtiges Ruderkriegsschiff von Sklaven bewegt — es zerschellt. Agamemnon befehligt ein Floß. Seine und der Mannschaft Füße sind dauernd naß — aber das Floß besteht."

Und *Marcic* entwickelt die Sentenz: „Athen und Sparta, Solon und Lykung, Agamemnon und Priamos: wir sehen zwei Urweisen der Menschenführung. ‚Ihr müßt euch nämlich dessen bewußt sein', klärt Macchiavelli den jungen Fürsten von Florenz, Lorenzo, auf, ‚daß es zweierlei Arten der Auseinandersetzung gibt: die mit Hilfe des Rechts, und die mit Gewalt'. Jene eignet dem Menschen, diese dem Tier."

Pius XII. geht es darum, deutlich zu machen, daß der Staatsmann in der Demokratie den richtigen Weg nicht gehen kann, wenn er nicht über die geschilderte edle Grundeinstellung verfügt, die letztlich ihre Basis im christlichen Glauben findet[77]. Dies gelte auch für die Mandatare in der „Volksvertretung", die den Zentralpunkt einer Demokratie ausmacht und von der die politischen Strömungen in alle Gebiete des öffentlichen Lebens ausgehen: Diese muß eine Auslese von geistig hervorragenden und charakterfesten Männern sein, die so ausgesucht sind, daß sie die Vielfältigkeit des Volkes widerspiegeln. Sie sollen ein gerechtes und sicheres Urteil haben, sich selbst treu bleiben, eine allen gleich gewogene Gerechtigkeit bezeugen, sich als Vertreter des ganzen Volkes betrachten, den Willen zur Einigung und Eintracht verwirklichen und nicht Sonderinteressen einer Klasse oder einer Partei verfolgen, sondern im Gegenteil das Gemeinwohl immer in den Augen behalten[78]. „Wo hingegen solche Männer fehlen, nehmen andere ihren Platz ein und machen aus der politischen Tätigkeit einen Hauptplatz für ihren Ehrgeiz, ein Rennen nach Gewinn für sich selbst, für ihre Kaste oder Klasse, wobei sie die Jagd nach Sondervorteilen das wahre Gemeinwohl aus dem Auge verlieren läßt[79]."

c) Bindung an den Rechtsstaat

In der Demokratie ist der ursprüngliche Träger der von Gott kommenden Gewalt das Volk. Die Inhaber der öffentlichen Gewalt sind vom Volk her legitimiert und dem Volk verantwortlich[80].

---

[77] Vgl. dazu unten IV.

[78] UG 3484 und 3485, Weihnachtsbotschaft: 24. Dez. 1944.

[79] UG 3486, Weihnachtsbotschaft: 24. Dez. 1944.

[80] UG 2713 - 2716, Ansprache an die Sacra Romana Rota anläßlich der Eröffnung des neuen Gerichtsjahres: 2. Okt. 1945.

Aus dem demokratischen Baugesetz ergibt sich daher, daß die Regierung nicht dem Willen des Volkes, wie er in der Volksvertretung ausgedrückt und Recht wird, zuwiderhandeln dürfe. Denn „ein Mensch, der einen richtigen Begriff vom Staat, der Autorität und der Macht hat, mit der er als Hüter der sozialen Ordnung ausgestattet ist, wird niemals daran denken, die Majestät des positiven Gesetzes innerhalb seines natürlichen Machtbereiches zu verletzen“[81].

„Das Verhältnis von Mensch zu Mensch, das Verhältnis des Einzelmenschen zur Gemeinschaft, zur Autorität, zu seinen staatlichen Pflichten, das Verhältnis der Gemeinschaft und der Autorität zum Einzelmenschen müssen auf eine klare Rechtsgrundlage gestellt und im Einzelfall von der Autorität des Richters geschützt sein.“ Das setze — meint der Papst — insbesondere „eindeutige Rechtssatzungen, die nicht durch mißbräuchliche Berufungen auf ein angebliches Volksempfinden und durch bloße Nützlichkeitserwägungen um ihren Sinn gebracht werden dürfen“ voraus[82].

Damit aber entscheidet Pius XII. für den Rechtsstaat, also für einen Staat, in dem die „Menschen nicht dem subjektiven Willen von Menschen, sondern dem objektiven Sinn von Normen unterworfen sind“[83]: „Niemand ist sich selbst Gesetz[84].“ Auch hierin baut der Papst auf spätplatonisch-aristotelisch-thomasischer Lehre auf, trifft sich jedoch mit der in diesem Punkt grundsätzlich kongruenten jüngeren Staatsrechtslehre[85].

Als Konsequenz des Grundsatzes demokratischer Staatsgestaltung sieht der Papst, daß das Volk eine Kontrolle im Rahmen vor Wahlen, durch die öffentliche Meinung oder durch Plebiszit auf die Regierung ausüben kann. Diese Kontrolle am Maßstab von Gesetz und Ordnung kann durch die Volksvertretung ausgeübt werden, wie dies der Papst in einer Ansprache an Mitglieder der zivilen Heeresinspektion der USA ausdrücklich gutheißt[86].

---

[81] UG 3489, Weihnachtsbotschaft: 24. Dez. 1944.

[82] UG 262, Weihnachtsbotschaft: 24. Dez. 1942.

[83] *René Marcic,* Die Sache und der Name des Rechtsstaates, in: Gedanke und Gestalt des demokratischen Rechtsstaates, hrsg. v. Max Imboden, Wien 1965, 86.

[84] UG 3530, Ansprache an die Mitglieder der zivilen Heeresinspektion der USA: 8. Okt. 1947.

[85] Vgl. u. a. *René Marcic,* Rechtsphilosophie, Freiburg 1969, insbes. 250 ff. und *Herbert Schambeck,* Vom Sinnwandel des Rechtsstaates, Berlin 1970.

III. Bindung an die göttliche Ordnung

Wenn auch das Volk sein Eigenleben selbst gestalten und leiten kann, so geht die Souveränität des Volkes doch nicht so weit, daß es sich über die göttliche Ordnung hinwegsetzen dürfe. „Man muß Gott mehr gehorchen als den Menschen" haben schon Petrus und die Apostel den Hohenpriestern geantwortet, als diese ihnen ihren Befehl vorhielten, nicht mehr in Jesu Namen zu lehren[87]. Pius XII. betont daher immer wieder, daß sich auch der demokratisch geordnete Staat nicht über die Normen des Sittengesetzes hinwegsetzen dürfe[88]. Diese Normen kann der Mensch mit Hilfe seiner Vernunft aus der Natur der Dinge und der Menschen ableiten und aus der Offenbarung erkennen[89]. Das positive menschliche Gesetz muß, um unanfechtbar zu sein, im Rahmen dieser unbedingt gültigen Ordnung bleiben, es darf ihr nicht widersprechen. So wird „eine gesunde Demokratie, aufgebaut auf den unveränderlichen Grundsätzen des Naturgesetzes und der geoffenbarten Wahrheiten, entschieden Stellung nehmen gegen jene Verderbnis, die der staatlichen Gesetzgebung eine zügel- und grenzenlose Macht zuerteilt, und die aus der demokratischen Staatsform, trotz des gegenteiligen trügerischen Scheins, einfachhin ein absolutistisches System macht"[90].

Es gibt also Werte, die nicht zur Disposition des Menschen stehen, über die auch der demokratisch geordnete Staat nicht verfügen darf, sondern die er — aus der Sicht der christlichen Staatslehre — sogar zu

---

[86] „Recht und Ordnung mögen zeitweilig den starken Arm der Gewalt nötig haben ... Aber die Gewalt selbst muß immer durch Gesetz und Ordnung in Schach gehalten werden und darf nur zu deren Verteidigung zum Einsatz kommen." UG 3530, 8. Okt. 1947.

Allgemein zu diesem Aspekt vgl. insbes. *Hans Peters*, a. a. O., Sp. 563.

[87] Apostelgeschichte 5, 29.

[88] Vgl. insbes. Rundschreiben Summi pontificatus, 20. Okt. 1939, UG 38 - 60; Ansprache an die S. Romana Rota anläßlich der Eröffnung des neuen Gerichtsjahres: 13. November 1949, UG 374 - 391; Ansprache an die Teilnehmer des sechsten Internationalen Kongresses für Strafrecht: 3. Okt. 1953, UG 462 - 464; Ansprache an die Senatoren der USA-Regierung: 17. Nov. 1949, UG 3445; Weihnachtsbotschaft: 24. Dez. 1944, UG 3487 - 3489; Weihnachtsbotschaft: 24. Dez. 1941, UG 3790, 3791; Weihnachtsbotschaft: 23. Dez. 1956, UG 4380.

[89] Vgl. den Abschnitt über die induktiv-ontologische Naturrechtsbegründung, in: *Johannes Messner*, Das Naturrecht, 5. Aufl., Innsbruck 1966, 345 ff.; sowie ferner auch den Beitrag von *Heribert Franz Köck* in diesem Buch.

[90] UG 3478, Weihnachtsbotschaft: 24. Dez. 1944.

schützen verpflichtet ist. Als essentielle Werte, die die göttliche Ordnung des Staates konstituieren, sind insbesondere zu nennen: die Menschenwürde (a), das Gemeinwohl (b) und der gegliederte Charakter der menschlichen Gemeinschaft (c): Es würde die Aufgabenstellung und die Möglichkeiten dieses Beitrags weit übersteigen, wollten wir diese die göttliche Ordnung des Staates konstituierenden Prinzipien im einzelnen darlegen und analysieren[91]. Einige Bemerkungen aber müssen doch gemacht werden:

1. Die Würde der menschlichen Person

„Als Wesen, fähig der Verantwortung kraft seiner Freiheit, des Vermögens zur Selbstbestimmung, besitzt der Mensch die Würde der Person[92].“ Diese „dignitas humana“ ist Ausgangspunkt und Wesensziel jeder Ordnung des Gemeinschaftslebens[93], ist die Wurzel für unverzichtbare Menschenrechte und der geistige Ansatzpunkt für die Lehre von Freiheit und Gleichheit der Menschen[94], ist aber — eben deshalb — auch Schranke für die Gestaltung des Rechts und jede Tätigkeit der Menschen in Staat und Gesellschaft: „Jeder Mensch soll von jedem Menschen als Mensch anerkannt und als solcher behandelt werden[95].“ Die von der griechischen Philosophie schon klar gesehene Idee der dem Wesen des Menschen eigenen Würde findet ihre Vertiefung und Krönung in der christlichen imago-Dei-Lehre[96]. Diese hat Pius XII. zur Grundlage seiner Aussagen gemacht: „Der Mensch ist Ebenbild des Einen und dreifaltigen Gottes[97], und deshalb ist er auch Person, Bru-

[91] Siehe u. a. insbesondere *Johannes Messner,* Das Gemeinwohl, Osnabrück 1962; *derselbe,* Naturrecht, insbes. 74 ff., 143 ff., 189 ff., 806 ff.; *derselbe,* Die soziale Frage, 359 ff.; *Hans Carl Nipperdey,* Die Würde des Menschen, in: Die Grundrechte, hrsg. v. Neumann / Nipperdey / Scheuner, Bd. II, Berlin 1954, 1 ff.; *Alfred Verdross,* Die Würde des Menschen in der abendländischen Rechtsphilosophie, in: Naturordnung, FS Messner, hrsg. v. Höffner / Verdross / Vito, Innsbruck 1961, 353 ff.; *derselbe,* Abendländische Rechtsphilosophie, 257 ff., 268 ff. *Eberhard Welty,* Das Gemeinwohl als Rechtsgrundlage, ebenda, 398 ff.; *Albert Beckel,* Art. „Gemeinwohl“, in: Kath. Soziallexikon, Sp. 304 ff.; *René Marcic,* Rechtsphilosophie, 262 ff.

[92] *Johannes Messner,* Naturrecht, 143.

[93] UG 227, Weihnachtsbotschaft: 24. Dez. 1942.

[94] Vgl. dazu jüngst *Alfred Verdross,* Die Würde des Menschen als Grundlage der Menschenrechte, EuGRZ 1977, 207 f. sowie im übrigen oben II, 1 dieses Beitrags.

[95] *René Marcic,* Rechtsphilosophie, 271.

[96] Vgl. dazu insbes. *Alfred Verdross,* in: FS Messner, 353 ff.

[97] Genesis 1, 27.

der des Gottmenschen Jesus Christus und mit ihm und durch ihn Erbe eines ewigen Lebens: Darin besteht seine wahre Würde[98]."

Als Person empfängt der Mensch seine Personalität und Würde von Gott und ist diesem verantwortlich, ist aber gleichzeitig mit einer Freiheit ausgestattet, die ihn über alle Lebewesen erhebt[99]: Diese Freiheit besteht in der Möglichkeit, zwischen verschiedenen Alternativen zu wählen, sich für das Gute oder das Böse zu entscheiden. In dieser Möglichkeit zur Selbstverwirklichung, aber auch in der Gefahr, sich selbst zu erniedrigen, zu „entwürdigen", zu mißbrauchen, also von seinen Möglichkeiten falsch Gebrauch zu machen, liegt das existentielle Risiko des Menschen[100]. Der Mensch ist das Subjekt freier Handlung oder Unterlassung. Es sei falsch, den Menschen nur als Schnittpunkt im Ablauf natürlicher Prozesse, seine Handlungen als vorausberechenbare, eindeutige Zuordnung von Ursache und Wirkung zu sehen[101]. Auch wenn der Mensch den Antrieb funktioneller Zusammenhänge spürt, so bleibt er doch der Herr über die eigenen Fähigkeiten, Instinkte und Erlebnisdes Menschen, aber auch seine Verantwortlichkeit.

Aus der damit im Umriß skizzierten wesenhaften Freiheit und Würde des Menschen, der wesentlichen Voraussetzung für gesellschaftliches Leben und gesellschaftliche Ordnung und zugleich dem Ziel, um dessentwillen gesellschaftliches Leben stattfindet[102], dem „eigentlichen materialen Kriterium" des Politischen[103], leitet Pius XII. folgende Imperative für den Staat ab:

— *Der Staat muß die Würde des Menschen anerkennen.* Das heißt, daß dem Menschen die Chance der Selbstverwirklichung in Freiheit gegeben sein muß und daß der Mensch nicht dadurch seiner Würde entkleidet werden darf, daß ihn die Gemeinschaft zu einer Arbeitsmaschine in der Wirtschaft, zu einem determinierten und determi-

[98] UG 133, Ansprache an Arbeiter der Fiat-Werke von Turin: 31. Okt. 1948.

[99] Insbes. Weihnachtsbotschaft: 23. Dez. 1956, UG 4377 - 4420; Ansprache an die Teilnehmer des dreizehnten Internationalen Kongresses für angewandte Psychologie: 10. April 1958, UG 5405; Ansprache an katholische Juristen: 6. Nov. 1949, UG 399.

[100] Vgl. *Johannes Messner,* Naturrecht, 143 f.

[101] Vgl. Fn. 99.

[102] *Ludwig Berg,* Art. „Menschenwürde", in: Kath. Soziallexikon, Sp. 690 ff., hic: 692.

[103] *René Marcic,* Staatsmann, 15.

nierbaren Objekt im gesellschaftlichen Leben, zu einer Nummer im politischen Spiel degradiert[104].

— *Der Staat muß,* im Gegenteil, an das sittliche Gefühl und die Verantwortungsfähigkeit des Menschen appellieren; muß ihm *in Eigenverantwortlichkeit Aufgaben überlassen,* denen er als Einzelner oder in kleiner Gemeinschaft gerecht werden kann[105, 106].

— *Er muß die Familie respektieren* — er darf dem einzelnen das Recht auf Eheschließung und Erreichung des Ehezwecks, das Recht auf eheliches häusliches Gemeinschaftsleben und das Recht auf Kindererziehung nicht versagen[107].

— *Er muß dem einzelnen und der Familie einen Freiraum garantieren,* der es ihnen erlaubt, sich zu entfalten und ihre Selbstverwirklichung und Vervollkommnung zu suchen. Der Staat hat daher die naturrechtlich begründete Verpflichtung, die unveräußerlichen Menschenrechte, in denen insbesondere das Recht zur privaten und öffentlichen Gottesverehrung, einschließlich der religiösen Liebestätigkeit, das Recht seinen Lebensstand, also auch den des Priesters- oder Ordensstandes, zu wählen, auf freie Familiengründung und Kindererziehung, auf Eigentum, soweit es der Freiheit und Selbstentfaltung dient, sowie überhaupt das Recht auf Erhaltung und Entwicklung des körperlichen, geistigen und sittlichen Lebens gehören[108], zu gewährleisten und zu garantieren. Diese fundamentalsten Menschenrechte sind ursprünglich und unveränderlich und dürfen

---

[104] UG 134, Ansprache an Arbeiter der Fiat-Werke von Turin: 31. Okt. 1948, UG 4077; Ansprache an das Heilige Kardinalskollegium: 24. Dez. 1945.

[105] UG 47, Rundschreiben Summi Pontificatus: 20. Okt. 1939; UG 3455, Ansprache an Verwaltungswissenschaftler: 5. Aug. 1950; UG 1598, Radioansprache an die Teilnehmer des Interamerikanischen Erziehungskongresses in La Paz: 6. Okt. 1948.

[106] Damit ist auch die Wurzel des Subsidiaritätsprinzips (vgl. Fn. 41) im Prinzip der dignitas humana dargetan.

[107] UG 252, Weihnachtsbotschaft: 24. Dez. 1942; UG 3455, Ansprache an Verwaltungswissenschaftler: 5. Aug. 1950.

[108] UG 213, Botschaft an den Katholikentag in Berlin: 10. Aug. 1952; UG 252, Weihnachtsbotschaft: 24. Dez. 1942; UG 515, Pfingstbotschaft: 1. Juni 1941; UG 684, Ansprache an etwa 20 000 Arbeiter, die dem Heiligen Vater zum 25. Bischofsjubiläum gratulierten: 13. Juni 1943; UG 1668, Ansprache an die Teilnehmer des 2. Nationalkongresses des Verbandes Kath. Mittelschullehrer Italiens: 4. Sept. 1949; UG 4399, Weihnachtsbotschaft: 23. Dez. 1956.

Auf diesen Aussagen Pius XII. baut *Johannes* XXIII. auf, wenn er in seiner Friedensenzyklika „Pacem in terris" einen Katalog der fundamentalsten Menschenrechte aufstellt und deren Bedeutung besonders betont.

nicht aus Gründen der Staatsräson oder unter dem Vorwand des Gemeinwohls geopfert werden[109].

2. *Das Gemeinwohl*

Der zweite fundamentale Wert, den der Staat zu respektieren und zu schützen hat, an dem er sich orientieren muß, ist das Gemeinwohl, das „die in Freiheit gesuchte Vollendung aller einschließt, und zwar sowohl in materieller und kultureller, als auch in ethischer Hinsicht"[110].

Wie der Begriff der Menschenwürde die Art der Glieder der Gemeinschaft, so hat der Begriff des bonum commune die Art ihrer Verbindung im Auge[111]. Schon *Plato* hat auf die Notwendigkeit der „wahren Staatskunst" hingewiesen, das Gemeinsame, die Individuen Verbindende zu realisieren[112]. Und *Aristoteles* und *Cicero* betonen, daß es Bestimmung des Staates und Pflicht der Politiker sei, für alle insgesamt, wie für jeden Einzelnen zur Vollkommenheit des Lebens beizutragen[113].

In Übereinstimmung mit dieser Sicht steht seit jeher die christliche Rechtsphilosophie: Aufbauend insbesondere auf die Lehren des hl. *Augustinus* und *Isidor von Sevilla* sieht auch *Thomas von Aquin* die Funktion des Staates in der Realisierung des Gemeinwohls: „imperare nihil aliud est, quam aliorum utilitatibus inservire[114]." *Verdross* hat gezeigt, daß es sich in der Sicht der christlichen Staatslehre beim bonum commune „um jene Güter handelt, die durch die Gemeinschaft erhalten und gefördert werden müssen, damit auf dieser Grundlage die einzelnen Bürger ihre individuellen Güter anstreben und erreichen können"[115].

---

109 Vgl. etwa: UG 359, Ansprache an die Teilnehmer des Internationalen Kongresses für humanistische Studien: 25. Sept. 1949; UG 508, Radiobotschaft zu Pfingsten: 1. Juni 1941.

Obwohl die angesprochenen Fragen für unser Thema wesentlich sind, kann eine nähere Befassung damit im Hinblick auf den Beitrag von *Heribert Franz Köck* in diesem Buch unterbleiben.

110 *Arthur Fridolin Utz,* Zwischen Neoliberalismus und Neomarxismus, Köln 1975, 112.

111 So *Alfred Verdross,* Abendländische Rechtsphilosophie, 268 f.

112 Vgl. die Interpretation durch *Alfred Verdross,* ebenda, 38 f.

113 *Aristoteles,* Politik, IV, 1278; *Cicero,* De officiis, I, 25; dazu *Alfred Verdross,* Abendländische Rechtsphilosophie, 269.

Alfred Verdross, ebenda.

114 *Thomas v. Aquin,* De civitate Dei XIX, 15.

115 *Alfred Verdross,* Abendländische Rechtsphilosophie, 269.

Durchaus auf dieser traditionellen Lehre aufbauend formuliert daher Pius XII., daß der Staat nicht Selbstzweck sei, sondern seine Rechtfertigung im Zweck der Realisierung eben dieses Gemeinwohls findet[116]. „Das Gemeinwohl ist das inhaltliche Ziel des Staates", formuliert in diesem Sinne *Herbert Schambeck*[117].

Auch bei der inhaltlichen Umschreibung des bonum commune baut Pius XII. auf den Lehren des hl. *Thomas* auf: *Die Verwirklichung des Gemeinwohls bestehe darin, normale und stabile staatliche Verhältnisse zu schaffen, in denen der einzelne wie die Familie mit dem rechten Einsatz ihrer Kräfte ohne Schwierigkeiten ein würdiges, geregeltes und glückliches Leben nach dem Gesetze Gottes führen können*[118]. Die öffentliche Gewalt muß also Bedingungen schaffen, unter denen die einzelne Persönlichkeit zu ihrer Entfaltung kommen kann, eine Ordnung des Zusammenlebens von Menschen, die sich ihrer Würde bewußt und die ihrer Freiheit mächtig sind, um ihnen die Chance des εὐ ζῆν zu geben. Von diesem Ziel her erhält das Gemeinwohl auch seine Begrenzung: Es gibt einen unantastbaren Kern individuell-persönlicher Rechte und Pflichten, den der Staat nicht unter dem Vorwand des Gemeinwohls aufheben oder einschränken darf[119]. Damit löst sich in der Lehre Pius XII. auch das Spannungsverhältnis zwischen den Forderungen des Gemeinwohls und denen der Menschenrechte, denn gerade diese Menschenrechte „gehören zum Kostbarsten im Gemeinwohl"[120].

In gültiger Weise hat diese Gedanken Pius XII. in seiner Weihnachtsansprache 1942 zum Ausdruck gebracht[121]: „Ausgangspunkt und Wesensziel des Gemeinschaftslebens bildet die Wahrung, Entfaltung und

---

[116] UG 5081, Pfingstbotschaft: 1. Juni 1941; im selben Sinn auch *Johannes XXIII.*, Pacem in terris, 54: „Die Existenzberechtigung aller öffentlichen Gewalt ruht in der Verwirklichung des Gemeinwohls."

Vgl. auch *Herbert Schambeck*, in: Kath. Soziallexikon, Sp. 1161; *Johannes Messner*, Die soziale Frage, 650 ff.; *Felix Ermacora*, Allgemeine Staatslehre, Berlin 1970, 386 f.; u. a.

[117] *Herbert Schambeck*, ebenda, Sp. 1162.

[118] UG 3214, Ansprache an das Patriziat und den Adel von Rom; 8. Jänner 1947.

[119] Vgl. Fn. 109 und 117.

[120] UG 359, Ansprache an die Teilnehmer des Internationalen Kongresses für humanistische Studien: 25. Sept. 1949; UG 213, Botschaft an den Katholikentag in Berlin: 10. Aug. 1952; UG 430, Ansprache an die Teilnehmer des ersten Internationalen Kongresses für Privatrecht: 15. Juli 1950.

Vgl. dazu auch den Beitrag von *Heribert Franz Köck* in diesem Buch.

[121] UG 227 ff. Das abgedruckte, gekürzte Zitat ist entnommen aus: *Alfred Verdross*, Abendländische Rechtsphilosophie, 264.

Vervollkommnung der menschlichen Persönlichkeit. Es soll dem Einzelwesen helfen, die religiösen und kulturellen Normen und Werte pflichtgemäß zu verwirklichen, die der Schöpfer dem Einzelmenschen und der Menschheit als Ganzem sowie ihren natürlichen Gliederungen gesetzt hat ... In ihren letzten, tiefsten und felsenfesten Grundnormen ist daher die Rechtsordnung des Gemeinschaftslebens menschlichem Zugriff entzogen ... Gewiß, die Lebensbedingungen wechseln im Lauf der Zeit, aber ... in jeder geschichtlichen Wendung und Wandlung bleibt das Ziel allen gesellschaftlichen Lebens dasselbe ..., nämlich die Entfaltung der Persönlichkeitswerte des Menschen als Ebenbild Gottes."

3. Das Volk, eine gegliederte Einheit

Schließlich muß noch besonders hervorgehoben werden, daß die Staatslehre Pius XII. davon ausgeht, daß das Staatsvolk keine ungegliederte Einheit darstellt und daß auch die Einsicht in die natürlichen Gliederungen des Volkes einen Bestandteil jener göttlichen Ordnung vom Staat deutlich macht, die der Dispositionsfreiheit demokratischer Staatsgestaltung entzogen ist. *Der Staat muß davon ausgehen, daß das Volk nicht eine formlose Anhäufung von Einzelpersonen ist, sondern daß es eine gegliederte Einheit darstellt*[122]. *Johannes Messner* hat diesen gegliederten Aufbau als Ausfluß des Gemeinwohlprinzipes erklärt: „Dennoch baut sich die Gesamtgesellschaft in einer Stufenfolge von kleinen und größeren Gemeinschaften auf. So ist das Gemeinwohlprinzip Gliederungsprinzip bzw. Bauprinzip der Gesellschaft, wonach sich die Gesamtgesellschaft in Gliedgemeinschaften angliedert bzw. sich in solchen aufbaut[123]." In den kleinen Gemeinschaften verwirklicht sich der Mensch und kann seinen persönlichen Pflichten gerecht werden. An erster Stelle steht hier die Familie, als soziale Basis-Zelle, der es von Gott aufgetragen ist, für die Erziehung und das Fortkommen der folgenden Generation zu sorgen[124]. Daneben haben aber auch andere Gebilde, wie die Gemeinde oder die berufliche Gemeinschaft ihre Funktion. Sie alle sichern dem Menschen seine Freiheit und seine Rolle in der Geschichte[125].

---

[122] UG 3475, Weihnachtsbotschaft: 24. Dez. 1944.

[123] *Johannes Messner*, Die soziale Frage, 367.

[124] Dazu auch UG 515, Pfingstbotschaft: 1. Juni 1941; UG 1668 (wie Fn. 108).

[125] Vgl. zum Subsidiaritätsprinzip oben Fn. 41.

Aus dieser Einsicht in die Gliederung der Gesellschaft ergeben sich für Pius XII. zwei Anforderungen für die staatliche Ordnung: Zum einen darf der Staat die natürlichen Gliederungen — zumindest ihren wesentlichen Kern wie etwa den der Familie — keiner willkürlichen Revision unterwerfen[126]; zum anderen ist er im Interesse der Verwirklichung des Gemeinwohls gehalten, die Aufgaben zwischen dem Einzelnen, den kleinen Gemeinschaften und dem Staat nach dem Subsidiaritätsprinzip zu verteilen[127].

IV. Schlußgedanken

Die Betrachtungen haben uns gezeigt, daß Pius XII. in der Entwicklung der Stellung der katholischen Kirche zur Demokratie „von Ablehnung über Reserviertheit bis zur empfehlenden Mitgestaltung"[128] einen entscheidenden Schritt gesetzt hat. Er hat aufbauend auf den Grundlagen der aristotelisch-thomasischen Staatslehre und in Kontinuität und Fortentwicklung der Lehren Leo XIII. die repräsentativ-demokratische Ordnung des Staates anerkannt und Empfehlungen für seine Gestaltung gegeben.

Das *Bindeglied zur Tradition* stellt Pius XII. dadurch her, daß er nicht den gesamten Bereich der (formellen) Staatsorganisation und der (materiellen) Staatstätigkeit der Disposition des Volkes und seiner Repräsentanten überläßt, sondern klarstellt, daß es *unabänderliche Grundsätze für die Gestaltung des Gemeinwesens gebe, an die auch der demokratische Gesetzgeber durch die göttliche Ordnung gebunden sei.* Dieser Rahmen wird inhaltlich durch die Prinzipien der Menschenwürde und des Gemeinwohls, formal-organisatorisch insbesondere durch die Existenz eines gegliederten Volkes und das Prinzip der Subsidiarität gebildet.

Die Verbindlichkeit dieses Rahmens der göttlichen Ordnung ist durch den Nachfolger Pius XII., Papst Johannes XXIII., insbesondere durch seine Friedensenzyklika „Pacem in terris" bestätigt und bekräftigt worden[129].

---

[126] UG 4399, Weihnachtsbotschaft: 23. Dez. 1956.

[127] *Gustav Gundlach*, Art. „Gemeinwohl", in: Staatslexikon, Sp. 738 f. Vgl. im übrigen oben, zu Fn. 41.

[128] *Herbert Schambeck*, in: FS Dordett, 36.

[129] Dazu insbes. *Eberhard Welty*, Art. „Pacem in terris", in: Katholisches Soziallexikon, Sp. 787 ff.

Die verbindliche Anordnung der Bewertung und des Schutzes dieser Prinzipien wird von Pius XII. ergänzt durch die Empfehlung bestimmter werterfüllter Gestaltungselemente für eine demokratische Staatsverfassung und das Handeln in dieser. Diese Empfehlung zur Gestaltung der Demokratie richten sich vornehmlich an den Menschen[130] als Träger öffentlicher Gewalt und als Staatsbürger. Von diesen in der Demokratie Wirkenden verlangt Pius XII. — oben näher umschriebene[131] — Eigenschaften und Grundhaltungen, damit eine „wahre Demokratie" funktionieren könne.

Der Papst betont, daß es der christliche Glaube sei, der diese für eine dauerhafte Demokratie wesentlichen Voraussetzungen schaffe:

Dieser Glaube lehrt die Achtung vor der Persönlichkeit des anderen, aber er gestattet es auch, sich selbst richtig einzuschätzen, die Fähigkeit zum Bösen, aber gleichzeitig die Herrschaft über das eigene Innere, die Anlagen zum Guten, aber auch die Grenzen der Kraft und der Macht des Menschen zu erkennen[132]. Der gläubige Christ ruft Gottes Hilfe an, um bei der Ausübung eines politischen Amtes gegen die eigene Selbstsucht und die Überheblichkeit zu kämpfen, um fähig zu sein, die Vorteile der Gemeinschaft, unter den Gesichtspunkten der Gerechtigkeit, die Liebe und des Glaubens, den Sonderinteressen voranzustellen[133].

Pius XII. ist sich dessen bewußt, daß ein demokratisch verfaßtes Gemeinwesen nur funktionieren kann, wenn über die tragenden Grundsätze der staatlichen Ordnung und des staatlichen Handelns, aber auch über die notwendige Grundhaltung der in der Demokratie Wirkenden Konsens besteht. Auch die Basis für diesen Konsens sieht er im christlichen Glauben:

Hält das Volk nicht am christlichen Glauben fest, dann besteht die Gefahr, daß die Demokratie in eine totalitäre und autoritäre Herrschaftsform übergeht, denn der christliche Glaube „gewährleistet die Einheit der Geister wenigstens in den hauptsächlichen Grundsätzen des Lebens, vor allem was die Rechte Gottes und die Würde der menschlichen Person, die Achtung der ehrbaren persönlichen Tätigkeit und

---

[130] Auf die Parallelität zur evangelischen Staatslehre in dieser Beziehung sei hingewiesen: vgl. *Felix Ermacora*, Staatslehre, 89.

[131] Vgl. Abschnitt II dieses Beitrags.

[132] UG 4383 ff., Weihnachtsbotschaft: 23. Dez. 1956.

[133] UG 3522, Ansprache an italienische Parlamentarier: 13. Dez. 1950.

Freiheit, auch in politischen Angelegenheiten, betrifft“[134]. Johannes XXIII. hat in seinen „Pacem in terris“ abschließenden pastoralen Weisungen den Entwicklungen der pluralistischen Gesellschaft insofern Rechnung getragen, als er dem Agieren des Christen in der Demokratie die Zusammenarbeit mit anders Denkenden geöffnet, ja sogar empfohlen hat[135]. Das aber bedeutet — was mitunter übersehen wird — keine Preisgabe der von Pius XII. für Form und Inhalt des Staatsgeschehens in einem demokratisch verfaßten Staat entwickelten Prinzipien, wie sie in diesem Beitrag expliziert wurden. Denn Johannes XXIII. verlangt ausdrücklich, daß die Katholiken stets ihren Grundsätzen treu bleiben müssen und nur dort „bereit sein sollen, in ehrlicher Zusammenarbeit mitzuwirken, wo es um etwas geht, was seiner Natur nach gut ist oder zum Guten führen kann“[136]. Die von Pius XII. entwickelten Prinzipien sind daher nach wie vor gültige Richtlinien — sowohl als Entwurf des Bildes der Struktur unseres demokratischen Gemeinwesens, als auch als Richtschnur für das Handeln in der Demokratie wirkender Menschen.

---

[134] UG 2714, Ansprache an die Sacra Romana Rota anläßlich der Eröffnung des neuen Gerichtsjahres: 2. Okt. 1945.

[135] *Oswald v. Nell-Breuning*, Soziallehre der Kirche, Wien 1977, 114 ff.

[136] *Johannes XXIII.*, Pacem in terris, 157.

PIUS XII. UND DIE IDEOLOGIEN

Von Rudolf Weiler

„Die Wahrheit muß gelebt werden ... zum Heile aller."

(Pius XII. in der Weihnachtsbotschaft 1954)

Den *Terminus Ideologie* hat Pius XII. in die kirchliche Sozialverkündigung erstmals aufgenommen. Die folgenden Päpste sind ihm darin gefolgt[1]. Begriffsinhalt und Verwendung dieses Terminus bei Pius XII. sind daher vorerst festzuhalten. Eine allgemeine Auseinandersetzung mit dem Ideologiebegriff, auch nur in der eher andeutungsweisen Fassung bei Pius XII., kann allerdings nicht Aufgabe eines Artikels sein. Vielmehr geht es hier um die Auseinandersetzung des Papstes von seinem Verständnis der wahren christlichen Sozialbotschaft aus mit den von ihm verworfenen und kritisierten sozialen und politisch wirksamen Zeitströmungen, soweit sie eben unter seinen Ideologievorwurf fallen.

Die *erste Fundstelle für den Ideologiebegriff bei Pius XII.* ist die Ansprache an das Kardinalskollegium vom 2. Nov. 1950[2]. Für den Papst

[1] Genauer ausgeführt hat dies *Joachim Giers* in einem Beitrag, Doktrin und Disziplin, Entwicklungslinien in der Beurteilung der Gesellschaftsauffassung des Kommunismus durch die Kirche, in: Ius sacrum, Festschrift für Klaus Mörsdorf zum 60. Geburtstag, hrsg. von Audomar Scheuermann und Georg May, München 1969 (373 - 393), 388 ff. Ohne Anspruch auf vollständige Kenntnis der päpstlichen Dokumente erheben zu wollen, sei dagegen allerdings auf eine Stelle schon bei *Pius XI.* hingewiesen. In seiner Enzyklika Non abbiamo bisogno, vom 29. 6. 1931, spricht der Papst über den Unterschied von menschlichen Ideologien („umane ideologie mutevole", hier ist der Faschimsus gemeint!), die sich wandeln, und von unverletzlichen göttlichen Anordnungen. *(A. F. Utz* (Hrsg.), Die kath. Sozialdoktrin, Aachen 1976, XXVI, 241 (Bd. III, 2848).)

[2] *Arthur-Fridolin Utz* und *Joseph Fulko Groner,* Soziale Summe Pius XII., Freiburg 1954 (zit. in Hinkunft: Utz / Groner für Band römische Ziffer, für die Nummer arabische Ziffer. Da die Zeit für das Verständnis der Zitate oft wichtig ist, wird in Klammer das Datum der Ansprache gesetzt; der Zuhörerkreis wird hier nur ausnahmsweise angeführt werden), I, 552; AAS 42 (1950), 785: „scimus distinguere populos ab ideologiis, quae quidem iisdem iniunguntur, quamvis et temporale et sempiternum exitium secum ferant. Quodsi

ist gegen Ende des damals gefeierten Heiligen Jahres die Anwesenheit der Kardinäle des Kollegiums, die aus aller Welt in Rom zusammengekommen sind, ein Symbol der Einheit der Kirche. Dies gibt ihm aber die Gelegenheit, darauf hinzuweisen, daß in der Reihe der Kardinäle wie in der Schar der Pilger diejenigen aus den Ländern fehlen, „wo die Freiheit verwehrt ist, sich friedlich mit den Glaubensbrüdern zu treffen in dieser ehrwürdigen Stadt (sc. Rom)“. Mit der Verwerfung und Verurteilung gewisser Ideologien, so stellt der Papst alsogleich heraus, will er aber nicht die Völker, denen diese aufgezwungen würden, und auch nicht die Staatswesen selbst treffen. So eindeutig sich die Worte Pius XII. auf die Situation der Gläubigen damals hinter dem „Eisernen Vorhang“ beziehen, so möchte er doch nicht die politische Auseinandersetzung verschärfen, sondern vor „irrigen Meinungen“ warnen, „die darauf ausgehen, den Begriff des ewigen Gottes auf dem Erdkreis zu verwischen und den christlichen Glauben zu zerstören, und die sich zur Verwirklichung dieser gottlosen Absicht der Macht politischer Parteien bedienen“[3].

Die offenkundige und unmittelbare Richtung des verwendeten Ideologiebegriffs von Pius XII. *gegen den Kommunismus* ist auch unausgesprochen in der zweiten wichtigen Fundstelle, der Weihnachtsbotschaft des Jahres 1954, erhalten geblieben[4]. In diesen Jahren trieb bekanntlich der Kalte Krieg seinem Höhepunkt entgegen. Schon in der zit. Rede aus 1950 setzte sich der Papst dabei alsogleich[5] mit dem Vorwurf auseinander, er arbeite auf den Krieg hin und mache sich zum Helfer „eines großen und mächtigen Staates“ (sc. USA). Vielmehr gebe er die Hoffnung nicht auf, „den Frieden ohne die Gefahr kriegerischer Verwicklungen zu bewahren“.

In der Weihnachtsbotschaft 1954 sieht Pius XII. „die Grundlage für die Einigung der Menschen“[6] und damit für eine Koexistenz in der Wahrheit durch den Materialismus überhaupt in Frage gestellt, weil

---

quasdam ideologias reiecimus et condemnavimus, hoc neque contra aliquas gentes neque contra quamlibet rempublicam, qua talis est, egimus, sed solummodo erratis opinionibus reclamavimus, quae e terrarum orbe ipsam aeterni Numinis notionem oblitterare et christianam fidem delere contendunt atque ad impium eiusmodi perficiendum consilium politicarum factionum potentia utuntur“.

[3] a. a. O.

[4] *Utz / Groner,* III, 6335 (24. 12. 1954, veröffentlicht am 3./4. 1. 1955).

[5] *Utz / Groner,* I, 553.

[6] a. a. O., 6335.

er die erhabensten Wahrheiten und die höchsten geistigen Werte auf physische Reaktionen" zurückführe; offenbar ist hier eindeutig der marxistische dialektische Materialismus angesprochen! Und jetzt fällt wieder bei Pius XII. der Ideologiebegriff, daß nämlich diese Erklärung vom Entstehen philosophischer Wahrheiten und sittlicher Pflichten durch das Sprechen von „bloßen Ideologien" gedeutet würde. Damit ist offenkundig, daß Pius XII. *unter Ideologie* hier den aus der Marxschen Tradition vom falschen Bewußtsein über die Überbaulehre entwickelten *Begriff nach dem Marxismus-Leninismus* zunächst versteht, aber als *mit der christlichen Anthropologie unvereinbar* und im Widerspruch zum menschlichen Erkenntnisvermögen stehend ablehnt.

Der gegebene Anlaß und nicht das Ideologieproblem als solches, beschäftigt den Papst, nämlich die Frage des Zusammenlebens der Völker im Frieden unter Wahrung der Werte der Wahrheit, der Gerechtigkeit und der Religion. Die ideologischen Anschauungen des Kommunismus, seine Kritik an der Religion, wirken sich unmittelbar politisch und sozial aus, geht aus dem Kontext hervor. Pius XII. will sich aber nicht in eine einseitige politische Antistellung drängen lassen. Darum wendet er den eben zurückgewiesenen Ideologiebegriff als mit der Wahrheit und Gerechtigkeit unvereinbar *auch gegenüber anderen politisch wirksamen Zeitströmungen* an, die ebenfalls der Wahrheit und einer in ihr begründeten sozial-politischen Ordnung widersprechen, und weist auch diese zurück: konkret den „Mißbrauch der Freiheit", pragmatistisch-positivistische Einstellung gegenüber den geistig-sittlichen Werten, irrigen Radikalismus und Progressismus, kollektivistische und ebenso individualistische Gemeinwohlvorstellungen[7].

Die gelegentliche Verwendung des Wortes Ideologie bei Pius XII. ist daher, unter Rückgriff auf die Wortbedeutung im Marxismus-Leninismus und gleichzeitiger Zurückweisung dieses Begriffs für die adäquate Erfassung von geistig-sittlichen Wahrheitsinhalten insbesondere im politischen und gesellschaftlichen Leben, *der Ausdruck für politisch und sozial wirksame irrige Geistesströmungen,* die zugleich (zur Wahrheit und zur Lösung nach der christlichen Soziallehre widersprechende) „falsche Systeme" entwickeln, zu derem „anderen Ufer" keine „Brücke der Wahrheit" führe, weil „die gemeinsame geistige Basis" mangle[8].

---

[7] Vgl. o. a. 6335 - 6338.

[8] Vgl. o. a. 6335.

Pius XII. unterscheidet offenkundig zwischen Einsicht in Wahrheit und in absolute Werte menschlichen Geisteslebens und der Tendenz von Ideen, sich politisch totalitäre Systeme zu ihrer Durchsetzung im gesellschaftlichen und staatlichen Leben zu schaffen, in seinem Verständnis also, Ideologien zu werden. Die Schwierigkeit, daß ein solcher Wahrheitsanspruch im sozial-politischen Leben zu Intoleranz und Unterdrückung führen kann, hat ihn in seiner berühmten *Toleranzrede*, vom 6. Dezember 1953, an den Nationalkongreß der italienischen katholischen Juristen beschäftigt, eine Rede, die (nach einem Wort von Robert Leiber)[9] Epoche gemacht hat. Das Recht der Wahrheit gegenüber dem Irrtum zieht der Papst zwar als oberste Norm nicht in Zweifel, *für das politische Leben* aber ist die *letzte und entscheidende Norm das Gemeinwohl*, das höhere Gut in der Ermöglichung des politischen Zusammenlebens zum Wohle aller, das durchaus auch die politische „Duldung des Irrtums" zur Voraussetzung haben kann[10].

Die Auseinandersetzung mit den politisch wirksamen Ideen seiner Zeit nimmt für Pius XII. faktisch von Anfang seines Papsttums an einen wichtigen Platz in seinem Wirken ein. Daraus folgendes geschlossenes politisches Systemdenken im Sinne seines oben skizzierten Ideologiebegriffs beschäftigt ihn schon klar in seiner Antrittsenzyklika Summi Pontificatus[11]. *Zwei Zeitirrtümer* nennt der Papst, die *Verabsolutierung eines Volkes oder einer Rasse*, damit die Leugnung von Solidarität und Liebe zwischen den Menschen, und den *Totalitarismus des Staates;* beide Irrtümer als Folge des Verlustes der Anerkennung eines einheitlichen und verbindlich über allen Menschen stehenden Sittengesetzes.

Für Pius XII. ist *jeder Totalitarismus Ideologie* und dem wahren Humanismus entgegengesetzt, weil er nicht den wahren menschlichen Werten zugewandt sein kann und damit auch den religiösen Werten. Wahrheit ist für ihn gekennzeichnet durch Offenheit für alle Werte. Der Gegensatz zum wahren Humanismus ergibt sich durch verkürzte Ansätze, die menschliche Wirklichkeiten leugnen, wie z. B. die religiöse Bestimmung des Menschen. Pius XII. führt die Blutsverwandschaft der modernen totalitären Ideologien auf die gemeinsame Wurzel im Li-

[9] *Pius XII.* †, in: Stimmen der Zeit 163 (1958/59), (81 - 100), 87.

[10] *Utz / Groner*, II, 3963 - 3986.

[11] *Utz / Groner*, I, 1 - 92 (20. 10. 1939).

Pius XII. empfängt den Bundeskanzler der Republik Österreich, Ing. Julius Raab, sowie die Herren seiner Begleitung, (v. l. n. r.) seinen damaligen Sekretär Dr. Erich Haider, den österreichischen Botschafter beim Hl. Stuhl, Dr. Josef Kripp, und den Präsidialvorstand des Bundeskanzleramtes, Sektionschef Dr. Eduard Chaloupka.

beralismus und Laizismus zurück[12]. Konkret neben dieser geistigen Grundströmung des modernen Denkens sind für Pius XII. ebenso wie schon für Pius XI. *der Nationalsozialismus und der Kommunismus die* beherrschenden Ideologien, die es zu bekämpfen gilt.

Im Bereich der gesellschaftlichen Ordnung sind für Pius XII. zwei Grundideen wirksam, die ebenfalls im Widerstreit mit der christlichen Lehre vom Menschen und der christlichen Soziallehre als der Wahrheit gegenüber verschlossene Strömungen auftreten und die Tendenz zur totalitären Beherrschung der Gesellschaft innehaben, der *Individualismus* und der *Kollektivismus*. Die Ablehnung des kollektivistischen Kommunismus als totalitäre Gesellschaftsordnung ist für den Papst eindeutig[13]. Ebenso aber sieht er in der Folge des positivistischen Relativismus und des gemeinwohlwidrigen individuellen Interessenstrebens die Bahn zu politischer Willkür offen[14].

Nach diesen Überlegungen zum Gebrauch des Ideologiebegriffs bei Pius XII. und seines von ihm angebahnten Verständnisses in der Soziallehre der Kirche[15], also im Sinne weltanschaulich fundierter und ideologisch-politisch wirksamer Gesellschaftssysteme, erscheint es berechtigt, die in der kath. Soziallehre traditionell vorhandene Unterscheidung zur sozialphilosophischen und sozialreformerischen Auseinandersetzung einerseits in Individualismus (verbunden mit einem bestimmten „Geist des Kapitalismus") und in Kollektivismus-Kommunismus (Sozialismus) andererseits, zu den beiden Haupttiteln der folgenden Untersuchung zu machen[16]. Aus Gründen der Beschränkung

---

[12] Darauf machte schon unter Verwendung eben des Ideologiebegriffs *Gaston Fessard* aufmerksam, in: Libre méditation sur un message de Pie XII. (Nöel 1956), Paris 1957, 79.

[13] Vgl. z. B. die Weihnachtsbotschaft 1955, *Utz / Groner*, III, insbes. 6355 (24. 12. 1955).

[14] Vgl. die Weihnachtsbotschaft 1954, *Utz / Groner*, III, insbes. 6338 (24. 12. 1954).

[15] Die Entwicklung zeigt des Näheren bis zu Octogesima Adveniens *Joachim Giers*, a. a. O., 388 - 393, auf.

[16] Auch aus der folgenden und heute überblickbaren Entwicklung der Soziallehre der Kirche läßt sich die immer stärkere Befassung mit den geistig-ideologischen Strömungen nachweisen. Nach dem Aufweis neuer sozialer Probleme ist die zweite Hälfte des Apostolischen Schreibens Octogesima Adveniens Paul VI. den „ideellen Strömungen" und dem Ideologie-Problem gewidmet. Insbesondere aber wird auch hier nach dem „klassischen Schema" vorgegangen, „marxistischer Kollektivismus und liberalistischer Individualismus ... beide mit dem christlichen Bild vom Menschen und seiner Sozialnatur unvereinbar", und ebenso der Grundsatz der Einteilung der konkreten

eines solchen Artikels muß dabei großteils darauf verzichtet werden, die der Sache nach vorhandene breite Auseinandersetzung Pius XII. mit anderen für das gesellschaftliche und politische Leben bedeutsamen Strömungen seiner Zeit zu berücksichtigen, obwohl dies begrifflich sicher berechtigt wäre.

Im Falle des Faschismus und Nationalsozialismus (mit seinem Rassismus und der deutsch-völkischen Idee) ist es aber notwendig, eine besondere Untersuchung der betreffenden Lehren Pius XII. unter dem ideologischen Gesichtspunkt vorzunehmen, da von bestimmten Kreisen später, die aber den aufgezeigten Grundrichtungen, insbes. dem Komminismus, entstammen oder mit ihnen verwandt sind, Vorwürfe und Verdächtigungen gegen den Papst im Sinne einer gewissen Anfälligkeit seinerseits für diese Ideen erhoben worden sind.

So klar methodisch in der philosophischen Anthropologie Pius XII. die individualistische und kollektivistische Wurzel der ideologischen Irrtümer bei ihrer Entartung zum „System" sah, so war er doch bemüht, die Vielfalt der geistigen Strömungen konkret anzusprechen. Er war auch bemüht, zwischen diesen Systemen und den Menschen[17], ja auch den den Systemen monolithisch und totalitär zugewandten Regierungen zu unterscheiden und sie als Sachwalter auf ein Gemeinwohl hin innenpolitisch und vor allem im internationalen Raum anzusprechen[18]. Wer freilich, zumal in jener Periode des weltanschaulich international wirksamen Konflikts damals, nicht genau zwischen den Ebenen geistiger Auseinandersetzung und pastoraler sowie diploma-

---

Ideologien befolgt nach dem Sozialismus und Marxismus einerseits, des Liberalismus andererseits", wie auch *Walter Kerber* bemerkt. (Octogesima Adveniens, Ein Dokument der Freiheit, in: Stimmen der Zeit, Sept. 1971 (168 - 178), 173 f.

[17] *Johannes Schwarte, Gustav Gundlach* S. J. (1892 - 1963), München 1975, bespricht ein entsprechendes Papstwort aus der Weihnachtsbotschaft von 1954 (*Utz / Groner*, III, 6333), wonach zwar mit falschen Systemen und deren Regierungsformen keine Brücke geschlagen werden könne, dennoch aber ein Brückenschlag aus der Wahrheit zwischen den getrennten Welten sich auf die Menschen stützen könne, die in der einen und der anderen Welt leben würden. Er stellt diesen Passus der negativen Einstellung der Weihnachtsbotschaft von 1956 gegenüber, die keine „gemeinsame Sprache" über die Systeme mehr erkennen zu können glaubte (vgl. *Utz / Groner*, III, 4408). Eine entsprechende Interpretation der Botschaft von 1956 gibt *Gaston Fessard*, a. a. O.

[18] In der in Anmerkung 2 zit. ersten Fundstelle des Wortes Ideologie bei Pius XII. sieht der Papst den Vermittlungsweg von der Ideologie zur staatlichen Macht durch die politischen Parteien gegeben, die nach ihm niemals für ein ganzes Volk stehen können. (Vgl. *Utz / Gronar*, I, 552.)

tischer Erfordernisse und Möglichkeiten abschätzender Kirchenpolitik zu unterscheiden vermag, wer ferner die Militanz kommunistischer Angriffe auf die Person des Papstes damals zu wenig bedenkt, obwohl der Papst selbst sich nie zu persönlichen Angriffen seinerseits hatte heinreißen lassen[19], kommt leicht zum Ergebnis jenes Vorpurfs, das Meyers Enzyklopädisches Lexikon so formuliert: Pius XII. habe die Kirche auf einen strikten Kurs festgelegt, „der die kath. Kirche aber auch in die Teilung der Welt in Ost und West hineinzog, sie identifizierte sich zum Schaden ihres universalen Auftrags mit der westlichen Welt"[20]. Daß die Große Sowjetenzyklopädie in ähnlicher Weise ihren Vorwurf gegen Pius XII. erhebt, dürfte nicht verwundern[21].

Gerade die eben aufgezeigte Schwierigkeit, Ideologien und ihre Auswirkungen auf die Politik und das Gesellschaftssystem in der Praxis genügend zu unterscheiden, weil sie ja eben auch theoretisch auf diese Einflüsse hin zu untersuchen sind, macht es deutlich, daß eine gewisse „wertneutrale" Sicht des „Ideologischen" wie sie Johannes Messner vornimmt, um aber dann um so klarer die weltanschaulichen Positionen hervorzuheben und die politischen Konsequenzen zu betonen, der Sicht des Problems durch Papst Pius XII. treffend nahekommt und daher ebenso zur Verdeutlichung des vom Papst Gemeinten herangezogen werden könnte. Messner schreibt: „Alle Ideen und Werte und somit Zwecke, die einen gestaltenden Einfluß auf das Funktionieren der gesellschaftlichen Ordnung ausüben, fassen wir als ‚das Ideologische' zusammen[22]."

---

[19] *Robert Leiber*, a. a. O., 84, bemerkt über Pius XII.: „Er hat dem weltanschaulichen Gegensatz zwischen Christentum bzw. katholischem Glauben und Kommunismus-Bolschewismus schärfsten Ausdruck gegeben; nie aber hat er Persönlichkeiten der anderen Seite auch nur im geringsten verletzt."

[20] 9. A. Bd. 18 (1976), 736.

[21] Die 2. Auflage (1955) spricht unter dem Stichwort „Papstwo" (Papsttum), Bd. 32, 30 noch von einem Auftreten der kath. Kirche unter Pius XII. während des Krieges als „Bundesgenosse der deutschen und italienischen Agressoren" gegen die UdSSR. In der 3. Auflage (Bd. 19, 162) wird dieser Vorwurf fallen gelassen, Pius XII. einfach als gegen den Sozialismus und sein Vordringen eingestellt bezeichnet, als gegen die Befreiungsbewegungen und den wissenschaftlichen Fortschritt geschildert. Erst nach ihm wäre es zum Kurs der Anpassung der Kirche an die neue Zeit gekommen.

[22] *Johannes Messner*, Das Naturrecht, Innsbruck [5]1966, 481. In dieser Sicht wird sich eine sehr späte nochmalige Verwendung des Ideologiebegriffs durch Pius XII. auch leicht erklären lassen. Er vergleicht in einer Rede am 29. April 1958 die christliche mit der materialistischen Ideologie, wobei er das „Christentum als Idee" die entscheidende Ursache des sozialen Fortschritts nennt. Vgl. *Utz / Groner*, III, 4359 ff., insbesondere 4361.

I. Der Nationalsozialismus und Faschismus im Urteil Pius XII.

Die ausgesprochene Seltenheit in der Papstgeschichte, daß der Staatssekretär des eben verstorbenen Papstes dessen Nachfolger wird, war im Falle der Wahl von Eugenio Pacelli keine Überraschung. Pius XII. konnte so in die Kontinuität der von ihm getragenen Konkordatspolitik mit dem Deutschen Reich ebenso eintreten, damit in den Versuch, *Politik in den Dienst der pastoralen Interessen* zum Wohle der Kirche eines Landes zu stellen auf dem Reduit immerhin eines völkerrechtlichen Vertrages[23], als auch in die Nachfolge einer geistigen Auseinandersetzung wie sie nicht klarer erfolgt sein konnte als in der Enzyklika „Mit brennender Sorge" (1937), an deren Abfassung der damalige Staatssekretär entscheidenden Anteil genommen hatte.

Noch in den Tagen unmittelbar nach der Papstwahl freilich rechneten auch die in Rom versammelten deutschen Kardinäle mit einer langen Dauer des Terrors in Deutschland und folglich mit einer Verschärfung des Kirchenkampfes „bis zum allgemeinen Verbot aller Formen einer außerordentlichen Seelsorge und jeglicher kirchlicher Organisation", worauf man sich einstellen zu müssen glaubte[24].

Noch stand man unter dem Eindruck des Münchner Abkommens vom Oktober 1938 und der Politik des Appeasements der Westmächte. Dem Appell Papst Pius XI. von 1937 an die Weltöffentlichkeit war vonseiten der großen Mächte nur Tatenlosigkeit gefolgt, „die auch keine Hoffnung auf einen grundsätzlichen Wandel der Lage erlaubte"[25].

Doch wenige Tage darauf hatte sich die Situation von Grund auf geändert. Am 15. März 1939 marschierten die deutschen Truppen in die Tschechoslowakei ein, das Münchner Abkommen war gebrochen, der Krieg wurde zur unmittelbaren Gefahr. Damit stand in den wenigen Monaten vor Kriegsausbruch für Pius XII. der Versuch im Vordergrund, das Ärgste zu verhindern, und mit dem Kriegsausbruch erlaubte es die

---

[23] Die Auseinandersetzung darüber ist Sache der Kirchengeschichte. Fest steht, daß sich der Kardinalstaatssekretär über den Charakter des Nationalsozialismus niemals Illusionen gemacht hat. Vgl. die Untersuchung von *Luigi Castiglione*, Pio XII e il Nazismo, Torino 1965. Dort schreibt im Vorwort *Igino Giordani* zusammenfassend: „Insomma, — e questo mostrano i documenti raccolti e illustrati dall'auctore — Pio XII parlò e condannò, sempre, l'errore nazista." (11).

[24] Vgl. *Burkhart Schneider*, Pius XII., Friede, das Werk der Gerechtigkeit, Göttingen 1968, 24 f.

[25] a. a. O., 25.

diplomatische Rücksicht dem Papst nicht, durch offene Verurteilungen des Nationalsozialismus für oder gegen eine der kriegführenden Seiten direkte Stellung zu beziehen. An Druck auf den Vatikan von alliierter Seite hat es während des Krieges nicht gefehlt angesichts der Aggressionsakte Hitler-Deutschlands und der furchtbaren Unterdrückung der Völker in den besetzten Gebieten, allen voran in Polen, eine päpstliche Verurteilung zu erwirken. Pius XII. ging bis an den Rand des politisch noch Möglichen, als er am Tage des Einfalls der deutschen Truppen in den neutralen Staaten Belgien, Holland und Luxemburg in von ihm persönlich verfaßten Telegrammen den jeweiligen Souveränen der überfallenen Länder seine Anteilnahme aussprach und dadurch ins Schußfeld schwerer Reaktionen der Achsenmächte geriet[26].

In der Auseinandersetzung mit dem Nationalsozialismus hat sich Pius XII. nie etwa die marxistischen Faschismustheorien zu eigen gemacht und natürlich auch nie die Schwankungen der sowjetischen Politik mitgemacht, die bekanntlich eine Zeit der politischen Annäherung rund um den Nichtangriffspakt einschließlich geheimer Abkommen mit Hitler-Deutschland 1939 bis 1941 aus taktischen Machterwägungen praktiziert hat. Seine Kritik ist in erster Linie eine, die *die geistigen Strömungen trifft und die Ideeninhalte, nicht die Personen* an der Spitze unmittelbar nennt oder den Parteinamen gebraucht.

In den Reden Pius XII. kommt daher der Begriff Faschismus nicht vor, jedoch befaßt er sich ausdrücklich mit dem Nationalsozialismus. Der italienische Faschismus hatte vor seinem Bündnis mit Hitler — ob aus taktischen Gründen auch nur, darüber war man sich damals noch nicht im Klaren — in den Augen schon Pius XI. gewisse positive Entwicklungen eingeleitet entgegen der laizistischen Tradition des früheren italienischen Staates. Es kam zur Lösung der Römischen Frage und zum Konkordat, damit zu einer im ganzen zunächst für die Kirche und ihr Wirken günstigeren Situation, aber auch zu stabileren innerpolitischen Verhältnissen und zur Hoffnung auf eine bessere Sicherung des Gemeinwohls in Italien. Keineswegs aber war Pius XI. mit allem einverstanden, wie ein Protestschreiben schon aus 1929 zur Interpretation

[26] Die Entstehungsgeschichte der Telegramme schildert mit weiteren Aktenveröffentlichungen Domenico Kard. *Tardini*, Pius XII., Freiburg i. Br. 1961, 37 und 104 - 110. Mit dem Vorwurf, der Papst habe „geschwiegen", setzt sich die Kirchengeschichte auseinander und kann eindrucksvolle Argumente dagegen geltend machen neben den Worten des Papstes selbst noch zu seinen Lebzeiten, schon während des Krieges und nachher. Vgl. z. B. *Burkhart Schneider*, a. a. O., 42 - 53.

des Konkordats z. B. belegt[27] oder die Enzyklika Non abbiamo bisogno, vom 29. Juni 1931, in der der Papst ausdrücklich die Vergötzung des Staates als falsche Lehre angreift und insbesondere den faschistischen Eid als ungesetzlich verwirft. Diese Enzyklika kann nur als *flammender Protest gegen die autoritäre faschistische Parteiherrschaft* verstanden werden, als Protest gegen Beschränkungen der Religionsfreiheit allenthalben und gegen Eingriffe bis zur Auflösung von selbständigen Organisationen der Kath. Aktion Italiens[28]. Bereits kurz vorher, am 26. April 1931, hatte sich Pius XI. von „faschistischem" Staat und Regime in einem Schreiben an den Mailänder Kardinal Schuster distanziert[29].

Die Hinweise auf den Korporationenstaat in der Enzyklika Quadragesimo Anno waren bekanntlich eine verpackte Kritik und *Warnung vor einem totalitären politischen Eingriff* in die Freiheitsrechte der Wirtschaftsgesellschaft[30]! Angesichts der Zuspitzung der internationalen Situation bei seinem Regierungsantritt hat dann Pius XII., persönlich und im Stil auch anders geartet als sein Vorgänger, die Auseinandersetzung mit dem italienischen Faschismus im unmittelbar politischen Bereich nicht weitergeführt[31]. Schon bald war seine Sorge, wenn auch vergeblich letztlich, den Kriegseintritt Italiens zu verhindern. Im Krieg hielt sich dann auch die faschistische Seite gegen die Kirche zurück, das beweist allein die Tatsache, daß die Kath. Aktion im ganzen doch weiterwirken konnte und nach dem Zusammenbruch des faschistischen Organisationswesens als intakte gesellschaftliche Kraft in Italien wirksam bleiben konnte. Mit der Erneuerung des demokratischen Lebens in Italien konnte sich das Verhältnis Kirche

---

[27] Ci si è domandato, vom 30. Mai 1929, an Kardinal Gasparri, AAS 21 (1929), 297 - 306.

[28] Vgl. den Text bei *A. F. Utz* (Hrsg.), Die kath. Sozialdoktrin, Aachen 1976, XXVI, 164 ff. (Bd. III, 2807 - 2849).

[29] „Regime, Stato ‚fascista'." Der Versuch, es katholisch zu nennen und es sein zu wollen, würde voraussetzen, daß es der Kirche und ihrem Oberhaupt erst gehorchte! Siehe *A. F. Utz,* Die kath. Sozialdoktrin, XVII, 48 - 50 (Bd. II, 1883).

[30] Vgl. dazu *Oswald v. Nell-Breuning,* Wie sozial ist die Kirche?, Düsseldorf 1972, 134. Es mag von Interesse sein, daß die offiziöse Übersetzung den Zwischentitel einsetzte: „Würdigung und Kritik der faschistischen Gesellschaftsordnung!"

[31] In einer Ansprache vom 4. September 1940 an die Leiter der Kath. Aktion Italiens erwähnt Pius XII. sogar lobend die Weisheit der Staatsregierung, daß sie im Konkordat den Religionsunterricht in den Volks- und Mittelschulen wieder obligat gemacht habe. (Vgl. *Utz / Groner,* II, 3014.)

und politische Parteien, insbesondere zur Democrazia Cristiana weiterentwickeln im Sinne einer Verselbständigung. Das alte Problem der „Öffnung nach Links“ spielte (und spielt nun wieder) seine Rolle, da die Hauptgefahr nicht vom Faschismus mehr in den Augen Pius XII. drohte, sondern vom Kommunismus[32].

Bezüglich der Einstellung Pius XII. zum Faschismus und Nationalsozialismus faßt W. A. Purdy sein Urteil zusammen: „Daß in den Beziehungen zwischen Vatikan und Faschismus bis 1939 mehr von Ratti als von Pacelli zum Durchbruch kam, kann höchstens vermutet werden: wesentlich leichter dagegen läßt sich abschätzen, welchen Einfluß Kardinal Pacelli auf die Beziehungen des Vatikans zu Deutschland und zum wachsenden Nationalsozialismus hatte. Hier war der Staatssekretär der anerkannte Fachmann[33].“

So steht heute auch die Beteiligung des Kardinal-Staatssekretärs Pacelli an der Enzyklika „Mit brennender Sorge“ fest. Seine Einstellung den Diktaturen gegenüber und insbesondere über den Nationalsozialismus konnte Pius XII. jedoch erst nach dem Kriegsende 1945 voll wieder zum Ausdruck bringen. Die durch den Krieg gebotene Zurückhaltung hinderte das Oberhaupt der kath. Kirche, den Nationalsozialismus direkt zu verurteilen, er beließ es bei indirekten Hinweisen. *Seine große Abrechnung* enthält daher die Ansprache an das Kardinalskollegium vom 2. Juni 1945[34], worin er sich ausdrücklich in die Tradition der Lehre Pius XI. stellt (Mit brennender Sorge). Nach 1947, als Pius XII. die Siegermächte einerseits vor Rachsucht nach dem Zusammenbruch des schuldigen Systems warnte[35] und andererseits nochmals die Hauptverantwortlichen am Kriege und seinem Elend verdient bestraft sah[36], ist der Nationalsozialismus dann selbst nicht mehr Thema der päpstlichen Lehren gewesen.

In der Sicht des Jahres 1945 wird für Pius XII. das ganze Ausmaß von Zerstörung und Gewalttätigkeit des totalitären Staatsbegriffs des Nationalsozialismus deutlich, den er ein satanisches Gespenst nennt,

---

[32] Vgl. dazu *W. A. Purdy*, Die Politik der katholischen Kirche, Gütersloh 1967, 85 ff.

[33] a. a. O., 22.

[34] AAS 37 (1945) 159 - 168; *Utz / Groner*, II, 3531 - 3548, mit dem Titel: Kirche und Nationalsozialismus.

[35] In der Ansprache an das Kardinalskollegium vom 2. Juni 1947, *Utz / Groner*, I, 528.

[36] In der Weihnachtsbotschaft 1947, *Utz / Groner*, II, 3703 (24. 12. 1947).

das das deutsche Volk beherrscht hätte[37]. Er verteidigt den Abschluß des Konkordates 1933 mit dem Deutschen Reich, durch das auch nirgends die Lehre und die Ziele des Nationalsozialismus gutgeheißen worden wären[38]. Pius XII. schildert in bewegten Worten die Zunahme des Kirchenkampfes durch den Nationalsozialismus, bis 1937 dann die Enzyklika „Mit brennender Sorge" die religiöse Verfolgung offen dargelegt und vor aller Welt enthüllt hätte, „was der Nationalsozialismus in Wirklichkeit war: der hochmütige Abfall von Jesus Christus, die Verneinung seiner Lehre und seines Erlösungswerkes, der Kult der Gewalt, die Vergötzung von Rasse und Blut, die Unterdrückung der menschlichen Freiheit und Würde"[39]. Die Warnung der Kirche habe aber wenig Echo in der Welt gefunden!

Die Verurteilung des Nationalsozialismus durch Pius XII. enthält also genau die Anklagen seines Vorgängers: 1. Die Vergötzung von Rasse, Nation, Blut und Volk durch eine gewalttätige und omnipotente Staatsform². Der Kampf gegen Gott und die Kirche durch Ablehnung von Glauben, Gnade und Übernatur und in der Folge der Kampf gegen eine von Gott in der Natur des Menschen begründete Sittennorm (Naturrecht). 3. Die Unterdrückung der gesellschaftlichen Freiheit, insbesondere die Freiheit der Schule und der Jugendorganisationen.

Pius XII. kann aber auch auf seine Weihnachtsbotschaft von 1942 u. a. hinweisen, wo er ohne direkte Nennung, aber damals allgemein verständlich die Irrtümer der nationalsozialistischen Weltanschauung verurteilt hatte, einer Weltanschauung, „die alles und jeden vom politischen Gesichtspunkt aus sieht und jeden sittlichen und religiösen Gedanken ausschließt"[40]. Der Papst gruppiert seine Lehren um das Verhältnis von Gemeinschaftsleben und der Würde der menschlichen Person, ihre Personrechte als sittliche Rechte. Dagegen stünde jene Auffassung, „die ausschließlich einer bestimmten Nation oder Menschenart oder -klasse das Rechtsempfinden zuerkennt und dies als letzte Rechtsquelle und Rechtsnorm bezeichnet"[41]. Auch damals warnte der Papst vor dem omnipotenten Staat[42] und rief zur Wiederherstellung der Rechtsordnung auf, u. a. zur Wahrung der Unabhängigkeit der

---

[37] Vgl. zit. Rede aus 1945, *Utz / Groner*, II, 3532 f.

[38] Vgl. *Utz / Groner*, II, 3534.

[39] *Utz / Groner*, II, 3536.

[40] *Utz / Groner*, I, 230 (24. 12. 1942).

[41] a. a. O., 235.

[42] a. a. O., 244.

Gerichte und Richter unter Verwerfung von mißbräuchlichen Berufungen „auf ein angebliches Volksempfinden“[43], wie es im Nationalsozialismus üblich war. Die „schamlose Verachtung des Menschenlebens und der Menschenrechte“ habe denn auch, wie Pius XII. in der zit. Rede aus 1945 dann ausführte, zum Leidensweg vieler Priester und Laien ob ihrer Treue zu Christus in die Konzentrationslager geführt[44]. Eine deutlichere Sprache war wohl nicht mehr möglich.

Schon in diesem Zusammenhang muß betont werden, daß Pius XII. gegenüber der kommunistisch-bolschewistischen Sowjetführung der UdSSR *während des Krieges politisch die Unparteilichkeit der Kirche* ebenso gewahrt hat wie gegenüber der deutschen Reichsregierung. Dabei gab es genug Versuche von deutscher Seite, den Papst zur Stellungnahme gegen die UdSSR zu bewegen, aber auch furchtbare Nachrichten genug aus den von der UdSSR besetzten Gebieten Polens und der baltischen Staaten z. B., während die Sowjetregierung unter Stalin allen humanitären Bitten aus dem Vatikan eine harte Haltung entgegensetzte[45]. In indirekter Sprache hat freilich Pius XII. auch hier nicht geschwiegen. Dominico Tardini[46] macht in diesem Zusammenhang auf die Weihnachtsansprache 1939 aufmerksam, in der der Papst auf die mit den Abmachungen des Völkerrechts selbst unvereinbaren Verletzungen der Souveränität Finnlands und Polens durch die Überfälle der UdSSR anspielte. Hier wird deutlich wie schwer es Pius XII. zur Zeit des Krieges mit der Wahrung der Neutralität einerseits hatte und mit der Verkündigung der Wahrheit und Gerechtigkeit gegen die politisch herrschenden Ideologien andererseits. Die größere Gefahr sollte aber nach der Voraussicht Pius XII. dann tatsächlich von Kommunismus ausgehen.

II. Die kollektivistische Ideologie des Kommunismus und Sozialismus im Urteil Pius XII.

Für Pius XII. führen sich die Geistesströmungen des Sozialismus ebenso wie des Kommunismus, ob sie nun marxistisch oder reformistisch sich geben, auf ein und dieselbe weltanschauliche Wurzel zurück. Sie sind *ein kollektivistischer Pragmatismus* oder führen mit den Worten des Papstes als Ergebnis des kollektiven Egoismus *zum*

[43] a. a. O., 258 ff.

[44] *Utz / Groner*, I, 3541 f.

[45] Vgl. *Burkhart Schneider*, a. a. O., 30, 49 f., 58 ff.

[46] a. a. O., 69 f.

totalitären Staat[47], damit zur Leugnung der Übernatur wie ebenso des Naturrechts und zwangsläufig *zum Gegensatz mit der Kirche* und den Ansprüchen von Glaube und Religion. Wie auch Oswald v. Nell-Breuning[48] aufmerksam gemacht hat, liegt eine solche umfassende Definition des Sozialismus schon der Enzyklika Quadragesimo Anno zugrunde, wonach der Sozialismus die menschliche Gesellschaft als bloße „Nutzenveranstaltung“[49] verstehe, woraus sich ein unüberbrückbarer Gegensatz zur christlichen Lehre und zum Gottesglauben überhaupt ergäbe. Da als Urheber dieser Definition Gustav Gundlach feststeht[50], dieser aber wieder die Vorarbeiten für die Reden Pius XII. zu sozialen Fragen leistete, ist offenkundig diese vorgegebene Definition und Bewertung des Sozialismus, „solange er wirklich Sozialismus bleibt“[51], auch für Pius XII. Grundlage seines Urteils.

Ist für den Papst die *naturrechtlich-christliche Tradition* von der Erkenntnis der *Würde des Menschen als Person* der Schutz vor jedem Absolutismus und Totalitarismus, so führen nach ihm sowohl der Individualismus als auch der Kollektivismus zur totalen Staatsherrschaft. Die ihnen gemeinsame Wurzel ist die liberal-rationalistische Freisetzung des Interessenstrebens mit rein innerweltlicher Zielsetzung und daher laizistischer Wendung gegen Religion und Kirche. Nur in der zeitlichen Abfolge ist zuerst der *Liberalismus,* der dann zum *Wegbereiter des Kommunismus* geworden ist[52].

Die Gründe, warum Pius XII. auch den *reformistischen Sozialismus* für Katholiken immer noch für unvereinbar hielt, waren sowohl solche aus dessen laizistischen und rein innerweltlichen Weltanschauung, woraus die Verdrängung der Religion in den Privatbereich gefolgert würde, als auch Gründe aus dem Bereich der ökonomischen Ordnung, weil hier dem Staat ein unbegrenztes Interventionsrecht auch unter

---

[47] Vgl. *Utz / Groner,* I, 368 (10. 7. 1946).

[48] a. a. O., 80.

[49] So interpretiert *v. Nell-Breuning,* o. a., Nr. 118 der Enzyklika.

[50] Wie auch *v. Nell-Breuning,* o. a., schreibt, findet sich diese Definition schon im Artikel „Sozialismus“ aus der Feder von Gundlach in der 5. Auflage des Staatslexikons (1931).

[51] Quadragesimo Anno Nr. 117.

[52] Diese Gedankenlinie findet sich schon in der Enzyklika Divini Redemptoirs *Pius XI.* und kehrt in vielen Stellen bei *Pius XII.* wieder, bes. klar schon in seiner Antrittsenzyklika Summi Pontificatus und in vielen Weihnachtsansprachen. In der aus dem Jahre 1945 z. B. wird der Totalitarismus eine Frucht des Liberalismus genannt. (*Utz / Groner,* II, 4065.)

Mißachtung des Privateigentumsrechts eingeräumt würde[53]. Von dieser für Pius XII. gegebenen gemeinsamen Basis der Ablehnung des Sozialismus/Kommunismus ausgehend können wir einige weitere Begriffe, die nach dem Papst ideologisch zusammengehören und das Gesamtphänomen von besonderen Seiten beleuchten, anführen, nämlich den Marxismus und den entsprechenden Materialismus sowie den Kollektivismus.

Mit dem *Materialismus der kollektivistischen Spielart* hat sich Pius XII. schon in seiner Weihnachtsbotschaft 1941 ausführlich auseinandergesetzt. Ohne Rücksicht auf die Moral führte er zur Machtkonzentration beim Staat und zur Aufsaugung des Einzelmenschen, wie man in einigen Ländern mit einer gottlosen Staatsauffassung feststellen könne, wo von „einer Selbständigkeit im privaten wie öffentlichen Leben kaum mehr die Rede sein" könne[54]. Sind hier und auch später öfter[55] zwar indirekt die kommunistischen Länder im Osten angesprochen, so fällt der Vorwurf des Materialismus auch ebenso gegen den Sozialismus im allgemeinen[56]. Folglich ist der Sozialismus rein diesseitig[57], wird kirchenfeindlich[58] und kann keine wahre Lösung der sozialen Fragen bringen, ob es sich nun um solche der Bauern[59] oder Arbeiter[60] handeln mag. Ihre gerechten Forderungen würden von der Kirche besser vertreten[61]!

Der *Kollektivismus* wird von Pius XII. als Gegenschlag gegen den Individualismus betrachtet. Da er aus derselben Wurzel komme, führt er ebenso „zur Verachtung der Würde der menschlichen Person, zur Verneinung der heiligsten und grundlegendsten Freiheiten, zur Herrschaft einer einzigen Klasse über die anderen, zur Versklavung jeder Person und jeder Sache an den totalitären Staat, zur Legitimierung der Gewalt, zum kämpferischen Atheismus"[62]. Indem das Klassenkollektiv

---

[53] Vgl. dazu mit näheren Textangaben *Stephane-J. Piat,* Socialisme et Communisme devant la conscience chrétienne, Paris 1957, 108 f. und 114 - 133.

[54] *Utz / Groner,* II, 3781 (24. 12. 1941).

[55] Vgl. *Utz / Groner,* III, 5125 (27. 6. 1955).

[56] So in der Pfingstbotschaft 1941, *Utz / Groner,* I, 499 (1. 6. 1941).

[57] *Utz / Groner,* III, 5963 (8. 5. 1955).

[58] *Utz / Groner,* II, 2959 (3. 9. 1950).

[59] *Utz / Groner,* III, 5641 (18. 9. 1957).

[60] *Utz / Groner,* I, 242 (24. 12. 1942) und öfter.

[61] *Utz / Groner,* I, 93 (23. 2. 1944).

[62] So in der Weihnachtsbotschaft 1949, *Utz / Groner,* I, 185 (23. 12. 1949).

totalitaristisch verstanden wird[63], wird für den Papst der Kollektivismus marxistisch[64]. Wiederholt taucht der Vorwurf auf, der Kollektivismus führe zu unpersönlicher Kollektivverantwortlichkeit[65], sei namenlos[66] oder anonym[67]. Derselbe Vorwurf wird dem sozialistischen Denken gemacht und insbesondere am Beispiel der Kollektivisierung des Privateigentums gezeigt[68].

Eine *kollektivistische Ordnung der Wirtschaft* wäre für Pius XII. nur eine neue Quelle von Streit um die Verteilung, um die Arbeitsbedingungen und Vergabe der leitenden Posten, während die Arbeiterklasse Sklavin der öffentlichen Gewalt bliebe[69]. So tritt der Papst für das Privateigentumsrecht gerade aus einem sozialen Ordnungsdenken heraus ein[70], wobei er sich ganz allgemein hier gegen den Sozialismus wendet. Offensichtlich geht Pius XII. von einem Sozialismusbegriff aus, dem ein rein innerweltliches und atheistisches sowie kirchenfeindliches Denken ebenso inhärent ist wie die kollektivistische Organisation der Gesellschaft und Wirtschaft unter Abschaffung des Privateigentumsrechts. Auch erscheint für ihn beim Sozialismus die *Klassenkampfidee* als typisch auf, die wieder mit dem Marxismus in Zusammenhang gebracht wird[71]. Darum ist die Kirche gegen die Soziallehre revolutionärer Systeme[72] und sieht im Sozialismus falsche soziale Propheten am Werk[73]. Der Klassenkampfvorstellung liegt eine falsche Auffassung von Staat und Menschen zugrunde[74], würde doch die menschliche Gesellschaft als von der Produktion abhängig verstanden, und damit nicht mehr der Mensch Subjekt sein[75].

Schon 1943[76] hat Pius XII. sich gegen die soziale Revolution ausgesprochen, würde sie doch alle Macht beim Staat konzentrieren, er

---

[63] *Utz / Groner*, II, 2707 (2. 10. 1945).

[64] *Utz / Groner*, I, 2455 (15. 9. 1947).

[65] *Utz / Groner*, II, 3365 (31. 1. 1952).

[66] *Utz / Groner*, II, 3145 (13. 4. 1951).

[67] *Utz / Groner*, III, 4444 (22. 12. 1957).

[68] *Utz / Groner*, II, 3265 (3. 6. 1950).

[69] *Utz / Groner*, II, 3336 (24. 1. 1946).

[70] *Utz / Groner*, I, 731 (1. 9. 1944) und III, 6227 (7. 6. 1957).

[71] *Utz / Groner*, III, 5972 (25. 8. 1957).

[72] *Utz / Groner*, I, 101 (29. 4. 1945).

[73] *Utz / Groner*, I, 683 (13. 6. 1943).

[74] *Utz / Groner*, III, 6094 (23. 9. 1956).

[75] *Utz / Groner*, III, 6082 (9. 9. 1956).

[76] *Utz / Groner*, I, 684 (13. 6. 1943).

spricht von Staatskapitalismus, und keine Freiheit bringen. Ohne direkte Nennung gilt diese Warnung vor italienischen Arbeitern offensichtlich dem Kommunismus. Nur einmal, noch vor Kriegsausbruch nennt Pius XII. den kommunistischen Adressaten unmittelbar, indem er den Kommunismus als ungeeignet bezeichnet zur Bildung wahrer Gemeinschaft unter den Menschen[77].

Nach 1949 erst (Kommunistendekret) nimmt die Nennung und direkte Wendung gegen den Kommunismus bei Pius XII. zu, während sich im Sprachgebrauch unter seinem Sozialismusverständnis keine wesentliche Wandlung bemerkbar macht, nur eine seltenere Verwendung des Wortes. Einmal, in der Rede an die JOC Belgiens, 1950, konzediert er den „Materialisten", daß sie auch schon an kulturelle Werte bei der Besserstellung der Arbeiter dächten[78].

Mit dem demokratischen Neubeginn im italienischen Staat gegen Kriegsende und angesichts des Vordringens des kommunistischen Einflusses mit der Roten Armee in Osteuropa war die Sorge des Vatikans vor einer kommunistischen Machtergreifung selbst in Italien sehr stark. Dennoch vermied Pius XII. bis zum Jahre 1949 eine direkte Nennung des Kommunismus oder der kommunistischen Staaten. Wie die schon zit. Rede vom 2. Nov. 1950 beweist[79], war er auch später, als von kommunistischer Seite der Kirchenkampf ganz offen geführt wurde, bemüht, zwischen den Völkern und Staatswesen und den dort herrschenden irrigen Meinungen zu unterscheiden, also *keine politische Verurteilung des Kommunismus* auszusprechen[80]. Auch das am 1. Juli 1949 erlassene *Kommunistendekret* wollte der Papst pastoral und nicht politisch verstanden wissen: es sollte vielmehr ein „Trennungsstrich gezogen werden zwischen dem katholischen Glauben und dem atheistischen Kommunismus"[81].

Mußte sich der Papst schon während des Krieges gegen *kommunistische Propagandahetze,* er wäre ein Kriegstreiber, zur Wehr setzen[82],

---

[77] *Utz / Groner,* I, 1340 (14. 4. 1939).

[78] *Utz / Groner,* II, 2959 (3. 9. 1950).

[79] *Utz / Groner,* I, 552.

[80] Vgl. *W. A. Purdy,* o. a., 94 ff., dort auch die Chronik der Kirchenverfolgung und ihre Eskalation in den kommunistisch beherrschten Ländern nach Kriegsende.

[81] *Utz / Groner,* I, 609 (4. 9. 1949). Vgl. dazu auch die Argumente und Zitate von *Johannes Schwarte,* o. a., 119 und 456 ff., daß kein „politischer Antikommunismus" vorlag.

[82] *Utz / Groner,* I, 696 (13. 6. 1943).

(klarer konnte er im Februar 1946 vor dem Diplomatischen Corps dazu Stellung nehmen[83], als der Krieg vorbei war), so steigerten sich die kommunistischen Angriffe gegen die Person des Papstes, er wäre ein kalter Krieger, nun immer mehr. In seiner Rede an den Deutschen Katholikentag in Köln, vom 2. September 1956 beklagt daher Pius XII. unter deutlicher Wendung gegen den Kommunismus und seine Koexistenzparolen, daß die katholische Kirche „vor allem seit zehn Jahren unter einer der schwersten, jedenfalls unter der gefährlichsten Verfolgung steht, die je über sie hingegangen ist“[84].

In seiner *Weihnachtsbotschaft von 1954 über die Koexistenz,* die es nach Pius XII. *nur auf dem Boden der Wahrheit* gibt, hat er sich (ohne Namensnennung!) ausführlich mit der kommunistischen Ideologie befaßt, in der Weihnachtsbotschaft des darauffolgenden Jahres spricht er es nochmals ganz klar aus: „Wir lehnen den Kommunismus als Gesellschaftsordnung kraft der christlichen Lehre ab[85].“ Am 4. März 1956 nennt Pius XII. vor dem Diplomatischen Corps als Adresse den kämpferischen Materialismus, für den die Zeit des „Friedens“ nur einen Waffenstillstand darstelle, „während dessen er auf den wirtschaftlichen und sozialen Zusammenbruch der andern Völker wartet“[86].

Angesichts der Ereignisse im Spätherbst 1956 in Ungarn trifft der Vorwurf des Papstes auch ohne direkte Nennung den Kommunismus und damit eben die UdSSR und ihre Anwendung von Waffengewalt mit voller Schärfe. Dem Papst schwebt ein Verteidigungspakt der freien Völker vor Augen[87]. Die kurz darauf folgende Weihnachtsbotschaft ist dann auch die schärfste Absage an den Kommunismus, mit dem es für ihn keine gemeinsame Sprache mehr geben könne und daher auch Kontakte sinnlos wären, mit Ausnahme der international zwischen den Staaten üblichen politischen Kontakte[88]. Auch hier allerdings sieht man, daß Pius XII. noch bemüht war, die völlige Trennung nur im weltanschaulichen Bereich zu halten[89]. So ist seine Antwort immer wie-

---

[83] *Utz / Groner,* II, 4222 ff., insbesondere 4229 - 4230.

[84] *Utz / Groner,* III, 4371.

[85] *Utz / Groner,* III, 6355 (24. 12. 1955).

[86] *Utz / Groner,* III, 6387.

[87] *Utz / Groner,* III, 6375 ff. (10. 11. 1956).

[88] *Utz / Groner,* III, 4408 (23. 12. 1956).

[89] Sehr interessant sind Vergleiche zwischen dem vorhandenen Entwurf der Ansprache von Gustav Gundlach und den Endformulierungen Pius XII. Gundlach wollte von einem Kreuzzug gegen den Bolschewismus sprechen, zu dem der Papst nur nicht aufrufe mangels des religiösen Fundaments in der

der bemüht, aus dem Glauben zu argumentieren. Die Kirche sieht er in einem gewaltigen Kampf um die ewigen geistigen Werte für den Menschen von heute stehen, bei dem es keine „Komplizenschaft“ mit dem „Feinde Christi“ geben könne, nur Treue zum Glauben und Optimismus aus dem Sieg Christi[90].

Dem Diplomaten Pius XII. blieben nur die Mittel der klassischen Diplomatie gegen den totalitären Staatsgedanken seiner Zeit. Während der Spuk des Nationalsozialismus und Faschismus mit Kriegsende verflogen war, stand aber *der Kommunismus als alles beherrschende Ideologie* in den entsprechend von der kommunistischen Partei totalitär geführten Staaten der Kirche gegenüber, die zu den ideologischen Ansprüchen des Kommunismus nicht schweigen konnte und kann. Erst in der Ideologie nicht begründbare, aber praktische innen- wie außenpolitisch motivierte scheinbare Inkonsequenzen oder Rücksichtnahmen der kommunistischen Regierungen haben den auch von Pius XII. festgehaltenen politischen Spielraum wieder etwas erweitert, um so etwas wie einen Modus Vivendi für die Kirche selbst in kommunistischen Herrschaftssystemen zu ermöglichen und auch einen sehr begrenzten Dialog[91].

Es waren nicht die Prinzipien, die Pius XII. hier integralistisch erscheinen ließen, sondern *die tragische Zuspitzung des Kalten Krieges von der anderen Seite.* Freilich erwies sich auch das Begriffsinstrumentarium der Pianischen Soziallehre vielleicht als zu wenig differenziert und flexibel, um sich anbahnende neue Strömungen im Sozialismus und seine in der kommunistischen Spielart nun erfolgende Symbiose mit verschiedenen nationalen und politischen Traditionen genügend zu erfassen. Ebenso haben Sozialismus und Marxismus heute den klassischen Boden der Staatenpolitik und Diplomatie so mitgeprägt und ver-

---

freien Welt. *Pius XII.* aber formulierte einfach: „Wir ... haben es in der gegenwärtigen Stunde ebenso wie in früheren Fällen vermieden, die Christenheit zu einem Kreuzzug aufzurufen.“ Die Stellen und ihre Interpretation s. bei *Johannes Schwarte*, o. a., 136 ff. Dort auch weitere Überlegungen, wieso der Papst und in weiterer Folge noch *Gundlach* persönlich 1956 so scharf und negativ entgegen früheren Äußerungen reagierten, ohne eine genügende Erklärung finden zu können.

[90] So *Pius XII.*, in der Osterbotschaft vom 1. April 1956, *Utz / Groner*, III, 4490 ff.

[91] Vgl. dazu *Rudolf Weiler*, Katholische Soziallehre im Dialog, in: Festschrift für Johannes Messner, Ordnung im sozialen Wandel, Berlin 1976, 95 - 125 und *ders.*, Religionsfreiheit im sozialistischen Staat? Theorien, Aporien und Überlegungen, in: Festschrift für Alexander Dordett, Convivium utriusque iuris, Wien 1976, 319 - 333.

ändert, als daß intellektuell redliche Unterscheidungen immer ausreichten, um komplexe Vorgänge genügend zu erfassen und darauf optimal zu reagieren, sobald die Dinge wieder in Fluß kommen. Hier konnte sich dann eine Persönlichkeit wie die Johannes XXIII. auswirken, da sich eben zu seiner Zeit die Situation wieder zu ändern begann.

III. Die liberalistisch-individualistische Ideologie und der Kapitalismus im Urteil Pius XII.

Der übergreifende Begriff ist für den Papst hier der Liberalismus und Individualismus, für die er bekanntlich dieselben weltanschaulichen Wurzeln sieht wie für den Kollektivismus und gleicherweise die Tendenz zum Totalitarismus[92] wie ebenso zum Laizismus und verweltlichten Humanismus[93], daher auch, aus einem falschen Freiheitsverständnis, die Einstellung gegen die Kirche[94]. Dem Liberalismus wie dem Individualismus wird vom Papst eine agnostische Einstellung vorgeworfen[95]. Auch die Fehler des Rechtspositivismus werden diesem System vorgehalten[96].

Der Grundansatz der päpstlichen Kritik am liberalistischen Individualismus ist neben dem falschen Freiheitsverständnis sowohl theoretisch seine Unfähigkeit, menschliche Gemeinschaft zu erklären und zu begründen, als auch praktisch (als historisch wirksame Strömung) sein soziales Versagen[97]. Der Papst wirft ihm vor, nur die einzelne Leistung hervorzustellen, ohne die gegenseitige Hilfe und Zusammenarbeit zu sehen, wie es dem Geist christlicher Gemeinschaftsbildung zukäme[98]. Seine Auswirkung hat nach Pius XII. dieses Denken vor allem wirtschaftlich in einem hemmungslosen Liberalismus, der alles dem Konkurrenzstreben überläßt[99] und überhaupt in der Wirtschaft nur ein materielles, quantitatives Element erblicke, das Wesentliche aber übersehe, „das menschliche Element, die Beziehungen, die den einzelnen

[92] *Utz / Groner*, II, 4065 (24. 12. 1945).

[93] *Utz / Groner*, a. a. O.

[94] *Utz / Groner*, II, 4214 (24. 12. 1951).

[95] *Utz / Groner*, I, 2455 (15. 9. 1947).

[96] *Utz / Groner*, I, 2149 (17. 2. 1950).

[97] *Utz / Groner*, I, 185 (23. 12. 1949), II, 3268 (3. 6. 1950), 3431 (7. 3. 1948), III, 5641 (18. 9. 1957) und III, 6092 (23. 9. 1956).

[98] *Utz / Groner*, II, 2869 (11. 1. 1953).

[99] *Utz / Groner*, III, 6423 (4. 5. 1957).

Pius XII. bei einem Spaziergang.

mit der Gesellschaft verbinden, keineswegs materielle, sondern moralische"[100].

Hat der *wirtschaftliche Liberalismus* einst, nach den Worten Pius XII., seine sozialen Pflichten übersehen[101] und die wirtschaftliche Intervention des Staates abgelehnt, droht heute die Gefahr des „Etatismus"[102], während die Soziallehre des Papstes die legitime Intervention betont[103]. Auch in der Abhilfe aufgrund der Kath. Soziallehre für die Neugestaltung der Wirtschaftsgesellschaft befindet sich Pius XII. ganz in der Tradition von Quadragesimo Anno, wenn er auf die berufsständische Ordnung hinweist[104].

Anders als der Kommunismus tritt für Pius XII. der Liberalismus nicht als geballte politisch wirksame Ideologie mehr auf. Seine Auswirkungen bestehen einerseits im *Erbe der sozialen Fragen,* die er einst verursacht hat, und in jenem *Wirtschaftssystem,* „das man mit dem Namen ‚Kapitalismus' zu bezeichnen pflegt", das gekennzeichnet ist durch „Mißbräuche des Kapitals und des Eigentumsrechts"[105]. Wie auch Franz Klüber aufmerksam macht[106], verurteilt Pius XII. nicht eine auf der Zusammenarbeit von Kapital und Arbeit gründende Wirtschaftsweise, sondern eben ein bestimmtes Wirtschaftssystem. Aufgrund der *Vieldeutigkeit des Kapitalismusbegriffs* warnt Oswald v. Nell-Breuning[107] überhaupt vor dessen Verwendung und sieht sich im Wesentlichen von Pius XII. darin bestätigt: „Pius XII. hatte sich vorgenommen, sich zu keiner Aussage über den ‚Kapitalismus' verleiten zu lassen; trotzdem ist ihm der Ausdruck vier- oder fünfmal durchgerutscht; die Stellen ... sind ziemlich harmlos. Im großen und ganzen hat Pius XII. streng die Linie von ‚Quadragesimo Anno' durchgehalten. Dort werden kapitalistische *Wirtschaftsweise* und kapitalistische *Klassengesellschaft* unterschieden". So enthalten denn auch die einschlägigen Stellen bei Pius XII. zum „Kapitalismus" neben den Hinweisen auf den Kapital- und Eigentumsmißbrauch die Lehre über die Sozialpflichtigkeit des Eigentums und die Verbindung des Eigentumsrechts

[100] *Utz / Groner,* III, 6081 (9. 9. 1956).

[101] *Utz / Groner,* I, 499 (1. 6. 1941).

[102] *Utz / Groner,* II, 3397 (7. 7. 1952).

[103] *Utz / Groner,* III, 6121 (13. 4. 1956).

[104] *Utz / Groner,* II, 3346 (7. 5. 1949).

[105] *Utz / Groner,* II, 2832 (23. 9. 1950).

[106] Katholische Gesellschaftslehre, 1. Bd., Osnabrück 1968, 367.

[107] o. a., 65.

und seines Schutzes mit dem Nutzen der Gesellschaft und der Freiheit und Würde der menschlichen Person[108].

Gerade mit dem *Naturrecht auf Eigentum* vertrage sich nach dem Papst nicht die anonyme Machtkonzentration des Kapitals und die Herrschaftsansprüche des Reichtums, die zu unsozialen Verhältnissen und zu Gefahren führten[109]. Deutlich ist die Sprache, die der Papst gebraucht zu den Gefahren aus der Übermacht eines Finanz-[110], Groß[111]; und Industriekapitalismus[112], wobei er jeweils konkret die Situation der bäuerlichen Bevölkerung anspricht, die Unterlegenheit der Arbeit gegenüber dem Kapital, bei letzterem das rücksichtslose Vordringen der Industrialisierung anprangert.

Seit der Verurteilung der kapitalistischen Wirtschaftsweise durch Pius XI. in Quadragesimo Anno haben sich, so kann man mit Jean Villain[113] wohl zusammenfassen — er spricht nur ungenau einfach von Kapitalismus- —, keine wesentlichen Veränderungen im Urteil ergeben. Pius XII. befaßt sich nur neu mit einigen *Weiterentwicklungen* in Bezug auf das Verhältnis Stadt und Land, hier besonders hinsichtlich der Einflüsse auf die Landbevölkerung. Die Gefahren seitens des Großkapitals haben weiter zugenommen, ebenso die Entpersönlichung unter dem technischen Fortschritt, die Kluft zwischen dem technischen Geist und der sittlich-geistigen Kraft der Menschen hat sich ausgeweitet, ja ein geistiger Verfall ist zu beklagen. Im Lebensstandard einzelner Gruppen, besonders aus der Arbeiterschaft, im Verhältnis zu den vermögenden Gruppen bestehen starke Verschiedenheiten weiter. Das Geld ist immer mehr zum Idol geworden, die Wirtschaft hat sich gegen die übrige kulturelle und geistige Entwicklung verselbständigt und ist daher ohne humanen Sinnbezug zur übrigen menschlichen Lebenserfüllung.

So weist diese Kritik Pius XII. an der kapitalistischen Wirtschaftsweise wieder eindeutig auf die *Ideologie des Liberalismus* zurück, der in seiner individualistischen Natur eben als gesellschaftsmächtig und auch die Wirtschaft beherrschend gesehen wird. Zugleich ist dieses ökonomistische Denken weltimmanent und erwartet ohne Gott eine

---

[108] *Utz / Groner,* I, 733 (1. 9. 1944) und II, 2832 (23. 9. 1950) u. ö.

[109] *Utz / Groner,* I, 733 (1. 9. 1944).

[110] *Utz / Groner,* I, 2441 (2. 7. 1951).

[111] *Utz / Groner,* I, 2424 (15. 11. 1946).

[112] *Utz / Groner,* I, 2442 (2. 7. 1951).

[113] L'Église et le Capitalisme, Paris 1960, 94 - 107.

rationale Verwirklichung menschlichen Zusammenlebens in individueller Freiheit. Im Wesentlichen ist diese Kritik am Liberalismus auch auf den Sozialismus anwendbar, der nach Pius XII. ja demselben Geist, wie wir wiederholt zeigen konnten, entsprang[114]. Diesem modernen Denken hielt der Papst die dem Christentum, dem Naturrecht und der Offenbarung entsprechende *Katholische Soziallehre* entgegen und verwies auf die Notwendigkeit der Rückkehr zur gottgewollten Gesellschaftsordnung, zur Erneuerung in der christlichen Idee, und insoferne sprach er von *Europa* und vom Abendland (nicht im Sinne einer einzig möglichen christlichen Kulturform hier)[115].

IV. Ideologie und Wahrheit

So stellt sich abschließend die Frage nach der Wahrheit oder dem Wahrheitsgehalt der Katholischen Soziallehre, deren Verkündigung Pius XII. so viel Kraft in der Auseinandersetzung mit den Ideologien seiner Zeit zugewandt hatte. Verschiedentlich wird ja der Katholischen Soziallehre selbst der Vorwurf der Ideologie gemacht[115a]. Sicher hat sie im Laufe ihrer Entwicklung auch ideologische Elemente gehabt, wenn man auf die sogenannten Naturrechtsirrtümer in ihr hinweist oder auf die später erst unter Johannes XXIII. erfolgte volle Anerkennung der Idee der Menschenrechte, obwohl die Menschenwürde an sich allzeit in der Verkündigung der Kirche ihren Platz hatte. Auch die Idee der berufsständischen Ordnung wurde oft wie ein fertiges Sozialmodell angeboten.

Pius XII. hat in einem ein unbestreitbares Verdienst für die Katholische Soziallehre, daß er nämlich im Kampf der Ideologien an der *Wahrheit als einziger Basis* und am *guten Willen des Menschen als wichtigsten Ansatzpunkt* immer festgehalten hat. Hat er doch in seiner Weihnachtsbotschaft von 1954 nicht nur allein die Christen als die Besitzer der Wahrheit angesprochen, die die *gemeinsame geistige Basis* für den Brückenbau schaffen könnten, wenn auch die Christen ganz besonders aufgerufen worden sind[116].

[114] Interessant in diesem Zusammenhang ist bei *Johannes Schwarte* nachzulesen, was er über die Auseinandersetzung Gundlachs mit dem Liberalismus schreibt, gerade im Hinblick auf dessen Einfluß auf die Texte Pius' XII., o. a., 395 ff.

[115] Siehe z. B. *Utz / Groner*, III, 6328 - 6330 (7. 6. 1957).

[115a] Vgl. *Johannes Messner*, Die Bedeutung der katholischen Soziallehre, in: Jahrbuch für christliche Sozialwissenschaften, 18. Bd. 1977, Münster, 205 - 231, insbesondere 208 ff.

[116] *Utz / Groner*, III, 6335 f. (24. 12. 1954).

Gerade ihr Immanentismus ist es, der die vom Papst bekämpften Ideologien hindert, *verbindliche Wahrheiten und sittliche Pflichten* anzuerkennen, der sie zugleich zu totalitären Systemen im staatlich-politischen und zu totalen Systemen im weltanschaulichen Denken werden läßt. Das Bemühen um Wahrheit aber erhält den Menschen (selbst)-kritisch offen, auch dem Druck der Gewalt gegenüber, und gibt zugleich den Auftrag, die Wahrheit zu leben und anzuwenden. An dieser „Fähigkeit des Christentums zu sozialem Handeln"[117] festgehalten zu haben in einer Zeit des gewaltigen ideologischen Kampfes, in einer Zeit, wo die Kirche erst ihren Platz in der Gesellschaft und im Staat neu finden und bestimmen mußte, bleibt das große Verdienst Pius XII.

Gewiß wird heute die Autorität der Katholischen Soziallehre und die entscheidende Mithilfe der Kirche bei der Lösung der sozialen Frage anders, bescheidener gesehen werden müssen als vielleicht noch von Leo XIII. und auch Pius XII. Darauf weist Oswald v. Nell-Breuning hin[118]. Induktives Angehen der Probleme und das Sachargument werden im Dialog mit der „Welt" besser verstanden werden als theologische Gründe. Dennoch wird gerade *induktive sachorientierte Vorgangsweise,* soll sie auf Wahrheit hinzielen, *nicht ohne Metaphysik* (im Sinne letzter evidenter Einsicht) *und ohne sozialethische Sätze* auskommen, um *soziales Handeln allgemein und verbindlich zu begründen*[119].

Für die Christen[120] kommt das Gut der Offenbarung und die Kirche als Mater et Magistra (Johannes XXIII.!) auch im Bereich der Sozialethik dazu, begegnen sich ratio und fides, *Vernunft und Glaube,* wenn es gilt, mit den sozialen Problemen einer Zeit fertig zu werden im Vertrauen auf Gottes Heilsangebot an diese Welt und Zeit.

Soll daher die Menschheit zur „Verwirklichung der vom Schöpfer gewollten Ordnung und Harmonie" geführt werden, geht dies, nach den Worten der letzten Weihnachtsbotschaft Pius XII.[121] im Jahre 1957, nur „im Zusammenhalt aller Menschen guten Willens" *und* in der Hoffnung, die „immer noch Christus" ist.

---

[117] *Utz / Groner,* III, 6336.

[118] o. a., 45 f.

[119] Vgl. *Johannes Messner,* Das Naturrecht, Insbruck ⁵1966, 92 ff.

[120] *Johannes Messner,* o. a., 27, spricht von der „christlichen Anthropologie" bei der Deutung der „Natur des Menschen" und des Sittengesetzes.

[121] Die zitierten Stellen bei *Utz / Groner,* III, 4457 und 4446 (22. 12. 1957).

ERNEUERUNG UND ENTFALTUNG DER KLASSISCHEN VÖLKERRECHTSLEHRE DURCH PIUS XII.

Von Alfred Verdross

I. Die Grundlagen des universellen Völkerrechts

Bekanntlich wurde die Völkerrechtslehre durch die von der altehrwürdigen Universität Salamanca (die 1953 bereits ihr 750jähriges Jubiläum feiern konnte) ausstrahlende christliche Moraltheologie begründet. Zwar galten schon im Altertum und im Mittelalter in verschiedenen Kulturkreisen einzelne völkerrechtliche Normen. Der Dominikanermönch Francisco de Vitoria (1480 - 1546), Professor an der genannten Universität, war aber der erste Schriftsteller, der daraufhingewiesen hat, daß das in der sozialen Natur des Menschen fundierte Naturrecht *alle Völker* zu einer universellen Rechts- und Verkehrsgemeinschaft verbindet[1]. Diesem Gedanken wurde dann vom letzten Vertreter dieser Schule, Francisco Suárez S. J. (1548 - 1617), Professor an der Universität Coimbra, folgende klassische Fassung gegeben, die in einem großen Sitzungssaale des Genfer Palastes der Vereinten Nationen in einer bronzenen Tafel festgehalten wird und in deutscher Übersetzung lautet: „Obgleich die Menschheit in verschiedene Völker und Königreiche gegliedert ist, so besitzt sie doch eine gewisse, nicht nur physische, sondern auch moralische und politische Einheit, die sich aus dem *natürlichen* Gebote der Liebe und gegenseitigen Mitleides (naturale praeceptum mutui amoris et misericordiae) ergibt, das sich auf *alle Menschen,* auch auf die Ausländer, welchen Volkes auch immer, erstreckt. Daher ist jeder Staat, mag er eine Republik oder ein Königreich sein, zwar eine vollständige und dauernde Gemeinschaft seiner Bürger, *zugleich aber* in gewissem Sinne *auch ein Glied jenes Universums, welches das Menschengeschlecht umfaßt.* Denn jene Gemeinschaften können sich niemals derart genügen, daß sie keiner gegenseitigen Hilfe, keiner Gesellschaft und keiner Gemeinschaft bedürften, entweder um besser zu leben und zu ihrem Nutzen, oder wegen einer moralischen Notwendig-

---

[1] Relectio de Indis, III, 2: „Quod naturalis ratio inter *omnes gentes* constituit, vocatur jus gentium“ (von mir hervorgehoben).

keit und Bedürftigkeit, wie es uns die Erfahrung lehrt. *Daher bedürfen auch sie einer Rechtsordnung,* die sie zu jener Art des Verkehrs und der Gemeinschaft lenkt. Obgleich das aber zum großen Teil schon durch die natürliche Vernunft (per rationem naturalem) geschieht, so genügt doch diese nicht immer und nicht unmittelbar für alle Angelegenheiten. Daher konnten durch die Übung der Völker (gentium usu) zusätzlich besondere Rechtsnormen eingeführt werden. Ebenso wie nämlich in einem Staate oder in einer Provinz die Übung Recht schaffen kann, so konnten auch im *ganzen Menschengeschlecht* völkerrechtliche Normen durch die Übung begründet werden[2]."

An späterer Stelle desselben Werkes führt Suárez diese Gedankengänge weiter aus, indem er bemerkt, daß die einzelnen Staaten zwar nicht zu einem politischen Körper verschmolzen sind, einander aber doch helfen und unterstützen müssen, um den Frieden *zum Wohle der ganzen Menschheit* aufrechtzuerhalten. Um dieses Ziel zu erreichen, bedürfen sie jedoch jenes Rechtes, das Völkerrecht genannt wird[3]. Das oberste Ziel des Völkerrechts bildet also das allgemeine Wohl der Menschheit (bonum commune generis humani), wie er in einem anderen Werke näher ausführt[4].

Daraus ergibt sich die wichtige Folgerung, daß die einzelnen Staaten nicht nur ihre eigenen Interessen wahrnehmen dürfen, sondern stets auch das *allgemeine Wohl der Menschheit* im Auge haben müssen.

Diese universalistische Schau wurde von Hugo Grotius (1583 - 1642) und der neuzeitlichen Naturrechtslehre bis Christian Wolff (1679 - 1754)[5] übernommen, der die Staatengemeinschaft als „civitas maxima" bezeichnet, in der die Staaten sich mit vereinten Kräften vollkommener zu machen und so das allgemeine Wohl zu fördern haben[6].

II. Die Lehre der absoluten Souveränität der Staaten

Bereits in der Mitte des 17. Jahrhunderts setzt aber eine Gegenströmung ein, die von der *absoluten Souveränität der einzelnen Staaten*

---

[2] De legibus ac Deo legislatore (1617) II, cap XIX, no. 3 (von mir hervorgehoben).

[3] Dortselbst, cap. III, no. 6.

[4] De triplici virtute theologica, tractatus III: de charitate, diss. 13. Dazu *Verdross / Simma,* Universelles Völkerrecht, 1976, S. 33 f.

[5] De jure belli ac pacis (1625) II, cap. XX, 44.

[6] Jus gentium methodo scientifica pertractatum (1764), Prolegomena, §§ 10 - 20.

ausgeht. Den Reigen eröffnet Thomas Hobbes (1588 - 1679) in seinem Werk „Leviathan" (1651), wo die Ansicht vertreten wird, daß die Staaten untereinander noch in einem *vorsozialen* Zustande, also in einem potentiellen oder aktuellen Kriegszustand (bellum omnium contra omnes) leben[7]. Ihm folgt Baruch de Spinoza (1632 - 1677), für den Recht gleich Macht und für jeden Staat sein eigenes Wohl das höchste Gesetz ist[8]. Den Höhepunkt dieser individualistischen Konzeption finden wir bei Hegel (1770 - 1831), der das Völkerrecht nur als „äußeres Staatsrecht" anerkennt, da „das Volk als Staat" die „absolute Macht auf Erden" ist[9].

III. Die Renaissance der klassischen Völkerrechtslehre

Erst nach dem Ende des Ersten Weltkrieges erfolgte allmählich eine Renaissance der ursprünglichen, eingangs geschilderten Völkerrechtslehre. Ihr wichtigster Wortführer war Papst Pius XII.

Schon in einem ersten Rundschreiben „Summi Pontificatus" vom 20. Oktober 1939 weist er auf „zwei verheerende Irrtümer" hin. Der eine besteht darin, daß man „das Gesetz der Solidarität und Liebe zwischen den Menschen in Vergessenheit geraten ließ", das „in der Einheit eines gemeinsamen Ursprungs in Gott" begründet ist. Daher ist die Entfaltung der Völker gemäß der Verschiedenheit ihrer Lebens- und Kulturbedingungen „nicht auf Spaltung der Einheit des Menschengeschlechts hingerichtet", jene sollen diese vielmehr „durch die Mitteilung ihrer besonderen Gaben und durch den gegenseitigen Austausch ihrer Werke reicher und schöner gestalten"[10].

Als den zweiten Irrtum betrachtet Pius XII. in diesem Rundschreiben die Lehre der absoluten Souveränität der einzelnen Staaten, also die Behauptung, daß diese an keine höhere Rechtsordnung gebunden seien. Zwar ist die Menschheit, „gemäß der von Gott eingerichteten natürlichen Ordnung, in gesellschaftliche Gruppen, Nationen und Staaten geteilt, die voneinander unabhängig sind in bezug auf Gestaltung und Leitung ihres Eigenlebens, zugleich sind sie aber auch durch gegenseitige

[7] Leviathan, I, Kap. 13.

[8] Tractatus theologico-politicus (1670) cap. XVI.

[9] Rechtsphilosophie (1821), §§ 330 ff. und Zusatz zu § 330.

[10] Aufbau und Entfaltung des gesellschaftlichen Lebens. Soziale Summe Pius XII., herausgegeben von A. F. *Utz* und J. F. *Groner* (1954), I, S. 16 f., No. 26 und 34.

rechtliche und sittliche Bindungen zu einer großen Gemeinschaft zusammengeschlossen, deren Ziel das Wohl aller Völker ist und die ihre Einheit und ihren Fortschritt durch besondere Gesetze schützt“. Daher ist es klar, „daß die angebliche absolute Autonomie des Staates zu dieser naturgegebenen Rechtsordnung in offenem Widerspruch steht, sie geradezu leugnet, indem sie die Dauerhaftigkeit internationaler Beziehungen dem Ermessen der Regierenden überläßt und dadurch eine gesicherte Einigung und fruchtbare Zusammenarbeit zum gemeinsamen Wohl unmöglich macht“[11].

Die erste Voraussetzung des Gelingens einer universellen Friedensordnung bildet daher „die Anerkennung des Bestehens eines natürlichen Gesetzes, das allen Menschen und Völkern gemeinsam ist; von dem die Richtlinien des Seins, des Handelns und des Sollens ausgehen und dessen Beachtung das friedliche Zusammenleben und die gegenseitige Zusammenarbeit erleichtert und sichert“[12]. Pius XII. bemerkt jedoch dazu, es sei unwichtig, „ob man die Forderungen der Natur ‚Recht‘, ‚ethische Normen‘ oder ‚Postulate der Natur‘ nennt“, man muß nur anerkennen, „daß sie existieren, daß sie nicht von der Laune der Menschen festgesetzt wurden, daß sie ontologisch in der menschlichen Natur wurzeln, die der Mensch nicht selbst geformt hat“[13].

IV. Die Entfaltung der klassischen Völkerrechtslehre durch Pius XII.

Pius XII. hat sich jedoch nicht darauf beschränkt, die ursprüngliche Völkerrechtslehre zu neuem Leben zu erwecken, er hat sie auch in verschiedenen Bereichen weitergebildet, wie wir nun zu zeigen versuchen werden:

1. Das allgemeine Wohl der Menschheit und die Organisation der Staatengemeinschaft

Da die einzelnen Staaten in die universelle Ordnung der Staatengemeinschaft eingebettet sind, kann ihr eigenes Wohl „weder bestehen noch gedacht werden, ohne deren innere Beziehung zur Einheit des Menschengeschlechts“, wie Pius XII. in seiner Weihnachtsbotschaft vom

[11] Dortselbst, S. 21 ff., No. 53 und 54.

[12] *Utz / Groner* (Anm. 10) III, S. 3781, No. 6284 (aus der Ansprache an das „Italienische Studienzentrum für internationale Versöhnung“ vom 13. Oktober 1955).

[13] Ansprache an die Teilnehmer des 6. Internationalen Kongresses für Strafrecht vom 3. Oktober 1953, *Utz / Groner* (Anm. 10) I, S. 202, No. 463.

24. Dezember 1951 betont und hinzufügt: „Unter diesem Gesichtspunkt ist die unauflösliche Vereinigung der Staaten eine natürliche Forderung, sie ist eine Tatsache, die sich ihnen aufdrängt und der sie sich, wenn auch zuweilen zögernd, wie der Stimme der Natur unterwerfen, indem sie sich bemühen, ihrer Vereinigung auch eine dauerhafte äußere Regelung, *eine Organisation*, zu geben. Der Staat und die Gemeinschaft der Staaten mit ihrer Organisation sind also Formen der Einheit und der Ordnung unter den Menschen, unentbehrlich für das menschliche Leben und förderlich für dessen Vervollkommnung[14]." Diese Organisation muß jedoch einen *föderativen Charakter* aufweisen, wie schon im früher angeführten Rundschreiben „Summi Pontificatus" ausgeführt wurde. Denn die einzelnen Menschen und Völker fügen sich „nicht bindungslos aneinander wie Sandkörner", vielmehr „einigen sie sich in organischen, harmonischen und wechselseitigen Beziehungen ... entsprechend ihrem natürlichen und übernatürlichen Ziele und Antrieb"[15].

Diese Organisation der Staatengemeinschaft ist um so notwendiger geworden, da durch die ungeheure Entwicklung der Kampfmittel der Krieg *aufgehört* hat, ein taugliches und angemessenes Mittel zur Austragung zwischenstaatlicher Streitfälle zu sein. Daher bezeichnet Pius XII. den Angriffskrieg, selbst wenn er zur Durchsetzung von verletzten Rechten geführt wird, in seiner Radiobotschaft vom 24. Dezember 1944 als „überholt"[16]. Er hat also nicht die alte Lehre des gerechten Krieges (bellum iustum) schlechthin aufgehoben (die einen Krieg auch als Exekutionskrieg zur Erzwingung von Rechtsansprüchen als zulässig erklärt hatte, wenn er mit einer „intentio recta", also mit der Absicht geführt wird, den Zustand zwischen den Streitteilen zu verbessern), diese aber auf den Verteidigungskrieg gegen einen gewaltsamen Angriff eingeschränkt[17]. Pius XII. fordert daher den Zusammenschluß der Völker gegen den Angriffsgeist, betont aber zugleich, daß es eine sittliche Pflicht sein kann, „den Angreifer mit Gewalt abzuwehren"[18]. Er hält also an der Rechtmäßigkeit des Verteidigungskrieges fest.

---

[14] Dortselbst, II, S. 2163, No. 4198 und 4199 (von mir hervorgehoben).

[15] Dortselbst, I, S. 18, No. 33.

[16] Dortselbst, S. 1783, No. 3495.

[17] *Verdross*, Die christliche Kriegsdoktrin im Wandel der Geschichte, in: Speculum iuris et ecclesiarum, Festschrift für W. Plöchl, herausgegeben von *Lentze* und *Gampl* (1967), S. 411 f.

[18] *Utz / Groner* (Anm. 10) II, S. 2142, No. 4153.

2. *Die relative Souveränität des Staates*

Obgleich Pius XII. die absolute staatliche Souveränität ablehnt, so anerkennt er doch in seiner Ansprache an den Verband der katholischen Juristen Italiens vom 6. Dezember 1953 eine *relative* staatliche Souveränität, wo er ausführte, daß „souveräne Staaten" jene Gemeinschaften sind, „die keinem anderen Staate untergeordnet sind", sich aber „zur Erreichung ganz bestimmter juristischer Zwecke zu einer Rechtsgemeinschaft" unter Wahrnehmung ihrer Souveränität freiwillig zusammenschließen können. Diese Bestrebungen der Völker bezeichnet Pius XII. „als vom Schöpfer gewollt und in der Einheit ihres Ursprungs, ihrer Natur und ihrer Ziele verwurzelt". Daher hat „der Weg zur Völkergemeinschaft und deren Errichtung nicht den Willen der Staaten zur einzigen und letzten Norm, sondern vielmehr die Natur oder den Schöpfer"[19].

„In dieser Völkergemeinschaft ist also jeder Einzelstaat in die internationale Ordnung und damit in die Ordnung des Naturrechts, das alles stützt und krönt, eingebettet. Auf diese Weise ist er nicht mehr — und ist er übrigens niemals gewesen — ‚souverän' im Sinne absoluter Schrankenlosigkeit . . . ‚Souveränität' im echten Sinne des Wortes bedeutet Autarkie und ausschließliche Kompetenz in bezug auf Dinge und den Raum gemäß der Substanz und der Form der Tätigkeit, jedoch *im Rahmen des Völkerrechts,* — nicht aber in Abhängigkeit von der Rechtsordnung eines anderen Staates. *Jeder Staat* ist *unmittelbar der Ordnung des Völkerrechts unterworfen.* Staaten, denen diese Kompetenzfülle fehlte . . . wären nicht souverän. Kein Staat jedoch könnte wegen einer Begrenzung seiner Souveränität Klage erheben, wenn man ihm verwehrte, willkürlich und ohne Rücksicht auf andere Staaten vorzugehen[20]."

3. *Die staatlichen Grundrechte in der Völkerrechtsordnung*

Die Staaten haben als Glieder der durch das Völkerrecht verbundenen Staatengemeinschaft bestimmte Grundrechte, die Pius XII. in seiner gerade angeführten Ansprache vom 6. Dezember 1953 darlegt. Als solche Rechte bezeichnet er dort „das Existenzrecht, das Recht auf Achtung und guten Namen, das Recht auf Entwicklung, das Recht auf Eigenart

[19] Dortselbst, II, S. 2043 f., No. 3964 f.

[20] Ebendort, S. 2044 f., No. 3967 (von mir hervorgehoben). Dazu *Verdross / Simma,* Universelles Völkerrecht (1976) S. 45 ff. (Die Souveränität der Staaten und des Völkerrechts).

und eigene Kultur und das Recht auf Einhaltung der zwischenstaatlichen Verträge". Diese im Naturrecht verankerten Grundrechte müssen aber durch das positive Völkerrecht genauer bestimmt und den konkreten Verhältnissen angepaßt werden[21].

Pius XII. bemerkt dazu allerdings, daß es auch unsittliche Verträge geben kann, „in denen die Achtung vor den ungeschriebenen Gesetzen des Denkens und des sittlichen Handelns vergessen oder bewußt außer Betracht gelassen werden und daher der innerlich verpflichtenden Kraft ermangeln, welche die erste Voraussetzung ihrer Lebensfähigkeit bildet"[22].

„Es kann aber — wie Pius XII. hinzufügt —auch vorkommen, daß im Laufe der Zeit und unter wesentlich veränderten Umständen, die beim Vertragsabschluß nicht vorgesehen waren und vielleicht nicht vorgesehen werden konnten, ein Vertrag oder einzelne Bestimmungen desselben wirklich oder scheinbar ungerecht, unausführbar, allzu drückend für einen Vertragspartner werden. Wenn ein solcher Fall eintritt, müßte zeitig durch ehrliche Verhandlungen der Vertrag geändert oder durch einen neuen ersetzt werden. Aber von vornherein Verträge als etwas Vorübergehendes ansehen und sich stillschweigend das Recht zu ihrer einseitigen Lösung vorbehalten, sobald es nützlich dünkt, hieße jedes gegenseitige Vertrauen von Staat zu Staat zerstören. Das wäre das Ende der naturgewollten Ordnung ...[23]."

4. *Die Würde der Menschen und die in ihr wurzelnden Menschenrechte*

Von besonderer Bedeutung ist es, daß Pius XII. auch auf die Frage der menschlichen Grundrechte näher eingeht und mit Entschiedenheit hervorhebt, daß diese „so unverletzlich sind", daß gegen sie keine Staatsraison, kein Vorwand des Gemeinwohls in die Waage geworfen werden kann. Sie stehen geschützt hinter einer unüberschreitbaren Schranke. Diesseits davon kann das Gemeinwohl nach Wohlgefallen seine Gesetzgebung ausüben, jenseits nicht. An diese Rechte darf es nicht rühren, denn sie gehören zum Kostbarsten des Gemeinwohls ..."[24].

---

[21] Dortselbst, S. 2044, No. 3966 ff.

[22] In der Ansprache an den Gesandten von Ecuador vom 13. Juli 1948 dortselbst, S. 1842 ff., No. 3600.

[23] Dortselbst, I, S. 28, No. 58 (aus dem Rundschreiben „Summi Pontificatus" vom 20. Oktober 1939).

[24] Dortselbst, I, S. 154, No. 359 (aus der Ansprache an die Teilnehmer des Internationalen Kongresses für humanistische Studien vom 25. September 1949).

Denn der Mensch ist zwar „durch sein Wesen dazu bestimmt, in der Gesellschaft zu leben. Wie aber schon die Vernunft allein lehrt, ist die Gesellschaft grundsätzlich für den Menschen und nicht der Mensch für die Gesellschaft da. Nicht von der Gesellschaft, sondern vom Schöpfer selber hat er das Recht auf seinen Leib und auf sein Leben erhalten ... Daraus folgt, daß die Gesellschaft ihn nicht direkt dieses Rechts berauben kann, solange er sich nicht eine solche Strafe als Vergeltung für ein entsprechend schweres Verbrechen zugezogen hat“[25].

„Ausgangspunkt und Wesensziel des Gemeinschaftslebens bildet also — wie Pius XII. in seiner Weihnachtsansprache vom 2. Dezember 1942 betont — die Wahrung, Entfaltung und Vervollkommnung der menschlichen Persönlichkeit. Es soll dem einzelnen helfen, die religiösen und kulturellen Aufgaben pflichtgemäß zu erfüllen, die der Schöpfer dem Einzelmenschen, der ganzen Menschheit und ihrer natürlichen Gliederung gestellt hat[26].“ Die „letzten, tiefsten, festen und grundsätzlichen Normen“ sind somit „menschlichem Zugriff entzogen. Man kann sie leugnen, übersehen, mißachten, verletzen, aber niemals rechtswirksam abschaffen. Gewiß, Lebensbedingungen wechseln im Zeitlauf, aber nie kann es eine völlige Lücke, einen grundsätzlichen Bruch geben zwischen gestrigem und heutigem Recht, zwischen dem Abtreten der früheren Gewalten und Verfassungen und der Geburtsstunde neuer Ordnung. *In jeder geschichtlichen Wende und Wandlung bleibt das Ziel alles gesellschaftlichen Lebens stets in unveränderter, heiliger Verbindlichkeit: Entfaltung der Persönlichkeitswerte des Menschen als des Ebenbildes Gottes*“[27]. Als persönliche Rechte, welche weder die staatliche noch die internationale Gemeinschaft aufheben oder ihre Ausübung unmöglich machen darf, nennt Pius XII.: das Recht der Gottesverehrung, das Recht zur Ehe, das Recht der Ehegatten auf Führung des ehelichen und häuslichen Lebens, das Recht einer vernünftigen Freiheit in der Berufswahl und der Ausübung eines Berufes[28], das Recht auf Privateigentum, um der Familie „die nötige Freiheit und Unabhängigkeit zu sichern“[29], das Recht auf Auswanderung, um eine neue Heimat zu

[25] Dortselbst, I, S. 1115 f., No. 2226 (aus der Ansprache an die italienischen Mitglieder der medizinisch-biologischen Vereinigung St. Lukas vom 12. November 1944).

[26] Dortselbst, I, S. 103, No. 227 f. (aus der Rundfunkbotschaft vom 24. Dezember 1942).

[27] Dortselbst, I, S. 104 f., No. 233 f. (von mir hervorgehoben).

[28] Dortselbst, I, S. 227, No. 515 (aus der Radiobotschaft vom 1. Juni 1941, zur Fünfzigjahrfeier des Rundschreibens „Rerum novarum“ Leos XIII.).

[29] Dortselbst, I, S. 228, No. 516 (wie Anm. 26).

suchen[30], das Recht „auf Rechtssicherheit und greifbaren Rechtsschutz, der gegen Angriffe der Willkür geschützt ist“[31], das Recht auf Arbeit[32] und das Recht seine Meinung zu äußern, das „die Mitgift jeder normalen Gesellschaft ist“[33].

5. *Das Recht aller Völker auf Unabhängigkeit*

Mit großer Liebe verteidigt Pius XII. in seiner Weihnachtsansprache vom 24. Dezember 1939 das Recht *aller* Völker auf Leben und Unabhängigkeit. Daher darf „der Lebenswille einer Nation niemals zum Todesurteil für eine andere Nation werden“[34]. In der Rundfunkbotschaft vom 24. Dezember 1944 führt er diesen Gedanken mit folgenden Worten aus: „Im Rahmen einer sittlich begründeten neuen Ordnung ist kein Platz für die Antastung der Freiheit, Unverletzlichkeit und Sicherheit anderer Nationen, gleichviel welcher Ausdehnung oder Wehrhaftigkeit sie sein mögen. So unvermeidlich es ist, daß die überragende Leistungskraft und Macht von Großmächten der wirtschaftlichen Gruppenbildung zwischen ihnen selbst und den kleineren und schwächeren Staaten die Wege weist, so muß doch auch für die kleineren Staaten das Recht auf Achtung vor ihrer politischen Freiheit, auf die wirksame Wahrung jener Neutralität, die ihnen nach Natur- und Völkerrecht bei politischen Verwicklungen zusteht und auf den Schutz ihrer wirtschaftlichen Entwicklung unbestritten bleiben. Denn nur so werden sie das Gemeinwohl, den materiellen und geistig-sittlichen Wohlstand, der ihrem eigenen Volk entspricht, erreichen können[35].“

6. *Das Recht der nationalen Minderheiten auf Achtung ihrer Eigenart*

In der zuletzt genannten Ansprache bemerkte Pius XII. ferner, daß im Rahmen einer sittlich begründeten neuen Ordnung auch kein Platz ist „für die offene oder getarnte Unterdrückung der den nationalen Minderheiten zustehenden kulturellen und sprachlichen Eigenart, für Verhinderung oder Einschränkung ihrer wirtschaftlichen sowie für die Beschränkung oder Verhinderung ihrer natürlichen Fruchtbarkeit“[36].

---

[30] Dortselbst, I, S. 228 f., No. 519 (wie Anm. 26).

[31] Dortselbst, I, S. 115, No. 261.

[32] Ebenso, I, S. 226, No. 513.

[33] Ebenso, I, S. 1073, No. 2133 f.

[34] Ebenso, II, S. 1876, No. 3659.

[35] Ebendort, II, S. 1953, No. 3792.

[36] Dortselbst, II, S. 1953, No. 3793.

7. *Die Einigung Europas*

Wiederholt wies Pius XII. auch auf die Notwendigkeit der Einigung Europas hin[37], bemerkte aber zugleich, daß diese nur gelingen kann, wenn sie nicht vorwiegend aus wirtschaftlichen Gründen angestrebt wird, sondern wenn vor allem die gemeinsamen geistigen Werte erneuert werden, die diesen Erdteil groß und stark gemacht haben. In seiner Ansprache an Professoren und Studenten des Europa-Kollegs von Brüssel am 15. März 1953 geht er auf diese Frage näher ein, wo er auch den Beitrag des Christentums zur Formung des europäischen Geistes mit dem Hinweis hervorhebt, daß zwar das römische Reich „durch die Verbreitung der griechisch-lateinischen Kultur die ersten juristischen, rechtlichen und kulturellen Grundlagen Europas gelegt hat", aber doch erst „das Christentum die Seele der Völker am tiefsten geformt hat. Es hat in ihnen trotz ihrer ausgeprägten Verschiedenheiten die bezeichnenden *Züge der freien Persönlichkeit* herausgearbeitet, die absoluter Rechtsträger und vor Gott ... auch für das Geschick der Gemeinschaft ... verantwortlich ist"[38].

8. *Volkswirtschaft und Weltwirtschaft*

Wiederholt behandelt Pius XII. auch wirtschaftliche Fragen, betont aber, daß auch diese soziale Fragen sind. So sagt er in seiner Ansprache an die Tagung für internationale Handelspolitik vom 7. März 1948, daß das Ziel, dem das Wirtschaftsleben „seiner Natur nach zustrebt und dem zu dienen, die einzelnen gleichermaßen in den verschiedenen Formen ihrer Tätigkeit verpflichtet sind, darin besteht, *allen Gliedern der Gesellschaft* die materiellen Grundlagen, die zur Entfaltung ihres kulturellen und geistigen Lebens notwendig sind, in einer gesicherten Weise zugänglich zu machen. Es ist also hier nicht möglich, irgend ein Ergebnis zu erzielen ohne äußere Ordnung, ohne soziale Normen, die auf eine dauerhafte Erreichung dieses Zieles ausgehen ..."[39]. Zwar kann auch das Wirtschaftsleben „nicht ohne Freiheit verstanden werden. Aber diese Freiheit kann nicht die verführerische, aber trügerische Formel der Zeit vor hundert Jahren sein, d. h. ein rein negatives Freisein vom regelnden Willen des Staates, und ebensowenig die Schein-

---

[37] Dortselbst, II, S. 1984 ff., No. 3852 ff.; S. 1993 ff., No. 3872 ff.; S. 2000, No. 3887 ff.

[38] Dortselbst, II, S. 2004, No. 3895 (von mir hervorgehoben).

[39] Dortselbst, II, S. 1753, No. 3431.

Freiheit unserer Tage, die in der Unterwerfung unter das Kommando riesiger Organisationen besteht. Die echte und gesunde Freiheit kann nur die Freiheit von Menschen sein, die sich gemeinsam *dem objektiven Ziele der Volkswirtschaft* verbunden fühlen, aber das Recht haben, zu verlangen, daß die soziale Regelung der Wirtschaft ... diese Freiheit garantiert und schützt“[40].

Die Volkswirtschaften müssen natürlich durch internationale Wirtschaftsbeziehungen erweitert werden, wenngleich diese nur eine „unterstützende Funktion“ haben[41]. Auch in der Weltwirtschaft muß die Liebe herrschen, die allein „nach den Vorschriften des göttlichen Gesetzes die brüderliche Zusammenarbeit der ihrer Autonomie und Unabhängigkeit sicheren Völker zustandebringt“[42].

Pius XII. begrüßt in seiner Weihnachtsbotschaft vom 24. Dezember 1941 auch den technischen Fortschritt, den er als „Gottes Geschenk“ bezeichnet. „Denn wie Gott das Brot aus der Scholle wachsen läßt, so hat er für uns in den Tagen der Weltschöpfung tief im Erdinneren Schätze verborgen von Glut und Metall und Edelgestein, *auf daß der Mensch sie hervorhole* für seine Bedürfnisse, seine Werke und seinen Fortschritt.“ Da aber jedes Gut mißbraucht werden kann, ist es jedoch leider möglich, die Technik auch „auf Mittel der Zerstörung“ zu richten[43].

9. Koexistenz in Wahrheit auf den Grundlagen christlicher und naturrechtlicher Normen

In seiner wegen der Erkrankung des Papstes erst am 3. Jänner 1955 in „Osservatore Romano“ veröffentlichten Weihnachtsbotschaft vom 24. Dezember 1954 bemerkt Pius XII., daß der gegenwärtige politische Gleichgewichtszustand der Welt auf der gegenseitigen „Furcht vor der militärischen und wirtschaftlichen Macht des anderen“ beruht. Mit sorgenvoller Aufmerksamkeit verfolgt jede Gruppe die Entwicklung der Rüstung und die Kapazität wirtschaftlicher Produktion der anderen, während sie der eigenen Propaganda die Aufgabe zuweist, aus der Furcht des Gegners Nutzen zu ziehen und ihre Wirkung noch zu erhöhen und weiterzuverbreiten“[44]. Ein solcher Zustand ist daher kein

[40] Ebendort, II, S. 1753 f., No. 3432.

[41] Ebendort, S. 1754, No. 3433.

[42] Ebendort, No. 3434.

[43] Dortselbst, II, S. 1950, No. 3734 (von mir hervorgehoben).

[44] Dortselbst, III, S. 3800, No. 6311.

wahrer Friede „keine Ruhe in der Ordnung" (tranquillitas ordinis), da er nicht „auf ein gemeinsames, gerechtes und ruhiges Ziel ausgerichtet" ist. Da außerdem jedes religiöse Band zwischen den Völkern fehlt, ist dieser Zustand „weitentfernt von jenem Frieden, den der göttliche Meister predigte und wollte und der auf der Einheit der Geister in der gleichen Wahrheit und in der Liebe beruht und sich auswirkt in einträchtiger Zusammenarbeit auf allen Lebensgebieten ..."[45].

Die tiefste Wurzel der gegenwärtigen Weltlage erblickt Pius XII. „im Loslösen der Wirklichkeit von ihrem Ausgangspunkt und Endziel", da die „ganze Wirklichkeit von Gott ist"[46].

Diese Betrachtungen schließt Pius XII. mit folgenden prophetischen Worten ab: „Die gegenwärtige Koexistenz in der Furcht hat demnach nur zwei Möglichkeiten vor sich: entweder erhebt sie sich zur Koexistenz in Gottesfurcht und dann zum Zusammenleben in wahrem Frieden, beseelt und überwacht von Gottes sittlicher Ordnung; oder aber sie zieht sich immer mehr zu einer eisigen Lähmung zusammen, deren schwere Gefahren schon jetzt vorauszusehen sind[47]."

Daher fordert Pius XII. jene Menschen in *allen Lagern,* „die mehr oder weniger lebendig die Spur Christi bewahrt haben", auf, die sittliche und religiöse „Grundlage der Einheit der Menschheitsfamilie zu erneuern"[48]. Pius XII. weist auch neuerdings auf das von ihm schon wiederholt herangezogene „allen gemeinsame und jedem erkennbare natürliche Gesetz" mit folgenden neuen Ausführungen hin: „Wenn die Menschen und Völker ins Dasein treten, schöpfen sie aus der Natur eine große Menge von Fähigkeiten und Kräften, um dem individuellen, wie dem sozialen Leben Gestalt zu geben. Solche *Gaben und Antriebe der Natur zeigen die Zwecke, die Richtungen, die Wege, gewissermaßen die Hauptlinien des vom Schöpfer aufgestellten Ordnungsplanes,* aber das Wie, das Wann, das Wo ihrer Verwirklichung, die Festigung eines Zieles mit dem Vorzug von einem anderen, der Gebrauch gerade dieses Mittels und nicht eines anderen: all dies ist von der Natur der freien und vernünftigen Bestimmung des Einzelnen oder der Gruppen überlassen. Das Zusammenleben ... regelt sich also nicht automatisch von selbst ... es ist vielmehr letztlich durch das

[45] Dortselbst, S. 3799, No. 6309.

[46] Dortselbst, III, S. 3803, No. 6317.

[47] Ebendort, III, S. 3803 f., No. 6318.

[48] Ebendort, III, S. 3812, No. 6334.

herrschende Wollen der Völker selbst bestimmt, besser gesagt, durch das Wollen der Menschen, die das Volk ausmachen. Nun kann aber dieses Wollen dem Einfluß von zwei verschiedenen und entgegengesetzten Kräften unterliegen, dem der Vernuft und des ruhigen Urteils und dem der blinden Instinkte und der zügellosen Leidenschaften. Beugt er sich der Macht der Vernunft, wird das Handeln der Völker aus dem natürlichen Gesetz die Mittel zu holen wissen, um die Gegensätze zu beheben und die Verschiedenheiten der Naturanlagen, der äußeren Verhältnisse und selbst der Interessen ... in ebenso viele Quellen der Zusammenarbeit und Eintracht zu verwandeln. Wenn hingegen das Wollen von den Leidenschaften überwältigt wird, so werden jene gleichen Verschiedenheiten unerträgliche Spannungen hervorrufen, deren Lösung dann dem Übergewicht der Waffen anvertraut wird".

Pius XII. wirft dann die Frage auf, wie die Völker und die Einzelnen mit Sicherheit wahrnehmen können, „welche Richtung sie ihrem Handeln in Übereinstimmung mit dem von der Natur aufgestellten Plane geben sollen"[49], und beantwortet sie dahin, „daß die Erfordernisse der Völker in den Grundlinien immer dieselben geblieben sind, weil die menschliche Natur im wesentlichen immer gleich bleibt ... Nicht weniger lehrreich ist es zu sehen, wie man immer das Bedürfnis erkannt hat, durch völkerrechtliche Verträge und Vereinbarungen das festzulegen, was nach den Grundsätzen der Natur nicht mit Sicherheit feststand und das zu ergänzen, worüber die Natur schwieg. Mehr noch: Das Studium der Geschichte und Rechtsentwicklung seit fernen Zeiten lehrt, daß einerseits eine Umwandlung der wirtschaftlichen und sozialen (manchmal auch der politischen) Verhältnisse neue Formen naturrechtlicher Postulate verlangt, denen die bisher herrschenden Systeme nicht mehr gerecht werden; andererseits aber, daß bei diesen Umwandlungen die Grundforderungen der Natur immer wiederkehren, sich mit größerer oder geringerer Dringlichkeit von einer Generation auf die andere übertragen. Hier findet ein aufmerksamer Beobachter die immer wieder irgendwie auftauchende Anerkennung der menschlichen Persönlichkeit mit ihren Grundrechten auf materielle und immaterielle Werte und folglich den unzerstörbaren Widerstand gegen die Absorbierung der Person durch die Gemeinschaft und gegen Vernichtung menschlicher Entfaltung. Als Gegenstück findet man jedoch gleicherweise die Zurückweisung der übertriebenen Selbstbehauptung des

[49] Ebendort, III, S. 3781 f., No. 6285 (von mir hervorgehoben).

Einzelmenschen und des einzelnen Volkes, die sich nicht nur dem notwendigen Dienst an der Gemeinschaft nicht entziehen dürfen, sondern verpflichtet sind, ihn positiv zu leisten ...“[50]. Diese Ausführungen zeigen uns also, daß Pius XII. zwischen den unveränderlichen Zielen des primären Naturrechts und ihren zeit- und kulturbedingten Anwendungen durch das das sekundäre Naturrecht sowie ihren näheren Bestimmungen durch das positive Recht unterscheidet[51].

V. Rückblick und Ausblick

Wenn man die hier vorgeführte Skizze der Völkerrechtslehre Pius' XII. mit jener ihrer Klassiker einerseits und der von Johannes XXIII. in seinem Rundschreiben „Pacem in terris“ dargestellten Friedensdoktrin vom 11. April 1963, die ich an anderer Stelle dargestellt habe[52], andererseits vergleicht, so wird es offenkundig, daß Pius XII. der große Weichensteller war, der die ursprüngliche universalistische Konzeption wiederaufgenommen, zugleich aber die Grundlagen für ihre Weiterbildung gelegt hat, auf denen Johannes XXIII. weiterbauen und seine allgemeine Friedenslehre entfalten konnte. Ihr kurze Zusammenfassung finden wir in der Pastoralkonstitution des II. Vatikanischen Konzils „Gaudium et spes“ vom 7. Oktober 1965[53].

Jeder, der unbefangen diese lange Entwicklung verfolgt, wird leicht feststellen können, daß eine organische Einheit vorliegt, die nirgends eine Bruchstelle aufweist. Das von einigen „Traditionalisten“ behauptete Abweichen des II. Vaticanums von der Tradition der Kirche kann daher jedenfalls in diesem Bereich an der Hand der Originalquellen leicht widerlegt werden.

---

[50] Ebendort, III, S. 3783, No. 6286.

[51] Näheres darüber in: *Verdross,* Statisches und dynamisches Naturrecht (1971).

[52] Die Entstehung der christlichen Völkerrechtslehre und ihre Entfaltung durch die Päpste sowie durch das Zweite Vatikanische Konzil, in: Die Wiener rechtstheoretische Schule (herausgegeben von *H. Klecatzky, R. Marcic* und *H. Schambeck* [Europa-Verlag Wien 1968]), S. 2283 - 2310.

[53] Dortselbst, Lateinischer und deutscher Text, in: Pastoralkonstitution. Die Kirche in der Welt von heute. Verlag Aschendorff, Münster in Westfalen 1961.

DAS BONUM COMMUNE HUMANITATIS BEI PAPST PIUS XII.

Von Robert Prantner

I.

Die rechtsphilosophische Besinnung auf das Naturrecht nahm im Denken und daher auch in den Enuntiationen Papst Pius XII. unvergeßlichen Angedenkens eine unübersehbare Vorrangstellung ein: ist doch Rechtsphilosophie ein Eckpfeiler der Philosophie überhaupt und nicht bloß ein besonderer Zweig. Jedem philosophischen Neuansatz gehen rechtsphilosophische Reflexionen voraus oder folgen ihm nach. Jeder Region der Philosophie korrespondiert eine rechtsphilosophische Position, in jedem philosophischen System hat sie ihren spezifischen Ort[1]. Daher motivierten die blutigen und unmenschlichen Erscheinungen im Europa des Zweiten Weltkrieges, aber auch die Phänomene einer zweigeteilten Erde in den Nachkriegsjahren das Oberhaupt der katholischen Weltkirche zu einer Vielzahl von Aussagen, die über das Medium der menschlichen Vernunft zugänglich sind und auch der nichtgläubigen Zuhörerschaft einsichtig erscheinen. Sie enthüllen, daß jede Berufung auf „allgemeine Rechtsüberzeugungen" (Volksgeist) dort individuelle Willkür ist, die sich kollektivistisch tarnt; wo nicht das Vorauswalten eines objektiven Kernbereiches des Rechts angenommen wird, der den Herrschenden wie den Beherrschten zugleich gemeinsam und entzogen ist[2].

Der Papst konkretisiert diesen Gedanken, wenn er die Problematik des *ganzen Menschen im Mittelpunkt der Gesellschaftsordnung* in bestimmten Regionen unter dem Blickwinkel der Gleichheit und Ebenbürtigkeit unter den Menschen aufzeigt[3]: „Sehr verschieden liegt zwei-

---

[1] Vgl. *René Marcic,* Rechtsphilosophie, in: Sacramentum mundi, 4, 1969, 50 ff.

[2] a. a. O., 64.

[3] *Pius XII.,* Die völkerumspannende Einheit der Kirche, ihr Einfluß auf die Grundlagen der Gesellschaft, 20. 2. 1946, in: *A. F. Utz / J. F. Groner,* Soziale Summe Pius XII. (Aufbau und Entfaltung des gesellschaftlichen Lebens), II, 4096.

fellos der Fall für ein Reich, das auf einer Grundlage ruht, die ihrem geistigen Gepräge nach sich im Laufe der Geschichte fest herausgebildet hat und vom Bewußtsein der großen Mehrheit der Bürger gestützt wird. Leistet indes eine solche Herrschaft nicht vielleicht einer Gefahr anderer Art Vorschub, jener nämlich, allem Eigenen einen übertriebenen Wert, eine ausschließliche Beachtung beizumessen und das Fremde nicht zu schätzen zu wissen oder es nicht einmal zu kennen? Aufs neue wird so die Einheit und Ganzheit des menschlichen Zusammenlebens erschüttert durch eine an einem wesentlichen Punkt in seiner Grundlage geschlagene Bresche: das *unveräußerliche Prinzip der Gleichheit und Ebenbürtigkeit unter den Menschen* ist verletzt."

Um eine allgemeine Basis zur Rettung des Menschen vor den Negativmächten zu proklamieren, nützt Pius XII. die bleibende Plattform des *Naturrechts,* auf welcher die Würde des Menschen im Kräftestrom des *„bonum commune"* abgesichert wird. So nimmt es nicht wunder, wenn der Papst in allen seinen Kundmachungen zu den Problemen der Welt das Gemeinwohl der Menschheit — *bonum commune humanitatis* — als *das zu verwirklichende Prinzip und Ziel der Völkergemeinschaft* profiliert. In diesem Gemeinwohl erkennt Alfred Verdross in der rechtsphilosophischen Perspektive[4] weder die Summe der von den einzelnen Menschen angestrebten Güter noch den Nutzen eines menschlichen Kollektivs, sondern den Inbegriff jener durch das Zusammenwirken von Menschen in einer Gemeinschaft hervorgebrachten Güter, die vorliegen müssen, um die einzelnen Menschen in die Lage zu versetzen, durch Fleiß und Arbeit ihr eigenes Leben so zu gestalten, daß es der *Würde des Menschen* entspricht. Das „bonum commune" umfaßt also alle Einrichtungen, die zur Erhaltung der Gemeinschaft notwendig sind, ebenso wie die des Rechtsschutzes, des Schulwesens, der Forschung und des Gesundheitsdienstes, aber auch das große Gebiet des sozialen Rechts, da es eine Voraussetzung bildet, um auch die wirtschaftlich schwachen Volksgruppen zu befähigen, ein menschenwürdiges Dasein zu führen. Was aber vom Einzelstaatswesen gilt, gilt auch für die Familie der Staaten, welche die Völkergemeinschaft darstellt. Versteht man die Völkerfamilie nicht nur als Summe einzelner souveräner Staaten, sondern als weltumspannende Gemeinschaft, so wie der einzelne Staat mehr ist als die Summe seiner Bürger, dann erhebt sich die Frage nach dem Wirkprinzip, das sie durchwaltet. Einem allfälligen Wirkprinzip müßte ein Endziel gesteckt sein. Gleichviel welche Gesell-

---

[4] *Alfred Verdross,* Abendländische Rechtsphilosophie, 1963, 272.

schaftsordnung die einzelnen Staaten gestaltet, so bekennen sie übereinstimmend, das Wohl der gesamten Menschheit und der Völker, in die sich diese Menschheit gliedert, zu erstreben. Das Gesamtwohl der Welt scheint also ein gemeinsames Ziel zu sein, das erreicht werden soll. Ein erfolgreiches Zusammenwirken der Staaten setzt den guten Willen aller beteiligten Völkerrechtssubjekte voraus, an der Verwirklichung gemeinsamer primärer und sekundärer Ziele mitzuarbeiten, da ohne eine solche innere Bereitschaft ein solidarisches Zusammenwirken unmöglich ist[5]. Die Staaten müssen also auf ein primär zu erstrebendes, gemeinsames Endziel hin orientiert sein, wenn eine Übereinstimmung der Willen erreicht werden soll. Nach allgemeinem Konsens kann dieses Endziel kein anderes sein, als das „bonum commune humanitatis"[6]. Wie Verdross feststellt, bekommt dieses Endziel erst einen konkreten Inhalt, wenn es mit der Einsicht verbunden wird, daß alle Menschen Brüder sind, weil sie alle Kinder einer großen, durch Gott und in Gott verbundenen Familie sind, wie es schon der bekannte alte Satz ausdrückt: conjunctio hominum cum Deo est conjunctio hominum inter se[7]. Daraus ist zu ersehen, daß das Recht wie das Wohl der Völkerfamilie in allgemeinen, vernunftmäßig zu erschließenden menschlichen Werten verankert ist.

So kann es, seit es Weltgeschichte gibt, kein isoliertes Gemeinwohl eines einzelnen Staates mehr geben. Weltgeschichte im eigentlichen Sinne hat nach Johannes Messner mit und nach dem Zweiten Weltkrieg begonnen. Alle Völker sind zwangsläufig in die Dynamik der weltpolitischen Entwicklung eingeschaltet, während bislang Weltgeschichtsschreibung die Darstellung des Nebeneinanders der staatlichen Entwicklungen und der kriegerischen Konflikte von Staaten gewesen war; demzufolge war das „öffentliche Interesse" bis zur Mitte des 20. Jahrhunderts fast genau auf das innerstaatliche Gemeinwohl und auf den

[5] Vgl. *Alfred Verdross*, Völkerrecht, 1964, 661 und *Robert Prantner*, Malteserorden und Völkergemeinschaft, 1964, 17 ff.

[6] Vgl. *Pius XII.*, Enz. Summi pontificatus, 20. 10. 1939: „Die Menschheit ist zwar in gesellschaftliche Gruppen, Nationen und Staaten gegliedert, zugleich ist sie aber auch durch gegenseitige sittliche und rechtliche Bindungen zu einer ganzen Gemeinschaft zusammengeschlossen, deren Ziel das Wohl aller Völker ist."

[7] Vgl. *Pius XII.*, Weihnachtsbotschaft 1954: „Die ganze Wirklichkeit ist von Gott; und gerade im Loslösen der Wirklichkeit von ihrem Ausgangspunkt und Endziel liegt die Wurzel jedes Übels", in: „Von der Einheit der Welt", 1957, 82 und *A. Verdross*, a. a. O., 661.

zwischenstaatlichen Bereich nur mit dem Blick auf die Selbstschutzfunktion abgestellt gewesen[8].

Papst Pius XII. hat dieser Entwicklung in einer Reihe von Rundschreiben, Briefen, Ansprachen und anderen Enuntiationen Rechnung getragen.

II.

Dem Denken Papst Pius XII. über das bonum commune humanitatis liegt ein Begriff zugrunde, der erst mit dem Ende des Zweiten Weltkrieges in der wissenschaftlichen Terminologie heimisch geworden ist, nämlich jener des *„Systems der internationalen Beziehungen“*[9]. Er bezeugt einen grundlegenden Wandel in der Betrachtung der außenpolitischen Vorgänge, eine Verwissenschaftlichung und Objektivierung der Betrachtungsweise und schließlich die Geburt einer neuen Disziplin: der Disziplin der Internationalen Beziehungen[10]. Die Tendenz des Papstes richtet sich auf die Fundamentierung und Erhellung jenes geistig-sittlichen Unterbaues, der ein global gespanntes Netz von interstatalen Beziehungspunkten, nämlich eine geistige Welt der Einheit, der Sicherheit und des Friedens im Sinne des Gemeinwohls aller Völker ermöglicht. Dabei diagnostiziert Pius XII. die vorhandene *Sehnsucht der Kulturwelt nach Einheit*[11]: „Infolge all der bezeichnenden Erschütterungen oder, genauer gesagt, leider, inmitten des ganzen Durcheinanders, welches dieses bereits über die Hälfte verflossene Jahrhundert immer noch charakterisiert, spürt man, wie sich in allen Schichten und in allen Geistern ein zwar unbestimmtes, jedoch starkes Bedürfnis nach Eintracht, Einheit und Zusammenarbeit unter den Menschen und den verschiedensten und gegensätzlichsten Gruppen regt. Man ist bemüht, selbst im Schoß der Gegensätze, eine Verständnisebene zu entdecken, möge sie auch noch so schmal sein, wo man übereinkommen, einen Zufluchtsort, wo man Atem schöpfen könnte, einen Ausgangs- und Zielpunkt im Hinblick auf eine vollkommenere Einheit.“

---

[8] Vgl. *Johannes Messner,* Das Gemeinwohl, 1968.

[9] Vgl. *Otto Kimminich,* Völkerrecht im Atomzeitalter, 1969, 10; *Richard N. Rosecrance,* Action and Reaction in World Politics, 1963; *Oran R. Young,* Political discontinuities in the international System, World Politics 1968, 369; *J. W. Burton,* Systems, States, Diplomacy and Rules, Cambridge 1968.

[10] Vgl. *Rudolf Blühdorn,* Internationale Beziehungen, 1956; *Stanley H. Hoffmann* (ed.), Contemporary Theory in International Relations, Englewood Cliffs, N. J., 1960; *Herbert C. Kelman,* International Behavior, New York 1965; *Quincy Wright,* The Study of International Relations, New York 1955.

[11] *Pius XII.,* Ansprache an die Mitglieder des Internationalen Komitees für Einheit und Universalität der Kultur, 15. 11. 1951, in: UG, 2004.

Pius XII. läßt keinen Zweifel offen, daß die materielle Basis des internationalen Gemeinwohls, die geopolitische Szenerie einer klein gewordenen Erde, im Sinne der *Pluralität in subsidiärer Kommunikation*, im Sinne der *Solidarität in interstatalem Ausgleich* und auf Grund des bereits scholastischem Axioms der *„Einheit in der Vielfalt" in sozialer Gerechtigkeit* zu gestalten ist[12]:

„Was es bei dieser ‚Universalität der Kultur' vor allem zu fördern gilt, ist weniger, so nützlich sie sein mag, die Vergemeinschaftung der Besonderheiten, die jedem Land, jedem Volk eigen sind, als das Zusammenwirken ihrer verschiedenen Fähigkeiten. Die Veranlagungen, Charaktereigenschaften. Traditionen, sogar die klimatischen Verhältnisse, flößen diese Fähigkeiten sozusagen ein und verfeinern sie, Fähigkeiten, die sich, in herzlicher Zusammenarbeit auf ein und dasselbe Ziel gerichtet, gegenseitig ergänzen und zu einem viel vollkommeneren Ergebnis führen. Das bedeutet im Bereich des Geistes kurz das, was auf dem Gebiet der Industrie oder Wirtschaft eine auf die Fähigkeiten abgestimmte Arbeitsteilung oder -verteilung ist. Natürlich braucht es ein Mindestmaß an allgemeiner Kultur, gemessen an den persönlichen Vorbedingungen, für alle; nichtsdestoweniger ist in irgendeinem Arbeitsbereich, um den es geht, die eine Nation weit überlegen in der gelehrten Erforschung der Quellen, die andere in der Analyse oder Synthese der bereitgestellten Materialien, die dritte in deren Verarbeitung und jene in der Fähigkeit, sie anzubieten und zur Geltung zu bringen. So werden die Völker, weit davon entfernt, sich gegenseitig Konkurrenz zu machen und sich in Gegensatz zu bringen, Geschmack daran finden, einander zu ergänzen, indem jedes seine Begabungen mitbringt und jedes die Segnungen der Begabungen aller anderen genießt."

Demzufolge liegt das wirkliche *Anliegen einer christlichen Weltgesinnung, eines Internationalismus der Staatenfamilie* gemäß der Lehre Papst Pius XII. nicht in einer Vereinheitlichung der Formen und Gestalten, sondern *in der Schaffung der notwendigen Möglichkeiten für einen ständigen und internationalen Güterfluß immaterieller und materieller Art, dessen Funktionsmechanismus zugleich die Struktur des bonum commune humanitatis ausmacht.* Der Papst bringt dies in dem Weltrundschreiben „Summi Pontificatus" vom 20. Oktober 1939 eindeutig zum Ausdruck[13]:

---

[12] a. a. O., 2007.

[13] *Pius XII.*, Enz., Summi pontificatus, 20. 10. 1939, in: UG 1315 - 1318.

„*Die Menschheit ist zwar, gemäß der von Gott eingerichteten natürlichen Ordnung, in gesellschaftliche Gruppen, Nationen und Staaten geteilt, die voneinander unabhängig sind in Bezug auf Gestaltung und Leitung ihres Eigenlebens; zugleich ist sie aber auch durch gegenseitige sittliche und rechtliche Bindungen zu einer großen Gemeinschaft zusammengeschlossen, deren Ziel das Wohl aller Völker ist und die ihre Einheit und ihren Fortschritt durch besondere Gesetze schützt.* Es ist nun klar, daß die angebliche absolute Autonomie des Staates zu dieser naturgegebenen Rechtsordnung in offenem Widerspruch steht, sie geradezu leugnet, indem sie die Dauerhaftigkeit internationaler Beziehungen dem Ermessen der Regierenden überläßt und dadurch eine gesicherte Einigung und fruchtbare Zusammenarbeit zum gemeinsamen Wohl unmöglich macht. Soll es also, Ehrwürdige Brüder, ein dauernd friedliches Nebeneinander und fruchtbringende Verbindungen von Land zu Land geben, so ist dafür unerläßlich Voraussetzung, daß die Völker das die internationalen Beziehungen unterbauende Naturrecht anerkennen und danach handeln, durch das allein jene Verbindungen bestehen und sich auswirken können. Zu diesem Naturrecht gehört die Achtung der jeweiligen Rechte auf Unabhängigkeit, auf Dasein und Entwicklungsmöglichkeiten kultureller Art; dazu gehört ferner die Einhaltung der Verträge, die nach den Satzungen des Völkerrechts eingegangen worden sind. Zweifellos ist unerläßliche Vorbedingung für jedes friedliche Zusammenleben der Völker und gewissermaßen die Seele aller Rechtsbeziehungen zwischen ihnen das gegenseitige Vertrauen, die Zuversicht, daß alle Teile davon überzeugt sind, wie sehr ‚Weisheit besser ist als Waffengewalt' (Pred. 9, 18); daß man bereit ist, zu verhandeln und nicht zur Gewalt oder Gewaltandrohung zu schreiten, wenn Verschleppung, Hindernisse, Änderungen oder sonstige Unstimmigkeiten vorliegen; denn dergleichen braucht nicht notwendig von bösem Willen zu kommen, sondern kann in den gewandelten Verhältnissen und tatsächlichen Interessengegensätzen seinen Grund haben. Wollte man jedoch das Völkerrecht vom göttlichen Recht loslösen, um es auf den unabhängigen Willen der Staaten aufzubauen, so würde man es dadurch entthronen und ihm die vornehmste und stärkste Verankerung nehmen, um es der unseligen Dynamik privater Interessen und kollektiver Selbstsucht zu überantworten, die beide nur mehr die eigenen Rechte auf Kosten der Rechte anderer zur Geltung bringen wollen."

Diesem Grundgedanken Papst Pius XII. korrespondieren die konkretisierenden Aussagen zu Problemen der Weltgesellschaft, die im folgenden Abschnitt kursorisch Erwähnung finden.

III.

Die Sorge um das bonum commune humanitatis war für Papst Pius XII. ident mit der Sorge um die *Probleme der internationalen Ordnung,* der Organisation der Völkergemeinschaft, ein Fragenkreis, von dem Franz Klüber in seiner „Katholischen Gesellschaftslehre“ überschauend bemerkt[14], daß dieser vor allen in den Weihnachtsbotschaften des Heiligen Vaters erörtert worden sei. Die gedanklichen Elemente der Lehre vom Gemeinwohl der Völkergemeinschaft nach Pius XII., wie wir oben bemerkten, wurden bereits zu Beginn des Pontifikates in der Enzyklika „Summi Pontificatus“ vom 20. 10. 1939 grundgelegt. Der Papst weist darauf hin, daß die *Völkergemeinschaft,* unbeschadet der Eigenständigkeit der Einzelstaaten, eine Gemeinschaft mit eigenem Ziel und also einem *spezifisch ihre zugeordneten Gemeinwohl* darstellt. Dem Gemeinwohl der Völkergemeinschaft entspricht daher konsequent auch eine eigene *Gemeinwohlgerechtigkeit.* Sie ist eine soziale Gerechtigkeit, die als Ausgleich der Interessen zwischen den Völkern und als unterstützende Hilfe für notleidende Staaten wirksam werden muß. Dieser Gedanke wurde später von Johannes XXIII. in seine Rundschreiben „Mater et Magistra“ und „Pacem in terris“ aufgenommen und weiter entfaltet[15]. Dieser Räson entspricht die positive Einschätzung der Organisation der Einzelstaaten als *Weltorganisation,* die gegenüber den Mitgliedstaaten mit wirksamer Autorität ausgestattet sein müsse. Die Eigenständigkeit der einzelnen Staaten bleibt zwar unangefochten, kann aber nur als „relative Souveränität“ verstanden werden, weil sie sich dem Gemeinwohl der Völkergemeinschaft einfügen und unterordnen muß[16]. Gleich der Familie und dem Staat rangiert auch die Völkergemeinschaft als „societas naturalis“, die, im Naturrecht gründend, „unentbehrlich für das menschliche Leben“ ist[17].

So erkennt man auch die naturrechtliche Verpflichtung, weitaus stärker verbindlich als freiwillige Beschlüsse aus menschlichem Belieben, die *Völkergemeinschaft* in einer festen *äußeren Organisation als Rechts-*

---

[14] *Franz Klüber,* Katholische Gesellschaftslehre, 531 ff.

[15] Vgl. Weihnachtsbotschaft vom 24. 12. 1951, in: UG 4201; Weihnachtsbotschaft vom 24. 12. 1952, in: UG 3294; Ansprache am 13. 4. 1958, in: UG 6446; *Johannes XXIII.,* Mater et Magistra, n. 157 ff., 200 ff.; Pacem in terris, n. 80, 98 ff., 121 ff., 130 ff.; Pastoralkonstitution Gaudium et spes, n. 83 ff.; *Paul VI.,* Populorum progressio, n. 43 ff.

[16] Vgl. Rundfunkbotschaft (Weihnachtsbotschaft) vom 24. 12. 1944, in: UG 3492; Ansprache am 6. 12. 1953, in: UG 3967.

[17] Vgl. Weihnachtsbotschaft vom 24. 12. 1951, in: UG 4198 ff.

ordnung aufzubauen. Kann sie doch ohne eine solche ihre Zwecke als *Friedensordnung,* die Sicherung des Rechtes und des Wohlstandes auf internationaler Ebene und die Erhaltung des Weltfriedens, nicht erfüllen. Deshalb folgert der Papst, daß „die unauflösliche Vereinigung der Staaten eine natürliche Forderung ist, sie ist eine Tatsache, die sich ihnen aufdrängt und der sie sich, wenn auch zuweilen zögernd, wie der Stimme der Natur unterwerfen, indem sie sich bemühen, ihrer Vereinigung auch eine dauerhafte äußere Regelung, eine Organisation zu geben"[18]. Bereits aus einem zuvor gegebenen Anlaß hatte Pius XII. erklärt, man müsse „zu einer Organisation dieser Art kommen, und wäre es nur, um dem Wettrüsten, durch das sich seit Jahrzehnten die Völker zugrunde richten und völlig nutzlos aufreiben, ein Ende zu machen"[19].

Wie bereits ausführlich zitiert erkennt der Papst im *Völkerrecht* die rechtliche Grundlage einer in einer Weltorganisation vereinten Familie der Nationen. Er unterscheidet innerhalb des im Begriff des Völkerrechts zusammengefaßten Normenkomplexes naturrechtliche und positivrechtliche Normen. Der dem Naturrecht innewohnende Part des Völkerrechts bildet die Grundlage, auf dem die Rechtsordnung der Staatenfamilie aufgeführt werden muß. Diese dem Ermessen der Einzelstaaten entzogenen naturrechtlichen Prinzipien bedürfen der Konkretisierung durch das gesetzte Recht der Völkergemeinschaft. Diesem kommt die Aufgabe zu, das unveränderbare Naturrecht auf die jeweiligen geschichtlichen Verhältnisse anzuwenden und also in wandelbares Naturrecht auszuformen. Pius XII. erläutert dies folgendermaßen: „Der Weg zur Völkergemeinschaft und deren Errichtung hat nicht den Willen der Staaten zur einzigen und letzten Norm, sondern vielmehr die Natur oder den Schöpfer. Das Existenzrecht, das Recht auf Achtung und guten Namen, das Recht auf Eigenart und eigene Kultur, das Recht auf Entwicklung, das Recht auf Einhaltung zwischenstaatlicher Verträge und ähnliche Rechte sind Forderungen des Völkerrechts, die das Naturrecht vorschreibt. Das positive Völkerrecht, das ebenfalls in einer Staatengemeinschaft unerläßlich ist, hat die Aufgabe, die Forderungen der Natur näher zu bestimmen und den konkreten Verhältnissen anzupassen und darüber hinaus noch andere, stets dem Zweck der Gemeinschaft entsprechende Regelungen zu treffen, die zwar freiwillig eingegangen

[18] a. a. O., 4198.

[19] Ansprache am 6. 4. 1951, in: UG 3995; vgl. *Johannes XXIII.,* Pacem in terris, n. 137 ff. — Pastoralkonstitution Gaudium et spes, n. 82; *Paul VI.,* Populorum progressio, n. 78.

sind, dann aber verpflichtende Kraft erhalten[20]." Pius XII. erläutert hier unter Berufung auf seine Toleranzansprache vom 6. 12. 1953 noch einmal den Begriff des Völkerrechts und dessen Bedeutung für die Völkergemeinschaft. Er bezieht seine Ausführungen auf die Enzyklika Summi Pontificatus vom 20. 10. 1939[21]. Hinsichtlich der Entwicklung und des Ausbaues einer Weltorganisation der Völker läßt der Papst keine Illusionen aufkommen und sieht die großen Schwierigkeiten, die sich der Effizienz der Völkergemeinschaft in den Weg stellen. Er zitiert die *Spaltung des Globus in Machtsphären mit Blockcharakter:* Blöcke, die nur noch in der *„Koexistenz der Furcht"* leben und sich gegenseitig tolerieren, um sich vor dem Untergang zu retten[22]. Es ist der Zustand des „Kalten Krieges" oder auch des „Kalten Friedens" und demnach „kein Kriegszustand, aber auch kein Friede: es ist ein Zustand kalter Ruhe"[23]. Kann man dabei noch von einem gemeinsamen Wohl der Menschheit sprechen? Die Menschen und Völker leben in der Angst vor der militärischen und wirtschaftlichen Macht des anderen, in der Furcht vor der vernichtenden Wirkung der Atomwaffen und rechnen nicht mehr damit, daß in dieser fast fatalen Lage Prinzipien der Vernunft und der Moral noch Hilfe bringen können. Diese Koexistenz der Furcht habe, so meint Pius XII., nur zwei Möglichkeiten vor sich: Entweder erhebe sie sich zu einer *„Koexistenz in Gottesfurcht"* und also zu einem von der sittlichen Ordnung getragenen Zusammenleben in wahrem Frieden oder sie führe zu einer „eisigen Lähmung des internationalen Lebens", die die Auslösung eines Krieges in bedrohliche Nähe rückt[24]. Nicht zuletzt ist es auch ein übertriebener oder überspannter *Nationalismus,* der sich der organisatorischen Verfestigung der Völkergemeinschaft hindernd in den Weg stellt. Der Papst erwähnt die „Verwechslung nationalen Lebens mit nationalistischer Politik". Als Pflege der einer politischen Gemeinschaft eigenen Kulturwerte sei nationales Leben zu fördern; es werde aber dann zum Prinzip der Auflösung der Völkergemeinschaft, wenn es vom zentral organisierten Machtstaate zur Grundlage seines Expansionsdranges gemacht werde[25].

---

[20] Ansprache am 6. 12. 1953, in: UG 3966; — Ansprache am 13. 10. 1955, in: UG 6287.

[21] *Pius XII.*, Enz. Summi pontificatus, in: UG 55.

[22] Vgl. Weihnachtsbotschaft vom 24. 12. 1954, in: UG 6307 ff. — vgl. auch *Paul VI.*, Populorum progressio, n. 84.

[23] a. a. O., 6311.

[24] Vgl. a. a. O., 6311, 6318.

[25] Vgl. a. a. O., 6326; vgl. auch *Paul VI.*, Populorum progressio, n. 62.

Auch die menschliche *Fehlhaltung im Bereich des Technischen,* die Unfähigkeit, den technologischen Fortschritt in den Dienst des Menschen zu stellen, nennt Pius XII. als Hindernis für den Aufbau einer Weltorganisation mit Gemeinwohlcharakter. Der Papst begrüßt an und für sich den von Gott kommenden technischen Fortschritt, der auch zu Gott führen könne: „Die Technik führt den heutigen Menschen in der Tat zu einer bisher nie gekannten Beherrschung der materiellen Welt. Jede Erforschung und Entdeckung der Kräfte der Natur durch die Technik führt letzten Endes zu einer Erforschung und Entdeckung der Größe, Weisheit und Harmonie Gottes[26]." Werde hingegen die Technik zum höchsten Wert erhoben und verabsolutiert, also „verkehrt", so beginne damit eine aus ihr entspringende Gefährdung des Menschen; der Mensch verengt dann seinen Blick auf Materie und Technik und sucht nur in ihnen die Vollendung der Kultur. Er verliert im Gefolge den „sensus" für die Welt der Werte, des Geistigen und des Religiösen. Dann werde das technische Zeitalter „sein monströses Meisterwerk vollenden und den Menschen in einen Riesen der physischen Welt verwandeln auf Kosten seines Geistes, den es zu einem Zwerg in der übernatürlichen und ewigen Welt macht"[27]. Wie nach dem Psalmwort ein Abgrund den anderen anruft, so führt nach Pius XII. diese Fehlhaltung des technischen Geistes im Bereich der Gesellschaft zu dem Mißverständnis, daß man auch die menschliche Gesellschaft „more geometrico" konstruieren könne: „Die ganze Welt wird für ihn (den die Technik verabsolutierenden Geist des Menschen) ein Laboratorium, wo er in streng mathematischer Verknüpfung die Kräfte der Natur immer von neuem bindet, sie verteilt und dosiert und die Ereignisse formt und vorausbestimmt[28]." In dieses von der Technik und vom technischen Denken beherrschte Weltganze wird also auch die *Gesellschaftsordnung der Völkergemeinschaft* miteinbezogen: „Die Jünger des sogenannten Realismus versichern, daß es ... genügen würde, das Prinzip der persönlichen Verantwortlichkeit und des Gleichgewichts der Energien in den gewissermaßen mechanischen und rein funktionellen Prozeß des vergesellschafteten Lebens einzuschalten. Und sie wiederholen: Wie die verbreitetere Kenntnis der Gesetze und Funktionen der Dingwelt die kühnsten technischen Verwirklichungen zur Folge gehabt hat, so würde auch auf dem Gebiet der sozialen Strukturen eine gesteigertere Kennt-

---

[26] Weihnachtsbotschaft vom 24. 12. 1953, in: UG 659 — vgl. Weihnachtsbotschaft vom 24. 12. 1941, in: UG 3784.

[27] a. a. O., 664.

[28] Weihnachtsbotschaft vom 23. 12. 1956, in: UG 4396.

nis der Gesetze, die ihren Mechanismus regeln, genügen, um zu einer vollkommenen Gesellschaft zu gelangen. Daher ist es nicht zu verwundern, daß der moderne Mensch, wenn er sich dem sozialen Leben zuwendet, dies als Techniker tut, der zuerst eine Maschine in ihre allerkleinsten Teile auseinandernimmt und sich dann anschickt, sie nach seinem eigenen Modell wieder zusammenzusetzen[29]." Demgegenüber spricht Papst Pius XII. die Überzeugung aus, daß das soziale Leben nicht eine physikalische, sondern eine historisch-geistige Wirklichkeit sei, die unter dem Anspruch des Sittengesetzes steht. Wer die Person und ihr sittliches Entscheidungsvermögen in die Totalität technischer Abläufe einplane und unter Mißachtung der persönlichen Würde und Freiheit mit den Menschen „wie mit unbelebten Dingen in einem Laboratorium" umgehe, fördere nicht die Einheit der Völkergemeinschaft, sondern gefährde sie, weil sie nicht verwirklicht werden könne ohne die Anerkennung der gemeinsamen geistigen und sittlichen Ziele der Menschheit[30].

Das christliche Abendland von einstmals, der durch die Wunden des Krieges geschändete und geschwächte *Kontinent Europa* wird für Papst Pius XII. gewissermaßen zum *Modell und Erprobungsraum seiner Vorstellungen über das bonum commune humanitatis*. Er bezeichnet die Einheit Europas als eines der konkreten Ziele der Gegenwart und zugleich als eine der Bedingungen für das Zustandekommen einer Völkergemeinschaft: die Verwirklichung der Union jener Völker, „die sich zwar voneinander unterscheiden, aber geographisch und historisch miteinander verbunden sind"[31]. In seiner Weihnachtsbotschaft vom 24. 12. 1953 setzt sich der Papst noch mit beachtlicher Zuversicht für die Realisierung des Europagedankens ein: „Eine gültige Ermutigung zu dieser Union ergibt sich aus dem offenkundigen Versagen der entgegengesetzten Politik und aus der Tatsache, daß die Völker selber in ihren breitesten Schichten ihre Verwirklichung erhoffen, indem sie sie für notwendig und für praktisch möglich halten. Die Zeit scheint also reif dafür, daß die Idee Wirklichkeit werde. Darum rufen wir vor allem die christlichen Politiker zur Tat auf. Ihnen brauchen wir nur in Erinnerung zu rufen, daß jede Art friedlicher Einigung der Völker immer ein Anliegen des Christentums gewesen ist. Warum noch zaudern? Das Ziel ist klar, die Bedürfnisse der Völker liegen offen vor aller Au-

---

[29] a. a. O., 4390, 4397.

[30] Vgl. a. a. O., 4400 f.; 673.

[31] Weihnachtsbotschaft vom 24. 12. 1953, in: UG 674.

gen[32]." Pius XII. übersieht nicht, daß der Aufbau eines politisch geeinten Europas keine Sache des Kalküls ist und nicht mit rechnerischer Sicherheit geplant und organisiert werden kann. Niemand könne eine absolute Garantie für den glücklichen Ausgang der Bemühungen um die Einigung Europas verlangen; denn es handle sich um ein Wagnis, jedoch um ein notwendiges und auch um ein vernünftiges Wagnis, das den gegenwärtigen Möglichkeiten entspreche, wenn man auch „vorsichtig zu Werk gehen und mit wohlabgemessenen Schritten vorausschreiten" müsse. Noch einmal drängt der Papst zum Handeln und demonstriert die ernste Lage des europäischen Kontinentes, für den es keine Sicherheit ohne Wagnis gebe: „Wer absolute Gewißheit verlangt, beweist keinen guten Willen gegenüber Europa[33]."

Schon die Weihnachtsbotschaft 1954 ist bezüglich der europäischen Einigung nicht mehr von einer gleichen Zuversicht getragen. Pius XII. sieht die vermehrten und noch immer wachsenden Widerstände, die vor allem in *neo-nationalistischen Tendenzen* wurzeln, und die sich der politischen Integration Europas in den Weg stellen. Er äußert seine Sorge, daß Bestrebungen Geltung verlangen, „zum Typ des Nationalstaates zurückzukehren, der, geschlossen in sich selbst, die Kräfte in sich zusammenballend, unruhig wechselnd in der Wahl seiner Bündnisse, ebenso schädlich wäre wie der im vergangenen Jahrhundert herrschende Typ"[34]. In diesem neuauflebenden Nationalismus sieht also der Papst nicht nur ein Hindernis für die Einigung Europas, sondern auch für ein internationales Gemeinwohl, in dem das jeweilige staatliche Gemeinwohl integriert erscheint. Der Heilige Vater weist den Vorwurf zurück, unter den gegenwärtigen Verhältnissen bedeute die Dynamik des nationalistischen Staates für andere Völker keine Gefahr, weil es meist an der entsprechenden wirtschaftlichen und militärischen Kraft fehle. Demgegenüber äußert sich Pius XII: „Auch die Dynamik einer eingebildeten nationalstaatlichen Macht, die mehr in Gefühlen zum Ausdruck kommt als in Taten, weckt gleicherweise Widerwillen, nährt das Mißtrauen und den Verdacht bei den Bündnissen, verhindert das gegenseitige Verstehen und infolgedessen die ehrliche Zusammenarbeit und gegenseitige Hilfe, nicht mehr und nicht weniger, als wäre sie im Besitz wirklicher Macht[35]." Die Sendung Europas, als ein Hort der Kul-

---

[32] a. a. O., 674.

[33] a. a. O.

[34] Weihnachtsbotschaft vom 24. 12. 1954, in: UG 6325.

[35] a. a. O., 6327.

tur die Welt aus der Fülle seiner geistig-sittlichen und kulturellen Werte zu bereichern, sei nur gültig begründet, wenn es bereit sei, der „Vergötzung der Macht abzuschwören" und „in der Rückkehr zu Gott und den christlichen Idealen" die „Grundlage und das Band seiner Einheit und wahren Größe wiederzufinden"[36]. Schließlich adressiert Pius XII. in seiner Weihnachtsbotschaft vom 23. 12. 1956 an die Völker Europas eine Mahnung zur Solidarität, diesem Wirkprinzip des bonum commune humanitatis. Er bezeichnet die Einigung Europas als Weg, der „ganzen Welt den Frieden und ein fruchtbares Erbe an Hab und Gut zu sichern". Angesichts des Suezkonflikts, des Ungarn-Befreiungskampfes und der durch diese Ereignisse unter den europäischen Staaten ausgelösten Enttäuschungen, Bitterkeiten und gegenseitigen Anklagen, gibt der Papst nunmehr seiner tiefen Skepsis und Besorgnis Ausdruck: Wenn die Staaten Europas in so einseitiger Weise sich untereinander mit Vorwürfen und Schmähungen zu treffen suchen, müsse man daran zweifeln, ob „noch irgendein Band" zwischen ihnen bestehe[36a].

Das *wertvollste Gut des bonum commune humanitatis* ist jedoch nach Pius XII. der *Friede*. Friede ist auch das Primärziel aller Bemühungen um die Gestaltung der zwischenstaatlichen Beziehungen und der internationalen Ordnung. Der Friede ist, so erläutert der Papst gemäß der Formel des hl. Aurelius Augustinus, „die Ruhe der Ordnung". Diese aber ist „jene Verteilung von gleichen und ungleichen Bestandteilen, die einem jeden den ihm gebührenden Platz zuweist (De civitate Dei, XIX, 13)"[37]. Der Kreis seiner Überlegungen schließt sich, wenn Pius XII. als Voraussetzung des Friedens die Anerkennung eines allen Völkern gemeinsamen Naturrechts und also auch die Anerkennung der Gerechtigkeit postuliert, die verlangt, „daß alle die geheiligten Rechte der Freiheit und Würde des Menschen achten und schützen, daß die unabsehbaren Schätze und Reichtümer, die Gott über das Weltall ergoß, zum Nutzen aller naturgemäß und gerecht verteilt werden"[38]. Die Gerechtigkeit aber müsse sich mit der Liebe verbinden, weil sonst „allzu leicht das geistige Auge vor Dunkelheit die Rechte des anderen nicht wird sehen können, das Ohr wird taub werden gegenüber der Stimme jener

---

[36] a. a. O., 6330; vgl. Ansprache am 13. 6. 1957, in: UG 6396 — Ansprache am 15. 3. 1953, in: UG 3888.

[36a] Weihnachtsbotschaft vom 23. 12. 1956, in: UG 4411.

[37] Ansprache am 1. 11. 1947, in: UG 3555; — vgl. Osteransprache in St. Peter am 9. 4. 1939, in: UG 3636.

[38] a. a. O., 3640; vgl. Ansprache am 13. 10. 1955, in: UG 6284.

Billigkeit, die, wenn sie mit willigem und verständigem Bemühen untersucht wird, auch die verworrensten und schwierigsten Streitfälle in vernünftiger Ordnung lösen und beschwichtigen kann"[39]. Eine ausführliche Interpretation der vielfachen Äußerungen Pius XII. zur sittlichen Frage des Krieges im Rahmen seines Weltgemeinwohldenkens würde den Rahmen dieser Studie sprengen. Doch sei vermerkt, daß seine Ermahnungen die Basis der großen Friedensarbeit der Nachfolger Johannes XXIII. und Paul VI. begründen und diese in den Zusammenhang der internationalen kirchlichen Soziallehre rücken.

IV.

Die Ermahnungen an die Völkergemeinschaft zu einem internationalen Leben in Gerechtigkeit und Frieden[40], die Erfüllung sittlicher Bedingungen für einen dauerhaften Völkerfrieden zum Gemeinwohl der Welt[41] und die Deklaration der Freiheit als wahrer Grundlage des Friedens eben dieser Welt[42] sind neben den Ermahnungen zu einer Rückkehr zu Gott[43] und für eine Völkerverständigung auf dem Boden christlicher Lebensideale[44] Bauelemente zum bonum commune humanitatis. Dazu tritt folgerichtig die Mahnung, wachsam zu sein gegenüber Kriegsvorbereitungen jener, die sich als „Feinde der Menschenrechte" erweisen. Bereits am 16. 5. 1958 hatte Papst Pius XII. eine Adresse an die Mitglieder des „NATO-Defence-College" gerichtet, in welcher der Heilige Vater *die Verteidigung der Menschenrechte im Lichte des christlichen Optimismus* dem Atlantischen Bündnis als prinzipielle, gemeinwohlbezogene Norm vor Augen führt[45]. Zunächst sei hinter allen Formen menschlicher Bosheit das Wirken des Widersachers zu erblicken: „Es ist nicht das erste Mal, daß Wir die Mitglieder

[39] a. a. O., 3641; zum Gesamtproblem einer Weltgemeinwohlethik vgl. *Robert Prantner*, Gedanken zum Prinzip Internationalismus, in: Wiener Blätter zur Friedensforschung, 1977, 12, 4 ff. und *ders.*, Die Auswärtige Politik der Staaten und das Interesse der Kirche, in: *H. Schambeck* (Hrsg.), Kirche und Staat (Festschrift für Fritz Eckert), 1976, 544 ff.

[40] Vgl. Osteransprache in St. Peter am 9. 4. 1939, in: UG 3644, 3645.

[41] Ansprache an den neuen Gesandten von Ecuador, am 13. 7. 1948, in: UG 3597 - 3602.

[42] Brief *Pius XII.* an US-Präsident Truman, 26. 8. 1947, in: UG 3761 - 3766.

[43] Namenstagsansprache an das Heilige Kollegium, 2. 6. 1942, über „Die Kirche und die Völkergemeinschaft", in: UG 4046 - 4053.

[44] Ansprache an die Teilnehmer des Congress of European-American Associations, 18. 9. 1955, in: UG 6300 - 6306.

[45] In: UG 6402 - 6405.

des *NATO-Verteidigungs-College* empfangen. Der hl. Petrus sprach zwar die Warnung aus, nüchtern und wachsam zu sein, denn der Widersacher gehe umher wie ein brüllender Löwe, der sucht, wen er verschlinge (vgl. 1 Petr. 5, 8). Und der hl. Paulus ermahnt die Epheser, Gottes Waffenrüstung anzuziehen, um den Ränken des Teufels zu widerstehen. ‚Denn unser Kampf geht nicht gegen Fleisch und Blut, sondern ... gegen die bösen Geister in den Himmelshöhen (vgl. Eph. 6, 11 - 12).' Die Apostel meinten jedoch damit den Kampf des Menschen gegen die Feinde Gottes zur Rettung seiner unsterblichen Seele. Dieser Kampf im geistigen Bereich geht bis ans Ende der Zeiten täglich und stündlich weiter. Jeder Mensch muß hier bereit sein, sich zu verteidigen, wenn er nicht überwältigt werden will."

Es gelte jedoch, auch einem irdischen Kampf gegen die Feinde der Menschenrechte zu begegnen: „Die spezifische Aufgabe Ihres Verteidigungs-College ist jedoch ganz anderer Art. Es hat das Ziel, Sie zu lehren, wie man gegen den Angriff aus den Reihen der eigenen Mitmenschen in dieser Welt bereit sein muß. Ist es nicht betrüblich, feststellen zu müssen, daß eine solche Verteidigung notwendig ist? Daß Menschen ihre Mitmenschen der Rechte berauben wollen, die nichts anderes sind als die natürliche Entfaltung ihrer eingeborenen Würde als Person und unendlich erhöht werden durch den Wert, den der göttliche Erlöser dieser Würde verliehen hat?"

Die gleiche Sehnsucht aller sei ein natürlicher und christlicher Idealzustand: „Sollte man nicht erwarten, daß alle Glieder der großen Menschheitsfamilie glücklich wären, sich in ihr gemeinsames persönliches Recht zu teilen, das älter als jeder Staat ist? Daß sie in gleicher Weise ihre heiligen Pflichten gegenüber dem Schöpfer erfüllen, wie sie ihr nationales Recht wahrnehmen, nämlich ihre eigene Kultur und ihren Nationalcharakter frei vom Alpdruck feindlicher Gewalt zu entwickeln?" Schutz und Verteidigung, wie sie die NATO-Familie auf ihre Fahne geschrieben hat, müßten aber im Lichte des christlichen Optimismus betrachtet werden: „Man muß sich der Wirklichkeit stellen, heißt die Antwort. Gleichzeitig muß man aber auch mit Vertrauen und vernünftigem Optimismus auf den Tag hinarbeiten, da Schutz und Verteidigung mit einem Minimum an Aufwand gewährleistet werden können, da Wahrheit und gleiches Recht für alle diejenigen als verbindliche Leitgedanken gelten, denen die schwere Aufgabe obliegt, die Völker zum höchsten Ziel eines dauerhaften Friedens zu führen. Wahrheit und gleiches Recht für alle, wie kostbar und edel in sich, und doch, wie hohl klingen diese Worte bei denen, die nicht an Gott glauben.

Möge Gott rasch den Tag herbeiführen, da alle Menschen ihm ihren Glauben und ihre Liebe entgegenbringen. Dieser Glaube und diese Liebe werden das Band schmieden, das die Menschen in Harmonie und Frieden verbindet[46]."

Um den Menschen einen gangbaren Weg zu einem internationalen Gemeinwohl in ebenjener Harmonie und in Frieden aufzuzeigen, formulierte der Papst bereits im Jahre 1941 jene 5 *Imperative zur Grundlegung einer internationalen Neuordnung,* die zugleich eine *moralische Magna Charta zum bonum commune humanitatis* darstellen und im Centenarium seines 100. Geburtstages nach wie vor von bezwingender Aktualität erscheinen[47]. Im einzelnen fordert der Papst von der Völkergemeinschaft[48]:

„1. *Kein Angriff auf Freiheit und Leben der kleineren Nationen*

Im Rahmen einer sittlich begründeten neuen Ordnung ist kein Platz für die Antastung der Freiheit, Unverletzlichkeit und Sicherheit anderer Nationen, gleichviel welcher Ausdehnung oder Wehrhaftigkeit sie sein mögen. So unvermeidlich es ist, daß die überragende Leistungsfähigkeit und Macht von Groß-Staaten der wirtschaftlichen Gruppenbildung zwischen ihnen selbst und den kleineren und schwächeren Staaten die Wege weist, so muß doch — wie für alle im Rahmen des Allgemeininteresses— auch für die kleineren Staaten unbestritten bleiben das Recht auf die Achtung vor ihrer politischen Freiheit, auf die wirksame Wahrung jener Neutralität, die ihnen nach Natur- und Völkerrecht bei politischen Verwirklichungen zusteht, auf den Schutz ihrer wirtschaftlichen Entwicklung. Denn nur so werden sie das Gemeinwohl, den materiellen und geistig-sittlichen Wohlstand ihres eigenen Volkes entsprechend erreichen können.

2. *Keine Unterdrückung der völkischen Minderheiten und ihrer kulturellen Eigenart*

Im Rahmen einer sittlich begründeten neuen Ordnung ist kein Platz für die offene oder getarnte Unterdrückung der den nationalen Minderheiten zustehenden kulturellen und sprachlichen Eigenart, für Verhinderung oder Einschränkung ihrer wirtschaftlichen Wirkungsmöglichkeiten, für die Beschränkung oder Verhinderung ihrer natürlichen Fruchtbarkeit. Je gewissenhafter die verantwortliche Staatsmacht die Rechte der Minderheiten achtet, um so sicherer und wirksamer kann sie von deren An-

---

[46] Vgl. *Robert Prantner,* Die Gemeinwohlfunktion des Nordatlantischen Verteidigungspaktes (NATO), in: Beiträge zur Zeitgeschichte (Festschrift für Ludwig Jedlicka), hrsg. v. *Rudolf Neck* und *Adam Wandruszka,* 355 f.

[47] Weihnachtsbotschaft vom 24. 12. 1941, in: UG 3776 - 3805.

[48] a. a. O., 3792 - 3801.

gehörigen die gesetzliche Erfüllung der Pflichten verlangen, die ihnen mit allen übrigen Staatsbürgern gemeinsam obliegen.

3. *Keine ungerechte Beschlagnahme der Bodenschätze durch die einen Nationen zum Nachteil der anderen*

Im Rahmen einer sittlich begründeten neuen Ordnung ist kein Platz für enge, selbstsüchtige Berechnungen, die auf eine derartige Aneignung der gemeinnützigen wirtschaftlichen Hilfsquellen und Rohstoffe abzielen, daß die von der Natur weniger begünstigten Nationen davon ausgeschlossen bleiben.

Es ist Uns ein großer Trost zu beobachten, daß dieser Grundsatz auch bei solchen Nationen sich Geltung zu verschaffen beginnt, die bei seiner Anwendung zu den ‚gebenden', nicht zu den ‚nehmenden' gehören. Aber es ist billig, daß die Lösung dieser weltwirtschaftlich entscheidenden Frage in planvollem Fortschritt und unter den nötigen Sicherungen vor sich gehe und aus den Mängeln und Versäumnissen der Vergangenheit ihre Lehren ziehe.

Wollte man im kommenden Friedenswerk diesen Punkt nicht entschlossen ins Auge fassen, so würde in den Beziehungen der Völker ein tiefgehender und weitausgreifender Wurzelstock zurückbleiben, aus dem bittere Spannungen, neidgeladene Gegensätze und schließlich neue Konflikte hervorsprießen müßten.

Es ist indes zu bemerken, daß die befriedigende Lösung dieser Friedensaufgabe in inniger Verbindung steht mit einem anderen Grundpfeiler der Neuordnung, von dem Wir im folgenden Punkte sprechen.

4. *Kein Wettrüsten und keine Verletzung der Verträge*

Im Rahmen einer sittlich begründeten neuen Ordnung ist — nach Beseitigung der gefährlichsten Brandherde neuer Konflikte — kein Platz für den totalen Krieg und für eine hemmungslose Aufrüstung. Es darf nicht gestattet werden, daß das Grauen eines Weltkrieges mit seiner wirtschaftlichen Not, seinem sozialen Elend und seinen sittlichen Verirrungen zum drittenmal über die Menschheit komme. Soll sie gegen eine solche Geißel gesichert werden, so ist ernsthaft und ehrlich in Angriff genommene, gradweise und entsprechende Rüstungsbeschränkung erforderlich. Das Mißverhältnis zwischen der Überrüstung der Mächtigen und der Unterrüstung der kleinen Staaten schafft eine Gefahr für die Erhaltung der Ruhe und des Friedens der Völker und rät zu einer weitgehenden und entsprechenden Einschränkung in der Herstellung und im Besitz von Angriffswaffen.

Im selben Maße sodann, indem die Abrüstung betrieben wird, müssen geeignete, für alle ehrenvolle und wirksame Mittel bereitgestellt werden, um dem Grundsatz ‚Pacta sunt servanda' die ihm in den Rechtsbeziehungen der Staaten zukommende lebenswichtige Funktion wiederzugeben. Dieser Grundsatz hat in der Vergangenheit bedenkliche Krisen und unleugbare Zusammenbrüche erlebt. Die Folge ist ein fast unheilbarer Schwund des Vertrauens zwischen den Völkern und zwischen ihren Lenkern.

Soll gegenseitiges Vertrauen neu erstehen, so sind Institutionen zu schaffen, die, von der allgemeinen Achtung getragen, die edle Aufgabe auf sich nehmen, eine ehrliche Vertragserfüllung zu verbürgen oder nach den Grundsätzen von Recht und Billigkeit eine zeitgemäße Verbesserung oder Abänderung der bestehenden Verträge zu fördern.

Wir sind uns durchaus bewußt, welche Berge von Schwierigkeiten es zu überwinden gilt, welches fast übermenschliche Maß von gutem Willen auf allen Seiten aufzubringen ist, um der hier gestellten Doppelaufgabe eine glückliche Lösung zu geben. Allein dieses gemeinschaftliche Werk ist für einen Frieden von Bestand so einfachhin wesentlich, daß nichts die verantwortlichen Staatsmänner abhalten darf, sie in Angriff zu nehmen und daran mitzuarbeiten. Die Macht des guten Willens möge im Hinblick auf das zu erreichende Ziel die trüben Erinnerungen an mißlungene Versuche in der Vergangenheit überwinden und sich nicht abschrecken lassen durch die Einsicht, daß dieses Werk unerhörten Krafteinsatz fordert.

5. *Keine Verfolgung von Religion und Kirche*

Im Rahmen einer sittlich begründeten neuen Ordnung ist kein Platz für Verfolgung von Religion und Kirche. Dem lebendigen Glauben an einen persönlichen, überweltlichen Gott entströmt echte, widerstandsfähige sittliche Kraft, die dem Ganzen Form und Richtung gibt. Der Glaube ist ja nicht nur eine Tugend, er ist die göttliche Pforte, durch die jegliche Tugend in den Tempel der Seele Zutritt erhält. Er formt feste und starke Charaktere, die standhalten in den Versuchungen gegen Vernunft und Gerechtigkeit. Gilt das immer schon, um wie viel mehr muß es sich bewähren, wenn ein Höchstmaß sittlicher Kraft vom führenden Staatsmann bis zum letzten Bürger gefordert wird, wenn es heißt, auf den Trümmern, die dieser Weltkrieg mit seiner Gewalttätigkeit, seinem Haß und seiner Entfremdung aufgehäuft hat, ein neues Europa und eine neue Welt aufzubauen. Was im besonderen die soziale Frage betrifft, die sich nach dem Krieg in verschärfter Not aufdrängen wird, so haben Unsere Vorgänger und auch Wir selbst für ihre Meisterung Richtlinien entworfen. Man möge sich aber wohl bewußt sein, daß ihre volle und fruchtbare Durchführung nur dann sich erreichen läßt, wenn Staatsmänner und Völker, Arbeitgeber und Arbeitnehmer beseelt sind von dem Glauben an einen persönlichen Gott, den Gesetzgeber und Richter, dem sie in ihrem Tun verantwortlich sind. Gottlosigkeit, die gegen Gott, den Ordner des Alls, sich erhebt, ist der gefährlichste Feind einer gerechten Neuordnung ..."

Anknüpfend an den fünften Imperativ, der die Rolle der Religion für das Gemeinwohl der Völkerfamilie skizziert, sei auf die Forderung

Pius XII. nach *religiöser Toleranz in der Staatengemeinschaft*[49], die Darstellung einer *christlichen Weltordnung und der damit verbundenen Rolle des Christentums*[50], sowie auf die Beschreibung der *völkerumspannenden Einheit der katholischen Kirche* und ihres Einflusses auf die Grundlagen der Gesellschaft aus dem Munde des Papstes verwiesen[51]; insbesondere die gnadenspendende und versöhnende Kraft des hl. Messopfers als Vergegenwärtigung und unblutige Erneuerung des Kreuzesopfers setzt Pius XII. in Konnex mit der Entfaltung des bonum commune humanitatis und damit mit dem Schicksal der Welt[52], in der die Kirche als supranationale Gemeinschaft eingestiftet ihren unverwechselbaren Beitrag auf übernatürlicher wie natürlicher Ebene zum Wohle der Menschheit leistet[53].

Dies ist freilich nur in der Kraft und im Lichte des Glaubens, in der Dimension der von Christus, dem Herrscher des Weltalls, erlösten und erhöhten Welt am Ende der Zeiten zu begreifen:

„Heres omnium gentium, congrega humanitatem cum omnibus bonis eius in regnum Ecclesiae tuae, quod Pater dedit tibi ...“

(Preces ad I Vesperas sollemnitatis D. N. Jesu Christi universorum Regis, Liturgia horarum IV, p. 429.)

---

[49] Ansprache an den Verband der katholischen Juristen Italiens, 6. 12. 1953, in: UG 3963 - 3986.

[50] Weihnachtsansprache vom 24. 12. 1941, in: UG 1202 - 1229.

[51] Ansprache an das Kardinalskollegium anläßlich der Inthronisation neuer Kardinäle, 20. 2. 1946, in: UG 4086 - 4111.

[52] a. a. O., 4109 - 4110.

[53] a. a. O., 4107 - 4108.

V. Zeitgeschichte und Kirchengeschichte

PIUS XII. UND DAS ZWEITE VATIKANISCHE KONZIL*

Von Giovanni Caprile

Es traf die Welt überraschend, als Papst Johannes XXIII. am 25. Jänner 1959 seinen Willen kundtat, ein Konzil einzuberufen. Fast allen war unbekannt geblieben, daß schon sein Vorgänger, Papst Pius XII., die Absicht hatte, einen solchen Entschluß zu fassen und ihn auch zu verwirklichen. Selbst Papst Johannes XXII. hatte das nicht zur Kenntnis genommen, als er die Einberufung des Konzils verkündete. Fest steht, daß er so darüber sprach, als ob die Idee zur Einberufung des Konzils von Ihm allein ausgegangen wäre. In seinen Worten gab es auch nicht den kleinsten Hinweis auf die Initiative von Papst Pius XII.

Aber Ende des Jahres 1959 wurde diese Initiative des Papstes Pius' XII. innerhalb einer kurzen Zeitspanne von zehn Tagen dreimal öffentlich von angesehenen Persönlichkeiten erwähnt[1].

Zuerst erinnerte Kardinal Tardini in einer Rede anläßlich einer Gedächtnisfeier für Pius XII. daran. Nachdem er die große Idee von Pius XII. erwähnt hatte, wies er auch auf die Konsequenzen hin: unter anderem brachte er sogar in Erinnerung, daß Papst Pius XII. aufgrund seiner Überlegungen für die Einberufung eines Konzils schon mit den dazu notwendigen Vorbereitungen begonnen hatte. Mehrere Jahre lang hatte sich eine Gruppe von Theologen in seinem Auftrag diesen Vorbereitungen gewidmet.

Am 28. Oktober enthüllte Kardinal Ruffini, der Erzbischof von Palermo, in einer Rede an der Universität von Lateran in Rom, unter welchen Umständen er dem Papst die Einberufung eines Konzils emp-

* Übersetzt aus dem Italienischen von P. Guido Pelz F. C. J., Rom.

[1] Card. Tardini, Pio XII. — Città del Vaticano, 1960. L'Osserv. Romano, 4 November 1959. Es wurde uns mit Bestimmtheit gesagt, daß Pius XII. selbst zwar nebenbei, aber ausdrücklich in einer Rede den Wunsch geäußert hat, das Konzil einzuberufen, wenn ihn das vorgerückte Alter nicht daran gehindert hätte. Wir konnten diese Behauptung nicht beweisen, obwohl wir alle zwanzig Bände seiner Reden durchgelesen haben.

fohlen hatte: „Vor zwanzig Jahren, zu Füßen von Papst Pius XII. — und als letzter Priester der Kirche — wagte ich es, den Papst zu bitten, ein Konzil einzuberufen. Es erschien mir zu dieser Zeit dringend, ein Konzil einzuberufen, da ebensoviele Diskussionsfragen wie beim Tridentinischen Konzil vorlagen. Der Papst hat meinen Vorschlag nicht abgelehnt, er hat ihn sogar in sein Notizbuch eingetragen, wie er es zu machen pflegte, wenn es sich um sehr wichtige Dinge handelte. Später erfuhr ich, daß er darüber auch mit anderen Prälaten gesprochen hatte. Aber die Vorsehung Gottes hatte es dem Nachfolger dieses Papstes auferlegt, diese schwere und harte Angelegenheit durchzusetzen."

Am 30. Oktober erklärte Kardinal Tardini in einer Pressekonferenz zum angekündigten Konzil noch einmal: auch Pius XII. habe an die Möglichkeit eines Konzils gedacht. Es waren sogar einige Vorbereitungsarbeiten in einem engen Arbeitskreis von Fachleuten und Theologen durchgeführt worden, und man könnte diese Arbeit auch jetzt heranziehen.

Die von Kardinal Ruffini erwähnte Audienz fand am 24. Februar 1948 statt[2]. In dieser Audienz hatte der Kardinal dem Papst mitgeteilt, daß auch der „Assessor S. Officii, Msgr. Ottaviani, seiner Meinung war und selbst auf der Sache bestanden hätte"[3].

In der am Donnerstag, dem 4. März 1948, Msgr. Ottaviani gewährten Audienz begann der Papst selbst vom Konzil zu sprechen, indem er an die Worte von Kardinal Ruffini erinnerte. Dieser hätte Ihm die Nützlichkeit, die passende Gelegenheit und vielleicht sogar auch die Notwendigkeit der Einberufung eines ökumenischen Konzils vorgestellt.

Msgr. Ottaviani seinerseits fügte den Worten des Hl. Vaters hinzu: Auch er wolle Ihn auf die Notwendigkeit aufmerksam machen, manche Lehrmeinungen zu erklären und zu definieren, da sich eine Vielzahl von Irrtümern und falschen philosophischen, theologischen, moralischen und sozialen Theorien immer weiter ausbreiteten.

---

[2] L'Osservatore Romano, 25. Febr. 1948.

[3] Diese mit Anführungszeichen versehenen Zitate wurden, ebenso wie die anderen Berichte dieses Artikels — wenn nichts anderes angeführt wird —, mehreren Dokumenten entnommen, die sich im Archiv des Heiligen Offiziums befinden, deren Einsicht uns durch Erlaubnis der zuständigen Stellen ermöglicht worden ist. Es handelt sich um Berichte und Protokolle der durchgeführten Vorbereitungsarbeiten und um Dokumente und Schemata über im Konzil zu behandelnde Themen. Um diesen Artikel nicht durch zu viele Anmerkungen zu belasten, wollen wir im allgemeinen diese Urquellen verwenden.

Man denke auch an die schwerwiegende Problematik des Kommunismus, an die Probleme, die uns der letzte Krieg hinterlassen hat, an dessen Methoden und die Mittel, die schon eingesetzt wurden und in einem nächsten Krieg stärker verwendet werden könnten. Es ist notwendig, auch das kirchliche Gesetzbuch zu reformieren; es gibt so viel Neues zu beachten auf dem Gebiet der kirchlichen Disziplin, der katholischen Aktion, der Kultur usw. Auch für die Erhebung der Wahrheit der leiblichen Aufnahme Mariens in den Himmel zum Dogma wäre das Konzil eine günstige Gelegenheit.

In Zusammenhang mit diesen Erwägungen konnte sich Pius XII. den Schwierigkeiten dieses Vorhabens nicht verschließen: die Umstände waren nicht gerade günstig und es könnte schwierig werden, tausende Bischöfe nach Rom kommen zu lassen und sie lange Zeit von ihren Diözesen fernzuhalten.

Trotz dieser verständlichen Überlegungen verfügte der Papst in derselben Audienz, daß auf jeden Fall die ersten Vorbereitungsarbeiten für eine etwaige Einberufung des Konzils begonnen werden sollten. Offensichtlich aus Motiven der Behutsamkeit aber entschied er, daß diese Arbeiten in den Gremien des „S. Officium“ erfolgen sollten; nur so könnten sie, durch strenges Geheimnis geschützt, besser durchgeführt werden.

Dabei sollte man zunächst prüfen, welche Themen voraussichtlich beim Konzil behandelt werden könnten, und dann sollte ein erstes Namensverzeichnis von Personen aufgestellt werden, die als Mitglieder für die verschiedenen Vorbereitungskommissionen in Frage kämen.

I. Die erste Phase der Vorbereitung (März - Juli 1948)

1. *Einsetzung und Aufgaben der „Sonderkommission“*

Elf Tage später, am 15. März 1948, ließ der Beisitzer des „S. Officium“ eine ausgewählte Kommission von Räten zusammenkommen, bei der er selbst den Vorsitz führte. Folgende Räte waren anwesend: Msgr. Hudal, Titularbischof von Ela, P. Vigilius Dalpiaz, P. Franz Hürt S. J., P. Josef Creusen S. J., P. Ulrich Beste O. S. B., P. Sebastian Tromp S. J. und P. Josef Grendel OVD.

Von dem Plan und den Richtlinien des Papstes in Kenntnis gesetzt, begann die Kommission sofort mit der Arbeit und kam vier Mal, genau am 22. März, am 26. April, am 3. und 31. Mai 1948, zusammen.

Die erste Aufgabe, mit der die Sonderkommission am 15. März konfrontiert wurde, war die Bildung und die Einteilung der zukünftigen Vorbereitungskommissionen. Manche schlugen vor, nur drei Kommissionen zu bilden: für die Bereiche „Dogma", „Moral" und „Disziplin". Später aber wurde vorgeschlagen, daß doch fünf Vorbereitungskommissionen gebildet werden sollten, nämlich:

1. eine theologische Kommission für spekulativ-dogmatische Fragen;
2. eine theologische Kommission für praktisch-dogmatische Fragen, mit zwei Ausschüssen, einem für Moraltheologie und einem anderen für Sozialethik;
3. eine Kommission für Kirchenrecht und kirchliche Disziplin (Liturgie);
4. eine Kommission für Missionen;
5. eine Kommission für christliche Tätigkeit und Kultur[4].

Bei den mehrmaligen Versammlungen kamen auch organisatorische Fragen zur Sprache, zum Beispiel die Bildung eines Leitungskomitees oder Zentralausschusses, um die Arbeit der verschiedenen Studienkommissionen mit der des Generalsekretariats zu koordinieren. Dieses Sekretariat sollte aus Mitgliedern der römischen Kurie bestehen, aus Peronen nämlich, die über große organisatorische Fähigkeiten und gute Sprachkenntnisse verfügten.

Der zweite Punkt der Tagesordnung war die bestmögliche Aufteilung der Studienthemen auf die verschiedenen Studiengruppen. Dazu wurde P. Tromp S. J. beauftrag, einen zweckmäßigen Einteilungsplan zu machen. Er erfüllte seinen Auftrag und hielt sich an folgende Grundsätze:

1. Man sollte das für die Theologen des I. Vatikanischen Konzils vorbereitete Material erforschen und daraus das noch nicht verwendete heranziehen. Man sollte zur Kenntnis nehmen, daß viele einzelne Punkte schon in der Zusammenstellung des kirchlichen Gesetzbuches berücksichtigt worden waren.
2. Man sollte die verschiedenen Forderungen der Väter des I. Vatikanischen Konzils überprüfen und durch sorgfältiges Studium, das bisher

[4] Nach Meinung des Kommissionsrates Msgr. Hudal sollte diese Kommission die Errichtung eines neuen Ressorts vorbereiten, das besonders für konfessionelle Schulen, die katholische Aktion, den Gebrauch der Kommunikationsmittel und für die großen, internationalen Kongresse zuständig sein sollte

unterblieben ist, die wichtigsten und noch heute aktuellen Punkte herausnehmen.

3. Es wird empfohlen, sich der Enzykliken, der päpstlichen Rundschreiben, der Reden und der Ansprachen der letzten Päpste auf dem Gebiet der Dogmatik, der Disziplin und der Soziallehre zu bedienen.

4. Es wäre nützlich, im Archiv des „S. Officium" Dokumente aufzusuchen, wodurch die vielen Ansprüche, Irrlehren und Probleme unserer Zeit erkannt werden könnten.

Aus diesem umfangreichen Material könnten durch exaktes Studium wertvolle Ergebnisse erzielt werden: einerseits das Aufzeigen von weniger wichtigen Problemen, überholten Fragen, Einzelfällen — die anders besser behandelt werden könnten —, und schließlich auch wirklich wichtige und dringende Fragen, die es wert seien, in einem Konzil behandelt zu werden.

2. *Erster allgemeiner Vorschlag über zu behandelnde Themen*

Obwohl P. Tromp für eine genaue und erschöpfende Forschung nicht genug Zeit hatte, legte er doch eine sehr große Auswahl von Themen vor. Es wird interessant sein, dieses Themenverzeichnis vollständig zu lesen, sei es, um die Mentalität der damaligen Zeit zu kennen, sei es auch, um im besonderen zu erfahren, wie manche Probleme — die später im II. Vatikanischen Konzil aus anderer Sicht und in anderem Geist behandelt worden sind — schon damals zur Kenntnis genommen wurden und Aufmerksamkeit in Rom fanden[5]. Diese Vorschläge wurden später, im Juli 1948, auch der Versammlung der Kardinäle des „S. Officium" vorgetragen[6]. Dort stellte sich sehr bald heraus, daß es notwendig war, den Arbeiten eine neue Richtung zu geben. Denn man war ursprünglich davon ausgegangen, das ganze Material des Vatikanischen Konzils heranzuziehen[7], um die Punkte, die noch nicht berücksichtigt, aber noch immer aktuell waren, herauszusuchen. Jetzt aber wurde allen klar, daß nur wenig aus den Arbeiten der Theologen und aus den Vor-

---

[5] Siehe Anhang I.

[6] Es waren die Kardinäle Marchietti-Selvaggiani, Fumasoni-Biondi, Jorio, Pizzardo, Canali und Rossi. Wir wissen nicht, ob Kard. Rossi daran teilgenommen hat. Er war sehr krank und ist zwei Monate später gestorben. An seine Stelle ist Kard. Piazza gekommen.

[7] Eine ähnliche Arbeit wurde zu Beginn des Pontifikats von Pius XI. durchgeführt. Siehe Caprile, Pio XI. e la represa del Concilio Vaticano, in: il Concilio Vaticano II, Roma 1966, Band I, 1. Teil, S. 3 - 14.

schlägen der Väter des I. Vatikanischen Konzils für die Vorbereitung eines neuen Konzils herauszunehmen war. Die wichtigsten Probleme waren bekanntlich entweder im Vatikanischen Konzil selbst, im kirchlichen Gesetzbuch oder in den seit 1870 vom Hl. Stuhl ausgegebenen Dokumenten behandelt worden. Von diesem Zeitpunkt an war mit keinem Wort mehr die Rede von einer Fortsetzung des I. Vatikanischen Konzils, zumindest nicht hinsichtlich der im Konzil zu behandelnden Themen.

Man war jedoch der Meinung, daß es sehr zweckmäßig wäre, aus der Geschichte jenes Konzils einige Hinweise für praktische Lösungen zu entnehmen, noch annehmbare ebenso wie abzulehnende, je nach den heute positiv oder negativ gemachten Erfahrungen.

3. Die Auswahl der Kommissionsmitglieder

Die dritte Aufgabe der Sonderkommission war es, eine Namensliste von versierten und sorgfältig arbeitenden Personen aufzustellen. Unter Bezugnahme auf das I. Vatikanische Konzil wurde in der Sitzung vom 22. März 1948 vorgeschlagen, daß die Mitglieder der einzusetzenden Kommissionen zuerst unter den Räten der römischen Kongregationen auserwählt werden sollten; später könnte auch jemand hinzugezogen werden, der bei keiner Kongregation Mitglied sei, wenn die päpstlichen Vertreter und einige Bischöfe der wichtigsten Diözesen um ihre Ansicht gefragt worden sind.

Es herrschte auch Einigkeit darüber, daß der Ausschuß und die Zentralkommission aus Mitglieder der römischen Kurie bestehen sollte. Msgr. Ottaviani machte darauf aufmerksam, daß es richtig wäre, die verschiedenen Kommissionen von einem Mitglied derselben Zentralkommission leiten zu lassen.

Bevor aber die Namensliste vollständig vorlag, wurden dem Papst die grundsätzlichen Auswahlkriterien mitgeteilt: er meinte, daß die vorgesehene Befragung der päpstlichen Vertreter und der Bischöfe gar nicht notwendig sei, da eine genaue Kenntnis der Personen, ihrer Einstellungen und Fähigkeiten sehr rasch und sicher durch den Einsatz der modernen Kommunikationsmittel möglich sei. Dadurch wurden die Mitglieder der Sonderkommission aufgefordert, selbst die Namen der Theologen und Fachleute aus der ganzen Welt auszusuchen und bekanntzugeben. So wurde ein erstes, unvollkommenes und nicht endgültiges Namensverzeichnis zusammengestellt und im Juli 1948 vorgelegt.

Diese Liste enthielt 36 Namen, die zunächst alphabetisch und dann nach ihrer Fachrichtung und etwaigen Kommissionszugehörigkeit geordnet waren[8]. Man forderte selbstverständlich, daß auch die Namen der Mitglieder der Vorbereitungskommission auf die Liste kämen. Obwohl die Namen von Gelehrten aus verschiedenen Ländern auf der Liste standen, wurde ausdrücklich darauf aufmerksam gemacht, daß nur die Fähigkeiten der Personen, nicht aber ihre Nationalität berücksichtigt worden war[9]. Mit dieser Bemerkung wurde der von einigen Anwesenden ausgesprochene Einwand aufgehoben, daß die italienischen Theologen kaum und die französischen gar nicht vertreten waren[10]. Von den vorgeschlagenen Personen hatten ungefähr zwanzig keinen Wohnort in Rom; sie wurden — wegen der besonderen Vorgangsweise bei den Vorbereitungsarbeiten — zu keiner Sitzung einberufen.

Als die Sonderkommission ihren dreifachen Auftrag erfüllt hatte, konnte sie das Ergebnis der ersten vier Arbeitsmonate der Vollsitzung des „S. Officium" am 21. Juli 1948 vorlegen. Nachdem die anwesenden Kardinäle einen Bericht der Kanzlei des „S. Officium" und ein „Votum" des P. Tromp über die etwaige Fortsetzung des Vatikanischen Konzils eingehend erörtert hatten, sprachen sie ihre Meinung dahingehend aus, der Assessor möge direkt mit dem Papst darüber verhandeln. In der ihm am nächsten Tag, also dem 22. Juli, gewährten Audienz bestätigte Papst Pius XII. sein Interesse an der streng geheimen Fortführung zumindest der ersten Vorbereitungsarbeiten durch das „S. Officium" und fügte hinzu, die Zentralkommission solle zuerst einen guten Vorsitzenden und einen entsprechenden Sekretär auswählen.

II. Die zweite Phase der Vorbereitung (Juli 1948 - Juli 1949)

1. Die Zentralkommission

Die Sommerferien und die vielen und vielfältigen Arbeiten, mit denen die Mitglieder und Räte des „S. Officium" damals befaßt waren, ver-

---

[8] Siehe Anhang II.

[9] Es waren folgende Länder vertreten: Österreich 4, Belgien 3, Kanada 1, Frankreich 1, Bundesrepublik Deutschland 10, Irland 1, Italien 6, Libanon 1, Holland 1, Spanien 3, Schweiz 1. Folgende Ämter waren vertreten: Diözesan-Erzbischöfe 2, Diözesan-Bischof 1, Weihbischof 1, Weltliche Priester 9, Ordenspriester 23 (8 Jesuiten, 3 Dominikaner, 3 Benediktiner, 2 Kapuziner, 1 Basilianer von Aleppo, 1 Klaretiner, 1 Zisterzienser, 3 von der Gesellschaft des Göttlichen Wortes, 1 Mitglied der Missionare von Bethlehem).

[10] Ein Einwand, der vielleicht der Unkenntnis über die französische Herkunft von P. de Broglie S. J. zuzuschreiben ist.

ursachten eine lang andauernde Unterbrechung der Vorbereitungsarbeiten, auch deshalb, weil man es für angebracht hielt, zuerst auf die Ernennung des Präsidenten und des Sekretärs zu warten, wie es der Papst selbst empfohlen hatte.

Am 10. Februar 1949 kam der Assessor des „S. Officium", Msgr. Ottaviani, in einer Audienz mit dem Papst nochmals darauf zu sprechen. In dieser Audienz traf der Papst seine Entscheidung und am 24. desselben Monats wurden auch die Namen der Kandidaten bekanntgegeben. Das Ergebnis: ex audientia Ss. mi, das heißt, durch Entscheidung des Papstes in der Audienz, wurden Msgr. Franz Borgongini-Duca, der Nuntius in Italien, zum Präsidenten, und P. Peter Charles S. J. zum Sekretär ernannt. Die Namen der anderen Kandidaten für das Amt des Präsidenten sind unbekannt geblieben, aber es gab verschiedene Vorschläge: einige hatten einen Fachmann für Theologie empfohlen und schlugen vier Namen vor: P. Augustin Bea, Rektor des päpstlichen Bibl. Instituts in Rom; P. Karl Boyer, Studienpräfekt an der Universität Gregoriana; P. Peter Charles, Dogmatikprofessor an der Universität in Löwen; und Daniel Dhanil, Studienpräfekt an derselben Universität, ein guter Kenner der theologischen und philosophischen Strömungen unserer Zeit. Ein anderer — immer noch in den Gremien der Sonderkommission — hatte die Meinung vertreten, der Vorsitzende solle ein Italiener sein; wie andere meinten, daß der Sekretär aus den apostolischen Vertretern ausgewählt werden oder zumindest ein Bischof sein sollte, damit die Sicherheit bestünde, daß er die Situation der ganzen Welt kenne, Sprachen beherrsche und in der Organisation versiert sei. Es wurden noch folgende Namen vorgeschlagen: Msgr. Johann Panico, apostolischer Vertreter in Australien; Msgr. Philipp Bernardini, Nuntius in der Schweiz; Msgr. Alois Josef Münch, Bischof von Fargo (USA) und Regens der Nuntiatur in der Bundesrepublik Deutschland; Msgr. Michael Ready, Bischof von Columbus (USA), ein begabter, in Sozialfragen gut ausgebildeter Organisator und früher Vorsitzender der National Catholic Welfare Conference.

Der Hl. Vater ernannte P. Charles zum Generalsekretär: kein Wunder! Seine Kandidatur wurde durch folgende Angaben ergänzt: er hat Bücher und Artikel über theologische Fragen herausgegeben; er gilt als Kenner der Dogmengeschichte und der theologischen und philosophischen Strömungen unserer Zeit. Er ist ein Mann, der über einen großen Verstand und über ein gutes Gedächtnis verfügt. Er ist ein wenig hart bei seinen Befehlen. Er spricht Französisch, Deutsch, Englisch, Spanisch und Portugiesisch. Er hat viele Reisen nach Afrika, Asien, Nord- und Südamerika unternommen. Mit der Ernennung des Präsidenten und des Sekretärs war die Zentralkommission — die sogenannte Sonderkommission — für die Vorbereitungsarbeiten des Konzils eingesetzt worden. Alle Mitglieder schwören, wie es üblich ist, de secreto servando (= das Geheimnis zu bewahren). In der Msgr. Ottaviani am 7. März gewährten Audienz entschied der Papst über dieses Geheimnis: Die Räte dürfen alles besprechen, was sie auch sub secreto S. Officii zur Kenntnis genommen haben und was sie für einen guten Verlauf der Kommissionsarbeiten zielstrebig zu erörtern haben, da auch diese Arbeiten sub secreto S. Officii ausgeführt werden. Dem Präsidenten und dem Sekretär wurden auch die früheren Mitglieder der Sonderkommission — die auch Räte genannt wurden — als erste Mitglieder der Zentralkommission angeschlossen. Ihre Namen waren: Hudal, Dapiaz, Hürt, Creusen, Beste, Tromp und Grendel.

Nach kurzer Zeit, noch ex audientia Ss. mi, kamen auch andere Persönlichkeiten dazu: Msgr. Franz Roberti, Sekretär der Konzilskongregation, am 24. März 1949, und P. Acacius Coussa, Ordinis S. Basilii von Aleppo, Sekretär der Kongregation für die Interpretation des kirchlichen Gesetzbuches für die Ostkirche, am 27. April 1949; wahrscheinlich im Mai kamen auch die beiden Räte des „S. Officium", Msgr. Peter Parente und P. Mariano Cordovani, hinzu.

2. *Der Entwurf eines Rundbriefes*

Die Zentralkommission hielt insgesamt nur sechs Sitzungen ab: In der ersten Sitzung vom 7. März 1949 wurde zuerst ein kurzer geschichtlicher Überblick über die Vorbereitungen des Vatikanischen Konzils vorgelesen, dann schlug der Vorsitzende Msgr. Borgongini-Duca vor, den Entwurf für einen Rundbrief vorzubereiten, der zuerst den Kardinälen zur Überprüfung vorgelegt und dann einem kleinen Kreis von Bischöfen der lateinischen und der Ostkirche zugesandt werden sollte. Dieser Rundbrief sollte eine Geheimbefragung darstellen, um zu erfahren, welche Fragen die Bischöfe für so wichtig hielten, daß sie vertieft und den Konzilsvätern vorgetragen werden sollten. Die Befragung sollte — so wurde ausdrücklich erklärt — durchgeführt werden, ohne die von der Kongregation des „S. Officium" begonnenen Befragungen über Vorbereitungsarbeiten und Studienstoff für das Konzil zu gefährden.

Es wurde auch über ein Verzeichnis von Bischöfen gesprochen, die befragt werden sollten.

Die zweite Sitzung fand am 8. April 1949 statt. Dabei wurde der von Msgr. Parente vorbereitete Entwurf des Rundbriefes eingehend erörtert und der Schreibmaschinen-Text den einzelnen Räten zur genaueren Überprüfung übergeben. In dieser Sitzung wurde auch ein erstes Verzeichnis mit den Namen der Bischöfe ausgearbeitet und dabei die von Msgr. Tardini vom vatikanischen Sekretariat für Lateinamerika und von der Propaganda Fide für die Missionsgebiete empfohlenen Hinweise berücksichtigt. Ein Mitglied der Kommission schlug vor, daß auch manche Generaloberen der Ordensleute in das Verzeichnis aufgenommen werden sollten.

An der dritten Sitzung am 28. April 1949 nahmen zum ersten Mal Msgr. Roberti, P. Coussa und der vor kurzem in Rom eingelangte Generalsekretär teil. Der Entwurf des Rundbriefes und das Namensverzeichnis für die Bischöfe wurde an alle Mitglieder verteilt. Der Rundbrief wurde Satz für Satz vorgelesen, geprüft und verbessert, das Namensverzeichnis noch einmal gelesen und vervollständigt. Man begann sogar, über die zu behandelnden Fragen zu sprechen, darüber möchten wir aber später ausführlich berichten.

Am 13. Mai fand die vierte Sitzung statt. Die Kommission billigte den Rundbrief endgültig, das Verzeichnis wurde noch weiter überprüft und schließlich auch genehmigt. Es enthielt 65 Namen von Persönlichkeiten aus etwa 35 Ländern[11]. Es wurde noch einmal vorgeschlagen, daß einige Generalobere der Ordensleute befragt werden sollten, zumindest jene, die zu einem Konzil normalerweise einberufen werden. Ein Mitglied schlug vor, die Befragung an alle Kardinäle zu richten und nicht nur an die Kardinäle, die eine Diözese leiten.

3. *Endgültiger Text des Rundbriefes*

Bevor wir weitergehen, wollen wir einen kurzen Blick auf den Text des Rundbriefes werfen. Er beschäftigt sich vor allem mit den vielen Irrtümern unserer Zeit, zu deren Beseitigung das Konzil in besonderer Weise beitragen sollte. Obwohl der Stil des Briefes von hohem Niveau ist, so enthielt er doch viel an Pastoralgeist, besonders wenn er die unermüdliche Sorge des Papstes in Erinnerung ruft und auf seine seelsorgerischen Bemühungen anspielt. In diesem Brief gibt es auch eine klare Anspielung auf das Problem des Ökumenismus, obwohl die Aus-

[11] Siehe Anhang III.

drücke und die Mentalität in erster Linie der damaligen Zeit entsprechen: de aliis ovibus ad unicum ovile unumque Pastorem adducendis.

Es ist noch zu bemerken — so wurde von der Kommission betont —, daß der Brief es den Bischöfen ermöglichen sollte, ihre Meinungen nach Belieben auszusprechen und daher nicht auf Einzelheiten einging. Aus diesem Grund vertrat man die Ansicht, daß es nicht zweckmäßig wäre, den Bischöfen zuerst ein Themenverzeichnis bekanntzugeben. Man glaubte, es müßte genügen, was in dieser Hinsicht im vorletzten Abschnitt des Briefes enthalten ist. Wir wollen nun den aus dem Lateinischen übersetzten Brief zitieren:

„Die bestehende Menge von Irrtümern und Gefahren, die der Kirche und der bürgerlichen Gesellschaft vor achtzig Jahren drohten und den Anlaß gaben, das I. Vatikanische Konzil einzuberufen, sind heute nicht nur noch nicht ganz verschwunden oder gemindert, sondern es sieht eher so aus, daß sie in erhöhtem Maß zugenommen haben.

Die Ereignisse aber, die Papst Pius IX. gezwungen hatten, das Vatikanische Konzil zu unterbrechen, haben zum Großteil an Bedeutung verloren. Und so scheint es dem glücklich regierenden Papst Pius XII. der heutigen Situation in der Welt und in der Kirche sehr angemessen und seinen seelsorgerischen Aufgaben und Forderungen zu entsprechen, dasselbe Vatikanische Konzil wieder einzuberufen und endlich zu Ende zu bringen. Die Liebe zu den Menschen und der ihm von Christus gegebene Auftrag drängen seinen eifrigen Geist: Er fühlt sich verpflichtet, nach dem Auftrag Christi seine Herde zu weiden und zu schützen, die draußen stehenden Schafe zu der einzigen Herde und zu dem einzigen Hirten zu führen, damit alle der reichlichsten Früchte der Erlösung teilhaftig werden und sie in Sicherheit und Zuversicht genießen können.

Darüber hinaus denken wir an die für das Vatikanische Konzil schon vorliegenden Arbeiten auf dem Gebiet des Glaubens und der Moral. Wenige, aber sehr wichtige Fragen wurden im Konzil zur Vollendung gebracht, viele mußten verschoben werden: von diesen Fragen aber sind einige jetzt schon überholt, andere fanden ihren Platz in den Dokumenten, die seither vom Heiligen Stuhl veröffentlicht worden sind, manche schließlich warten noch heute auf eine echte Lösung. Dazu gibt es heute neue und sehr schwierige Fälle, die hinzugekommen sind, und gegen Christus, gegen seine Lehre und seine Kirche wirken; leider ist diese Situation sehr verbreitet und diese Vorfälle weiten sich immer mehr aus.

Eminenz! (Exzellenz!). Seine Heiligkeit hat sich entschlossen, Dich durch mich zu bitten, Deine Meinung über die Probleme, die hinsichtlich der heutigen Gesellschaft und der Situation der Menschheit und der Kirche in der heutigen Zeit in einem zukünftigen Konzil zu behandeln wären, offen zu äußern.

Ich möchte Dich daher bitten, daß Du ohne Hemmungen in kurzen Sätzen und mit der notwendigen Klarheit, unter der Pflicht des Geheimnisses des S. Officium, Deine Meinung über die folgenden Probleme aussprichst: über die Fragen der Amtslehre, der kirchlichen Praxis auf dem Gebiet der Moral und des kirchlichen Rechtes, über die Disziplin des Klerus und des christlichen Volkes und über die Verkündung des Reiches Gottes in Missionsgebieten. Ich bitte Dich zu sagen, was Deiner Meinung nach in einem zukünftigen Konzil zu behandeln und zu definieren wäre.

Alles das, Eminenz (Exzellenz), habe ich Dir im Auftrag des Papstes mitgeteilt und ich bitte Dich um eine möglichst baldige Antwort. Dir wünsche ich alles Gute im Herrn und spreche Dir meine herzlichste Dankbarkeit aus ...

Ergebenst"

Der angeführte Rundbrief scheint der endgültige Text des Briefes gewesen zu sein. Dieser Brief aber wurde, so weit wir informiert sind, niemals abgesandt. In den uns zur Verfügung stehenden Dokumenten fanden wir keine Spur von Antwortbriefen oder irgendwelche Hinweise darauf.

Eine vielleicht früher niedergeschriebene Zusammenstellung, die mit einem Bericht aufgetaucht ist, zeigt manche kleine, unbedeutende Änderungen: statt „Exzellenz" oder „Eminenz" steht „Bruder", statt „dem einzigen Hirten" „dem einen Hirten". Es gibt aber auch eine wichtigere Änderung im zweiten Abschnitt, der lautete: „Weil sich aber der Apostolische Stuhl jetzt jener Freiheit erfreuen kann, derer er damals so ungerecht und gewaltsam beraubt wurde, so daß Pius IX. gezwungen war, das Konzil zu unterbrechen ... schien es ..."

4. *Die zu behandelnden Themen*

In der Sitzung vom 28. April begann die Kommission, das Verzeichnis der für das Konzil vorbereiteten Themen zu prüfen, aber immer im Hinblick darauf, daß nicht beabsichtigt sei, das I. Vatikanische Konzil pure et simpliciter (= nur ganz einfach) wieder einzuberufen und zu vervollkommnen, sondern daß man sich bemühen sollte, den Forderungen der heutigen Kirche entgegenzukommen.

Daher wurde zunächst einstimmig entschieden, das von P. Tromp im Schema „De doctrina catholica et de Ecclesia" vorgeschlagene Votum und ebenso das Votum von P. Creusen über andere Schemata in Bezug auf das bestehende kirchliche Rechtsbuch zu prüfen. Gleichzeitig wurde der Generalsekretär beauftragt, die Meinungen aller Kommissionsmitglieder über die aktuellen Fragen zu sammeln, die ihres Erachtens unabhängig vom Vatikanischen Konzil und seinen Schemata wenigstens einer vorherigen Prüfung zu unterziehen seien, bevor die Vorbereitungsarbeiten weitergeführt würden.

Dieses von P. Tromp und P. Creusen vorbereitete Material wurde in der Sitzung am 13. Mai 1949 geprüft. Es scheint sich daraus ergeben zu haben, daß der vom Vatikanischen Konzil übriggebliebene Studienstoff sehr gering war und die neuerliche Einberufung eines Konzils daher vielleicht nicht gerechtfertigt wäre. Eine andere Meinung ergab wahrscheinlich die von P. Creusen durchgeführte Befragung der Kommissionsmitglieder über die Themen, die seit dem vor 80 Jahren abgebrochenen Konzil aktuell geworden waren.

Am 19. und 25. Mai setzte die Zentralkommission ihre Prüfung des vorgeschlagenen Materials fort: die Formulierung der einzelnen Themen wurde besprochen und so vereinbart, daß sie einstimmig von der ganzen Kommission angenommen werden konnte.

Ein genauer und ausführlicher Bericht des Generalsekretärs ermöglicht uns einen Einblick, wie diese Einstimmigkeit erreicht werden konnte.

Der Generalsekretär konnte, nachdem er jedes einzelne Mitglied um seine schriftliche oder mündliche Meinung ersucht hatte und alle Meinungen vorlagen, sofort feststellen, daß sich eine unerwartete Übereinstimmung ergeben hatte: „Mit einer wunderbaren Übereinstimmung über die wichtigsten Fragen sprachen die Kommissäre ihre Meinungen aus.“ Aus dieser übereinstimmenden Meinungsäußerung — auch zahlenmäßig war die Übereinstimmung sehr deutlich: nur einer hatte jeweils keine oder eine andere Meinung geäußert — konnte man zu folgenden Richtlinien kommen:

1. Die Schwierigkeiten und die Verwirrung unserer Zeit hinsichtlich der Glaubens- und Disziplinfragen bringen eine Fülle an Material für das zukünftige Konzil. Dieses Konzil sollte sich nicht damit begnügen, das Material des vorigen Konzils zu vervollkommnen und den damaligen Problemen ein Ende zu setzen, sondern es sollte sich verpflichtet fühlen, auch die Probleme der heutigen Zeit und die Forderungen der Kirche und der Gläubigen aufzugreifen.

2. Dem Konzil sollten nur die wichtigen Probleme, die für die gesamte Kirche interessant und nützlich sein können, vorgeschlagen werden. Alle Gläubigen sollten in ihrer Not berücksichtigt und die katho-

lische Lehre und die allgemeine Disziplin der Kirche in einer klaren und knappen Form vorgestellt werden.

Bei dem I. Vatikanischen Konzil nämlich waren einige Schemata abgelehnt worden, weil sie sich zu sehr mit Einzelheiten befaßten und vor allem auch, weil sie nur für eine bestimmte theologische Schule von Bedeutung schienen.

3. Die vierzig nach dem I. Vatikanischen Konzil ausgegebenen Enzykliken und das kirchliche Gesetzbuch könnten den neuen Arbeiten ein grundsätzliches Fundament geben. Aus den Enzykliken könnte man einige grundsätzliche Lehrprinzipien herausnehmen und koordinieren, sie nach den Forderungen der heutigen Zeit in die Tat umsetzen und feierlich durch eine unfehlbare Definition im Konzil bestätigen. In Bezug auf das kirchliche Gesetzbuch aber müßte man noch seinen Inhalt genau prüfen und gleichzeitig die Gefahr vermeiden, daß es nicht für die Christen der ganzen Welt Geltung habe, damit das Ostkirchengesetzbuch dadurch nicht außer Kraft gesetzt werde.

4. Die Kommissionsmitglieder stellten sogar fest, daß es nicht günstig wäre, zum gegenwärtigen Zeitpunkt und in der heutigen Weltsituation im Konzil jene Probleme und Themen zur Diskussion zu stellen, die Anlaß zu offenem Zwiespalt zwischen den Konzilsvätern sein könnten.

Nachdem P. Charles die Ratschläge, die von den einzelnen Mitgliedern vorlagen, vorgetragen und seine persönlichen Hinweise dazugefügt hatte, stellte er das folgende Themenverzeichnis zusammen, das später durch die Ratschläge der Bischöfe vervollkommnet werden sollte.

Wir wollen hier eine ausführliche Zusammenfassung dieser Themen bringen:

A. Erster, die wissenschaftlichen Grundzüge umfassender Teil, in drei Kapiteln:

I. Über Gott und seine oberste Gewalt als Quelle aller Ordnung:

a) Über die Möglichkeit, durch den Verstand Gott zu erkennen:

— gegen alle — und es sind auch viele Katholiken — die dem menschlichen Verstand die Fähigkeit absprechen, auf dem Gebiet der Theologie und der Philosophie die Kenntnis von

Gott durch einen anderen Weg zu gewinnen als durch die Mystik oder durch den Symbolismus;

— gegen den Existentialismus;

— gegen jene, die behaupten, daß die Theologie, weil sie aus menschlichen Meinungen besteht, von der Offenbarung abgehen kann und daher meinen, daß jedes philosophische System in der Theologie anwendbar ist, mit der Folge der Mißachtung des hl. Thomas und der Scholastik.

b) Über die Kenntnis Gottes und der göttlichen Dinge durch den Glauben:

— Würde und Wesen der Hl. Schrift — Normen für die richtige Bibelauslegung.

Über die Offenbarung und den Glauben:

— gegen jene Irrtümer, womit der Glaube zu einer schlichten, mystischen Erfahrung, zu einer Gefühlsbewegung oder zu einer Liebesgestalt herabgesetzt wird;

— gegen jene, die den exklusiven und absoluten Charakter des christlichen Glaubens zunichtemachten, weil sie in allen Religionen eine Offenbarung Gottes anerkennen;

— gegen jene, die behaupten, daß es den Christen völlig freisteht, die von der Kirche nicht feierlich definierten Wahrheiten anzunehmen oder abzulehnen;

— gegen jene, die behaupten, daß die Offenbarung einer substantiellen Entwicklung unterworfen sein muß;

— Im Konzil sollten das Wesen und die Autorität der Tradition definiert werden.

c) Über die Irrtümer und die Gefahren, die der Ablehnung der obersten Gewalt Gottes zugeschrieben werden sollten:

— gegen jene, die Gott als einzige Quelle und Norm der Moral- und Rechtsordnung ablehnen, zum Beispiel totalitäre Systeme, Liberalismus und moralischer Individualismus.

II. Über das Wesen und das Ziel des Menschen:

a) Über die Erhabenheit und die Aufgaben der menschlichen Natur:

— gegen die verschiedenen Arten von Existentialismus;

— gegen jene, die die unmittelbare Schöpfung der Seele von Gott und eine Unterscheidung zwischen Materie und unsterblichem Geist ablehnen;

— auch gegen jene, die dem Menschen einen Anspruch auf die Gnade Gottes zusprechen weil sie die Existenz der rein menschlichen Natur als möglich ablehnen, oder im Gegenteil

— gegen jene, die behaupten, daß alles, was aus menschlicher Natur kommt, zugleich das Beste sei, weil sie den Wert der menschlichen Natur übertreiben;

— gegen jene, die das Wesen der Erbsünde so verzerren, und ihre Wirklichkeit so herabmindern, daß ein neuer heidnischer Humanismus zu entstehen scheint;

— gegen jene, die die Notwendigkeit der Abtötung nicht anerkennen oder nur als pädagogische Erziehungsart annehmen, und so das Werk des Kreuzes und der Erlösung entkräften, als ob die Vollendung des Menschen in den Folgen der Natur bestünde;

— gegen jene, die die Ehe über Jungfräulichkeit und das Reich Gottes erheben[12].

b) Über die menschliche Gesellschaft: die Familie: Irrtümer:

— gegen das Hauptziel der Ehe, das nicht in der Zeugung besteht, sondern in der sexuellen Selbsterfahrung; ihrer Meinung nach sollte die Kirche eine andere Haltung bei dem Problem der Geburtenregelung einnehmen, die künstliche Befruchtung sollte auf jeden Fall erlaubt werden, die

[12] Während der gemeinsamen Überprüfung der Arbeit schlug ein Mitglied vor, zu diesem Punkt folgendes hinzuzufügen: Über die Hl. Dreifaltigkeit und über die Menschwerdung Christi: Aus den Arbeiten des Vatikanischen Konzils sollten die Fragen über die metaphysische Natur der Person (hinsichtlich der zwei Dogmen und gegen die moderne Theorie der psychologischen Natur), über „Satisfactio Vocaria" (hinsichtlich der Lehre über das Wesen des mystischen Leibes Christi, gegen einige Irrtümer der modernen Protestanten und der Existentialisten dem Erlösungswerk Christi gegenüber) herangezogen werden; es wurde empfohlen, eine ganz neue Frage hinzuzufügen, und zwar über die Autonomie der vom Gottessohn angenommenen Natur, sei es hinsichtlich der Ontologie (siehe die von Basly und von anderen vorgeschlagene Formel „Assumptus homo"), sei es hinsichtlich der Psychologie (siehe die Frage über das psychologische Wesen und Gewissen Christi, über sein einziges oder doppeltes psychologisches „*Ich*" usw.); über die Frage de munere et influxu personali (= persönliches Amt und persönlicher Einfluß) des Gottessohnes bei der menschlichen Tätigkeit seiner menschlichen Natur.

Erziehung der Kinder stehe dem Staat und nicht der Kirche und zuerst der Familie zu, das priesterliche Zölibat sei eine widersinnige Minderung der Personalität.

Die bürgerliche Gesellschaft:

— gegen jene, die wesentliche Rechte der menschlichen Person ablehnen, das heißt das Recht auf Leben, auf Freiheit, auf Privateigentum und auf physische Integrität (Sterilisation);

— gegen jene, die das Sozialproblem nicht berücksichtigen oder nur durch Gewalt eine Lösung dazu suchen;

— gegen jene, die im sozialen und öffentlichen Leben mit den Nicht-Katholiken in Unterhandlungen treten, ohne das Recht der Kirche zu berücksichtigen;

— gegen jene Christen, die sich in der sozialen Frage und im Leben am Kommunismus orientieren, da die Soziallehre der Päpste ihrer Meinung nach überholt sei;

— man sollte die in den päpstlichen Enzykliken enthaltene Soziallehre mutig verfechten.

Die internationale Gesellschaft:

— Dringende Notwendigkeit der Vereinigung aller Staaten zum allgemeinen Wohl der Menschen und um den Ausbruch von Kriegen zu vermeiden;

— gegen jene, die die Autorität des Staates und der Nation überbewerten;

— gegen jene, die einen Krieg vom Zaun brechen wollen, um die großen und kleinen Zwistigkeiten der Nationen zu beseitigen, oder sogar den totalen Krieg mit seinen schrecklichen Folgen für legitim halten;

— die katholische Lehre über die Notwendigkeit der echten Nächstenliebe soll allen Menschen gegenüber, weil sie Geschöpfe Gottes sind, öffentlich verkündet werden.

III. Das Wesen und die Aufgabe der Kirche:

— wachrufen, was für das I. Vatikanische Konzil vorbereitet war;

— gegen jene, die behaupten, daß jeder „anständige Mensch", auch wenn er nicht getauft und vom Oberhaupt der Kirche unabhängig ist, wirklich und wesentlich ein Mitglied der

Kirche sein und sich daher die Dissidenten nur dem Wort nach von den echten Christgläubigen unterscheiden (Ökumenismus);

— es scheint angebracht zu sein, daß das Konzil ein klares Wort über die Aufgaben und die Vollmacht der Kirche gegenüber den Nichtgetauften ausspricht. Es erscheint auch zweckmäßig, daß das Konzil öffentlich ein weiteres klares Wort über die Verbreitung und ihre Missionslehre ausspricht.

B. Teil über die Disziplin in der Kirche:

Es wurden ungefähr zwanzig Punkte behandelt, aber ohne an einer genauen Reihenfolge festzuhalten. Um es dem Leser verständlich zu machen, gruppieren wir sie in ihrer Zusammengehörigkeit nach wie folgt:

Pastoralseelsorge:

— Pfarre und ihre Anpassung an die heutigen Forderungen; Priester, die ihr Leben in brüderlicher Gemeinschaft führen;

— Entsprechende Abgrenzung der Diözesen unter Berücksichtigung, daß es an ein und demselben Ort nicht mehr mehrere Ordinarien verschiedener Riten geben soll;

— Entsprechende Katechese für jedes Alter, auch für Festtage;

— Glaubensverteidigung des christlichen Volkes;

— Religiöse und wohltätige Sorge für Emigranten.

Klerus:

— Angemessene Hilfsmittel zum priesterlichen Zölibatsschutz, z. B. Verschiebung der Priesterweihe bis zum 30. Lebensjahr; Förderung der geistlichen Berufe; Ausbildung der Seminaristen; Förderung der katholischen Schulen.

Kirchliche Disziplin:

— Kirchliche Ämter und Pfründe sollen auf ein richtiges Maß reduziert werden;

— Das Einkommen soll besser verteilt werden, so daß es auch den alten und dienstunfähigen Priestern zugutekommt;

— Das Problem der Kirchensteuer soll überprüft werden;

— Freiheit der Kirche in der Wahl und Ernennung der Bischöfe;

— Abschaffung des Patronatsrechtes der Laien, besonders der Regierungen der Staaten, wo die Wahl nach dem allgemeinen Wahlrecht erfolgt;

— Schutz des kirchlichen Eigentums gegen die Einmischung des Staates;

— Fasten und Abstinenz in der ganzen Kirche.

Liturgie:

— Gebrauch der Muttersprache — Eucharistische Nüchternheit für Priester und Gläubige;

— Die kirchliche Kunst soll von einem religiösen Geist durchdrungen sein, damit sie von unangenehmen modernen Bewegungen unversehrt bleibt;

— Breviere und andere liturgische Bücher sollen revidiert werden.

Schule — Erziehung:

— Stärkere Förderung kirchlicher Schulen;

— Förderung der nahestehenden Hilfswerke der Schulen, um den neutralen Schulen entgegenzuwirken;

— Koedukation (Gemeinschaftserziehung).

Apostolat — Sozialdienst:

— Wesen und Grenzen des Laienpostolats, besonders gegenüber der Hierarchie;

— Soziale und ökonomische Werke: welche sind das und wer ist dafür zuständig?

— Man möge genaue Normen geben über die Hilfsmittel des Apostolats: Presse, Kino, Theater, Sport usw.; Vorsichtsmaßnahmen für das Kino; Koordinierung der katholischen Vereine auf internationaler Ebene, um ihnen eine bestmögliche Wirkung sicherzustellen, besonders gegen die Verfolger der Kirche, für das Zurückgewinnen fernstehender Menschen zum Glauben, für die Verteidigung der Familie, des Friedens, der öffentlichen Moral (z. B. Programmierung und Herstellung anstößiger Filme), der Sozialgerechtigkeit usw.

Verschiedene Themen und Fragen:

— Man soll eine statistische Nachforschung über alle Institute, Werke und Tätigkeiten der Kirchen anstellen;

— Eine Kalenderreform und die Abschaffung der beweglichen Feste: das Problem dieser Abschaffung wird bei der UNO von vielen Menschen genannt.

Dies waren die Fragen, die den Bericht vom 6. Juni 1949 begleiteten. In einem anderen Bericht desselben Generalsekretariats, aber mit Datum vom 9. Mai 1949, war das Verzeichnis so wie in der ersten Zusammenstellung geschrieben: es war also etwas enthalten, das in einer späteren Niederschrift ausgelassen wurde. Zum Beispiel: das erste Kapitel begann mit dem Abschnitt: a) Über die Erhabenheit und das Wesen der Hl. Schrift, mit einem Verzeichnis von Irrtümern in dieser Hinsicht. In der endgültigen Zusammenfassung bestand das Verzeichnis nur aus zwei Zeilen und das ganze wurde auf Nr. 1 des Abschnittes verschoben. Die anderen Abschnitte des I. Kapitels sind in der ersten Niederschrift in anderer Reihenfolge und ausführlicher enthalten.

Im II. Kapitel über die bürgerliche Gesellschaft waren auch folgende Fragen enthalten, die später ausgelassen wurden:

— gegen jene, die den Frauen im bürgerlichen Bereich die gleichen Rechte wie den Männern absprechen. Sie behaupten, die Frauen sollten nur für die Familie und für den Haushalt zuständig sein;

— gegen jene, die ausschließlich den Staat und der öffentlichen Gewalt das Recht zuerkennen, die Jugend zu erziehen, und der Kirche das Recht zur Erziehung der Katholiken absprechen;

— gegen jene, die in der heutigen Situation den Staat oder die Nation als eine in sich selbst vollkommene Gesellschaft halten, obwohl sie bemerken sollten, daß alle Nationen zu einer Einheit streben als Glieder eines einzigen Leibes des menschlichen Geschlechts.

In dem Abschnitt über die internationale Gesellschaft gab es auch einige Verurteilungen, die später nicht enthalten waren:

— gegen jene, die die Berechtigung eines Krieges nicht vom Standpunkt des Rechts, sondern nur von dem der materiellen Kraft und Macht beurteilen wollen;

— gegen jene, die das Wohl der Nation so zur höchsten Norm erheben, daß sie die Liebe und die gegenseitigen guten Beziehungen gefährden;

Im 3. Kapitel waren ebenfalls einige Hinweise enthalten, die später verschwunden sind und in den Ohren der heutigen Ökumenisten keinen guten Klang gehabt hätten:

— Man sollte die Fragen, die schon im Vatikanischen Konzil vorbereitet wurden, heranziehen;

— gegen jene, die aufgrund des Vorwandes eines gewissen Ökumenismus behaupten, daß sich die Dissidenten nur durch den Namen von den christlichen Gläubigen unterscheiden und Mitglieder des mystischen Leibes Christi seien;

— gegen jene, die Dogmen entkräften, weil sie nicht versuchen, die sich von der Kirche entfernenden Menschen wieder zur Wahrheit der Kirche zu führen, sondern sie davon überzeugen wollen, daß sie bereits ihren Platz in der Kirche haben.

Auch im Teil, der die verschiedenen Themen enthielt, waren in der ersten Niederschrift Punkte, die später in der endgültigen Fassung ausgelassen oder nur mit einigen kurzen Worten festgehalten wurden:

— Für die Missionen forderte man, ihre Ziele und den wesentlichen Gegenstand ihrer Mission genau anzugeben;

— Man sollte die dafür besten Mittel bestimmen;

— Man sollte überlegen, was an Vermögen so frei von Sünde ist, daß es von der Kirche angenommen werden kann;

— Man soll den Christen in Erinnerung rufen, daß alle Bischöfe und alle Laien die gesamte Kirche, dazu verpflichtet sind, dem Missionswerk der Kirche nach den Richtlinien der Enzyklika Rerum Ecclesiarum zu dienen;

Was den disziplinären Teil anbelangt, gab man folgende Ratschläge:

— Das Problem der eucharistischen Nüchternheit für die Kranken zu prüfen;

— Das Problem des ehelosen Diakonats in den Missionsgebieten zu überlegen;

— Das Problem der Keuschheit und Sittlichkeit der Christen zu erforschen;

— Die ständigen Neugründungen von Kongregationen in der Kirche und das Problem der neuen Laienkongregationen ohne Klausur vor Augen zu haben.

Man hat sich aber auch in diesem Bereich letzten Endes entschlossen, die Antwort der Bischöfe abzuwarten.

5. *Meinung des S. Officium über die vollendeten Arbeiten*

Am Ende seines Berichtes sagte der Generalsekretär in der Sitzung vom 9. Mai 1949:

„Das ist, was ich tun konnte, um die Kommissionsarbeiten zu Ende zu bringen, und vielleicht auch, um sie zu beschleunigen. Was andere dem Konzil zur etwaigen Definition vorschlagen werden, kann in das Themenverzeichnis sehr leicht hinzugefügt werden. Es handelt sich jetzt nicht darum, daß wir ein Schema vorbereiten; das gegenwärtige Problem ist nur, ob genug Material vorhanden ist, um ein Konzil einzuberufen.

Wir glauben, daß unsere Kommission ihre Pflichten und Aufgaben glücklich erfüllt hat. Es ist nicht unsere Sache, darüber unser Urteil zu sprechen. Das Recht dazu steht dem Papst und den Kardinälen zu."

In dem Bericht vom 9. Juni 1949 wurden einige sachliche Vorschläge gemacht, auf die die Kardinäle ihre Aufmerksamkeit lenken sollten: „Unsere Kommission hat ein Verzeichnis von theologischen, philosophischen und disziplinären Fragen zusammengestellt, die ihrer Meinung nach in dieser Zeit besonders im Vordergrund stehen.

Was die Lehrirrtümer anbelangt, die von der Kommission in einem Verzeichnis gesammelt wurden, so sollten meiner Ansicht nach ein oder zwei Schemata vorbereitet werden, die besonders gegen die Urquelle dieser Irrtümer Stellung nehmen könnten. Diese Urquelle scheint die Mißachtung des menschlichen Verstandes und des menschlichen Willens bei Überbewertung des Gefühls, die daraus resultierende Verweigerung und Ablehnung der übernatürlichen Welt und die selbstverständliche Bejahung eines durchgreifenden Radikalismus und Naturalismus zu sein. Ebenso wäre es günstig, daß ein Schema über die Auslegung der Hl. Schrift hinsichtlich der neuen oder ein wenig heterodoxen Formen der biblischen Exegese vorbereitet wird."

Was den disziplinären Teil anbelangt, so war die Kommission der Meinung, daß dem diesbezüglichen Verzeichnis wegen seiner großen Ausführungsmöglichkeiten und wegen seiner Tragweite der größte Vorzug gegeben werden sollte.

„Mögen also die Kardinäle des S. Officium, ihrem hohen Verstand und ihrem Verantwortungsgefühl nach, ihre Antworten auf folgende Fragen geben:

1. Ob und welche Punkte der vorgeschlagenen Verzeichnisse für ein etwaiges Konzil berücksichtigt werden sollen;
2. Ob darüber auch die anderen Mitglieder des Hl. Kardinalskollegiums und einige Bischöfe befragt werden sollen;
3. Und wenn Punkt 2. bejaht wird, welche Bischöfe befragt werden sollen und in welcher Form diese Befragung durchgeführt werden soll;
4. Welche anderen Richtlinien eingehalten werden sollen, um die Arbeit der Kommission weiterzuführen."

Nachdem die Kardinäle die verschiedenen Dokumente[13] geprüft hatten, beschlossen sie im Gremium des S. Officium: Möge die Kommission beginnen, die Schemata über die wichtigsten Fragen vorzubereiten. Hinsichtlich der Befragung: Dilata (d. h. verschoben, die Befragung soll verschoben werden) wegen der heutigen gesellschaftlichen Situation. Es wurde, mit anderen Worten, der Kommission aufgetragen, die Arbeit weiterzuführen. Eine Befragung der Bischöfe kam jedoch zu diesem Zeitpunkt nicht in Frage, weil vermutlich große Schwierigkeiten die Einberufung des Konzils behinderten.

Am 23. Juni 1949 wurde dieses Dekret vom Papst genehmigt und am 8. Juli der Zentralkommission mitgeteilt. Diese hatte sich inzwischen, um ihre Studien, die sich schon länger als vorgesehen ausdehnten, besser weiterführen zu können, seit März 1949 in vier Unterausschüsse unterteilt, jeweils mit drei oder vier Mitgliedern, zu denen später auch einige gelehrte, in Rom wohnhafte Theologen gestoßen sind[14].

Diese vier Unterausschüsse waren folgendermaßen eingesetzt:

1. für Dogmatik, 2. für die Hl. Schrift, 3. für Moral und Soziallehre und 4. für Disziplin und Liturgie[15]. Es ist jedoch festzuhalten, daß die

---

[13] Sie bestanden aus einer Studienarbeit für das vatikanische Konzil mit besonderer Berücksichtigung der nie behandelten Themen, aus dem ersten Entwurf eines Schemas über Dogma und Disziplin, über die im zukünftigen Konzil zu behandelnden Themen, aus einem vorgeschlagenen Brief, der den Bischöfen zugesandt werden sollte, und aus einem Verzeichnis von Personen, denen dieser Brief persönlich zugehen sollte.

[14] Dort gab es eine Reihe von Namen: P. Bea S. J., Abt Caronti O. S. B., P. Balic O. F. M., P. M. Browne O. P., P. A. Miller O. S. B., P. G. Grundlach S. J.

[15] Die Unterausschüsse waren folgendermaßen eingesetzt: Für Dogma: P. Tromp (Präsident), P. Cordovani und P. Grandel; für die Hl. Schrift: P. Bea (Präsident), Hudal, Parente; für Moral und Soziallehre: P. Hürth (Präsident), Creusen, Damen; für Disziplin und Liturgie: Roberti (Präsident), Coussa,

Kommission für die Missionen nicht mehr aufschien. Das geschah aber nur aus dem Grund, weil es in Rom zu wenig Fachleute für Missionsfragen gab. Die einzige Ausnahme war der weltberühmte Missionologe P. Charles, der jedoch nur selten nach Rom kommen konnte und dem seine Arbeit als Generalsekretär nur wenig freie Zeit für andere Arbeiten ließ. Die Tatsache, daß die Schaffung der Missionskommission nur aus diesen Gründen unterblieb, wird durch eine Andeutung im Protokoll der Sitzung vom 9. April bestätigt: „Alle haben den Wunsch ausgesprochen, daß ein Unterausschuß für Missionsfragen eingesetzt werde."

III. Die dritte Phase von Juli 1949 bis Jänner 1951

In diesem Zeitraum von eineinhalb Jahren fand kaum eine Versammlung der Zentralkommission statt; in den uns zur Verfügung gestellten Dokumenten werden nur die Sitzungen vom 28. Dezember 1949, 18. Dezember 1950 und vom 4. Jänner 1951 ausdrücklich erwähnt. Auch der Generalsekretär kehrte nach Löwen zurück und kam nur zwei- oder dreimal wieder nach Rom.

Zum Ausgleich vollendeten die Unterausschüsse (mit Zustimmung des Papstes wurden in dieser Zeit auch andere Mitglieder einbezogen) eine sehr bemerkenswerte Arbeit, so daß der Generalsekretär in einem Bericht zu Beginn des Jahres 1951 behaupten konnte: Wir haben unsere Aufgabe, das Material für das zukünftige Konzil vorzubereiten, schon zum großen Teil erfüllt, vielleicht sogar mit großem Erfolg. Die Vorschläge für die Bekämpfung der Irrtümer, die Wiederherstellung und Bewahrung der Disziplin, für die moralische Haltung und ihre Wirkung in der Welt, übersteigen in ihrer Zahl und in ihrem Ausmaß die Arbeitskraft eines einzigen Konzils.

1. Kleines Verzeichnis der vorgeschlagenen Schemata

Wir haben nur kurze Berichte über die von den einzelnen Unterausschüssen in der Zeit von 1949 bis 1951 tatsächlich erledigten Arbeiten. Jeder Ausschuß hatte ein ausführliches Schema vorbereitet und aus diesen Schemata hat Pius XII. später manche Ausgangspunkte für die Enzyklika „Humani Generis" herangezogen.

Beste, Caronti. Die Zentralkommission bestand, wie wir aus einem Bericht des Präsidenten vom 15. Jänner erfahren, aus den vier genannten Präsidenten unter der Leitung des Unterfertigten und dem Generalsekretär P. Charles S. J.

Der Unterausschuß für Dogmatik hatte begonnen, ein Schema zur Konstitution oder Definition vorzubereiten; von diesem Schema ist nur die Einleitung und ein erster Punkt über das Wesen des Menschen übriggeblieben, die anderen Teile der Arbeit fehlen. In den uns zur Verfügung gestellten Dokumenten gibt es keine Fortsetzung, vielleicht ist diese Arbeit später wiederaufgenommen worden.

Die Unterausschuß für Moral und Soziallehre hielt neun Sitzungen ab. Es war ein umfangreiches Schema in zwei Teilen geplant. Von diesem Schema wurden schließlich nur zwei Kapitel ausgearbeitet und zwar die Kapitel des allgemeinen Teils (Gott Ursprung der Moralordnung — der Mensch Gegenstand der Moralordnung). Es wurden auch zwei Kapitel des 1. Abschnittes des Sonderteils über das religiöse Leben des Menschen ausgearbeitet (der Dienst Gottes — der Geist Christi), ein drittes Kapitel sollte die Nächstenliebe behandeln, dem der Abschnitt II über das Sozialleben folgte. In diesem Bereich sollten die Probleme der Familie, der ökonomischen und der politischen Ordnung zur Sprache kommen.

Der Unterausschuß für Disziplin und Liturgie überprüfte wie die anderen Unterausschüsse mehrere Vorschläge über verschiedene Materien: Reform der Grenzen der Diözesen und Pfarren: man sollte eine bessere Gebietseinteilung empfehlen; Organisation der Pfarre; Emigrantenapostolat; geistliche Berufe und Priesterausbildung; Seminare und Ordensanstalten; katholische Schulen; Laienapostolat; religiöse Kunst; Gebrauch der Muttersprache in der Liturgie; Reform des Kalenders und der liturgischen Bücher; Disziplin der Nüchternheit und der Abstinenz; eucharistische Nüchternheit usw. Die in diesen Fragen vorgetragenen Forderungen sind besonders P. Coussa und dem Abt Caronti zuzuschreiben.

Es lag auch eine Bitte von P. Charles für eine vermehrte Zelebration der hl. Messe vor: es wäre günstig, die Abendmesse täglich zu feiern. Und P. Grendel hatte sein Anliegen für die Einsetzung des Diakonats in den Missionsgebieten vorgebracht.

Es gibt noch drei andere Fragen, bei denen die Haltung des Unterausschusses für Disziplin und Liturgie sehr interessant war. Zuerst das Problem über die göttliche Herkunft und die Bedeutung des Bischofsamtes. Es wurde darauf hingewiesen, daß die Voraussetzungen, die im Lauf der Geschichte das Entstehen und die Rechtfertigung des Juspatronats ermöglichten, heute nicht mehr vorhanden sind; in sehr ernsten Worten (Das heutige Konzil, nachdem es die Frage gründlich betrachtet hat und mit zum Gericht Jesu erhobenen Augen ...) schlug es folgende Beschlüsse vor: 1. jede bürgerliche Gewalt, Autorität oder Würde wird aufgefordert, spontan von sich aus auf das erhaltene Juspatronat zu verzichten; 2. kein Laie mit Amt, Würde oder Autorität soll in Zukunft den Apostolischen Stuhl um das Juspatronat bitten; 3. man soll bekanntgeben, daß dieser Vorzug in Zukunft niemandem gegeben wird, sondern nur das sogenannte politische „Nihil obstat".

In einer anderen Forderung wird betont, daß es angebracht und vorteilhaft wäre, wenn in jedem Ort nur eine einzige bischöfliche Jurisdiktion bestünde. Nur aus dringlichen Gründen und in besonderen Fällen, und nur, wenn eine einzige bischöfliche Niederlassung im Ort besteht, darf eine Ausnahme gemacht werden. Wenn es sich um Bischöfe verschiedener Riten handelt, werden diese Bischöfe aufgefordert, sich miteinander zu verständigen und zu vereinbaren, den Gläubigen möglichst gleiche Richtlinien zu geben; wenn es in einem Ort jedoch seit Jahrhunderten mehrere Bischöfe verschiedener Riten gibt, soll das Konzil eine Möglichkeit suchen, zu einer gewissen Einigung zu gelangen und sich bemühen, die richtigen Mittel dafür einzusetzen; sollte es notwendig sein, kann dazu auch ein besonderer Ausschuß eingesetzt werden.

P. Coussa schließlich schlug eine Forderung über den Zölibat der Priester und die Mittel vor, ihn zu bewahren und zu schützen. Nachdem er auf die Gründe hingewiesen hatte, die den Priesterzölibat besonders empfehlen oder sogar beanspruchen, sprach er über die damit verbundenen Schwierigkeiten. Die Hirten der Kirche sollten aufgefordert werden, die Erhabenheit des Zölibats öffentlich zu verkünden. Denn jene, die gegen den Zölibat kämpfen, tun das aus Unwissen über seine Erhabenheit und seinen Wert oder um sich für ihr laues und — wenn man so sagen darf — unechtes christliches Leben zu rechtfertigen. Um eine bessere Ausbildung für den Zölibat zu fördern und um Konflikte in dieser Hinsicht zu vermeiden, schlug man vor, folgende Anordnungen zu treffen: Niemand darf für das Subdiakonat vorgeschlagen werden, wenn er seine theologischen Studien nicht abgeschlossen hat und 24 Jahre alt geworden ist; alle Subdiakone, auch die Mitglieder einer Kongregation oder eines Ordens, sollten sich einige Jahre jener Tätigkeit widmen, die sie später als Priester ausüben wollen. Wenn sie sich genügend bewährt haben, dürfen sie für das Diakonat vorgeschlagen werden und nach einem weiteren Probejahr die Priesterweihen empfangen. Die Bischöfe sollen berechtigt werden, die Zeitspanne zwischen

Subdiakonat und Priesterweihe auf ein Jahr herabzusetzen, aber nur bei jenen, die das Diakonat im Alter von 25 Jahren angenommen haben. Für die Ostkirche sah das Schema keine Bestimmung vor, aber es machte alle darauf aufmerksam, wieviel Hochachtung der Zölibat bei den Gläubigen der Ostkirche genießt und mahnte die Hirten der Ostkirche, den Zölibat zu fördern und den Seminaristen seine Erhabenheit so zu preisen, daß sie angespornt werden, den Zölibat anzunehmen und hochherzig und treu zu bewahren.

2. *Meinungsverschiedenheiten über die Planung des Konzils*

Die große Menge an Material, die schon von den Kommissionsmitgliedern gesammelt worden war, ließ die Meinungsverschiedenheiten und die Schwierigkeiten bei der Zentralkommission noch mehr zutagetreten. Im Vordergrund standen zwei Richtungen über die Organisation und die Planung des Konzils. Diese Meinungsverschiedenheit ist besonders bei der letzten Sitzung der Zentralkommission am 4. Jänner 1951 angesichts des umfangreichen Materials deutlich geworden. Die Unterausschüsse hatten mit großem Fleiß eine Unmenge an Material zusammengetragen und man mußte feststellen, daß die Weite und das Ausmaß der Fragen so groß war, daß sie nur in vielen Jahren mit der notwendigen Sorgfalt bewältigt werden könnten.

Die Vertreter der ersten Richtung strebten ein kurzdauerndes Konzil an. In zwei oder drei Wochen sollten nur die wichtigsten Fragen genau erörtert werden, sei es, um die Nachwirkungen einer lange dauernden Abwesenheit der Bischöfe von ihren Diözesen zu vermeiden, sei es auch, um das Problem der Unterkunft von fast 3 000 Bischöfen und ihren Sekretär-Theologen in Rom zu mildern.

Man war der Meinung, daß das Konzil der Welt ein öffentliches und feierliches Zeugnis der Eintracht und der Übereinstimmung geben sollte, um den Kirchenfeinden die Möglichkeit zu nehmen, etwaige Spaltungen oder Meinungsverschiedenheiten zu übertreiben oder auszunützen. Man sollte also versuchen, eine ehrliche und freiwillige Übereinstimmung der Konzilsväter zu erreichen, aber gleichzeitig darauf achten, daß es nicht zu Vermutungen über eine Manipulation komme. Der einzige Weg dazu wäre, daß vom Konzil ein Glaubensbekenntnis erarbeitet werde, bei dem Übereinstimmung erzielt werden könnte. Gleichzeitig aber wäre es notwendig, den Konzilsvätern völlige Freiheit zu geben, das Glaubensbekenntnis zu erörtern, zu verbessern, zu ergänzen und

Vorschläge zu machen. Die Kommission hätte die Aufgabe, danach einen kurzen, aber vollständigen Text auszuarbeiten, in dem klar und in positiver Weise die wichtigsten von der Kirche zum Glauben dargestellten Wahrheiten enthalten sind, die für die Welt von großer Bedeutung sein könnten[16]. Der Text sollte jeder Streitfrage ausweichen, so daß er für alle Konzilsväter annehmbar wäre und es vielleicht sogar zu einer gemeinsamen Zustimmung kommen könnte.

Unabhängig von diesem Text sollte gleichzeitig den Konzilsvätern ein Verzeichnis der zu verdammenden Irrtümer und der durchzusetzenden Reformen vorgelegt werden. Auch in diesem Fall wurde empfohlen, den Konzilsvätern völlige Freiheit zu lassen und die Möglichkeit zu geben, Änderungen, Zusätze, Hinweise usw. vorzuschlagen. Wäre das Konzil zu Ende geführt worden, hätte man die Dikasterien der römischen Kurie beauftragt, die diesbezüglichen Dekrete unter Mithilfe einiger dazu bestimmter Ausschüsse und nach den Richtlinien des Konzils auszuarbeiten.

Wären diese Vorschläge angenommen worden, hätte die Vorbereitung des Konzils noch lange gedauert, da man vorhersehen konnte,

---

[16] Ein Auszug aus diesen Dokumenten wurde vom Generalsekretär als eine authentische Angabe des ökumenischen Konzils vorgestellt. Im großen und ganzen handelt es sich um ein öffentliches, in zehn Punkten zusammengefaßtes Bekenntnis der katholischen Lehre, in dem auch einige Anspielungen auf die heutige Situation enthalten sind. Zum Beispiel wird dort jede Diskriminierung wegen Farbe, Rasse oder Nationalität verdammt; es wird die Würde der Arbeit und der Arbeiter festgestellt; jeder Mißbrauch der Ehe und jeder Angriff auf ihre Stabilität und Einheit wird verurteilt; die gottgeweihte Jungfräulichkeit, besonders im Ordensleben, wird gepriesen; die Heimatliebe wird gelobt, aber sie soll nicht die Liebe zu den Menschen gefährden; die Menschen werden beschworen, Krieg und Gewalttaten zu vermeiden; der Anspruch der Kirche zur Wohl- und Sozialtätigkeit, zur Erziehung der Jugend und zur Förderung der Wissenschaft wird deutlich verteidigt; es wird auch ernsthaft die allgemeine Verantwortung der Hirten und aller Gläubigen hinsichtlich der Missionsarbeit dargestellt. Das Dokument, das manche Fragen und Themen der Konstitution des II. Vatikanischen Konzils Gaudium et Spes vorwegzunehmen scheint, schließt mit einer Einladung und einer Ermahnung für jene, die von der Kirche getrennt sind, daß „sie die Rückkehr zum gemeinsamen Mahl nicht ablehnen mögen, da ihre Väter die unreifen Trauben der Streitfragen gekostet haben". Die Israeliten werden eingeladen, Jesus Christus als ihren Messias und Heiland anzuerkennen, nachdem sie so viel Ungerechtigkeit und Qual erlitten haben. Ebenso werden alle Menschen guten Willens eingeladen, nicht gegen andere Menschen, sondern gegen die Macht des Bösen zu kämpfen, damit sich das Reich Gottes, das Reich der Gerechtigkeit, des Friedens und der Wahrheit auf Erden immer mehr verbreite.

daß sie nicht binnen weniger Monate oder sogar vor Ostern des Jahres 1951 beendet worden wäre. Weil es also unmöglich geworden war, das Konzil anläßlich des Heiligen Jahres 1950 einzuberufen und es so mit der feierlichen Definition der Assumptio B. M. V.-Wahrheit zusammenfallen zu lassen, konnte das Konzil im Jahre 1951 anläßlich des fünfzehnten Jahrhunderts des Konzils von Chalcedon einberufen werden. So wäre das zukünftige Konzil zu einem Zeugnis der Einheit der Kirche geworden, das auch nichtkatholische Dissidenten zur Hochachtung veranlaßt hätte. Das Konzil hätte auch für die Reformen und für eine in Ruhe gereifte Anpassung an die heutige Zeit eine Grundlage gelegt und wäre allen Katholiken Anlaß zur Freude und Ansporn zu einer beherzten Zusammenarbeit mit der Kirche, deren Mitglieder sie doch sind, gewesen. Nach Meinung der Vertreter dieser Vorschläge, bemerkte Msgr. Borgongini-Duca in einem kleinen Bericht am 15. Jänner 1951, könnte es nicht das Hauptziel des Konzils sein, die inneren Probleme der Kirche zu lösen (für diese Probleme genügten die Enzykliken, die Konstitutionen, Gesetzesbücher usw., die vom Hl. Stuhl herausgegeben werden), sondern die Dissidenten und die Ungläubigen der ganzen Welt zur Herde des hl. Petrus zurückzuführen. In dieser Hinsicht sollte die Versammlung der Bischöfe ein besonderes Zeugnis sein und einen besonderen Charakter zeigen. Es könnte wie ein missionarisches Konzil oder wie ein Konzil der Einheit der Kirche aussehen, auch wenn es der Mentalität der damaligen Zeit entsprechend geplant worden sei.

Für die Vertreter dieser Meinung und dieser Konzilsplanung hätte die Dauer des Konzils keine große Rolle gespielt: in drei oder vier Wochen wäre alles erledigt gewesen. „Deshalb“ — so sagte der Generalsekretär, der diese Konzilsplanung vertrat, zum Abschluß der Arbeiten — „möchte ich mit aller Bescheidenheit empfehlen, daß diese Konzilsplanung dem Hl. Vater vorgetragen werden soll, der nach seiner Vollmacht und Überlegenheit bestimmen wird, ob wir unsere Arbeit in dieser Weise bis zum glücklichen und raschen Ende des Konzils weiterführen sollen. Sonst fürchte ich, daß das umfangreiche Material, das wir vorbereitet haben, unnütz sein wird und nicht der ‚Form‘ des Konzils entsprechend bearbeitet werden kann“.

Msgr. Borgongini meinte dazu folgendes: „Die Mehrheit der Zentralkommissionsmitglieder stimmte nicht mit den Vorschlägen von P. Charles überein.“

Die zweite Richtung, die von mehreren Kommissionsmitgliedern als die erste angesehen worden war, vertrat den Standpunkt, daß das

Konzil in traditioneller Form abgehalten werden sollte, obwohl dazu längere Vorbereitungen, vielleicht Monate oder sogar Jahre, notwendig wären.

Nur wenn diese Vorbereitungen zu einem günstigen Zeitpunkt vorgelegen wären, hätte man an einen genauen Termin zur Einberufung des Konzils denken können. Was aber die Dauer des Konzils anbelangt, sollten keine Grenzen bestimmt werden. Man sollte den Konzilsvätern vollkommene Freiheit lassen und um jeden Preis den Eindruck vermeiden, daß alles im voraus von der römischen Kurie genau bestimmt worden sei. So könnten die schon im I. Vatikanischen Konzil aus diesem Grund entstandenen Mißverständnisse von vornherein ausgeschlossen werden.

Bald aber gab es ein weiteres Problem: wie sollte ein Konzil in traditioneller Form abgehalten werden, wenn mehr als 2 000 Bischöfe anwesend sein würden? Man glaubte, daß viele Schwierigkeiten vermieden werden könnten, wenn das Konzil nicht nur von den verschiedenen Kommissionen, sondern auch von den Bischöfen selbst sehr gut vorbereitet würde. Zweckmäßigerweise sollte daher ein Vorschlag berücksichtigt werden, der schon im Jahre 1948 vorlag:

1. Es sollen drei Kommissionen in Rom eingesetzt werden: a) für Dogma, b) für Moral, c) für Disziplin;
2. Jede Kommission soll ein Schema vorbereiten, das die seinem Bereich entsprechenden Fragen enthalten soll;
3. Diese Schemata sollen den Bischöfen zugesandt werden mit der Bitte, sie mit ihren Vorschlägen versehen zurückzusenden;
4. Aus den Antworten und Bemerkungen der Bischöfe soll jede Kommission ein neues Schema erarbeiten;
5. Diese zweiten Schemata sollen wieder allen Bischöfen zugesandt werden, um ihre Beobachtungen festzustellen;
6. Durch diese Beobachtungen der Bischöfe solen drei abschließende Schemata erstellt werden, die dem Konzil unterbreitet werden sollen.

Es gab aber immer noch eine große Schwierigkeit: wie könnte man die Tätigkeit so vieler Bischöfe im Konzil beschleunigen? Zur Lösung dieser Frage wurden keine Vorschläge gemacht: diejenigen, die für ein kurzdauerndes Konzil eintraten, sahen hier überhaupt kein Problem und die anderen hatten wahrscheinlich keine klare Vorstellung, wie dieses Problem praktisch gelöst werden könnte.

Aus einem Bericht — er ist ohne Datum, aber sicherlich vor der letzten Kommissionssitzung zusammengestellt worden — konnten wir jedoch folgendes erfahren:

Hinsichtlich der Abhaltung des Konzils und insbesondere hinsichtlich der großen Zahl der Konzilsväter, die zusammenkommen werden, haben die Kommissionsmitglieder keine konkreten organisatorischen Vorschläge gemacht. Nun aber läge folgender Vorschlag vor:

Man sollte das Konzil ernstnehmen und auch abhalten. Das bedeute, daß die dazu erforderliche Zeit auch vorgesehen werden sollte. Andererseits aber sollten die Bischöfe ihren Diözesen nicht allzulange fernbleiben. Es müßte auch die Tatsache berücksichtigt werden, daß nicht alle Bischöfe für jedes Problem das gleiche Interesse mitbringen und dafür auch nicht vorbereitet sind. Eine Lösung wäre es, das Konzil in verschiedenen Sitzungsperioden abzuhalten, zum Beispiel eine Sitzungsperiode pro Jahr oder alle zwei Jahre. Diese Sitzungsperioden müßten, wenn sie gut vorbereitet werden, nicht lange dauern (vielleicht einen Monat, aber sicher nicht länger), und zu diesen Sitzungen müßte man nicht alle Bischöfe einladen, sondern beispielsweise nur die Vertreter der einzelnen kirchlichen Provinzen. Das wäre eine Möglichkeit, die Zahl der anwesenden Bischöfe zu vermindern, ohne den ökumenischen Charakter des Konzils zu gefährden.

Eventuell könnten diese Sitzungen auch nur Arbeitssitzungen sein. Sie wären damit keine öffentlichen Sitzungen und bei diesen dürften die Bischöfe keine Beschlüsse fassen. Zum Abschluß aller Besprechungen könnte eine öffentliche Konzilssitzung stattfinden, wo alle Bischöfe der Welt eingelanden werden. In dieser Sitzung könnten auch dogmatische Entscheidungen getroffen werden, deren Bearbeitung schon in den Kommissionen erfolgt ist. Und darüber hinaus könnte dann auch die gesamte Tätigkeit des Konzils endgültig genehmigt werden[17].

---

[17] Später gab es ein gewisses Echo auf diese Vorbereitungsarbeiten in der Öffentlichkeit. Wie anders wäre es sonst zu erklären, was die Zeitschrift „La Croix" am 7. November 1962 schrieb: „Pius XII. hatte sich Gedanken darüber gemacht, ein ökumenisches Konzil einzuberufen. Er hatte eine Kommission beauftragt, die Methoden der großen internationalen Versammlungen zu prüfen, um die Dauer des Konzils auf die geringste Zeit zu beschränken. Es wurde dem Papst vorgeschlagen, nicht alle Bischöfe zu dem Konzil einzuladen, sondern die von den Bischöfen selbst gewählten Vertreter aus verschiedenen Ländern, ungefähr fünf- oder sechshundert. Diese Vertreter hät-

3. *Der Abbruch der Vorbereitungsarbeiten*

Wie wir erfahren haben, gab es Meinungsverschiedenheiten in der Zentralkommission nicht nur hinsichtlich der Organisation des Konzils. Diese aus der verschiedenen Sicht entstandenen Meinungen beeinflußten auch die Dauer der gesamten Vorbereitungsarbeiten, ihre Entwicklung und die Form der zu erarbeitenden Dokumente. In der letzten Sitzung am 4. Jänner 1951 hatten die Kommissionsmitglieder weitere Fragen gestellt. Darüber hinaus — so berichtete Msgr. Borgongini-Duca im Bericht vom 15. Jänner 1951 — fragten die Kommissionsmitglieder, ob die Unterausschüsse alle im Verzeichnis enthaltenen Themen vertiefen sollten oder nur jene, die ihrer Meinung nach besonders wichtig seien, ob diese Themenauswahl den Unterausschüssen selbst überlassen bleiben sollte und weiters, ob der Heilige Vater ein Problem vorzuschlagen hätte, das ihm vielleicht wichtig erscheine und das er vor allen anderen behandelt wissen wolle.

Pius XII. hat, wie es scheint, damals bereits daran gedacht, den gesamten Entwurf für ein Konzil falllenzulassen.

Waren nun die ganze Arbeit und alle Bemühungen umsonst gewesen? Das kann man nicht behaupten, denn Pius XII. hat dieses Material wahrscheinlich verwertet, sei es in der Zusammenstellung der Enzyklika „Humani Generis“ oder in wichtigen Ansprachen. Später ließ Johannes XXIII., als er von diesem Material erfuhr, die Vorbereitungskommission des II. Vatikanischen Konzils danach suchen, um daraus das für das geplante Konzil nützliche Material und die den neuen Gegebenheiten noch entsprechenden Richtlinien entnehmen zu können[18].

---

ten das Recht gehabt, je nach der Zahl der Personen, die sie vertreten, eine entsprechende Stimmenzahl abzugeben. Dieser Vorschlag wurde abgelehnt, er hatte einerseits den Vorteil, die Dauer der Diskussionen im Konzil einzuschränken, hatte aber gleichzeitig den Nachteil, die unmittelbare Teilnahme aller berechtigten Bischöfe zu verhindern.“

[18] Die Sache ist folgendermaßen zu Ende gegangen: bei einer Sitzung der Vorbereitungskommission für das II. Vatikanische Konzil im Juni 1951 wurde mitgeteilt — P. Philippe O. P. hatte es angedeutet —, daß ein wichtiges Aktenheft über die von Pius XII. begonnene Vorbereitung des Konzils im Archiv des Heiligen Offiziums vorhanden war. Die Kommission beauftragte den Präsidenten Kard. Tardini, den Papst um die Vollmacht zu bitten, in dieses Aktenheft Einsicht zu nehmen und es eventuell zu verwenden, ohne das Geheimnis des Heiligen Offiziums bewahren zu müssen. Der Kardinal nahm diesen Auftrag gerne an, P. Philippe bereitete auf Wunsch des Kardinals einen Bericht darüber vor und Johannes XXIII. erteilte die geforderte Erlaubnis. In der Kommissionssitzung coram Sanctissimo (= in Anwesenheit

4. *Das Warum einer solchen Maßnahme*

Es stellt sich nun die Frage, warum Pius XII. entschieden hat, die Vorbereitungsarbeiten für das Konzil beenden zu lassen. Er hatte doch die Idee für das Konzil klar vertreten und sogar die dazu notwendigen Vorbereitungsarbeiten gefördert, obwohl er die damit verbundenen Schwierigkeiten nicht übersehen hatte. Und schließlich sah die Situation so aus, als könnte alles positiv weitergehen.

Wir können, soweit die Dokumente das zulassen, nur mehr oder weniger begründete Vermutungen äußern.

Einen ersten und vielleicht ausschlaggebenden Grund führt Kardinal Ruffini an, der Pius XII. sehr gut kannte. Der Verfasser dieses Berichtes traf einmal, Ende Juli 1963, mit Kardinal Ruffini in Rom in der Buchhandlung „Ancora" zusammen. Der Kardinal drückte sich etwa so aus: „Um ein Konzil einzuberufen, benötigte man einen Mann wie Johannes XXIII., einen Mann von großem Mut und mit Entscheidungskraft. Pius XII. hätte es vielleicht niemals gewagt, ein Konzil einzuberufen, sein Charakter hätte sich einem solchen Organismus mit der Gewalt und den Wirkungen eines Konzils nicht anpassen können."

Nachdem wir mit der gebührenden historischen Verantwortung die Meinung von Kardinal Ruffini erwähnt haben, wollen wir eine andere, uns von vielen Seiten bestätigte und wahrscheinlich mehr der Wahrheit entsprechende Meinung vorstellen.

Von den beiden Richtungen hinsichtlich der Vorgangsweise bei der Abhaltung des Konzils hat unserer Meinung nach Pius XII., der viel auf Genauigkeit hielt, die zweite Richtung vertreten: wenn das Konzil durchgeführt werden sollte, war es notwendig, daß es nicht schnell, sondern in der besten und vollkommensten Form abgehalten werde. Das hätte zwei oder drei Jahre an Vorbereitungszeit beansprucht und dazu noch die Jahre der Dauer des Konzils. Im Jahre 1951 war Pius XII. 75 Jahre alt. Selbst wenn alles sehr schnell vorangegangen wäre, könnte er sich überlegt haben, daß er im Alter von 78 oder 79 Jahren erst ein Konzil hätte einberufen können. Und dazu fühlte er sich nicht imstande. Dafür haben wir zwei Zeugnisse.

Das erste Zeugnis stammt von P. Emil D'Angelos, einem Herz-Jesu Missionar, der uns am 7. August 1976 geschrieben hat:

---

des Hl. Vaters) drückte P. Philippe dem Papst seine Dankbarkeit aus und berichtete über dieses Material. Tatsächlich aber wurde das Material nicht herangezogen.

„Ich habe mit Begeisterung Ihren Artikel in ‚La Civiltà Cattolica' über Pius XII. und seine Absicht, ein ökumenisches Konzil einzuberufen, gelesen. Dazu möchte ich eine kleine Begebenheit erzählen, die Ihrem Bericht zwar nichts Neues hinzufügen wird, die für Sie aber dennoch interessant sein kann. Folgendes habe ich von S. E. Msgr. Giovanni Battista dal Pra, Bischof von Terni (Italien) erfahren: Jedesmal, wenn er die Bischöfe aus Umbrien in Audienz empfing, konnte sich Pius XII. nicht enthalten, seine Sorgen wegen der politischen Umstände in dieser Gegend auszusprechen. Bei einer dieser Gelegenheiten sagte jemand dem besorgten Papst: ‚Heiliger Vater, es sollte ein Konzil einberufen werden!'

Und der Papst entgegnete: ‚Es stimmt, es stimmt! Aber ich bin zu alt, mein Nachfolger wird es einberufen!'

Die Bischöfe meinten: ‚Nein, nein, Heiliger Vater, Sie sind nicht so alt. Sie sind noch sehr kräftig und voll Leben.'

Der Papst aber entgegnete: ‚Nein, nein ... ich bin zu alt, mein Nachfolger wird es tun.'"

Ein anderer unmittelbarer Zeuge dafür ist P. Giacomo Martegani S. J., der von 1939 bis 1955 Direktor der „Civiltà Cattolica" war und dadurch fast alle vierzehn Tage mit dem Papst zusammentraf. Er brachte ihm persönlich jedes neue Heft der Zeitschrift und führte dann mit dem Papst ein Gespräch. Am 21. August 1966 berichtete er folgendes:

„Ich habe mit großem Interesse ihren Artikel gelesen ... Dort fand ich einen ausführlichen Bericht über Vorfälle, die ich persönlich bei meinen mehrmaligen Zusammentreffen mit Pius XII. unter dem Siegel der Verschwiegenheit erfahren habe.

Ich erinnere mich ganz genau, daß er schließlich nur ungern und aus zwei grundsätzlichen Erwägungen auf den Entwurf zur Einberufung eines Konzils verzichtete. Er sprach es oft deutlich aus, daß er sich nicht mehr für ein Konzil einsetzen könnte: 1. wegen seines vorgerückten Alters und 2. wegen seiner abnehmenden Kräfte für die laufenden Arbeiten, die er immer mit großer Genauigkeit und großem Verantwortungsgefühl ausführte. ‚Das wird', meinte er abschließend, ‚mein Nachfolger tun'."

5. *Ein Vergleich*

Man kann die Dokumente des Vatikanischen Konzils und die Vorbereitungsarbeiten, von denen wir bis jetzt gesprochen haben, nicht miteinander vergleichen, das ist unmöglich. Was wir tun können ist, die beiden Vorbereitungsarbeiten zu vergleichen.

In den ersten Vorbereitungsarbeiten, die von 1948 bis 1951 dauerten, gibt es einiges, das wir mit voller Berechtigung acht Jahre später, in der ersten Phase des Vatikanischen Konzils und besonders in den Arbeiten der theologischen Vorbereitungskommissionen, wiederfinden. Auch die Namen von Kardinal Ottaviani und von P. Tromp werden genannt.

Ähnliche Richtlinien finden wir bei der Auswahl der Mitglieder der im Gremium des „S. Officium" eingesetzten Kommission: dieselbe Sorge um den Kampf gegen die Irrtümer der modernen Zeit und dieselbe umfangreiche Sicht der zu behandelnden Probleme.

Obwohl manchmal die Offenheit des Generalsekretärs nicht mit den Ansichten der gesamten Kommission übereinstimmte, so schien sie doch dem Geist des Konzils zu entsprechen, wie er in seinem Verlauf sichtbar wurde: eine gewisse Sehnsucht nach Einheit, großes Verständnis für die modernen Probleme und eine positive Annäherung an die Erfordernisse unserer Zeit und die Sehnsucht nach einem Konzil, in dem beispielsweise die Einheit und die Kommunion eine Rolle spielen sollten ...

Man muß eines beachten: die Zeit und besonders die richtige Zusammenarbeit der Konzilsväter haben später viele Früchte reifen lassen. Man darf jedoch auch nicht behaupten, daß zwischen den Arbeiten aus der Zeit Pius XII. und der Vorbereitung zum II. Vatikanischen Konzil eine Abhängigkeit oder irgendeine Verbindung — besonders nach der Vorbereitungsperiode des Konzils — besteht, es gab nur eine geschichtliche Aufeinanderfolge.

Denjenigen aber, die die Kirche zur Zeit Pius XII. gegen die Kirche des II. Vatikanischen Konzils ausspielen wollen, wird dazu jeder echte Anlaß fehlen. Auch Pius XII. hat das Konzil hochgeschätzt, er hatte die Vorbereitungsarbeiten mit großem Weitblick und Einsicht in die konkrete Situation seiner Zeit entsprechend durchführen lassen. Und besonders hat er das Konzil für ein großes Glück für das Leben der Kirche gehalten. Seine Worte „Mein Nachfolger wird es einberufen" drücken nicht einen Verzicht darauf aus, sondern die gefühlsmäßige

Einsicht in die Reife der Zeit und ihre Erfordernisse. Man muß zur Kenntnis nehmen, daß sich Pius XII. in diesem Fall, wie in anderen, ähnlichen Fällen, mit seinem Zeitgefühl und seinem besonderen Verständnis für die sogenannten „Zeichen der Zeit“ bestens bewährt hat!

Anhang I

Übersicht der Themen: aus diesen sollten die Fragen ausgewählt werden, die im Konzil zur Behandlung vorgeschlagen werden sollten.

I. Theologisch-spekulative Kommission

1. Philosophische Irrlehren, die den christlichen Glauben untergraben: Idealismus, Existentialismus, neue Gnosis.
2. Fähigkeit des menschlichen Verstandes, das Geschehen der Offenbarung und zugleich auch ihre Glaubwürdigkeit und ihre Möglichkeit durch die göttlichen Zeichen (credetitatem) zu erkennen.

   Heute gibt es viele, die lehren, die Gnade Gottes sei nicht nur deshalb notwendig, damit diese Kenntnis leichter erreicht wird und zum Heil kommt, sondern auch deshalb, damit der menschliche Verstand auch die Kraft der Beweise haben kann.
3. Die Beziehungen zwischen Kirchenlehre und Überlieferung; in welchem Sinn wird die Überlieferung selbst von der lehrenden Kirche und vom Selbstbewußtsein der hörenden Kirche vertreten? Dieser Studienstoff wurde bekanntlich in einigen Dokumenten des S. Officium behandelt (von einigen französischen Dominikanern).
4. Die theologische Methode, besonders den Dissidenten gegenüber:
   a) Dogmatischer Minimalismus; wechselseitiger Zusammenhang der Dogmen; Gleichheit der Dogmen bei Katholiken und Dissidenten
   b) Die Anwendung der Philosophie von der Kirche bei der Verlesung und Erklärung der Dogmen: was ist wesentlich? was ist veränderbar?
   c) Die Autorität der Kirchenväter als Zeugen des Glaubens oder wenn sie, durch die Anwendung eines besonderen philosophischen oder theologischen Systems, die Wahrheiten des Glaubens aufklären.
5. Definierungsmöglichkeit der nicht ausdrücklich geoffenbarten (explicite vel implicite) Glaubenswahrheiten, die aber mit Hilfe einer nicht geoffenbarten Wahrheit mit Sicherheit aus dem Glauben geschöpft werden können.
6. Herkunft der Bischofsjurisdiktion: siehe, was im Auftrag des Papstes in der Enzyklika „Mystici Corporis“ gesagt worden ist.
7. Erbsündenfall und Polygenismus.
8. Irrlehre über den mystischen Leib Christi.

9. Unfehlbarkeit der Hl. Schrift und literarische Formen der alten Ostschriftsteller.
10. Die Miterlösertätigkeit der Mutter Gottes scheint noch nicht genau genug festgestellt und erforscht und daher auch noch nicht reif, als daß man in dieser Hinsicht zu einer Definition kommen könnte.
11. „Mariä Himmelfahrt"-Wahrheit scheint auf einem anderen Weg zu einer Lösung gekommen zu sein.

II. Kommission für praktische Theologie:

1. Objektives und subjektives Gewissen (Moralnorm).
2. Zweideutige Moralität des Individuums und der öffentlichen Autorität.
3. Subjektive und objektive Andacht.
4. Falscher Quietismus, Mystizismus, Humanismus.
5. Zusammenarbeit in sacris in gemischten Angelegenheiten, auf dem Sozialgebiet, in der Politik.
6. Tiefe Reue wegen Christus, der für uns am Kreuz gestorben ist.
7. Erhabenheit der Jungfräulichkeit gegenüber der Ehe: Würde des Ordenslebens.
8. Manche Zweifel in der Frage der Ehe.
9. Vollmacht der Kirche gegenüber der Ehe von Nichtgetauften und das Privilegium Petrinum; Gültigkeit der Ehe von jenen, die vom Wesen der Ehe eine falsche Auffassung haben (Heiden, Mohammedaner, Russen, Skandinavier); Onanismus, periodische Zurückhaltung, künstliche Befruchtung, Sterilisation und Fähigkeit der sterilisierten Menschen zur Schließung der Ehe. Psychoanalyse. Gültigkeit der Taufe, die von einem nichtkatholischen Minister gespendet worden ist, wenn dieser Minister eine falsche Lehre über das Wesen dieses Sakramentes vertritt. (Die Frage wurde hinsichtlich der Taufe der Baptisten gestellt, aber sie kann auch bei der Taufe fast aller protestantischen Minister gestellt werden.)
10. Selbstverteidigungsrecht mit Tätigkeitsversuch gegen eine öffentliche, gefährliche Autorität.

III. Kommission für praktische Theologie (ethisch-sozialer Ausschuß):

1. Moralgesetze, die die Politik leiten: doppelte Moralität, Beziehung zwischen Kirche und Politik.
2. Internationales Recht und zuerst die Frage, ob vollkommen autonome Gesellschaften existieren können oder ob nicht eher die einzelnen Staaten ein wenig auf ihre Autonomie verzichten sollten, um eine echte internationale Gesellschaft entstehen zu lassen.
3. Totalitarismus: siehe das Dekret des „S. Officium" über den Nazismus, das nicht veröffentlicht worden ist.

4. Das Recht der ethnischen, kulturellen und vielsprachigen Minderheiten.
5. Privateigentumsrecht und seine Beschränkung vom Staat her.
6. Arbeiter und andere Klassenorganisationen: der richtige Lohn.
7. Recht, sich aktiv zu verteidigen gegen eine gefährliche Autorität: Angriffs- und Totalkrieg.

IV. Kommission für Recht und Disziplin:

1. Neue Ausgabe des Gesetzbuches — Reform der überholten Gesetze — Einigkeit in der Terminologie usw. Es scheint, daß das Konzil für die Fragen nicht zuständig ist, aber die Konzilsväter können darüber zweckmäßig befragt werden, damit sie ihre Forderungen aussprechen.
2. Das Recht der Ostkirche und diesbezügliches Gesetzbuch: ist es zu empfehlen oder nicht?
3. Mit Klarheit sollte das Wesen der katholischen Aktion festgestellt werden: juridische Lage der katholischen Aktion und der anderen Gesellschaften, die ein Apostolat ausüben oder sich der persönlichen Heiligung oder dem sozialen Einsatz apostolischer Tätigkeit widmen.
4. Erneuerung des Diakonatsdienstes in den Missionsgebieten und anderswo.
5. Fasten und Abstinenz — für die eucharistische Nüchternheit sollen allgemeine Regeln eingeführt werden. Man soll eine neue Auffassung vom Fasten erarbeiten, das Fasten soll sich nicht nur auf die Menge beziehen, sondern auch die physische Situation der Person beachten (Belgien).
6. Priesterlicher Zölibat; das Problem der anglikanischen und protestantischen Pastoren, die in die katholische Kirche übertreten.
7. Minderung der im Bußsakrament reservierten Fälle und der kirchlichen Zensuren.
8. Flexibilität und neue Ordnung der römischen Kurie: Verzicht auf Prunk und größere Bescheidenheit in den kostbaren Paramenten; Zuständigkeitsprobleme: größere Geschwindigkeit im Prozeßverfahren; größere Internationalität der dort tätigen Personen.
9. Die Ordensleute: Man soll neue Maßnahmen ergreifen, um das Entstehen neuer Kongregationen einzuschränken — Gewährung der feierlichen Gelübde auch für Nonnen, die die päpstliche Klausur nicht halten können; der Begriff des Gehorsamsgelübdes.
10. Liturgie: Gebrauch der Muttersprache in Volksmessen und andere Erneuerungen des Ritus der Messen bei besonderen Anlässen; Karsamstag als aliturgischer Tag. Siehe Kommission für praktische Theologie n. 8 und Kommission für Mission n. 1.

V. Kommission für die Missionen:

1. Anpassung des kirchlichen Gesetzbuches an die Situation der Missionsländer.

2. Diakonat und Katecheten: ist es zweckmäßig, ständige Diakone ohne Zölibatspflicht einzusetzen?

3. Einheimischer Klerus und seine Ausbildung.

4. Ausbildung des Klerus aus den Missionsländern in Rom. Es wird oft behauptet, daß diese Menschen mehr der Gefahr des Stolzes und der Selbstzufriedenheit als der Keuschheit ausgesetzt sind. Wenn sie in ihre Heimat zurückkehren, sind sie unzufrieden, weil sie sich an den Wohlstand gewöhnt haben. Dazu kommen Minderwertigkeitskomplexe, weil sie nicht mit den europäischen Menschen schritthalten können. Wenn sie in ihre Heimat kommen, werden manche zu Tyrannen ihren Landsleuten gegenüber.

5. Einheimische Kunst.

6. Die Taufe der Kinder, wenn sie keine katholische Erziehung haben werden (das gilt für Rußland und für die Nationen unter dem Bolschewismus).

VI. Kommission für Kultur und christliche Tätigkeit:

1. Ausbildung und Situation des Klerus: das Problem der zu kleinen Seminare; Ausbildung, die Mißerfolg haben wird, wenn der Priester mit der Apostolatstätigkeit beginnt: die Ausbildung scheint eine gewisse Unkenntnis der weltlichen Umstände zu zeigen; die wissenschaftliche Ausbildung ist so, daß der Priester eher Volksschullehrer als Akademiker wird. Soziale und ökonomische Situation des Klerus, die dem Lebensstandard des Priesters nicht entspricht; asketische Situation nach dem Sprichwort: „Niemand wird so vernachlässigt wie der Weltpriester.“ Die Situation der sich irrenden Priester.

2. Gespräche zwischen katholischen und nichtkatholischen Theologen unter Leitung und Führung des Kirchenamtes.

3. Zusammenarbeit mit anderen Christen für die Verteidigung des grundsätzlichen Fundaments der christlichen Gesellschaft und der christlichen Kultur.

4. Akademie für Kontakte zwischen Theologen und Gelehrten in den allgemeinen Wissenschaften (Medizin, Naturwissenschaft, Ethnologie, Paleontologie usw.). Vorschlag von Msgr. Parente.

5. Eine bessere humanistische Ausbildung in den Seminaren und Ordensschulen. Eine bessere Ausbildung auf dem Gebiet der scholastischen Philosophie; Gebrauch der lateinischen Sprache im kirchlichen Unterricht und in den Wissenschaften.

6. Architektur und sakrale Kunst.

Anhang II

Wir haben die zwei Verzeichnisse vervollkommnet. Hier liegen nun die Namen vor, geordnet nach ihrer Qualifikation und nach dem Platz, den sie in den Kommissionen eingenommen hätten. Bei jedem Namen ist die besondere Qualifikation angegeben, wie sie im alphabetischen Verzeichnis aufgeschrieben wurde.

I. Kommission für spekulativ-dogmatische Theologie:

1. Alastruey Sánches Gregorio, Weltpriester, Spanien, Professor der dogmatischen Theologie an der Univ. Salamanca, Mariologie; er hat mehrere Schriften herausgegeben und gehört keiner besonderen theologischen Schule an.
2. De Aldama Giuseppe S. J., Spanien, Studienpräfekt und Dogmatikprofessor im päpstlichen Institut von Granada.
3. Fenton Giuseppe, Weltpriester, USA, Professor in Ekklesiologie und Patristik an der Kathol. Univ. von Washington, Herausgeber der „Ecclesiastical Review".
4. Grabmann Martino, Weltpriester, BRD, Professor an der Univ. von München und Bayern, Fachmann in scholastischer Philosophie und Theologie, berühmter Thomist.
5. Gruden John, Weltpriester, USA (sein Name steht nicht im alphabetischen Namensverzeichnis).
6. De Broglie Guy S. J., Frankreich, Professor der Theologie und Dogmatik am Katholischen Institut von Paris und in der Gregoriana in Rom.
7. Landgraf Arturo, Weihbischof von Bamberg, BRD, Bewanderter Theologe, er spricht mehrere Sprachen.
8. Lenners Enrico S. J., BRD, Professor für Moral und Naturethik.

II. Kommission für praktische Theologie (Moral):

1. Kreling Pietro O. P., Holland, Professor der Moraltheologie an der Univ. von Nimwegen.
2. Lottin Domenico O. S. B., Belgien, Fachmann für Geschichte der Moraltheologie.
3. Merklbach O. P., Belgien, Moraltheologe.
4. Rauch Wendelino, Weltpriester, BRD, Professor für Moralethik und Naturethik.

III. Kommission für Recht und Disziplin:

1. Caronti Emanuele O. S. B., Italien, Liturgist, Generalabt der Kassinensischen Abtei, Rat des Hl. Offiziums.
2. Coussa Acacio, Basilianer Orden von Aleppo, Libanon, Kanonist, Sekretär der päpstlichen Kommission für Interpretation des kirchlichen Ge-

setzbuches und der Kommission für die Erstellung des Gesetzbuches für die Ostkirche.

3. De Coronata Matteo O. P., Kapuziner, Italien, Kanonist.
4. Dante Enrico, Weltpriester, Italien, Liturgist, Präfekt der päpstlichen Zeremonien.
5. Hansens Giovanni S. J., Belgien, Professor der Liturgie in der Gregoriana.
6. Hermann Emilio S. J., BRD, Rektor des Päpstlichen Instituts für den Osten in Rom, Fachmann in den Fragen des Ostrechtes.
7. Kinaus Geremia, Erzbischof von Cashel, Irland, Jurist.
8. Larraona Arcadio C. M. F., Spanien, Untersekretär der Hl. Kongregation der Ordensleute, Jurist.
9. Mayr Agostino O. S. B., BRD, Liturgist, Professor im Kollegium S. Anselmus in Rom.
10. Michels O. F. M., Kapuziner, Kanada, Professor für Kirchenrecht an der theologischen Fakultät in Laval (Quebec), Dechant der Fakultät für Kirchenrecht an der Univ. von Dublin.
11. Quatember Matteo, Ziesterzienser, BRD, Generalvikar des eigenen Ordens, Jurist und Professor an der Univ. Propaganda Fide.
12. Roberti Francesco, Weltpriester, Italien, Sekretär der Hl. Kongregation des Konzils.

IV. Kommission für die katholische Aktion und katholische Kultur: Sozialfragen

1. Civardi Luigi, Weltpriester, Italien, Fachmann in der Katholischen Aktion, Generalassistent der A. C. L. I. (Bewegung der katholischen Arbeiter).
2. Gundlach Gustavo S. J., BRD, Professor für Ethik und Soziologie bei der Gregoriana.
3. Mac Nichilas Giov. Timoteo, Erzbischof von Cincinnati, USA, Fachmann für Sozialfragen.
4. Muench Luigi, Bischof von Fargo, USA, Regens in der Nuntiatur der BRD, großer Fachmann für Sozialfragen.
5. Parsone Giuseppe S. J., USA, Direktor der Revue Amerika (er war zu dieser Zeit Mitarbeiter und nicht Direktor der Revue), Soziologe.
6. Vetter Mariano O. P., Österreich, Spezialist der Katholischen Aktion.

V. Kommission für die Mission:

1. Beckmann Giovanni von der Kongregation für die Ausländischen Missionen von Bethlemehem, Schweiz, Fachmann für Missionologie, Gründer und Direktor der Revue Neue Missionszeitschrift.
2. Schmidt Guglielmo S. V. D., Österreich, Professor für Ethnologie und Religionsgeschichte in Freiburg in der Schweiz.

3. Schulien Michele S. V. D., Österreich, Direktor des wissenschaftlich-ethnologischen Museums im Lateran.
4. Thauren Giovanni S. V. D., Österreich, Professor der Theologie an der Univ. Wien, Fachmann für Missionologie.

VI. Fachleute, die der Zentralkommission zur Verfügung stehen:

1. Grisar Giuseppe S. J., BRD, Historiker, Professor in der Gregoriana.
2. Jedin Umberto, Weltpriester, BRD, Historiker des Tridentinischen Konzils, Professor für kirchliche Geschichte.
3. Paschini Pio, Weltpriester, Italien, Historiker, Rektor der Univ. von Lateran in Rom.

Anhang III

Verzeichnis der Bischöfe, die wegen des Konzils zu befragen sind:

Lateinamerika:

Argentinien 2 (Kard. Copello von Buenos Aires und Kard. Caggiano von Rosario), Brasilien 2 (Kard. de Barros Camara von Rio de Janeiro und Kard. Vasconcello Mota von São Paolo), Chile (Kard. Caro Rodriguez von Santiago), Kuba (Kard. Artemio y Betancourt von Havanna), Mexiko (Msgr. Martinez von Mexiko), Peru (Kard. Guavara von Lima).

Nord-Amerika:

Kanada 3 (Kard. McGuigan von Toronto, Msgr. Vachon von Ottava, Msgr. Roy von Quebec), USA 5 (Kard. Stricht von Chikago und Kard. Spellmann von New York, Msgr. McNicholas von Cincinnati, Msgr. Ready von Columbus, Msgr. Muench von Fargo).

Asien:

Israel (Msgr. Testa, Apostolischer Vertreter).

Europa:

Österreich 2 (Kard. Innitzer von Wien, Msgr. Rohracher von Salzburg), Belgien 2 (Kard. von Roy von Malines, Msgr. Charue von Namur), CSSR (Msgr. Beran von Prag), Frankreich 4 (Kard. Suhard von Paris, Kard. Gerlier von Lyon, Kard. Lienard von Lille, Msgr. Blanchet, Rektor des Kathol. Institutes von Paris), BRD 4 (Kard. Frings von Köln, Kard. Faulhaber von München, Msgr. Rauch von Freiburg in Bayern, Kard. Jäger von Paderborn), Großbritannien 2 (Kard. Griffin von Westminster, Msgr. Campbell von Glasgow), Irland 2 (Msgr. D'Alton von Armagh, Msgr. McQuaid von Dublin), Italien 4 (Kard. Schuster von Mailand, Kard. Ruffini von Palermo, Msgr. Bernareggi von Bergamo, Msgr. Lanza von Reggio Calabria), Holland (Kard. de Jong von Utrecht), Portugal (Kard. Concalves Cerejra von Lissabon), Spanien 4 (Kard. Pla y Daniel von Toledo, Msgr. Olaecha Loizaga von Valencia, Msgr. Modrego y Casaus von Barcelona, Msgr. Delgado Gomez von Pamplona), Schweiz (Msgr. von Streng von Basel).

Missionsländer:

Australien (Kard. Gilroy von Sidney), China (Kard. Tim von Peking, Msgr. Inatzen von Chung King), Japan (Msgr. Doi von Tokyo), Indien (Msgr. Perier von Kalkutta), Madagaskar (Msgr. Sartre von Tananarive), Basutoland (Msgr. des Rosiers), Schweden (Msgr. Müller), Msgr. Durrieu, Generalsuperior der Weißen Patres (Afrikamissionare), Msgr. Balconi, Generalsuperior des päpstlichen Institutes von Auslandsmissionen von Mailand.

Diesen Namen, die vom Präfekt von Propaganda Fide empfohlen worden waren, hat die Kommission folgende Namen hinzugefügt: Msgr. Lamaire, Generalsuperior von den Missionsländern in Paris, Villekens (Batavien, Java), Hennemann (Cape Town, Südafrika), Pathcamury (Bangalore, Indien) und Attipetty (Verapoly, Indien).

Ostgegend:

Kard. Tappouni (Antiochien, der Syrer), Kard. Agagianian (Cilicien, der Armenier), Patriarch Maximos IV. (Antiochien, der Melchiten), Msgr. Bucko, Apostolischer Visitator der Ruthenen, Msgr. Galavassy, Apostolischer Exarch für die Katholiken des Byzantinischen Ritus in Griechenland.

PIUS XII. IN DER KIRCHENGESCHICHTE

Von Georg Schwaiger

Vielen Menschen steht heute noch in deutlicher Erinnerung, welchen Eindruck die Nachricht vom Tod Papst Pius' XII. hervorgerufen hat. Am 6. Oktober 1958 erlitt der betagte Papst zwei Gehirnschläge, denen zwei Tage später ein weiterer folgte. Der Papst befand sich damals in der Sommerresidenz Castel Gandolfo. Nach schwerem Todeskampf und fortschreitender Lähmung starb er hier in den frühen Morgenstunden des 9. Oktober 1958. Da der Posten des Kardinalkämmerers nicht besetzt war, stellte der Dekan des Kardinalkollegiums den Tod des Papstes offiziell fest. In der ganzen Welt, bei Gläubigen und Ungläubigen, nahm man die Nachricht in Anteilnahme und spürbarer Erschütterung auf[1].

Wenige Zeit später wurde das Testament des Verstorbenen der Öffentlichkeit bekannt. Es begann mit den Worten: „Erbarme dich meiner Gott, nach deiner Barmherzigkeit! Diese Worte, die ich im Bewußtsein meiner Unzulänglichkeit aussprach, als ich mit Bestürzung meine Wahl zum Papst annahm, wiederhole ich nun mit größerer Berechtigung, da die Vergegenwärtigung der Mängel, Unzulänglichkeiten und Fehler, die während eines so langen Pontifikates und in solch schwerer Zeit begangen wurden, mir meine Unzulänglichkeit und Unwürdigkeit klarer vor Augen geführt hat[2]." Dies ist ohne Zweifel das ehrliche Bekenntnis eines Papstes, der sich auch im höchsten Kirchenamt als sündiger Mensch und unnützer Knecht fühlte.

---

[1] Das wichtigste Schrifttum zum Pontifikat Pius' XII. steht verzeichnet in meinem Werk: Geschichte der Päpste im 20. Jahrhundert, München 1968, 210 - 212 (Quellen u. Literatur). Weiteres Schrifttum in diesem Beitrag, in den anderen Beiträgen dieses Bandes und bei G. Maron, Die römisch-katholische Kirche von 1870 bis 1970 (Die Kirche in ihrer Geschichte. Ein Handbuch, hrsg. v. K. D. Schmidt u. E. Wolf, Bd. 4, Lieferung N 2), Göttingen 1972, 222 - 227.

[2] Testament vom 15. Mai 1956. Acta Apostolicae Sedis 50 (1958) 798.

Zu Lebzeiten hatte die hohe, schlanke, vergeistigte Gestalt ungezählte Male der schier grenzenlose Jubel der Massen umbrandet, wo immer der Papst sich zeigte. Man hatte zuweilen gern die Charakterisierung der sogenannten Malachias-Weissagung über die Päpste, die man nicht glaubt, aber fürchtet, auf Pius XII. bezogen: Pastor angelicus — der engelgleiche Hirte[3]. Bald nach dem Tod schlug der Wind der „öffentlichen Meinung" — was immer man darunter verstehen mag — merklich um. Als Hauptangriffspunkte erschienen das politische Verhalten des Kardinalstaatssekretärs und Papstes gegenüber den totalitären Systemen des Jahrhunderts, vornehmlich gegenüber dem italienischen Faschismus, dem deutschen Nationalsozialismus, der spanischen Regierung unter Franco, auf der anderen Seite gegenüber dem Bolschewismus und Weltkommunismus. In diesem Zusammenhang erreichte der längst schwelende Streit um das „Schweigen des Papstes" angesichts der Verfolgungs- und Ausrottungsaktionen, konzentriert im Vorgehen Hitlers und seiner Satelliten gegen die Juden, einen publizistischen Höhepunkt, als Rolf Hochhut 1963 sein heftig umkämpftes Stück „Der Stellvertreter. Ein christliches Trauerspiel"[4] in die Debatte warf. Scharf angegriffen wurden, im überdeutlichen Kontrast zum Pontifikat Johannes' XXIII., der autoritäre Regierungsstil des Papstes, die Vertrauensstellung, die auch zwielichtige Gestalten hatten erringen können, seine Verwandtenbegünstigung, die peinliche Erinnerungen an den päpstlichen Nepotismus früherer Zeiten heraufbeschwor. Mit der Entwicklung, welche die katholische Kirche unter den Päpsten Johannes XXIII. und Paul VI. nahm, vornehmlich im Aufbruch des Zweiten Vatikanischen Konzils, schien der Kontrast zum Bild einer

---

[3] Vgl. *H. Troll,* Die Papstweissagung des heiligen Malachias, Aschaffenburg [2]1973, 79 f.

[4] *W. Adolph,* Verfälschte Geschichte. Antwort an Rolf Hochhuth, Berlin 1963. — *A. Martini,* „Il Vicario". Una tragedia cristiana? In: La Civiltà cattolica 114 (1963) II, 313 ff.; ders., La vera storia e il Vicario di Rolf Hochhuth, ebda. 115 (1964/II), 437 - 454. — *B. Schneider,* Moderne Papstfabeln, in: Archivum Historiae Pontificiae 2 (1964), 329 - 338. — *J.-M. Görgen,* Pius XII., Katholische Kirche und Hochhuths Stellvertreter, Buxheim 1964. — Summa iniuria oder Durfte der Papst schweigen? Hochhuths „Stellvertreter" in der öffentlichen Kritik. Hrsg. v. F. J. Raddatz, Reinbek [3]1964. — *J. S. Conway,* The silence of Pope Pius XII. in: Review of politics 27 (1965), 105 - 131. — *R. F. Esposito,* Processo al Vicario. Pio XII e gli ebrei secondo la testimonianza della storia, Torino [4]1965. — *S. Friedländer,* Pius XII. und das Dritte Reich (deutsche Übersetzung), Reinbeck 1965. — *C. Falconi,* Das Schweigen des Papstes (deutsche Übersetzung), München 1965. — *J. Levin,* Geheime Reichssache. Papst Pius XII. hat nicht geschwiegen, Köln 1966. — *L. Castiglione,* Pio XII e il nazismo, Torino 1966.

ehedem friedlichen, einig um den Felsen Petri gescharten Kirche mit jedem Jahr zu wachsen. Gelegentlich blickten Katholiken — und Nichtkatholiken! — aus den aufwühlenden Veränderungen der Gegenwart voll Sehnsucht und Trauer zum Pontifikat Pius' XII. zurück als einem verlorenen Paradies. Aber wie hat denn die Wirklichkeit ausgesehen, in Kirche und Welt?

Der Abstand weniger Jahrzehnte ist für die geschichtliche Betrachtung gering. Trotz einer überquellenden Produktion zeitgeschichtlichen Schrifttums werden entscheidend wichtige Quelleneditionen noch lange auf sich warten lassen. Dennoch sei der Versuch einer knappen Würdigung Pius' XII. in der Geschichte gewagt.

Die politische Welt

Das lange Leben Eugenio Pacelli's — Pius' XII. (1876 - 1958) begann in der letzten großen Friedensphase der europäischen Welt und schloß noch beide Weltkriege des 20. Jahrhunderts mit ihren grundstürzenden Folgen in sich ein. Die europäischen Mächte haben im 19. Jahrhundert, und nur in diesem Jahrhundert, die Völker der Welt nicht nur beeinflußt, sondern weitgehend geprägt und beherrscht. Das ältere System des europäischen Gleichgewichts der Kräfte hatte sich in der zweiten Hälfte des Jahrhunderts fortschreitend aufgelöst, deutlich sichtbar seit den Schlachten des Jahres 1859 zwischen Österreich und Piémont-Sardinien-Frankreich, dem Krieg gegen Dänemark 1864, dem deutschen Krieg 1866 und dem deutsch-französischen Krieg 1870/71. Darin zeichnete sich ein zweites, dem System des Gleichgewichts entgegengesetztes Prinzip der europäischen Geschichte ab: die Hegemonie eines einzelnen Staates über kleinere und schwächere Staaten. Der Wiener Kongreß von 1815 hatte das System des Gleichgewichts der Kräfte noch einmal etablieren können. Nun löste sich diese Ordnung fortschreitend auf. Die nationalstaatliche Bewegung und der Imperialismus trugen wesentlich zu dieser Auflösung bei. Dahinter standen die explosiven Grundtatsachen des Jahrhunderts: Revolution und Maschine. Mit dem Durchbruch der Revolution in Frankreich, gegen die Last der überkommenen Traditionen zugunsten der Freiheit des einzelnen, hatte auch die Tradition der Revolution begonnen. Daneben stand, nicht weniger revolutionär, der ungeheuere Aufbruch des technisch-industriellen Zeitalters. Alle diese explosiven Bewegungen hingen auch zusammen mit der Vermehrung der Bevölkerung in einem rasch wachsenden Ausmaß, wie es bis dahin in der Geschichte unbekannt gewesen war,

Die rasch fortschreitende Industrialisierung, die Umstellung von der seit unvordenklichen Zeiten gewohnten Handarbeit auf maschinelle Fertigung großen Stils, warf die „soziale Frage“ großen Stils auf, drängender, revolutionärer als alle uns historisch faßbaren früheren Sozialrevolutionen der Menschheit, deshalb revolutionärer, weil die Umstellung rasch erfolgte und in der Regel — freilich nicht ausnahmslos — von ungezügeltem, kapitalistischem Gewinnstreben gekennzeichnet war, weil andererseits aber nun die Massen von den verlockenden Parolen der Freiheit und Gleichheit aller Menschen mächtig angerührt waren. So ist es nicht verwunderlich, daß Revolution und Maschine bald sich schon verbinden, das heißt die von ihnen ausgelösten Bewegungen. Das Revolutionsjahr 1848 sieht nicht nur das Bürgertum, den revoltierenden Dritten Stand von 1789, auf dem Höhepunkt — und im kläglichen Scheitern seiner Bemühungen. Im gleichen Jahr geht auch, von der breiten Öffentlichkeit noch nicht zur Kenntnis genommen, das „Kommunistische Manifest“ in die Welt. Damit tritt der Vierte Stand auf die Bühne des bewegten Welttheaters, die proletarische Arbeiterschaft, und sein Kampf gilt, kaum ein Menschenalter nach dem Sturm auf die Bastille, zwar auch noch den immer mehr verblassenden „Kronen und Baronen“, aber recht eigentlich dem Dritten Stand, der verhaßten „Bourgeoisie“.

Was sich im Laufe des 19. Jahrhunderts an revolutionärem Sprengstoff vielfacher Art angesammelt hatte, entlud sich mit voller Wucht im 20. Jahrhundert. In aller äußeren Sekurität und Prosperität der Jahrzehnte vor dem Ausbruch des Ersten Weltkriegs gab es hellsichtige Geister, die das Trügerische der Situation ahnten und erkannten. Besonders im alten Kaisertum Österreich, diesem Urbild abendländischer Gemeinschaft, hat man mit der feinfühligen Instinktsicherheit später Kultur die dunklen Zeichen deutlicher und schmerzlicher gespürt, vorausgeahnt als anderswo[5]. Spiegelt sich nicht in Franz Kafkas beklemmenden Dichtungen bereits die ganze Not des rechtlos an totalitäre Machtapparaturen ausgelieferten Menschen? Erfährt Robert Musils junger Törless nicht schon das ganze Grauen der sadistischen, mit aller kalten Raffinesse betriebenen Quälerei des Menschen durch den Menschen, von den Greueln der russischen Revolution angefangen über die Straflager Stalins und Hitlers hin zu den entsetzlichen Vorgängen

[5] Eines der bemerkenswertesten Zeugnisse scheinen mir die Erinnerungen Stefan Zweigs zu sein: Die Welt von Gestern, Hamburg 1970 (Neudruck 1976), 144 - 159.

des weiteren Jahrhunderts, in China, Algier, Vietnam, Kambodscha, Angola, Uganda und in so vielen Teilen „dieser unserer Welt“?

Am 28. Juni 1914 fielen die Schüsse von Sarajewo. Damals soll der Außenminister Großbritanniens, Sir Edward Grey, gesagt haben: In ganz Europa gehen jetzt die Lichter aus, und wir werden sie in unserem Leben nicht mehr leuchten sehen. Nicht alles war Licht, was vor dem Ersten Weltkrieg geleuchtet hat. Aufs Ganze überwogen die dunklen Schatten, die Lasten der ungelösten politischen und sozialen Spannungen. Aber eines ist gewiß: Der Weltkrieg 1914 bis 1918 war für ganz Europa, Sieger und Besiegte, in Wahrheit selbstmörderisch. Der Zweite Weltkrieg und sein für ganz Europa katastrophales Ende hat diese Tatsache unübersehbar vor Augen gestellt.

Mit dem Kriegsausbruch 1914 begann in Grauen und Schrecken ein neues revolutionäres Zeitalter, in dessen Ablauf wir noch stehen. In den beiden Weltkriegen des 20. Jahrhunderts prallte die Machtpolitik der Großmächte hart aufeinander, über die ganze Erde hin. Auch im Riesenhaften der Ausmaße, in denen sie sich abspielten, ließen sie alle früheren Kriege weit hinter sich. Die lange Dauer dieser Kriege und die grauenvolle Art der Kriegsführung zeigten, daß christliche Grundsätze, ja selbst jede höhere Ethik, allen humanitären Bemühungen gerade des 19. Jahrhunderts zum Trotz, im politischen Leben der Völker fast ohne Einfluß geworden waren.

Der Erste Weltkrieg hinterließ Gefühle des Hasses, der Rache, gegenseitiger Vernichtung unter den Völkern. Friedensschlüsse, die vom Recht des Siegers diktiert waren, trugen den Keim künftigen Unheils schon in sich. Der Krieg hinterließ gesteigertes soziales Elend, wachsende Arbeitslosigkeit und in vielen Ländern immer wieder aufflakkernde Revolutionen, nicht selten blutigsten Ausmaßes. Nach dem Zusammenbruch der drei Kaisermächte Rußland, Österreich-Ungarn und Deutschland und dem Ende der Monarchien in diesen Gebieten gelangte zunächst das republikanisch-demokratische Prinzip zur stärkeren Geltung, ging aber in vielen Staaten bald in Diktaturen unterschiedlicher Ausprägung über. Am folgenschwersten wurden der Sieg des Kommunismus in Rußland, der Aufstieg des italienischen Faschismus und des deutschen Nationalsozialismus.

Kriege dienen der Vernichtung und müssen stets teuer bezahlt werden. Mit dem politischen Umbruch vollzog sich im Gefolge des Ersten Weltkrieges eine tiefgreifende wirtschaftliche und gesellschaftliche Umwälzung. Krieg und Inflation brachten weitgehend die Depossedierung der bisher führenden Schichten, steigerten aber gleichzeitig das soziale Elend der Arbeiterschaft. Einen ersten Höhepunkt erreichte die Weltwirtschaftskrise am Ende der zwanziger Jahre, einen neuen im Zweiten Weltkrieg und seinen unmittelbaren Folgen. Alle Länder wurden davon betroffen, wenn auch in unterschiedlicher Härte.

Beim Studium der Quellen zum Ersten Weltkrieg gewinnt man den sicheren Eindruck, daß sich kaum eine der entscheidenden Persönlichkeiten dessen klar bewußt war, was ein moderner Krieg an Schrecken wirklich bedeutet. Erst mit der furchtbaren Erfahrung gingen allmählich die Augen auf. Ähnlich wurde erst in den zwanziger Jahren mit fortschreitender Deutlichkeit sichtbar, welch ungeheuere, kaum zu bewältigende Unordnung der Weltkrieg hinterlassen hatte. Auf dem Hintergrund von Friedensschlüssen, die keinen Frieden brachten, im Strudel einer gewaltigen Umwälzung des Wirtschaftslebens und eines auch für alle christlichen Kirchen sehr fühlbaren gesellschaftlichen Strukturwandels wuchs in weiten Teilen der Welt eine völlig neue Form staatlichen Lebens heran: der *totalitäre Staat.*

Die Geschichte kennt die Herrschaftsformen der Despotie, der Tyrannis, der Diktatur, des Fürsten- und Staatsabsolutismus, der Alleinherrschaft in jeweils verschiedenen Ausprägungen: grausam, human, patriarchalisch. Aber der totalitäre Staat des 20. Jahrhunderts ist etwas anderes in der Ideologie der ihn tragenden Männer und in der Art der Verwirklichung ihrer Vorstellungen. Der totalitäre Staat faßt die gesamte Staatsgewalt in der Hand einer Person oder einer Machtgruppe zusammen. Er beansprucht grundsätzlich die Herrschaft in allen Lebensbereichen, fordert grundsätzlich Leib und Geist und Seele des Menschen. Meist werden dabei die Einrichtungen des Rechtsstaates überhaupt beseitigt oder doch innerlich ausgehöhlt, nur dem Schein nach beibehalten. Die Staatsgewalt entscheidet ohne viel ethische Rücksichten nach reinen Nützlichkeitserwägungen, was jeweils als Recht oder Unrecht zu gelten hat. Die Macht wird mit den Mitteln des Terrors durchgesetzt und aufrechterhalten, durch einen Polizeiapparat, der den einzelnen Bürger mit Angst und Unsicherheit erfüllt, der den ganzen Staat durchdringt, bis in die Arbeitsstätten, Schulen und Familien hinein. Die Errungenschaften der modernen Wissenschaft und Technik ermöglichen es einer verhältnismäßig kleinen Machtgruppe, auch großen, in der Mehrheit widerstrebenden Völkern ihren Willen aufzuzwingen. Nicht selten wird dabei das ganze Gewaltsystem mit einer ideologischen Heilslehre pseudo-religiös verklärt.

In der Konkursmasse, die der Erste Weltkrieg hinterlassen hat, konnten sich in ein bis zwei Jahrzehnten zunächst drei Haupttypen des totalitären Staates entwickeln: der russische Bolschewismus marxistisch-kommunistischer Herkunft, der italienische Faschismus und der deutsche Nationalsozialismus. Alle Typen fanden Variationen über weite Teile der Erde hin. Während der italienische Faschismus und der deutsche Nationalsozialismus im Ausgang des Zweiten Weltkriegs zusammenbrachen, erlebte gerade jetzt der Weltkommunismus eine gewaltige Ausdehnung im sowjetisch beherrschten östlichen Europa, in Asien, Afrika und in Teilen Lateinamerikas. Die Welt begann sich in zwei große Lager und Machtblöcke zu spalten. Von Anfang an zeigten sich freilich Spannungen innerhalb dieser beiden Gruppierungen bis zu schwersten Konflikten. Versuche der „Blockfreien", sich als dritte Kraft zu formieren, blieben zunächst noch in den Anfängen stecken und zu politischer Ohnmacht verurteilt.

Ohne gebührende Berücksichtigung der politischen, wirtschaftlichen und soziologischen Vorgegebenheiten wird man die Situation der katholischen Kirche und ihres Papsttums in den letzten hundert Jahren nicht verstehen können. Dabei ist an die in allen christlichen Völkern fortschreitende „Säkularisierung" zu erinnern, wie sie seit dem Durchbruch der Aufklärung überall vorangeschritten ist und nicht nur zur Minderung des Einflusses der christlichen Kirchen, sondern christlichen Denkens und Empfindens überhaupt geführt hat.

Papsttum und Kirche in der modernen Welt[6]

Wer sich mit Kirche und Welt in der neueren Zeit ernsthaft beschäftigt, wird zur Auseinandersetzung mit der *Aufklärung* geführt. Sie ist aus der neuzeitlichen Geschichte in allen Bereichen nicht weg-

[6] Die wichtigsten allgemeinen Werke (mit Quellen u. Lit.): *J. Schmidlin,* Papstgeschichte der neuesten Zeit, 4 Bde., München 1933 - 1939 (umfaßt die Zeit von 1800 bis 1939). *H. Hermelink,* Die katholische Kirche unter den Piuspäpsten des 20. Jahrhunderts, Zürich 1949. — *K. Bihlmeyer / H. Tüchle,* Kirchengeschichte III, Paderborn [17]1961. — *F. X. Seppelt / G. Schwaiger,* Geschichte der Päpste. Von den Anfängen bis zur Gegenwart, München 1964. — *G. Schwaiger,* Geschichte der Päpste im 20. Jahrhundert, München 1968 (mit umfassender Bibliographie zu allen Päpsten seit Leo XIII.). — *A. Wucher,* Von Petrus zu Paul. Weltgeschichte der Päpste, Frankfurt a. M. 1970. — Handbuch der Kirchengeschichte. Hrsg. v. H. Jedin: Bd. V, VI 1 u. VI 2, Freiburg-Basel-Wien 1970 - 1973 (bis 1914). — *A. Franzen / R. Bäumer,* Papstgeschichte, Freiburg i. Br. 1974. — Zu den päpstlichen Nuntiaturen: *G. De Marchi,* Le nunziature apostoliche dal 1800 al 1956, Rom 1957.

zudenken. Die moderne Menschheit ist mit dieser Bewegung unlösbar verbunden, wie immer man das komplexe Phänomen Aufklärung und ihre Folgen beurteilen mag. Nach ersten Ansätzen in der Renaissance und im Humanismus bildete das Zeitalter der Reformation, der Kirchenspaltung und der konfessionellen Kriege den politischen Hintergrund zum allmählichen Durchbruch der Aufklärung. Aus den eineinhalb Jahrhunderten härtester Glaubenskämpfe resultierte um die Mitte des 17. Jahrhunderts die nicht revidierbare Tatsache der gespaltenen Christenheit und eines Autoritätsverlustes des Christentums überhaupt. Die Festigung der konfessionellen Position in den einzelnen Kirchen konnte vorerst noch darüber hinwegtäuschen, etwa auch die gefestigte Stellung des Papsttums in der nachtridentinischen katholischen Kirche. Dennoch hatte das Papsttum im 16. Jahrhundert — bis heute unwiederbringlich — seine universale Geltung eingebüßt. Das 18. Jahrhundert, das eigentliche Jahrhundert der Aufklärung, machte fortschreitend deutlich, wie es um das Papsttum, die katholische Kirche, um das Christentum überhaupt stand. Die europäische Aufklärung, eine geistige, zunehmend gesellschaftskritische Bewegung, bildete die weltgeschichtliche Zäsur, die den modernen Säkularisierungsprozeß eingeleitet hat. Im Jubiläumsjahr 1600 wurde Giordano Bruno auf dem römischen Campo de' Fiori als Ketzer verbrannt. Sechzehn Jahre später stand Galilei zum erstenmal vor dem Tribunal der römischen Inquisition. Darin kündigte sich — mitten in aller scheinbar zurückgewonnenen Sicherheit der Kirche — ein neues, das eigentliche Thema der europäischen Neuzeit an: das Thema Glauben und Wissen. Mit Inquisition und Scheiterhaufen war dieses Problem nicht zu lösen. Im 16. Jahrhundert hatten alle streitenden Parteien um das rechte Verständnis des Evangeliums, um die Wiederherstellung der Kirche in ihrer ursprünglichen Reinheit gekämpft. Die Tatsache der Offenbarung hatte dabei nicht in Frage gestanden. Erst mit dem Durchbruch der Aufklärung im 17. und 18. Jahrhundert wuchs allmählich in den verschiedenen christlichen Kirchen die Einsicht, zunächst noch vereinzelt, daß die große, die entscheidende Auseinandersetzung der Zukunft um die Offenbarung Gottes überhaupt gehen werde, um Sein oder Nichtsein des Christentums in der modernen Welt.

In einem Aufsatz der Berliner Monatsschrift vom Jahr 1784 (Heft 12) gab Immanuel Kant seine berühmt gewordene Antwort auf die Frage, was denn nun Aufklärung eigentlich sei: „Aufklärung ist der Ausgang des Menschen aus seiner selbstverschuldeten Unmündigkeit. Unmündigkeit ist das Unvermögen, sich seines Verstandes ohne Leitung eines anderen zu bedienen. Selbstverschuldet ist diese Unmündigkeit, wenn die Ursache derselben nicht am Mangel des Verstandes, sondern der Entschließung und des Mutes liegt, sich seiner ohne Leitung eines anderen zu bedienen. Sapere aude [wage zu wissen!] ... das ist also der Wahlspruch der Aufklärung." Bei dieser Begriffsbestimmung zielte Kant auf die theoretische Aufklärung, deren Wesensmerkmal die völlige Autonomie der menschlichen Vernunft ist. Er dachte in erster Linie an „Religionssachen"; denn hier galt die Unmündigkeit als am schädlichsten und entehrendsten.

In anderer Sicht stellt die Aufklärung einen Versuch der Entlastung von geschichtlichen Mächten dar, die nun als drückend empfunden werden. Und dies wurde besonders für Theologie und Kirchentum des 18. Jahrhunderts von größter Bedeutung. Das Christentum war von seinen Anfängen an nicht nur Idee gewesen und geblieben. Es war vielmehr in Ost und West zu einer ausgeprägten geschichtlichen Gestalt und zu einer geschichtlichen Großmacht geworden, nämlich in der Kirche und — was den Westen anlangt — im Papsttum der Kirche. Geschichtliche Macht wird aber, je länger desto mehr, nicht nur als Segen, sondern auch als Last empfunden. Die Aufklärung wurde zum umfassendsten und radikalsten Versuch auch einer Entlastung. Sie griff vor alle Geschichte auf ein schlechthin Ursprüngliches zurück: auf den Menschen als Vernunftwesen. Und es hebt an der „Prozeß der Vernunft gegen die Geschichte", worin Windelband den eigentlichen Sinn der Aufklärung gesehen hat[7].

Das Programm der Aufklärung blieb in allen wesentlichen Punkten maßgebend für die Geisteshaltung der Menschen des 19. und 20. Jahrhunderts. Die Frage, wie sich *Papsttum und Kirche* zum Ideengut der Aufklärung stellten, mußte zur Schicksalsfrage ihres Wirkens in der modernen Welt werden. Vom Beginn ihrer Geschichte an war die Kirche in immer neuen Ansätzen mächtige Trägerin neuer, zukunftsträchtiger Impulse in den verschiedenen Lebensbereichen gewesen. In der Neuzeit ließ sie sich immer mehr in die Defensive drängen oder zog sich freiwillig auf diesen Posten zurück. Im 18. und 19. Jahrhundert hielten die Päpste vielfach krampfhaft starr an überkommenen Formen und Formeln einer versinkenden oder schon versunkenen Zeit fest. Die Kirche verlor im 18. Jahrhundert, am deutlichsten sichtbar in Frankreich, den lebendigen Zusammenhang mit den geistig führenden Schichten. Vor allem die Erfahrungswissenschaften nahmen jetzt einen ungeahn-

---

[7] Vgl. G. *Söhngen*, Die Einheit in der Theologie, München 1952, 288 - 304.

ten Aufschwung. Gleichzeitig begannen der überkommene Glaube und das neue, auf Experiment und Erfahrung gegründete Wissen immer mehr auseinanderzuklaffen. Es fand sich vorerst niemand mehr von der im Glauben und im Wissen großen Geistesmacht eines Augustinus, eines Albertus Magnus oder Thomas, der eine neue tragfähige Brücke zwischen den feindlich gewordenen Brüdern hätte schlagen können. An redlichen, auch großartigen Versuchen hat es zwar auch im 18. und vor allem im 19. Jahrhundert nicht gefehlt, besonders in der deutschen Theologie. Aber der Erfolg blieb letztlich bescheiden.

Die *Französische Revolution* und das ungeheure Eingreifen Napoleons hatten in Europa Gewalten entfesselt, die sich durch den Sieg der alten Kräfte nur an der Oberfläche und nur zeitweilig bändigen ließen. Der Geist aber, der den Umsturz hervorgerufen hatte, ließ sich nicht mehr auslöschen. Europa stand nach der Ausschaltung Napoleons auch in einer Gärung von verschiedenartigen Kräften, die gegen oder für die Kirche, gegen oder für das Papsttum sich erhoben. Das so ungestüm aufgebrochene Neue bot für die Kirche auch viele positive Möglichkeiten. Ihre Bejahung konnte wesentlich zur inneren Befriedung des aufgewühlten Kontinents beitragen. Dabei ist weniger an die romantische Rückschau auf ein verklärtes Mittelalter zu erinnern, als vielmehr an die umfassenden, durchaus realisierbaren Programme und Anregungen eines Lamennais[8], Hirscher[9], Günther[10], Rosmini[11] und Döl-

---

[8] Die Lamennais-Forschung hat in den letzten zwei Jahrzehnten in ganz Europa einen gewaltigen Aufschwung genommen. Umfassende Bibliographie: Handbuch der Kirchengeschichte VI 1, S. 272 f., 320 - 347. — *H. Maier,* Revolution und Kirche. Studien zur Frühgeschichte der christlichen Demokratie (1789 - 1901) Freiburg i. Br. ³1973. — *G. Schwaiger,* Liberaler französischer Katholizismus im Vormärz (1830 - 1848), in: Kirchen und Liberalismus im 19. Jahrhundert. Hrsg. v. M. Schmidt u. G. Schwaiger, Göttingen 1976 (Studien zur Theologie und Geistesgeschichte des Neunzehnten Jahrhunderts, Bd. 19), 143 - 154.

[9] Mit Rücksicht auf die gesellschaftlichen Verhältnisse hat *J. B. Hirscher* „Die christliche Moral als Lehre von der Verwirklichung des göttlichen Reiches in der Menschheit“ (Tübingen 1935) in der 4. Auflage (1845) entscheidend umgestaltet. Hier einschlägig sind außerdem vor allem folgende seiner Werke: Erörterungen über die großen religiösen Fragen der Gegenwart, Freiburg i. Br. 1846 (1. Heft), 1847 (2. Heft), 1855 (3. Heft). — Die Notwendigkeit einer lebendigen Pflege des positiven Christenthums in allen Klassen der Gesellschaft, Tübingen 1848. — Die socialen Zustände der Gegenwart und die Kirche, Tübingen 1849. — Die kirchlichen Zustände der Gegenwart, Tübingen 1849. — Antwort an die Gegner meiner Schrift: Die kirchlichen Zustände der Gegenwart, Tübingen 1850. — Lit.: *J. Rief,* Reich Gottes und Gesellschaft nach Joh. S. Drey und Joh. B. Hirscher, Paderborn 1965. — Ders., Kirche und Gesellschaft. Hirschers kritische Analysen und Reformvor-

linger[12]. Hier tut sich eine tiefe Tragik der Kirchengeschichte des 19. Jahrhunderts auf. Das Papsttum stand in einer tiefgreifenden inneren Erneuerung des Katholizismus nach dem stürmischen, äußerlich so verheerenden Beginn des Jahrhunderts. Es erhielt jetzt eine innerkirchliche Geltung wie nie zuvor in der Geschichte. Im 19. Jahrhundert wurde der Papst im Bewußtsein des kirchentreuen Volkes zum herzlich, auch mit allen Kräften des Gemütes geliebten „Heiligen Vater". Jetzt vollzog sich die volle Zentralisierung der katholischen Kirche in einem bis dahin unbekannten Ausmaß. Die rasche technische Entwicklung des Verkehrs- und Nachrichtenwesens über die ganze Erde hin kam dieser einheitlichen Ausrichtung zu Hilfe. Eindringlich wurde gefordert, man müsse um den Felsen Petri eng sich scharen, gegen alle wirklichen und vermeintlichen Bedrohungen der Zeit, vor allem gegen die unwägbaren Gefährdungen, die aus dem Prinzip individueller Freiheit seit Aufklärung und Revolution für Kirche und Papsttum zu erwachsen schienen. Bei dem wachsenden innerkirchlichen Gewicht des Papsttums mußte die Stimme des Nachfolgers Petri erhöhte Bedeutung gewinnen.

Dennoch bietet das Papsttum des 19. Jahrhunderts auf viele Jahrzehnte ein Bild der Ratlosigkeit. Jede große, begeisternde Initiative mangelt. Die Päpste, vor allem Gregor XVI. (1831 - 1846)[13] und Pius IX. (1846 - 1878)[14], versäumten meist die Gelegenheit, sich mit den berech-

---

schläge der vierziger Jahre. In: Kirche und Theologie im 19. Jahrhundert. Hrsg. v. G. Schwaiger, Göttingen 1975, 103 - 123. — *E. Keller,* Gedanken Johann Baptist Hirschers zur Reform der Kirche. Ebda. 91 - 101. — Ders., Johann Baptist Hirscher (1788 - 1865). In: Katholische Theologen Deutschlands im 19. Jahrhundert. Hrsg. v. H. Fries u. G. Schwaiger, Bd. II, München 1975, 40 - 69.

[10] *J. Pritz,* Anton Günther (1783 - 1863). In: Katholische Theologen Deutschlands im 19. Jahrhundert. Hrsg. v. H. Fries u. G. Schwaiger, Bd. I, München 1975, 348 - 375.

[11] Edizione nazionale delle opera edite e inedite di Antonio Rosmini-Serbati. Hrsg. v. E. Castelli u. a., Rom (seit 1934). — Handbuch der Kirchengeschichte VI 1, S. 288, 385 f. — *G. Radice,* Pio IX e Antonio Rosmini, Città del Vaticano 1974 (Studi Piani, vol. 1).

[12] *G. Schwaiger,* Ignaz von Döllinger (1799 - 1890). In: Katholische Theologen Deutschlands im 19. Jahrhundert, Bd. III, München 1975, 9 - 43.

[13] Acta Gregorii Papae XVI. Hrsg. v. A. M. Bernasconi. 4 Bde., Rom 1901 - 1904. Nachdruck Graz 1971. — Gregorio XVI. Miscellanea commemorativa. 2 Bde., Rom 1948. — Handbuch der Kirchengeschichte VI 1, S. 311.

[14] *R. Aubert,* Le Pontificat de Pie IX (1846 - 1878), Paris ²1963, Supplément bibliographique et Index (1965) (= Fliche-Martin, Histoire de l'Église, vol. 21). — Ders., in: Handbuch der Kirchengeschichte VI 1, S. 477 - 796. — Chiesa e religiosità in Italia dopo l'Unità (1861 - 1878), I - IV, Milano 1973. —

tigten Forderungen nach Freiheit, besseren Lebensbedingungen für alle und nach gesundem Fortschritt so zu verbünden, wie es auch die Aufgabe der Kirche in der Welt ist. Bis zum Pontifikat Leos XIII. (1878 - 1903) begnügten sich die Päpste im allgemeinen damit, die wirklichen und vermeintlichen Irrtümer der Zeit, die dieser Epoche aber meist als gefeierter Fortschritt galten, feindselig abzuwehren, ohne gleichzeitig positive Möglichkeiten aufzuzeigen. Dabei erwies sich, rückschauend betrachtet, der 1815 restaurierte Kirchenstaat, der sich bis zum ruhmlosen Ende 1870[15] im Zustand permanenter Agonie befand, als schwerste Belastung der universalen, primär religiösen Aufgabe des Papsttums.

Die katholische Kirche der letzten hundert Jahre ist wesentlich geprägt vom wichtigsten innerkirchlichen Datum des 19. Jahrhunderts: vom *Ersten Vatikanischen Konzil* (1869 - 1870)[16] unter Pius IX. Im Mittelpunkt der Versammlung stand die heftig umkämpfte Umschreibung der Stellung des Papstes in der Kirche. Mit der Definition des Universalepiskopates und der lehramtlichen Unfehlbarkeit des Papstes in Glaubens- und Sittenlehren kam eine lange Entwicklung zum vorläufigen Abschluß. Das Erste Vatikanum setzte dort ein, wo man dreihun-

---

Den 1. Bd. einer geplanten dreibändigen Monographie hat G. Martina vorgelegt: Pio IX (1846 - 1850), Rom 1974 (Miscellanea Historiae Pontificiae, vol. 38). — Atti del I convegno di ricerca storica sulla figura e sull'opera di papa Pio IX. Senigallia, 28 - 30 sett. 1973, Senigallia 1974.

[15] *N. Miko,* Das Ende des Kirchenstaates. 4. Bde., Wien-München 1962 - 1970. — *R. De Cesare,* Roma e lo Stato del Papa. Dal ritorno di Pio IX al XX settembre (1850 - 1870), Newton 1975.

[16] Conciliorum Oecumenicorum Decreta. Edd. J. Alberigo, J. A. Dossetti, P.-P. Joannou, C. Leonardi, P. Prodi, consultante H. Jedin, Bologna ³1973, 801 - 816. — *C. Butler / H. Lang,* Das Vatikanische Konzil, München ²1961. — *R. Aubert,* Vatican I, Paris 1964, deutsch: Vaticanum I, Mainz 1965. — Ders., in: Handbuch der Kirchengeschichte VI 1, 774 - 791. — *R. Aubert, U. Betti, M. Maccarrone* u. a., De doctrina Concilii Vaticani Primi. Studia selecta annis 1948 - 1964 scripta denuo edita, cum centesimus annus compleretur ab eodem inchoatio concilio, Rom 1969. — Hundert Jahre nach dem Ersten Vatikanum. Hrsg. v. G. Schwaiger, Regensburg 1970. — *H. J. Pottmeyer,* Unfehlbarkeit und Souveränität. Die päpstliche Unfehlbarkeit im System der ultramontanen Ekklesiologie des 19. Jahrhunderts, Mainz 1975. — Konzil und Papst. Historische Beiträge zur Frage der höchsten Gewalt in der Kirche. Festgabe für H. Tüchle. Hrsg. v. G. Schwaiger, München-Paderborn-Wien 1975. — *K. Schatz,* Kirchenbild und päpstliche Unfehlbarkeit bei den deutschsprachigen Minoritätsbischöfen auf dem I. Vatikanum, Rom 1975 (Miscellanea Historiae Pontificiae, vol. 40). — *G. Schwaiger,* Päpstlicher Primat und Autorität der Allgemeinen Konzilien im Spiegel der Geschichte, München-Paderborn-Wien 1977, 12 - 15, 161 f. — *A. B. Hasler,* Pius IX. (1846 - 1878), päpstliche Unfehlbarkeit und 1. Vatikanisches Konzil. 2 Bde., Stuttgart 1977.

dert Jahre zuvor, auf der Kirchenversammlung in Trient (1545 - 1563), am leidenschaftlichsten gerungen und schließlich auf eine Lösung verzichtet hatte: beim Verhältnis der päpstlichen Gewalt zu den übrigen Gewalten in der Kirche und in der Welt. Man kam 1870 nur zu einer Teillösung. Die Fragen wurden neunzig Jahre später, auf dem Zweiten Vatikanischen Konzil (1962 - 1965) unter den Päpsten Johannes XXIII. und Paul VI., wieder aufgegriffen, um durch schärfere Erfassung des Bischofsamtes das verschobene Gleichgewicht wiederherzustellen. Die Diskussion um diesen schwierigen Komplex, um die rechte Struktur der Kirche, dauert seitdem unvermindert an.

Über das Verhältnis des Papstes zum Bischofskollegium hatte Johann Adam Möhler in seiner „Symbolik" (1832) noch geschrieben: „... Der Episkopat [die Fortsetzung des Apostolates] wird hiernach als eine göttliche Institution verehrt; desgleichen nun auch, und eben deshalb, der Einheitspunkt und das Haupt des Episkopates, der Papst. Soll der Episkopat eine in sich geschlossene, wie innerlich, so auch äußerlich verbundene Einheit bilden, um alle Gläubigen zu einem wahren Gesamtleben, welches die katholische Kirche so dringend fordert, zu vereinigen, so bedarf er selbst einer Mitte, durch deren Dasein alle zusammengehalten und fest verknüpft werden ... Mit einer sichtbaren Kirche ist ein sichtbares Haupt notwendig gegeben ... Zu seinen wesentlichen Rechten, deren Umfang bei den Kanonisten nachzuschlagen ist, erwarb sich der Papst je nach den verschiedenen Kulturstufen ganzer Zeitalter und einzelner Völker sogenannte außerwesentliche, mancherlei Verwandlungen zulassende Rechte, so daß seine Gewalt bald größer bald kleiner erscheint. Übrigens sind bekanntlich, teils durch den Umschwung der Zeiten und kirchliche Übelstände veranlaßt, teils durch den inneren, in Gegensätzen fortschreitenden Entwicklungsgang der Begriffe von selbst hervorgerufen, über das Verhältnis zwischen dem Papst und den Bischöfen zwei Systeme herrschend geworden, das Episkopal- und Papalsystem, von welchem dieses, ohne die göttliche Institution der Bischöfe zu verkennen, die Kraft der Mitte besonders hervorhob, jenes aber, ohne die göttliche Einsetzung des Primates zu leugnen, die Kraft vorzüglich nach der Peripherie zu lenken suchte. Indem hiernach ein jedes das Wesen des anderen als göttlich anerkannte, bildeten sie für das kirchliche Leben sehr wohltätige Gegensätze, so daß durch ihre Gegeneinanderbewegung sowohl die eigentümliche, freie Entwicklung der Teile bewahrt, als auch die Verbindung derselben zu einem unteilbaren und lebendigen Ganzen festgehalten wurde[17]."

Die von Möhler angesprochenen „für das kirchliche Leben sehr wohltätigen Gegensätze“ waren nun 1870 im Sinne des Papalsystems gelöst worden. Noch zögerte man mit den vollen Konsequenzen. Der diplomatisch klugen, wenn auch vielfach schillernden Politik Leos XIII. (1878 - 1903)[18] gelang es, zunächst in der bedrückenden Hinterlassenschaft Pius' IX. einige Ordnung zu schaffen, vor allem die schwer gestörten Beziehungen des Heiligen Stuhles mit den Regierungen wieder zum Frieden zu bringen und gleichzeitig ein neues, positives Verhältnis der katholischen Kirchenleitung zu den drängenden Problemen der modernen Welt anzubahnen. Erinnert sei nur an seine klugen Äußerungen zur längst brennend gewordenen Sozialen Frage des Jahrhunderts und zur Möglichkeit verschiedener Staatsformen. Die päpstlichen Primatialrechte wurden im bisherigen Stil maßvoll geübt. Anders im Pontifikat seines Nachfolgers. *Pius X.* (1903 - 1914) glich in seinem Regierungsstil weit mehr Pius IX. als seinem unmittelbaren Vorgänger. Nun ging man auch daran, den 1870 festgelegten Rahmen der Primatsrechte bis ins Detail zu füllen.

Bereits 1904 gab Pius X. den Auftrag zur *Neukodifikation des Kirchenrechtes.* Die Riesenarbeit leistete vor allem Pietro Gasparri, seit 1907 Kardinal, 1914 bis 1930 Kardinalstaatssekretär unter Benedikt XV. (1914 - 1922) und Pius XI. (1922 - 1939). Der neue Codex Iuris Canonici wurde am 27. Mai 1917 amtlich publiziert und trat am 19. Mai 1918 in Kraft. Das Werk war ohne Zweifel eine gewaltige Leistung, wurde aber offensichtlich zu rasch herausgebracht, war deshalb zu wenig ausgereift, zu wenig in sich abgestimmt[19]. Der neuartige Codex erschien

---

[17] *J. A. Möhler,* Symbolik I. Hrsg. v. J. R. Geiselmann, Darmstadt 1958, 451 - 454.

[18] Acta Sanctae Sedis 11 - 35 (Rom 1878 - 1903). — *J. Schmidlin,* Papstgeschichte der neuesten Zeit II, 331 - 589. — *G. Schwaiger,* Geschichte der Päpste im 20. Jahrhundert, München 1968, 28 - 49, 204 - 206 (Quellen u. Lit.). — *Ch. Weber,* Kirchliche Politik zwischen Rom, Berlin und Trier 1876 - 1888, Mainz 1970. — Ders., Quellen und Studien zur Kurie und zur vatikanischen Politik unter Leo XIII., Tübingen 1973. — *R. Lill,* Vatikanische Akten zur Geschichte des deutschen Kulturkampfes. Leo XIII. Teil I: 1878 - 1880, Tübingen 1970. — Ders., Die Wende im Kulturkampf: Leo XIII., Bismarck und die Zentrumspartei 1876 - 1880, Tübingen 1973. — Handbuch der Kirchengeschichte VI 2, S. 3 - 387. — *K. A. Fink,* Kardinal Hohenlohe und das römische Milieu in der zweiten Hälfte des 19. Jahrhunderts. In: Kirchen und Liberalismus im 19. Jahrhundert. Hrsg. v. M. Schmidt u. G. Schwaiger, Göttingen 1976, 164 - 172.

[19] *K. Mörsdorf,* Die Rechtssprache des CIC, Paderborn 1937. — Ders., Lehrbuch des Kirchenrechts auf Grund des Codex Iuris Canonici. Begründet v. E. Eichmann, I[11], München-Paderborn-Wien 1964, 29 f., 80 - 83.

mitten in der ungeheueren Verwirrung des Ersten Weltkrieges, als die Verbindung bedeutender Teilkirchen mit dem Stuhl Petri unmöglich war oder doch aufs schwerste behindert erscheinen mußte. Im fortschreitenden Kriegsjahr 1917 konnte es nüchternen Beobachtern keine Frage mehr sein, daß beide Gruppen der kriegführenden Mächte schwer angeschlagen waren, daß die sichtlich erschöpften Mittelmächte den militärischen Sieg nicht würden erringen können. Der neue Codex brachte ein päpstlich dekretiertes Kirchenrecht konsequent römisch-zentralistischer Ausrichtung[20]. Um die Struktur der katholischen Kirche des 20. Jahrhunderts zu verstehen, ist nichts so aufschlußreich wie die aufmerksame Lektüre des Codex Iuris Canonici. Die römische Neuordnung der Kirche gewann erhöhte Bedeutung durch die schon genannten grundstürzenden politischen und gesellschaftlichen Veränderungen im Umkreis des Ersten Weltkriegs.

Pius X.[21] hatte sein Amt übernommen beseelt von dem glühenden Eifer: „Alles in Christus erneuern.“ Aus seiner jahrzehntelangen Erfahrung als Seelsorger heraus leitete er eine Reihe notwendiger Reformen ein: Modernisierung der Römischen Kurie, Auftrag zur Neufassung des Kirchenrechts, Verbesserung der geistlichen und wissenschaftlichen Ausbildung des Klerus, besonders in Italien, Sorge für christliche Unterweisung in Schule und Kirche, Reform der liturgischen Bücher, Reinigung des Gregorianischen Chorals, Ermöglichung der Kinderkommunion, Ermunterung zum öfteren und täglichen Eucharistieempfang, Förderung der Schriftlesung. Durch die Dekrete Pius' X. wurden die ersten Ergebnisse der vielfach noch tastenden, vielfach schwer angefeindeten „Liturgischen Bewegung“ gesichert. Zugleich wurde ein solider Grund für eine fruchtbare Weiterentwicklung gelegt. Alle folgenden Päpste haben gerade die liturgische Erneuerung in der Kirche umsichtig weitergeführt. Zur vollen Auswirkung kamen die am Beginn

---

[20] *U. Stutz,* Der Geist des Codex iuris canonici, Stuttgart 1918, 155 f.

[21] Acta Sanctae Sedis 36 - 41 (Rom 1903 - 1908). — Acta Apostolicae Sedis 1 - 6 (Rom 1909 - 1914). — Acta Pii X, 5 Bde., Rom 1905 - 1915. — *F. Crispolti,* Pio IX, Leone XIII, Pio X, Benedetto XV (Ricordi personali), Milano 1932, 85 - 139. — *R. Merry del Val,* Pio X. Impressioni e ricordi, Padova 1949, deutsch Basel 1951. — *L. von Pastor,* Tagebücher. Hrsg. v. W. Wühr, Heidelberg 1950, 414 - 611. — *J. Schmidlin,* Papstgeschichte der neuesten Zeit III (1936), S. IX - XV (Lit.), 1 - 177. — *G. Schwaiger,* Geschichte der Päpste im 20. Jahrhundert, München 1968, 49 - 77, 206 f. (Quellen u. Lit.). — *G. Maron,* Die römisch-katholische Kirche von 1870 bis 1970 (Die Kirche in ihrer Geschichte. Hrsg. v. K. D. Schmidt u. E. Wolf, Bd. 4 Lief. N 2), Göttingen 1972, 208 - 213. — Handbuch der Kirchengeschichte VI 2 (1973), 391 - 597.

des Jahrhunderts erfolgten Grundlegungen schließlich im neuen Aufbruch des Zweiten Vatikanischen Konzils.

Während sich die innerkirchlichen Reformen Pius' X. im allgemeinen fruchtbar auswirkten, besaß der Papst nicht in gleichem Maß eine glückliche Hand in der Abwehr wirklicher oder vermeintlicher Irrtümer in der Glaubenslehre und kirchlichen Praxis. Noch weniger glücklich erwies er sich als Politiker. Die unglückliche Kirchenpolitik betraf schwer die Katholiken Italiens, denen weiterhin jede politische Betätigung im Dienst des „kirchenräuberischen" Staates versagt blieb. Sie betraf erheblich die Katholiken Deutschlands, am schwersten die Katholiken Frankreichs. Dem diplomatischen Geschick Leos XIII. war es auch in einer Atmosphäre wachsender Spannungen noch gelungen, den Bruch mit der republikanischen Regierung Frankreichs zu vermeiden und damit empfindliche Schäden von der Kirche fernzuhalten. Nicht zuletzt durch das diplomatische Ungeschick Pius' X. kam es rasch zur schärfsten Konfrontation und zur schroff feindseligen Trennung von Kirche und Staat in Frankreich (1905). In dieser Tatsache, die durch die starre Haltung des Papstes wesentlich mitverschuldet war, liegt einer der Hauptgründe für die schwierige Lage der Kirche in Frankreich. Ohne Zweifel haben alle späteren Päpste aus dieser Erfahrung gelernt und größere Behutsamkeit im Umgang mit Regierungen, auch betont christentumsfeindlichen, geübt.

Inzwischen war der schon lange schwelende Konflikt um das rechte Zueinander von *Glauben und Wissen,* um das rechte Wirken der Kirche in der modernen Welt, gegen Ende des 19. Jahrhunderts wieder mit Macht aufgebrochen, vornehmlich in Deutschland, Frankreich, England und Italien, mehr auf die religiöse Praxis gerichtet auch in den Vereinigten Staaten von Nordamerika. Die alte Diskussion trat jetzt in eine neue, höchst kritische Phase.

Die schweren Auseinandersetzungen innerhalb der katholischen Kirche, die im späten Pontifikat Leos XIII. begannen und weit ins 20. Jahrhundert hereinreichten, sind hauptsächlich verbunden mit den Begriffen oder Schlagworten *Amerikanismus, Reformkatholizismus, Modernismus* und *Integralismus.* Die höchste Zuspitzung der Kämpfe fiel in die Regierungszeit Pius' X.[22].

---

[22] Neueste Veröffentlichungen (mit umfassendem Schrifttum): *L. Bedeschi,* La Curia Romana durante la crisi modernista, Parma 1968. — *É. Poulat,* Intégrisme et catholicisme intégral, Tournai-Paris 1969. — *O. Schroeder,* Aufbruch und Mißverständnis. Zur Geschichte der reformkatholischen Bewegung, Graz 1969. — Die päpstliche Autorität im katholischen Selbstverständnis des

Dieser Papst wurde nicht müde, vor der „Pest des Modernismus“ zu warnen und diese Pest zu verurteilen. In der katholischen Kirche ist das Wort „Modernismus“ eine arge, böse Anschuldigung geblieben, die auch in der Gegenwart häufig gebraucht wird, um das Gefährliche, Unkirchliche, Häretische eines Katholiken, besonders eines Theologen darzutun. Es kann nun kein Zweifel bestehen: Was die Enzyklika „Pascendi“ vom 8. September 1907[23] als „Modernismus“ hinstellte, als das

---

19. und 20. Jahrhunderts. Hrsg. v. E. Weinzierl, Salzburg-München 1970 (darin R. Lill, Der Kampf der römischen Kurie gegen den „praktischen Modernismus“). — *P. Neuner,* „Modernismus“ und kirchliches Lehramt. Bedeutung und Folgen der Modernismus-Enzyklika Pius' X., in: Stimmen der Zeit 190 (1972), 249 - 262. — Ders., Religion zwischen Kirche und Mystik. Friedrich von Hügel und der Modernismus, Frankfurt a. M. 1977. — Ders., Religiöse Erfahrung und geschichtliche Offenbarung. Friedrich von Hügels Grundlegung der Theologie, München-Paderborn-Wien 1977. — *R. Aubert,* Die modernistische Krise, in: Handbuch der Kirchengeschichte VI 2, S. 391 - 500. — *J. Greisch / K. Neufeld / Ch. Theobald,* La crise contemporaine. Du modernisme à la crise des herméneutiques, Paris 1973 (Théologie historique, 24). — *J. Hulshof,* Wahrheit und Geschichte. Alfred Loisy zwischen Tradition und Kritik, Essen 1973. — *D. Baden,* Der Weg Loisys zur Erforschung der christlichen Wahrheit, Freiburg i. Br. 1974. — Der Modernismus. Hrsg. v. E. Weinzierl, Graz 1974. — *G. P. Fogarty,* The Vatican and the Americanist crisis. Denis J. O'Connell, American agent in Rome, 1885 - 1903, Rom 1974 (Miscellanea Historiae Pontificiae, vol. 36). — Katholische Theologen Deutschlands im 19. Jahrhundert. Hrsg. v. H. Fries u. G. Schwaiger, Bd. III, München 1975. — *Th. M. Loome,* „Die Trümmer des liberalen Katholizismus“ in Großbritannien und Deutschland am Ende des 19. Jahrhunderts (1893 - 1903): Die kirchenpolitische Grundlage der Modernismuskontroverse (1903 - 1914), in: Kirchen und Liberalismus im 19. Jahrhundert. Hrsg. v. M. Schmidt u. G. Schwaiger (Studien zur Theologie und Geistesgeschichte des Neunzehnten Jahrhunderts, Bd. 19), Göttingen 1976, 197 - 214. — Aufbruch ins 20. Jahrhundert. Zum Streit um Reformkatholizismus und Modernismus. Hrsg. v. G. Schwaiger (Studien zur Theologie und Geistesgeschichte des Neunzehnten Jahrhunderts, Bd. 23), Göttingen 1976 (darin die Beiträge: *P. Neuner,* Friedrich von Hügel, der „Laienbischof der Modernisten“; *G. Larcher,* Maurice Blondels Traditionsverständnis als ein Antwortversuch auf geschichtstheoretische Grundprobleme im Modernismusstreit; *P. Steinig,* Theologie im Zeitalter des Exegeten Franz von Hummelauer SJ (1842 - 1914); *G. Knopp,* Die „Borromäusenzyklika“ Pius' X. als Ursache einer kirchenpolitischen Auseinandersetzung in Preußen; *R. Reinhardt,* Ein „Kulturkampf“ an der Universität Freiburg. Beobachtungen zur Auseinandersetzung um den Modernismus in Baden; *N. Trippen* u. *A. Schnitzer,* Aus dem Tagebuch eines deutschen Modernisten. Aufzeichnungen des Münchener Dogmenhistorikers Joseph Schnitzer aus den Jahren 1901 - 1913). — *N. Trippen,* Theologie und Lehramt im Konflikt. Die kirchlichen Maßnahmen gegen den Modernismus im Jahre 1907 und ihre Auswirkungen in Deutschland, Freiburg i. Br. 1977.

[23] Acta Sanctae Sedis 40 (1907) 593 - 650. — *A. Michelitsch,* Der biblisch-dogmatische „Syllabus“ Pius' X. samt der Enzyklika gegen den Modernismus und dem Motu proprio vom 18. November 1907, Graz-Wien [2]1908.

„Sammelbecken aller Häresien", war unchristlich und der Verurteilung würdig. Das Bild des Modernismus wurde aber so, wie es der Papst in schauerlichen Farben zeichnete, von keinem der wirklichen oder vermeintlichen Modernisten vertreten. Auch wenn sich einzelne Theologen auf Abwege verirrten, ging es doch letztlich um die Frage der Glaubwürdigkeit der Kirche in der modernen, gewandelten Welt. Die des Theologen allein würdige Antwort, besser gesagt: die Methode, den redlichen Weg zur Antwort, hatte Ignaz Döllinger bereits 1863 auf der Münchener Versammlung katholischer Gelehrter aufgezeigt. Mit aller Schärfe wendet er sich — mitten im Pontifikat Pius' IX., ein Jahr vor dem „Syllabus" — gegen den Versuch, Meinungen einer bloßen Theologenschule mit dem Mantel der höchsten kirchlichen Autorität zu umkleiden und als allgemeine Kirchenlehre auszugeben. Statt dessen fordert er für den Theologen: „Tiefer graben, emsiger, rastloser prüfen, und nicht etwa furchtsam zurückweichen, wo die Forschung zu unwillkommenen, mit vorgefaßten Urteilen und Lieblingsmeinungen nicht vereinbaren Ergebnissen führen möchte, das ist die Signatur des echten Theologen ... Jenen Wilden wird er doch nicht gleichen wollen, welche eine Eklipse nicht sehen können, ohne in Angst zu geraten für das Schicksal der Sonne." Der Professor der Kirchengeschichte und infulierte Stiftspropst von St. Kajetan fügt aber auch bei: „Da wir gläubige Theologen sind, so wissen wir, daß auch die schärfste Prüfung nur immer wieder zur Bestätigung der richtig verstandenen kirchlichen Lehre ausschlagen werde. Wir wissen auch, daß unsere Geistesarbeit für jene Kirche und in jener Kirche vollbracht wird, welcher der göttliche Geist sich niemals entzieht[24]."

Solch weise Worte fanden in der überhitzten, vergifteten Atmosphäre kein Gehör mehr. Der Erfolg der päpstlichen Schritte gegen den „Modernismus" blieb weit hinter den Erwartungen zurück. So kam es zur „integralistischen Verschwörung" in der Kirche. Der kirchliche Integralismus bildete das Gegenstück zum Modernismus. Er wollte die Antwort auf alle Fragen des privaten und öffentlichen Lebens aus dem

---

[24] *I. Döllinger* in seinem klassischen Vortrag „Die Vergangenheit und Gegenwart der katholischen Theologie". Ungekürzte Wiedergabe in: *J. Finsterhölzl*, Ignaz von Döllinger (Wegbereiter heutiger Theologie. Hrsg. v. H. Fries u. J. Finsterhölzl), Graz-Wien-Köln 1969, 227 - 263. — *G. Schwaiger*, Die Münchener Gelehrtenversammlung von 1863 in den Strömungen der katholischen Theologie des 19. Jahrhunderts, in: Kirche und Theologie im 19. Jahrhundert. Referate und Berichte des Arbeitskreises Katholische Theologie. Hrsg. v. G. Schwaiger (Studien zur Theologie und Geistesgeschichte des Neunzehnten Jahrhunderts, Bd. 11), Göttingen 1975, 125 - 134.

Glauben, das heißt konkret aus dem kirchlichen Lehramt nehmen. Dadurch wird, wie Oswald von Nell-Breuning[25] mit Recht feststellt, den verschiedenen kulturellen Sachgebieten nicht nur die absolute, sondern auch eine relative Eigenständigkeit abgesprochen. Diese Sachgebiete oder zumindest die Betätigung der Katholiken in diesen Bereichen sollen grundsätzlich der potestas directa der Kirche unterstellt sein. Es fehlte nicht an massiven Versuchen, dieses Programm im Pontifikat Pius' X. zu verwirklichen; gegenüber zahlreichen Verlautbarungen Leos XIII. bedeutete es einen empfindlichen Rückschritt, den nicht nur Bischöfe und Theologen, sondern vor allem katholische Journalisten und Politiker hart zu spüren bekamen. Erhebliche Unruhe entstand namentlich in Italien, Deutschland und Frankreich. In diesen Kämpfen entstand große Verwirrung und vielfache Verbitterung redlicher, ihrer Kirche treu verbundener Katholiken aller Ränge. Böswillige Verdächtigungssucht konnte sich breitmachen. In dieser Atmosphäre wurde der Begriff „Modernismus“ vom Spitzelsystem Umberto Benignis[26] oft willkürlich erweitert und nicht selten auch anderen dunklen Zwekken dienstbar gemacht, um unbequeme Leute auszuschalten. Der alte Papst Johannes XXIII., der als Seminarist und junger Priester diese unselige Zeit schmerzlich erfahren hatte, äußerte sich gelegentlich darüber in Bitterkeit und Trauer[27].

Durch die Bildung und Umsicht Benedikts XV. trat zwar merkliche Beruhigung in der Kirche ein, auch unter dem Eindruck des Weltkriegs. Aber integralistische Strömungen blieben in der Kirche bestehen. Man darf auch die prägende Kraft von Traditionen nicht unterschätzen, ob man sie nun positiv oder negativ beurteilen mag. Eugenio Pacelli empfing seine geistliche und diplomatische Schulung im Pontifikat Pius' X.[28]. Fast alle Männer seiner Umgebung kamen gleichfalls aus diesen Traditionen. Aus dieser Tatsache erklärt sich wohl die Enzyklika „Humani generis“ von 1950[29], die einen neuen, wenn auch

[25] Art. Integralismus, in: Lexikon für Theologie und Kirche V^2, Freiburg i. Br. 1960, 717 f.

[26] Lit. über Benigni: *G. Knopp*, Die „Borromäusenzyklika“ (Anm. 22), 89.

[27] *J. d'Hospital*, Drei Päpste. Pius XII., Johannes XXIII. und Paul VI., Wien-Hamburg 1971, 135.

[28] Über seine bisweilen die Konflikte verschärfende Rolle an der Kurie während der Modernismuskämpfe: *N. Trippen*, Aus dem Tagebuch eines deutschen Modernisten (Anm. 22), 194, 221. — Ders., Theologie und Lehramt in Konflikt, Freiburg 1977, 421 (Reg.).

[29] Acta Apostolicae Sedis 42 (1950), 561 - 577. — *S. Tromp*, Pius XII. et theologia fundamentalis, in: Divinitas 3 (Rom 1959), 637 - 646.

minder heftigen Modernistenstreit ausgelöst hat. Heftige Kontroversen der Gegenwart zu diesem Thema sind bekannt.

Das Phänomen Modernismus ist letzten Endes aus der nicht bewältigten Begegnung der Theologie mit den modernen Wissenschaften zu verstehen. Der erzwungene Verzicht auf eine Neubesinnung zu Beginn des 19. Jahrhunderts ließ prägende Traditionen entstehen, die nur schwer beseitigt werden können und die das Verhältnis der Kirche zur gegenwärtigen Welt, in der wir nun einmal leben müssen, auch leben wollen, nachhaltig gestört haben[30]. In dieser nicht bewältigten Begegnung liegt seit dem endgültigen Durchbruch der Aufklärung, seit zweihundert Jahren also, die eigentliche Tragödie der katholischen Intelligenz. Dies soll man sich nüchtern und klar vor Augen führen. Es ist eine Tatsache der Geschichte. Päpste, Bischöfe und Theologen, auch katholische Laien, die dies erkennen und sich hier für die Sache des Christentums engagieren, lieben ihre Kirche nicht weniger als die anderen, die notwendigen Reformen, notwendigen Änderungen oft feindselig ablehnend gegenüberstehen. Von der Bewältigung dieser Aufgabe wird die Zukunft der Kirche, die Zukunft des Christentums überhaupt abhängen. Alle Päpste seit Benedikt XV. haben, zunächst in der Behandlung einzelner Fragen, auf die Lösung dieser Aufgabe hingeführt, in einer großen thematischen Breite Pius XII. in seinen Enzykliken und noch mehr in seinen zahlreichen Ansprachen zu bestimmten Anlässen. Mit größtem religiösen Ernst hat schließlich das Zweite Vatikanische Konzil, haben die Päpste Johannes XXIII. und Paul VI. diese Lebensfrage der Kirche aufgenommen.

Eugenio Pacelli, Nuntius und Kardinalstaatssekretär[31]

Der Pontifikat *Benedikts XV.* (1914 - 1922)[32] stand völlig im Schatten des Weltkriegs und seiner unmittelbaren Folgen. Dies erscheint um so bedauerlicher, da dieser feine geistliche Edelmann auf dem Stuhl

[30] Vgl. *K. O. von Aretin*, Papsttum und moderne Welt, München 1970, 148.

[31] Für diesen Abschnitt verweise ich generell auf das Schrifttum bei *G. Schwaiger*, Geschichte der Päpste im 20. Jahrhundert, München 1968, 207 - 212.

[32] Acta Apostolicae Sedis 6 - 14 (1914 - 1922). — Litterae encyclicae. Addito nominum et rerum indice (lat.-deutsch), Freiburg i. Br. 1923. — Actes de Benoît XV (lat.-französ.), 3 Bde., Paris 1924 - 1926. — *J. Schmidlin*, Papstgeschichte der neuesten Zeit III (1936), 179 - 339. — *F. Hayward*, Un pape méconnu, Benoît XV, Paris 1955. — *G. Schwaiger*, Geschichte der Päpste im 20. Jahrhundert, München 1968, 77 - 95, 207 f. (Quellen u. Lit.). — *G. Maron*, Die römisch-katholische Kirche von 1870 bis 1970, Göttingen 1972, N 213 - N 216.

Petri in vieler Hinsicht als der erste „moderne" Papst anzusprechen ist. In seinen Intentionen und Programmen, welche durch die Ungunst der Zeiten erst später verwirklicht werden konnten, ist er den bedeutendsten Päpsten der neueren Zeit zuzurechnen. In der Wahl dieses körperlich unscheinbaren Mannes zeigte sich wieder einmal das Gesetz des Gegensatzes im Ablauf der Geschichte des Papsttums. In seiner Bildung, ruhig-sachlichen, ausgleichenden Art erschien Benedikt XV. als „das totale Gegenteil seines bäuerlichen Vorgängers"[33]. Er kam aus dem Kreis des Kardinals Rampolla, der unter Leo XIII. so viel zum kirchenpolitischen Ausgleich beigetragen hatte und unter Pius X. praktisch kaltgestellt war. Bewußt wurde wieder an die komplizierte ausgleichende Politik Leos XIII. angeknüpft. Dies zeigte sich äußerlich schon darin, daß der neue Papst die Rampolla-Schüler Domenico Ferrata, der schon im Oktober 1914 starb, und Pietro Gasparri als seine Staatssekretäre berief.

Im ausbrechenden Weltkrieg schäumte der Nationalismus in allen Lagern über. Wie in einem wilden Rausch wurden gemeinsame christliche Gefühle, besonders zwischen den Katholiken Frankreichs und Deutschlands, hinweggespült. Der Papst bemühte sich redlich, über den Parteien zu stehen, und wurde — ein deutlicher Beweis der tatsächlichen Überparteilichkeit — von allen Seiten der Parteinahme beschuldigt. Päpstliche Bemühungen um den Frieden, um Humanität, um Gerechtigkeit liefen durch die ganze Kriegs- und Nachkriegszeit[34]. Hier begann die *erste große Aufgabe Eugenio Pacelli's:* Sie sollte ihn ein Leben lang beschäftigen.

Eugenio Pacelli[35] kam aus einer römischen Beamtenfamilie. Schon Vater und Großvater hatten in päpstlichen Diensten gestanden. Nach seinen Studien in Rom empfing Pacelli 1899 die Priesterweihe. Seine erste Messe feierte er in der Basilika Santa Maria Maggiore vor dem vielverehrten Marienbild „Salus populi Romani", das er als Papst krönte. Für den hochbegabten jungen Priester, einen „Romano di Roma", legte sich eine geistliche Laufbahn an der Römischen Kurie nahe. Bereits 1901 trat er in den Dienst des Staatssekretariats. Er wurde

---

[33] *H. Hermelink,* Die katholische Kirche unter den Piuspäpsten des 20. Jahrhunderts, Zürich 1949, 23.

[34] Benedetto XV, i cattolici e la prima guerra mondiale. Hrsg. v. G. Rossini, Rom 1963.

[35] *I.-L. Konopatzki,* Eugenio Pacelli, Pius XII. Kindheit und Jugend in Dokumenten, Salzburg - München 1974.

engster Mitarbeiter des Kardinals Gasparri[36], und von dieser römisch-rechtlichen, kanonistischen und diplomatischen Einübung her ist er der Schule Rampolla-Gasparri zuzurechnen. Daneben blieben gewiß auch Erfahrungen aus dem Pontifikatsablauf Pius' X. und seines Kardinalstaatssekretärs Merry del Val[37] nicht ohne Einfluß.

Nach dem Elan und der Begeisterung der ersten Kriegswochen hatte bereits das Spätjahr 1914 mit seinen schweren Verlusten und Enttäuschungen einige Ernüchterung gebracht. Endgültig erstickte die Siegesbegeisterung in den grauenvollen Abnutzungsschlachten des Jahres 1916, bei Verdun, an der Somme, in Galizien. Das Gesicht des Krieges hatte sich gewandelt. Alle kriegführenden Länder wurden durch die Verluste an Menschen und materiellen Werten schwer belastet. Anzeichen der Erschöpfung zeigten sich damals bereits in allen Lagern. Der deutsche Reichskanzler Bethmann Hollweg sah, wie so manch anderer einsichtige Staatsmann, in der Entwicklung des Krieges zum Abnutzungskrieg eine Gewähr für die Beständigkeit des künftigen Friedens. Versuche der kämpfenden Großmächte, durch geheime Fühlungnahme mit der Gegenpartei aus dem unheilvollen Krieg mit einigem Anstand wieder herauszukommen, liefen fast die ganze Zeit des Krieges hindurch. Deutschland und Österreich-Ungarn bemühten sich, wie neueste Forschungen bewiesen haben, nahezu unausgesetzt, einen Verhandlungsfrieden mit Frankreich und England anzubahnen. Bis zum Herbst 1916 stand bei der deutschen Reichsregierung dabei das Streben nach künftiger Sicherheit des deutschen Reiches im Vordergrund. Seit dem allgemein gehaltenen Friedensangebot der Mittelmächte vom 12. Dezember 1916 wandelte sich diese Bemühung zum Streben nach einem Frieden der Selbstbehauptung. Die weitergehenden Forderungen der Generalität, nicht Kaiser Wilhelms II. persönlich, standen aber den sorgsamen diplomatischen Friedensbemühungen der Reichsregierung nicht selten hart im Weg.

In den Friedensbemühungen Deutschlands und Österreich-Ungarns standen vier Themen im Vordergrund der vielfach nebeneinander lau-

---

[36] *R. Bäumer*, Pietro Gasparri, in: LThK IV² (1960), 524. — Il Cardinale Pietro Gasparri, ed L. Fiorelli, Rom 1960. — *G. Spadolini*, Il cardinale Gasparri e la Questione Romana, Firenze 1972.

[37] *H. Mitchell*, Raffaele Merry del Val, Paris 1957. — *L. Bedeschi*, La Curia Romana durante la crisi modernista, Parma 1968. — Handbuch der Kirchengeschichte VI 2, S. 403. — *J. D. Holmes*, Cardinal Raphael Merry del Val. An uncompromising ultramontane. Gleanings from his correspondence with England, in: The Catholic Historial Review 60 (1974/75), 55 - 64.

fenden und sich kreuzenden Aktionen: 1. Die Möglichkeit einer österreichisch-ungarischen Vermittlung zwischen Deutschland und der Entente; 2. Der Gedanke eines legitimen Sonderfriedens Österreich-Ungarns als Vorstufe des allgemeinen Friedens. Hierher gehört auch der gescheiterte Friedensvermittlungsversuch des Prinzen Sixtus von Bourbon-Parma (Januar bis Mai 1917), wobei der Prinz in entscheidenden Fragen eigenmächtig vorging, gegen die Absichten seines kaiserlichen Schwagers Karl I. von Österreich-Ungarn und dessen Außenministers Czernin handelte; 3. Die Anbahnung des Sonderfriedens mit Rußland durch die Formel eines „Friedens ohne Annexionen"; 4. Der Versuch einer Verständigung zwischen Deutschland und England zur Vorbereitung des allgemeinen Friedens. Die Großmächte waren dabei durch die Rücksichtnahme auf ihre Bundesgenossen in ihrer Handlungsfreiheit erheblich eingeschränkt. Erst im Rahmen dieser komplizierten Versuche sind die *Friedensbemühungen des Vatikans* zu verstehen, namentlich der päpstliche Friedensappell des Jahres 1917 und seine Erfolglosigkeit[38].

Angesichts des drohenden Kriegseintrittes Italiens auf seiten der Entente versuchte Benedikt XV. zu Beginn des Jahres 1915 zwischen Österreich-Ungarn und Italien zu vermitteln. Er sandte dazu den jungen Monsignore Eugenio Pacelli nach Wien. Der Bote des Vatikans wurde zwar sofort von Kaiser Franz Joseph empfangen, konnte aber keine greifbaren Zusagen erreichen. Pacelli führte auch Besprechungen mit dem Grafen Czernin, dem Außenminister der Monarchie, und dem ungarischen Fürstprimas. Nach wenigen Tagen kehrte Pacelli nach Rom zurück — ohne merklichen Erfolg seiner Mission. Um dieselbe Zeit wandte sich Prinz Sixtus von Bourbon-Parma an den Vatikan mit der Anregung, für Österreich-Ungarn einen Sonderfrieden zu vermitteln. Der Papst hielt solche Schritte in diesem Zeitpunkt nicht für zweckmäßig, empfing aber den Prinzen in langer Privataudienz. Am 23. Mai 1915 erklärte Italien an Österreich-Ungarn den Krieg, von dem es sich beträchtliche Gebietserwerbungen im Norden und Nordosten erhoffte. Schon im Londoner Geheimvertrag vom 26. April 1915 hatte sich das Königreich Italien von seinen Verbündeten den Ausschluß je-

---

[38] Zu den päpstlichen Friedensbemühungen im Ersten Weltkrieg: Quellen u. Lit. bei *Schwaiger,* Geschichte der Päpste im 20. Jahrhundert, 207 f. — *W. Steglich,* Die Friedenspolitik der Mittelmächte 1917/18, I, Wiesbaden 1964, 117 - 231 (Friedensappell des Papstes), 564 - 580 (Lit.). — Ders., Der Friedensappell Papst Benedikts XV. vom 1. August 1917 und die Mittelmächte, Wiesbaden 1970. — Wörtliche Zitate und folgende Verhandlungen nach *W. Steglich,* Die Friedenspolitik.

der Vertretung des Heiligen Stuhles bei den künftigen Friedensverhandlungen und bei einer Erörterung der mit dem Krieg verbundenen Fragen verbürgen lassen. Italien fürchtete, der Papst werde die Wiederherstellung des Kirchenstaates fordern.

Im Frühjahr und Sommer 1916 wurde zwischen dem päpstlichen Geheimkämmerer Rudolf Ritter von Gerlach und dem Reichstagsmitglied Matthias Erzberger die päpstliche Vermittlung zur Vorbereitung einer deutsch-belgischen Separatverständigung erörtert. Die Wiederherstellung und Sicherung Belgiens, das beim Kriegsausbruch von deutschen Truppen besetzt worden war, bildete einen der wichtigsten Punkte in den Friedensbemühungen dieser Jahre. England hatte an der Wiederherstellung Belgiens das größte Interesse, weil es eine deutsche Invasion fürchtete.

Am 12. Dezember 1916 erließen die Mittelmächte ein Friedensangebot. In der Botschaft des Deutschen Kaisers wurde nur allgemein davon gesprochen, daß Deutschland zu Friedensgesprächen bereit sei. Damals richtete der preußische Gesandte beim Heiligen Stuhl, Otto von Mühlberg, eine Note an Kardinalstaatssekretär Gasparri; er begründete darin die Friedensdeklaration und bemerkte zum Schluß, die deutsche Regierung hoffe „auf die wertvolle Unterstützung" ihrer Friedensbemühungen durch den Apostolischen Stuhl. Man erwartete offensichtlich, daß der Papst öffentlich für die Friedensaktion der Mittelmächte eintrete. Aber der Vatikan beschritt andere Wege. Wir wissen heute, daß damals England verlauten ließ, jeder Schritt des Papstes zum Friedensschluß werde in diesem Augenblick, da die Mittelmächte sich in recht günstiger Position befanden, sehr übel aufgenommen. Benedikt XV. und Gasparri suchten beide Mächtegruppen vertraulich zu einer Erörterung der Friedensbedingungen zu veranlassen. Gleichzeitig bemühten sie sich, die Friedensbedingungen Deutschlands und Österreich-Ungarns in Erfahrung zu bringen. Angaben hierüber wollte der Papst offenbar als Unterlage für ein selbständiges Vorfühlen bei der Entente verwenden. Die deutsche Reichsregierung lehnte Auskünfte über ihre Friedensziele zunächst ab. Ein Meinungsaustausch zwischen dem Vatikan und Berlin über die Möglichkeit einer deutsch-belgischen Sonderverständigung, durchgeführt im Januar und Februar 1917 über den Münchener Nuntius Aversa, blieb Episode. Aber seit Ende April 1917 fragten die Vertreter des Vatikans erneut nach den Friedensbedingungen Deutschlands. Das Fehlen unmittelbarer Kontaktmöglichkeiten erschwerte die Verhandlungen. Der preußische Vatikangesandte von Mühlberg hatte seit dem Kriegseintritt Italiens seinen Sitz in Lugano und der Münchener Nuntius mußte für den Verkehr mit der Reichsregierung die Vermittlung der bayerischen Regierung in Anspruch nehmen, obwohl dies in Berlin offenbar nicht gern gesehen wurde. Auch der Zentrumspolitiker Erzberger war immer wieder eingeschaltet.

Ende Mai 1917 kam Eugenio Pacelli als neuer Nuntius nach München, da Nuntius Aversa im April gestorben war. Der Münchener Nuntiatur[39] kam eine Bedeutung zu, die weit über das Königreich Bayern hinausreichte. Sie war die einzige Nuntiatur im Deutschen Reich. Benedikt XV. hatte persönlich Pacelli die Bischofsweihe erteilt und ihn zum Titular-Erzbischof von Sardes ernannt. Schon bei seiner Antrittsaudienz bei König Ludwig III. von Bayern deutete Pacelli seine Friedensmission an. Ende Juni reiste Pacelli im päpstlichen Auftrag nach Berlin. Am 26. Juni, dem Tag seines Eintreffens, besprach er sich zunächst mit dem Reichskanzler von Bethmann Hollweg. Anschließend sollte er ins Große Hauptquartier nach Kreuznach fahren, da er beauftragt war, Kaiser Wilhelm II. ein Handschreiben des Papstes zu überbringen. Benedikt XV. sprach darin von seinen vielfachen Mahnungen zur Beendigung des Krieges und von seinen unablässigen Friedensbemühungen; er wies auch darauf hin, daß er mit Sorge den geeigneten Augenblick erwarte, um durch seine Intervention das Ende des blutigen Krieges zu beschleunigen. Dem Reichskanzler gab Pacelli an Hand einer Kopie Kenntnis vom Inhalt des päpstlichen Schreibens. Bethmann Hollweg, ein redlicher, äußerst gewissenhafter und nachdrücklich um einen tragbaren Frieden bemühter Mann, wies zunächst auf das deutsche Friedensangebot vom Dezember 1916 hin, das am Kriegswillen der Entente gescheitert sei. Pacelli antwortete, daß es trotzdem äußerst nützlich wäre, wenn der Papst vertraulich über die deutsche Auffassung der Kriegs- und Friedensprobleme unterrichtet würde, damit er zu geeigneter Zeit eine sichere Grundlage für seine Friedensbemühungen habe. Der Kanzler stimmte dem zu. Darauf stellte ihm Pacelli einige „bestimmt gefaßte Fragen“ zu den deutschen Kriegszielen und Friedensbedingungen. Zur Frage der Abrüstung und obligatorischer Schiedsgerichte zwischen den Nationen erklärte der Kanzler, daß Deutschland unter der Voraussetzung der Allseitigkeit zu Rüstungsbeschränkungen bereit sei und Schiedsgerichte zur Verhü-

---

[39] *G. Franz-Willing,* Die bayerische Vatikangesandtschaft 1803 - 1934, München 1965. — *M. Körner,* Staat und Kirche in Bayern 1886 - 1918, Mainz 1977, bes. 160 - 181.

tung internationaler Konflikte billige; an Deutschland würden solche Bestrebungen niemals scheitern. Zur belgischen Frage sagte Bethmann Hollweg: man wolle die volle Unabhängigkeit Belgiens wiederherstellen, doch dürfe das Land politisch, militärisch und finanziell nicht unter die Herrschaft Englands und Frankreichs geraten. Der Nuntius erkundigte sich dann, welche Absichten Deutschland bezüglich Elsaß-Lothringens habe, ob man zu Gebietsabtretungen an Frankreich bereit sei. Der Kanzler äußerte, daß der Friede an dieser Frage nicht scheitern werde, wenn Frankreich verständigungsbereit sei; man könnte die Gebietsabtretungen in Form gegenseitiger Grenzberichtigungen vornehmen. Zur Frage der deutschen Kriegsziele im Osten, die Pacelli noch kurz streifte, lehnte Bethmann Hollweg ab, sich eingehender zu äußern, da in Rußland chaotische Zustände herrschen würden und eine verhandlungsfähige Regierung fehlte. Im Zarenreich war die Revolution ausgebrochen. Die endlich zustande gekommene persönliche Fühlungnahme eines hohen päpstlichen Vertreters hatte die Möglichkeit gebracht, die deutschen Kriegsziele zu ermitteln. Pacelli war über den Erfolg seiner Mission, über die gute Aufnahme, die er beim Reichskanzler gefunden hatte, hocherfreut. Er glaubte endlich die Möglichkeit eines Friedens zu sehen.

Drei Tage später, am 29. Juni, wurde der Nuntius von Kaiser Wilhelm II. in Kreuznach empfangen. Pacelli übergab zunächst das päpstliche Handschreiben und richtete dann im Namen des Papstes an den Kaiser die Mahnung, sein Möglichstes zu tun, den Krieg zu beenden, selbst wenn auf das eine oder andere der deutschen Kriegsziele verzichtet werden müsse. Der deutsche Kaiser erinnerte an das Friedensangebot vom 12. Dezember 1916 und sprach sein Bedauern aus, daß der Papst damals nicht ebenso wie Präsident Wilson hervorgetreten sei. Er sprach ferner von den Gefahren der Friedenstätigkeit des internationalen Sozialismus und empfahl eine stärkere Propagierung des Friedensgedankens durch die katholische Kirche in der Öffentlichkeit. Pacelli äußerte sich dazu nicht weiter, wollte aber hierüber an den Papst berichten. Der Vatikan versprach sich in den Friedensbemühungen nur dann einen Erfolg, wenn die Vorgespräche streng vertraulich behandelt würden. Jede der kämpfenden Parteien fürchtete nämlich, daß Friedensgespräche in der Öffentlichkeit sofort als Eingeständnis der Schwäche gewertet würden. Deshalb sollte auch die spätere Friedensnote nach den Plänen der Kurie vertraulich bleiben; erst durch die Publikationen der Ententepresse wurde sie an die Öffentlichkeit gebracht. Pacelli fuhr von Kreuznach sofort nach München zurück. Hier traf er am 30.

Juni abends zu einer wichtigen Unterredung mit Kaiser Karl I. von Österreich zusammen, der König Ludwig III. von Bayern einen kurzen Besuch abstattete. Seit Mitte Mai hatten Benedikt XV. und Gasparri versucht, auch von Österreich-Ungarn konkrete Unterlagen für eine Friedensvermittlung zu erhalten. Vatikanische Kreise hofften, daß Österreich an Italien das Gebiet von Trient abtreten werde und damit der Friede zwischen beiden Mächten — als Vorstufe des allgemeinen Friedens — zu erreichen sei. Am 12. Juni 1917 hatte der Kardinalstaatssekretär an Propst Segesser von Luzern, einen der Vertrauensleute zwischen dem Wiener Kaiserhof und dem Vatikan, geschrieben, Kaiser Karl solle Zugeständnisse an Italien machen, dem Deutschen Kaiser die päpstlichen Ansichten und besonders die Wiederherstellung Belgiens empfehlen und zusammen mit seinen deutschen Verbündeten und Papst Benedikt XV. eine Aktionsgemeinschaft zur Vorbereitung des Friedens bilden. Es ist kein Zufall, daß das von Pacelli überreichte päpstliche Handschreiben an Kaiser Wilhelm II. auf den 13. Juni datiert ist. Der Vatikan wollte die beiden kaiserlichen Partner der geplanten Dreier-Aktionsgemeinschaft gleichzeitig ansprechen. Der Vorschlag zur Bildung dieser Aktionsgemeinschaft war aber nur in dem Schreiben an den Kaiser von Österreich enthalten. Die österreichische Seite hat die deutsche Regierung niemals von dem Brief Gasparris vom 12. Juni in Kenntnis gesetzt; offensichtlich wollte man verheimlichen, daß der Vatikan so nachdrücklich eine Konzession Österreichs an Italien befürwortet hatte. Die deutsche Regierung wußte nur, was Pacelli in seinen Gesprächen ausgedrückt hatte. Hier standen die deutschen Konzessionen (Belgien, Elsaß-Lothringen) im Vordergrund. Man erfuhr in Berlin nicht, daß der Vatikan Österreich-Ungarn dringend Konzessionen empfohlen hatte. In Wien dagegen wußte man von Anfang an von der doppelten Ausrichtung der päpstlichen Aktion, auf Deutschland und Österreich-Ungarn, verhielt sich aber dem deutschen Bundesgenossen gegenüber so, als sei allein dessen Konzessionsbereitschaft ausschlaggebend. Dies hatte sehr schwerwiegende Folgen. Dazu kam, daß Reichskanzler von Bethmann Hollweg am 14. Juli 1917 zurücktreten mußte. Georg Michaelis wurde sein Nachfolger.

Pacelli hatte bei seinem Junibesuch weder dem Reichskanzler Bethmann Hollweg noch dem Deutschen Kaiser nähere Aufklärung über die Pläne der Kurie gegeben. Am 24. Juli 1917 kam er zu einem zweiten, streng geheimgehaltenen Besuch nach Berlin. Diesmal machte er der Reichsregierung ein regelrechtes Vermittlungsangebot. Die Initiative dazu war nicht von der Entente ausgegangen. Das von Pacelli überreichte „Promemoria“ enthielt die päpstlichen Vorschläge, die der Vermittlung zugrunde gelegt werden sollten. Der Heilige Stuhl wollte sich zunächst mit Deutschland „über den Inhalt des eventuell vom Papst zu verlautbarenden Vorschlages“ verständigen. Im Erfolgsfall sollte dann der Vorschlag „unter Wahrung strengster Diskretion“ gegenüber Deutschland allen kriegführenden Mächten zugeleitet werden. Die päpstliche Denkschrift beruhte wesentlich auf den Junibesprechungen zwischen Pacelli und dem Reichskanzler Bethmann Hollweg. Dem neuen Kanzler Michaelis war von seinem Vorgänger offenkundig ein unzutreffendes Bild der zurückliegenden Vorgänge übermittelt worden. Pacelli fand daher am 24. Juli in Berlin eine merklich veränderte Haltung der Reichsregierung vor. Die Zusagen über Belgien und Elsaß-Lothringen, die Bethmann Hollweg völlig oder in hohem Maße in eigener Verantwortung gegeben hatte, wurden jetzt erheblich eingeschränkt. Im Hintergrund aller Verhandlungen stand auch die Haltung der deutschen Heeresleitung.

Kaiser Wilhelm II. wußte genau, daß die übermächtige Stellung der Heeresleitung im Krieg und das oft an Insubordination grenzende Verhalten General Ludendorffs seine Autorität als Monarch untergrub. Zur Verabschiedung Bethmann Hollwegs durch den Kaiser hatten unter anderem die Rücktrittsgesuche Ludendorffs und Hindenburgs wesentlich beigetragen. Bethmann Hollweg hatte sich in der Friedensfrage grundsätzlich in Übereinstimmung mit seinem kaiserlichen Herrn gewußt. Bei seiner Abschiedsaudienz trug er dem Kaiser als letzte Bitte vor, „etwaige Friedensmöglichkeiten auch nicht für angeblich notwendige, bei fortschreitender Kriegstechnik aber leicht trügerische strategische Sicherungen preiszugeben“. Der abtretende Kanzler dachte dabei gewiß an die Forderungen der Militärs bezüglich Belgiens und eines erweiterten Glacis' gegenüber Frankreich vor Elsaß-Lothringen. Am 9. August 1917 kam Michaelis, begleitet vom Staatssekretär von Kühlmann, nach Kreuznach, um mit Hindenburg und Ludendorff den Friedensversuch des Papstes zu besprechen und den Generälen eine Einschränkung der Kriegsziele nahezulegen; damit hatte er keinen nennenswerten Erfolg. Um dieselbe Zeit versuchte Staatssekretär von Kühlmann, ganz aus eigener Initiative, eine Fühlungnahme mit England einzuleiten. Er wollte bei seinen Friedensversuchen mit der Klärung einer Einzelfrage beginnen, mit einer deutsch-englischen Verständigung über die Zukunft Belgiens. Dieses Unternehmen war von den gleichzeitigen Friedensbemühungen des Papstes wesentlich verschieden. Die Kurie wollte sogleich, wenn auch vertraulich, alle Kriegführenden ansprechen und einen Großteil der vorhandenen Kriegszielfragen zur Debatte stellen. Dadurch kamen aber auf beiden Seiten die vielfältigen und vielfach divergierenden Interessen der jeweiligen Bundesgenossen stärker zur Geltung. Die damit verbundene Rücksichtnahme wirkte sich für ernsthafte Friedensgespräche hemmend aus.

Um allen Behauptungen vorzubeugen, der Vatikan habe mit der deutschen Reichsregierung bereits Abmachungen getroffen, entschloß sich Kardinalstaatssekretär Gasparri zur sofortigen Herausgabe der *päpstlichen Friedensnote.* Sie war datiert auf den 1. August 1917, den dritten Jahrestag des Kriegsausbruches. Das päpstliche Friedensprogramm war in sechs Abschnitte gegliedert. Sein Hauptgedanke war, daß die wechselseitigen territorialen und finanziellen Forderungen an Bedeutung verlieren müßten, wenn sich eine Möglichkeit bot, einen dauerhaften Frieden durch Abrüstung und Schiedsgerichtsbarkeit zu gewährleisten. In den ersten vier Abschnitten bot der päpstliche Appell konkrete Richtlinien zur Lösung der aufgeführten Probleme, in den beiden letzten Abschnitten verzichtete man auf bestimmte Vorschläge. „An die Stelle der materiellen Gewalt der Waffen tritt die moralische Macht des Rechts.“ Deshalb sieht Punkt 1 „ein gerechtes und gemeinsames Abkommen“ über die Verminderung der Rüstungen nach zu vereinbarenden Normen und Garantien vor, nach Maßgabe der Erfordernisse zur Aufrechterhaltung der öffentlichen Ordnung in den Staaten. An die Stelle der großen Armeen soll ein obligatorisches Schiedsgericht treten, das aber in der Lage sein muß, seine Entscheidungen auch gegen widerspenstige Staaten durchzusetzen. Punkt 2 verlangt die wahre Freiheit und Gemeinsamkeit der Meere: „Wenn einmal so die Oberhoheit des Rechts aufgerichtet ist, möge man jedes Hindernis für die Verkehrswege der Völker wegräumen, indem man nach gleichfalls noch festzulegenden Grundsätzen die wahre Freiheit und Gemeinsamkeit der Meere sichert, was einerseits zahlreiche Konfliktstoffe ausräumen, andererseits neue Quellen des Gedeihens und des Fortschritts erschließen würde.“ In der schwierigen Frage der gutzumachenden Kriegsschäden und Kriegskosten (Punkt 3) sieht die päpstliche Note keinen anderen Weg als den wechselseitigen vollständigen Verzicht, der in dem unermeßlichen Vorteil der Abrüstung seine Rechtfertigung findet. Nur in Einzelfällen, wobei an Belgien zu denken ist, sollten Sonderansprüche in Erwägung gezogen werden. Alle kriegführenden Mächte sollen die von ihnen augenblicklich besetzten Gebiete räumen (Punkt 4). Drei Einzelfälle werden dabei besonders aufgeführt: die vollständige

Räumung Belgiens, die Räumung des französischen Gebietes und die Rückgabe der deutschen Kolonien. Für die volle politische, militärische und wirtschaftliche Unabhängigkeit Belgiens, „gleichviel welcher Macht gegenüber", soll eine Bürgschaft festgestellt werden. Punkt 5 empfiehlt sowohl Italien und Österreich als auch Deutschland und Frankreich, ihre gegenseitigen Gebietsfragen „in versöhnlichem Geist" zu prüfen und dabei „die Wünsche der Völker nach Maßgabe des Gerechten und Möglichen" zu berücksichtigen. Der gleiche „Geist der Billigkeit und Gerechtigkeit" soll nach Punkt 6 auch „bei der Erwägung der anderen territorialen und politischen Fragen" vorherrschen, „die sich auf Armenien, auf die Balkanstaaten und auf jene Länder" beziehen, „die einst das Königreich Polen bildeten". In den furchtbaren Massakern an den christlichen Armeniern der Türkei waren nämlich 1895/96, 1909 und 1914/15 erst etwa 200 000, dann etwa 600 000 Menschen durch Mord oder Hunger ums Leben gekommen; etwa 100 000 Frauen und Mädchen hatten die Türken in die Harems verschleppt[40].

Die Regierungen Deutschlands und Österreich-Ungarns wollten — in Verbindung mit ihren Bundesgenossen — im Grundsätzlichen übereinstimmend antworten, aber den Gegnern dabei die Vorhand lassen. Durch Vermittlung des Nuntius Pacelli gingen der deutschen Reichsregierung wichtige Anregungen des Vatikans für die Antwort zu. Gasparri zeigte sich befriedigt, daß die deutsche Regierung „im wesentlichen" mit dem offiziellen Vorschlag des Heiligen Stuhles „einverstanden" sei. Der Kardinalstaatssekretär empfahl, in der Antwortnote keine „Einzelheiten" anzugeben, „welche die Lösung der Hauptfragen verwirren würden". Der Vatikan wünschte „eine einfache Antwort", die grundsätzlich dem päpstlichen Vorschlag zustimmen sollte, damit dann die Vorverhandlungen der Friedensbesprechungen eingeleitet werden könnten. Aber die deutsche Regierung war so wenig wie die anderen angesprochenen Regierungen bereit, auf diesen päpstlichen Vorschlag rückhaltlos einzugehen.

Innerhalb der Mittelmächte legte Graf Czernin sehr bald schon einen fertigen Antwortentwurf vor. Er zog damit die Initiative an sich. Um diese Zeit (Mitte August 1917) erwartete er keinen Erfolg der päpstlichen Aktion, wollte aber der Öffentlichkeit und der Kurie Ent-

---

[40] Vgl. *H. Pasdermadjian,* Historie de l'Arménie depuis les origines jusqu'au traité de Lausanne, Paris 1949. — *H. Thorossian,* Histoire de l'Arménie et du peuple arménien depuis les temps les plus reculés jusqu'à nos jours, Paris 1958.

gegenkommen zeigen. Damals war der Gedankenaustausch zwischen den Kriegführenden, den der Vatikan herbeiführen wollte, zwischen Wien und Paris bereits in vollem Gange. Ende August erklärte Kaiser Karl dem Wiener Nuntius Valfré di Bonzo, daß er auf die Anregungen des Papstes bezüglich Trients unmöglich eingehen könne. Damit war der Kaiser von Österreich von seiner Zusage abgerückt, die er am 30. Juni 1917 gegenüber Pacelli in München getan hatte; diese Zusage hatte aber eine wichtige Grundlage der päpstlichen Friedensaktion gebildet. Der Wiener Nuntius äußerte tief enttäuscht, der Friedensschritt des Papstes sei nun „zur Hoffnungslosigkeit verurteilt".

Die Wiener Regierung war nicht bereit, sich auf das päpstliche Programm festzulegen. In Berlin rechnete man zunächst nicht so sicher wie in Wien mit einem Fehlschlag der päpstlichen Aktion, wollte aber das Odium des Scheiterns lieber der Entente zuschieben. In Berlin beteiligte Reichskanzler Michaelis auch den Reichstag an der Beantwortung des päpstlichen Appells.

Kardinalstaatssekretär Gasparri hatte dem Grafen Salis, dem Gesandten Großbritanniens beim Heiligen Stuhl, am 9. August die päpstliche Friedensnote mit der Bitte übergeben, sie an den englischen König weiterzuleiten. Frankreich, Italien und die Vereinigten Staaten von Nordamerika waren an der Kurie diplomatisch nicht vertreten. Deshalb ersuchte Gasparri den englischen König, die päpstlichen Noten an die Oberhäupter der genannten Staaten zu übermitteln. Die englische Regierung hätte es vorgezogen, vorher über das päpstliche Vorhaben unterrichtet, statt vor vollendete Tatsachen gestellt zu werden. Es ergab sich bald, daß die Abfassung einer gemeinsamen Antwort der Entente-Mächte auf unüberwindliche Schwierigkeiten stieß. Namentlich Frankreich und Italien widersetzten sich der päpstlichen Friedensvermittlung. England selbst zeigte sich der päpstlichen Aktion nicht abgeneigt, bestand aber auf verbindlichen Erklärungen der Mittelmächte über Belgien und war durch die Rücksicht auf seine Alliierten eingeschränkt. Zudem hatte die Antwortnote des amerikanischen Präsidenten Wilson an den Papst entmutigend gelautet. Vergeblich bemühte sich die vatikanische Diplomatie, von der deutschen Regierung eine verbindliche Erklärung über Belgien zu erhalten — in dem Sinn, wie sie Bethmann Hollweg dem Nuntius Pacelli mündlich gegeben hatte. Dem widersetzten sich namentlich die militärischen Führer. Hemmend wirkte zudem die Rücksicht auf die Koalitionspartner Bulgarien und die Türkei. Die deutsche Reichsregierung erhoffte sich größere Erfolge durch eine Verständigung zwischen England und Deutschland unmittelbar. Für die Berliner Regierung blieb der Friedensappell des Papstes eine Nebenaktion.

Trotz der schlechten Aussichten war Benedikt XV. bereit, seine Vermittlungstätigkeit fortzusetzen. Er hatte den beiden Mittelmächten dringend die völlige Wiederherstellung Belgiens und einen Gebietsausgleich mit Italien nahegelegt. Doch erhielt er zu diesen beiden grundlegend wichtigen Fragen aus Berlin und Wien unterschiedliche und letztlich ungenügende Erklärungen. Auch ein spanischer Vermittlungsversuch zwischen Wien und London blieb schließlich erfolglos. Die erfolgreiche deutsch-österreichisch-ungarische Offensive gegen Italien, die am 24. Oktober 1917 begann, hat dann die Lage Österreich-Ungarns gegenüber Italien völlig geändert. In England erklärte am 10. Oktober der Munitionsminister Winston Churchill, hauptsächliche Friedensbedingungen seien die Wiederherstellung Belgiens und die „Befreiung" Elsaß-Lothringens. Der vom Papst streng vertraulich gedachte Meinungsaustausch über Kriegsziele und Friedensbedingungen zeigte sich jetzt in scharfen öffentlichen Erklärungen der kriegführenden Mächte, wobei die Unvereinbarkeit der beiderseitigen Kriesziele schroff zutage trat. Der Friedensvermittlungsversuch Benedikts XV. war darauf abgestellt gewesen, die Regierungen der Entente durch Vorleistungen der Mittelmächte zu Friedensverhandlungen zu veranlassen. Es war vorauszusehen, daß Deutschland und Österreich-Ungarn auf diesem Weg nur unter territorialen Opfern zum Frieden kommen würden. Dazu waren die politischen und militärischen Führer im Spätherbst 1917 nicht bereit. Der schreckliche Kriegswinter 1917/18 begann, und im neuen Jahr brachte der immer stärker werdende Einsatz der unverbrauchten Truppen aus den Vereinigten Staaten die Entscheidung.

Nach dem Scheitern seiner Friedensvermittlung wandte Benedikt XV. noch mehr als bisher seine ganze Kraft der Milderung der durch den Krieg verursachten Leiden zu. Durch päpstliche Vermittlung wurden viele Tausende von Verwundeten ausgetauscht oder in neutrale Länder (besonders in die Schweiz) geliefert. Großes leistete die päpstliche Unterstützung mit Lebensmitteln, Verbandsmaterial und namentlich der Suchdienst für Vertriebene und Vermißte.

Als die Mittelmächte im November 1918 — völlig erschöpft — auf der Grundlage der berühmten „Vierzehn Punkte" des amerikanischen Präsidenten Wilson den Waffenstillstand anboten, zeigte sich bald, daß England und Frankreich nicht daran dachten, diese Punkte als Verhandlungsgrundlage anzunehmen. In Wirklichkeit kam in Versailles und Saint-Germain ein Diktatfrieden zustande, der eben keinen echten Frieden darstellte und infolgedessen den Keim noch größeren Unheils schon in sich trug.

Immer wieder setzte sich der Papst auch jetzt für die Grundsätze des Rechts und der Humanität ein. Er forderte Gerechtigkeit auch für die besiegten Mittelmächte. Viel Erfolg war seinen Bemühungen — zum Schaden für ganz Europa — auch jetzt nicht beschieden. Der Völkerbund, auf Betreiben des ideal gesinnten, aber wirklichkeitsfremden, phantastischen Präsidenten Wilson 1919 in Genf begründet, brachte schließlich ebenfalls nur eine Enttäuschung. Da die Besiegten zunächst ausgeschlossen waren, erschien er als einseitiges Instrument der Sieger. Der Vatikan hielt sich schließlich, ebenso wie die USA, abseits. Ein wirkliches Völkerparlament konnte der Völkerbund nie bilden, und in allen kritischen Situationen der Weltlage hat er kläglich versagt, bis zum völligen Untergang am Beginn des Zweiten Weltkrieges.

Nach dem Ende des Ersten Weltkrieges suchten viele der alten und neuen Staaten diplomatische Verbindung mit dem Vatikan. Die bisherige Preußische Gesandtschaft beim Heiligen Stuhl wurde in eine Botschaft des Deutschen Reiches umgewandelt, neben der die alte Gesandtschaft Bayerns vorerst noch bestehen blieb. Im Jahre 1920 wurde eine Nuntiatur in Berlin errichtet. 1925 siedelte Nuntius Pacelli von München nach Berlin um[41]. Mit Frankreich nahm der Heilige Stuhl 1921 wieder diplomatische Beziehungen auf. Auch in Italien bahnte sich allmählich ein friedlicher modus vivendi zwischen dem Vatikan und der königlichen Regierung an. Als 1919 der Kommunismus ganz Italien zu überschwemmen drohte, gründete der sizilianische Priester Luigi Sturzo eine katholische Partei (Partito popolare italiano). Der Papst ließ diese Notwendigkeit mit wohlwollender Duldung geschehen. Damit war das alte „Non expedit“, das der Kirche Italiens immer mehr zum Schaden wurde, praktisch aufgegeben[42]. Die Ungunst der Zeit und der frühe Tod Benedikts XV. verhinderten die angebahnte Bereinigung der „Römischen Frage“. Ihre Lösung blieb dem nachfolgenden Papst vorbehalten.

---

[41] *G. Franz-Willing,* Die bayerische Vatikangesandtschaft 1803 - 1934, München 1965.

[42] *G. Petrocchi,* Don Luigi Sturzo, Rom 1945. — *A. Canaletti Gaudenti,* Luigi Sturzo. Il pensiero e le opere, Rom 1945. — *F. Meda,* I cattolici italiani nella prima guerra mondiale, Milano 1965. — *G. De Rosa,* Storia del movimento cattolico in Italia, II: Il partito popolare italiano, Bari 1966. — *F. Piva / F. Malgeri,* Vita di Luigi Sturzo, Rom 1972. — *R. Calligaris,* Politica e morale nell'opera di Luigi Sturzo, Udine 1973.

Nicht weniger bedeutsam als die Herausgabe eines kirchlichen Gesetzbuches (1917/18) erwies sich für die Kirche der neue missionarische Aufbruch. Die *Missions-Enzyklika* „Maximum illud" vom 30. November 1919[43] wurde ein Wegweiser und ein Markstein in der Geschichte der katholischen Weltmission. Sie brachte die grundsätzliche Abkehr vom jahrhundertealten Europäismus in der Weltmission, das Eingehen auf nationale Eigenart und kulturelle Eigenständigkeit der Missionsvölker, die Anfänge eines einheimischen Klerus. Die eigentliche Absicht des Papstes wird deutlich, wenn er schreibt, der einheimische Klerus müsse so sehr „der Verwaltung des göttlichen Dienstes gewachsen" sein, daß er „eines Tages selbst die Leitung übernehmen kann"; nur dann sei die Kirche in den Missionsländern vortrefflich begründet. Heute mögen solche Sätze selbstverständlich klingen. Damals schlugen sie in das herkömmliche Denken „wie eine Bombe" ein. Nicht nur die Praxis der Mission erfuhr eine grundlegende Neuorientierung. Auch die Theologie der Mission erhielt eine Wegweisung: die Mission ist nicht nur Ausbreitung des Glaubens und Bekehrung von Seelen; sie ist darüber hinaus Lebensfunktion der Kirche, ein wesentlicher Bestandteil ihres innersten Seins und Lebens. Gewiß, noch war die katholische Mission größtenteils von den Forderungen des päpstlichen Rundschreibens weit entfernt. Aber ein großes Programm war aufgestellt und das Tor in die Zukunft aufgestoßen. Pius XI. und seine Nachfolger haben auf der Linie Benedikts XV. weitergebaut, seine Leitsätze Zug um Zug verwirklicht, erweitert und vertieft[44]. Das Missionsdekret des Zweiten Vatikanums[45] wäre ohne die Vorarbeit kaum zu denken. Ohne die fortschreitende Arbeit aller Nachfolger Benedikts XV. auf der Grundlage seines Missionsprogramms hätte das Ende des europäischen Kolonialismus nach dem Zweiten Weltkrieg wohl zur Katastrophe der katholischen Weltmission geführt.

Benedikt XV. hat in den Jahren nach dem Weltkrieg die notwendige kirchliche Neuordnung noch auf allen Gebieten eingeleitet. Als er am

---

[43] *J. Glazik,* Die Missions-Enzyklika „Maximum illud" Benedikts XV. (1919), in: Wort der Päpste. Hrsg. v. W. Sandfuchs, Würzburg 1965, 65 - 73.

[44] *A. Rétif,* Introduction à la doctrine pontificale des missions, Paris 1953. — *M. Balzarini / A. Zanotto,* Le missioni nel pensiero degli ultimi Pontefici, Milano-Bologna 1960. — Päpstliche Rundschreiben über die Mission. Die Missionsenzykliken von Leo XIII. bis Johannes XXIII. Hrsg. v. J. Glazik (lat.-deutsch), Münsterschwarzach 1962. — *S. Neill,* Geschichte der christlichen Mission, Erlangen 1974.

[45] Decretum de activitate missionali ecclesiae. In: Conciliorum Oecumenicorum Decreta. Edd. J. Alberigo, J. A. Dossetti etc., Bologna ^{3}1973, 1011 - 1042.

22. Januar 1922 starb, war man sich im klaren, daß die Durchführung dieser Neuordnung, beginnend im Organisatorischen, die vordringlichste Aufgabe des Nachfolgers sein werde. Vor allem stand die „Römische Frage“ nun unabweisbar zur endgültigen Bereinigung an.

Daß der neue Papst, *Pius XI.* (1922 - 1939)[46], die Kirchenpolitik seines Vorgängers nicht zu ändern gedachte, zeigte sich schon darin, daß er den hochverdienten Kardinal Pietro Gasparri als Staatssekretär übernahm. Gasparri's Leben erfüllte sich in dem Einsatz seiner gewaltigen Arbeitskraft im Dienst der Kirche, die er in den Stürmen der Zeit am besten als römisch-zentralistische Kirche gesichert glaubte. Dies war seine Konzeption des neuen Codex Iuris Canonici. Dies blieb die Richtschnur seiner Kirchenpolitik, bis er am 7. Februar 1930, achtundsiebzigjährig, als Kardinalstaatssekretär zurücktrat. Nachfolger wurde sein Schüler und langjähriger Mitarbeiter Eugenio Pacelli, der die genannte Linie sowohl in der Kirche wie in der Kirchenpolitik als Kardinalstaatssekretär und als Papst konsequent weiterführte. Die innerkirchlichen Maßnahmen und die päpstliche Kirchenpolitik vom Ausgang des Ersten Weltkriegs bis zum Tod Pius' XII. sind von dieser *streng römischen Ausrichtung* geprägt. Die Konkordate und sonstige Abmachungen des Heiligen Stuhls mit Regierungen nehmen in dieser Konzeption einer straff zentralistisch geleiteten Kirche einen wesentlichen Platz ein. Nun hatte gewiß Pius XI. ein ausgeprägtes Bewußtsein der päpstlichen Autorität und in diesem Bewußtsein die Leitung der päpstlichen Politik stets in der Hand behalten, bis gegen Ende seines Pontifikates große physische Erschöpfung eintrat. Der Einfluß der Kardinalstaatssekretäre im Einzelfall ist schwerlich genau festzulegen, war aber ohne Zweifel von erheblicher Bedeutung. Was die katholische Kirche in Deutschland anlangt, kann festgestellt werden, daß in den zwanziger Jahren Gasparri als Kardinalstaatssekretär zusammen mit dem Nuntius Pacelli in München und Berlin (1917 - 1929) entscheidenden Einfluß geübt hat, in der folgenden Zeit Pacelli als Kardinalstaatssekretär und Papst. Auf diesem Hintergrund sind die *Konkordate* mit

---

[46] Acta Apostolicae Sedis 14 - 31 (Rom 1922 - 1939). — L'Osservatore Romano (Rom) 1922 - 1939. — *M. Bierbaum,* Das Papsttum. Leben und Werk Pius' XI., Köln 1937. — *J. Schmidlin,* Papstgeschichte der neuesten Zeit IV, München 1939. — *C. Confalonieri,* Pio XI visto da vicino, Torino 1957, deutsch: Pius XI., Aschaffenburg 1958. — *G. Schwaiger,* Geschichte der Päpste im 20. Jahrhundert, München 1968, 95 - 142, 208 - 210 (Quellen u. Lit.). — *F. Engel-Janosi,* Vom Chaos zur Katastrophe. Vatikanische Gespräche 1918 bis 1938, Wien-München 1971. — *G. Maron,* Die römisch-katholische Kirche von 1870 - 1970, Göttingen 1972, N 216 - N 222.

dem Freistaat Bayern (1924), mit Preußen (1929), Baden (1932), dem Deutschen Reich — schon unter Hitler (1933) — entstanden. Für die übrigen Konkordate unter Pius XI. und Pius XII. gilt diese Feststellung entsprechend[47].

Obwohl das eigentliche Anliegen Pius' XI. — getreu seinem Wahlspruch „Pax Christi in regno Christi" — ein streng religiöses war, wurde doch seiner Epoche der Kirchenleitung, zwischen den beiden Weltkriegen, der Stempel maßgeblich von außen aufgedrückt. Das bedeutendste kirchenpolitische Ereignis seiner Regierung war die Bereinigung der seit dem Ende des Kirchenstaates (1870) offenen „Römischen Frage", die *Aussöhnung des Papsttums mit dem Königreich Italien* im Jahr 1929. Nicht nur einsichtige Kreise an der Kurie und der Papst selbst erstrebten den Frieden. Die Politik des „Non-expedit", obwohl seit geraumer Zeit merklich gemildert, hatte von Anfang an der Kirche und den Katholiken Italiens fast nur Schaden gebracht und den Kirchengegnern das Gesetz des Handelns im neuen Staat überlassen. Auch Benito Mussolini, seit 1922 „Duce" Italiens und tatsächlicher diktatorischer Leiter der Staatsgeschäfte, wünschte den Ausgleich mit dem Vatikan, einmal zur innenpolitischen Stabilisierung Italiens, dann im Interesse seines Prestiges gegenüber dem Ausland. Zweieinhalb Jahre wurde verhandelt, seit 1926, nicht ohne Unterbrechungen und Rückschläge. Die päpstliche Delegation führte Kardinalstaatssekretär Gasparri, die eigentlichen Verhandlungen leitete der Bruder Eugenio Pacelli's. Als die Lateranverträge am 11. Februar 1929 unterzeichnet wurden, konnte Gasparri dies auch als eine Krönung seiner Arbeit im Dienst des Papsttums betrachten[48].

---

[47] Text der Konkordate: *A. Mercati,* Raccolta di concordati, II, Rom 1954. — *L. Schöppe,* Konkordate seit 1800, Frankfurt a. M.-Berlin 1964 (Originaltexte u. deutsche Übersetzung). — *H. Oechslin,* Die Völkerrechtssubjektivität des Apostolischen Stuhls und der katholischen Kirche, Freiburg/Schweiz 1974.

[48] Acta Apostolicae Sedis 21 (1929), 209 - 295. — *C. A. Biggini,* Storia inedita della Conciliazione, Milano 1942. — *A. Giannini,* Il cammino della Conciliazione, Milano 1946. — *V. del Giudice,* La Questione Romana e i rapporti fra Stato e Chiesa fino alla Conciliazione, Rom 1947. — *F. Pacelli,* Diario della Conciliazione nei documenti Pacelli, in: La Civiltà Cattolica 110/I (1959), 449 - 466. — *F. M. Marchesi,* Il concordato italiano dell' 11 febbraio 1929, Napoli 1960. —*A. Martini,* Studi sulla Questione Romana e la Conciliazione, Rom 1963. — *O. Giacchi,* Il Concordato del Laterano e la tradizione italiana, in: Studi in memoria de Guido Zanobini IV, Milano 1965, 271 - 331. — *G. Spadolini,* Il cardinale Gasparri e la Questione Romana, Firenze 1972. — Zum Verhältnis des Vatikans unter Pius XI. zum italienischen Faschismus: *G. Dalla Torre,* Azione Cattolica e fascismo. Il conflitto del 1931, Rom 1945. — *F. L. Ferrari,* L'Azione Cattolica e il „regime", Firenze 1957. — *R. A. Webster,*

Als souveränes Staatsoberhaupt erließ Pius XI. am 7. Juni 1929 das Grundgesetz des nur 44 Hektar großen Staates der Vatikanstadt, der den Charakter einer absoluten Wahlmonarchie hat. Dem Grundgesetz des neuen Kirchenstaates folgten dann weitere Gesetze sowie Ausführungsbestimmungen des mit der Leitung der Verwaltung des Staates betrauten, vom Papst ernannten Gouverneurs, der dem Papst unmittelbar verantwortlich ist.

Den Lateranverträgen von 1929 kommt eine einschneidende Bedeutung in der ganzen Geschichte des Papsttums zu. Mochte der Kirchenstaat in früheren Jahrhunderten berechtigt, ja unerläßlich gewesen sein, damit der Papst nicht zum Spielball fremder Interessen wurde oder in die Rolle eines Hofbischofs nach Art der östlichen Patriarchen herabsank, so war doch im zwanzigsten Jahrhundert die Zeit mittelalterlicher Herrschaftsansprüche des Papsttums endgültig vorbei. Es war nur sachlich, diesem Umstand auch Rechnung zu tragen. Die nötige Freiheit war durch ein kleines Gebiet weit besser gesichert als durch die Last eines größeren Staates mit all den schwierigen Problemen der modernen Zeit. Frei von allen kirchenstaatlichen Sorgen, die oft in der Geschichte die geistlichen Aufgaben des Papsttums schwer verdunkelt hatten, konnten sich die Päpste nun ganz ihrem eigentlichen Amt widmen. Das Ansehen des Papsttums konnte dadurch in der ganzen gesitteten Welt nur gewinnen. 1946 wurde in Italien die Monarchie durch Volksabstimmung beseitigt. Die Lateranverträge wurden durch Artikel 7 der republikanischen Verfassung Italiens vom 27. Dezember 1947 bekräftigt[49].

Von den Lateranverträgen einmal abgesehen, ist die weitere Entwicklung den Konkordaten Pius' XI. im allgemeinen nicht günstig ge-

---

La croce e i fasci. Cattolici e fascismo in Italia, Milano 1964 (aus dem Englischen). — *A. C. Jemolo,* Chiesa e Stato in Italia. Dalla unificazione a Giovani XXIII, Torino 1965. — Enciclopedia dell'antifascismo e della resistenza, Milano 1968 ff. — *K. Priester,* Der italienische Faschismus, ökonomische und ideologische Grundlagen, Köln 1972. — *F. Engel-Janosi,* Il Vaticano fra fascismo e nazismo, Firenze 1973. — *R. De Felice,* Mussolini il duce. Gli anni del consenso, 1919 - 1936, Torino 1974. — Ders., Il Vaticano e il fascismo, in: Nuova antologia, Rom 1974, 156 - 184. — *A. Thodes,* Il Vaticano e le dittature 1922 - 1945. A cura di A. Martini (Biblioteca di storia contemporanea, vol. 15), Milano 1975. — *G. Miccoli,* Kirche und Faschismus in Italien. Das Problem einer Allianz, Wiesbaden 1977.

[49] *W. von Bergen,* Der Einfluß der Lateranverträge auf die staatliche Gesetzgebung Italiens, Düsseldorf 1954. — *A. Piola,* Dalla Conciliazione alla Costituzione, Torino ²1956.

wesen. Der Ausgang des Zweiten Weltkriegs führte zum Erlöschen der Verträge mit Lettland, Polen, Litauen, Rumänien und Jugoslawien.

Das *Reichskonkordat* von 1933[50] ist heute noch in Kraft. Dieser Vertrag hatte von Anfang an seine eigene Problematik. Die Initiative dazu war — auf Anregung des Vizekanzlers Franz von Papen — von der deutschen Reichsregierung ausgegangen. Der Heilige Stuhl ging mit ernsten Bedenken in diese Verhandlungen, glaubte aber die angebotene Bereitschaft der Reichsregierung nicht zurückweisen zu dürfen. Was sonst gewöhnlich jahrelanges mühsames Verhandeln und Kompromittieren verursachte, ging im Fall des deutschen Reichskonkordates von 1933 sehr rasch vor sich. Hitler zeigte sich den päpstlichen Wünschen erstaunlich entgegenkommend. Er akzeptierte den Entwurf des Heiligen Stuhles fast widerspruchslos. Die entscheidenden Verhandlungen dauerten nur wenige Tage (Anfang Juli 1933). Den Hauptanteil auf päpstlicher Seite hatte der Kardinalstaatssekretär Pacelli, beraten namentlich von Ludwig Kaas, dem zuletzt noch Erzbischof Gröber von Freiburg als Vertreter des Episkopates beigegeben worden war. Schon am 8. Juli war der Text fertig, am 20. Juli wurde er von den beiden Bevollmächtigten, Vizekanzler von Papen und Pacelli, feierlich unterzeichnet. Die bestehenden Länderkonkordate mit Bayern, Preußen und Baden blieben voll in Kraft und wurden durch das Reichskonkordat nur dort ergänzt, wo ihnen Einzelbestimmungen fehlten. Für das übrige Reichsgebiet sollte der neue Vertrag uneingeschränkt gelten.

Hitler aber verband mit dem raschen Konkordatsabschluß rein politische Zwecke. Nach seiner Auffassung brachte ihm das Reichskonkordat drei nicht zu unterschätzende Vorteile: Erstens wird dadurch die Behauptung widerlegt, der Nationalsozialismus sei unchristlich und kirchenfeindlich. Zweitens wird durch diesen Vertrag das neue Regime in Deutschland durch den Vatikan rückhaltlos anerkannt, und dies bedeutet in den Augen der mißtrauischen ausländischen Regierungen einen gewaltigen Prestige-Gewinn. Drittens gelingt durch dieses Kon-

[50] *J. Wenner,* Reichskonkordat und Länderkonkordate, Paderborn 1964. — *K. O. von Aretin,* Prälat Kaas, Franz von Papen und das Reichskonkordat von 1933, in: Vierteljahrshefte für Zeitgeschichte 14 (1966), 252 - 279. — Kirchliche Akten über die Reichskonkordatsverhandlungen 1933. Bearbeitet v. L. Volk, Mainz 1969. — Staatliche Akten über die Reichskonkordatsverhandlungen 1933. Hrsg. v. A. Kupper, Mainz 1969. — *L. Volk,* Das Reichskonkordat vom 20. Juli 1933. Von den Ansätzen in der Weimarer Republik bis zur Ratifizierung am 10. September 1933, Mainz 1972. — *G. Lewy,* Neues Material zur Vorgeschichte des Reichskonkordats, in: Der Staat 12 (1973), 542 - 551.

kordat indirekt die Ausschaltung einer katholischen Opposition, politisch bisher konzentriert im Zentrum und in den christlichen Gewerkschaften. Eine katholische Opposition war nun gelähmt.

Der rasche Konkordatsabschluß mit der Hitler-Regierung wurde und wird dem Vatikan vielfach zum schweren Vorwurf gemacht. Von heutiger Sicht her hat der Konkordatsabschluß tatsächlich das internationale Ansehen Hitlers gehoben, der Widerstandskraft der katholischen Kirche in Deutschland aber Schaden gebracht. Eine nüchterne Betrachtung der Situation des Jahres 1933 wird sich aber der Einsicht kaum verschließen können, daß der Heilige Stuhl den Wunsch der Reichsregierung, ein Konkordat abzuschließen, schwerlich hätte zurückweisen können. In einer Ansprache an das Kardinalkollegium hat Pius XII. am 2. Juni 1945[51] die Zusammenhänge näher dargelegt: „Im Frühjahr 1933 ersuchte die deutsche Regierung den Heiligen Stuhl um den Abschluß eines Konkordates mit dem Reich; der Gedanke fand die Zustimmung auch des Episkopates und wenigstens des größeren Teiles der deutschen Katholiken. Tatsächlich schienen weder die mit einzelnen Ländern bereits abgeschlossenen Sonderkonkordate noch die Weimarer Verfassung ihnen genügend Sicherheit und Gewähr zu bieten für Achtung ihrer Überzeugungen, ihres Glaubens, ihrer Rechte und ihrer Betätigungsfreiheit. Unter solchen Umständen konnten diese Sicherungen nur erreicht werden durch eine Abmachung mit der Reichsregierung in der feierlichen Form eines Konkordates. Da zudem sie selbst den Vorschlag gemacht hatte, wäre im Fall der Ablehnung die Verantwortung für alle üblen Folgen auf den Heiligen Stuhl zurückgefallen. Nicht als ob die Kirche ihrerseits sich von übertriebenen Hoffnungen hätte täuschen lassen, auch nicht als ob sie mit Abschluß des Konkordates die Lehre und die Ziele des Nationalsozialismus irgendwie hätte gutheißen wollen, wie damals ausdrücklich erklärt und dargelegt wurde (vgl. „Osservatore Romano“ vom 27. Juli 1933, Nr. 174). Immerhin muß man zugeben, daß das Konkordat in den folgenden Jahren verschiedene Vorteile brachte oder wenigstens größeres Unheil verhütete. Trotz aller Verletzungen, denen es ausgesetzt war, ließ das Konkordat den Katholiken doch eine rechtliche Verteidigungsgrundlage, eine Stellung, in der sie sich verschanzen konnten, um von da aus, solange es ihnen möglich war, sich der ständig steigenden Flut der religiösen Verfolgung zu erwehren.“ Der Heilige Stuhl versuchte, durch das Konkor-

[51] Vgl. *H. Hoberg*, Papst Pius XII. Die wesentlichen Tatsachen seines Lebens und Wirkens, München ²1949, 25 f.

dat das verdächtige neue System in Deutschland an formales Recht zu binden und dadurch zur Mäßigung zu veranlassen. Nach einem späteren Wort Pius' XII. (vom 19. Juli 1947) war das deutsche Reichskonkordat „der Versuch einer Rettung der Länderkonkordate mit räumlichen und inhaltlichen Erweiterungen in eine ganz unsichere Zukunft hinein". Der Heilige Stuhl mußte freilich wieder einmal erfahren — man vergleiche das napoleonische Konkordat von 1801! — wie gefährlich es ist, sich mit Diktatoren ohne lange, sorgfältige Prüfung einzulassen. Hitler war von Anfang an entschlossen, das Konkordat nur so lange zu beachten, als es ihm günstig schien.

Zu den ständigen Konkordatsverletzungen, zu den *Greueln und Verbrechen der Hitlerherrschaft* haben der Papst und die deutschen Bischöfe keineswegs geschwiegen[52]. Allein in dem Zeitraum von der Ra-

[52] Umfassende Dokumentation und Darstellungen (mit weiteren Quellen u. Lit.): *M. Maccarrone,* Il nazionalsocialismo e la Santa Sede, Rom 1947. — *F. Muckermann,* Der deutsche Weg. Aus der Widerstandsbewegung der deutschen Katholiken von 1930 - 1945, Zürich [3]1946. — Ders., Im Kampf zwischen zwei Epochen. Lebenserinnerungen, Hrsg. v. N. Junk, Mainz 1973. — *H. Brüning,* Memoiren 1918 - 1934, Stuttgart 1970. — *H. Müller,* Katholische Kirche und Nationalsozialismus. Dokumente 1930 - 1935. Mit einer Einleitung von K. Sontheimer, München 1963. — *F. Zipfel,* Kirchenkampf in Deutschland 1933 - 1945, Berlin 1965. — *G. Lewy,* Die katholische Kirche und das Dritte Reich, München 1965. — *W. M. Harrigan,* Pius XI and Nazi Germany, 1937 - 1939, in: The Catholic Historical Review 51 (1965/66), 457 - 486. — *D. Albrecht,* Der Notenwechsel zwischen dem Hl. Stuhl und der Deutschen Reichsregierung. 2 Bde., Mainz 1965 - 1969. — Ders., Katholische Kirche im Dritten Reich, Mainz 1976. — *F. Sandmann,* Die Haltung des Vatikans zum Nationalsozialismus im Spiegel des „Osservatore Romano" 1929 - 1939, Diss. Mainz 1966. —*R. Schnabel,* Die Frommen in der Hölle. Geistliche in Dachau, Frankfurt a. M. 1966. — *B. M. Kempner,* Priester vor Hitlers Tribunalen, München 1966. — Der deutsche Widerstand gegen Hitler. Hrsg. v. W. Schmitthenner u. H. Buchheim, Köln 1966. — *R. Lill,* Die Kirchen und das Dritte Reich. Zur Beurteilung der neueren Literatur, Essen 1966. — *J. Neuhäusler,* Amboß und Hammer. Erlebnisse im Kirchenkampf des Dritten Reiches, München 1967. — *B. Stasiewski,* Akten deutscher Bischöfe über die Lage der Kirche 1933 - 1945. Bd. I: 1933 - 1934. Bd. II: 1934 - 1936, Mainz 1968 - 1976. — *L. Volk,* Zur Kundgebung des deutschen Episkopats vom 28. März 1933, in: Stimmen der Zeit 173 (1963/64) 431 - 456. — Ders., Der bayerische Episkopat und der Nationalsozialismus 1930 - 1934, Mainz [2]1966. — Ders., Kardinal Faulhabers Stellung zur Weimarer Republik und zum NS-Staat, in: Stimmen der Zeit 177 (1966), 173 - 195. — Ders., Die Fuldaer Bischofskonferenz von der Enzyklika „Mit brennender Sorge" bis zum Ende der NS-Herrschaft, in: Stimmen der Zeit 178 (1966), 241 - 267. — Ders., Die Fuldaer Bischofskonferenz von Hitlers Machtergreifung bis zur Enzyklika „Mit brennender Sorge", in: Stimmen der Zeit 183 (1969), 10 - 31. — Ders., Akten Kardinal Michael von Faulhabers 1917 - 1945, Bd. I: 1917 - 1934, Mainz 1975. — *G. Schwaiger,* Kardinal Michael von Faulhaber, in: Zeitschrift für Kirchengeschichte 80 (1969), 359 - 374. —

tifizierung des Reichskonkordates (10. September 1933) bis zum Erlaß der Enzyklika ‚Mit brennender Sorge' (14. März 1937) richtete der Heilige Stuhl über siebzig Noten und Memoranden — durch den Kardinalstaatssekretär Pacelli — an die deutsche Reichsregierung[53]. Während die Initiative zum Konkordat von der Reichsregierung ausgegangen war, erwuchs dieser Notenwechsel aus der Initiative der Kurie, die gegen die Verletzung des Konkordates laufend Protest erhob, aber auch andere ungesetzliche Entwicklungen des totalitären Systems brandmarkte. Der Heilige Stuhl bezog dabei seine Informationen aus den publizistischen Äußerungen des In- und Auslandes, aus den schriftlichen Mitteilungen des deutschen Episkopats und den mündlichen Berichten der nach Rom kommenden Bischöfe, vor allem aus den laufenden Mitteilungen, die der Münchener Domkapitular Johannes Neuhäusler über den Kirchenkampf in Deutschland lieferte. Die Verantwortung für alle Schritte des Staatssekretariates trug der Kardinalsstaatssekretär Pacelli; er hat selbst geäußert, daß ihn in diesen Jahren die deutschen Probleme mehr in Anspruch genommen hätten als alle übrigen zusammen. Im Promemoria vom 14. Mai 1934[54] hielt Pacelli der Reichsregierung einen langen Katalog christentumsfeindlicher Maßnahmen und sonstiger Rechtsverletzungen vor Augen. Hier heißt es unter anderem: „... Mit furchtbarer Klarheit enthüllt sich aus derartigen Dokumenten, deren Zahl sich beliebig vermehren ließe, daß Staatsinstitutionen zu direkt kirchenfeindlichen und religionslosen Propagandastätten werden, ohne daß die obersten Behörden eingreifen. Um so empörender ist es, daß man die erzieherische Mission der Kirche, die

---

H. Boberach, Berichte des SD und der Gestapo über Kirchen und Kirchenvolk in Deutschland 1934 - 1944, Mainz 1971. — *R. Morsey,* Zeitgeschichte in Lebensbildern. Aus dem deutschen Katholizismus des 20. Jahrhunderts, 2 Bde., Mainz 1973 - 1975. — Ders., Kirche und politische Parteien 1848 - 1948/49, in: Kirche, Politik, Parteien, Hrsg. v. A. Rauscher, Köln 1974, 11 - 56. — *E. Iserloh* u. *K. Scholder,* Die Kirchen im 20. Jahrhundert — Vom 1. Weltkrieg bis zur Gegenwart, in: Ökumenische Kirchengeschichte. Hrsg. v. R. Kottje u. B. Moeller, II, Mainz-München 1974, 237 - 356, 367 - 371 (Lit.). — *H. Witetschek,* Die katholische Kirche seit 1800. In: Handbuch der bayerischen Geschichte. Hrsg. v. M. Spindler, IV, München 1975, 914 - 945 (bes. 936 - 945, hier S. 936 die aufschlußreichen Berichte der bayerischen Regierungspräsidenten 1933 - 1943 über die kirchliche Lage).

[53] *D. Albrecht,* Der Notenwechsel zwischen dem Hl. Stuhl und der Deutschen Reichsregierung, I: Von der Ratifizierung des Reichskonkordats bis zur Enzyklika „Mit brennender Sorge", Mainz 1965 (enthält im Anhang auch den Text des Reichskonkordats und der Enzyklika „Mit brennender Sorge" von 1937).

[54] Ebda. Nr. 29, S. 124 - 164.

allein solche Gefahren kompensieren könnte, gerade bei den Jugendlichen ausschließen oder auf unwirksame Reste beschränken will in dem offensichtlichen Bestreben, in dem staatlich begünstigten Entkirchlichungs- und Entchristlichungsfeldzug ungehemmt zu sein ... So gern der Heilige Stuhl sich mit dem Staat als solchem verständigt, so unmöglich kann man ihm zumuten, daß er sich mit dem Unglauben verständigt." Scharf wendet sich Pacelli gegen den Totalitätsanspruch des Staates auf dem Gebiet der Erziehung und gegen die Vergötzung von Blut und Rasse: „Es gibt keine wahre Volks- und Staatswohlfahrt ohne Religion. Nur zuchtvolle Kraft ist wahren Aufbaus fähig. Zuchtentwöhnte physische Kraft wird in Zerstörung enden. Zucht ist undenkbar ohne Norm. Menschliche Norm ist undenkbar ohne Verankerung im Göttlichen. Diese letzte Verankerung kann nicht liegen in einem gewillkürten ‚Göttlichen' der Rasse. Nicht in der Verabsolutierung der Nation. Ein solcher ‚Gott' des Blutes und der Rasse wäre weiter nichts als das selbstgeschaffene Widerbild eigener Beschränktheit und Enge. Eine Vergötterung kollektiven Stolzes, aber nicht das gläubige und demütige Anerkennen eines alles Geschöpfliche überragenden höchsten Seins, in dessen Vaterhand die ganze Menschheit geborgen ist als in ihrem Schöpfer, ihrem Erhalter und Lenker. Die von manchen Kreisen gepredigte Rückkehr zu einer ‚Nationalreligion' wäre nicht nur ein ‚Sündenfall' im übernatürlichen, sondern auch ein Rückfall im natürlich-kulturellen Sinn. Die Kirche als Hüterin des Glaubenserbes Christi kann nicht widerstandslos zusehen, wenn der Jugend, der Trägerin der kommenden Generationen, statt der Frohbotschaft der Lehre Christi die Trutz- und Trugbotschaft eines neuen Materialismus der Rasse gepredigt wird und staatliche Institutionen hierzu mißbraucht werden." Besonders seien die katholischen Verbände einem Trommelfeuer der Verleumdung und Bedrückung ausgesetzt. „Der Heilige Stuhl müßte ein ganzes Buch füllen, um den Passionsweg der katholischen Organisationen in den vergangenen Monaten eingehend zu schildern." Pacelli spricht von der „traurigen Gewaltchronik dieser Monate", wobei „das mitleidlose Ausspielen der Faust gegen das Recht auf der Seite der Staatsjugend und die bloße Defensive auf seiten der konfessionellen Verbände war". Der unmenschliche Druck des totalitären Staates auf den einzelnen wird, am Beispiel der katholischen Studentenverbände, mit Schärfe angeprangert: „Der Heilige Stuhl weiß, in welchem Maße heute in Deutschland die Freiheit der Entschließung eingeschränkt ist durch den Druck, der vom Wirtschaftlichen und von der Sorge um die nackte Existenz her auf Beamten, Angestellten, Arbeitern, Gelehrten, ja selbst in früher freien Berufen auf fast allen Staatsbürgern lastet." In der aufgeworfenen Frage der Zwangssterilisation stellt das Schreiben eine so weitgehende grundsätzliche Gegensätzlichkeit der beiderseitigen Standpunkte fest, „daß der Heilige Stuhl eine prinzipielle Erörterung für unergiebig erachten muß. Seine eigene, im göttlichen Recht begründete Stellungnahme ist unabänderlich". In lapidaren Sätzen von schneidender Schärfe wird festgestellt: „Weltnotorisch ist, daß die Kirche im heutigen Deutschland diejenige Freiheit nicht mehr hat, die sie beanspruchen muß. Weltnotorisch ist, daß die frühere katholische Presse zum großen Teil eingegangen ist, daß die noch verbleibende ... sich nicht mehr katholisch nennen und keine normale Mitgliederwerbung treiben darf. Weltnotorisch ist, daß die Freiheit der katholisichen Presse selbst in der Verteidigung katholischer Lehr- und Lebensgrundsätze behindert ist. Weltnotorisch ist, daß der Klerus in der Ausübung seiner Seelsorge von Hemmungen und Gefährdungen umgeben ist, die er früher nicht gekannt hat. Weltnotorisch ist, daß zahlreiche Mitglieder des geistlichen Standes längere oder kürzere Zeit in Schutzhaft genommen wurden: in vielen Fällen aus Gründen, die man auch bei mildester Beurteilung nicht als berechtigt ansehen kann, sehr oft lediglich wegen pflichtmäßigen Widerstandes gegen gewissenswidrige Zumutungen von dieser oder jener staatlichen oder staatlich gestützten Seite. Weltnotorisch ist, daß selbst Mitglieder des Episkopats in der lehrmäßigen Verteidigung katholischer Glaubens- und Lebensgrundsätze, in der üblichen Veröffentlichung von Hirtenbriefen gehindert sind, daß sie im partei- und organisationsamtlichen Schrifttum Schmähungen und Angriffen ausgesetzt sind. Unter konstruierten Vorwänden wird selbst rein religiöses Eintreten für pflichtmäßige Belange ihres Amtes als ‚Politik' beschimpft. Weltnotorisch ist, daß einzelne päpstliche Verlautbarungen nicht in der Presse veröffentlicht werden dürfen, und daß ein Papstbrief an die schwer leidende katholische Jugend von Uniformträgern auf offener Straße verhöhnt werden konnte." Dieses geharnischte Promemoria, aus der Feder Pacellis, wurde von der Reichsregierung schriftlich nicht beantwortet.

Der Hirtenbrief der deutschen Bischöfe vom Sommer 1935 und ihr gleichzeitiges Schreiben an Hitler, in dem sie sehr detailliert gegen die ständigen Übergriffe und Verfolgungsaktionen protestierten und Abhilfe forderten, geben ein zuverlässiges, umfassendes Bild über den damaligen Stand des Kirchenkampfes. Aber die Beschwerden und Proteste bleiben ohne sichtbaren Erfolg. Der Kirchenkampf verschärfte sich vielmehr Ende 1935, und im Jahr 1936 wurden die katholischen Jugendverbände vollends zerschlagen. Auch die Noten des Heiligen Stuhles schienen keinen Erfolg zu haben. Aber heute darf dennoch als sicher gelten, daß damit doch manch schlimmere Ausweitung verhütet und daß die Entwicklung wenigstens verlangsamt worden ist.

Ende 1936 unternahm der Heilige Stuhl einen neuen Schritt. Zur Vorbereitung wurden Ende Dezember die drei deutschen Kardinäle — Adolf Bertram von Breslau, Joseph Schulte von Köln und Michael von Faulhaber von München und Freising — sowie die Bischöfe Clemens August von Galen aus Münster und Konrad von Preysing aus Berlin nach Rom gerufen. Man erwog hier im Januar 1937 zwei Möglichkeiten: entweder ein Brief des Papstes an Hitler, der alle Beschwerden der Kirche noch einmal zusammenfassen sollte, oder eine Enzyklika an die deutschen Katholiken. Einhellig entschloß man sich für den zweiten Weg, da persönliche Verhandlungen mit Hitler erfolglos bleiben würden. Offensichtlich hat auch die Überlegung mitgespielt, daß die damals vorbereitete Enzyklika gegen den Kommunismus ein Gegenstück in dem Rundschreiben gegen den Nationalsozialismus erhalten solle; beide totalitären Systeme sollten zu gleicher Zeit von der Kirche öffentlich gebrandmarkt werden.

Das Rundschreiben kam unter maßgeblicher Beteiligung des Münchener Kardinals Michael von Faulhaber zustande. Entscheidende Formulierungen gehen auf ihn zurück. Sein handschriftlicher Entwurf bildet das Kernstück des päpstlichen Schreibens[55]. Am 14. März 1937 wandte sich Pius XI. in dieser Enzyklika *„Mit brennender Sorge"*[56] an die Weltöffentlichkeit. Unter größten Schwierigkeiten gelang es, den Text nach Deutschland zu bringen, zu drucken und auf geheimen Wegen, in der Regel durch Kuriere, den Pfarrern zuzustellen. So war es möglich, daß am Palmsonntag, dem 21. März 1937, das große päpstliche Schreiben in fast allen deutschen Pfarrkirchen verlesen werden konnte. Der Partei- und Gestapo-Apparat hat hinterher schwere Rache genommen, na-

---

[55] *A. Martini,* Il Cardinale Faulhaber e l'enciclica "Mit brennender Sorge", in: Archivum Historiae Pontificiae 2 (1964), 303 - 320. — *B. Schneider,* Kardinal Faulhaber und die Enzyklika „Mit brennender Sorge", in: Stimmen der Zeit 175 (1964/65), 226 ff. — Ders., „Mit brennender Sorge" — Die Enzyklika Pius' XI. gegen den Nationalsozialismus (1937), in: Wort der Päpste. Hrsg. v. W. Sandfuchs, Würzburg 1965, 102 - 113. — *D. Albrecht,* Der Notenwechsel zwischen dem Hl. Stuhl und der Deutschen Reichsregierung I, 402 - 443. — *L. Volk,* Die Fuldaer Bischofskonferenz von der Enzyklika „Mit brennender Sorge" bis zum Ende der NS-Herrschaft, in: Stimmen der Zeit 178 (1966), 241 - 267.

[56] Acta Apostolicae Sedis 29 (1937), 145 - 167. Dazu oben Anm. 53.

mentlich an den Druckereien und an allen Laien, die an der Zustellung mitgewirkt hatten.

Das Ziel der Enzyklika war die klare, unmißverständliche Verurteilung der nationalsozialistischen Weltanschauung, ihrer schwerwiegenden Irrtümer, ihres Wahnsinns. Der Papst brandmarkt, daß von der Reichsregierung „die Vertragsumdeutung, die Vertragsumgehung, die Vertragsaushöhlung, schließlich die mehr oder minder öffentliche Vertragsverletzung zum ungeschriebenen Gesetz des Handelns gemacht wurden". Gegenüber der mißbräuchlichen Verwendung christlicher Worte und Begriffe wird der richtige Sinn und Wahrheitsgehalt der wesentlichen Glaubenslehren und der sittlichen Ordnung dargelegt. Das grundsätzlich Unchristliche der nationalsozialistischen Weltanschauung kennzeichnet der Papst mit klaren Worten: „Wer die Rasse oder das Volk oder den Staat oder die Staatsform, die Träger der Staatsgewalt oder andere Grundwerte menschlicher Gemeinschaftsgestaltung — die innerhalb der irdischen Ordnung einen wesentlichen und ehrengebietenden Platz behaupten — aus dieser irdischen Wertskala herauslöst, sie zur höchsten Norm aller, auch der religiösen Werte macht und sie mit Götzenkult vergöttert, der verkehrt und fälscht die gottgeschaffene und gottbefohlene Ordnung der Dinge ... Unser Gott ist der persönliche, übermenschliche, allmächtige, unendlich vollkommene Gott, einer in der Dreiheit der Personen, dreipersönlich in der Einheit des göttlichen Wesens, der Schöpfer alles Geschaffenen, der Herr und König und letzte Vollender der Weltgeschichte, der keine Götter neben sich duldet noch dulden kann. Dieser Gott hat in souveräner Fassung Seine Gebote gegeben. Sie gelten unabhängig von Zeit und Raum, von Land und Rasse. So wie Gottes Sonne über allem leuchtet, was Menschenantlitz trägt, so kennt auch Sein Gesetz keine Vorrechte und Ausnahmen. Regierende und Regierte, Gekrönte und Ungekrönte, Hoch und Niedrig, Reich und Arm stehen gleichermaßen unter Seinem Wort ... Dieser Gehorsamsanspruch erfaßt alle Lebensbereiche, in denen sittliche Fragen die Auseinandersetzung mit dem Gottesgesetz fordern und damit die Einordnung wandelbarer Menschensatzung in das Gefüge der unwandelbaren Gottessatzung. Nur oberflächliche Geister können der Irrlehre verfallen, von einem nationalen Gott, von einer nationalen Religion zu sprechen, können den Wahnversuch unternehmen, Gott ... in die Grenzen eines einzelnen Volkes, in die blutmäßige Enge einer einzelnen Rasse einkerkern zu wollen ... Das Kreuz Christi, mag auch schon sein bloßer Name vielen eine Torheit und ein

Ärgernis geworden sein (1 Kor. 1,23), es bleibt für den Christen das geheiligte Zeichen der Erlösung, die Standarte sittlicher Größe und Kraft. In seinem Schatten leben wir. In seinem Kusse sterben wir. Auf unserem Grabe soll es stehen als Künder unseres Glaubens, als Zeuge unserer dem ewigen Licht zugewandten Hoffnung." Nach dem eindringlichen Hinweis auf die naturrechtlichen Sätze, die Gott jedem Menschen ins Herz geschrieben hat, wendet sich der Papst mit flammenden Worten an die besonders gefährdete Jugend: „Als Stellvertreter dessen, der im Evangelium zu einem Jungmann gesprochen hat: ‚Willst du zum Leben eingehen, so halte die Gebote' (Matth. 19, 17), richten Wir ein besonders väterliches Wort an die Jugend. Von tausend Zungen wird heute vor euren Ohren ein Evangelium verkündet, das nicht vom Vater im Himmel geoffenbart ist. Tausend Federn schreiben im Dienst eines Scheinchristentums, das nicht das Christentum Christi ist. Druckerpresse und Radio überschütten euch Tag für Tag mit Erzeugnissen glaubens- und kirchenfeindlichen Inhalts und greifen rücksichts- und ehrfurchtslos an, was euch hehr und heilig sein muß ... Heute, wo neue Gefahren drohen und neue Spannungen, sagen Wir dieser Jugend: ‚Wenn jemand euch ein anderes Evangelium verkünden wollte als jenes, das ihr empfangen habt' auf den Knien einer frommen Mutter, von den Lippen eines gläubigen Vaters, aus dem Unterricht eines seinem Gotte und seiner Kirche treuen Erziehers — ‚der sei ausgeschlossen' (Gal. 1, 9)."

Das päpstliche Rundschreiben sollte den Katholiken Deutschlands, die „von tausend Formen organisierter religiöser Unfreiheit umgeben sind" und auf denen „der Mangel wahrheitsgetreuer Unterrichtung und normaler Verteidigungsmöglichkeit schwer lastet", ein Wort der Wahrheit und seelischer Stärkung in der großen Bedrängnis darbieten. Es schließt mit dem geradezu prophetischen Ausblick auf den Tag, an dem „anstelle verfrühter Siegeslieder der Christusfeinde aus den Herzen und von den Lippen der Christustreuen das Te Deum der Befreiung zum Himmel steigen darf."

In der damaligen Zeit bot sich dem Papst wohl kaum eine andere Möglichkeit und keine wirksamere Waffe, um in den Kirchenkampf in Deutschland einzugreifen. Das erste Ziel, den bedrückten Katholiken Deutschlands „ein Wort der Wahrheit und der seelischen Stärkung" zu sagen, hat der Papst gewiß erreicht, nicht aber das unausgesprochene Fernziel, die Weltöffentlichkeit auf die wirkliche Lage in Deutschland hinzuweisen. Das Echo im Ausland blieb bescheiden, wie das Echo auf die Enzyklika *„Divini Redemptoris“* vom 19. März 1937[57], in der Pius XI. den Kommunismus verurteilte. Tief beklagte er — mit vielen angsterfüllten Menschen — die „Verschwörung des Schweigens“ in der Weltpresse. Noch größeres Unheil stand schon vor der Tür.

Nach dem Rundschreiben „Mit brennender Sorge“ setzte in Deutschland eine verschärfte Bedrückung der Kirche ein. Sie wurde erst nach Ausbruch des Zweiten Weltkrieges etwas gemildert, aus taktischen Gründen. Im alten Reichsgebiet ging der Kirchenkampf in kleinerem Umfang zwar auch während des Krieges weiter. Aber die große Abrechnung mit der katholischen und evangelischen Kirche Deutschlands sollte erst nach dem „Endsieg“ kommen. Sie war oft schon bis in die Einzelheiten vorgeplant.

Auch die *deutschen Bischöfe* haben ihre Stimme gegen das Unrecht erhoben, einzeln und in ihrer Gesamtheit, als man die Versprechen des Reichskanzlers als trügerisch erfahren hatte. Besonders traten hervor Konrad Graf von Preysing, Bischof von Berlin[58], der wegen der zu wenig entschiedenen Haltung des Kardinals Bertram von Breslau sogar an ostentativen Rücktritt dachte, ferner Clemens August Graf von Galen, Bischof von Münster, dann der Münchener Erzbischof und Kardinal Michael von Faulhaber, Erzbischof Konrad Gröber von Freiburg und Bischof Johannes Baptista Sproll von Rottenburg[59]. Es kam wiederholt zu schweren Anpöbelungen, gelegentlich selbst zu tätlichen Angriffen auf Bischöfe, wenn die Hitlerregierung es auch nicht wagte, einen deutschen Bischof zu verhaften und einzusperren. Viel härter traf die Brutalität den übrigen Klerus und das Kirchenvolk, das größtenteils treu zu seinen Priestern stand. In den Berichten der bayerischen Regierungspräsidenten von 1933 bis 1943[60] beispielsweise spiegelt sich nicht nur die Glaubens- und Kirchentreue so vieler katholischer und evangelischer Gemeinden Bayerns, sondern auch die tiefe Abneigung weitester Kreise der Bevölkerung gegen den Nationalsozialismus, der

---

[57] Acta Apostolicae Sedis 29 (1937), 65 - 106.

[58] *W. Adolph*, Kardinal Preysing und zwei Diktaturen. Sein Widerstand gegen die totalitäre Macht, Berlin 1971.

[59] Die Vertreibung von Bischof Johannes Baptista Sproll von Rottenburg 1938 - 1945. Dokumente zur Geschichte des kirchlichen Widerstands. Hrsg. v. P. Kopf u. M. Miller, Mainz 1971.

[60] Die kirchliche Lage in Bayern nach den Regierungspräsidentenberichten 1933 - 1943. Bd. I: Regierungsbezirk Oberbayern, II: Regierungsbezirk Ober- und Mittelfranken, III: Regierungsbezirk Schwaben, Bearbeitet v. H. Witetschek, Mainz 1966 - 1971; IV: Regierungsbezirk Niederbayern und Oberpfalz 1933 - 1945. Bearbeitet v. W. Ziegler, Mainz 1973.

harte Widerstand von Priestern und Laien, ebenso die schonungslose Brutalität der Gewaltherrschaft. — Die vielfache schwere Bedrückung der Deutschen selbst durch die Hitlerherrschaft wird im Ausland viel zu wenig gewürdigt. Oft fehlen, gerade bei ausländischen Autoren, Sachkenntnis und Verständnis dafür, was es bedeutet, unter einem totalitären System leben und gar noch größere Verantwortung in Staat und Kirche tragen zu müssen. Dabei gesteht die öffentliche oder veröffentlichte Meinung etwa den Menschen, die gegenwärtig in Systemen der Unfreiheit leben müssen, ohne viel Bedenken zu, was den Deutschen unter der Hitlerherrschaft, speziell auch den deutschen Katholiken und ihren kirchlichen Führern, grundsätzlich versagt wird. Offenbar ist es kaum möglich, über diese Zeit Deutschlands objektiv zu urteilen, wenn man sie nicht unmittelbar, und zwar in Deutschland, erlebt und erlitten hat.

Schon die Maßnahmen Hitlers gegen die katholische Kirche in Österreich (seit 1938)[61] waren viel härter als die im alten Reichsgebiet. Es zeigte sich, daß das Reichskonkordat von 1933 doch in manchen Fällen einen gewissen Schutz bedeutete. Für Österreich jedoch wurde das von Bundeskanzler Dollfuß 1933 abgeschlossene Konkordat von der Hitlerregierung kategorisch abgelehnt. Niemals zuvor in der Menschheitsgeschichte ist das Blut so vieler Unschuldiger vergossen worden wie im 20. Jahrhundert durch die atheistischen totalitären Systeme des Kommunismus und des Nationalsozialismus.

Die vatikanische Kirchenpolitik der dreißiger Jahre wurde vom *Kardinalstaatssekretär Pacelli* wesentlich mitgetragen[62]. Doch deutet sich gelegentlich ein gewisser Gegensatz zwischen dem Papst und seinem wichtigsten Mitarbeiter an. Pius XI. ist manchmal entschiedener, schärfer und klarer in der Haltung gegen die unchristlichen Gewaltsysteme. Pacelli, ohne Zweifel persönlich tief religiös, arbeitet in der Kirchenpolitik mit den ihm vollendet geläufigen Mitteln des Rechtes,

---

[61] *J. Wodka,* Kirche in Österreich. Wegweiser durch ihre Geschichte, Wien 1959, 365 - 384. — *E. Weinzierl-Fischer,* Österreichs Katholiken und der Nationalsozialismus, in: Wort und Wahrheit 18 (1963), 417 - 439, 493 - 526. — *E. Weinzierl,* Österreichische Zeitgeschichte in Bildern 1918 - 1968, Innsbruck-Wien 1968. — *H. L. Mikoletzky,* Österreichische Zeitgeschichte. Vom Ende der Monarchie bis zum Abschluß des Staatsvertrages 1955, Wien ³1969. — *G. Botz,* Die Eingliederung Österreichs in das Deutsche Reich, Wien 1972. — *K. von Klemperer,* Ignaz Seipel, Staatsmann einer Krisenzeit, Graz-Wien-Köln 1976.

[62] Vgl. *A. Martini,* Pio XII e Hitler, in: La Civiltà Cattolica 116 (1965) I, 342 - 354.

des vertraglichen Rechtes, dessen Verletzung man konstatieren und brandmarken kann, mit den geschmeidigen Mitteln der klassischen Diplomatie, die er vollendet beherrscht. Langjährige gute Kenner Pius' XI. und Pius' XII. haben diese verschiedenen Akzente im Charakter und im Handeln beider Männer sehr wohl gesehen. Conte Giuseppe Dalla Torre, der vier Jahrzehnte hindurch Chefredakteur des „Osservatore Romano" gewesen war, schreibt in seinen Erinnerungen, Pius XII. sei der Ansicht gewesen, die Schärfe seines Vorgängers sei schädlich gewesen, eine offene Verhandlung scheine ihm zur Überwindung der Gegensätze besser geeignet[63]. Schärfer äußert sich der französische Kurienkardinal Tisserant in einem Brief vom 11. Juni 1940 an Kardinal Suhard: „Ich fürchte, die Geschichte wird dem Heiligen Stuhl vorzuwerfen haben, er habe eine Politik der Bequemlichkeit für sich selbst verfolgt und nicht viel mehr. Das ist äußerst traurig, vor allem wenn man unter Pius XI. gelebt hat[64]." Kurz vorher waren Hitlers Armeen in Frankreich einmarschiert.

Der Pontifikat Pius' XII.[65]

Bis zum Dezember 1936 hatte Pius XI. dank seiner kräftigen körperlichen Verfassung die gewaltige Arbeitslast seines Amtes ohne größere Beschwerden getragen. Seine letzte Lebenszeit war fortschreitend von schwerem Leiden gezeichnet. In den Morgenstunden des 10. Februar

---

[63] *G. Dalle Torre,* Memorie, Verona 1965.

[64] *E. Jäckel,* Zur Politik des Hl. Stuhles im 2. Weltkrieg. Ein ergänzendes Dokument, in: Geschichte in Wissenschaft und Unterricht 15 (1964), 33 ff. — *S. Friedländer,* Pius XII. und das Dritte Reich, (deutsche Übersetzung) Hamburg-Reinbeck 1965, 49 f. Der Brief wurde von der Gestapo im Erzbischöflichen Palais in Paris beschlagnahmt und ist ohne Wissen Tisserants veröffentlicht.

[65] Acta Apostolicae Sedis 31 - 50 (1939 - 1958). — L'Osservatore Romano, Rom 1939 - 1958. — Dokumentation des Pontifikates: Papst Pius XII. (1939 - 1958), in: Herder-Korrespondenz 13 (1958/59), 57 - 71. — *Eugenio Pacelli,* erster Apostolischer Nuntius beim Deutschen Reich. Gesammelte Reden. Ausgewählt u. eingeleitet v. L. Kaas, Berlin 1930. — *E. Pacelli,* Discorsi e Panegirici (1931 - 1938), Città del Vaticano ²1939. — Discorsi e radiomessagi di Sua Santità Pio XII, 20 Bde., Città del Vaticano 1941 - 1959. — Herder-Korrespondenz 1 - 13 (Freiburg i. Br. 1946 - 1959). — Die meisten der zu Lebzeiten Pius' XII. erschienenen Darstellungen sind volkstümlich und panegyrisch gehalten. — *H. Hoberg,* Papst Pius XII., Luzern-München ²1949. — *O. Halecki,* Eugen Pacelli. Pope of Peace, New York 1951. — *E. Buonaiuti,* Pio XII, Firenze 1958, ²1964. — *R. Leiber* Pius XII. †, in: Stimmen der Zeit 163 (1958/59), 81 - 100. — *D. Tardini,* Pio XII, Città del Vaticano 1960, deutsch: Pius XII., Freiburg i. Br. ²1962. — *B. Schneider,* Pius XII., Göttingen 1968. —

1939 starb der Papst[66], während sich bereits neue härteste Konflikte in der politischen Welt abzeichneten. In einem ungewöhnlich kurzen Konklave, schon im dritten Wahlgang, wurde am 2. März der bisherige Kardinalstaatssekretär Eugenio Pacelli auf den Stuhl Petri erhoben. Solches war in der Papstgeschichte durchaus ungewöhnlich, hatte aber seinen Grund einmal in der äußerst kritischen Weltsituation, zum andern in den anerkannten Fähigkeiten des Gewählten gerade für diese Krisenzeit. Am Tag der Wahl vollendete Pius XII. sein dreiundsechzigstes Lebensjahr. Rom jubelte, weil nach über zweihundert Jahren wieder ein geborener Römer Papst geworden war. Die Regierung des umfassend gebildeten, diplomatisch wohlerfahrenen, dabei tiefreligiösen Papstes war von schier ungeheueren äußeren Schwierigkeiten überschattet, namentlich vom bald ausbrechenden Zweiten Weltkrieg und seinen verheerenden Folgen, von der schrecklichen Kriegsepoche des deutschen Nationalsozialismus und von der Ausbreitung des Kommunismus über weite Teile der Welt.

Als Wahlspruch wählte Pius XII. die programmatischen Worte: Opus iustitiae pax (Der Friede ist das Werk der Gerechtigkeit). Die *Erhaltung des schwer gefährdeten Weltfriedens* mußte als eines der vordringlichsten Anliegen erscheinen. Hier setzte der neue Papst die ihm wohlvertrauten diplomatischen Mittel ein. Schon unmittelbar nach seiner Krönung (12. März 1939) gab er bekannt, daß er sich vor allem für den Frieden unter den Völkern einsetzen wolle. Am 20. April 1939 schrieb er seinem Kardinalstaatssekretär Luigi Maglione, es solle in allen Kirchen der Welt für den Frieden gebetet werden. Nach der Aufkündigung des deutsch-polnischen Vertrages und des deutsch-englischen Flottenabkommens (April 1939) faßte der Papst den Entschluß, bei den Regierungen von Frankreich, Deutschland, England, Italien und Polen unmittelbar vorstellig zu werden. Ihm standen dabei die Friedensbemühungen seiner Vorgänger vor Augen, namentlich die Friedensoffensive Benedikts XV. im Ersten Weltkrieg. Neueste Quel-

---

G. Schwaiger, Geschichte der Päpste im 20. Jahrhundert, München 1968, 142 - 159, 210 - 212 (Quellen u. Lit.). — *G. Maron*, Die römisch-katholische Kirche von 1870 bis 1970 (Die Kirche in ihrer Geschichte. Hrsg. v. K. D. Schmidt u. E. Wolf, Bd. 4, Lief. N 2), Göttingen 1972, N 222 - N 227. — *E. Iserloh* u. *K. Scholder*, Die Kirchen im 20. Jahrhundert (s. o. Anm. 52). — *I.-L. Konopatzki*, Eugenio Pacelli. Pius XII. Kindheit und Jugend in Dokumenten, Salzburg-München 1974. — *J. D. Holmes*, Pope Pius XII (1939 - 1958). Impressions of a pontificate, in: The Clergy Review 61 (1976), 430 - 440.

[66] *A. Martini*, Gli ultimi giorni di Pio XI, in: La Civiltà Cattolica 110 (1959) IV, 326 - 250.

lenveröffentlichungen haben das Ausmaß und die Intensität dieser Bemühungen Pius' XII. klar herausgestellt, ebenso die Skrupellosigkeit der Kriegstreiber. An der Spitze stand hier Hitler[67].

Ende April 1939 ließ der Papst über seinen bewährten Mittelsmann, den Jesuiten Pietro Tacchi-Venturi, dem italienischen Staatschef Mussolini mitteilen, daß er eine Botschaft an die Regierungen von Frankreich, Deutschland, England, Italien und Polen richten werde, um sie zu ermahnen, in einer Konferenz eine friedliche Lösung der strittigen Fragen zu finden. Mussolini empfing den Jesuiten und ließ dem Papst seine Antwort übermitteln. Am 3. Mai erläuterte Kardinalstaatssekretär Maglione den päpstlichen Vorschlag den Nuntien in Berlin, Paris, Warschau und dem Apostolischen Delegaten in London[68]. Die Nuntien sollten ihn möglichst rasch an die zuständigen Regierungen weiterleiten. In Deutschland übergab Nuntius Orsenigo den päpstlichen Friedensvorschlag am 5. Mai an Hitler. Er war dazu eigens nach Berchtesgaden geflogen, wo er von Hitler empfangen und mit dem Bescheid

---

[67] Actes et documents du Saint Sièges relatifs à la seconde guerre mondiale. Hrsg. v. P. Blet, R. A. Graham, A. Martini, B. Schneider. Bisher Bd. 1 - 9, Città del Vaticano 1965 - 1975. Bd. II deutsch, hrsg. v. B. Schneider: Die Briefe Pius' XII. an die deutschen Bischöfe, 1939 - 1944, Mainz 1966 (S. IX - XIII QQ. u Lit.). — Analysen der vatikanischen Politik im 2. Weltkrieg enthalten: *A. Giovanetti,* Il Vaticano e la guerra (1939 - 40), Città del Vaticano 1960, deutsch (stark erweitert): Der Vatikan und der Krieg, Köln 1961. — *D. Settembrini,* La Chiesa nella politica italiana, 1944 - 1963, Pisa 1964. — *G. O. Kent,* Pope Pius XII and Germany. Some aspects of German-Vatican relations, 1933 - 1943, in: The American Historical Review 70 (1964/65), 59 - 78. — *L. Castiglione,* Pio XII e il nazismo, Torino 1965. — *A. Martini,* Pio XII e Hitler, in: La Civiltà Cattolica 116 (1965), 342 - 354. — Ders., La Santa Sede e la Guerra secondo i documenti degli archivi vaticani, ebda., 521 - 535. — *A. C. Jemolo,* Chiesa e Stato in Italia. Dalla unificazione a Giovanni XXIII., Torino 1965. — *S. Friedländer,* Pius XII. und das Dritte Reich, Hamburg-Reinbeck 1965. — *F. L'Huillier,* La politique du Vatican dans la crise mondiale, in: Revue d'histoire de la 2e guerre mondiale 16 (1966), 1 - 22. — *W. A. Purdy,* The Church on the Move. The Characters and Politics of Pius XII and John XXIII, London 1966, deutsch: Die Politik der katholischen Kirche, Gütersloh 1967. — *D. Veneruso,* Pio XII e la seconda guerra mondiale, in: Rivista di storia della Chiesa in Italia 22 (1968), 506 - 553. — *W. Schieder,* Pius XII. im II. Weltkrieg, in: Historische Zeitschrift 207 (1968), 346 - 356. — *G. Roche / Ph. Saint Germain,* Pie XII devant l'histoire, Paris 1972, 109 - 182. — *F. Engel-Janosi,* Il Vaticano fra fascismo e nazismo, Firenze 1973. — *A. Rhodes,* Il Vaticano e le dittature 1922 - 1945. A cura di A. Martini (Biblioteca di storia contemporanea, vol. 15), Milano 1975. — Zur Aufsehen erregenden Audienz Ribbentrops bei Pius XII. (am 11. März 1940): *J. S. Conway,* The Meeting between Pope Pius XII and Ribbentrop, in: Canadian Catholic Historical Association 35 (1968), 103 - 116. — *M. Clauss,* Der Besuch Ribbentrops im Vatikan, in: Zeitschrift für Kirchengeschichte 87 (1976), 54 - 64.

[68] Actes et documents du Saint Sièges I, nr. 19.

entlassen wurde, daß er sich zuerst mit Mussolini besprechen wolle. Hitler fügte hinzu, er sehe im Augenblich keine Kriegsgefahr; er werde Polen nicht angreifen[69]. Am 6. und 7. Mai besprachen sich die Außenminister Deutschlands und Italiens, Joachim von Ribbentrop und Graf Galeazzo Ciano, in Mailand. Nach einer Aufzeichnung des deutschen Auswärtigen Amtes wurde dabei vereinbart, „dem Papst für seine Initiative zu danken und ihn gleichzeitig zu bitten, von einem Appell an die fünf Mächte abzusehen ... Graf Ciano erklärte, daß nach der Auffassung des Duce das Motto für die zukünftige Politik der Achsenmächte (Deuschland und Italien) heißen müsse: Toujours parler de la paix et préparer la guerre — Immer vom Frieden sprechen, und den Krieg vorbereiten“[70]!

Die päpstliche Friedensbotschaft wurde gleichzeitig den anderen Regierungen übermittelt. In Rom fanden zusätzliche Besprechungen statt. Auch in Washington erhielt das Außenministerium Kenntnis davon. Die Presse vieler Länder würdigte das Friedenswort des Papstes und seine Bemühungen, die freilich nur teilweise öffentlich bekannt waren. Die deutschen Zeitungen aber durften kein Wort darüber bringen. Spätestens Mitte Mai war ganz offenkundig geworden, daß im Grunde keine der befragten Regierungen, auch nicht Frankreich und England, ein wirkliches Interesse an einer Fünfmächtekonferenz zur Beilegung der europäischen Spannungen hatte. Dem Papst wurde von den Regierungen erklärt, es bestehe keine Veranlassung, um den Frieden besorgt zu sein. Trotz der Worte Hitlers gingen seine Kriegsvorbereitungen ununterbrochen weiter. Im Vatikan gab man sich darüber keinen Illusionen hin. Am 30. Mai schickte Pius XII. Pater Tacchi-Venturi erneut zu Mussolini mit der dringenden Bitte, Hitler zu veranlassen, die Danziger Frage „mit Ruhe zu behandeln“. Zur selben Zeit wurde der französische Botschafter beim Heiligen Stuhl gebeten, seiner Regierung eine freundschaftliche Regelung der strittigen Fragen mit Italien zu empfehlen. Mussolini empfing den Abgesandten des Papstes „in schlechtester Laune“. Pater Tacchi-Venturi fragte: „Sie halten den Krieg also für unvermeidlich?“ Mussolini antwortete: „Das ist absolut sicher!“ Der Pater entgegnete: „Vielleicht weil Rußland — wie man annimmt — Bündnisse mit England und Frankreich schließen könnte?“ Dazu meinte Mussolini: „Das bedeutet überhaupt nichts. Es ist völlig gleichgültig, was Rußland macht.“ Damit war das Gespräch beendet[71].

---

[69] Ebda., Nr. 21, 28, 29.

[70] Ebda., S. 16 f.

[71] Ebda., Nr. 58.

Anfang Juli 1939 ließ der Gesandte Englands beim Vatikan den Papst wissen, daß England in der Danziger Frage seine Bündnisverpflichtungen in jedem Fall erfüllen werde. Pius XII. ließ diese Mitteilung über sein Staatssekretariat sofort an die italienische Regierung weitergeben, mit dem Ersuchen, Mussolini möge Hitler eindeutigen Bescheid über die Entschlossenheit Englands geben. Wörtlich ließ der Papst mitteilen: „Auch mit einem Sieg über Polen dürfte der Konflikt nicht beendet werden." Kurz darauf, noch Anfang Juli, wurde diese Mitteilung eindringlich wiederholt[72]. Mussolini schien in seiner stets schwankenden, oberflächlichen Art einmal an die Unvermeidbarkeit eines Krieges zu glauben und dann wieder nicht. Am 22. Juli ließ er in Berlin eine „europäische Konferenz" anregen. Aber Hitlers Außenminister Ribbentrop gab wieder eine ablehnende Antwort. Am 11. August trafen sich die Außenminister Ciano und Ribbentrop in Salzburg. Hier erfuhr Ciano unverhüllt, daß Hitler den Krieg wolle. Am 19. August hielt Pius XII. eine unmißverständlich deutliche Ansprache[73]: er warnte energisch davor, die „unsagbare Verantwortung auf sich zu nehmen, Gewalt anzuwenden". Wenige Tage später kam die Nachricht, daß Hitler mit Stalin, dem Beherrscher Sowjetrußlands, einen Nichtangriffspakt geschlossen habe. Im Vatikan verstand man sofort: „Es war der Anfang des Endes." Noch einmal richtete der Papst in einer Rundfunkansprache vom 24. August einen eindringlichen Aufruf an die Welt, nicht zu den Waffen zu greifen und die Vernunft siegen zu lassen. Bei diesem Anlaß sprach er das berühmt gewordene Wort: „Mit dem Frieden ist nichts verloren. Alles aber kann mit dem Krieg verloren werden[74]." Aus Paris, London und Warschau, mit einiger Verspätung auch aus Berlin, erhielt der Papst anerkennende Worte. Doch die Ereignisse nahmen ihren Weg in die Katastrophe.

In den Tagen unmittelbar vor Ausbruch des Krieges zwischen Deutschland und Polen blieben die päpstlichen Nuntien in Berlin und Warschau ununterbrochen tätig. Dem Vatikan ging es darum, wenigstens noch Zeit zu gewinnen und vielleicht doch einen Kompromiß zwischen den aufgeputschten nationalen Leidenschaften in Deutschland und Polen zu erreichen. Tacchi-Venturi wurde noch einmal zu Mussolini geschickt. Am 31. August trug sich Pius XII. mit dem Gedanken, sich auf dem Luftweg nach Berlin und Warschau zu begeben, um durch

---

[72] Ebda., Nr. 83, 85.

[73] Ebda., Nr. 105.

[74] Ebda., Nr. 113.

diese ungewöhnliche Intervention im allerletzten Augenblick den Kriegsausbruch zu verhindern. Er ließ diesen Plan wieder fallen und richtete dafür in den Mittagsstunden an die diplomatischen Vertreter Deutschlands, Frankreichs, Italiens, Englands und Polens folgendes Schreiben: „Der Heilige Vater will die Hoffnung nicht aufgeben, daß die noch schwebenden Verhandlungen eine gerechte und friedliche Lösung, um welche die ganze Welt betet, bringen mögen. Seine Heiligkeit fleht im Namen Gottes daher die Regierungen Deutschlands und Polens an, alles zu vermeiden, was zu irgendwelchen Zwischenfällen führen könnte, und keine Maßnahmen zu ergreifen, welche die gegenwärtig so ernste Spannung verschlimmern könnten. Er bittet die Regierungen Englands, Frankreichs und Italiens, dieses Gesuch zu unterstützen[75].“ Ähnliche Schritte unternahm der Vatikan in Spanien, Belgien, in den Niederlanden und in der Schweiz[76]. Aber Polen hatte bereits die Mobilmachung angeordnet, und am 1. September 1939 rückten die Armeen Hilters in Polen ein. Damit begann der Zweite Weltkrieg, das sechsjährige, furchtbarste Völkermorden der bisherigen Weltgeschichte.

Es ist eine völlige Verdrehung der Tatsachen und dazu ein großes Unrecht, wenn gegen die Päpste Pius XI. und Pius XII. gelegentlich der Vorwurf erhoben wurde und noch heute erhoben wird, sie hätten sich zu wenig um die Verhinderung des Krieges, um die Erhaltung des Weltfriedens bemüht. Was diese Päpste in ihrer Zeit mit ihren Mitteln glaubten tun zu können, haben sie redlichen Herzens und mit innerster Anteilnahme getan. Weit schwerer wiegt hier das Verhalten mancher Regierungen mächtiger Länder der dreißiger Jahre. Namentlich England und Frankreich ließen sich von Hitler jahrelang täuschen und in schier unbegreifliche Sorglosigkeit wiegen. Sie trugen durch ihre Nachgiebigkeit, etwa bei der Preisgabe der Tschechoslowakei, wesentlich dazu bei, daß Hitler in seiner Innen- und Außenpolitik immer brutalere Wege beschreiten konnte. Bei nüchterner Betrachtung der Ereignisse und der heute zugänglichen Quellen gewinnt man den Eindruck, daß kaum eine der europäischen Regierungen vor Kriegsausbruch so klar die heraufziehenden Gefahren erkannte wie der Vatikan.

---

[75] Acta Apostolicae Sedis 31 (1939), 335 - 336. — Actes et documents I, Nr. 160.

[76] Actes et documents I, Nr. 160 - 162.

Im Frühjahr und Sommer 1939 unternahm der rumänische Außenminister Grigore Gafencu eine politische Reise, die ihn nach Warschau, Berlin, Brüssel, London, Paris, Rom und Belgrad führte. In Rom besuchte er nicht nur Mussolini und seinen Außenminister Ciano, sondern auch den Papst. Gafencus Schilderung seiner Eindrücke ist aufschlußreich, besonders seine Aufzeichnung über die Persönlichkeit Pius' XII. und dessen Beurteilung der Weltlage kurz vor Ausbruch des Krieges. Der rumänische Außenminister schreibt: „Während meiner ganzen Reise hatte ich überall die Zeichen wahrgenommen, die der Katastrophe voranliefen. Ich hatte die Hauptpersonen des Dramas in ihrer aufgeregten Bewegtheit gesehen, hatte ihre Schreie und ihre Appelle vernommen und gleichzeitig ihre Schwäche und die heftige Glut ihrer Leidenschaft ermessen. Aber bis zu welchem Grad der katastrophale Ausgang unvermeidlich war, hatte ich noch nicht erfaßt. In der verdorbenen Atmosphäre so vieler entgegengesetzter Interessen hielten sich noch gewisse Illusionen. Die Politiker, von welcher Seite sie auch sein mochten, stellten zwischen sich und die Wirklichkeit so viele Berechnungen, daß das Bild des drohenden Konflikts dadurch entstellt wurde. Viele glaubten, wenn sie ihren Plänen folgten, würden sie bis zum Schluß dem Schicksal den Weg versperren können. Solche Illusionen hatten im Vatikan keine Geltung mehr. Dort, wo die Informationen auf eine gereinigte Atmosphäre trafen, die von leidenschaftserfüllten Kommentaren frei war, herrschte eine tiefe und schmerzvolle Gewißheit. Hier wurden die Kräfte nach ihrem wahren Wert eingeschätzt; die Dinge wie die handelnden Personen — jene, die sich stark, und jene, die sich schwach wähnten —, alles wurde dort gerichtet. Diese Wahrheit enthüllte sich mir, als ich den Vatikan betrat. Meine Mission verpflichtete mich, dort nicht geistlichen Trost, sondern politische Klärung zu suchen. Begleitet von Nicolas Comnène, dem rumänischen Botschafter beim Heiligen Stuhl, und von Edelleuten, Kämmerern und der Garde des Papstes durch das prächtige Labyrinth der päpstlichen Gemächer geführt, trat ich mit innerer Bewegung vor die blendendweiße Erscheinung Pius' XII. Um die starke Persönlichkeit des Papstes gab es so etwas wie eine Ausstrahlung von Intelligenz und Licht. Aber die Wahrheit, die der Papst dem Politiker zu sagen hatte, war tief und schmerzlich; das Bild, das er zeichnete, erschien in seiner hellen Gegenwart noch düsterer. Die Nachrichten, die der Vatikan aus Polen empfing, waren ungünstig. Der Interessenkonflikt konnte von einem Augenblick auf den anderen den verhängnisvollen Schlag auslösen. Der Papst fürchtete, daß die Welt in der Danziger Frage erneut vor ein

‚fait accompli' gestellt werden würde. Noch ernster als die offenen Drohungen erschienen ihm die Manöver hinter den Kulisssen, von denen er Kenntnis hatte, und die geheimen Vorbereitungen zur plötzlichen Entfesselung der Feindseligkeiten. Man konnte in das Wort gewisser Machthaber, welche die Geschicke der Völker leiteten, kein Vertrauen mehr haben — und das war das Zeichen dafür, daß sich das Handeln der Menschen dem Gesetz Gottes entzog. Die Lüge war die Waffe der Politik geworden; sie schuf die Vergötzung des Staates, lenkte die Begeisterung der Völker in falsche Bahnen und entfesselte in ihnen unbezähmbare Leidenschaften. Die Lüge beherrschte die Beziehungen zwischen den Staaten. Noch bevor sie den Krieg entfesselt hatte, hatte sie den Frieden unmöglich gemacht. Alle Sicherheit war dahin. Konnte man unter diesen Umständen noch an ein Abkommen zwischen Frankreich und Italien glauben? Der Papst wollte die Hoffnung bewahren, für das Heil Europas und der Christenheit. Der Papst sprach leise, ohne die Stimme zu erheben oder die kleinste Geste zu machen. Seine Kenntnis der Menschen und der Dinge, die Reinheit seines Urteils gaben dem, was er sagte, eine ergreifende Erhabenheit. Die diplomatische Sprache dieses asketischen Aristokraten war schlicht: sie gab der Wahrheit Ausdruck. Europa war so, wie er es mit seinem ruhigen, durchdringenden Blick sah: es hatte Kräfte der Zerstörung hervorgebracht, die kein menschlicher Wille mehr meistern konnte. Pius XII. sah noch weiter, und sein Blick umschleierte sich in einer unbeschreiblichen Traurigkeit: in der Welt, in der der Krieg sich vorbereitete, würden die geistigen Kräfte wirkungslos sein. Eine undurchdringliche Wand trennte bereits, wie in den trübsten Perioden der Geschichte, das Gebiet des Geistes von dem der Aktion. Die Menschen entzogen sich dem Königreich Gottes. Die Aufgabe der guten Hirten bestand darin, die Werte der Seele, des Gewissens in Obhut zu nehmen, um sie über die Sintflut hinüberzuretten. Der Papst bewahrte in dieser Prüfung höchste Würde. Seine Haltung wie die Majestät seines Anblicks erweckten ein Gefühl vollkommener Schönheit. Ich dachte zurück an die zügellosen Gesten und die hemmungslose Sprache gewisser ‚großer Figuren'; ich wußte dem Papst Dank dafür, daß er in meinen Augen das Bild der menschlichen Größe wiederhergestellt hatte[77]." Diese Worte des rumänischen Außenministers geben ein treffendes Bild des Papstes: seiner ruhigen Überlegenheit, seiner Würde, des ungewöhnlich starken Eindruckes seiner Persönlichkeit, wie ihn so viele Menschen in ähn-

---

[77] *G. Gafencu,* Europas letzte Tage. Eine politische Reise im Jahre 1939, Zürich 1939 (der Bericht über die Audienz bei Pius XII., S. 188 ff.).

licher Weise erfahren haben. Der Papst war sich der Ohnmacht des Geistes gegenüber der alle Dämme sprengenden Brutalität des heranbrandenden Unheils klar bewußt. Er sah seine Aufgabe voll Trauer darin, „über die Sintflut hinüberzuretten", was zu retten ihm noch möglich schien.

Männer aus der engsten Umgebung des Papstes berichten, Pius XII. sei Anfang September 1939, in den Tagen des *Kriegsausbruches*, nur noch ein Schatten seiner selbst gewesen. Auch die Versuche, einen Waffenstillstand für Weihnachten 1939 herbeizuführen, waren zum Scheitern verurteilt. Die Anregung dazu kam zuerst von Kardinal Faulhaber und wurde auch vom Abtprimas der Benediktiner unterstützt, dann aber von den kriegführenden Mächten wegen „technischer Schwierigkeiten" nicht angenommen[78]. Immer wieder hat Pius XII. in den Kriegsjahren seine Stimme für den Frieden erhoben, namentlich in seinen Weihnachtsansprachen. Seine ganze Regierung war durch die Wirren des Zweiten Weltkrieges und der Nachkriegszeit gekennzeichnet. Dazu kamen die Probleme, die sich aus der Macht der totalitären Systeme seiner Zeit ergaben. Mit dem italienischen Faschismus ergaben sich keine ernsteren Konflikte, da sich Mussolini im allgemeinen der Kirche gegenüber maßvoll verhielt. Während des Krieges kämpfte Italien bis zum Sturz Mussolinis (25. Juli 1943) mit Hitler verbündet. Der neue Ministerpräsident Italiens, Marschall Badoglio, schloß am 3. September 1943 einen Waffenstillstand mit den Alliierten, ging wenige Tage später mit dem Königshaus zu ihnen über und erklärte am 13. Oktober 1943 dem Deutschen Reich den Krieg. Hitler ließ am 10. September desselben Jahres Rom besetzen und die italienischen Truppen entwaffnen. Mussolini wurde aus der Haft befreit und bildete, von Hitler gestützt, eine neue, republikanische Regierung. Aber schon am 3. September 1943 waren die Truppen der Alliierten bei Reggio und am 9. September bei Tarent und Salerno gelandet. Bis zum Jahresende eroberten sie unter härtesten Kämpfen ganz Unteritalien, Sardinien und Korsika. Erst Mitte Mai 1944 gelang jedoch der Durchbruch durch die deutsche Front am Garigliano und bei Monte Cassino. Die Deutschen zogen durch Rom nach Norden ab. Am 4. Juni 1944 rückten alliierte Truppen in die Ewige Stadt ein, die in ihrer langen Geschichte so viele Eroberer schon hatte kommen und gehen gesehen. Die Souveränität des kleinen Vatikanstaates wurde in allen Kriegswirren nicht ver-

---

[78] Dokumentation in: Actes et documents du Saint Sièges I (mit ausführlicher Einleitung).

letzt, wenn es auch an massiven Drohungen nicht fehlte. In dieser wilden Zeit wurde das vatikanische Territorium zum Asyl zahlreicher Menschen der verschiedensten Rassen und Religionen, zahlreicher Juden und auch italienischer Kommunisten, die um ihrer Rasse oder Gesinnung willen schwere Verfolgung durch den italienischen Faschismus und den deutschen Nationalsozialismus leiden mußten.

Bis heute wird Pius XII. der schwere *Vorwurf* gemacht, er habe gegen die Greuel des Hitler-Regimes bis Kriegsende zu wenig entschieden Stellung genommen, er habe zuviel geschwiegen, wo er nicht hätte schweigen dürfen. Besonders wird ihm vorgehalten, daß er nichts Ernstliches zur Rettung der erbarmungslos verfolgten und gemordeten Juden unternommen habe[79]. Man darf dabei nicht vergessen, daß die Protestnoten gegen die Übergriffe Hitlers im Pontifikat Pius' XI., besonders auch die Enzyklika „Mit brennender Sorge" (1937), unter der entscheidenden Verantwortung des Kardinalstaatssekretärs Pacelli entstanden sind. Wenn in den Kriegsjahren, nach der Wahl Pacellis zum Papst, eine größere Zurückhaltung des Heiligen Stuhles zu beobachten ist, so ist eben der Krieg zu bedenken. Greuel geschahen auf allen kämpfenden Seiten. Pius XII. hätte die Schandtaten des Nationalsozialismus nicht öffentlich verurteilen können, ohne gleichzeitig die Greueltaten der Bolschewisten ebenso zu verurteilen. Der Papst sah sich zu größter Behutsamkeit veranlaßt. Er mußte zwischen und über allen

---

[79] Vgl. Quellen u. Lit. zum „Stellvertreter"-Problem in Anm. 4. — *R. Leiber*, Pius XII. und die Juden in Rom 1943 - 1944, in: Stimmen der Zeit 167 (1960/61), 428 - 436. — *A. Martini*, Appelli alla Santa Sede dalla Polonia durante la seconda guerra mondiale, in: La Civiltà Cattolica 113 (1962), 3 - 14. — Ders., Silenzi e parole di Pio XII per la Polonia. Ebda. 237 - 249. — *G. Warszawski*, Una prima tappa della lotta contro Pio XII nella Polonia durante la seconda guerra mondiale, in: La Civiltà Cattolica 1965, II, 435 - 446, III, 313 - 324. — Ders., I veri autori dell'azione antipapale in Polonia durante la seconda guerra mondiale. Ebda. 1965, III, 540 - 551. — *G. Lewy*, Die katholische Kirche und das Dritte Reich (deutsche Übersetzung), München 1965. — *R. F. Esposito*, Processo al Vicario. Pio XII e gli ebrei secondo la testimonianza della storia, Torino ^{4}1965. — *P. E. Lapide*, Rom und die Juden, Freiburg i. Br. 1967. — Die umfangreichste Dokumentation über die päpstlichen Bemühungen zugunsten aller Opfer des Totalitarismus und des Krieges ist enthalten in den Bänden: Actes et documents du Saint Siège relatifs à la seconde guerre mondiale. Hrsg. v. P. Blet, R. A. Graham, A. Martini, B. Schneider. Vol. 6: Le Saint Siège et les victimes de la guerre, Mars 1939 - Décembre 1940, Città del Vaticano 1972; vol. 8: Le Saint Siège et les victimes de la guerre, Janvier 1941 - Décembre 1942, Città del Vaticano 1974; vol. 9: Le Saint Siège et les victimes de la guerre, Janvier - Décembre 1943, Città del Vaticano 1975. — *R. Daricau*, Les efforts de Pie XII en faveur des victimes de la guerre et du rétablissement de la paix (1939 - 1943), in: Revue d'histoire diplomatique 88 (1974), 145 - 162.

Völkern stehen. „Der Vatikan hatte sich nicht nur die Aufgabe gestellt, den durch den Krieg geschädigten Völkern auf beiden Seiten zu helfen, sondern man wollte auch im Falle von Friedensverhandlungen als Mittler zur Verfügung stehen. Dies zwang den Papst zur Neutralität", obwohl Pius XII. diesen Ausdruck nicht schätzte, damit eben nicht passive Gleichgültigkeit angenommen werde. Er wollte stets den Katholiken der einzelnen Länder vermeidbare Schwierigkeiten ersparen[80]. Am 12. März 1944 schrieb er an Bischof Rudolf Bornewasser von Trier: „Für das Schifflein Petri stehen die Zeichen auf Sturm und verlangen vom Steuermann ein nicht geringes Maß von Wachsamkit, Geduld und Ausdauer ... In diesem furchtbarsten und verwickeltsten aller Kriege verfolgen Wir nur ein Ziel und lassen es keinen Augenblick und in keiner Unserer Handlungen aus dem Auge: die Unparteilichkeit des Heiligen Stuhles unversehrt zu wahren, der Kriegsnot abzuhelfen und Wege zu einem für alle erträglichen Frieden zu suchen[81]." An persönlichem Mut hat es dem Papst dabei gewiß nicht gefehlt. Nach dem Überfall der deutschen Truppen auf Belgien, die Niederlande und Luxemburg richtete Pius XII. am 10. Mai 1940 persönliche Telegramme an die Herrscher der drei unglücklichen Länder[82]. Wegen dieser tröstenden Telegramme machte der italienische Botschafter im Rahmen eines Gesprächs dem Papst schwere Vorwürfe; er drohte, dem Papst könne etwas Gefährliches passieren. „Darauf zeigte sich der Papst sehr ruhig und ernst und bemerkte, er habe keine Furcht davor, wenn es sein sollte, in einem KZ oder in den Händen der Feinde zu sterben." Er habe Gelegenheit gehabt, sagte er, letzthin die Briefe der heiligen Katharina von Siena zu lesen, die dem Papst schrieb, ihn mahnte, daß Gott ihn dem strengsten Gericht unterziehen werde, wenn er nicht sich gegen das Böse wehre oder seine Pflicht nicht erfülle. „Die italienische Regierung wußte, daß Deutschland die Absicht hatte, diese Länder zu überfallen; ja, sie wußte es seit Ende Januar. Wie kann man sich beklagen, daß der Papst an die Staatsoberhäupter, die die besten Beziehungen mit ihm haben, ein Wort des Trostes und der Hoffnung richtete? Die Italiener wissen, sie kennen gewißlich und zur Gänze die

---

[80] *M. Clauss,* Der Besuch Ribbentrops im Vatikan, in: Zeitschrift für Kirchengeschichte 87 (1976), 54 - 64, hier S. 63 f. — Vgl. *R. A. Graham,* Voleva Hitler che fosse Pio XII a negoziare la pace? I viaggi utopistici di Domenico Russo, in: La Civiltà Cattolica 1976, IV, 219 - 233.

[81] *B. Schneider,* Die Briefe Pius' XII. an die deutschen Bischöfe 1939 - 1944, Mainz 1966, Nr. 122. — Predigten und Hirtenworte Bischof Bornewassers: *A. Heintz,* Fels im Sturm, 2 Bde., Trier 1969.

[82] Actes et documents du Sainte Siège, I, Nr. 301 - 303.

schrecklichen Dinge, die in Polen geschehen. Wir müßten flammende Worte gegen solche Dinge sagen, und nur das Wissen hält Uns davon ab, daß Wir das Schicksal jener Unglücklichen, wenn Wir sprechen würden, noch viel härter machen würden. Wo ist die italienische Ehre[83]?" Die Behauptung, Pius XII. habe den Nationalsozialismus in der Auseinandersetzung mit dem Kommunismus als Bundesgenossen betrachtet, ist historisch nicht haltbar. Aber Tatsache ist, daß die vatikanische Politik schon seit den späten zwanziger und frühen dreißiger Jahren den Sowjet-Kommunismus für gefährlicher hielt als faschistische Systeme oder den Nationalsozialismus.

In den letzten Jahren sind umfangreiche vatikanische Aktenpublikationen über die *diplomatischen und karitativen Bemühungen Pius' XII. im Zweiten Weltkrieg* erschienen[84]; sie stellen eine wichtige Ergänzung der Aktenveröffentlichungen zum Zweiten Weltkrieg dar, die seit einiger Zeit in fast allen westlichen Ländern angelaufen sind. Vatikanische Aktivitäten zur Erreichung eines Friedens, zur Milderung von Leid für Gefangene und Verfolgte liefen durch alle Kriegs- und Nachkriegsjahre.

Die militärischen Erfolge der Alliierten seit Ausgang des Jahres 1942 — englischer Gegenstoß von Ägypten aus nach Tripolis, Landung der Alliierten in Nordafrika, Ausdehnung der Luftangriffe auf ganz Deutschland und Italien, Schlacht um Stalingrad — ließen die Wende auf den Kriegsschauplätzen in Europa und im Mittelmeerraum bereits deutlich sichtbar werden, noch nicht im ostasiatisch-pazifischen Raum. Ein wesentlicher Teil der vatikanischen Bemühungen betraf die immer stärker und verheerender werdenden Luftangriffe auf die großen Industriestädte Italiens. Verständlicherweise bemühte sich die päpstliche Diplomatie besonders um die Rettung der Stadt Rom. Die Verhandlungen gestalteten sich schwierig, besonders mit London, weniger mit Washington, da Rom eben gleichzeitig Sitz der faschistischen Regierung war und zwischen rein militärischen und zivilen Objekten nicht immer scharf unterschieden werden konnte. Daß Rom schließlich doch von größerer Zerstörung bewahrt blieb, ist ohne Zweifel vor allem den Bemühungen des Papstes zu verdanken.

Einen anderen Komplex betraf die Erkenntnis im Vatikan, daß mit dem sowjetischen Sieg von Stalingrad nun die Gegenoffensive einset-

---

[83] Ebda., Nr. 313 (Notes de Mgr Montini).

[84] Siehe Anm. 67 u. 79.

zen werde. Eine siegreiche Sowjetunion erschien im Vatikan, aber auch in unmittelbar bedrohten Staaten, als schwerste Gefahr für die Zukunft. So richtete zum Beispiel Niklos Kállay, Präsident des ungarischen Ministerrates, am 24. Februar 1943 einen beschwörenden Appell an Pius XII., worin er angesichts der bolschewistischen Gefahr an die christlichen Gefühle der gegnerischen Lager erinnerte[85]. Die vatikanischen Aktenpublikationen dokumentieren bedrückend die tatsächliche Ohnmacht des Heiligen Stuhles gegenüber den politischen Mächten schier mit jedem Aktenstück. Pius XII. hatte weder den Kriegsausbruch 1939 verhindern können, noch konnte er zur Beendigung beitragen. So blieb als wesentliche Aufgabe, Leid zu mildern.

Es entspricht nicht den Tatsachen, daß Pius XII. zur *Verfolgung und Vernichtung der Juden* einfach geschwiegen habe. Er glaubte freilich, durch stille Hilfsmaßnahmen — ohne große, feierliche Proteste — den gehetzten Juden mehr helfen zu können. In römischen Klöstern und auch im Vatikan selbst fanden viele Juden und andere Verfolgte ein schützendes Asyl[86].

Spätestens im Sommer/Herbst 1942 besaß man im Vatikan genaue Kenntnis über die „Endlösung der Judenfrage", die das Hitlerregime in den Vernichtungslagern des Generalgouvernements Polen betrieb[87]. Schon am 9. März 1942 hatte der Vatikanische Geschäftsträger in der Slowakei, Giuseppe Burzio, aus Preßburg an Kardinalstaatssekretär Maglione ein Telegramm gerichtet: Er habe Nachricht erhalten, daß die Massendeportation von Juden aus Galizien und der Region Lublin unmittelbar bevorstehe; man habe ihm versichert, dieser „schreckliche Plan" sei das Werk des Premierministers Tuka im Einvernehmen mit seinem Innenminister; die Deutschen hätten keinen Druck ausgeübt, und die slowakische Regierung habe die Deutschen sogar dafür bezahlt, wenn sie die Juden übernähmen; er sei deswegen bei Tuka gewesen, der sonst seinen Katholizismus zur Schau stelle; die Deportation von 80 000 Juden bedeute großenteils den sicheren Tod[88].

---

[85] Actes et documents du Saint Siège, vol. 7: La Saint Siège et la guerre mondiale, Novembre 1942 - Décembre 1943, Città del Vaticano 1973, Nr. 126.

[86] Siehe Anm. 4 u. 79.

[87] Die folgende Darstellung der Ereignisse folgt der Aktenpublikation in: Actes et Documents du Saint Siège, vol. 8: Le Saint Siège et les victimes de la guerre, Janvier 1941 - Décembre 1942, Città del Vaticano 1974.

[88] Actes et documents, Vol. 8, Nr. 298.

Weitere Informationen und Appelle kamen in dieser Zeit von jüdischen Organisationen, besonders alarmierende Nachrichten von der polnischen Exilregierung über ihren Vertreter beim Heiligen Stuhl. Am 13. März 1942[89] zum Beispiel richtete Nuntius Rotta aus Budapest eine Bitte um Intervention zugunsten der slowakischen Juden an Kardinalstaatssekretär Maglione. Er legte diese Bittschrift der Preßburger Judengemeinde in deutscher Sprache bei: „Heiligster Vater! Die Judenschaft der ganzen Slowakei, 90.000 Seelen, wendet sich an Eure Heiligkeit um Hilfe und Rettung. Wir sind zum Untergang verurteilt. Wie wir es sicher wissen, sollen wir nach Polen (Lublin) hinaustransportiert werden. Man hat uns schon alles weggenommen (Vermögen, Wäsche, Kleider, Geschäfte, Häuser, Geld, Gold, Bankeinlagen, und sämtliches Hausgerät) und jetzt will man uns slowakische Bürger nach Polen verbannen und einen jeden ohne jede Barschaft und materielle Mittel dem sicheren Untergang und dem Hungertod preisgeben. Niemand kann uns helfen. Wir setzen unsere ganze Hoffnung und Vertrauen an Eure Heiligkeit als die sicherste Zuflucht aller Verfolgten. Weil der hiesige Herr Nuntius jetzt verreist ist und wir wissen nicht, wann er zurückkommt, so wenden wir uns an Eure Heiligkeit durch den Herrn Nuntius in Budapest, den wir am leichtesten erreichen. Wollen gütigst Eure Heiligkeit auf den Präsidenten der Slowakei einwirken, daß er sich im Namen der Menschlichkeit und Nächstenliebe unser und unser Kinder annimmt und unsere Verbannung nicht zuläßt." Am 14. März 1942 richtete Maglione darauf eine Démarche zugunsten der slowakischen Juden an den slowakischen Minister Sidor[90]. Im Telegramm vom 25. März alarmierte Burzio den Vatikan, daß der Abtransport der ersten 10 000 Juden schon begonnen habe. Domenico Tardini vom Staatssekretariat notierte dazu als Instruktion, die er von Kardinalstaatssekretär Maglione erhalten hatte: Man soll Burzio über den Protest des Heiligen Stuhles an Sidor unterrichten und ihn beauftragen, beim Staatspräsidenten Tiso selber Protest einzulegen und dabei an dessen Priestertum zu appellieren. Tardini notierte dazu: „Non so se i passi riusciranno a fermare ... i pazzi! E i pazzi sono due: Tuka che agisce e Tiso — sacerdote — che lascia fare[91]!"

Im September 1942 bat Roosevelts Sondergesandter Myron Taylor im Staatssekretariat besorgt um Aufschluß, ob der Heilige Stuhl Infor-

[89] Nr. 303.
[90] Nr. 305.
[91] Nr. 326.

mationen besitze, welche die grauenvollen Vorgänge der letzten Monate bestätigen könnten. Er legte dazu ein Memorandum aus Genf vor, das die Vernichtungsaktionen sehr genau beschrieb. Maglione meinte zwar, daß der Vatikan noch keine Informationen besitze, welche „queste gravissime notizie" bestätigen würden[92]; aber es konnte jetzt kein Zweifel mehr bestehen, daß den Juden im Herrschaftsbereich Hitlers furchtbare Greuel geschahen. An Initiativen zugunsten der Juden, der Kriegsopfer, der Gefangenen und Verfolgten hat es die vatikanische Diplomatie in diesen Jahren gewiß nicht fehlen lassen. Allein der Band über die einschlägigen Aktionen in den Jahren 1941 und 1942 bringt 581 Dokumente; dazu kommt noch ein Verzeichnis der nicht oder nur kurz genannten Dokumente aus den Jahren 1938 bis 1945.

In seiner Weihnachtsbotschaft vom 24. Dezember 1942[93] und in der Ansprache an die Kardinäle vom 2. Juni 1943[94] nahm Pius XII. auch gegen die Judenverfolgung Stellung. Seine grundsätzliche Stellung und seine redliche Hilfsbereitschaft in der Judenfrage wird in einem Brief deutlich erkennbar, den er am 30. April 1943 an den Berliner Bischof Konrad Grafen von Preysing gerichtet hat: „Es hat Uns ... getröstet zu hören, daß die Katholiken, gerade auch die Berliner Katholiken, den sogenannten Nichtariern in ihrer Bedrängnis viel Liebe entgegengebracht haben, und Wir sagen in diesem Zusammenhang ein besonderes Wort väterlicher Anerkennung, wie innigen Mitgefühls dem in Gefangenschaft befindlichen Prälaten Lichtenberg ... Den an Ort und Stelle tätigen Oberhirten überlassen Wir es abzuwägen, ob und bis zu welchem Grade die Gefahr von Vergeltungsmaßnahmen und Druckmitteln im Falle bischöflicher Kundgebungen sowie andere vielleicht durch die Länge und Psychologie des Krieges verursachte Umstände es ratsam erscheinen lassen, trotz der angeführten Beweggründe, ad maiora mala vitanda [zur Vermeidung größerer Übel] Zurückhaltung zu üben. Hier liegt einer der Gründe, warum Wir selbst Uns in Unseren Kundgebungen Beschränkungen auferlegen; die Erfahrung, die Wir im Jahre 1942 mit päpstlichen, von Uns aus für die Weitergabe an die Gläubigen freigestellten Schriftstücken gemacht [haben], rechtfertigt, soweit Wir sehen, Unsere Haltung[95]."

---

[92] Nr. 493.

[93] Allerdings nur in allgemeinen Wendungen. Vgl. Actes et documents, vol. 7, Nr. 71.

[94] Ebda., Nr. 225.

[95] *B. Schneider,* Die Briefe Pius' XII. an die deutschen Bischöfe, Nr. 105.

Die Bemühungen des Vatikans hatten letztlich nur geringen Erfolg. Bezeichnend für die tatsächlichen Verhältnisse ist die Feststellung des damaligen Apostolischen Delegaten Roncalli (des späteren Papstes Johannes XXIII.) in Istanbul. Am 18. September 1942 bittet er den Nuntius in Frankreich um Intervention zugunsten einer Gruppe von Juden, die sich derzeit in Perpignan befindet. Das Schreiben schließt: „Ich habe gewiß einigen Zweifel, ob diese unsere caritativen Aktionen Erfolg haben werden. Aber versuchen schadet nicht. Vielleicht hält die göttliche Vorsehung eine uns undenkbar erscheinende Interventionsmöglichkeit zugunsten dieser Armen bereit[96]."

Es ist schwer zu sagen, ob der Papst andere als diplomatische Mittel mit einiger Aussicht auf Erfolg hätte einsetzen können und sollen. Die ganze „Stellvertreter"-Problematik bricht hier auf. Nicht nur die Bemühungen, mit diplomatischen Mitteln auf die deutsche Reichsregierung zugunsten der Juden einzuwirken, blieben erfolglos; das gleiche Bild ergeben die vatikanischen Einwirkungsversuche auf die Satellitenregierungen im unbesetzten Frankreich (unter Pétain und Laval) und in der Slowakei (unter Tiso und Tuka).

Daneben dokumentiert der genannte Band über die vatikanischen Bemühungen zugunsten der Kriegsopfer 1941 und 1942 nicht minder beklemmend, daß auch die Bemühungen des Heiligen Stuhles für die *Kriegsgefangenen* aller am Krieg beteiligten Nationen weithin vergeblich gewesen sind. Unmittelbar nach dem Ausbruch des Krieges zwischen dem Deutschen Reich und der Sowjetunion begann der Vatikan eine sehr langwierige, schließlich erfolglose Aktion für die Gefangenen beider Seiten; wenigstens ein Lebenszeichen sollten die Gefangenen geben dürfen! Aber weder Hitler noch Stalin ließen den vatikanischen Organen auch nur diesen bescheidenen Spielraum humanitärer Hilfe, obwohl Pius XII. sogar den Präsidenten Roosevelt als Fürsprecher gewinnen konnte. Die Sowjets wiesen vor allem alle Fragen nach den polnischen Gefangenen von 1939 zurück. Die Hitler-Regierung akzeptierte nicht einmal die Post deutscher Kriegsgefangener in Lagern der Alliierten, die über den Vatikan an die Nuntiatur in Berlin gelangte. Nach jahrelangen Bemühungen konnte nur der vom Vatikan eingerichtete Gefangenensuchdienst da und dort einige Erfolge erzielen[97].

---

[96] Actes et documents, vol. 8, Nr. 479.

[97] Actes et documents, vol. 8. — Dazu die Klage Pius' XII. im Brief an Bischof Preysing von Berlin, 30. April 1943. *B. Schneider*, Die Briefe Pius' XII. an die deutschen Bischöfe, Nr. 105.

Eine Woche, nachdem Hitler durch Selbstmord geendet hatte, unterzeichneten Vertreter der deutschen Wehrmacht die geforderte bedingungslose Kapitulation, am 7. Mai 1947 in Reims, tags darauf in Berlin. Der Abwurf zweier Atombomben durch die Amerikaner führte zur Kapitulation Japans, die am 2. September 1945 unterzeichnet wurde. Jetzt lag der Wahnsinn des Krieges vor aller Augen: die ungeheuere Selbstzerfleischung der Menschheit, Brand und Mord und Greuel der Verwüstung über weiteste Teile der Erde hin. Doch ein echter Friede lag in weiter Ferne. Haß und Rache behielten vorläufig in der Welt die Oberhand. So wurden zum Beispiel die furchtbaren Greuel des Hitler-Regimes mit neuen furchtbaren Greueln beantwortet: mit der unmenschlichen Vernichtung, Versklavung und Vertreibung vieler Millionen deutscher Männer und Frauen, Greise und Kinder, mit der schonungslosen Behandlung wehrloser Kriegsgefangener gegen alles Menschen- und Völkerrecht, mit der weitgehenden Entrechtung des ganzen deutschen Volkes, der Schuldigen und der Unschuldigen.

Im Jahre 1945, als die furchtbaren Kriegswaffen endlich zum Schweigen gekommen waren, leuchtete über vielen verzweifelten Menschen die Hoffnung auf den Wahlspruch des Papstes: *Der Friede ist das Werk der Gerechtigkeit*. Am Beginn seines Pontifikates hatte Pius XII. gesprochen: „Unsere Augen schauen schwerstes Leid, das die Menschen von heute bedrängt. Waffenlos, aber auf des Höchsten Hilfe vertrauend, wollen Wir heilende Hand anlegen." Er hat sein Wort wahr gemacht und auf der ganzen Welt zu heilen versucht. Seine umfassende karitative Tätigkeit kam in hohem Maße dem notleidenden Nachkriegsdeutschland zugute. Bereits kurz nach Kriegsende wies der Papst als erste Instanz von internationaler Geltung die Erklärung der Kollektivschuld aller Deutschen zurück. Er erinnerte an die Maßstäbe des Rechtes und der Humanität auch gegenüber den Besiegten.

Weitsichtiger als die meisten Regierungen der nichtkommunistischen Länder verfolgte Pius XII. mit großer Sorge die *Ausbreitung des Kommunismus* über die ganze Erde hin. Durch die Kriegsereignisse und ihre Folgen gerieten weite Gebiete Ost- und Mitteleuropas, dazu das riesige China und Nachbargebiete in Asien, unter die Herrschaft Sowjetrußlands. Verzweifelte Versuche, die kommunistische Diktatur abzuschütteln, wurden mit Hilfe sowjetischer Besatzungstruppen blutig unterdrückt. Nach der scharfen Verurteilung des Nationalsozialismus häuften sich in der Nachkriegszeit die Warnungen des Papstes vor den Gefahren des Kommunismus. Doch unterschied Pius XII. auch im Rußland der Stalin-Ära sorgfältig zwischen dem russischen Volk und dem bolschewistischen System. Die schärfste Verurteilung des Kommunismus erging durch das Dekret des Heiligen Offiziums vom 1. Juli 1949[98]. Darin wurde bestimmt: Wer der kommunistischen Partei beitritt, sie fördert, wer kommunistische Bücher und Zeitschriften herausgibt, liest oder in ihnen schreibt, wird exkommuniziert.

Das Bild Pius' XII. ist ohne Zweifel im Bewußtsein der Menschen durch seinen Nachfolger Johannes XXIII. überstrahlt worden. An Pius XII. war *jeder Zoll ein Pontifex.* Sein Lebens- und Regierungsstil war streng römisch, überlegen, klug, ausgesprochen pontifikal. Er war ein Mann nüchterner Sachlichkeit und nicht erlahmenden Arbeitswillens. Als autoritäre Persönlichkeit hat er die Kirche streng zentralistisch geleitet und nach dem Tod Luigi Magliones (1944) nicht einmal einen Kardinalstaatssekretär bestellt. Die Bedeutung der Kardinalskongregationen und der Kurienkardinäle in der Kirchenregierung trat sichtlich in den Hintergrund. Die Person des Papstes identifizierte sich völlig mit dem Amt. Staatsformen und politischen Systemen stand Pius XII. grundsätzlich mit betonter Nüchternheit gegenüber. In Italien hätte er wohl die Beibehaltung der Monarchie gewünscht, die 1946 durch Volksentscheid beseitigt wurde. Als Realist und guter Kenner der Geschichte war er nicht für einen Frieden um jeden Preis, setzte sich aber nachhaltig für eine allseitige und kontrollierte Abrüstung der Mächte ein. Die Weihnachtsbotschaft des Jahres 1944[99] widmete er ganz der demokratischen Staatsform. 1953 schloß er mit der spanischen Regierung unter General Franco ein Konkordat, das der katholischen Kirche weit entgegenkam[100].

Unter dem Eindruck der Regierung Johannes' XXIII. wurde der Schwerpunkt des Pontifikates Pius' XII. vielfach fast ausschließlich in kirchenpolitischen Aufgaben und Fragestellungen gesehen. Eine solche Sicht verkennt, daß auch das Ziel Pius' XII. die *Erneuerung der Kirche* und die *fruchtbare Begegnung der Kirche mit den Aufgaben und*

---

[98] Acta Apostolicae Sedis 41 (1949), 334. — Weitere Dokumentation in: Herder-Korrespondenz 13 (1958), 68. — Über das komplizierte, durchaus nicht einheitliche Verhältnis des Vatikans zur kommunistischen Welt seit Ausgang des Ersten Weltkriegs: *H. Stehle,* Die Ostpolitik des Vatikans 1917 - 1975, München - Zürich 1975.

[99] Acta Apostolicae Sedis 37 (1945), 10 - 23.

[100] Acta Apostolicae Sedis 45 (1953), 625 - 655. — *A. Mercati,* Raccolta di concordati, II, Città del Vaticano ²1954, 271 - 294. — *E. F. Regatillo,* El concordato español de 1953, Santander 1961.

Sorgen der gegenwärtigen Welt war. Der Papst hat schwer mit allen Problemen des anbrechenden Atomzeitalters und der neuen Industriekultur gerungen. Es gibt kaum eine religiöse oder gesellschaftliche Grundsatzfrage, die er nicht in seinen zahlreichen Schreiben und Ansprachen behandelt hätte. Kein Papst der Neuzeit hatte bis dahin so häufig und so umfassend zu den religiösen, politischen, sozialen, wirtschaftlichen und rechtlichen Fragen seiner Zeit Stellung genommen[101]. Durch viele seiner Verlautbarungen stieß Pius XII. das Tor der innerkirchlichen Diskussion und Reform auf. Ohne die vorbereitenden Pontifikate Pius' XI. und Pius' XII. wäre der Aufbruch in der Kirche, wie er unter Johannes XXIII. sichtbar wurde, nicht möglich gewesen.

Das *Lehramt Pius' XII.* spiegelt sich vor allem in seinen Rundschreiben. Die Enzyklika „Mystici Corporis" vom 29. Juni 1943[102] ist die Botschaft von der Kirche als dem Leib Christi. Sie stellt die Frage nach dem Wesen der Kirche, nach den Merkmalen der Kirchengliedschaft, nach dem Verhältnis von Amt und Charisma der Kirche, nach der Stellung und den Aufgaben des Episkopates. Erwiesen sich auch manche Antworten des Rundschreibens als vorläufig, so war doch eine ungemein fruchtbare Erörterung eingeleitet, die zum Zweiten Vatikanischen Konzil führte.

Bahnbrechend wirkte auch das Rundschreiben „Divino afflante Spiritu" vom 30. September 1943. Es eröffnete der katholischen Bibelwissenschaft die Möglichkeit einer Erklärung der Heiligen Schrift, welche die Erkenntnisse der modernen Wissenschaft und das gläubige Verständnis der Bibel in Einklang bringen kann. Die hier ausgespochene Ermunterung an die katholischen Exegeten wurde noch bekräftigt durch einen Brief der Päpstlichen Bibelkommission an Kardinal Suhard von Paris (16. Januar 1948)[103]. Darin wurden die katholischen Gelehrten angeregt, alle auftauchenden Probleme der modernen Bibelwissenschaft unvoreingenommen zu untersuchen, im Lichte einer gesunden Kritik und der Ergebnisse der anderen einschlägigen Wissenschaften.

---

[101] Im Einzelnen verweise ich hierzu auf die einschlägigen Beiträge dieses Bandes.

[102] Acta Apostolicae Sedis 35 (1943), 193 - 248. — Eine Reihe der Rundschreiben Pius' XII. ist dargestellt in: Wort der Päpste. Hrsg. v. W. Sandfuchs, Würzburg 1965.

[103] „Divino afflante Spiritu": Acta Apostolicae Sedis 35 (1943), 297 - 325. — Brief an Kard. Suhard: Acta Apostolicae Sedis 40 (1948), 65 - 67. — *J. Blinzler*, Die Bibel-Enzyklika „Divino afflante spiritu" Pius' XII. (1943), in: Wort der Päpste. Hrsg. v. W. Sandfuchs, Würzburg 1965, 123 - 135.

In engem innerem Zusammenhang mit der Kirchenenzyklika steht das große Rundschreiben über die Liturgie „Mediator Dei" vom 20. November 1947[104]. Hier werden Sinn und Aufgabe des kirchlichen Kultes entfaltet. Pius XII. hat die innere Verbindung des „Corpus Christi mysticum" mit dem Herrenleib tief empfunden; Christus ist die Mitte der Eucharistiefeier. Das Kirchenverständnis des Papstes ruht auf der tiefen Einsicht in die zentrale Stellung der Liturgie, insbesondere der Eucharistiefeier. So wurde die Enzyklika „Mediator Dei" ein entscheidender Markierungspunkt auf dem Weg von den Kommuniondekreten Pius' X. bis zur liturgischen Erneuerung der Gegenwart.

Pius XII. war seit den Tagen seiner frühen Kindheit ein inniger *Verehrer der Gottesmutter Maria.* Diese Verehrung bekundete er auch als Papst bei zahlreichen Gelegenheiten. Besonders war er dem Kult von Fatima zugetan. Den Höhepunkt bildete seine Dogmatisierung der Aufnahme Mariens in den Himmel am 1. November 1950[105]. Im „Marianischen Jahr" 1954 widmete er der königlichen Würde Mariens die Enzyklika „Ad caeli Reginam"[106], ließ aber doch die heiklen theologischen Fragen der „Mittlerschaft" (Mediatrix) oder gar der „Miterlöserschaft" (Corredemptrix) Mariens bewußt unentschieden. An glühenden, bisweilen fanatischen, völlig unkritischen Vorkämpfern einer möglichst weit gefaßten Mariologie hat es in der Umgebung des Papstes nicht gefehlt. Dadurch entstand viel Unmut in der Kirche, weil nicht wenige Bischöfe und Theologen solche Maßlosigkeiten als abstoßend empfanden, um die Glaubwürdigkeit der Kirche fürchteten und deswegen manche böswillige Anfeindung erdulden mußten. Offensichtlich ließ es Pius XII. zuweilen an der notwendigen kritischen Behutsamkeit gegenüber „wunderbaren Erscheinungen" fehlen, auch in seiner persönlichen Religiosität[107].

---

[104] Acta Apostolicae Sedis 39 (1947), 521 - 595.

[105] Apostol. Konstitution „Munificentissimus Deus": Acta Apostolicae Sedis 42 (1950), 754 - 771.

[106] Acta Apostolicae Sedis 46 (1954), 625 - 640.

[107] Die angebliche „Fatima-Vision" (30. u. 31. Oktober, 1. November 1950) und die „Christus-Vision" (2. Dezember 1954) des Papstes erregten seinerzeit sensationelles Aufsehen, begleitet von Umständen der „Vermittlung", welche die Peinlichkeit noch erhöhten. Man vergleiche die seriöse Presse jener Zeit, auch den „Osservatore Romano", von der Boulevard-Presse zu schweigen. Vgl. *J. d'Hospital,* Drei Päpste. Pius XII., Johannes XXIII. und Paul VI., Wien - Hamburg 1971, 94 - 103.

Betont konservative Einflüsse auf den Papst fanden unter anderem Ausdruck in dem Rundschreiben *„Humani generis"* vom 12. August 1950[108]. Es richtete sich gegen „einige falsche Ansichten, die die Grundlage der katholischen Lehre zu untergraben drohen". Das Schreiben weist zuerst auf die psychologischen Faktoren hin, durch die ein falscher Evolutionismus, Existentialismus und Historizismus ins katholische Lager eingedrungen seien: Neuerungssucht, Minderwertigkeitsgefühle gegenüber der modernen Wissenschaft und besonders Irenimus. Daraus wüchsen ernste Gefahren, so in der Theologie ein Relativismus, der die kirchlich anerkannte Terminologie unterschätze und in den herkömmlichen theologischen Begriffen nur Annäherungsversuche erblicke; ferner eine Verkennung des kirchlichen Lehramtes als entscheidender Instanz in der Erklärung der Glaubensquellen. In der Exegese drohe die Gefahr, die Heilige Schrift als profanes Buch zu bewerten, ohne gebührende Rücksicht auf Glaubensanalogie, Überlieferung und Lehramt, oder aber ein Zurückgreifen auf eine symbolische Erklärung, die den Literalsinn unterschätze. Daraus folgten Irrtümer über Gotteserkenntnis, Schöpfung, Übernatur, Engel, Erbsünde, Kirche und Glauben. Schlimme Folgen in der Philosophie seien Abwertung der Vernunft gegenüber dem Willen, Abschwächung der großen metaphysischen Grundsätze und Mißbilligung der traditionellen Philosophie im Geist des heiligen Thomas. Der letzte Teil des Rundschreibens ist dem Verhältnis des Glaubens zur Natur- und Geschichtswissenschaft gewidmet. Manche wollten in dieser Enzyklika einen neuen „Syllabus" sehen. Dies ist nicht zutreffend. Das Schreiben richtete sich nicht so sehr gegen einzelne Abweichungen von der kirchlichen Lehre wie gegen falsche Grundhaltungen.

Die hohe, schlanke Gestalt Pius' XII. machte auf die meisten Menschen tiefen Eindruck, so bei den zahlreichen Audienzen in kleinem und großem Rahmen, bei den Kirchenfeiern in Sankt Peter oder auf dem Petersplatz. Namentlich das Heilige Jahr 1950 und das „Marianische Jahr" 1954 führten Millionen von Menschen nach Rom, die dem Papst begeistert zujubelten. Zu farbenprächtigen Kirchenfesten wurden auch die dreiunddreißig Heiligsprechungen ausgestaltet, die Pius XII. in seiner langen Regierungszeit vornahm. Unter den Kanonisierten befand sich auch sein Vorgänger Pius X. Papst Innocenz XI. wurde seliggesprochen[109].

---

108 Acta Apostolicae Sedis 42 (1950), 561 - 577. — *S. Tromp,* Pius XII et theologia fundamentalis, in: Divinitas 3 (Rom 1959), 637 - 646.

109 Verzeichnis der neuen Heiligen in: Herder-Korrespondenz 13 (1958), 62.

Pius XI. bereits hatte die Bedeutung der *Laien in der Kirche* in neuem Licht gesehen und sich um das Laienapostolat nachhaltig bemüht[110]. Derselbe Papst hatte auch — das große Missionsprogramm Benedikts XV. weiterführend — die kommende *Emanzipation Asiens und Afrikas* erkannt und mit der Bildung eines einheimischen Klerus bis zum Episkopat hinauf in breitem Umfang begonnen. Dieses Werk hat Pius XII. umsichtig weitergeführt[111]. Die Zahl der kirchlichen Sprengel erhöhte sich unter seiner Regierung von 1696 auf 2048. In weiten Gebieten wurde die kirchliche Hierarchie errichtet, so in China (1946), Britisch-Westafrika, Südafrika, Britisch-Ostafrika, Französisch-Afrika, Burma und in den skandinavischen Ländern[112]. In zwei Kardinalskreationen (1946 und 1953) ernannte Pius XII. insgesamt sechsundfünfzig neue Kardinäle auf dem ganzen Erdkreis[113]. So wurde das neue Bild der Weltkirche schon durch Pius XI. und Pius XII. entscheidend gestaltet. Die moralische Autorität des Papsttums, auch in der nichtkatholischen und nichtchristlichen Welt, stieg bemerkenswert an, wenn die Weltkirche durch die Ausbreitung des Kommunismus auch harte Einbußen erlitt, namentlich im kommunistischen China. In allen kommunistisch beherrschten Ländern erfuhr die Kirche harte Einschränkungen bis zur erbarmungslosen Verfolgung, die erst nach dem Tod Stalins (1953) verschiedentlich gemildert wurde.

Wiederholt zeigten sich in den letzten Lebensjahren Pius' XII. ernste gesundheitliche Störungen, die der Papst jedoch überwand. Bis zuletzt war seine Lebenskraft der Arbeit, der Sorge um die Kirche gewidmet. Freilich zeigten sich auch die Nachteile, weil der Papst mit einem verhältnismäßig kleinen Kreis von Mitarbeitern regierte. Dabei hatten auch einige zwielichtige Gestalten das Vertrauen und die unverdiente Förderung des Papstes erringen können. Von ihnen wurde die errungene Position zum materiellen Aufstieg, manchmal zu skrupelloser Bereicherung benützt. Dadurch fiel ein Schatten auch auf das Bild des Papstes.

---

[110] Dokumentation über die Aussagen Pius' XII. zur Aufgabe des Laien: Herder-Korrespondenz 13 (1958), 64 f. Vgl. *J. Guitton,* L'Église et les laics de Newman à Paul VI, Paris 1963. — *Y. Congar,* Der Laie. Entwurf einer Theologie des Laientums (deutsche Übersetzung), Stuttgart [3]1964.

[111] Enzyklika „Rerum ecclesiae" v. 1926: Acta Apostolicae Sedis 18 (1926), 65 - 83; dazu ebda. 28 (1936), 406 - 409 (über die alte Streitfrage der „Akkommodation"). — Herder-Korrespondenz 13 (1958), 66 f. (Verzeichnis der Enzykliken und sonstigen Aussagen Pius' XII. zur Weltmission).

[112] Acta Apostolicae Sedis 31 - 50 (1939 - 1958).

[113] Verzeichnis: Herder-Korrespondenz 13 (1958), 62 f.

Nach fast zwei Jahrzehnten der Regierung starb Pius XII. am 9. Oktober 1958 in Castel Gandolfo. Die Überführung zur Aufbahrung in der Peterskirche wurde zum letzten Triumphzug des großen Römers. In den Grotten von Sankt Peter fand er seine letzte Ruhestätte. Die Größe seines Pontifikates wird erst eine spätere Zeit voll ermessen können, wenn der Parteien Haß und Gunst einer leidenschaftslosen, ruhigen Würdigung gewichen ist.

Johannes XXIII. und Paul VI.[114]

In weiten Kreisen hatte sich die asketisch-schlanke, fast überirdisch wirkende Gestalt Pius' XII., mit ihren formvollendeten aristokratischen Gesten, als das Idealbild eines Papstes gefestigt bis in den Phänotyp hinein. Ganz anders der Nachfolger: Johannes XXIII. (1958 - 1963). Die seriöse Presse schrieb damals von einem „Pontifikat des Übergangs". Man erwartete, daß der bereits Siebenundsiebzigjährige nur kurze Zeit regieren werde. Er sollte die stark verminderte Zahl der Kardinäle wieder auffüllen, den Kardinalskongregationen, über die Pius XII. hinwegregiert hatte, wieder ihre frühere Geltung verschaffen. Viele erwarteten auch, der neue Papst müsse versuchen, die Kirche aus der politischen Zwangslage herauszuführen, sich völlig mit der westlichen Welthälfte identifizieren zu müssen, da dies ihrem universalen Sendungsauftrag widerspreche. Weite Kreise glaubten auch, die Kirche brauche nun eine gewisse Ruhezeit zur Neubesinnung und vorsichtigen Neuorientierung, damit dann der Nachfolger Johannes' XXIII. die notwendigen grundlegenden Entscheidungen treffen könne.

Johannes XXIII. erscheint in der Rückschau als ein Papst des Überganges, freilich in einem anderen Sinn, als man es am Beginn seines Pontifikates verstanden hat. Aufgabe des Papsttums ist es gewiß, in allen wirklich lebenswichtigen Fragen der Kirche eine feste, einheitliche Führung zu gewährleisten. Die betont zentralistische Ausrichtung der lateinischen Kirche des Westens hatte im Großen mit dem Reformpapsttum des 11./12. Jahrhunderts begonnen und war nicht ohne erhebliche Rückschläge und Schwankungen weitergeführt worden. In den

[114] Schrifttum über beide Pontifikate: *G. Schwaiger*, Geschichte der Päpste im 20. Jahrhundert, München 1968, 159 - 194, 212 f. — *G. Maron*, Die römisch-katholische Kirche von 1870 bis 1970 (Die Kirche in ihrer Geschichte. Hrsg. v. K. D. Schmidt u. E. Wolf, Bd. 4, Lief. N 2), Göttingen 1972, N 228 - N 242. — Ökumenische Kirchengeschichte. Hrsg. v. R. Kottje u. B. Moeller, Bd. 3, Mainz - München 1974, 324 - 331 (von E. Iserloh).

Pontifikaten des 19. und 20. Jahrhunderts, bis zum Tod Pius' XII., fand diese Konzeption ihre umfassendste Ausprägung in der ganzen Kirchengeschichte. Insofern stellt der Pontifikat Pius' XII. einen bemerkenswerten Höhepunkt, aber auch das Ende einer langen Epoche dar. Unter Papst Johannes XXIII. brach eine ältere Konzeption der Funktion des Petrusamtes wieder stärker durch. Im ersten Jahrtausend der Kirchengeschichte, in der im wesentlichen noch ungeteilten Christenheit des griechisch bestimmten Ostens und des lateinischen Westens, stand die subsidiäre Funktion des Petrusamtes im Vordergrund: Der Bischof von Rom, unbestritten der Inhaber des ersten Sitzes in der Kirche, wird angegangen oder greift von sich aus ein, wenn die Autorität der örtlich zuständigen Bischöfe, Patriarchen und Synoden nicht ausreicht. Das kollegiale und synodale Element der Kirchenverfassung steht überall im Vordergrund, stets im Osten, aber auch im Westen, wenn sich hier auch erste Anzeichen eines absolutistisch verstandenen Primates abzuzeichnen beginnen. In den Pontifikaten Johannes' XXIII. und seines Nachfolgers Pauls VI. wurden die älteren, nie vergessenen, aber in der Geschichte zurückgesunkenen Prinzipien der kollegialen und synodalen Struktur der Kirche wieder stärker ins Bewußtsein gehoben[115]. Ein neues Bewußtsein der Bedeutung des Episkopates, des Bischofskollegiums in der Kirche, der brüderlichen Zusammengehörigkeit und Mitverantwortung aller Kirchenglieder, aller an Christus Glaubenden, begann sich durchzusetzen und wurde von Johannes XXIII. bewußt gefördert. Damit trat auch das schwere Problem der gespaltenen Christenheit, der getrennten christlichen Kirchen, in eine neue Phase.

Ein neuer Aufbruch in der Kirche fand seinen bedeutendsten Ausdruck im *Zweiten Vatikanischen Konzil,* einberufen und begonnen von Papst Johannes XXIII., zuendegeführt von Papst Paul VI. Bei genauerer Betrachtung haben die Päpste des 20. Jahrhunderts, vor allem Leo XIII., Benedikt XV., Pius XI. und Pius XII., diesem neuen Aufbruch wesentlich vorgearbeitet, durch seine innerkirchlichen Reformen auch Pius X. ganz beträchtlich. Besonders im Pontifikat Pius' XII. zeichnet

---

[115] Vgl. Die päpstliche Autorität im katholischen Selbstverständnis des 19. und 20. Jahrhunderts. Hrsg. v. E. Weinzierl, Salzburg - München 1970. — *W. De Vries,* Orient et Occident. Les structures ecclésiales vues dans l'histoire des sept premiers conciles oecuméniques, Paris 1974. — Konzil und Papst. Historische Beiträge zur Frage der höchsten Gewalt in der Kirche. Festgabe für Hermann Tüchle. Hrsg. v. G. Schwaiger, München - Paderborn - Wien 1975. — *G. Schwaiger,* Päpstlicher Primat und Autorität der Allgemeinen Konzilien im Spiegel der Geschichte, München - Paderborn - Wien 1977.

sich eine Begegnung und Auseinandersetzung mit schier allen Problemen der modernen Welt ab, freilich noch im Gewand der autoritativen päpstlichen Stellungnahme und der römischen Entscheidung. Seine zahlreichen Botschaften und Ansprachen sind davon geprägt. Aber bereits dieser Papst dachte an die mögliche Einberufung eines Ökumenischen Konzils[116]. Pius XII. bereits begann mit notwendig erscheinenden liturgischen Reformen, am deutlichsten im liturgischen Kernbereich der Karwoche und der österlichen Feier. Er war sich wohl bewußt, daß seine Nachfolger kirchliche und kirchenpolitische Entscheidungen zu treffen hätten, für die ihm selber die Zeit noch nicht reif oder zu ungünstig schien. Auf dem Grabmal Hadrians VI. in der römischen Kirche Santa Maria dell'Anima stehen die Worte, die dieser Papst einmal im Sturm der aufbrechenden protestantischen Reformation und in den gewaltigen anderen Belastungen seines Pontifikates ausgesprochen hat: „Proh dolor ... Ach wie sehr kommt es darauf an, in welche Zeit auch des trefflichsten Mannes Wirken fällt!" Diese Worte ließen sich auch über die letzten Pontifikate schreiben. Dennoch kann die Haltung des Christen nie die Resignation sein. Das Zweite Vatikanum ist eine große christliche Hoffnung. Daß manchmal atmosphärische Störungen und auch Gewitter die Bemühungen um religiöse Erneuerung begleitet haben und begleiten werden, braucht nicht zu verwundern. In seiner ersten großen Enzyklika, „Ecclesiam suam" vom 6. August 1964, schreibt Paul VI. im zweiten Teil, der von der Erneuerung der Kirche handelt: „Wir müssen der Kirche dienen und sie lieben, so wie sie ist; mit Verständnis für ihre Geschichte und mit demütigem Suchen des Willens Gottes, der die Kirche führt, auch wenn er zuläßt, daß die menschliche Schwachheit die Klarheit der Linien verwischt und ihr Wirken verdunkelt[117]." Dies ist die Haltung christlicher Zuversicht.

Wenn man die letzten eineinhalb Jahrhunderte der Geschichte des Papsttums überschaut, geht die Linie von der Haltung feindseliger Abwehr unter Gregor XVI. und Pius IX. zur Anbahnung einer echten Weltoffenheit unter Leo XIII. bis zum liebenden Verstehen der modernen Welt und ihrer Probleme, auch der gefallenen, schuldig gewordenen, gottabgewandten Welt, wie es — vorbereitet von den Vorgängern

---

[116] *G. Caprile,* Pio XII e un nuovo progetto di concilio ecumenico, in: La Civiltà Cattolica 1966, III, 209 - 227. Näheres in Capriles Beitrag in diesem Band. Die Vorstellungen bewegten sich dabei weitestgehend in der kurialen Konzeption des I. Vatikanums.

[117] *R. Graber,* „Ecclesiam suam" — die Antrittsenzyklika Pauls VI. (1964), in: Wort der Päpste. Hrsg. v. W. Sandfuchs, Würzburg 1965, 212 - 224.

auf dem Stuhl Petri — unter Johannes XXIII. und Paul VI. durchgebrochen ist. Von hier aus kann man die Aufgabe der Kirche und des Papsttums in der gegenwärtigen Welt durchaus mit christlichem Optimismus sehen. Doch auch in den dunklen Zeiten weiß der katholische Christ im Glauben, daß diese Kirche und ihr Papsttum leben werden, bedrängt wohl und zur „kleinen Herde" geworden — bis zur Vollendung der Weltzeit, bis zu jenem Tag, da der Herr kommen wird, Gericht zu halten über Lebende und Tote. „Und seines Reiches wird kein Ende sein" (Luk. 1, 33).

VERZEICHNIS DER MITARBEITER

Pierre Blet, S. J., Docteur-ès-lettres (Sorbonne), o. Professor für Kirchengeschichte an der päpstlichen Universität Gregoriana

Giovanni Caprile, S. J., Dr. theol., Mitglied der Redaktion von „La Civiltà Cattolica"

Gustav Ermecke, Dr. theol., Dr. phil., Dr. iur., Prälat, emer. o. Professor für Christliche Gesellschaftslehre an der Ruhr-Universität Bochum

Wendelin Ettmayer, Dr. iur., Legationssekretär, Abgeordneter zum Nationalrat der Republik Österreich

Joachim Giers, Dr. theol., o. Professor für Christliche Soziallehre und Sozialethik an der Universität München

Robert A. Graham, S. J., Docteur-ès-sciences politiques (Genf), Mitglied der Redaktion von „La Civiltà Cattolica"

Joseph-Fulko Groner, O. P., Dr. theol., o. Professor für Moraltheologie an der Universität Freiburg (Schweiz)

Heribert Franz Köck, Dr. iur., M. C. L., Dozent für Völkerrecht und Lehrbeauftragter für Rechtsphilosophie an der Universität Wien, Rechtsberater der Ständigen Vertretung des Heiligen Stuhls bei den internationalen Organisationen in Wien

Karl Korinek, Dr. iur., o. Professor für Öffentliches Recht, insbes. Öffentliches Wirtschaftsrecht, an der Wirtschaftsuniversität Wien

Johannes Messner, Dr. iur., Dr. oec. publ., Dr. h. c. mult., Prälat, emer. Professor für Ethik und Sozialwissenschaften an der Universität Wien

Rudolf Morsey, Dr. phil., o. Professor für Neuere Geschichte an der Hochschule für Verwaltungswissenschaften Speyer

Oswald von Nell-Breuning, S. J., Dr. theol., Dr. h. c. mult., emer. o. Professor für Sozial- und Wirtschaftsethik an der Philosophisch-theologischen Hochschule St. Georgen und Honorarprofessor im Fachbereich Wirtschaftswissenschaften an der Universität Frankfurt

Pietro Parente, Dr. phil., Dr. theol., Kardinal der Heiligen Römischen Kirche

Robert Prantner, Dr. theol., Dr. rer. pol., Dozent für Fragen der internationalen Politik, Gesandter, Geschäftsträger der Botschaft des Souveränen Malteser-Ritter-Ordens in Wien

Anton Rauscher, S. J., Dr. theol., Lic. phil., o. Professor für Christliche Gesellschaftslehre an der Universität Augsburg

Gottfried Roth, Dr. med., Oberarzt, Facharzt für Neurologie und Psychiatrie, Universitätslektor für Pastoralmedizin an der Katholisch-theologischen Fakultät der Universität Wien, Hauptschriftleiter der Vierteljahrsschrift „Arzt und Christ"

Antonio Samoré, Dr. theol., Dr. iur. can., Kardinal, Bibliothekar und Archivar der Heiligen Römischen Kirche

Herbert Schambeck, Dr. iur., o. Professor für Öffentliches Recht und Politische Wissenschaften an der Universität Linz, Stellv. Vorsitzender des Bundesrates der Republik Österreich

Audomar Scheuermann, Dr. theol., Prälat, o. Professor für Katholisches Kirchenrecht an der Universität München, Vizeoffizial des Metropolitangerichts München, Erster Vizepräsident des Bayerischen Senats

Georg Schwaiger, Dr. theol., o. Professor für Kirchengeschichte an der Universität München

Arthur-Fridolin Utz, O. P., Dr. theol., o. Professor der Ethik, Sozialethik und Rechtsphilosophie an der Universität Freiburg (Schweiz)

Alfred Verdross, Dr. iur., Dr. h. c. mult., emer. o. Professor für Völkerrecht, Rechtsphilosophie und Internationales Privatrecht an der Universität Wien

Wolfgang Waldstein, Dr. iur., o. Professor für Römisches Recht an der Universität Salzburg

Wilhelm Weber, Dr. theol., Dr. rer. pol., Lic. theol., o. Professor für Christliche Sozialwissenschaften an der Universität Münster (Westfalen)

Rudolf Weiler, Dr. theol., Dr. rer. pol., Monsignore, o. Professor für Ethik und Sozialwissenschaften an der Universität Wien